한 번에 합격, 자격증은 이기적

이기적 이렇게 막힌 중률

 함께 공부하고 특별한 혜택까지!
이기적 스터디 카페

 구독자 약 15만 명, 전강 무료!
이기적 유튜브

오직 스터디 카페 멤버에게만
주어지는 특별 혜택!

이기적 스터디 카페

이기적 스터디 카페

합격을 위한 기적 같은 선물
또기적 합격자료집

혼자 공부하기 외롭다면?
온라인 스터디 참여

모든 궁금증 바로 해결!
전문가와 1:1 질문답변

1년 내내 진행되는
이기적 365 이벤트

도서 증정 & 상품까지!
우수 서평단 도전

간편하게 한눈에
시험 일정 확인

합격까지 모든 순간 이기적과 함께!
이기적 365 EVENT

QR코드를 찍어 이벤트에 참여하고 푸짐한 선물 받아가세요!

1. 기출문제 복원하기

이기적 책으로 공부하고 시험을 봤다면 7일 내로 문제를 제보해 주세요!

2. 합격 후기 작성하기

당신만의 특별한 합격 스토리와 노하우를 전해 주세요!

3. 온라인 서점 리뷰 남기기

온라인 서점에서 책을 구매하고 평점과 리뷰를 남겨 주세요!

4. 정오표 이벤트 참여하기

더 완벽한 이기적이 될 수 있게 수험서의 오류를 제보해 주세요!

※ 이벤트별 혜택은 변경될 수 있으므로 자세한 내용은 해당 QR을 참고해 주세요.

도서 인증하면 고퀄리티 강의가 따라온다!
100% 무료 강의

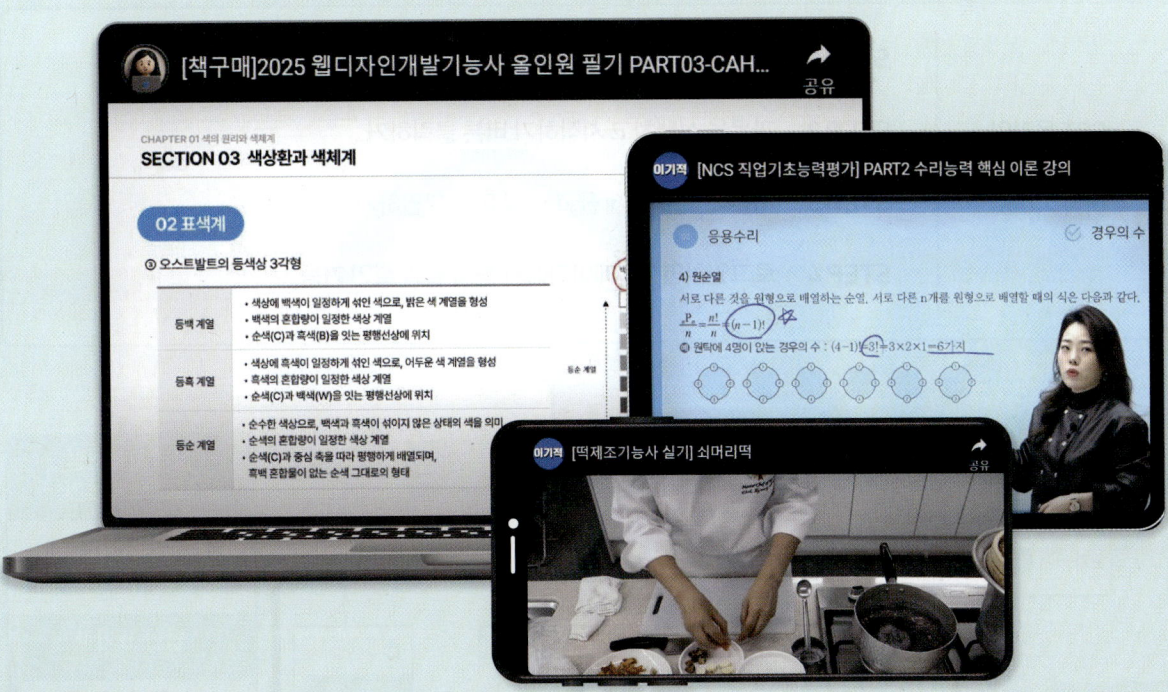

이용방법

STEP 1

이기적 홈페이지
(https://license.
youngjin.com/) 접속

STEP 2
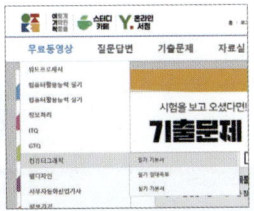
무료 동영상
게시판에서 도서와
동일한 메뉴 선택

STEP 3
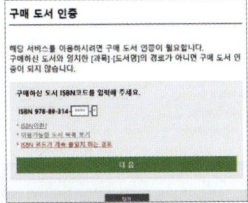
책 바코드 아래의
ISBN 코드와
도서 인증 정답 입력

STEP 4

이기적 수험서와
동영상 강의로
학습 효율 UP!

※ 도서별 동영상 제공 범위는 상이하며, 도서 내 차례에서 확인할 수 있습니다.

◀ 이기적 홈페이지 바로가기

영진닷컴 이기적

CBT 온라인 문제집

문제 풀이로 실력 업그레이드

CBT 온라인 문제집 이용 가이드

- **STEP 1** CBT 사이트 (cbt.youngjin.com) 접속하기
- **STEP 2** 과목을 선택하고 시작하기 버튼 클릭하기
- **STEP 3** 시간에 맞춰 문제 풀고 합격 여부 확인하기
- **STEP 4** 로그인하면 MY 페이지에서 응시 결과 확인 가능

글자 크기 조절
글자 크기 100% 150% 200%

안 푼 문제 수 확인 가능
· 전체 문제 수 : 40 · 안 푼 문제 수 : 40

실제 시험처럼 시간 재며 풀기
제한 시간 40분
남은 시간 37분 39초

모바일 접속도 가능

답안 표기란에 체크

안 푼 문제로 바로 이동 가능
합격 결과 즉시 확인

이기적 CBT

합격을 위해 모두 드려요.
이기적 합격 솔루션!
이기적이 여러분을 위해 준비했어요

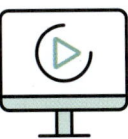

저자가 직접 알려주는, 무료 동영상 강의

동영상 강의와 함께라면 자격증 독학도 어렵지 않습니다.
이기적이 준비한 동영상 강의로 꼼꼼하게 공부하세요.

주요 개념을 한눈에, 핵심 포인트 정리

시험에 주로 나오는 내용만 모아 정리하였습니다.
핵심 포인트 정리 PDF로 시험 직전까지 복습하며 실전에 대비하세요.

무엇이든 물어보세요, 1:1 질문답변

공부하다 이해가 가지 않는 내용이 있다면 편하게 질문하세요.
이기적 스터디 카페에서 전문가가 친절하게 답변 드립니다.

문제풀이로 반복 학습, CBT 온라인 문제집

PC와 모바일로 언제 어디서든 문제를 풀어보세요.
이기적이 준비한 실전 대비 문제들로 최종 합격까지!

※ 이기적 스터디 카페에서 〈2026 이기적 빅데이터분석기사 필기 기본서〉를 구매하고 인증한 회원에게만 드리는 혜택입니다.

◀ 모든 혜택 한 번에 보기

또, 드릴게요! 이기적이 준비한 선물
또기적 합격자료집

1 시험에 관한 A to Z 합격 비법서
책에 다 담지 못한 혜택은 또기적 합격자료집에서 확인

2 편리하고 똑똑한 디지털 자료
PC·태블릿·스마트폰으로 언제든 열람하고 필요한 부분만 출력 가능

3 초보자, 독학러 필수 신청
혼자서도 충분한 학습 플랜과 수험생 맞춤 구성으로 한 번에 합격

※ 도서 구매 시 추가로 증정되는 PDF용 자료이며 실제 도서가 아닙니다.

◀ 또기적 합격자료집 받으러 가기

이렇게 기막힌 적중률

빅데이터분석기사
필기 기본서

"이" 한 권으로 합격의 "기적"을 경험하세요!

차례

출제빈도에 따라 분류하였습니다.
- 상 : 반드시 보고 가야 하는 이론
- 중 : 보편적으로 다루어지는 이론
- 하 : 알고 가면 좋은 이론

▶ 합격 강의
동영상 강의가 제공되는 부분을 표시했습니다.
이기적 수험서 사이트(license.youngjin.com)에 접속하여 시청하세요.
▶ 본 도서에서 제공하는 동영상은 1판 1쇄 기준 2년간 유효합니다. 단, 출제기준안에 따라 내용은 변경될 수 있습니다.

PART 01 빅데이터 분석 기획   1권

CHAPTER 01 빅데이터의 이해

SECTION 01 빅데이터 개요 및 활용 (하)
- 데이터와 정보 1-22
- 데이터베이스 1-25
- 빅데이터 개요 1-29
- 빅데이터의 가치 1-33
- 데이터 산업의 이해 1-35
- 빅데이터 조직 및 인력 1-38
- ✓ 예상문제 1-42

SECTION 02 빅데이터 기술 및 제도 (상)
- 빅데이터 플랫폼 1-46
- 빅데이터 처리기술 1-51
- 빅데이터와 인공지능 1-57
- 개인정보 개요 1-63
- 개인정보 법·제도 1-65
- 개인정보 비식별화 1-70
- 가명정보 활용 1-74
- 개인정보 활용 1-76
- ✓ 예상문제 1-79

CHAPTER 02 데이터 분석 계획

SECTION 01 분석 방안 수립 (상)
- 데이터 분석 1-84
- 데이터 분석 기획 1-86
- 분석 마스터 플랜과 로드맵 설정 1-88
- 분석 문제 정의 1-93
- 데이터 분석 방안 1-101
- 빅데이터 분석 방법론 1-111
- 데이터 분석 거버넌스 1-117
- 데이터 분석 수준진단 1-123
- ✓ 예상문제 1-127

SECTION 02 분석 작업 계획 (하)
- 분석 작업 개요 1-131
- 데이터 확보 계획 1-133
- 분석 절차와 작업 계획 1-140
- 분석 프로젝트 관리 1-143
- ✓ 예상문제 1-147

CHAPTER 03 데이터 수집 및 저장 계획

SECTION 01 데이터 수집 및 전환 (하)
- 데이터 수집 1-152
- 데이터 유형 및 속성 파악 1-158

- 데이터 변환 · · · · · · 1-162
- 데이터 비식별화 · · · · · · 1-165
- 데이터 품질 검증 · · · · · · 1-177
- ✅ 예상문제 · · · · · · 1-184
- **SECTION 02 데이터 적재 및 저장**
  - 데이터 적재 · · · · · · 1-188
  - 데이터 저장 · · · · · · 1-190
- ✅ 예상문제 · · · · · · 1-200

PART 02 빅데이터 탐색

CHAPTER 01 데이터 전처리
SECTION 01 데이터 정제
- 데이터에 내재된 변수의 이해 · · · · · · 1-208
- 데이터 결측값 처리 · · · · · · 1-211
- 데이터 이상값 처리 · · · · · · 1-213
- ✅ 예상문제 · · · · · · 1-217

SECTION 02 분석 변수 처리
- 변수 선택 · · · · · · 1-221
- 차원 축소 · · · · · · 1-222
- 파생변수의 생성 · · · · · · 1-226
- 변수 변환 · · · · · · 1-228
- 불균형 데이터 처리 · · · · · · 1-231
- 인코딩 · · · · · · 1-233
- ✅ 예상문제 · · · · · · 1-235

CHAPTER 02 데이터 탐색
SECTION 01 데이터 탐색의 기초
- 데이터 탐색의 개요 · · · · · · 1-240
- 상관관계분석 · · · · · · 1-242
- 기초통계량의 추출 및 이해 · · · · · · 1-244
- 시각적 데이터 탐색 · · · · · · 1-250
- ✅ 예상문제 · · · · · · 1-254

SECTION 02 고급 데이터 탐색
- 시공간 데이터 탐색 · · · · · · 1-258
- 다변량 데이터 탐색 · · · · · · 1-260
- 비정형 데이터 탐색 · · · · · · 1-265
- ✅ 예상문제 · · · · · · 1-268

CHAPTER 03 통계기법의 이해
SECTION 01 기술통계
- 데이터 요약 · · · · · · 1-272
- 표본추출 · · · · · · 1-272
- 확률분포 · · · · · · 1-276
- 표본분포 · · · · · · 1-297
- ✅ 예상문제 · · · · · · 1-303

SECTION 02 추론통계
- 통계적 추론 · · · · · · 1-309
- 점추정 · · · · · · 1-309
- 구간추정 · · · · · · 1-316

- 가설검정   1-322
- ✓ 예상문제   1-331

PART 03 빅데이터 모델링

CHAPTER 01 분석 모형 설계
SECTION 01 분석 절차 수립
- 분석 모형 선정   1-342
- 분석 모형 정의   1-344
- 분석 모형 구축 절차   1-346
- ✓ 예상문제   1-350

SECTION 02 분석 환경 구축
- 분석 도구 선정   1-352
- 데이터 분할   1-353
- ✓ 예상문제   1-356

CHAPTER 02 분석기법 적용
SECTION 01 분석기법
- 분석기법 개요   1-360
- 회귀분석   1-366
- 의사결정나무   1-371
- 인공신경망   1-379
- 서포트벡터머신(SVM)   1-392
- 연관성분석   1-394
- 군집분석   1-397
- ✓ 예상문제   1-404

SECTION 02 고급 분석기법
- 범주형 자료분석   1-411
- 다변량분석   1-414
- 시계열분석   1-418
- 베이즈 기법   1-424
- 딥러닝 분석   1-427
- 비정형 데이터 분석   1-432
- 앙상블 분석   1-436
- 비모수 통계   1-440
- ✓ 예상문제   1-443

PART 04 빅데이터 결과 해석

CHAPTER 01 분석 모형 평가 및 개선
SECTION 01 분석 모형 평가
- 평가 지표   1-450
- 분석 모형 진단   1-455
- k-폴드 교차검증   1-456
- 적합도 검정   1-458
- ✓ 예상문제   1-460

SECTION 02 분석 모형 개선
- 과대적합 방지   1-463

- 매개변수 최적화   1-465
- 분석 모형 융합   1-468
- 최종 모형 선정   1-469
- ✅ 예상문제   1-471

CHAPTER 02 분석결과 해석 및 활용

SECTION 01 분석결과 해석
- 분석 모델별 결과 해석   1-476
- 분석 모델별 시각화   1-480
- ✅ 예상문제   1-484

SECTION 02 분석결과 시각화
- 데이터 시각화 개요   1-487
- 데이터 시각화 영역   1-491
- 시간 시각화   1-495
- 분포 시각화   1-499
- 관계 시각화   1-503
- 비교 시각화   1-506
- 공간 시각화   1-511
- ✅ 예상문제   1-514

SECTION 03 분석결과 활용
- 분석모형 전개   1-523
- 분석결과 활용 계획 수립   1-526
- 분석결과 적용과 보고서 작성   1-528
- 분석모형 모니터링   1-529
- 분석모형 리모델링   1-530
- ✅ 예상문제   1-532

정규분포표, t-분포표, 카이제곱 분포표, F 분포표   1-535
INDEX   1-545

별책 기출공략집   2권

- 합격생의 정리노트   2-3
- 최신 기출문제 ▶
  - 기출문제 10회~03회   2-28
  - 기출문제 정답 & 해설   2-175
- 실전 모의고사 ▶
  - 실전 모의고사 01회~03회   2-231
  - 실전 모의고사 정답 & 해설   2-271

부록 BONUS 또기적 합격자료집   PDF

- 핵심 포인트 정리
- 스터디 플래너

※ 참여 방법 : '이기적 스터디 카페' 검색 → 이기적 스터디카페(cafe.naver.com/yjbooks) 접속 → '구매 인증 PDF 증정' 게시판 → 구매 인증 → 메일로 자료 받기

이 책의 구성

STEP 1 핵심이 정리된 기초이론

전문가가 알기 쉽게 정리한 완벽 이론

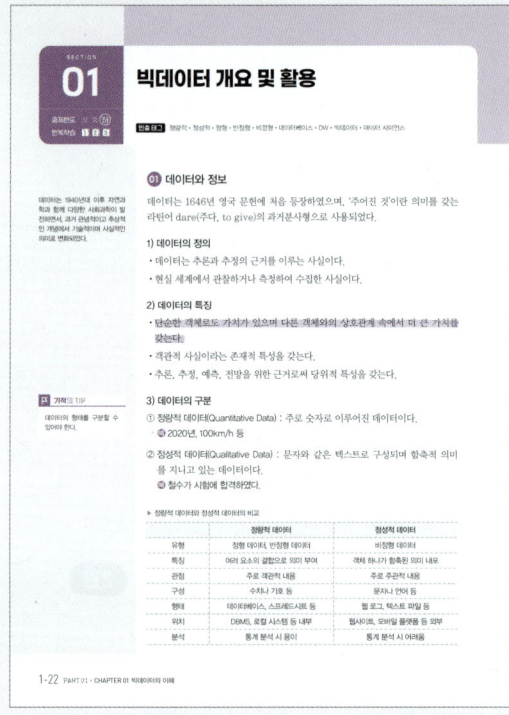

- 출제빈도와 빈출 태그 확인
- 홈페이지 동영상 강의 시청
- 다양한 팁으로 학습 지원

STEP 2 이론 복습 & 유형 파악

개념을 체크하는 예상문제 & 합격생의 정리노트

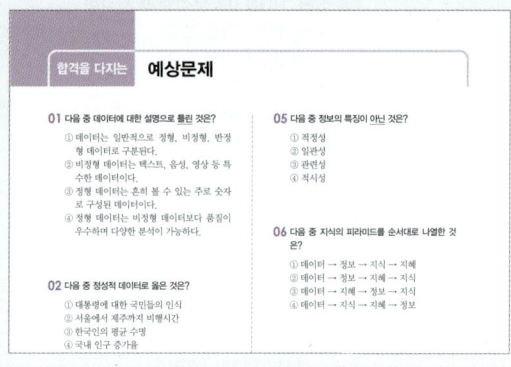

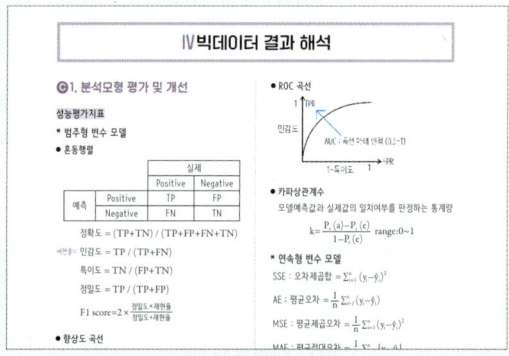

- 개념 체크 문제로 이론 복습
- 예상문제로 빈출 유형 확인
- 정리노트로 키워드 학습

STEP 3 기출문제 & 모의고사

BONUS 또기적 합격자료집

2025~2021년
최신 기출문제 8회분 수록

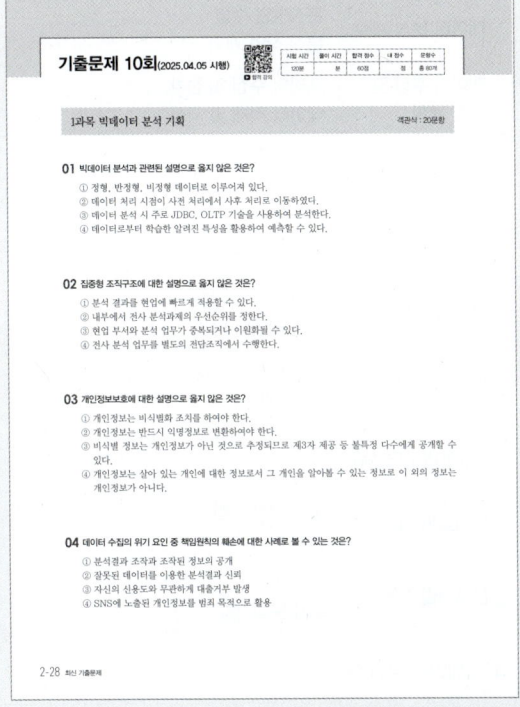

- 복원된 기출문제로 실력 체크
- QR 코드로 동영상 풀이 시청
- 오답 정리로 실전 대비

도서 구매자 특별 제공
핵심 포인트 정리 + 스터디 플래너

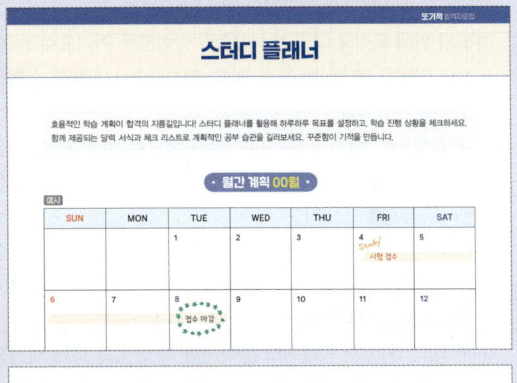

- 스터디 카페 인증으로 PDF 받기
- 핵심 정리 파일로 반복 학습
- 직접 작성하는 플래너로 스케줄 관리

시험의 모든 것

시험 알아보기

● 빅데이터분석기사 소개

빅데이터 이해를 기반으로 빅데이터 분석 기획, 빅데이터 수집·저장·처리, 빅데이터 분석 및 시각화를 수행하는 실무자를 말한다.

대용량의 데이터 집합으로부터 유용한 정보를 찾고 결과를 예측하기 위해 목적에 따라 분석기술과 방법론을 기반으로 정형/비정형 대용량 데이터를 구축, 탐색, 분석하고 시각화를 수행하는 업무를 수행한다.

전 세계적으로 빅데이터가 미래성장동력으로 인식돼, 각국 정부에서는 관련 기업투자를 끌어내는 등 국가·기업의 주요 전략분야로 부상하고 있다.

국가와 기업의 경쟁력 확보를 위해 빅데이터 분석 전문가의 수요는 증가하고 있으나, 수요 대비 공급 부족으로 인력 확보에 어려움이 높은 실정이다.

이에 정부차원에서 빅데이터 분석 전문가 양성과 함께 체계적으로 역량을 검증할 수 있는 국가기술자격 수요가 높아지고 있다.

● 응시 자격

- 대학 졸업자 및 졸업예정자(전공 무관)
- 그 외 응시자격은 시행처의 자격안내 확인

● 시험 형식

- 시험 시간 120분, 총 80문항, 객관식
- PBT(Paper Based Test) 형식으로 진행

출제 기준

● 필기 검정 4과목

1. 빅데이터 분석 기획

빅데이터의 이해	빅데이터 개요 및 활용 빅데이터 기술 및 제도
데이터 분석 계획	분석방안 수립 분석 작업 계획
데이터 수집 및 저장 계획	데이터 수집 및 전환 데이터 적재 및 저장

2. 빅데이터 탐색

데이터 전처리	데이터 정제 분석 변수 처리
데이터 탐색	데이터 탐색 기초 고급 데이터 탐색
통계기법 이해	기술통계 추론통계

3. 빅데이터 모델링

분석모형 설계	분석 절차 수립 분석 환경 구축
분석기법 적용	분석기법 고급 분석기법

4. 빅데이터 결과 해석

분석모형 평가 및 개선	분석모형 평가 분석모형 개선
분석결과 해석 및 활용	분석결과 해석 분석결과 시각화 분석결과 활용

필기 접수 및 응시

- **접수 기간**

  시험일로부터 한달 전쯤 진행

- **시험 회차**

  연 2회 시행

- **시험 접수**

  데이터자격검정 홈페이지(www.dataq.or.kr)에서 접수

- **필기 합격 기준**

  과목당 25점을 만점으로 ① 각 과목별 10점 이상
  ② 총점 60점 이상

- **필기 시험 과락**

  한 과목이라도 10점 미만인 경우 불합격 처리

- **준비물**

  신분증, 컴퓨터용 사인펜, 수험표 지참

합격 발표 및 실기 접수

- **필기 합격 발표**

  데이터자격검정 홈페이지(www.dataq.or.kr)에서 지정된 날짜에 발표

- **응시자격 증빙서류**

  - 필기 시험 합격 후 공지된 기간에 홈페이지 제출
  - 경력증명서, 재직증명서, 최종학력증명서, 자격증 사본 중 택1

- **실기 시험 접수**

  - 응시자격 승인 후 공지된 기간에 접수 가능
  - 필기 시험 합격일부터 2년간 필기 시험 면제

- **최종 합격 및 자격증 발급**

  - 합격자 중에서 자격증 발급 신청자에 한하여 교부
  - 데이터자격검정 홈페이지 로그인 → 마이페이지 → 자격증 관리에서 발급/신청 가능

고사장 및 시험 관련 문의

- 시행처 : 한국데이터산업진흥원
- www.dataq.or.kr

☎ 1877-9817

시험 출제 경향

PART 01 빅데이터 분석 기획 — 무조건 점수를 따고 들어가자!

20문항

1과목 빅데이터 분석 기획은 데이터 전문가라면 기본 소양으로 알고 있어야 하는 내용이 많으며 출제 역시 전반적인 개념과 사례에 대해 물어보는 형태가 주로 출제되고 있습니다. 각종 절차와 내용, 기술 용어 등의 이해와 함께 빅데이터로 인한 개인정보 침해 등 사회적 문제에 대해서도 출제가 자주 되고 있으니 대비해야 합니다.

1-1. 빅데이터 개요 및 활용 — 17%
빈출 태그 ETL, 가트너 3V, 데이터사이언티스트, 데이터 웨어하우스, 빅데이터 가치, 마이데이터, 데이터 분석 조직구조, 소프트 스킬, 데이터 처리 단위

1-2. 빅데이터 기술 및 제도 — 35%
빈출 태그 딥러닝, 분석5단계, 지도학습, 비식별화, 개인정보보호법, 데이터 거버넌스, 하둡, GDPR, API 게이트웨이, 스파크, 전이학습, LLM

2-1. 분석 방안 수립 — 25%
빈출 태그 EDA, 데이터 분석 기획, 절차, 접근 방법, 모델링, 진단 분석, 분석 성숙도, 시급성, 메타 데이터, CRISP-DM

2-2. 분석 작업 계획 — 8%
빈출 태그 이상값, 데이터 수집, 분석 단계, 프로젝트 관리, FGI, WBS

3-1. 데이터 수집 및 전환 — 10%
빈출 태그 정형데이터 품질 보증, 민감 정보, 데이터 품질, 비식별 조치

3-2. 데이터 적재 및 저장 — 5%
빈출 태그 nosql, HDFS, 제타바이트, 저장 시스템, Key-Value

PART 02 빅데이터 탐색 — 개념을 이해하고 통계 문제에 대비하자!

20문항

2과목 빅데이터 탐색은 기초 통계의 수학적 이해를 요구합니다. 계산 문제가 매회 2~3 문제씩 출제되나 그 난이도는 높지 않으므로 개념 이해를 통해 다양한 유형의 출제에 대비하는 것이 좋습니다. 데이터 탐색에 응용되는 다양한 개념들과 각종 기술/추론 통계를 모두 꼼꼼히 공부하여 점수를 놓치지 않도록 준비하세요.

1-1. 데이터 정제 — 2%
빈출 태그 데이터 정제, 이상치 판단, 결측값 대치

1-2. 분석 변수 처리 — 20%
빈출 태그 변수 선택, 파생 변수 생성, 학습데이터 불균형, 차원의 저주, 군집 불균형, 차원 축소, 변수 변환, 원-핫 인코딩, 오버샘플링

2-1. 데이터 탐색 기초 — 25%
빈출 태그 박스플롯, 산점도, 상관계수, median, 표본 추출, 왜도, 기초통계량, 이상치

2-2. 고급 데이터 탐색 — 3%
빈출 태그 주성분분석, 비정형데이터, 요인분석, 텍스트 마이닝, 시공간 데이터

3-1. 기술통계 — 30%
빈출 태그 전수조사, 불량률, 확률 계산, 확률분포, 포아송분포, 정규분포, 중심극한정리, 군집추출, 층화추출, 카이제곱, 확률밀도함수, 베이즈 정리

3-2. 추론통계 — 20%
빈출 태그 최대우도, Z 계산, 점추정, 1종/2종 오류, 유의수준, 표본분산

PART 03 빅데이터 모델링 — 분석 기법의 주요 포인트를 파악하자!

20문항

3과목 빅데이터 모델링은 분석 기법에 대한 심도 있는 내용과 본 자격증의 핵심 내용을 모두 담은 중요한 과목입니다. 모델의 특징을 이해해야 풀 수 있는 문제가 많이 출제되며, 다양한 응용 알고리즘에 대한 학습도 필요합니다. 과목의 특성상 방대한 범위에서 출제가 이뤄지기 때문에 고득점이 쉽지 않은 과목이므로 반복 학습은 필수입니다.

1-1. 분석 절차 수립 — 2%
빈출 태그 모델링 절차, 분석 시나리오, 가설검정

1-2. 분석 환경 구축 — 5%
빈출 태그 K-fold 검정, 데이터 분할, 과대적합

2-1. 분석기법 — 63%
빈출 태그 변수 선택, 인공신경망, 합성곱 계층, 잔차진단, SVM, LASSO, Ridge, 로지스틱 회귀, 앙상블, 비지도학습, 지도학습-분류, 군집분석, 회귀분석, 활성화함수, 의사결정나무, DNN, CNN, RNN, 초매개변수, GAN, 드롭아웃, 연관성분석

2-2. 고급 분석기법 — 30%
빈출 태그 자료 분석, 다차원 척도, 베이즈 정리, 시계열 자료, 자기상관, 비정형 데이터 형태, 랜덤 포레스트, 비모수적 통계 검정법, 보팅, 배깅, 부스팅, ARIMA, 앙상블

PART 04 빅데이터 결과 해석 — 비교적 어렵지 않으므로 고득점을 노려보자!

20문항

4과목 빅데이터 결과 해석은 검정, 진단, 모형 선택, 시각화에 관한 문제가 출제되고 있습니다. 각종 지표와 혼동행렬 관련 문제는 매회 여러 문제가 출제되고 있으므로 꼭 확실히 이해해야 합니다. 차트별 특징, 어떻게 해석할 것인지에 대해 비교적 어렵지 않게 출제되므로 고득점을 노려보세요.

1-1. 분석모형 평가 — 43%
빈출 태그 편향, 분산, 혼동 행렬, ROC, F1 score, 적합도 검정, 정밀도, 민감도, 특이도, 모형 진단, 잔차 진단, 정규성 가정, 홀드아웃, k-폴드 교차검증

1-2. 분석모형 개선 — 12%
빈출 태그 초매개변수, 모형 선택, 매개변수 최적화, 가중치 감소

2-1. 분석결과 해석 — 10%
빈출 태그 MAE, MAPE, 선형회귀, ROC, 지지도, 신뢰도, 실루엣, 엘보우

2-2. 분석결과 시각화 — 25%
빈출 태그 산점도, 막대그래프, 불균형 데이터셋, 인포그래픽, 버블차트, 카토그램, 히스토그램, 스타차트, 파레토 차트

2-3. 분석결과 활용 — 10%
빈출 태그 모델링 타입, 분석결과의 활용, 성과지표, 분석모형 전개

저자 소개

저자 **나홍석**
- 고려대학교 컴퓨터학 박사
- 고려사이버대학교 소프트웨어공학과/미래학부 교수
- 前 시드니대학교 방문연구교수
- 前 NCS DB엔지니어링 분과 교육전문위원
- 前 ISO/IEC JTC1/SC32 (데이터관리서비스) 위원

저자 **배원성**
- 고려대학교 이학 박사 (응용수학 및 확률론 전공)
- 서울대학교 생명공학공동연구원 선임연구원
- 쿼터백 R&D 총괄
- 前 NH투자증권 로보어드바이저 및 포트폴리오 R&D
- 前 NH투자증권 FICC상품운용 및 프론트 퀀트
- 前 신한금융투자 파생상품운용 및 프론트 퀀트
- 前 고려대학교 대학원 금융공학전공 겸임교수

저자 **이건길**
- 고려대학교 경영학 석사 (MIS 전공)
- ㈜엔씨소프트 Data Science Team 팀장
- 제13회 전국 퍼스널 컴퓨터 경진대회, 제14회 한국정보올림피아드 등 총12회 수상
- 연세대학교 정보대학원 Machine Learning and Computational Finance Lab 박사과정
- 고려사이버대학교 외래교수

저자 **이혜영**
- 밀라노공과대학교 비즈니스데이터사이언스 석사
- ㈜스피랩 대표이사
- 고려대학교 AI대학원 Robot Intelligence Lab 석박사 통합과정
- 2022-2023 한국정보과학회 IoT 부문 우수발표논문상
- 고려사이버대학교 겸임교수

*고려사이버대학교 AI·빅데이터 연구소

인공지능·빅데이터 분야의 다양한 지식과 기술을 연구하고, 교육을 통한 전문 인력을 양성하여 대학뿐만 아니라 국가/사회 발전에 기여함을 목적으로 설립되었습니다. AI·빅데이터 분야 전문 교육과정 개발과 운영, 국제 간 학술교류 등의 사업을 진행하고 있습니다.

*이기적 스터디 카페 cafe.naver.com/yjbooks

한 번에 합격, 자격증은 이기적! 전문가들이 함께하는 질문답변 게시판과 이벤트, 각종 추가 자료 등 독자분들께 다양한 혜택들을 제공하고 있습니다.

추천사

데이터는 비즈니스와 사건의 전자적 기록일 뿐, 일상의 비즈니스 현장과 전략적 의사결정은 오직 주관적(암묵적) 경험과 육감에만 의지하던 시절이 옛날 이야기처럼 있었습니다. 그 기나긴 암흑기 동안 데이터는 진실로 가치 있는 일에는 사용되지 못했습니다. 이제 마침내 빅데이터로써 의미 있는 가치를 실현하는 시대가 밝았습니다.

빅데이터의 축적과 분석/활용에 대한 수요가 매우 높아서 업무시간의 상당 부분을 내부 직원의 육성/전환뿐만 아니라 외부 전문가 경력 채용에 할애하고 있는데, 누구든 단순히 관련 용어들을 언급은 하지만 기본 개념에 대한 올바른 이해를 가지고 실제의 경험을 나누는 수준에는 미치지 못하는 분들도 있습니다. 이 혼란 속에서 빅데이터 전문가를 양성하고 그 역량을 체계적으로 검정(檢定)할 수 있는 최소한의 방법으로서 빅데이터분석기사 자격검정 시험이 제정/시행되고 있는 것은 무척 반가운 일이며, 이에 도전하는 분들이 많은 것을 기쁘게 생각합니다.

단순한 암기뿐만 아니라 기본 개념의 이해와 응용을 요구하는 자격 시험을 준비하기 위해서는 '개념의 이해'와 '문제의 풀이'라는 두 과정이 모두 필수적입니다. 신뢰할 수 있는 저자들의 이론서로 개념을 공부하고 관련된 문제를 통해 이해한 바를 확실히 하는 것이 필기 시험을 미리 준비하는 과정에서는 매우 유익하고, 시험 일자에 임박해서는 기출 문제를 포함하여 다양한 문제의 제시와 설명이 충실한 책으로 문제풀이 감각을 높이는 것이 주효할 것으로 생각합니다.

제가 깊은 신뢰를 갖고 있는 이 책의 주도적 기획자들이, 시험을 준비하는 분들의 개념에 대한 이해를 설명을 통해 충실히 돕고 문제풀이를 통해 그 이해를 강화하는 구도의 책을 기획/준비한 점이 참 좋습니다. 시험준비를 처음 시작할 때, 그리고 수많은 문제 풀이 후에 단권화를 시도할 때, 이 책이 여러분의 탁월한 선택이 될 것으로 기대합니다.

— 김은생 부사장(LG CNS | Data & Analytics)

바야흐로 디지털 변환(Digital Transformation)의 시대. 금융, 통신, 제조 등 전산업이 큰 변화를 겪는 가운데, 우리는 매일 새로운 비즈니스 모델과 서비스를 경험하고 있습니다. 그렇다면 우리는 디지털 변환이라는 현상의 본질을 어떻게 이해할 수 있을까요? 바로 변화와 혁신의 핵심이 데이터(Data)이기에 현시대를 살아가는 사람들은 데이터에 대한 올바른 이해가 필요합니다.

"이기적 빅데이터분석기사 필기"는 데이터가 무엇이고 데이터를 활용하여 가치를 창출하는 방법이 단계별로 일목요연하게 잘 정리된 책입니다. 수험서적으로써 그 내용이 완벽하게 구성되어 있을뿐만 아니라 그 어느 빅데이터 교양서적보다도 유의미한 내용을 포함하고 있습니다.

데이터 수집과 탐색, 통계기법, 모델링, 분석결과 활용 등 이 책을 하나하나 따라가다 보면, 세상의 변화를 읽을 줄 아는 데이터 전문가로 성장하고 있는 여러분을 발견하실 겁니다. 따라서, 빅데이터분석기사 수험생은 반드시 읽어야할 책이며, 데이터 실무에 대해 한 차원 높은 이해를 원하는 분들이 읽으시면 큰 도움이 될 것입니다.

— 변형균 상무(BC카드 AI빅데이터본부장, 전 KT AI/BigData 서비스 담당)

"앞으로 열정과 지식 축적으로 데이터 전문성의 민주화(Data democratization of Expertise)에 입문하게 되실 것을 미리 축하 드립니다."

데이터 기반의 프로젝트 전문가 및 기획에 대한 20년 경력의 관리자로서, 데이터 분석의 중요성은 더 할 나위 없이 중요한 시대라 생각합니다. 저는 과거에 국내외 전자상거래 매출액 15조원 규모를 기획 및 관리할 때에도 데이터 분석을 통한 평가를 통하여 중요한 의사결정을 하였습니다. 과거 못지않게 미래에는 그 중요성이 더욱 커질 것입니다.

이기적 빅데이터분석기사 도서는 데이터 분석과 수집, 저장, 탐색, 모델링, 평가 및 시각화와 관련된 전문서적입니다. 이 책을 통해서, 독자들은 데이터의 살아있는 지식을 담고, 각자 경험을 바탕으로 성공적인 데이터 기반의 비즈니스 플랫폼을 만들 것임을 확신합니다.

또한 빅데이터분석기사 및 ADP까지 국내외 모든 데이터 관리 분야 전문가로서의 지식 체계가 수립될 것입니다.

— 강정배 기술사(ITPE 대표, PMP Agile 바이블 저자, 정보관리기술사, 수석감리원)

"In the new world, it is not the big fish which eats the small fish, it's the fast fish which eats the slow fish." 4차산업혁명을 선언한 클라우스 슈밥은 '빠른 물고기가 느린 물고기를 잡아먹는다'라는 비유로 기술변화의 시대를 살아가야 하는 개인과 기업에게 경각심을 불러일으켰습니다.

빅데이터와 인공지능으로 모든 산업영역과 생활영역이 트랜스포메이션 되고 있는 시대에 빅데이터분석기사 시험을 통해 빠른 물고기에 해당하는 인재들이 적절한 시점(Right Time)에 배출될 예정입니다. 이 책은 빅데이터 분석기획부터 빅데이터 결과해석까지 빅데이터 전체 라이프사이클에 대해서 매우 균형있게 구성을 하면서도 실무 경험까지 녹여낸 책으로 빅데이터를 학습하는 수험자 입장에서 내용 구성이 매우 잘 되어있습니다.

새 술은 새 부대에 담아야 그 맛을 오랫동안 제대로 유지할 수 있습니다. 빅데이터 시대에 실무적인 역량까지 고려하여 수험자가 학습해야 할 내용을 꼼꼼하게 담아낸 이 책을 통해 데이터사이언티스트로서 목표를 달성할 수 있기를 바랍니다.

— 이춘식 기술사(씨에스리 대표이사, 데이터베이스 설계와 구축 저자, 정보관리기술사)

4차 산업혁명과 더불어 D.N.A (Data, Network, AI) 기술로 대표되는 지능화 혁신을 통해 모든 산업 서비스들이 놀라운 속도로 발전하고 있습니다. 빅데이터로 대표되는 Data 기술은 5G로 대표되는 네트워크 기술과 결합하여 수많은 데이터들이 실시간으로 수집되고 처리되어 AI 서비스에 양질의 학습데이터를 제공되는 중요한 출발점이라고 볼 수 있습니다.

데이터는 모든 산업의 발전과 새로운 가치 창출의 촉매 역할을 하는 '데이터 경제(Data Economy)'로 패러다임 전환 중이며 많은 선진 국가들이 국가 경제의 지속 성장 및 일자리 창출을 위해 빅데이터 접목을 통한 주력산업의 재도약과 혁신성장을 도모 중입니다.

따라서 데이터를 모으고 분석에 필요한 형태로 가치있게 가다듬고 분석하여 해석하기 쉽게 시각화 전달하는 일련의 과정을 통찰력 있게 다룰 줄 아는 인재를 양성하는 일은 ICT 경쟁력을 높이는 매우 중요한 일이라 여겨 집니다.

「이기적 빅데이터분석기사 필기」수험서는 데이터를 활용하여 어떤 연구나 서비스를 제작하고자 할 때 어디서부터 시작해야 하는지, 어느 부분에 집중해야 하는지 등에 대한 실무적 해답을 쉽게 소개해 주어 비전문가라도 쉽게 데이터를 다루는 능력을 키울 수 있게 도움을 줄 수 있다고 여겨집니다.

데이터를 다루는 인재가 많이 필요한 시점인 만큼, 빅데이터 기술을 체계적으로 배우고, 객관적 능력을 검증하는데 있어 이 수험서를 추천 드리며, 이 수험서는 우리 사회에서 훌륭한 데이터 과학자가 많이 배출 하는데 큰 역할을 할 것이라 확신합니다.

— 정종진 박사(KETI 한국전자기술연구원, 정보데이터분석 팀장)

빅데이터 산업은 코로나19로 인해서 주목을 받고 발전 속도가 가속화되고 있는 가운데 디지털 뉴딜 핵심으로 꼽히며 많은 산업에 기여하고 있습니다. 정부에서는 디지털 뉴딜을 위해서 투자를 적극적으로 할 것이며 그 중에서도 빅데이터 관련 산업에 집중적으로 할 것이라고 밝혔습니다.

이와 같은 정부의 빅데이터 산업 육성 정책과 빅데이터 산업의 확대가 빅데이터 전문인력에 대한 수요를 폭발적으로 급증하게 만듦으로써 결국 '데이터분석기사'라는 국가기술자격을 갖춘 빅데이터 전문인력 양성을 위한 기사 시험을 시행하게 되었습니다.

「이기적 빅데이터분석기사 필기 기본서」는 AI · 인공지능 연구소에서 인공지능 및 빅데이터에 관한 연구개발을 담당하는 교수와 산업체 현장의 빅데이터 전문가들이 심혈을 기울여 만든 가장 효과적인 합격 지침서로서 비전공자까지도 쉽게 이해할 수 있도록 빅데이터 분석 기획, 빅데이터 탐색, 빅데이터 모델링, 빅데이터 결과 해석의 4개 과목으로 구성하여 수험생들에게 커다란 도움이 될 것입니다.

— 한운영 교수(고려사이버대학교 산학협력단장)

PART

01

빅데이터 분석 기획

파트 소개

1과목은 빅데이터와 분석에 대한 기본적 이해를 주로 다룹니다. 관련 기본 용어와 기술 및 제도에 대해 알아보고 분석, 수집 및 저장 계획을 수립하는 과정을 확인합니다. 다른 파트보다 방대할 수 있지만 이론적 정리를 통해 높은 점수를 목표로 공부하도록 합니다.

CHAPTER 01

빅데이터의 이해

학습 방향

빅데이터와 관련된 기술에 대해 공부해야 합니다. 단계별로 빅데이터가 어떻게 처리되는지, 또 어떤 요소를 중요시하며 사용되는 기술은 무엇이 있는지 확인하며 공부합니다.

개인정보와 비식별화도 시험에서 중요한 비중을 차지하니 고득점을 목표로 대비해야 합니다.

출제 빈도

SECTION 01 하 10%
SECTION 02 상 90%

SECTION 01 빅데이터 개요 및 활용

빈출 태그 정량적 · 정성적 · 정형 · 반정형 · 비정형 · 데이터베이스 · DW · 빅데이터 · 데이터 사이언스

> 데이터는 1940년대 이후 자연과학과 함께 다양한 사회과학이 발전하면서, 과거 관념적이고 추상적인 개념에서 기술적이며 사실적인 의미로 변화되었다.

01 데이터와 정보

데이터는 1646년 영국 문헌에 처음 등장하였으며, '주어진 것'이란 의미를 갖는 라틴어 dare(주다, to give)의 과거분사형으로 사용되었다.

1) 데이터의 정의
- 데이터는 추론과 추정의 근거를 이루는 사실이다.
- 현실 세계에서 관찰하거나 측정하여 수집한 사실이다.

2) 데이터의 특징
- 단순한 객체로도 가치가 있으며 다른 객체와의 상호관계 속에서 더 큰 가치를 갖는다.
- 객관적 사실이라는 존재적 특성을 갖는다.
- 추론, 추정, 예측, 전망을 위한 근거로써 당위적 특성을 갖는다.

3) 데이터의 구분

① 정량적 데이터(Quantitative Data) : 주로 숫자로 이루어진 데이터이다.
　예) 2020년, 100km/h 등

② 정성적 데이터(Qualitative Data) : 문자와 같은 텍스트로 구성되며 함축적 의미를 지니고 있는 데이터이다.
　예) 철수가 시험에 합격하였다.

> **기적의 TIP**
> 데이터의 형태를 구분할 수 있어야 한다.

▶ 정량적 데이터와 정성적 데이터의 비교

	정량적 데이터	정성적 데이터
유형	정형 데이터, 반정형 데이터	비정형 데이터
특징	여러 요소의 결합으로 의미 부여	객체 하나가 함축된 의미 내포
관점	주로 객관적 내용	주로 주관적 내용
구성	수치나 기호 등	문자나 언어 등
형태	데이터베이스, 스프레드시트 등	웹 로그, 텍스트 파일 등
위치	DBMS, 로컬 시스템 등 내부	웹사이트, 모바일 플랫폼 등 외부
분석	통계 분석 시 용이	통계 분석 시 어려움

4) 데이터의 유형

① 정형 데이터(Structured Data) : 정해진 형식과 구조에 맞게 저장되도록 구성된 데이터이며, 연산이 가능하다.
  - 예 관계형 데이터베이스의 테이블에 저장되는 데이터 등

② 반정형 데이터(Semi-structured Data) : 데이터의 형식과 구조가 비교적 유연하고, 스키마 정보를 데이터와 함께 제공하는 파일 형식의 데이터이며, 연산이 불가능하다.
  - 예 JSON, XML, RDF, HTML 등

③ 비정형 데이터(Unstructured Data) : 구조가 정해지지 않은 대부분의 데이터이며, 연산이 불가능하다.
  - 예 동영상, 이미지, 음성, 문서, 메일 등

스키마
자료의 구조, 표현 방법

JSON(JavaScript Object Notation)
데이터 오브젝트를 전달하기 위해 인간이 읽을 수 있는 텍스트를 사용하는 개방형 표준 포맷

XML(eXtensible Markup Language)
여러 특수 목적을 갖는 마크업 언어를 만드는 용도로 권장되는 다목적 마크업 언어

5) 데이터의 근원에 따른 분류

데이터의 수집과정은 데이터의 재생산 과정으로 볼 수 있으며, 원본 데이터로부터 재생산된 데이터는 가역 데이터와 불가역 데이터로 구분할 수 있다.

① 가역 데이터 : 생산된 데이터의 원본으로 일정 수준 환원이 가능한 데이터로 원본과 1:1 관계를 갖는다. 이력 추적이 가능하여, 원본 데이터가 변경되는 경우 변경사항을 반영할 수 있다.

② 불가역 데이터 : 생산된 데이터의 원본으로 환원이 불가능한 데이터이다. 원본 데이터와는 전혀 다른 형태로 재생산되기 때문에, 원본 데이터의 내용이 변경되었더라도 변경사항을 반영할 수 없다.

▶ 가역 데이터와 불가역 데이터의 비교

	가역 데이터	불가역 데이터
환원성(추적성)	가능(비가공 데이터)	불가능(가공 데이터)
의존성	원본 데이터 그 자체	원본 데이터와 독립된 새 객체
원본과의 관계	1대1의 관계	1대N, N대1 또는 M대N의 관계
처리과정	탐색	결합
활용분야	데이터 마트, 데이터 웨어하우스	데이터 전처리, 프로파일 구성

6) 데이터의 기능

과학적 발견은 개인의 암묵적 지식에 기초하는 경우가 많으며, 이를 활용하려면 데이터를 기반으로 한 암묵지와 형식지의 상호작용이 중요하다.

① 암묵지 : 어떠한 시행착오나 다양하고 오랜 경험을 통해 개인에게 체계화되어 있으며, 외부에 표출되지 않은 무형의 지식으로 그 전달과 공유가 어렵다.

② 형식지 : 형상화된 유형의 지식으로 그 전달과 공유가 쉽다.

데이터 마트
데이터 웨어하우스 환경에서 정의된 접근계층으로, 데이터 웨어하우스에서 데이터를 꺼내 사용자에게 제공 역할

암묵지
학습과 경험을 통하여 개인에게 체화되어 있지만 겉으로 드러나지 않는 지식

형식지
명시적으로 알 수 있는 형태, 형식을 갖추어 표현되고 공유가 가능한 지식

7) 지식창조 매커니즘

암묵지와 형식지 간 상호작용을 위한 일본의 경영학자 노나카 이쿠지로의 지식창조 매커니즘은 다음의 4단계로 구성된다.

① **공통화(Socialization)** : 서로의 경험이나 인식을 공유하며 한 차원 높은 암묵지로 발전시킨다.

② **표출화(Externalization)** : 암묵지가 구체화되어 외부(형식지)로 표현된다.

③ **연결화(Combination)** : 형식지를 재분류하여 체계화한다.

④ **내면화(Internalization)** : 전달받은 형식지를 다시 개인의 것으로 만든다.

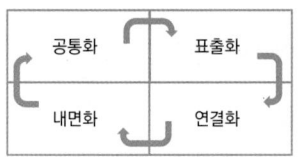

▲ 지식창조 매커니즘

8) 데이터, 정보, 지식, 지혜

데이터, 정보, 지식, 지혜는 인간의 사회활동 속에서 가치창출을 위한 일련의 프로세스로 연결되어 기능한다.

데이터의 정확성은 정보, 지식, 지혜와의 상호관계에서 지대한 영향을 미치며, 가치창출에 있어 핵심적인 역할을 한다.

▶ 지식의 피라미드(가치창출 프로세스)

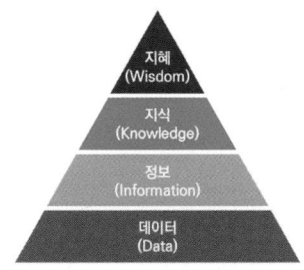

지혜 (Wisdom)	축적된 지식을 통해 근본적인 원리를 이해하고 아이디어를 결합하여 도출한 창의적 산물이다. 예 다른 상품들도 온라인 쇼핑 시 오프라인 상점보다 저렴할 것이다.
지식 (Knowledge)	상호 연결된 정보를 구조화하여 유의미한 정보를 분류하고 개인적인 경험을 결합시켜 내재화한 고유의 결과물이다. 예 오프라인 상점보다 저렴한 온라인 쇼핑으로 노트북을 구매할 것이다.
정보 (Information)	데이터를 가공하거나 처리하여 데이터 간 관계를 분석하고 그 속에서 도출된 의미를 말하며, 항상 유용한 것은 아니다. 예 오프라인 상점보다 온라인 쇼핑 시 노트북 가격이 더 저렴하다.
데이터 (Data)	현실 세계에서 관찰하거나 측정하여 수집한 사실이나 값으로 개별 데이터로는 그 의미가 중요하지 않은 객관적인 사실이다. 예 온라인 쇼핑 시 노트북 가격은 100만 원이며, 오프라인 상점의 노트북 가격은 150만 원이다.

개념 체크

1 다음 중 데이터에 대한 설명으로 옳은 것은?

① 데이터는 추론과 추정의 근거를 이루는 사실로, 단순한 객체로는 가치가 없고 다른 객체와의 상호관계 속에서 가치를 갖는다.
② 정량적 데이터는 정형 데이터이고, 정성적 데이터는 반정형 데이터와 비정형 데이터이다.
③ 데이터는 추론과 추정의 근거를 이루는 사실로, 정량적 데이터와 정성적 데이터 모두 객관적 내용을 내포하고 있다.
④ 데이터의 유형을 유연성을 기준으로 나열했을 때 비정형 데이터가 가장 유연하고, 정형 데이터는 유연성이 부족하다.

정답 ④

- 데이터는 단순한 객체로도 가치가 있으며 다른 객체와의 상호관계 속에서 더 큰 가치를 갖는다.
- 정량적 데이터는 정형 데이터와 반정형 데이터이고, 정성적 데이터는 비정형 데이터이다.
- 정량적 데이터는 주로 객관적 내용을, 정성적 데이터는 주로 주관적 내용을 내포하고 있다.
- 정형 데이터는 정해진 형식과 구조에 맞게 저장하여야 하지만, 반정형 데이터는 데이터의 형식과 구조가 비교적 유연하고, 비정형 데이터는 구조를 갖지 않은 경우가 대부분이다.

2 다음 중 데이터의 특성에 대한 설명으로 옳은 것은?

① 정형 데이터는 가역 데이터이며, 언제든지 환원 가능하다.
② 암묵지는 외부에 표출되지 않은 무형의 지식으로 그 전달과 공유가 어렵다.
③ 서로의 경험이나 인식을 공유하며 한 차원 높은 암묵지로 발전시키는 과정을 연결화라 한다.
④ 편의점보다 대형마트에서 구매할 때 아이스크림 가격이 더 저렴하다는 것은 데이터의 한 예이다.

정답 ②

- 데이터의 근원에 따라 분류했을 때 환원이 가능한 경우 가역 데이터, 그렇지 못한 경우 불가역 데이터라 하며, 데이터의 유형과 무관하게 비가공 데이터인 경우 가역 데이터, 가공이 이루어진 경우 불가역 데이터로 분류된다.
- 암묵지는 학습과 경험을 통하여 개인에게 체계화되어 있지만 겉으로 드러나지 않는 지식이다.
- 지식창조 메커니즘은 공통화, 표출화, 연결화, 내면화를 반복하며, 서로의 경험이나 인식을 공유하며 한 차원 높은 암묵지로 발전시켜 나가는 과정을 공통화라 하고, 연결화는 표출화를 통해 표현된 형식지를 재분류하여 체계화하는 과정이다.
- 데이터를 가공하거나 처리하여 데이터 간 관계를 분석하고 그 속에서 도출된 의미를 정보라 하며, 편의점보다 대형마트에서 아이스크림 가격이 더 저렴하다는 것은 정보의 한 예이다.

02 데이터베이스

데이터베이스(DataBase)라는 용어는 1963년 6월에 컴퓨터 중심의 데이터베이스 개발과 관리라는 주제로 미국 SDC(System Development Corporation)가 개최한 심포지엄에서 공식적으로 사용되었다.

> 데이터베이스는 1950년대에 미국 정부가 세계 각국에 있는 미군의 군비 상황을 집중 관리하기 위하여 컴퓨터 기술을 활용하면서 시작되었으며, 이때 수집된 자료를 '데이터(data)의 기지(base)'라는 뜻으로 표현하였다.

1) 데이터베이스의 정의

- 체계적이거나 조직적으로 정리되고 전자식 또는 기타 수단으로 개별적으로 접근할 수 있는 독립된 저작물, 데이터 또는 기타 소재의 수집물이다.
  - 데이터베이스는 소재를 체계적으로 배열 또는 구성한 편집물로서 개별적으로 그 소재에 접근하거나 그 소재를 검색할 수 있도록 한 것이다. (저작권법)

> 데이터베이스는 관련된 레코드의 집합, 소프트웨어로는 데이터베이스 관리 시스템(DBMS)을 의미한다.

- 동시에 복수의 적용 업무를 지원할 수 있도록 복수 이용자의 요구에 대응해서 데이터를 받아들이고 저장, 공급하기 위하여 일정한 구조에 따라서 편성된 데이터의 집합이다.
- 문자, 기호, 음성, 화상, 영상 등 상호 관련된 다수의 콘텐츠를 정보 처리 및 정보통신 기기에 의하여 체계적으로 수집, 축적하여 다양한 용도와 방법으로 이용할 수 있도록 정리한 정보의 집합체이다.

2) 데이터베이스 관리 시스템(DataBase Management System, DBMS)

데이터베이스를 관리하며 응용 프로그램들이 데이터베이스를 공유하며 사용할 수 있는 환경을 제공하는 소프트웨어이다.

▶ 데이터베이스 관리 시스템의 종류

종류	설명
관계형 DBMS	데이터를 열과 행을 이루는 테이블로 표현하는 모델이다.
객체지향 DBMS	정보를 객체 형태로 표현하는 모델이다.
네트워크 DBMS	그래프 구조를 기반으로 하는 모델이다.
계층형 DBMS	트리 구조를 기반으로 하는 모델이다.

> **SQL**
> 데이터베이스의 데이터 관리를 위해 IBM에서 설계된 언어

- SQL(Structured Query Language)
  - 데이터베이스에 접근할 때 사용하는 언어이다.
  - 단순한 질의 기능뿐만 아니라 데이터 정의와 조작 기능을 갖추고 있다.
  - 테이블 단위로 연산을 수행하며 초보자들도 비교적 쉽게 사용 가능하다.

3) 데이터베이스의 특징

① 통합된 데이터(Integrated Data)

동일한 데이터가 중복되어 저장되지 않음을 의미한다.

- 데이터의 중복은 관리상 복잡하고 다양한 문제를 초래한다.

② 저장된 데이터(Stored Data)

컴퓨터가 접근할 수 있는 저장매체에 데이터를 저장한다.

③ 공용 데이터(Shared Data)

여러 사용자가 서로 다른 목적으로 데이터를 함께 이용한다.

- 일반적으로 대용량화되어 있고 구조가 복잡하다.

④ 변화되는 데이터(Changed Data)

데이터는 현시점의 상태를 나타내며 지속적으로 갱신된다.

- 갱신으로 변화하면서도 현재의 정확한 데이터를 유지해야 한다.

▶ 데이터베이스의 장단점

장점	단점
• 데이터 중복 최소화 • 실시간 접근 가능 • 데이터 보안 강화 • 논리적 및 물리적 독립성 제공 • 데이터 일관성 제공 • 데이터 무결성 보장 • 데이터 공유 용이	• 구축과 유지에 따른 비용 발생 • 백업과 복구 등 관리 필요

4) 데이터베이스의 활용

① OLTP(OnLine Transaction Processing)

호스트 컴퓨터와 온라인으로 접속된 여러 단말 간 처리 형태의 하나로 데이터베이스의 데이터를 수시로 갱신하는 프로세싱을 의미한다.

- 여러 단말에서 보내온 메시지에 따라 호스트 컴퓨터가 데이터베이스를 액세스하고, 바로 처리 결과를 돌려보내는 형태를 말한다.
- 현재 시점의 데이터만을 데이터베이스가 관리한다는 개념이다.
  - 이미 발생된 트랜잭션에 대해서는 데이터값이 과거의 데이터로 다른 디스크나 테이프 등에 보관될 수 있다.

② OLAP(OnLine Analytical Processing)

정보 위주의 분석 처리를 하는 것으로, OLTP에서 처리된 트랜잭션 데이터를 분석해 제품의 판매 추이, 구매 성향 파악, 재무 회계 분석 등을 프로세싱하는 것을 의미한다.

- 다양한 비즈니스 관점에서 쉽고 빠르게 다차원적인 데이터에 접근하여 의사결정에 활용할 수 있는 정보를 얻을 수 있게 하는 기술이다.

▶ OLTP와 OLAP의 비교

구분	OLTP	OLAP
데이터 구조	복잡	단순
데이터 갱신	동적으로 순간적	정적으로 주기적
응답 시간	수 초 이내	수 초에서 몇 분 사이
데이터 범위	수 십일 전후	오랜 기간 저장
데이터 성격	정규적인 핵심 데이터	비정규적 읽기 전용 데이터
데이터 크기	수 기가바이트	수 테라바이트
데이터 내용	현재 데이터	요약된 데이터
데이터 특성	트랜잭션 중심	주제 중심
데이터 액세스 빈도	높음	보통
질의 결과 예측	주기적이며 예측 가능	예측하기 어려움

OLTP가 데이터 갱신 위주라면, OLAP는 데이터 조회 위주라고 할 수 있다.

★ 데이터 웨어하우스
데이터만이 아닌 분석 방법까지도 포함하여 조직 내 의사결정을 지원하는 정보 관리 시스템

5) 데이터 웨어하우스(Data Warehouse, DW)★

사용자의 의사결정에 도움을 주기 위하여 기간시스템의 데이터베이스에 축적된 데이터를 공통의 형식으로 변환해서 관리하는 데이터베이스이다.

데이터 웨어하우스는 일정한 시간 동안의 데이터를 축적하고 의사결정을 위한 다양한 분석 작업을 수행한다.

▶ 데이터 웨어하우스의 특징

특징	내용
주제지향성 (Subject-orientation)	고객, 제품 등과 같은 중요한 주제를 중심으로 그 주제와 관련된 데이터들로 구성된다.
통합성 (Integration)	데이터가 데이터 웨어하우스에 입력될 때는 일관된 형태로 변환되며, 전사적인 관점에서 통합된다.
시계열성 (Time-variant)	데이터 웨어하우스의 데이터는 일정 기간 동안 시점별로 이어진다.
비휘발성 (Non-volatilization)	데이터 웨어하우스에 일단 데이터가 적재되면 일괄 처리 작업에 의한 갱신 이외에는 변경이 수행되지 않는다.

▶ 데이터 웨어하우스의 구성

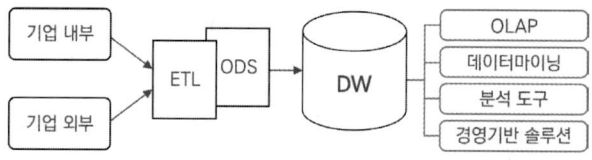

구성 요소	내용
데이터 모델 (Data Model)	주제 중심적으로 구성된 다차원의 개체-관계형(Entity Relation) 모델로 설계된다.
ETL (Extract, Transform, Load)	기업의 내부 또는 외부로부터 데이터를 추출, 정제 및 가공하여 데이터 웨어하우스에 적재한다.
ODS (Operational Data Store)	다양한 DBMS 시스템에서 추출한 데이터를 통합적으로 관리한다.
DW 메타데이터	데이터 모델에 대한 스키마 정보와 비즈니스 측면에서 활용되는 정보를 제공한다.
OLAP (Online Analytical Processing)	사용자가 직접 다차원의 데이터를 확인할 수 있는 솔루션이다.
데이터마이닝 (Data Mining)	대용량의 데이터로부터 인사이트를 도출할 수 있는 방법론이다.
분석 도구	데이터마이닝을 활용하여 데이터 웨어하우스에 적재된 데이터를 분석할 수 있는 도구이다.
경영기반 솔루션	KMS, DSS, BI와 같은 경영의사결정을 지원하기 위한 솔루션이다.

KMS(Knowledge Management System)
지식관리시스템

DSS(Decision Support System)
의사결정지원시스템

BI(Business Intelligence)
데이터를 분석해 기업의 의사결정에 활용하는 일련의 프로세스

개념 체크

1 다음 중 데이터베이스에 대한 설명으로 틀린 것은?

① 데이터베이스는 관련된 레코드의 집합이며, 이를 위한 소프트웨어를 데이터베이스 관리시스템이라 한다.
② SQL은 데이터베이스에 접근할 때 사용하는 언어이며, 데이터 정의와 조작이 가능하다.
③ 데이터베이스는 통합된 데이터, 저장된 데이터, 공용 데이터 그리고 변화되는 데이터이다.
④ OLTP는 조회 중심의 데이터베이스로 현재 시점의 데이터만을 관리한다는 개념이다.

정답 ④

- 데이터베이스는 동시에 복수의 적용 업무를 지원할 수 있도록 복수 이용자의 요구에 대응해서 데이터를 받아들이고 저장, 공급하기 위하여 일정한 구조에 따라서 편성된 데이터의 집합체이며, 이를 효율적으로 관리하기 위한 시스템을 DBMS라 한다.
- SQL은 단순한 질의뿐만 아니라 데이터 정의와 조작이 가능하며, 초보자들도 비교적 쉽게 사용 가능한 언어이다.
- 데이터베이스는 통합된 데이터(Integrated Data), 저장된 데이터(Stored Data), 공용 데이터(Shared Data), 변화되는 데이터(Changed Data)라는 특징이 있다.
- OLTP는 데이터 갱신 위주이고, OLAP는 데이터 조회 위주의 데이터베이스라 할 수 있다.

2 다음 중 데이터 웨어하우스에 대한 설명으로 틀린 것은?

① 데이터만이 아닌 분석 방법까지도 포함하여 조직 내 의사결정을 지원하는 정보 관리 시스템이다.
② 주제 중심적이고, 각 주제별로 분리되어 있으며, 시계열 형태의 비휘발성 데이터이다.
③ 데이터 웨어하우스를 구성하는 ETL은 데이터를 비즈니스 목적에 실질적으로 유용한 상태로 변환하는 엔드 투 엔드 프로세스이다.
④ DW 메타데이터는 데이터 모델에 대한 스키마 정보 등을 제공한다.

정답 ②

- 데이터 웨어하우스는 사용자의 의사결정에 도움을 주기 위하여 기관시스템의 데이터베이스에 축적된 데이터를 공통의 형식으로 변환해서 관리하는 데이터베이스이다.
- 주제지향성, 통합성, 시계열성, 비휘발성이라는 특징을 갖고 있다.
- ETL은 기업의 내부 또는 외부로부터 데이터를 추출(Extract), 변환(Transform)하여 데이터 웨어하우스에 적재(Load)하는 과정이다.
- DW 메타데이터는 데이터 모델에 대한 스키마 정보와 비즈니스 측면에서 활용되는 정보를 제공한다.

03 빅데이터 개요

빅데이터는 기존 데이터보다 너무 방대하여 기존의 방법이나 도구로 수집/저장/분석 등이 어려운 정형 및 비정형 데이터들을 의미한다.

- 빅데이터는 일반적인 데이터베이스 소프트웨어로 저장, 관리, 분석할 수 있는 범위를 초과하는 규모의 데이터이다. (McKinsey, 2011)
- 빅데이터는 다양한 종류의 대규모 데이터로부터 저렴한 비용으로 가치를 추출하고 데이터의 초고속 수집, 발굴, 분석을 지원하도록 고안된 차세대 기술 및 아키텍처이다. (IDC, 2011)

> 빅데이터에 대한 인식은 데이터 규모와 기술 측면에서 시작했지만, 빅데이터의 가치와 효과 측면에서 최근 그 의미가 확대되고 있다.

- 빅데이터는 대용량 데이터를 활용해 작은 용량에서는 얻을 수 없었던 **새로운 통찰이나 가치를 추출**해 내며, 나아가 이를 활용해 시장과 기업 및 시민과 정부의 관계 등 많은 분야에 변화를 가져오는 것이다. (Mayer-Schonberger&Cukier, 2013)

1) 빅데이터의 등장과 변화

① 빅데이터의 등장 배경

디지털화, 저장 기술, 인터넷 보급, 모바일 혁명, 클라우드 컴퓨팅 등 관련 기술이 빠르게 발전하고 있다.

- 기업에서는 온·오프라인 고객 데이터가 많이 축적되면서 데이터에 숨어 있는 가치를 발굴해 새로운 성장동력으로 활용하고 있다.
- 학계에서는 인간 게놈 프로젝트, 기후 관찰 등 거대 데이터를 다루는 학문 분야가 확산되면서 필요한 기술 아키텍처 및 분석 기법들이 발전하고 있다.

데이터 변화	기술 변화	인재, 조직 변화
규모(Volume) 형태(Variety) 속도(Velocity)	• 새로운 데이터 처리, 저장, 분석 기술 및 아키텍처 • 클라우드 컴퓨팅 활용	• Data Scientist 같은 새로운 인재 필요 • 데이터 중심 조직

⇒
- 기존 방식으로는 얻을 수 없었던 통찰 및 가치 창출
- 시장, 사업방식, 사회, 정부 등에서 변화와 혁신 주도

> **데이터 사이언티스트**
> 데이터의 다각적 분석을 통해 비즈니스 전략 방향을 제시하는 기획자

② 빅데이터의 등장으로 인한 변화

- 데이터 처리 시점이 사전 처리(pre-processing)에서 사후 처리(post-processing)로 이동하였다.
  - 기존에 필요한 정보만 수집하는 시스템에서, 가능한 한 많은 데이터를 모으고 다양한 방식으로 조합하여 숨은 정보를 얻는 방식으로 변화
- 데이터 처리 범주가 표본조사에서 전수조사로 확대되었다.
  - 기술 발전으로 인한 데이터 처리비용 감소로 표본조사가 아닌 전수조사를 통해 샘플링이 주지 못하는 패턴이나 정보를 발견하는 방식으로 변화
- **데이터의 가치 판단 기준이 질**(quality)보다 **양**(quantity)으로 그 중요도가 달라졌다.
  - 데이터의 지속적 추가는 양질의 정보가 오류 정보보다 많아 전체적으로 좋은 결과를 산출하는 데 긍정적인 영향을 미친다는 추론을 바탕으로 변화
- 데이터를 분석하는 방향이 **이론적 인과관계 중심에서 단순한 상관관계로 변화**되는 경향이 있다.
  - 데이터 기반의 상관관계 분석으로 특정 현상의 발생 가능성을 포착하여 대응하는 방식으로 변화

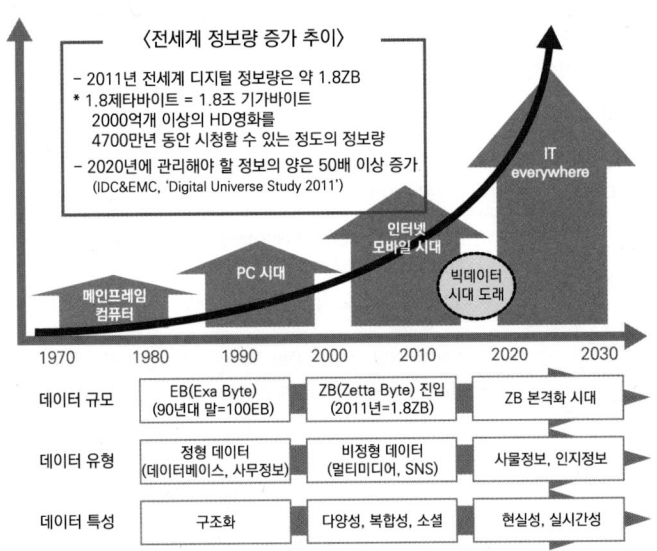

2) 빅데이터의 특징

빅데이터 용어가 사용된 초기에 가트너(Gartner) 그룹은 3V(규모, 유형, 속도)로 빅데이터의 특징을 설명했으며, 최근에는 빅데이터 분석을 통해 얻을 수 있는 가치와 데이터에 대한 품질의 중요성이 강조되고 있다.

> **기적의 TIP**
>
> 가트너의 3V에 대해 구분할 수 있어야 한다.

▶ 빅데이터의 특징

광의	협의	특징	내용
5V	3V	규모(Volume)	• 데이터 양이 급격하게 증가(대용량화) • 기존 데이터 관리 시스템의 성능적 한계 도달
		유형(Variety)	• 데이터의 종류와 근원 확대(다양화) • 정형 데이터 외 반정형 및 비정형 데이터로 확장
		속도(Velocity)	• 데이터 수집 및 처리 속도의 변화(고속화) • 대용량 데이터의 신속하고 즉각적인 분석 요구
	+2V	품질(Veracity)	• 데이터의 신뢰성, 정확성, 타당성 보장이 필수 • 고품질의 데이터에서 고수준 인사이트 도출 가능
		가치(Value)	• 대용량의 데이터 안에 숨겨진 가치 발굴이 중요 • 다른 데이터들과 연계 시 가치가 배로 증대

▶ 전통적 데이터와 빅데이터 비교

	전통적 데이터	빅데이터
규모	기가바이트(GB) 이하	테라바이트(TB) 이상
처리단위	시간 또는 일 단위 처리	실시간 처리
유형	정형 데이터	정형+반정형, 비정형 데이터
처리방식	중앙집중식 처리	분산 처리
시스템	Relational DBMS	Hadoop, HDFS, Hbase, NoSQL 등

바이트(byte)는 컴퓨터가 조작하는 정보의 최소 처리 단위이다.
1KB = 1024byte = 2^{10} ≒ 10^3

킬로바이트(KB)	2^{10}	10^3
메가바이트(MB)	2^{20}	10^6
기가바이트(GB)	2^{30}	10^9
테라바이트(TB)	2^{40}	10^{12}
페타바이트(PB)	2^{50}	10^{15}
엑사바이트(EB)	2^{60}	10^{18}
제타바이트(ZB)	2^{70}	10^{21}
요타바이트(YB)	2^{80}	10^{24}

3) 빅데이터의 활용

빅데이터 활용을 위한 3대 요소로는 자원, 기술, 인력이 있다.

▶ 빅데이터의 활용을 위한 3요소

구성 요소	내용
자원(Resource) [빅데이터]	• 정형, 반정형, 비정형 데이터를 실시간으로 수집한다. • 수집된 데이터를 전처리 과정을 통해 품질을 향상시킨다.
기술(Technology) [빅데이터플랫폼, AI]	• 분산 파일 시스템을 통해 대용량 데이터를 분산 처리한다. • 데이터마이닝 등을 통해 데이터를 분석 및 시각화한다. • 데이터를 스스로 학습, 처리할 수 있는 AI 기술을 활용한다.
인력(People) [알고리즈미스트, 데이터사이언티스트]	• 통계학, 수학, 컴퓨터공학, 경영학 분야 전문지식을 갖춘다. • 도메인 지식을 습득하여 데이터 분석 및 결과를 해석한다.

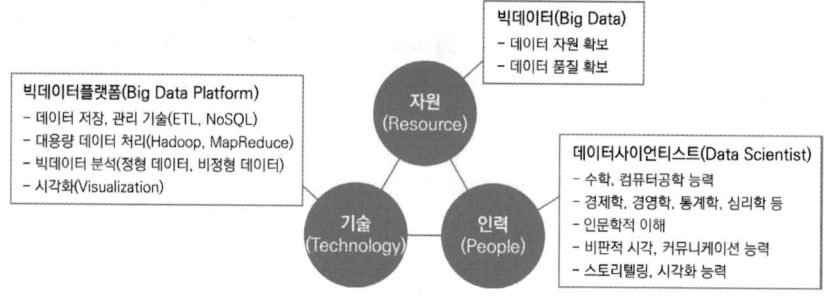

▶ 빅데이터의 활용을 위한 기본 테크닉

테크닉	설명	예시
연관규칙학습	변인들 간 주목할 만한 상관관계가 있는지 찾아내는 방법	도시락을 구매하는 사람이 음료수를 더 많이 구매하는가?
유형분석	문서를 분류하거나 조직을 그룹화할 때 사용	이것은 어떤 특성을 가진 집단에 속하는가?
유전 알고리즘	최적화가 필요한 문제를 생물 진화의 과정을 모방하여 점진적으로 해결책을 찾는 방법	시청률을 최고치로 하기 위해 어떤 프로그램을 어떤 시간에 방송해야 하는가?
기계학습	데이터로부터 학습한 알려진 특성을 활용하여 예측	시청 기록을 바탕으로 어떤 영화를 가장 보고 싶어하는가?
회귀분석	독립변수가 종속변수에 미치는 영향을 분석할 때 사용	경력과 학력이 연봉에 미치는 영향은?
감정분석	특정 주제에 대해 말을 하거나 글을 쓴 사람의 감정을 분석	새로운 할인 정책에 대한 고객의 평은 어떤가?
소셜네트워크 (사회관계망)분석	특정인과 다른 사람의 관계를 파악하고 영향력 있는 사람을 분석할 때 사용	고객들 간 관계망은 어떻게 구성되는가?

개념 체크

다음 중 빅데이터에 대한 설명으로 틀린 것은?

① 데이터 처리 범주가 표본조사에서 전수조사로 확대되었다.
② 가트너 그룹은 3V(규모, 유형, 속도)로 빅데이터의 특징을 설명하였다.
③ 빅데이터를 활용하기 위한 3요소로 자원, 기술, 인력이 필요하며, 그 중 자원은 빅데이터와 플랫폼으로 구성된다.
④ 빅데이터 활용을 위한 방법들로는 연관규칙분석, 기계학습, 회귀분석 등이 존재한다.

정답 ③

- 기술 발전으로 인한 데이터 처리비용 감소로 표본조사가 아닌 전수조사를 통해 패턴이나 정보를 발견하는 방식으로 변화되었다.
- 빅데이터는 규모(Volume)면에서 대용량화, 유형(Variety)면에서 다양화, 속도(Velocity)면에서 고속화된 특징을 갖고 있다.
- 빅데이터 활용을 위한 3요소로 자원(빅데이터), 기술(빅데이터플랫폼, AI), 인력(알고리즈미스트, 데이터 사이언티스트)이 필요하다.
- 빅데이터 활용을 위한 기본 테크닉으로 연관규칙분석, 유형분석, 유전 알고리즘, 기계학습, 회귀분석, 감정분석, 소셜네트워크분석 등이 있다.

04 빅데이터의 가치

▶ 빅데이터 활용을 통해 얻는 가치

기관명	경제적 효과
Economist(2010)	데이터는 자본이나 노동력과 거의 동등한 레벨의 경제적 투입자본으로 비즈니스의 새로운 원자재 역할을 한다.
MIT Sloan(2010)	데이터 분석을 잘 활용하는 조직일수록 차별적 경쟁력을 갖추고 높은 성과를 창출한다.
Gartner(2011)	데이터는 21세기의 원유이며 미래 경쟁 우위를 결정한다. 기업은 다가올 데이터 경제시대를 이해하고 정보고립을 경계해야 한다.
McKinsey(2011)	빅데이터는 혁신, 경쟁력, 생산성의 핵심요소이다.

빅데이터의 역할
- 4차 산업혁명시대의 석탄이나 철, 원유와 같은 역할
- 사실관계를 상세하게 들여다볼 수 있는 렌즈 역할
- 다양한 개발자들에게 사업 기회를 주는 플랫폼 역할

1) 빅데이터의 기능과 효과

- 빅데이터는 이를 활용하는 기존 사업자에게 경쟁 우위를 제공한다.
  - 새롭게 시장에 진입하려는 잠재적 경쟁자에게는 진입장벽과도 같다.
  - 고객 세분화와 맞춤형 개인화 서비스를 제공할 수 있다.
  - 시뮬레이션을 통한 수요 포착과 변수 탐색으로 경쟁력을 강화하고, 비즈니스 모델이나 제품 또는 서비스의 혁신을 가져온다.
- 빅데이터는 알고리즘 기반으로 의사결정을 지원하거나 이를 대신한다.
- 빅데이터는 투명성을 높여 R&D 및 관리 효율성을 제고한다.

2) 빅데이터의 가치 측정의 어려움

특정 데이터의 가치는 그 데이터의 활용 및 가치 창출 방식과 분석 기술의 발전 여부 등에 따라 달라질 수 있어 이를 측정하고 판단하는 것은 쉽지 않다.

① 데이터 활용 방식 : 데이터를 재사용하거나 재결합, 다목적용 데이터 개발 등이 일반화되면서 특정 데이터를 누가, 언제, 어디서 활용할지 알 수 없기에 그 가치를 측정하기 어렵다.

② 가치 창출 방식 : 데이터는 어떠한 목적을 갖고서 어떻게 가공하는가에 따라 기존에 없던 가치를 창출할 수도 있어 사전에 그 가치를 측정하기 어렵다.

③ 분석 기술 발전 : 데이터는 지금의 기술 상황에서는 가치가 없어 보일지라도 새로운 분석 기법이 등장할 경우 큰 가치를 찾아낼 수 있으므로 당장 그 가치를 측정하기 어렵다.

④ 데이터 수집 원가 : 데이터는 달성하려는 목적에 따라 수집하거나 가공하는 비용이 상황에 따라 달라질 수 있어 그 가치를 측정하기 어렵다.

3) 빅데이터의 영향

- 기업에게 혁신과 경쟁력 강화, 생산성 향상의 근간이 된다.
  - 빅데이터를 활용해 소비자의 행동을 분석하고 시장 변동을 예측해 비즈니스 모델을 혁신하거나 신사업을 발굴한다.
- 정부에게 환경 탐색과 상황 분석, 미래 대응 수단을 제공한다.
  - 기상, 인구이동, 각종 통계, 법제 데이터 등을 수집해 사회 변화를 추정하여 관련 정보를 추출한다.
- 개인에게 활용 목적에 따라 스마트화를 통해 영향을 준다.
  - 빅데이터를 서비스하는 기업이 많아지고 데이터 분석 비용은 지속적으로 하락하여 활용이 용이해졌다.

> 대용량 데이터에 맞는 자료 관리 기술과 자료 분석 기술이 필요해졌다.

개념 체크

다음 중 빅데이터의 가치에 대한 설명으로 틀린 것은?
① 빅데이터는 이를 활용하는 사업자에게 경쟁우위를 제공한다.
② 빅데이터는 다양한 개발자들에게 사업 기회를 주는 플랫폼의 역할을 한다.
③ 빅데이터는 가치를 측정하는데 어려움이 있다.
④ 빅데이터는 기업이나 정부에게는 영향을 미치지만 개인에게는 별다른 영향을 미치지 않는다.

정답 ④

- 빅데이터는 잠재적 경쟁자에게 진입장벽과도 같다.
- 빅데이터는 4차 산업혁명시대의 석탄이나 철, 원유와 같은 역할을 한다.
- 특정 데이터의 가치는 그 데이터의 활용 및 가치 창출 방식과 분석 기술의 발전 여부 등에 따라 달라질 수 있어 이를 측정하고 판단하는 것은 쉽지 않다.
- 빅데이터는 개인에게 활용 목적에 따라 스마트화를 통해 영향을 준다.

05 데이터 산업의 이해

1) 데이터 산업의 진화

데이터 산업은 데이터 처리 – 통합 – 분석 – 연결 – 권리 시대로 진화하고 있다.

- 데이터 통합 시대까지 데이터의 역할은 거래를 정확하게 기록하고 거래의 자동화를 지원하는 것이었다. 데이터 분석 수준이 향상되면서 데이터의 자원 활용이 가능해졌다.

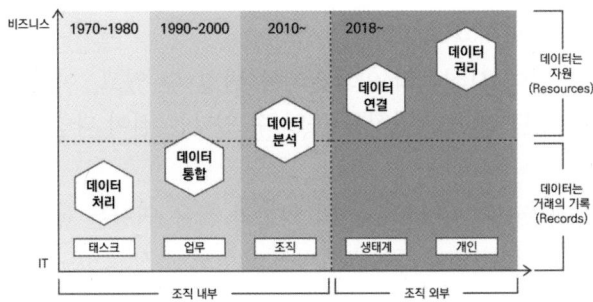

① 데이터 처리 시대

- 컴퓨터 프로그래밍 언어를 이용하여 대규모 데이터를 빠르고 정확하게 처리할 수 있게 되었으며 결과는 파일 형태로 보관되었다.
- 기업들은 EDPS(Electronic Data Processing System)를 도입하여 급여 계산, 회계 전표 처리 등의 업무에 적용하였다.
- 데이터는 업무 처리의 대상으로 새로운 가치를 제공하지는 않았다.

② 데이터 통합 시대

- 데이터 처리가 여러 업무에 적용되기 시작하면서 데이터가 쌓이기 시작했고 전사적으로 데이터 일관성을 확보하기가 어려워졌다.
- 데이터 모델링과 데이터베이스 관리 시스템이 등장했다.
- 데이터 조회와 보고서 산출, 원인 분석 등을 위해 데이터 웨어하우스가 도입되었다.

③ 데이터 분석 시대

- 대부분 업무에 정보기술이 적용되고, 모바일 기기 보급, 공정센서 확대, 소셜 네트워크 이용 확산 등으로 인해 데이터가 폭발적으로 증가했다.
- 대규모 데이터를 보관하고 관리할 수 있는 하둡, 스파크 등의 빅데이터 기술이 등장했다.

> **데이터 모델링(Data Modeling)**
> 통합된 데이터를 일관성 있게 관리하기 위한 데이터베이스 설계 기법

하둡
일반 상용 서버로 구성된 클러스터에서 사용할 수 있는 분산 파일 시스템과, 대량의 자료를 처리하기 위한 분산 처리 시스템을 제공하는 오픈 소스 프레임워크

데이터 분석이 효과를 내기 위해서는 전체 구성원이 데이터를 잘 다룰 수 있어야 한다.

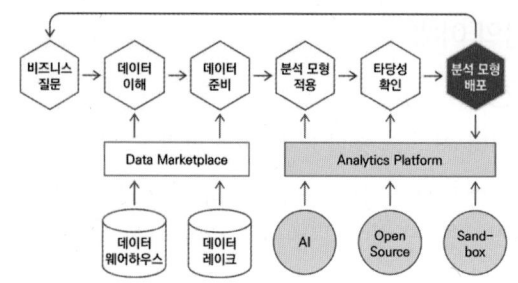

- 데이터를 학습하여 전문가보다도 정확한 의사결정을 빠르게 내릴 수 있는 인공지능 기술도 상용화되었다.
- 데이터를 분석하여 사실들의 인과관계를 밝힐 수 있고, 이를 업무에 적용하면 의사결정의 연관성과 기민성을 높일 수 있다는 점이 다양한 사례로 증명되었다.

데이터 리터러시
데이터를 읽고 그 의미를 파악하는 해독 능력

- 데이터 소비자(Data Consumer)의 역할과 활용 역량을 높이기 위한 데이터 리터러시(Data Literacy) 프로그램의 중요성도 커지고 있다.

④ 데이터 연결 시대

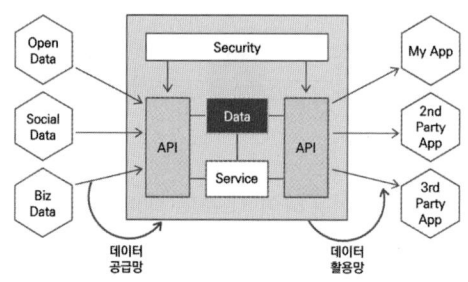

- 기업 또는 기관, 사람, 사물 등 모든 것이 항상 그리고 동시에 둘 이상의 방식으로 연결되어 데이터를 주고받는다.
- 연결은 네트워크를 만들고, 네트워크는 새로운 비즈니스 모델을 탄생시킨다.

플랫폼 비즈니스
네트워크 효과를 이용한 비즈니스 모델

- 디지털 경제의 주축 세력인 디지털 원주민은 융합된 서비스를 원한다.
  - 융합된 서비스를 제공하기 위해서는 다양한 기업들의 서비스 연결이 필요하고, 이는 기업 간 데이터로 연결되어야 한다.

Open API
특정 서비스를 제공하는 업체가 자신들의 서비스에 접근할 수 있도록 그 방법을 외부에 공개한 것

- 데이터 경제의 데이터 연결을 강조하는 의미에서, 오픈 API 경제라는 용어가 사용되기도 한다. 또한, 오픈 API 제공 수 및 접속 수, 오픈 API로 연결된 외부 실체 수 등이 기업의 지속가능성과 성장성을 확인할 수 있는 지표가 되기도 한다.
- 현재 오픈 API를 제공하는 것은 해당 기업의 자율적 판단에 달려 있지만, 점차 의무화되는 추세이다.

⑤ 데이터 권리 시대

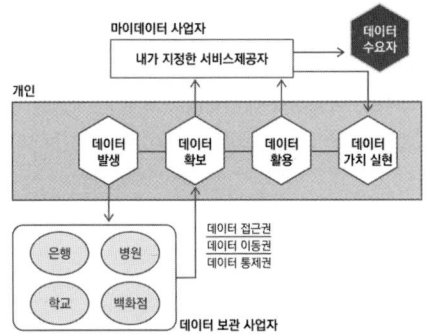

- 개인이 자신의 데이터를 자신을 위해서 사용한다.
  - 데이터의 원래 소유자인 개인이 자신의 데이터에 대한 권리를 보유하고 있으며 스스로 행사할 수 있어야 한다는 마이데이터(My Data)가 등장하였다.
- 데이터 권리를 개인이 갖게 된다는 것은 산업이 데이터를 중심으로 재편될 수 있다는 뜻이다.
  - 데이터는 기본적으로 거래 행위의 부산물이었다. 기업들은 개인과 거래를 하는 과정에서 개인의 데이터가 있어야 했고, 이를 확보하였지만 몇 가지 문제(유출, 미동의 활용, 데이터의 산재)를 일으켰다.
  - 개인의 데이터를 관리해 줄 수 있는 서비스와 필요한 수요자에게 데이터를 팔아 주는 서비스가 나타날 수 있다.
  - 개인은 스스로 데이터를 만들고 자신이 만든 데이터를 기반으로 하는 비즈니스 모델을 구상할 수 있다.
  - 기존 기업들은 개인 데이터 사용에 제약을 받게 됨으로써 고객 접점을 상실하게 될 수 있다.
- 데이터의 공정한 사용이 보장되어야 하며, 데이터 독점이 유발할 수 있는 경제 독점이 방지되어야 한다.

마이데이터
개인 데이터의 활용처와 활용범위 등에 대한 정보주체의 능동적인 의사결정을 지원, 개인정보 자기결정권 보장

데이터 연결과 데이터 권리는 개인 데이터가 완전하게 보호되며, 개인은 자신의 데이터를 완전하게 통제할 수 있다는 믿음이 보편화되어야 한다.

2) 데이터 산업의 구조

① 인프라 영역
- 데이터 수집, 저장, 분석, 관리 등의 기능을 담당한다.
- 컴퓨터나 네트워크 장비 및 스토리지 같은 하드웨어 영역이 있다.
- 데이터를 관리하고 분석하기 위한 소프트웨어 영역이 있다.

② 서비스 영역
- 데이터를 활용하기 위한 교육이나 컨설팅 또는 솔루션을 제공한다.
- 데이터 그 자체를 제공하거나 이를 가공한 정보를 제공한다.
- 데이터를 처리하는 역할을 담당하기도 한다.

> **개념 체크**
>
> 다음 중 데이터 산업의 진화 과정에 대한 설명으로 틀린 것은?
> ① 데이터 처리 시대에는 데이터가 업무 처리의 대상으로 새로운 가치를 제공하였다.
> ② 데이터 통합 시대에는 데이터 모델링과 데이터베이스 관리 시스템이 등장하였다.
> ③ 데이터 분석 시대에는 대규모 데이터를 보관하고 관리할 수 있는 빅데이터 기술이 등장하였다.
> ④ 데이터 권리 시대에는 개인이 자신의 데이터를 자신을 위해서 사용하게 되었다.
>
> 정답 ①
>
> - 데이터 처리 시대의 데이터는 업무 처리의 대상으로 새로운 가치를 제공하지는 않았다.
> - 데이터 통합 시대에는 전사적으로 데이터 일관성을 확보하기 위해 데이터 모델링과 DBMS를 도입하기 시작하였다.
> - 데이터 분석 시대에는 하둡, 스파크 등 빅데이터 기술과 의사결정을 빠르고 정확하게 내릴 수 있는 인공지능 기술이 상용화되었다.
> - 데이터 권리 시대에는 데이터 원래 소유자인 개인이 자신의 데이터에 대한 권리를 보유하고 있으며 스스로 행사할 수 있어야 한다는 마이데이터(My Data)가 등장하였다.

06 빅데이터 조직 및 인력

기업의 경쟁력 확보를 위해 비즈니스 질문을 도출하고, 이를 충족하기 위한 가치를 발굴하며, 비즈니스를 최적화하기 위하여 빅데이터 조직 및 인력 구성 방안을 수립한다.

> 데이터 분석 활용을 통한 성과 창출을 위해서는 조직 역량의 개발, 인력의 영입 등과 같은 전사 관점의 전략이 필요하다.

1) 필요성
- 빅데이터와 관련된 기술적인 문제들은 기술의 발전으로 어느 정도 해소되었다.
- 데이터 분석 및 활용을 위한 조직체계나 분석 전문가 확보에 어려움이 있다.
- 데이터 분석 관점의 컨트롤 타워에 대한 필요성이 제기되고 있다.

2) 조직의 역할
- 전사 및 부서의 분석 업무를 발굴한다.
- 전문적인 분석 기법과 도구를 활용하여 빅데이터 속에서 인사이트를 찾아낸다.
- 발견한 인사이트를 전파하고 이를 실행한다.

3) 조직의 구성
통계학이나 분석 방법에 대한 지식과 분석 경험이 있는 전문인력을 중심으로 전사 또는 특정 부서 내 조직으로 구성하여 운영한다.

① 조직 구성을 위한 체크리스트

- 비즈니스 질문을 선제적으로 찾아낼 수 있는 구조인가?
- 분석 전담조직과 타 부서 간 유기적인 협조와 지원이 원활한 구조인가?
- 효율적인 분석 업무를 수행하기 위한 분석 조직의 내부 조직구조는?
- 전사 및 단위부서가 필요시 접촉하며 지원할 수 있는 구조인가?
- 어떤 형태의 조직(집중형, 기능형, 분산형)으로 구성하는 것이 효율적인가?

② 인력 구성을 위한 체크리스트

- 비즈니스 및 IT 전문가의 조합으로 구성되어야 하는가?
- 어떤 경험과 어떤 스킬을 갖춘 사람으로 구성해야 하는가?
- 통계적 기법 및 분석 모델링 전문 인력을 별도로 구성해야 하는가?
- 전사 비즈니스를 커버하는 인력이 없다면?
- 전사 분석업무에 대한 적합한 인력 규모는 어느 정도인가?

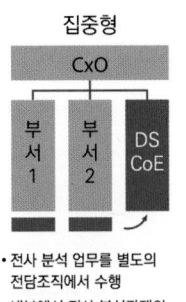

DSCoE(Data Science Center of Excellence)
분석전담조직

- 전사 분석 업무를 별도의 전담조직에서 수행
- 내부에서 전사 분석과제의 전략적 중요도에 따라 우선순위를 정함
- 현업 부서와 분석 업무가 중복/이원화 가능성 있음

- 분석 수행의 일반적 구조
- 각 현업 부서에서 분석 업무를 직접 수행
- 전사적 관점에서 전략적 핵심 분석이 어려우며, 특정 현업 부서에 국한된 협소한 분석을 수행할 가능성 높음

- 분석 전문 인력을 현업 부서에 배치하여 분석 업무 수행
- 전사 차원에서 분석과제의 우선순위를 선정하고 수행
- 분석 결과를 현업에 빠르게 적용 가능

▲ 데이터 분석 업무 수행 주체에 따른 조직구조

> 기적의 TIP
>
> 각 조직구조의 특징을 알아 두어야 한다.

③ 구성 인력과 필요역량

- 비즈니스를 이해하고 있는 인력
- 분석에 필요한 컴퓨터공학적인 기술을 이해하고 있는 인력
- 통계를 이용한 다양한 분석기법을 활용할 수 있는 분석 지식을 갖춘 인력
- 조직 내 분석 문화 확산을 위한 변화 관리 인력
- 분석조직뿐 아니라 관련 부서 조직원의 분석 역량 향상을 위한 교육담당 인력

(출처 : 데이터분석전문가가이드, 한국데이터진흥원)

4) 데이터 사이언스 역량

데이터 사이언스는 정형, 비정형 형태를 포함한 다양한 데이터로부터 지식과 인사이트를 추출하는 데 과학적 방법론, 프로세스, 알고리즘, 시스템을 동원하는 융합분야이다.

- 데이터 사이언스는 데이터를 통해 실제 현상을 이해하고 분석하는 데 필요한 통계학, 데이터 분석, 기계학습과 연관된 방법론을 통합하는 개념으로 정의되기도 한다.

수학, 통계학, 컴퓨터과학, 정보공학 등 광범위한 분야의 기술이 사용된다.

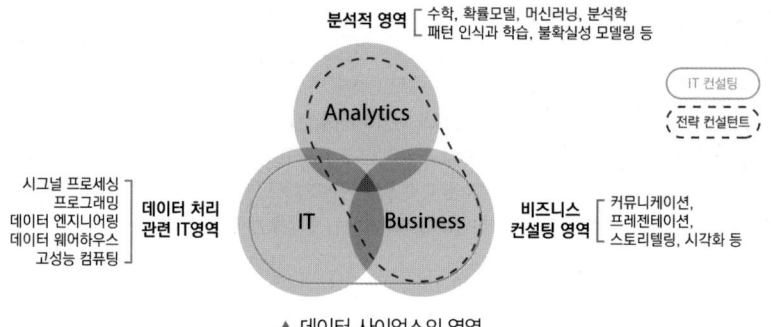

▲ 데이터 사이언스의 영역

① 데이터 사이언스의 기능
- 비즈니스 성과를 좌우하는 핵심이슈에 답할 수 있다.
- 사업의 성과를 견인해 나갈 수 있다.

② 데이터 사이언스 실현을 위한 인문학적 요소
- 스토리텔링 능력
- 커뮤니케이션 능력
- 창의력과 직관력
- 비판적 시각과 열정

③ 데이터 사이언스의 한계
- 분석 과정에서 가정과 같이 인간의 해석이 개입되는 단계가 불가피하다.
- 분석 결과를 바라보는 사람에 따라 서로 다른 해석과 결론을 내릴 수 있다.
- 아무리 정량적인 분석이라 할지라도 모든 분석은 가정에 근거한다.

5) 데이터 사이언티스트

데이터에 대한 이론적 지식과 숙련된 분석 기술을 바탕으로 통찰력과 전달력 및 협업 능력을 갖춘 데이터 분야 전문가이다.
- 데이터의 다각적 분석을 통해 인사이트를 도출하고 이를 조직의 전략 방향 제시에 활용할 수 있는 기획자이기도 하다.
- 문제를 집중적으로 파고들어 질문을 찾고, 검증 가능한 가설을 세워야 한다.

데이터 사이언티스트
데이터의 근원을 찾고 대용량의 복잡한 데이터를 구조화하며 서로 연결하는 역할

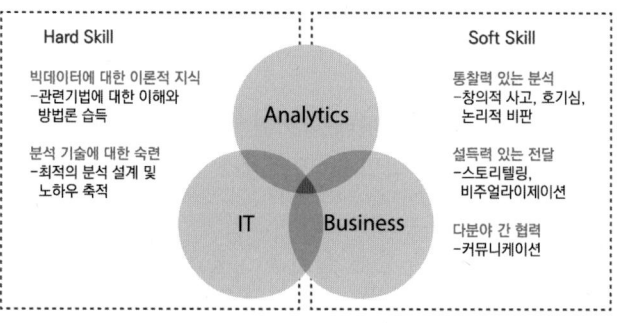

▲ 데이터 사이언티스트의 요구역량

개념 체크

1 다음 중 빅데이터 조직 구성에 대한 설명으로 틀린 것은?

① 전문인력을 중심으로 전사 또는 특정 부서 내 조직으로 구성한다.
② 집중형, 기능형, 분산형 형태의 조직으로 구성할 수 있다.
③ 조직원의 분석 역량 향상을 위한 교육담당 인력도 필요하다.
④ 기능형 조직의 경우 분석전담조직이 필요하지만, 분산형 조직은 필요치 않다.

정답 ④

- 통계학이나 분석 방법에 대한 지식과 분석 경험이 있는 분석인력을 중심으로 전사 또는 특정 부서 내 조직으로 구성하여 운영한다.
- 전사 분석 업무를 별도의 전담조직에서 수행하는 집중형, 각 현업 부서에서 분석 업무를 직접 수행하는 기능형, 분석 전문 인력을 현업 부서에 배치하여 분석 업무를 수행하는 분산형 조직으로 구성할 수 있다.
- 분석조직뿐 아니라 관련 부서 조직원의 분석 역량 향상을 위한 교육담당 인력도 필요하다.
- **분석전담조직**(DSCoE: Data Science Center of Excellence)은 집중형, 분산형 조직에서는 필요하지만, 기능형 조직에서는 필요하지 않다.

2 다음 중 데이터 사이언스의 한계에 대한 설명으로 잘못된 것은?

① 아무리 정량적인 분석이라 할지라도 모든 분석은 가정에 근거한다.
② 분석 과정에서 가정과 같이 인간의 해석이 개입되는 단계가 불가피하다.
③ 분석 결과를 바라보는 사람에 따라 서로 다른 해석과 결론을 내릴 수 있다.
④ 데이터에서 상관관계를 발견하더라도 인과관계를 찾아내지 못한다면 신뢰할 수 없다.

정답 ④

연관성분석과 같이 데이터 분석을 통해 발견되는 패턴만으로도 충분히 의미를 가지는 경우도 있으며, 반드시 인과관계를 찾아내야만 데이터 분석 결과를 신뢰할 수 있는 것은 아니다.

3 다음 중 데이터 사이언티스트가 갖추어야 할 소프트 스킬로 옳은 것은?

① 관련 기법에 대한 이해
② 통찰력 있는 분석
③ 분석 기술에 대한 숙련
④ 빅데이터에 대한 이론적 지식

정답 ②

소프트 스킬은 통찰력 있는 분석, 설득력 있는 전달, 다분야 간 협력을 말하며, 하드 스킬은 빅데이터에 대한 이론적 지식과 분석 기술에 대한 숙련을 말한다.

합격을 다지는 예상문제

01 다음 중 데이터에 대한 설명으로 틀린 것은?

① 데이터는 일반적으로 정형, 비정형, 반정형 데이터로 구분된다.
② 비정형 데이터는 텍스트, 음성, 영상 등 특수한 데이터이다.
③ 정형 데이터는 흔히 볼 수 있는 주로 숫자로 구성된 데이터이다.
④ 정형 데이터는 비정형 데이터보다 품질이 우수하며 다양한 분석이 가능하다.

02 다음 중 정성적 데이터로 옳은 것은?

① 대통령에 대한 국민들의 인식
② 서울에서 제주까지 비행시간
③ 한국인의 평균 수명
④ 국내 인구 증가율

03 다음 중 반정형 데이터가 아닌 것은?

① XML File
② JSON File
③ TEXT File
④ HTML File

04 다음 중 비정형 데이터가 아닌 것은?

① 동영상
② 이미지
③ 음성
④ 전화번호

05 다음 중 정보의 특징이 아닌 것은?

① 적정성
② 일관성
③ 관련성
④ 적시성

06 다음 중 지식의 피라미드를 순서대로 나열한 것은?

① 데이터 → 정보 → 지식 → 지혜
② 데이터 → 정보 → 지혜 → 지식
③ 데이터 → 지혜 → 정보 → 지식
④ 데이터 → 지식 → 지혜 → 정보

07 다음 중 지식창조 매커니즘의 단계가 아닌 것은?

① 표출화(Externalization)
② 내면화(Internalization)
③ 통합화(Integration)
④ 공통화(Socialization)

08 다음 중 데이터 웨어하우스의 특징이 아닌 것은?

① 주제지향성(Subject-orientation)
② 휘발성(Volatilization)
③ 통합성(Integration)
④ 시계열성(Time-variant)

09 다음 중 데이터 웨어하우스의 구성요소가 아닌 것은?

① 데이터 모델(Data Model)
② 데이터 전처리(Data Pre-processing)
③ ETL(Extract, Transform, Load)
④ ODS(Operational Data Store)

10 다음 중 빅데이터의 주요 특징으로 틀린 것은?

① 다양성
② 대용량성
③ 신속성
④ 일관성

11 다음 중 빅데이터를 활용할 때 얻을 수 있는 가치가 아닌 것은?

① 마케팅 효과 극대화
② 제품 생산 비용 절감
③ 비즈니스 의사결정의 고도화
④ 고객 개인정보 활용을 통한 통제

12 다음 중 빅데이터 활용에 필요한 3요소로 옳은 것은?

① 자원, 인력, 프로세스
② 자원, 기술, 인력
③ 기술, 인력, 프로세스
④ 자원, 기술, 프로세스

13 다음 중 빅데이터가 만들어 낸 변화로 거리가 먼 것은?

① 사전처리에서 사후처리로 변화
② 인과관계에서 상관관계로 변화
③ 전수조사에서 표본조사로 변화
④ 데이터의 질보다 양의 중요도 증가

14 다음 중 빅데이터의 도입 효과가 아닌 것은?

① 빅데이터는 투명성을 높여 R&D 및 관리 효율성을 제고한다.
② 빅데이터는 시뮬레이션을 통한 수요 포착과 변수 탐색으로 경쟁력을 강화한다.
③ 빅데이터는 고객 세분화와 맞춤형 개인화 서비스를 통해 마케팅 비용이 발생하지 않게 한다.
④ 빅데이터는 비즈니스 모델이나 제품 또는 서비스의 혁신을 가져온다.

15 다음 중 데이터의 가치 측정이 어려운 이유로 틀린 것은?

① 데이터 재사용이 일반화되며 특정 데이터를 누가 언제 사용했는지 알기 어렵다.
② 분석 기술의 발전으로 과거에는 불가능했던 데이터 분석이 가능해졌다.
③ 한정된 곳에서 데이터가 활용되고 있다.
④ 기존에 존재하지 않던 새로운 가치를 창출한다.

16 다음 중 데이터 산업 구조의 분류로 옳은 것은?

① 서비스, 솔루션
② 서비스, 컨설팅
③ 인프라, 서비스
④ 인프라, 컨설팅

17 다음 중 데이터 산업 구조의 서비스 영역으로 틀린 것은?

① 데이터 활용 교육
② 데이터 처리 제공
③ 데이터 기반 컨설팅
④ 도출된 인사이트 기반의 새로운 아이디어 제공

18 다음 중 집중형 조직구조에 대한 설명으로 틀린 것은?

① 전사 분석 업무를 별도의 분석 전담조직에서 수행한다.
② 분석 결과를 현업에 빠르게 적용할 수 있다.
③ 현업 부서의 분석 업무와 이원화될 가능성이 높다.
④ 전략적 중요도에 따라 분석조직이 우선순위를 정하여 진행 가능하다.

19 다음 중 마이데이터가 등장한 시점으로 옳은 것은?

① 데이터 통합 시대
② 데이터 분석 시대
③ 데이터 연결 시대
④ 데이터 권리 시대

20 다음 데이터 사이언티스트에 대한 요구역량 중 Soft Skill이 아닌 것은?

① 분석 기술에 대한 숙련
② 설득력 있는 전달
③ 통찰력 있는 분석
④ 다분야 간 협력

합격을 다지는 예상문제 정답 & 해설

SECTION 01

01 ④	02 ①	03 ③	04 ④	05 ②
06 ①	07 ③	08 ②	09 ②	10 ④
11 ④	12 ②	13 ③	14 ③	15 ③
16 ③	17 ④	18 ②	19 ④	20 ①

01 ④
정형, 비정형, 반정형 데이터의 구분은 품질과는 무관하며, 정형 데이터보다는 비정형 데이터가 일반적으로 다양한 분석을 시도하기에 유리하다.

02 ①
대통령에 대한 국민들의 인식은 세부 분야별로 나누어 5점 척도나 7점 척도로 측정할 수도 있지만 일반적으로 사람에 대한 인식을 물었을 때 서술형으로 대답하는 경우가 많다.

03 ③
XML이나 JSON, HTML File은 기본 형식은 유지하면서 담고 있는 내용에 대해 유연성을 허용하는 반정형 데이터이며 TEXT File의 경우 일정한 형식을 요하지 않는 비정형 데이터에 해당한다.

04 ④
전화번호는 일반적으로 숫자로 구성되며, 이는 정형 데이터에 해당한다.

05 ②
정보는 정확성, 적시성, 적당성, 관련성의 특징을 갖는다.

06 ①
지식의 피라미드는 최하위 데이터 단계부터 최상위 지혜 단계로 구성되며, 데이터 → 정보 → 지식 → 지혜의 순서를 따른다.

07 ③
지식창조 매커니즘은 공통화, 표출화, 연결화, 내면화 총 4단계로 구성되어 있다.

08 ②
데이터 웨어하우스의 특징은 주제지향성, 통합성, 시계열성, 비휘발성이다.

09 ②
데이터 웨어하우스는 데이터 모델, ETL, ODS, DW Meta Data, OLAP, 데이터 마이닝, 분석 TOOL과 경영기반 솔루션으로 구성된다.

10 ④
빅데이터의 특징은 대표적으로 3V(Volume, Velocity, Variety)가 있다.

11 ④
빅데이터 활용 시 고객의 개인정보는 보호되어야 하며, 고객을 통제하는 수단으로 사용하는 것은 부적합하다.

12 ②
빅데이터 활용에 필요한 3요소는 자원(데이터), 기술, 인력이다.

13 ③
빅데이터의 출현으로 인해 기존에 표본조사를 하던 방식이 전수조사를 하는 방식으로 변화되었다.

14 ③
빅데이터는 고객 세분화와 맞춤형 개인화 서비스를 제공하지만 이로 인해 마케팅 비용이 발생하지 않는 것은 아니다.

15 ③
데이터의 가치는 데이터 활용 방식(재사용 등), 가치 창출 방식, 분석 기술 발전으로 인해 측정하기 어렵다.

16 ③
데이터 산업은 인프라 영역과 서비스 영역으로 나뉜다.

17 ④
서비스 영역에서는 데이터 자체나 데이터를 가공한 정보를 제공한다. 새로운 아이디어는 서비스를 제공받는 사람이 생각해야 한다.

18 ②
②는 분산형 조직구조에 대한 설명이다.

19 ④
마이데이터는 개인이 자신의 데이터를 자신을 위해서 사용한다는 사상을 담은 것으로 데이터 권리 시대에 해당한다.

20 ①
빅데이터에 대한 이론적 지식과 분석 기술에 대한 숙련은 Hard Skill에 해당한다.

SECTION 02 빅데이터 기술 및 제도

출제빈도 상 중 하
반복학습 1 2 3

빈출 태그 빅데이터 플랫폼・계층・처리기술・크롤링・NoSQL・하둡・인공지능・개인정보

빅데이터 플랫폼
빅데이터를 분석 또는 활용하는 데 필요한 필수적인 것으로, 빅데이터 기술의 집합체

고객 정보, 센서나 장비 데이터, 공공 데이터 등 내외부적인 데이터 종류가 많아졌다.

로그
컴퓨터에 기록되는 접속하거나 사용한 정보 등

01 빅데이터 플랫폼

빅데이터 플랫폼은 빅데이터 수집부터 저장, 처리, 분석 등 전 과정을 통합적으로 제공하여 그 기술들을 잘 사용할 수 있도록 준비된 환경이다.

1) 빅데이터 플랫폼의 등장배경

① 비즈니스 요구사항 변화
- 빠른 의사결정 속도보다 장기적이고 전략적인 접근이 필요하다.
- 초저가의 대규모 프로세싱과 클라우드 컴퓨팅 기반의 분석 환경이 등장하였다.
- 새로운 형태의 비즈니스 질문과 통찰이 요구되고 있다.

② 데이터 규모와 처리 복잡도 증가
- 데이터의 범위와 기간이 확장되어 처리할 데이터 규모와 내용이 방대해졌다.
- 정보의 수집 및 분석이 일시적이지 않고 장기간에 걸쳐 수행되어야 한다.
- 다양한 경로를 통해 다양한 형태의 데이터 수집과 복잡한 로직을 이용한 대용량 처리가 필요하다.
- 분산 처리가 불가피하며 이를 제어할 수 있는 고도의 기술이 필요하다.

③ 데이터 구조의 변화와 신속성 요구
- SNS 데이터나 로그 파일, 스트림 데이터 등 비정형 데이터의 비중과 실시간 처리에 대한 요구가 높아지고 있다.
- 약한 관계형 스키마나 반정형 데이터와 같은 정형적이지 않은 데이터가 증가하고 있다.
- 데이터 발생 속도가 빨라져 빠른 수집과 가공 및 분석 등 처리가 요구된다.

④ 데이터 분석 유연성 증대
- 기존의 통계적 분석방법과 같이 정해진 절차와 과정을 따르지 않아도 분석 목적에 맞게 유연한 분석이 가능하게 되었다.
- 인공지능 기술의 발전으로 다양한 방법론을 통해 텍스트, 음성, 이미지, 동영상 등 다양한 요소들의 분석이 가능하게 되었다.

2) 빅데이터 플랫폼의 기능

빅데이터를 처리하는 과정에서 부하 발생은 불가피하며, 빅데이터 플랫폼은 이러한 부하들을 기술적인 요소들을 결합하여 해소한다.

① 컴퓨팅 부하 발생
- 빅데이터를 처리하고자 할 때 연산과정에서 CPU, GPU, 메모리 등을 사용하며 부하가 발생한다.
- 빅데이터 플랫폼을 통한 CPU 성능 향상 및 클러스터(Cluster)에서의 효과적인 자원 할당을 통해 부하를 제어할 수 있다.

> **클러스터**
> 여러 대의 컴퓨터들이 연결되어 하나의 시스템처럼 동작하는 컴퓨터들의 집합

② 저장 부하 발생
- 빅데이터 처리 과정의 입력 데이터, 중간 가공 데이터, 출력 데이터 등 여러 단계에서 부하가 발생한다.
- 빅데이터 플랫폼을 통한 파일 시스템 개선, 메모리와 파일 시스템의 효과적인 사용 및 데이터베이스 성능 향상으로 제어할 수 있다.

③ 네트워크 부하 발생
- 빅데이터를 처리하는 과정에서 분산처리를 하고자 할 때 노드(Node) 간의 통신 과정에서 부하가 발생한다.
- 빅데이터 플랫폼을 통한 대역폭의 효과적 분배 및 네트워크상에서 최단거리에 위치한 노드를 탐색하여 제어할 수 있다.

> **노드**
> - 지역 네트워크에 연결된 컴퓨터와 그 안에 속한 장비들을 통틀어 일컫는 용어
> - 자료구조에서는 데이터의 기본 단위를 의미

3) 빅데이터 플랫폼의 조건

빅데이터 플랫폼은 서비스 사용자와 제공자 어느 한쪽에 치우쳐서는 안 되며 모두가 만족할 수 있는 환경을 제공하여야 한다.

① 서비스 사용자 측면에서의 체크리스트

- 주어진 문제를 해결하기에 충분한 요소들을 제공하는 환경인가?
- 편리한 사용자 인터페이스(UI: User Interface)를 제공하는가?

② 서비스 제공자 측면에서의 체크리스트

- 성능적인 문제가 발생하지 않도록 충분한 관리 기능을 제공하는가?
- 사용자 접속 및 인증을 관리할 수 있는 기능을 제공하는가?
- 효율적인 운영을 위한 자원 관리 기능을 제공하는가?
- 서비스 품질 관리를 위한 각종 지표들을 충분히 제공하는가?
- 안전한 서비스 제공을 위한 보안적인 요소들을 갖추고 있는가?
- 플랫폼 도입을 통해 비용 절감을 이룰 수 있는가?

빅데이터 플랫폼은 위에서부터 소프트웨어 계층, 플랫폼 계층, 인프라스트럭처 계층의 3계층으로 구성되어 있다.

4) 빅데이터 플랫폼의 구조

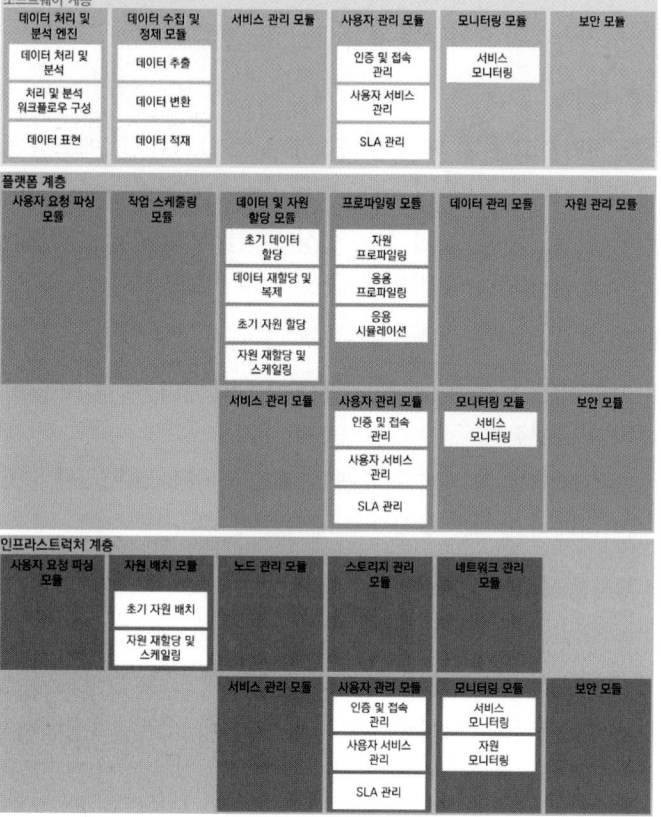

▲ 빅데이터 처리과정별 요소기술을 고려한 플랫폼 구조

① 소프트웨어 계층

빅데이터 애플리케이션을 구성하며 데이터 처리 및 분석과 이를 위한 데이터 수집, 정제를 한다.

컴포넌트		설명
데이터 처리 및 분석 엔진		데이터를 처리하고 분석한다.
	데이터 처리 및 분석	서비스에 따른 데이터 처리 및 분석을 수행한다.
	처리 및 분석 워크플로우 구성	데이터 처리 및 분석을 위한 워크플로우를 구성한다.
	데이터 표현	데이터 처리 및 분석한 결과를 표현한다.
데이터 수집 및 정제 모듈		빅데이터 분석 엔진을 위한 데이터를 수집하고 정제한다.
	데이터 추출	원천 데이터에서 데이터 추출한다.
	데이터 변환	원천 데이터에서 추출한 데이터를 변환하고 균질화 및 정제한다.
	데이터 적재	변환된 데이터를 데이터 웨어하우스로 적재한다.
서비스 관리 모듈		소프트웨어 계층에서 제공하는 서비스를 관리한다.

사용자 관리 모듈	사용자를 관리한다.	
	인증 및 접속 관리	사용자별 인증과 접속 관리를 한다.
	사용자 서비스 관리	사용자별 서비스를 관리한다.
	SLA 관리	사용자별 서비스 수준 협약(Service Level Agreement)을 관리한다.
모니터링 모듈	플랫폼 및 인프라스트럭처 서비스 사용성과 성능을 모니터링한다.	
보안 모듈	소프트웨어 계층의 보안을 관리한다.	

SLA
(Service Level Agreement)
서비스 제공업체와 고객간 맺는 서비스 품질에 대한 계약. 사전에 정의된 수준의 서비스가 제공될 수 있게 품질보장

② 플랫폼 계층

빅데이터 애플리케이션을 실행하기 위한 플랫폼을 제공하며, 작업 스케줄링이나 데이터 및 자원 할당과 관리, 프로파일링 등을 수행한다.

프로파일링
속도 및 최적화에 중점. CPU와 메모리 사용량 및 실행 시간 등을 추적하는 것

컴포넌트	설명	
사용자 요청 파싱	사용자가 요청한 내용을 파싱한다.	
작업 스케줄링 모듈	사용자 애플리케이션 실행 작업을 스케줄링한다.	
데이터 및 자원 할당 모듈	사용자 애플리케이션을 실행하는 데이터와 자원을 할당한다.	
	초기 데이터 할당	사용자 애플리케이션을 실행하는 사용자의 데이터를 초기 할당한다.
	데이터 재할당 및 복제	동적인 상황을 고려하여 데이터를 재할당 및 복제한다.
	초기 자원 할당	사용자 애플리케이션을 실행하는 인프라스트럭처의 자원을 초기 할당한다.
	자원 재할당 및 스케일링	동적인 상황을 고려하여 자원을 재할당 및 스케일링한다.
프로파일링 모듈	자원 및 애플리케이션을 프로파일링 또는 시뮬레이션한다.	
	자원 프로파일링	인프라스트럭처 자원을 할당하는 인프라스트럭처 자원을 프로파일링한다.
	애플리케이션 프로파일링	인프라스트럭처 자원을 할당하는 사용자 애플리케이션을 프로파일링한다.
	애플리케이션 시뮬레이션	인프라스트럭처 자원 선택 및 구성을 하는 사용자 애플리케이션을 시뮬레이션한다.
데이터 관리 모듈	사용자 데이터를 관리한다.	
자원 관리 모듈	인프라스트럭처 자원을 관리한다.	
서비스 관리 모듈	플랫폼 계층에서 제공하는 서비스를 관리한다.	
사용자 관리 모듈	사용자를 관리한다.	
	인증 및 접속 관리	사용자별 인증과 접속 관리를 한다.
	사용자 서비스 관리	사용자별 서비스를 관리한다.
	SLA 관리	사용자별 서비스 수준 협약을 관리한다.
모니터링 모듈	인프라스트럭처 서비스 가용성과 성능을 모니터링한다.	
보안 모듈	플랫폼 계층의 보안을 관리한다.	

③ 인프라스트럭처 계층

자원 배치와 스토리지 관리, 노드 및 네트워크 관리 등을 통해 빅데이터 처리와 분석에 필요한 자원을 제공한다.

컴포넌트	설명	
사용자 요청 파싱	사용자가 요청한 내용을 파싱한다.	
자원 배치 모듈	사용자에게 제공할 자원을 배치한다.	
	초기 자원 배치	사용자에게 제공하는 자원을 초기 배치한다.
	자원 재배치 및 스케일링	동적인 상황을 고려하여 자원을 재배치 및 스케일링한다.
노드 관리 모듈	인프라스트럭처 내의 노드를 관리한다.	
데이터 관리 모듈	인프라스트럭처 내의 스토리지를 관리한다.	
네트워크 관리 모듈	인프라스트럭처 내외의 네트워크를 관리한다.	
서비스 관리 모듈	인프라스트럭처 계층에서 제공하는 서비스를 관리한다.	
사용자 관리 모듈	사용자를 관리한다.	
	인증 및 접속 관리	사용자별 인증과 접속 관리를 한다.
	사용자 서비스 관리	사용자별 서비스를 관리한다.
	SLA 관리	사용자별 서비스 수준 협약을 관리한다.
모니터링 모듈	서비스를 모니터링 한다.	
	서비스 모니터링	서비스 가용성과 성능을 모니터링한다.
	자원 모니터링	노드, 스토리지, 네트워크 등 자원 가용성과 성능을 모니터링한다.
보안 모듈	인프라스트럭처 계층의 보안을 관리한다.	

개념 체크

다음 중 빅데이터 플랫폼에 대한 설명으로 틀린 것은?

① 빅데이터 플랫폼은 빅데이터 수집, 저장, 처리, 분석 등 전 과정을 통합적으로 제공한다.
② 빅데이터를 처리하는 과정에서 발생하는 컴퓨팅 부하, 저장 부하, 네트워크 부하들을 해소하는 기능을 한다.
③ 빅데이터 플랫폼은 소프트웨어 계층과 하드웨어 계층으로 구성되어 있다.
④ 데이터 구조의 변화와 신속성 요구, 데이터 분석 유연성 증대 등으로 인해 빅데이터 플랫폼이 등장하였다.

정답 ③

- 빅데이터 플랫폼은 빅데이터 수집부터 저장, 처리, 분석 등 전 과정을 통합적으로 제공하여 그 기술들을 잘 사용할 수 있도록 준비된 환경이다.
- 빅데이터를 처리하는 과정에서 부하 발생은 불가피하며, 빅데이터 플랫폼은 이러한 부하들을 기술적인 요소들을 결합하여 해소한다.
- 빅데이터 처리과정별 요소기술을 고려한 3계층(소프트웨어 계층, 플랫폼 계층, 인프라스트럭처 계층)으로 구성되어 있다.
- 빅데이터 플랫폼은 비즈니스 요구사항 변화, 데이터 규모와 처리 복잡도 증가, 데이터 구조의 변화와 신속성 요구, 데이터 분석 유연성 증대로 인해 등장하게 되었다.

02 빅데이터 처리기술

1) 빅데이터 처리과정과 요소기술

▲ 빅데이터 처리과정

① 생성
- 데이터베이스나 파일 관리 시스템과 같은 내부 데이터가 있다.
- 인터넷으로 연결된 외부로부터 생성된 파일이나 데이터가 있다.

② 수집
- 크롤링을 통해 데이터 원천으로부터 데이터를 검색하여 수집한다.
- ETL을 통해 소스 데이터로부터 추출하고, 변환하여, 적재한다.
- 단순한 수집이 아니라 검색 및 수집, 변환 과정을 모두 포함한다.
- 로그 수집기나, 센서 네트워크 및 Open API 등을 활용할 수 있다.

③ 저장(공유)
- 저렴한 비용으로 데이터를 쉽고 빠르게 많이 저장한다.
- 정형 데이터뿐만 아니라 반정형, 비정형 데이터도 포함한다.
- 병렬 DBMS나 하둡(Hadoop), NoSQL 등 다양한 기술을 사용할 수 있다.
- 시스템 간의 데이터를 서로 공유할 수 있다.

④ 처리
- 데이터를 효과적으로 처리하는 기술이 필요한 단계이다.
- 분산 병렬 및 인메모리(In-memory) 방식으로 실시간 처리한다.
- 대표적으로 하둡(Hadoop)의 맵리듀스(MapReduce)를 활용할 수 있다.

⑤ 분석
- 데이터를 신속하고 정확하게 분석하여 비즈니스에 기여한다.
- 특정 분야 및 목적의 특성에 맞는 분석 기법 선택이 중요하다.
- 통계분석, 데이터 마이닝, 텍스트 마이닝, 기계학습 방법 등이 있다.

⑥ 시각화
- 빅데이터 처리 및 분석 결과를 사용자에게 보여주는 기술이다.
- 다양한 수치나 관계 등을 표, 그래프 등을 이용해 쉽게 표현하고 탐색이나 해석에 활용한다.
- 정보 시각화 기술, 시각화 도구, 편집 기술, 실시간 자료 시각화 기술로 구성되어 있다.

> **기적의 TIP**
> 단계별로 어떤 과정이 진행되는지 이해해야 한다.

크롤링(Crawling)
웹사이트 등 외부에 저장되어 있는 정보자원을 자동화된 방법으로 수집, 분류, 저장하는 것

하둡
분산 파일 시스템과 분산 처리 시스템을 제공하는 아파치 소프트웨어 재단의 오픈 소스 프레임워크

인메모리
디스크가 아닌 메인 메모리에 데이터를 저장하는 기술

2) 빅데이터 수집

① **크롤링(Crawling)** : 무수히 많은 컴퓨터에 분산 저장되어 있는 문서를 수집하여 검색 대상의 색인으로 포함시키는 기술이다. 어느 부류의 기술을 얼마나 빨리 검색 대상에 포함시키는가로 우위를 결정한다.

② **로그 수집기** : 조직 내부에 있는 웹 서버나 시스템의 로그를 수집하는 소프트웨어이다. 웹 로그나 트랜잭션 및 클릭 로그 등 각종 로그를 하나의 데이터로 수집한다.

③ **센서 네트워크(Sensor Network)** : 유비쿼터스 컴퓨팅 구현을 위한 초경량 저전력의 많은 센서들로 구성된 유무선 네트워크이다. 센서를 통하여 획득된 여러 정보를 네트워크로 구성된 통합 환경 내에서 재구성하여 처리한다.

④ **RSS Reader/Open API** : 데이터의 생산, 공유, 참여할 수 있는 환경인 웹 2.0을 구현하는 기술이다. 필요한 데이터를 프로그래밍을 통해 수집할 수 있다.

⑤ **ETL 프로세스** : 데이터의 추출(Extract), 변환(Transform), 적재(Load)의 약어로, 다양한 원천 데이터를 취합해 추출하고 공통된 형식으로 변환하여 적재하는 과정이다.

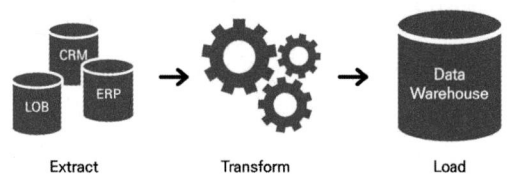

▲ ETL 프로세스

과정	설명
데이터 추출 (Extract)	• 원천 데이터로부터 적재하고자 하는 데이터를 추출한다.
데이터 변환 (Transform)	• 추출한 데이터를 변환하고 균질화하며 정제한다. • 정제한 데이터를 적재하고자 하는 데이터 웨어하우스 구조에 맞게 변환한다. • 통합하는 제약 조건 및 비즈니스 규칙에 따라 필터링이나 확인 작업을 한다.
데이터 적재 (Load)	• 변환된 데이터를 데이터 웨어하우스에 적재한다.

3) 빅데이터 저장

① **NoSQL(Not-only SQL)**

전통적인 관계형 데이터베이스와는 다르게 데이터 모델을 단순화하여 설계된 비관계형 데이터베이스로 SQL을 사용하지 않는 DBMS와 데이터 저장장치이다.

- 기존의 RDBMS 트랜잭션 속성인 원자성(Atomicity), 일관성(Consistency), 독립성(Isolation), 지속성(Durability)을 유연하게 적용한다.
- 데이터 업데이트가 즉각적으로 가능한 데이터 저장소이다.
- Cloudata, Hbase, Cassandra, MongoDB 등이 대표적이다.

② 공유 데이터 시스템(Shared-data System)
- 일관성, 가용성(Availability), 분할 내성(Partition Tolerance) 중에서 최대 두 개의 속성만 보유할 수 있다. (CAP 이론)
- 분할 내성을 취하고 일관성과 가용성 중 하나를 포기하여 일관성과 가용성을 모두 취하는 기존 RDBMS보다 높은 성능과 확장성을 제공한다.

> **CAP 이론**
> CHAPTER 03 - SECTION 02
> 데이터 적재 및 저장 참고

③ 병렬 데이터베이스 관리 시스템(Parallel Database Management System)

다수의 마이크로프로세서를 사용하여 여러 디스크에 질의, 갱신, 입출력 등 데이터베이스 처리를 동시에 수행하는 시스템이다.
- 확장성을 제공하기 위해 작은 단위의 동작으로 트랜잭션 적용이 필요하다.
- VoltDB, SAP HANA, Vertica, Greenplum, Netezza가 대표적이다.

④ **분산 파일 시스템**

네트워크로 공유하는 여러 호스트의 파일에 접근할 수 있는 파일 시스템이다.
- 데이터를 분산하여 저장하면 데이터 추출 및 가공 시 빠르게 처리할 수 있다.
- GFS(Google File System), HDFS(Hadoop Distributed File System), 아마존 S3 파일 시스템이 대표적이다.

⑤ 네트워크 저장 시스템

이기종 데이터 저장 장치를 하나의 데이터 서버에 연결하여 총괄적으로 데이터를 저장 및 관리하는 시스템이다.
- SAN(Storage Area Network), NAS(Network Attached Storage)가 대표적이다.

> **NAS**
> 네트워크 결합 스토리지, 컴퓨터를 직접 연결하지 않고 근거리 통신 네트워크를 통해 데이터를 주고 받는 방식

4) 빅데이터 처리

① 분산 시스템과 병렬 시스템

분산 시스템	• 네트워크상에 분산되어 있는 컴퓨터를 단일 시스템인 것처럼 구동하는 기술이다. • 분산 시스템에 속한 각 노드는 독립된 시스템이다. • 독립 컴퓨터의 집합으로 만들었으나 마치 단일 시스템인 것처럼 수행되어야 한다.
병렬 시스템	• 문제 해결을 위해 CPU 등의 자원을 데이터 버스나 지역 통신 시스템 등으로 연결하여 구동하는 기술이다. • 분할된 작업을 동시에 처리하여 계산 속도를 빠르게 한다.

- 용어는 구분되어 사용되기도 하지만 서로 중첩되는 부분이 많아 실제 시스템에서는 이 둘을 명확히 구분하기는 어렵다.
- 두 개념을 아우르는 분산 병렬 컴퓨팅이라는 용어를 사용한다.

> **병렬(Parallel) 데이터베이스의 특징**
> - 분산 아키텍처
> - 병렬 처리/고성능 처리
> - 데이터 파티셔닝을 통한 데이터 병렬성
> - 데이터 분할과 분산

② 분산 병렬 컴퓨팅 : 다수의 독립된 컴퓨팅 자원을 네트워크상에 연결하여 이를 제어하는 미들웨어(Middleware)를 이용해 하나의 시스템으로 동작하게 하는 기술이다.

> **미들웨어**
> 하드웨어나 프로토콜, 통신환경 등을 연결하여 응용 프로그램 간 원만한 통신이 이루어질 수 있게 하는 소프트웨어

▶ 분산 병렬 컴퓨팅 시 고려사항

문제	설명
전체 작업의 배분 문제	• 전체 작업을 잘 쪼개어 여러 개의 작은 작업으로 나눠야 한다.
각 프로세서에서 계산된 중간 결과물을 프로세서 간 주고받는 문제	• 효율적인 통신은 성능과 직결된다. • 보통 단일 시스템은 전체 작업을 노드의 수만큼 균등하게 나눈다. • 이종 시스템은 컴퓨팅 능력에 따라 전체 작업을 배분한다. • 노드 간의 통신을 최소화하는 기법 등이 반영되면 자원을 좀 더 효율적으로 사용할 수 있어 성능 향상에 도움이 된다.
서로 다른 프로세서 간 동기화 문제	• 데이터 병렬 처리에서 동기적 방법을 사용할 경우 프로세서는 특정 계산이 끝나거나 특정 데이터를 넘겨받을 때까지 반드시 대기하여야 한다. • 동기적 방법의 경우 송신자는 수신자에게서 데이터를 받았다는 응답이 올 때까지 대기하여야 한다. • 비동기적 방법에서는 결과 메시지를 보낸 즉시 다음 작업을 계속할 수 있다. • 비동기적 방법의 경우 프로세서는 기다릴 필요가 없지만, 계산 과정이 적합한지는 확인해야 한다.

③ 하둡(Hadoop)

분산 처리 환경에서 대용량 데이터 처리 및 분석을 지원하는 오픈 소스 소프트웨어 프레임워크이다.

- 야후에서 최초로 개발했으며, 지금은 아파치 소프트웨어 재단에서 프로젝트로 관리되고 있다.
- 하둡 분산파일시스템인 HDFS와 분산칼럼기반 데이터베이스인 Hbase, 분산 컴퓨팅 지원 프레임워크인 맵리듀스(MapReduce)로 구성되어 있다.
- 분산파일시스템을 통해 수 천대의 장비에 대용량 파일을 나누어 저장할 수 있는 기능을 제공한다.
  - 분산파일시스템에 저장된 대용량의 데이터들을 맵리듀스를 이용하여 실시간으로 처리 및 분석 가능하다.
- 하둡의 부족한 기능을 보완하는 하둡 에코시스템이 등장하여 다양한 솔루션을 제공한다.

④ 아파치 스파크(Apache Spark)

실시간 분산형 컴퓨팅 플랫폼으로 In-Memory 방식으로 처리를 하며 하둡보다 처리속도가 빠르다.

- 스칼라 언어로 개발되었지만 스칼라뿐만 아니라 Java, R, Python을 지원한다.

⑤ 맵리듀스(MapReduce)

구글에서 개발한 방대한 양의 데이터를 신속하게 처리하는 프로그래밍 모델로 효과적인 병렬 및 분산 처리를 지원한다.

- 런타임(Runtime)에서의 입력 데이터 분할, 작업 스케줄링, 노드 고장, 노드 간의 데이터 전송 작업이 맵리듀스 처리 성능에 많은 영향을 미친다.

HDFS
Hadoop Distributed File System

맵리듀스
분산 병렬 데이터 처리 기술의 표준

▶ 맵리듀스 처리단계

1단계	입력 데이터를 읽고 분할한다.
2단계	분할된 데이터를 할당해 맵 작업을 수행한 후, 그 결과인 중간 데이터를 통합 및 재분할한다.
3단계	통합 및 재분할된 중간 데이터를 셔플(Shuffle)한다.
4단계	셔플된 중간 데이터를 이용해 리듀스 작업을 수행한다.
5단계	출력 데이터를 생성하고, 맵리듀스 처리를 종료한다.

셔플
n개의 데이터가 어떤 순서대로 정렬되어 있을 때, 그 순서를 무작위로 섞는 알고리즘

➕ 더 알기 TIP

맵리듀스 처리

[ABR], [CCR], [ACB] 데이터를 입력받아 각 원소의 개수를 구하고자 한다.
- 입력받은 데이터를 3개로 균등하게 분할한다.
- 분할된 3개의 데이터를 할당하여 맵 작업을 수행한 후, 그 중간 결과값을 [A], [B], [C], [R]처럼 같은 값끼리 통합 및 재분할한다.
- 통합 및 재분할된 중간 결과값을 셔플한다.
- 셔플된 중간 결과값을 이용해 리듀스 작업을 수행하여 [A], [B], [C], [R] 각각의 개수를 구한다.

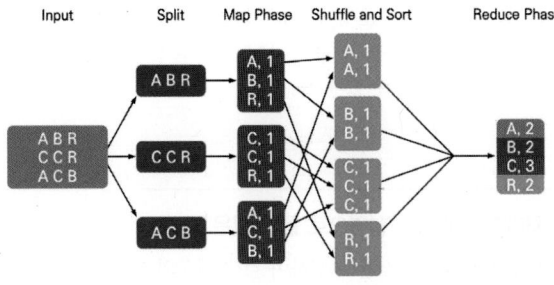

5) 빅데이터 분석

① 데이터 분석 방법의 분류

- **탐구 요인 분석(Exploratory Factor Analysis, EFA)** : 데이터 간 상호 관계를 파악하여 데이터를 분석하는 방법이다.
- **확인 요인 분석(Confirmatory Factor Analysis, CFA)** : 관찰된 변수들의 집합 요소 구조를 파악하기 위한 통계적 기법을 통해 데이터를 분석하는 방법이다.

② 데이터 분석 방법

구분	내용
분류 (Classification)	• 미리 알려진 클래스들로 구분되는 학습 데이터셋(Data Set)을 학습시켜 새로 추가되는 데이터가 속할 만한 데이터 셋을 찾는 지도학습 방법이다.
군집화 (Clustering)	• 특성이 비슷한 데이터를 하나의 그룹으로 분류하는 방법으로, 분류와 달리 학습 데이터셋을 이용하지 않는 비지도학습 방법이다.
기계학습 (Machine Learning)	• 인공지능 분야에서 인간의 학습을 모델링한 방법이다. • 의사결정트리 등 기호적 학습과 신경망이나 유전 알고리즘 등 비기호적 학습, 베이지안이나 은닉 마코프 등 확률적 학습 등 다양한 기법이 있다.

마이닝
데이터로부터 통계적인 의미가 있는 개념이나 특성을 추출하고 패턴이나 추세 등의 정보를 끌어내는 과정

텍스트 마이닝 (Text Mining)		• 자연어 처리 기술을 이용해 인간의 언어로 쓰인 비정형 텍스트에서 유용한 정보를 추출하거나 다른 데이터와의 연관성을 파악하기 위한 방법이다. • 분류나 군집화 등 빅데이터에 숨겨진 의미 있는 정보를 발견하는 데 사용하기도 한다.
웹 마이닝 (Web Mining)		• 인터넷을 통해 수집한 정보를 데이터 마이닝 방법으로 분석하는 응용분야이다.
오피니언 마이닝 (Opinion Mining)		• 온라인의 다양한 뉴스와 소셜 미디어 코멘트 또는 사용자가 만든 콘텐츠에서 표현된 의견을 추출, 분류, 이해하는 응용분야이다.
리얼리티 마이닝 (Reality Mining)		• 휴대폰 등 기기를 사용하여 인간관계와 행동 양태 등을 추론하는 응용분야이다. • 통화량, 통화 위치, 통화 상태, 통화 대상, 통화 내용 등을 분석하여 사용자의 인간관계나 행동 특성을 찾아낸다.
소셜 네트워크 분석 (Social Network Analysis)		• 수학의 그래프 이론을 바탕으로 소셜 네트워크 서비스에서 네트워크 연결 구조와 강도를 분석하여 사용자의 명성 및 영향력을 측정하는 방법이다.
감성 분석 (Sentiment Analysis)		• 문장의 의미를 파악하여 글의 내용에 긍정 또는 부정, 좋음 또는 나쁨을 분류하거나 만족 또는 불만족 강도를 지수화하는 방법이다. • 도출된 지수를 이용하여 고객의 감성 트렌드를 시계열로 분석하고, 고객의 감성 변화에 기업들이 신속하게 대응 및 부정적인 의견의 확산을 방지하는 데 활용할 수 있다.

개념 체크

다음 중 빅데이터 처리기술에 대한 설명으로 틀린 것은?

① 크롤링은 분산 저장되어 있는 문서를 수집하여 검색 대상의 색인으로 포함시키는 수집 기술이다.
② 분산 병렬 컴퓨팅은 다수의 독립된 컴퓨팅 자원을 네트워크상에 연결하여 하나로 동작하게 하는 기술이다.
③ NoSQL은 기존의 RDBMS 트랜잭션 속성인 원자성, 일관성, 독립성, 지속성을 유연하게 적용하는 저장 기술이다.
④ 확인 요인 분석(CFA)은 데이터 간 상호 관계를 파악하여 데이터를 분석하는 방법이다.

정답 ④

• 크롤링은 웹 에이전트를 이용하여 인터넷 링크를 따라다니며 방문한 사이트의 웹 페이지나 소셜 데이터 등 공개되어 있는 데이터를 수집하는 기술이다.
• 분산 병렬 컴퓨팅은 다수의 독립된 컴퓨팅 자원을 네트워크상에 연결하여 이를 제어하는 미들웨어를 이용해 하나의 시스템으로 동작하게 하는 처리 기술이다.
• NoSQL은 전통적인 관계형 데이터베이스와는 다르게 데이터 모델을 단순화하여 설계된 비관계형 데이터베이스로 SQL을 사용하지 않는 DBMS와 데이터 저장장치이다.
• 확인 요인 분석(CFA)은 관찰된 변수들의 집합 요소 구조를 파악하기 위한 통계적 기법을 통해 데이터를 분석하는 방법이며, 데이터 간 상호 관계를 파악하여 데이터를 분석하는 방법은 탐구 요인 분석(EFA)이다.

03 빅데이터와 인공지능

1) 인공지능(Artificial Intelligence, AI)

① 인공지능의 정의

- 인공지능은 기계를 지능화하는 노력이며, 지능화란 객체가 환경에서 적절히, 그리고 예지력을 갖고 작동하도록 하는 것이다. (Artificial Intelligence and life in 2030, 스탠퍼드대학교 AI100)
- 인공지능은 합리적 행동 수행자(Rational Agent)이며, 어떤 행동이 최적의 결과를 낳을 수 있도록 하는 의사결정 능력을 갖춘 에이전트를 구축하는 것이다. (Artificial Intelligence - a modern approach [3rd edition], 러셀과 노빅)
- 인공지능은 설정한 목표를 극대화하는 행동을 제시하는 의사결정 로직이다.
- 인공지능은 사람과 흡사한 생각과 행동에 초점을 맞춘 정의도 소개된 바 있으나, 인공지능 구현방법이 구체화 될수록 인간처럼 보다는 합리성을 더 강조하고 있다.

② 인공지능과 기계학습 및 딥러닝의 관계

- 인공지능을 논할 때 기계학습과 딥러닝을 혼재하여 사용한다.
  - 인공지능은 사람이 생각하고 판단하는 사고 구조를 구축하려는 전반적인 노력이다.
  - 기계학습은 인공지능의 연구 분야 중 하나로 인간의 학습 능력과 같은 기능을 축적된 데이터를 활용하여 실현하고자 하는 기술 및 방법이다.
  - 딥러닝은 기계학습 방법 중 하나로 컴퓨터가 많은 데이터를 이용해 사람처럼 스스로 학습할 수 있도록 인공신경망 등의 기술을 이용한 기법이다.

인공지능⊃머신러닝⊃딥러닝

③ 딥러닝(Deep Learning)의 특징

- 딥러닝은 제프리 힌튼(Geoffrey Everest Hinton)의 노력으로 함수추정 방법으로써의 신경망 관점에서 정보를 압축, 가공, 재현하는 알고리즘으로 일반화하면서 인공지능의 핵심 동인이 되었다.
- 깊은 구조에 의해 엄청난 양의 데이터를 학습할 수 있는 특징을 갖고 있어 인공지능 발전에 크게 기여하였다.
  - 딥러닝의 학습을 위한 데이터의 확보는 곧 우수한 인공지능 개발과 깊은 관련성이 있다.

딥러닝
전신인 신경망(Neural Network)의 여러 단점을 극복해 유연성과 확장성을 확보

④ 기계학습의 종류

종류	내용

지도학습
(Supervised Learning)
	• 학습 데이터로부터 하나의 함수를 유추해내기 위한 방법이다.
	  – 학습 데이터는 일반적으로 입력 객체에 대한 속성을 벡터 형태로 포함하고 있으며 각각의 벡터에 대해 원하는 결과가 무엇인지 표시되어 있다.
	  – 유추된 함수 중 연속적인 값을 출력하는 것을 회귀분석이라 한다.
	  – 주어진 입력 벡터가 어떤 종류의 값인지 표시하는 것을 분류라 한다.
	• 지도 학습기(Supervised Learner)가 하는 작업은 훈련 데이터로부터 주어진 데이터에 대해 예측하고자 하는 값을 올바로 추측해 내는 것이다.
	  – 학습기는 알맞은 방법을 통하여 기존의 훈련 데이터로부터 나타나지 않던 상황까지도 일반화하여 처리할 수 있어야 한다.

비지도학습 (Unsupervised Learning)	• 데이터가 어떻게 구성되었는지를 알아내는 문제의 범주에 속한다. • 지도학습 혹은 강화학습과는 달리 입력값에 대한 목표치가 주어지지 않는다. • 통계의 밀도 추정(Density Estimation)과 깊은 연관이 있으며, 데이터의 주요 특징을 요약하고 설명할 수 있다. • 군집화, 독립성분분석(Independent Component Analysis) 방법 등이 있다.

준지도학습
(Semi-supervised Learning)
	• 목표값이 표시된 데이터와 표시되지 않은 데이터를 모두 학습에 사용하는 것을 말한다.
	  – 대개의 경우 이러한 방법에 사용되는 학습 데이터는 목표값이 표시된 데이터 보다 표시되지 않은 데이터를 많이 갖고 있다.
	  – 목표값이 충분히 표시된 학습 데이터를 사용하는 지도학습과 목표값이 표시되지 않은 학습 데이터를 사용하는 비지도학습 사이에 위치한다.
	• 많은 기계학습 연구자들이 목표값이 없는 데이터에 적은 양의 목표값을 포함한 데이터를 사용할 경우 학습 정확도에 있어서 상당히 좋아짐을 확인하였다.
	• 두 개 이상의 학습기 각각이 예제를 통해 훈련되는 상호 훈련 방법 등이 있다.

강화학습
(Reinforcement Learning)
	• 행동심리학에서 영감을 받았으며, 선택 가능한 행동들 중 보상을 최대화하는 행동 혹은 순서를 선택하는 방법이다.
	  – 운용과학, 제어이론에서 강화학습은 '근사 동적 계획법'이라 부르는 분야에서 연구된다.
	  – 경제학, 게임이론 분야에서 강화학습은 어떻게 제한된 합리성 하에서 평형이 일어날 수 있는지를 설명하는 데에 사용되기도 한다.
	• 강화학습의 초점은 학습 과정(on-line)에서의 성능이며, 이는 탐색(exploration)과 이용(exploitation)의 균형을 맞춤으로써 제고된다.
	  – 탐색과 이용의 균형 문제는 강화학습에서 가장 많이 연구된 문제로, 다중슬롯머신 문제(multi-armed bandit problem)와 유한한 마르코프 결정 과정 등에서 연구되었다.

비지도학습 = 자율학습

⑤ 기계학습 방법에 따른 인공지능 응용분야

학습 종류	방법	응용 영역
지도학습	분류모형	• 이미지 인식 • 음성 인식 • 신용평가 및 사기검출 • 불량예측 및 원인발굴
	회귀모형	• 시세/가격/주가 예측 • 강우량 예측 등
비지도학습	군집분석	• 텍스트 토픽 분석 • 고객 세그멘테이션
	오토인코더 (AutoEncoder)	• 이상징후 탐지 • 노이즈 제거 • 텍스트 벡터화
	생성적 적대 신경망 (Generative Adversarial Network)	• 시뮬레이션 데이터 생성 • 누락 데이터 생성 • 패션 데이터 생성 등
강화학습	강화학습	• 게임 플레이어 생성 • 로봇 학습 알고리즘 • 공급망 최적화 등

> **기적의 TIP**
> 기계학습은 PART 03에서 자세히 다룬다.

2) 인공지능 데이터 학습의 진화

① 전이학습(Transfer Learning)

전이학습은 기존의 학습된 모델의 지식을 새로운 문제에 적용하여 학습을 빠르고 효율적으로 수행하는 머신러닝 기법이다. 전이학습은 기존의 모델이 학습한 특성, 가중치, 표현 등을 새로운 모델에 전달하여 새로운 작업에 적용하는 방식으로 작동한다. 비슷한 분야에서 학습된 딥러닝 모형을 다른 문제를 해결하기 위해 사용하고자 할 때 적은 양의 데이터로도 좋은 결과를 얻을 수 있다.

- 주로 이미지, 언어, 텍스트 인식과 같이 지도학습 중 분류모형인 인식(recognition) 문제에 활용 가능하다.
  - 인식 문제의 경우 데이터 표준화가 가능하여 사전학습모형 입력형식에 맞출 수 있다.

② 전이학습 기반 사전학습모형(Pre-trained Model)

학습 데이터에 의한 인지능력을 갖춘 딥러닝 모형에 추가적인 데이터를 학습시키는 방식이다.

- 데이터 학습량에 따라 점차 발전하는 것도 중요하지만, 응용력을 갖추는 것 또한 필수적이다.
- 상대적으로 적은 양의 데이터로도 제한된 문제에 인공지능 적용이 가능하다.
  - 이미 학습된 사전학습모형도 데이터를 함축한 초보적 인공지능으로서 충분한 가치를 지닌 새로운 의미의 데이터라고 할 수 있다.

> 사전 학습된 이미지 분류 모델을 가져와 새로운 작업인 객체감지(Object Detection)나 세그멘테이션(Segmentation)에 적용하는 경우가 많이 있다. 이를 통해 적은 양의 데이터로도 높은 성능을 달성할 수 있다.

③ BERT(Bidirectional Encoder Representations from Transformers)

2018년 구글에서 발표한 언어인식 사전학습모형이다. 확보된 언어 데이터의 추가 학습을 통한 신속한 학습이 가능하다.

- 다층의 임베딩 구조를 통해 1억2천 개가 넘는 파라미터로 구성된 획기적인 모형이다.
- 256개까지의 문자가 입력되어 768차원 숫자 벡터가 생성되는 방식이다.
- 언어 인식뿐 아니라 번역, 챗봇의 Q&A 엔진으로 활용 가능하다.

3) 빅데이터와 인공지능의 관계

① 인공지능을 위한 학습 데이터 확보

- 학습 데이터 측면을 고려한 양질의 데이터 확보는 결국 성공적인 인공지능 구현과 직결된다.
- 딥러닝은 깊은 구조를 통해 무한한 모수 추정이 필요한 만큼 많은 양의 데이터가 필요하다.
- 인공지능 학습에 활용될 수 있는 데이터로 가공이 필요하며, 학습의 가이드를 제공해 주는 애노테이션 작업이 필수적이다.

② 학습 데이터의 애노테이션 작업

많은 데이터 확보 후 애노테이션을 통해 학습이 가능한 데이터로 가공하는 작업이 필요하다.

- 작업의 특성상 많은 수작업이 동반되며, 이로 인해 인공지능 사업은 노동집약적이라는 인식을 만들어 냈다.

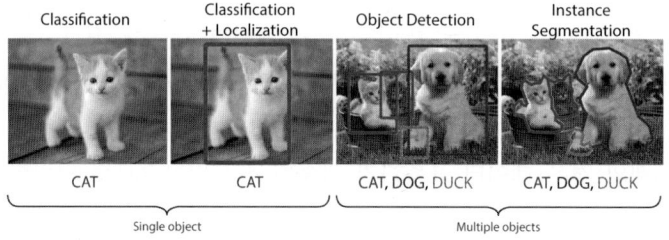

▲ 이미지 애노테이션 작업의 예

③ 애노테이션 작업을 위한 도구로써의 인공지능

- 인공지능 시장이 확장되며 애노테이션 작업을 전문으로 하는 기업의 수가 증가하였다.
  - 경쟁으로 인해 학습용 데이터에 대한 보안 및 애노테이션 결과에 대한 품질 요구수준이 높아졌다.
  - 기업들은 데이터 업로드 및 애노테이션 도구, 작업 모니터링을 위한 플랫폼을 제공하기 시작했다.

- 현재 자동으로 애노테이션을 수행해 주는 인공지능 기반의 애노테이션 도구를 제공하는 서비스로 진화 중이다.

4) 인공지능의 기술동향

① 기계학습 프레임워크(Machine Learning Framework) 보급 확대

- 구글브레인이 개발한 텐서플로우(Tensorflow)는 파이썬 기반 딥러닝 라이브러리로 여러 CPU 및 GPU와 플랫폼에서 사용 가능하다.
- 케라스(Keras)는 딥러닝 신경망 구축을 위한 단순화된 인터페이스를 가진 라이브러리이며, 몇 줄의 코드만으로 딥러닝 모형 개발이 가능하다.

② 생성적 적대 신경망(Generative Adversarial Networks, GAN)

GAN은 두 개의 인공신경망으로 구성된 딥러닝 이미지 생성 알고리즘이다.

- 생성자가 가짜 사례를 생성하면 감별자가 진위를 판별하도록 구성한 후 이들이 적대적 관계 속에서 공방전을 반복하도록 한다.
  - 가짜 사례의 정밀도를 점점 더 진짜 사례와 구별하기 어려운 수준으로 높이는 방식으로 작동한다.
- 주로 새로운 합성 이미지를 생성하는 분석에 많이 적용되어 왔으나, 점차 다른 분야에 응용하는 사례가 늘고 있다.

③ 오토인코더(Auto-encoder)

오토인코더는 라벨이 설정되어 있지 않은 학습 데이터로부터 더욱 효율적인 코드로 표현하도록 학습하는 신경망이다.

- 입력 데이터의 차원을 줄여 모형을 단순화시키기 위해 활용할 수 있다.

④ 설명 가능한 인공지능(eXplainable AI, XAI)

설명 가능한 인공지능은 결론 도출 과정에 대한 근거를 차트나 수치 또는 자연어 형태의 설명으로 제공한다.

- 기존의 기계학습은 정확한 예측을 할 수 있도록 하는 방향으로 개발되어 왔다.
  - 기존 기계학습의 완성된 모형은 내부 구조가 매우 복잡하고 의미를 이해하기 어려워 일종의 블랙박스 모형이라 불리었다.

⑤ 기계학습 자동화(AutoML)

기계학습 자동화는 명칭 그대로 기계학습의 전체 과정을 자동화하는 것이다.

- 세부적으로는 데이터 전처리, 변수 생성, 변수 선택, 알고리즘 선택, 하이퍼파라미터 최적화 등의 기능을 수행한다.
- 기계학습 모형 개발 과정의 생산성을 높이며 비전문가들의 활용을 용이하게 할 것으로 기대된다.

기계학습 프레임워크
인터페이스와 라이브러리, 툴 등 기계학습 모형 개발을 쉽고 빠르게 하도록 지원하는 기반

케라스
파이썬으로 작성된 오픈 소스 신경망 라이브러리

파라미터(매개변수)
어떤 시스템이나 함수의 특정한 성질을 나타내는 변수, 모델링에 의해 자동으로 결정

하이퍼파라미터
모델링할 때 사용자가 직접 세팅해주는 값

⑥ 거대 언어 모델(Large Language Model, LLM)

- 거대 언어 모델은 대형 언어 모델이라고도 불리며 수십억 개 이상의 파라미터로 구성된 신경망을 기반으로 학습된 언어 모델이다.
- LLM의 작동방식은 크게 토큰화, 트랜스포머 모델, 프롬프트의 3가지로 구분된다.
- 토큰화는 자연어 처리의 일부로 일반 인간 언어를 저수준 기계 시스템(LLMS)이 이해할 수 있는 시퀀스로 변환하는 작업을 말한다.
- 트랜스포머 모델은 문장 속 단어와 같은 순차 데이터 내의 관계를 추적해 맥락과 의미를 학습하는 신경망으로 텍스트와 음성을 거의 실시간으로 생성한다.
- 프롬프트는 거대 언어 모델에 제공하는 정보로 더 정확한 프롬프트를 제공할수록 다음 단어를 더 잘 예측하고 정확한 문장을 구성할 수 있다.

> Open AI의 GPT, 구글의 BERT, Facebook AI의 BART가 대표적인 LLM이다.

5) 인공지능의 한계점과 발전방향

① 국내시장의 한계

- 국내에서 축적한 머신러닝 및 인공지능과 관련한 수학, 통계학적 이해도는 낮은 수준이다.
- 인공지능 개발을 위한 데이터 확보 및 그 중요성에 대한 인식이 부족하다.

② 인공지능의 미래

- 딥러닝의 재학습 및 전이학습 특성을 활용한 사전학습모형이 새로운 데이터 경제의 모습이 될 것이다.
- 마스킹이나 라벨링 등의 애노테이션 작업을 통해 학습용 데이터를 가공하는 산업이 확산되고 있다.
- 복잡한 BERT의 학습을 위한 구글의 클라우드 서비스와 같은 확장된 개념의 데이터 경제로 파생될 것으로 보인다.

> 데이터 경제는 수집, 학습용 데이터로의 가공, 전이학습용 사전학습 모형으로 구분되고 있다.

🎯 개념 체크

다음 중 인공지능에 대한 설명으로 틀린 것은?

① 데이터 확보 후 애노테이션을 통해 학습이 가능한 데이터로 가공하는 작업이 필요하다.
② 오토인코더는 데이터로부터 더욱 효율적인 코드로 표현하도록 학습하는 신경망으로 강화학습 방법이다.
③ 기계학습은 인공지능의 연구 분야 중 하나로 인간의 학습 능력과 같은 기능을 실현하고자 하는 기술이다.
④ 딥러닝은 기계학습 방법 중 하나로 컴퓨터가 스스로 학습할 수 있도록 인공신경망 등의 기술을 이용한다.

정답 ②

- 애노테이션은 데이터상의 주석 작업으로 딥러닝과 같은 학습 알고리즘이 무엇을 학습하여야 하는지 알려 주는 표시 작업이다.
- 오토인코더는 라벨이 설정되어 있지 않은 학습 데이터로부터 더욱 효율적인 코드로 표현하도록 학습하는 신경망으로 비지도학습 방법 중 하나이다.

04 개인정보 개요

1) 개인정보의 정의와 판단기준

① 개인정보의 정의
- 살아 있는 개인에 관한 정보로서 개인을 알아볼 수 있는 정보이다.
- 해당 정보만으로는 특정 개인을 알아볼 수 없더라도 다른 정보와 쉽게 결합하여 알아볼 수 있는 정보를 포함한다.

② 개인정보의 판단기준
- '생존하는' '개인에 관한' 정보여야 한다.
- '정보'의 내용·형태 등은 제한이 없다.
- 개인을 '알아볼 수 있는' 정보여야 한다.
  - 다른 정보와 '쉽게 결합하여' 개인을 알아볼 수 있는 정보도 포함한다.

개인정보의 예
성명, 전화번호, 주소, 주민등록번호나 운전면허번호, 학번 또는 회사의 사번 등

2) 개인정보의 이전

개인정보가 다른 사람(제3자)에게 이전되거나 공동으로 처리하게 하는 것이다. 개인정보의 처리 위탁과 제3자 제공으로 분류된다.

① 개인정보의 처리 위탁

개인정보처리자의 업무를 처리할 목적으로 제3자에게 이전되는 것이다.

개인정보를 제공하는 자의 업무 처리와 이익을 위하는 경우이다.

② 개인정보의 제3자 제공

해당 정보를 제공받는 자의 고유한 업무를 처리할 목적 및 이익을 위하여 개인정보가 이전되는 것이다.

개인정보를 제공받는 자의 업무 처리와 이익을 위하는 경우이다.

3) 개인정보의 보호

① 개인정보의 보호조치
- 조직 내부의 정보보안 방침과 개인정보보호법에 위배되지 않도록 개인정보보호 가이드라인을 점검한다.
- 데이터를 외부에 공개하는 경우 가이드라인에서 정한 규칙을 준수하는지 반드시 확인한다.
- 가이드라인에 명시되지 않은 경우 관계기관이나 조직 내부의 법무가이드를 받은 후 적절한 범위 안에서 데이터를 활용하도록 한다.
- 개인정보 보호를 위해 주기적인 패스워드 변경, 시스템 패스워드 관리 보안 강화, 의심스러운 메일 열람 금지, 정기적인 보안교육 참여 등을 유도한다.
- 백신의 설치 및 최신버전으로 유지하고, 개인정보를 과하게 요구하는 사이트의 가입을 자제한다.

② 빅데이터 개인정보보호 가이드라인(방송통신위원회)

구분	내용
비식별화	〈수집 시부터 개인식별 정보에 대한 철저한 비식별화 조치〉 • 개인정보가 포함된 공개된 정보 및 이용내역정보는 비식별화 조치를 취한 후 수집 · 저장 · 조합 · 분석 및 제3자 제공 등이 가능하다.
투명성 확보	〈빅데이터 처리 사실 · 목적 등의 공개를 통한 투명성 확보〉 • 개인정보 취급방침을 통해 비식별화 조치 후 빅데이터 처리 사실 · 목적 · 수집 출처 및 정보 활용 거부권 행사 방법 등을 이용자에게 투명하게 공개한다. – (개인정보 취급방침) 비식별화 조치 후 빅데이터 처리 사실 · 목적 등을 이용자 등에게 공개하고 '정보활용 거부 페이지 링크'를 제공하여 이용자가 거부권을 행사할 수 있도록 조치한다. – (수집 출처 고지) 이용자 이외의 자로부터 수집한 개인정보 처리 시 '수집 출처 · 목적, 개인정보 처리 정지 요구권'을 이용자에게 고지한다.
재식별 시 조치	〈개인정보 재식별 시, 즉시 파기 및 비식별화 조치〉 • 빅데이터 처리 과정 및 생성정보에 개인정보가 재식별될 경우, 즉시 파기하거나 추가적인 비식별화 조치하도록 한다.
민감정보 및 비밀정보 처리	〈민감정보 및 통신비밀의 수집 · 이용 · 분석 등 처리 금지〉 • 특정 개인의 사상 · 신념, 정치적 견해 등 민감정보의 생성을 목적으로 정보의 수집 · 이용 · 저장 · 조합 · 분석 등 처리 금지한다. • 이메일, 문자 메시지 등 통신 내용의 수집 · 이용 · 저장 · 조합 · 분석 등 처리 금지한다.
기술적 · 관리적 보호조치	〈수집된 정보의 저장 · 관리 시 '기술적 · 관리적 보호조치' 시행〉 • 비식별화 조치가 취해진 정보를 저장 · 관리하고 있는 정보 처리시스템에 대한 기술적 · 관리적 보호조치 적용한다. – (보호조치) 침입차단시스템 등 접근 통제장치 설치, 접속 기록에 대한 위 · 변조 방지 조치, 백신 소프트웨어 설치 · 운영 등 악성프로그램에 의한 침해 방지 조치한다.

> **개인정보 자기결정권**
> 자신에 관한 정보가 언제, 누구에게 어느 범위까지 알려지고 또 이용되도록 할 것인지를 스스로 결정할 수 있는 권리

③ 개인정보 보호를 위한 고려사항

- 기업은 적법하게 정보주체의 권리를 보호하면서 데이터의 효율적인 이용 방안을 모색하는 것이 중요하다.
- 데이터와 관련된 주요 법령 및 규제기관의 가이드라인을 지속적으로 파악하고 내부 프로세스를 사전에 검토하여야 한다.
- 적용되는 법령에 따른 내부 개인정보 컴플라이언스 체계를 구축하여야 한다.
- 데이터를 이전할 경우에는 관련 법률에 따른 적법한 프로세스를 마련하여야 한다.

4) 개인정보보호 관련 법률

- 비즈니스 모델과 처리하는 데이터에 따라 「개인정보보호법」과 「정보통신망 이용촉진 및 정보보호 등에 관한 법률」 그리고 「신용정보의 이용 및 보호에 관한 법률」 등을 기본적으로 검토하여야 한다. (데이터 3법)
- 이 외 경우에 따라 「위치정보의 보호 및 이용 등에 관한 법률」과 「정보통신기반 보호법」 및 「국가정보화 기본법」과 「전자정부법」 등을 추가적으로 검토하여야 한다.

개념 체크

다음 중 개인정보에 대한 설명으로 틀린 것은?

① 개인정보의 처리 위탁은 해당 정보를 제공받는 자의 고유한 업무를 처리할 목적 및 이익을 위하여 개인정보가 이전되는 것이다.
② 개인정보는 살아 있는 개인에 관한 정보로서 개인을 알아볼 수 있는 정보이다.
③ 특정 개인의 사상·신념, 정치적 견해 등 민감정보의 생성을 목적으로 정보의 수집·이용·저장·조합·분석 등 처리 금지한다.
④ 개인정보가 포함된 공개된 정보 및 이용내역정보는 비식별화 조치를 취한 후 수집·저장·조합·분석 및 제3자 제공 등이 가능하다.

정답 ①

- 개인정보의 처리 위탁은 개인정보처리자의 업무를 처리할 목적으로 제3자에게 이전되는 것이며, 해당 정보를 제공받는 자의 고유한 업무를 처리할 목적 및 이익을 위하여 개인정보가 이전되는 것은 개인정보의 제3자 제공이다.
- 개인정보는 해당 정보만으로는 특정 개인을 알아볼 수 없더라도 다른 정보와 쉽게 결합하여 알아볼 수 있는 정보를 포함한다.
- 빅데이터 개인정보보호 가이드라인에서는 이메일, 문자 메시지 등 통신 내용의 수집·이용·저장·조합·분석 등 또한 처리 금지하고 있다.
- 비식별화 후 빅데이터 처리 과정 및 생성정보에 개인정보가 재식별될 경우, 즉시 파기하거나 추가적인 비식별화 조치하도록 한다.

05 개인정보 법·제도

1) 개인정보보호법

① 개인정보보호법의 개요

- 당사자의 동의 없는 개인정보 수집 및 활용하거나 제3자에게 제공하는 것을 금지하는 등 개인정보보호를 강화한 내용을 담아 제정한 법률이다.
- 상대방의 동의 없이 개인정보를 제3자에게 제공하면 5년 이하의 징역이나 5,000만 원 이하의 벌금에 처할 수 있다.

> 개인정보 보호를 위한 법체계를 일원화하고 개인의 권익 보호를 강화하기 위한 법으로 2011년 3월 29일 제정되어 같은 해 9월 30일부터 시행되었다.

② 개인정보의 범위(제2조 제1호)

- '개인정보'란 살아 있는 개인에 관한 정보로서 성명, 주민등록번호 및 영상 등을 통하여 개인을 알아볼 수 있는 정보(해당 정보만으로는 특정 개인을 알아볼 수 없더라도 다른 정보와 쉽게 결합하여 알아볼 수 있는 것을 포함)를 말한다.
- 어떤 정보가 개인정보에 해당하는지는 그 정보가 특정 개인을 알아볼 수 있게 하는 다른 정보와 쉽게 결합할 수 있는가에 따라 결정된다.
- 법원은 그 정보 자체로는 누구의 정보인지를 알 수 없더라도 다른 정보와 결합 가능성을 비교적 넓게 인정하여 개인정보에 해당한다 판단하고 있다.

> 광범위한 데이터가 개인정보에 해당하여 이 법이 적용될 수 있다는 점을 유의해야 한다.

③ 개인정보의 처리 위탁

- 일정한 내용을 기재한 문서에 의하여 업무 위탁이 이루어져야 한다(개인정보보호법 제26조 제1항).

- 위탁하는 업무의 내용과 수탁자를 정보주체에게 알려야 하는바, 개인정보처리방침에 해당 내용을 추가하여 공개하거나, 사업장 등의 보기 쉬운 장소에 게시하는 방법 등을 시행해야 한다(개인정보보호법 제26조 제3항, 동법 시행령 제28조 제3항).
- 수탁자에 대한 교육 및 감독 의무를 부담하게 된다(개인정보보호법 제26조 제4항).
- 수탁자가 위탁 받은 업무와 관련하여 개인정보를 처리하는 과정에서 개인정보보호법을 위반하여 발생한 손해배상책임에 대하여는 수탁자를 개인정보처리자의 소속 직원으로 본다(개인정보보호법 제26조 제6항).
- 손해가 발생한 경우 정보주체의 손해배상 청구에 대해 위탁자가 책임을 질 수 있다.

④ 개인정보의 제3자 제공
- 정보주체로부터 개인정보 제3자 제공 동의를 받아야 한다(개인정보보호법 제17조 제1항).

⑤ 개인정보 처리 위탁과 제3자 제공 판단 기준

〈서울중앙지방법원 2018. 8. 16. 선고 2017노1296 판결 참조〉
- 개인정보의 취득목적과 방법
- 대가 수수 여부
- 수탁자에 대한 실질적인 관리 · 감독 여부
- 정보주체 또는 이용자의 개인정보 보호 필요성에 미치는 영향
- 개인정보를 이용할 필요가 있는 자가 실질적으로 누구인지 등

⑥ 비식별 개인정보의 이전
- 정보주체 또는 제3자의 이익을 부당하게 침해할 우려가 있는 경우는 제외한다.
- 통계작성 및 학술연구 등의 목적을 위하여 필요한 경우로서 '특정 개인을 알아볼 수 없는 형태로 개인정보'를 제공할 수 있도록 규정하고 있다(개인정보보호법 제18조 제2항 제4호).
- 데이터 제공이 목적에 부합하는지, 특정 개인을 알아볼 수 없는 형태로 제공하는지에 대해 사전에 검토하여야 한다.

2) 정보통신망 이용촉진 및 정보보호 등에 관한 법률(정보통신망법)

① 정보통신망법의 개요
- 정보통신망의 개발과 보급 등 이용 촉진과 함께 통신망을 통해 활용되고 있는 정보보호에 관해 규정한 법률이다.
- 이용자의 동의를 받지 않고 개인정보를 수집하거나 제3자에게 개인정보를 제공한 경우, 법정대리인의 동의 없이 만 14세 미만의 아동의 개인정보를 수집한 경우, 악성프로그램을 전달 또는 유포한 경우 등은 5년 이하의 징역 또는 5,000만 원 이하의 벌금에 처해진다.

② 개인정보의 처리 위탁
- 원칙적으로는 개인정보 처리위탁을 받는 자, 개인정보 처리위탁을 하는 업무의 내용을 이용자에게 알리고 동의를 받아야 한다.
- 단, 정보통신서비스 제공자 등은 정보통신서비스의 제공에 관한 계약을 이행하고 이용자의 편의 증진 등을 위하여 필요한 경우에는 고지절차와 동의절차를 거치지 않고, 이용자에게 이에 관해 알리거나 개인정보 처리방침 등에 이를 공개할 수 있다(정보통신망법 제25조 제2항).
- 만일 제3자에게 데이터 분석을 위탁할 경우, 해당 서비스가 정보통신서비스 제공에 관한 계약을 이행하고 이용자의 편의 증진을 위한 것인지 검토해야 한다.

3) 신용정보의 이용 및 보호에 관한 법률(신용정보보호법)

① 신용정보보호법의 개요
- 개인신용정보를 신용정보회사 등에게 제공하고자 하는 경우에 해당 개인으로부터 서면 또는 공인전자서명이 있는 전자문서에 의한 동의 등을 얻어야 한다.
- 신용정보주체는 신용정보회사 등이 본인에 관한 신용정보를 제공하는 때에는 제공받은 자, 그 이용 목적, 제공한 본인정보의 주요 내용 등을 통보하도록 요구하거나 인터넷을 통하여 조회할 수 있도록 요구할 수 있다.
- 신용정보회사 등이 보유하고 있는 본인정보의 제공 또는 열람을 청구할 수 있고, 사실과 다른 경우에는 정정을 청구할 수 있다.

② 신용정보의 범위(제2조 제1호 및 제2호, 제34조 제1항)
- "신용정보"란 금융거래 등 상거래에 있어서 거래 상대방의 신용을 판단할 때 필요한 정보로서 다음 각 목의 정보를 말한다.
  - 가. 특정 신용정보주체를 식별할 수 있는 정보
  - 나. 신용정보주체의 거래내용을 판단할 수 있는 정보
  - 다. 신용정보주체의 신용도를 판단할 수 있는 정보
  - 라. 신용정보주체의 신용거래능력을 판단할 수 있는 정보
  - 마. 그 밖에 가목부터 라목까지와 유사한 정보

③ 개인신용정보
- "개인신용정보"란 신용정보 중 개인의 신용도와 신용거래능력 등을 판단할 때 필요한 정보를 말한다.
- "개인신용정보"는 기업 및 법인에 관한 정보를 제외한 살아 있는 개인에 관한 정보로서 성명·주민등록번호 등을 통하여 개인을 알아볼 수 있는 정보이며, 신용정보주체의 거래내용, 신용도, 신용거래능력 등과 결합되는 경우에만 개인신용정보에 해당한다.

> 성명과 연락처만을 처리하는 경우에는 개인정보를 처리하는 것이며, 성명과 연락처 및 거래금액을 함께 처리하는 경우에는 개인신용정보를 처리하는 것으로 해석된다.

④ 개인신용정보의 처리 위탁
- 신용정보회사 등은 그 업무 범위에서 의뢰인의 동의를 받아 다른 신용정보회사에 신용정보의 수집·조사를 위탁할 수 있다.
- 개인신용정보 처리에 대한 업무 위탁의 경우에는 수집된 신용정보의 처리를 자본금 또는 자본총액이 1억 원 이상인 기업으로서 신용정보관리·보호인 등을 지정한 자에게 위탁할 수 있다.
- 신용정보회사, 신용정보집중기관, 은행, 금융지주회사, 금융투자업자, 보험회사 등은 신용정보 처리 위탁 시 금융위원회에 보고해야 하며, 이에 관한 구체적 사항은 「금융회사의 정보처리 업무 위탁에 관한 규정」에 따른다.
- 특정 신용정보주체를 식별할 수 있는 정보는 암호화하거나 봉함 등의 보호조치를 하여야 하며, 신용정보가 분실·도난·유출·변조 또는 훼손당하지 않도록 수탁자를 연 1회 이상 교육하여야 한다.
- 위탁계약의 이행에 필요한 경우로서 수집된 신용정보의 처리를 위탁하기 위하여 제공하는 경우 정보주체의 동의를 받지 않아도 된다(신용정보보호법 제17조, 동법 시행령 제14조).

⑤ 개인신용정보의 제3자 제공
- 개인신용정보를 타인에게 제공하려는 경우 정보주체에 서비스 제공을 위하여 필수적 동의 사항과 그 밖의 선택적 동의 사항을 구분하여 설명한 후 각각 동의를 받도록 하고 있다(신용정보보호법 제32조, 제34조 등).
- 기타 개인정보 제공 시 개인정보보호법이 적용된다.

⑥ 개인식별정보
- "개인식별정보"란 생존하는 개인의 성명, 주소 및 주민등록번호, 여권번호, 운전면허번호, 외국인등록번호, 국내거소신고번호 및 성별, 국적 등 개인을 식별할 수 있는 정보를 말한다.

➕ 더 알기 TIP

특별법

일반법에서 적용 범위를 한정 혹은 내용을 특별히 정해 놓은 법이다.

일반법과 특별법이 저촉되면 특별법이 먼저 적용되고, 특별법에 규정이 없는 사항에 대해서는 일반법이 적용된다.

정보통신서비스 제공자에 대하여는 정보통신망법(특별법)이 우선 적용되지만, 정보통신망법에 특별한 규정이 없고 개인정보보호법과 상호 모순·충돌하지 않는 경우에는 개인정보보호법(일반법)이 적용된다.

신용정보보호법 제3조의2는 "개인정보의 보호에 관하여 이 법에 특별한 규정이 있는 경우를 제외하고는 「개인정보보호법」에서 정하는 바에 따른다"라고 하고 있으므로 신용정보보호법은 개인정보보호법에 대해 특별법의 지위를 가진다.

법률이 상호 모순, 저촉되는 경우에는 신법이 구법에, 그리고 특별법이 일반법에 우선하나, 법률이 상호 모순되는지 여부는 각 법률의 입법목적, 규정사항 및 그 적용범위 등을 종합적으로 검토하여 판단하여야 한다.

4) 2020년 데이터 3법의 주요 개정 내용

- 데이터 이용 활성화를 위한 '가명정보' 개념 도입 및 데이터간 결합 근거 마련
- 개인정보보호 관련 법률의 유사·중복 규정을 정비 및 거버넌스 체계 효율화
- 데이터 활용에 따른 개인정보처리자 책임 강화
- 다소 모호했던 개인정보의 판단기준 명확화

> **데이터3법**
> - 개인정보 보호법
> - 정보통신망 이용촉진 및 정보보호 등에 관한 법률
> - 신용정보의 이용 및 보호에 관한 법률

① 개인정보보호법 주요 개정 내용

- 개인정보 관련 개념을 개인정보, 가명정보, 익명정보로 구분
- 가명정보를 통계 작성 연구, 공익적 기록보존 목적을 처리할 수 있도록 허용
- 가명정보 이용 시 안전장치 및 통제 수단 마련
- 분산된 개인정보보호 감독기관을 개인정보보호위원회로 일원화
- 개인정보보호위원회는 국무총리 소속 중앙행정기관으로 격상

② 정보통신망법 주요 개정 내용

- 개인정보보호 관련 사항을 개인정보보호법으로 이관
- 온라인상 개인정보보호 관련 규제 및 감독 주체를 개인정보보호위원회로 변경

③ 신용정보보호법 주요 개정 내용

- 가명정보 개념을 도입해 빅데이터 분석 및 이용의 법적 근거 마련
- 가명정보는 통계작성, 연구, 공익적 기록보존 등을 위해 신용정보 주체의 동의 없이 이용, 제공 가능

개념 체크

다음 중 개인정보와 관련된 법률에 대한 설명으로 틀린 것은?

① 개인정보보호법은 당사자 동의 없는 개인정보 수집 및 활용을 금지하는 등 내용을 담아 제정한 법률이다.
② 정보통신망 이용촉진 및 정보보호 등에 관한 법률은 정보통신망의 공적인 이용촉진 및 사적 이용을 금지하는 내용을 담아 제정한 법률이다.
③ 신용정보의 이용 및 보호에 관한 법률은 개인신용정보를 신용정보회사 등에게 제공하고자 하는 경우에 해당 개인으로부터 동의를 얻어야 한다고 규정하고 있다.
④ 2020년 데이터 3법의 주요 개정 내용으로 가명정보 개념을 도입하였다.

정답 ②

- 개인정보보호법은 당사자의 동의 없는 개인정보 수집 및 활용하거나 제3자에게 제공하는 것을 금지하는 등 개인정보보호를 강화한 내용을 담아 제정한 법률이다.
- 정보통신망 이용촉진 및 정보보호 등에 관한 법률은 정보통신망의 개발과 보급 등 이용 촉진과 함께 통신망을 통해 활용되고 있는 정보보호에 관해 규정한 법률이다.
- 신용정보의 이용 및 보호에 관한 법률은 개인신용정보를 신용정보회사 등에게 제공하고자 하는 경우에 해당 개인으로부터 서면 또는 공인전자서명이 있는 전자문서에 의한 동의 등을 얻어야 한다고 규정하고 있다.
- 2020년 데이터 3법의 주요 개정 내용으로 데이터 이용 활성화를 위한 가명정보 개념 도입 및 데이터간 결합 근거 마련, 개인정보보호 관련 법률의 유사·중복 규정을 정비 및 거버넌스 체계 효율화, 데이터 활용에 따른 개인정보처리자 책임 강화, 다소 모호했던 개인정보의 판단기준을 명확화 하였다.

5) 유럽 연합과 미국의 개인정보보호 체계

① 유럽 연합(EU)

- 유럽 연합의 시민의 데이터를 활용하는 경우 GDPR(General Data Protection Regulation)을 준수해야 한다.
- GDPR은 정보주체의 권리와 기업의 책임성 강화 등을 주요 내용으로 하며 위반 시 과징금 부과를 규정하고 있다.
- GDPR의 주요 항목으로 사용자가 본인의 데이터 처리 관련 사항을 제공 받을 권리, 열람·정정·삭제 요청 권리, 데이터 이동 권리, 처리 거부 요청 권리 등이 있다.

> **GDPR**
> 유럽 의회에서 유럽 시민들의 개인정보 보호를 강화하기 위해 만든 통합 규정

② 미국

- 미국은 기본적으로 시장 자율 규율(self-regulation) 방식으로 EU나 한국과 같이 공공 부문과 민간 부문을 포괄하는 개인정보보호에 관한 일반법이 연방 법률로서 존재하지 않는다.
  - 대신 공공, 통신, 금융, 교육, 의료, 근로자 정보 등 영역별로 개인정보보호를 규율하는 개별 법률이 각 분야별 개인정보보호를 담당한다.
- 주 법체계에서는 EU의 GDPR 제정 이후 캘리포니아 주의 캘리포니아 소비자 개인정보보호법(California Consumer Privacy Act, CCPA)을 시작으로 많은 주들이 포괄적인 일반 개인정보보호법을 도입하려는 노력을 진행중이다.

> 공공 부문에서는 프라이버시법(Privacy Act)이 개인정보보호 일반법으로의 역할을 한다.
>
> 미국의 법 제도는 연방법과 각 주 법으로 구성된다.

06 개인정보 비식별화

1) 개인정보 비식별화의 개요

① 비식별 정보

- 정보의 집합물에 대해 「개인정보 비식별 조치 가이드라인」에 따라 적정하게 '비식별 조치'된 정보를 말한다.

② 비식별 조치

- 정보의 집합물에서 개인을 식별할 수 있는 요소를 전부 또는 일부 삭제하거나 대체 등의 방법을 통해 개인을 알아볼 수 없도록 하는 조치를 말한다.

③ 비식별 정보의 활용

- 비식별 정보는 개인정보가 아닌 정보로 추정되므로 정보주체로부터의 별도 동의없이 해당 정보를 이용하거나 제3자에게 제공할 수 있다.
  - 다만, 불특정 다수에게 공개되는 경우에는 다른 정보를 보유하고 있는 누군가에 의해 해당 정보주체가 식별될 가능성이 있으므로 비식별 정보의 공개는 원칙적으로 금지된다.

> 익명 데이터는 데이터를 수집하는 단계에서 특정 개인을 식별할 수 없는 형태로 수집하는 것으로 비식별 정보와는 특성이 다르다.

④ 비식별 정보의 보호
- 비식별 정보는 개인정보가 아닌 것으로 추정되지만, 새로운 결합 기술이 나타나거나 결합 가능한 정보가 증가하는 경우 정보주체가 '재식별'될 가능성이 있다.
- 비식별 정보를 처리하는 자(비식별 정보를 제공받은 자 포함)가 해당 정보를 이용하는 과정에서 재식별하게 된 경우에는 해당 정보를 즉시 처리중지하고 파기하여야 한다.
- 비식별 정보라고 하더라도 필수적인 관리적·기술적 보호조치는 이행해야 한다.

2) 개인정보 비식별화 조치 가이드라인
데이터 이용 과정에서 개인정보 침해·방지를 위해 개인정보를 비식별 조치하는 절차 및 방법에 대한 가이드라인으로, 개인정보를 비식별 조치하여 이용 또는 제공하려는 사업자 등이 준수하여야 할 기준을 제시한다.

> 통계법 등 관련법령에 따라 개인정보를 수집·이용하는 경우에는 당해 법령에 따라 처리해야 한다.

① 개인정보 비식별화 조치 가이드라인의 추진배경
- 정부 3.0 및 빅데이터 활용 확산에 따른 데이터 활용가치가 증대되고 있다.
- 개인정보 보호 강화에 대한 사회적 요구가 지속되고 있다.

> '보호와 활용'을 동시에 모색하는 세계적 정책변화에 적극 대응이 필요하다.

② 개인정보 비식별화 조치 가이드라인의 단계별 조치사항

단계	조치사항	데이터
사전 검토	개인정보에 해당하는지 여부를 검토한 후, 개인정보가 아닌 것이 명백한 경우 법적 규제 없이 자유롭게 활용	개인정보, 식별정보
비식별 조치	정보 집합물(데이터 셋)에서 개인을 식별할 수 있는 요소를 전부 또는 일부 삭제하거나 대체하는 등의 방법을 활용, 개인을 알아볼 수 없도록 하는 조치	가명, 총계, 삭제, 범주화, 마스킹
적정성 평가	다른 정보와 쉽게 결합하여 개인을 식별할 수 있는지를 「비식별 조치 적정성 평가단」을 통해 평가	k-익명성, l-다양성, t-근접성
사후 관리	비식별 정보 안전조치, 재식별 가능성 모니터링 등 비식별 정보 활용 과정에서 재식별 방지를 위해 필요한 조치 수행	관리적/기술적 보호조치

> **k-익명성**
> 동일한 값을 가진 레코드를 k개 이상으로 하여 특정 개인을 식별할 확률을 1/k로 함
>
> **l-다양성**
> 각 레코드는 최소 l개 이상의 다양성을 가지도록 하여 동질성 또는 배경지식 등에 의한 추론을 방지
>
> **t-근접성**
> 전체 데이터 집합의 정보 분포와 특정 정보의 분포 차이를 t 이하로 하여 추론 방지

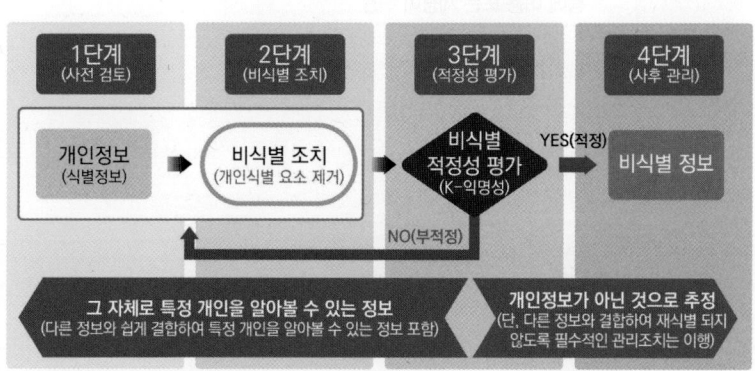

▲ 비식별 조치 및 사무관리절차(개인정보 비식별 조치 가이드라인, 국무조정실 등 6개 부처 합동)

③ 개인정보 비식별화 조치 가이드라인의 단계별 조치 기준

사전 검토	〈개인정보 해당 여부 검토〉 • 빅데이터 분석 등을 위해 정보를 처리하려는 사업자 등은 해당 정보가 개인정보인지 여부에 대해 개인정보 해당 여부 판단 기준을 참조하여 판단 • 해당 정보가 개인정보에 해당하지 않는 것이 명백한 경우에는 별도 조치 없이 빅데이터 분석 등에 활용 가능하고, 해당한다고 판단되는 경우 다음 단계의 조치 필요

비식별 조치	〈비식별 조치기법 적용〉
	• 식별자(Identifier) 조치 기준
	  – 정보 집합물에 포함된 식별자는 원칙적으로 삭제 조치
	  – 데이터 이용 목적상 반드시 필요한 식별자는 비식별 조치 후 활용
	• 속성자(Attribute value) 조치 기준
	  – 정보 집합물에 포함된 속성자도 데이터 이용 목적과 관련이 없는 경우에는 원칙적으로 삭제
	  – 데이터 이용 목적과 관련이 있는 속성자 중 식별요소가 있는 경우에는 가명처리, 총계처리 등의 기법을 활용하여 비식별 조치 필요
	  – 희귀병명, 희귀경력 등의 속성자는 구체적인 상황에 따라 개인 식별 가능성이 매우 높으므로 엄격한 비식별 조치 필요

적정성 평가	〈k-익명성 모델 활용〉
	• 적정성 평가 필요성
	  – 비식별 조치가 충분하지 않은 경우 공개 정보 등 다른 정보와의 결합, 다양한 추론 기법 등을 통해 개인이 식별될 우려
	  – 개인정보 보호책임자 책임 하에 외부전문가가 참여하는「비식별 조치 적정성 평가단」을 구성, 개인식별 가능성에 대한 엄격한 평가 필요
	  – 적정성 평가 시 프라이버시 보호 모델 중 k-익명성을 활용
	  – k-익명성은 최소한의 평가수단이며, 필요시 추가적인 평가모델(l-다양성, t-근접성) 활용
	• 적정성 평가 절차
	  – 기초자료 작성 : 개인정보처리자는 적정성 평가에 필요한 데이터 명세, 비식별 조치현황, 이용기관의 관리 수준 등 기초자료 작성
	  – 평가단 구성 : 개인정보 보호책임자가 3명 이상으로 평가단을 구성 (외부전문가는 과반수 이상)
	  – 평가 수행 : 평가단은 개인정보처리자가 작성한 기초자료와 k-익명성 모델을 활용하여 비식별 조치 수준의 적정성을 평가
	  – 추가 비식별 조치 : 개인정보처리자는 평가결과가 '부적정'인 경우 평가단의 의견을 반영하여 추가적인 비식별 조치 수행
	  – 데이터 활용 : 비식별 조치가 적정하다고 평가 받은 경우에는 빅데이터 분석 등에 이용 또는 제공이 허용

식별자
개인 또는 개인과 관련한 사물에 고유하게 부여된 값 또는 이름

속성자
개인과 관련된 정보로서 다른 정보와 쉽게 결합하는 경우 특정 개인을 알아볼 수도 있는 정보

각각의 기법에는 이를 구현할 수 있는 다양한 세부기술이 있으며, 데이터 이용 목적과 기법별 장·단점 등을 고려하여 적절한 것을 활용한다.

사후 관리	〈비식별 정보 안전 조치〉
	• 비식별 조치된 정보가 유출되는 경우 다른 정보와 결합하여 식별될 우려가 있으므로 필수적인 보호조치 이행
	   – 관리적 보호조치 : 비식별 정보파일에 대한 관리 담당자 지정, 비식별 조치 관련 정보공유 금지, 이용 목적 달성시 파기 등의 조치 필요
	   – 기술적 보호조치 : 비식별 정보파일에 대한 접근통제, 접속기록 관리, 보안 프로그램 설치·운영 등의 조치 필요
	• 비식별 정보 유출 시 보호조치
	   – 유출 원인 분석 및 추가 유출 방지를 위한 관리적·기술적 보호조치
	   – 유출된 비식별 정보의 회수·파기
	
	〈재식별 가능성 모니터링〉
	• 비식별 정보를 이용하거나 제3자에게 제공하려는 사업자 등은 해당 정보의 재식별 가능성을 정기적으로 모니터링 필요
	• 모니터링 결과, 다음의 점검 항목 중 어느 하나에 해당되는 경우에는 추가적인 비식별 조치 강구
	• 비식별 정보를 제공·위탁한 자가 재식별 가능성을 발견한 경우에는 이를 즉시 그 정보를 처리하고 있는 자에게 통지하고 처리 중단 요구 및 해당 정보를 회수·파기하는 등 조치 필요
	
	〈비식별 정보 제공 및 위탁계약 시 준수사항〉
	• 비식별된 정보를 제3의 기관에 제공하거나, 처리 위탁하는 경우 재식별 위험관리에 관한 내용을 계약서에 포함
	   – 재식별 금지 : 비식별 정보를 제공받거나 처리를 위탁 받은 사업자 등은 다른 정보와 결합을 통해 재식별 시도가 금지됨을 명시
	   – 재제공 또는 재위탁 제한 : 비식별 정보를 제공하거나 처리를 위탁하는 자는 재제공 또는 재위탁 가능 범위를 정하여 계약서에 명시
	   – 재식별 위험 시 통지 : 재식별이 되거나 그 가능성이 높아지는 상황이 발생한 경우에는 데이터 처리 중지 및 비식별 정보 제공자 또는 위탁자에게 통지 의무 등 명시
	
	〈재식별 시 조치요령〉
	• 비식별 정보가 재식별된 경우에는 신속하게 그 정보의 처리를 중단하고 해당 개인정보가 유출되지 않도록 조치 필요
	• 재식별된 정보는 즉시 파기 조치하되, 해당 정보를 다시 활용하려면 비식별 조치 절차 다시 수행

④ 개인정보 비식별화 조치 가이드라인의 조치방법

가명 처리	• 개인정보 중 주요 식별 요소를 다른 값으로 대체하는 방법이다.
	• 값을 대체 시 규칙이 노출되어 역으로 쉽게 식별할 수 없도록 주의해야 한다.
	  예) 홍길동, 35세, 서울 거주, 한국대 재학
	    → 임꺽정, 30대, 서울 거주, 국제대 재학

총계 처리	• 데이터의 총합 값을 보여 주고 개별 값을 보여 주지 않는 방법이다.
	• 특정 속성을 지닌 개인으로 구성된 단체의 속성 정보를 공개하는 것은 그 집단에 속한 개인의 정보를 공개하는 것과 마찬가지이므로 주의해야 한다.
	  예) 임꺽정 180cm, 홍길동 170cm, 이공쥐 160cm, 김팥쥐 150cm
	    → 물리학과 학생 키 합 : 660cm, 평균 키 165cm
	  예) 에이즈 환자 집단임을 공개하면서 특정인이 그 집단에 속함을 알 수 있도록 표시하는 행위 금지

데이터 삭제	• 데이터 공유나 개방 목적에 따라 데이터 셋에 구성된 값 중 필요 없는 값 또는 개인식별에 중요한 값을 삭제하는 방법이다. 예) 주민등록번호 901206-1234567 → 90년대생, 남자 예) 개인과 관련된 날짜정보(합격일 등)는 연단위로 처리
데이터 범주화	• 데이터의 값을 범주의 값으로 변환하여 값을 숨기는 방법이다. 예) 홍길동, 35세 → 홍씨, 30~40세
데이터 마스킹	• 개인을 식별하는 데 기여할 확률이 높은 주요 식별자를 보이지 않도록 처리하는 방법이다. • 남아 있는 정보만으로 개인을 식별할 수 없어야 하며, 공개된 다른 정보와 결합하더라도 특정 개인을 식별할 수 없어야 한다. 예) 홍길동, 35세, 서울 거주, 한국대학교 재학 → 홍○○, 35세, 서울 거주, ○○대 재학

개념 체크

다음 중 개인정보 비식별화에 대한 설명으로 틀린 것은?

① 가명 처리는 개인정보 중 주요 식별 요소를 다른 값으로 대체하는 방법이다.
② 총계 처리는 데이터의 총합 값을 보여주고 개별 값을 보여주지 않는 방법이다.
③ 데이터 삭제는 개인을 식별하는데 기여할 확률이 높은 주요 식별자를 보이지 않도록 처리하는 방법이다.
④ 데이터 범주화는 데이터를 범주의 값으로 변환하여 숨기는 방법이다.

정답 ③

• 가명 처리는 값을 대체 시 규칙이 노출되어 역으로 쉽게 식별할 수 없도록 주의해야 한다.
• 총계 처리 시 특정 속성을 지닌 개인으로 구성된 단체의 속성 정보를 공개하는 것은 그 집단에 속한 개인의 정보를 공개하는 것과 마찬가지이므로 주의해야 한다.
• 개인을 식별하는데 기여할 확률이 높은 주요 식별자를 보이지 않도록 처리하는 방법은 데이터 마스킹이며, 데이터 삭제는 데이터 공유나 개방 목적에 따라 데이터 셋에 구성된 값 중 필요 없는 값 또는 개인식별에 중요한 값을 삭제하는 방법이다.
• 데이터 범주화는 데이터의 값을 범주의 값으로 변환하여 값을 숨기는 방법이다.

07 가명정보 활용

1) 가명정보의 개요

① 가명정보의 정의

> 가명정보는 추가 정보가 없이는 특정 개인을 알아볼 수 없어야 한다.

• 활용하고자 하는 개인정보의 일부를 삭제하거나 일부 또는 전부를 대체하는 등의 방법으로 처리하는 과정을 가명처리라 하며, 이 산출물을 가명정보라 한다.
• 앞서 살펴본 데이터 3법에서는 데이터 이용 활성화를 위해 가명정보 개념을 도입했으며, 개인정보 및 익명정보와 비교하면 다음과 같다.

구분	설명	비고
개인정보	• 특정 개인에 대한 정보 • 특정 개인을 알아볼 수 있게 하는 정보	정보주체로부터 사전에 개인정보 활용에 대한 구체적인 동의를 받은 범위 내에서 활용 가능
가명정보	추가 정보 없이는 특정 개인을 알아볼 수 없는 정보	사전에 동의 없이 통계작성(상업적 목적 포함), 과학적 연구(산업적 연구 포함), 공익적 기록 보존 목적 등으로 활용 가능
익명정보	특정 개인을 알아볼 수 없도록 처리한 정보	개인정보가 아니기에 제약 없이 활용 가능

② 가명처리의 필요성

- 개인정보는 특정 개인에 대한 다양한 정보들이 포함되어 있는 관계로 이를 처리 및 활용하는 과정에서 특정 개인의 사생활 침해 등 여러 문제가 발생할 수 있다.
- 개인정보를 안전하게 활용하기 위해 특정 개인에 대한 정보들이 노출되어 식별되지 않도록 기술적인 조치를 수행하여야 한다.

③ 가명처리의 목적 및 대상

- 가명정보는 통계작성, 과학적 연구, 공익적 기록 보존 등의 목적으로 개인정보 처리자의 정당한 처리 범위 내에서 정보주체의 사전 동의 없이 처리할 수 있다.

처리목적	내용
통계 작성	• 통계는 특정 집단이나 대상 등에 대하여 작성한 수치 정보 • 시장조사와 같은 상업적 목적의 통계처리도 가능 • CRM 목적으로 개인에 대한 식별이 필요 또는 가능한 경우 제외
과학적 연구	기술의 개발과 실증, 기초연구, 응용 연구 및 민간 투자 연구 등 과학적 방법을 적용하는 연구
공익적 기록 보존	• 공공의 이익을 위하여 지속적으로 열람할 가치가 있는 정보를 기록하여 보존 • 민간 기업이나 단체 등이 일반적인 공익을 위하여 기록을 보존하는 경우도 가능

2) 가명처리 절차

가명정보 처리자가 가명처리한 결과, 목적을 달성하기 어렵거나 재식별 가능성이 있는 경우 가명처리(3단계)를 반복하거나 부분적으로 가명처리를 추가 수행할 수 있다.

① 목적 설정 등 사전준비

- 가명정보 처리 목적을 명확하게 설정한다.
- 가명정보 처리 목적의 적합성을 검토한다.
- 계약서나 개인정보 처리지침 또는 내부 관리계획 등 필요한 서류들을 작성한다.

목적 설정 등 사전준비, 위험성 검토, 가명처리, 적정성 검토, 안전한 관리의 총 5단계로 구성되어 있다.

② 위험성 검토

구 분	내 용
대상 선정	• 목적을 달성하기 위하여 필요한 항목을 개인정보 파일에서 선정 • 가명정보 처리 목적달성에 필요한 최소한의 항목으로 선정 필요
위험성 검토	• 가명처리 대상 데이터의 식별 위험성을 분석 및 평가 • 가명처리 방법 및 수준 설정 시 반영

③ 가명처리
- 항목별 가명처리 방법과 수준을 먼저 정의하고, 이에 맞게 가명처리를 수행한다.
- 식별자와 준식별자에 대한 비식별화를 수행한다.

④ 적정성 검토
- 가명처리가 적정하게 수행되었는지 확인한다.
- 가명처리 결과가 가명정보의 처리 목적에 부합한지 검토한다.
- 필요서류, 처리 목적 정합성, 식별 위험성, 가명처리 방법 및 수준의 적정성, 가명처리의 적정성, 처리 목적 달성 가능성 단계로 검토를 수행한다.
- 프라이버시 기반 추론방지 모델을 이용하여 재식별 가능성을 확인한다.

⑤ 안전한 관리
- 생성된 가명정보를 법령에 따라 물리적, 관리적, 기술적 안전조치 등 사후관리를 이행한다(재식별 가능성 모니터링).

08 개인정보 활용

1) 데이터 수집의 위기 요인과 통제 방안

① 사생활 침해로 위기 발생
- M2M(Machine to Machine) 시대가 되면서 정보를 수집하는 센서들의 수가 증가하고 있다.
- 개인정보의 가치가 커짐에 따라 많은 사업자들이 개인정보 습득에 더 많은 자원을 투입하고 있다.
- 특정 데이터가 본래 목적 외로 가공되어 2차, 3차 목적으로 활용될 가능성이 커지고 있다.
- 위험의 범위가 사생활 침해 수준을 넘어 사회, 경제적 위협으로 더 확대될 수 있다.

> 사생활 침해 우려는 민간 뿐만이 아닌 정부의 정보 수집에서도 나타나고 있다.

② 동의에서 책임으로 강화하여 통제
- 개인정보는 본래의 1차적 목적 외에도 2차, 3차적 목적으로 가공, 유통, 활용되고 있다.
  - 개인정보의 활용에 대해 개인이 매번 동의하는 것은 매우 어려운 일이며, 경제적으로도 비효율적이다.
- 개인정보 사용으로 발생하는 피해에 대해서는 개인정보 사용자가 책임을 지게 한다.
- 개인정보를 사용하는 주체가 익명화 기술 같은 더 적극적인 보호 장치를 마련하게 하는 효과가 있을 것으로 기대된다.

> **익명화(Anonymization)**
> 사생활 침해를 방지하기 위해 데이터에 포함된 개인정보를 삭제하거나 알아볼 수 없는 형태로 변환하는 방법

2) 데이터 활용의 위기 요인과 통제 방안

① 책임원칙 훼손으로 위기 발생
- 빅데이터의 분석 결과에 따라 특정한 행위를 할 가능성이 높다는 이유만으로 특정인이 처벌받는 것은 민주주의 사회 원칙을 훼손한다.
- 특정인이 특정한 사회, 경제적 특성을 가진 집단에 속한다는 이유만으로 그의 신용도와 무관하게 대출이 거절되는 상황은 잘못된 클러스터링의 피해이다.
- 특정 조건을 가진 학생이 대학에 진학하고자 할 때 잘못된 예측 알고리즘에 의해 진학할 기회 자체를 주지 않는다면 이는 사회 정의 문제와도 직결된다.

② 결과 기반 책임 원칙을 고수하여 통제
- 기존의 책임 원칙을 더 강화해야 한다.
- 예측 결과에 의해 불이익을 당할 가능성을 최소화하는 방안 마련이 필요하다.
- 제도 마련과 함께 알고리즘의 기술적 완성도를 더 높여야 한다.

3) 데이터 처리의 위기 요인과 통제 방안

① 데이터 오용으로 위기 발생
- 빅데이터는 과거에 일어났던 일로 인해 기록된 데이터에 의존한다.
  - 빅데이터를 기반으로 미래를 예측하는 것은 어느 정도 정확도를 가질 수 있지만 항상 맞는 것은 아니다.
- 빅데이터 사용자가 데이터를 과신할 때 큰 문제가 발생할 가능성이 높다.
  - 잘못된 지표를 사용하는 것은 오히려 과거 경험에 의존하는 것보다 더 잘못된 결론을 도출할 수 있다.

> 잘못된 인사이트를 도출하여 비즈니스에 활용할 경우 더 많은 손실이 발생할 수 있다.

② 알고리즘 접근을 허용하여 통제
- 알고리즘에 대한 접근권한을 부여받아 직접 검증할 수 있도록 한다.
- 알고리즘에 대한 객관적인 인증방안을 마련 및 도입한다.
- 알고리즘의 부당함을 반증할 수 있는 방법을 제시해 줄 것을 요청한다.

- 공개해 준 알고리즘을 해석해 줄 알고리즘미스트와 같은 전문가를 영입한다.
  - 알고리즘미스트는 만들어진 알고리즘을 분석하여 해당 알고리즘으로 부당한 피해를 보는 사람을 구제하는 역할을 수행할 수 있다.
  - 알고리즘미스트는 컴퓨터, 수학, 통계학, 비즈니스 등의 다양한 지식이 필요하다.

개념 체크

1 다음 중 빅데이터와 개인정보에 관련된 설명으로 옳지 않은 것은?

① 데이터 수집 시 사생활 침해로 위기가 발생할 수 있으며, 사용자의 책임 강화보다는 개인의 직접 동의가 경제적이다.
② 데이터 활용 시 책임원칙 훼손으로 위기가 발생할 수 있으며, 결과 기반 책임 원칙을 고수하여 통제할 수 있다.
③ 데이터 처리 시 데이터 오용으로 위기가 발생할 수 있으며, 알고리즘 접근을 허용하여 통제할 수 있다.
④ 과거에 일어난 사건으로 인해 기록된 데이터는 개인정보를 포함할 수 있다.

정답 ①

개인정보의 활용에 대해 개인이 매번 동의하는 것은 어려운 일이며, 경제적으로 비효율적이므로 사용자의 책임을 강화하여 통제해야 한다.

2 다음 중 개인정보 사용에 대한 설명으로 잘못된 것은?

① 개인정보의 가치가 커지면서 많은 사업자들이 개인정보 습득에 더 많은 자원을 투입하고 있다.
② 개인정보 사용으로 발생하는 피해에 대해서는 개인정보 사용 주체가 책임을 진다.
③ 개인정보를 사용하는 주체는 익명화 기술과 같은 더 적극적인 보호 장치를 마련해야 한다.
④ 개인정보는 본래의 1차적 목적으로만 활용되어야 하며, 가공, 유통 등을 엄격히 금지해야 한다.

정답 ④

개인정보는 법률과 규정이 정한 범위 내에서 가공하고 활용하는 것이 허용된다.

합격을 다지는 예상문제

01 다음 중 빅데이터 플랫폼의 주요 요소기술이 아닌 것은?

① 데이터 분석기술
② 데이터 수집기술
③ 데이터 저장기술
④ 데이터 복구기술

02 다음 중 원천 데이터로부터 필요 데이터를 추출하여 변환한 후 적재하는 과정을 나타내는 용어로 옳은 것은?

① MapReduce
② ETL
③ HDFS
④ Pre-processing

03 다음 중 빅데이터 플랫폼의 빅데이터 수집기술이 아닌 것은?

① 크롤링(Crawling)
② ETL
③ Clustering
④ Open API

04 다음 중 맵리듀스의 데이터 처리과정을 순서대로 나열한 것은?

① Split → Map → Shuffle → Reduce
② Shuffle → Map → Split → Reduce
③ Map → Split → Shuffle → Reduce
④ Reduce → Shuffle → Map → Split

05 다음 중 빅데이터 플랫폼의 등장배경이 아닌 것은?

① 데이터 처리 복잡도 증가
② 데이터 구조의 변화
③ 데이터 처리의 신속성 요구
④ 데이터 처리 유연성 증대

06 다음 중 빅데이터 플랫폼의 부하 제어 기능으로 틀린 것은?

① 컴퓨팅 부하 제어
② 분석 부하 제어
③ 네트워크 부하 제어
④ 저장 부하 제어

07 다음 중 딥러닝 분석 기법이 아닌 것은?

① LSTM(Long Short-Term Memory)
② RNN(Recurrent Neural Network)
③ K Nearest Neighborhood
④ Auto-encoder

08 다음 중 기계학습의 종류가 아닌 것은?

① 지도학습(Supervised Learning)
② 비지도학습(Unsupervised Learning)
③ 시뮬레이션학습(Simulation Learning)
④ 준지도학습(Semi-supervised Learning)

09 데이터상의 주석 작업으로 딥러닝과 같은 학습 알고리즘이 무엇을 학습해야 하는지 알려 주는 표식 작업을 무엇이라 하는가?

① 애노테이션(Annotation)
② 이노베이션(Innovation)
③ 이벨류에이션(Evaluation)
④ 애그리게이션(Aggregation)

10 다음 중 개인정보의 판단기준으로 틀린 것은?

① 생존하는 개인에 관한 정보여야 한다.
② 개인과 인격체를 갖춘 법인으로 한정한다.
③ 정보의 내용이나 형태 등은 제한이 없다.
④ 다른 정보와 쉽게 결합하여 개인을 알아볼 수 있는 정보도 포함한다.

11 다음 중 빅데이터를 활용하기 위한 데이터 기본 3법에 해당하지 않는 것은?

① 개인정보보호법
② 정보통신망 이용촉진 및 정보보호 등에 관한 법률
③ 신용정보의 이용 및 보호에 관한 법률
④ 국가정보화 기본법

12 다음 중 신용정보의 이용 및 보호에 관한 법률의 개인정보 범위에 대한 설명 중 틀린 것은?

① 신용정보란 금융거래 등 상거래에 있어서 거래 상대방의 신용을 판단할 때 필요한 정보이다.
② 개인신용정보란 신용정보 중 개인의 신용도와 신용거래능력 등을 판단할 때 필요한 정보이다.
③ 개인정보란 살아 있는 개인에 관한 정보로서 성명, 주민등록번호 및 영상 등을 통하여 개인을 알아볼 수 있는 정보이다.
④ 개인식별정보란 생존하는 개인의 성명, 주소 및 주민등록번호, 여권번호, 운전면허번호, 외국인등록번호(국내거소신고번호) 및 성별, 국적 등 개인을 식별할 수 있는 정보이다.

13 다음 중 2020년에 개정된 데이터 기본 3법의 주요 개정 내용으로 옳지 않은 것은?

① 데이터 이용 활성화를 위한 익명정보 개념 도입 및 데이터간 결합 근거를 마련하였다.
② 개인정보보호 관련 법률의 유사, 중복된 규정을 정비 및 거버넌스 체계 효율화를 이루었다.
③ 데이터 활용에 따른 개인정보처리자 책임을 강화하였다.
④ 다소 모호했던 개인정보의 판단기준을 명확하게 하였다.

14 다음 중 데이터 기본 3법을 적용하고자 할 때의 설명으로 틀린 것은?

① 일반법과 특별법이 저촉되면 특별법이 먼저 적용된다.
② 특별법에 규정이 없는 사항에 대해서는 일반법이 적용된다.
③ 개인정보보호법은 데이터 기본 3법 중 특별법에 해당한다.
④ 법률이 상호 모순되거나 저촉되는 경우 신법이 구법에 우선한다.

15 다음 중 개인정보 재식별 시 조치사항으로 옳은 것은?

① 관리자의 동의를 구한 후 재식별 정보를 계속 이용한다.
② 데이터 수집 과정에서 재식별된 개인정보를 관리자의 승인을 받아 사용한다.
③ 개인정보가 재식별된 경우 즉시 파기 또는 추가적인 비식별화 조치를 취하여야 한다.
④ 데이터 처리 과정에서 획득한 개인정보는 스스로 사용할 수 있다.

16 다음 중 개인정보 비식별화 절차로 옳은 것은?

① 비식별 조치 → 적정성 평가 → 사전검토 → 사후관리
② 사전검토 → 비식별 조치 → 적정성 평가 → 사후관리
③ 적정성 평가 → 사전검토 → 비식별 조치 → 사후관리
④ 사전검토 → 적정성 평가 → 비식별 조치 → 사후관리

17 다음 중 개인으로 인식될 수 있는 가능성을 가진 데이터를 식별하기 어려운 형태로 가공하는 과정을 무엇이라 하는가?

① 비식별화
② 미식별화
③ 균질화
④ 정제화

18 다음 중 비식별화 방법이 아닌 것은?

① 가명처리
② 데이터 삭제
③ 데이터 범주화
④ 데이터 표본화

19 다음 중 빅데이터로 인한 위기 요인이 아닌 것은?

① 데이터의 오용
② 자본주의의 심화
③ 사생활의 침해
④ 책임 원칙의 훼손

20 다음 중 빅데이터를 활용하는 과정에서 사생활 침해를 방지하기 위하여 데이터에 포함된 개인정보를 삭제하거나 알아볼 수 없는 형태로 변환하는 방법을 무엇이라 하는가?

① 가명화
② 일반화
③ 정규화
④ 익명화

합격을 다지는 예상문제 정답 & 해설

SECTION 02

01 ④	02 ②	03 ③	04 ①	05 ④
06 ②	07 ③	08 ③	09 ①	10 ②
11 ④	12 ③	13 ①	14 ③	15 ③
16 ②	17 ①	18 ④	19 ②	20 ④

01 ④
빅데이터 플랫폼의 요소기술에는 데이터 생성기술, 수집기술, 저장기술, 공유기술, 처리기술, 분석기술, 시각화 기술이 있다.

02 ②
ETL(Extract, Transform, Load) : 원천 데이터로부터 필요한 데이터를 추출하여 적재하고자 하는 데이터 웨어하우스에 맞게 변환하여 적재하는 과정

03 ③
데이터 수집기술에는 크롤링(Crawling), 로그 수집기, 센서 네트워크, RSS Reader/Open API, ETL 등이 있다.

오답 피하기
• Clustering은 데이터 분석기술이다.

04 ①
맵리듀스의 데이터 처리과정은 데이터 분할(Split), 맵(Map) 처리, 셔플(Shuffle), 리듀스(Reduce) 단계로 이어진다.

05 ④
빅데이터 플랫폼의 등장배경은 비즈니스 요구사항 변화, 데이터 처리 복잡도 증가, 데이터 규모 증가, 데이터 구조의 변화, 데이터 분석 유연성 증대, 데이터 처리의 신속성 요구 등이 있다.

06 ②
빅데이터 플랫폼의 부하 제어 기능으로는 컴퓨팅 부하 제어, 저장 부하 제어, 네트워크 부하 제어가 있다.

07 ③
딥러닝 분석 기법으로는 CNN, RNN, LSTM, Auto-encoder 등이 있다.

오답 피하기
• KNN은 머신러닝 알고리즘이다.

08 ③
기계학습의 종류로는 지도학습, 비지도학습, 준지도학습, 강화학습(Reinforcement Learning)이 있다.

09 ①
데이터상의 주석 작업으로 딥러닝과 같은 학습 알고리즘이 무엇을 학습하여야 하는지 알려 주는 표식 작업을 애노테이션(annotation)이라 한다.

10 ②
개인정보의 판단기준은 생존하는 개인에 관한 정보여야 하고, 정보의 내용이나 형태 등은 제한이 없으며, 개인을 알아볼 수 있는 정보여야 하고, 다른 정보와 쉽게 결합하여 개인을 알아볼 수 있는 정보도 포함한다.

11 ④
빅데이터를 활용하기 위한 데이터 기본 3법으로는 개인정보보호법, 정보통신망 이용촉진 및 정보보호 등에 관한 법률, 신용정보의 이용 및 보호에 관한 법률이 있다.

12 ③
개인정보보호법의 개인정보 범위에서는 개인정보를 살아 있는 개인에 관한 정보로서 성명, 주민등록번호 및 영상 등을 통하여 개인을 알아볼 수 있는 정보라 정의하고 있다. 이는 개인정보보호법에 정의된 용어로는 옳은 내용이지만, 신용정보의 이용 및 보호에 관한 법률에서 직접적으로 다루는 내용은 아니므로 주의한다.

13 ①
데이터 이용 활성화를 위한 가명정보 개념을 도입하였다.

14 ③
개인정보보호법은 데이터 기본 3법 중 일반법에 해당한다.

15 ③
비식별화된 개인정보가 재식별된 경우 즉시 파기하거나 추가적인 비식별화 조치를 하여야 한다.

16 ②
개인정보 비식별화 조치 가이드라인에서는 개인정보 비식별화 절차로 사전 검토, 비식별 조치, 적정성 평가, 사후관리 4단계를 제시하고 있다.

17 ①
개인으로 인식될 수 있는 가능성을 가진 데이터를 식별하기 어려운 형태로 가공하는 과정을 비식별화라고 한다.

18 ④
개인정보 비식별화 조치 가이드라인에서 제시하고 있는 비식별화 방법은 가명처리, 총계처리, 데이터 삭제, 데이터 범주화, 데이터 마스킹 방법이 있다.

19 ②
빅데이터를 활용함에 있어 발생할 수 있는 위기 요인으로는 사생활의 침해, 책임 원칙의 훼손, 데이터의 오용 등이 있다.

20 ④
익명화(Anonymization)는 사생활 침해를 방지하기 위하여 데이터에 포함된 개인정보를 삭제하거나 알아볼 수 없는 형태로 변환하는 방법이다.

CHAPTER

02

데이터 분석 계획

학습 방향

빅데이터 분석을 위한 방안을 수립하고 세부적인 작업을 계획합니다. 분석 과제 도출 방법으로 상향식 접근 방식과 하향식 접근 방식의 차이점을 확인하며 공부합니다. 빅데이터 분석 방법론의 각 단계와 작업들을 설명할 수 있어야 합니다. 데이터 확보 방안 및 분석 프로젝트 관리를 위한 요소들을 학습합니다.

출제 빈도

| SECTION 01 | 상 | 80% |
| SECTION 02 | 하 | 20% |

SECTION 01 분석 방안 수립

출제빈도 상 중 하
반복학습 1 2 3

빈출 태그 분석 기획 • 로드맵 • 하향식 • 상향식 • 프로토타이핑 • SDLC • KDD • CRISP-DM • SEMMA

★ 데이터 분석
인사이트를 발굴하고 이를 공유하여 의사결정을 지원하는 것을 목표로 데이터를 정의, 수집, 변환, 모델링, 시각화하는 과정

01 데이터 분석(Data Analysis)★

데이터 분석은 대용량의 데이터 집합으로부터 유용한 정보를 찾고 결과를 예측하기 위해 목적에 따라 분석기술과 방법론을 기반으로 정형·비정형 대용량 데이터를 구축, 탐색, 분석하고 시각화를 수행하는 업무이다. (국가직무능력표준, NCS)

1) 데이터 분석의 현황

- 대다수의 기업들은 빅데이터가 갖고 있는 무한한 비즈니스 잠재력을 규명하는 초기 프로젝트에 머무르고 있다.
- 빅데이터를 활용하기 위한 장애물은 비용보다 데이터 분석을 수행하기 위한 분석적 방법과 성과에 대한 이해의 부족이다.

빅데이터는 경제나 사회, 의료 등 전 영역에 걸쳐 가치 있는 정보를 제공할 수 있어 그 중요성이 더 크게 인식되고 있다.

2) 데이터 분석의 지향점

① 전략적 통찰이 없는 데이터 분석 배제

- 단순하게 데이터 분석을 자주, 많이 수행하는 것이 경쟁우위를 가져다주는 것은 아니다.
- 분석은 경쟁의 본질에 영향을 미치고 기업의 경쟁전략을 이끌어 가므로, 경쟁의 본질을 제대로 바라보지 못한 분석은 불필요한 결과를 만들어 낸다.

② 일차원적인 데이터 분석 지양

- 대부분의 기업들은 업계 내부의 문제에만 중점을 두고 있으며, 주로 부서 단위로 관리되기에 전체 비즈니스 관점의 핵심적인 역할을 기대하기 어렵다.

소규모 부서 단위로 진행되는 데이터 분석과 달리 좀 더 넓은 시야에서의 핵심적인 비즈니스 이슈에 대한 답을 찾는 데이터 분석이 필요하다.

산업군	데이터 분석 내용
금융	신용점수 산정, 사기방지, 프로그램 트레이딩, 고객 수익성 분석
소매	프로모션, 판매관리, 수요예측, 재고관리
제조	공급사슬 최적화, 수요예측, 재고관리, 상품개발
운송	일정관리, 노선배정, 수익관리
병원	약품거래, 질병관리
에너지	트레이딩, 공급, 수요예측
정부	사기방지, 범죄방지
온라인	고객추천, 사이트 설계
기타	성과관리

③ 전략 도출을 위한 가치 기반 데이터 분석 지향
- 전략적 통찰력 창출에 중점을 두고, 데이터 분석의 활용 범위를 더 넓고 전략적으로 변화시켜야 한다.
- 사업 성과를 견인하는 요소들과 차별화를 꾀할 기회에 대해 전략적 인사이트를 주는 가치 기반 분석 단계로 나아가야 한다.
- 사업과 관련 트렌드에 대한 청사진을 그리고, 인구통계학적 변화나 사회경제적 트렌드 및 고객 니즈의 변화 등을 고려하여 분석을 수행한다.
- 가치 기반 데이터 분석을 통해 해당 사업의 중요한 기회를 발굴하고, 경영진의 지원을 얻어낼 수 있으며 이를 통해 강력한 모멘텀을 형성할 수 있다.

> 기업의 핵심가치와 관련하여 전략적 통찰력을 가져다 주는 데이터 분석을 내재화하기는 쉽지 않다.

3) 데이터 분석에 대한 회의론
- 솔루션을 도입한 후 어떻게 활용하여 가치를 창출할 수 있을지 다시 또 과제를 수행해야 하는 상황이 반복되며 고가의 솔루션을 방치하고 있다.
- 현재 소개되고 있는 빅데이터 분석 성공사례들의 대다수가 기존 데이터 분석 프로젝트를 재포장한 경우이다.

4) 데이터 분석 시 고려사항
- 데이터 분석은 규모가 아니라 어떤 시각과 통찰을 얻을 수 있는가의 문제이다.
- 비즈니스 핵심에 대해 객관적이고 종합적인 통찰을 가져다 줄 수 있는 데이터를 찾아야 한다.
- 전략과 비즈니스의 핵심 가치에 집중하고 관련된 분석 평가지표를 개발하여 시장과 고객 변화에 효과적으로 대응하는 것이 중요하다.

> 빅데이터 분석도 기존의 데이터 분석과 마찬가지로 데이터에서 인사이트를 발굴하여 성과를 창출하는 것이 관건이다.

개념 체크

다음 중 데이터 분석에 대한 설명으로 옳은 것은?
① 데이터 분석은 분석 방법론을 이용하여 여러 형태의 데이터를 목적에 맞게 분석만 하는 것이다.
② 일차원적인 데이터 분석이 기본이며, 탐색적 데이터 분석(EDA)를 통해 목표를 달성할 수 있다.
③ 데이터를 활용하기 위한 장애물은 높은 금전적, 시간적 비용들이다.
④ 데이터 분석은 규모가 아니라 어떤 시각과 통찰을 얻을 수 있는가의 문제이다.

정답 ④

- 데이터 분석은 분석기술과 방법론을 기반으로 여러 형태의 데이터를 구축, 탐색, 분석 및 시각화까지 수행하는 것이다.
- 일차원적인 데이터 분석은 지양하여야 하며, EDA 또한 전략적 통찰을 기반으로 진행되어야 한다.
- 빅데이터를 활용하기 위한 장애물은 비용보다 데이터 분석을 수행하기 위한 분석적 방법과 성과에 대한 이해의 부족이다.

분석 기획은 분석 과제 및 프로젝트를 직접 수행하는 것은 아니지만, 성공적인 분석 결과를 도출하기 위한 중요한 사전 작업이다.

02 데이터 분석 기획

분석 기획은 실제 분석을 수행하기에 앞서 분석을 수행할 과제의 정의 및 의도했던 결과를 도출할 수 있도록 이를 적절하게 관리할 수 있는 방안을 사전에 계획하는 작업이다.

- 어떠한 목표(What)를 달성하기 위해(Why) 어떠한 데이터를 가지고 어떤 방식으로(How) 수행할 것인가에 대한 일련의 계획을 수립한다.

분석 기획의 절차

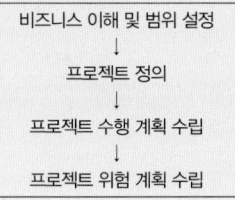

1) 분석 기획의 특징

① 분석 대상과 방법에 따른 분류

- 분석 주제와 방법에 대한 특성상 4가지 유형을 넘나들며 분석을 하고 결과를 도출하는 과정을 반복한다.

▲ 데이터 분석 주제 유형

② 목표 시점에 따른 분류

단기적 접근 방식 (과제 중심적 접근)	• 당면한 과제를 빠르게 해결하기 위한 목적이다. • 명확한 해결을 위해 Quick-Win 방식으로 분석한다.
중장기적 접근 방식 (마스터 플랜 접근)	• 지속적인 분석 문화를 내재화하기 위한 목적이다. • 전사적으로 장기적 관점에서 과제를 도출하여 수행한다.
혼합 방식 (분석 기획 시 적합)	• 마스터 플랜을 수립하고 장기적 관점에서 접근하는 것이 바람직하다. • 분석의 가치를 증명하고 이해관계자들의 동의를 얻기 위해 과제를 빠르게 해결하여 그 가치를 조기에 체험시킨다.

2) 분석 기획 시 필요역량

① 분석 기획을 위한 기본적인 소양

- 분석 기획은 도메인 지식과 정보기술, 수학 및 통계학적 지식이라는 3가지 역량에 대한 균형 잡힌 시각을 갖고서 분석의 방향성과 계획을 수립하는 것이다.

② 프로젝트 관리 역량과 리더십

- 분석 기획 시 기본적인 3가지 소양과 함께 프로젝트 관리 역량과 분석 프로젝트를 잘 이끌어 갈 리더십이 중요하다.

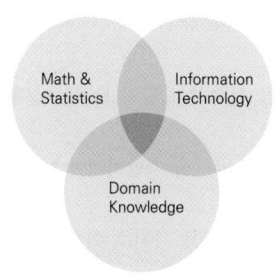 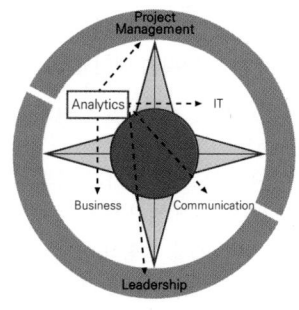

▲ 분석 기획 필요 역량

3) 분석 기획 시 고려사항

① 사용 가능한 데이터 확인

- 데이터 확보 가능 여부, 데이터의 유형 등을 미리 확인하여야 한다.
  - 데이터의 유형에 따라 적용 가능한 솔루션이나 분석 방법론이 달라진다.

② 적합한 사례 탐색

- 기존에 잘 구현되어 활용되고 있는 유사 분석 시나리오나 솔루션이 있다면 이를 최대한 활용하는 것이 유리하다.
  - 분석 결과를 활용할 사용자의 측면에서 공감대를 얻을 수 있으며, 분석 수행이 원활하게 될 수 있도록 도와준다.

③ 분석 수행 시 발생 가능한 요소 고려

- 분석 결과의 정확도를 높이기 위하여 기간과 투입 자원 증가가 불가피하며, 이로 인한 비용 상승을 충분히 고려해야 한다.
- 사용자가 쉽게 이해하고 활용할 수 있도록 시각화 등을 고려하여야 한다.
- 분석 결과를 실제 환경에서도 성능에 문제없이 적용할 수 있도록 충분히 고려하여야 한다.
- 일회성 분석으로 그치지 않고 조직의 역량으로 내재화될 수 있도록 계속적인 교육과 활용방안 등의 변화 관리방안을 수립하여야 한다.

> 데이터는 형태에 따라 정형, 비정형, 반정형 데이터로 분류된다.

▶ 데이터 분석 유형

설명 분석 (Descriptive Analysis)	가장 기본이 되는 분석으로 주어진 데이터를 요약 또는 집계하여 결과를 도출한다. 과거 또는 현재 발생한 사실 그 자체를 설명한다.
예측 분석 (Predictive Analysis)	미래의 불확실한 사실을 사전에 예측하거나 알려지지 않은 결과의 가능성을 파악하기 위하여 사용하는 분석 방법이다.
진단 분석 (Diagnostic Analysis)	데이터 간의 인과 관계 또는 상관 관계를 파악하여 특정 결과가 발생한 원인을 밝히기 위해 분석을 수행한다.
처방 분석 (Prescriptive Analysis)	예측되는 상황을 위해 무엇을 하면 좋을 지 대안을 제시한다. 대안 도출과 의사 결정은 물론 일부 실행까지 진행하는 분석방법이다.

> **개념 체크**
>
> 다음 중 데이터 분석 기획에 대한 설명으로 틀린 것은?
>
> ① 데이터 분석을 위한 방법은 준비되어 있으나, 무엇을 분석해야 할지 모르는 상황에서 접근하는 영역을 Insight라 한다.
> ② 시대의 흐름을 빠르게 따라가기 위해 과제 중심적 접근 방식을 지향하여야 하며, 전통적 접근방식인 마스터 플랜 접근 방식은 지양하여야 한다.
> ③ 어떠한 목표(What)를 달성하기 위해(Why) 어떠한 데이터를 가지고 어떤 방식으로(How) 수행할 것인가에 대한 일련의 계획을 수립한다.
> ④ 분석 결과의 정확도를 높이기 위하여 기간과 투입 자원 증가가 불가피하며, 이로 인한 비용 상승을 충분히 고려해야 한다.
>
> 정답 ②
>
> 과제 중심적 접근 방식은 단기적 접근 방식으로, 주로 당면한 과제를 빠르게 해결하기 위해 사용되며, 지속적인 분석 문화를 내재화하기 위해서는 중장기적 접근 방식인 마스터 플랜 접근 방식을 사용하여야 한다.

03 분석 마스터 플랜과 로드맵 설정

1) 분석 마스터 플랜

분석 과제를 수행함에 있어 그 과제의 목적이나 목표에 따라 전체적인 방향성을 제시하는 기본계획이다.

① 분석 마스터 플랜 수립 절차

- 분석 마스터 플랜 시 일반적인 정보전략계획 방법론을 활용할 수 있다. 다만 데이터 분석 기획의 특성을 고려하여 수행하여야 한다.
- 과제 도출 방법을 활용하여 데이터 분석 과제들을 빠짐없이 정의한다.
- 분석 과제의 중요도와 난이도 등을 고려하여 우선순위를 결정한다.
- 단기와 중장기로 나누어 분석 로드맵을 수립한다.

우선순위 고려요소
전략적 중요도, 비즈니스 성과, ROI, 실행 용이성

적용범위/방식 고려요소
업무내재화 적용 수준, 분석데이터 적용 수준, 기술 적용 수준

② 정보전략계획(Information Strategy Planning, ISP)

- 정보기술 및 시스템을 전략적으로 활용하기 위한 중장기 마스터 플랜을 수립하는 절차이다.
- 조직 내·외부의 환경을 충분히 분석하여 새로운 기회나 문제점을 도출한다.
- 사용자의 요구사항을 확인하여 시스템 구축 우선순위를 결정한다.

2) 분석 과제 우선순위 평가기준

① IT 프로젝트의 과제 우선순위 평가기준

- 전략적 중요도, 실행 용이성 등 기업에서 고려하는 중요 가치 기준에 따라 다양한 관점으로 과제 우선순위 기준을 정의하여 평가한다.

평가관점	평가요소	내용
전략적 중요도	전략적 필요성	• 비즈니스 목표나 업무에 얼마나 밀접하게 연관되어 있는지 측정한다. • 발생 가능한 이슈가 해결되지 않았을 때의 위험이나 손실의 정도를 측정한다.
	시급성	• 사용자 요구사항 반영이나 업무능률을 향상시키기 위해 얼마나 시급하게 수행되어야 하는지 측정한다. • 향후 경쟁우위를 확보하기 위한 방안으로서 얼마나 중요한지 측정한다.
실행 용이성	투자 용이성	• 과제 수행을 위한 시간이나 인력을 투입하는데 얼마나 용이한지 측정한다. • 과제를 수행하는 데 필요한 비용이나 투자예산의 확보 가능성 정도를 측정한다.
	기술 용이성	• 과제에 적용할 기술의 안정성 검증 정도를 측정한다. • 과제 수행의 결과로 얻게 될 시스템 및 하드웨어의 유지보수가 얼마나 용이한지 측정한다. • 과제 수행 시 개발 스킬의 성숙도와 신기술 적용성 정도를 측정한다.

② 데이터 분석 프로젝트의 우선순위 평가기준

- 기존 IT 프로젝트와는 다른 기준으로 우선순위 평가 기준을 정의하여야 하며, 과제를 수행하고자 하는 기업이 처한 상황에 따라 그 기준이 달라질 수 있다.

▶ 빅데이터의 특징을 고려한 분석 ROI 요소 4V

ROI 요소	특징	내용		
투자비용 요소 (Investment)	데이터 크기 (Volume)	• 데이터 규모 • 데이터 양	3V	4V
	데이터 형태 (Variety)	• 데이터 종류 • 데이터 유형		
	데이터 속도 (Velocity)	• 데이터 생성속도 • 데이터 처리속도		
비즈니스 효과 (Return)	새로운 가치 (Value)	• 분석 결과 활용을 통한 획득 가치 • 비즈니스 실행을 통한 획득 가치		

ROI(Return Of Investment)
투자 수익률, 가장 널리 사용되는 경영성과 측정기준 중 하나

$$ROI = \frac{Return}{Investment}$$

③ 분석 ROI 요소를 고려한 과제 우선순위 평가기준

평가관점	평가요소	내용	ROI 요소
시급성 (중요)	• 전략적 중요도 • 목표가치(KPI)	• 현재의 관점에 전략적 가치를 둘 것인지 판단한다. • 중장기적 관점에 전략적인 가치를 둘 것인지 판단한다.	비즈니스 효과
난이도	• 데이터 획득 비용 • 데이터 가공 비용 • 데이터 저장 비용 • 분석 적용 비용 • 분석 수준	• 비용과 범위 측면에서 적용하기 쉬운 과제인지 판단한다. • 과제 범위를 PoC 또는 처음부터 크게 할 것인지 판단한다. • 내부 데이터를 활용하고 외부 데이터까지 확대할지 판단한다.	투자비용 요소

KPI
핵심성과지표, Key Performance Indicator

PoC(Proof of Concept)
개념증명. 원리 또는 실현 가능성을 입증하기 위하여 어떤 방법이나 아이디어에 대한 실현성을 보여주는 일

- 조직의 상황에 따라 난이도를 조율한다.
  - 분석 준비도와 성숙도 진단 결과를 활용해 조직의 분석 수준을 파악한다.
  - 파악된 수준을 기초로 하여 적용 범위와 수행 방법별 난이도를 조정한다.

3) 분석 과제 우선순위 선정 및 조정

① **포트폴리오 사분면 분석 기법 활용** : 난이도와 시급성을 기준으로 분석 과제 유형을 분류하여 4분면에 배치한다.

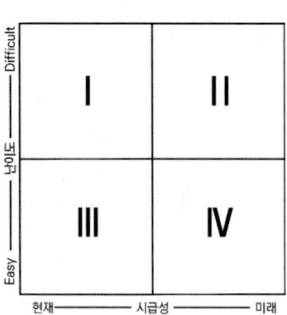

> 왼쪽 상단이 1사분면이다.

② **매트릭스 내 분석 과제 우선순위 선정**
- 가장 우선적으로 분석 과제 적용이 필요한 영역은 3사분면(III 영역)이다.
- 우선순위가 낮은 영역은 2사분면(II 영역)이다.
- 적용 우선순위 기준을 시급성에 둘 경우 순서 : III → IV → I → II 영역
- 적용 우선순위 기준을 난이도에 둘 경우 순서 : III → I → IV → II 영역

> Investment는 난이도를 결정하고, Return은 시급성을 결정한다.
>
> 시급성은 전략적 가치를 어느 시점에 둘 것인지 의미하므로, 난이도를 조절하지 않는다면 그 다음 가치 창출이 기대되는 III → IV 순으로 우선순위가 된다.
>
> 난이도는 현재 시점에서 적용 가능한지를 의미하므로, 어려운 단기 과제의 난이도를 조절하여 III → I 순으로 우선순위가 된다.

③ **매트릭스 내 분석 과제 우선순위 조정**
- 시급성이 높고 난이도가 높은 1사분면(I 영역)은 의사결정을 통해 적용 우선순위를 조정할 수 있다.
- 데이터 양과 특성, 분석 범위 등에 따라 난이도를 조율하여 적용 우선순위를 조정할 수 있다.
  - 예) 난이도를 조율하여 1사분면에서 3사분면으로 이동

④ **분석 과제 우선순위 조정 시 고려사항**
- 기술적 요소에 따른 적용 우선순위 조정
  - 대용량 데이터 분석은 데이터 저장, 처리, 분석을 위한 새로운 기술 요소들로 인하여 운영중인 시스템에 영향을 줄 수 있다.
  - 기존 시스템에 미치는 영향을 최소화하여 적용하거나 운영중인 시스템과 별도로 시행하여 난이도 조율을 통한 우선순위를 조정할 수 있다.
- 분석 범위에 따른 우선순위 조정
  - 분석 과제의 전체 범위를 한 번에 일괄적으로 적용하여 추진할 수 있다.
  - 분석 과제 중 일부만 PoC로 진행하고 평가 후에 범위를 확대할 수 있다.

4) 분석 로드맵 설정

분석 로드맵은 마스터 플랜에서 정의한 목표를 기반으로 분석 과제를 수행하기 위해 필요한 기준 등을 담아 만든 종합적인 계획이다.

① 분석 로드맵 수립 절차

- 최종적인 실행 우선순위를 결정하여 단계적 구현 로드맵을 수립한다.
- 단계별로 추진하고자 하는 목표를 명확하게 정의한다.
- 추진 과제별 선행 관계를 고려하여 단계별 추진 내용을 정렬한다.

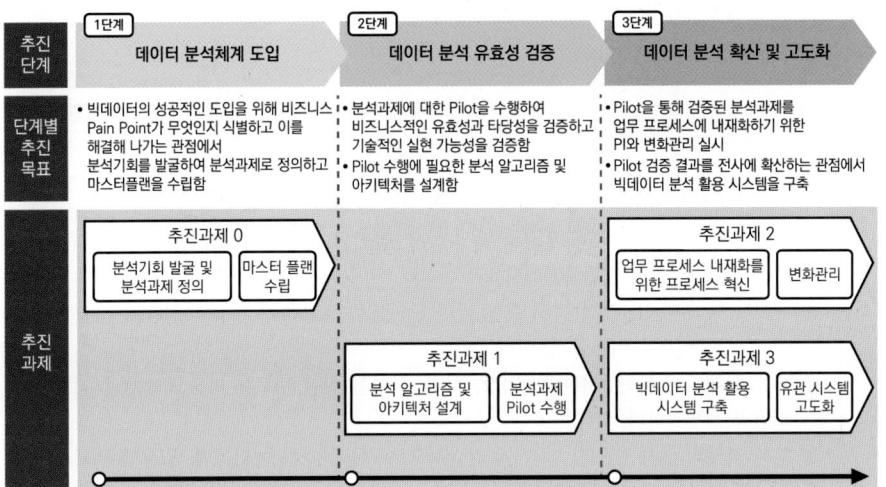

PI(Process Innovation)
기업가치를 극대화하는 경영개선 업무

② 세부적인 일정계획 수립

- 반복적인 정련과정을 통해 프로젝트의 완성도를 높여 나간다.
- 데이터 수집 및 확보와 분석 데이터 준비 단계는 순차적으로 진행하고 모델링 단계는 반복적으로 수행한다.
- 주로 순차형과 반복형을 혼합하여 사용한다.

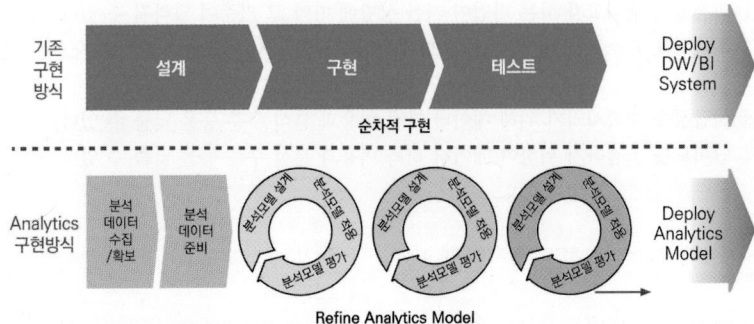

개념 체크

1 다음 중 분석 로드맵 설정에 대한 설명으로 틀린 것은?

① 분석 로드맵은 마스터 플랜에서 정의한 목표를 기반으로 분석 과제를 수행하기 위해 필요한 기준 등을 담아 만든 종합적인 계획이다.
② 단계별로 추진하고자 하는 목표를 명확하게 정의하고, 추진 과제별 선행 관계를 고려하여 단계별 추진 내용을 정렬한다.
③ 데이터 수집 및 확보와 분석 데이터 준비 단계는 순차적으로 진행하고 모델링 단계는 반복적으로 수행하는 순차형과 반복형을 혼합하여 사용한다.
④ 분석 과제를 수행함에 있어 그 과제의 목적이나 목표에 따라 전체적인 방향성을 제시하는 기본계획이다.

정답 ④

분석 과제를 수행함에 있어 그 과제의 목적이나 목표에 따라 전체적인 방향성을 제시하는 기본계획은 분석 마스터 플랜의 정의이다.

2 다음 중 분석 과제 우선순위 선정과 조정에 대한 설명으로 옳은 것은?

① 매트릭스 기반 분석 과제 우선순위 선정 시, 분석이 쉽지 않지만 시급하게 진행되어야 하는 경우 1사분면에 위치시킨다.
② 데이터 양과 특성, 분석 범위 등에 따라 난이도를 조율하여 적용 우선순위를 3사분면에서 1사분면으로 이동할 수 있다.
③ 대용량 데이터 분석은 데이터 저장, 처리, 분석을 위한 새로운 기술 요소들로 기존 시스템과는 무관하다.
④ 분석 과제의 전체 범위를 한 번에 일괄적으로 적용하기는 어려우며, 일부만 PoC로 진행하고 평가 후에 범위를 확대할 수 있다.

정답 ①

- 시급성이 높고 난이도가 높은 영역은 1사분면이다.
- 난이도를 조율하여 적용 우선순위를 1사분면에서 3사분면으로 이동할 수 있다.
- 대용량 데이터 분석은 데이터 저장, 처리, 분석을 위한 새로운 기술 요소로 인하여 운영중인 시스템에 영향을 줄 수 있다.
- 분석 과제의 전체 범위를 한 번에 일괄적으로 적용하여 추진할 수도 있고, 분석 과제 중 일부만 PoC로 진행하고 평가 후에 범위를 확대할 수 있다.

3 다음 중 분석 과제 우선순위 평가기준에 대한 설명으로 틀린 것은?

① 과제를 수행하고자 하는 기업이 처한 상황에 따라 그 기준이 달라질 수 있다.
② 투자비용 요소로서 데이터 크기, 형태, 속도가 있으며, 비즈니스 효과로 새로운 가치를 얻을 수 있다.
③ 시급성을 충족시키기 위해 데이터 가공 비용과 분석 수준 등을 낮출 수 있다.
④ 난이도를 조절하기 위하여 데이터 획득 비용과 분석 수준 등을 낮출 수 있다.

정답 ③

시급성의 평가요소는 전략적 중요도와 목표가치이며, 데이터 획득 비용과 가공 및 저장 비용, 분석 적용 비용, 분석 수준은 난이도의 평가요소이다.

04 분석 문제 정의

1) 분석 문제 정의 개요

① 분석 과제 도출

분석 과제는 해결해야 할 다양한 문제들을 데이터 분석 문제로 변환하여 분석 프로젝트로 수행할 수 있는 과제정의서 형태로 도출한다.

② 대표적인 분석 과제 도출 방법

문제가 먼저 주어지고 이에 대한 해법을 찾아가는 하향식 접근 방식과 데이터를 기반으로 문제의 재정의 및 해결방안을 탐색하는 상향식 접근 방식이 있다.

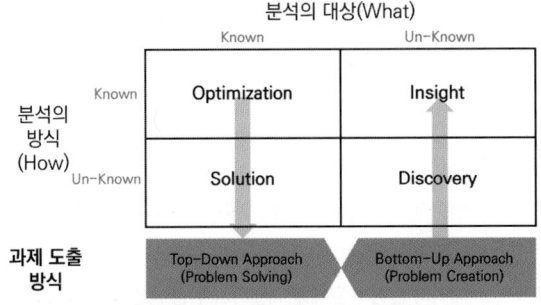

③ 최적의 의사결정을 위한 혼합방식

- 동적인 환경에서 발산과 수렴 단계를 반복적으로 수행하며 상호 보완을 통해 분석의 가치를 극대화할 수 있다.
- 상향식 접근 방식의 발산(Diverge) 단계 : 가능한 옵션을 도출
- 하향식 접근 방식의 수렴(Converge) 단계 : 도출된 옵션을 분석하고 검증

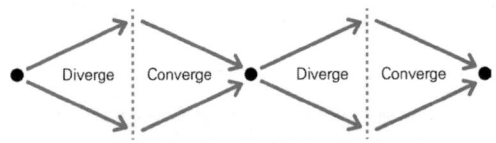

④ 분석 과제 정의

- 분석 과제 정의서는 다양한 방식으로 도출한 분석 과제들을 명확하게 정의하여 상세하게 작성한다.
  - 필요한 데이터, 데이터 수집과 분석 난이도, 분석 방법과 수행 주기, 상세 분석 과정, 분석 결과에 대한 검증 책임자 등을 포함한다.
  - 분석 데이터는 조직 내부뿐만 아니라 외부 데이터도 포함하며, 데이터 유형이나 종류를 가리지 않고 범위를 확장하여 고려한다.
- 분석 과제 정의서는 분석 프로젝트를 수행하는 이해관계자가 프로젝트의 방향을 설정하고 성공 여부를 판단할 수 있는 자료로 사용된다.
  - 분석 과제 정의서는 향후 프로젝트 수행계획의 입력물로 사용된다.

> 신상품 개발이나 전략 수립 등 중요한 의사결정이 필요할 때 주로 사용한다.

하향식 접근 방식
전통적 분석 과제 발굴 방식이다. 단, 근래의 문제들은 변화가 심하여 문제를 사전에 정확하게 정의하기 어렵다.

2) 하향식 접근 방식(Top Down Approach)

하향식 접근 방식은 문제가 주어지고 이에 대한 해법을 찾기 위하여 각 과정이 체계적으로 단계화되어 수행하는 방식이다.

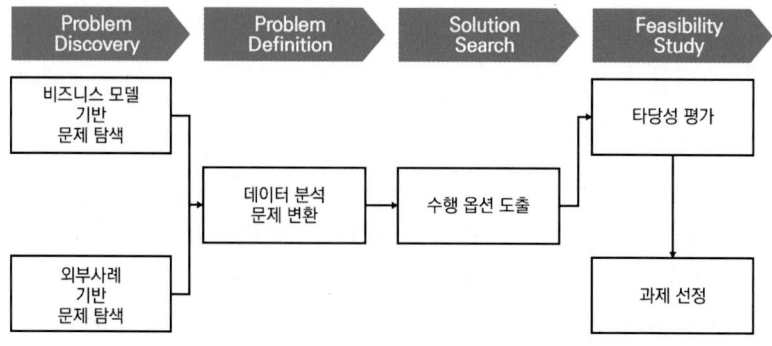

▶ 하향식 접근 방식의 구성

단계	내용
문제 탐색	현황 분석, 인식된 문제점, 전략에서 기회나 문제를 탐색한다.
문제 정의	해당 현실 문제를 데이터 관점의 문제로 정의한다.
해결방안 탐색	데이터 관점의 문제를 해결하기 위한 방안을 탐색한다.
타당성 평가	데이터 분석의 타당성을 평가한다.

① 문제 탐색(Problem Discovery) 단계

- 개별적으로 인지하고 있는 문제를 단순하게 나열하는 것보다 전체적인 관점의 기준 모델을 활용하여 누락 없이 문제를 도출하고 식별해야 한다.
- 현재 데이터의 소유 여부와 데이터가 없는 경우 해결방안 등에 대한 세부적인 내용보다 문제를 해결하여 발생하는 가치에 중심을 두어야 한다.

전체적인 관점의 기준 모델에는 기업 내·외부 환경을 포괄하는 비즈니스 모델과 외부 참조모델이 있다.

구분	내용
비즈니스 모델 기반 문제 탐색	• 해당 기업이 사업 모델을 도식화한 비즈니스 모델 캔버스의 블록을 단순화하여 기회를 추가로 도출한다. • 새로운 관점의 접근으로 새로운 유형의 분석 기회와 주제를 발굴한다.
외부 참조 모델 기반 문제 탐색	• 문제와 과제를 도출하는 기준 모델로, 유사 또는 동종의 환경에서 기존에 수행한 분석 사례를 벤치마킹한다. • 제공되는 산업별, 업무 서비스별 분석테마 후보 그룹을 통해 빠르고 쉬운(Quick & Easy) 방식으로 접근한다. • 필요한 분석 기회에 대한 아이디어 획득 및 적용할 분석테마 후보들을 브레인스토밍으로 빠르게 도출한다. • 인사이트 도출 및 업무 활용 사례들을 발굴하여 자사의 업종과 업무 서비스에 적용할 수 있다. • 후보 그룹을 통해 벤치마킹할 대상 분석 기회를 고려하면 좀 더 빠르고 쉽게 분석기회 도출이 가능하다. • 평소에 가치 발굴 사례들을 정리해두면 과제 발굴과 탐색 시 빠르고 의미 있는 분석 기회 도출이 가능하다. • 타 업무 및 분야의 데이터 분석 활용 사례를 정리해 둔다면 새로운 주제 탐색 시 용이하다.

분석 유스케이스 정의	• 도출한 분석 기회들을 구체적인 과제로 만들기 전에 분석 유스케이스로 정의하여야 한다. • 문제에 대한 상세 설명과 기대효과를 명시하여 향후 데이터 분석 문제로의 전환 및 적합성 평가에 활용한다.

② 문제 정의(Problem Definition) 단계

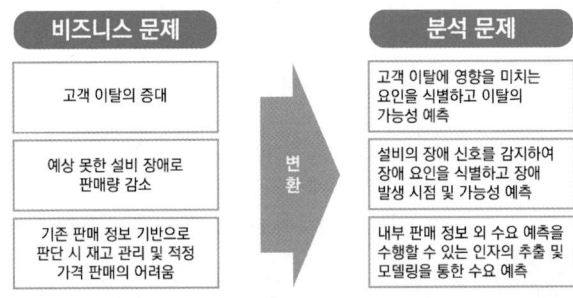

- 식별된 비즈니스 문제를 데이터적인 문제로 변환하여 정의한다.
- 필요한 데이터와 기법을 정의하기 위한 데이터 분석 문제로 변환한다.
- 분석 수행자 외 문제 해결 시 효용을 얻을 최종 사용자 관점에서 정의한다.
- 분석 문제가 잘 정의되면 필요한 데이터의 정의나 기법 발굴 시 용이하므로, 분석의 관점으로 가능한 정확하게 문제를 재정의하여야 한다.

③ 해결방안 탐색(Solution Search) 단계

- 정의된 데이터 분석 문제를 해결하기 위한 다양한 방안들을 모색한다.
  - 분석 기법 및 시스템과 분석 역량 보유 여부에 따라 세분화가 가능하다.

	분석 역량(Who) 확보	분석 역량(Who) 미확보
분석기법 및 시스템 (How) 기존 시스템	기존 시스템 개선 활용	교육 및 채용을 통한 역량 확보
분석기법 및 시스템 (How) 신규 도입	시스템 고도화	전문 업체 Sourcing

④ 타당성 평가(Feasibility Study) 단계

- 도출된 분석 문제, 가설에 대한 대안을 과제화하기 위한 타당성을 분석한다.
- 도출된 여러 대안 중 평가 과정을 거쳐 가장 우월한 대안을 선택한다.

경제적 타당성	• 비용 대비 편익 분석 관점의 접근이 필요하다.
	  - 비용 항목은 데이터, 시스템, 인력, 유지보수 등 분석 비용이다.
	  - 편익은 분석 결과를 적용하여 발생 가능한 실질적 비용 절감, 추가적 매출과 수익 등의 경제적 가치로 산출한다.

데이터 및 기술적 타당성	• 데이터 분석 시 데이터, 분석 시스템 환경 분석역량이 필요하다. • 기술적 타당성 분석 시 역량 확보 방안의 사전수립이 필요하다. • 비즈니스 분석가, 데이터 분석가, 시스템 엔지니어 등과 협업한다.

3) 하향식 접근 방식의 문제 탐색 방법

① 비즈니스 모델 캔버스를 활용한 과제 발굴

- 해당 기업의 사업 모델을 도식화한 비즈니스 모델 캔버스의 9가지 블록을 단순화하여 문제 발굴을 3개의 단위로, 이를 관리하는 2개의 영역으로 도출한다.

업무 단위 (Operation)	제품이나 서비스를 생산하기 위한 내부 프로세스 및 주요 자원과 관련하여 주제를 도출한다.
제품 단위 (Product)	생산 및 제공하는 제품이나 서비스를 개선하기 위한 관련 주제들을 도출한다.
고객 단위 (Customer)	제품이나 서비스를 제공받는 사용자나 고객 또는 이를 제공하는 채널 관점에서 관련 주제들을 도출한다.
규제와 감사 영역 (Audit & Regulation)	제품 생산과 전달 과정에서 발생하는 규제나 보안 관점에서 관련 주제들을 도출한다.
지원 인프라 영역 (IT & Human Resource)	분석을 수행하는 시스템 영역과 이를 운영 및 관리하는 인력의 관점에서 관련 주제들을 도출한다.

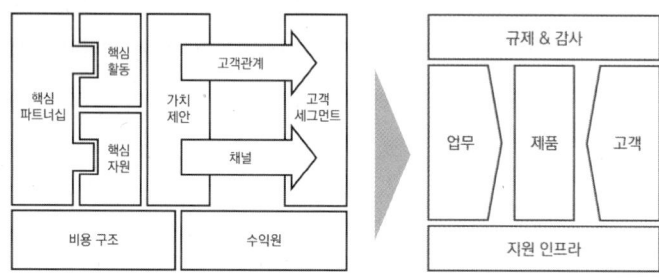

▲ 비즈니스 모델 캔버스

② 분석 기회 발굴의 범위 확장

- 현재 사업 방식이나 비즈니스에 대한 문제 해결은 최적화 및 단기 과제 형식으로 도출 가능하다.
- 새로운 문제의 발굴이나 장기적인 접근을 위해서는 환경과 경쟁 구도의 변화 및 역량의 재해석을 통한 혁신 관점의 분석 기회 추가 도출이 필요하다.
- 거시적 관점의 요인, 경쟁자의 동향, 시장의 니즈 변화, 역량의 재해석 등 새로운 관점의 접근이 필요하다.

관점	영역	내용
거시적 관점	사회 영역 (Social)	고객영역을 확장하여 전체 시장을 사회, 문화, 구조적 트렌드 변화에 기반하여 분석 기회를 도출한다.
	기술 영역 (Technological)	과학, 기술, 의학 등 최신 기술의 등장변화에 따른 역량 내재화와 제품 및 서비스 개발에 대한 분석 기회를 도출한다.
	경제 영역 (Economic)	산업과 금융 전반의 변동성과 경제 구조 변화 동향에 따른 시장 흐름을 파악하고 이에 대한 분석 기회를 도출한다.
	환경 영역 (Environmental)	환경과 관련된 정부, 사회단체, 시민사회의 관심과 규제 동향을 파악하고 이에 대한 분석 기회를 도출한다.
	정치 영역 (Political)	주요 정책방향, 정세, 지정학적 동향 등의 거시적인 흐름을 토대로 하여 분석 기회를 도출한다.

경쟁자 확대 관점	대체재 영역 (Substitute)	현재 생산하고 있는 제품 또는 서비스의 대체재를 파악하고 이를 고려한 분석 기회를 도출한다.
	경쟁자 영역 (Competitor)	현재 생산하고 있는 제품이나 서비스의 주요 경쟁자에 대한 동향을 파악하여 이를 고려한 분석 기회를 도출한다.
	신규 진입자 영역 (New Entrant)	향후 시장에서 파괴적인 역할을 수행할 수 있는 신규 진입자에 대한 동향을 파악하여 이를 고려한 분석 기회를 도출한다.
시장의 니즈 탐색 관점	고객 영역 (Customer)	고객의 구매 동향 및 고객의 컨텍스트를 더욱 깊게 이해하여 제품 또는 서비스의 개선에 필요한 분석 기회를 도출한다.
	채널 영역 (Channel)	자체 채널뿐 아니라 최종 고객에게 상품이나 서비스를 전달 가능한 모든 경로를 파악하여 경로별 채널 분석 기회를 확대하여 탐색한다.
	영향자들 영역 (Influencer)	주주, 투자자, 협의 및 기타 이해관계자의 주요 관심사항에 대하여 파악하고 분석 기회를 탐색한다.
역량의 재해석 관점	내부 역량 영역 (Competency)	지식, 기술, 스킬 등 노하우와 인프라적인 유형 자산에 대해서도 폭넓게 재해석하고 해당 영역에서 분석 기회를 탐색한다.
	파트너와 네트워크 영역 (Partners & Network)	관계사와 공급사 등의 역량을 활용해 수행할 수 있는 기능을 파악해 보고 이에 대한 분석 기회를 추가적으로 도출한다.

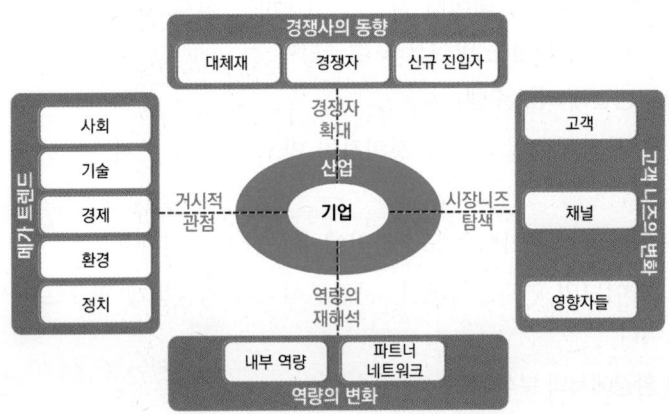

4) 상향식 접근 방식(Bottom Up Approach)

문제의 정의 자체가 어려운 경우 데이터를 기반으로 문제의 재정의 및 해결방안을 탐색하고 이를 지속적으로 개선하는 방식이다.

① 상향식 접근 방식의 특징

- 다량의 데이터 분석을 통해 왜(why) 그러한 일이 발생하는지 역으로 추적하면서 문제를 도출하거나 재정의할 수 있는 방식이다.
- 데이터를 활용하여 생각지도 못했던 인사이트 도출 및 시행착오를 통한 개선이 가능하다.

일반적으로 비지도학습 방법에 의해 수행된다.

② 상향식 접근 방식의 등장배경
- 기존 하향식 접근 방식의 한계를 극복하기 위해 등장하였다.
  - 하향식 접근 방식은 솔루션 도출은 유효하지만 새로운 문제 탐색은 어렵다.
  - 하향식 접근 방식은 복잡하고 다양한 환경에서 발생한 문제에는 부적합하다.
- 논리적 단계별 접근법은 문제의 구조가 분명하고 이에 대한 해결책을 도출하기 위한 데이터가 분석가나 의사결정자에게 주어져 있음을 가정하고 있다.

③ 상향식 접근기반 전통적 분석 사고 극복방안
- 디자인 사고 접근법

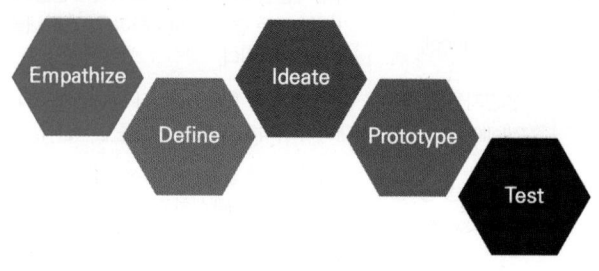

  - 현장 관찰과 감정이입, 대상 관점으로의 전환을 수행한다.
  - 통상적으로는 분석적으로 사물을 인식하려는 Why를 강조하나, 답을 미리 내는 것이 아니라 사물을 있는 그대로 인식하는 What 관점으로 접근한다.
  - 객관적으로 존재하는 데이터 자체를 관찰하고 실제 행동으로 옮김으로써 대상을 좀 더 잘 이해하는 방식으로 접근한다.
- 비지도학습 방법에 의한 수행
  - 목표값을 사전에 학습하거나 정의하지 않고 데이터 자체만을 가지고 결과를 도출한다.
  - 새로운 유형의 인사이트를 도출하기에 유용한 방식이다.
  - 데이터 마이닝의 연관규칙분석, 군집분석이나 기술통계 및 프로파일링 등이 대표적이다.
- 빅데이터 환경에서의 분석
  - 인과관계(Know-why)에서 상관관계(Know-affinity) 분석으로 이동하였다.
  - 통계적 분석환경에서는 인과관계 분석을 위해 가설을 설정하고 이를 검증하기 위해 모집단으로부터 표본을 추출하여 가설검증을 하였다.
  - 빅데이터 분석환경에서는 인과관계, 상관관계, 연관분석을 통하여 다양한 문제를 해결할 수 있다.

④ 상향식 접근 방식의 문제 해결 방법

- **프로토타이핑 접근법** : 일단 먼저 분석을 시도해 보고 그 결과를 확인하면서 반복적으로 개선해 나가는 방식이다.
  - 시행착오를 통하여 문제 해결을 시도하는 방식이다.
  - 사용자가 요구사항이나 데이터를 정확히 정의하기 어렵고 원천 데이터도 명확하지 않을 때 주로 사용한다.
  - 완전하지는 않지만 신속하게 해결책이나 모형을 제시하여 이를 바탕으로 문제를 더 명확하게 인식하고 필요한 데이터를 식별하여 구체화할 수 있다.

> 폭포수 모형과 비슷한 하향식 접근 방식은 문제가 정형화되어 있고 문제해결을 위한 데이터가 완벽하게 존재해야만 효과적으로 사용할 수 있다.

▶ 프로토타이핑 접근법의 필요성

관점	내용
문제에 대한 인식 수준	• 문제 정의가 불명확하거나 새로운 문제일 경우 사용자나 이해관계자는 프로토타입을 이용하여 문제를 이해하고 구체화할 수 있다.
필요 데이터 존재 여부의 불확실성	• 데이터 확보방안 수립 시 데이터 사용자와 분석가 간에 반복적이고 순환적인 협의 과정이 필요하다. • 문제 해결을 위해 필요한 모든 데이터가 존재하지 않을 경우, 이에 대한 수집방안이나 대체방안을 수립하여야 한다. • 대체 불가능한 데이터가 존재하는지 사전에 확인하여 프로젝트가 중도에 중단되는 위험을 방지할 수 있다.
데이터 사용 목적의 가변성	• 데이터의 가치는 사전에 정해진 수집 목적에 따라 확정되는 것이 아니며, 그 가치가 지속적으로 변화한다. • 기존에 보유 중인 데이터도 데이터 정의를 재검토하여 데이터의 사용 목적과 범위를 확대할 수 있다.

▶ 프로토타이핑 접근법의 프로세스

특징	• 잘 설계된 프로토타이핑을 지속하는 경우 실험이 가지고 있는 불명확성은 감소하고 의도했던 결과를 도출할 가능성이 높아진다. • 빅데이터 분석환경에서는 최대한 빨리 분석 결과를 보여 주고 이를 가지고 지속적으로 반복하는 방법이 효과적이다.
구성	• 가설의 생성(Hypotheses) • 디자인에 대한 실험(Design Experiments) • 실제 환경에서의 테스트(Test) • 테스트 결과에서의 통찰(Insight) 도출 및 가설 확인

개념 체크

1 다음 중 분석 문제 정의에 대한 설명으로 틀린 것은?

① 수렴(Converge) 단계에서는 가능한 옵션을 도출하고, 발산(Diverge) 단계에서는 도출된 옵션을 분석하고 검증한다.
② 문제가 먼저 주어지고 이에 대한 해법을 찾아가는 하향식 접근 방식과 데이터를 기반으로 문제의 재정의 및 해결방안을 탐색하는 상향식 접근 방식이 있다.
③ 분석 과제는 해결해야 할 다양한 문제들을 데이터 분석 문제로 변환하여 분석 프로젝트로 수행할 수 있는 과제정의서 형태로 도출한다.
④ 분석 과제 정의서는 분석 프로젝트를 수행하는 이해관계자가 프로젝트의 방향을 설정하고 성공 여부를 판단할 수 있는 자료로 사용된다.

정답 ①

최적의 의사결정을 위해 혼합방식을 사용할 수 있으며, 동적인 환경에서 상향식 접근 방식의 발산과 하향식 접근 방식의 수렴 단계를 반복적으로 수행하며 상호 보완을 통해 분석의 가치를 극대화할 수 있다. 발산 단계에서는 가능한 옵션을 도출하며, 수렴 단계에서는 도출된 옵션을 분석하고 검증한다.

2 다음 중 하향식 접근 방식에 대한 설명으로 틀린 것은?

① 문제 탐색 단계, 문제 정의 단계, 해결방안 탐색 단계, 타당성 평가 단계로 구성되어 있다.
② 문제가 주어지고 이에 대한 해법을 찾기 위하여 각 과정이 체계화된 방식으로 최근 실시간으로 발생하고 있는 문제들에 대하여 적용할 수 있다.
③ 문제 탐색 기법으로 비즈니스 모델 기반 문제 탐색, 외부 참조 모델 기반 문제 탐색, 분석 유즈케이스 정의 방법이 있다.
④ 타당성 평가 단계에서는 경제적 타당성과 데이터 및 기술적 타당성을 검증하여야 한다.

정답 ②

하향식 접근 방식(Top Down Approach)은 문제가 주어지고 이에 대한 해법을 찾기 위하여 각 과정이 체계적으로 단계화되어 수행하는 전통적 분석 과제 발굴 방식으로 근래의 문제들은 변화가 심하여 문제를 사전에 정확하게 정의하기 어렵다.

3 다음 중 상향식 접근 방식에 대한 설명으로 틀린 것은?

① 문제의 정의 자체가 어려운 경우 데이터를 기반으로 문제의 재정의 및 해결방안을 탐색하고 이를 지속적으로 개선하는 방식이다.
② 다량의 데이터 분석을 통해 왜(why) 그러한 일이 발생하는지 역으로 추적하면서 문제를 도출하거나 재정의할 수 있는 방식이다.
③ 디자인 사고 접근법은 사물을 있는 그대로 인식하는 What 관점을 강조하지만, 분석적으로 사물을 인식하려는 Why 관점으로 접근한다.
④ 프로토타이핑 접근법은 일단 먼저 분석을 시도해 보고 그 결과를 확인하면서 반복적으로 개선해 나가는 방식이다.

정답 ③

디자인 사고 접근법은 통상적으로는 분석적으로 사물을 인식하려는 Why를 강조하나, 답을 미리 내는 것이 아니라 사물을 있는 그대로 인식하는 What 관점으로 접근한다.

05 데이터 분석 방안

1) 분석 방법론

데이터 분석 시 품질확보를 위하여 단계별로 수행해야 하는 활동, 작업, 산출물을 정의한다.

- 데이터 분석을 효과적으로 수행하기 위하여 이를 체계화한 절차와 방법이 정리된 데이터 분석 방법론의 수립이 필수적이다.
- 프로젝트는 한 개인의 역량이나 조직의 우연한 성공에 의해서는 안 되고 일정 품질 수준 이상의 산출물과 프로젝트의 성공 가능성을 제시해야 한다.

> **분석 방법론**
> 데이터 분석을 효과적으로 수행하기 위하여 분석 절차를 체계적으로 정리한 방법

① 분석 방법론의 구성요건

- 상세한 절차(Procedures)
- 방법(Methods)
- 도구와 기법(Tools & Techniques)
- 템플릿과 산출물(Templates & Outputs)
- 어느 정도의 지식만 있으면 활용 가능한 수준의 난이도

② 분석 방법론의 생성과정(선순환 과정)

형식화	• 개인의 암묵지가 조직의 형식지로 발전되었다. • 분석가의 경험을 바탕으로 정리하여 문서화한다.
체계화	• 문서화한 최적화된 형식지로 전개됨으로써 방법론이 생성되었다. • 문서에는 절차나 활동 및 작업, 산출물, 도구 등을 정의한다.
내재화	• 개인에게 전파되고 활용되어 암묵지로 발전되었다. • 전파된 방법론을 학습하고 활용하여 내재화한다.

> 분석 방법론은 일본의 경영학자 노나카 이쿠지로의 지식창조 매커니즘을 바탕으로 생성된다.

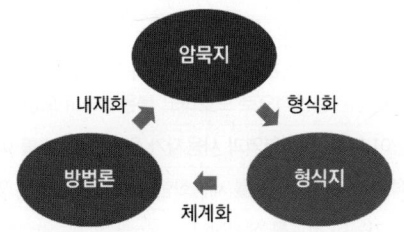

2) 계층적 프로세스 모델 구성

분석 방법론은 일반적으로 계층적 프로세스 모델 형태로 구성 가능하며, 단계, 태스크, 스텝 3계층으로 구성된다.

① 최상위 계층 – 단계(Phase)

- 프로세스 그룹을 통하여 완성된 단계별 산출물을 생성한다.
- 각 단계는 기준선으로 설정되어 관리되어야 하며 버전관리 등을 통하여 통제한다.

② 중간 계층 – 태스크(Task)
- 각 태스크는 단계를 구성하는 단위 활동이다.
- 물리적 또는 논리적 단위로 품질검토가 가능하다.

③ 최하위 계층 – 스텝(Step)
- WBS(Work Breakdown Structure)의 워크패키지(Work Package)이다.
- 입력자료, 처리 및 도구, 출력자료로 구성된 단위 프로세스이다.

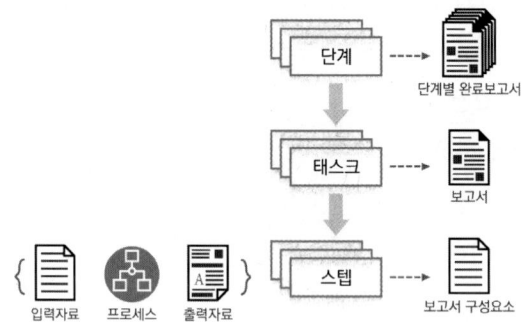

3) 소프트웨어개발생명주기 활용

분석 방법론은 소프트웨어 공학의 소프트웨어개발생명주기를 활용하여 구성할 수도 있다.

- 소프트웨어개발생명주기(Software Development Life Cycle, SDLC)는 소프트웨어에 대해 요구분석과 설계, 구현과정을 거쳐 설치, 운영과 유지보수, 그리고 폐기할 때까지의 전 과정을 가시적으로 표현한 것이다.

소프트웨어개발생명주기의 필요성
- 소프트웨어 위기를 대처
- 효과적인 소프트웨어 개발 수행
- 고품질 소프트웨어 생산성 확보

▶ 소프트웨어개발생명주기의 구성요소

계획 (요구명세)	• 고객의 요구사항을 명세화한다. • 타당성 조사 및 소프트웨어의 기능과 제약조건을 정의하는 명세서를 작성한다. • 요구사항은 일반적으로 모호하고 불완전하며 모순되기도 한다.
요구분석	• 대상이 되는 문제 영역과 사용자가 원하는 Task를 이해한다.
설계	• 분석모형을 가지고 이를 세분화함으로써 구현될 수 있는 형태로 전환한다.
구현	• 실행 가능한 코드를 생성한다.
시험	• 발생 가능한 실행 프로그램의 오류를 발견하고 수정한다.
유지보수	• 인수가 완료된 후 일어나는 모든 개발 활동이다.

① 폭포수 모형(Waterfall Model)

고전적 Life Cycle Paradigm으로 분석, 설계, 개발, 구현, 시험 및 유지보수 과정을 순차적으로 접근하는 방법이다.

- 소프트웨어 개발을 단계적, 순차적, 체계적 접근 방식으로 수행한다.
- 각 단계별로 철저히 매듭짓고 다음 단계를 진행한다.
- 개념 정립에서 구현까지 하향식 접근 방법을 사용한다.
- 전 단계의 산출물은 다음 단계의 기초가 된다.
- 결과물이 후반부에 가서야 구체화되므로 문제점이 뒤늦게 발견된다.

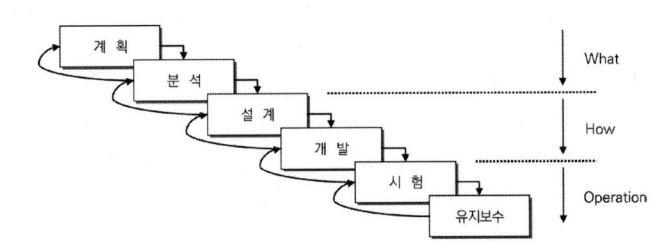

폭포수 모형
- 프로젝트 진행과정을 세분화하여 관리하기에 용이
- 고객의 요구사항을 초기에 명확히 정의하기 어려움

② 프로토타입 모형(Prototype Model)

사용자의 요구사항을 충분히 분석할 목적으로 시스템의 일부분을 일시적으로 간략히 구현한 다음 다시 요구사항을 반영하는 과정을 반복하는 개발모형이다.

- **실험적 프로토타입** : 요구분석의 어려움을 해결하기 위해 실제 개발될 소프트웨어의 일부분을 직접 개발함으로써 의사소통의 도구로 활용한다.
- **진화적 프로토타입** : 프로토타입을 요구분석의 도구로만 활용하는 것이 아니라, 이미 개발된 프로토타입을 지속적으로 발전시켜 최종 소프트웨어로 발전시킨다.

- 요구 분석의 어려움 해결을 통해 사용자의 참여를 유도한다.
- 요구사항 도출과 이해에 있어 사용자와의 커뮤니케이션 수단으로 활용 가능하다.
- 사용자 자신이 원하는 것이 무엇인지 구체적으로 잘 모르는 경우 간단한 시제품으로 개발할 수 있다.
- 개발 타당성을 검토하는 수단으로 활용할 수 있다.

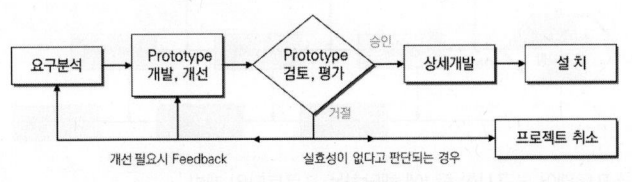

프로토타입 모형
- 개발하려는 시스템의 주요 기능을 초기에 실제 운영할 모형으로 개발하는 방법
- 폭포수 모형의 단점을 보완

나선형 모형
- 대규모 시스템 및 위험 부담이 큰 시스템 개발에 적합
- 폭포수 모형과 프로토타입 모형의 단점을 보완

③ 나선형 모형(Spiral Model)

시스템을 개발하면서 생기는 위험을 최소화하기 위해 나선을 돌면서 점진적으로 완벽한 시스템으로 개발하는 모형이다.

- 프로젝트의 완전성 및 위험 감소와 유지보수가 용이하다.
- 관리가 중요하나 매우 어렵고 개발시간이 장기화될 가능성이 있다.

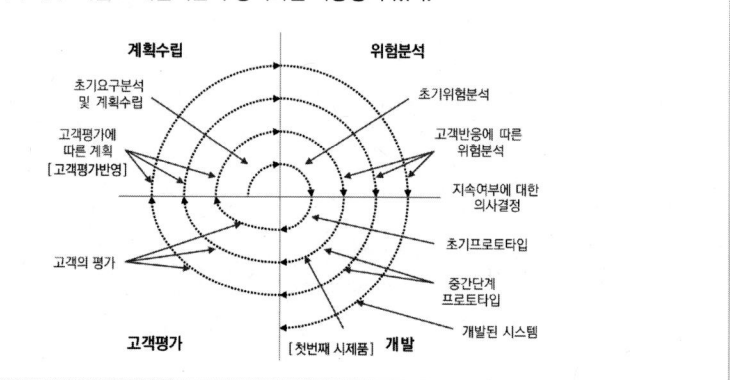

반복적 모형
- 폭포수, 프로토타입, 나선형이 혼합된 모형
- 재사용성, 객체지향, RAD의 기반을 제공
- 증분형(점증적) 모형, 진화형(점진적) 모형으로 분류

증분형 모형
폭포수 모형의 변형으로 각 증분을 따로 개발하여 통합

④ 반복적 모형(Iterative Development Model)

사용자의 요구사항 일부분 혹은 제품의 일부분을 반복적으로 개발하여 최종 시스템으로 완성하는 모형이다.

- 증분형 모형(Incremental Model) : 사용자 요구사항과 제품의 일부분을 반복적으로 개발하며 대상범위를 확대해 나아가서 최종제품을 완성하는 방법이다.

- 첫 번째 검증은 핵심제품, 몇 사람만으로 구현 가능하다.
- 프로토타입 모형과 같이 반복적이나 각 점증이 갖는 제품 인도에 초점을 두고 있다.
- 규모가 큰 개발 조직일 경우 자원을 각 증분 개발에 충분히 할당할 수 있어 각 증분의 병행 개발로 기간을 단축시킬 수 있다.
- 증분의 수가 많고 병행 개발이 빈번하게 이루어지면 관리가 어려워지고, PM은 증분 개발 활동 간 조율에 많은 노력이 필요하다.

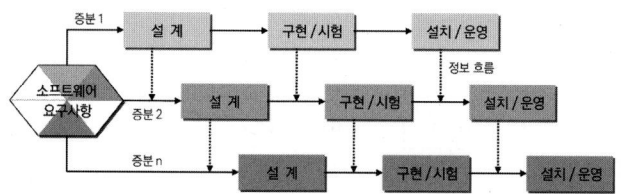

- 증분 1 : 소프트웨어 요구사항 중 1에 해당하는 프로토타입 개발
- 증분 2 : 소프트웨어 요구사항 중 2에 해당하는 프로토타입 개발
- 증분 n : 소프트웨어 요구사항 중 n에 해당하는 프로토타입 개발
- 정보흐름 : 각 프로토타입 개발과정에서 단계별로 타 프로토타입의 개발과정에 영향

- **진화형 모형(Evolution Model)**: 시스템이 가지는 여러 구성요소의 핵심부분을 개발한 후 각 구성요소를 지속적으로 발전시켜 나가는 방법이다.

> **진화형 모형**
> 시스템의 요구사항을 사전에 정의하기 어려운 경우 사용

- 다음 단계로의 진화를 위해 전체 과정에 대한 개요가 필요하다.
- 프로토타입을 만들고 이를 다시 분석함으로써 요구사항을 진화시키는 방법이다.
- 프로토타입의 시스템은 재사용을 전제로 한다.

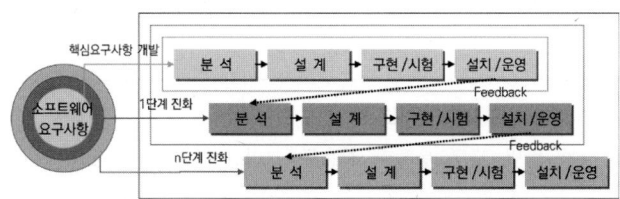

- 핵심요구사항 개발 : 소프트웨어 요구사항의 핵심적인 부분(프로토타입)을 개발
- 1단계 진화 : 핵심요구사항 개발과정에서 산출된 프로토타입을 재분석하여 요구사항 진화
- n단계 진화 : n-1의 요구사항 개발과정에서 산출된 프로토타입을 재분석하여 최종 완성
- Feedback : 각 단계의 프로토타입을 설치/운영하여 발생하는 요구사항들을 차기 개발에 반영

▶ 소프트웨어개발생명주기의 대표적 유형 비교

폭포수 모형		검토 및 승인을 거쳐 순차적, 하향식으로 개발이 진행된다.
	장점	• 이해하기 쉽고 관리가 용이하다. • 다음 단계 진행 전에 결과를 검증한다.
	단점	• 요구사항 도출이 어렵다. • 설계 및 코딩과 테스트가 지연된다. • 문제점 발견이 늦어진다.
프로토타입 모형		시스템의 핵심적인 기능을 먼저 만들어 평가한 후 구현한다.
	장점	• 요구사항 도출과 시스템 이해가 용이하다. • 의사소통을 향상시킨다.
	단점	• 사용자의 오해(완제품)가 발생하기 쉽다. • 폐기되는 프로토타입이 존재한다.
나선형 모형		폭포수 모형과 프로토타입 모형의 장점에 위험분석을 추가하였다.
	구현 단계	계획수립 : 목표, 기능 선택, 제약조건을 설정한다. 위험분석 : 기능 선택의 우선순위 및 위험요소를 분석하고 제거한다. 개발 : 선택된 기능을 개발한다. 고객평가 : 개발 결과를 평가한다.
	장점	• 점증적으로 개발 시 실패 위험을 감소시킬 수 있다. • 테스트가 용이하고 피드백이 있다.
	단점	관리가 복잡하다.
반복적 모형		시스템을 여러 번 나누어 릴리즈하는 방법이다.
	Incremental	기능을 분해한 후 릴리즈별 기능을 추가 개발한다.
	Evolution	전체 기능을 대상으로 하되 릴리즈를 진행하면서 기능이 완벽해진다.

⑤ 소프트웨어개발생명주기 모형 선정 기준

- 프로젝트의 규모와 성격
- 개발에 사용되는 방법과 도구
- 개발에 소요되는 시간과 비용
- 개발과정에서의 통제수단과 소프트웨어 산출물 인도 방식

🎯 개념 체크

1 다음 중 분석 방법론에 대한 설명으로 옳은 것은?

① 명확한 절차, 방법, 도구, 템플릿, 산출물, 그리고 전문지식이 담긴 매뉴얼을 제공해야 한다.
② 여러 사람들의 내재화된 습관을 체계화한 후 전문가에 의해 형식화되어 생성된다.
③ 일반적으로 계층적 프로세스 모델 형태로 구성 가능하며, 단계, 스텝, 워크패키지 3계층으로 구성된다.
④ 데이터 분석을 효과적으로 수행하기 위하여 분석 절차를 체계적으로 정리한 방법이다.

정답 ④

- 분석 방법론은 상세한 절차(Procedures), 방법(Methods), 도구와 기법(Tools & Techniques), 템플릿과 산출물(Templates & Outputs), 어느 정도의 지식만 있으면 활용 가능한 수준의 난이도를 구성요건으로 갖추어야 한다.
- 분석 방법론은 형식화, 체계화, 내재화의 선순환 과정을 통해 생성된다.
- 분석 방법론은 일반적으로 계층적 프로세스 모델 형태로 구성 가능하며, 단계, 태스크, 스텝 3계층으로 구성된다. 태스크는 각 단계를 구성하는 단위 활동이며, 스텝은 태스크의 하위 층으로 WBS의 워크패키지를 말한다.

2 다음 중 소프트웨어개발생명주기에 대한 설명으로 옳은 것은?

① 폭포수 모형은 의사소통을 향상시킨다.
② 나선형 모형은 계획수립, 위험분석, 개발, 고객평가 단계로 구성되어 있다.
③ 원형 모형은 이해하기 쉽고 관리가 용이하다.
④ 반복적 모형은 증분형 모형과 진화형 모형이 존재하며, 진화형 모형의 품질이 더 우수하다.

정답 ②

- 폭포수 모형은 요구사항 도출이 어려우며, 원형 모형이 의사소통을 향상시킨다.
- 원형 모형은 사용자로 하여금 완제품으로 오해 받기 쉽고 폐기되는 프로토타입이 존재하며, 폭포수 모형이 이해하기 쉽고 관리가 용이하다.
- 증분형 모형과 진화형 모형은 서로 필요성이 다를 뿐이며, 증분형 모형은 폭포수 모형의 변형으로 각 증분을 따로 개발 및 통합하여 개발 기간을 단축시키고, 진화형 모형은 시스템의 요구사항을 사전에 정의하기 어려운 경우 사용하여 개발의 어려움을 최소화하는 것이다.

KDD 분석 방법론
- 데이터 마이닝, 기계학습, 인공지능, 패턴인식, 시각화 등에 응용 가능
- 데이터에서 패턴을 찾는 과정을 9개의 프로세스로 제시

4) KDD 분석 방법론

KDD(Knowledge Discovery in Database)는 1996년 Fayyad가 통계적인 패턴이나 지식을 탐색하는 데 활용할 수 있도록 체계적으로 정리한 프로파일링 기술 기반의 데이터 마이닝 프로세스이다.

① KDD 분석 방법론의 9가지 프로세스

1. 분석 대상 비즈니스 도메인의 이해
2. 분석 대상 데이터셋 선택과 생성
3. 데이터에 포함되어 있는 잡음(Noise)과 이상값(Outlier) 등을 제거하는 정제작업이나 선처리
4. 분석 목적에 맞는 변수를 찾고 필요시 데이터의 차원을 축소하는 데이터 변경
5. 분석 목적에 맞는 데이터 마이닝 기법 선택
6. 분석 목적에 맞는 데이터 마이닝 알고리즘 선택
7. 데이터 마이닝 시행
8. 데이터 마이닝 결과에 대한 해석
9. 데이터 마이닝에서 발견된 지식 활용

② KDD 분석 방법론의 분석절차

데이터 분석은 데이터셋(Dataset) 선택, 데이터 전처리, 데이터 변환, 데이터 마이닝, 데이터 마이닝 결과 평가 총 5단계에 걸쳐 진행된다.

단계		내용
1	데이터셋 선택 (Selection)	• 분석대상 비즈니스 도메인에 대한 이해 및 프로젝트 목표의 정확한 설정을 선행한다. • 데이터베이스 또는 원시 데이터에서 분석에 필요한 데이터를 선택한다. • 필요시에 목표 데이터를 추가적으로 구성하여 활용한다.
2	데이터 전처리 (Preprocessing)	• 잡음(Noise)과 이상값(Outlier), 결측치(Missing Value)를 식별하고 필요시 제거하거나 대체한다. • 데이터가 추가적으로 필요한 경우 데이터셋 선택 절차부터 다시 실행한다.
3	데이터 변환 (Transformation)	• 분석 목적에 맞는 변수를 선택하거나 데이터의 차원 축소 등을 수행한다. • 학습용 데이터와 검증용 데이터로 데이터를 분리한다.
4	데이터 마이닝 (Data Mining)	• 분석 목적에 맞는 데이터 마이닝 기법 및 알고리즘을 선택하여 분석을 수행한다. • 필요시 데이터 전처리와 데이터 변환 절차를 추가로 실행하여 데이터 분석 결과의 품질을 높일 수 있다.
5	데이터 마이닝 결과 평가 (Interpretation/ Evaluation)	• 분석 결과에 대한 해석과 평가 및 분석 목적과의 일치성을 확인한다. • 발견된 지식을 업무에 활용하기 위한 방안을 모색한다. • 필요한 경우 데이터셋 선택부터 데이터 마이닝 절차까지 반복하여 수행한다.

이상값(outlier, 이상치)
일반적 추세에서 많이 벗어난 값

▲ KDD 절차

5) CRISP-DM 분석 방법론

CRISP-DM(Cross Industry Standard Process for Data Mining)은 계층적 프로세스 모델로써 4계층으로 구성된 데이터 마이닝 프로세스이다.

① CRISP-DM 분석 방법론의 4계층

- 최상위 레벨 : 여러 개의 단계(Phases)로 구성된다.
- 일반화 태스크(Generic Tasks) : 데이터 마이닝의 단일 프로세스를 완전하게 수행하는 단위이다.
- 세분화 태스크(Specialized Tasks) : 일반화 태스크를 구체적으로 수행한다.
- 프로세스 실행(Process Instances) : 데이터 마이닝을 구체적으로 실행한다.

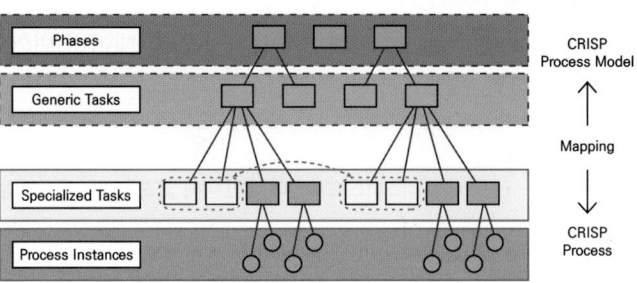

② CRISP-DM 분석 방법론의 분석절차

단계	내용	세부업무
업무 이해 (Business Understanding)	• 비즈니스 관점에서 프로젝트의 목적과 요구사항을 이해하기 위한 단계이다. • 도메인 지식을 데이터 분석을 위한 문제정의로 변경한다. • 초기 프로젝트 계획을 수립한다.	• 업무 목적 파악 • 상황 파악 • 데이터 마이닝 목표 설정 • 프로젝트 계획 수립
데이터 이해 (Data Understanding)	• 분석을 위한 데이터 수집 및 데이터 속성을 이해한다. • 데이터 품질 문제를 식별한다. • 인사이트를 발견하는 단계이다.	• 초기 데이터 수집 • 데이터 기술 분석 • 데이터 탐색 • 데이터 품질 확인
데이터 준비 (Data Preparation)	• 수집된 데이터를 분석 기법에 적합한 데이터로 변환한다.	• 분석용 데이터셋 선택 • 데이터 정제 • 분석용 데이터셋 편성 • 데이터 통합 • 데이터 포맷팅
모델링 (Modeling)	• 다양한 모델링 기법과 알고리즘으로 모형 파라미터를 최적화한다. • 모델링 결과를 테스트용 프로세스와 데이터셋으로 평가하여 모형 과적합 등의 문제를 확인한다. • 데이터셋을 추가하기 위해 데이터 준비 절차를 반복할 수 있다.	• 모델링 기법 선택 • 모형 테스트 계획 설계 • 모형 작성 • 모형 평가

평가 (Evaluation)	• 분석 모형이 프로젝트의 목적에 부합하는지 평가한다. • 데이터 마이닝 결과를 수용할 것인지 최종적으로 판단한다.	• 분석결과 평가 • 모델링 과정 평가 • 모형 적용성 평가
전개 (Deployment)	• 완성된 분석 모형을 업무에 적용하기 위한 계획을 수립한다. • 모니터링과 분석 모형의 유지보수 계획을 마련한다. • 프로젝트 종료 관련 프로세스를 수행하여 프로젝트 완료한다.	• 전개 계획 수립 • 모니터링과 유지보수 계획 수립 • 프로젝트 종료 보고서 작성 • 프로젝트 리뷰

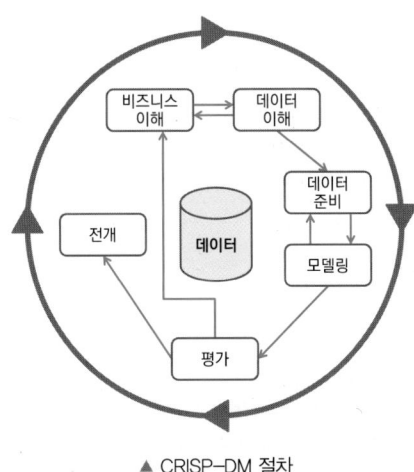

▲ CRISP-DM 절차

③ CRISP-DM과 KDD 분석 방법론의 비교

CRISP-DM 분석 방법론	KDD 분석 방법론
업무 이해(Business Understanding)	
데이터 이해(Data Understanding)	데이터셋 선택(Selection)
	데이터 전처리(Preprocessing)
데이터 준비(Data Preparation)	데이터 변환(Transformation)
모델링(Modeling)	데이터 마이닝(Data Mining)
평가(Evaluation)	데이터 마이닝 결과 평가 (Interpretation/Evaluation)
전개(Deployment)	

6) SEMMA 분석 방법론

SEMMA(Sample, Explore, Modify, Model and Assess)는 SAS Institute의 주도로 만들어진 기술과 통계 중심의 데이터 마이닝 프로세스이다.

SAS Institute
미국의 통계분석 소프트웨어 기업

① SEMMA 분석 방법론의 특징

• SAS Institute의 데이터 마이닝 도구와 손쉽게 접목하여 활용할 수 있다.
• 주로 데이터 마이닝 프로젝트의 모델링 작업에 중점을 두고 있다.

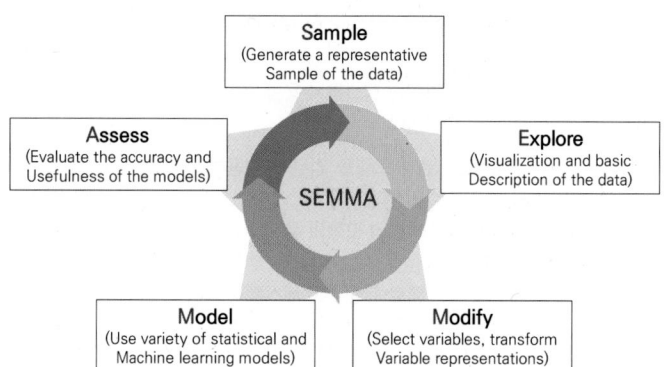

② SEMMA 분석 방법론의 분석절차

데이터 분석은 추출, 탐색, 수정, 모델링, 평가 총 5단계에 걸쳐 진행된다.

단계	내용	세부요소/산출물
추출 (Sample)	• 분석할 데이터 추출 • 모델을 평가하기 위한 데이터 준비	• 통계적 추출 • 조건 추출
탐색 (Explore)	• 분석용 데이터 탐색 • 데이터 오류 확인 • 비즈니스 이해 • 이상 현상 및 변화 탐색	• 그래프 • 기초통계 • Clustering • 변수 유의성 및 상관분석
수정 (Modify)	• 분석용 데이터 변환 • 데이터 표현 극대화(시각화) • 파생 변수 생성, 선택, 변형	• 수량화 • 표준화 • 변환 • 그룹화
모델링 (Model)	• 분석 모델 구축 • 패턴 발견 • 모델링과 알고리즘의 적용	• Neural Network • Decision Tree • Logistic Regression • 통계기법
평가 (Assess)	• 모델 평가 및 검증 • 서로 다른 모델 동시 비교 • Next Step 결정	• Report • Feedback • 모델 검증 자료

개념 체크

1 다음 중 KDD 분석 방법론에 대한 설명으로 틀린 것은?

① 데이터 마이닝 외 다른 분야에는 응용하기 어렵다는 단점이 있다.
② 데이터에서 패턴을 찾는 과정을 9개의 프로세스로 제시한다.
③ 데이터셋 선택, 데이터 전처리, 데이터 변환, 데이터 마이닝, 데이터 마이닝 결과 평가 총 5단계에 걸쳐 진행된다.
④ 체계적으로 정리한 프로파일링 기술 기반의 데이터 마이닝 프로세스이다.

정답 ①

KDD(Knowledge Discovery in Database) 분석 방법론은 데이터 마이닝, 기계학습, 인공지능, 패턴인식, 시각화 등에 응용 가능하다.

2 다음 중 CRISP-DM 분석 방법론에 대한 설명으로 틀린 것은?

① 데이터 탐색과 이해 및 데이터를 통한 문제 인식과 해결이 가능하다.
② 비즈니스 요구사항에 맞게 데이터 마이닝을 반복적으로 수행할 수 있다.
③ 계층적 프로세스 모델로써 3계층으로 구성된 데이터 마이닝 프로세스이다.
④ 업무 이해, 데이터 이해, 데이터 준비, 모델링, 평가, 전개 총 6단계에 걸쳐 진행된다.

정답 ③

CRISP-DM(Cross Industry Standard Process for Data Mining) 분석 방법론은 계층적 프로세스 모델로써 4계층으로 구성된 데이터 마이닝 프로세스이다. CRISP-DM 분석 방법론의 4계층은 최상위 레벨, 일반화 태스크(Generic Tasks), 세분화 태스크(Specialized Tasks), 프로세스 실행(Process Instances) 단계로 구성되어 있다.

3 다음 중 SEMMA 분석 방법론에 대한 설명으로 틀린 것은?

① SAS Institute의 데이터 마이닝 도구와 손쉽게 접목하여 활용할 수 있다.
② 응용 서비스 개발을 위한 3계층으로 구성되었다.
③ 주로 데이터 마이닝 프로젝트의 모델링 작업에 중점을 두고 있다.
④ 추출, 탐색, 수정, 모델링, 평가 총 5단계에 걸쳐 진행된다.

정답 ②

SEMMA(Sample, Explore, Modify, Model and Assess) 분석 방법론은 SAS Institute의 주도로 만들어진 기술과 통계 중심의 데이터 마이닝 프로세스이다. 응용 서비스 개발을 위한 3계층으로 구성된 방법론은 빅데이터 분석 방법론이다.

06 빅데이터 분석 방법론

1) 빅데이터 분석 방법론 개요

분석 방법론은 응용 서비스 개발을 위한 3계층으로 구성되었다.

단계 (Phase)	• 데이터 분석을 수행하기 위한 절차이다. • 기준선(Baseline)을 설정하고 버전관리를 통해 통제되어야 한다.
태스크 (Task)	• 각 단계별로 수행되어야 하는 세부 업무이다. • 각 태스크가 완료되면 그에 대한 성과를 얻을 수 있다.
스텝 (Step)	• 단기간 내에 수행 가능한 워크패키지(Work Package)이다. • 입력자료, 처리 및 도구, 출력자료로 구성된 단위 프로세스이다.

• 각 단계별로 세부 태스크와 스텝이 정의되어 있다.

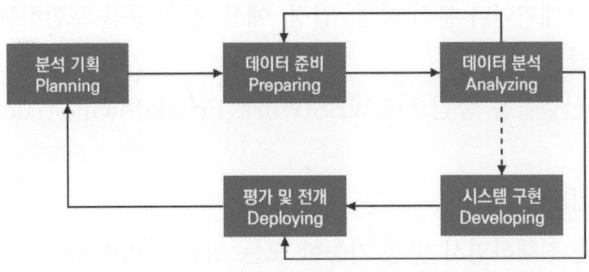

▲ 빅데이터 분석을 위한 단계

2) 빅데이터 분석 방법론의 개발절차

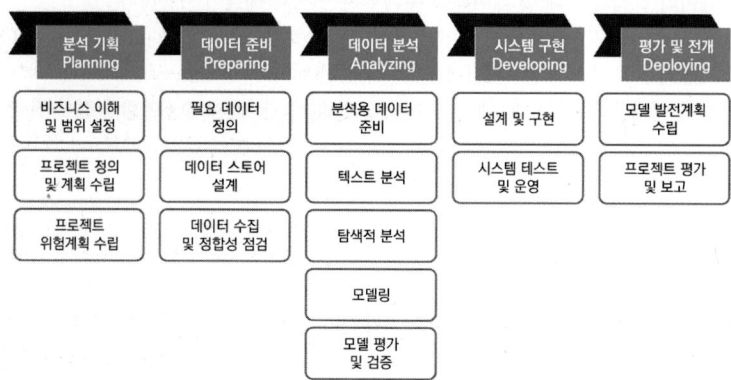

① 분석 기획(Planning)

분석 기획	비즈니스 이해 및 범위 설정	• 비즈니스 이해 • 프로젝트 범위 설정
	프로젝트 정의 및 계획 수립	• 데이터 분석 프로젝트 정의 • 프로젝트 수행 계획 수립
	프로젝트 위험 계획 수립	• 데이터 분석 위험 식별 • 위험 대응 계획 수립

- 비즈니스 이해 및 범위 설정
  - 비즈니스에 대한 이해와 도메인에 대한 문제점을 파악한다.
  - 업무 매뉴얼 또는 업무 전문가의 도움이 필요하다.
  - 향후 프로젝트 진행을 위한 방향을 설정하고, 프로젝트 목적에 부합한 범위를 설정한다.
  - 프로젝트의 범위를 명확하게 파악하기 위해 구조화된 명세서를 작성한다.
- 프로젝트 정의 및 계획 수립
  - 모형의 운영 이미지를 설계하고 모형 평가 기준을 설정한다.
  - 프로젝트의 목표 및 KPI, 목표 수준 등을 구체화하여 상세한 프로젝트 정의서를 작성한다.
  - 데이터 확보계획이나 분석 방법, 일정, 예산, 품질 등을 포함하는 프로젝트 수행 계획서를 작성한다.
  - 프로젝트 산출물을 중심으로 WBS(Work Breakdown Structure)를 작성한다.
- 프로젝트 위험계획 수립
  - 프로젝트를 진행하면서 발생 가능한 모든 위험을 식별하여 사전 대응방안을 수립한다.
  - 식별된 위험은 위험의 영향도와 빈도, 발생가능성에 따라 위험의 우선순위를 설정한다.

- 예상되는 위험에 대한 대응은 회피, 전이, 완화, 수용으로 구분하여 위험 관리 계획서를 작성한다.

② 데이터 준비(Preparing)

데이터 준비	필요 데이터 정의	• 데이터 정의 • 데이터 획득 방안 수립
	데이터 스토어 설계	• 정형 데이터 스토어 설계 • 비정형 데이터 스토어 설계
	데이터 수집 및 정합성 점검	• 데이터 수집 및 저장 • 데이터 정합성 점검

- 필요 데이터 정의
  - 전사 차원에서 필요한 데이터를 정의한다.
  - 정형, 비정형, 반정형 등 모든 내외부 데이터를 대상으로 데이터의 속성, 오너, 관련 시스템 담당자 등을 포함한 데이터 정의서를 작성한다.
  - 내부 데이터 획득 시 부서 간 업무협조와 개인정보보호 및 정보보안과 관련된 문제점을 사전에 파악한다.
  - 외부 데이터 획득 시 시스템 간 다양한 인터페이스 및 법적 이슈를 고려한다.
  - 구체적인 데이터 획득방안을 상세하게 수립하여 혹시 모를 프로젝트의 지연을 방지한다.

- 데이터 스토어 설계
  - 전사 차원의 데이터 스토어를 설계한다.
  - 정형, 비정형, 반정형 데이터를 모두 저장할 수 있도록 설계한다.
  - 데이터의 효율적인 저장과 활용을 위해 데이터 스토어의 논리적, 물리적 설계를 구분하여 수행한다.

- 데이터 수집 및 정합성 점검
  - 크롤링, 시스템 간 실시간 처리, 배치 처리, 데이터베이스 간 연동, API를 이용한 개발, ETL 도구 활용, 스크립트 작성 등 다양한 방법이 있다.
  - 데이터 거버넌스에 근거하여 메타 데이터 및 데이터 사전 등이 작성되어 적용되고 있는지 주기적으로 확인한다.
  - 데이터의 품질을 확보하기 위한 정합성 검증을 실시하며, 이를 위해 데이터 스토어 품질 점검을 수행한다.
  - 데이터 품질개선이 필요한 부분에 대하여 보완 작업을 진행한다.

원시 데이터(Raw Data)
수집된 데이터의 초기 형태. 원시 데이터는 다양한 형식과 소스에서 수집될 수 있으며, 가공되지 않거나 구조화되지 않은 형태로 존재하기 때문에 분석 가능한 형태로 가공하고 변환하는 과정이 필요

정형 데이터 스토어는 일반적으로 관계형 데이터베이스를 이용한다. 비정형, 반정형 데이터 스토어는 하둡, NoSQL 등을 이용한다.

다양한 도구를 활용하여 데이터를 수집하고 데이터 스토어에 저장한다.

③ 데이터 분석(Analyzing)

데이터 분석	분석용 데이터 준비	• 비즈니스 룰 확인 • 데이터셋 준비
	텍스트 분석	• 텍스트 데이터 확인 및 추출 • 텍스트 데이터 분석
	탐색적 분석	• 탐색적 데이터 분석 • 데이터 시각화 스텝
	모델링	• 데이터 분할 • 데이터 모델링 • 모델 적용 및 운영 방안
	모델 평가 및 검증	• 모델 평가 • 모델 검증

- **분석용 데이터 준비**
  - 프로젝트의 목표를 정확하게 인식하고 세부적인 비즈니스 룰을 파악한다.
  - 분석에 필요한 데이터의 범위를 확인하여 데이터베이스나 구조화된 형태로 구성한다.
  - 필요한 경우 적절한 가공을 통하여 입력 데이터로 사용될 수 있도록 한다.
  - 분석용 작업 공간과 전사 차원의 데이터 스토어로 분리할 수도 있다.

- **텍스트 분석**
  - 데이터 스토어에서 필요한 텍스트 데이터를 추출하여 다양한 기법으로 분석하고 모형을 구축한다.
  - 텍스트 분석 결과는 모델링 태스크와 연동하여 프로젝트 목적에 부합하는 최종 모형을 구축한다.
  - 구축된 모형은 텍스트 시각화 도구로 모형의 의미 전달을 명확화한다.

> 텍스트 분석을 위해 용어사전이 필요하며 업무 도메인에 맞도록 작성한다.

- **탐색적 분석**
  - 분석용 데이터셋에 대한 정합성 검토, 데이터 요약, 데이터 특성을 파악하고 모델링에 필요한 데이터를 편성한다.
  - 다양한 관점으로 평균, 분산 등 기초 통계량을 산출하여 데이터의 분포와 변수간의 관계 등 데이터 자체의 특성과 통계적 특성을 파악한다.
  - 시각화를 탐색적 데이터 분석을 위한 도구로 활용하여 데이터의 가독성을 명확히 하고 데이터의 형상 및 분포 등 데이터 특성을 파악한다.
  - 모델링 또는 향후 시스템 구현을 위한 사용자 인터페이스 또는 프로토타입으로 시각화를 활용한다.
  - 모형의 시스템화를 위한 시각화를 목적으로 활용할 경우 시각화 기획, 시각화 설계, 시각화 구현 등 별도의 프로세스를 따라 진행이 필요하다.

- **모델링**
  - 모델링을 효과적으로 진행하기 위하여 사전에 데이터셋을 학습용과 테스트용으로 분할하여 준비한다.

- 모형에 적용하는 기법에 따라 교차검증을 수행하거나 앙상블 기법을 적용할 경우 데이터 분할 또는 검증 횟수, 생성모형 개수 등의 설정이 필요하다.
- 기계학습 등을 이용한 데이터 모델링은 훈련용 데이터를 활용하여 분류, 예측, 군집 등의 모형을 만들어 가동 중인 운영 시스템에 적용할 수 있다.
- 필요한 경우 비정형 데이터 분석결과를 통합적으로 활용하여 프로젝트 목적에 맞는 통합 모델링을 수행할 수 있다.
- 개발된 모형을 활용하기 위해 상세한 알고리즘 설명서 작성과 모니터링 방안이 필요하다.
- 알고리즘 설명서는 상황에 따라 의사코드(Pseudocode) 수준으로 상세히 작성하여야 한다.
- 개발된 모형의 안정적인 운영을 위한 모니터링 방안을 수립하여야 한다.

• 모델 평가 및 검증
- 프로젝트 정의서의 평가 기준에 따라 모형의 완성도를 평가한다.
- 품질관리 차원에서 모형 평가 프로세스를 진행한다.
- 모형 결과 보고서 내의 알고리즘을 파악하고 테스트용 데이터나 검증을 위한 별도의 데이터를 활용하여 모형의 객관성과 실무 적용성을 검증한다.
- 요구되는 성능 목표에 미달하는 경우 모형 튜닝 작업을 수행한다.

> 데이터 분석 목적과 데이터셋 특성에 따라 모형 평가 방법이 달라진다.

> 모형의 품질을 최종 검증하는 프로세스이다.

④ 시스템 구현(Developing)

시스템 구현	설계 및 구현	• 시스템 분석 및 설계 • 시스템 구현
	시스템 테스트 및 운영	• 시스템 테스트 • 시스템 운영 계획

• 설계 및 구현
- 시스템 및 데이터 아키텍처와 사용자 인터페이스 설계를 진행한다.
- 가동 중인 시스템에 적용하기 위해서는 운영 시스템에 대한 분석이 선행되어야 한다.
- 사용 중인 정보시스템 개발방법론을 응용하여 적용 가능하다.
- 시스템 설계서를 바탕으로 BI 패키지를 활용하거나 프로그래밍을 통하여 모형을 구현한다.

• 시스템 테스트 및 운영
- 단위 테스트, 통합 테스트, 시스템 테스트 등을 실시한다.
- 시스템 테스트는 품질관리 차원에서 진행함으로써 적용된 시스템의 객관성과 완전성을 확보한다.
- 시스템 운영자, 사용자를 대상으로 필요한 교육을 실시한다.
- 시스템 운영계획을 수립한다.

⑤ 평가 및 전개(Deploying)

평가 및 전개	모델 발전계획 수립	• 모델 발전계획
	프로젝트 평가 및 보고	• 프로젝트 성과 평가 • 프로젝트 종료

- 모델 발전계획 수립
  - 모형의 생명주기를 설정하고 주기적인 평가를 실시하여 모형을 유지보수하거나 재구축하기 위한 방안을 마련한다.
  - 모형 업데이트를 자동화하는 방안을 수립하여 적용할 수 있다.
  - 발전계획을 상세하게 수립하여 모형의 계속성을 확보해야 한다.
- 프로젝트 평가 및 보고
  - 프로젝트 성과를 정량적 성과, 정성적 성과로 나눠 성과 평가서를 작성한다.
  - 프로젝트 진행과정에서 산출된 지식이나 프로세스 등 산출물을 자산화한다.
  - 프로젝트 최종 보고서를 작성하여 보고한 후 종료한다.

개념 체크

1 다음 중 빅데이터 분석 방법론에 대한 설명으로 틀린 것은?

① 응용 서비스 개발을 위한 3계층으로 구성되어 있다.
② 각 단계별로 세부 태스크와 스텝이 정의되어 있다.
③ 분석 기획, 데이터 준비, 데이터 분석, 시스템 구현, 평가 및 전개 총 5단계로 걸쳐 진행된다.
④ 탐색적 분석과 모델링을 위한 용어사전이 필요하다.

정답 ④

데이터 분석 단계에서 텍스트 분석을 위해 용어사전이 필요하며 업무 도메인에 맞도록 작성해야 한다.

2 다음 중 빅데이터 분석 방법론의 분석절차를 나열한 것으로 틀린 것은?

① 데이터 분석 단계에서는 분석용 데이터 준비, 텍스트 분석, 탐색적 분석, 모델링, 모델 평가 및 검증을 한다.
② 데이터 준비 단계에서는 비즈니스 이해 및 범위 설정, 프로젝트 정의 및 계획 수립, 프로젝트 위험계획 수립을 한다.
③ 시스템 구현 단계에서는 설계 및 구현, 시스템 테스트 및 운영을 한다.
④ 평가 및 전개 단계에서는 모델 발전계획 수립, 프로젝트 평가 및 보고를 한다.

정답 ②

데이터 준비 단계에서는 필요 데이터 정의, 데이터 스토어 설계, 데이터 수집 및 정합성 점검을 수행한다. 비즈니스 이해 및 범위 설정, 프로젝트 정의 및 계획 수립, 프로젝트 위험계획 수립은 분석 기획 단계에서 수행된다.

07 데이터 분석 거버넌스

1) 데이터 분석 거버넌스(Governance) 개요

① 데이터 분석 거버넌스의 필요성

- 데이터 분석 업무를 하나의 기업 문화로 정착하고 이를 지속적으로 고도화 해 나가기 위해 필요하다.

② 데이터 분석 거버넌스의 구성요소

- 데이터 분석 기획과 관리를 수행하는 조직(Organization)
- 데이터 분석 과제 기획과 운영 프로세스(Process)
- 데이터 분석 지원 인프라(System)
- 데이터 거버넌스(Data)
- 데이터 분석 교육 및 마인드 육성 체계(Human Resource)

> **거버넌스**
> 업무 프로세스, 정책 및 정보를 만들고 관리하는 지속적인 프로세스로 비즈니스 결과를 위한 전략, 활동, 조직 및 기술을 포함

2) 데이터 분석 기획과 관리를 수행하는 조직

PART 01 – CHAPTER 01 – SECTION 01 빅데이터 개요 및 활용 – [06 빅데이터 조직 및 인력]을 참고

> **분석 조직구조**
> - 집중형 조직구조
> - 기능형 조직구조
> - 분산형 조직구조

3) 데이터 분석 과제 기획과 운영 프로세스

① 데이터 분석 과제 관리 프로세스의 구성

- 과제 발굴 단계
  - 개별 조직이나 개인이 도출한 데이터 분석 아이디어를 발굴한다.
  - 발굴된 아이디어를 과제화하여 데이터 분석 과제 풀로 관리한다.
  - 데이터 분석 프로젝트를 선정하는 작업을 수행한다.
- 과제 수행 및 모니터링 단계
  - 데이터 분석을 수행할 팀을 구성한다.
  - 데이터 분석 과제 실행 시 지속적인 모니터링을 수행한다.
  - 데이터 분석 과제 결과를 공유하고 개선한다.

② 데이터 분석 과제 관리 프로세스의 특징

- 조직 내에 데이터 분석 문화를 내재화하여 경쟁력을 확보할 수 있다.
- 결과물을 잘 축적하여 관리함으로써 향후 유사 데이터 분석 과제 수행 시 시행착오를 최소화할 수 있다.
- 데이터 분석 프로젝트를 효율적으로 진행할 수 있다.

③ 데이터 분석 과제 관리 프로세스

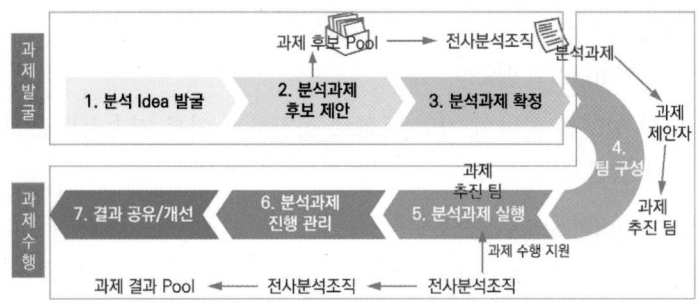

4) 데이터 분석 지원 인프라

① 데이터 분석 플랫폼 구축

- 데이터 분석 마스터 플랜을 기획하는 단계에서부터 장기적, 지속적, 안정적으로 활용할 수 있도록 고려한다.
  - 단기적으로 구축하기 쉬운 개별 시스템보다는 확장성을 고려한 플랫폼 구조 도입이 적절하다.

개별 시스템	플랫폼 구조
• 시스템 간 자체적인 데이터 교환 • 시스템별 독립적인 데이터 관리 • 확장 시 시스템 간 인터페이스 폭증	• 분석 플랫폼을 활용한 공동기능 활용 • 중앙집중적 데이터 관리 • 시스템 간 인터페이스 최소화

② 데이터 분석 플랫폼의 정의

- 데이터 분석 서비스를 위한 응용프로그램이 실행될 수 있는 환경과 기초를 이루는 컴퓨터 시스템이다.

③ 데이터 분석 플랫폼의 특징

- 데이터 분석에 필요한 프로그래밍 및 실행, 이를 서비스할 수 있는 환경을 제공한다.
- 새로운 데이터 분석 니즈가 발생할 경우 개별 시스템을 추가하지 않으면서도 추가적인 서비스 제공이 가능하다. (확장성 증대)

④ 데이터 분석 플랫폼의 구성요소

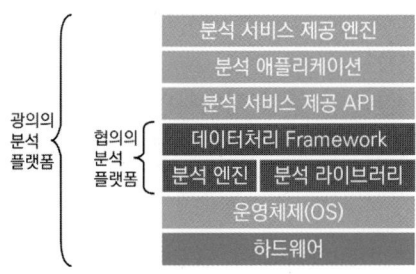

5) 데이터 거버넌스

① 데이터 거버넌스의 필요성

- 개별 시스템 단위로 데이터를 관리할 경우 데이터 중복, 비표준화에 따른 정합성 오류 등으로 데이터 활용도가 저하될 수 있다.
- 빅데이터 프로젝트의 효과적 추진 및 효과의 지속성을 얻기 위해서는 데이터 거버넌스 체계 수립이 필요하다.
  - 데이터 거버넌스가 없는 빅데이터의 적용은 단발성 효과에 불과할 가능성이 높다.

② 데이터 거버넌스의 정의

- 전사 차원의 모든 데이터에 대하여 정책 및 지침, 표준화, 운영조직과 책임 등의 표준화된 관리 체계를 수립하고 운영하기 위한 프레임워크와 저장소를 구축하는 것이다.

③ 데이터 거버넌스의 주요 관리 대상

- 마스터 데이터(Master Data)
  - 마스터 파일을 형성하는 데이터이며, 데이터를 처리 및 조작하기 위하여 사용되는 기본 데이터이다.
- 메타 데이터(Meta Data)
  - 데이터에 대한 구조화된 데이터이며, 다른 데이터를 설명하기 위해 사용되는 데이터이다.
- 데이터 사전(Data Dictionary)
  - 효과적인 데이터 자원관리를 위해 자료의 이름, 표현 방식, 자료의 의미와 사용 방식, 다른 자료와의 관계 등을 저장해놓은 데이터이다.

④ 데이터 거버넌스의 특징

- 데이터의 가용성, 유용성, 통합성, 보안성, 안전성을 확보할 수 있다.
- 빅데이터 프로젝트를 성공으로 이끄는 기반을 마련할 수 있다.
- 독자적인 구축도 가능하지만 전사 차원의 IT거버넌스나 EA(Enterprise Architecture)의 구성요소가 될 수도 있다.

> 라이브러리
> 공통으로 사용될 수 있는 부분 기능들을 모아 놓은 것

> 학생부 데이터에서 이름, 생년월일, 주소, 전화번호 등을 예로 들 수 있다.

> 하나의 영상 파일(데이터)에 대한 메타 데이터는 파일 생성 날짜, 시간, 작성자, 파일크기 등이 있을 수 있다.

⑤ 빅데이터 거버넌스의 특징
- 데이터 거버넌스에 추가적으로 빅데이터가 갖는 고유한 특성들을 고려하여 관리 체계를 수립한 것이다.
  - 빅데이터의 효율적 관리, 다양한 데이터의 관리체계, 데이터 최적화, 정보보호, 데이터 생명주기 관리, 데이터 카테고리별 관리 책임자 지정 등 다양한 요소들을 포함할 수 있다.

⑥ 데이터 거버넌스의 구성요소
- 원칙(Principle)
  - 데이터를 유지하고 관리하기 위한 지침 및 가이드
  - 보안, 품질기준, 변경관리 등
- 조직(Organization)
  - 데이터를 관리할 조직의 역할과 책임
  - 데이터 관리자, 데이터베이스 관리자, 데이터 아키텍트 등
- 프로세스(Process)
  - 데이터 관리를 위한 활동과 체계
  - 작업 절차, 모니터링 활동, 측정 활동 등

⑦ 데이터 거버넌스의 체계

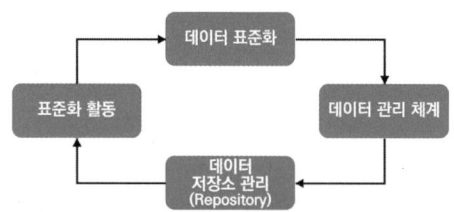

- 데이터 표준화
  - 데이터 표준 용어 설정
    표준 단어 사전, 표준 도메인 사전, 표준 코드 등으로 구성되며, 각 사전 간 상호 검증이 가능한 점검 프로세스를 포함한다.
  - 명명 규칙 수립
    필요시 언어별로 작성되어 기준 언어와의 연결 상태(mapping)를 유지한다.
  - 메타 데이터 및 데이터 사전 구축
    데이터의 원활한 활용을 위한 데이터 구조 체계를 마련하며, 메타 엔티티 관계 다이어그램 등을 제공한다.
- 데이터 관리 체계
  - 표준 데이터를 포함한 메타 데이터와 데이터 사전의 관리 원칙 수립 및 이에 근거한 항목별 상세 프로세스를 수립한다.

- 데이터 관리와 운영을 위한 담당자 및 조직별 역할과 책임을 구체적으로 마련한다.
- 빅데이터의 경우 데이터 생명 주기 관리방안도 수립하여야 한다.
• 데이터 저장소 관리
- 메타 데이터 및 표준 데이터를 관리하기 위한 전사 차원의 저장소를 구성한다.
- 저장소는 데이터 관리 체계 지원을 위한 Workflow 및 관리용 Application을 지원하여야 한다.
- 관리 대상 시스템과의 인터페이스를 통한 통제가 가능해야 한다.
- 데이터 구조 변경에 따른 사전 영향 평가 등을 수행하여야 한다.
• 표준화 활동
- 데이터 거버넌스 체계를 구축한 후 표준 준수 여부를 주기적으로 점검한다.
- 데이터 거버넌스의 조직 내 안정적인 정착을 위한 계속적인 변화관리 및 주기적인 교육을 진행하여야 한다.
- 지속적인 데이터 표준화 개선 활동을 통해 실용성을 증대할 수 있다.

6) 데이터 분석 교육 및 마인드 육성 체계

① 데이터 분석 교육 및 마인드 육성을 위한 변화 관리 필요성
• 데이터 분석의 가치를 극대화하고 내재화하여 안정적인 추진기로 접어들기 위해 필요하다.
- 새로운 체계를 도입하고자 할 경우 저항이나 기존 형태로 돌아가고자 하는 관성이 발생한다.

② 데이터 분석 문화 도입방안

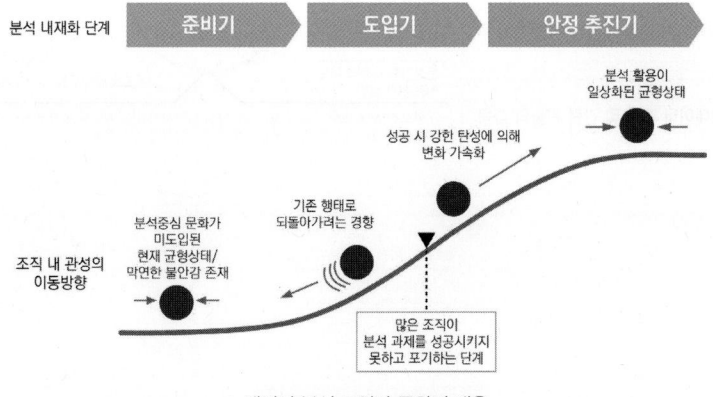

▲ 데이터 분석 도입과 문화적 대응

- **적극적 도입 방안**
  - 적합한 데이터 분석 과제를 도출한다.
  - 효율적인 데이터 분석 업무 수행을 위한 데이터 분석 조직을 마련한다.
  - 데이터 분석 마인드 형성을 위해 인력에 대한 지속적인 교육과 훈련을 실시한다.
  - 데이터 기반 의사결정을 할 수 있는 기업 문화를 정착시키기 위한 변화관리를 지속적으로 계획하고 수행한다.

- **데이터 분석 교육 방향**
  - 단순한 도구 사용법 교육이 아닌 데이터 분석 역량을 확보하고 강화하는 방향으로 진행한다.
  - 데이터 분석 기획자에 대한 데이터 분석 큐레이션 교육을 진행한다.
  - 데이터 분석 실무자에 대한 데이터 분석 기법 및 도구 사용에 대한 교육을 진행한다.
  - 기존 업무 수행자를 대상으로 데이터 분석 기회 발굴과 시나리오 작성법 등을 교육한다.
  - 조직 내 데이터 분석 기반 업무 수행 문화가 정착되도록 분석적인 사고 향상 교육을 실시한다.
  - 데이터를 바라보는 관점이나 데이터 분석과 활용 등이 하나의 문화로 받아들여지도록 유도한다.

- **데이터 분석 방법 및 분석적 사고 교육**

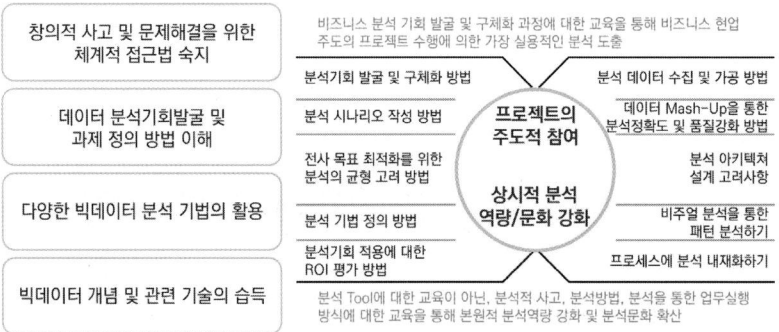

> **큐레이션**
> 여러 정보를 수집, 선별하고 이에 새로운 가치를 부여해 배포하는 것

> **매시업(Mash-Up)**
> 여러 웹서비스 업체들이 제공하는 각종 콘텐츠와 서비스를 융합하여 새로운 서비스를 만들어내는 것

개념 체크

1 다음 중 데이터 분석 거버넌스의 구성요소에 속하지 않는 것은?

① 데이터 분석 인프라
② 데이터 거버넌스
③ 데이터 사전
④ 데이터 분석 교육

정답 ③

데이터 분석 거버넌스의 구성요소는 데이터 분석 기획과 관리를 수행하는 조직(Organization), 데이터 분석 과제 기획과 운영 프로세스(Process), 데이터 분석 지원 인프라(System), 데이터 거버넌스(Data), 데이터 분석 교육 및 마인드 육성 체계(Human Resource)이다.

2 다음 중 협의의 분석 플랫폼의 구성요소로 틀린 것은?

① 데이터 처리 프레임워크
② 분석 애플리케이션
③ 분석 엔진
④ 분석 라이브러리

정답 ②

협의의 분석 플랫폼은 데이터 처리 프레임워크, 분석 엔진, 분석 라이브러리로 구성되어 있다.
광의의 분석 플랫폼은 협의의 분석 플랫폼을 포함하여 분석 서비스 제공 엔진, 분석 애플리케이션, 분석 서비스 제공 API, 운영체제로 구성되어 있다.

3 다음 중 데이터 거버넌스의 주요 관리 대상으로 틀린 것은?

① 마스터 데이터
② 메타 데이터
③ 데이터 저장소
④ 데이터 사전

정답 ③

데이터 거버넌스의 주요 관리 대상은 마스터 데이터, 메타 데이터, 데이터 사전이다.

08 데이터 분석 수준진단

1) 데이터 분석 수준진단 개요

① 분석 수준진단 필요성

- 조직 경쟁력 강화를 위한 데이터 분석의 도입 여부와 활용을 위해 현 상태에 대한 명확한 점검이 필요하다.
  - 데이터 분석의 수준진단을 통해 데이터 분석 기반을 만들기 위해 무엇을 준비하고 더 보완해야 하는지 확인 가능하고, 데이터 분석의 유형이나 방향을 결정할 수 있다.

② 분석 수준진단 목표
- 각 조직이 현재 수행하고 있는 데이터 분석 수준을 명확히 이해하고, 수준진단 결과를 바탕으로 미래 목표수준을 정의한다.
  - 데이터 분석을 위한 기반이나 환경이 타사 대비 어느 정도 수준이고, 어느 영역에 선택과 집중을 해야 하는지, 무엇을 보완해야 하는지 등 개선 방안을 도출한다.

③ 분석 수준진단 프레임워크
- 6개 영역의 분석 준비도와 3개 영역의 분석 성숙도를 동시에 평가할 수 있다.

> **데이터 분석 준비도**
> 데이터를 분석하여 업무 및 의사결정에 활용하기 위한 준비가 어느정도 되어 있는지 점검하는 체계

분석 준비도(Readiness)	분석 성숙도(Maturity)
분석 업무 / 분석 인력, 조직 / 분석 기법 / 분석 데이터 / 분석 문화 / 분석 인프라	도입 → 활용 → 확산 → 최적화 / 비즈니스, 조직 및 역량, IT

2) 분석 준비도(Readiness)

조직 내 데이터 분석 업무 도입을 목적으로 현재 수준을 파악하기 위한 진단방법이다.

① 분석 준비도의 원리
- 총 6가지 영역을 대상으로 현재 수준을 파악한다.
  - 각 진단 영역별로 세부 항목에 대한 수준까지 파악한다.
- 각 진단 결과 전체 요건 중 일정 수준 이상 충족하면 데이터 분석 업무를 도입한다.
  - 만일 일정 수준 이상 충족되지 못하면 데이터 분석 환경을 먼저 조성한다.

② 데이터 분석 준비도 프레임워크

분석 업무 파악	인력 및 조직	분석 기법
• 발생한 사실 분석 업무 • 예측 분석 업무 • 시뮬레이션 분석 업무 • 최적화 분석 업무 • 분석 업무 정기적 개선	• 분석 전문가 직무 존재 • 분석 전문가 교육 훈련 프로그램 • 관리자들의 기본적 분석 능력 • 전사 분석업무 총괄 조직 존재 • 경영진 분석 업무 이해 능력	• 업무별 적합한 분석기법 사용 • 분석 업무 도입 방법론 • 분석기법 라이브러리 • 분석기법 효과성 평가 • 분석기법 정기적 개선
분석 데이터	**분석 문화**	**IT 인프라**
• 분석업무를 위한 데이터 충분성 • 분석업무를 위한 데이터 신뢰성 • 분석업무를 위한 데이터 적시성 • 비구조적 데이터 관리 • 외부 데이터 활용 체계 • 마스터데이터 관리(MDM)	• 사실에 근거한 의사결정 • 관리자의 데이터 중시 • 회의 등에서 데이터 활용 • 경영진의 직관보다 데이터 • 데이터 공유 및 협업 문화	• 운영시스템 데이터 통합 • EAI, ETL 등 데이터유통체계 • 분석 전용 서버 및 스토리지 • 빅데이터 분석 환경 • 통계 분석 환경 • 비주얼 분석 환경

> **EAI(Enterprise Application Integration)**
> 모든 애플리케이션을 유기적으로 연동하여 필요한 정보를 중앙 집중적으로 통합, 관리, 사용할 수 있는 환경을 구현하는 것

3) 분석 성숙도 모델

① 분석 성숙도 모델의 정의
- 데이터 분석 능력 및 데이터 분석 결과 활용에 대한 조직의 성숙도 수준을 평가하여 현재 상태를 점검하는 방법이다.

② 분석 성숙도 모델의 특징
- 비즈니스 부문, 조직 및 역량 부문, IT 부문 총 3개 부문을 대상으로 실시한다.
- 성숙도 수준에 따라 도입, 활용, 확산, 최적화 단계로 구분한다.

③ 분석 성숙도 모델의 상세화

단계	도입 단계	활용 단계	확산 단계	최적화 단계
설명	분석을 시작하여 환경과 시스템을 구축	분석 결과를 실제 업무에 적용	전사 차원에서 분석을 관리하고 공유	분석을 진화시켜서 혁신 및 성과 향상에 기여
비즈니스 부문	• 실적분석 및 통계 • 정기보고 수행 • 운영 데이터 기반	• 미래 결과 예측 • 시뮬레이션 • 운영 데이터 기반	• 전사 성과 실시간 분석 • 프로세스 혁신 3.0 • 분석규칙 관리 • 이벤트 관리	• 외부 환경분석 활용 • 최적화 업무 적용 • 실시간 분석 • 비즈니스 모델 진화
조직·역량부문	• 일부 부서에서 수행 • 담당자 역량에 의존	• 전문 담당부서에서 수행 • 분석기법 도입 • 관리자가 분석 수행	• 전사 모든 부서 수행 • 분석 COE 조직 운영 • 데이터 사이언티스트 확보	• 데이터 사이언스 그룹 • 경영진 분석 활용 • 전략 연계
IT 부문	• Data Warehouse • Data Mart • ETL/EAI • OLAP	• 실시간 대시보드 • 통계 분석 환경	• 빅데이터 관리 환경 • 시뮬레이션·최적화 • 비주얼 분석 • 분석 전용 서버	• 분석 협업환경 • 분석 Sandbox • 프로세스 내재화 • 빅데이터 분석

> **OLAP**
> 사용자가 대용량 데이터를 쉽고 다양한 관점에서 추출 및 분석할 수 있도록 지원하는 기술
>
> **샌드박스**
> 보호된 영역 내에서 프로그램을 동작시키는 것, 보안 모델

4) 분석 수준진단 결과

① 분석 준비도 및 성숙도 진단 결과
- 조직의 현재 데이터 분석 수준을 객관적으로 파악할 수 있다.
  - 타사의 데이터 분석 수준과 비교하여 데이터 분석 경쟁력 확보 및 강화를 위한 목표 수준 설정이 가능하다.

> 데이터를 얼마나 잘 수집, 분석, 소비 및 채택할 수 있는지가 성숙도를 결정한다.

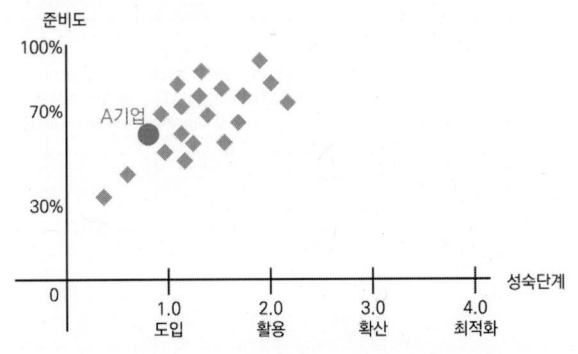

② 사분면 분석(Analytics Quadrant)

- 데이터 분석 관점에서 4가지 유형으로 데이터 분석 수준진단 결과를 구분한다.
  - 향후 고려해야 하는 데이터 분석 수준에 대한 목표나 방향을 정의할 수 있으며, 유형별 특성에 따라 개선방안을 수립할 수 있다.

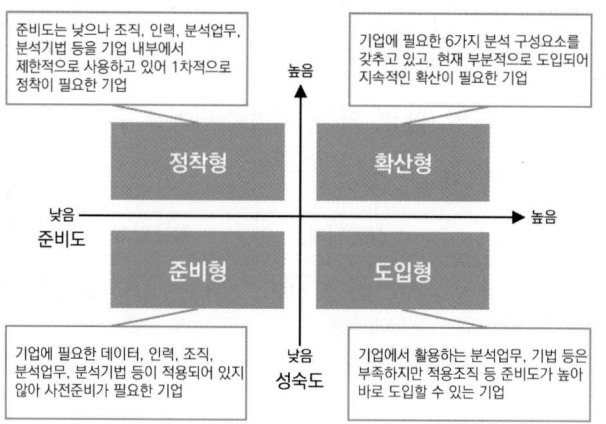

개념 체크

1 다음 중 분석 준비도에 대한 설명으로 틀린 것은?

① 비즈니스 부문, 조직 및 역량 부문, IT 부문 총 3개 부문을 대상으로 실시한다.
② 조직 내 데이터 분석 업무 도입을 목적으로 현재 수준을 파악하기 위한 진단방법이다.
③ 총 6가지 영역을 대상으로 현재 수준을 파악한다.
④ 각 진단 결과 전체 요건 중 일정 수준 이상 충족하면 데이터 분석 업무를 도입한다.

정답 ①

분석 성숙도 모델은 비즈니스 부문, 조직 및 역량 부문, IT 부문 총 3개 부문을 대상으로 실시하며, 성숙도 수준에 따라 도입 단계, 활용 단계, 확산 단계, 최적화 단계로 구분한다.

2 다음 중 분석 성숙도 모델에 대한 설명으로 옳은 것은?

① 최적화 단계에서는 데이터 사이언스 그룹, 경영진 분석 활용, 전략 연계를 비즈니스 부문에서 수행한다.
② 확산 단계에서는 전사 차원에서 분석을 관리하고 공유한다.
③ 확산 단계에서는 전사 성과 실시간 분석, 프로세스 혁신 3.0, 분석규칙 관리, 이벤트 관리를 IT 부문에서 수행한다.
④ 도입 단계에서는 전문 담당부서에서 수행, 분석기법 도입, 관리자가 분석 수행을 조직 및 역량 부문에서 담당한다.

정답 ②

- 데이터 사이언스 그룹, 경영진 분석 활용, 전략 연계는 조직 및 역량 부문의 최적화 단계에 해당한다.
- 전사 성과 실시간 분석, 프로세스 혁신 3.0, 분석규칙 관리, 이벤트 관리는 비즈니스 부문에서 확산 단계에 해당한다.
- 전문 담당부서에서 수행, 분석기법 도입, 관리자가 분석 수행은 조직 및 역량 부문의 활용 단계에 해당한다.

합격을 다지는 예상문제

01 분석 기획 시 분석 주제와 방법에 따른 분류 유형으로 옳지 <u>않은</u> 것은?

① Optimization은 분석 주제와 방법을 모두 알고 있을 때 가능하다.
② Insight는 분석 주제와 방법 모두 모르고 있더라도 가능하다.
③ Solution은 분석 주제는 알지만 방법을 알지 못한 경우에도 찾을 수 있다.
④ Discovery는 분석 주제와 방법 모두 모르고 있더라도 가능하다.

02 분석 기획 시 목표 시점에 따른 분류 유형으로 옳지 <u>않은</u> 것은?

① 단기적 접근 방식은 당면한 과제를 빠르게 해결하기 위한 목적이다.
② 중장기적 접근 방식은 지속적인 분석 문화를 내재화하기 위한 목적이다.
③ 마스터 플랜 접근 방식은 분석의 가치를 증명하기 위해 과제를 빠르게 해결한다.
④ 과제 중심적 접근 방식은 명확한 해결을 위해 Quick-Win 방식으로 분석한다.

03 분석 ROI를 고려한 과제 우선순위 평가기준으로 난이도의 평가요소가 <u>아닌</u> 것은?

① 데이터 획득 비용
② 데이터 가공 비용
③ 분석 목표 가치(KPI)
④ 분석 수준

04 분석 마스터 플랜 수립 시 적용 우선순위를 결정하는 주요 요인이 <u>아닌</u> 것은?

① 비즈니스 성과
② 전략적 중요도
③ 업무 내재화 수준
④ 실행 용이성

05 분석 마스터 플랜 수립 시 ROI의 투자비용 요소로 적합하지 <u>않은</u> 것은?

① 데이터 크기(Volume)
② 데이터 가치(Value)
③ 데이터 형태(Variety)
④ 데이터 속도(Velocity)

06 분석 기획 시 고려해야 할 내용으로 적절하지 <u>않은</u> 것은?

① 사용 가능한 데이터에 대한 확인이 필요하다.
② 기존에 잘 구현되어 활용되고 있는 적합한 사례가 있는지 탐색해 보아야 한다.
③ 분석 수행 시 발생 가능한 위험요소들에 대한 고려가 필요하다.
④ 분석 수행 시 반복 작업이 빈번하므로 반복 횟수와 회당 제한시간에 대한 고려가 필요하다.

07 난이도와 시급성을 고려한 포트폴리오 사분면 분석 기법에 대한 설명으로 옳지 않은 것은?

① 가장 우선적으로 분석 과제 적용이 필요한 영역은 3사분면이다.
② 우선순위가 낮은 영역은 2사분면이다.
③ 적용 우선순위 기준을 시급성에 둘 경우 순서는 3사분면, 4사분면, 1사분면, 2사분면 순이다.
④ 적용 우선순위 기준을 난이도에 둘 경우 순서는 3사분면, 2사분면, 1사분면, 4사분면 순이다.

08 분석 로드맵 설정 시 세부적인 일정계획 수립 방안으로 적절하지 않은 것은?

① 데이터 수집과 데이터 준비 단계를 병렬로 진행한다.
② 반복적인 정련과정을 통해 프로젝트의 완성도를 높여 나간다.
③ 모델링 단계는 반복적으로 수행하여야 한다.
④ 순차형과 반복형을 혼합하여 사용한다.

09 상향식 접근 방식에 대한 설명으로 옳은 것은?

① 데이터를 기반으로 문제의 재정의 및 해결 방안을 탐색한다.
② 신상품 개발이나 전략 수립 등 중요한 의사결정이 필요할 때 사용한다.
③ 문제가 먼저 주어지고 이에 대한 해법을 찾아간다.
④ 동적인 환경에서 발산과 수렴 단계를 반복적으로 수행하여 상호 보완한다.

10 하향식 접근 방식의 4단계 구성요소가 아닌 것은?

① 문제 탐색(Problem Discovery)
② 문제 정의(Problem Definition)
③ 문제 분석(Problem Analysis)
④ 해결방안 탐색(Solution Search)

11 상향식 접근 방식의 특징으로 올바르지 않은 것은?

① 데이터 분석을 통해 원인을 추적하면서 문제를 도출하거나 재정의할 수 있다.
② 데이터 분석을 통해 생각지 못한 인사이트를 도출할 수 있다.
③ 비지도학습 방법에 의해 수행되며 시행착오를 통한 개선이 가능하다.
④ 솔루션 도출은 유효하지만 새로운 문제 탐색은 어렵다.

12 분석 방법론의 구성요건으로 적절하지 않은 것은?

① 매뉴얼과 전문지식
② 상세한 절차
③ 도구와 기법
④ 템플릿과 산출물

13 KDD 분석 방법론의 분석절차로 올바른 것은?

① Preprocessing → Transformation → Data Mining → Interpretation/Evaluation → Selection
② Selection → Preprocessing → Transformation → Data Mining → Interpretation/Evaluation
③ Interpretation/Evaluation → Selection → Preprocessing → Transformation → Data Mining
④ Preprocessing → Transformation → Data Mining → Selection → Interpretation/Evaluation

14 CRISP-DM 분석 방법론의 분석절차로 올바른 것은?

① 업무 이해 → 데이터 준비 → 데이터 이해 → 모델링 → 평가 → 전개
② 데이터 이해 → 업무 이해 → 전개 → 데이터 준비 → 모델링 → 평가
③ 업무 이해 → 데이터 이해 → 데이터 준비 → 모델링 → 평가 → 전개
④ 데이터 준비 → 데이터 이해 → 업무 이해 → 모델링 → 평가 → 전개

15 SEMMA 분석 방법론의 분석절차로 올바른 것은?

① 추출 → 수정 → 탐색 → 모델링 → 평가
② 탐색 → 수정 → 추출 → 모델링 → 평가
③ 탐색 → 추출 → 수정 → 모델링 → 평가
④ 추출 → 탐색 → 수정 → 모델링 → 평가

16 빅데이터 분석 방법론의 개발절차로 올바른 것은?

① Planning → Preparing → Analyzing → Developing → Deploying
② Planning → Analyzing → Developing → Deploying → Preparing
③ Planning → Developing → Deploying → Preparing → Analyzing
④ Planning → Deploying → Preparing → Analyzing → Developing

17 빅데이터 분석 방법론의 데이터 준비 단계 세부 태스크가 아닌 것은?

① 필요 데이터 정의
② 분석용 데이터 준비
③ 데이터 스토어 설계
④ 데이터 수집 및 정합성 점검

18 빅데이터 분석 방법론의 분석 기획 단계 세부 태스크가 아닌 것은?

① 프로젝트 정의 및 계획 수립
② 비즈니스 이해 및 범위 설정
③ 모델 발전계획 수립
④ 프로젝트 위험계획 수립

19 계층적 프로세스 모델의 구성요소로 적절하지 않은 것은?

① 단계(Phase)
② 프로세스(Process)
③ 스텝(Step)
④ 태스크(Task)

합격을 다지는 예상문제 정답 & 해설

SECTION 01

01 ②	02 ③	03 ③	04 ③	05 ②
06 ④	07 ④	08 ①	09 ①	10 ③
11 ④	12 ①	13 ②	14 ③	15 ④
16 ①	17 ②	18 ③	19 ②	

01 ②
Insight는 분석 주제는 정해지지 않았더라도 방법을 알고 있을 때 가능하다.

02 ③
분석의 가치를 증명하고 이해관계자들의 동의를 얻기 위해 과제를 빠르게 해결하여 그 가치를 조기에 체험시키는 방식은 혼합 방식이다.

03 ③
난이도를 평가하는 요소로는 데이터 획득 비용, 데이터 가공 비용, 데이터 저장 비용, 분석 적용 비용, 분석 수준이 있으며, 전략적 중요도와 목표 가치는 시급성에 해당한다.

04 ③
우선순위를 결정하는 주요 요인으로는 전략적 중요도, 비즈니스 성과(ROI), 실행 용이성이 있다.

05 ②
투자비용 요소로는 데이터 크기, 데이터 형태, 데이터 속도가 있으며, 비즈니스 효과로 데이터 가치가 있다.

06 ④
분석 수행 시 분석 품질과 비용이라는 서로 상반되는 요소들을 고려하여 분석 작업을 반복할 필요는 있지만 분석 기획 단계에서 미리 반복 횟수를 정하여 제한하는 것은 바람직하지 않다.

07 ④
적용 우선순위 기준을 난이도에 둘 경우 순서는 3사분면, 1사분면, 4사분면, 2사분면 순이다.

08 ①
데이터 수집 및 확보와 데이터 준비 단계는 순차적으로 진행하여야 한다.

09 ①
문제가 먼저 주어지는 것은 하향식 접근 방식이고, 동적인 환경에서 발산과 수렴 단계를 반복하는 것은 혼합 방식이며 신상품 개발이나 전략 수립 등 중요한 의사결정 시 사용한다.

10 ③
하향식 접근 방식의 4단계 구성요소로는 문제 탐색, 문제 정의, 해결방안 탐색, 타당성 평가가 있으며, 순차적으로 진행된다.

11 ④
하향식 접근 방식은 솔루션 도출은 유효하지만 새로운 문제 탐색은 어렵다.

12 ①
분석 방법론의 구성요건은 상세한 절차, 방법, 도구와 기법, 템플릿과 산출물, 그리고 어느 정도의 지식만 있으면 활용 가능한 수준의 난이도이다.

13 ②
KDD 분석 방법론의 분석절차는 데이터셋 선택(Selection), 데이터 전처리(Preprocessing), 데이터 변환(Transformation), 데이터마이닝(Data Mining), 데이터마이닝 결과 평가(Interpretation/ Evaluation) 순으로 수행된다.

14 ③
CRISP-DM 분석 방법론의 분석절차는 업무 이해(Business Understanding), 데이터 이해(Data Understanding), 데이터 준비(Data Preparation), 모델링(Modeling), 평가(Evaluation), 전개(Deployment) 순으로 수행된다.

15 ④
SEMMA 분석 방법론의 분석절차는 추출(Sample), 탐색(Explore), 수정(Modify), 모델링(Modeling), 평가(Assess) 순으로 수행된다.

16 ①
빅데이터 분석 방법론의 개발절차는 분석 기획(Planning), 데이터 준비(Preparing), 데이터 분석(Analyzing), 시스템 구현(Developing), 평가 및 전개(Deploying) 순으로 수행된다.

17 ②
데이터 준비 단계의 세부 태스크는 필요 데이터 정의, 데이터 스토어 설계, 데이터 수집 및 정합성 점검이 있으며, 분석용 데이터 준비 태스크는 데이터 분석 단계에 포함된다.

18 ③
분석 기획 단계의 세부 태스크는 비즈니스 이해 및 범위 설정, 프로젝트 정의 및 계획 수립, 프로젝트 위험계획 수립이 있으며, 모델 발전계획 수립 태스크는 평가 및 전개 단계에 속한다.

19 ②
계층적 프로세스 모델은 단계(Phase), 태스크(Task), 스텝(Step) 3단계로 구성되어 있다.

SECTION 02 분석 작업 계획

출제빈도 상 중 **하**
반복학습 1 2 3

빈출 태그 데이터 분석 영역・분석 변수・작업 계획・분석 프로젝트

01 분석 작업 개요

분석 작업 계획을 수립하기 위해 데이터 처리 프로세스 전체에 대한 이해가 필요하며, 데이터 처리 영역과 데이터 분석 영역으로 나누어 살펴볼 수 있다.

데이터 소스	데이터 수집	데이터 저장	데이터 처리	데이터 분석	데이터 표현
내부 데이터	입력	정형 데이터	배치 처리	전처리	시간 시각화
외부 데이터	로그수집기	비정형 데이터	실시간 처리	분석 방법	관계 시각화
미디어 정보	크롤링	저장 장치	분산 처리	머신러닝	공간 시각화
	센싱			딥러닝	분포 시각화

데이터 처리 영역 / 데이터 분석 영역

▲ 데이터 처리 프로세스

> **기적의 TIP**
> 분석 작업 계획의 전체 흐름을 이해해야 한다.

1) 데이터 처리 영역

데이터 분석을 위한 기초 데이터를 정의하고 수집 및 저장, 분석하기 수월하도록 물리적인 환경을 제공하는 영역이다.

단계	내용
데이터 소스	기업 내 각 부서나 서비스별 적재되고 있는 내부 데이터와 다른 기업이나 공공 데이터 등 외부 데이터가 있다.
데이터 수집	사용자로부터 데이터를 직접 입력받거나 로그수집기, 크롤링, 센서네트워크 등을 통해 데이터를 수집한다.
데이터 저장	데이터를 유형별로 나눠 최적의 설계를 하여 데이터 스토리지에 저장한다.
데이터 처리	저장된 대용량의 데이터를 신속하고 정확하게 처리하기 위하여 실시간 처리 및 분산 처리 등을 시도한다.

> **크롤링(crawling)**
> 웹에 접근하여 관련 URL 속에서 하이퍼링크들을 찾아 분류하고 데이터들을 자동화된 방법으로 수집하는 것

2) 데이터 분석 영역

저장되어 있는 데이터를 추출하여 분석 목적과 방법에 맞게 가공한 후, 데이터 분석을 직접 수행하고 그 결과를 표현하는 영역이다.

① 데이터 분석
- 데이터 분석을 위해 저장된 데이터를 추출 및 가공하여 목적에 맞는 분석 방법을 통해 분석한다.

▶ 데이터 분석 단계 – NCS(국가직무능력표준)

구분	내용
도메인 이슈 도출	• 분석 대상 과제 현황을 파악하고 개선과제를 정의한다. • 문제의 주요 이슈별로 개선방향을 도출하고, 개선방안을 수립하며, 빅데이터 요건 정의서를 작성한다.
분석목표 수립	• 빅데이터 요건 정의서를 토대로 개선방향에 맞는 현실적인 분석목표를 수립한다. • 데이터 관련 정보, 분석 타당성 검토, 성과측정 방법 등을 포함한 분석목표 정의서를 작성한다.
프로젝트 계획 수립	• 사전에 책정된 자원과 예산, 기간 등을 고려하여 분석 프로젝트 계획을 수립한다. • 분석목표정의서, 프로젝트 소요비용 배분계획을 바탕으로 작업분할구조도(WBS)를 작성한다.
보유 데이터 자산 확인	• 분석목표와 프로젝트 계획을 기반으로 현재 보유 중인 데이터의 품질이나 규모, 유형 등을 확인하고 법률적 이슈나 제약사항 등을 검토한다.

작업분할구조도
(Work Breakdown Structure)
작업의 구성과 요소, 크기, 비용 및 기간에 대한 시스템 구조 등 목표 달성을 위해 필요한 업무를 정의하고 세분화하는 작업

② 데이터 표현

• 분석된 결과를 누구나 쉽게 이해할 수 있도록 적합한 시각화 방법을 이용하여 표현한다.

구분	내용
빅데이터 분석 결과 시각화	다양한 분석 및 시각화 도구를 활용하여 분석 결과를 시각화 한다.

🎯 **개념 체크**

다음 중 분석 작업 계획 수립을 위한 데이터 처리 프로세스에 대한 설명으로 틀린 것은?
① 크게 데이터 처리 영역과 데이터 분석 영역으로 나누어 볼 수 있다.
② 데이터 처리 영역은 데이터 분석을 위한 기초 데이터를 정의하고 수집 및 저장, 분석 환경을 제공한다.
③ 데이터 분석 영역은 저장된 데이터를 추출하여 분석 목적과 방법에 맞게 가공하여 분석을 수행한다.
④ 데이터 처리 영역은 데이터 수집, 저장, 처리, 표현 단계로 상세화 된다.

정답 ④

데이터 처리 영역은 데이터 소스, 수집, 저장, 처리 단계로 상세화 되며, 데이터 분석 영역은 데이터 분석, 표현 단계로 상세화 된다.

02 데이터 확보 계획

1) 데이터 확보를 위한 사전 검토사항

① 필요 데이터의 정의
- 분석 목적에 맞는 데이터를 정의하고, 필요한 데이터를 확보할 수 있는지 확인하여야 하며, 확보할 수 없다면 대안을 함께 고려하여야 한다.
- 기업 내부 및 외부 공공기관이나 협력관계의 타 기업 담당자, 전문가 등 이해관계자들과 확보 가능한 데이터의 목록과 기대효과 등을 작성한다.

② 보유 데이터의 현황파악
- 사전에 정의한 데이터의 존재 여부와 해당 데이터가 최신성을 보장하는지 확인한다.
- 분석 품질을 보장할 만큼 데이터 품질이 우수한지, 충분한 양이 존재하는지 확인한다.

③ 분석 데이터의 유형
- 분석 데이터 확보를 위해 수집 대상 데이터의 유형을 고려해야 한다.
- 어떤 데이터를 어떤 기법을 이용하여 분석할 것인지 수립된 계획에 따라 데이터의 유형을 선택하고 변수를 정의해야 한다.

> 데이터는 유형별로 정형 데이터, 반정형 데이터, 비정형 데이터로 구분된다.

④ **편향되지 않고 충분한 양의 데이터 규모**
- 데이터 분석 기법에 따라 훈련(Training) 데이터셋, 검증(Validation) 데이터셋, 테스트(Test) 데이터셋이 필요할 수 있다.
  - 따라서 신뢰성 높은 데이터 분석 모형 개발과 정확한 데이터 분석을 위해 3가지 데이터셋으로 나누어 사용할 만큼 충분한 데이터가 확보되어야 한다.

> **훈련 데이터셋**
> 모델을 학습하는데 사용
>
> **검증 데이터셋**
> 훈련 데이터셋으로 만들어진 모델의 성능을 측정하는데 사용
>
> **테스트 데이터셋**
> 검증 데이터셋을 통해 사용할 모델이 결정된 후 모델의 예상 성능을 측정하는데 사용

⑤ 내부 데이터의 사용
- 필요 데이터에 대한 데이터 목록(변수 명칭, 설명, 형태, 기간, 용량, 권한 등)을 작성한다.
- 필요 데이터에 대한 관련 법률이나 보안적인 요소들을 확인하고, **개인정보일 경우 비식별 조치방안을 함께 고려한다.**
- 필요 데이터의 관리 권한이 다른 부서에 있는 경우 협의를 통해 데이터 공유 가능 여부를 확인한다.

⑥ 외부 데이터의 수집
- 필요 데이터에 대한 데이터 목록을 데이터를 보유한 기업의 이름과 데이터 제공 방법(Open API, 복제 등)까지 고려하여 작성한다.
- 필요 데이터의 수집이 관련 법률이나 제도상 제약이 없는지 검토한다.
- 필요 데이터에 대하여 보유 기업으로부터 데이터 제공 가능여부와 구매 비용 등을 협의한다.

⑦ 데이터 수집 방법

- **설문조사** : 설문조사는 사람들의 의견이나 행동에 대한 데이터를 수집하는 일반적인 방법으로 온라인 설문지, 전화 인터뷰, 직접 면접 등의 형태로 진행될 수 있으며, 개별 질문이나 척도를 사용하여 응답자의 의견을 수집한다.
- **관찰** : 관찰은 사람들의 행동, 사건 또는 상황을 직접 관찰하여 데이터를 수집하는 방법이다. 관찰은 실시간 또는 사전에 녹화된 비디오 또는 사진 등을 통해 이루어질 수 있으며, 이 방법은 사람들의 실제 행동을 측정하고 분석할 때 유용하다.
- **실험** : 실험은 특정 가설을 검증하기 위해 조작된 조건에서 데이터를 수집한다. 실험은 종종 실험 그룹과 대조 그룹으로 나뉘며, 서로 다른 처리를 받는 조건에서 차이를 비교하여 결과를 분석한다.
- **웹 크롤링** : 웹 크롤링은 웹 페이지를 자동으로 탐색하고 데이터를 추출하는 과정이다. 웹 크롤러는 웹사이트에서 정보를 수집하고, 텍스트, 이미지, 링크 등을 추출하여 분석한다.
- **소셜 미디어 분석** : 소셜 미디어 플랫폼에서 제공되는 데이터를 활용하여 트렌드, 의견, 감성 등을 분석하는 방법이다. 특정 키워드, 해시태그, 사용자 활동 등을 모니터링하여 데이터를 수집하고 분석할 수 있다.
- **데이터베이스 및 기존 데이터 활용** : 공공 데이터베이스, 기업 내부 데이터베이스, 과거 연구 등을 활용하여 데이터를 수집하고 분석할 수 있다.
- **FGI★(Focused Group Interview, 집단면접)** : FGI는 작은 그룹의 참가자들을 모아 집단적인 토론을 통해 의견과 경험을 수집하는 방법으로 일반적으로 6~12명의 참가자로 구성된 집단이 모여 진행되며, 주제와 관련된 질문들이 제시되어 참가자들은 서로의 의견을 나누고 토론한다. 이러한 토론은 구성원 간의 상호작용과 아이디어 교환을 통해 보다 깊은 인사이트를 얻을 수 있도록 도와준다.
- **스크래퍼(Scraper)** : 스크래퍼는 웹 스크래핑(Web Scraping)을 수행하는 프로그램이나 도구이다. 웹 스크래핑은 웹 페이지의 내용을 자동으로 추출하여 데이터를 수집하는 과정이며, 스크래퍼는 웹사이트의 HTML 구조를 분석하고 필요한 정보를 추출하는 기능을 가진다.

★FGI
일반적으로 마케팅, 소비자 인사이트, 제품 개발, 서비스 향상 등의 목적으로 사용되는 질적 연구 방법 중 하나

2) 분석에 필요한 변수 정의

데이터 분석 요건에 따라 도출된 활용 시나리오에 적합한 데이터의 유형 및 분석 변수를 정의한다.

① 데이터 수집 기획

- 데이터 수집 기법을 활용하여 필요 데이터를 배치 자동화로 수집한다.
  - 데이터 수집 타깃 시스템 또는 사이트를 선별한다.
  - 수집 대상 화면, 텍스트를 위해 인덱스 생성을 기획한다.

- 대상 시스템별 데이터 수집을 위한 크롤러를 준비하고 저장소를 기획한다.
- 크롤링 주기, 대상 범위를 확정하고 데이터 수집을 기획한다.
• 데이터 거래소, 공공 데이터에 적재된 분야별 데이터를 분류하고 선별한다.
- 공공 데이터 사이트에 접속하여 필요한 도메인의 데이터를 검색한다.
- 검색한 공공 데이터 중 분석 대상이 되는 도메인의 우선순위를 정의한다.
- 필요한 데이터를 다운로드받아 저장할 수 있도록 계획한다.
- 저장한 데이터를 NoSQL 데이터에 적재하고 정제할 수 있도록 설계한다.
- NoSQL에 적재한 데이터를 정제할 수 있도록 기획한다.

② 분석 변수 정의
• 빅데이터의 특징을 고려하여 분석 변수 생성을 기획한다.
- 상관관계 분석을 위한 데이터 연속성 범주 등을 고려하여 분석 변수를 정의한다.
• 분석 변수 유형과 형성 알고리즘을 이용하여 분석 유형을 도출한다.
- 변수의 분포를 구별하는 정도에 따라 순수도(purity) 또는 불순도(impurity)에 의해서 측정 구간별 순수도를 가장 높이는 분석 변수를 도출한다.

> **빅데이터의 특징**
> Volume, Variety, Velocity, Veracity, Value

3) 분석 변수 생성 프로세스 정의

분석 대상에 대해 객관적으로 인식하고 논리적 인과관계 분석 및 데이터 간 상관관계 분석을 위한 분석 변수 생성 프로세스를 정의한다.

① 객관적 사실(Fact) 기반의 문제 접근
• 명확한 문제 인식을 위하여 분석적이고 가정(Why)에 의한 접근 방법과 함께 무엇(What)이 문제인지를 파악하여 객관적 관찰 데이터 유형을 식별한다.

② 데이터의 상관 분석
• 빅데이터 분석 대상의 연관성 분석을 통해 데이터 집합 간 통계적 관련성을 분석할 수 있는 변수를 생성하고 변수의 척도를 분류한다.
• 변수 간 밀접한 관련성을 갖고 변화하는가를 분석하는 기법인 연관성 개념을 활용하여 변수 척도에 따른 연관성 분석을 수행한다.
• 분석 변수를 기반으로 연관성을 분석하여 데이터 간 숨겨진 관계성을 파악하고, 가치있는 데이터를 도출할 수 있도록 분석 변수를 생성한다.

③ 프로토타입을 통한 분석 변수 접근
• 의미있는 분석 변수를 생성하기 위하여 프로토타이핑 접근법을 통해 결과를 확인하며, 반복적으로 개선하여 필요한 데이터를 식별하고 구체화한다.
• 프로토타이핑 모델로 반복적으로 개선하여 의미있는 데이터와 분석 변수를 생성함으로써 비정형 데이터가 갖는 문제점을 해소한다.

> 빅데이터는 대부분 비정형 데이터 형태이며, 사용자가 빅데이터의 정보 및 분석 변수를 명확히 규정하기 어렵다.

▶ 프로토타입 접근의 필요성

필요성	내용
문제 인식 수준의 확인	• 사용자와 분석가 간 요구 사항과 문제 해결에 대한 인식 수준 차이를 확인할 수 있다. • 문제 해결에 대한 명확한 목표 확인 및 필요 변수를 정의한다.
필요 데이터 존재 여부	• 수집 데이터양이 부족한 경우, 재수집 방법, 대체 데이터 등에 대한 사용자와 분석가 간 반복적 확인을 통해 협의한다.
사용 목적에 따른 가변성 검증	• 데이터의 가치는 지속적으로 변화할 수 있다. • 데이터의 사용 목적과 범위에 따라 분석 변수를 재정의한다. • 데이터의 사용 범위를 확대 또는 축소할 수 있다.

4) 생성된 분석 변수의 정제를 위한 점검항목 정의

분석 기획 단계에서 도출된 문제 인식, 해결을 위한 개념적 대안 설계를 통해 도출된 데이터에 대해 가용성을 평가하고 점검항목을 정의한다.

① 분석 변수 점검의 필요성

- 데이터의 가용성과 적정성이 부족할 경우 문제 해결 및 활용 시나리오 적용을 통해 가치 있는 결과를 도출하기 어렵다.
- 실행 전 분석 변수를 논리적 지표에 따라 점검한다.

② 분석 변수 점검항목 정의

- 데이터 분석 도구, 활용 등 다각도로 분석 변수 점검 항목을 정의한다.
- 데이터 수집 시 분석 적합성과 데이터 확보 유무를 고려하여 기획한다.
- 데이터의 중복, 범위, 연관성 등을 도출할 수 있는 방법을 기획한다.
- 데이터 적합성을 고려하여 수행할 수 있는 분석 검증 방법을 기획한다.
- 수집 데이터에 존재할 수 있는 데이터의 특징 변수 도출 방법을 기획한다.
- 수집 데이터 변수 간 결합 가능 여부를 검증할 수 있는 방법을 기획한다.
- 수집 데이터의 타당성 검증 방법을 기획한다.
  - 데이터 수집에 투입되는 비용 및 시간을 조사한다.
  - 데이터 수집 기법의 기술적 타당성 검증 방법을 기획한다.

분류	점검 항목	내용
데이터 수집	데이터 적정성	문제 해결에 적절한 분석 변수인가?
	데이터 가용성	수집 가능한 데이터인가?
	대체 분석 데이터 유무	수집 불가능한 데이터인 경우 간접적으로 연관성 있는 데이터로 대체 가능한가?
데이터 적합성	데이터 중복	중복이나 노이즈 제거, 데이터값 존재 유무 등 기초 데이터 클렌징 수행 가능한가?
	분석 변수별 범위	분석 변수별 측정될 수 있는 min/max를 확인하였는가?
	분석 변수별 연관성	수집된 데이터 간 충분 간격으로 연관성이 있는가?
	데이터 내구성	데이터 노이즈, 왜곡이 발생하였을 때 예측 성능을 보장할 수 있는가?
특징 변수	특징 변수 사용	분석 변수 중 바로 특징 변수로 사용할 수 있는 가능성이 있는가?
	변수 간 결합 가능 여부	분석 변수를 결합하여 교차 검증(Cross Validation)을 할 수 있는가?
타당성	편익/비용 검증	분석 비용과 분석 후 결과가 추가적 매출, 수익 등에 기여할 수 있는가?
	기술적 타당성	다양한 분석 툴을 활용할 수 있는 분석 변수를 도출하였는가?

5) 생성된 분석 변수의 전처리 방법 수립

데이터 정제를 위한 점검항목 정의 후 이에 맞게 논리적 모형 설계를 위한 데이터 전처리 방법을 수립한다.

① 데이터 전처리 수행

- 다양한 비즈니스 도메인에서 추출한 정형, 반정형, 비정형 데이터를 분석 및 처리에 적합한 데이터 형태로 조작한다.
- 데이터 정제, 통합, 축소, 변환을 반복적으로 수행하여 분석 변수로 활용하는 방안을 수립할 수 있다.

> **전처리(preprocessing)**
> 데이터를 분석 목적과 방법에 맞는 형태로 처리하기 위해서 불필요한 정보를 분리하거나 제거하고 가공하는 예비적 조작

처리 기법	내용
데이터 정제 (Cleaning)	결측값을 채우거나 이상치를 제거하는 과정을 통해 데이터의 신뢰도를 높이는 작업
데이터 통합 (Integration)	다수의 정제된 데이터를 통합하여 표현하는 작업
데이터 축소 (Reduction)	데이터 집합의 크기는 더 작지만 분석 결과는 같은 데이터 집합으로 만드는 작업
데이터 변환 (Transformation)	데이터 마이닝의 효율을 높이기 위한 변환 및 변형 작업

② 빅데이터 분석 프로세스 수행
- 다양한 업무와 도메인이 포함되어 있어 완전히 자동화하여 처리하는 것은 어렵다.
- 데이터 전처리 과정은 정제와 통합을 통해 약 60~80% 처리된다.

③ 데이터 전처리 방안 수립
- 데이터 Cleaning, Integration, Transformation, Reduction을 반복적으로 수행하여 분석 변수로 활용하는 방안을 수립할 수 있다.

절차	세부 활동	내용
정제 (Cleaning)	모순점 포착	• 데이터 입력의 실수 확인 • 데이터 표현의 모순 확인 • 일치하지 않는 코드 사용 여부 • 원래의 의도와 다른 목적으로 사용 여부
정제 (Cleaning)	메타데이터 확인	• 데이터 타입과 속성 확인 • 값의 범위 확인 • 속성의 표준 편차 확인 • 데이터 이상치 및 결측값 확인
통합/축소 (Integration)	데이터 통합	• 데이터 통합 • 스키마 통합 • 개체 식별 및 데이터값 충돌/감지 및 해결 • 데이터 통합에서 중복 처리 • 데이터 통계 생성
변환 (Transformation)	데이터 변환	• 데이터에서 노이즈 제거 • 새로운 속성 추가 • 데이터에 요약 작업 또는 집계 작업 • 데이터 정규화

> 빅데이터의 특징에 따라 주요 품질 요소를 도출하고, 생성된 분석 변수의 데이터 검증 방안을 수립한다.

6) 생성 변수의 검증 방안 수립
① 분석 변수의 데이터 검증 방안 수립
- 모든 개별 데이터에 대한 타당성 보장보다는 빅데이터 개념 및 특성 측면에서 관리되어야 하는 항목과 수준에 대해 품질 검증을 정의한다.

구분	품질 관리 접근 방법
대량 데이터	• 데이터 사용자 오류는 무시 • 데이터 타당성에 치명적인 예외 상황만 탐지
정밀 데이터	• 개별 데이터에 대한 타당성 검증은 환경 및 상황에 따라 판단 • 데이터 전체가 나타내는 의미를 중심으로 검증 기준 정의
데이터 출처 불명확	• 명확한 목적이나 사전 통제 없이 생산된 데이터에 대한 별도 품질 기준 정의

- 빅데이터 품질 관리 및 검증은 정확성보다는 데이터의 양이 충분한지에 대한 충분성 개념하에 조직의 비즈니스 영역 및 목적에 따라 검증한다.

구분	품질 검증 전략
정확성 (Accuracy)	• 데이터 사용 목적에 따라 데이터 정확성의 기준 상이하게 적용
완전성 (Completeness)	• 필요한 데이터인지 식별하는 수준으로 품질 요소 적용
적시성 (Timeliness)	• 소멸성이 강한 데이터에 대한 품질 기준 판단 • 웹로그 데이터, 트윗 데이터 등 지속적으로 생성 소멸하는 데이터에 대한 품질 기준 수립
일관성 (Consistency)	• 동일한 데이터의 경우에도 사용 목적에 따라 데이터의 의미가 달라지기 때문에 분석 요건에 따른 검증 요소 적용

② 데이터 검증 체계 수립

- 빅데이터 품질 및 데이터 검증 체계를 수립한다.
  - 수집한 데이터의 출처가 명확한지 검증한다.
  - 중복된 데이터가 존재하는지, 정보 활용에 컴플라이언스 이슈가 없는지 데이터 관리 대상 선별을 검증한다.
  - 데이터의 다양성이 확보되었는지, 데이터셋이 충분한지 검증한다.
  - 주요 품질 지표의 조건을 만족하는지, 분석, 검증, 테스트 데이터가 분리되어 있는지 주요 품질 지표를 분석 및 검증한다.
- 분석 변수 데이터 검증 방안을 수립한다.
  - 품질 관리를 통해 데이터 중복성, 불일치성 등 생성된 분석 변수에 대한 데이터 검증 방안을 수립한다.

> **컴플라이언스(Compliance)**
> 사업 추진 과정에서 기업이 자발적으로 관련 법규를 준수하도록 하기 위한 일련의 시스템

개념 체크

다음 중 데이터 확보를 위한 사전 검토사항으로 틀린 것은?

① 분석 목적에 맞는 데이터를 정의하고, 필요한 데이터를 확보할 수 있는지 확인하여야 하며, 확보할 수 없다면 대안을 함께 고려하여야 한다.
② 사전에 정의한 데이터의 존재 여부와 분석 품질을 보장할 만큼 데이터 품질이 우수한지, 충분한 양이 존재하는지 확인한다.
③ 분석 대상에 대해 객관적으로 인식하고 논리적 인과관계 분석 및 데이터 간 상관관계 분석을 위한 분석 변수 생성 프로세스를 정의한다.
④ 어떤 데이터를 어떤 기법을 이용하여 분석할 것인지 수립된 계획에 따라 데이터의 유형을 선택하고 변수를 정의해야 한다.

정답 ③

- 데이터 확보를 위한 사전 검토사항은 필요 데이터의 정의, 보유 데이터의 현황파악, 분석 데이터의 유형 확인, 편향되지 않고 충분한 양의 데이터 규모 확인, 내부 데이터의 사용 가능여부 확인, 외부 데이터의 수집 가능여부 등을 확인하는 것이다.
- 분석 대상에 대해 객관적으로 인식하고 논리적 인과관계 분석 및 데이터 간 상관관계 분석을 위한 분석 변수 생성 프로세스를 정의하는 것은 데이터 확보를 위한 사전 검토대상은 아니다.

03 분석 절차와 작업 계획

1) 분석 절차

분석 절차는 데이터 분석의 시발점이 되는 문제 인식에서부터 시작하여 데이터를 확보하고 분석하여 결과를 도출 및 제시하는 단계까지의 일반적인 과정을 정형화한 프로세스이다.

① 분석 절차의 특징

- 분석 방법론을 구성하는 최소 요건이다.
- 상황에 따라 단계를 추가할 수도 있으며 생략 가능하다.

> 데이터 분석을 수행하기 위한 기본적인 과정을 명시하고 있다.

▶ 분석 절차 비교

일반적 데이터 분석 절차	NCS 데이터 분석 절차	단계별 산출물
• 문제인식 • 연구조사	• 도메인 이슈 도출 • 분석목표 수립	• 데이터 요건 정의서 • 분석목표 정의서
• 모형화 • 데이터 수집 • 데이터 분석	• 프로젝트 계획 수립 • 보유 데이터 자산 확인	• 작업분할구조도(WBS) • 데이터 품질 보고서
• 분석 결과 제시	• 데이터 분석결과 시각화	• 분석 보고서

② 일반적인 분석 절차

구분	내용
문제 인식	• 문제를 인식하고 분석 목적을 명확하게 정의한다. • 분석 주제는 가설 형태 또는 결과 해석을 중심으로 할 수 있다.
연구조사	• 문제 해결을 위한 각종 문헌을 조사하고 내용을 바탕으로 문제에 대한 해결 방안을 정의한다. • 중요한 요인이나 변수들을 파악한다.
모형화	• 복잡한 문제를 논리적이면서도 단순화하는 과정이다. • 많은 변수가 포함된 현실 문제를 특징적 변수로 정의한다. • 문제를 변수들 간의 관계로 정의한다.
데이터 수집	• 데이터 수집 또는 변수를 측정하는 과정이다. • 기존 데이터 활용이 불가능한 경우 추가적인 데이터 수집을 고려한다.
데이터 분석	• 수집된 데이터로부터 인사이트를 발굴한다. • 수집된 데이터로부터 변수들간의 관계를 분석한다.
분석 결과 제시	• 변수들 간 인과관계나 상관관계를 포함한 분석 결과를 제시하고 공유한다. • 표, 그림, 차트, 그래프 등을 활용하여 시각화한다.

> 데이터 분석의 절차는 데이터 수집 → 저장 → 처리 → 분석 → 시각화 → 이용 → 폐기 단계로 정의할 수도 있다.

③ 분석 절차 적용 시 고려사항

- 문제에 대한 구체적 정의가 가능하고, 필요 데이터를 보유하고 있으며, 분석역량을 갖추고 있다면 통계 기반의 전통적 데이터 분석을 수행할 수 있다.
- 문제에 대한 구체적 정의가 없다면 데이터 마이닝 기반으로 데이터를 분석하여 인사이트를 발굴하거나 일단 데이터 분석을 시도한 후 결과를 확인해 가면서 반복적으로 개선 결과를 도출해 볼 수 있다.

2) 작업 계획

분석 작업 계획은 분석 절차에 따라 데이터 분석 업무를 수행하기 위한 전반적인 작업 내용들을 세부적으로 정의하는 과정이다.

① 분석 작업 계획 수립

단계	내용
프로젝트 소요비용 배분	• 주어진 시스템 및 데이터 환경을 고려하여 현실성 있는 계획이 되도록 프로젝트 일정을 수립한다. • 사전에 작성해 놓은 데이터 분석목표정의서의 내용이 모두 반영될 수 있도록 한다. • 프로젝트 소요비용은 인건비나 하드웨어 구입 및 사용비용, 소프트웨어 비용, 그리고 기타 비용을 고려하여 산정한다.
프로젝트 작업분할구조 수립	• 데이터 분석목표정의서와 프로젝트 소요비용 배분 계획을 참고하여 데이터 분석 절차에 맞게 수립한다. • 분석 절차 이외 필요한 작업이 있는 경우 추가적으로 반영하여 작업분할구조를 수립한다.
프로젝트 업무 분장 계획 및 배분	• 배분된 인건비를 기준으로 단계별 인원 투입 계획을 수립하고 역할별로 작성해야 하는 필수 산출물을 정의한다. • 소요기간별 투입 인원과 역할을 구분하여 배정하고 필수 산출물을 정의한다. • 프로젝트 유관부서 리더들과 프로젝트 참여 인원을 중심으로 프로젝트 평가위원회를 구성한다. • 상황에 따라 외부 자문 위원을 참여시킨다.

② 분석 작업 계획 수립을 위한 작업분할구조(Work Breakdown Structure, WBS) 작성

단계	내용
데이터 분석과제 정의	• 데이터 분석목표정의서를 기준으로 프로젝트 전체 일정에 맞춰 사전에 준비한다. • 각 단계별 필요 산출물과 보고서 작성 시기, 세부 일정 등을 정리한다.
데이터 준비 및 탐색	• 데이터 엔지니어가 데이터를 수집하고 정리하는 일정을 수립한다. • 데이터 분석가가 분석에 필요한 데이터들로부터 변수 후보를 탐색하고 최종 산출물을 도출하는 일정을 수립한다. • 데이터 분석 가설을 세우고 유의미한 검정을 수행하는 일정을 포함한다.
데이터 분석 모델링 및 검증	• 실험방법 및 절차를 구분하고 검증하는 내용과 수행일정을 상세하게 수립한다. • 데이터 분석 모델링 작업이 1회 이상 수행되므로 검증일정을 고려하여 세부 일정을 수립한다.
산출물 정리	• 데이터 분석 단계별 산출물을 정리하고, 모델링 과정에서 개발된 분석 스크립트를 최종 산출물로 정리한다. • 전체 일정에서 산출물 정리 과정을 반드시 포함시킨다.

작업분할구조
프로젝트의 범위와 최종 산출물을 세부요소로 분할한 계층적 구조도

검정(테스트)
통계적으로 집단에 대해서 특징짓는 가설을 세우고 그 가설이 맞는지 틀리는지를 판단, 즉 일정한 규칙이나 자격 조건을 기준으로 하여 조사 후 결정

검증(증명)
증명보다 약한 개념으로 틀릴 가능성이 없음을 경험적 검사 또는 실험으로 밝혀내는 것

3) 분석목표정의서

문제의 개선방향에 맞는 현실적인 분석목표를 수립하여 필요한 데이터에 대한 정보나 분석 타당성 검토 및 성과측정 방법 등을 정리한 정의서이다.

① 분석목표정의서 구성요소

- 원천 데이터 조사

구분	내용
데이터 정보	• 데이터 축적 기간, 획득 주기, 테이블 스키마, 메타 데이터를 확인한다.
데이터 수집 난이도	• 데이터 수집 및 정제 과정, 시기와 방법을 확인한다. • 데이터 수집 난이도가 높을 경우 데이터 활용을 재고한다.

- 분석 방안 및 적용 가능성 판단
  - 개선 목표와 현시점의 분석 목표 간 차이를 고려하여 분석 목표를 조정하거나 상황에 따라 우선순위를 조정한다.
  - 분석 목표에 부합한 데이터 분석 기법이 있더라도 현재 적합한 분석 환경이 구축되지 않았다면 분석 목표를 조정한다.

- 성과평가 기준

구분	내용
정성적 평가	• 분석 기법이나 기술의 활용 가능성을 평가한다. • 신규 데이터나 외부 데이터의 활용 가능성을 평가한다. • 세분화나 군집화를 통해 집단을 선정한다. • 이 외 관련 시스템별로 정성적 요소를 평가한다.
정량적 평가	• 기존 방법 대비 효과의 증감 비율을 평가한다. • 유효한 가설의 수나 목표 대비 증감 비율을 평가한다. • 데이터 모형의 정확도를 측정하여 평가한다. • 기타 분석 특성에 따른 자체 KPI에 의한 성과를 측정한다.

② 분석목표정의서 작성 방법

- 분석 목적을 설정하고 이를 달성하기 위한 세부 목표를 수립한다.
- 필요한 데이터를 정의하고, 분석 방법과 데이터 수집 및 분석 난이도, 수행 주기, 분석 결과에 대한 검증 기준을 설계한다.
- 도메인 이슈 도출을 통한 개선 방향을 토대로 목표 수준을 정리한다.

> **개념 체크**
>
> 다음 중 일반적인 분석 절차에 대한 설명으로 틀린 것은?
> ① 연구조사 단계에서는 문제 해결을 위한 각종 문헌을 조사하고 내용을 바탕으로 문제에 대한 해결방안을 정의한다.
> ② 모형화 단계에서는 수집된 데이터로부터 변수들간의 관계를 분석한다.
> ③ 문제 인식 단계에서 분석 주제는 가설 형태 또는 결과 해석을 중심으로 할 수 있다.
> ④ 분석 결과 제시 단계에서는 변수들 간 인과관계나 상관관계를 포함한 분석 결과를 제시하고 공유한다.
>
> 정답 ②
>
> 모형화 단계는 복잡한 문제를 논리적이면서도 단순화하는 과정으로, 문제를 변수들 간의 관계로 정의한다. 수집된 데이터로부터 변수들간의 관계를 분석하는 것은 데이터 분석 단계이다.

04 분석 프로젝트 관리

1) 분석 프로젝트

분석 프로젝트는 과제 형태로 도출된 분석 기회를 프로젝트화하여 그 가치를 증명하기 위한 수단이다.

> 분석 프로젝트는 도출된 결과의 재해석을 통한 지속적인 반복과 정교화가 수행되는 경우가 대부분이다.

① 분석 프로젝트의 특징

- 데이터 영역과 비즈니스 영역에 대한 이해와 더불어 지속적인 반복이 요구되는 분석 프로세스의 특성을 이해하여 프로젝트 관리방안을 수립해야 한다.
- 지속적인 개선 및 변경을 염두에 두고 프로젝트 기한 내에 가능한 최선의 결과를 도출할 수 있도록 프로젝트 구성원들과 협업이 필요하다.

② 분석 프로젝트의 추가적 속성

> 데이터를 다루면서 분석 모형을 생성하는 프로젝트 특성상 표의 추가적인 중점 관리 영역을 고려하여야 한다.

관리 영역	내용
데이터 크기 (Data Size)	• 데이터가 지속적으로 생성되어 증가하는 점을 고려한다.
데이터 복잡도 (Data Complexity)	• 정형, 비정형 데이터와 다양한 시스템에 산재되어 있는 원천 데이터들을 통합하는 진행이 필요하다. • 데이터에 잘 적용될 수 있는 분석 모형의 선정 등을 사전에 고려하여야 한다.
속도 (Speed)	• 분석 결과가 도출되어 이를 활용하는 시나리오 측면에서의 속도까지 고려하여야 한다. • 프로젝트 수행 시 분석 모형의 성능과 속도를 고려한 개발과 테스트 수행을 고려하여야 한다.
분석 모형의 복잡도 (Analytic Model Complexity)	• 분석 모형의 정확도와 복잡도는 Trade off 관계에 있다. • 분석 모형이 복잡할수록 정확도는 상승하지만 해석이 어려워지므로 이에 대한 기준을 정의하고 최적 모형을 탐색해야 한다.
정확도와 정밀도 (Accuracy & Precision)	• 분석 결과를 활용하는 측면에서는 Accuracy가 중요하다. • 분석 모형의 안정성 측면에서는 Precision이 중요하다. • Accuracy와 Precision은 Trade off인 경우가 많다.

> **Trade off**
> 두 개의 목표 가운데 하나를 달성하려고 하면 다른 달성이 늦어지거나 희생되는 관계

정확도(Accuracy)
모형과 실제값 사이의 차이인 정확도를 측정하는 지표

정밀도(Precision)
모형을 계속하여 반복했을 때 결과의 일관성을 측정하는 지표

▶ 정확도와 정밀도의 관점

구분	내용
(그림)	• 낮은 정확도, 낮은 정밀도 – 예측값들이 실제값과 멀리 떨어져 있고 예측값끼리도 멀리 떨어져 있다. – 편향(Bias)도 높고 분산(Variance)도 높다.
(그림)	• 낮은 정확도, 높은 정밀도 – 예측값들이 실제값과 멀리 떨어져 있지만 예측값끼리는 모여 있다. – 편향은 높고 분산은 낮다.
(그림)	• 높은 정확도, 낮은 정밀도 – 예측값들은 실제값에 가까이 있으나 예측값끼리는 떨어져 있다. – 편향은 낮고 분산은 높다.
(그림)	• 높은 정확도, 높은 정밀도 – 예측값들과 실제값이 거의 같으며 모여 있다. – 편향과 분산 모두 낮다.

③ 분석가의 역할
- 분석가는 데이터 영역과 비즈니스 영역의 중간에서 현황을 이해하고 분석 모형을 통한 조율을 수행하는 조정자의 역할과 분석 프로젝트 관리 역할을 수행한다.

2) 분석 프로젝트 관리

① 효율적인 데이터 분석 수행을 위한 필요성
- 과제 형태로 도출된 분석 기회는 프로젝트화를 통하여 그 가치를 증명하고 목표를 달성할 필요가 있다.
- 범위, 일정, 품질, 이슈 및 리스크, 의사소통 등 영역별로 고려해야 하는 요소가 많아 체계적 관리가 필요하다.

② 분석 프로젝트의 관리 방안
- 분석 프로젝트는 데이터 분석이 갖는 기본 특성(5V)을 살려 프로젝트 관리 지침을 만들어 기본 가이드로 활용해야 한다.
- 프로젝트 관리 영역에 대한 주요한 사항들은 체크포인트 형태로 관리되어야 한다.
- 발생할 수 있는 이슈와 위험을 숙지하고 미연에 방지하는 것이 중요하다.
- 분석 프로젝트를 성공적으로 수행하기 위해 프로젝트의 영역별 관리 포인트를 사전에 이해하고 적용하는 것이 중요하다.

프로젝트 관리 지침의 체계는 KSA ISO 21500으로 정의된 총 10개의 관리 주제 그룹으로 구성되어 있다.

3) 분석 프로젝트의 영역별 주요 관리 항목

① 범위 관리(Scope Management)
- 분석 기획 단계에서 명시한 프로젝트의 범위는 분석을 수행하면서 데이터의 형태와 양 또는 적용되는 모형의 알고리즘에 따라 빈번하게 변경되곤 하며 이것은 프로젝트를 지연시키는 중대한 사유가 된다.
- 분석의 최종 결과물이 분석 보고서 형태인지 시스템인지에 따라 투입되는 자원과 범위가 크게 달라지므로 사전에 충분히 고려되어야 한다.

② 일정 관리(Time Management)
- 분석 프로젝트는 초기에 의도했던 모형이나 결과가 쉽게 나오는 경우가 흔치 않으며, 지속적으로 반복하는 과정에서 많은 시간이 소모되곤 한다.
- 분석 결과의 품질을 보장한다는 전제하에 Time Boxing 기법으로 일정을 관리하는 것이 필요하다.

③ 원가 관리(Cost Management)
- 외부 데이터를 활용하여 데이터 분석을 수행하는 경우 데이터 구입 및 수집을 위해 많은 비용이 소모될 수 있으므로 사전에 충분한 조사가 필요하다.
- 프로젝트를 수행하는 과정에서 목표한 결과를 달성하기 위해 오픈 소스 도구를 사용하지 않고 고가의 상용 도구를 사용하게 될 경우 비용이 증가한다.

④ 품질 관리(Quality Management)
- 분석 프로젝트의 수행 결과에 대한 품질목표를 사전협의를 통해 수립하고 통제하여야 한다.
- 프로젝트 품질은 품질관리계획과 품질통제 및 품질보증으로 구성되어 있으며, 이를 잘 나누어 수행하여야 한다.

⑤ 통합 관리(Integration Management)
- 프로젝트 관리 프로세스들을 통합적으로 운영될 수 있도록 관리하여야 한다.

⑥ 조달 관리(Procurement Management)
- 상황에 따라 분석 프로젝트 목적에 적합한 범위 내에서 외부에 아웃소싱을 수행할 수 있다.
- PoC(Proof of Concept)와 같이 지속성이 보장되지 않은 프로젝트는 인프라 구매보다 클라우드와 같은 대여방식을 고려해 볼 필요가 있다.

⑦ 인적자원 관리(Human Resource Management)
- 분석 프로젝트는 인적자원과 데이터가 핵심이므로, 프로젝트 수행 전 전문인력 확보와 고용유지 방안을 검토하여야 한다.
- 전문인력의 효율적인 운영을 위해 핵심인재의 전문분야와 보유역량 및 수준 등을 관리하고, 프로젝트별 투입 시점과 피로도 등을 종합적으로 관리한다.

PoC
새로운 프로젝트의 실제 실현 가능성을 효과와 효용, 기술적 관점에서 검증하는 과정

⑧ 위험 관리(Risk Management)

- 필요한 데이터가 확보되지 않거나 품질이 보장되지 않을 경우 분석 프로젝트 진행이 어려울 수 있으며, 관련 위험을 식별하고 대응방안을 수립해야 한다.
- 데이터 및 분석 알고리즘의 한계로 품질목표를 달성하기 어려울 수 있으며, 전문인력의 이탈로 프로젝트가 중단될 수 있어 대응방안 수립이 필요하다.
- 그 밖에 분석 프로젝트 진행 과정에서 발생할 수 있는 위험을 식별하고, 위험을 분석하여 대응방안을 수립해야 한다.

⑨ 의사소통 관리(Communication Management)

- 프로젝트의 원활한 진행을 위한 다양한 의사소통 채널과 모든 이해관계자가 분석 결과를 공유할 수 있도록 시각화와 같은 방안을 마련해야 한다.

⑩ 이해관계자 관리(Stakeholder Management)

- 분석 프로젝트는 데이터 전문가, 분석 전문가, 비즈니스 전문가, 시스템 전문가 등 다양한 전문가의 참여가 필요하며, 이들을 잘 관리하여야 한다.
- 프로젝트 관리자는 분석 프로젝트에 영향을 미치는 이해관계자들을 식별하고 관리하여야 한다.

개념 체크

다음 중 분석 프로젝트 진행 시 추가적으로 고려해야 할 내용으로 틀린 것은?

① 분석 결과를 활용하는 측면에서는 Precision, 분석 모형의 안정성 측면에서는 Accuracy가 중요하다.
② 데이터 크기는 데이터가 지속적으로 생성되어 증가하는 점을 고려한다.
③ 분석 모형의 정확도와 복잡도는 Trade off 관계에 있음을 유념해야 한다.
④ 정형, 비정형 데이터와 다양한 시스템에 산재되어 있는 원천 데이터들을 통합하는 방안을 수립해야 한다.

정답 ①

Accuracy는 모형과 실제값 사이의 차이인 정확도를 측정하는 지표이며, Precision은 모형을 계속하여 반복했을 때 결과의 일관성을 측정하는 지표이다. 분석 결과를 활용하는 측면에서는 Accuracy가 중요하고, 분석 모형의 안정성 측면에서는 Precision이 중요하다.

합격을 다지는 예상문제

01 신뢰성 높은 데이터 분석 모형 개발을 위한 3가지 데이터셋이 아닌 것은?

① Training Dataset
② Verification Dataset
③ Validation Dataset
④ Test Dataset

02 외부 데이터를 수집하고자 할 때 고려해야 할 내용으로 적합하지 않은 것은?

① 데이터를 획득하는 데 필요한 비용을 고려하여야 한다.
② 데이터를 제공받기 위한 계약서를 잘 작성하여 모든 법률적 위험요소를 완전히 해소한다.
③ 데이터를 수집하여 저장할 방법을 살펴보아야 한다.
④ 내부 데이터와의 결합 가능여부 등을 검토하여야 한다.

03 데이터 확보 계획 수립 시 분석 변수 점검항목으로 적절하지 않은 것은?

① 데이터 다양성 ② 데이터 가용성
③ 데이터 적정성 ④ 기술적 타당성

04 생성 분석 변수의 전처리 방법으로 적합하지 않은 것은?

① 데이터 정제 ② 데이터 통합
③ 데이터 변환 ④ 데이터 삭제

05 빅데이터의 주요 품질 지표가 아닌 것은?

① 편의성 ② 정확성
③ 완전성 ④ 적시성

06 일반적인 데이터 분석 절차를 순서대로 나열한 것은?

① 연구조사 → 문제 인식 → 데이터 수집 → 모형화 → 데이터 분석 → 분석 결과 제시
② 문제 인식 → 연구조사 → 모형화 → 데이터 수집 → 데이터 분석 → 분석 결과 제시
③ 데이터 수집 → 연구조사 → 문제 인식 → 모형화 → 데이터 분석 → 분석 결과 제시
④ 연구조사 → 데이터 수집 → 문제 인식 → 모형화 → 데이터 분석 → 분석 결과 제시

07 분석작업계획 수립 절차로 적절하지 않은 것은?

① 프로젝트 소요비용 배분
② 프로젝트 작업분할구조 수립
③ 프로젝트 정의서 작성
④ 프로젝트 업무 분장 계획 및 배분

08 다음 중 데이터 분석 과제 수행을 위한 필요역량으로 적합하지 않은 것은?

① 데이터 거버넌스 체계 수립 역량
② 도메인 이슈 도출 역량
③ 분석 목표 수립 역량
④ 프로젝트 계획 수립 역량

09 분석목표정의서의 구성요소로 적절하지 않은 것은?

① 데이터 분석과제 정의
② 원천 데이터 조사
③ 분석 방안 및 적용 가능성 판단
④ 성과평가 기준

10 분석 프로젝트가 갖는 속성으로 적절하지 않은 것은?

① 데이터 크기
② 데이터 분석가의 역량
③ 데이터와 분석 모형의 복잡도
④ 정확도와 정밀도

11 내부 데이터를 수집하고자 할 때 고려해야 할 내용으로 적합하지 않은 것은?

① 필요 데이터에 대한 데이터 목록(변수 명칭, 설명, 형태, 기간, 용량, 권한 등)을 작성한다.
② 필요 데이터에 대한 관련 법률적인 요소들을 확인한다.
③ 필요 데이터가 내부적 사용 목적일 경우 보안적인 요소들로부터 자유롭다.
④ 필요 데이터가 개인정보일 경우 비식별 조치방안을 고려한다.

12 분석 변수 생성 프로세스 정의에 대한 설명으로 적절하지 않은 것은?

① 객관적 사실 기반의 문제 접근이 필요하다.
② 데이터의 상관관계 분석이 필요하다.
③ 프로토타입을 통한 분석 변수 접근이 필요하다.
④ 분석 변수 유형과 형성 알고리즘을 이용한 분석 유형 도출이 필요하다.

13 생성된 분석 변수의 정제를 위한 점검항목 중 데이터 적합성과 관련된 항목이 아닌 것은?

① 데이터 중복
② 변수 간 결합 가능 여부
③ 분석 변수별 범위
④ 분석 변수별 연관성

14 생성된 분석 변수의 정제를 위한 점검항목 중 데이터 수집과 관련된 항목이 아닌 것은?

① 데이터 적정성
② 편익/비용 검증
③ 데이터 가용성
④ 대체 분석 데이터 유무

15 생성 변수의 검증 방안 수립 과정에서 데이터 검증 체계 수립과 관련된 내용으로 적합하지 않은 것은?

① 수집한 데이터의 출처가 명확한지 검증한다.
② 데이터 관리 대상 선별을 검증한다.
③ 데이터의 타당성이 확보되었는지 검증한다.
④ 주요 품질 지표를 분석 및 검증한다.

16 분석목표정의서 성과평가 기준 중 정성적 평가와 관련된 내용으로 적합하지 않은 것은?

① 분석 기법이나 기술의 활용 가능성을 평가한다.
② 신규 데이터나 외부 데이터의 활용 가능성을 평가한다.
③ 세분화나 군집화를 통해 집단을 선정한다.
④ 분석 특성에 따른 자체 KPI에 의한 성과를 측정한다.

17 분석목표정의서 성과평가 기준 중 정량적 평가와 관련된 내용으로 적합하지 <u>않은</u> 것은?

① 세분화나 군집화를 통해 집단을 선정한다.
② 기존 방법 대비 효과의 증감 비율을 평가한다.
③ 유효한 가설의 수나 목표 대비 증감 비율을 평가한다.
④ 데이터 모형의 정확도를 측정하여 평가한다.

18 정확도(Accuracy)와 정밀도(Precision)의 설명으로 적절하지 <u>않은</u> 것은?

① 정확도는 모형과 실제값 사이의 차이를 측정하는 지표이다.
② 편향(bias)도 높고 분산(variance)도 높은 모델이 정확도와 정밀도가 높다.
③ 정밀도는 모형을 계속하여 반복했을 때 결과의 일관성을 측정하는 지표이다.
④ 정확도와 정밀도는 Trade off인 경우가 많다.

19 정확도는 낮지만 정밀도가 높은 모델의 특징을 바르게 설명한 것은?

① 예측값들이 실제값과 멀리 떨어져 있고 예측값끼리도 멀리 떨어져 있다.
② 예측값들은 실제값에 가까이 있으나 예측값끼리는 떨어져 있다.
③ 예측값들이 실제값과 멀리 떨어져 있지만 예측값끼리는 모여있다.
④ 예측값들과 실제값이 거의 같으며 모여있다.

20 분석 프로젝트의 영역별 관리 항목 중 조달 관리와 관련된 내용으로 적합한 것은?

① 프로젝트 관리 프로세스들을 통합적으로 운영될 수 있도록 관리하여야 한다.
② 분석 프로젝트에 영향을 미치는 이해관계자와 참여하는 데이터, 분석, 비즈니스, 시스템 등의 전문가들을 잘 관리하여야 한다.
③ 분석의 최종 결과물이 분석 보고서 형태인지 시스템인지에 따라 투입되는 자원과 범위가 크게 달라지므로 사전에 충분히 고려되어야 한다.
④ 상황에 따라 분석 프로젝트 목적에 적합한 범위 내에서 외부에 아웃소싱을 수행할 수 있다.

21 분석 작업 계획 수립을 위한 작업분할구조도 작성절차로 적합한 것은?

① 데이터 분석과제 정의 → 데이터 준비와 탐색 → 산출물 정리 → 데이터 분석 모델링 및 검증
② 데이터 준비와 탐색 → 데이터 분석과제 정의 → 산출물 정리 → 데이터 분석 모델링 및 검증
③ 데이터 준비와 탐색 → 데이터 분석과제 정의 → 데이터 분석 모델링 및 검증 → 산출물 정리
④ 데이터 분석과제 정의 → 데이터 준비와 탐색 → 데이터 분석 모델링 및 검증 → 산출물 정리

합격을 다지는 예상문제 정답 & 해설

SECTION 02

01 ②	02 ②	03 ①	04 ④	05 ①
06 ②	07 ③	08 ①	09 ①	10 ②
11 ③	12 ④	13 ②	14 ④	15 ③
16 ④	17 ①	18 ②	19 ③	20 ④
21 ④

01 ②
신뢰성 높은 데이터 분석 모형 개발과 정확한 데이터 분석을 위해 편향되지 않고 충분한 양의 Training Dataset, Validation Dataset, Test Dataset이 필요하다.

02 ②
데이터를 제공받기 위한 계약서는 공급자와 요청자 사이의 거래 조건 등을 정리한 것이며, 계약서 작성만으로 법률적 위험요소들이 해소되었다고 볼 수는 없다. 또한 개인정보를 포함한 데이터가 있다면 개인정보 관련 법규를 검토하여 비식별화 조치 등을 취하여야 한다.

03 ①
데이터 확보 계획 수립 시 데이터 수집을 위해 데이터 적정성과 가용성, 대체 분석 데이터 유무에 대한 확인이 필요하며, 타당성 검증을 위해 편익/비용 검증과 기술적 타당성을 점검한다.

04 ④
생성 분석 변수의 전처리 방법으로 데이터 정제, 데이터 통합, 데이터 축소, 데이터 변환이 있다.

05 ①
빅데이터의 주요 품질 지표로는 정확성, 완전성, 적시성, 일관성이 있다.

06 ②
데이터 분석 절차는 문제 인식, 연구조사, 모형화, 데이터 수집, 데이터 분석, 분석 결과 제시 순으로 수행된다.

07 ③
분석작업계획 수립 절차로는 프로젝트 소요비용 배분, 프로젝트 작업분할구조 수립, 프로젝트 업무 분장 계획 및 배분이 있다.

08 ①
NCS 데이터 분석 요구역량으로 도메인 이슈 도출, 분석 목표 수립, 프로젝트 계획 수립, 보유 데이터 자산 확인 능력을 정의하고 있다.

09 ①
분석목표정의서의 구성요소는 원천 데이터 조사, 분석 방안 및 적용 가능성 판단, 성과평가 기준으로 이루어져 있다.

10 ②
분석 프로젝트가 갖는 속성으로는 데이터 크기, 데이터 복잡도, 속도, 분석 모형의 복잡도, 정확도와 정밀도가 있다.

11 ③
필요 데이터에 대한 관련 법률이나 보안적인 요소들을 확인하고, 개인정보일 경우 비식별 조치방안을 고려해야 한다.

12 ④
분석에 필요한 변수를 정의하는 과정에서 분석 변수 유형과 형성 알고리즘을 이용한 분석 유형 도출이 필요하다.

13 ②
데이터 적합성 관련 점검항목들은 데이터 중복, 분석 변수별 범위, 분석 변수별 연관성, 데이터 내구성이 있으며, 변수 간 결합 가능 여부는 특징 변수 관련 항목이다.

14 ④
데이터 수집 관련 점검항목들은 데이터 적정성, 데이터 가용성, 대체 분석 데이터 유무가 있으며, 편익/비용 검증은 타당성 관련 항목이다.

15 ③
데이터의 타당성이 아닌 다양성이 확보되었는지, 데이터셋이 충분한지 검증한다.

16 ④
분석 특성에 따른 자체 KPI에 의한 성과를 측정하는 것은 정량적 평가이다.

17 ①
세분화나 군집화를 통해 집단을 선정하는 것은 정성적 평가이다.

18 ②
정확도와 정밀도가 높은 모델은 편향과 분산 모두 낮다.

19 ③
예측값들이 실제값과 멀리 떨어져 있지만 예측값끼리는 모여있으며, 편향은 높고 분산은 낮다.

20 ④
조달 관리에서는 상황에 따라 분석 프로젝트 목적에 적합한 범위 내에서 외부에 아웃소싱을 수행할 수 있으며, PoC와 같이 지속성이 보장되지 않은 프로젝트는 인프라 구매보다 클라우드와 같은 대여방식을 고려해 볼 필요가 있다.

21 ④
작업분할구조도 작성절차는 데이터 분석과제 정의, 데이터 준비와 탐색, 데이터 분석 모델링 및 검증, 산출물 정리 순으로 작성한다.

CHAPTER

03

데이터 수집 및 저장 계획

학습 방향

유형에 따른 데이터 수집방법과 여러 기술들을 학습합니다. 수집된 데이터의 비식별화를 위한 가명처리, 총계처리, 삭제, 범주화, 마스킹 방법은 시험에 자주 나오므로 철저히 공부해야 합니다. 하둡을 비롯한 분산 파일 저장구조의 동작원리를 이해하고, NoSQL을 이용한 다양한 유형의 데이터 저장방법을 비교할 수 있어야 합니다.

출제 빈도

SECTION 01 하 90%
SECTION 02 하 10%

SECTION 01 데이터 수집 및 전환

빈출 태그 데이터 수집 • SQOOP • 데이터 변환 • 가명처리 • 비식별화 • 비정형 데이터 품질

01 데이터 수집

데이터 처리 시스템에 들어갈 데이터를 모으는 과정으로 여러 장소에 있는 데이터를 한 곳으로 모으는 것이다.

1) 데이터 수집 수행 자료

- 용어집
- 서비스 흐름도
- 업무 매뉴얼
- 데이터 명세서
- 데이터 수집 계획서
- 원천 데이터 담당자 정보
- 원천 데이터 소유 기관 정보
- 데이터 수집 기술 매뉴얼
- 인프라 구성도
- 소프트웨어 아키텍처 개념도
- 수집 솔루션 매뉴얼
- 하둡 오퍼레이션 매뉴얼
- 비즈니스 및 원천 데이터 파악을 위한 비즈니스 모델

> **하둡(Hadoop)**
> 다수의 컴퓨터를 마치 하나인 것처럼 묶어 대용량 데이터를 처리하는 오픈소스 프레임워크

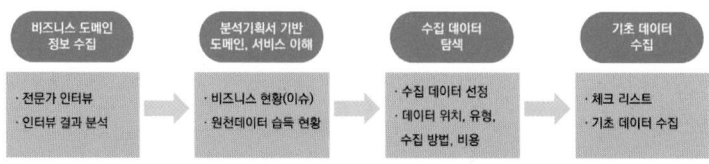

▲ 기초 데이터 수집 수행 절차

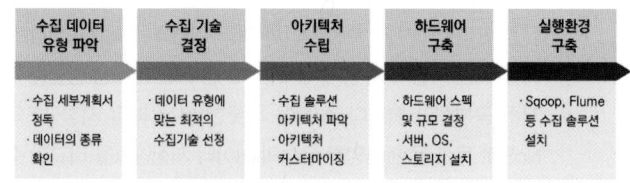

▲ 데이터 수집 시스템 구축 절차

2) 비즈니스 도메인과 원천 데이터 정보 수집

① 비즈니스 도메인 정보

- 비즈니스 모델, 비즈니스 용어집, 비즈니스 프로세스로부터 관련 정보를 습득한다.
- 도메인 전문가 인터뷰를 통해 데이터의 종류, 유형, 특징 정보를 습득한다.

> **비즈니스 프로세스**
> 비즈니스 전개에 필요한 모든 순차적이거나 병렬적인 활동들의 집합

구분	내용
비즈니스 모델	비즈니스 모델은 비즈니스 전개를 위해 필요한 구성요소 간의 상호 관계를 모델화시켜 놓은 것이다.
비즈니스 용어집	특정 비즈니스 영역에서 사용되는 신뢰할 수 있는 용어 및 관계 사전이다.
비즈니스 프로세스	다양한 시스템과 비즈니스에 넓게 분산되어 있고 변형되어 있는 복잡하고, 동적인 실체로서 고객에게 가치를 전달하는데 필요한 모든 순차적이거나 병렬적인 활동들의 집합이다.
도메인 전문가 인터뷰	인터뷰를 통해 도메인에 사용되는 전문용어 및 다른 의미로 통용되는 일상용어를 익히고, 해당 분야에서 다루어지는 데이터의 종류, 유형, 특징 정보를 습득한다.

② 원천 데이터 정보

데이터 분석에 필요한 대상 원천 데이터의 수집 가능성, 데이터의 보안, 정확성을 탐색하고, 데이터 수집의 난이도, 수집 비용 등 기초 자료를 수집할 수 있다.

구분	내용
데이터의 수집 가능성	원천 데이터 수집의 용이성과 데이터 발생 빈도를 탐색하고, 데이터 활용에 있어서 전처리 및 후처리 비용을 대략 산정할 수 있다.
데이터의 보안	수집 대상 데이터의 개인정보 포함 여부, 지적 재산권 존재 여부를 판단하여 데이터 분석 시 발생할 수 있는 문제를 예방한다.
데이터 정확성	데이터 분석 목적에 맞는 적절한 데이터 항목이 존재하고, 적절한 데이터 품질이 확보될 수 있는지 탐색해야 한다.
수집 난이도	원천 데이터의 존재 위치, 데이터의 유형, 데이터 수집 용량, 구축비용, 정제 과정의 복잡성을 고려하여 데이터를 탐색한다.
수집 비용	데이터를 수집하기 위해 발생할 수 있는 데이터 획득 비용을 산정할 수 있다.

3) 내·외부 데이터 수집

① 데이터의 종류

- 내부 데이터는 조직 내부의 서비스 시스템, 네트워크 및 서버 장비, 마케팅 관련 시스템 등으로부터 생성되는 데이터를 말한다.
- 외부 데이터는 다양한 소셜 데이터, 특정 기관 데이터, M2M 데이터, LOD 등으로 나눌 수 있다.

위치	원천 시스템	종류
내부 데이터	서비스 시스템	ERP, CRM, KMS, 포탈, 원장정보시스템, 인증/과금 시스템, 거래시스템 등
	네트워크 및 서버 장비	백본, 방화벽, 스위치, IPS, IDS 서버 장비 로그 등
	마케팅 데이터	VOC 접수 데이터, 고객 포털 시스템 등
외부 데이터	소셜 데이터	제품 리뷰 커뮤니티, 게시판, 페이스북
	특정 기관 데이터	정책 데이터, 토론 사이트
	M2M 데이터	센서 데이터, 장비 발생 로그
	LOD	경제, 의료, 지역 정보, 공공 정책, 과학, 교육, 기술, 산업, 역사, 환경, 과학, 통계 등 공공 데이터

M2M(Machine to Machine)
사물 간 통신

LOD(Linked Open Data)
웹에서 누구나 사용할 수 있도록 무료로 공개되는 연계 데이터

ERP(Enterprise Resource Planning)
전사적자원관리

CRM(Customer Relationship-Management)
전사적고객관리

KMS (Knowledge Management System)
지식관리시스템

② 데이터의 수집 주기
- 내부 데이터는 조직 내부에서 습득할 수 있는 데이터로 실시간으로 수집하여 분석할 수 있도록 한다.
- 외부 데이터는 일괄 수집으로 끝날지, 일정 주기로 데이터를 수집할지를 결정하여 수집 데이터 관리 정책을 정해야 한다.

③ 데이터의 수집 방법
- 내부 데이터는 분석에 적합한 정형화된 형식으로 수집되기 때문에 가공에 많은 노력을 기울이지 않아도 된다.
- 외부 데이터는 분석 목표에 맞는 데이터를 탐색, 수집하고, 분석 목표에 맞게 수집 데이터를 변환하는 노력이 필요하다.

구분	내부 데이터	외부 데이터
업무 협의	조직 내부의 협의에 따른 데이터 수집	외부 조직의 데이터 필요시 상호 협약에 의한 수집
수집 경로	인터페이스 생성	인터넷을 통한 연결
수집 대상	파일 시스템, DBMS, 센서 등	협약에 의한 DBMS 데이터, 웹 페이지, 소셜 데이터, 문서 등

> 2014년 이후에는 데이터 거래소를 통한 데이터 유통이 활성화되고 있어 이를 통해서도 필요데이터를 습득할 수 있다.

4) 데이터 수집 기술

① 데이터 유형별 데이터 수집 기술

수집 시스템 사양 설계를 위해 수집 데이터 유형을 파악하여 그에 맞는 수집 기술을 선정할 수 있다.

> **기적의 TIP**
> 데이터 유형에 따라 적용할 수 있는 수집 기술을 알아두자.

데이터 유형	데이터 수집 방식/기술	설명
정형 데이터	ETL(Extract Transform Load)	수집 대상 데이터를 추출 및 가공하여 데이터 웨어하우스에 저장하는 기술이다.
	FTP(File Transfer Protocol)	TCP/IP나 UDP 프로토콜을 통해 원격지 시스템으로부터 파일을 송수신하는 기술이다.
	API(Application Programming Interface)	솔루션 제조사 및 3rd party 소프트웨어로 제공되는 도구로, 시스템 간 연동을 통해 실시간으로 데이터를 수신할 수 있도록 기능을 제공하는 인터페이스이다.
	DBToDB	데이터베이스 관리시스템(DBMS) 간 데이터를 동기화 또는 전송하는 방법이다.
	스쿱(Sqoop)	관계형 데이터베이스(RDBMS)와 하둡(hadoop) 간 데이터를 전송하는 방법이다.

비정형 데이터	크롤링(Crawling)	인터넷상에서 제공되는 다양한 웹 사이트로부터 소셜 네트워크 정보, 뉴스, 게시판 등으로부터 웹 문서 및 정보를 수집하는 기술이다.
	RSS(Rich Site Summary)	블로그, 뉴스, 쇼핑몰 등의 웹 사이트에 게시된 새로운 글을 공유하기 위해 XML 기반으로 정보를 배포하는 프로토콜이다.
	Open API	응용 프로그램을 통해 실시간으로 데이터를 수신할 수 있도록 공개된 API다.
	척와(Chukwa)	분산 시스템으로부터 데이터를 수집, 하둡 파일 시스템에 저장 실시간으로 분석할 수 있는 기능을 제공한다.
	카프카(Kafka)	대용량 실시간 로그처리를 위한 분산 스트리밍 플랫폼 기술이다.
반정형 데이터	플럼(Flume)	분산 환경에서 대량의 로그 데이터를 수집 전송하고 분석하는 기능을 제공한다.
	스크라이브(Scribe)	다수의 수집 대상 서버로부터 실시간으로 데이터를 수집, 분산 시스템에 데이터를 저장하는 기능을 제공한다.
	센싱(Sencing)	센서로부터 수집 및 생성된 데이터를 네트워크를 통해 활용하여 수집하는 기능을 제공한다.
	스트리밍(Streaming) – TCP, UDP, Bluetooth, RFID	네트워크를 통해 센서 데이터 및 오디오, 비디오 등의 미디어 데이터를 실시간으로 수집하는 기술이다.

> 비정형 데이터 수집 기술은 반정형 데이터에도 적용이 가능하다.

> **카프카(Kafka), 스크라이브(Scribe)**
> 대용량 실시간 로그 처리를 위한 분산 스트리밍 플랫폼

② ETL(Extract Transform Load)

- 하나 이상의 데이터 소스로부터 데이터 웨어하우스, 데이터 마트, 데이터 통합, 데이터 이동(Migration) 등 다양한 응용시스템을 위한 데이터 구축에 필요한 핵심 기술이다.
- ETL은 추출(Extract), 변환(Transform), 적재(Load)의 3단계 프로세스로 구성된다.

> **마이그레이션(migration)**
> 하나의 운영환경으로부터 더 나은 운영환경(또는 그 반대방향)으로 옮기는 과정

프로세스	설명
데이터 추출(Extract)	하나 또는 그 이상의 데이터 원천으로부터 데이터를 획득한다.
데이터 변환(Transform)	목표로 하는 형식이나 구조로 데이터를 변환한다. 데이터 정제, 변환, 표준화, 통합 등을 진행한다.
데이터 적재(Load)	변환이 완료된 데이터를 특정 목표 시스템에 저장한다.

▲ ETL 프로세스

③ FTP(File Transfer Protocol)
- FTP는 대량의 파일(데이터)을 네트워크를 통해 주고받을 때 사용되는 파일 전송 서비스이다.
- 인터넷을 통한 파일 송수신 만을 위해 만들어진 프로토콜이기 때문에 동작 방식이 단순하고 직관적이며, 파일을 빠른 속도로 한꺼번에 주고받을 수 있다.
- FTP 특징
  - 인터넷 프로토콜인 TCP/IP 위에서 동작한다.
  - 서버와 클라이언트를 먼저 연결하고 이후에 데이터 파일을 전송한다.
  - FTP 서비스를 제공하는 서버와 접속하는 클라이언트 사이에 두 개의 연결을 생성한다. (데이터 제어 연결과 데이터 전송 연결)
  - 사용자 계정 및 암호 등의 정보나 파일 전송 명령 및 결과 등은 데이터 제어 연결에서, 이후 실제 파일 송수신 작업(올리기, 내려받기)은 데이터 전송 연결에서 처리된다.

TCP/IP
서로 다른 시스템을 가진 컴퓨터들을 연결하고, 데이터를 전송하는 데 사용하는 통신 프로토콜들의 집합

FTP는 데이터 제어 연결(Control Connection)을 위해서 21번 포트, 데이터 전송 연결(Data Connection)을 위해서 20번 포트를 사용한다.

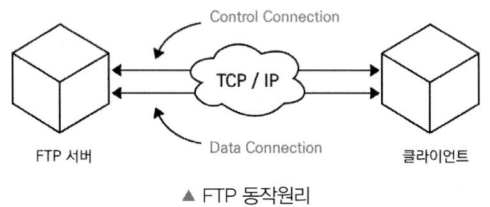

▲ FTP 동작원리

④ 정형 데이터 수집을 위한 아파치 스쿱(Sqoop) 기술
- 관계형 데이터 스토어 간에 대량 데이터를 효과적으로 전송하기 위해 구현된 도구이다.
- 커넥터를 사용하여 MySQL, Oracle, MS SQL 등 관계형 데이터베이스의 데이터를 하둡 파일시스템(HDFS, Hive, Hbase)으로 수집한다.
- 관계형 데이터베이스에서 가져온 데이터들을 하둡 맵리듀스(Mapreduce)로 변환하고, 변환된 데이터들을 다시 관계형 데이터베이스로 내보낼 수 있다.
- 데이터 가져오기/내보내기 과정을 맵리듀스를 통해 처리하기 때문에 병렬처리가 가능하고 장애에도 강한 특징을 갖는다.
- 아파치 스쿱 특징
  - 스쿱은 모든 적재 과정을 자동화하고 병렬처리 방식으로 작업한다.

Sqoop(SQL + HADOOP)
- MySQL, Oracle 환경의 데이터를 Hbase, Hive 또는 HDFS로 import 가능
- Sqoop의 명령어는 인터프리터에 의해 한 번에 하나씩 실행

HDFS(Hadoop Distributed File System)
하둡 분산 파일 시스템

Hive
하둡에서 동작하는 데이터 웨어하우스 인프라 구조로서 데이터 요약, 질의 및 분석 기능을 제공

HBase
하둡 플랫폼을 위한 공개 비관계형 분산 데이터베이스

인터프리터(Interpreter)
고급언어로 작성된 코드를 한 단계씩 해석하여 실행시키는 방법

특징	설명
Bulk import 지원	전체 데이터베이스 또는 테이블을 HDFS로 전송 가능하다.
데이터 전송 병렬화	시스템 사용률과 성능을 고려한 병렬 데이터를 전송한다.
Direct input 제공	RDB에 매핑하여 Hbase와 Hive에 직접적 import를 제공한다.
프로그래밍 방식의 데이터 인터랙션	자바 클래스 생성을 통한 데이터 상호작용을 지원한다.

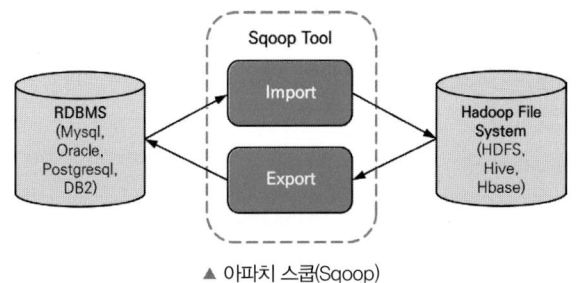

▲ 아파치 스쿱(Sqoop)

⑤ 로그/센서 데이터 수집을 위한 아파치 플럼(Flume) 기술

- 아파치 플럼(Flume)은 대용량의 로그 데이터를 효과적으로 수집, 집계, 이동시키는 신뢰성 있는 분산 서비스를 제공하는 솔루션이다.
- 스트리밍(Streaming) 데이터 흐름에 기반을 둔 간단하고 유연한 구조를 가진다.
- 플럼에서 하나의 에이전트는 소스, 채널, 싱크로 구성된다. 소스는 웹서버, 로그데이터서버 등 원시데이터소스와 연결되며, 소스로부터 들어오는 데이터는 큐의 구조를 갖는 채널로 들어간 후, 싱크를 통해 목표 시스템으로 전달된다.
- 아파치 플럼 특징
  - 플럼은 로그 데이터 수집과 네트워크 트래픽 데이터, 소셜 미디어 데이터, 이메일 메시지 등 대량의 이벤트 데이터 전송을 위해 사용된다.

> **플럼(Flume)**
> 분산 환경에서 대량의 로그 데이터를 효과적으로 수집, 전송할 수 있는 서비스

특징	설명
신뢰성(reliability)	장애 시 로그 데이터의 유실 없이 전송을 보장한다.
확장성(scalability)	수평 확장이 가능하여 분산 수집 가능한 구조이다.
효율성(efficiency)	커스터마이징 가능하면서 고성능을 제공한다.

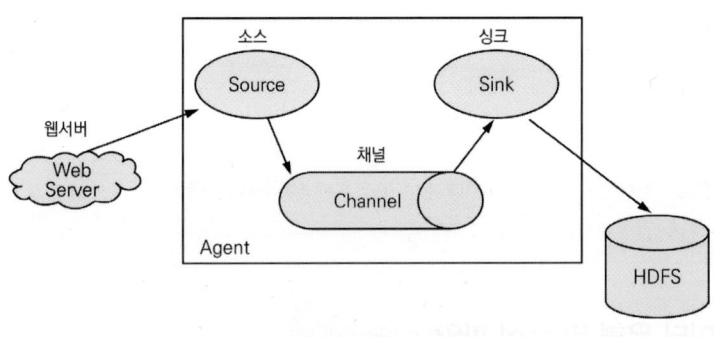

▲ 아파치 플럼(Flume)

⑥ 웹 및 소셜 데이터 수집을 위한 스크래피(Scrapy) 기술

- 웹사이트를 크롤링하고 구조화된 데이터를 수집하는 도구이다.
- API를 이용하여 다양한 형식의 데이터를 추출할 수 있어, 범용 웹크롤러로 사용될 수 있다.

> **Scrapy**
> - 파이썬으로 작성된 오픈소스 웹 크롤링 프레임워크
> - 데이터 마이닝, 정보 처리, 이력 기록 같은 다양한 애플리케이션에 유용하게 사용

- 스크래피 특징
- 파이썬 기반의 프레임워크로 스크랩 과정이 단순하며 한 번에 여러 페이지를 불러오기 수월하다.

특징	설명
파이썬 기반	파이썬 코드에 친숙하다면 쉬운 설정이 가능하다.
단순한 스크랩 과정	크롤링 후, 바로 데이터 처리가 가능하다.
다양한 부가 요소	scrapyd, scrapinghub 등 부가요소, 쉬운 수집, 로깅을 지원한다.

개념 체크

1 다음 데이터 수집 기술에 대한 설명으로 옳은 것은?
① ETL은 소스데이터의 형식과 내용을 그대로 유지하여 목표시스템으로 데이터를 이동시킨다.
② 아파치 스쿱(Sqoop)은 스트리밍 데이터 처리에 적합하며, 로그나 네트워크 데이터를 수집하는데 사용된다.
③ 아파치 플럼(Flume)은 관계형 데이터베이스의 데이터를 HBASE, HIVE, HDFS로 가져오는데 사용된다.
④ 스크래피(Scrapy)는 파이썬 기반의 프레임워크로 주로 웹사이트를 크롤링하는데 사용된다.

정답 ④

ETL은 하나 이상의 소스데이터를 정제, 표준화, 통합 등의 과정을 거쳐 데이터를 변환한 후 목표 시스템에 저장한다. 플럼은 로그나 스트리밍 데이터 처리에 사용되고, 스쿱은 관계형 데이터베이스 등 정형 데이터 처리를 위해 사용된다.

2 관계형 데이터베이스로부터 데이터를 추출하는데 사용되는 기술이 아닌 것은?
① ETL
② 스쿱(Sqoop)
③ API
④ 크롤링

정답 ④

크롤링 또는 스크래핑(Scraping)은 웹페이지를 그대로 가져온 후 데이터를 추출하는 것을 말한다.

02 데이터 유형 및 속성 파악

1) 데이터 수집 세부 계획 작성
- 데이터 수집 세부 계획 수립은 데이터 선정 이후, 데이터의 유형, 위치, 데이터의 저장방식, 데이터 수집 기술, 데이터의 보안 사항 등을 구체적으로 작성하는 활동이다.
- 데이터 유형, 위치, 크기, 보관방식, 수집주기, 확보비용, 데이터 이관 절차를 조사하여 세부 계획서를 작성한다.

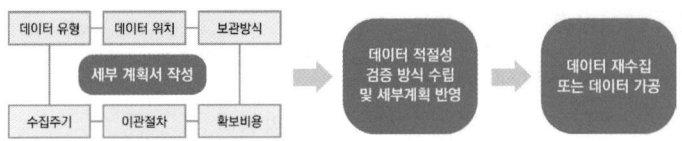

▲ 세부 계획 작성 절차

2) 데이터 유형과 위치 및 비용

① 데이터 유형

- 크게 정형 데이터, 반정형 데이터, 비정형 데이터로 나눈다.

유형	특징	종류
정형 데이터	정형화된 스키마를 가진 데이터이다.	RDB, File
반정형 데이터	메타 구조를 가지는 데이터이다.	HTML, XML, JSON, RSS, 웹로그, 센서 데이터
비정형 데이터	이미지나 동영상으로 존재하는 데이터이다.	동영상, 이미지, 텍스트

RDB(Relational DataBase)
데이터를 테이블 형태로 표현하는 관계형 데이터베이스

② 데이터 위치

- 수집 데이터의 원천에 따라 내부 데이터와 외부 데이터로 구분할 수 있다.

위치	특징	분석 가치
내부 데이터	• 내부 조직간 협의를 통해 데이터 수집한다. • 대부분 정형 데이터로 존재한다. • 데이터 담당자와 협의가 원활하다. • 비용 및 데이터 수집 난이도가 낮다. • 서비스의 수명 주기 관리가 용이하다.	보통
외부 데이터	• 외부 조직과 협약, 데이터 구매, 웹 상의 오픈 데이터를 통해 수집한다. • 대부분 반정형, 비정형 데이터로 존재한다. • 외부 데이터 담당자와 의사소통이 어렵다. • 대부분 추가적인 데이터 가공 작업이 필요하다. • 비용 및 데이터 수집 난이도가 높다. • 외부 환경에 대한 통제 어려움에 따른 서비스 관리정책 수립이 필요하다.	높음

③ 데이터 확보 비용 산정

- 데이터 확보 비용 산정 시 데이터의 크기, 수집 주기, 수집 기술, 수집 방식, 대상 데이터의 가치를 고려한다.

비용 요소	설명
데이터의 종류	RDB, 파일, HTML
데이터의 크기 및 보관 주기	데이터 수집, 저장 크기, 수집 데이터의 저장 주기
데이터의 수집 주기	실시간, 매시, 매일, 매주, 매달
데이터의 수집 방식	자동 수집, 수동 수집
데이터의 수집 기술	ETL, FTP, 크롤러, DBtoDB
데이터의 가치성	분석 수행을 위한 목적성 있는 대상 데이터

3) 수집되는 데이터 형태

① HTML(Hypertext Markup Language)

- 웹 페이지를 만들 때 사용되는 문서 형식을 말한다.
- 텍스트, 태그, 스크립트로 구성된다.

구분	내용
텍스트	실제 표현하고자 하는 내용으로 웹 문서의 본문이다.
태그	텍스트에 속성, 기능을 부여하기 위해 문서 중간에 붙여주는 꼬리표이다.
스크립트	동적인 웹 문서 작성을 지원하는 명령어들의 집합이다.

> **스크립트**
> 동적인 웹 문서 작성을 지원하는 명령어들의 집합

② XML(eXtensible Markup Language)

- 데이터를 표현하기 위해서 태그(tag)를 사용하는 언어이다.
- 엘리먼트, 속성, 처리명령, 엔티티, 주석, CDATA 섹션으로 구성된다.

구분	내용
엘리먼트	〈head〉…〈/head〉, 〈a〉…〈/a〉 같이 쌍으로 존재하는 태그이다.
속성	〈img src='abc.gif'〉 같이 태그 안에 특정 의미를 상세화한 표현이다.
처리명령	〈? 와 ?〉 사이에 표현되고 특정 응용프로그램이 처리할 정보나 명령을 지정한다.
엔티티	〈!ENTITY xml "eXtensible Markup Language"〉를 정의하고, XML문서 내에서는 &xml;과 같이 사용하는 것처럼, 〈 〉&를 사용해서 문자열을 특정 문자열로 대체하는 것이다.
주석	〈!― 와 ―〉 사이에 Comment를 정의하는 것이다.
CDATA 섹션	〈![CDATA[〈greeting〉Hello〈/greeting〉]]〉 으로 정의하여, 〈greeting〉Hello〈/greeting〉를 모두 문자열로 인식하게 한다.

③ JSON(JavaScript Object Notation)

- 자바스크립트를 위해 객체 형식으로 자료를 표현하는 문서 형식이며, 경량의 데이터 교환 방식이다.

자료형	내용
수(Number)	• 정수, 실수(고정 소수점, 부동 소수점)를 지원한다. • 8진수, 16진수를 표현하는 방법은 지원하지 않는다.
문자열	큰따옴표로 묶어서 사용한다. 예) "abcd", "₩"JSON₩""
배열	대괄호로 나타낸다. 예) [10, {"a" : 30 }, [40, "서른"]]
객체	이름/값 쌍의 집합이다. 예) {"name":10, "name2":"값", "name3":false}

4) 데이터 저장 방식

① **파일 시스템** : 데이터를 읽고, 쓰고, 찾기 위해 일정한 규칙으로 파일에 이름을 명명하고 파일의 위치를 지정하는 체계이다.

② **관계형 데이터베이스** : 데이터의 종류나 성격에 따라 여러 개의 칼럼을 포함하는 정형화된 테이블로 구성된 데이터 항목들의 집합체이다.

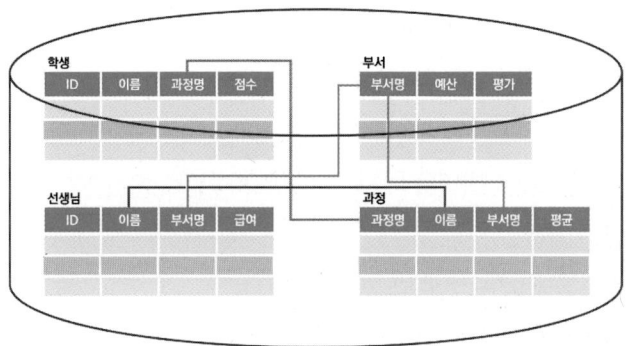

▲ 관계형 데이터베이스

③ **분산처리 데이터베이스** : 데이터의 집합이 여러 물리적 위치에 분산 배치되어 저장되는 데이터베이스이다.

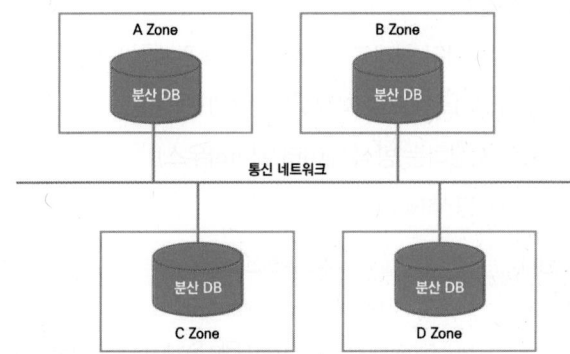

▲ 분산처리 데이터베이스

5) 데이터 적절성 검증

① **데이터 누락 점검** : 수집 데이터 세트의 누락, 결측 여부를 판단하여 누락 발생 시 재수집한다.

② **소스 데이터와 비교** : 수집 데이터와 소스 데이터의 사이즈 및 개수를 비교 검증한다.

③ **데이터의 정확성 점검** : 유효하지 않는 데이터 존재여부를 점검한다.

④ **보안 사항 점검** : 수집 데이터의 개인정보 유무 등 보안 사항의 점검이 필요하다.

⑤ **저작권 점검** : 데이터의 저작권 등 법률적 검토를 수행한다.

⑥ 대량 트래픽 발생 여부 : 네트워크 및 시스템에 트래픽을 발생시키는 데이터 여부를 검증한다.

> **개념 체크**
>
> **수집한 데이터의 적절성 검증에 대한 설명 중 틀린 것은?**
> ① 수집 데이터 세트의 누락, 결측 여부를 판단하여 누락 발생 시 재수집한다.
> ② 수집 데이터와 소스 데이터의 사이즈 및 개수를 비교 검증한다.
> ③ 유효하지 않는 데이터는 데이터의 중복 검사를 통해 확인할 수 있다.
> ④ 개인정보 데이터 발견 시 개인정보 비식별화 필요성을 표시한다.
>
> 정답 ③
>
> 유효하지 않은 정보는 메타데이터나 데이터에 정의된 규칙들을 통해 점검하며, 일정한 패턴이 있는 경우 패턴이 틀린 오류 데이터 값을 식별하는 방법을 사용한다.

03 데이터 변환

1) 데이터 변환(Data Transformation)

데이터를 하나의 표현 형식에서 다른 형식으로 변형하는 과정이다.

① 데이터 변환 방식의 종류

- 비정형 데이터를 정형 데이터 형태로 저장하는 방식(관계형 데이터베이스)
- 수집 데이터를 분산파일시스템으로 저장하는 방식(HDFS 등)
- 주제별, 시계열적으로 저장하는 방식(데이터 웨어하우스)
- 키-값 형태로 저장하는 방식(NoSQL)

> **NoSQL**
> - 빅데이터 처리를 위한 비관계형 데이터베이스 관리 시스템
> - 대규모 확대가 가능한 수평적 확장성이 특징

수집 데이터 저장 형태	저장 솔루션	라이선스
관계형 데이터베이스	MySQL, Oracle, DB2, PostgreSQL 등	상용 라이선스, 오픈소스
분산데이터 저장	HDFS(hadoop Distributed File System)	오픈소스
데이터 웨어하우스	네티자, 테라데이타, 그린플럼의 DW 솔루션	상용 라이선스
NoSQL	Hbase, Cassandra, MongoDB	오픈소스

② 데이터 변환 수행 자료

- 데이터 수집 계획서
- 데이터 변환 솔루션
- 소프트웨어 아키텍처 개념도
- 수집 솔루션 매뉴얼
- 하둡 오퍼레이션 매뉴얼

2) 데이터베이스 구조 설계

- 수집 데이터를 저장하기 위한 데이터베이스 구조를 설계한다.
  - 수집 데이터를 바로 HDFS에 저장하여 데이터를 분석할 수 있다.

- 수집 데이터를 루비(Ruby), 파이썬(Python) 등으로 데이터 변환 과정을 거쳐 데이터베이스에 저장하기도 한다.

Ruby
- 마츠모토 유키히로가 발표한 스크립트 언어
- 파이썬과 주로 비견되며 일본에서 많이 사용

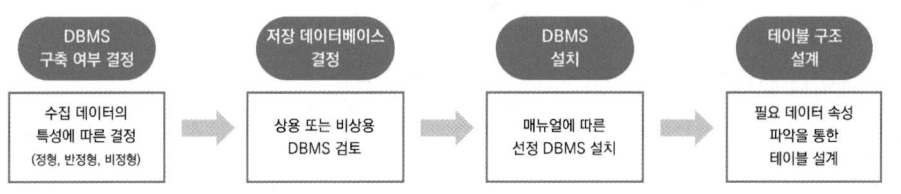

▲ 데이터베이스 구조 설계 절차 4단계

① DBMS 구축 여부 결정
- 수집 대상을 확인하고, 필요 데이터의 속성을 파악하여 DBMS 구축 여부를 결정한다.
- 수집 데이터의 특성에 따라 저장 데이터베이스 생성 여부를 결정한다.
  - 수집 데이터가 정형 데이터일 경우는 수집 솔루션을 거쳐 바로 데이터베이스에 저장하지만, 그렇지 않은 경우 저장하고자 하는 데이터베이스의 종류를 선택하고 데이터에 맞게 모델링을 한다.
- 저장 데이터베이스는 분석이 쉬운 RDBMS를 보편적으로 사용한다.

② 저장 데이터베이스 결정
- 다양한 상용, 비상용, 오픈소스 DBMS를 검토한다.

③ DBMS 설치
- 선택한 DBMS를 설치하고, 정상적인 설치 여부를 확인한다.

④ 테이블 구조 설계
- 필요 데이터의 속성을 구체적으로 파악한다.
- 속성에 따라 테이블 구조를 설계하여 테이블을 생성한다.

3) 비정형/반정형 데이터의 변환

데이터 전처리나 후처리가 수행되기 전에 비정형/반정형 데이터를 구조적 형태로 전환하여 저장하는 과정이다.

① 수집 데이터의 속성 구조 파악
- 수집할 데이터를 파악한다.
  - 예 title, votes, body, tags, link 등
- 수집할 데이터 구조를 정의하고 적절한 변수명으로 구분한다.

② 데이터 수집 절차에 대한 수행 코드 정의
- 추출하고자 하는 정보들의 위치와 정보 구조를 파악한다.
- 필요 데이터를 추출한다.

③ 데이터 저장 프로그램 작성
- 생성된 데이터베이스 테이블에 수집 데이터를 저장하는 프로그램을 작성한다.

④ 데이터베이스에 저장
- 데이터베이스 테이블로 수집 데이터를 저장한다.

4) 융합 데이터베이스 설계
- 데이터의 유형과 의미를 파악하여 활용 목적별 융합 DB를 설계한다.
- 구조화된 형태로 수집, 저장된 데이터의 의미를 파악하여 해당 데이터를 활용할 수 있는 융합 DB로 재구성할 수 있다.
- 활용 업무데이터 요구사항을 분석하고, 데이터 표준화 활동 및 모델링 과정을 수행하여야 한다.

① 요구사항 분석
- 업무 활용 목적과 방향을 파악하여 어떤 데이터의 속성들이 필요한지 파악한다.
- 필요한 데이터 항목, 개인정보 또는 민감정보 포함 여부를 식별한다.

② 데이터 표준화와 모델링 수행
- 다양한 데이터 소스로부터 수집한 데이터에는 표준화 및 모델링 과정을 수행한다.
- 표준 코드, 표준 용어, 데이터 도메인(데이터값이 공통으로 갖는 형식과 값의 영역) 등을 정의한다.
- 수집 데이터로부터 엔티티와 애트리뷰트를 추출하여 엔티티 간의 관계를 정의하는 개념적 설계와 관계형 스키마를 작성하는 논리적 설계를 수행한다.
- 개념적 설계 수행
  - 저장된 데이터를 엔티티와 애트리뷰트로 추출하여, 엔티티 간의 관계를 정의하고 ER 다이어그램을 그린다.

엔티티
인간이 생각하는 개념, 의미있는 정보의 단위

ER 다이어그램
Entity Relationship Diagram

엔티티	애트리뷰트
IT기술	IT기술번호, 이름, 분야, 보급률
정책기관	정책기관번호, 이름, 전화번호, 주소
조사	정책기관번호, IT기술번호, 조사명, 조사일자, 조사내용

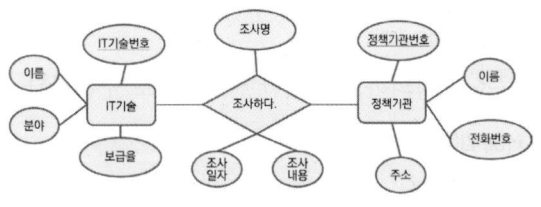

▲ ER 다이어그램 예시

- 논리적 설계 수행
  - 작성된 ER 다이어그램을 기반으로 매핑하여 관계형 스키마를 만들어 낸다.

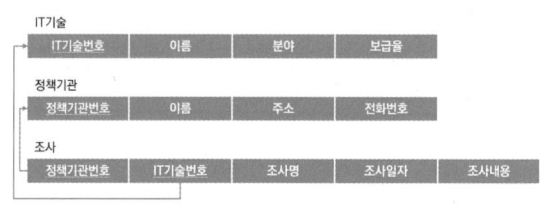

▲ 관계형 스키마 예시

> **스키마**
> 데이터베이스의 논리적, 물리적 구조를 기술한 것

5) 고려사항

- 비정형, 반정형 데이터를 데이터 분석의 용이성을 위해 정형화된 데이터베이스로 변환함에 집중한다.
- 수집 데이터의 속성 구조를 정확히 파악하여야 툴을 이용한 데이터를 쉽게 저장할 수 있다.
- 융합 DB 구성은 활용 업무 목적을 정확히 판단하는 것이 중요하고, 쉽게 자동화 구축될 수 있도록 설계하여야 한다.

04 데이터 비식별화

1) 비식별화 개요

- 개인정보 비식별화는 개인정보를 식별할 수 있는 값들을 몇 가지 정해진 규칙으로 대체하거나 사람의 판단에 따라 가공하여 개인을 알아볼 수 없도록 하는 조치를 말한다.
- 개인정보 보호와 데이터 분석의 균형을 맞추는 중요한 요소로, 정보주체를 알아볼 수 없도록 비식별 조치를 적정하게 한 비식별 정보는 개인정보가 아닌 것으로 추정되며, 따라서 빅데이터 분석 등에 활용이 가능하다.
- 데이터의 유효성을 유지하면서 개인 식별 가능성을 제거하는 것이 목표이다.

① 식별자(Identifier)와 속성자(Attribute value)

- 식별자는 개인 또는 개인과 관련한 사물에 고유하게 부여된 값 또는 이름을 말한다.
- 데이터셋에 포함된 식별자는 원칙적으로 삭제조치하며, 데이터 이용 목적상 필요한 식별자는 비식별 조치 후 활용한다.

> **식별자**
> 개인을 고유하게 식별할 수 있는 정보
>
> **속성자**
> 개인에 대한 추가적인 정보

- 속성자는 개인과 관련된 정보로서 다른 정보와 쉽게 결합하는 경우 특정 개인을 알아볼 수도 있는 정보를 말한다.
- 데이터셋에 포함된 속성자도 데이터 이용 목적과 관련이 없는 경우에는 원칙적으로 삭제하며, 데이터 이용 목적과 관련이 있을 경우 가명처리, 총계처리 등의 기법을 활용하여 비식별 조치한다.

> **식별의 개념**
> 주어진 정보를 통해 그 정보를 특정인 또는 동일인의 것으로 식별하는 것

식별자에 해당하는 사항
- 고유식별정보(주민등록번호, 여권번호, 외국인등록번호, 운전면허번호)
- 성명(한자·영문 성명, 필명 등 포함)
- 상세 주소(구 단위 미만까지 포함된 주소)
- 날짜정보 : 생일(양/음력), 기념일(결혼, 돌, 환갑 등), 자격증 취득일 등
- 전화번호(휴대전화번호, 집전화, 회사전화, 팩스번호)
- 의료기록번호, 건강보험번호, 복지 수급자 번호
- 통장계좌번호, 신용카드번호
- 각종 자격증 및 면허 번호
- 자동차 번호, 각종 기기의 등록번호 & 일련번호
- 사진(정지사진, 동영상, CCTV 영상 등)
- 신체 식별정보(지문, 음성, 홍채 등)
- 이메일 주소, IP 주소, Mac 주소, 홈페이지 URL 등
- 식별코드(아이디, 사원번호, 고객번호 등)
- 기타 유일 식별번호 : 군번, 개인사업자의 사업자 등록번호 등

▶ 속성자 예시

특성 분류	속성자의 예
개인 특성	• 성별, 연령(나이), 국적, 고향, 시·군·구명, 우편번호, 병역, 결혼, 종교, 취미, 동호회·클럽 등 • 흡연, 음주, 채식, 관심사항 등
신체 특성	• 혈액형, 신장, 몸무게, 허리둘레, 혈압, 눈동자 색깔 등 • 신체검사 결과, 장애유형, 장애등급 등 • 병명, 상병(傷病)코드, 투약코드, 진료내역 등
신용 특성	• 세금 납부액, 신용등급, 기부금 등 • 건강보험료 납부액, 소득분위, 의료 급여자 등
경력 특성	• 학교명, 학과명, 학년, 성적, 학력 등 • 경력, 직업, 직종, 직장명, 부서명, 직급, 전직장명 등
전자적 특성	• 쿠키정보, 접속일시, 방문일시, 서비스 이용 기록, 접속로그 등 • 인터넷 접속기록, 휴대전화 사용기록, GPS 데이터 등
가족 특성	• 배우자·자녀·부모·형제 등 가족 정보, 법정대리인 정보 등

개인정보 해당 여부 판단 기준

가. 개인정보 보호법 등 관련 법률에서 규정하고 있는 개인정보의 개념은 다음과 같으며, 이에 해당하지 않는 경우에는 개인정보가 아니다.

나. 개인정보는 ⅰ)살아 있는 ⅱ)개인에 관한 ⅲ)정보로서 ⅳ)개인을 알아볼 수 있는 정보이며, 해당 정보만으로는 특정 개인을 알아볼 수 없더라도 ⅴ)다른 정보와 쉽게 결합하여 알아볼 수 있는 정보를 포함한다.

ⅰ) (살아있는) 자에 관한 정보이어야 하므로 사망한 자, 자연인이 아닌 법인, 단체 또는 사물 등에 관한 정보는 개인정보에 해당하지 않는다.

ⅱ) (개인에 관한) 정보이어야 하므로 여럿이 모여서 이룬 집단의 통계값 등은 개인정보에 해당하지 않음

ⅲ) (정보)의 종류, 형태, 성격, 형식 등에 관하여는 특별한 제한이 없다.

ⅳ) (개인을 알아볼 수 있는 정보)이므로 특정 개인을 알아보기 어려운 정보는 개인정보가 아니다.

** 여기서 '알아볼 수 있는'의 주체는 해당 정보를 처리하는 자(정보의 제공 관계에 있어서는 제공받은 자를 포함)이며, 정보를 처리하는 자의 입장에서 개인을 알아볼 수 없다면 그 정보는 개인정보에 해당하지 않는다.

ⅴ) (다른 정보와 쉽게 결합하여)란 결합 대상이 될 다른 정보의 입수 가능성이 있어야 하고, 또 다른 정보와의 결합 가능성이 높아야 함을 의미한다.

** 즉, 합법적으로 정보를 수집할 수 없거나 결합을 위해 불합리한 정도의 시간, 비용 등이 필요한 경우라면 "쉽게 결합"할 수 있는 상태라고 볼 수 없다.

② 비식별 조치 방법

- 가명처리, 총계처리, 데이터 삭제, 데이터 범주화, 데이터 마스킹 등 여러 가지 기법을 단독 또는 복합적으로 활용한다.
- 각각의 기법에는 이를 구현할 수 있는 다양한 세부기술이 있으며, 데이터 이용 목적과 기법별 장·단점 등을 고려하여 적절한 기법·세부기술을 선택·활용한다.

'가명처리' 기법만 단독 활용된 경우는 충분한 비식별 조치로 보기 어렵다.

▶ 비식별 조치 방법

처리기법	설명 및 예시	세부기술
가명처리 (Pseudonymization)	• 개인정보 중 주요 식별요소를 다른 값으로 대체하는 방법이다. • 값을 대체 시 규칙이 노출되어 역으로 쉽게 식별할 수 없도록 주의해야 한다. 예) 홍길동, 35세, 서울 거주, 한국대 재학 → 임꺽정, 30대, 서울 거주, 국제대 재학	① 휴리스틱 가명화 ② 암호화 ③ 교환 방법
총계처리 (Aggregation)	• 데이터의 총합 값을 보여주고 개별 값을 보여주지 않는 방법이다. • 특정 속성을 지닌 개인으로 구성된 단체의 속성 정보를 공개하는 것은 그 집단에 속한 개인의 정보를 공개하는 것과 마찬가지이므로 주의해야 한다. 예) 임꺽정 180cm, 홍길동 170cm, 이콩쥐 160cm, 김팥쥐 150cm → 물리학과 학생 키 합 : 660cm, 평균키 165cm	① 총계처리 ② 부분총계 ③ 라운딩 ④ 재배열

라운딩
반올림, 올림, 내림 등 숫자의 자리수를 정리하는 것

데이터 삭제 (Data Reduction)	• 데이터 공유나 개방 목적에 따라 데이터 셋에 구성된 값 중 필요 없는 값 또는 개인식별에 중요한 값을 삭제하는 방법이다. 예) 주민등록번호 901206-1234567 → 90년대 생, 남자(개인과 관련된 날짜정보 (합격일 등)는 연단위로 처리)	① 식별자 삭제 ② 식별자 부분삭제 ③ 레코드 삭제 ④ 식별요소 전부삭제
데이터 범주화 (Data Suppression)	• 데이터의 값을 범주의 값으로 변환하여 값을 숨기는 방법이다. 예) 홍길동, 35세 → 홍씨, 30~40세	① 감추기 ② 랜덤 라운딩 ③ 범위 방법 ④ 제어 라운딩
데이터 마스킹 (Data Masking)	• 개인을 식별하는데 기여할 확률이 높은 주요 식별자를 보이지 않도록 처리하는 방법이다. • 남아 있는 정보만으로 개인을 식별할 수 없어야 하며, 공개된 다른 정보와 결합하더라도 특정 개인을 식별할 수 없어야 한다. 예) 홍길동, 35세, 서울 거주, 한국대 재학 → 홍○○, 35세, 서울 거주, ○○대학 재학	① 임의 잡음 추가 ② 공백과 대체

2) 가명처리(Pseudonymization)

개인 식별이 가능한 데이터를 직접적으로 식별할 수 없는 다른 값으로 대체하는 기법이다.

비식별 정보
개인정보를 비식별화한 산출물

장점	데이터의 변형 또는 변질 수준이 적다.
단점	대체 값 부여 시에도 식별 가능한 고유 속성이 계속 유지된다.

① 휴리스틱 가명화(Heuristic Pseudonymization)

- 식별자에 해당하는 값들을 몇 가지 정해진 규칙으로 대체하거나 사람의 판단에 따라 가공하여 자세한 개인정보를 숨기는 방법이다.
- 식별자의 분포를 고려하거나 수집된 자료의 사전 분석을 하지 않고 모든 데이터를 동일한 방법으로 가공하기 때문에 사용자가 쉽게 이해하고 활용 가능하다.
- 활용할 수 있는 대체 변수에 한계가 있으며, 다른 값으로 대체하는 일정한 규칙이 노출되는 취약점이 있어 규칙 수립 시 개인을 쉽게 식별할 수 없도록 세심한 고려가 필요하다.
    예) 성명을 홍길동, 임꺽정 등 몇몇 일반화된 이름으로 대체하여 표기하거나 소속기관명을 화성, 금성 등으로 대체하는 등 사전에 규칙을 정하여 수행한다.
- 적용정보 : 성명, 사용자 ID, 소속(직장)명, 기관번호, 주소, 신용등급, 휴대전화번호, 우편번호, 이메일 주소 등이다.

② 암호화(Encryption)

- 정보 가공시 일정한 규칙의 알고리즘을 적용하여 암호화함으로써 개인정보를 대체하는 방법이다.

- 통상적으로 다시 복호가 가능하도록 복호화 키(key)를 가지고 있어서 이에 대한 보안방안도 필요하다.
- 일방향 암호화(one-way encryption 또는 hash)를 사용하는 경우는 이론상 복호화가 원천적으로 불가능하다.
- 적용정보 : 주민등록번호, 여권번호, 의료보험번호, 외국인등록번호, 사용자 ID, 신용카드번호, 생체정보 등이다.
  - ** 일방향 암호화는 식별성을 완전히 제거하는 것으로, 양방향 암호화에 비해 더욱 안전하고 효과적인 비식별 기술에 해당한다.

③ 교환 방법(Swapping)
- 기존의 데이터베이스의 레코드를 사전에 정해진 외부의 변수(항목)값과 연계하여 교환한다.
- 적용정보 : 사용자 ID, 요양기관번호, 기관번호, 나이, 성별, 신체정보(신장, 혈액형 등), 소득, 휴대전화번호, 주소 등이다.

3) 총계처리(Aggregation)

> 총계처리는 통계값을 적용하여 특정 개인을 식별할 수 없도록 한다.

- 통계 값(전체 혹은 부분)을 적용하여 특정 개인을 식별할 수 없도록 한다.
- 개인과 직접 관련된 날짜 정보(생일, 자격 취득일), 기타 고유 특징(신체정보, 진료기록, 병력정보, 특정소비기록 등 민감한 정보)을 주요 대상으로 한다.
- 데이터 전체 또는 부분을 집계(총합, 평균 등)한다.
  - 예) 집단에 속한 각 개인의 나이값을 평균 나이값(대푯값)으로 대체한다.

장점	민감한 수치 정보에 대하여 비식별 조치가 가능하며, 통계분석용 데이터셋 작성에 유리하다.
단점	정밀 분석이 어려우며, 집계 수량이 적을 경우 추론에 의한 식별 가능성이 있다.

> 데이터 전체가 유사한 특징을 가진 개인으로 구성되어 있을 경우 그 데이터의 대푯값이 특정 개인의 정보를 그대로 노출시킬 수도 있으므로 주의한다.

① 부분총계(Micro Aggregation)
- 데이터셋 내 일정부분 레코드만 총계 처리하며, 다른 데이터 값에 비하여 오차 범위가 큰 항목을 통계값(평균 등)으로 변환한다.
  - 예) 다양한 연령대의 소득 분포에 있어서 40대의 소득 분포 편차가 다른 연령대에 비하여 매우 크거나 특정 소득 구성원을 포함하고 있을 경우, 40대의 소득만 선별하여 평균값을 구한 후 40대에 해당하는 각 개인의 소득 값을 해당 평균값으로 대체한다.

② 라운딩(Rounding)
- 집계 처리된 값에 대하여 라운딩(올림, 내림, 반올림) 기준을 적용하여 최종 집계 처리하는 방법이다.
- 일반적으로 세세한 정보보다는 전체 통계정보가 필요한 경우 많이 사용한다.
  - 예) 23세, 41세, 57세, 26세, 33세 각 나이 값을 20대, 30대, 40대, 50대 등 각 대표 연령대로 표기하거나 3,576,000원, 4,210,000원 등의 소득 값을 일부 절삭하여 3백만원, 4백만원 등으로 집계 처리하는 방식이다.

③ 재배열(Rearrangement)
- 기존 정보 값은 유지하면서 개인이 식별되지 않도록 데이터를 재배열하는 방법이다.
- 개인의 정보를 타인의 정보와 뒤섞어서 전체 정보에 대한 손상 없이 특정 정보가 해당 개인과 연결되지 않도록 한다.
  - 예) 데이터 셋에 포함된 나이, 소득 등의 정보를 개인별로 서로 교환하여 재배치하게 되면 개인별 실제 나이와 소득과 다른 비식별 자료를 얻게 되지만, 전체적인 통계 분석에 있어서는 자료의 손실 없이 분석 가능하다.
- 적용정보 : 나이, 신장, 소득, 질병, 신용등급, 학력 등이다.

4) 데이터 삭제(Data Reduction)

> 데이터 삭제는 개인 식별이 가능한 데이터를 삭제 처리한다.

개인을 식별 할 수 있는 정보(이름, 전화번호, 주소, 생년월일, 사진, 고유식별정보(주민등록번호, 운전면허번호 등), 생체정보(지문, 홍채, DNA 정보 등), 기타(등록번호, 계좌번호, 이메일주소 등))를 주요 대상으로 한다.

장점	개인 식별요소의 전부 및 일부 삭제 처리가 가능하다.
단점	분석의 다양성과 분석 결과의 유효성·신뢰성이 저하된다.

① 식별자 (부분)삭제
- 원본 데이터에서 식별자를 단순 삭제하는 방법과 일부만 삭제하는 방법이 있다.
- 남아 있는 정보 그 자체로도 분석의 유효성을 가져야 함과 동시에 개인을 식별할 수 없어야 하며, 인터넷 등에 공개되어 있는 정보 등과 결합하였을 경우에도 개인을 식별할 수 없어야 한다.
  - 예) 생년월일(yy-mm-dd)을 분석목적에 따라 yy로 대체 가능하다면 mm-dd 값은 삭제한다.

② 레코드 삭제(Reducing Records)
- 다른 정보와 뚜렷하게 구별되는 레코드 전체를 삭제하는 방법이다.
- 통계분석에 있어서 전체 평균에 비하여 오차범위를 벗어나는 자료를 제거할 때에도 사용 가능하다.
  - 예) 소득이 다른 사람에 비하여 뚜렷이 구별되는 값을 가진 정보는 해당 정보 전체를 삭제한다.

③ 식별요소 전부삭제

- 식별자뿐만 아니라 잠재적으로 개인을 식별할 수 있는 속성자까지 전부 삭제하여 프라이버시 침해 위험을 줄이는 방법이다.
- 개인정보 유출 가능성을 최대한 줄일 수 있지만 데이터 활용에 필요한 정보까지 사전에 모두 없어지기 때문에 데이터의 유용성이 낮아지는 문제가 발생한다.
  - 예) 연예인·정치인 등의 가족정보(관계정보), 판례 및 보도 등에 따라 공개되어 있는 사건과 관련되어 있음을 알 수 있는 정보 등 잠재적 식별자까지 사전에 삭제함으로써 연관성 있는 정보의 식별 및 결합을 예방한다.

5) 데이터 범주화(Data Suppression)

특정 정보를 해당 그룹의 대푯값 또는 구간값으로 변환(범주화)하여 개인 식별을 방지한다.

> 데이터 범주화는 특정 정보를 해당 그룹의 대푯값 또는 구간값으로 변환한다.

장점	통계형 데이터 형식이므로 다양한 분석 및 가공 가능하다.
단점	정확한 분석결과 도출이 어려우며, 데이터 범위 구간이 좁혀질 경우 추론 가능성이 있다.

① 감추기

- 명확한 값을 숨기기 위하여 데이터의 평균 또는 범주 값으로 변환하는 방식이다.
  - 다만 특수한 성질을 지닌 개인으로 구성된 단체 데이터의 평균이나 범주 값은 그 집단에 속한 개인의 정보를 쉽게 추론할 수 있다.
    - 예) 간염 환자 집단임을 공개하면서 특정인물 '갑'이 그 집단에 속함을 알 수 있도록 표시하는 것은 '갑'이 간염 환자임을 공개하는 것과 동일하다.

② 랜덤 라운딩(Random Rounding)

- 수치 데이터를 임의의 수 기준으로 올림(round up) 또는 내림(round down)하는 기법으로 수치 데이터 이외의 경우에도 확장 적용 가능하다.
  - 예) 나이, 우편번호 등과 같은 수치 정보로 주어진 식별자는 일의 자리, 십의 자리 등 뒷자리 수를 숨기고 앞자리 수만 나타내는 방법이다. (나이 : 42세, 45세 → 40대로 표현)

③ 범위 방법(Data Range)

- 수치 데이터를 임의의 수 기준의 범위(range)로 설정하는 기법이다.
- 해당 값의 범위 또는 구간(interval)으로 표현한다.
  - 예) 3,300만 원을 3,000~4,000만 원으로 대체 표기한다.

④ 제어 라운딩(Controlled Rounding)
- 랜덤 라운딩 방법에서 어떠한 특정 값을 변경할 경우 행과 열의 합이 일치하지 않는 단점 해결을 위해 행과 열이 맞지 않는 것을 제어하여 일치시키는 기법이다.
- 컴퓨터 프로그램으로 구현하기 어렵고 복잡한 통계표에는 적용하기 어려우며, 해결할 수 있는 방법이 존재하지 않을 수 있어 아직 현장에서는 잘 사용하지 않는다.

6) 데이터 마스킹(Data Masking)

데이터의 전부 또는 일부분을 대체 값(공백, 노이즈 등)으로 변환한다.

장점	개인 식별 요소를 제거하는 것이 가능하며, 원 데이터 구조에 대한 변형이 적다.
단점	마스킹을 과도하게 적용할 경우 데이터 필요 목적에 활용하기 어려우며 마스킹 수준이 낮을 경우 특정한 값에 대한 추론이 가능하다.

① 임의 잡음 추가(Adding Random Noise)
- 개인 식별이 가능한 정보에 임의의 숫자 등 잡음을 추가(더하기 또는 곱하기)하는 방법이다.
- 지정된 평균과 분산의 범위 내에서 잡음이 추가되므로 원 자료의 유용성을 해치지 않으나, 잡음 값은 데이터 값과는 무관하기 때문에, 유효한 데이터로 활용하기 곤란하다.
    - 예 실제 생년월일에 6개월의 잡음을 추가할 경우, 원래의 생년월일 데이터에 1일부터 최대 6개월의 날짜가 추가되어 기존의 자료와 오차가 날 수 있도록 적용한다.

② 공백(blank)과 대체(impute)
- 특정 항목의 일부 또는 전부를 공백 또는 대체문자('*', '_' 등이나 전각 기호)로 바꾸는 기법이다.
    - 예 생년월일 1999-09-09를 19**-**-**로 대체 표기한다.

7) 적정성 평가

- 개인정보 비식별 조치가 충분하지 않은 경우 공개 정보 등 다른 정보와의 결합, 다양한 추론 기법 등을 통해 개인이 식별될 우려가 있으므로, 개인정보 보호책임자 책임 하에 외부전문가가 참여하는 「비식별 조치 적정성 평가단」을 구성, 개인식별 가능성에 대한 엄격한 평가가 필요하다.
- 적정성 평가 시 프라이버시 보호 모델 중 최소한의 수단으로 k-익명성을 활용하며, 필요시 추가적인 평가모델(l-다양성, t-근접성)을 활용한다.

▶ 프라이버시 보호 모델

기법	의미	적용
k-익명성	특정인임을 추론할 수 있는지 여부를 검토, 일정 확률수준 이상 비식별 되도록 하는 기법이다.	동일한 값을 가진 레코드를 k개 이상으로 하며, 이 경우 특정 개인을 식별할 확률은 $1/k$이다.
l-다양성	특정인 추론이 안된다고 해도 민감한 정보의 다양성을 높여 추론 가능성을 낮추는 기법이다.	각 레코드는 최소 l개 이상의 다양성을 가지도록 하여 동질성 또는 배경지식 등에 의한 추론을 방지한다.
t-근접성	l-다양성뿐만 아니라, 민감한 정보의 분포를 낮추어 추론 가능성을 더욱 낮추는 기법이다.	전체 데이터 집합의 정보 분포와 특정 정보의 분포 차이를 t 이하로 하여 추론을 방지한다.

** k, l, t값은 전문가 등이 검토하여 마련한다.

① k-익명성(k-anonymity)
- 공개된 데이터에 대한 연결공격 등 취약점을 방어하기 위해 제안된 개인정보 보호 모델로 비식별화 조치를 위한 최소의 기준으로 사용된다.
- k-익명성은 주어진 데이터 집합에서 같은 값이 적어도 k개 이상 존재하도록 하여 쉽게 다른 정보로 결합할 수 없도록 한다.
  - 데이터 집합의 일부를 수정하여 모든 레코드가 자기 자신과 동일한(구별되지 않는) $k-1$개 이상의 레코드를 가진다.
  - 예를 들어, 〈표 A〉의 의료 데이터가 비식별 조치된 〈표 B〉에서 1~4, 5~8, 9~12 레코드는 서로 구별되지 않는다. 따라서, 비식별된 데이터 집합에서는 공격자가 정확히 어떤 레코드가 공격 대상인지 알아낼 수 없다.
  - 적정성 평가단은 적절한 k-값을 선택한 후 평가(예 k=3, k=4 등)를 진행한다.

▶ 표 A. 공개 의료데이터 사례

구분	지역 코드	연령	성별	질병
1	13053	28	남	전립선염
2	13068	21	남	전립선염
3	13068	29	여	고혈압
4	13053	23	남	고혈압
5	14853	50	여	위암
6	14853	47	남	전립선염
7	14850	55	여	고혈압
8	14850	49	남	고혈압
9	13053	31	남	위암
10	13053	37	여	위암
11	13068	36	남	위암
12	13068	35	여	위암

> 기적의 TIP
>
> 각 기법의 세부내용에 대해 이해하도록 한다.

동질집합(Equivalent class)
같은 속성자 값들로 비식별된 레코드들의 모임

표 B에서 1,2,3,4번이 동질집합이며, 5,6,7,8 역시 동질집합이다.

▶ 표 B. k-익명성 모델에 의해 비식별된 의료데이터 사례

구분	지역 코드	연령	성별	질병	상태
1	130**	〈30	*	전립선염	다양한 질병이 혼재되어 안전
2	130**	〈30	*	전립선염	
3	130**	〈30	*	고혈압	
4	130**	〈30	*	고혈압	
5	1485*	〉40	*	위암	다양한 질병이 혼재되어 안전
6	1485*	〉40	*	전립선염	
7	1485*	〉40	*	고혈압	
8	1485*	〉40	*	고혈압	
9	130**	3*	*	위암	모두가 동일 질병 (위암)으로 취약
10	130**	3*	*	위암	
11	130**	3*	*	위암	
12	130**	3*	*	위암	

➕ **더 알기 TIP**

공개 데이터의 취약점 – 연결공격(Linkage attack)

일반적으로 활용하는 데이터의 이름, 주민등록번호 등과 같이 개인을 직접 식별할 수 있는 데이터는 삭제한다. 그러나 활용 정보의 일부가 다른 공개되어 있는 정보 등과 결합하여 개인을 식별하는 문제(연결 공격)가 발생 가능하다.
- 예를 들어, 의료데이터와 선거인명부가 지역 코드, 연령, 성별에 의해 결합되면, 개인의 민감한 정보인 병명이 드러날 수 있다.
  📌 김민준 (13053, 28, 남자)→ 환자 레코드 1번→ 전립선염

k-익명성의 취약점의 원인
- 다양성의 부족(lack of diversity)
  : 비식별 조치 할 때 정보의 다양성을 고려하지 않는다.
  : 동일한 정보를 가진 (다양하지 않은) 레코드가 비식별되어 하나의 '동질 집합'으로 구성될 경우 동질성 공격에 무방비 된다.
- 강한 배경지식(strong background knowledge)
  : k-익명성은 '여자는 전립선염에 걸리지 않는다' 또는 '남자는 자궁암에 걸리지 않는다'와 같은 공격자의 배경지식을 고려하지 않아 이를 이용한 공격에 취약하다.

k-익명성의 취약점

1. 동질성 공격(Homogeneity attack)
k-익명성에 의해 레코드들이 범주화 되었더라도 일부 정보들이 모두 같은 값을 가질 수 있기 때문에 데이터 집합에서 동일한 정보를 이용하여 공격 대상의 정보를 알아내는 공격이다.
- 〈표 A〉에서 범주화의 기초가 되는 정보(지역코드, 연령, 성별)에 대해서는 여러 다양한 값들이 혼재되어 있어서 연결 공격에 의한 식별이 어렵지만, 이 정보와 연결된 정보(질병)는 'k-익명성'의 기초가 아니기 때문에 발생할 수 있다.
- 예를 들어, 〈표 B〉에서 레코드 9~12의 질병정보는 모두 '위암'이므로 k-익명성 모델이 적용되었음에도 불구하고 그 질병정보가 직접적으로 노출된다.

2. 배경지식에 의한 공격(Background knowledge attack)
주어진 데이터 이외의 공격자의 배경 지식을 통해 공격 대상의 민감한 정보를 알아내는 공격이다.
- 〈표 B〉의 1~4 레코드 중 하나이며 질병은 전립선염 또는 고혈압임을 알 수 있는데, '여자는 전립선염에 걸릴 수 없다'라는 배경 지식이 있고, 특정하는 대상이 여자라면 익명성 범위가 줄어들게 된다.

② l-다양성

- k-익명성에 대한 두 가지 공격, 즉 동질성 공격 및 배경지식에 의한 공격을 방어하기 위한 모델로, 주어진 데이터 집합에서 함께 비식별되는 레코드들은 (동질 집합에서) 적어도 l개의 서로 다른 정보를 가지도록 한다.

- 비식별 조치 과정에서 충분히 다양한(1개 이상) 서로 다른 정보를 갖도록 동질 집합을 구성함으로써 다양성의 부족으로 인한 공격에 방어가 가능하고, 배경지식으로 인한 공격에도 일정 수준의 방어능력을 가질 수 있다.
- 예를 들어, 〈표 C〉에서 모든 동질 집합은 3-다양성($l=3$)을 통해 비식별되어 3개 이상의 서로 다른 정보를 가지며, 〈표 B〉과 같이 동일한 질병으로만 구성된 동질 집합이 존재하지 않는다.
  - 공격자가 질병에 대한 배경지식(예 여자는 전립선염에 걸리지 않음)이 있더라도 어느 정도의 방어력을 가진다.

▶ 표 C. l-다양성 모델에 의해 비식별된 의료데이터 사례

구분	지역 코드	연령	성별	질병	상태
1	1305*	≤ 40	*	전립선염	
4	1305*	≤ 40	*	고혈압	다양한 질병이
9	1305*	≤ 40	*	위암	혼재되어 안전
10	1305*	≤ 40	*	위암	
5	1485*	〉40	*	위암	
6	1485*	〉40	*	전립선염	다양한 질병이
7	1485*	〉40	*	고혈압	혼재되어 안전
8	1485*	〉40	*	고혈압	
2	1306*	≤ 40	*	전립선염	
3	1306*	≤ 40	*	고혈압	다양한 질병이
11	1306*	≤ 40	*	위암	혼재되어 안전
12	1306*	≤ 40	*	위암	

l-다양성의 취약점

1. 쏠림 공격(Skewness attack)
정보가 특정한 값에 쏠려 있을 경우 l-다양성 모델이 프라이버시를 보호하지 못한다.

〈쏠림 공격의 예〉
- 임의의 '동질 집합'이 99개의 '위암 양성' 레코드와 1개의 '위암 음성' 레코드로 구성되어 있다고 가정하면, 공격자는 공격 대상이 99%의 확률로 '위암 양성'이라는 것을 알 수 있다.

2. 유사성 공격(Similarity attack)
비식별 조치된 레코드의 정보가 서로 비슷하다면 l-다양성 모델을 통해 비식별된다 할지라도 프라이버시가 노출될 수 있다.

〈유사성 공격의 예〉
- 〈표 D〉는 3-다양성($l=3$) 모델을 통해 비식별된 데이터이다.
- 레코드 1,2,3이 속한 동질 집합의 병명이 서로 다르지만 의미가 서로 유사하다(위궤양, 급성 위염, 만성 위염).
  - 공격자는 공격 대상의 질병이 '위'에 관련된 것이라는 사실을 알아낼 수 있다.
  - 또 다른 민감한 정보인 급여에 대해서도 공격 대상이 다른 사람에 비해 상대적으로 낮은 급여값을 가짐을 쉽게 알아낼 수 있다(30 ~ 50백만원).

▶ 표 D. *l*-다양성 모델에 의해 비식별되었지만 유사성 공격에 취약한 사례

구분	속성자		민감한 정보		상태
	지역 코드	연령	급여(백만원)	질병	
1	476**	2*	30	위궤양	모두가 '위'와 관련한 유사 질병으로 취약
2	476**	2*	40	급성 위염	
3	476**	2*	50	만성 위염	
4	4790*	≥ 40	60	급성 위염	다양한 질병이 혼재되어 안전
5	4790*	≥ 40	110	감기	
6	4790*	≥ 40	80	기관지염	
7	476**	3*	70	기관지염	다양한 질병이 혼재되어 안전
8	476**	3*	90	폐렴	
9	476**	3*	100	만성 위염	

③ *t*-근접성

- *l*-다양성의 취약점(쏠림 공격, 유사성 공격)을 보완하기 위한 모델로 값의 의미를 고려하는 모델이다.
- *t*-근접성은 동질 집합에서 특정 정보의 분포와 전체 데이터 집합에서 정보의 분포가 *t* 이하의 차이를 보여야 하며, 각 동질 집합에서 '특정 정보의 분포'가 전체 데이터집합의 분포와 비교하여 너무 특이하지 않도록 한다.
  - 〈표 D〉에서 전체적인 급여 값의 분포는 30~110이나 레코드 1, 2, 3이 속한 동질 집합에서는 30~50으로 이는 전체 급여 값의 분포(30~110)와 비교할 때 상대적으로 유사한 수준이라 볼 수 없다.
  - 공격자는 근사적인 급여 값을 추론할 수 있다.
- *t*-근접성은 정보의 분포를 조정하여 정보가 특정 값으로 쏠리거나 유사한 값들이 뭉치는 경우를 방지하는 방법이다.
- *t* 수치가 0에 가까울수록 전체 데이터의 분포와 특정 데이터 구간의 분포 유사성이 강해지기 때문에 그 익명성의 방어가 더 강해지는 경향이 있다.
- 익명성 강화를 위해 특정 데이터들을 재배치해도 전체 속성자들의 값 자체에는 변화가 없기 때문에 일반적인 경우에 정보 손실의 문제는 크지 않다.

사이드노트:

k-익명성
동일한 값을 가진 레코드를 k개 이상으로 하여 특정 개인을 식별할 확률을 1/k로 함

l-다양성
각 레코드는 최소 l개 이상의 다양성을 가지도록 하여 동질성 또는 배경지식 등에 의한 추론을 방지

t-근접성
전체 데이터 집합의 정보 분포와 특정 정보의 분포 차이를 t 이하로 하여 추론 방지

🎯 개념 체크

1 *k*-익명성 기법에서 동일 그룹 데이터의 집합이 같은 값으로만 구성될 경우 문제가 발생할 수 있다. 이를 해결하기 위한 방법으로 옳은 것은?

① *l*-다양성
② *t*-근접성
③ 암호화
④ 랜덤라운딩

정답 ①

l-다양성은 *k*-익명성에 대한 두 가지 공격, 즉 동질성 공격 및 배경지식에 의한 공격을 방어하기 위한 모델로, 주어진 데이터 집합에서 함께 비식별되는 레코드들은 (동질 집합에서) 적어도 *l*개의 서로 다른 정보를 가지도록 한다.

2 표 D의 구분 1, 2, 3에 대한 [상태]는 비식별화 결과에 대한 취약점을 보여준다. 이를 해결하기 위한 방법으로 옳은 것은?

① 민감한 정보 영역에서 각 그룹별로 3개 이상의 서로 다른 값을 갖도록 한다.
② 전체 데이터의 분포를 조정하여 특정 그룹에 유사한 질병이 나오지 않도록 한다.
③ 질병값을 다른 질병이름으로 대체한다.
④ 하나의 그룹에 속하는 레코드의 수를 줄인다.

정답 ②

t-근접성은 *l*-다양성의 취약점(쏠림 공격, 유사성 공격)을 보완하기 위한 모델로 값의 의미를 고려하는 모델이다. 동질 집합에서 특정 정보의 분포와 전체 데이터 집합에서 정보의 분포가 *t* 이하의 차이를 보이도록 조정한다.

3 개인정보 비식별 방법 중 데이터 범주화에 대한 것으로 옳은 것은?

① 김만수 35세, 서울 거주 → 홍길동 35세, 부산 거주
② 김만수 35세, 서울 거주, OO대학 재학 → 김OO 35세, 서울 거주, OO 대학 재학
③ 장민경, 35세 → 장씨, 30~40세
④ 주민등록번호 653889-2001232 → 65년생 여자

정답 ③

① 가명 처리, ② 데이터 마스킹, ③ 데이터 범주화, ④ 데이터 삭제의 예이다.

05 데이터 품질 검증

1) 데이터 품질 관리

① 데이터 품질 관리의 정의

비즈니스 목표에 부합한 데이터 분석을 위해 가치성, 정확성, 유용성 있는 데이터를 확보하고, 신뢰성 있는 데이터를 유지하는 데 필요한 관리 활동이다.

② 데이터 품질 관리의 중요성

- 분석 결과의 신뢰성은 분석 데이터의 신뢰성과 직접 연계된다.
- 빅데이터의 특성을 반영한 데이터 품질 관리 체계를 구축하여 효과적인 분석결과를 도출하여야 한다.

구분	내용
분석 결과의 신뢰성 확보	분석 품질을 좌우하는 것은 데이터 품질이다.
일원화된 프로세스	업무 처리, 데이터 관리의 효율화를 도모한다.
데이터 활용도 향상	고품질 데이터 확보로 데이터 이용률을 향상시킨다.
양질의 데이터 확보	불필요한 데이터 제거를 통한 고품질 데이터의 준비도를 향상시킨다.

2) 데이터 품질

① 정형 데이터 품질 기준

정형 데이터에 대한 품질 기준은 일반적으로 완전성, 유일성, 일관성, 유효성, 정확성 5개의 품질 기준으로 나눌 수 있다.

- 완전성 : 필수항목에 누락이 없어야 한다.
- 유일성 : 데이터 항목은 유일해야 하며 중복되어서는 안된다.
- 일관성 : 데이터가 지켜야할 구조, 값, 표현되는 형태가 일관되게 정의되고, 서로 일치해야 한다.
- 유효성 : 데이터 항목은 정해진 데이터 유효범위 및 도메인을 충족해야 한다.
- 정확성 : 실세계에 존재하는 객체의 표현 값이 정확히 반영되어야 한다.

> **기적의 TIP**
> 품질 세부 기준과 예시를 연결하면서 이해하면 품질기준에 대한 비교가 수월하다.

품질 기준	품질 세부 기준	품질 기준 설명	활용 예시
완전성 (Completeness)	개별 완전성	필수항목에 누락이 없어야 한다.	고객의 아이디는 NULL일 수 없다.
	조건 완전성	조건에 따라 칼럼 값이 항상 존재해야 한다.	기업 고객의 사업자 등록번호가 NULL일 수 없다.
유일성 (Uniqueness)	단독 유일성	칼럼은 유일한 값을 가져야 한다.	고객의 이메일 주소는 유일해야 한다.
	조건 유일성	업무 조건에 따라 칼럼 값은 유일해야 한다.	교육과정의 강의시작일이 있으면, 강의실 코드, 임대일, 강사코드가 모두 동일한 레코드는 존재하지 않는다.
일관성 (Consistency)	기준코드 일관성	데이터가 지켜야 할 구조, 값, 표현되는 형태가 일관되게 정의되고, 서로 일치해야 한다.	고객의 직업코드는 통합코드테이블의 직업코드에 등록된 값이어야 한다.
	참조 무결성	테이블 간의 칼럼값이 참조 관계에 있는 경우 그 무결성을 유지해야 한다.	대출원장의 대출원장번호는 대출 상세내역에 존재해야 한다.
	데이터 흐름 일관성	데이터를 생성하거나 가공하여 데이터가 이동되는 경우, 연관된 데이터는 모두 일치해야 한다.	운영계의 현재 가입 고객 수와 DW의 고객 수는 일치해야 한다.
	칼럼 일관성	관리 목적으로 중복 칼럼을 임의 생성하여 활용하는 경우 각각의 동의어 칼럼 값은 일치해야 한다.	주문의 주문번호와 고객번호는 배송의 주문번호와 고객번호와 서로 일치해야 한다.

유효성 (Validity)	범위 유효성	데이터 항목은 정해진 데이터 유효범위 및 도메인을 충족해야 한다.	기준점 좌표각은 -360초과, 360미만까지의 값을 가진다.
	날짜 유효성	칼럼 값이 날짜유형일 경우에는 유효날짜 값을 가져야 한다.	99991231, 20080231은 유효하지 않은 값이다.
	형식 유효성	칼럼은 정해진 형식과 일치하는 값을 가져야 한다.	주민번호는 '000000-0000000'의 형식이어야 한다.
정확성 (Accuracy)	선후 관계 정확성	복수의 칼럼값이 선후 관계에 있을 경우 이 규칙을 지켜야 한다.	시작일은 종료일 이전 시점이어야 한다.
	계산/집계 정확성	한 칼럼의 값은 다수 칼럼의 계산된 값일 경우 계산 값이 정확해야 한다.	월 통계 테이블의 매출액은 현재 월 매출액의 총합과 일치해야 한다.
	최신성	정보의 발생, 수집, 그리고 갱신 주기를 유지해야 한다.	고객의 현재 값은 고객변경 이력의 마지막 ROW와 일치해야 한다.
	업무규칙 정확성	칼럼이 업무적으로 복잡하게 연관된 경우 관련 업무규칙에 일치해야 한다.	지급원장의 지급여부가 'Y'이면 지급원장의 지급일자는 신청일보다 이전 시점이어야 하고 NULL이 아니어야 한다.

② 비정형 데이터 품질 기준

비정형 컨텐츠 자체에 대한 품질 기준은 컨텐츠 유형에 따라 다소 다를 수 있다.

품질 기준	품질 세부 기준	정의
기능성 (Functionality)	• 적절성 • 정확성 • 상호 운용성 • 기능 순응성	해당 컨텐츠가 특정 조건에서 사용될 때, 명시된 요구와 내재된 요구를 만족하는 기능을 제공하는 정도이다.
신뢰성 (Reliability)	• 성숙성 • 신뢰 순응성	해당 컨텐츠가 규정된 조건에서 사용될 때 규정된 신뢰 수준을 유지하거나 사용자로 하여금 오류를 방지할 수 있도록 하는 정도이다.
사용성 (Usability)	• 이해성 • 친밀성 • 사용 순응성	해당 컨텐츠가 규정된 조건에서 사용될 때, 사용자에 의해 이해되고, 선호될 수 있게 하는 정도이다.
효율성 (Efficiency)	• 시간 효율성 • 자원 효율성 • 효율 순응성	해당 컨텐츠가 규정된 조건에서 사용되는 자원의 양에 따라 요구된 성능을 제공하는 정도이다.
이식성 (Portability)	• 적응성 • 공존성 • 이식 순응성	해당 컨텐츠가 다양한 환경과 상황에서 실행될 가능성이다.

3) 데이터 품질 진단 기법

① 정형 데이터 품질 진단

- 정형 데이터의 품질은 데이터 프로파일링 기법을 통해 진단할 수 있다.

> **기적의 TIP**
> 데이터 품질을 검사하는 다양한 방법에 대해서 알아둔다.

기법	설명
메타데이터 수집 및 분석	테이블 정의서, 칼럼 정의서, 도메인 정의서, 데이터 사전, ERD, 관계 정의서를 수집하여 테이블명 누락, 불일치, 칼럼 누락, 칼럼명 불일치, 자료형 불일치 내역을 추출한다.
칼럼 속성 분석	대상 칼럼의 총 건수, 유일값 수, NULL값 수, 공백값 수, 최대값, 최소값, 최대 빈도, 최소 빈도 등을 추출하여 유효범위 내의 존재여부를 판단한다.
누락 값 분석	반드시 입력되어야 하는 값의 누락이 발생한 칼럼을 발견하는 절차이다.
값의 허용 범위분석	속성값이 가져야 할 범위 내에 속성값이 있는지 파악한다.
허용 값 목록 분석	해당 칼럼의 허용 값 목록이나 집합에 포함되지 않는 값을 발견한다.
문자열 패턴 분석	칼럼 속성값의 특성을 문자열로 도식화하여 패턴 오류를 검출한다.
날짜 유형 분석	날짜 유형 적용의 일관성 여부를 분석한다.
기타 특수 도메인 (특정 번호 유형) 분석	사업자등록번호, 주민등록번호의 유효성 분석이 있다.
유일 값 분석	유일해야 하는 칼럼의 중복 발생 여부를 분석한다.
구조 분석	관계분석, 참조 무결성 분석, 구조 무결성 분석이 있다.

② 비정형 데이터 품질 진단

- 비정형 데이터의 품질 진단은 품질 세부 기준을 정하여 항목별 체크리스트를 작성하여 진단한다.

> **기적의 TIP**
> - 비정형 데이터의 품질 기준은 상황에 따라 매우 다르게 적용될 수 있다.
> - 어떤 기준을 적용할 수 있는지 정도만 이해한다.

▶ 동영상 유형 비정형 데이터의 체크리스트 사례

품질 기준	품질 세부 기준	측정항목	체크리스트
기능성	정확성	부가요소 정확성 등	1. 자막은 맞춤법 표기에 따라 작성되었는가? 2. 내레이션 시나리오와 사운드 내용은 일치하는가?
	적절성	운용 적절성 등	3. 비디오 압축 코덱은 표준을 준수하는가?
	상호 운용성	사운드/자막동기화 등	4. 사운드와 자막은 일치하는가?
	기능 순응성	규격화 여부 등	5. 기능성 관련 항목에 대한 표준 지침이 있는가?
신뢰성	성숙성	결함 발생 정도 등	6. 결함 발생 횟수는 얼마인가?
	신뢰 순응성	규격 준수 정도 등	7. 신뢰성 관련 항목에 대한 표준 지침이 있는가?

사용성	이해성	영상 인식만족도 등	8. 영상과 자막은 선명한가?
	친밀성	포맷 친숙성 등	9. 영상 포맷에 대한 표준을 준수하는가?
	사용 순응성	규격화 여부	10. 사용성 항목에 대한 표준 지침이 있는가?
효율성	시간 효율성	응답 속도	11. 선택한 동영상이 기준 시간 내에 로딩되는가?
	효율 순응성	규격화 여부	12. 효율성 항목에 대한 표준 지침이 있는가?
이식성	적응성	운영 환경 호환성	13. 운영 환경 및 플레이어 호환성이 있는가?
	공존성	타 SW 영향 여부	14. 실행중인 타 SW 성능에 영향을 미치는가?
	이식 순응성	규격화 여부	15. 이식성 관련 항목에 대한 표준 지침이 있는가?

4) 데이터 품질 진단 절차

데이터 품질 진단은 일반적으로 품질 진단 계획 수립, 품질기준 및 진단 대상 정의, 품질 측정, 품질 측정 결과 분석, 데이터 품질 개선의 5단계로 진행한다.

① 품질 진단 계획 수립

- 데이터 품질 진단의 목적과 배경, 목표, 추진 방향, 업무 범위 등을 정의한다.
- 데이터 품질 진단을 수행할 전담 조직을 구성한다.
- 데이터 품질 진단 수행 방법론, 절차, 기법, 도구 등을 정의한다.
- 수립된 방법론, 절차에 따라 인력, 기간, 자원, 산출물 등을 정의하여 상세 계획을 확정한다.

② 품질 기준 및 진단 대상 정의

- 품질 측정을 수행하기 위한 품질기준 및 대상 선정, 데이터 프로파일링, 업무규칙 정의 및 체크리스트 준비 등이 이루어진다.
- 데이터 품질 진단 수행 시 적용할 품질 측정의 기준을 사전에 정의하고, 데이터의 형태(정형·비정형)에 따라 데이터 품질 진단을 수행할 대상 정보 시스템의 테이블 및 컬럼 등을 정의한다.
- 진단 대상이 되는 멀티미디어 콘텐츠 및 해당 메타데이터를 선정하여, 데이터 유형별 특성에 따른 데이터 프로파일링 및 업무규칙 정의, 체크리스트 준비 등을 수행한다.

> **기적의 TIP**
>
> 데이터 품질 진단을 위한 5단계 절차에서 수행되는 내용을 확인한다.

③ 품질 측정

- 품질 측정을 위한 구체적인 실행계획을 수립한다.
- 정형·비정형 데이터 유형에 따라 도출된 업무규칙과 측정항목을 토대로 품질 측정에 사용할 체크리스트를 작성한다.
- 도출된 업무규칙과 측정항목에 대해 실 운영시스템에 적용하여 품질 수준을 측정하며, 종합품질지수를 산출한다.
- 프로파일링 결과, 업무규칙 도출 현황, 콘텐츠 유형별 측정 항목 및 측정 내용 도출 현황, 품질 측정 결과 등의 내용을 요약하여 보고한다.

④ 품질 측정 결과 분석

- 데이터 품질 측정이 완료되면 오류 유형에 따른 발생 원인을 분석하고 이에 따라 각 업무 분야에 해당되는 개선방안을 도출한다.
- 오류가 발견된 컬럼 또는 측정 항목에 대해 품질 기준별, 발생 유형별 오류 원인을 분석한다.
- 주요 오류 원인별 개선 방안을 도출하고, 우선순위를 부여한다.

⑤ 데이터 품질 개선

- 도출된 개선안과 우선순위에 따라 세부 수행 일정과 책임소재, 관련 조직 및 업무 관련자에 대한 공지계획 등이 포함된 품질 개선 계획을 수립한다.
- 수립된 품질 개선 계획에 따라 개선활동을 수행한다.
- 오류 원인별 개선 수행 내용과 결과를 요약하여 보고한다.

5) 데이터 품질 검증 수행

- 수집 데이터 품질 보증 체계를 수립하여 품질 점검 수행 후 품질검증 결과서를 작성한다.
- 품질 점검 수행 과정에서 데이터 오류수정이 용이하지 않을 경우 데이터를 재수집한다.

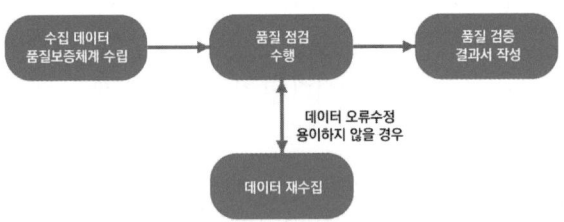

▲ 수집 데이터 품질검증 수행절차

개념 체크

1 정형 데이터 품질 기준 중에서 아래의 규칙을 만족하는 것으로 옳은 것은?

> (가) 학기 시작일은 학기 종료일보다 이전 시점이어야 한다.
> (나) 1분기 매출액은 1월, 2월, 3월 매출액의 합계와 같아야 한다.

① 정확성　　② 완전성
③ 적시성　　④ 일관성

정답 ①

데이터 품질 관리 요소 중 정확성은 데이터 값이 실제 값과 일치해야 하는 것으로 날짜의 선후 관계 정확성, 계산/집계 정확성, 최신성, 업무규칙 정확성 등을 만족해야 한다. 보기의 (가)는 선후관계 정확성, (나)는 계산집계 정확성에 대한 조건이다.

2 정형 데이터 품질 기준 중에서 아래의 규칙을 만족하는 것으로 옳은 것은?

> (가) 학생의 입학년도는 2001보다 크거나 같고 2022보다 작아야 한다.
> (나) 학생의 휴대전화 번호는 010으로 시작하는 11자리 번호이다.

① 정확성　　② 완전성
③ 적시성　　④ 유효성

정답 ④

데이터 품질 관리 요소 중 유효성은 데이터 항목은 정해진 데이터 유효범위 및 도메인을 충족해야 한다는 것으로 보기의 (가)는 범위 유효성, (나)는 형식 유효성에 해당한다.

3 다음 중 데이터 프로파일링 기법을 통해 검증할 수 있는 것으로 틀린 것은?

① 누락된 값을 찾아낸다.
② 유일해야 하는 칼럼의 중복값 존재 여부를 파악한다.
③ 연락처가 최신의 것으로 업데이트 되었는지를 파악한다.
④ 메타데이터를 이용해 데이터 형식의 불일치를 찾아낸다.

정답 ③

데이터 프로파일링은 데이터 품질 진단을 위한 다양한 기법을 적용하며, 데이터 누락 값, 허용범위를 벗어나는 값, 형식 위반 등의 검사를 수행한다. 다만, 현실의 데이터가 반영된 것인지에 대한 확인은 별도의 검증 방법(휴대폰 인증, 이메일 인증 등)을 제공하지 않는 이상 프로파일링 만으로 진단하기 어렵다.

합격을 다지는 예상문제

01 데이터 수집을 위한 시스템 구축 절차로 적절한 것은?

① 수집데이터 유형파악 → 수집기술 결정 → 아키텍처 수립 → 하드웨어 구축 → 실행환경 구축
② 수집기술 결정 → 수집데이터 유형파악 → 아키텍처 수립 → 하드웨어 구축 → 실행환경 구축
③ 수집데이터 유형파악 → 아키텍처 수립 → 수집기술 결정 → 하드웨어 구축 → 실행환경 구축
④ 아키텍처 수립 → 수집기술 결정 → 수집데이터 유형파악 → 하드웨어 구축 → 실행환경 구축

02 비즈니스 도메인 정보를 습득하기 위해 필요한 것으로 적절하지 않은 것은?

① 비즈니스 모델
② 비즈니스 파트너
③ 비즈니스 용어집
④ 비즈니스 프로세스

03 원천 데이터에 대한 정보를 습득하고자 할 때 필요한 정보에 해당하지 않는 것은?

① 데이터의 보안
② 데이터의 신속성
③ 데이터의 정확성
④ 데이터의 수집 가능성

04 다음 중 내부 데이터가 아닌 것은?

① 서비스 시스템 데이터
② 네트워크 및 서버 장비 데이터
③ 마케팅 데이터
④ 소셜 데이터

05 데이터 유형에 대한 설명으로 적절하지 않은 것은?

① 비정형 데이터로는 웹로그, 센서 데이터, JSON 파일 등이 있다.
② 정형 데이터는 정형화된 스키마를 가진 데이터이다.
③ 반정형 데이터는 메타 구조를 가지는 데이터이다.
④ 데이터의 유형은 크게 정형 데이터, 반정형 데이터, 비정형 데이터로 나뉜다.

06 외부 데이터의 특징으로 적절하지 않은 것은?

① 대부분 반정형, 비정형 데이터로 존재한다.
② 서비스의 수명 주기 관리가 용이하다.
③ 대부분 추가적인 데이터 가공 작업이 필요하다.
④ 비용 및 데이터 수집 난이도가 높다.

07 데이터 확보 비용 산정을 위한 비용 요소로 적절하지 않은 것은?

① 데이터의 크기 및 보관주기
② 데이터의 수집 방식
③ 데이터의 역사적 가치
④ 데이터의 종류

08 다음 중 대표적인 데이터 저장 방식과 거리가 먼 것은?

① 파일 시스템
② 분산처리 데이터베이스
③ 관계형 데이터베이스
④ 객체지향 데이터베이스

09 데이터 적절성 검증을 위한 방법으로 적절하지 않은 것은?

① 데이터의 신속성
② 소스 데이터와 비교
③ 보안 사항 점검
④ 저작권 점검

10 데이터 변환 방식의 종류로 적절하지 않은 것은?

① 비정형 데이터를 정형 데이터 형태로 저장하는 방식
② TCP 방식에서 Open API로 수집하여 저장하는 방식
③ 수집 데이터를 분산파일시스템으로 저장하는 방식
④ 주제별, 시계열적으로 저장하는 방식

11 개인정보 비식별화 방법 중 가명처리 기법의 세부기술이 아닌 것은?

① 휴리스틱 가명화
② 암호화
③ 교환 방법
④ 제어 라운딩

12 개인정보 비식별화 방법에 대한 설명으로 적절하지 않은 것은?

① 가명처리는 개인정보 중 주요 식별요소를 다른 값으로 대체하는 방법이다.
② 총계처리는 데이터의 총합 값을 보여 주고 개별 값을 보여주지 않는 방법이다.
③ 데이터 마스킹은 개인을 식별하는 데 기여할 확률이 낮은 요소들을 보이지 않게 하는 방법이다.
④ 데이터 범주화는 데이터의 값을 범주의 값으로 변환하여 값을 숨기는 방법이다.

13 비식별화된 개인정보의 재식별 가능성 검토 기법으로 적절하지 않은 것은?

① s-보안성
② k-익명성
③ l-다양성
④ t-근접성

14 비정형 데이터의 품질기준으로 적절하지 않은 것은?

① 기능성
② 정확성
③ 사용성
④ 효율성

15 정형 데이터의 품질 진단 기법으로 적절하지 않은 것은?

① 메타데이터 수집 및 분석
② 값의 허용 범위 분석
③ 운영환경 호환성 분석
④ 문자열 패턴 분석

16 정형 데이터 수집 기술로 적절하지 않은 것은?

① DBToDB
② ETL(Extract Transform Load)
③ Crawling
④ FTP(File Transfer Protocol)

17 정형 데이터 수집을 위한 아파치 스쿱에 대한 설명으로 적절하지 않은 것은?

① 관계형 데이터 스토어 간에 대량 데이터를 효과적으로 전송하기 위해 구현된 도구이다.
② 커넥터를 사용하여 MySQL, Oracle, MS SQL 등 관계형 데이터베이스의 데이터를 HDFS로 수집한다.
③ 관계형 데이터베이스에서 가져온 데이터들을 하둡 맵리듀스로 변환하고 변환된 데이터들을 다시 관계형 데이터베이스로 내보낼 수 있다.
④ 데이터 가져오기/내보내기 과정을 맵리듀스를 통해 처리하기 때문에 병렬처리가 가능하지만 장애에 취약하다.

18 휴리스틱 가명화에 대한 설명으로 적절하지 않은 것은?

① 정보 가공 시 일정한 규칙의 알고리즘을 적용하여 암호화함으로써 개인정보를 대체하는 방법이다.
② 식별자에 해당하는 값들을 몇 가지 정해진 규칙으로 대체하거나 사람의 판단에 따라 가공하여 개인정보를 숨긴다.
③ 식별자의 분포를 고려하거나 수집된 자료의 사전 분석을 하지 않고 모든 데이터를 동일한 방법으로 가공한다.
④ 활용할 수 있는 대체 변수에 한계가 있으며, 다른 값으로 대체하는 일정한 규칙이 노출되는 취약점이 있다.

19 비식별화 방법 중 데이터 삭제 기법의 단점을 설명하는 보기는?

① 대체값 부여 시에도 식별 가능한 고유 속성이 계속 유지된다.
② 분석의 다양성과 분석 결과의 유효성과 신뢰성이 저하된다.
③ 정밀 분석의 어려움 및 수량이 적을 경우 추론에 의한 식별 가능성이 있다.
④ 정확한 분석결과 도출의 어려움 및 데이터 범위 구간이 좁혀질 경우 추론 가능성이 있다.

20 정형 데이터 품질 기준 중 정확성의 세부 품질 기준 항목으로 적절하지 않은 것은?

① 선후 관계 정확성
② 최신성
③ 참조 무결성
④ 업무 규칙 정확성

SECTION 01

01 ①	02 ②	03 ②	04 ④	05 ①
06 ②	07 ③	08 ④	09 ①	10 ②
11 ④	12 ③	13 ①	14 ②	15 ③
16 ③	17 ④	18 ①	19 ②	20 ③

01 ①
데이터 수집을 위한 시스템 구축 절차는 수집데이터 유형파악, 수집기술 결정, 아키텍처 수립, 하드웨어 구축, 실행환경 구축 순으로 수행된다.

02 ②
비즈니스 도메인 정보를 습득하기 위해서는 비즈니스 모델, 비즈니스 용어집, 비즈니스 프로세스로부터 정보를 습득하고, 도메인 전문가 인터뷰를 통해 데이터의 정보를 습득한다.

03 ②
원천 데이터에 대한 정보는 데이터의 수집 가능성, 데이터의 보안, 데이터 정확성, 수집 난이도, 수집 비용 항목이 필요하다.

04 ④
내부 데이터에는 서비스 시스템 데이터, 네트워크 및 서버 장비 데이터, 마케팅 데이터가 있으며, 외부 데이터로는 소셜 데이터, 특정 기관 데이터, M2M 데이터, Linked Open Data가 있다.

05 ①
비정형 데이터는 이미지나 동영상으로 존재하는 데이터이며, 웹로그나 센서 데이터 또는 JSON 파일의 경우 반정형 데이터에 해당한다.

06 ②
외부 데이터의 경우 외부 환경에 대한 통제가 어려움에 따른 서비스 관리정책 수립이 필요하다.

07 ③
데이터 확보 비용 산정을 위해서는 데이터의 종류, 데이터의 크기 및 보관주기, 데이터의 수집 주기, 데이터의 수집 방식, 데이터의 수집 기술, 데이터의 가치성을 고려하여야 한다.

08 ④
대표적인 데이터 저장 방식으로는 파일 시스템, 관계형 데이터베이스, 분산 처리 데이터베이스가 있다.

09 ①
데이터 적절성 검증을 위해 데이터 누락, 소스 데이터와 비교, 데이터의 정확성, 보안 사항 점검, 저작권 점검, 대량 트래픽 발생 여부를 점검해 보아야 한다.

10 ②
TCP 방식에서 Open API로 수집하여 저장하는 방식은 데이터 변환 방식의 종류가 아니라 데이터를 수집하는 방식을 변경하는 것이다.

11 ④
가명처리 기법의 세부기술로는 휴리스틱 가명화, 암호화, 교환 방법이 있으며, 제어 라운딩은 데이터 범주화 기법의 세부기술이다.

12 ③
데이터 마스킹은 개인을 식별하는 데 기여할 확률이 높은 주요 식별자를 보이지 않도록 처리하는 방법이다.

13 ①
비식별화된 개인정보의 재식별 가능성 검토 기법으로는 k-익명성, l-다양성, t-근접성이 있다.

14 ②
비정형 데이터의 품질기준으로는 기능성, 신뢰성, 사용성, 효율성, 이식성이 있으며, 정형 데이터의 품질기준으로는 완전성, 유일성, 유효성, 일관성, 정확성이 있다.

15 ③
정형 데이터의 품질 진단 기법으로는 메타데이터 수집 및 분석, 칼럼 속성 분석, 누락 값 분석, 값의 허용 범위 분석, 허용 값 목록 분석, 문자열 패턴 분석, 날짜 유형 분석, 기타 특수 도메인 분석, 유일 값 분석, 구조 분석 등이 있다.

16 ③
크롤링(Crawling)은 인터넷상에서 제공되는 다양한 웹 사이트의 소셜 네트워크 정보, 뉴스, 게시판 등으로부터 웹 문서 및 정보를 수집하는 기술로 비정형 데이터를 수집하는 방법이다.

17 ④
데이터 가져오기 내보내기 과정을 맵리듀스를 통해 처리하기 때문에 병렬 처리가 가능하고 장애에도 강한 특징을 갖는다.

18 ①
정보 가공 시 일정한 규칙의 알고리즘을 적용하여 암호화함으로써 개인정보를 대체하는 방법은 암호화이다.

19 ②

> **오답 피하기**
> • ① 가명처리의 단점
> • ③ 총계처리의 단점
> • ④ 데이터 범주화의 단점

20 ③
정확성의 세부 품질 기준으로는 선후 관계 정확성, 계산/집계 정확성, 최신성, 업무 규칙 정확성이 있으며, 참조 무결성은 일관성의 세부 품질 기준이다.

SECTION 02 데이터 적재 및 저장

빈출 태그 적재 • 플루언티드(Fluentd) • NoSQL DBMS • 저장시스템 선정 • 접근성 제어

> 분산된 여러 서버에서 데이터를 수집하는 플랫폼과 저장 방법의 중요성이 점점 더 커지고 있다.

01 데이터 적재

1) 데이터 적재 도구
- 수집한 데이터는 빅데이터 분석을 위한 저장 시스템에 적재해야 한다.
- 적재할 데이터의 유형과 실시간 처리 여부에 따라 관계형 데이터베이스, HDFS를 비롯한 분산파일시스템, NoSQL 저장 시스템에 데이터를 적재할 수 있다.
- 수집된 데이터를 저장시스템에 적재 시 Fluentd, Flume, Scribe, Logstash 와 같은 데이터 수집 도구들을 이용하여 적재하는 방법들도 있다.

① 데이터 수집 도구를 이용한 데이터 적재
- 로그 수집을 해야 하는 각 서버에 Fluentd를 설치하면, 서버에서 로그를 수집해서 중앙 로그 저장소로 전송한다.
- Fluentd의 로그 수집 구조는 가장 간단한 구조로 Fluentd가 로그 수집 에이전트 역할만 수행하지만, 이에 더해 각 서버에서 Fluentd에서 수집한 로그를 다른 Fluentd로 보내서 이 Fluentd가 최적으로 로그 저장소에 저장하도록 설정할 수 있다.
- 중간에 Fluentd를 두는 이유는, 이 Fluentd가 먼저 들어오는 로그들을 수집해서 로그 저장소에 넣기 전에 로그 트래픽을 속도 조절하고 로그저장소의 용량에 맞게 트래픽을 조정할 수 있기 때문이다.
  - 또한 로그를 여러 저장소에 복제해서 저장하거나 로그의 종류에 따라서 다른 로그 저장소로 라우팅할 수 있다.
- Fluentd 로그 수집기는 로그화 시킬 소스 데이터에 대한 환경 설정, 추출한 데이터를 어디로 전달할 것인지에 대한 설정, 실행 주기 설정 등을 통하여 다양한 데이터 수집이 가능하다.

> **JSON (JavaScript Object Notation)**
> 속성-값 쌍 또는 키-값 쌍으로 이루어진 데이터 오브젝트를 전달하기 위해 인간이 읽을 수 있는 텍스트를 사용하는 개방형 표준 포맷

데이터 수집 도구	설명
플루언티드(Fluentd)	• 트레저 데이터(Treasure Data)에서 개발된 크로스 플랫폼 오픈 소스 데이터 수집 소프트웨어이다. • 사용자의 로그를 다양한 형태로 입력받아 JSON 포맷으로 변환한 뒤 다양한 형태로 출력한다.

플럼(Flume)	• 많은 양의 로그 데이터를 효율적으로 수집, 취합, 이동하기 위한 분산형 소프트웨어이다. • 로그 데이터 수집과 네트워크 트래픽 데이터, 소셜 미디어 데이터, 이메일 메시지 데이터 등 대량의 이벤트 데이터 전송을 위해 사용한다.
스크라이브(Scribe)	• 수많은 서버로부터 실시간으로 스트리밍되는 로그 데이터를 집약시키기 위한 서버이다. • 클라이언트 사이드의 수정 없이 스케일링 가능하고 확장이 가능하다.
로그스태시(Logstash)	• 다양한 소스에서 데이터를 수집하여 변환한 후 자주 사용하는 저장소로 전송하는 도구이다.

② NoSQL DBMS가 제공하는 도구를 이용한 데이터 적재
- 로그 수집기를 이용한 방법처럼 많은 기능을 사용할 수는 없지만, 수집한 데이터가 CSV 등의 텍스트 데이터라면 mongoimport와 같은 적재 도구를 사용하여 데이터 적재를 수행할 수 있다.
- 로그 수집 도구를 쓰는 방식처럼 데이터 수집 주기 등을 환경설정하여 사용할 수는 없다.

CSV
(Comma Separated Value)
쉼표를 기준으로 항목을 구분하여 저장한 데이터

③ 관계형 DBMS의 데이터를 NoSQL DBMS에서 적재
- 기존의 운영 중이던 관계형 데이터베이스로부터 데이터를 추출하여 NoSQL 데이터베이스로 적재할 수도 있다.
- 데이터 변형이 많이 필요하다면, 데이터 적재를 위한 프로그램을 작성하여 적재할 수 있고, 큰 변화 없이 적재한다면 SQLtoNoSQLimporter, Mongify 등의 도구를 사용하여 적재할 수도 있다.

2) 데이터 적재 완료 테스트

① 데이터 적재 내용에 따라 체크리스트를 작성
- 정형 데이터인 경우에는 테이블의 개수와 속성의 개수 및 데이터 타입의 일치 여부, 레코드 수 일치 여부가 체크리스트가 될 수 있다.
- 반정형이나 비정형인 경우에는 원천 데이터의 테이블이 목적지 저장시스템에 맞게 생성되었는지, 레코드 수가 일치하는지 등이 체크리스트에 포함될 수 있다.

적재하는 데이터(정형, 반정형, 비정형)의 유형과 특성에 따라 체크리스트를 작성한다.

② 데이터 테스트 케이스를 개발
- 적재된 레코드 수를 확인하는 간단한 것 외에도 원천 데이터 중에 특정 데이터에 대해 샘플링을 해서 목적지 저장시스템에서 조회하는 테스트 케이스를 개발할 수 있다.
- 적재한 대량 데이터의 데이터 타입, 특별히 한글 문자 등의 ASCII 코드가 아닌 문자들이 정상적으로 적재되는지 확인이 꼭 필요하다.
- 문자열이 숫자로 이루어지면 문자열로 적재되었는지 또는 숫자인데 문자열로 적재되지는 않았는지 확인해야 한다.

데이터 테스트 케이스
적재가 정상적으로 완료되었는지 확인하는 시험

③ 체크리스트 검증 및 데이터 테스트 케이스 실행
- 이전 단계에서 작성된 체크리스트와 테스트 케이스에 대해 검증을 실행한다.
- 검증 결과를 분석하여 데이터 적재 결과 보고서를 작성한다.

개념 체크

1 다음 소프트웨어 중에서 데이터 수집 목적으로 사용하기 어려운 것은?
① 플럼(Flume)
② 스쿱(Sqoop)
③ 플루언티드(Fluentd)
④ HDFS

정답 ④

HDFS는 분산 파일 시스템으로 데이터 저장 목적으로 사용된다.

2 다음 빅데이터 관련 소프트웨어 중에서 그 성격이 다른 하나는?
① 플럼(Flume)
② 로그스태시(Logstash)
③ 플루언티드(Fluentd)
④ 하이브(Hive)

정답 ④

①, ②, ③은 데이터 수집을 위한 소프트웨어이고, Hive는 하둡기반 저장소에 대한 질의처리를 담당하는 시스템이다.

02 데이터 저장

1) 빅데이터 저장시스템

대용량 데이터 집합을 저장하고 관리하는 시스템으로 사용자에게 데이터 제공 신뢰성과 가용성을 보장하는 시스템이다.

① 파일 시스템 저장방식

- 빅데이터를 확장 가능한 분산 파일의 형태로 저장하는 방식의 대표적인 예는 Apache HDFS(Hadoop Distributed File System), 구글의 GFS(Google File System) 등을 들 수 있다.
- 파일 시스템 저장방식은 저사양 서버들을 활용하여 대용량, 분산, 데이터 집중형의 애플리케이션을 지원하며 사용자들에게 고성능 fault-tolerance 환경을 제공하도록 구현되어 있다.

② 데이터베이스 저장방식

- 빅데이터를 저장하는 방식에는 전통적인 관계형 데이터베이스 시스템을 이용하거나 NoSQL 데이터베이스 시스템을 이용하는 방식이 있다.

> 최근에는 전통적인 관계형 데이터베이스보다 NoSQL 데이터베이스를 활용하는 방식이 선호되고 있다.

- NoSQL 데이터베이스는 대용량 데이터 저장 측면에서 봤을 때, 관계형 데이터베이스보다 수평적 확장성, 데이터 복제, 간편한 API 제공, 일관성 보장 등의 장점이 있다.

2) 분산 파일 시스템

① 하둡 분산파일 시스템(Hadoop Distributed File System, HDFS)
- 하둡은 아파치 진영에서 분산 환경 컴퓨팅을 목표로 시작한 프로젝트로 분산 처리를 위한 파일 시스템이다.
- HDFS는 대용량 파일을 클러스터에 여러 블록으로 분산하여 저장하며, 블록들은 마지막 블록을 제외하고 모두 크기가 동일하다(기본 크기 64MB).
- HDFS는 마스터(Master) 하나와 여러 개의 슬레이브(Slave)로 클러스터링되어 구성된다.
  - 마스터노드(Master Node)는 네임노드(Name Node)라고 하며 슬레이브를 관리하는 메타데이터와 모니터링 시스템을 운영한다.
  - 슬레이브노드(Slave Node)는 데이터노드(Data Node)라고 하며 데이터 블록을 분산처리한다.
- 데이터 손상을 방지하기 위해서 데이터 복제 기법을 사용한다.

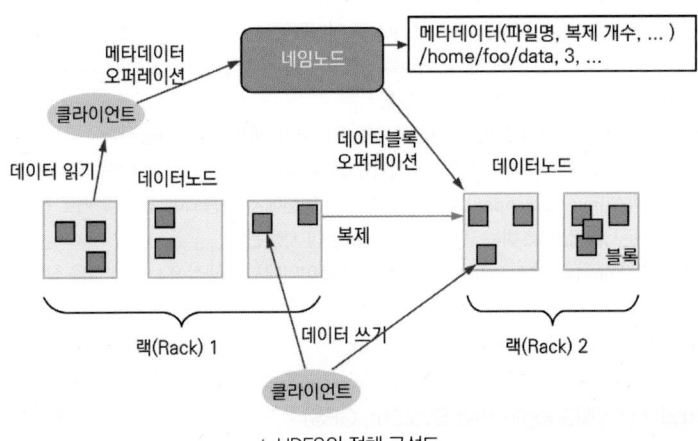

▲ HDFS의 전체 구성도

+ 더 알기 TIP

하둡의 장점
- 하둡의 DFS는 대용량의 비정형 데이터 저장 및 분석에도 효율적이다.
- 클러스터 구성을 통해 멀티 노드로 부하를 분산시켜 처리한다.
- 개별적인 서버에서 진행되는 병렬처리 결과를 하나로 묶어 시스템의 과부하나 병목 현상을 줄여준다.
- 하둡은 장비를 증가시킬 수록 성능이 향상된다.
- 오픈소스 하둡은 무료로 사용할 수 있다.

하둡(Hadoop)
대용량 파일을 저장할 수 있는 기능을 제공하는 분산파일 시스템과, 저장된 데이터를 쉽고 빠르게 분석할 수 있는 컴퓨팅 플랫폼인 맵리듀스로 구성

분산 데이터 처리기술 – 맵리듀스(MapReduce)

- 구글에서 발표한 MapReduce 방법을 하둡 오픈소스 프로젝트에서 구현하였다.
- MapReduce는 주어진 입력에 대해, 이를 여러 개의 부분으로 분할하고 각각의 부분에 대해 필요한 함수를 적용하여 결과값을 저장한다(Map함수와 Reduce함수로 구성).
- 분산 병렬처리가 가능하다.

  ㉑ 여러 문서에 들어있는 단어의 수를 MapReduce를 통해 계산하는 과정
  - Input : 데이터 소스를 입력한다. (분산되어 저장되어 있는 여러 문서들)
  - Splitting : 문서를 여러 개의 조각으로 나눈다. (분산 병렬처리가 가능해짐)
  - Mapping : 문서 조각에 포함된 단어와 그 빈도수를 계산하여 기록한다.
  - Shuffling : 각 조각별로 계산된 결과를 같은 단어들로 모은다.
  - Reducing : 단어 별로 출연 빈도수를 합한다.
  - Final result : 최종 합산 결과를 출력한다.

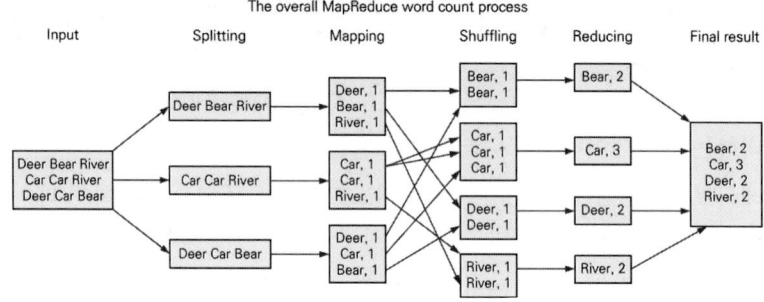

- 맵리듀스 패턴의 종류
  - 단어 세기(Word Count) 패턴 : 대용량 텍스트 데이터에서 각 단어의 빈도를 계산하는데 사용된다.
  - 그룹화(Grouping) 패턴 : 대용량 데이터를 그룹화하여 처리하는데 사용된다. 예를 들어, 고객 데이터를 지역별로 그룹화하여 처리할 수 있다.
  - 조인(Join) 패턴 : 두 개 이상의 데이터 세트를 조인하여 처리하는데 사용된다.
  - 필터링(Filtering) 패턴 : 데이터에서 특정 조건을 충족하는 레코드를 선택하는데 사용된다.
  - 인버트 인덱스(Inverted Index) 패턴 : 문서 검색 엔진에서 사용되며, 단어를 키로 하고 해당 단어가 포함된 문서를 값으로 하는 인덱스를 생성하는데 사용된다.
  - 최대/최소값(Maximum/Minimum) 패턴 : 대용량 데이터에서 최댓값 또는 최솟값을 찾는데 사용된다.
  - 통계(Statistics) 패턴 : 대용량 데이터에서 통계적 분석을 수행하는데 사용된다. 예를 들어, 평균, 중앙값, 분산 등을 계산할 수 있다.

② 구글 파일 시스템(Google File System, GFS)

구글은 검색 포털로서 대규모 데이터, 특히 웹페이지 등의 텍스트 정보 및 이미지와 같은 비구조적 데이터에 대한 효율적 처리가 필연적이었다.
GFS 기술은 상당 부분 HDFS에 적용되었다.

- 구글 파일 시스템(GFS 또는 GoogleFS)은 엄청나게 많은 데이터를 보유해야 하는 구글의 핵심 데이터 스토리지와 구글 검색 엔진을 위해 최적화된 분산 파일 시스템이다.
- 마스터(Master), 청크 서버(Chunk Server), 클라이언트로 구성된다.
  - 마스터는 GFS 전체의 상태를 관리하고 통제한다.
  - 청크서버는 물리적인 하드디스크의 실제 입출력을 처리한다.
  - 클라이언트는 파일을 읽고 쓰는 동작을 요청하는 애플리케이션이다.
- 파일들은 일반적인 파일 시스템에서의 클러스터들과 섹터들과 비슷하게 64MB로 고정된 크기의 청크들로 나누어서 저장된다.

- 가격이 저렴한 서버에서도 사용되도록 설계되었기 때문에 하드웨어 안정성이나 자료들의 유실에 대해서 고려하여 설계되었고 응답시간이 조금 길더라도 데이터의 높은 처리성능에 중점을 두었다.

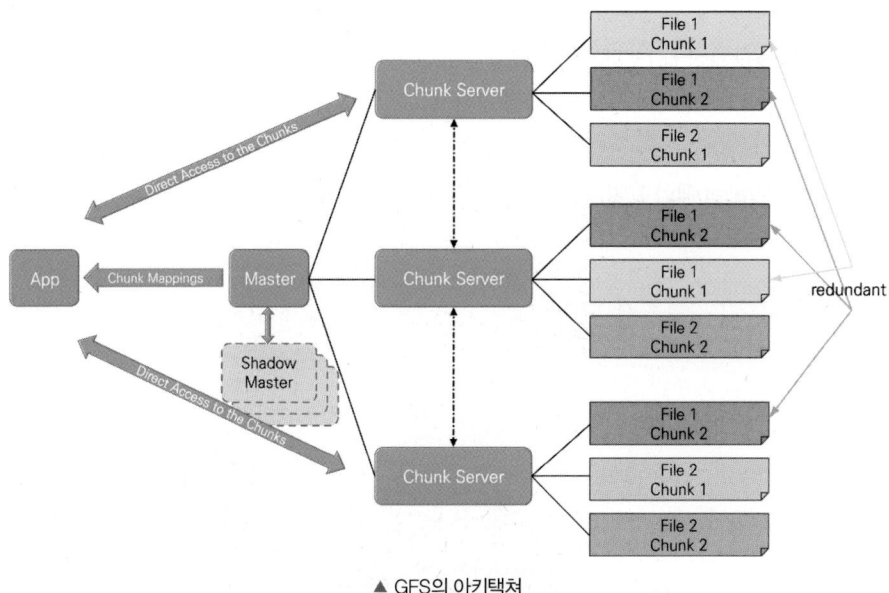

▲ GFS의 아키텍쳐

3) NoSQL

① NoSQL 개요

- NoSQL 데이터베이스는 전통적인 관계형 데이터베이스보다 유연한 데이터의 저장 및 검색을 위한 매커니즘을 제공한다.
- 대규모 데이터를 처리하기 위한 확장성, 가용성 및 높은 성능을 제공하며, 빅데이터 처리와 저장을 위한 플랫폼으로 활용된다.
- SQL 계열 쿼리를 지원하는 데이터베이스도 있어, "Not Only SQL"로 불리기도 한다.

▶ RDBMS와 NoSQL의 장단점 및 특성 비교

구분	장·단점	특성
RDBMS	• 데이터 무결성과 정확성을 보장한다. • 정규화된 테이블과 소규모 트랜잭션이 있다. • 확장성에 한계가 있다. • 클라우드 분산 환경에 부적합하다.	• UPDATE, DELETE, JOIN 연산이 가능하다. • ACID 트랜잭션이 있다. • 고정 스키마가 있다.
NoSQL	• 데이터의 무결성과 정확성을 보장하지 않는다. • 웹 환경의 다양한 정보를 검색, 저장 가능하다.	• 수정, 삭제를 사용하지 않는다. (입력으로 대체) • 강한 일관성은 불필요하다.

트랜잭션
데이터베이스의 상태를 변경하는 논리적 작업 단위의 개념. 데이터베이스가 항상 정확하고 일관된 상태를 유지할 수 있도록 기능함

② CAP 이론 : 기존 데이터 저장 구조의 한계

- 2000년 버클리 대학의 에릭 브루어 교수가 발표한 이론으로, 분산 컴퓨팅 환경의 특징을 일관성(Consistency), 가용성(Availability), 지속성(Partition Tolerance) 세 가지로 정의하고, 어떤 시스템이든 이 세 가지 특성을 동시에 만족하기 어렵다고 설명한다.
  - 일관성(Consistency) : 분산 환경에서 모든 노드가 같은 시점에 같은 데이터를 보여줘야 한다.
  - 가용성(Availability) : 일부 노드가 다운되어도 다른 노드에 영향을 주지 않아야 한다.
  - 지속성(Partition Tolerance) : 데이터 전송 중에 일부 데이터를 손실하더라도 시스템은 정상 동작해야 한다.

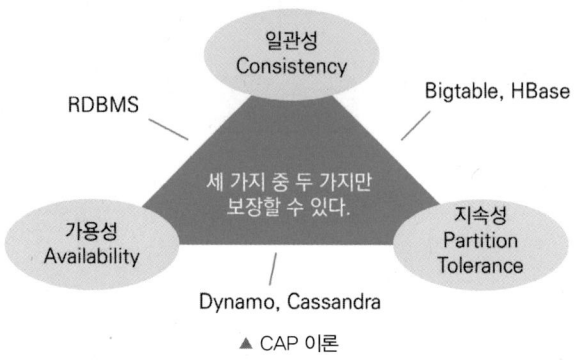

▲ CAP 이론

▶ CAP 이론을 기준으로 한 RDBMS와 NoSQL 비교

구분	설명	적용 예
RDBMS	일관성(C)과 가용성(A)을 선택했다.	트랜잭션 ACID 보장(금융 서비스)
NoSQL	일관성(C)이나 가용성(A) 중 하나를 포기하고, 지속성(P)을 보장한다.	C+P형 : 대용량 분산 파일 시스템(성능 보장) A+P형 : 비동기식 서비스(아마존, 트위터 등)

③ NoSQL의 기술적 특성

NoSQL은 고전적인 관계형 데이터베이스의 주요 특성을 보장하는 ACID특성 중 일부만을 지원하는 대신 성능과 확장성을 높이는 특성을 강조한다.

▶ NoSQL의 기술적 특성

특성	내용
無 스키마	• 데이터를 모델링하는 고정된 데이터 스키마 없이 키 값을 이용하여 다양한 형태의 데이터 저장 및 접근 가능하다. • 데이터 저장 방식은 크게 열, 값, 문서, 그래프 등의 네 가지를 기반으로 구분한다.

다이나모(Dynamo)
아마존에서 발표한 NoSQL DBMS

카산드라(Cassandra)
아파치 재단의 자유-오픈소스 분산형 NoSQL DBMS

ACID(원자성, 일관성, 고립성, 지속성)
데이터베이스 트랜잭션이 안전하게 수행된다는 것을 보장하기 위한 성질

탄력성(Elasticity)	• 시스템 일부에 장애가 발생해도 클라이언트가 시스템에 접근 가능하다. • 응용 시스템의 다운 타임이 없도록 하는 동시에 대용량 데이터의 생성 및 갱신한다. • 질의에 대응할 수 있도록 시스템 규모와 성능 확장이 용이하며, 입출력의 부하를 분산시키는데도 용이한 구조이다.
질의(Query) 기능	• 수십 대에서 수천 대 규모로 구성된 시스템에서도 데이터의 특성에 맞게 효율적으로 데이터를 검색, 처리할 수 있는 질의 언어, 관련 처리 기술, API를 제공한다.
캐싱(Caching)	• 대규모 질의에도 고성능 응답 속도를 제공할 수 있는 메모리 기반 캐싱 기술을 적용하는 것이 중요하다. • 개발 및 운영에도 투명하고 일관되게 적용할 수 있는 구조이다.

④ NoSQL의 데이터 모델

- NoSQL의 데이터 저장 방식에 따라 키-값 구조, 칼럼기반 구조, 문서기반 구조로 구분할 수 있다.
- 키-값(Key-Value) 데이터베이스
  - 데이터를 키와 그에 해당하는 값의 쌍으로 저장하는 데이터 모델에 기반을 둔다.
  - 단순한 데이터 모델에 기반을 두기 때문에 관계형 데이터베이스보다 확장성이 뛰어나고 질의 응답시간이 빠르다.
  - 아마존의 Dynamo 데이터베이스가 효시이며, Redis와 같은 In-memory 방식의 오픈소스 데이터베이스가 대표적이다.
- 열기반(칼럼기반, Column-oriented) 데이터베이스
  - 데이터를 로우가 아닌 칼럼기반으로 저장하고 처리하는 데이터베이스를 말한다.
  - 칼럼과 로우는 확장성을 보장하기 위하여 여러 개의 노드로 분할되어 저장되어 관리된다.
  - 구글의 Bigtable이 칼럼기반 데이터베이스의 효시이며, 이로부터 파생된 Cassandra, HBase, HyperTable 등이 대표적인 칼럼기반 데이터베이스이다.
- 문서기반(Document-oriented) 데이터베이스
  - 문서 형식의 정보를 저장, 검색, 관리하기 위한 데이터베이스이다.
  - 키-값 데이터베이스보다, 문서의 내부 구조에 기반을 둔 복잡한 형태의 데이터 저장을 지원하고 이에 따른 최적화가 가능하다는 장점이 있다.
  - 대표적으로 MongoDB, SimpleDB, CouchDB가 있다.

아파치 소프트웨어 재단
비영리 재단, 개발자들의 분산 커뮤니티, 개발된 소프트웨어는 아파치 라이선스 조항 아래 배포되며 오픈소스 소프트웨어여야 함

▶ NoSQL 분류

데이터 모델	설명	제품 예
키-값 저장 구조	• 가장 간단한 데이터 모델이다. • 범위 질의는 사용이 어렵다. (DB에서 지원하면 사용 가능) • 응용 프로그램 모델링이 복잡하다.	• DynamoDB(아마존) • Redis
열 기반 저장 구조	• 연관된 데이터 위주로 읽는데 유리한 구조이다. • 하나의 레코드를 변경하려면 여러 곳을 수정해야 한다. • 동일 도메인의 열 값이 연속되므로 압축 효율이 좋다. 범위 질의에 유리하다.	• Bigtable(구글) • Cassandra(아파치) • HBase • HyperTable
문서 저장 구조	• 문서마다 다른 스키마가 있다. • 레코드 간의 관계 설명이 가능하다. • 개념적으로 RDBMS와 비슷하다.	• SimpleDB(아마존) • CouchDB(아파치) • MongoDB

▶ NoSQL 데이터베이스 제품 및 특징

제품(개발사)	주요기능 및 특징
DynamoDB (아마존)	• 하드웨어 프로비저닝, 복제, 설정 패치, 사용하는 응용 프로그램에 따른 DB 자동 분할 기능 등을 지원한다. • DynamoDB의 기본 데이터 모델은 속성, 항목, 테이블로 구성된다. • DynamoDB의 모든 데이터는 SSD에 저장한다.
Redis (Redis Labs)	• 메모리 기반의 〈키, 값〉 저장 공간이다. • NoSQL이나 인메모리 솔루션으로 분류한다. • 다양한 데이터 구조를 지원한다. • 메모리에 저장된 내용을 지속시키기 위해 파일로 싱크하는 기능을 제공한다.
MongoDB (MongoDB)	• 크로스 플랫폼 문서기반 데이터베이스로 방대한 양의 데이터에서 낮은 관리 비용과 사용 편의성을 목표로 개발되었다. • MongoDB에서 저장의 최소 단위는 문서로, 각 문서들은 RDBMS의 테이블과 비슷한 컬렉션이라는 곳에 수집한다. • MongoDB는 자동-샤딩(Auto-Sharding)을 이용한 분산 확장이 가능하다. • 기존 DBMS의 범위 질의, 보조 인덱스, 정렬 등 연산과 맵리듀스 등 집계 연산을 함께 지원한다.
CouchDB (아파치)	• 인터페이스가 JavaScript로 구성된 문서 기반 데이터베이스로 데이터베이스는 독립된 도큐먼트들의 컬렉션으로 정의된다. • MongoDB보다 제공 질의, 확장성, 버전 관리 등에서 성능이 더 우수하다. • 문서단위의 ACID 속성을 지원하며, 데이터가 여러 시점에서 접근할 때 발생할 수 있는 문제점을 다중 버전 동시 동작 제어 기능으로 해결하였다.
SimpleDB (아마존)	• SimpleDB는 아마존의 데이터 서비스 플랫폼으로, 웹애플리케이션에서 사용하는 데이터의 실시간 처리를 지원한다. • Domain, Item, Attribute, Value로 구성되는 데이터 모델을 사용한다. • 트랜잭션 종료 후 데이터가 모든 노드에 즉시 반영되지 않고 초 단위로 지연 동기화되는 'Eventual Consistency' 정책을 취하고 있다.
Cassandra (아파치)	• 〈키, 값〉 구조를 복잡하게 확장한 컬럼 패밀리 구조의 DBMS로 페이스북에 적용하여 사용하고 있다. • 토큰링 배경의 키 구간이 설정되어 있어 서버(노드)의 추가 및 제거만으로도 전체 저장 공간의 유연한 확장 및 축소가 가능하다. • 다른 서버(노드)에 데이터 복제본을 구성하여 특정 노드에 장애가 발생해도 서비스 가능하다.

샤딩(Sharding)
데이터를 분할하여 다른 서버에 나누어 저장하는 과정

구분	내용
HBase (아파치)	• Hadoop DataBase이다. • 데이터 모델은 열 집합 기반의 저장소로 구성되며, 행, 열 그룹, 열 이름, 타임스탬프를 이용한 테이블 구조이다. • 하둡 파일 시스템 위에 설치되며, 읽기와 수정은 즉시 실행되며, 맵리듀스 연산은 일괄 처리하는 방식을 지원한다.
Hypertable (Zvents Inc.)	• C++ 언어로 개발되었으며, 열 그룹과 타임스탬프 개념을 사용한다. • HQL이라는 SQL과 비슷한 명령어를 제공하여 RDBMS와 기능이 유사하다. • C++ API를 완벽하게 제공하며, Java로 개발된 HBase보다 성능이 우수하다.
Bigtable (구글)	• 구글 클라우드 플랫폼에서 사용하는 칼럼기반 데이터 저장 구조이다. • 공유 디스크 방식으로 모든 노드가 데이터, 인덱스 파일을 공유한다. • 하나의 로우는 n개의 칼럼-집합(Column-Family)을 가질 수 있다.

4) 빅데이터 저장시스템 선정을 위한 분석

① 기능성 비교분석

구분	내용
데이터 모델	• 데이터를 테이블로 정리하고 사용하는데 무리가 없다면, RDBMS가 필요하고 NoSQL을 사용할 필요가 없다. • MongoDB는 RDBMS보다 한층 유연한 스키마를 활용하는 것이 가능하므로, RDBMS에서 문서 중심의 데이터 모델로 전환하는 데 도움이 된다. • Apache CouchDB는 데이터 저장소에 대한 인터페이스로 RESTful HTTP를 지원하므로 상대적으로 웹기반 시스템을 구축하는 데 장점이 있는 document 데이터베이스 시스템이다. • 단순 key-value 쌍을 저장하여 대규모 사용자와 부하 분산을 위한 안정적인 분산 저장소가 필요할 경우, Dynamo나 Redis를 선택하면 된다. • Cassandra, HyperTable, HBase는 column family 중심의 데이터베이스 시스템으로 극단적인 확장성을 보장할 수 있다는 장점이 있다.
확장성	• 확장성에서는 HBase, Cassandra, HyperTable과 같은 column-oriented 데이터베이스가 가장 뛰어난 것으로 알려져 있다. • Redis와 같은 인메모리 방식의 데이터베이스와 MongoDB, CouchDB와 같은 document 데이터베이스가 약간 뒤처지는 것으로 알려져 있다.
트랜잭션 일관성	• 트랜잭션의 일관성은 데이터 수정, 삭제 등의 작업이 빈번하게 일어나는 환경에서는 중요도가 높지만, 배치중심의 하둡 기반 분석환경에서는 중요도가 그리 높지 않다. • 트랜잭션의 일관성이 중요한 분야에서는 RDBMS를 선택해야 하며, 그렇지 않은 때에만 NoSQL을 선택하여야 한다.
질의 지원	• MongoDB는 SQL과 유사한 문법에 기반을 두어 쉽게 학습할 수 있는 우수한 질의 인터페이스를 지원한다. • CouchDB도 MongoDB에 비해 뒤처지지 않으며, 뷰 개념을 이해하고 활용하면 간편하다. • key-value 데이터베이스의 대표 격인 Redis도 풍부한 질의기능을 제공한다. • HBase나 HyperTable은 자체 질의지원 기능은 제공하지 않으나 Hive를 통해 SQL과 유사한 형태의 질의기능을 사용할 수 있다는 장점이 있다.
접근성	• MongoDB를 접근하기 위한 드라이버는 아주 다양하며, 현존하는 주류 라이브러리용 드라이버를 대부분 지원하고 있다. • CouchDB는 웹 통신을 지원하는 프로그래밍 언어라면 다 사용이 가능하다. • Redis, HBase, HyperTable, Cassandra는 대부분의 프로그래밍 언어에서 연결이 가능하도록 언어 바인딩을 지원한다.

> **궁극적 일관성(Eventual Consistency)**
> 분산 컴퓨팅에 쓰이는 일관성 모델의 하나. 데이터 항목에 새로운 업데이트가 없을 시 해당 항목에 대한 모든 접근들은 마지막 업데이트된 값을 반환하는 것을 비공식적으로 보장

② 분석방식 및 환경
- 빅데이터 저장 방식은 파일 시스템 형식으로 저장하는 방식, NoSQL 저장시스템을 사용하는 방식, RDBMS에 기반을 둔 데이터 웨어하우스 방식이 있다.
- 필요로 하는 분석 및 검색결과가 상시로 온라인 형식으로 필요한지, 분석가를 통해 별도의 프로세스를 거쳐 제공받는지 등을 구분하여 저장 방식과 환경을 선택한다.

③ 분석대상 데이터 유형
- 분석대상이 되는 데이터 유형이 기업 내외부에서 발생하는 기업 데이터인가, IoT 환경에서 발생하는 데이터인가 혹은 기타 다양한 과학, 바이오, 의학 분야에서 취급되는 데이터인가에 따라 데이터의 volume, velocity, variety, veracity 등을 고려하여 빅데이터 저장시스템을 선택한다.

④ 기존 시스템과의 연계
- 저장 대상 데이터의 유형이 대부분 테이블로 정의될 수 있는 형태이고 기존에 RDBMS 기반의 데이터 웨어하우스가 도입된 형태라면 기존 시스템을 그대로 활용하여 저장한다.
- 기존에 HDFS만을 활용하여 빅데이터 저장시스템이 구축되어 있으나, SQL-like 분석환경을 구축하고자 한다면 HBase를 추가 도입하는 것을 권장한다.
- 빅데이터 분석 애플리케이션이 키-값 쌍 처리 위주로 시스템이 구현되어 있다면 Redis 등을 도입하는 것이 좋다.
- IoT 데이터처럼 다양한 데이터가 지속해서 실시간 발생하는 것을 수집하는 시스템 환경이라면 key-value, 데이터베이스나 확장성이 중요한 요소라면 Cassandra와 같이 확장성이 보장된 칼럼 기반 데이터베이스를 선정하는 것이 좋다.

5) 데이터 발생 유형 및 특성

① 대용량 실시간 서비스 데이터 개요
- 대상 데이터의 용량, 실시간 여부, 정형, 비정형 등 유형 및 요건을 파악하여 빅데이터 저장 계획 수립에 반영하여야 한다.
- 일반적으로 실시간으로 처리해야 하는 데이터를 스트리밍 데이터로 통칭하는데 대용량의 특성과 무중단 서비스를 보장하는 저장 체계를 구축해야 한다.
- 실시간 데이터 처리를 위해 사용되는 시스템으로는 대표적으로 스파크(Spark), 스톰(Storm) 등이 있으며 배치 기반의 대용량 데이터 처리에 특화된 하둡 시스템보다 실시간 대용량 데이터 처리에 특화되어 있다.
- IoT(Internet of Things)에서 발생하는 센서 데이터, 네트워크 모니터링 데이터, 에너지 관리 분야 데이터, 통신 데이터, 웹 로그, 주식 데이터나 생산현장에서 발생하는 데이터 등이 이에 해당한다.

② 대용량 실시간 서비스 데이터 저장

- 실시간 빅데이터 처리를 위해 스톰(Storm)을 사용한다고 가정하면, 스톰은 저장소가 없으므로 외부 저장 시스템과의 연동이 필수적이다.
- 다양한 소스의 로그로부터 데이터가 발생하는 환경에서는 스톰을 통하여 데이터를 전처리한 후 HDFS나 MongoDB, Cassandra, HBase와 같은 NoSQL을 저장소로 사용하거나, 데이터를 정규화하여 일반 RDBMS를 저장소로 사용할 수도 있다.
- 대표적인 실시간 데이터 처리 시스템인 스파크(Spark) 역시 내장된 저장소를 제공하지 않기 때문에 외부 빅데이터 저장 시스템과의 연계가 필수적이다.
- 실시간 서비스를 웹 페이지로 제공하는 것이 필요한 환경에서는 Redis와 같은 메인 메모리 저장 시스템을 저장소로 사용하기도 한다.

> 스트리밍 데이터의 수집과 처리에 특화된 시스템과의 연계가 필수적이다.

6) 안정성과 신뢰성 확보 및 접근성 제어계획 수립

① 빅데이터 저장시스템 안정성 및 신뢰성 확보

- 안정성 및 신뢰성을 확보하고 보장하기 위해 저장 계획 수립단계에서 용량산정이 필요하다.
  - 조직의 빅데이터 활용목적에 부합하는 현재와 향후 증가 추세를 추정 반영한다.

② 접근성 제어계획 수립

- 저장 시스템의 사용자와 관리자 유형, 역할 및 기능을 정의하고 각각에 해당하는 제어계획을 수립한다.

개념 체크

1 다음 NoSQL 데이터베이스 중 데이터 저장 구조가 나머지와 다른 하나는?
① HBase
② Cassandra
③ Bigtable
④ DynamoDB

정답 ④

①, ②, ③은 모두 열기반(칼럼기반) 데이터모델을 사용하며, DynamoDB는 키-값(key-value) 데이터 모델을 사용한다.

2 다음 NoSQL 데이터베이스의 특징으로 틀린 것은?
① 고정된 데이터 스키마가 존재하지 않고 데이터 저장을 위한 다양한 모델을 사용한다.
② 분산 컴퓨팅 환경에서 일관성, 가용성, 지속성을 동시에 지원한다.
③ 대용량 데이터를 처리하기 위해 입출력 부하를 분산시킨다.
④ 데이터 검색을 위한 질의언어나 API를 제공한다.

정답 ②

NoSQL 데이터베이스는 대규모 데이터를 처리하기 위한 확장성, 가용성 및 높은 성능을 제공하지만, CAP이론에 따라 일관성, 가용성, 지속성을 동시에 만족하는 시스템을 구현하기는 어렵다.

합격을 다지는 예상문제

01 데이터 적재 완료 테스트를 위한 정형 데이터 체크리스트 항목으로 적절하지 않은 것은?

① 파티션의 개수
② 테이블의 개수
③ 속성의 개수
④ 레코드의 개수

02 데이터 저장 시 NoSQL 데이터베이스 저장방식의 종류가 아닌 것은?

① key-value 데이터베이스
② column-oriented 데이터베이스
③ relational 데이터베이스
④ document 데이터베이스

03 빅데이터 저장시스템 선정을 위한 분석 요소로 적절하지 않은 것은?

① 기능성 비교분석
② 분석대상 데이터 유형
③ 사용자 교육 용이성
④ 기존 시스템과의 연계성

04 빅데이터 저장시스템 선정을 위한 기능성 비교분석의 요소로 적절하지 않은 것은?

① 트랜잭션 일관성
② 확장성
③ 데이터모델
④ 호환성

05 스트리밍 데이터에 대한 특징으로 적절하지 않은 것은?

① 비용효율성
② 대용량성
③ 실시간성
④ 무중단성

06 key-value 데이터베이스에 대한 특징으로 올바르지 않은 것은?

① 관계형 데이터베이스보다 확장성이 뛰어나다.
② 인덱스가 없어 질의응답 시간이 느리다.
③ 데이터를 키와 그에 해당하는 값의 쌍으로 저장하는 방식이다.
④ 단순한 데이터 모델에 기반을 두고 있다.

07 데이터 수집을 목적으로 사용하기에 적절하지 않은 것은?

① 플루언티드(Fluentd)
② 맵리듀스(MapReduce)
③ 스크라이브(Scribe)
④ 로그스태시(Logstash)

08 하둡 분산파일 시스템에 대한 설명으로 적절하지 않은 것은?

① 하둡은 아파치 진영에서 분산 환경 컴퓨팅을 목표로 시작한 프로젝트로 분산 처리를 위한 파일 시스템이다.
② 데이터 손상을 방지하기 위해서 데이터 복제 기법을 사용한다.
③ HDFS는 대용량 파일을 클러스터에 여러 블록으로 분산하여 저장한다.
④ 클러스터에 저장되는 블록들은 마지막 블록을 제외하고 모두 크기가 동일하며 기본 크기는 32MB이다.

09 하둡의 장점으로 적절하지 않은 것은?

① 하둡의 DFS는 대용량의 비정형 데이터 저장 및 분석에도 효율적이다.
② 오픈소스 하둡은 무료로 사용할 수 있으며, 이용자가 많아 언제든 기술지원이 용이하다.
③ 개별적인 서버에서 진행되는 병렬처리 결과를 하나로 묶어 시스템의 과부하나 병목 현상을 줄여준다.
④ 하둡은 장비의 수를 증가시킬수록 성능이 향상된다.

10 맵리듀스 연산 과정을 올바르게 나열한 것은?

① Input – Splitting – Shuffling – Mapping – Reducing – Final result
② Input – Splitting – Mapping – Shuffling – Reducing – Final result
③ Input – Mapping – Splitting – Shuffling – Reducing – Final result
④ Input – Splitting – Shuffling – Reducing – Mapping – Final result

11 NoSQL 기술에 대한 설명으로 적절하지 않은 것은?

① NoSQL 데이터베이스는 전통적인 관계형 데이터베이스보다 유연한 데이터의 저장 및 검색을 위한 매커니즘을 제공한다.
② 대규모 데이터를 처리하기 위한 확장성, 가용성 및 높은 성능을 제공하며 빅데이터 처리와 저장을 위한 플랫폼으로 활용된다.
③ 분산 컴퓨팅 특징 중에서 일관성(Consistency)과 가용성(Availability)을 보장하고, 지속성(Partition Tolerance)을 포기한다.
④ 고전적인 관계형 데이터베이스의 주요 특성을 보장하는 ACID 특성 중 일부만을 지원하는 대신 성능과 확장성을 높였다.

12 column-oriented 데이터베이스에 대한 특징으로 올바르지 않은 것은?

① 연관된 데이터 위주로 읽는데 유리한 구조이다.
② 하나의 레코드를 변경하려면 여러 곳을 수정해야 한다.
③ 동일 도메인의 열 값이 연속되므로 압축 효율이 좋다.
④ 범위 질의는 사용이 어렵다.

13 document-oriented 데이터베이스에 대한 특징으로 올바르지 않은 것은?

① 연관된 데이터 위주로 읽는데 유리한 구조이다.
② 문서마다 다른 스키마가 있다.
③ 레코드 간의 관계 설명이 가능하다.
④ 개념적으로 관계형 데이터베이스와 비슷하다.

14 relational 데이터베이스에 대한 특징으로 올바르지 않은 것은?

① 데이터 무결성과 정확성을 보장한다.
② 강한 일관성은 불필요하다.
③ 정규화된 테이블과 소규모 트랜잭션이 있다.
④ 확장성에 한계가 있으며, 클라우드 분산 환경에 부적합하다.

15 CAP 이론에 대한 설명으로 적절하지 않은 것은?

① 분산 환경에서 모든 노드가 같은 시점에 같은 데이터를 보여줘야 하는 것을 일관성이라 한다.
② 일부 노드가 다운되어도 다른 노드에 영향을 주지 않아야 하는 것을 가용성이라 한다.
③ 데이터 전송 중에 일부 데이터를 손실하더라도 시스템은 정상 동작해야 하는 것을 지속성이라 한다.
④ NoSQL 데이터베이스는 일관성과 가용성, 지속성 모두를 보장한다.

16 CAP 이론을 바탕으로 각 시스템별 필요 조건을 설명한 것으로 적절하지 않은 것은?

① 관계형 데이터베이스는 일관성과 가용성이 보장되어야 한다.
② 대용량 분산 파일 시스템은 일관성과 지속성이 보장되어야 한다.
③ 비동기식 서비스는 가용성과 지속성이 보장되어야 한다.
④ 분산 병렬 시스템은 일관성, 가용성, 지속성 모두가 보장되어야 한다.

17 NoSQL의 기술적 특성에 대한 설명으로 적절하지 않은 것은?

① 데이터를 정확하고 효율적으로 생성, 검색, 갱신, 삭제할 수 있는 표준 SQL 질의언어를 제공한다.
② 고정된 데이터 스키마 없이 키 값을 이용하여 다양한 형태의 데이터 저장 및 접근이 가능하다.
③ 응용 시스템의 다운 타임이 없도록 하는 동시에 대용량 데이터의 생성 및 갱신한다.
④ 대규모 질의에도 고성능 응답 속도를 제공할 수 있는 메모리 기반 캐싱 기술을 적용하는 것이 중요하다.

18 빅데이터 저장시스템 선정을 위한 기능성 비교분석 항목 중 트랜잭션 일관성에 대한 설명으로 적절하지 않은 것은?

① 데이터 수정, 삭제 등의 작업이 빈번하게 일어나는 환경에서 중요도가 높다.
② 트랜잭션의 일관성이 중요한 분야에서는 NoSQL을 선택하고, 그렇지 않은 때에만 RDBMS를 선택하여야 한다.
③ 배치중심의 하둡 기반 분석환경에서는 중요도가 그리 높지 않다.
④ 데이터베이스 트랜잭션이 안전하게 수행된다는 것을 보장하기 위한 ACID 요소 중 하나의 성질이다.

19 빅데이터 저장시스템 선정을 위한 기능성 비교분석 항목 중 질의 지원에 대한 설명으로 적절하지 <u>않은</u> 것은?

① MongoDB는 SQL과 유사한 문법에 기반을 두어 쉽게 학습할 수 있는 우수한 질의 인터페이스를 지원한다.
② CouchDB는 MongoDB와 비슷한 기능을 제공하며, 뷰 개념을 이해하고 활용하면 간편하다.
③ Hbase나 HyperTable은 자체 질의 지원 기능을 제공하여 편리하게 이용할 수 있다.
④ key-value 데이터베이스의 대표격인 Redis는 풍부한 질의기능을 제공한다.

20 대용량 실시간 서비스 데이터 저장 시 고려해야 할 내용으로 적절하지 <u>않은</u> 것은?

① 대상 데이터의 용량, 정형/비정형 등 유형 및 요건을 파악하여 빅데이터 저장 계획 수립에 반영하여야 한다.
② 대용량의 특성과 무중단 서비스를 보장하는 저장 체계를 구축해야 한다.
③ 실시간 서비스를 웹 페이지로 제공하는 것이 필요한 환경에서는 RDBMS와 같은 정형화된 저장소를 사용하기도 한다.
④ 스파크는 내장된 저장소를 제공하지 않으므로 외부 저장 시스템과의 연계가 필수적이다.

21 HDFS에 대한 설명으로 옳은 것은?

① 칼럼기반 데이터 저장 구조를 사용한다.
② 마스터노드와 슬레이브 노드로 구성되며, 데이터는 슬레이브 노드에 저장된다.
③ 하나의 데이터는 하나의 데이터 노드에 매핑되어 저장된다.
④ 구글의 파일 시스템의 기본 구조로 사용된다.

합격을 다지는 예상문제 정답 & 해설

SECTION 02

01 ①	02 ③	03 ③	04 ④	05 ①
06 ②	07 ②	08 ④	09 ②	10 ②
11 ③	12 ④	13 ①	14 ②	15 ④
16 ④	17 ①	18 ②	19 ③	20 ③
21 ②				

01 ①
정형 데이터 체크리스트 항목으로는 테이블의 개수와 속성의 개수 및 데이터 타입의 일치 여부, 레코드 수 일치 여부가 될 수 있다.

02 ③
NoSQL 데이터베이스 저장방식의 경우 key-value 데이터베이스, column-oriented 데이터베이스, document 데이터베이스가 있다.

03 ③
빅데이터 저장시스템 선정을 위한 분석 시 기능성 비교분석, 분석방식 및 환경, 분석대상 데이터 유형, 기존 시스템과의 연계성 등을 고려하여야 한다.

04 ④
빅데이터 저장시스템 선정을 위한 기능성 비교분석 요소로는 데이터모델, 확장성, 트랜잭션 일관성, 질의지원, 접근성이 있으며, 호환성은 기존 시스템과의 연계성의 요소로 볼 수 있다.

05 ①
스트리밍 데이터의 경우 대용량성, 실시간성, 무중단성의 특징을 갖고 있지만, 실시간 처리의 성격상 비용효율적이지는 못하다.

06 ②
key-value 데이터베이스는 데이터를 키와 그에 해당하는 값의 쌍으로 저장하는 방식이며, 단순한 데이터 모델에 기반을 두기 때문에 관계형 데이터베이스보다 확장성이 뛰어나고 질의 응답시간도 빠르다.

07 ②
데이터 수집을 위한 도구로는 플루언티드(Fluentd), 플럼(Flume), 스크라이브(Scribe), 로그스태시(Logstash) 등이 있으며, 맵리듀스(MapReduce)는 데이터를 효율적으로 처리하기 위한 기술이다.

08 ④
HDFS는 대용량 파일을 클러스터에 여러 블록으로 분산하여 저장하며, 블록들은 마지막 블록을 제외하고 모두 크기가 동일하다. 기본 크기는 64MB이다.

09 ②
하둡은 오픈소스로 별도 라이센스 구입 비용을 절약할 수 있지만, 상용 소프트웨어에 비해 기술지원이 쉽지 않다.

10 ②
데이터 소스를 입력 받아 이를 여러 개의 조각으로 나누어 조각에 포함된 단어와 그 빈도수를 계산하여 기록한다. 이후 각 조각 별로 계산된 결과를 같은 단어들로 모아 단어 별로 출현 빈도수를 합하여 최종 합산한 결과를 출력한다.

11 ③
NoSQL은 일관성이나 가용성 중 하나를 포기하고, 지속성을 보장한다.

12 ④
column-oriented 데이터베이스는 범위 질의에 유리하며, 범위 질의에 사용이 어려운 것은 key-value 데이터베이스의 특징이다.

13 ①
연관된 데이터 위주로 읽는데 유리한 구조는 column-oriented 데이터베이스의 특징이다.

14 ②
강한 일관성이 불필요한 것은 NoSQL 데이터베이스의 특징이다.

15 ④
NoSQL 데이터베이스는 일관성이나 가용성 중 하나를 포기하고, 지속성을 보장한다.

16 ④
분산 컴퓨팅 환경의 특징을 일관성(Consistency), 가용성(Availability), 지속성(Partition Tolerance) 세 가지로 정의할 수 있으며, 어떤 시스템이든 이 세 가지 특성을 동시에 만족하기는 어렵다.

17 ①
수십 대에서 수천 대 규모로 구성된 시스템에서도 데이터의 특성에 맞게 효율적으로 데이터를 검색, 처리할 수 있는 질의 언어, 관련 처리 기술, API를 제공한다.

18 ②
트랜잭션의 일관성이 중요한 분야에서는 RDBMS를 선택하고, 그렇지 않은 때에만 NoSQL을 선택하여야 한다.

19 ③
Hbase나 HyperTable은 자체 질의 지원 기능은 제공하지 않으나 Hive를 통해 SQL과 유사한 형태의 질의기능을 사용할 수 있다.

20 ③
실시간 서비스를 웹 페이지로 제공하는 것이 필요한 환경에서는 Redis와 같은 메인 메모리 저장 시스템을 저장소로 사용하기도 한다.

21 ②
HDFS는 데이터를 분산해서 저장하는 구조를 제공하며, 저장되는 데이터 형식과 모델을 지정하지 않는다. 하나의 데이터는 여러 노드에 복제/분산되어서 저장되어 장애로 인한 데이터 손실이 발생해도 쉽게 복구가 가능하다. 구글은 구글 파일 시스템을 사용한다.

MEMO

PART
02

빅데이터 탐색

파트 소개

2과목은 데이터를 어떻게 처리하고 탐색하는지에 대한 이해가 필요합니다. 관련 기술과 통계와 관련한 어려운 개념들이 등장하므로 이해는 물론 수학적 해석 능력이 요구될 수 있습니다. 시험 전반의 베이스가 되는 내용이므로 철저히 공부하여 준비하는 것이 좋습니다.

CHAPTER

01

데이터 전처리

학습 방향

데이터 전처리를 위해 필요한 기법을 학습합니다. 분석 전 단계로서 데이터 정제의 필요성과 과정을 이해하고, 결측값과 이상값의 처리, 변수선택 방법, 차원축소, 파생변수와 변수변환 방법을 학습합니다.

특히, 결측값과 이상값을 탐지하고 이를 대체할 수 있는 방법과 차원축소 기법들은 시험에서 중요한 비중을 차지하니 철저히 공부해야 합니다.

출제 빈도

SECTION 01	하	10%
SECTION 02	중	90%

SECTION 01 데이터 정제

빈출 태그 데이터의 정의와 종류 · 정제 · 결측값 · 이상값

01 데이터에 내재된 변수의 이해

빅데이터 분석이나 전통적 통계분석을 통해 원하는 결과를 얻기 위해서는 모든 근간이 되는 자료의 이해가 필수이다. 여기서는 자료에 대한 엄밀한 정의와 관련된 내용에 대해 다룬다.

1) 데이터 관련 정의

① 데이터(Data) : 이론을 세우는 기초가 되는 사실 또는 자료를 지칭하며 컴퓨터와 연관되어 프로그램을 운용할 수 있는 형태로 기호화 · 수치화한 자료를 말한다.

② 단위(Unit) : 관찰되는 항목 또는 대상을 지칭한다.

③ 관측값(Observation) : 각 조사 단위별 기록정보 또는 특성을 말한다.

④ 변수(Variable) : 각 단위에서 측정된 특성 결과이다.

⑤ 원자료(Raw Data) : 표본에서 조사된 최초의 자료를 이야기한다.

> **데이터**
> 관심의 대상이 되는 사물이나 사건의 속성을 일정한 규칙에 의해 측정, 조사, 관찰하여 습득

2) 데이터의 종류

① 단변량자료(Univariate Data) : 자료의 특성을 대표하는 특성 변수가 하나인 자료이다.

② 다변량자료(Multivariate Data) : 자료의 특성을 대표하는 특성 변수가 두 가지 이상인 자료이다.

③ 질적자료(Qualitative Data) : 정성적 또는 범주형 자료라고도 하며 자료를 범주의 형태로 분류한다. 분류의 편의상 부여된 수치의 크기 자체에는 의미를 부여하지 않는 자료이며 명목자료, 서열자료 등이 질적자료로 분류된다.

> 자료의 종류에 대한 파악이 중요한 이유는 수집된 자료의 특성에 따라서 해당자료로부터 결과를 도출하기 위한 적용방법론이 바뀌기 때문이다.

질적자료	설명
명목자료 (Nominal Data)	측정대상이 범주나 종류에 대해 구분되어지는 것을 수치 또는 기호로 분류되는 자료이다. ⓔ 전화번호상의 국번 · 지역번호(명목자료 처리 시 사용가능 연산자는 ≠, =)
서열자료 (Ordinal Data)	명목자료와 비슷하나 수치나 기호가 서열을 나타내는 자료이다. ⓔ 기록경기의 순위 등 일반적인 순위를 나타내는 대부분의 자료를 지칭(자료 처리 시 사용가능 연산자는 ≠, =, ≤, ≥)

④ 수치자료(Quantitative Data) : 정량적 또는 연속형 자료라고도 한다. 숫자의 크기에 의미를 부여할 수 있는 자료를 나타내며 구간자료, 비율자료가 여기에 속한다.

수치자료	설명
구간자료 (Interval Data)	명목자료, 서열자료의 의미를 포함하면서 숫자로 표현된 변수에 대해서 변수 간의 관계가 산술적인 의미를 가지는 자료이다. 예 온도(비율로 의미가 부여될 수 있는 자료가 아니며 사용연산자는 ≠, =, ≤, ≥, +, −)
비율자료 (Ratio Data)	명목자료, 서열자료, 구간자료의 의미를 다 가지는 자료로서 수치화된 변수에 비율의 개념을 도입할 수 있는 자료이다. 예 무게(사용연산자는 ≠, =, ≤, ≥, +, −, ×, ÷)

⑤ 시계열자료(Time Series Data) : 일정한 시간간격 동안에 수집된, 시간개념이 포함되어 있는 자료이다.
  예 일별 주식 가격

⑥ 횡적자료(Cross Sectional Data) : 횡단면자료라고도 하며 특정 단일 시점에서 여러 대상으로부터 수집된 자료이다. 즉 한 개의 시점에서 여러 대상으로부터 취합하는 자료를 말한다.

⑦ 종적자료(Longitudinal Data) : 시계열자료와 횡적자료의 결합으로 여러 개체를 여러 시점에서 수집한 자료이다.

데이터의 종류는 앞의 내용에서 변수들의 집합인 자료의 종류와 그 특성을 동일하게 가지므로 데이터의 종류에 따라서 적용방법론이 다양하게 변화할 수 있다.

3) 데이터의 정제

수집된 데이터를 대상으로 분석에 필요한 데이터를 추출하고 통합하는 과정이다. 정제는 단순한 오류 제거를 넘어서, 데이터를 분석 목적에 맞게 구성하고 변환하여 분석 가능한 상태로 만드는 핵심 단계이다.

① 데이터 정제의 필요성
- 원하는 결과나 분석을 얻기 위해서는 수집된 데이터를 분석 도구나 기법에 맞게 다듬는 과정이 반드시 필요하다.
- 정제를 거치지 않으면 분석 결과가 왜곡되거나 신뢰도를 잃을 수 있다.

② 정제 과정을 거치지 않은 데이터의 문제점
- 데이터 구성의 일관성이 부족해 분석 도구 적용이 어렵다.
- 결측치, 중복, 오류로 인해 도출된 결과의 신뢰성 저하가 발생한다.

③ 데이터 정제의 과정(Processing)
- 다양한 매체로부터 데이터를 수집한 후, 이를 원하는 형태로 변환하고 지정된 장소에 저장한다. 이후 저장된 데이터는 활용 가능성을 검토하기 위한 품질 확인 절차를 거치며, 필요한 시기와 목적에 맞게 원활하게 사용할 수 있도록 관리되어야 한다.

- 데이터 정제는 일반적으로 다음과 같은 전처리 단계를 포함한다.

전처리 단계 구분	수행 내용
데이터의 수집	• 데이터의 입수 방법 및 정책 결정 • 입수경로의 구조화 • 집계(Aggregation) • 저장소 결정
데이터의 변환	• 데이터 유형의 변화 및 분석 가능한 형태로 가공 • ETL(추출, 변환, 적재) • 일반화(Generalization) • 정규화(Normalization) • 평활화(Smoothing)
데이터의 교정	• 결측치, 이상치(Outlier), 노이즈 처리 • 비정형 데이터 수집 시 필수사항
데이터의 통합	• 데이터 분석이 용이하도록 기존 또는 유사 데이터와의 연계 • 레거시(Legacy) 데이터와 함께 분석이 필요할 경우 수행

레거시(legacy)
과거로부터 물려 내려온 것

- 집계(Aggregation) : 데이터를 요약하거나 그룹화하여 통계적 정보를 얻는 과정으로 합계, 평균, 중앙값, 최빈값, 최소/최대값, 분산, 표준편차 등을 이용하여 데이터의 특성을 파악한다.
- 일반화(Generalization) : 데이터 변환 과정에서 데이터의 일반적인 특성이나 패턴을 추출하는 작업이다. 데이터를 단순히 변환하는 것 이상으로, 복잡성을 줄이고 중요한 특징을 강조한다. 예를 들어, 이미지 처리에서 일반화는 주어진 이미지에서 특징을 추출해 새로운 이미지에서도 유사한 패턴을 인식하게 한다.
- 정규화(Normalization) : 데이터를 일정한 범위로 조정하여 상대적인 크기 차이를 제거하고 표준화하는 작업이다. 일반적으로 수치형 데이터에 적용되며, Min-Max 정규화, Z-score 정규화 등의 방법이 사용된다.
- 평활화(Smoothing) : 데이터의 변동을 줄이고 노이즈를 제거하여 추세나 패턴을 부드럽게 만드는 기술이다. 이동평균법, 지수평활법, Savitzky-Golay 필터법 등이 대표적인 방법이다.

비정형 데이터
형태와 구조가 복잡하여 정형화되지 않은 데이터

- 시스템 내·외부에서 데이터를 수집하면 정형(Structured)보다 비정형(Unstructured) 데이터가 많다. 이 경우 기본적으로 구조화된 정형 데이터로의 변환을 수행하고, 변환된 데이터에서는 결측치나 오류의 수정 과정을 거쳐야 한다.
- 기존 시스템 내의 데이터와 비교·분석이 필요한 경우, 레거시(Legacy) 데이터와의 통합·변환 과정이 발생할 수 있다.

④ 데이터 정제의 전처리 · 후처리
- 전처리(Pre Processing) : 데이터 저장 전의 처리 과정으로 대상 데이터와 수집 방법 결정, 저장 방식과 장소 선정 등을 포함한다.
- 후처리(Post Processing) : 저장 후의 처리 과정을 의미하며, 저장된 데이터의 품질관리, 활용 가능성 확인 등을 포함한다.

02 데이터 결측값 처리

데이터 분석에서 결측치(결측값, Missing Data)는 데이터가 없음을 의미한다.

> 결측치(손실 데이터)
> 어떠한 자료값도 관측 대상 변수에 저장되지 않을 때 발생

- 결측치를 임의로 제거 시 : 분석 데이터의 직접손실로 분석에 필요한 유의수준 데이터 수집에 실패할 가능성이 발생한다.
- 결측치를 임의로 대체 시 : 데이터의 편향(bias)이 발생하여 분석 결과의 신뢰성 저하 가능성이 있다.

결측치에 대한 처리는 임의 제거 · 대체의 방법을 사용함에 있어 상기의 문제를 피하는 데이터에 기반한 방법으로 처리해야 한다.

1) 결측 데이터의 종류

① 완전 무작위 결측(Missing Completely At Random, MCAR) : 어떤 변수상에서 결측 데이터가 관측된 혹은 관측되지 않는 다른 변수와 아무런 연관이 없는 경우이다.

> 결측 데이터를 가진 모든 변수가 완전 무작위 결측이라면 대규모 데이터에서 단순 무작위 표본추출을 통해 처리 가능하다.

② 무작위 결측(Missing At Random, MAR) : 변수상의 결측데이터가 관측된 다른 변수와 연관되어 있지만 그 자체가 비관측값들과는 연관되지 않은 경우이다.

③ 비 무작위 결측(Not Missing At Random, NMAR) : 어떤 변수의 결측 데이터가 완전 무작위 결측(MCAR) 또는 무작위 결측(MAR)이 아닌 결측데이터로 정의하는 즉, 결측변수값이 결측여부(이유)와 관련이 있는 경우이다.
  예) 지역 가구소득 조사 시 소득이 적은 가구에 대한 소득값 결측이 쉽다(소득이 적은 가구는 소득을 밝히기 싫어함을 가정).

나이대별(X), 성별(Y)과 체중(Z) 분석에 대한 모델링을 가정해 보면
- X, Y, Z와 관계없이 Z가 없는 경우 : 데이터의 누락(응답 없음) → 완전 무작위 결측(MCAR)
- 여성(Y)은 체중 공개를 꺼려 하는 경향 : Z가 누락될 가능성이 Y에만 의존 → 무작위 결측(MAR)
- 젊은(X) 여성(Y)의 경우는 체중 공개를 꺼리는 경우가 더 높음 → 무작위 결측(MAR)
- 무거운(가벼운) 사람들은 체중 공개 가능성이 적음 : Z가 누락될 가능성이 Z값 자체에 관찰되지 않는 값에 달려 있음 → 비 무작위 결측(NMAR)

> **MCAR**
> 변수상에 발생한 결측이 다른 데이터에 영향 없음
>
> **MAR**
> 결측이 특정 변수와 관련되어 발생하지만 그 결과에는 영향 없음
>
> **NMAR**
> 결측이 다른 변수와 연관 있음

2) 결측값 유형의 분석 및 대치

- 결측치의 처리를 위해서 실제 데이터셋에서 결측치가 어떤 유형으로 분류되는지 분석하고 분석된 결과에 따라서 결측치 처리 방법의 선택이 필요하다.
- 일반적으로 결측·무응답을 가진 자료를 분석할 때는 완전 무작위 결측(MCAR)하에 처리한다. 즉, 불완전한 자료는 무시하고 완전히 관측된 자료만을 표준적 분석을 시행한다. 그러나 이런 결측치가 존재하는 데이터를 이용한 분석은 다음 세 가지 고려사항이 발생하는데 효율성(efficiency), 자료처리의 복잡성, 편향(bias) 문제이다.

① 단순 대치법(Simple Imputation)

기본적으로 결측치에 대하여 MCAR 또는 MAR로 판단하고 이에 대한 처리를 하는 방법이다.

- **완전 분석(Completes Analysis)** : 불완전 자료는 완전하게 무시하고 분석을 수행한다. 분석의 용이성을 보장하나 효율성 상실과 통계적 추론의 타당성에 문제 발생 가능성이 있다.
- **평균 대치법(Mean Imputation)** : 관측 또는 실험으로 얻어진 데이터의 평균으로 결측치를 대치해서 사용한다. 평균에 의한 대치는 효율성의 향상 측면에서 장점이 있으나 통계량의 표준오차가 과소 추정되는 단점이 있다. 비조건부 평균 대치법이라고도 한다.
- **회귀 대치법(Regression Imputation)** : 회귀분석에 의한 예측치로 결측치를 대치하는 방법으로 조건부 평균 대치법이라고도 한다.

> **+ 더 알기 TIP**
>
> **회귀 대치법**
>
> 결측값이 없는 다른 변수(독립변수)를 이용하여 결측값이 있는 변수(종속변수)를 예측하는 회귀모델을 구축하고 사용하여 결측값을 대체한다.
>
> | | |
> |---|---|
> | 장점 | • 데이터의 구조와 패턴을 반영하여 결측값 대체한다.
• 통계적 분석에서 예측된 값을 사용하므로, 데이터의 변동성을 반영한다. |
> | 단점 | • 회귀모델의 정확도에 따라 대체된 값의 정확도의 변화가 발생할 수 있다.
• 독립변수와 종속변수 간의 관계가 약할 경우, 예측값의 신뢰성이 저하된다.
• 결측값이 많을 경우, 회귀모델의 구축이 어렵다. |

- **단순확률 대치법(Single Stochastic Imputation)** : 평균 대치법에서 추정량 표준오차의 과소 추정을 보완하는 대치법으로 Hot-deck 방법이라고도 한다. 확률추출에 의해서 전체 데이터 중 무작위로 대치하는 방법이다.
- **최근접 대치법(Nearest-Neighbor Imputation)** : 전체표본을 몇 개의 대체군으로 분류하여 각 층에서의 응답자료를 순서대로 정리한 후 결측값 바로 이전의 응답을 결측치로 대치한다. 응답값이 여러 번 사용될 가능성이 단점이다.

> **기적의 TIP**
>
> 결측값을 어떻게 처리하는지 확인한다.

사회적 조사방법론의 경우 조사단위 대치법(Substitution Imputation), 콜드덱 대치(Cold-deck Imputation), 이월 대치법(Carry-over Imputation)의 방법도 있다.

② 다중 대치법(Multiple Imputation)

단순 대치법을 복수로 시행하여 통계적 효율성 및 일치성 문제를 보완하기 위하여 만들어진 방법이다. 복수 개(n개)의 단순대치를 통해 n개의 새로운 자료를 만들어 분석을 시행하고 시행결과 얻어진 통계량에 대해 통계량 및 분산 결합을 통해 통합하는 방법이다.

- 1단계 – 대치단계(Imputation Step) : 복수의 대치에 의한 결측을 대치한 데이터를 생성한다.
- 2단계 – 분석단계(Analysis Step) : 복수 개의 데이터셋에 대한 분석을 시행한다.
- 3단계 – 결합단계(Combination Step) : 복수 개의 분석결과에 대한 통계적 결합을 통해 결과를 도출한다.

> **콜드덱 대치**
> 결측값을 외부 출처(유사한 다른 조사, 과거 조사 등)에서 가져온 값으로 대체

03 데이터 이상값 처리

이상치(이상값, Outlier)란 데이터의 전처리 과정에 발생 가능한 문제로 정상의 범주(데이터의 전체적 패턴)에서 벗어난 값을 의미한다. 데이터의 수집과정에서 오류가 발생할 수도 있기 때문에 이상치가 포함될 수 있다. 오류가 아니더라도 굉장히 극단적인 값의 발생으로 인한 이상치가 존재할 수도 있다.

이상치는 앞선 결측치와 마찬가지로 분석결과의 왜곡이 발생할 수 있으므로 처리하는 작업이 필요하다.

1) 이상치의 종류 및 발생원인

① 이상치의 종류

- 단변수 이상치(Univariate Outlier) : 하나의 데이터 분포에서 발생하는 이상치를 말한다.
- 다변수 이상치(Multivariate Outlier) : 복수의 연결된 데이터 분포공간에서 발생하는 이상치를 의미한다.

② 이상치의 발생 원인

- 비자연적 이상치 발생(Artificial/Non-Natural Outlier)
  - 입력실수(Data Entry Error) : 데이터의 수집과정에서 발생하는 에러로 입력의 실수 등을 지칭한다.
  - 측정오류(Measurement Error) : 데이터의 측정(Measuring) 중에 발생하는 에러로 측정기 고장(이상 작동)으로 발생되는 문제이다.

> 이상치의 발생 원인은 매우 다양하다. 이것을 어떻게 탐지하는지가 중요하다.

- 실험오류(Experimental Error) : 실험과정 중 발생하는 에러로 실험환경에서 야기된 모든 문제점을 지칭한다.
- 의도적 이상치(Intentional Outlier) : 자기 보고 측정(Self-reported Measure)에서 발생되는 이상치를 지칭한다. 의도가 포함된 이상치로 예를 들어 남성의 키를 조사 시 의도적으로 키를 높게 기입하는 경우 등이 있다.
- 자료처리오류(Data Processing Error) : 복수 개의 데이터셋에서 데이터를 추출·조합하여 분석 시, 분석 전의 전처리에서 발생하는 에러를 말한다.
- 표본오류(Sampling Error) : 모집단에서 표본을 추출하는 과정에서 편향이 발생하는 경우를 지칭한다.

• 상기 경우 이외에 발생하는 이상치들은 자연적 이상치(Natural Outlier)라고 한다.

2) 이상치의 문제점

① 기초(통계적) 분석결과의 신뢰도 저하 : 평균, 분산 등에 영향을 준다. 단 중앙값은 영향이 적다.

② 기초통계에 기반한 다른 고급 통계분석의 신뢰성 저하 : 검정·추정 등의 분석, 회귀분석 등이 영향을 받는다.

• 특히 이상치가 비무작위성(Non-Randomly)을 가지고 나타나게(분포하게) 되면 데이터의 정상성(Normality) 감소를 초래하며 이는 데이터 자체의 신뢰성 저하로 연결될 가능성이 있다.

3) 이상치의 탐지

종속변수가 단변량(Univariate)인지 다변량(Multivariate)인지 데이터의 분포를 고려하여 모수적(Parametric) 또는 비모수적(Non-Parametric)인지에 따라 다양한 방법으로 고려해야 한다.

① 시각화(visualization)를 통한 방법(비모수적, 단변량/2변량의 경우)

• 상자 수염 그림(Box Plot, 상자 그림)
- 데이터의 분포를 한 눈에 볼 수 있게 시각화하여 이상치 등을 탐지할 수 있는 시각화 도구이다.
- 데이터의 최솟값, 최댓값, 중앙값, 1사분위수(Q1), 3사분위수(Q3) 등을 표현한다.
- 집단이 여러 개인 경우에도 한 공간에 쉽게 나타낼 수 있다.

이상치의 제거
탐지 기준을 벗어나는 데이터를 제거

➕ 더 알기 TIP

상자 수염 그림과 이상치 판단

25, 28, 29, 29, 30, 34, 35, 35, 37, 38

1. 자료를 오름차순으로 정렬하고 중앙값을 구한다.
   자료의 개수가 짝수일 경우, 중앙값은 가운데 두 수의 평균이다.
   (30 + 34) / 2 = 32
2. 사분위수를 구한다.
   3사분위수(Q3) = 데이터를 정렬했을 때 75%에 위치한 수 = 35
   1사분위수(Q1) = 데이터를 정렬했을 때 25%에 위치한 수 = 29
   사분위범위(IQR) = Q3 − Q1 = 35 − 29 = 6
3. 최댓값, 최솟값을 구한다.
   최댓값 = Q3 + (1.5*IQR) = 35 + 9 = 44
   최솟값 = Q1 − (1.5*IQR) = 29 − 9 = 20
   따라서 44보다 크거나 20보다 작은 값을 이상치로 판단한다.

- 줄기-잎 그림(Stem and Leaf Diagram)
  - 줄기-잎 그림은 주로 작은 데이터셋에 적합하며, 각 데이터 포인트를 숫자의 일부인 줄기와 그 줄기에 해당하는 값들의 리스트인 잎으로 분리하여 나타낸다. 이를 통해 데이터의 분포와 이상치를 확인할 수 있다.

➕ 더 알기 TIP

줄기-잎 그림 생성과 이상치 판단

줄기는 데이터의 정수 부분을 나타내고, 잎은 소수 부분이나 가장 오른쪽 자리수로 사용된다.
예를 들어 16, 19, 23, 24, 25, 34, 35, 42, 100을 줄기-잎 그림으로 나타낸다면 다음과 같다.

1 | 6 9
2 | 3 4 5
3 | 4 5
4 | 2
10 | 0

줄기-잎 그림에서 이상치는 100과 같이 일반적인 패턴에서 크게 벗어난 값, 주로 특정 줄기 또는 잎에서 큰 차이를 보이는 값으로 확인할 수 있다.

- 산점도 그림(Scatter Plot)
  - 두 변수로 이루어진 데이터를 2차원 평면 상에 점으로 표현하는 시각화 방법으로, 데이터 포인트들이 그래프 상에서 너무 멀리 떨어져 있는 값을 이상치로 판단한다.

② z-score를 이용한 이상치 탐지 방법(모수적 단변량 또는 저변량의 경우)
- 먼저 데이터를 정규화하여 평균이 0이고 표준편차가 1인 표준정규분포로 변환한다. 이를 위해 각 데이터 포인트에서 평균을 빼고, 표준편차로 나누어준다.

> z-score는 데이터 포인트가 평균으로부터 얼마나 떨어져 있는지를 표준편차의 단위로 나타내는 통계적 지표이다.

- 정규화된 데이터 포인트(x)의 z-score를 계산한다.

$$z_i = \frac{x_i - \mu}{\sigma}, \quad \mu: 평균 \quad \sigma: 표준편차$$

$$|z_i| > z_{thr}$$

- 통상적 임계값(threshold)은 1σ 사이(전체의 68.27%), 2σ 사이(전체의 95.45%) 3σ 사이(전체의 99.73%) 등을 사용한다.
  (4σ, 5σ, 6σ 등 용도에 따라 정밀도를 높여 제거)
- 보통 z-score의 절댓값이 일정한 임계값보다 큰 데이터는 이상치로 간주된다. 일반적으로, 임계값은 1σ 사이(전체의 68.27%), 2σ 사이(전체의 95.45%) 3σ 사이(전체의 99.73%) 등을 사용한다.
- z-score를 이용한 이상치 탐지 방법은 데이터가 정규분포를 따른다고 가정할 때 효과적으로 작동할 수 있으며, 비정규분포를 따르는 경우에는 잘못된 결과를 도출할 수 있으므로 주의가 필요하다.

③ 밀도기반 클러스터링 방법(Density Based Spatial Clustering of Application with Noise, DBSCAN)

- 비모수적 다변량의 경우 군집간의 밀도를 이용하여 특정 거리 내의 데이터 수가 지정 개수 이상이면 군집으로 정의하는 방법이다. 정의된 군집에서 먼거리에 있는 데이터는 이상치로 간주한다.

④ 고립 의사나무 방법(Isolation Forest)

- 데이터가 다른 데이터들과 얼마나 분리되어 있는지를 측정하여 이상치를 탐지한다. 알고리즘의 매개변수 설정과 이상치 판단 기준의 임계값 설정에 따라 결과가 달라질 수 있다.

▶ 고립 의사결정나무의 동작 과정

데이터 포인트 분할	먼저 데이터를 분할하여 의사결정나무를 생성한다. 데이터를 분할할 때는 이상치를 찾기 위해 특정 기준을 사용한다.
분할 기준 설정	분할 기준은 데이터의 특성에 따라 정해진다. 예를 들어, 데이터의 특성 값이 특정 임계값보다 큰 경우와 작은 경우로 분할할 수 있다.
분할된 데이터 영역 계산	각 분할된 영역에서의 데이터 밀도를 계산한다. 이를 통해 데이터가 다른 데이터들과 얼마나 분리되어 있는지를 측정할 수 있다.
이상치 탐지	데이터의 분리 정도를 기준으로 이상치를 탐지한다. 일반적으로 밀도가 낮은 영역에 위치한 데이터들이 이상치로 간주된다.
의사결정나무 생성	데이터의 분할과 이상치 탐지를 반복하여 의사결정나무를 생성한다. 이상치를 제외한 정상 데이터들은 나무의 잎 노드에 할당된다.

임계값
어떤 현상이나 조건이 달라지는 경계가 되는 수치

이상치 탐지는 데이터의 특성과 분석 목적에 따라 적절한 임계값 설정이 필요하며, 추가적인 검토와 판단이 필요할 수 있다.

합격을 다지는 예상문제

01 데이터의 정의에 대한 다음 설명 중 **틀린** 것은?

① 단위(Unit) : 관찰 되는 항목 또는 대상을 지칭한다.
② 관측값(Observation) : 각 조사 단위별 기록정보 또는 특성을 말한다.
③ 변수(Variable) : 각 단위에서 측정된 특성 결과이다.
④ 원자료(Raw Data) : 표본에서 얻어진 분석결과 자료를 이야기한다.

02 다음 데이터의 종류에 대한 설명 중 **틀린** 것을 고르시오.

① 명목자료(Nominal Data) : 질적자료의 한 종류로 측정대상이 범주나 종류에 대해 구분되어지는 것을 수치 또는 기호로 분류되는 자료이다.
② 서열자료(Ordinal Data) : 정량적 자료의 한 종류로 명목자료와 비슷하나 수치나 기호가 서열을 나타내는 자료이다.
③ 구간자료(Interval Data) : 수치자료의 한 종류로 명목자료, 서열자료의 의미를 포함하면서 숫자로 표현된 변수에 대해서 변수 간의 관계가 산술적인 의미를 가지는 자료이다.
④ 비율자료(Ratio Data) : 수치자료의 한 종류로 명목자료, 서열자료, 구간자료의 의미를 다 가지는 자료로서 수치화된 변수에 비율의 개념을 도입할 수 있는 자료이다.

03 질적자료의 설명으로 옳은 것을 고르시오.

① 정량적 자료라고 하며 수치의 크기 자체의 의미를 부여하는 자료를 말한다.
② 서열자료는 수치나 기호가 서열을 나타내는 자료이다.
③ 명목자료는 측정대상이 범주나 종류에 대해 구분 되어지는 것을 수치 또는 기호로 분류할 수 없는 자료이다.
④ 정성적 자료라고 하며 분류가 불가능한 비정형자료이다.

04 데이터의 정제에 관련한 설명으로 **틀린** 것을 고르시오.

① 데이터의 정제는 수집된 데이터를 대상으로 분석에 필요한 데이터를 추출하고 통합하는 과정이다.
② 데이터로부터 원하는 결과나 분석을 얻기 위해서는 수집된 데이터를 분석의 도구 또는 기법에 맞게 다듬는 과정이 필요하다.
③ 데이터의 유효성을 유지하기 위하여 데이터의 변화는 가급적 하지 않는다.
④ 다양한 매체로부터 데이터를 수집, 저장, 변환, 품질확인, 관리하는 것이 필요하다.

05 다음 중 모든 사칙연산이 가능한 척도로 맞는 것은?

① 명목자료 : 성별, 연령대
② 비율자료 : 키, 몸무게, 월수입
③ 서열자료 : 성적 순위
④ 구간자료 : 온도

06 다음은 데이터 정제의 과정과 요소를 나열한 것이다. 괄호 안의 요소로 알맞은 것은?

> 다양한 매체로부터 데이터를 수집, 원하는 형태로 변환, 원하는 장소에 저장, (　), 필요한 시기와 목적에 따라 사용이 원활하도록 관리의 과정이 필요하다.

① 비정형 데이터의 경우 기본적으로 구조화된 정형 데이터로의 변환을 수행
② 결측치의 처리, 이상치 처리, 노이즈 처리
③ 저장된 데이터의 활용가능성을 타진하기 위한 품질확인
④ 데이터분석이 용이하도록 기존 또는 유사 데이터와의 연계 통합

07 데이터 집합에서 다른 측정값들과 비교하여 현저한 차이를 보이는 샘플 또는 변수 값은?

① 결측치
② 잡음
③ 이상치
④ 데이터 정제

08 다음은 어떠한 종류의 데이터를 설명하는 내용인가?

> 수치의 크기에 의미를 부여할 수 있는 자료를 나타내며 세부적으로는 구간자료, 비율자료가 있다.

① 질적자료
② 수치자료
③ 횡적자료
④ 종적자료

09 나이대별 성별과 체중에 대해서 조사를 하고자 한다. 이때 발생 가능한 결측치에 대해서 분류를 다음 아래와 같이 구분하였다. 옳은 것은?

① 데이터의 누락 : 비 무작위 결측
② 여성은 체중 공개를 꺼림 : 무작위 결측
③ 젊은 여성은 체중 공개를 꺼림 : 비 무작위 결측
④ 무거운 사람은 체중 공개를 꺼림 : 무작위 결측

10 다음은 어떠한 대치법(Imputation)에 대한 설명인가?

> 평균 대치법에서 추정량 표준오차의 과소 추정을 보완하는 대치법으로 Hot-deck 방법이라고도 한다. 확률 추출에 의해서 전체 데이터 중 무작위로 대치하는 방법이다.

① 평균 대치법(Mean Imputation)
② 회귀 대치법(Regression Imputation)
③ 단순확률 대치법(Single Stochastic Imputation)
④ 최근방 대치법(Nearest-Neighbor Imputation)

11 다음은 결측값의 종류에 대한 설명이다. 틀린 설명을 고르시오.

① 완전 무작위 결측은 어떤 변수상에서 결측 데이터가 관측된 혹은 관측되지 않는 다른 변수와 아무런 연관이 없는 경우로 정의한다.
② 결측 데이터를 가진 모든 변수가 완전 무작위 결측(MCAR)이라면 소규모 데이터에서 단순 무작위 표본추출을 통해 처리 가능하다.
③ 무작위 결측(MAR)은 변수상의 결측데이터가 관측된 다른 변수와 연관되어 있지만 그 자체가 비 관측값들과는 연관되지 않은 경우이다.
④ 비 무작위 결측(NMAR)은 어떤 변수의 결측 데이터가 완전 무작위 결측(MCAR) 또는 무작위 결측(MAR)이 아닌 결측데이터로 정의하는 것이다.

12 다음 이상치에 대한 설명 중 틀린 것은?

① 이상치가 비무작위성(Non-Randomly)을 가지고 나타나게(분포하게) 되면 데이터의 정상성(Normality) 증대를 초래하며 이는 데이터 자체의 신뢰성 저하로 연결될 가능성이 있다.
② 자료처리오류(Data Processing Error)는 복수개의 데이터셋에서 데이터를 추출·조합하여 분석 시, 분석 전의 전처리에서 발생하는 에러를 말한다.
③ 비 모수적 이상치를 탐지하는 방법 중에는 산점도(Scatter Plot)를 이용한 방법이 있다.
④ 의도적 이상치(Intentional Outlier)의 예는 남성의 키를 조사 시 의도적으로 키를 높게 기입하는 경우 등이 있다.

합격을 다지는 예상문제 정답 & 해설

SECTION 01

01 ④	02 ②	03 ②	04 ③	05 ②
06 ③	07 ③	08 ②	09 ②	10 ③
11 ②	12 ①			

01 ④
원자료(Raw Data) : 표본에서 조사된 최초의 자료를 이야기한다.

02 ②
서열자료는 질적자료(정성적 자료, Qualitative Data)이다.

03 ②
질적자료(Qualitative Data) : 정성적 자료라고도 하며 자료를 범주의 형태로 분류한다. 분류의 편리상 부여된 수치의 크기자체에는 의미를 부여하지 않는 자료이며 명목자료, 서열자료 등이 질적자료로 분류된다.

오답 피하기
- 명목자료(Nominal Data) : 측정대상이 범주나 종류에 대해 구분되어지는 것을 수치 또는 기호로 분류되는 자료이다.
- 서열자료(Ordinal Data) : 명목자료와 비슷하나 수치나 기호가 서열을 나타내는 자료이다. 기본적으로 정형자료에 대한 분류 체계이다.

04 ③
데이터의 정제 과정 : 수집, 저장, 변환, 품질확인, 관리의 과정을 거치며 변환은 데이터 유형의 변화 및 분석 가능한 형태로 가공을 의미한다.

05 ②
비율자료는 구간 자료의 특성을 가지며 절대기준이 존재한다. 데이터간 비율이 의미 있는 동시에 사칙연산이 다 가능한 자료로 키, 몸무게 등이 해당된다.

06 ③
데이터의 정제 과정 : 수집, 저장, 변환, 품질확인, 관리의 과정

오답 피하기
- 비정형 데이터의 경우 기본적으로 구조화된 정형 데이터(Structured Data)로의 변환을 수행 (변환의 세부수행)
- 결측치의 처리, 이상치(Outlier) 처리, 노이즈 처리(데이터 변환과정의 실무)
- 데이터분석이 용이하도록 기존 또는 유사 데이터와의 연계 통합(변환과정의 종류)

07 ③
이상치에 대한 설명이다.

08 ②
수치자료의 정의 : 수치의 크기에 의미를 부여할 수 있는 자료를 나타내며 구간자료, 비율자료가 여기에 속한다.

09 ②
나이대별(X) 성별(Y)과 체중(Z) 분석에 대한 모델링을 가정해 보면
X, Y, Z와 관계없이 Z가 없는 경우 : 데이터의 누락(응답 없음) → 완전 무작위 결측(MCAR)
여성(Y)은 체중공개를 꺼려 하는 경향 : Z가 누락될 가능성이 Y에만 의존 → 무작위 결측(MAR)
젊은(X) 여성(Y)의 경우는 체중공개를 꺼리는 경우가 더 높음 → 무작위 결측(MAR)
무거운(가벼운) 사람들은 체중 공개 가능성이 적음 : Z가 누락될 가능성이 Z값 자체에 관찰되지 않는 값에 달려 있음 → 비 무작위 결측(NMAR)

10 ③
단순확률 대치법(Single stochastic Imputation)에 대한 설명이다.

11 ②
어떤 변수상에서 결측 데이터가 관측된 혹은 관측되지 않는 다른 변수와 아무런 연관이 없는 경우. 결측 데이터를 가진 모든 변수가 완전 무작위 결측이라면 대규모 데이터에서 단순 무작위 표본추출을 통해 처리 가능하다.

12 ①
이상치가 비무작위성(Non-Randomly)을 가지고 나타나게(분포하게) 되면 데이터의 정상성(Normality) 감소를 초래하며 이는 데이터 자체의 신뢰성 저하로 연결될 가능성이 있다.
정상성이 높아지면 데이터의 신뢰도가 높아진다.

SECTION 02 분석 변수 처리

출제빈도 상 **중** 하
반복학습 1 2 3

빈출 태그 변수 선택 • 차원 축소 • 파생 변수 • 불균형 데이터

01 변수 선택

통계적 분석 결과의 신뢰성을 위해서 기본적으로 데이터와 이를 특정 짓는 변수는 많으면 좋다. 하지만 분석모형을 구성하고 사용하는 데 지속적으로 필요 이상의 많은 데이터를 요구할 수 있다.

예를 들어, 회귀모형에 의한 분석의 경우 최종 결과를 도출해 내기 위해서 사용된 독립 변수가 m개이고 이를 통해서 얻어진 설명력이 $R^2=89\%$라고 했을 때, m보다 작은 n개만을 사용 시 동일한 설명력이 나온다면 변수의 효율적 선택의 필요성이 증가한다.

회귀(regression)
변수 x와 y의 관계를 함수식으로 설명하는 통계적 방법

1) 변수별 모형의 분류

① 전체 모형(Full Model, FM) : 모든 독립변수를 사용한 모형으로 정의한다.
② 축소 모형(Reduced Model, RM) : 전체 모형에서 사용된 변수의 개수를 줄여서 얻은 모형이다.
③ 영 모형(Null Model, NM) : 독립변수가 하나도 없는 모형을 의미한다.

상관계수
두 변수 간 연관성, 상관관계의 정도를 나타내는 수치

2) 변수의 선택 방법

① 전진 선택법(Forward Selection)
- 영 모형에서 시작, 모든 독립변수 중 종속변수와 단순상관계수의 절댓값이 가장 큰 변수를 분석모형에 포함시키는 것을 말한다.
- 부분 F 검정(F test)을 통해 유의성 검증을 시행하여, 유의한 경우는 가장 큰 F 통계량을 가지는 모형을 선택하고 유의하지 않은 경우는 변수선택 없이 과정을 중단한다.
- 한번 추가된 변수는 제거하지 않는 것이 원칙이다.

전진 선택법
가장 단순한 회귀모형에서 출발하여 가장 중요한 변수들을 고르며 차례대로 모형에 포함시켜 나감

② 후진 선택법(Backward Selection), 후진 소거법(Backward Elimination)
- 전체모델에서 시작, 모든 독립변수 중 종속변수와 단순상관계수의 절댓값이 가장 작은 변수를 분석모형에서 제외시킨다.
- 부분 F 검정을 통해 유의성 검증을 시행, 유의하지 않은 경우는 변수를 제거하고 유의한 경우는 변수제거 없이 과정을 중단한다.
- 한번 제거된 변수는 추가하지 않는다.

후진 소거법
전진 선택법과 반대로 모든 변수가 포함된 모형에서 설명력이 떨어지는 변수를 제거해 나감

유의성 검증
통계적 추정값의 신뢰도를 확인하기 위해 통계적 이론에 근거하여 추론

③ 단계적 선택법(Stepwise Selection)
- 전진 선택법과 후진 선택법의 보완방법이다.
- 전진 선택법을 통해 가장 유의한 변수를 모형에 포함 후 나머지 변수들에 대해 후진 선택법을 적용하여 새롭게 유의하지 않은 변수들을 제거한다.
- 제거된 변수는 다시 모형에 포함하지 않으며 유의한 설명변수가 존재하지 않을 때까지 과정을 반복한다.

> 변수 선택에 의해 구성된 축소모형이 데이터분석에 사용하는 최적의 모형후보로 선택 될 수 있다.

02 차원 축소

1) 자료의 차원
분석하는 데이터의 종류의 수를 의미한다.

2) 차원의 축소
차원의 축소는 어떤 목적에 따라서 변수(데이터의 종류)의 양을 줄이는 것이다.

3) 차원 축소의 필요성
① 복잡도의 축소(Reduce Complexity)

데이터를 분석하는 데 있어서 분석시간의 증가(시간복잡도, Time Complexity)와 저장변수 양의 증가(공간복잡도, Space Complexity)를 고려 시 동일한 품질을 나타낼 수 있다면 효율성 측면에서 데이터 종류의 수를 줄여야 한다.

② 과적합(Overfit)의 방지
- 차원의 증가는 분석모델 파라미터의 증가 및 파라미터 간의 복잡한 관계의 증가로 분석결과의 과적합 발생의 가능성이 커진다. 이것은 분석모형의 정확도(신뢰도) 저하를 발생시킬 수 있다.
- 작은 차원만으로 안정적인(robust) 결과를 도출해 낼 수 있다면 많은 차원을 다루는 것보다 효율적이다.

> 과적합
> 학습 데이터를 너무 많이 과하게 학습하는 것

③ 해석력(Interpretability)의 확보
- 차원이 작은 간단한 분석모델일수록 내부구조 이해가 용이하고 해석이 쉬워진다.
- 해석이 쉬워지면 명확한 결과 도출에 많은 도움을 줄 수 있다.

④ 차원의 저주(Curse of Dimensionality)
- 데이터 분석 및 알고리즘을 통한 학습을 위해 차원이 증가하면서 학습데이터의 수가 차원의 수보다 적어져 성능이 저하되는 현상이다.
- 해결을 위해서 차원을 줄이거나 데이터의 수를 늘리는 방법을 이용해야 한다.

4) 차원 축소의 방법

데이터분석에 있어서 차원 축소의 필요성을 인지하고 실제적으로 차원을 축소하는 데 사용될 수 있는 방법이다.

① 요인 분석(Factor Analysis)

- 요인 분석의 개념
  - 다수의 변수들 간의 관계(상관관계)를 분석하여 공통차원을 축약하는 통계분석 과정이다.
- 요인 분석의 목적
  - 변수 축소 : 다수의 변수들의 정보손실을 억제하면서 소수의 요인(Factor)으로 축약하는 것을 말한다.
  - 변수 제거 : 요인에 대한 중요도 파악이다.
  - 변수특성 파악 : 관련된 변수들이 묶임(군집)으로써 요인 간의 상호 독립성 파악이 용이해진다.
  - 타당성 평가 : 묶여지지 않는 변수의 독립성 여부를 판단한다.
  - 파생변수 : 요인점수를 이용한 새로운 변수를 생성한다. 회귀분석, 판별분석 및 군집분석 등에 이용할 수 있다.
- 요인 분석의 특징
  - 독립변수, 종속변수 개념이 없다. 주로 기술 통계에 의한 방법을 이용한다.
- 요인 분석의 종류
  - 주성분 분석, 공통요인 분석, 특이값 분해(Singular Value Decomposition, SVD) 행렬, 음수미포함 행렬분해(Non-negative Matrix Factorization, NMF) 등이 있다.
  - 공통요인 분석은 분석대상 변수들의 기저를 이루는 구조를 정의하기 위한 요인분석 방법으로 변수들이 가지고 있는 공통분산만을 이용하여 공통요인만 추출하는 방법이다.

② 주성분 분석(Principal Component Analysis, PCA)

- 주성분 분석의 개념
  - 분포된 데이터들의 특성을 설명할 수 있는 하나 또는 복수 개의 특징(주성분, Principal Component)을 찾는 것을 의미한다.
  - 서로 연관성이 있는 고차원공간의 데이터를 선형연관성이 없는 저차원(주성분)으로 변환하는 과정을 거친다(직교변환을 사용).
  - 기존의 기본변수들을 새로운 변수의 세트로 변환하여 차원을 줄이되 기존 변수들의 분포특성을 최대한 보존하여 이를 통한 분석결과의 신뢰성을 확보한다.

* 판별분석은 회귀분석과 개념이 동일하며, 종속변인이 범주변인이라는 점만 다르다.

- PCA 방법의 이해

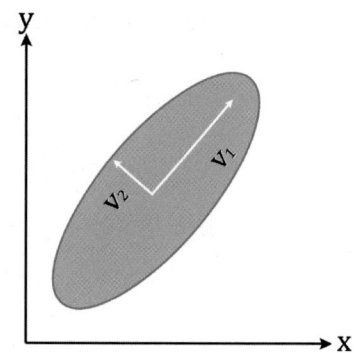

- 2차원 좌표평면에 n개의 점 데이터 $(x_1, y_1), (x_2, y_2), \cdots, (x_n, y_n)$ 들이 타원형으로 분포되어 있을 때, 이 데이터들의 분포 특성을 2개의 벡터로 가장 잘 설명할 수 있는 방법은 그림에서와 같이 v_1, v_2 두 개의 벡터로 데이터분포를 설명하는 것이다.
- v_1의 방향과 크기, 그리고 v_2의 방향과 크기를 알면 이 데이터분포가 어떤 형태인지를 가장 단순하면서도 효과적으로 파악할 수 있다.
- PCA는 데이터 하나하나에 대한 성분을 분석하는 것이 아니라, 여러 데이터들이 모여 하나의 분포를 이룰 때, 이 분포의 주성분을 분석해 주는 방법이라고 할 수 있다.

- PCA의 특징
  - 차원 축소에 폭넓게 사용된다. 어떠한 사전적 분포 가정의 요구가 없다.
  - 가장 큰 분산의 방향들이 주요 중심 관심으로 가정한다.
  - 본래의 변수들의 선형결합으로만 고려한다.
  - 차원의 축소는 본래의 변수들이 서로 상관이 있을 때만 가능하다.
  - 스케일에 대한 영향이 크다. 즉 PCA 수행을 위해선 변수들 간의 스케일링이 필수이다.

③ 특이값 분해(Singular Value Decomposition, SVD)

- 특이값 분해 소개(선형대수)
  - 데이터공간을 나타내는 m×n 크기의 행렬 M에 대해, 다음과 같이 분해 가능하다.

$$M = U \Sigma V^t$$

  - 여기서 U는 m×m 크기의 직교행렬(Orthogonal Matrix)이고 Σ는 m×n 크기의 대각행렬(Diagonal Matrix), V^t는 n×n 크기의 직교행렬이다.

> V^t는 행렬 V의 전치행렬(Transpose Matrix)로 행렬 V의 행과 열을 바꾼 행렬로 정의한다.

- 직교행렬(Orthogonal Matrix) : 행렬의 열벡터가 독립이라는 의미로 다음과 같은 관계가 성립한다.

U가 직교행렬이면 $U^tU=I_m$ (여기서 I_m는 단위행렬)

즉, $U^t=U^{-1}$ (역행렬이 됨)

단위행렬
주 대각선의 원소가 모두 1이고, 다른 원소는 모두 0인 행렬

- 대각행렬(Diagonal Matrix) : 행렬의 대각성분을 제외한 나머지행렬의 원소의 값이 모두 0인 행렬이다.

• 특이값 분해의 차원 축소 원리

- 수학적 원리 : SVD 방법은 주어진 행렬 M(크기가 m×n인 행렬)을 여러 개의 행렬 M과 동일한 크기를 갖는 행렬로 분해할 수 있으며 각 행렬의 원소값의 크기는 Diagonal Matrix에서 대각성분의 크기에 의해 결정된다.
- 데이터의 응용 : 기존의 전차원의 정보 A를 SVD에 의해서 3개의 행렬로 분해하며 적당한 k(특이값)만을 이용해 원래 행렬 A와 비슷한 정보력을 가지는 차원을 만들어 낼 수 있다.
- 즉, 큰 몇 개의 특이값을 가지고도 충분히 유용한 정보를 유지할 수 있는 차원을 생성해 낼 수 있다(차원 축소).

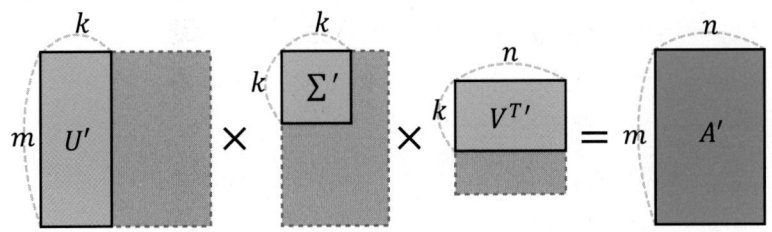

▲ SVD를 통해 얻어진 U, Σ, V' 일부만으로 A와 유사한 정보력을 가지는 행렬을 생성

④ 음수 미포함 행렬분해(Non-negative Matrix Factorization, NMF)

• 음수 미포함 행렬분해는 음수를 포함하지 않은 행렬 V를 음수를 포함하지 않은 두 행렬의 곱으로 분해하는 알고리즘이다.

• NMF의 이해

- 일반적으로 W의 열 개수와 H의 행 개수가 WH=V가 되도록 결정된다. 기존 행렬 V와 분해한 음수 미포함 행렬 W와 H의 곱과의 차이를 오차 U라고 이야기한다. V=WH+U, U의 원소들은 양수나 음수가 될 수 있다.
- W와 H의 크기가 V보다 작기 때문에 저장하거나 다루기에 용이하다. 또한 V를 원래 정보보다 상대적으로 적은 정보로 표현하여 분해한 행렬 하나가 전체 정보의 대략적인 정보를 제시할 수 있다.

일반적으로 행렬 분해는 정확한 해가 없기 때문에 대략적인 해를 구하게 된다.

• NMF의 차원 축소

- 행렬 곱셈에서 곱해지는 행렬은 결과행렬보다 훨씬 적은 차원을 가지기 때문에 NMF가 차원을 축소할 수 있다.

03 파생변수의 생성

데이터 분석 시 주어진 원데이터를 그대로 활용하기 보다는 분석의 목표에 적합하게 계속해서 데이터 형태를 수정보완할 필요가 있다.

데이터 마트(Data Mart)는 데이터 웨어하우스(Data Warehouse)로부터 복제 또는 자체 수집된 데이터모임의 중간층이지만 분석을 위한 기본단계변수가 모여 지는 단계로 요약변수와 파생변수들의 모임이라고 볼 수 있다.

요약변수와 파생변수는 분석모델을 구축하는 데 있어서 핵심인 환경과 문제를 잘 해석할 수 있는 변수를 찾는 데 의의가 있다.

> **파생변수**
> 기존의 변수를 조합하여 새로운 변수를 만들어 내는 것을 의미

1) 파생변수

- 사용자가 특정 조건을 만족하거나 특정 함수에 의해 값을 만들어 의미를 부여하는 변수로 매우 주관적일 수 있으므로 논리적 타당성을 갖출 필요가 있다.
- 세분화 고객행동예측, 캠페인반응예측 등에 활용할 수 있다.
- 특정상황에만 유의미하지 않게 대표성을 나타나게 할 필요가 있다.

➕ **더 알기 TIP**

파생변수

성명	국어	수학
김민수	69	80
신민섭	56	70
이부영	89	90
차동수	90	95
한민석	70	100

어떤 반의 국어, 수학 점수에 대한 데이터가 있다. 위의 표를 가지고 반의 종합적 학업 능력을 평가하고 싶다면 특정 과목만 기준으로 보는 것보다 상기 데이터로부터 과목에 대한 평균과 총합 즉, 새로운 변수(파생변수)를 생성한다.

성명	국어	수학	총합	평균
김민수	69	80	149	74.5
신민섭	56	70	126	63.0
이부영	89	90	179	89.5
차동수	90	95	185	92.5
한민석	70	100	170	85.0

생성된 파생변수 두 개를 통해 전반적인 학업성취도에 대한 판단을 용이하게 할 수 있도록 하며 또한 객관적 생성기준(근거)에 대해 이야기할 수 있다.

수능의 원점수와 표준점수 관계
원점수는 실제 문항별 배점취득에 따른 점수(단순점수)를 지칭한다. 이것은 영역별 난이도에 대한 고려가 없으므로 정규화 변수(Z-검정통계량)를 이용한 표준점수와 영역별 난이도에 따른 상대점수를 통해 학업 성취도(변별력)를 측정한다. 기타 백분위 등급도 원점수로부터 파생된 변수로 볼 수 있다.

2) 요약변수

- 수집된 정보를 분석에 맞게 종합(aggregate)한 변수이다.
- 데이터 마트에서 가장 기본적인 변수이다.
- 많은 분석 모델에서 공통으로 사용될 수 있어 재활용성이 높다.

3) 요약변수 vs 파생변수

▶ CRM 관련 데이터를 통한 요약변수와 파생변수 사례

요약변수(단순 종합 개념)	파생변수(주관적 변수 개념)
매장이용 횟수	주 구매매장 변수
구매상품목 개수	구매상품 다양성 변수
기간별 구매금액·횟수	주 활동지역 변수
상품별 구매금액·횟수	주 구매상품 변수

CRM(Customer Relationship Management)
기업이 고객과 관련된 내·외부 자료를 분석, 통합해 고객 중심 자원을 극대화하고 이를 토대로 고객 특성에 맞게 마케팅 활동을 진행

① 요약변수 처리시의 유의점

- 처리(단어의 빈도, 초기행동변수, 트렌드변수 등) 방법에 따라 결측치의 처리 및 이상값 처리에 유의해야 한다.
- 연속형 변수의 구간화 적용과 고정된 구간화를 통한 의미 파악 시 정구간이 아닌 의미 있는 구간을 찾도록 해야 한다.

② 파생변수 생성 및 처리의 유의점

- 특정 상황에만 의미성 부여가 아닌 보편적이고 전 데이터구간에 대표성을 가지는 파생변수 생성을 위해서 노력해야 한다.
- 파생변수의 생성방법
  - 한 값으로부터 특징을 추출한다.
  - 한 레코드내의 값들을 결합한다.
  - 다른 테이블의 부가적 정보를 결합한다.
  - 다수의 필드내에 시간 종속적인 데이터를 선택(pivoting)한다.
  - 레코드 또는 중요 필드를 요약한다.

  상기 이외에도 다양한 형태의 파생 변수를 목적에 맞게 생성이 가능하다.

- 교호작용(interaction)을 포함한 파생변수 생성
  - 교호작용은 데이터 분석에서 변수 간의 상호작용을 말하는 것으로 두 개 이상의 독립변수가 함께 작용하여 종속변수에 영향을 미치는 경우이다.
  - 교호작용을 포함한 파생변수는 독립변수 간의 상호작용 효과를 모델에 반영하는 중요한 방법 중 하나이다.
  - 독립변수 간의 교호작용을 파생변수로 만드는 것은 일반적인 기법이지만, 종속변수와 독립변수의 교호작용을 사용하는 것은 피해야 한다.

변수 변환
어떤 변수로 나타낸 식을 다른 변수로 바꿔 나타내는 기법

04 변수 변환

1) 변수 변환의 개념
- 데이터를 분석하기 좋은 형태로 바꾸는 작업을 말한다. 수학적 의미로 변환(transformation)은 기존의 변수공간에서는 해결하거나 관찰할 수 없는 사실을 영역을 달리 하는 것으로(변환) 해석이 용이해지거나 취급이 단순해지는 장점이 있다.
- 데이터의 전처리 과정(Data Preprocessing) 중 하나로 간주된다.

2) 변수 변환의 방법

① 범주형 변환

연속형 변수 중에서 변수자체로의 분석보다는 분석결과의 명료성 및 정확성을 배가시키기 위해 범주형으로 바꾸는 것이 좋은 경우가 있다.

> '소득이 100만 원 늘 때마다 사교육비의 지출이 10만 원 증가한다.' 보다는 '상위 10% 소득가정의 사교육비 지출이 하위 10%보다 10배 많다.' 식의 설명이 이해가 쉽다.
> - 이 경우 소득의 연속적 데이터를 그대로 사용하기 보다는 순위형(rank) 데이터로 범주를 나누어 상대 비교를 하는 방법, 즉 연속형 데이터를 범주형 데이터로 나누는 설명이 효과적임을 알 수 있다.

② 정규화

분석을 정확히 하려면 원래 주어진 연속형(이산형) 데이터 값을 바로 사용하기 보다는 정규화를 이용하는 경우가 타당할 수 있다.

특히, 데이터가 가진 스케일이 심하게 차이나는 경우 그 차이를 그대로 반영하기 보다는 상대적 특성이 반영된 데이터로 변환하는 것이 필요하다.

- 일반 정규화 : 수치로 된 값들을 여러 개 사용할 때 각 수치의 범위가 다르면 이를 같은 범위로 변환해서 사용하는데 이를 일반 정규화라고 한다.

> 두 과목의 시험을 가지고 평가하는데 과목 A의 시험은 10점 만점이고, 다른 과목 B는 50점 만점이라고 하자.
> - 만약 A에서는 8점, B에서는 20점을 받았을 때, 이것을 정규화하면 8/10=0.8점, 20/50=0.4점이 되고 평점은 0.6이 된다.

- 최소–최대 정규화(Min–Max Normalization) : 데이터를 정규화하는 가장 일반적인 방법이다.
  - 모든 feature에 대해 최소값 0, 최대값 1로, 그리고 다른 값들은 0과 1 사이의 값으로 변환하는 것이다.
  - 만약 X라는 값에 대해 최소–최대 정규화를 한다면 다음과 같은 수식을 사용할 수 있다.

$$\text{Min-Max Normalization} = \frac{(X-\text{Min})}{(\text{Max}-\text{Min})}$$

> 어떤 특성의 최소값이 20이고 최대값이 40인 경우, 30은 딱 중간이므로 0.5로 변환된다.

- 최소-최대 정규화의 단점으로 이상치(outlier) 영향을 많이 받는 점에 유의한다.
- z-점수(z-score) 정규화 : 이상치 문제를 피하는 데이터 정규화 전략이다.

$$Z = \frac{X-\mu}{\sigma}$$

- 만약 데이터의 값이 평균과 일치하면 0으로 정규화되고, 평균보다 작으면 음수, 평균보다 크면 양수로 나타난다. 이때 계산되는 음수와 양수의 크기는 그 데이터의 표준편차에 의해 결정된다. 그래서 만약 데이터의 표준편차가 크면 (값이 넓게 퍼져 있으면) 정규화되는 값이 0에 가까워진다.
- 이상치를 잘 처리하지만, 정확히 동일한 척도로 정규화된 데이터를 생성하지는 않는다는 점에 유의한다.

③ 로그변환(Log Transformation)

로그변환이란 어떤 수치 값을 그대로 사용하지 않고 여기에 로그를 취한 값을 사용하는 것을 말한다.

데이터 분석에서 로그를 취하는 게 타당한 경우가 종종 있는데 먼저 로그를 취하면 그 분포가 정규 분포에 가깝게 분포하는 경우가 있다. 이런 분포를 로그정규분포(Log-normal Distribution)를 가진다고 한다.

$$X \sim \ln(X)$$

> 로그 변환은 큰 값과 작은 값 사이의 차이를 줄이고 데이터의 스케일을 조정한다.

- 로그변환분포를 사용하는 전형적 데이터
  - 국가별 수출액, 사람의 통증 정도 수치화, 개별 주식의 가격이용 변동성 분석 등이 있다.
  - 데이터분포의 형태가 좌측으로 치우친 경우 정규분포화를 위해 로그변환을 사용한다.

> 좌측 또는 우측으로 치우치다.
> → 데이터의 균질성 관점

④ 역수변환(Inverse Transformation)

어떤 변수를 데이터 분석에 그대로 사용하지 않고 역수를 사용하면 오히려 선형적인 특성을 가지게 되어 의미를 해석하기가 쉬워지는 경우를 말한다.

- 데이터분포의 형태로 보면 극단적인 좌측으로 치우친 경우 정규분포화를 위해 역수변환을 사용한다.

$$X \sim 1/X$$

⑤ 지수변환(Power Transformation)

어떤 변수를 데이터 분석에 그대로 사용하지 않고 지수를 사용하면 오히려 선형적인 특성을 가지게 되어 의미를 해석하기가 쉬워지는 경우를 말한다.

- 데이터의 분포형태가 우측으로 치우친 경우 정규분포화를 위해 지수변환을 사용한다.

$$X \sim X^n$$

⑥ 제곱근변환(Square Root Transformation)

어떤 변수를 데이터 분석에 그대로 사용하지 않고 제곱근을 사용하면 오히려 선형적인 특성을 가지게 되어 의미를 해석하기가 쉬워지는 경우를 말한다.

- 데이터분포의 형태로 보면 좌측으로 약간 치우친 경우 정규분포화를 위해 제곱근변환을 사용한다.

$$X \sim \sqrt{X}$$

⑦ 분포형태별 정규분포로의 변환

모집단의 분포형태별로 사용가능한 변수변환이 다르다. 최종적으로 정규분포 형태를 지향한다.

변수변환 전 분포	사용변수 변환식	변수변환 후 분포
우로 치우침	X^3	
우로 약간 치우침	X^2	
좌로 약간 치우침	$\sqrt{X}$	정규분포화
좌로 치우침	$\ln(X)$	
극단적 좌로 치우침	$\frac{1}{X}$	

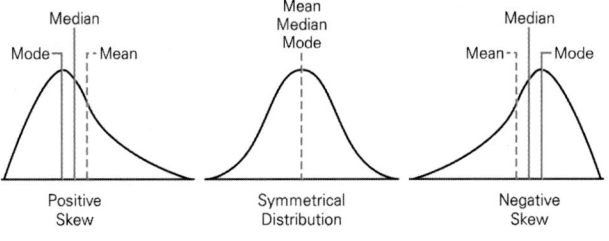

▲ Positive Skew(좌로 치우침), Negative Skew(우로 치우침)

- 기본적으로 단일집단의 정규성 검정은 데이터 분포의 형태를 눈으로 확인할 수도 있지만 샤피로테스트(Shapiro Test) 또는 큐큐 플롯(Q-Q Plot)을 이용해 확인 가능하며, 결과에 따라 적당한 변수변환식을 사용하여 정규분포 형태로 변환이 가능할 수 있다.

⑧ Box-Cox

Box-Cox는 데이터의 변환을 통해 정규분포에 가깝게 만들어 통계 분석 및 모델링을 용이하게 하는 통계적 방법이다.

$Y = (y_1, y_2, \cdots, y_n)^t$ 에 대하여

$$y_i(\lambda) = \begin{cases} \dfrac{y_i^\lambda - 1}{\lambda} & if\ \lambda \neq 0 \\ \log y_i & if\ \lambda = 0 \end{cases}$$

여기서

$$\lim_{\lambda \to 0} \frac{y^\lambda - 1}{\lambda} = \log y$$

이므로 $y_i(\lambda)$는 모든 실수에서 연속인 변환이다.

- λ에 따라서 0일 때는 로그변환, 0이 아닐 때는 멱변환(Power Transform)으로 변환된다.
- λ를 자동으로 결정하는 방법과 사용자가 수동으로 설정하는 방법이 있다. 자동으로 결정하는 방법은 최대 가능도 추정을 통해 최적의 λ 값을 찾아내는 것이며, 수동으로 설정하는 방법은 분석가가 경험과 지식을 바탕으로 λ 값을 선택하는 것이다.

> Box-Cox 방법은 양수 데이터가 비대칭 분포를 가지고 있을 때 사용된다. 통계 분석, 회귀 분석, 시계열 분석 등 다양한 분야에서 데이터 전처리에 활용된다.

> **멱변환**
> 데이터를 어떤 지수의 거듭제곱으로 변환하는 것

⑨ 기타

데이터의 축소 등이 있다(해당 내용은 **02** 차원 축소 참고).

05 불균형 데이터 처리

어떤 데이터에서 각 클래스(주로 범주형 반응 변수)가 갖고 있는 데이터의 양에 차이가 큰 경우, 클래스 불균형이 있다고 말한다.

예를 들어, 병원에서 질병이 있는 사람과 질병이 없는 사람의 데이터를 수집했다고 하자. 일반적으로 질병이 있는 사람이 질병이 없는 사람에 비해 적다. 병원 데이터뿐 아니라 대부분의 '현실 데이터'에 클래스 불균형 문제가 있다.

> 데이터에는 클래스 불균형(Class Imbalance) 문제가 자주 있다.

1) 불균형 데이터의 문제점

- 데이터 클래스 비율이 너무 차이가 나면(Highly-imbalanced Data) 단순히 우세한 클래스를 택하는 모형의 정확도가 높아지므로 모형의 성능판별이 어려워진다. 즉, 정확도(accuracy)가 높아도 데이터 개수가 적은 클래스의 재현율(recall-rate)이 급격히 작아지는 현상이 발생할 수 있다.

		사실	
		참(Positive)	거짓(Negative)
실험 결과	참(Positive)	TP (True Positive)	FP(False Positive)
	거짓(Negative)	FN(False Negative)	TN(True Negative)

$$정확도(Accuracy) = \frac{TP+TN}{TP+TN+FP+FN}$$

$$재현율(Recall) = \frac{TP}{TP+FN}$$

> 기적의 TIP
> 정확도, 재현율은 PART 04 – CHAPTER 01 – SECTION 01을 참고한다.

클래스 균형은 소수의 클래스에 특별히 더 큰 관심이 있는 경우에 필요하다.

2) 불균형 데이터의 처리 방법

① 가중치 균형방법(Weighted Balancing)

데이터에서 손실(loss)을 계산할 때 특정 클래스의 데이터에 더 큰 loss 값을 갖도록 하는 방법이다. 즉 데이터 클래스의 균형이 필요한 경우로 각 클래스별 특정 비율로 가중치를 주어서 분석하거나 결과를 도출하는 것으로 정의한다.

- 고정 비율 이용
  - 클래스의 비율에 따라 가중치를 두는 방법이다. 예를 들어, 클래스의 비율이 1:5라면 가중치를 5:1로 줌으로써 적은 샘플 수를 가진 클래스를 전체 손실에 동일하게 기여하도록 할 수 있다.

- 최적 비율 이용
  - 분야와 최종 성능을 고려해 가중치 비율의 최적 세팅을 찾으면서 가중치를 찾아가는 방법이다.

② 언더샘플링(Undersampling)과 오버샘플링(Oversampling)

비대칭 데이터는 다수 클래스 데이터에서 일부만 사용하는 언더샘플링이나, 소수 클래스 데이터를 증가시키는 오버샘플링을 사용하여 데이터 비율을 맞추면 정밀도(precision)가 향상된다.

언더샘플링
다수 클래스 데이터에서 일부만 사용

오버샘플링
소수 클래스 데이터를 증가시킴

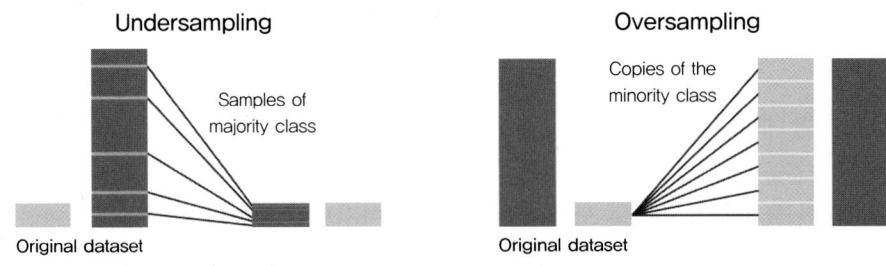

▲ 언더샘플링과 오버샘플링

- 언더샘플링
  - 언더샘플링은 대표클래스(Majority Class)의 일부만을 선택하고, 소수클래스(Minority Class)는 최대한 많은 데이터를 사용하는 방법이다. 이때 언더샘플링된 대표클래스 데이터가 원본 데이터와 비교해 대표성이 있어야 한다.
- 오버샘플링
  - 소수클래스의 복사본을 만들어, 대표클래스의 수만큼 데이터를 만들어 주는 것이다. 똑같은 데이터를 그대로 복사하는 것이기 때문에 새로운 데이터는 기존 데이터와 같은 성질을 갖게 된다.

개념 체크

다음 중 클래스 불균형 데이터를 처리하기 위한 방안과 내용으로 옳지 않은 것은?

① 다수 클래스의 샘플을 제거한다.
② 소수 클래스의 샘플을 복제하거나 새로운 샘플을 추가한다.
③ 모델 학습 시 소수 클래스에 높은 가중치를 부여한다.
④ 불균형 데이터에서는 정확도가 높게 나타난다.

정답 ④

①은 언더샘플링, ②는 오버샘플링, ③은 가중치 균형방법
클래스 불균형 데이터에서 정확도(Accuracy)는 일반적으로 사용하기에 적절한 평가 지표는 아니다. 불균형한 클래스 분포로 인해 많은 데이터가 다수 클래스에 속하는 경우, 모델이 모든 샘플을 다수 클래스로 예측하는 경향을 보일 수 있기 때문이다. 예를 들어, 100개의 샘플 중 95개가 다수, 5개가 소수 클래스에 속한다고 가정하면, 만약 모든 샘플을 다수 클래스로 예측하면 정확도가 95%가 되나 이것은 소수 클래스를 잘 예측하지 못함을 의미한다.

06 인코딩

범주형 데이터를 수치형으로 변환하여 머신러닝 모델에 적용 가능하게 하는 기법이다.

1) 레이블 인코딩(Label Encoding)

- 레이블 인코딩은 각 범주에 순차적인 정수 레이블을 할당하여 데이터를 변환하며, 주로 순서나 크기에 의미가 없는 범주형 데이터를 변환할 때 사용된다. 예를 들어, 옷의 크기를 표현하는 "S", "M", "L"과 같은 데이터를 레이블 인코딩으로 변환할 수 있다.
- 주의할 점은 숫자 값에 의도적으로 순서나 크기를 부여하게 될 수 있다는 점이다. 이는 명목형 데이터에서는 문제가 없지만, 순서형 데이터에서는 잘못된 결과를 초래할 수 있다. 따라서, 순서나 계층 구조가 없는 데이터에 주로 사용되며, 순서나 계층 구조가 있는 데이터에는 다른 인코딩 기법을 고려해야 한다.
  - 또한, 일부 머신러닝 알고리즘에서는 숫자 값의 크기가 결과에 영향을 미칠 수 있다. 이 경우에는 숫자 값의 크기가 중요하지 않도록 원-핫 인코딩과 같은 다른 인코딩 기법을 고려해야 한다.

2) 원-핫 인코딩(One-Hot Encoding)

- 원-핫 인코딩은 각 범주에 대해 해당하는 인덱스만 1이고 나머지는 0인 이진 벡터로 변환한다. 이를 통해 컴퓨터가 범주형 데이터를 이해하고 처리할 수 있다.
- 예를 들어, "사과", "바나나", "딸기"와 같은 과일 종류를 원-핫 인코딩으로 변환한다고 가정하면, 과일 종류에 대해 다음과 같이 변환된다.

  사과: [1, 0, 0]

  바나나: [0, 1, 0]

  딸기: [0, 0, 1]

  각 과일은 자신의 인덱스에 해당하는 위치에 1을 가지고, 나머지 위치에는 0을 가지는 벡터로 표현된다. 이러한 원-핫 인코딩은 각 과일의 범주를 명확하게 나타내며, 다른 과일과의 비교나 모델링에 사용할 수 있다.

> 다중 클래스 분류 문제, 텍스트 처리, 자연어 처리(NLP) 등에서 레이블 또는 범주형 데이터를 입력으로 사용할 때 원-핫 인코딩을 적용하는 것이 일반적이다.

3) 타깃 인코딩(Target Encoding)

- 타깃 인코딩은 주로 분류 문제에서 사용된다. 각 범주에 대한 종속 변수(타깃)의 평균 값을 인코딩으로 사용하는 방식이다.
- 타깃 인코딩 수행 단계
  - 범주형 변수의 각 범주에 대해 종속 변수의 평균 값을 계산한다.
  - 계산된 평균 값을 해당 범주에 대한 인코딩 값으로 대체한다.
- 타깃 인코딩의 목적은 범주형 변수의 각 범주가 종속 변수와 어떤 관계를 가지는지를 수치화하여 모델이 이를 학습할 수 있게 하는 것이다. 타깃 인코딩을 사용하면 범주형 변수의 정보가 보다 명확하게 모델에 반영되기 때문에 예측 성능을 향상시킬 수 있다.
- 주의할 점은 과적합의 가능성이 있으며, 훈련 데이터에만 적용되어야 한다는 것이다. 따라서 교차검증 등을 통해 적절한 평균 값을 계산하고 적용하는 과정이 필요하다. 또한, 범주의 수가 적고 데이터가 적은 경우에는 타깃 인코딩을 사용하는 것이 적절하지 않을 수 있다.

합격을 다지는 예상문제

01 변수선택 방법 중 전진 선택법에 대한 설명으로 옳은 것을 모두 고르시오.

> (가) 영 모형에서 시작. 모든 독립변수 중 종속변수와 단순상관계수의 절댓값이 가장 큰 변수를 분석모형에 포함시키는 것을 말한다.
> (나) 부분 F 검정(F test)을 통해 유의성 검증을 시행. 유의한 경우는 가장 큰 F 통계량을 가지는 모형을 선택하고 유의하지 않은 경우는 변수선택 없이 과정을 중단한다.
> (다) 한번 추가된 변수는 제거하지 않는 것이 원칙이다.

① 가, 나
② 나, 다
③ 가, 다
④ 가, 나, 다

02 다음 중 변수선택에 대한 설명으로 맞는 것은?

① 후진 선택법은 전체모델에서 시작, 모든 독립변수 중 종속변수와 단순상관계수의 절댓값이 가장 큰 변수부터 순차적으로 분석모형에서 제외시킨다.
② 전진 선택법은 영 모형에서 시작, 모든 독립변수 중 종속변수와 단순상관계수의 절댓값이 가장 작은 변수를 분석모형에 포함시키는 것을 말한다.
③ 전진/후진 선택법 둘 다 한번 추가된 변수에 대해서 최종적으로 교차검증을 통해 제거여부를 결정한다.
④ 단계적 선택법은 전진 선택법을 통해 가장 유의한 변수를 모형에 포함하고, 나머지 변수들에 대해 후진 선택법을 적용한다.

03 차원축소 필요성에 대한 설명으로 틀린 것은?

① 데이터를 분석하는 데 있어서 분석시간의 증가(시간복잡도: Time Complexity)와 저장변수 양의 증가(공간복잡도: Space Complexity)를 고려 시 동일한 품질을 나타낼 수 있다면 효율성 측면에서 데이터 종류의 수를 줄여야 한다.
② 차원이 작은 간단한 분석모델일수록 내부 구조 이해가 용이하고 해석이 쉬워진다.
③ 차원의 증가는 분석모델 파라메터의 증가 및 파라메터 간의 복잡한 관계의 증가로 분석결과의 오적합 발생의 가능성이 커진다. 이것은 분석모형의 정확도(신뢰도) 저하를 발생시킬 수 있다.
④ 작은 차원만으로 안정적인(robust) 결과를 도출해낼 수 있다면 많은 차원을 다루는 것보다 효율적이다.

04 주성분 분석(Principal Component Analysis, PCA)에 대한 설명으로 틀린 것을 모두 고르시오.

> (가) 분포된 데이터들의 특성을 설명할 수 있는 하나 또는 복수 개의 특징(주성분: Principal Component)을 찾는 것을 의미한다.
> (나) 서로 연관성이 있는 고차원공간의 데이터를 선형연관성이 없는 저차원(주성분)으로 변환하는 과정을 거친다(직교변환을 사용).
> (다) 기존의 기본변수들을 새로운 변수의 세트로 변환하여 차원을 줄이되 기존 변수들의 분포특성을 최대한 보존하여 이를 통한 분석결과의 신뢰성을 확보한다.
> (라) 차원 축소에 폭넓게 사용된다. 각 차원 간 사전 분포는 독립적인 정규분포를 따른다.
> (마) 차원의 축소는 본래의 변수들이 서로 독립일 때 만 가능하다.

① 가, 마
② 가, 나
③ 다, 라
④ 라, 마

05 요인분석에 대한 설명으로 맞지 않은 것은?

① 요인분석은 다수의 변수들 간의 관계(상관관계)를 분석하여 공통차원을 축약하는 통계분석 과정이다.
② 독립변수, 종속변수 개념이 없다. 주로 기술 통계에 의한 방법을 이용한다.
③ 다수의 변수들의 정보손실을 억제하면서 소수의 요인(factor)으로 축약하기도 하지만 변수 자체의 제거는 하지 않는다.
④ 관련된 변수들을 군집화함으로써 요인 간의 상호 독립성 및 변수의 특성을 파악한다.

06 파생변수에 대한 설명으로 틀린 것은?

① 기존의 변수를 조합하여 새로운 변수를 만들어내는 것을 의미한다.
② 사용자가 특정 조건을 만족하거나 특정 함수에 의해 값을 만들어 의미를 부여하는 변수로 매우 주관적일 수 있으므로 논리적 타당성을 갖출 필요가 있다.
③ 데이터의 특성을 파악하는 데 중점을 두어 특정상황에 유의미하도록 대표성을 나타나게 한다.
④ 고객관리 등에 유용하게 사용된다.

07 다음 중 요약변수의 설명으로 옳은 것을 모두 고르시오.

> (가) 수집된 정보를 분석에 맞게 종합(aggregate)한 변수이다.
> (나) 데이터 마트에서 가장 기본적인 변수이다.
> (다) 많은 분석 모델에서 공통으로 사용될 수 있어 재활용성이 높다.
> (라) 특정 상황에만 의미성 부여가 아닌 보편적이고 전 데이터구간에 대표성을 가지는 변수생성을 위해서 노력해야 한다.

① 가, 나, 다　② 가, 다, 라
③ 나, 다, 라　④ 가, 나, 라

08 다음은 변수변환 중 로그변환에 대한 설명이다. 틀린 것을 고르시오.

① 로그를 취하면 그 분포가 정규 분포에 가깝게 분포하는 경우가 있다. 이런 분포를 로그정규분포(Log-normal Distribution)를 가진다고 한다.
② 로그변환을 사용하는 데이터 중 대표적인 것은 주식가격의 변동성 분석이다.
③ 로그변환에서 취하는 로그는 밑수가 10인 상용로그이다.
④ 데이터분포의 형태가 좌측으로 치우친 경우 정규분포화를 위해 로그변환을 사용한다.

09 각 변수변환 전 분포와 사용 변환식을 연결한 것 중 옳은 것을 고르시오.

	변수변환 전 분포	사용변수 변환식	변수변환 후 분포
(가)	우로 치우침	X^3	정규 분포화
(나)	우로 약간 치우침	X	
(다)	좌로 약간 치우침	$\frac{\sqrt{X}}{2}$	
(라)	좌로 치우침	$\ln(X)$	
(마)	극단적 좌로 치우침	$\frac{1}{X}$	

① 가, 나, 마　　② 가, 나, 다
③ 가, 라, 마　　④ 나, 다, 마

10 불균형 데이터에 대한 설명 중 옳은 것은?

① 데이터에서 각 클래스가 갖고 있는 데이터의 질의 차이가 큰 경우, 클래스 불균형이 있다고 말한다.
② 데이터 클래스 비율이 너무 차이가 나면 재현율(recall-rate)이 높아도 데이터 개수가 적은 클래스의 정확도(accuracy)가 급격히 작아지는 현상이 발생할 수 있다.
③ 클래스 균형은 다수의 클래스에 특별히 더 큰 관심이 있는 경우에 필요하다.
④ 클래스에 속한 데이터의 개수의 차이에 의해 발생하는 문제들을 불균형 데이터 문제 또는 비대칭 데이터 문제(Imbalanced Data Problem)라고 한다.

11 다음 언더샘플링과 오버샘플링에 대한 대한 설명 중 **틀린** 것은?

(가) 다수 클래스 데이터에서 일부만 사용하는 방법은 오버샘플링이다.
(나) 소수 클래스 데이터를 증가시키는 것은 언더샘플링이다.
(다) 언더샘플링은 대표클래스(Majority Class)의 일부만을 선택하고, 소수클래스(Minority Class)는 최대한 많은 데이터를 사용하는 방법이다.
(라) 오버샘플링은 소수클래스(Minority Class)의 복사본을 만들어, 대표클래스(Majority Class)의 수만큼 데이터를 만들어 주는 것이다.

① 가, 나　　② 나, 다
③ 다, 라　　④ 나, 라

합격을 다지는 예상문제 정답 & 해설

SECTION 02

01 ④	02 ④	03 ③	04 ④	05 ③
06 ③	07 ①	08 ③	09 ③	10 ④
11 ①				

01 ④

전진 선택법(Forward Selection)
- 영 모형에서 시작. 모든 독립변수 중 종속변수와 단순상관계수의 절댓값이 가장 큰 변수를 분석모형에 포함시키는 것을 말한다.
- 부분 F 검정(F test)을 통해 유의성 검증을 시행. 유의한 경우는 가장 큰 F 통계량을 가지는 모형을 선택하고 유의하지 않은 경우는 변수선택 없이 과정을 중단한다.
- 한번 추가된 변수는 제거하지 않는 것이 원칙이다.

02 ④

오답 피하기
- 전진 선택법은 영 모형에서 시작. 모든 독립변수 중 종속변수와 단순상관계수의 절댓값이 가장 큰 변수를 분석모형에 포함시키는 것을 말한다.
- 후진 선택법은 전체모델에서 시작. 모든 독립변수 중 종속변수와 단순상관계수의 절댓값이 가장 작은 변수부터 순차적으로 분석모형에서 제외시킨다.
- 전진/후진 선택법 둘 다 한번 추가된 변수에 대해서 제거하지 않는 것이 원칙이다.

03 ③

차원의 증가는 분석모델 파라미터의 증가 및 파라미터 간의 복잡한 관계의 증가로 분석결과의 과적합 발생의 가능성이 커진다. 이것은 분석모형의 정확도(신뢰도) 저하를 발생시킬 수 있다.

04 ④
- 차원 축소에 폭넓게 사용된다. 어떠한 사전적 분포 가정의 요구가 없다.
- 차원의 축소는 본래의 변수들이 서로 상관이 있을 때만 가능하다.

05 ③

요인에 대한 중요도를 파악하고 필요가 없다면 제거하는 것도 필요하다.

06 ③

특정상황에만 유의미하지 않게 대표성을 나타나게 할 필요가 있다.

07 ①

오답 피하기
- '특정 상황에만 의미성 부여가 아닌 보편적이고 전 데이터구간에 대표성을 가지는 변수생성을 위해서 노력해야 한다.'는 파생 변수의 생성 및 처리 시의 유의점 설명이다.

08 ③

로그변환이란 어떤 수치 값을 그대로 사용하지 않고 여기에 로그를 취한 값을 사용하는 것을 말한다.

09 ③

변수변환 전 분포	사용변수 변환식	변수변환 후 분포
우로 치우침	X^3	
우로 약간 치우침	X^2	
좌로 약간 치우침	$\sqrt{X}$	정규 분포화
좌로 치우침	$\ln(X)$	
극단적 좌로 치우침	$\dfrac{1}{X}$	

10 ④

데이터에서 각 클래스가 갖고 있는 데이터의 양에 차이가 큰 경우, 클래스 불균형이 있다고 말한다.

오답 피하기
- 데이터 클래스 비율이 너무 차이가 나면(Highly-imbalanced Data) 단순히 우세한 클래스를 택하는 모형의 정확도가 높아지므로 모형의 성능 판별이 어려워진다. 즉, 정확도(accuracy)가 높아도 데이터 개수가 적은 클래스의 재현율(recall-rate)이 급격히 작아지는 현상이 발생할 수 있다. 클래스 균형은 소수의 클래스에 특별히 더 큰 관심이 있는 경우에 필요하다.

11 ①

다수 클래스 데이터에서 일부만 사용하는 방법은 언더샘플링, 소수 클래스 데이터를 증가시키는 것은 오버샘플링이다.

CHAPTER

02

데이터 탐색

학습 방향

탐색적 데이터 분석을 통한 데이터의 특징을 이해하는 방법을 학습합니다. 기초통계량과 시각화도구를 이용해 데이터의 기본적인 특징을 파악하며, 왜도와 첨도 등을 이용하여 데이터의 분포를 이해할 수 있어야 합니다. 또한, 변수들 사이의 연관성을 분석하는 상관분석 방법도 시험에서 중요하게 다루어집니다. 고급 데이터 탐색 기법은 데이터의 특성에 따라 적용되는 탐색 기법들의 특징을 이해하는 것이 중요합니다.

출제 빈도

SECTION 01 중 90%
SECTION 02 하 10%

SECTION 01 데이터 탐색의 기초

빈출 태그 데이터 분석 · 상관분석 · 기초통계 · 분산 · 편차

탐색적 데이터 분석을 통해 자료에 대한 충분한 이해를 하고 좀 더 정교한 모형을 개발할 수 있다.

01 데이터 탐색의 개요

1) 탐색적 데이터 분석(Exploratory Data Analysis, EDA)
수집한 데이터가 들어왔을 때, 다양한 방법을 통해서 자료를 관찰하고 이해하는 과정을 의미하는 것으로 본격적인 데이터 분석 전에 자료를 직관적인 방법으로 통찰하는 과정이다.

2) 탐색적 데이터 분석의 필요성
- 데이터의 분포 및 값을 검토함으로써 데이터가 표현하는 현상을 이해하며 내재된 잠재적 문제에 대해 인식하고 해결안을 도출할 수 있다.
  - 문제점 발견 시 본 분석 전 데이터의 수집 의사를 결정할 수 있다.
- 다양한 각도에서 데이터를 살펴보는 과정을 통해 문제정의 단계에서 인지 못한 새로운 양상·패턴을 발견할 수 있다.
  - 새로운 양상을 발견 시 초기설정 문제의 가설을 수정하거나 또는 새로운 가설을 설립할 수 있다.

3) 분석과정 및 절차
- 분석의 목적과 변수가 무엇인지, 개별변수의 이름이나 설명을 가지는지 확인한다.
- 데이터의 문제성을 확인한다. 즉, 데이터의 결측치의 유무, 이상치의 유무 등을 확인하고 추가적으로 분포상의 이상 형태와 Head 또는 Tail 부분을 확인한다.
- 데이터의 개별 속성값이 예상한 범위 분포를 가지는지 확인한다(기초통계산출을 통한 확인과정을 거친다).
- 관계속성 확인 절차를 가진다. 즉, 개별 데이터 간의 속성 관찰에서 보지 못한 데이터 간의 속성(⑩ 상관관계 등)을 확인한다.

4) 이상치의 검출
이상치가 왜 발생했는지 의미를 파악하는 것이 중요하다. 그리고 그러한 의미를 파악했으면 어떻게 대처해야 할지(제거, 대체, 유지 등)를 판단한다.
이상치를 발견하는 기법으로 다음과 같은 방법들이 있다.

① 개별 데이터 관찰
- 데이터 값을 눈으로 살펴보면서 전체적인 추세와 특이사항을 관찰할 수 있다.
- 데이터가 많다고 앞부분만 보면 안 되고, 패턴이 뒤에서 나타날 수도 있으므로 뒤 or 무작위로 표본을 추출해서 관찰한다. 단, 이상치는 표본의 크기가 작은 경우 나타나지 않을 수도 있다.

② 통계값 활용
- 적절한 요약 통계지표(Summary Statistics)를 사용할 수 있다.
- 데이터의 중심을 알기 위해서는 평균(mean), 중앙값(median), 최빈값(mode)을 사용할 수 있다.
- 데이터의 분산도를 알기 위해서는 범위(range), 분산(variance)을 사용할 수 있다.
- 통계 지표를 이용할 때는 데이터의 특성에 주의해야 한다. 예를 들어, 평균에는 집합 내 모든 데이터 값이 반영되기 때문에, 이상값이 있으면 값이 영향을 받지만, 중앙값에는 가운데 위치한 값 하나가 사용되기 때문에 이상값의 존재에도 대표성이 있는 결과를 얻을 수 있다.

> **분산**
> 관측값에서 산술평균을 뺀 값을 제곱하고, 그것을 모두 더한 후 전체 개수로 나눠서 구한 것

➕ 더 알기 TIP

통계값 활용 방법

1. IQR(Inter Quartile Range) 방법(사분위범위를 이용한 이상치 제거 방법)
전체 데이터들을 오름차순으로 정렬하고, 정확히 4등분(25%, 50%, 75%, 100%)으로 나눈다.
여기서 75% 지점의 값(75% percentile: 3 사분위수)과 25% 지점(25% percentile: 1 사분위수)의 값의 차이를 IQR이라고 정의한다.

　최대값=75% percentile: 3 사분위수+1.5×IQR
　최소값=25% percentile: 1 사분위수-1.5×IQR

결정된 최대값보다 크거나 최소값보다 작은 값을 이상치로 간주한다. 터키펜스(Turkey Fences)라고도 한다.

2. 정규분포를 활용(평균과 분산을 이용한 이상치 제거 방법)

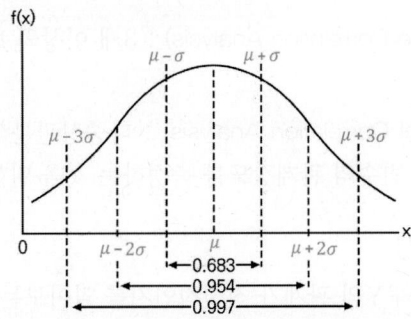

▲ 정규분포의 평균과 표준편차 내의 데이터 분포 관계

정규분포를 이용하여 어느 정도의 값이 이상치인지 직접 판단하여 이상치를 제거할 수도 있다. 예를 들어 (μ−2σ) ~ (μ+2σ) 또는 (μ−1.5σ) ~ (μ+1.5σ) 구간을 벗어나는 값을 이상치로 판단한다.
＊＊ 여기서 σ: 표준편차, μ: 평균을 말한다.

> **정규분포**
> 평균을 중심으로 좌우대칭인 종 모양을 이루는 분포
>
> **표준정규분포**
> 정규분포 중에서 평균이 0이고 표준 편차가 1인 것, 변수를 z로 쓰며 z-분포라고 줄여 부르기도 함

▶ 6 Sigma의 통계적 의미

단위	분포내의 면적(μ 중심으로)	비고
1σ (μ−σ) ~ (μ+σ)	68.3%	불량률 32%
2σ (μ−2σ) ~ (μ+2σ)	95.4%	불량률 5%
3σ (μ−3σ) ~ (μ+3σ)	99.7%	불량률 0.3%
4σ (μ−4σ) ~ μ+4σ	99.99%	불량률 0.01%
5σ (μ−5σ) ~ (μ+5σ)	99.9999%	불량률 0.0001%
6σ (μ−6σ) ~ (μ+6σ)	99.99999999%	불량률 0.00000001%

③ 시각화 활용

시각적인 표현은, 분석에 많은 도움을 준다. 시각화를 통해 주어진 데이터의 개별 속성에 어떤 통계 지표가 적절한지 결정할 수 있다.

- 시각화 방법에는 확률밀도 함수, 히스토그램, 점플롯(dot plot), 워드 클라우드, 시계열 차트, 지도 등이 있다.

④ 머신러닝 기법 활용

- 대표적인 머신러닝 기법으로 K-means를 통해 이상치를 확인할 수 있다.
- 정상 데이터의 패턴을 학습하여 이상치를 검출하는 방법이 주로 사용된다.

02 상관관계분석

1) 변수 간의 상관성 분석

> **상관분석**
> 2개 이상의 양적 변수간의 관계가 유의한지 확인하는 분석

두 변수 간에 어떤 선형적 관계를 갖고 있는지를 분석하는 방법이다. 두 변수는 서로 독립적인 관계이거나 상관된 관계일 수 있으며 이때 두 변수 간의 관계의 강도를 상관관계(correlation)라 한다.

① 단순상관분석(Simple Correlation Analysis) : 단순히 두 개의 변수가 어느 정도 강한 관계에 있는가를 측정한다.

② 다중상관분석(Multiple Correlation Analysis) : 3개 이상의 변수 간의 관계강도를 측정한다.

- 편상관관계분석(Partial Correlation Analysis) : 다중상관분석에서 다른 변수와의 관계를 고정하고 두 변수의 관계강도를 측정하는 것을 말한다.

2) 상관분석의 기본가정

① 선형성 : 두 변인 X와 Y의 관계가 직선적인지를 알아보는 것으로 이 가정은 분포를 나타내는 산점도를 통하여 확인할 수 있다.

> **산점도**
> 직교 좌표계를 이용해 두 개 변수 간의 관계를 나타내는 방법

② 동변량성(등분산성, Homoscedasticity) : X의 값에 관계없이 Y의 흩어진 정도가 같은 것을 의미한다. 반의어는 이분산성(Heteroscedasticity)이다.

- 산포도가 특정 구간에 상관없이 퍼진 정도가 일정할 때 자료가 동변량성을 띤다고 얘기하며, 반대로 그 정도가 일정하지 않으면 이분산성을 보인다고 말한다.

③ **두 변인의 정규분포성** : 두 변인의 측정치 분포가 모집단에서 모두 정규분포를 이루는 것이다.

④ **무선독립표본** : 모집단에서 표본을 뽑을 때 표본대상이 확률적으로 선정된다는 것이다.

3) 상관분석 방법

① 피어슨 상관계수(Pearson Correlation Coefficient 또는 Pearson's r)
- 두 변수 X와 Y 간의 선형 상관관계를 계량화한 수치이다.
- 피어슨 상관계수는 +1과 -1 사이의 값을 가지며, +1은 완벽한 양의 선형 상관관계, 0은 선형 상관관계 없음, -1은 완벽한 음의 선형 상관관계를 의미한다.

$$\rho = \frac{C(c, y)}{\sigma_x \sigma_y}$$

$C(x, y) = Cov(x, y) = \frac{1}{n-1} \sum_{i=1}^{n} = (x_i - \bar{x})(y_i - \bar{y})$: 표본 간의 공분산

σ_x: 표본 x의 표준편차, σ_y: 표본 y의 표준편차, $\bar{x}, \bar{y}$: 각각의 평균

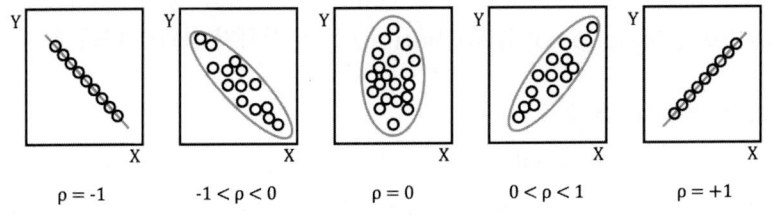

▲ 상관계수값과 데이터의 산점도

② 스피어만 상관계수(Spearman Correlation Coefficient)
- 데이터가 서열자료인 경우, 즉 자료의 값 대신 순위를 이용하는 경우의 상관계수로서, 데이터를 작은 것부터 차례로 순위를 매겨 서열 순서로 바꾼 뒤 순위를 이용해 상관계수를 구한다.
- 두 변수 간의 연관 관계가 있는지 없는지를 밝혀 주며 자료에 이상점이 있거나 표본크기가 작을 때 유용하다.

$$\rho = 1 - \frac{6 \sum d_i^2}{n(n^2-1)}$$

- d_i^2 : x_i의 순위(x_i의 관측치를 크기 순으로 정렬하였을 때 순위)와 y_i의 순위 차이를 나타낸다. n은 표본의 개수이다.

산포도
변량이 흩어져 있는 정도를 하나의 수로 나타낸 값

상관계수
두 변량 x, y 사이의 상관관계의 정도를 나타내는 수치

- 크기 순으로 정한 두 변수의 차이가 클수록 스피어만 상관계수의 값은 커진다. 즉 스피어만 상관계수는 한 변수의 값이 커지면 다른 변수의 값도 단조적으로 커지는지를 알아볼 수 있다. 스피어만 상관계수가 1에 가까울수록 두 변수는 단조적 상관성(커지면 같이 증가)을 가지는 것이고, 0에 가까우면 상관성이 없는 것으로 판단할 수 있다.

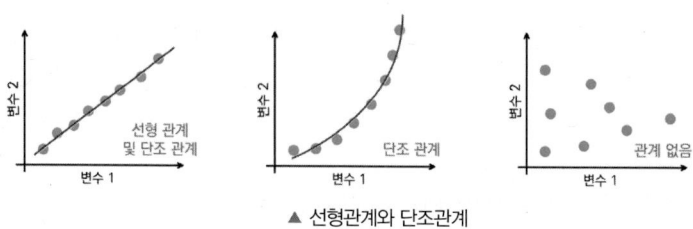

▲ 선형관계와 단조관계

- 선형관계의 경우는 직선의 형태로 모형화가 가능한 것으로 해석될 수 있다. 단조관계는 두 변수가 동일한 방향으로 변화는 하지만 직선의 형태로 모형화가 가능하지 않은(일정한 비율로 변화되는 것이 아닌) 것을 의미한다.

03 기초통계량의 추출 및 이해

자료를 수집하여 요약·정리하는 기초통계(또는 기술통계)는 자료의 특성을 정량적인 수치에 의해서 나타내는 방법이다.

자료의 특성을 중심화 경향(Central Tendency), 퍼짐 정도(산포도·분산도), 자료의 분포형태(Shape of Distribution) 등의 수치적 결과로 나타낼 수 있다.

1) 중심화 경향 기초통계량

① 산술평균(Arithmetic Mean)

- 모든 자료들을 합한 후 전체 자료수로 나누어 계산하는 일반적인 평균을 의미한다.
- 모평균 μ(Population Mean) : 모집단 전체 자료의 산술평균

$$\mu = \frac{x_1 + x_2 + x_3 + \cdots + x_N}{N} = \frac{1}{N}\sum_{i=1}^{N} x_i \ (N: \text{전체 모집단의 크기})$$

- 표본평균 $\overline{X}$(Sample Mean) : 모집단의 부분집합인 추출된 표본 전체의 산술평균

$$\overline{X} = \frac{x_1 + x_2 + x_3 + \cdots + x_n}{n} = \frac{1}{n}\sum_{i=1}^{n} x_i \ (n: \text{전체 표본의 크기})$$

> **기적의 TIP**
> 주요 용어들을 확실히 알고 넘어가야 한다.

② 기하평균(Geometric Mean)
- n개의 자료에 대해서 관측치를 곱한 후 n 제곱근으로 표현한다.

$$기하평균 = \sqrt[n]{x_1 \times x_2 \times x_3 \times \cdots \times x_n}$$

- 다기간의 수익률에 대한 평균 수익률, 평균물가상승률 등을 구할 때 사용한다.

> 10,000원짜리 주식이 있다고 가정하고 10% 상승하고 10% 하락했다고 하면 산술평균적인 개념으로 봤을 때 가격변동이 없는 것으로 착각할 수 있다.
> 그러나 10,000 × 0.1 = 1000원이므로 11000원이 되고 이후 11,000 × 10% = 1,100원이므로 9,900원이 된다.
> 기하평균식으로 보면 다음 아래와 같다(수익률변환기준).
> $$\sqrt{1.1 \times 0.9} = 0.995$$
> 0.995 − 1 = −0.005 즉, 평균 수익률은 −0.5% 손실로 해석할 수 있다.
> 최초 10,000원 − 50원 − 50원 ≒ 9,900원

③ 조화평균(Harmonic Mean)
- 각 요소의 역수의 산술평균을 구한 후 다시 역수를 취하는 형태로 표현한다.

$$조화평균 = \frac{n}{\frac{1}{x_1} + \frac{1}{x_2} + \cdots + \frac{1}{x_n}}$$

- 변화율 등의 평균을 구할 때 사용한다.
- 각 자료가 동일한 경우 자료에 대한 조화평균, 산술평균값과 기하평균의 값은 같다. 다만 자료가 서로 다를 경우 조화평균≤기하평균≤산술평균의 부등식 관계를 가진다.

$$\frac{2ab}{a+b} \leq \sqrt[2]{ab} \leq \frac{a+b}{2}$$

④ 중앙값(Median)
- 중앙값은 자료를 크기 순으로 나열할 때 가운데에 위치한 값이다.
- 자료의 수를 n이라 할 때, n이 홀수이면 (n+1)/2번째 자료값이 중앙값이 되고, n이 짝수이면, n/2번째와 n/2+1번째 자료의 평균을 중앙값으로 정의한다.

⑤ 최빈값(Mode)
- 가장 노출 빈도가 높은 자료를 최빈값이라 한다. 최빈값은 질적자료나 양적자료 모두에 사용된다.

사분위수
자료를 동일한 비율로 4등분 할 때 세 위치(25%, 50%, 75%)
- Q1(제1사분위수) : 25% 지점
- Q2(제2사분위수) : 50% 지점
- Q3(제3사분위수) : 75% 지점

⑥ 분위수(Quantile)
- 분위수는 자료의 위치를 표현하는 수치이다. 자료를 크기순서대로 배열을 한 후 그 자료를 분할하는 역할을 하는 위치의 수치를 계산한 것이다.
- 자료를 몇 등분 하느냐에 따라 사분위수(quartile), 오분위수(quintile), 십분위수(decile), 백분위수(percentile) 등이 있다.
- N개의 자료가 존재할 때 백분위수로 전환되는 분위수의 위치를 나타내는 식은 아래와 같다. 전체 y(%)가 해당 분위수의 하부에 위치한다.

$$\text{분위수의 위치} = (N+1)\frac{y}{100}$$

산포도=분산도=퍼짐 정도

2) 산포도(분산도, Degree Dispersion)
자료의 퍼짐 정도를 나타내는 기초 통계량이다. 중심 위치의 측도만으로 자료의 분포에 대한 충분한 정보를 얻을 수 없으므로 중심 경향도 수치에서 자료가 얼마나 떨어져 있는지를 측정하는 척도도 필요하다.

① 분산(Variance), 표준편차(Standard Deviation)
- 분산은 평균을 중심으로 밀집되거나 퍼짐 정도를 나타내는 척도이고, 표준편차는 분산의 제곱근으로 표현한다.
- 분산은 개개의 자료값과 평균과의 편차의 제곱을 이용하여 표현되므로 자료값의 단위를 제곱한 단위를 사용하게 된다. 분산으로 얻은 수치를 해석하기가 곤란하다는 단점을 보완하기 위하여 제곱근을 취한 척도가 표준편차이다.

$$\sigma^2 = \frac{1}{N}\sum_{i=1}^{N}(x_i-\mu)^2 \text{ (모분산)}, \quad s^2 = \frac{1}{n-1}\sum_{i=1}^{n}(x_i-\bar{x})^2 \text{ (표본분산)}$$

$$\sigma = \sqrt{\frac{1}{N}\sum_{i=1}^{N}(x_i-\mu)^2} \text{ (모표준편차)}, \quad s = \sqrt{\frac{1}{n-1}\sum_{i=1}^{n}(x_i-\bar{x})^2} \text{ (표본표준편차)}$$

- 분산의 특성
  - 개개의 자료값에 대한 정보를 반영한다.
  - 수리적으로 다루기 쉽다.
  - 특이점에 매우 큰 영향을 받는다.
  - 분산이 클수록 각 자료값이 평균으로부터 넓게 흩어진 형태를 갖는다.
  - 미지의 모분산을 추론할 때 많이 사용한다.

여러 자산에 대한 투자수익률이 다음과 같이 제시되었을 때 분산과 표준편차를 구하여 보면
12%, 20%, 23%, 25%, 30%

$$일단\ 평균은 \frac{12\% + 20\% + 23\% + 25\% + 30\%}{5} = 22\%$$

분산(모분산)은

$$\sigma^2 = \frac{(12\%-22\%)^2 + (20\%-22\%)^2 + (23\%-22\%)^2 + (25\%-22\%)^2 + (30\%-22\%)^2}{5} = 35.6$$

이 되고 표준편차는 $\sqrt{35.6} = 5.97\%$가 된다.

② 범위(Range)
- 데이터 간의 최댓값과 최솟값의 차이를 나타내는 것으로 동일한 범위를 갖더라도 자료의 분포모양은 다를 수가 있음에 유의해야 한다.

③ 평균 절대 편차(평균 편차, 절대 편차, Mean Absolute Deviation, MAD)
- 각 자료값과 표본평균과의 편차의 절댓값에 대한 산술평균을 의미한다.

$$MAD = \frac{1}{n} \sum_{i=1}^{n} |x_i - \overline{x}|$$

평균 절대 편차
관측값에서 평균을 빼고, 그 차이값에 절댓값을 취하고, 그 값들을 모두 더하여 전체 데이터 개수로 나눠 준 것

- 개개의 자료값에 대한 정보를 반영한다.
- 이상치에 대한 영향을 범위보다 적게 받는다.
- 절댓값을 사용하므로 수리적으로 다루기 부적절하다(평균이 대푯값인 표준 편차나 분산이 더 선호되는 이유이다).
  - 편차는 유클리디안 거리 개념이며 특정 대푯값으로 떨어진 거리를 의미한다.
  - 절대 편차의 최소값을 갖는 자료값(기초통계량)은 평균이 아닌 중앙값이다.
  - 절대 편차는 미분 불가능점이 존재한다.
- 평균 절대 편차가 클수록 자료는 폭넓게 분포한다.
  - 평균 절대 편차보다는 중앙값 절대 편차(Median Absolute Deviation)를 사용할 때, 유용할 수 있다.

평균 편차는 각각의 자료가 평균과의 차이가 있는데 이 차이들의 평균이 얼마인가?를 의미한다.

다음과 같이 여러 자산에 대한 투자수익률이 제시 되었을 때 MAD를 구하여 보면
12%, 20%, 23%, 25%, 30%

$$일단\ 평균은 \frac{12\% + 20\% + 23\% + 25\% + 30\%}{5} = 22\%$$

$$평균편차는 \frac{|12-22| + |20-22| + |23-22| + |25-22| + |30-22|}{5} = 4.8\%$$

MAD의 의미는 개별 수익률이 평균 22%이고 ±4.8%의 편차가 발생하고 있다는 것이다.

④ 사분위범위(Inter Quartile Range)

- 자료를 크기 순으로 배열 후 자료의 1/4에 해당하는 1사분위수(Q1)를 구하고 3/4에 해당하는 3사분위수(Q3)를 구한다. 사분위범위는 Q3-Q1으로 정의되며 자료의 50% 범위 내에 위치하게 됨을 의미한다.

> 8, 10, 12, 13, 15, 17, 17, 18, 19, 23, 24 자료에 대해서 사분위범위를 구하면
> Q1=(11+1)×(25/100)=3이므로 3번째 수치인 12이고
> Q3=(11+1)(75/100)=9이므로 9번째 수치인 19이다.
> 그러므로 사분위범위는 19-12=7이 된다.

- 사분위범위는 주로 이상치의 판단 시에 사용되는 것으로

$$최대값 = 75\% \text{ percentile}: 3 \text{ 사분위수} + 1.5 \times IQR$$
$$최소값 = 25\% \text{ percentile}: 1 \text{ 사분위수} - 1.5 \times IQR$$

결정된 최대값보다 크거나 최소값보다 작은 값을 이상치로 간주한다.

> 상기 예에서 최대값과 최소값을 구하여 보면
> 최대값=75% percentile: 3 사분위수+1.5×IQR=19+1.5×7=29.5
> 최소값=25% percentile: 1 사분위수-1.5×IQR=12-1.5×7=1.5
> 전체 표본에서 1.5보다 작은 값과 29.5보다 큰 값은 이상치로 제외시켜 사용하면 된다는 의미이다.

변동계수 = 표준편차/평균

⑤ 변동계수(Coefficient of Variance, CV)

- 평균을 중심으로 한 상대적인 산포의 척도를 나타내는 수치이다.
- 측정 단위가 동일하지만 평균이 큰 차이를 보이는 두 자료집단 또는 측정단위가 서로 다른 두 자료집단에 대한 산포의 척도를 비교할 때 많이 사용한다.

$$CV = \frac{\sigma}{\mu} \times 100(\%)(\text{모집단의 변동계수})$$

- 변동계수가 클수록 상대적으로 넓게 분포를 이룬다.
  예 신생아의 몸무게와 산모의 몸무게(단위는 같으나, 평균의 차가 큰 경우)

> 포트폴리오A 평균 수익률은 30% 표준편차는 4%이며, 포트폴리오B 평균 수익률은 15% 표준편차는 3% 라고 한다. 포트폴리오A, B의 변동계수를 구하여 보면
>
> 포트폴리오A의 CV = $\frac{4\%}{30\%}$ = 13.3%
>
> 포트폴리오B의 CV = $\frac{3\%}{15\%}$ = 20%
>
> 포트폴리오A, B 중 포트폴리오 B의 수익의 변동이 더 크다고 판단할 수 있다.

3) 자료의 분포형태(Shape of Distribution)

① 왜도(Skewness)

- 왜도는 분포의 비대칭(asymmetry) 정도를 나타내는 통계적 측도이다. 데이터 분포의 대칭성과 비대칭성을 정량화하여 평가하는 데 사용된다.
- 분포가 대칭이면 왜도는 0이다. 왼쪽으로 치우친 경우 왜도는 양수, 오른쪽으로 치우친 경우 왜도는 음수이다.

> 왜도의 부호는 분포의 비대칭성 방향을 나타낸다

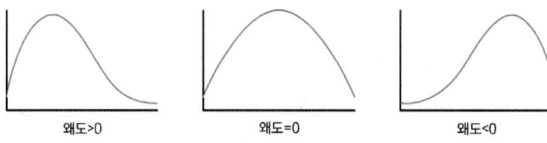

- 왜도는 분포의 모양 뿐만 아니라 이상치의 존재 여부를 파악하는 데에도 도움을 줄 수 있다. 이상치는 분포의 비대칭성을 높이고, 왜도의 크기를 변화시킨다.
- 왜도는 다음과 같은 공식으로 계산된다.

$$Skewness = \frac{\frac{1}{n}\sum_{i=1}^{n}(x_i-\bar{x})^3}{\left(\frac{1}{n}\sum_{i=1}^{n}(x_i-\bar{x})^2\right)^{\frac{3}{2}}}$$

n은 데이터의 총 개수, x_i는 개별 데이터 값, $\bar{x}$는 데이터의 평균

- 왜도의 값은 일반적으로 -3과 +3 사이의 범위에 있으며, 보통 왜도의 절대값이 1.96보다 크면 비대칭성이 있다고 판단할 수 있다. 하지만 이것은 규칙적 기준은 아니며, 데이터 분포의 특성과 분석 목적에 따라 다르다.

> **기적의 TIP**
> 분포 모양에 따른 평균, 중앙값, 최빈값의 성질을 확실히 이해해야 한다.

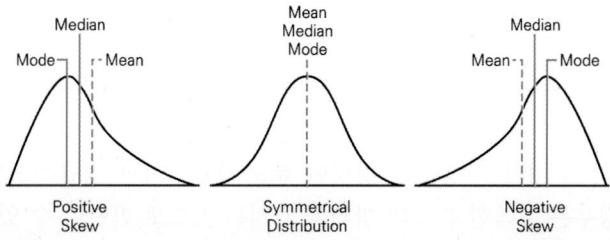

Mode : 최빈값
Median : 중앙값
Mean : 평균

왜도(Skewness)	모양	성질
양수(Positive)	오른쪽으로 긴꼬리	평균 〉 중앙값 〉 최빈값
0	좌우 대칭	평균 = 중앙값 = 최빈값
음수(Negative)	왼쪽으로 긴꼬리	평균 〈 중앙값 〈 최빈값

> **더 알기 TIP**
>
> **피어슨의 비대칭 계수(Pearson's skewness coefficients)**
> 피어슨의 비대칭 계수는 칼 피어슨이 비대칭도 측정을 위해 제안한 간단한 계산법으로, 일반적으로 왜도와 비슷하게 분포가 좌우로 얼마나 대칭적인지를 나타내는 통계값이다(분포의 모양과 성질은 표의 구분과 동일).
>
> 피어슨의 비대칭 계수는 다음과 같이 정의된다.
> (평균 – 최빈값) / 표준편차
> 3*(평균 – 최빈값) / 표준편차
> 3*(평균 – 중앙값) / 표준편차
>
> 일반적으로 계수 값 = 3*(평균 – 중앙값)/표준편차로 구할 수 있다.
> • 중앙값, 최빈값, 평균이 일치하면 Cs=0으로 정규분포를 이룬다.
> • 계수 값이 0보다 크면 왼쪽으로 치우치고 오른쪽으로 긴 꼬리를 가지는 분포를 이룬다. 이를 정적편포라 한다.
> • 계수 값이이 0보다 작으면 오른쪽으로 치우치고 왼쪽으로 긴 꼬리를 가지는 분포를 이룬다. 이를 부적편포라 한다.

3을 곱함으로써 비대칭 정도를 좀 더 강조한 값을 얻을 수 있다.

② **첨도(Kurtosis)**

• 분포의 뾰족한(peakedness) 정도를 나타내는 통계적 척도이다.

$$Kurtosis = \frac{\frac{1}{n}\sum_{i=1}^{n}(x_i-\overline{x})^4}{\left[\frac{1}{n}\sum_{i=1}^{n}(x_i-\overline{x})^2\right]^2}$$

평균을 중심으로 가까이 몰리면 더욱 뾰족한 모양, 즉 첨도가 커진다.

초과첨도(Excess Kurtosis)
첨도에서 3을 뺀 값. 첨도를 정규분포에 맞춰 조정한 개념

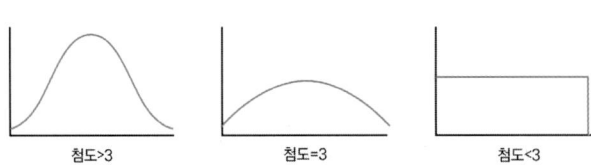

첨도>3   첨도=3   첨도<3

• 첨도의 값이 3 미만인 경우는 평평한 분포이고 3이면 정규분포를 나타내며 3이 넘는 경우는 뾰족한 분포의 형태를 가지는 것으로 판단할 수 있다.

04 시각적 데이터 탐색

시각화를 통한 탐색적 자료분석은 기본적으로 전통적 통계차트 및 다이어그램에 의존하는 부분에 대해 설명하며 좀 더 심화된 데이터 시각화는 〈PART 04〉에서 다룬다.

1) 통계적 시각화 도구

① **도수분포표(Frequency Table)** : 수집된 자료를 적절한 계급에 의해 분류하여 정리한 표로 질적 자료의 경우는 각 자료값(범주)에 대하여 도수나 상대도수로 표현한다.

예 서울지역 초등학생 100명 대상의 빙과류 선호도 조사 도수분포표

상품	도수	상대도수
콘 형태 아이스크림	65	65/100=0.65
막대 형태 아이스크림	25	25/100=0.25
기타	10	10/100=0.1
합계	100	1.0

- 도수(Frequency) : 질적 자료의 경우 각 범주별 빈도
- 상대도수(Relative Frequency) : 도수/전체 자료 수
- 양적 자료의 경우는 전체 자료를 그룹화(계급구간)하고 각 그룹별 속하는 자료의 수를 계산하여 도수 및 상대도수로 표현한다.

② 히스토그램(Histogram) : 도수분포표를 이용하여 표본의 자료분포를 나타낸 그래프이다.
- 도수분포표의 각 계급의 양 끝 값을 가로축에 표시하고 그 계급의 도수를 세로축에 표시하여 직사각형 모양으로 나타낸다.
- 히스토그램은 가로축에 반드시 수량을 표시하지만, 막대그래프는 그렇지 않다.

③ 막대그래프(Bar Chart) : 각 자료값에 대한 도수 또는 상대도수를 그림으로 표현한 것이다.

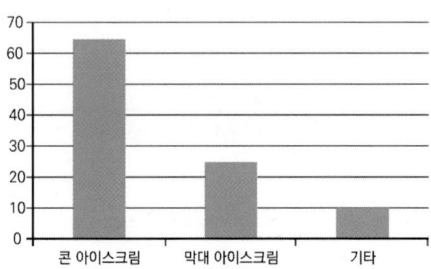

④ 파이차트(Pie Chart) : 각 자료값의 상대도수로 기입하여 원의 면적에 각 상대 크기별로 나타낸 그래프이다.

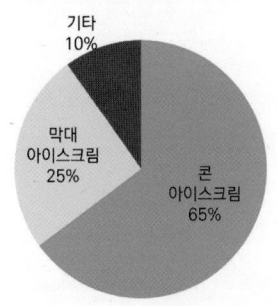

> **양적 자료(정량적 자료)**
> 온도, 가격, 주가, 매출액 등 수치로 측정 가능한 자료

> 산점도는 이상치를 확인하는 경우에도 유용하다.

⑤ 산점도(Scatter Plot) : 직교 좌표계를 이용해 두 개 변수 간의 관계를 나타내는 방법이다.

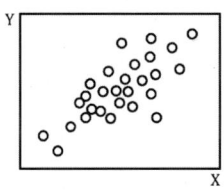

⑥ 줄기 잎 그림(Stem-and-Leaf Diagram) : 통계적 자료를 표 형태와 그래프 형태의 혼합된 방법으로 나타내는 것을 말한다. 줄기 잎 그림은 자료의 정리가 가능할 뿐 아니라 자료의 구조에 대한 정보도 파악이 가능한 도구이다.

- 줄기 잎 그림 작성 절차

  (Step1) : 원 자료를 크기 순으로 정리한다.

  (Step2) : 원 자료의 숫자를 두 부분으로 나누어 앞부분은 줄기, 뒷부분은 잎으로 한다.

  (Step3) : 줄기에 해당하는 숫자를 크기 순으로 나열한다.

  (Step4) : 원 자료의 수치를 해당 줄기 우측 뒷부분에 기록한다.

  (Step5) : 한 줄기에 기록된 잎의 수가 너무 많은 경우에는 두 줄로 나누어 잎을 기록할 수 있다.

> 10 자리는 줄기
> 1 자리는 잎

줄기 잎 그림

줄기	잎
3	6,6,7,8,8,9,9
4	0,1,1,2,4,4,5,5,6,8,9
5	1,5,7,8
6	0,1,2,3,3,4,7,7

예시의 원 자료는 36, 60 등과 같이 두 자리 데이터임을 알 수 있고 대략적인 자료의 분포 파악도 가능하다.

⑦ 상자 수염 그림(Box Plot)

수치적 자료를 표현하는 그래프이다. 이 그래프는 가공하지 않은 자료 그대로를 이용하여 그린 것이 아니라, 자료로부터 얻어 낸 통계량인 5가지 요약 수치(다섯 숫자 요약, Five-number Summary)를 가지고 그린다.

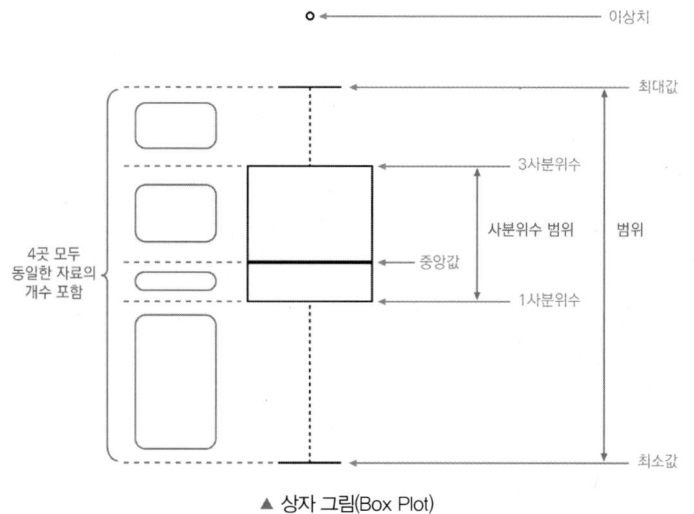

▲ 상자 그림(Box Plot)

3사분위수(Q3)
데이터를 정렬했을 때 75%에 위치한 수

1사분위수(Q1)
데이터를 정렬했을 때 25%에 위치한 수

사분위범위(IQR)
3사분위수-1사분위수

최댓값
3사분위수 + (1.5*IQR)

최솟값
1사분위수 - (1.5*IQR)

- 5가지 요약 수치 : 최솟값, 제 1사분위(Q1), 제2사분위(Q2, 중앙값), 제3사분위(Q3), 최댓값을 일컫는 말이다.
- 작성 방법

(Step1) : 주어진 데이터에서 각 사분위수를 계산한다.

(Step2) : 그래프에서 제1사분위와 제3사분위를 밑변으로 하는 직사각형을 그리고, 제2사분위에 해당하는 위치에 선분을 긋는다.

(Step3) : 사분위범위(IQR: Interquartile Range, Q3-Q1)를 계산한다.

(Step4) : Q3과 차이가 1.5IQR 이내인 값 중에서 최댓값을 Q3과 직선으로 연결하고, 마찬가지로 Q1과 차이가 1.5IQR 이내인 값 중에서 최솟값을 Q1과 연결한다.

(Step5) : Q3보다 1.5IQR 이상 초과하는 값과 Q1보다 1.5IQR 이상 미달하는 값은 점이나, 원, 별표 등으로 따로 표시한다(이상치 점).

합격을 다지는 예상문제

01 탐색적 데이터 분석 및 필요성에 대한 설명으로 틀린 것은?

① 수집한 데이터가 들어왔을 때, 다양한 방법을 통해서 자료를 관찰하고 이해하는 과정을 의미하는 것이다.
② 데이터의 분포 및 값을 검토함으로써 데이터가 표현하는 현상을 이해할 수 있다.
③ 문제점 발견 시 본 분석 전 데이터의 수집 의사를 결정할 수 있다.
④ 최초의 가설에 집중하여 원하는 패턴과 양상에 맞는지에 집중하여 검증하는 데 노력한다.

02 탐색적 분석의 절차에 대한 설명이다. 다음 중 옳은 것을 모두 고른 것은?

> (가) 분석의 목적과 변수가 무엇인지, 개별변수의 이름이나 설명을 가지는지 확인한다.
> (나) 데이터의 문제성을 확인한다. 즉, 데이터의 결측치의 유무, 이상치의 유무 등을 확인하고 추가적으로 분포상의 이상 형태, Head 또는 Tail 부분을 확인한다.
> (다) 데이터의 개별 속성 값이 예상한 범위 분포를 가지는지 확인한다.
> (라) 관계속성 확인 절차를 가진다. 즉, 개별 데이터 간의 속성 관찰에서 보지 못한 데이터 간의 속성(예: 상관관계 등)을 확인한다.

① 가, 나
② 가, 다
③ 가, 나, 라
④ 가, 나, 다, 라

03 이상치 발견의 통계적 기법 활용을 설명한 것 중 옳은 것은?

① 데이터의 중심을 알기 위해서는 평균(mean), 중앙값(median), 최빈값(mode), 첨도(kurtosis)를 사용할 수 있다.
② 데이터의 분산도를 알기 위해서는 범위(range), 분산(variance) 왜도(skewness)를 사용할 수 있다.
③ 평균에는 집합 내 모든 데이터 값이 반영되기 때문에, 이상값의 영향을 받는다.
④ 중앙값은 전체변수의 범위 중에서 가운데 값을 사용하므로 이상값의 크기에 영향을 받는다.

04 상관분석의 기본가정에 대한 용어와 설명을 연결한 것 중 틀린 것은?

① 선형성 : 두 변인 X와 Y의 관계가 직선적인지를 알아보는 것으로 이 가정은 분포를 나타내는 산점도를 통하여 확인할 수 있다.
② 동변량성 : X의 값에 관계없이 Y의 흩어진 정도가 다른 정도를 의미한다.
③ 두 변인의 정규분포성 : 두 변인의 측정치 분포가 모집단에서 모두 정규분포를 이루는 것이다.
④ 무선독립표본 : 모집단에서 표본을 뽑을 때 표본대상이 확률적으로 선정된다는 것이다.

05 피어슨 상관계수(Pearson Correlation Coefficient)에 대한 설명으로 옳은 것은?

① 두 변수 X와 Y 간의 비선형 상관관계를 계량화한 수치이다.
② 두 변수 간의 연관 관계가 있는지를 밝혀주며 자료에 이상점이 있거나 표본크기가 작을 때 유용하다.
③ 피어슨 상관계수는 +1과 −1 사이의 값을 가지며, +1은 완벽한 양의 선형 상관관계, 0은 선형 상관관계 없음, −1은 완벽한 음의 선형 상관관계를 의미한다.
④ 데이터가 서열자료인 경우 즉 자료의 값 대신 순위를 이용하는 경우의 상관계수로서, 데이터를 작은 것부터 차례로 순위를 매겨 서열 순서로 바꾼 뒤 순위를 이용해 상관계수를 구한다.

06 피어슨 상관계수 값과 산점도 그림의 연결이 바르지 못한 것은?

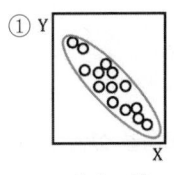

07 자료의 특성을 수치적 결과로 나타내는 기초통계 방법을 나열한 것이다. 다음 중 성질이 <u>다른</u> 하나는?

① 산술평균　② 기하평균
③ 최빈값　　④ 범위

08 다음 아래의 자료에서 분산, 평균, 중앙값을 구하시오.

101, 103, 105, 107, 109

① 평균 105, 분산 7.5, 중앙값 105
② 평균 104.5, 분산 8, 중앙값 104.5
③ 평균 105, 분산 8, 중앙값 105
④ 평균 106.5, 분산 8.5, 중앙값 106.5

09 다음의 자료가 있을 때

5, 9, 10, 12, 13, 14, 15, 17, 18, 18, 20, 24, 24, 25

$$\sum_{i=1}^{n}(x_i - A) = 0$$

위 식을 만족하는 A 값은? (여기서 x_i는 위의 자료를 말함)

① 16　② 6
③ 15　④ 17

10 포트폴리오의 투자수익률, GDP 성장률 등의 연간 자료에 대해서 알맞은 기술적 통계량인 평균은 무엇인가?

① 산술평균　② 조화평균
③ 기술평균　④ 기하평균

11 100명의 여자에 대한 신장과 체중을 비교한 자료이다. 체중의 개인차가 신장의 개인차보다 크다고 할 수 있는가?

	평균	표준편차
체중	52.3kg	2.54kg
신장	152.7 cm	2.28cm

① 체중에 대한 개인차가 크다.
② 신장에 대한 개인차가 크다.
③ 체중에 대한 개인차와 신장에 대한 개인차는 동일하다.
④ 체중과 신장의 개인차는 알 수 없다.

12 왜도에 대한 설명으로 틀린 것은?

① 기초 통계량 중 자료분포의 형태를 알아보는 기초통계량이다.
② 분포가 어느 한쪽으로 치우친(비대칭: asymmetry) 정도를 나타내는 통계적 척도이다.
③ 산출공식에 의해 오른쪽으로 더 길면 음의 값이 되고 왼쪽으로 더 길면 양의 값이 된다. 분포가 좌우대칭이면 0이 된다.
④ 왜도 산출공식은 $\dfrac{\frac{1}{n}\sum_{i=1}^{n}(x_i-\bar{x})^3}{(\frac{1}{n}\sum_{i=1}^{n}(x_i-\bar{x})^2)^{3/2}}$ 이다.

13 평균이 50, 중앙값이 30, 표준편차가 5인 분포의 피어슨 비대칭 계수와 특징을 잘 설명한 것은?

① 계수 = 12, 왼쪽으로 긴꼬리(오른쪽으로 치우침)
② 계수 = -12, 왼쪽으로 긴꼬리(오른쪽으로 치우침)
③ 계수 = 12, 오른쪽으로 긴꼬리(왼쪽으로 치우침)
④ 계수 = -12, 오른쪽으로 긴꼬리(왼쪽으로 치우침)

14 다음 자료에 대해서 사분위범위를 구하시오.

8, 10, 12, 13, 15, 17, 17, 18, 19, 23, 24

① 6
② 7
③ 8
④ 9

15 정규분포에 대한 분포의 모습을 설명한 것 중 틀린 것은?

① 왜도는 0이다.
② 좌우가 서로 대칭인 형태의 분포의 모습을 가지고 있다.
③ 평균 중앙값 최빈값 순으로 크기 나열이 가능하다(평균>중앙값>최빈값).
④ 첨도는 3이다.

합격을 다지는 예상문제 정답 & 해설

SECTION 01

01 ④	02 ④	03 ③	04 ②	05 ③
06 ②	07 ④	08 ③	09 ①	10 ④
11 ①	12 ③	13 ③	14 ②	15 ③

01 ④
다양한 각도에서 데이터를 살펴보는 과정을 통해 문제정의 단계에서 인지 못한 새로운 양상·패턴을 발견할 수 있다. 그러므로 새로운 양상을 발견 시 초기설정 문제의 가설을 수정하거나 또는 새로운 가설을 설립할 수 있다.

02 ④
탐색적 데이터분석의 분석과정 및 절차의 4가지 항목이다.

03 ③
첨도, 왜도는 데이터의 분포모양에 해당된다. 중앙값은 전체변수의 범위에서 가운데가 아니라 관찰된 변수들 중의 가운데값이므로 이상값의 영향을 받지 않는다.

04 ②
동변량성: X의 값에 관계없이 Y의 흩어진 정도가 같은 것을 의미한다.

05 ③
피어슨 상관계수는 두 변수 X와 Y 간의 선형 상관관계를 계량화한 수치이다.

> **오답 피하기**
> • ②, ④는 스피어만 상관계수에 대한 설명이다.

06 ②
②그림은 ρ = 0 이다..

07 ④
산술평균, 기하평균, 최빈값은 중심화 경향 기초통계량이고 범위는 산포도(퍼짐정도)에 대한 기초통계량이다.

08 ③
$$평균 = \frac{101+103+105+107+109}{5} = \frac{525}{5} = 105$$
$$분산 = \frac{(101-105)^2+(103-105)^2+(105-105)^2+(107-105)^2+(109-105)^2}{5}$$
$$= \frac{16+4+0+4+16}{5} = 8$$
중앙값 = 105

09 ①
산술평균 x의 성질로
$$\sum(x_i - \bar{x}) = 0$$
자료 −산술평균의 전체의 합은 편차를 의미하며 그 값은 0이 된다.
그러므로 문제의 답은 x을 구하면 되고 그 값은 16이다.

10 ④
비율의 성격을 가지는 자료에 대한 기술적 통계량(평균)은 기하 평균을 사용한다.

11 ①
체중에 대한 CV = 2.54/52.3 X 100 = 4.857%
신장에 대한 CV = 2.28/152.7 X 100 = 1.493%이므로
체중에 대한 CV가 더 큼 → 산포도가 넓으므로 개인차가 크다.

12 ③
오른쪽으로 더 길면 양의 값이 되고 왼쪽으로 더 길면 음의 값이 된다.

13 ③
$$피어슨의 비대칭 계수 = \frac{3(평균 - 중앙값)}{표준편차}$$
$$= \frac{3(50-30)}{5} = \frac{60}{5} = 12 > 0$$
오른쪽으로 긴꼬리(왼쪽으로 치우침)를 가지는 분포의 형태로 파악이 가능하다.

14 ②
Q1=(11+1)×(25/100)=3이므로 3번째 수치인 12이고 Q3=(11+1)(75/100)=9이므로 9번째 수치 19이다. 따라서 사분위범위는 19−12=7이 된다.

15 ③
정규분포 모양의 특징은 좌우가 대칭인 형태로 왜도의 값이 0이 되며 이 경우 평균=중앙값=최빈값이 된다. 첨도의 경우는 3이 된다.

SECTION 02 고급 데이터 탐색

빈출 태그 시공간 데이터 · 다변량 분석 · 비정형 데이터 · 데이터 마이닝

01 시공간 데이터 탐색

1) 시공간 데이터의 개념
- 기본적으로 공간적 정보(데이터)에 시간의 흐름(이력정보 등)이 결합된 다차원 데이터를 다루는 것을 지칭한다.
- 무선이동 통신기술의 발달로 인해 데이터의 통신 및 처리를 다루는 이동 컴퓨팅 등의 분야에서 관심을 가지는 데이터 분야로 특히 스마트폰의 발전으로 그 중요성이 커지고 있다.

① 시간 데이터

기존 데이터는 어느 한 시점에 대한 스냅샷 정보이다. 그래서 데이터에 유효 시간, 거래 시간, 사용자 정의 시간과 같은 연관된 시간 표현을 정의한다.
- 유효 시간 : 데이터가 발생하거나 소멸된 시간
- 거래 시간 : 관리 시스템을 통해 처리된 시간
- 사용자 정의 시간 : 유효 시간이나 거래 시간이 없는 경우 사용자가 정의
- 스냅샷 데이터 : 시간 개념이 필요하지 않아 거래, 유효시간 미지원
- 거래 시간 데이터, 유효 시간 데이터 : 각각 거래, 유효시간만 지원
- 이원 시간 데이터 : 둘 다 지원

② 공간 데이터

공간 데이터는 기존 데이터베이스보다 복잡하고 다양한 유형의 값을 가지므로 효율적으로 관리, 저장, 이용하는 데 초점을 맞춘다.
- 비공간 타입 : 기본적인 데이터 유형을 가진 속성
- 래스터 공간 타입 : 실세계에 존재하는 객체의 이미지
- 벡터 공간 타입 : 점, 선, 면 등의 요소로 구성
- 기하학적 타입 : 벡터 타입의 요소로부터 거리, 면적, 길이 등과 같은 유클리드 기하학 계산 값으로 표현
- 위상적 타입 : 공간 객체 간의 관계를 표현하며, 방위, 공간 객체 간의 중첩, 포함, 교차, 분리 등과 같은 위치적 관계로 대량의 공간을 필요로 해서 일반적으로 저장되지 않고 보통 공간객체로부터 동적으로 계산

래스터 데이터(Raster Data)
그리드에서 픽셀로 표현

③ 공간 데이터 모델
- 관계형 모델 : 데이터의 표현이 유연하지 못하며 실세계 공간의 객체의 특징을 적절히 표현하지 못하는 문제점이 있다.
- 객체지향 모델
  - 비 구조적이고 복잡한 데이터를 자연스럽게 표현한다.
  - 데이터 계층 구조를 이용한 연산이 쉽다.
  - 새로운 함수의 확장이 쉽다.
  - 데이터 무결성 검사가 쉽다.
  - 설계 단계 모델-구현 단계 모델 사이의 불일치 문제를 줄인다.

④ 시공간 데이터
시간과 공간 데이터의 결합 형태를 지칭한다.
- 실제 객체들은 공간적 정보뿐만 아니라 시간적 정보와도 연관이 있다. 기본적으로 위치·영역과 같은 공간 정보는 시간의 흐름에 따라서 변화를 하기 때문이다.

2) 시공간 데이터 분석

① 시공간 데이터에 대한 질의어
- 시공간자료 정의언어 : 시공간 테이블 인덱스 및 뷰(view)의 정의문, 변경문 등이 포함되어 있다. 이 자료는 공간적 속성과 시간적 속성을 동시에 포함한다.
- 시공간자료 조작언어 : 객체의 삽입, 삭제, 변경 등의 검색문이 있다. 이 문장들은 시간지원 연산자와 공간 연산자를 포함하며 이를 통해 객체에 대한 공간관리와 이력정보를 제공한다.

> 시공간 테이블의 정의문은 점, 선, 면 등의 공간속성 타입이 추가되어 있다.

② 시공간 데이터의 연산
- 시공간위상 관계연산 : 공간위상 연산자는 두 객체 간 공간영역상의 관계에 대해서 참·거짓을 반환하는 연산으로 대표적으로 교차(intersection) 연산자는 선과 선의 교차, 선과 면의 교차 여부를 반환한다. 시간관계의 경우는 두 객체의 유효시간 정보를 기반으로 선후관계를 평가하여 참·거짓을 반환하는 연산자이다.
- 시공간기하 연산 : 공간기하 연산자와 시간구성 연산자의 결합이다. 공간기하 연산자는 두 객체 간의 거리(distance) 연산을 지칭하며 시간 구성 연산자는 주어진 객체의 유효시간값에 대하여 지정된 시간 혹은 다른 객체의 유효시간값과의 계산을 통해 객체의 유효시간값을 변경하는 연산이다.

3) 적용 및 응용분야
- 시공간 데이터 기술은 지리정보 시스템, 위치기반 서비스, 차량 위치추적 서비스 등에 활용된다.

02 다변량 데이터 탐색

다변량 데이터 탐색은 기본적으로 변수들 간 인과관계의 규명과 분석을 하는 것이다. 변수들 간의 상관관계를 이용하여 변수를 축약하거나 개체들을 분류하고 관련된 분석방법 등을 동원하여 데이터 분석을 하는 것이다.

1) 종속변수와 독립변수 사이의 인과 관계

① 다중회귀(Multiple Regression)

독립변수가 2개 이상인 회귀모형을 지칭하며 각 독립변수는 종속변수와 선형관계에 있음을 가정한다.

- 장점
  - 변수를 추가하여 분석내용의 질적 향상을 도모할 수 있다(단순회귀분석의 단점을 극복할 수 있다).
  - 종속변수를 설명하는 독립변수가 두 개일 때 단순회귀모형을 설정한다면 모형설정(specification)이 부정확할 뿐 아니라 종속변수에 대한 중요한 독립변수를 누락함으로써 계수 추정량에 대해 편이(bias)를 야기시킬 수 있다. 이때 다중회귀분석을 통해 편이를 제거할 수 있다.

- 일반형식
  - 종속변수 Y에 대해서 $X_1, X_2, \cdots, X_k$의 독립변수 k개가 존재하여 종속변수를 설명한다.

$$Y = a_1 X_1 + a_2 X_2 + \cdots + a_k X_k + \beta + \varepsilon_k$$

여기서 설명변수는 k개이며 추정해야 할 모수는 a_i, i=1, 2,⋯, k, β 포함 $k+1$개이다(a_i, i=1, 2,⋯, k는 기울기, β는 절편).

- 기본가정
  - 회귀모형은 모수에 대해 선형인 모형이다.
  - 오차항의 평균은 0이다.
  - 오차항의 분산은 모든 관찰치에 대해 σ^2의 일정한 분산을 갖는다.
  - 서로 다른 관찰치 간의 오차항은 상관이 없다(오차항은 서로 독립이며 공분산은 0).
  - 오차항의 각 독립변수 역시 독립인 관계이다.
  - 오차항은 정규분포를 따르며 $N(0, \sigma^2)$이다.

- 분석 방법
  - 최소자승법을 이용하여 결과를 도출할 수 있다(해당 내용은 PART 03 빅데이터 모델링에서 자세히 다룬다).

독립변수
종속변수에 영향을 줄 것으로 기대되거나 종속 변수의 변화를 예측할 수 있다고 여겨지는 변수

종속변수
독립변수의 변화에 의해 영향을 받을 것으로 기대되는 변수

오차항
관측치와 모예측치 간 편차 차이

잔차항
관측치와 표본예측치 간 편차 차이

모집단 전체를 대상으로 예측결과를 이야기할 때는 오차항, 표본만으로 한정 시에는 잔차항

② 로지스틱 회귀(Logistic Regression)★

영국의 통계학자인 D. R. Cox가 1958년에 제안한 확률 모델로 **독립변수의 선형 결합을 이용하여 사건의 발생 가능성을 예측하는** 데 사용되는 통계 기법이다.

- 로지스틱 회귀 모델은 종속변수와 독립변수 사이의 관계에 있어서 선형 모델과 차이점을 지니고 있다. 첫 번째 차이점은 이항형인 데이터에 적용하였을 때 종속변수 y의 결과가 범위[0,1]로 제한된다는 것이고 두 번째 차이점은 종속변수가 이진적이기 때문에 조건부 확률 $P(y \mid x)$의 분포가 정규분포 대신 이항 분포를 따른다는 점이다.

$$G(x) = \frac{e^x}{1+e^x}$$: 로지스틱 모형 함수(시그모이드 함수)

- 독립변수는 실제 값, 이진 값, 카테고리 등 어떤 형태든 될 수 있다. 종속변수의 형태는 연속 변수(수입, 나이, 혈압) 또는 이산 변수(성별, 인종)로 구분된다.
- 만약, 특정 이산 변수값의 후보가 2개 이상 존재한다면 일반적으로 해당 후보들을 임시 변수로 변환하여 로지스틱 회귀를 수행한다.

③ **분산분석**(Analysis of Variance, ANOVA)

분산분석은 3개 이상의 표본들의 차이를 표본평균 간의 분산과 표본 내의 관측치 간 분산을 비교하여 가설을 검정하는 것이다.

- 일원분산분석(One-Way ANOVA) : 단 하나의 인자에 근거하여 여러 수준으로 나누어지는 분석이다.
- 일원분산분석의 특징
  - 일원분산분석은 단일용인변수(독립변수)에 의해 종속변수에 대한 평균치의 차이를 검정하는 데 이용한다.
  - 일원분산분석을 위해서는 종속변수(등간 척도)와 정수값을 갖는 요인변수가 각 하나여야 하고 요인변수가 정의되어야 한다.
    예 3학급(A반, B반, C반) 간 성적의 평균 차이가 존재할 것이다.
    예 판매방법이나 지역에 따라 자사 매출액 평균에 차이가 존재하는가?

④ 다변량 분산분석(Multi Variate ANOVA)

측정형 변수, 종속변수가 2개 이상인 분산분석이다.

- 이원분산분석(Two-Way ANOVA) : 두 개 이상의 인자에 근거하여 여러 수준으로 나누어지는 분석이다.
- 이원분산분석의 특징
  - 이원분산분석은 일원분산분석과는 달리 독립변인의 수가 둘이다.
  - 만약 연구자의 관심이 한 변수에 따른 종속변수의 영향이 아니라 두 개 이상의 변수, 예를 들어 성별변수와 연령변수에 따라 직무만족도가 어떻게 차이 나는가를 알아보고자 한다면 이원분산분석을 해야 한다.

★ 로지스틱 회귀
종속변수가 이항형 문제(유효한 범주의 개수가 두 개인 경우)를 지칭할 때 사용

이항형 데이터
성공 아니면 실패, 남성 및 여성 등 두 변수를 선정하여 둘에 대한 빈도수 및 비율 분포 특성을 파악할 수 있는 데이터

이항분포(Binomial Distribution)
베르누이 시행을 n번 독립적으로 시행할 때 성공횟수를 X로 정의한 이산확률분포
(세부내용은 PART 02 – CHAPTER 03 참고)

공분산(covariance)
두 개의 확률 변수의 상관정도를 나타내는 값

공분산이 0이면 두 변수 간의 선형적인 관계가 없음을 의미하나 두 변수가 완전히 독립적이라는 것은 아니다.

2) 공분산과 독립성 관계

서로 독립적인 변수는 통계적으로 독립적인 사건으로 볼 수 있으며, 한 변수의 변화가 다른 변수에 영향을 미치지 않는 관계를 가지고 있다. 이러한 경우 공분산은 0이 되며, 공분산 행렬의 비대각 성분은 모두 0이 된다.

그러나 공분산이 0이라고 해서 항상 독립적인 관계인 것은 아니다. 예를 들어, 두 변수가 비선형적인 관계를 가지고 있을 수 있으며, 이러한 경우에도 공분산은 0이 될 수 있다. 또한, 다른 종류의 관계(이차항 관계, 상호작용 효과 등)가 존재할 수도 있다. 이 경우에는 공분산이 0이 되지 않을 수도 있다.

> 두 확률변수가 상호 독립이면 Cov(A, B) = 0이다.
> 그러나 Cov(A, B) = 0이라고 해서 두 확률변수 A, B가 상호 독립이라고 할 수는 없다.

- 변수 간의 독립성 여부를 판단하기 위해서는 공분산 이외의 다른 통계적 검정이나 분석을 사용해야 한다.

3) 두 확률분포 간의 독립성 확인

① 분포의 독립성 확인

두 확률변수의 결합 확률분포를 확인하여 독립성을 판단할 수 있다. 두 변수가 상호 독립이라면, 결합 확률분포는 두 개별 변수의 확률분포의 곱과 동일해야 한다. 즉, P(X, Y) = P(X) * P(Y)의 관계를 만족해야 한다.

② 공분산 및 상관 계수 확인

두 확률변수의 공분산과 상관계수를 계산하여 판단할 수 있다. 두 변수가 상호 독립이라면 공분산은 0이 되며, 상관계수도 0이 된다. 따라서, 공분산이 0이고 상관계수가 0인 경우 두 변수가 독립적이라고 할 수 있다.

③ 독립성 검정

독립성을 확인하기 위해 독립성 검정을 수행할 수 있다. 대표적인 검정 방법으로는 카이제곱 독립성 검정이 있다. 이 검정은 주어진 데이터에서 두 변수 간의 독립성을 검정하는 방법으로, 유의수준을 설정하여 검정 결과를 해석할 수 있다.

4) 변수축약

변수들 간의 상관관계를 이용하여 변수를 줄이는 방법으로 변수유도기법이라고도 한다.

① 주성분 분석(Principal Component Analysis, PCA)

- 다변량자료에서 존재하는 비정규성(abnormality)이나 이상치(outlier)를 발견하기 위하여 변수들의 상관관계(또는 공분산)가 존재하지 않는 새로운 변수(주성분)를 구하는 것을 지칭한다.
- 주성분 분석은 N개의 변수로부터 서로 독립인 $K(<N)$개의 주성분을 구해 원 변수의 차원을 줄이는 방법이다.

② 요인 분석(Factor Analysis)

다수의 변수들의 상관관계를 분석하여 공통차원들을 통해 축약해 나가는 방법으로 이해하면 된다. 즉, 다수의 변수들 간 정보손실을 최소화하면서 소수의 요인(Factor)으로 축약하는 것이다.

- 요인 분석의 특징
  - 독립변수와 종속변수의 개념이 없다.
  - 추론통계가 아닌 기술통계기법에 의해 수행할 수 있다(상관분석 등).
- 요인 분석의 목적
  - 변수 축소 : 여러 개의 관련변수가 하나의 요인으로 묶인다.
  - 변수 제거 : 요인에 포함되지 않거나 포함되더라도 중요도가 낮은 변수를 찾을 수 있다.
  - 변수 특성 파악 : 관련된 변수들의 묶음으로 상호독립특성을 파악하기 용이해진다.
  - 측정항목의 타당성 평가 : 그룹이 되지 않은 변수의 특성을 구분할 수 있게 된다.
  - 요인점수를 통한 변수 생성 : 회귀분석, 군집분석, 판별분석 등에 적용 가능한 변수를 생성할 수 있다.

③ 정준상관분석(Canonical Analysis)

두 변수집단 간의 연관성(Association)을 각 변수집단에 속한 변수들의 선형결합(Linear Combination)의 상관계수를 이용하여 분석하는 방법이다(일반화된 상관계수).

> 스트레스하에서 심리적 상황을 나타내는 변수들과 육체적인 변수들이 어떻게 상호 작용하는지에 관심이 있다면, 심리적인 것들로 간주되는 불안도, 집중력 정도 등의 변수들과 혈압, 맥박, 심전도 등과 같은 육체적 측면의 변수들을 측정하고, 이들 사이의 연관성을 보는 것이 바람직할 것이다.
> 이때, 각 변수집단에 속하는 변수들의 선형결합은 선형결합들 사이의 상관관계가 최대가 되도록 가중값(weight)을 결정하여 구성한다.

- 정준변수(Canonical Variable) : 새로 만들어진 선형결합이다.
- 정준상관계수(Canonical Correlation Coefficient) : 정준변수들 사이의 상관계수이다.

두 집단에 속하는 변수들의 개수 중에서 변수의 개수가 적은 집단에 속하는 변수의 개수만큼의 정준변수가 만들어질 수 있다.

- 정준분석과 회귀분석의 차이점
  - 회귀분석의 경우 하나의 반응변수를 여러 개의 설명변수로 설명하고자 할 때, 가장 설명력이 높은 변수들의 선형결합을 찾아 이들 사이의 인과관계를 생각하는 반면에 정준분석에서는 이와 같은 인과성이 없다.

---

canonical
표준(기준)이 되는

변수집단 간의 상관구조를 가장 잘 설명하는 집단 내 변수들의 선형결합(정준변수)를 찾는 과정이다.

5) 개체유도

개체들의 특성을 측정한 변수들의 상관관계를 이용하여 유사한 개체를 분류하는 방법이다.

① 군집 분석(Cluster Analysis)

변수 또는 개체(item)들이 속한 모집단 또는 범주에 대한 사전정보가 없는 경우에 관측값들 사이의 거리(또는 유사성)를 이용하여 변수 또는 개체들을 자연스럽게 몇 개의 그룹 또는 군집(cluster)으로 나누는 분석기법이다.

- 군집 간의 거리에 대한 정의가 가장 중요한 부분으로 거리의 정의에 따라서 유사성에 대한 척도가 형성된다.
- 계층적(hierarchical) 방법 : 가까운 개체끼리 차례로 묶거나 멀리 떨어진 개체를 차례로 분리해 가는 군집방법으로 한 번 병합된 개체는 다시 분리되지 않는 것이 특징이다.
- 비계층적(nonhierarchical) 방법 또는 최적분화(partitioning) 방법 : 다변량 자료의 산포를 나타내는 여러가지 측도를 이용하여 이들 판정기준을 최적화시키는 방법으로 군집을 나누는 방법이다. 한 번 분리된 개체도 반복적으로 시행하는 과정에서 재분류될 수 있는 것이 특징이다.
- 조밀도에 의한 방법 : 데이터가 분포한 특성에 따라 군집을 나누는 방법이다.
- 그래프를 이용하는 방법 : 다차원 자료들을 2차원 또는 3차원으로 축소할 수 있다면 시각적 차원에서 자연스러운 군집을 형성할 수 있다.

② 다차원 척도법(Multi-Dimensional Scaling, MDS)

다차원 척도법은 다차원 관측값 또는 개체들 간의 거리(distance) 또는 비유사성(dissimilarity)을 이용하여 개체들을 원래의 차원보다 낮은 차원(보통 2차원)의 공간상에 위치시켜(spatial configuration) 개체들 사이의 구조 또는 관계를 쉽게 파악하고자 하는 데 목적이 있다.

- 차원의 축소와 개체들의 상대적 위치 등을 통해 개체들 사이의 관계를 쉽게 파악하고, 공간적 배열에 대한 주관적인 해석에 중점을 두고 있다.

③ 판별 분석(Discriminant Analysis)

2개 이상의 그룹으로 나누어진 개체에 대해 분류에 영향을 미칠 것 같은 특성(변수)을 측정하고 이를 이용하여 새로운 개체를 분류하는 방법이다.

- 로지스틱 판별분석(Logistic Discriminant Analysis) : 분류를 하는 도구(판별식)를 로지스틱 회귀분석을 이용하여 분류하는 방법이다.

군집 분석
대표적 비지도학습, 각 데이터의 유사성을 측정하여 다수의 군집으로 나누고 군집 간 상이성을 확인

공간적 거리로 시각화
민코프스키 함수, 유클리드 함수 등

03 비정형 데이터 탐색

1) 비정형 데이터(Unstructured Data)

비정형 데이터(비구조화 데이터, 비구조적 데이터)는 미리 정의된 데이터 모델이 없거나 미리 정의된 방식으로 정리되지 않은 정보를 말한다.

① 비정형 데이터의 특징

- 비정형 정보는 일반적으로 텍스트 중심으로 되어 있으며 날짜, 숫자, 사실과 같은 데이터도 포함할 수 있다.
- 변칙과 모호함이 발생하므로 데이터베이스의 칸 형식의 폼에 저장되거나 문서에 주석화된(의미적으로 태그된) 데이터에 비해 전통적인 프로그램을 사용하여 이해하는 것을 불가능하게 만든다.

> 비정형 데이터는 데이터 구조가 없어 그 자체만으로 내용에 대한 질의 처리를 할 수 없다. 따라서 데이터의 특징을 추출하여 반정형 또는 정형으로 변환하는 전처리가 필요하다.

▶ 데이터의 형태와 데이터 수집 간의 관계

형태	특징
정형 데이터 (Structured Data)	• 내부 시스템인 경우가 대부분이라 수집이 쉽다. • 파일 형태의 스프레드시트라도 내부에 형식을 가지고 있어 처리가 쉬운 편이다.
반정형 데이터 (Semi-structured Data)	보통 API 형태로 제공되기 때문에 데이터 처리 기술이 요구된다.
비정형 데이터 (Unstructured Data)	텍스트 마이닝 혹은 파일일 경우 파일을 데이터 형태로 파싱해야 하기 때문에 수집 데이터 처리가 어렵다.

> API
> 운영체제와 응용프로그램 사이에 사용되는 언어 형식

② 비정형 데이터 관리 및 분석 의미 도출

- 정형 데이터는 데이터 저장의 효율성 측면에서 사전에 정의된 규칙에 따라 저장·관리되었으나 비정형의 경우는 규격화의 어려움이 있어 저장·관리의 어려움이 있다.
- 정형 데이터에 비해 차지하는 저장 공간이 넓다.
- 정형화되지 않은 데이터로 분석이 용이하지 않은 부분이 있다.

2) 비정형 데이터의 분석

① 데이터 마이닝(Data Mining)

대규모로 저장된 데이터 안에서 체계적이고 자동적으로 통계적 규칙이나 패턴을 분석하여 가치 있는 정보를 추출하는 과정이다.

- 데이터 마이닝은 통계학에서 패턴 인식에 이르는 다양한 계량 기법을 사용한다.
- 데이터 마이닝 기법은 통계학 쪽에서 발전한 탐색적 자료분석, 가설 검정, 다변량 분석, 시계열 분석, 일반선형모형 등의 방법론이 쓰인다.
- 데이터베이스 쪽에서 발전한 OLAP(온라인 분석 처리, On-Line Analytic Processing), 인공지능 진영에서 발전한 SOM, 신경망, 전문가 시스템 등의 기술적인 방법론이 쓰인다.

> SOM(Self-Organizing Map)
> 자기조직화 지도

- 데이터 마이닝 적용 분야
  - 신용평점 시스템(Credit Scoring System)의 신용평가모형 개발, 사기탐지 시스템(Fraud Detection System), 장바구니 분석(Market Basket Analysis), 최적 포트폴리오 구축과 같이 다양한 산업 분야에서 광범위하게 사용되고 있다.
  - 분류(Classification) : 일정한 집단에 대한 특정 정의를 통해 분류 및 구분을 추론한다.
    - 예 경쟁자에게로 이탈한 고객
  - 군집화(Clustering) : 구체적인 특성을 공유하는 군집을 찾는다. 군집화는 미리 정의된 특성에 대한 정보를 가지지 않는다는 점에서 분류와 다르다.
    - 예 유사 행동 집단의 구분
  - 연관성(Association) : 동시에 발생한 사건 간의 관계를 정의한다.
    - 예 장바구니에 동시에 들어가는 상품들의 관계 규명
  - 연속성(Sequencing) : 특정 기간에 걸쳐 발생하는 관계를 규명한다. 기간의 특성을 제외하면 연관성 분석과 유사하다.
    - 예 슈퍼마켓과 금융상품 사용에 대한 반복 방문
  - 예측(Forecasting) : 대용량 데이터집합 내의 패턴을 기반으로 미래를 예측한다.
    - 예 각종 수요예측

> 데이터 마이닝의 필수 요소는 신뢰도가 높은 충분한 자료이다.

- 데이터 마이닝의 단점
  - 자료에 의존하여 현상을 해석하고 개선하려고 하기 때문에 자료가 현실을 충분히 반영하지 못한 상태에서 정보를 추출한 모형을 개발할 경우 잘못된 모형을 구축하는 오류를 범할 수가 있다.

② **텍스트 마이닝(Text Mining)**

전통적인 데이터 마이닝의 한계를 벗어난 방법으로 인간의 언어로 이루어진 비정형 텍스트 데이터들을 자연어 처리방식을 이용하여 대규모 문서에서 정보 추출, 연계성 파악, 분류 및 군집화, 요약 등을 통해 데이터의 숨겨진 의미를 발견하는 기법이다.

- 자연어 처리(Natural Language Process, NLP)
  - 인간의 언어 현상을 컴퓨터와 같은 기계를 이용해서 모사할 수 있도록 연구하고 이를 구현하는 인공지능의 주요 분야 중 하나다.
  - 자연 언어 처리는 연구 대상이 언어이기 때문에 당연하게도 언어 자체를 연구하는 언어학과 언어 현상의 내적 기재를 탐구하는 언어 인지 과학과 연관이 깊다.
  - 구현을 위해 수학적·통계적 도구를 많이 활용하며 특히 기계학습 도구를 많이 사용하는 대표적인 분야이다. 정보검색, QA 시스템, 문서 자동분류, 신문기사 클러스터링, 대화형 Agent 등 다양한 응용이 이루어지고 있다.

> n-gram
> 통계학 기반의 언어 모델, 주어진 텍스트로부터 n개 단어의 연속적 나열을 하나의 토큰으로 간주

③ 오피니언 마이닝(Opinion Mining)

오피니언 마이닝은 텍스트 마이닝의 한 분류로서, 특정 주제에 대한 사람들의 주관적 의견을 통계·수치화해 객관적 정보로 바꾸는 빅데이터 분석기술이다.

- 텍스트 마이닝과 같이 문장을 분석하기 때문에 자연어 처리 방법(NLP)을 사용하지만, 텍스트 마이닝은 문장 내 주제를 파악하고 오피니언 마이닝은 감정·뉘앙스·태도 등을 판별한다는 차이가 있다. 이 때문에 감정 분석(Sentiment Analysis)이라고도 불린다.
- 적용 분야
  - 텍스트 내 정보를 파악하기 위해 문장 구조, 문장 간의 관계, 어휘 등을 분석해 키워드와 연관된 감성 어휘의 빈도를 중립·긍정·부정으로 분류하고 그 강도를 평가한다.
  - 특정 서비스 및 상품에 대한 시장 규모 예측, 소비자의 반응, 입소문 분석 등에 활용되고 있으며, 최근 많은 기업이 자사와 자사 상품 관련 댓글·SNS 등을 실시간으로 분석해 이미지를 파악하고 대응 전략을 세워 사용하고 있다.

④ 웹 마이닝(Web Mining)

웹 마이닝 또는 웹 데이터 마이닝은 일반적으로 웹 자원으로부터 의미있는 패턴, 추세 등을 도출해 내는 것을 지칭한다.

- 기기 내 쌓이는 로그, 사용자 행동 및 작성 콘텐츠 등 모든 것을 포함한다. 이러한 데이터를 분석하여 유용한 정보를 추출, 통찰(insight)을 얻어 내는 것이 핵심이다.
- 웹 마이닝의 특징
  - 웹 환경에서 얻어지는 고객의 정보, 특정 행위, 패턴 등의 정보를 이용하여 다양한 활동(마케팅 등)에 활용할 수 있다.
  - 데이터 마이닝을 이용하여 문서들과 서비스로부터 정보를 추출할 수 있다.
  - 대량의 로그기록을 기반으로 정보를 수집하고 자료를 정제한다.
  - 웹상의 고객의 행동기록과 CRM 등을 연결하는 등 다양한 서비스에 접목이 가능하다(연관 분류 등의 데이터 마이닝 기법을 동시 적용가능).
- 웹 마이닝의 유형
  - 웹구조 마이닝(Web Structure Mining) : 웹 사이트로부터 구조적 요약정보를 추출하는 것이다.
  - 웹내용 마이닝(Web Contents Mining) : 웹사이트 또는 페이지로부터 의미 있는 내용을 추출하는 것을 말한다.
  - 웹사용 마이닝(Web Usage Mining) : 웹상의 사용자의 행동 등 패턴으로부터 통찰을 이끌어 내는 방법을 말한다.

> **로그(Log)**
> 컴퓨터의 처리 내용이나 이용 상황을 시간의 흐름에 따라 기록한 것

합격을 다지는 예상문제

01 시간데이터의 정의와 의미 연결이 틀린 것은?

① 유효 시간 : 객체가 발생하거나 소멸된 시간
② 거래 시간 : 관리 시스템을 통해 처리된 시간
③ 스냅샷 데이터 : 시간 개념이 필요하지 않아 거래, 유효시간을 미지원하는 데이터
④ 다변량 데이터 : 거래 시간과 유효 시간을 동시에 지원하는 데이터

02 다음은 어떤 공간데이터 용어의 정의인가?

> 공간 객체 간 관계를 표현하며 방위, 공간 객체 간의 중첩, 포함, 교차, 분리 등과 같은 위치적 관계

① 비 공간 타입
② 레스터 공간 타입
③ 벡터 공간 타입
④ 위상적 공간 타입

03 다음은 시공간 정의언어와 조작언어에 대한 설명이다. 틀린 것을 고르시오.

① 시공간자료 정의언어에는 시공간테이블 인덱스 및 뷰(view)의 정의문, 변경문 등이 포함되어 있다.
② 시공간자료 조작언어에는 시공간테이블의 정의문이 포함되며 점, 선, 면 등의 공간속성 타입이 추가되어 있다.
③ 시공간 조작언어는 객체의 삽입, 삭제, 변경 등의 검색문이 있다.
④ 시공간자료 조작언어는 시간지원 연산자와 공간 연산자를 포함하며 이를 통해 객체에 대한 공간관리와 이력정보를 제공한다.

04 두 개의 연속형 변수가 있다. 둘 사이의 함수적 관계를 분석하려고 할 때, 가장 적합한 분석 방법은?

① 교차분석
② 분산분석
③ 회귀분석
④ 판별분석

05 다중회귀분석을 하는 데 있어서 기본 가정 중 틀린 것은?

① 회귀모형은 모수에 대해 선형인 모형이다.
② 오차항의 분산은 모든 관찰치에 대해 σ^2의 일정한 분산을 갖는다.
③ 서로 다른 관찰치 간의 오차항은 상관이 없다(오차항은 서로 독립이며 공분산은 1).
④ 오차항은 정규분포를 따르며 $N(0,\sigma^2)$이다.

06 로지스틱 분석에서 사용하는 시그모이드 함수식으로 올바른 것은?

① $G(x) = \dfrac{e^x}{1+e^x}$
② $G(x) = \dfrac{e^{-x}}{1+e^x}$
③ $G(x) = \dfrac{e^x}{1+e^{-x}}$
④ $G(x) = \dfrac{e^{-x}}{1+e^{-x}}$

07 다음은 어떤 분석에 대한 내용인지 고르시오.

> 텍스트 내 정보를 파악하기 위해 문장 구조, 문장 간의 관계, 어휘 등을 분석해 키워드와 연관된 감성 어휘의 빈도를 중립·긍정·부정으로 분류하고 그 강도를 평가한다.

① 오피니언 마이닝
② 웹 콘텐츠 마이닝
③ 자연어처리
④ 군집분석

08 일원분산분석의 정의와 특성을 연결시킨 것 중 틀린 것은?

① 하나의 인자에 근거하여 여러 수준으로 나누어지는 분석이다.
② 단일용인변수(독립변수)에 의해 종속변수에 대한 최빈값의 차이를 검정하는 데 이용한다.
③ 종속변수(등간 척도)와 정수값을 갖는 요인변수가 각 하나여야 하고 요인변수가 정의되어야 한다.
④ "A반, B반, C반 간 성적의 평균 차이가 존재할 것이다."는 일원분산분석의 예이다.

09 요인분석의 목적이 아닌 것은?

① 변수특성파악 : 관련된 변수들의 묶음으로 상호독립특성을 파악할 수 있다.
② 측정항목의 타당성 평가 : 그룹이 되지 않은 변수의 특성을 구분할 수 있게 된다.
③ 분포분석 : 추론통계의 의한 분석을 통해 수행한다.
④ 요인점수를 통한 변수생성 : 회귀분석, 군집분석, 판별분석 등에 적용 가능한 변수를 생성할 수 있다.

10 다음은 어떤 분석에 대한 설명인가?

> 변수 또는 개체(item)들이 속한 모집단 또는 범주에 대한 사전정보가 없는 경우에 관측값들 사이의 거리(또는 유사성)를 이용하여 변수 또는 개체들을 자연스럽게 몇 개의 그룹으로 나누는 분석법으로 정의한다.

① 판별분석
② 로지스틱 판별분석
③ 정준분석
④ 군집분석

11 정준분석의 설명으로 틀린 것은?

① 두 변수집단 간의 연관성(Association)을 각 변수집단에 속한 변수들의 선형결합(Linear Combination)의 상관계수를 이용하여 분석하는 방법이다.
② 정준상관계수(Canonical Correlation Coefficient)는 정준변수들 사이의 상관계수이다.
③ 두 집단에 속하는 변수들의 개수 중에서 변수의 개수가 적은 집단에 속하는 변수의 개수만큼의 정준변수가 만들어질 수 있다.
④ 정준분석의 경우 하나의 반응변수를 여러 개의 설명변수로 설명하고자 할 때, 가장 설명력이 높은 변수들의 선형결합을 찾아 이들 사이의 인과관계를 생각하는 방법이다.

12 다음은 어떤 데이터에 대한 설명인가?

> 변칙과 모호함이 발생하므로 데이터베이스 형식으로 저장된 데이터나 문서에 주석화된(의미적으로 태그된) 데이터에 비해 전통적인 프로그램을 사용하여 이해하는 것을 불가능하게 만든다.

① 정형 데이터
② 반정형 데이터
③ 부정형 데이터
④ 비정형 데이터

13 데이터 마이닝에 대한 설명으로 옳지 않은 것을 고르시오.

① 대규모로 저장된 데이터 안에서 체계적이고 자동적으로 통계적 규칙이나 패턴을 분석하여 가치 있는 정보를 추출하는 과정이다.
② 데이터베이스 쪽에서 발전한 OLAP(온라인 분석 처리), 인공지능 진영에서 발전한 SOM, 신경망, 전문가 시스템 등의 기술적인 방법론이 쓰인다.
③ 자료가 현실을 충분히 반영하지 못한 상태에서 정보를 추출한 모형을 개발할 경우 잘못된 모형을 구축할 수 있다.
④ 다수의 변수들의 상관관계를 분석하여 공통차원들을 통해 축약해 나가는 방법이다.

합격을 다지는 예상문제 정답 & 해설

SECTION 02

01 ④	02 ④	03 ②	04 ③	05 ③
06 ①	07 ①	08 ②	09 ③	10 ④
11 ④	12 ④	13 ④		

01 ④
거래, 유효시간과 스냅샷데이터를 동시에 지원하는 데이터는 이원시간 데이터이다. 다변량 데이터는 2개 이상의 변수로 구성된 데이터를 말한다.

02 ④
위상적 타입 : 공간 객체 간의 관계를 표현하며, 방위, 공간 객체 간의 중첩, 포함, 교차, 분리 등과 같은 위치적 관계

03 ②
시공간자료 정의언어에는 공간적 속성과 시간적 속성을 동시에 포함하며 시공간 테이블의 정의문은 점, 선, 면 등의 공간속성 타입이 추가되어 있다.

오답 피하기
- ②번은 시공간 정의언어의 내용이다.

04 ③
두 개의 변수를 독립변수, 종속변수로서 함수적 관계를 분석하는 방법은 회귀분석이다.

오답 피하기
- 교차분석은 명목자료 및 서열자료의 독립성, 동질성, 적합성을 분석하는 데 사용된다.

05 ③
서로 다른 관찰치 간의 오차항은 상관이 없다(오차항은 서로 독립이며 공분산은 0).

06 ①
로지스틱 회귀의 모델은 종속 변수와 독립 변수 사이의 관계에 있어서 선형 모델과 차이점을 지니고 있다. 첫 번째 차이점은 이항형인 데이터에 적용하였을 때 종속 변수 y의 결과가 범위[0,1]로 제한된다는 것이고 두 번째 차이점은 종속 변수가 이진적이기 때문에 조건부 확률(P(y | x))의 분포가 정규분포 대신 이항 분포를 따른다는 점이다.

$G(x) = \dfrac{e^x}{1+e^x}$: 로지스틱 모형 함수(시그모이드 함수)

07 ①
오피니언 마이닝은 텍스트 마이닝의 한 분류로서, 특정 주제에 대한 사람들의 주관적 의견을 통계·수치화해 객관적 정보로 바꾸는 빅데이터 분석기술이다. 텍스트 내 정보를 파악하기 위해 문장 구조, 문장 간의 관계, 어휘 등을 분석해 키워드와 연관된 감성 어휘의 빈도를 중립·긍정·부정으로 분류하고 그 강도를 평가한다.

08 ②
단일요인변수(독립변수)에 의해 종속변수에 대한 평균치의 차이를 검정하는 데 이용한다.

09 ③
요인분석의 목적에는 분포분석이 없으며 요인분석의 특성상 추론통계가 아닌 기술 통계에 의한 분석이 그 특징이다.

10 ④
군집분석 : 변수 또는 개체(item)들이 속한 모집단 또는 범주에 대한 사전정보가 없는 경우에 관측값들 사이의 거리(또는 유사성)를 이용하여 변수 또는 개체들을 자연스럽게 몇 개의 그룹 또는 군집(cluster)으로 나누는 분석법으로 정의한다.

11 ④
회귀분석의 경우 하나의 반응변수를 여러 개의 설명변수로 설명하고자 할 때, 가장 설명력이 높은 변수들의 선형결합을 찾아 이들 사이의 인과관계를 생각하는 반면에 정준분석에서는 이와 같은 인과성이 없다.

12 ④
비정형 데이터의 특징
변칙과 모호함이 발생하므로 데이터베이스 형식으로 저장된 데이터나 문서에 주석화된(의미적으로 태그된) 데이터에 비해 전통적인 프로그램을 사용하여 이해하는 것을 불가능하게 만든다.

13 ④

오답 피하기
- ④번은 요인분석에 대한 내용이다.

CHAPTER

03

통계기법의 이해

학습 방향

통계는 크게 기술통계와 추론통계로 나눌 수 있습니다. 기술통계에서는 확률분포의 이해가 중요합니다. 이산확률분포와 연속확률분포를 구별할 수 있어야 하며, 다양한 확률분포의 특징을 설명할 수 있어야 합니다. 추론통계에서는 점추정과 구간추정 방법을 비교해서 학습합니다. 특히, 정규분포를 이용한 신뢰구간을 추정하는 방법을 정확히 이해하는 것이 중요합니다.

출제 빈도

| SECTION 01 | 중 | 50% |
| SECTION 02 | 중 | 50% |

SECTION 01 기술통계

빈출 태그 표본추출 · 확률 · 분포 · 기댓값 · 분산 · 중심극한정리

01 데이터 요약

기술통계(Descriptive Statistics)는 분석에 필요한 데이터를 요약하여 묘사 · 설명하는 통계기법을 말한다.

분석을 위해서 단순히 데이터를 정리하는 행위 자체는 의미가 없다. 분석 전 데이터의 특성을 찾아내서 그 특성의 정량화를 통한 체계적 요약이 필요하다.

▶ 기술통계의 종류

중심화 경향 (Central Tendency)	관찰 또는 수집된 데이터의 물리적 상대적 위치에 대한 정리 요약이다.
분산도 경향 (Degree of Dispersion)	데이터들이 흩어진 정도에 대한 기술 및 요약이다.
자료의 분포형태 (Shape of Distribution, Skewness)	자료의 분포가 대칭인지 치우쳐 있는지에 대한 기술 및 요약이다.

분석대상이 되는 데이터의 단순 정리가 아닌 데이터의 분포가 가지는 특성을 찾아내서 본격적인 분석 이전에 기본적인 특징을 수치적으로 정량화하여 기술한다.

- 주로 기초 통계량을 산출하여 결과를 도출한다.

> **기적의 TIP**
> 기초 통계량은 CHAPTER 02 – SECTION 01의 내용을 참고한다.
>
> 모집단은 우리가 무엇을 알려고 하느냐에 따라 다르게 정의되기 때문에 모집단을 명확하게 정의해야 한다.

02 표본추출

- **모집단(Population)** : 연구 · 실험의 결과가 일반화된 큰 집단, 정보를 얻고자 하는 관심 대상의 전체집합으로 정의한다.
- **표본(Sample)** : 여러 자료를 포함하는 모집단 속에서 그 일부를 끄집어 내어 조사한 결과로 원래 집단의 성질을 추측할 수 있는 자료로 정의한다.
- **표본추출(Sampling)** : 모집단으로부터 표본을 선택하는 행위(과정)를 말한다.

1) 전수조사와 표본조사

① 전수조사 : 관심의 대상이 되는 모집단 전체를 대상으로 조사하는 것이다.
   예) 인구조사 등
- 인력(manpower)과 예산(budget)이 비교적 많이 소요된다.

- 현실적으로 집단 내 모든 단위를 조사하는 것은 불가능한 경우가 많기 때문에, 대부분의 통계조사는 표본조사에 의해 이루어진다.

② **표본조사** : 관심의 대상이 되는 모집단에서 표본을 추출하여 표본을 대상으로 조사를 시행하는 것이다.

- 기본적으로 전수조사가 정확한 결과를 도출할 수 있으나 비용문제 등의 제약사항이 존재한다. 따라서 모집단의 일부가 전체를 대표할 수 있다는 근거가 명확하다면 일부의 표본으로 조사분석을 시행하고 모집단 전체의 분석결과로 사용이 가능하다.
  - 전수조사에 비해 비용 절감
  - 조사결과의 신속성
  - 조사규모가 크지 않기 때문에 심도 있는 조사 가능
  - 관리가 비교적 잘 되어 정확성이 높음

2) 표본추출 오차(Sampling Bias, Sampling Error)

표본에서 선택된 대상이 모집단의 특성을 과잉 대표하거나 최소 대표할 때 발생한다.

① **과잉 대표** : 중복선택 등의 원인으로 모집단이 반복·중복된 데이터만으로 규정되는 현상을 지칭한다.

② **최소 대표** : 실제모집단의 대표성을 나타낼 표본이 아닌 다른 데이터가 표본이 되는 현상이다.

- 표본추출 시 표본의 크기(Sample Size)보다는 대표성을 가지는 표본을 추출하는 것이 중요하다.

> **표본추출 오차**
> 표본을 이용하여 모집단 특성을 추정함으로써 발생하는 모집단과 표본의 오차 범위

3) 확률 표본추출 기법

모집단에 속하는 모든 추출단위에 대해 사전에 일정한 추출확률이 주어지는 표본추출법이다.

- 모든 표본들의 추출확률을 사전에 알 수 있다.
- 표본자료로부터 얻어지는 추정량의 통계적 정확도를 확률적으로 나타낼 수 있다.

① **단순무작위 추출(Simple Random Sampling)** : 통계조사에서 가장 기본이 되는 표본추출법이다.

- 모집단으로부터 무작위(randomly) 추출하고 독립적 선택으로 편향성(bias)을 제거하여 난수(Random Number)를 이용하는 것이 기본이다.
- 모집단내의 조사단위수(N)를 파악한 다음 원하는 표본수(n) 만큼 난수를 발생시키고 그 수에 해당되는 조사단위를 표본으로 선택하는 방법이다.
- 추출 모집단에 대해 사전지식이 많지 않은 경우 시행하는 방법이다.

② 계통추출(Systematic Sampling)
- 모집단에서 추출간격(Sampling Interval)을 설정하여 간격 사이에서 무작위로 추출하는 방법이다.
- 만일 전체 모집단이 N개인 집단에서 K(단, $K<N$)라는 추출간격으로 뽑는다면 N/K 수만큼 표본이 선택될 수 있다(1/K 계통추출법).

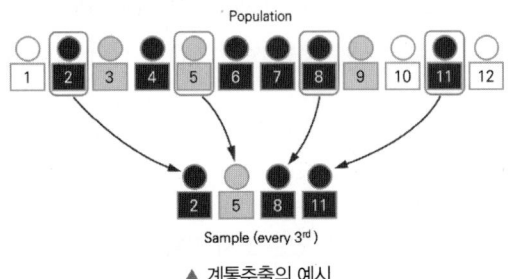

▲ 계통추출의 예시

③ 층화추출(Stratified Sampling)
- 모집단을 서로 겹치지 않게 여러 층(strata)으로 나누어 분할된 층별로 배정된 표본을 단순 임의 추출법에 따라 추출하는 방법이다.
- 각 집단별 분석이 필요한 분석의 경우나 모집단 전체에 대한 특성치의 효율적 추정(추론)이 필요한 경우 시행한다.
  ◎ 모집단의 남녀 성비가 3:2이면 표본의 성비도 3:2가 되도록 뽑는 경우
- 층화추출의 특징
  - 단순임의추출법에 비해 추정의 정도를 높일 수 있다.
  - 전체 모집단에 대한 추정뿐만 아니라 각 층별 추정결과도 얻을 수 있다.
  - 모집단을 효과적으로 층화할 경우 임의표본에서 구한 추정량보다 오차가 적게 되어 추정의 정도를 높일 수 있다.
  - 표본의 대표성 제고 및 조사관리가 편리하고, 조사비용이 절감된다.
- 층화변수(Stratification Variable)
  - 모집단을 몇 개의 층으로 나누려고 할 때 각 추출단위가 어느 층에 속하는지를 구분하기 위해 기준으로 사용되는 변수이다.
  - 사전에 모집단 단위들의 정보를 쉽게 알 수 있으면서도 조사하고자 하는 주 변수와 밀접한 관련이 있는 보조 변수가 되어야한다.
  - 질적 층화변수 : 변수값에 따라 층 구분
  - 양적 층화변수 : 층의 경계점을 나누는 방법 필요
  - 층화변수가 양적 변수인 경우 층의 최적경계점(optimum point of stratification)
    1. 모집단을 n개의 층으로 나누려면 $n-1$개의 경계점을 결정해야 함
    2. 추정값의 분산을 최소화시킬 수 있도록 경계점 결정
      ◎ 여론조사에서 층화변수의 선택시 성별, 지역, 연령, 학력 등을 기준으로 할 수 있다.

층
- 관심을 갖고 있는 집단
- 각 집단 내에 있는 추출단위들이 유사하도록 구성

층화추출
집단 내 동질적
집단 간 이질적

- 표본의 배분
  - 각 층 내의 추출단위들의 수 : 많으면 크게 늘림
  - 각 층 내에서 변동의 정도 : 변동의 정도가 커지면 크게 늘림
  - 각 층에서 추출단위를 조사하는데 드는 비용 : 비용증가 시 줄임
- 표본 배분의 방법 예시

방법	특징
비례배분법	• 각 층 내의 추출단위 수에 비례하여 표본크기를 배분하는 방법 • 층 내의 변동과 조사비용은 고려하지 않고 층의 크기만을 고려한 방법 • 일반적으로 여론조사, 의식조사 등에 많이 활용됨 　예 여론 조사를 위해 한지역의 유권자가의 성비가 (남:여 = 3:2) 라면 추출 표본의 성비도 남녀를 3:2 수준으로 추출
네이만배분법	• 각 층의 크기와 층별 변동의 정도를 동시에 고려한 표본배정 방법 • 변동이 큰 층에 대해서는 상대적으로 많은 표본을 배정
최적배분법	• 추정량의 분산을 최소화 시키거나 주어진 분산의 범위 하에서 비용을 최소화 시키는 방법

④ **군집추출(Cluster Sampling)**
- 모집단을 차이가 없는 여러 개 군집으로 나누어 군집의 단위의 일부 또는 전체에 대한 분석을 시행한다.
- 모집단에 대한 구체적인 추출 방법론을 정하기 어려운 경우 사용하면 편리하다.
- 표본크기가 같은 경우 단순 임의추출에 비해 표본 오차가 증대할 가능성이 있다.

> 층화추출은 계층이 특성에 의해 나뉘는 것이며, 군집추출은 각 군집이 모집단과 유사한 특성을 가져 모집단을 대표할 수 있어야 한다.

4) 비확률 표본추출 기법

각 추출단위들이 표본에 추출될 확률을 객관적으로 나타낼 수 없는 표본추출법이다.

- 일반적으로 모집단을 정확하게 규정지을 수 없는 경우, 표본오차가 큰 문제가 되지 않는 경우, 본 조사에 앞서서 진행되는 새로운 개념에 대한 탐색적 연구 등에 사용한다.
- 비용, 시간, 조사의 편리함 때문에 자주 사용한다.

① **간편추출법(편의추출법, Convenience Sampling)**
- 응답자를 선정하는 데 있어서 조사원 개인의 자의적인 판단에 따라 간편한 방법으로 표본을 추출하는 방법이다.
- 얻어진 표본이 목표모집단을 얼마나 잘 대표하는지 알 수 없고, 얻어진 통계치에 대한 통계적 정확성을 평가할 수 없다.
　예 어떤 특정장소를 지나가는 사람들을 대상으로 여론조사를 하는 경우

② 판단추출법(Judgement Sampling)
- 조사자가 나름의 지식과 경험에 의해 모집단을 가장 잘 대표한다고 여겨지는 표본을 주관적으로 선정하는 방법이다.
- 판단추출법에 의한 표본은 조사자의 주관적 판단에 의해서 표본이 추출되기 때문에 그 표본을 통해 얻은 추정치의 정확성에 대해 객관적으로 평가할 수 없다.
- 표본의 크기가 작은 경우에 조사의 오차를 좌우하는 요인은 추정량의 분산이 될 수 있다.
  > 예 어느 교육연구소의 연구원이 전체 학생들의 평균성적을 알아보기 위해 전체 학생들의 성적을 대표한다고 생각되는 몇 학교를 나름대로 선택하는 경우

③ 할당추출법(Quota Sampling)
- 조사목적과 밀접하게 관련되어 있는 조사대상자의 연령이나 성별과 같은 변수 값에 따라 모집단을 부분집단으로 구분하고, 모집단의 부분집단별 구성비율과 표본의 부분집단별 구성비율이 유사하도록 표본을 선정하는 방법이다.
- 비용이 적게 들고 손쉽기 때문에 단기간에 조사를 해야하는 경우에 알맞은 방법이다.
  > 예 어느 대학에서 학생 서비스 만족도를 조사하고자 한다면 기존의 자료에 의거하여 각 학과별, 학년별, 성별 구성비율을 알아본 다음, 그 비율에 따라 표본을 학과별, 학년별, 성별로 할당

④ 눈덩이추출법(Snowball Sampling)
- 접근이 어렵거나 추출틀(Sampling Frame)의 작성이 곤란한 특정한 집단에 대한 조사에서 사용되는 방법이다.
- 먼저 해당 집단에 속하는 것을 사전에 알고 있는 사람들을 대상으로, 해당 집단에 속하는 다른 사람들을 소개받아서 조사를 진행하는 방법이다(이와 같은 소개과정을 통해서 표본은 눈덩이처럼 점점 커지게 됨).
  > 예 폭력조직원들의 약물사용 실태를 조사할 경우, 대학교수들의 금융투자자산에 대한 인식 조사를 할 경우

03 확률분포

- 기술통계 : 분석에 필요한 데이터를 요약하고 묘사·설명하는 통계기법이다.
- 추측(추론)통계 : 표본에 내포되어 있는 정보를 이용하여 모집단에 대한 과학적인 추론을 하는 통계기법이다.

확률과 확률분포는 모집단에 대한 추측 및 추론이 얼마나 정확한지에 대한 논리적 타당성을 제시하는 도구이다.

통계학
불확실한 상황에서 불확실성을 감소시키고, 현명한 의사결정을 하기 위한 이론과 방법의 체계이며, 수치화된 자료의 수집, 분류, 분석과 해석의 체계를 갖춘 학문

1) 확률의 개념

- **통계적 현상** : 불확정 현상을 반복하여 관찰하거나 혹은 집단 안에서 대량으로 관찰하여 그 고유의 법칙성을 찾아내는 것이 가능한 현상을 지칭한다.
- **확률 실험** : 같은 조건 아래에서 반복할 수 있다. 시행의 결과는 매번 우연적으로 변하므로 예측할 수 없으나, 가능한 모든 결과의 집합을 알 수 있다. 시행을 반복할 때 낱낱의 결과는 불규칙하게 나타나지만, 반복의 수를 늘리면 어떤 규칙성이 나타나는 특징을 가질 수 있다.

> 주사위를 던지거나 굴릴 때 힘의 크기를 미세하게 조절할 수 있다면 원하는 결과를 만들어 낼 수도 있을 것이다. 그러나 이러한 능력이 없는 일반인에게 주사위 던지기는 결과를 예측할 수 없는 확률 실험(random experiment)이다.

➕ 더 알기 TIP

경우의 수

확률시험 1회의 시행에 있어서 일어날 수 있는 사건의 종류를 말한다.

- **합의 법칙** : 두 사건 A 또는 B가 일어나는 경우의 수를 고려할 때

$$n(A)=k,\ n(B)=j \text{이면 } n(A \cup B) = n(A) + n(B) - n(A \cap B)$$

여기서 $A \cap B = \phi$이면 $n(A \cup B) = n(A) + n(B)$이 된다.

- **곱의 법칙** : 두 사건 A, B가 동시에 일어나는 경우의 수를 고려할 때

$$n(A)=k,\ n(B)=j \text{이면 } n(A \times B) = n(A) \times n(B) \text{이다.}$$

- **순열** : 서로 다른 n개의 원소에서 r개를 중복없이 순서를 고려하여 선택하는 경우의 수

$$_nP_r = \frac{n!}{(n-r)!} \quad (\text{여기서 } n! = n \times (n-1) \times (n-2) \times \cdots \times 2 \times 1)$$

- **조합** : 서로 다른 n개의 원소에서 r개를 중복없이 순서를 고려하지 않고 선택하는 경우의 수

$$\binom{n}{r} = {_nC_r} = \frac{n!}{(n-r)!\,r!} \text{이 된다.}$$

① 확률

확률은 통계적 현상의 확실함의 정도를 나타내는 척도이며, 랜덤 시행에서 어떠한 사건이 일어날 정도를 나타내는 사건에 할당된 수들을 말한다.

- **수학적 확률(Mathematical Probability)** : 표본공간 S의 각 사건이 일어날 가능성이 동등할 때, 사건 A에 대하여 $n(A)/n(S)$를 사건 A의 수학적 확률이라고 한다. 이때, $n(A)$는 사건 A가 일어날 경우의 수, $n(S)$는 전체 사건에 대한 경우의 수이다.

$$P(A) = \frac{n(A)}{n(S)}$$

** 주사위를 던질 때 6의 눈이 나올 확률은 1/6이다.
** 전체 카드(52장) 중 한 장 뽑았을 때 하트카드가 나올 확률은 13/52 = 1/4이다.

상대도수
도수분포표에서 도수의 총합에 대한 각 계급의 도수의 비율
일반적으로 소수 또는 분수로 나타냄

- 통계적 확률(Statistical Probability) : 일반적인 자연 현상이나 사회 현상에서 일어날 가능성이 동일한 경우가 많지 않아서 수학적 확률로 구할 수 없는 경우가 대부분이다. 이러한 경우 사건이 일어나는 확률을 상대도수에 의해 추정한다. 즉, n회의 시행에서 문제의 사건이 r회 일어났다고 하면 상대도수는 r/n으로 정의할 수 있으며, 이와 같이 추정되는 확률을 통계적 확률이라고 한다.
- 어떤 시행을 n번 반복하고, 사건 A가 일어난 횟수를 r_n이라 할 때, n을 크게 함에 따라 r_n/n이 일정한 값 p에 가까워지면, 이때 p를 사건 A의 통계적 확률이라 한다.

$$p = \frac{r_n}{n}$$

서울에서 출생한 남, 여 각 500명을 기준으로 각 연령대의 생존자 수를 표에 기록하였다.

생존자 수	남	여
0세	500	500
30세	440	450
60세	390	410

현재 30세인 남자가 60세까지 살아있을 확률을 구하면
통계적으로 30세인 남자가 60세까지 살아있을 확률은 390/440 = 88.6%이다.

② 사건(Event)

동일한 상태로 여러 차례 반복할 수 있는 실험이나 관측을 시행이라 하고, 시행의 결과로서 나타나는 것을 사건이라 한다.

- 사건은 개별적으로 발생할 결과일 수도 있고, 몇 가지의 복합된 결과의 집합이 될 수도 있다.
- 어떤 사건의 확률은 그 사건에 포함되어 있는 각 결과의 발생 확률의 합으로 나타낸다.
    예) 두 개의 동전을 던졌을 때, 하나만 앞면이 나올 사건의 확률은 [앞,뒤]가 나올 사건의 확률(1/4)과 [뒤,앞]이 나올 사건의 확률(1/4)의 합(1/2)으로 구할 수 있다.

③ 표본공간(Sample Space)

- 통계적 실험에서 모든 발생 가능한 실험결과들의 집합을 의미한다.
- 표본공간 자체는 전사건, 아무것도 포함하지 않는 사건은 공사건이라 하고 하나의 결과를 포함하는 사건은 근원사건이라고 한다.
- 표본공간이 S인 확률 실험에서 사건은 S의 부분집합이 된다.
    예) 두 개의 동전을 던졌을 때, 표본공간 S는 다음과 같이 정의된다.
    $S = \{$ (앞,앞), (앞,뒤), (뒤,앞), (뒤,뒤) $\}$
    이때, 앞면이 적어도 한 번 나오는 사건 A는 다음과 같이 표현할 수 있다.
    $A = \{$ (앞,앞), (앞,뒤), (뒤,앞) $\}$

④ 확률의 기본성질

정리 1. $0 \leq P(A_i)$ A_i : 근원사건
: 어떤 사건 A가 발생할 확률은 항상 0 이상이다.

정리 2. $P(S)=1$ S : 전공간
: 표본공간 S 사건이 발생할 확률은 1이다(사건은 무조건 표본공간 내에서 발생).

정리 3. $P(A_i \cup A_j) = P(A_i) + P(A_j) - P(A_i \cap A_j)$
    만약 $A_i \cap A_j = \phi$ 이면, $P(A_i \cap A_j)=0$, $P(A_i \cup A_j)=P(A_i)+P(A_j)$
: 사건 A_i 또는 A_j가 발생할 확률은 A_i가 발생할 확률과 A_j가 발생할 확률을 더한 값에서 A_i와 A_j가 동시에 발생할 확률을 뺀 것이다.
: 서로 배반사건인 경우 $P(A_i \cap A_j) = \phi$는 각 사건의 발생 확률을 더한다.

> **배반사건**
> 한쪽이 일어나면 다른 쪽이 일어나지 않을 때의 두 사건

정리 4. $P(A^C) = 1 - P(A)$
: A^C는 A의 여사건이며 A가 발생하지 않을 사건을 말한다.

정리 5. $P(A) \leq 1$, $P(\phi) = 0$
: 존재하지 않는 사건이 일어날 확률은 0이다.

정리 6. 만약 $A_i \subset A_j$이면, $P(A_i) \leq P(A_j)$
: A_i가 A_j의 부분집합이면 A_i가 발생할 확률은 A_j가 발생할 확률보다 작거나 같다.

⑤ **조건부 확률**

사건 B가 일어났다는 조건하에서 다른 사건 A가 일어날 확률을 말한다.

$$P(A|B) = \frac{P(A \cap B)}{P(B)}, \ P(B) > 0$$

> **기적의 TIP**
> 베이지안 정리와 연결하여 확실히 이해하도록 하자.

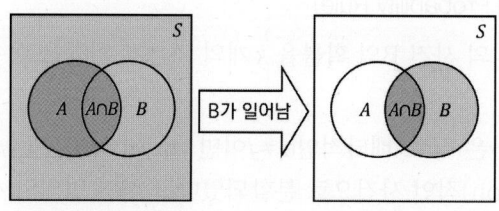

▲ B 사건 하에 A가 일어날 조건부 확률

비슷하게

$$P(B|A) = \frac{P(A \cap B)}{P(A)}, \ P(A) > 0$$

이것은 사건 A가 일어났다는 조건하에서 다른 사건 B가 일어날 확률을 말한다.

주사위를 던져서 2의 눈이 나올 확률은 1/6이지만 짝수라는 조건하에서는 1/3이 된다.
즉, 조건이 주어지지 않은 경우 표본공간은 {1,2,3,4,5,6}이지만 짝수라는 조건에서는 {2,4,6}으로 축소되는 것이다.

$$(\text{짝수라는 조건하에 2의 눈이 나올 확률})P = \frac{\text{짝수이면서 2가 나올 확률}}{\text{짝수일 확률}}$$

$$= \frac{\left(\frac{1}{6}\right)}{\left(\frac{1}{2}\right)} = (2/6) = 1/3$$

⑥ 결합 확률(확률의 곱셈)

사건 A와 B가 동시에 발생하는 확률로 이를 확률의 곱셈 법칙이라고 한다.

$$P(A \cap B) = P(A|B) \times P(B)$$

독립 사건
두 사건 A, B가 서로에게 영향을 주지 않는 상태

배반 사건
두 사건 A, B가 동시에 일어날 수 없을 때 A, B는 서로 배반하는 상태
즉 A∩B=Ø을 의미

$P(A|B) = \dfrac{P(A \cap B)}{P(B)}$ 에서 A, B가 서로 독립이면 둘 사이의 조건부 확률은 $P(A|B) = P(A)$가 되므로 $P(A \cap B) = P(A) \times P(B)$의 결과 도출이 가능하다.

어떤 회사가 제작하는 공작기계가 1년내에 고장 날 가능성이 20%이다. 이 회사의 공작기계 2대를 구입할 때, 1년 내에 두 기계가 모두 고장 날 확률과 정확히 한 기계만 고장 날 확률을 구해보면 다음과 같다.

(두 기계의 고장 사건은 서로 독립적) 사건 A는 첫 번째 기계가 고장 날 확률, 사건 B는 두 번째 기계가 고장 날 확률이라고 하면 P(A)=0.2 P(B)=0.2이다.
그리고 두 사건은 서로 독립이므로 P(A∩B)=P(A)×P(B)=0.2×0.2=0.04이고 정확히 한 기계가 1년 내 고장 날 확률은
P(A^c∩B)+P(A∩B^c)=P(A^c)×P(B)+P(A)×P(B^c)=0.8×0.2+0.2×0.8=0.32가 된다.
** P(A^c∩B) : B가 고장날 때 A가 고장나지 않을 확률

⑦ 총확률정리(Total Probability Rule)

총확률정리는 임의의 사건 B의 확률을 k개의 조건부 확률을 이용해서 구하는 것이다.

• 사전에 표본공간은 상호 배타적인($i \neq j$이면 $A_i \cap A_j = \varnothing$, $P(A_i \cap A_j) = 0$) 사건으로 분할(partition)적인 사건으로 분할되었다고 하면 임의의 사건 $P(B)$는 아래와 같이 표현이 가능하다.

표본공간이 상호 배타적인 사건 $A_1, A_2, \cdots, A_k$로 분할될 때,

$$P(B) = \sum_{i=1}^{k} P(B|A_i) P(A_i)$$

⑧ 베이지안 정리(베이즈 정리, Baye's Theorem)

- 총확률정리를 이용하여 임의의 사건 B의 확률을 k개의 조건부 확률을 이용해 계산하면 베이지안 법칙을 이용하여 표본공간을 분할하는 k개의 상호 배타적인 사건 $A_1, A_2, \cdots, A_k$에 대한 사후확률(Posterior Probability)을 구할 수 있다.
- $P(A_i)$는 미리 주어진 사전확률(Prior Probability)이지만 사건 B라는 새로운 사건이 발생 시 $P(A_i|B)$의 확률을 구할 수 있고 이 확률이 사후확률이 된다.
- 베이지안 법칙은 사전에 어떤 사건 A에 대한 사전확률이 부여된 상태에서 어떤 사건 B에 관한 정보가 알려진 후, 그 사건 A에 대한 사후확률을 다음 아래와 같이 정리할 수 있다.

표본공간이 상호 배타적인 사건 $A_1, A_2, \cdots, A_k$로 분할될 때,

$$P(A_j|B) = \frac{P(B|A_j)P(A_j)}{P(B)} = \frac{P(B|A_j)P(A_j)}{\sum_{i=1}^{k} P(B|A_j)P(A_j)}$$

> 해석적 측면에서는 새로운 증거에 기반하여 과거의 정보를 향상시키거나 개선할 수 있다. 어떤 사건 A의 사건 B에 대한 조건부 확률은 사건 B의 사건 A에 대한 조건부 확률과 일반적으로 다르지만, 이 두 확률 사이에서는 어떠한 관계가 존재하며 이 관계를 설명할 수 있다.

직장 남성의 30%는 지나친 흡연으로 인한 기관지에 이상이 있다고 알려져 있다. 실제 기관지를 검사하였을 때, 검사결과 90%가 이상이 있는 것으로 나타나고 기관지에 이상이 없는 경우에도 이상반응이 나타날 수 있는 확률이 10%이면, 임의의 직장 남성이 기관지 검사를 하였을 때 이상반응이 나타났지만 실제로 이상이 없을 확률은 얼마인가?

A_1은 기관지에 이상이 있을 사건, A_2는 이상이 없을 사건, 검사결과 이상반응이 나타날 사건을 B라고 한다면

$$P(A_1) = 0.3, \ P(A_2) = 0.7, \ P(B|A_1) = 0.9, \ P(B|A_2) = 0.1$$

와 같이 정리할 수 있다.
** $P(B|A_1)$: 기관지에 이상이 있으며 검사결과 이상 반응이 나타날 확률
** $P(B|A_2)$: 기관지에 이상이 없는데 검사결과 이상 반응이 나타날 확률

먼저 임의의 직장 남성이 기관지 검사를 하였을 때, 이상을 보일 확률은

$$P(B) = \sum_{i=1}^{2} P(B|A_i)P(A_i) = P(B|A_1)P(A_1) + P(B|A_2)P(A_2)$$

이제 검사결과 이상이 있는 것으로 나타난 사람에게 실제로 기관지에 이상이 없는 사후확률은 다음 아래와 같이 구할 수 있다.

$$P(A_2|B) = \frac{P(B|A_2)P(A_2)}{P(B)} = \frac{P(B|A_2)P(A_2)}{P(B|A_1)P(A_1) + P(B|A_2)P(A_2)}$$

$$= \frac{0.1 \times 0.7}{0.9 \times 0.3 + 0.1 \times 0.7} = \frac{0.1 \times 0.7}{0.34} = 0.206$$

2) 확률변수

① 확률변수(Random Variable)

확률변수는 사건의 시행의 결과(확률)를 하나의 수치로 대응시킬 때의 값(확률값)을 의미하며, 일반적으로 대문자 X로 표기한다.

확률변수
동전을 여러 번 던졌을 때 앞면이 나오는 횟수, 두 개 주사위를 던져 나오는 두 수의 합처럼 실험의 결과를 수치화하여 실수를 대응하는 함수

예를 들어, 동전 두 개를 던져 앞면이 나오는 횟수를 확률변수 X라고 하면, 다음과 같이 네 가지의 경우가 발생한다.

{뒤-뒤, 앞-뒤, 뒤-앞, 앞-앞}

이때, 확률변수 X의 값을 구해보면, X(뒤-뒤)=0, X(앞-뒤)=1, X(뒤-앞)=1, X(앞-앞)=2가 된다. 즉, 확률변수 X가 취할 수 있는 값은 X=0, X=1, X=2와 같이 모두 세 가지가 된다. 확률변수에서 (앞-뒤), (뒤-앞)과 같은 특정 사건 결과는 생략하고 X=x와 같이 취하는 값만 표기한다.

** 확률변수 X가 특정한 값 x를 가질 때 그에 대한 확률은 P(X=x)로 표기한다. 앞면이 2개 나올 확률은 P(X=2)로 표기하면 된다.

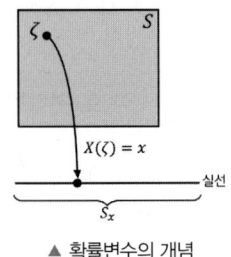

▲ 확률변수의 개념

② 확률변수의 종류

- 이산확률변수(Discrete Random Variable) : 확률변수가 취할 수 있는 값의 수가 유한한 변수이다.
  – 확률변수 X가 $X=\{0, 1, 2, 3\}$이나 $X=\{0.2, 0.3, 0.4\}$ 등과 같이 셀 수 있는 값을 취할 때 이산확률변수라 한다. 동전을 던지거나 주사위를 던지는 사건 등은 셀 수 있는 경우이므로 이산확률변수에 해당한다.
- 연속확률변수(Continuous Random Variable) : 확률변수가 취할 수 있는 값의 수가 무한한 변수이다.
  – 확률변수 X가 키, 몸무게, 시간과 같이 셀 수 없고 연속적인 값을 취할 때 연속확률변수라 한다. 연속확률변수는 확률변수가 특정한 값을 취할 때의 확률이 아닌 특정 구간 내에서의 확률값을 구하며, $P(a \leq X \leq b)$와 같이 표기한다. 예를 들어, 확률변수 X가 어떤 집단의 몸무게를 나타낼 때 몸무게가 50에서 60일 확률은 $P(50 \leq X \leq 60)$로 나타낸다.

3) 확률분포

확률분포는 수치로 대응된 확률변수의 개별 값들이 가지는 확률값의 분포이다.

▶ 두 개의 주사위를 던져서 나오는 점들의 합

y	2	3	4	5	6	7	8	9	10	11	12
P(Y=y)	1/36	2/36	3/36	4/36	5/36	6/36	5/36	4/36	3/36	2/36	1/36

확률변수가 취할 수 있는 구체적인 값을 확률공간상의 확률값으로 할당한다.

① 이산확률분포(Discrete Probability Distribution)

확률변수가 취할 수 있는 값의 수가 유한하거나 셀 수 있는 확률분포이다.

- 확률질량함수(Probability Mass Function) : 이산확률변수에서 특정 값에 대한 확률을 나타내는 함수 $f(x)=P(X=x)$이다.

$$\text{모든 } x\text{에 대해서 } 0 \leq f(x) \leq 1$$

$$\sum_{\forall x} f(x) = 1$$

> **확률질량함수**
> 확률변수가 취할 수 있는 값이 이산확률변수일 때, 그 불연속한 값에 대한 확률을 나타내는 함수
>
> 확률질량함수는 음수를 함숫값으로 가질 수 없으며, 함숫값을 모두 더하면 1이다.

② 연속확률분포(Continuous Probability Distribution)

확률변수가 취할 수 있는 값의 수가 무한하며 연속적인 확률분포이다.

- 확률밀도함수(Probability Density Function) : 확률 변수의 분포를 나타내는 함수이다.

$$\text{모든 } x\text{에 대해서 } 0 \leq f(x) \leq 1$$

$$\int f(x)dx = 1$$

$$P(a<X<b) = \int_a^b f(x)dx$$

③ 확률분포함수(Probability Distribution Function, 확률함수)

확률변수가 취할 수 있는 구체적인 값 하나하나를 확률공간상의 확률값으로 할당해주는 함수를 의미한다.

- 이산확률분포함수(Discrete Probability Distribution Function) : 확률변수가 이산적인 확률분포를 가지는 함수이다.
- 연속확률분포함수(Continuous Probability Distribution Function) : 확률변수가 연속적인 확률분포를 가지는 함수이다.

4) 확률변수의 기댓값과 분산

① 기댓값(Expected Value)

각 확률변수가 특정 값을 가질 확률을 가중치로 확률변수의 결과값을 평균화한 값으로 표시한다.

- 이산확률변수의 기댓값

$$E(X) = \sum x f(x) \quad \text{단, } f(x)\text{는 확률질량함수}$$

> **기댓값**
> 어떤 확률 과정을 무한히 반복했을 때 얻을 수 있는 값들의 평균으로 기대하는 값

예 주사위를 한 번 던졌을 때, 각 눈의 값이 나올 확률은 1/6이고, 주사위 값의 기댓값은 각 눈의 값에 그 확률을 곱한 값의 합으로 구한다.

$$E(X) = 1 \times \frac{1}{6} + 2 \times \frac{1}{6} + 3 \times \frac{1}{6} + 4 \times \frac{1}{6} + 5 \times \frac{1}{6} + 6 \times \frac{1}{6} = 3.5$$

- 연속확률변수의 기댓값

$$E(X)=\int_{-\infty}^{\infty}xf(x)dx \quad \text{단, } f(x)\text{는 확률밀도함수}$$

◎ 구간 [0, 1]에서 연속인 확률변수 X의 확률밀도함수 $f(x) = 1$이라고 하면, X의 기댓값은 다음과 같이 구할 수 있다.

$$E(X)=\int_{-\infty}^{\infty}xf(x)dx=\int_{-\infty}^{\infty}xdx=\left[\frac{1}{2}x^2\right]_0^1=\left(\frac{1}{2}-0\right)=\frac{1}{2}$$

② 기댓값의 성질

- 기댓값의 선형성

상수 a, b와 확률변수 X에 대해서 다음 식이 성립한다.

$$E(aX+b)=aE(X)+b \quad \text{단, } a, b\text{는 상수}$$

- 기댓값의 덧셈법칙

두 확률변수 X, Y에 대하여 $X+Y$의 기댓값은 X의 기댓값과 Y의 기댓값을 더한 것과 같다.
(두 확률변수가 독립이든, 종속이든 무관하게 항상 성립)

$$E(X+Y)=E(X)+E(Y)$$

- 기댓값의 곱셈법칙

두 확률변수 X, Y에 대하여 일반적으로 곱셈법칙이 성립하지 않는다.

$$E(XY)\neq E(X)E(Y)$$

하지만, 두 확률변수 X, Y가 독립이면 곱셈법칙이 성립한다.

$$E(XY)=E(X)E(Y)$$

③ 분산(Variance)

확률분포의 산포도(퍼짐정도)를 나타내는 측도로 기댓값에서 떨어진 거리의 제곱의 기댓값(평균)이며 $Var(X)$로 표시한다.

> 분산은 음의 값을 가질 수 없으며 분산이 클수록 확률분포는 평균에서 멀리 퍼져 있고 0에 가까워질수록 평균에 집중된다.

- 이산확률변수의 분산

$$E(X)=\sum xf(x)=\mu \quad \text{단, } f(x)\text{는 확률질량함수}$$
$$Var(X)=\sum(x-\mu)^2 f(x)=\sum x^2 f(x)-\mu^2=E(X^2)-\{E(X)\}^2$$

- 연속확률변수의 분산

$$E(X) = \int_{-\infty}^{\infty} xf(x)dx = \mu \quad \text{단, } f(x)\text{는 확률밀도함수}$$

$$Var(X) = \int_{-\infty}^{\infty} (x-\mu)^2 f(x)dx = \int_{-\infty}^{\infty} x^2 f(x)dx - \mu^2$$
$$= E(X^2) - \{E(X)\}^2$$

④ 분산의 성질

$$Var(aX) = a^2 Var(X) \quad \text{단, } a\text{는 상수}$$
$$Var(X+b) = Var(X) \quad \text{단, } b\text{는 상수}$$
$$Var(aX+b) = a^2 Var(X)$$
$$Var(X+Y) = Var(X) + Var(Y) + 2Cov(X, Y)$$

Cov(covariance, 공분산)
두 변수의 함께 변하는 정도를 수치로 나타냄

연속형확률변수가 다음과 같다고 하면

$$f(x) = \begin{cases} 3x^2, & 0 < x < 1 \\ 0, & otherwise \end{cases}$$

확률의 성질 만족여부는
모든 x에 대해서 $0 \leq f(x) \leq 1$

$$\int f(x)dx = \int_0^1 3x^2 dx = \left[3 \times \frac{1}{3}x^3\right]_0^1 = 1 - 0 = 1$$

P(X<1/2)일 확률은

$$P(X < 1/2) = \int_0^{1/2} 3x^2 dx = \left[3 \times \frac{1}{3}x^3\right]_0^{1/2} = \left(\frac{1}{2}\right)^3 - 0 = \frac{1}{8}$$

누적분포함수는 0<x<1 일 때,

$$F(x) = P(X \leq x) = \int_0^x 3t^2 dt = \left[3 \times \frac{1}{3}t^3\right]_0^x = x^3$$

따라서

$$f(x) = \begin{cases} 0, & x < 0 \\ x^3, & 0 \leq x < 1 \\ 1, & x \geq 1 \end{cases}$$

평균과 분산은 다음과 같이 구할 수 있다.

$$E(X) = \int_{-\infty}^{\infty} xf(x)dx = \int_0^1 x 3x^2 dx = \left[3 \times \frac{1}{4}x^4\right]_0^1 = \frac{3}{4}(1-0) = \frac{3}{4}$$

$$Var(X) = \int_{-\infty}^{\infty} (x-\mu)^2 f(x)dx = \int_{-\infty}^{\infty} x^2 f(x)dx - \mu^2 = \int_0^1 x^2 3x^2 dx - \left(\frac{3}{4}\right)^2$$
$$= \left[3 \times \frac{1}{5}x^5\right]_0^1 - \left(\frac{3}{4}\right)^2 = \frac{3}{5} - \frac{9}{16} = \frac{3}{80}$$

5) 이산확률분포의 종류

① 베르누이 분포(Bernoulli Distribution, $X \sim Bern(x,p)$)

결과가 성공 아니면 실패, 두 가지로 귀결되어 나오는 이산확률분포이다.

- 확률질량함수 $f(x) = p^x q^{1-x}$
- 기댓값 $E(x) = p$
- 분산 $Var(X) = pq$

> **베르누이 시행**
> 결과가 두 개인 시행을 독립적으로 반복하는 것
>
> p(성공확률)
> q(실패확률)=1-p
>
> 틸드 기호(~)는 '따른다'는 의미로 사용된다.

② 이항분포(Binomial Distribution, $X \sim B(n,p)$)

베르누이 시행을 n번 독립적으로 시행할 때 성공횟수를 X로 정의한 이산확률분포이다.

- 확률질량함수 $f(x) = \binom{n}{p} p^x q^{n-x}$
- 기댓값 $E(x) = np$
- 분산 $Var(X) = npq$

> 동전을 3번 던졌을 때 앞면이 나오는 횟수를 X라고 할 때, 앞면이 두 번 나올 확률은
> $f(2) = \binom{3}{2}\left(\frac{1}{2}\right)^2 \left(\frac{1}{2}\right)^{3-2}$ 이므로 3/8이 된다. 단, 여기서 $\binom{3}{2} = \frac{3!}{2!(3-2)!}$ 조합을 나타낸다.
> 기댓값은 베르누이 시행에 의해 $E(X) = np = \frac{3}{2}$, 분산은 $Var(X) = npq = 3\left(\frac{1}{2}\right)\left(\frac{1}{2}\right) = \frac{3}{4}$이다.

③ 다항분포(Multinomial Distribution)

여러 개의 값을 가질 수 있는 독립 확률변수들에 대한 확률분포로, 여러 번의 독립적 시행에서 각각의 값이 특정 횟수가 나타날 확률을 정의하는 분포이다.

- 확률질량함수

$$f(x_1, x_2, \cdots x_k; n, p_1, p_2, \cdots p_k) = \frac{n!}{x_1! x_2! \cdots x_k!} p_1^{x_1} p_2^{x_2} \cdots p_k^{x_k}$$

- 기댓값 $E(X_i) = np_i$
- 분산 $Var(X_i) = np_i(1-p_i)$

> $x_1 + x_2 + \cdots + x_k = n$
> $p_1 + p_2 + \cdots + p_k = 1$

> 어느 공항의 항공기 이착륙 상황에 대한 이상적인 조건을 알아보기 위해 컴퓨터 시뮬레이션이 수행되었을 때, 3개의 활주로가 있는 이 공항에서 각 활주로가 사용될 확률은 다음과 같고, 임의로 도착하는 6대의 비행기가 다음과 같이 활주로에 도착할 확률은 다음과 같다.
>
> 활주로 1 $p_1 = \frac{2}{9}$, 활주로 2 $p_2 = \frac{1}{6}$, 활주로 3 $p_3 = \frac{11}{18}$
>
> 활주로 1 : 2대, 활주로 2 : 1대, 활주로 3 : 3대
>
> 이 경우 확률은 다항분포에 의해
> $f(x_1, x_2, \cdots x_k; n, p_1, p_2, \cdots p_k) = f\left(2, 1, 3; 6, \frac{2}{9}, \frac{1}{6}, \frac{11}{18}\right)$
> $= \frac{6!}{2!1!3!}\left(\frac{2}{9}\right)^2 \left(\frac{1}{6}\right)^1 \left(\frac{11}{18}\right)^3 = 0.112703$이 된다.

④ 포아송분포(Poisson Distribution, $X \sim Pois(\lambda)$)

단위 시간 안에 어떤 사건이 몇 번 발생할 것인지를 표현하는 이산확률분포이다. 이것은 단위공간이나 면적 등에도 적용될 수 있다. 예를 들면 특정 시간대에 은행창구에 도착한 고객의 수, 책 한 페이지당 오탈자의 수, 하루 동안 걸려오는 전화의 수 등이 될 수 있다.

X를 단위시간당 발생건수라고 하면 포아송분포는 평균 사건 발생수 λ에 의해 유도된다. 그러므로 포아송분포는 기댓값과 분산이 동일하게 정의된다.

- 확률질량함수 $f(x) = \dfrac{\lambda^x e^{-\lambda}}{x!}$
- 기댓값 $E(X) = \lambda$
- 분산 $Var(X) = \lambda$
- 포아송분포의 근사 : 이항분포는 n과 p라는 두개의 모수에 유도되지만 포아송분포는 λ(평균 사건 발생수) 하나로 정의되므로 이항분포를 포아송분포로 근사시켜 확률을 구하는 경우도 있다. 경험적으로 이항확률변수 X는 n이 무한히 커지고 성공확률 p가 매우 작다면($n \geq 30$, $p \leq 0.05$) $\lambda = np$(이항분포의 기댓값)으로 될 수 있고 포아송분포를 따른다.

> 대형 호텔의 자료에 따르면 통상적으로 호텔을 예약한 사람의 5% 정도는 당일 호텔을 이용 안하고 예약을 취소한다고 알려져 있다. 그래서 통상적으로 실제 호텔 객실수 보다 다소 많은 예약을 받는 경우가 있다고 한다. 한 지역의 호텔 객실수가 95개인 한 지점에서 예약건수가 100이라고 할 때, 당일 호텔에 도착한 사람들이 모두 호텔에 들어갈 확률은?
>
> 당일 도착한 예약건수가 95이하이면 모두 투숙을 할 수 있다. 즉 예약 건수 100건이면 5건 이상 취소를 하면 된다. 즉 n=100, p=0.05라고 하면 이항분포의 포아송근사에 의해 λ=np=100×0.05가 되고 확률변수 X를 호텔 취소수라고 하면 P(X≥5)이다. 이는
>
> $$P(X \geq 5) = 1 - [P(X=4) + P(X=3) + P(X=2) + P(X=1) + P(X=0)]$$
> $$= 1 - \left(\dfrac{5^4 e^{-5}}{4!} + \dfrac{5^3 e^{-5}}{3!} + \dfrac{5^2 e^{-5}}{2!} + \dfrac{5^1 e^{-5}}{1!} + \dfrac{5^0 e^{-5}}{0!} \right)$$
> $$= 1 - (0.1755 + 0.1404 + 0.0842 + 0.0337 + 0.0067)$$
> $$= 1 - 0.4405 = 0.5595$$
>
> 로 나타낼 수 있다(여기서 분포값의 경우는 포아송확률 분포표를 활용).

⑤ 기하분포(Geometric Distribution)

베르누이 시행에서 처음 성공까지 시도한 횟수를 분포화한 이산확률분포의 한 종류이다.

- 확률질량함수 $f(x) = pq^{x-1}$, $(q = 1-p)$
- 기댓값 $E(X) = 1/p$
- 분산 $Var(X) = q/p^2$

포아송분포 응용
- 일정 시간 동안 톨게이트를 통과하는 차량의 수
- 주어진 생산시간 동안 발생하는 불량품 수

포아송분포 확률변수의 기댓값과 분산은 모두 λ이다.

> 어떤 학생이 한 자격증 시험에 합격할 확률은 0.7이다. 이 학생이 4번만에 붙을 확률은?
>
> X는 응시횟수라고 하면 P(X)=q^3p=$(0.3)^3 \times 0.7$=0.027×0.7=0.0189가 된다.

⑥ 음이항분포(Negative Binomial Distribution)

x번의 베르누이 시행에서 k번째 성공할 때까지 계속 시행하는 실험에서의 확률을 나타내는 이산확률분포이다. 전체 x번의 시행에서 생각해보면 $x-1$까지 $k-1$개의 성공이 있어야 한다. 이 경우 실패의 갯수는 $(x-1)-(k-1)=x-k$가 된다.

- 확률질량함수 $f(x) = \binom{x-1}{k-1} q^{x-k} p^k$, $x = k, k+1, \cdots$

- 기댓값 $E(X) = k\dfrac{1-p}{p}$

- 분산 $Var(X) = k\dfrac{1-p}{p^2}$

> 한국시리즈는 7전 4선승제로 치루어 진다. 두 팀의 승률을 안다고 했을 때 각 팀이 실제 7번 경기만에 우승이 결정될 확률을 계산할 수 있다.
>
> 팀 A, B가 우승을 경쟁할 때, A팀이 승률이 0.7이라고 하면 A팀이 7전째 우승할 확률은(즉, 4승할 확률은) k=4, p=0.7이므로
>
> $f(X=7) = \binom{x-1}{k-1} q^{x-k} p^k = \binom{7-1}{4-1} 0.3^{7-4} 0.7^4 = \binom{6}{3} 0.3^3 0.7^4 = 0.129654$

⑦ 초기하분포(Hypergeometric Distribution)

비복원 추출에서 N개 중에 n개를 추출했을 때, 원하는 것 k개가 뽑힐 확률을 나타내는 이산확률분포이다.

- 확률질량함수 $f_X(k) = \dfrac{\binom{K}{k}\binom{N-K}{n-k}}{\binom{N}{n}}$

N : 전체 모집단의 개체수, K : 전체 모집단에서 성공의 횟수

n : 전체 시행 횟수, k : 관찰된 성공의 횟수

- 기댓값 $E(x) = n\dfrac{K}{N}$

- 분산 $Var(x) = n\dfrac{K}{N}\left(\dfrac{N-K}{N}\right)\left(\dfrac{N-n}{N-1}\right)$

초기하분포의 분산
- 이항분포의 분산 npq에 유한모집단 수정계수 (N-n)/(N-1)을 곱한 값
- n이 커질수록 분산이 작아지며 변동성이 줄어듦

한 공장에서 제품을 생산하는데 한 포장박스에 12개의 제품을 넣는다. 검사자는 한 박스에서 3개를 무작위로 뽑아 검사한다. 박스에 5개의 불량품이 있다고 하면 검사자가 뽑은 3개 제품 중 불량품 1개가 들어갈 확률은 다음과 같다.

확률변수 X는 표본(n=3) 중 우리가 원하는 값은 k=1 여기서 N=12, K=5이므로

$$f_X(1) = \frac{\binom{K}{k}\binom{N-K}{n-k}}{\binom{N}{n}} = \frac{\binom{5}{1}\binom{12-5}{3-1}}{\binom{12}{3}} = \frac{\frac{5!}{1!4!} \times \frac{7!}{2!5!}}{\frac{12!}{3!9!}} = \frac{105}{220} = 0.4773$$

6) 연속확률분포의 종류

① 연속균등분포(Continuous Uniform Distribution, $X \sim U(a,b)$)

연속균등분포는 연속확률분포로, 분포가 특정 범위 내에서 균등하게 나타나 있을 경우를 가리킨다. 이 분포는 두 개의 매개변수 a, b를 받으며, 이때 $[a,b]$ 범위에서 균등한 확률을 가진다. 보통 기호로 $U(a,b)$로 나타낸다.

연속확률분포
확률변수가 취할 수 있는 값의 수가 무한한 확률분포

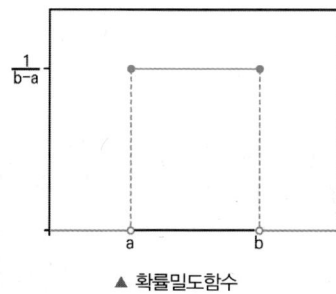

▲ 확률밀도함수

- 확률밀도함수 $f(x) = \dfrac{1}{b-a}$

- 평균 $\dfrac{a+b}{2}$

- 분산 $\dfrac{(b-a)^2}{12}$

확률질량함수
이산확률변수의 분포를 나타내는 함수, 함수의 값이 확률

확률밀도함수
연속확률변수의 분포를 나타내는 함수, 함수의 넓이가 확률

어떤 마을버스는 정류장에서 정확히 5분 간격으로 출발한다. 한 학생이 정류장에 임의로 도착하여 버스가 발차할 때까지 기다리는 평균 시간과 3분 이상 기다릴 확률을 구하라.

X : 학생이 도착한 시간

X는 [0,5]에서 연속균등분포를 따르므로 확률밀도함수는

$$f(x) = \frac{1}{5-0}, \quad 0 \leq x \leq 5$$

X분에 도착하여 기다리는 시간은

$$h(x) = 5 - x$$

평균은

$$\mu = E(h(x)) = E(5-x) = 5 - E(X) = 5 - \frac{5+0}{2} = 2.5$$

3분 이상 기다릴 확률을 구하면

$$P(h(x) \geq 3) = P(5-x \geq 3) = P(x \leq 2) = F(2) = \frac{2-0}{5-0} = \frac{2}{5}$$

여기서 F(x)는 누적확률밀도함수이다.

** 연속균등분포의 누적 밀도 함수는

$$F(x) = \begin{cases} 0, & x < a \\ \dfrac{x-a}{b-a}, & a \leq x < b \\ 1, & x \geq b \end{cases}$$

> 지수분포는 특정한 사건이 일어나고, 그 다음에 같은 사건이 다시 일어날 때까지 걸리는 시간에 대한 분포이다.

② **지수분포**(Exponential Distribution, $X \sim Exp(\beta)$)

사건이 서로 독립적일 때, 일정 시간 동안 발생하는 사건의 횟수가 포아송분포를 따른다면, 다음 사건이 일어날 때까지의 대기시간(β)에 대한 확률이 따르는 분포이다. 즉 포아송과정에서 한 개의 사건이 발생할 때까지의 대기 시간을 의미한다.

- 확률밀도함수 $f(x) = \dfrac{1}{\beta} e^{-x/\beta}, \; x > 0$
- 평균 β
- 분산 β^2 : 지수분포의 경우는 평균과 표준편차가 같은 분포이다(포아송은 평균과 분산이 동일).

확률변수 X가 소방서에 화재신고 등 구조요청이 걸려오는데 기다리는 시간이라 하고 평균적으로 전화오는데 걸리는 시간이 20분이라고 하면 확률밀도함수는

$$f(x) = \frac{1}{20} e^{-x/20}, \; x > 0 \text{이 된다.}$$

구조요청 간격시간

평균과 분산은

$$E(X) = \int_{-\infty}^{\infty} x f(x) dx = \int_{0}^{\infty} x \frac{1}{20} e^{-x/20} dx = 20$$

$$Var(X) = 400$$

> P(X>20)인 확률의 계산은
> $$P(X \geq 20) = \int_{20}^{\infty} \frac{1}{20} e^{-x/20} dx = \frac{1}{20} \int_{20}^{\infty} e^{-x/20} dx$$
> $$= \frac{1}{20} \left[e^{-\frac{x}{20}} (-20) \right]_{20}^{\infty} = \lim_{t \to \infty} (e^{-1} - e^{-t}) = e^{-1}$$
> 이 된다.

• 지수분포의 특징

- 포아송분포와의 관계 : 포아송분포는 단위 시간당 발생하는 사건의 횟수를 관측한다. 반면 지수분포는 사건이 일어날 때까지의 대기 시간을 관측하는데 관심이 있는 것이다. 즉, 지수분포는 대기시간, 포아송분포는 횟수이다.
- 지수분포의 무기억성질(Memoryless Property)

  $X \sim Exp(\beta)$일 때 어떤 수 a, b에 대해
  $$P(X > a+b | X > a) = P(X > b) \text{가 성립하는데}$$
  이 성질을 지수분포의 무기억성질이라고 한다.

  이는 $P(X > a+b | X > a)$의 고려 시 이전의 a에 대한 확률값은 고려대상이 안되며 결국 $P(X > b)$만 고려하면 된다는 의미이다.

지수분포는 무기억 성질을 가지는 유일한 연속형확률분포이다.

> 어떤 부품의 수명이 평균 300시간을 가진다고 하면 ($\beta = 300$인 지수분포를 따른다.)
> $$f(x) = \frac{1}{300} e^{-x/300}, \ x > 0$$
> 이 부품이 100시간동안 고장나지 않았을 때, 앞으로 400시간동안 고장나지 않고 작동할 확률은
> $$P(X > 100+400 | X > 100) = P(X > 400)$$
> 과 같다는 것이 무기억성질(Memoryless Property)인데
> $$P(X > 100+400 | X > 100) = \frac{P(X > 500)}{P(X > 100)} = \frac{e^{-500/300}}{e^{-100/300}} = \frac{e^{-5/3}}{e^{-1/3}} = e^{-4/3} \text{이다.}$$
> 이것은
> $$P(X > 400) = \int_{400}^{\infty} \frac{1}{300} e^{-x/300} dx = \frac{1}{300} \int_{400}^{\infty} e^{-x/300} dx$$
> $$= \frac{1}{300} \left[e^{-\frac{x}{300}} (-300) \right]_{400}^{\infty} = (\lim_{t \to \infty} (e^{-4/3} - e^{-t}) = e^{-4/3}$$
> 그러므로 무기억성질을 만족한다.

③ **정규분포**(Normal Distribution, $X \sim N(\mu, \sigma^2)$)

정규분포는 19세기의 위대한 수학자 Carl Friedrich Gauss에 의해 물리학과 천문학 등에 폭넓게 응용되기도 하였는데 이러한 연유로 정규분포를 가우스분포(Gaussian Distribution)라 부르기도 한다.

정규분포는 표본을 이용한 통계적 추정과 가설검정 이론의 핵심이 되는 분포이며, 실제로 사회적 · 자연적 현상에서 수집된 많은 자료들이 정규분포에 근사하는 경향을 보인다.

- 확률밀도함수 $f(x) = \dfrac{1}{\sigma\sqrt{2\pi}} e^{-\frac{1}{2}\left(\frac{x-\mu}{\sigma}\right)^2}$
- 평균 μ
- 분산 σ^2
- 정규분포의 특징
  - 정규분포는 평균을 중심으로 대칭이며 종모양(bell-shaped)인 확률밀도함수의 그래프를 띤다.
  - 정규분포의 모양과 위치는 평균과 표준편차에 의해 완전히 결정된다.
  - 분포의 평균과 표준편차가 어떤 값을 갖더라도, 정규곡선과 X축 사이의 전체 면적은 1이다.
  - 정규분포를 가지는 확률변수, 즉 정규확률변수(Normal Random Variable)는 평균 주위의 값을 많이 취하며 평균으로부터 좌우로 표준편차의 3배 이상 떨어진 값은 거의 취하지 않는다.
  - 정규분포곡선은 X축에 맞닿지 않으므로 확률변수 X가 취할 수 있는 값의 범위는 $-\infty < X < +\infty$이다.

> **기적의 TIP**
> 정규분포의 특징을 이해한다.

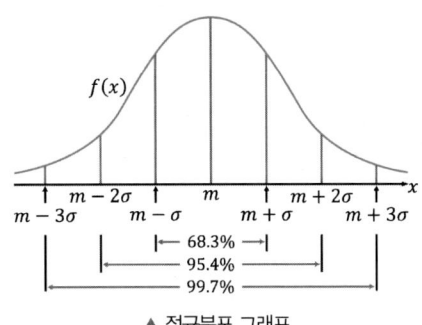

▲ 정규분포 그래프

④ **표준정규분포(Standard Normal Distribution, $X \sim N(0, 1)$)**

> z-분포라고 줄여 부르기도 한다.

정규확률변수가 어떤 범위의 값을 취할 확률을 계산할 때 매번 확률밀도함수 그래프의 밑부분에서 그 범위에 해당하는 넓이를 구하는 일은 매우 번거로우며, 정규분포의 위치는 평균과 표준편차에 따라 달라지게 된다.

따라서 모든 정규확률변수는 적당한 변환을 취하여 수많은 가능한 정규분포에 모두 적용할 수 있는 표준정규분포를 이용하여 분포의 모양을 통일한 다음, 확률을 계산하는 방법을 사용하면 편리하다.

- 표준정규분포는 평균 μ=0, 표준편차 σ=1이 되도록 표준화한 정규분포이다.
- 정규화 : 어떤 관측치 X의 값이 그 분포의 평균에서 표준편차 대비 얼마나 떨어져 있는지를 표준화된 정규분포 변환식에 의해서 알 수 있다.

$$z = \dfrac{X - \mu}{\sigma}$$

- 표준정규분포표에 의해서 해당 확률변수의 확률값 계산이 가능하다.

> 수능은 작년 수학 원점 100점과 올해 수학 원점 100점이 같은 100점이 아니다. 난이도의 차이 때문인데, 상대적으로 어느 점수가 더 잘한 것인지 판단을 위해 표준화 과정을 이용한다.

> 어느 과목 수강생들의 점수는 평균이 80, 분산이 100인 정규분포를 보인다고 한다. 총 100명의 수강생 중에서 어떤 학생이 80점에서 85점 사이의 점수를 받았을 확률은 얼마인가? 그리고 82점 이하를 받을 학생은 몇 명인가?
>
> 한 학생이 80점~85점 사이의 점수를 받을 경우 :
>
> $$z = \frac{x-\mu}{\sigma} = \frac{80-80}{10} = 0, \quad z = \frac{x-\mu}{\sigma} = \frac{85-80}{10} = 0.5$$
>
> $$P(80 \leq X \leq 85) = P(0 \leq z \leq 0.5) = 0.1915$$
>
> (부록의 표준정규분포표를 참고)
>
> 82점 이하를 받을 학생은 :
>
> $$z = \frac{x-\mu}{\sigma} = \frac{82-80}{10} = 0.2$$
>
> P(X≤82) = P(z≤0.2) = 0.5 + 0.0793 = 0.57930이므로 100명중 57.93%, 따라서 57.9명이 될 수 있다.

⑤ 감마분포(Gamma Distribution)

연속 확률분포로, 두 개의 매개변수를 받으며 양의 실수를 가질 수 있다. 감마분포는 지수분포나 포아송분포 등의 매개변수와 연관이 있는 분포로 포아송과정($1/\lambda = \theta$)에서 k개의 사건이 발생할 때까지의 대기시간으로 확률변수 X를 정의할 수 있다.

- 사건의 횟수(λ)가 포아송분포를 따른다면, 다음 사건까지의 대기시간은 θ=1/λ
- 모수는 k>0, θ>0
- 확률밀도함수 $f(x, k, \theta) = \frac{1}{\Gamma(k)\theta^k} x^{k-1} e^{-x/\theta}, \quad x > 0$

  – 여기서 $\Gamma(a)$는 감마함수로 다음과 같이 정의된다.

  $$\Gamma(k) = \int_0^\infty x^{k-1} e^{-x} dx = \begin{cases} (k-1)!, & \text{양의 정수} \\ \sqrt{\pi}, & k = 1/2 \end{cases}$$

  $k \geq 1$인 정수일 때,

  $$\Gamma(k) = (k-1)! = (k-1)(k-2)! = (k-1)\Gamma(k-1)$$

  그리고 $a > 0$일 때,

  $$\int_0^\infty x^k e^{-ax} dx = \frac{k!}{a^{k+1}} = \frac{\Gamma(k+1)}{a^{k+1}}$$

- 기댓값 $k\theta$
- 분산 $k\theta^2$

감마함수
팩토리얼을 실수 영역으로 확장한 것

k=1, θ=1/λ이면 지수분포

감마분포는 지수분포를 한 번의 사건이 아닌 여러 개의 사건으로 확장한 개념이다.

감마분포는 전반적으로 편향된 확률밀도함수를 가지며, 모양은 두 모수 k와 θ에 의해 결정된다. k가 증가할수록 점차 좌우대칭의 정규분포와 유사한 모양을 가진다.

• 감마분포의 특징

$(k, \theta)=(1, \theta)$ 경우의 감마분포는 지수분포와 동일하다.

$$f(x, k, \theta) = \frac{1}{\Gamma(k)\theta^k} x^{k-1} e^{-x/\theta}, \ x>0$$

$$f(x, 1, \theta) = \frac{1}{\Gamma(1)\theta^1} x^{1-1} e^{-x/\theta} = \frac{1}{\Gamma(1)\theta^1} x^0 e^{-x/\theta} = \frac{1}{\theta^1} e^{-x/\theta}, \ (\Gamma(1)=0!=1)$$

신뢰성 이론이나 수명시험에 유용하게 사용된다.

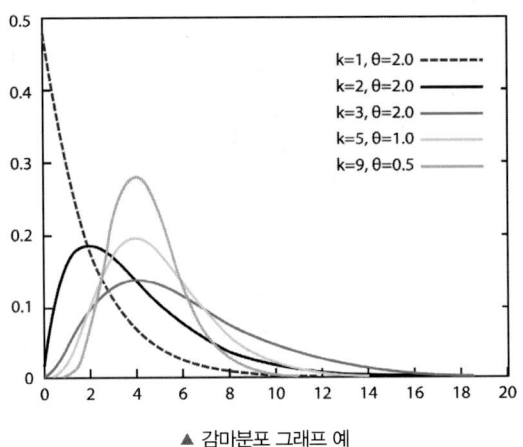

▲ 감마분포 그래프 예

손님의 방문횟수는 평균 λ=0.5(명/분)인 포아송 분포를 따른다고 한다. 처음 2명의 고객이 방문할 때까지 5분 이상 기다릴 확률은?

확률변수 X : k=2 즉 2명이 방문할 때까지 걸리는 시간
먼저 1명 방문할 경우의 평균 소요시간은 θ=1/λ=1/0.5=2(분/명)
그러므로

$$f(x) = \frac{1}{\Gamma(2)2^2} x^{2-1} e^{-x/2} \text{ 이 확률밀도함수가 되고}$$

$$P(X>5) = \int_5^\infty \frac{1}{\Gamma(2)2^2} x^{2-1} e^{-x/2} dx = \frac{1}{\Gamma(2)2^2} \int_5^\infty x e^{-x/2} dx$$

$$= \frac{1}{\Gamma(2)2^2} \left\{ \left[(-2)e^{-\frac{x}{2}} x \right]_5^\infty - \int_5^\infty (-2)e^{-\frac{x}{2}} dx \right\}$$

$$= \frac{1}{\Gamma(2)2^2} \left\{ \left[(-2)e^{-\frac{x}{2}} x \right]_5^\infty - \left[(4)e^{-\frac{x}{2}} \right]_5^\infty \right\} \text{ (부분적분에 의한 계산)}$$

$$= \lim_{t \to \infty} \frac{1}{\Gamma(2)2^2} \left\{ (t(-2)e^{-\frac{t}{2}} - (-2)5e^{-\frac{5}{2}}) - ((4)e^{-\frac{t}{2}} - (4)e^{-\frac{5}{2}}) \right\}$$

$$= \frac{1}{\Gamma(2)2^2} \left(10e^{-\frac{5}{2}} + 4e^{-\frac{5}{2}} \right) = \frac{1}{4}(14e^{-\frac{5}{2}}) = \frac{7}{2} e^{-\frac{5}{2}} = 0.2873, \ (\Gamma(2)=(2-1)!=1)$$

평균은 kθ = 2×2 = 4이고 분산은 kθ² = 2×2² = 8이 된다.

⑥ 카이제곱분포(Chi-Squared Distribution, $X \sim \chi^2(k)$)

- k개의 서로 독립적인 표준정규확률 변수를 각각 제곱한 다음 합해서 얻어지는 분포로 정의한다.
- 양의 정수 k가 주어졌을 때, k개의 독립적이고 표준 정규분포를 따르는 확률변수 $X_1, \cdots, X_k$를 정의하면 k의 카이제곱분포는 $W = \sum_{i=1}^{k} X_i^2$를 확률변수로 가지는 분포이다.
- 자유도(df, Degree of Freedom) : k를 지칭하는 것으로 카이제곱분포의 매개변수가 된다.
- 확률밀도함수 $f(x;\ k) = \dfrac{1}{2^{\frac{k}{2}} \Gamma\left(\dfrac{k}{2}\right)} x^{\frac{k}{2}-1} e^{-x/2} = \{x \geq 0\}$

여기서 $\Gamma(k) = \int_0^\infty t^{k-1} e^{-t} dt$ 단, k가 자연수이면 $\Gamma(k) = (k-1)!$

> χ는 그리스 문자 카이(chi)
>
> 카이제곱분포는 t-분포, F-분포의 기초가 된다.

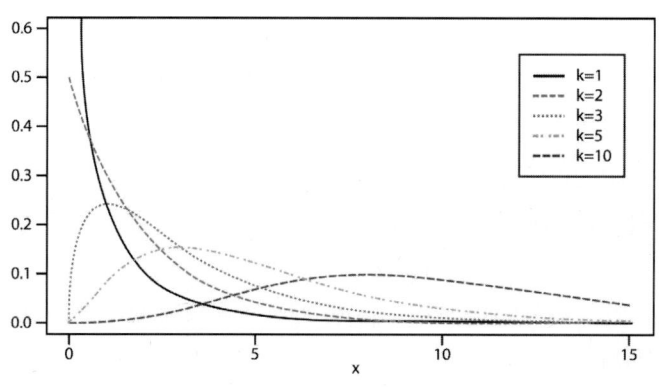

▲ 카이제곱분포 그래프

> 카이제곱분포는 k≥3인 경우부터 봉우리의 모양이 되며, 자유도가 커질수록 대칭의 분포로 접근한다.

- 기댓값 k
- 분산 $2k$
- 카이제곱분포의 특징

  $(k/2, \theta) = (k/2, 2)$ 경우의 감마분포가 카이제곱분포가 된다.

  $$f(x, k, \theta) = \dfrac{1}{\Gamma(k)\theta^k} x^{k-1} e^{-x/\theta},\ x > 0 \quad \text{감마분포}$$

  $(k/2, \theta) = (k/2, 2)$ 라고 하면

  $$f(x, k/2, 2) = \dfrac{1}{\Gamma(k/2) 2^{k/2}} x^{k/2-1} e^{-x/2},\ \text{카이제곱분포}$$

- 카이제곱분포는 신뢰구간이나 가설 검정에서 많이 사용된다.

⑦ 스튜던트 t 분포(Student t-Distribution, $X \sim t(n-1)$)

- 정규분포의 평균 측정 시 주로 사용하는 분포이다. 분포의 모양은 Z-분포와 유사하다. 종 모양으로서 $t=0$에 대하여 대칭을 이루는데 t-곡선의 모양을 결정하는 것은 자유도이다.
- 확률변수의 분포(검정통계량) T는 $\dfrac{Z}{\sqrt{V/\nu}}$로 정의된다. 여기서 Z는 표준 정규 분포, V는 자유도 ν인 카이제곱분포이다.

> 영국의 윌리엄 고셋이 Student라는 필명으로 발표하였으며 짧게 t-분포라고 부른다.

> ν는 그리스 문자 뉴(nu)

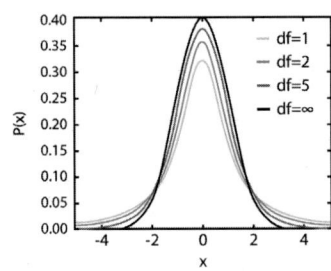

▲ 자유도(Degree of Freedom)에 따른 스튜던트 t 분포의 그림

> 자유도가 클수록 정규분포와 거의 동일함을 알 수 있다.

- 자유도 : 표본 크기 n에서 1을 뺀 것이다.

자유도란 자료집단의 변수 중에서 자유롭게 선택될 수 있는 변수의 수를 말한다. 자유도는 S^2을 계산하는데 사용된 정보의 양으로서 분모 항과 같다.

표본크기가 n인 랜덤표본에서는 제공되는 정보의 양이 n개이다. 그러나 다음에서 알 수 있는 바와 같이 S^2을 계산할 때는 표본평균(모든 관측값의 합)이 이미 계산되었다.

$$(n-1)S^2 = (X_1-\overline{X})^2 + (X_2-\overline{X})^2 + \cdots + (X_n-\overline{X})^2$$
$$= X_1^2 + X_2^2 + \cdots + X_n^2 - (X_1+X_2+\cdots+X_n)^2/n$$

즉, n개의 정보 중에서 표본평균을 계산하는데 하나의 정보를 상실하였다. 따라서 전체 n개의 정보에서 하나를 제거한 $(n-1)$이 S^2을 계산할 때 사용된 정보의 양이다.

> 세 숫자 x_1, x_2, x_3의 합이 10으로 고정이라면 x_1, x_2는 자유롭게 결정할 수 있지만 x_3은 x_1, x_2에 의해 자동으로 결정된다. 이 경우 세 값 중 두 값만 독립적으로 결정 가능하므로 자유도는 2이다.

> 확률변수 X가 10개의 값을 갖게 되고 그 평균을 구했다고 하자. 이때 10개의 변수 중 일단 9개만 정해지면 평균이 알려져 있으므로 나머지 하나는 자동적으로 정해짐을 알 수 있다. 그러므로 이 경우의 자유도는 n-1=9가 된다.

- 확률밀도함수 $f(x) = \dfrac{\Gamma\left(\dfrac{\nu+1}{2}\right)}{\sqrt{\nu\pi}\,\Gamma\left(\dfrac{\nu}{2}\right)} \left(1+\dfrac{x^2}{\nu}\right)^{-\left(\dfrac{\nu+1}{2}\right)}$, ν는 자유도

- 기댓값 0 (ν>1일 때), 나머지는 정의되지 않음

> t-분포는 양쪽이 대칭이므로 자유도가 20일 때, t가 -1.725보다 작을 확률이 0.05가 되며, t가 -2.086 보다 작을 확률도 역시 0.025가 된다.
> P(t ≥ 1.725) = P(t ≤ -1.725) = 0.05
> P(t ≤ -2.086) = P(t ≥ 2.086) = 0.025

⑧ F 분포(F Distribution, $X \sim F(k_1, k_2)$)

- 두 개의 확률 변수 V_1, V_2의 자유도가 각각 k_1, k_2이고 서로 카이제곱분포를 따른다고 할 때, 다음 아래와 같이 정의된 확률변수(검정 통계량)

$$F = \frac{V_1/k_1}{V_2/k_2} \sim F(k_1, k_2)$$는 자유도가 k_1, k_2인 F-분포를 따른다고 한다.

- F 분포는 F 검정이나 분산분석 등에 주로 사용되는 분포함수이다.

> 카이제곱분포가 한 집단의 분산을 다룬다면, F분포는 두 집단의 분산을 다룬다.

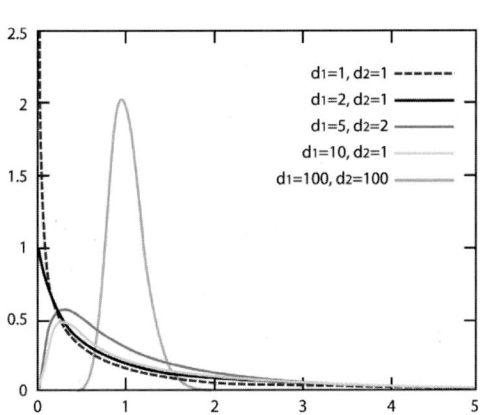

▲ F-분포 그래프

- 확률밀도함수

$$f(x) = \frac{1}{B(d_1/2,\ d_2/2)} \left(\frac{d_1 x}{d_1 x + d_2} \right)^{\frac{d_1}{2}} \left(1 - \frac{d_1 x}{d_1 x + d_2} \right)^{\frac{d_2}{2}} x^{-1}$$

여기서 B는 베타함수로 $B(x, y) = \int_0^1 t^{x-1}(1-t)^{y-1} dt$

- 기댓값 $\dfrac{d_2}{d_2 - 2}$ (단, $d_2 > 2$)

04 표본분포(Sampling Distribution, Finite-sample Distribution)

표본분포는 크기 n의 확률표본(Random Sample)의 확률변수(Random Variable)의 분포이다. 하나의 표본으로부터 계산된 통계량(statistic)은 여러 가지가 있으나 평균을 가장 많이 사용하므로 평균을 사용한 표본분포를 대표적으로 기술한다.

> **확률표본(임의표본)**
> 모집단에서 동등한 확률로 추출된 개체들의 집합

1) 모집단 분포와 표본분포

① 모집단의 모수(parameter)
- 모집단의 평균 μ, 모집단의 표준편차 σ
- 모집단의 특성을 나타내는 특성값은 모수라고 정의한다.

② 표본의 통계량
- 표본집단의 평균 $\overline{X}$, 표본집단의 표준편차 S
- 표본집단의 특성을 나타내는 특성값은 통계량이라 정의한다.

2) 표본평균의 표본분포
모집단으로부터 표본을 추출하였을 때 얻을 수 있는 모든 표본평균값($\overline{X}$)을 확률변수로 하는 확률분포이다.

3) 표본평균의 표본분포 통계량
① 표본평균의 표본분포의 평균

- 표본평균 $\overline{X}$의 표본분포의 평균은 모집단의 평균 μ와 동일하다.

모집단의 평균을 μ라 놓고 모집단에서 크기가 n인 표본을 추출한다고 가정한다. (x_i, i=1,2,3,…,n)

$(\overline{X}) = \dfrac{\sum_{i=1}^{n} x_i}{n}$ 에서 기댓값을 정의하면 다음 아래와 같이 쓸 수 있다.

$$E(\overline{X}) = E\left(\dfrac{\sum_{i=1}^{n} x_i}{n}\right) = \dfrac{1}{n} E\left(\sum_{i=1}^{n} x_i\right)$$

이것을 정리하면

$$E(\overline{X}) = \dfrac{1}{n} E\left(\sum_{i=1}^{n} x_i\right) = \dfrac{1}{n} E(x_1 + x_2 + \cdots + x_n)$$

$$= \dfrac{1}{n} [E(x_1) + E(x_2) + \cdots + E(x_n)]$$

각각의 표본의 평균은 모집단의 평균과 같으므로

$$E(\overline{X}) = \dfrac{1}{n} [\mu + \mu + \cdots + \mu] = \dfrac{1}{n} [n\mu] = \mu \text{ 이다.}$$

② 표본평균의 표본분포의 분산(표준편차)

모집단의 표준편차가 σ이면 표본분포의 표준편차는 $\sigma/\sqrt{n}$이라고 정의한다.
특히 표본평균의 표본분포는 $N(\mu, (\sigma/\sqrt{n})^2)$인 정규분포를 따른다.

$$Var(\overline{X}) = E(\overline{X}^2) - \mu^2 = E\left(\left[\dfrac{\sum_{i=1}^{n} x_i}{n}\right]^2\right) - \mu^2$$

위 식을 정리하면

$$E\left(\left[\dfrac{\sum_{i=1}^{n} x_i}{n}\right]^2\right) - \mu^2 = \dfrac{1}{n^2} E([x_1 + x_2 + \cdots + x_n]^2) - \mu^2$$

$$= \dfrac{1}{n^2} E(x_1^2 + x_2^2 + \cdots + x_n^2 + 2\underbrace{(x_1 x_2 + \cdots + x_{n-1} x_n)}_{{}_nC_2 \text{개}}) - \mu^2$$

$$= \dfrac{1}{n^2} (E(x_1^2) + E(x_2^2) + \cdots + E(x_n^2)$$

$$+ 2(E(x_1)E(x_2) + \cdots + E(x_{n-1})E(x_n))) - \mu^2$$

모든 $i=1, 2, \cdots, n$에 대해서 $E(x_i)=E(X)$이고,

$$_nC_2=\frac{n!}{(n-2)!2!}=\frac{n(n-1)}{2}=\frac{1}{n^2}(nE(X^2)+n(n-1)(E(X))^2)-\mu^2$$

$E(X)=\mu$이므로

$$=\frac{1}{n^2}(nE(X^2)+n(n-1)\mu^2)-\mu^2$$

정리하면

$$=\frac{1}{n}(E(X^2)-\mu^2)=\frac{Var(X)}{n}=\frac{\sigma^2}{n}$$

③ 표준오차(Standard Error of the Mean)

표본평균 $\overline{X}$의 평균과 표준편차를 각각 $\mu_{\overline{X}}$, $\sigma_{\overline{X}}$로 표시하는데 특히, 표본평균 $\overline{X}$의 표준편차 $\sigma_{\overline{X}}$를 평균의 표준오차 또는 간단히 표준오차라 한다.

- 모집단의 크기가 무한대에 한해서 표본평균의 표준오차는 $\frac{\sigma}{\sqrt{n}}$
- 모집단 크기가 유한한 경우 표준오차

$$\sigma_{\overline{X}}=\sqrt{\frac{N-n}{N-1}}\cdot\frac{\sigma}{\sqrt{n}} \ (N : 모집단크기, n : 표본크기)$$

여기서 $\sqrt{\frac{N-n}{N-1}}$는 유한 모집단 수정계수(Finite Population Correction Factor)라 한다. 또한 표본집단의 크기 n이 모집단 크기의 5% 이상 시 유한 모집단 수정계수를 사용하여 표준편차를 산출한다.

> **표준편차**
> - 자료의 퍼짐 정도
> - 분산의 양의 제곱근
>
> **표준오차**
> - 표본분포의 표준편차(퍼짐 정도)

4) 중심극한정리(Central Limit Theorem)

동일한 확률분포를 가진 독립 확률변수 n개의 평균의 분포는 n이 적당히 크다면 정규분포에 가까워진다는 정리이다.

① 린데베르그-레비(Lindeberg-Levy) 중심극한정리

만약 확률변수 $X_1, X_2, \cdots, X_n$들이 서로 독립이고 같은 확률분포를 가지며 그 확률분포의 평균과 표준편차가 유한하다면 평균 $S_n=\frac{X_1+X_2+\cdots+X_n}{n}$의 분포는 기댓값 μ, 표준편차 $\sigma/\sqrt{n}$인 정규분포 $N(\mu, \sigma^2/n)$에 수렴한다. 즉,

$$\sqrt{n}\left(\left(\frac{1}{n}\sum_{i=1}^{n}X_i\right)-\mu\right)\xrightarrow{d} N(0, \sigma^2)$$

② 중심극한정리의 의미

- 모집단의 분포가 무엇이든 상관없이 표본의 수가 큰 표본분포들의 표본평균의 분포가 정규분포를 이룬다는 의미이다.
- 즉 정규분포는 다시 표준정규분포로 변환이 가능하므로 우리가 알고 있는 표준 정규분포의 각종 결과를 이용하여 추정(판단)을 할 수 있다.

> **중심극한정리**
> 동일분포를 가지는 분포들의 평균은 그 개수가 많아지면서 언제나 정규분포로 수렴
>
> 중심극한정리는 독립적인 확률 변수들의 합 또는 평균에 대해 적용된다.
>
> 중심극한정리는 표본의 크기가 충분히 크다는 조건(일반적으로 30 이상)이 있다.

5) 표본평균의 표준화

- 표본평균 $\overline{X}$는 정규분포의 확률변수로서 평균이 μ, 표준오차 $\sigma/\sqrt{n}$이므로 표준화는

$$Z = \frac{\overline{X}-\mu}{\sigma_{\overline{X}}} = \frac{\overline{X}-\mu}{\sigma/\sqrt{n}} \text{ (단, } Z \sim N(0, 1))\text{이 된다.}$$

- 표준화 z는 확률변수인 표본평균 $\overline{X}$가 모평균인 μ로부터 표본평균들의 표준편차인 표준오차의 몇 배만큼 떨어져 있는가를 표시하는 것이다. 따라서 다음과 같은 확률관계를 나타낼 수 있다.

$$P\left(\mu - k\frac{\sigma}{\sqrt{n}} \leq \overline{X} \leq \mu + k\frac{\sigma}{\sqrt{n}}\right) = P\left(-k \leq \frac{\overline{X}-\mu}{\frac{\sigma}{\sqrt{n}}} \leq k\right)$$

모평균
원래 모집단(전체집단)의 평균

대표적 k 값	k에 해당되는 표준정규분포상의 확률값
1	$P\left(\mu - \frac{\sigma}{\sqrt{n}} \leq \overline{X} \leq \mu + \frac{\sigma}{\sqrt{n}}\right) = P\left(-1 \leq \frac{\overline{X}-\mu}{\frac{\sigma}{\sqrt{n}}} \leq 1\right) = 0.68$
2	$P\left(\mu - 2\frac{\sigma}{\sqrt{n}} \leq \overline{X} \leq \mu + 2\frac{\sigma}{\sqrt{n}}\right) = P\left(-2 \leq \frac{\overline{X}-\mu}{\frac{\sigma}{\sqrt{n}}} \leq 2\right) = 0.95$
3	$P\left(\mu - 3\frac{\sigma}{\sqrt{n}} \leq \overline{X} \leq \mu + 3\frac{\sigma}{\sqrt{n}}\right) = P\left(-3 \leq \frac{\overline{X}-\mu}{\frac{\sigma}{\sqrt{n}}} \leq 3\right) = 0.997$

- 표본평균의 구간확률
  - 표준화 z를 통해서 표본 평균을 표준화한 후 표준정규분포표를 이용하여 확률을 찾으면 된다.

> 어떤 공장이 생산하는 제품의 평균 길이는 1m이며 표준편차는 1cm인 정규분포로 따른다고 한다. 16개의 표본을 조사하여 길이를 측정한 결과 표본 평균이 모평균과 의 차이가 0.3cm 이내일 확률을 구해보면 $P(|\overline{X}_{16}-\mu| \leq 0.3) = P(-0.3 \leq \overline{X}_{16}-\mu \leq 0.3)$을 구하는 것이므로
>
> $$P\left(\frac{-0.3}{\frac{\sigma}{\sqrt{n}}} \leq \frac{\overline{X}_{16}-\mu}{\frac{\sigma}{\sqrt{n}}} \leq \frac{0.3}{\frac{\sigma}{\sqrt{n}}}\right) = P\left(\frac{-0.3}{\frac{1}{\sqrt{16}}} \leq \frac{\overline{X}_{16}-\mu}{\frac{1}{\sqrt{16}}} \leq \frac{0.3}{\frac{1}{\sqrt{16}}}\right) = P(-1.2 \leq z \leq 1.2)$$
> $$= 2(0.5 - P(z \geq 1.2)) = 2 \times (0.5 - 0.1151) = 0.7698$$
>
> 그러므로 77% 이상의 확률로 표본평균과 모평균의 차이는 0.3cm이내가 된다고 볼 수 있다. 여기서 만일 표본의 개수를 늘리면, 예를 들어 25개로 늘리면
>
> $$P\left(\frac{-0.3}{\frac{1}{\sqrt{25}}} \leq \frac{\overline{X}_{16}-\mu}{\frac{1}{\sqrt{25}}} \leq \frac{0.3}{\frac{1}{\sqrt{25}}}\right) = P(-1.5 \leq z \leq 1.5) = 2(0.5 - P(z \geq 1.5))$$
> $$= 2(0.5 - 0.0668) = 0.8664$$
>
> 즉 표본의 개수를 늘리면 표본평균이 모평균과 가까워질 확률값은 더욱 커짐을 알 수 있다.

6) 표본비율(Sample Proportion)

크기가 N인 모집단으로부터 표본크기가 n인 표본을 추출 시 이 표본을 구성하는 n개의 개체들을 통해 조사하고자 하는 결과가 성공 또는 실패로 구분될 때, 표본을 구성하는 n개의 개체 중에서 성공으로 나타나는 개체 수의 비율을 표본비율이라고 하며 보통 $\hat{P}$로 표시한다.

$$\hat{P} = \frac{X}{n} \ (X = \text{표본중에 성공으로 나타난 개체수},\ n = \text{표본의 개체수})$$

- 모비율 : 모집단에서 성공으로 나타나는 개체 수의 비율을 모비율이라고 하며 모집단의 특성을 나타낸다.

> **표본비율**
> 표본집단 내에서 표본의 크기에 대해 특정 사건이 일어나는 비율

7) 표본비율의 표본분포(Sampling Distribution of Sample Proportion)

표본으로 추출될 가능성이 있는 모든 표본들에 대한 표본비율 값의 확률분포를 표본비율의 표본분포라 한다.

- 모비율과 비슷한 표본비율을 가진 표본들이 추출될 가능성은 매우 클 것으로 기대되지만 반대의 경우는 희박해질 것이 예상될 때, 이렇게 표본으로 추출될 가능성이 있는 모든 표본비율의 값을 표본분포라 정의한다.

① 표본분포에서의 평균과 표준오차

표본의 크기가 클 때, 중심극한정리에 의해 표본분포는 모비율 P(평균)이고 표준오차는

$$\sigma_p = \sqrt{pq/n} \ (\text{단},\ q=1-p,\ n\text{은 표본크기})\text{이다}.$$

- 표본크기가 클 때는 보통 $np \geq 5$와 $nq \geq 5$가 모두 성립할 때이다(단, 모비율이 극단적으로 0에 가깝거나 1에 근접시 해당 조건 만족이 어려운 경우 발생).

> np와 nq가 작으면 분포가 왜곡되거나 비대칭이 될 수 있다.

> 한 여론 조사기관에서 어느 소도시의 노숙자를 위한 무료급식소 설치에 대한 여론조사를 하였다. 1000명을 무작위로 추출하여 찬반을 조사하였고 900명이 찬성하였다. 찬성률에 대한 추정값(표본비율)과 표준오차를 구하여 보면 아래와 같다.
>
> $$\hat{P} = \frac{X}{n} = \frac{900}{1000} = 0.9,\ \sigma_p = \sqrt{\frac{pq}{n}} = \sqrt{\frac{0.9 \times 0.1}{1000}} = \frac{0.3}{10\sqrt{10}} \ (\text{단},\ q=1-p,\ n\text{은 표본크기})$$

- 표준오차는 표본분포의 퍼짐 정도를 나타내며, 작을수록 표본평균이 모집단 평균에 가까워지므로, 더 정확한 추정을 할 수 있다.

② 표본비율의 표본분포

표본비율의 표준화는 표본평균의 표준화와 동일개념이다.

$$Z = \frac{\hat{P}-p}{\sigma_{\hat{P}}} = \frac{\hat{P}-p}{\sqrt{\frac{pq}{n}}} \text{ (단, } Z \sim N(0, 1))$$

어떤 증권사가 특정 통신사와 제휴하여 독점적으로 주식거래와 투자정보의 무상 제공 서비스를 하고 있다. 고객확보를 위해 최신의 휴대폰을 시중가의 50% 가격으로 판매한다고 할 때, 해당 특정 통신사로 번호이동을 하려는 고객은 잠정적으로 25% 수준으로 추정된다. 다른 통신사 가입자중 해당 증권사 고객인 100명을 대상으로 30명 이상이 해당 특정 통신사로 이동할 확률은?

문제에서 요구하는 것은

$$P(\hat{p} \geq 0.3) = P\left(z \geq \frac{0.3-0.25}{\sqrt{\frac{0.25 \times 0.75}{100}}}\right) = P(z \geq 1.1547) = 0.1251$$

가 된다고 볼 수 있다.

대학생들을 대상으로 조사결과 자취를 하는 학생들의 70%가 저녁을 매일 사먹는다고 한다. 표본조사를 통해 1000명의 학생을 조사한 결과 650명의 학생이 저녁을 매일 사먹는다고 응답하였다. 표본비율의 분포에서 관측된 표본비율보다 작을 확률은 얼마일까?

표본의 크기가 1,000명이므로 표본비율 p의 표본분포는 정규분포를 따른다고 볼 수 있다.
여기서 p의 평균은

$$\mu_{\hat{p}} = p = 0.7$$

표준오차는

$$\sigma_{\hat{p}} = \sqrt{\frac{pq}{n}} = \sqrt{\frac{0.7 \times 0.3}{1000}} = 0.0145 \text{(소수점 5째자리 반올림)}$$

표본비율은

$$\hat{P} = \frac{X}{n} = \frac{650}{1000} = 0.65$$

여기서 표본비율의 표본분포는

$$z = \frac{\hat{P}-p}{\sigma_{\hat{P}}} = \frac{\hat{P}-p}{\sqrt{\frac{pq}{n}}} \text{ (단, } z \sim N(0, 1))$$

$$P\left(z < \frac{0.65-0.7}{\sqrt{\frac{0.7 \times 0.3}{1000}}}\right) = P(z < -3.45033) = 0.0003\text{이 된다.}$$

합격을 다지는 예상문제

01 다음 아래의 설명은 표본추출 중의 하나를 설명한 것이다. 해당하는 추출방법은 무엇인가?

> - 모집단을 서로 겹치지 않게 여러 층(strata)으로 나누어 분할된 층(stratum)별로 배정된 표본을 단순 임의 추출법에 따라 추출하는 방법이다.
> - 각 집단별 분석이 필요한 분석의 경우나 모집단 전체에 대한 특성치의 효율적 추정(추론)이 필요한 경우 시행한다.

① 계통추출
② 군집추출
③ 층화추출
④ 단순무작위추출

02 다음은 표본추출오차에 관한 설명이다. 설명 중 틀린 것은?

① 표본추출 시 표본의 크기(Sample Size)보다는 대표성을 가지는 표본을 추출하는 것이 중요하다.
② 과잉대표는 중복선택 등의 원인으로 모집단이 반복·중복된 데이터만으로 규정되는 현상을 지칭한다.
③ 최소대표는 실제모집단의 대표성을 나타낼 표본이 아닌 다른 데이터가 표본이 되는 현상이다.
④ 최대대표는 모집단에서 추출된 표본이 너무 많이 추출되어 전수조사에 가까운 조사가 되는 현상이다.

03 군집추출에 대한 설명 중 틀린 것은?

① 추출 모집단에 대해 사전지식이 많지 않은 경우 시행하는 방법이다.
② 모집단을 차이가 없는 여러 개 군집으로 나누어 군집 단위의 일부 또는 전체에 대한 분석을 시행한다.
③ 모집단에 대한 추출기반을 마련하기가 어려운 경우 사용하면 편리하다.
④ 표본크기가 같은 경우 단순 임의추출에 비해 표본오차가 증대할 가능성이 있다.

04 확률에 대한 설명 중 틀린 것은?

① 표본공간 S의 각 근원 사건이 일어날 가능성이 동등할 때, 사건 A에 대하여 $n(A)/n(S)$를 사건 A의 수학적 확률이라고 한다.
② 일반적인 자연 현상이나 사회 현상에서 일어날 가능성이 동일한 현상은 드물고 분명하지 않은 경우가 대부분이다.
③ 수학적 확률을 무한 번 시행하면 그 값은 통계적 확률의 값으로 수렴한다.
④ 확률은 통계적 현상의 확실함의 정도를 나타내는 척도이며, 랜덤 시행에서 어떠한 사건이 일어날 정도를 나타내는 사건에 할당된 수들을 말한다.

05 정규화 식으로 맞는 것을 고르시오(μ : 평균, σ : 표준편차).

① $Z = \frac{X-\mu}{\sigma}$
② $Z = \frac{X-\mu}{\sigma^2}$
③ $Z = \frac{X-\mu}{\sqrt{\sigma}}$
④ $Z = \frac{X-\mu}{\sqrt{\sigma/n}}$

06 결합확률에 대한 설명으로 <u>틀린</u> 것은?

① 사건 A와 B가 동시에 발생하는 확률로 이를 확률의 곱셈 법칙이라고 한다.
② $P(A) \times P(B) = P(A \cap B)$이다.
③ 배반사건은 두 사건 A, B가 동시에 일어날 수 없을 때 A, B는 서로 배반한다고 한다. 즉 $A \cap B = U$(전체집합)을 의미한다.
④ 독립사건은 두 사건 A, B가 서로에게 영향을 주지 않는 상태를 말한다.

07 $P(A)=0.6$, $P(B)=0.5$ 그리고 $P(A|B)=0.4$라고 할 때, $P(A \cup B)$를 구하시오.

① 0.6 ② 0.7
③ 0.8 ④ 0.9

08 두 개의 생산라인을 가진 공장에서 생산된 2,000대의 자전거를 같은 보관창고에 적재하였다(각 라인별 1000개씩 생산). 생산라인을 조사하여 1번 라인의 경우는 10%가 불량, 2번 라인은 15%가 불량임을 알았다. 창고에서 샘플 제품 하나를 선택하여 조사한 결과 불량인 경우 이 자전거가 1번 라인의 생산품일 확률은?

① 10% ② 15%
③ 30% ④ 40%

09 구간 [0, 1]에서 정의된 연속인 확률변수 X의 함수 $f(x) = ax^3$이라고 하면, 주어진 함수가 확률밀도함수가 되기 위한 상수 a(단 a는 양의 실수)의 값을 구하고 이 경우 기댓값을 구하시오.

① $a=4$, $E(X)=4/5$
② $a=4$, $E(X)=3/4$
③ $a=3$, $E(X)=3/5$
④ $a=3$, $E(X)=6/5$

10 어떤 분포 X가 $E(X)=5$, $Var(X)=2$를 가진다고 할 때 $Y=3X+2$로 정의된 분포의 $E(Y)$, $Var(Y)$의 값은 무엇인가?

① $E(Y)=17$, $Var(Y)=8$
② $E(Y)=45$, $Var(Y)=18$
③ $E(Y)=17$, $Var(Y)=18$
④ $E(Y)=45$, $Var(Y)=20$

11 이항분포에 대한 설명 중 <u>틀린</u> 것을 고르시오.

① 결과가 성공 아니면 실패, 두 가지로 귀결되어 나오는 베르누이 시행을 반복할 때 성공의 횟수로 정의되는 이산확률분포이다.
② 확률질량함수는 $\binom{n}{x}pq^{x-1}$이다.
③ 기댓값 $E(X) = np$이다.
④ $Var(X) = npq$로 분산을 나타낸다.

12 포아송분포에 대해서 설명한 것 중 <u>틀린</u> 것을 고르시오.

① 단위 시간 안에 어떤 사건이 몇 번 발생할 것인지를 표현하는 이산확률분포이다.
② 한 은행지점에서 하룻동안 찾아오는 은행 고객 수도 포아송분포가 적용될 수 있다.
③ 포아송분포의 평균은 λ이고 분산은 λ^2이다(여기서 λ는 단위시간당 평균발생횟수이다).
④ 이항분포에서 성공확률이 0.01이고 시행 횟수가 1000 이상이면 포아송분포로 근사가 가능하다.

13 초기하 분포의 확률질량함수로 맞는 것은?

① $f(x) = pq^{x-1}$

② $f_X(k) = \dfrac{\binom{K}{k}\binom{N-K}{n-k}}{\binom{N}{n}}$

③ $f(x_1, x_2, \ldots x_k;\ n, p_1, p_2, \ldots, p_k)$
$= \dfrac{n!}{x_1! x_2! \ldots x_k!}\, p_1^{x_1} p_2^{x_2} \ldots p_k^{x_k}$

④ $f(x) = \binom{n}{x} p^x q^{n-x}$

14 어느 휴대폰충전기 제조공장에서 출하된 제품의 품질을 조사한 결과 40개 중 5개가 불량품이라고 한다. 한 가게에서 10개를 구입하였는데 가게에서 구입한 10개에 불량품이 없을 확률은 얼마인가?

① $f_X(0) = \dfrac{\binom{5}{0}\binom{35}{10}}{\binom{40}{10}}$ ② $f_X(0) = \dfrac{\binom{10}{10}\binom{35}{35}}{\binom{40}{35}}$

③ $f_X(0) = \dfrac{\binom{10}{5}\binom{35}{40}}{\binom{40}{5}}$ ④ $f_X(0) = \dfrac{\binom{10}{5}\binom{35}{5}}{\binom{40}{5}}$

15 다음 각 분포 중 성질이 다른 하나는 무엇인가?

① 포아송분포 ② t-분포
③ 정규분포 ④ 카이제곱분포

16 어느 지방도시에서 화력발전소의 도시내 유치에 대한 찬반 여부를 위해 100명의 주민에게 찬반 여부를 조사하였다. 그 결과 찬성으로 나온 비율이 60%였다. 실제 찬성율이 50%인데도 여론조사가 60% 이상 지지가 나올 확률은 얼마인가?

① 0.13413 ② 0.0228
③ 0.5432 ④ 0.1856

17 다음 중 포아송분포를 적용할 수 있는 예가 <u>아닌</u> 것을 고르시오.

① 10시부터 11시 사이에 은행지점창구에 도착한 고객의 수
② 하루 동안 걸려 오는 전화 수
③ 원고집필 시 원고지 한 장당 오타의 수
④ 금융상품 가입 상담건수 10회 중 실제 가입이 이루어진 수

18 어느 지역 119 콜센터에 10분마다 평균 4통의 장난신고가 들어온다. 1시간 동안 2통 이내 장난전화가 올 확률은?

① $\dfrac{24^0 e^{-24}}{0!} + \dfrac{24^1 e^{-24}}{1!} + \dfrac{24^2 e^{-24}}{2!}$

② $\dfrac{24^0 e^{-24}}{0!} - \dfrac{24^1 e^{-24}}{1!} - \dfrac{24^2 e^{-24}}{2!}$

③ $\dfrac{24^0 e^{-24}}{0!} \times \dfrac{24^1 e^{-24}}{1!} \times \dfrac{24^2 e^{-24}}{2!}$

④ $\dfrac{24^0 e^{-24}}{0!} \div \dfrac{24^1 e^{-24}}{1!} \div \dfrac{24^2 e^{-24}}{2!}$

19 정규분포에 대한 아래 사항 중 틀린 것은?

① 정규분포는 평균을 중심으로 대칭이며 종모양(bell-shaped)인 확률밀도함수의 그래프를 띤다.
② 정규분포의 모양과 위치는 평균과 표준편차에 의해 완전히 결정된다.
③ 분포의 평균과 표준편차가 어떤 값을 갖더라도, 정규곡선과 X축 사이의 전체 면적은 $1/\sigma\sqrt{2\pi}$이다.
④ 정규분포를 가지는 확률변수, 즉 정규확률변수는 평균 주위의 값을 많이 취하며 평균으로부터 좌우로 표준편차의 3배 이상 떨어진 값은 거의 취하지 않는다.

20 스튜던트 t 분포에서 자유도에 대한 설명으로 맞는 것은?

① 자유도는 자료집단의 변수 중에서 자유롭게 선택될 수 있는 변수의 수를 말한다.
② 스튜던트 t 분포는 정규분포의 평균 측정 시 주로 사용하는 분포이다. 분포의 모양은 Z-분포와 유사하다. 종 모양으로서 t=0에 대하여 대칭을 이루는데 t-곡선의 대칭을 결정하는 것은 자유도이다.
③ 자유도가 클수록 정규분포보다 더욱 높은 종 모양을 가지게 된다.
④ 자유도가 1보다 클 때만 스튜던트 t 분포에서 기댓값은 1이다.

21 어느 회사에서 합격한 신입사원들의 직무적성시험의 성적을 조사한 결과 평균이 480이고 분산이 900인 정규분포를 따른다고 한다. 임의로 선택된 직원의 성적이 500점과 520점 사이일 확률을 구하여라.

① 0.1367
② 0.1596
③ 0.2742
④ 0.2935

22 어느 사과농장에서 포장하는 사과상자의 평균 무게는 18kg이고 표준편차가 2kg인 정규분포를 따른다고 한다. 임의의 사과상자를 선택하여 이 사과상자가 16kg 이상이고 22kg 이하일 확률을 구하여라.

① 0.3413
② 0.4772
③ 0.5432
④ 0.8185

23 모집단과 표본의 통계량에 대한 설명 중 틀린 것은?

① 표본분포의 평균은 모집단의 평균 μ와 동일하다.
② 모집단의 표준편차가 σ이면 표본 표준편차는 $\sigma/\sqrt{n}$이라고 정의한다. 특히 표본평균의 표본분포는 $N(\mu, \sigma^2/n)$인 정규분포를 따른다.
③ 모집단의 크기가 무한대에 한해서 표본평균의 표준오차는 $\sigma/\sqrt{n}$로 정의한다.
④ 동일한 모집단의 표준편차에서 표본의 크기가 커지면 커질수록 표준오차는 늘어나는 경향이 있다.

24 표본평균의 표준화에 대한 설명 중 옳은 것을 고르시오.

① 표본평균 $\bar{X}$는 정규 분포의 확률변수로서 평균이 μ, 표준오차 $\sigma/\sqrt{n}$이므로 표준화는

$Z = \dfrac{\bar{X}-\mu}{\sigma_{\bar{X}}} = \dfrac{\bar{X}-\mu}{\sigma/\sqrt{n}}$ (단, $Z \sim N(0,1)$)이 된다.

모집단이 유한한 경우이다.

② 표본평균 $\bar{X}$는 정규 분포의 확률변수로서 평균이 μ, 표준오차 $\sigma/\sqrt{n}$이므로 표준화는

$Z = \dfrac{\bar{X}-\mu}{\sigma_{\bar{X}}}$ (단, $Z \sim N(0,1)$)이 된다.

단 모집단이 유한한 경우 $\sigma_{\bar{X}} = \sqrt{\dfrac{N-n}{N}} \cdot \dfrac{\sigma}{\sqrt{n}}$

③ 표본평균 $\bar{X}$는 정규 분포의 확률변수로서 평균이 μ, 표준오차 $\sigma/\sqrt{n}$이므로 표준화는

$Z = \dfrac{\bar{X}-\mu}{\sigma_{\bar{X}}} = \dfrac{\bar{X}-\mu}{\sigma/\sqrt{n}}$ (단, $Z \sim N(0,1)$)이 된다.

모집단이 무한한 경우이다.

④ 표본평균 $\bar{X}$는 정규 분포의 확률변수로서 평균이 μ, 표준오차 $\sigma/\sqrt{n}$이므로 표준화는

$Z = \dfrac{\bar{X}-\mu}{\sigma_{\bar{X}}}$ (단, $Z \sim N(0,1)$)이 된다.

단 모집단이 유한한 경우 $\sigma_{\bar{X}} = \sqrt{\dfrac{N-n}{N-\mu}} \cdot \dfrac{\sigma}{\sqrt{n}}$

합격을 다지는 예상문제 정답 & 해설

SECTION 01

01 ③	02 ④	03 ①	04 ③	05 ①
06 ③	07 ④	08 ④	09 ①	10 ③
11 ②	12 ③	13 ②	14 ①	15 ①
16 ②	17 ④	18 ①	19 ③	20 ①
21 ②	22 ④	23 ④	24 ③	

01 ③
보기는 층화추출에 대한 설명이다.

02 ④
표본추출오차(Sampling Bias, Sampling Error)
- 표본에서 선택된 대상이 모집단의 특성을 과잉대표하거나 최소대표할 때 발생한다.
  - 과잉대표 : 중복선택 등의 원인으로 모집단이 반복·중복된 데이터만으로 규정되는 현상을 지칭한다.
  - 최소대표 : 실제모집단의 대표성을 나타낼 표본이 아닌 다른 데이터가 표본이 되는 현상이다.
- 표본추출 시 표본의 크기(Sample Size)보다는 대표성을 가지는 표본을 추출하는 것이 중요하다.

오답 피하기
- 최대대표라는 현상은 없다.

03 ①
추출 모집단에 대해 사전지식이 많지 않은 경우 시행하는 것은 단순 무작위 추출방법의 특징이다.

04 ③
이론적으로 같은 통계적 확률 시행을 무한 번 반복시행하면 수학적 확률을 값으로 수렴한다.

05 ①
정규화 : 어떤 관측치 X의 값이 그 분포의 평균에서 표준편차 대비 얼마나 떨어져 있는지를 표준화된 정규분포 변환식에 의해서 알 수 있다.

06 ③
배반사건 : 두 사건 A, B가 동시에 일어날 수 없을 때 A, B는 서로 배반한다고 한다. 즉 A∩B=∅을 의미한다.

07 ④
조건부확률에 의해

$$P(A|B) = \frac{P(A \cap B)}{P(B)}$$

정리하면

$$P(A \cap B) = P(A|B)P(B) = 0.4 \times 0.5 = 0.2$$

그러므로

$$P(A \cup B) = P(A) + P(B) - P(A \cap B) = 0.6 + 0.5 - 0.2 = 0.9$$

08 ④
베이지안 정리에 의해

$$P(1번라인생산|불량품) = \frac{P(불량품|1번라인 생산)P(1번라인생산)}{P(불량품)}$$

여기서 분모는 총확률정리에 의해 다시 정리하면

$$= \frac{P(불량품|1번라인생산)P(1번라인생산)}{P(불량품|1번라인생산)P(1번라인생산) + P(불량품|2번라인생산)P(2번라인생산)}$$

여기서 P(1번라인생산)=P(2번라인생산)=1000/2000=0.5 이므로 (분자 분모에서 소거가능)

$$\frac{P(불량품|1번라인생산)}{P(불량품|1번라인생산) + P(불량품|2번라인생산)} = \frac{0.1}{0.1 + 0.15} = \frac{0.1}{0.25} = 0.4 = 40\%$$

09 ①
구간 [0, 1]에서 연속인 확률변수 X의 함수 $f(x)=ax^3$이라고 하면, 주어진 함수가 확률밀도함수가 되기 위해서
확률밀도함수의 정의에 의해 모든 x에 대해서 $0 \leq f(x) \leq 1$

$$\int f(x)dx = 1$$

이므로

$$\int_{-\infty}^{\infty} f(x)\,dx = \int_{-\infty}^{\infty} ax^3\,dx = \left[\frac{a}{4}x^4\right]_0^1 = \left(\frac{a}{4} - 0\right) = 1$$

$$\therefore a = 4$$

기댓값은

$$E(X) = \int_{-\infty}^{\infty} xf(x)\,dx = \int_{-\infty}^{\infty} x4x^3\,dx = \left[\frac{4}{5}x^5\right]_0^1 = \left(\frac{4}{5} - 0\right) = \frac{4}{5}$$

10 ③
E(aX+b)=aE(X)+b 단, a,b는 상수이므로 E(Y)=3E(X)+2=3×5+2=17
Var(aX+b)=a^2 Var(X)이므로 Var(Y)=3^2 Var(X)=3^2×2=18

11 ②
확률질량함수는 $\binom{n}{x}p^x q^{n-x}$이다.

12 ③
포아송분포는 분산과 기댓값이 같은 분포이다.
이항분포에서 성공확률이 p=0.05 이하, 시행횟수가 n=30 이상이면 포아송분포로 근사가 가능하며 이 경우 λ=np가 된다.

13 ②
1번은 기하분포, 3번은 다항분포, 4번은 이항분포의 확률질량함수이다.

14 ①
초기하분포 확률질량함수 $f_X(k) = \frac{\binom{K}{k}\binom{N-K}{n-k}}{\binom{N}{n}}$

N : 전체 모집단의 개체수, K : 전체 모집단에서 성공의 횟수
n : 전체 시행 횟수, k : 관찰된 성공의 횟수

그러므로 $f_X(0) = \frac{\binom{5}{0}\binom{35}{10}}{\binom{40}{10}}$

15 ①
포아송분포는 이산확률분포이고 나머지는 연속확률분포이다.

16 ②

여기서 표본비율의 표본분포는
$$Z = \frac{\hat{p}-p}{\sigma_{\hat{p}}} = \frac{\hat{p}-p}{\sqrt{\frac{pq}{n}}} \quad (단, Z \sim N(0,1))$$

문제에서 요구하는 것은
$$P(\hat{p} \geq 0.6) = P\left(Z \geq \frac{0.6 - 0.5}{\sqrt{\frac{0.5 \times 0.5}{100}}}\right) = P(Z \geq 2) = 0.0228$$

17 ④

금융상품 가입 상담건수 10회 중 실제 가입이 이루어진 수 → 이항분포
포아송분포 : 단위 시간 안에 어떤 사건이 몇 번 발생할 것인지를 표현하는 이산확률분포이다.

18 ①

1시간을 기준으로 'X= 한 시간 동안 걸려온 장난전화 수'라고 하면
λ=24 (10분에 4번이므로 1시간에 6×4=24)
포아송분포의 확률질량함수는
$$f(x) = \frac{\lambda^x e^{-\lambda}}{x!} = \frac{24^x e^{-24}}{x!}$$
이므로
$$P(X \leq 2) = P(0) + P(1) + P(2) = \frac{24^0 e^{-24}}{0!} + \frac{24^1 e^{-24}}{1!} + \frac{24^2 e^{-24}}{2!}$$
이 된다.

19 ③

분포의 평균과 표준편차가 어떤 값을 갖더라도, 정규곡선과 X축 사이의 전체 면적은 1이다.

20 ①

- 자유도가 클수록 정규분포에 모양이 수렴된다.
- 자유도가 1보다 클 때만 스튜던트 t 분포에서 기댓값은 0이다.
- 스튜던트 t 분포는 정규분포의 평균 측정 시 주로 사용하는 분포이다. 분포의 모양은 Z-분포와 유사하다. 종 모양으로서 t=0에 대하여 대칭을 이루는데 t-곡선의 모양을 결정하는 것은 자유도이다.

21 ②

$$P(500 \leq X \leq 520) = P\left(\frac{500-480}{30} \leq Z \leq \frac{520-480}{30}\right) = P(0.67 \leq Z \leq 1.33)$$
$$= P(0 \leq Z \leq 1.33) - P(0 \leq Z \leq 0.67) \quad (표준정규분포표 이용)$$
$$= 0.4082 - 0.2486 = 0.1596$$

22 ④

$$P(16 \leq X \leq 22) = P\left(\frac{16-18}{2} \leq Z \leq \frac{22-18}{2}\right) = P(-1 \leq Z \leq 2)$$
$$= P(0 \leq Z \leq 1) + P(0 \leq Z \leq 2) \quad (표준정규분포표 이용)$$
$$= (0.5 - 0.1587) + (0.5 - 0.0228)$$
$$= 0.3413 + 0.4772 = 0.8185$$

23 ④

모집단 크기가 커질수록 표준오차 $\sigma_{\bar{X}} = \sigma/\sqrt{n}$ 는 점점 줄어든다.

24 ③

표본평균은 정규 분포의 확률변수로서 평균이 μ, 표준오차 $\sigma/\sqrt{n}$ 이므로 표준화는 $Z = \frac{\bar{X}-\mu}{\sigma_{\bar{X}}} = \frac{\bar{X}-\mu}{\sigma/\sqrt{n}}$ (단, $Z \sim N(0,1)$)이 된다.

- 모집단의 크기가 무한대에 한해서 표본평균의 표준오차는 $\sigma/\sqrt{n}$
- 모집단 크기가 유한한 경우 표준오차
- $\sigma_{\bar{X}} = \sqrt{\frac{N-n}{N-1}} \cdot \frac{\sigma}{\sqrt{n}}$ (N : 모집단크기, n : 표본크기)

SECTION 02 추론통계

빈출 태그 점추정 · 적률 · 편향 · 우도함수 · 구간추정 · 신뢰구간 · 가설검정 · 기각역

01 통계적 추론

통계적 추론(Statistical Inference) 또는 통계적 추측은 모집단에 대한 어떤 미지의 양상을 알기 위해 통계학을 이용하여 추측하는 과정을 지칭하며 통계학의 한 부분으로서 추론 통계학이라고 불린다. 이것은 기술 통계학(Descriptive Statistics)과 구별되는 개념이다.

- 통계적 추론은 추정(estimation)과 가설검정(testing hypothesis)으로 나눌 수 있다.
  ① 추정(estimation) : 표본을 통해 모집단 특성이 어떠한가에 대해 추측하는 과정이다. 표본평균 계산을 통해 모집단평균을 추측해 보거나, 모집단 평균에 대한 95% 신뢰구간의 계산 과정을 나타낸다.
  ② 가설검정(testing hypothesis) : 모집단의 실제값이 얼마나 되는가 하는 주장과 관련해서, 표본이 가지고 있는 정보를 이용해 가설이 올바른지 그렇지 않은지 판정하는 과정을 나타낸다.

> **추론 통계학**
> 데이터의 요약으로부터 논리적인 결론을 이끌어내는 통계적 추론을 다루는 분야
>
> **기술 통계학**
> 전체 자료를 간단하게 표, 그림 등을 이용하여 정리하거나, 지표를 통하여 자료의 특성을 나타내는 방법을 다루는 분야

02 점추정(Point Estimate)

모수에 대한 즉 모평균(μ)이나 모표준편차(σ) 등과 같은 추정치를 이에 대응하는 통계량으로 추정하는 것이다.

1) 추정량의 선택기준

① 불편성(Unbiasedness)

표본 통계량의 기댓값이 모수의 실제값과 같을 때 이 추정량은 불편성을 가진다.

$$E(\hat{\theta}) = \theta \ (\hat{\theta} = 모수의\ 추정량,\ \theta = 모수)$$

② 효율성(Efficiency)

추정량 중에서 최소의 분산을 가진 추정량(표준 편차가 작은 추정량)이 가장 효율적이다.

즉, θ_1과 θ_2 둘 다 불편추정량이라고 하더라도 $Var(\hat{\theta}_1) < Var(\hat{\theta}_2)$이면, θ_1이 θ_2보다 더 효율적이라고 할 수 있다. 즉, 두 개의 점 추정량과의 비교형태로 우위를 결정하는 θ_1은 θ_2보다 유효하다고 말할 수 있다.

> **모수(parameter)**
> 모집단의 특성을 수치화하여 나타낸 것(⑩ 평균, 분산)
>
> **불편추정량**
> 모집단의 모수 추정에서 추정량의 기대값이 모수와 같을 때 추정량

분산이 작다는 곧 편차가 작다이다. 이것은 평균으로 집중된다라고 해석이 가능하므로 추정량의 분산이 작은 것이 더 유효하다고 판단할 수 있다.

- **최소분산불편추정량(Minimum Variance Unbiased Estimator, MVUE)** : 모든 불편추정량 중에서 가장 작은 분산을 가지는 추정량이다.

③ 일치성(Consistency)

표본크기가 증가할수록 좋은 추정값을 제시한다. 즉 표본의 크기가 커지면 커질수록 추정량 $\hat{\theta}$이 모수 θ에 근접하게 되는 특성을 나타내게 된다.

④ 충분성(Sufficiency)

추정량이 모수에 대하여 가장 많은 정보를 제공할 때 그 추정량은 충분추정량이 된다.

기댓값을 나타내는 다음의 두 추정량을 추정량의 선택기준인 불편성과 효율성 측면에서 비교하여 보자.

$$\hat{\theta}_1 = \frac{1}{4}X_1 + \frac{1}{4}X_2 + \frac{1}{4}X_3 + \frac{1}{4}X_4$$

$$\hat{\theta}_2 = \frac{1}{4}X_1 + \frac{1}{2}X_2 + \frac{1}{4}X_3 \text{ (단, } E(X_i) = \mu, \ Var(X_i) = \sigma^2)$$

$$E(\hat{\theta}_1) = \frac{1}{4}E(X_1) + \frac{1}{4}E(X_2) + \frac{1}{4}E(X_3) + \frac{1}{4}E(X_4) = \frac{4}{4}\mu = \mu$$

$$E(\hat{\theta}_2) = \frac{1}{4}E(X_1) + \frac{1}{2}E(X_2) + \frac{1}{4}E(X_3) = \frac{1}{4}\mu + \frac{1}{2}\mu + \frac{1}{4}\mu = \mu$$

이므로 둘다 불편추정량이다. 그러나 분산을 비교하여 보면

$$Var(\hat{\theta}_1) = \frac{1}{16}Var(X_1) + \frac{1}{16}Var(X_2) + \frac{1}{16}Var(X_3) + \frac{1}{16}Var(X_4)$$

$$= \frac{4}{16}\sigma^2 = \frac{1}{4}\sigma^2$$

$$Var(\hat{\theta}_2) = \frac{1}{16}Var(X_1) + \frac{1}{4}Var(X_2) + \frac{1}{16}Var(X_3) = \frac{6}{16}\sigma^2 = \frac{3}{8}\sigma^2$$

$$\therefore Var(\hat{\theta}_1) < Var(\hat{\theta}_2)$$

즉, $\hat{\theta}_1$이 $\hat{\theta}_2$보다 더 효율적이라고 말할 수 있다.

2) 점추정량(Point Estimator)

모집단의 특성을 단일값으로 추정(특정)하는 것을 말한다.

- 점 추정량은 모집단에서 추출한 표본공간 $X_1, X_2, \cdots, X_{n-1}, X_n$의 함수이다.
- $\hat{\theta}$를 모수 θ에 대한 점추정량이라고 하면 $\hat{\theta} = h(X_1, X_2, \cdots, X_{n-1}, X_n)$이다. 만일 모수가 평균이면 각각의 표본공간에서 추출한 표본평균의 함수가 추정량이 되는 것이다.

> 점추정량은 우리가 원하는 수치를 대체할 구체적인 값을 직관적으로 제시할 수 있다.

즉, θ=E(X) 모수가 평균이면

추정량 $\hat{\theta} = \overline{X} = \dfrac{X_1 + X_2 + \cdots + X_{n-1} + X_n}{n}$ 이 된다.

- 대표적인 점추정량으로 표본평균, 표본분산 등이 있으며 이외에도 단일값으로 표현되는 중앙값 등을 추정량으로 사용하기도 한다.

모수	추정량	비고
모평균(μ)에 대한 점추정	표본집단의 표본평균 $\overline{x} = \dfrac{1}{k}\sum_{i=1}^{k} x_i$	• 모집단의 크기가 무한대에 한해서 표본평균의 표준오차는 $\dfrac{\sigma}{\sqrt{n}}$ • 모집단 크기가 유한한 경우 표준오차 $\sigma_{\overline{X}} = \sqrt{\dfrac{N-n}{N-1}} \cdot \dfrac{\sigma}{\sqrt{n}}$
모분산(σ^2)에 대한 점추정	표본집단의 표본분산 $s^2 = \dfrac{1}{n-1}\sum_{i=1}^{n}(x_i - \overline{x})^2$	
모비율에 대한 점추정	$\hat{P} = \dfrac{X}{n}$ X : 표본중에 성공으로 나타난 개체수 n : 표본의 개체수	표준오차 $= \sqrt{\dfrac{pq}{n}}$ (단, $q=1-p$, n은 표본크기)

- 점추정의 방법으로는 적률방법(Moment Method)과 최대우도추정법(Maximum Likelihood Function Method)이 있다.

3) 적률 방법(Moment Method)

① 적률(Moment)

양수 n에 대해 확률변수 X^n의 기댓값 $E(X^n)$을 확률변수 X의 원점에 대한 n차 적률이라고 한다.

$$\mu_n = E(X^n)$$

$$E(X^n) = \begin{cases} \sum X^n f(x) & : \text{이산확률변수} \\ \int_{-\infty}^{\infty} X^n f(x)dx & : \text{연속확률변수} \end{cases}$$

$f(x)$는 확률질량함수 또는 확률밀도함수

- 확률분포를 단순히 평균과 분산만으로 설명할 수 없는 경우가 많다. 적률을 구하면 확률분포의 다양한 특성을 정량적으로 분석할 수 있다.

적률	의미
1차 적률 $\mu = E[X^1]$	평균: 데이터의 중심 위치
2차 중심적률 $\mu_2 = E[(X-\mu)^2]$	분산: 데이터의 퍼짐 정도
3차 중심적률 $\mu_3 = E[(X-\mu)^3]$	왜도: 분포의 비대칭성
4차 중심적률 $\mu_4 = E[(X-\mu)^4]$	첨도: 분포의 뾰족함 정도

예를 들어, 두 개의 데이터가 같은 평균과 분산을 가지더라도, 왜도와 첨도가 다르면 전혀 다른 분포가 될 수 있다.

> 적률은 확률분포의 특징을 설명하는 역할을 하므로, 적률생성함수를 알면 그 분포의 특징을 알 수 있다.

> **중심적률**
> 확률변수가 평균으로부터 얼마나 떨어져 있는지를 나타내는 통계적 측도

② 표본평균을 이용한 모수(평균)의 점추정 시 적률에 의한 방법

확률밀도함수가 $f(x; \theta_1, \theta_2, \cdots, \theta_m)$인 모집단으로부터 n개의 표본을 $X_1, X_2, \cdots, X_{n-1}, X_n$이라 하면 $\theta_1, \theta_2, \cdots, \theta_m$은 알려지지 않은 모수이다.

> 1차적률은 X의 기댓값, 확률변수의 평균이다.

원점에 대한 k차 적률은

$$E(X^n) = \int_{-\infty}^{\infty} X^k f(x; \theta_1, \theta_2, \cdots, \theta_m) dx$$

또한 적률은 n개의 표본으로부터 X^k의 기댓값이므로

$$M_k = \frac{1}{n} \sum_{i=1}^{n} x_i^k = \frac{1}{n}(x_1^k + x_2^k + \cdots + x_n^k)$$

그러므로 m개의 모수가 있다면, n개의 표본으로부터 m개의 적률을 이용해 모수의 추정값을 얻는다.

$$E(X) = M_1, \ E(X^2) = M_2, \ \cdots, \ E(X^n) = M_m$$

> t에 대해서 n번 미분하고 t=0을 대입하면 n차 적률이 나온다.

• 적률생성함수(이산형의 경우)

X는 이산형 확률질량함수 $f(x)$와 공간 S를 가지는 확률변수라고 할 때,

$$M(t) = E(e^{tx}) = \sum_{x \in S} e^{tx} f(x) \ \ (-h < t < h, \ h > 0)$$

이때,

$$\begin{cases} M'(t) = \sum_{x \in S} x e^{tx} f(x) \\ M''(t) = \sum_{x \in S} x^2 e^{tx} f(x) \end{cases}$$

여기서

$$\begin{cases} M'(0) = \sum_{x \in S} x e^{tx} f(x) = \sum_{x \in S} x f(x) = E(x) \\ M''(0) = \sum_{x \in S} x^2 e^{tx} f(x) = \sum_{x \in S} x^2 f(x) = E(x^2) \end{cases}$$

이므로

$$\mu = E(x) = M'(0), \ \sigma^2 = E(x^2) - [E(x)]^2 = M''(0) - [M'(0)]^2$$

이 된다.

• 포아송분포의 경우 적률에 의한 평균과 분산

포아송분포의 확률질량함수는

$$f(x) = \frac{\lambda^x e^{-\lambda}}{x!}$$

$E(X) = \lambda$, $Var(X) = \lambda$이다.

여기서 포아송분포의 적률함수는

$$M(t) = E(e^{tx}) = \sum_{x \in S} e^{tx} f(x) = \exp[\lambda(e^t - 1)]$$

여기서
$$M'(t) = \lambda \exp[t + \lambda(e^t - 1)]$$
$$M''(t) = \lambda(1 + \lambda e^t)\exp[t + (-1 + e^t)\lambda]$$

이 된다.
$$M'(0) = \lambda \exp[0 + \lambda(e^0 - 1)] = \lambda$$
$$M''(0) = \lambda(1 + \lambda e^t)\exp[t + (-1 + e^t)\lambda] = \lambda(1 + \lambda)$$

그러므로
$$\mu = E(x) = M'(0) = \lambda$$
$$\sigma^2 = E(x^2) - [E(x)]^2 = M''(0) - [M'(0)]^2 = \lambda + \lambda^2 - \lambda^2 = \lambda$$

임을 알 수 있다.

4) 편향

기대하는 추정량과 모수의 차이다. 표본에서 얻어낸 추정량은 모수에 가까울수록 좋다.

① 편향(bias)
- 임의의 추정량의 편향을 $B(\hat{\theta})$이라고 하면 $B(\hat{\theta}) = E(\hat{\theta}) - \theta$

② 불편추정량(Unbiased Estimator)의 다른 표현
$$B(\hat{\theta}) = 0$$

- 편향이 0이 되는 상황의 추정량 $\hat{\theta}$를 불편추정량이라고 한다. 참고로 표본평균은 불편추정량이나 표본분산은 불편추정량이 아니다(표본분산과 모분산의 계산 차이의 이유, n이 아닌 $n-1$로 나누는 이유).

5) 평균제곱오차(Mean Square Error, MSE)

점추정량을 $\hat{\theta}$, 모수를 θ라 할 때, Error=$\hat{\theta} - \theta$라고 정의하면 평균제곱오차는 Error를 제곱한 값의 기댓값으로 정의하고 $MSE(\hat{\theta}) = E[(\hat{\theta} - \theta)^2]$로 나타낸다.

평균제곱오차
정확도에 대한 척도로 많이 사용

6) 최대우도점추정

① 우도함수(Likelihood Function)

$X_1, X_2, \cdots, X_{n-1}, X_n$의 결합확률밀도함수 $f(x_1, x_2, \cdots, x_n; \theta)$를 모수 θ에 대한 함수로 볼 때, 이를 우도함수로 정의하며 $L(x_1, x_2, \cdots, x_n; \theta)$로 표시한다.
만일 각 확률변수가 서로 독립이면 우도함수는 다음과 같이 정의할 수 있다.

$$L(x_1, x_2, \cdots, x_n; \theta) = L(x_1; \theta)f(x_2; \theta)\cdots f(x_n; \theta) = \prod_{i=1}^{n} f(x_i; \theta)$$

즉, 각각 주변확률밀도함수의 곱(product)으로 표현이 가능하다.

우도(가능도)
데이터가 관측된 상태에서 특정 확률분포에 대한 어떤 강도를 나타내는 값

② 최대우도추정(Maximum Likelihood Estimation, MLE)

표본 $X_1, X_2, \cdots, X_{n-1}, X_n$을 얻을 확률이 가장 높은 $\hat{\theta}$(최대우도), 즉 주어진 관찰값을 가장 잘 설명해 주는 $\hat{\theta}$를 모수 θ의 추정량으로 하며 이 추정량을 최대우도추정이라 한다.

- 확률표본의 우도함수 $L(x_1, x_2, \cdots, x_n; \theta)$를 최대로 하는 θ를 $\hat{\theta}$이라 할 때, $\hat{\theta}$를 모수 θ의 최대우도추정량이라 한다.
- 일반적인 최대우도추정법을 준용하여 미분을 통해 극댓값을 찾는 방법으로 최대우도추정량을 구한다.
- 확률표본의 로그우도함수 $\ln L(x_1, x_2, \cdots, x_n; \theta)$를 최대로 하는 θ를 $\hat{\theta}$이라 할 때, $\hat{\theta}$를 모수 θ의 최대우도추정량이라 한다(ln은 단조증가함수이므로 우도 $L(x_1, x_2, \cdots, x_n; \theta)$를 최대화하는 θ는 $\ln L(x_1, x_2, \cdots, x_n; \theta)$에서도 최대이다).

$X_1, X_2, \cdots, X_{n-1}, X_n$를 베르누이 실행으로부터 얻은 관측치라고 할 때, 성공확률 p, 실패확률 $1-p$라고 하면 확률질량함수는 $f(1,p)=p$, $f(0,p)=1-p$가 된다.

$$f(x_i, p) = p^{x_i}(1-p)^{1-x_i}$$

따라서 우도함수는

$$L(x_1, x_2, \cdots, x_n; p) = \prod_{i=1}^{n} f(x_i, p) = \prod_{i=1}^{n} p^{x_i}(1-p)^{1-x_i}$$

$$= p^x(1-p)^{n-x} \text{ (여기서 } x = x_1 + x_2 + \cdots + x_n\text{)}$$

최대우도추정치 $\hat{p}$는 우도함수를 최대화함으로써 구할 수 있다.

$$L(x_1, x_2, \cdots, x_n; p) = p^x(1-p)^{n-x}$$

양변에 로그를 취하면

$$\ln[L(x_1, x_2, \cdots, x_n; p)] = \ln[p^x(1-p)^{n-x}] = x\ln p + (n-x)\ln(1-p)$$

위 식을 p에 대해 미분하면

$$\frac{d\ln[L(x_1, x_2, \cdots, x_n; p)]}{dp} = \frac{x}{p} - \frac{n-x}{1-p}$$

상기식을 0이 되게 하는 값(미분값이 0) p 값이 최대우도추정 $\hat{p}$이며

$$\frac{x}{p} - \frac{n-x}{1-p} = 0$$

정리하면 $pn - px = x - xp$이 되고 $p = x/n$

그러므로,

$$\hat{p} = \frac{x}{n} = \frac{x_1 + x_2 + \cdots + x_n}{n}$$

이 된다.

※ 미분의 성질에 의해서 함수 $L(x_1, x_2, \cdots, x_n ; \theta)$는
$$L''(x_1, x_2, \cdots, x_n ; p) = \frac{d^2y}{dx^2} < 0$$
이므로
$$\frac{d\ln[L(x_1, x_2, \cdots, x_n ; p)]}{dp} = 0$$
의 근에서 $L(x_1, x_2, \cdots, x_n ; p)$는 최대값을 가진다.

※ $X_1, X_2, \cdots, X_{n-1}, X_n$는 확률질량함수 $f(x ; \lambda) = \dfrac{\lambda^x e^{-\lambda}}{x!}$인 포아송분포로부터의 임의의 표본이고 최대우도추정법에 의해 모수 λ를 추정하면 우선 우도함수는
$$L(x_1, x_2, \cdots, x_n ; p) = \prod_{i=1}^{n} f(x_i, \lambda) = \prod_{i=1}^{n} \frac{\lambda^{x_i} e^{-\lambda}}{x_i!} = \frac{\lambda^{\sum_{i=1}^{n} x_i} e^{-n\lambda}}{x_1! \cdots x_n!}$$

여기서 로그우도함수는
$$\ln L(x_1, x_2, \cdots, x_n ; p) = \sum_{i=1}^{n} x_i \ln\lambda - n\lambda - \ln(x_1! \cdots x_n!)$$

이 된다. 이를 λ에 대해서 미분하면
$$\frac{d}{d\lambda} \ln L(x_1, x_2, \cdots, x_n ; p) = \frac{d}{d\lambda} (\sum_{i=1}^{n} x_i \ln\lambda - n\lambda - \ln(x_1! \cdots x_n!))$$

를 정리하면
$$\frac{d}{d\lambda} \ln L(x_1, x_2, \cdots, x_n ; p) = \frac{1}{\lambda} \sum_{i=1}^{n} x_i - n$$

$\frac{d}{d\lambda} \ln L(x_1, x_2, \cdots, x_n ; p) = 0$일 때($\lambda \neq 0$이므로)
$$0 = \sum_{i=1}^{n} x_i - n\lambda$$

이 된다. 그러므로 정리하면
$$\lambda = \frac{1}{n} \sum_{i=1}^{n} x_i = \bar{x}$$

이다.
그러므로 모수 λ의 최대우도추정량은
$$\hat{\lambda} = \overline{X}(\text{표본평균})\text{이 된다.}$$

▶ 적률추정법 vs 최대우도추정법

비교 항목	적률추정법(Moment Method)	최대우도추정법(MLE)
개념	표본 적률을 모집단 적률과 동일하게 설정하여 모수를 추정	주어진 데이터에서 모수를 가장 가능성 높게 만드는 값을 추정
계산 복잡도	비교적 간단	경우에 따라 복잡
효율성	MLE보다 효율성이 낮을 수 있음	최적의 추정량이 되는 경우가 많음
적용성	분포에 대한 식을 몰라도 적용 가능	분포의 형태를 정확히 알아야 함

03 구간추정

점추정은 모집단의 모수를 하나의 값으로 추정해 주는 것이다. 그러나 우리가 아무리 좋은 추정방법을 사용한다고 하더라도 표본을 택하고 이 표본으로부터 계산된 추정값이 목표값을 정확하게 추정한다고 주장할 수는 없다.

- 구간추정(Interval Estimation) 또는 신뢰구간(Confidence Interval) 방법을 적용하면 이러한 부분을 해결할 수 있다.

구간추정
모집단의 특성을 담아내는 구간을 표본자료로부터 산출하는 방법

1) 구간추정의 개념

점추정에 오차(error)의 개념을 도입하여 모수가 포함되는 확률변수구간을 어떤 신뢰성 아래 추정하는 것이다.

- 모수가 있을 것으로 예상되는 구간을 정해 그 구간에 실제 모수가 있다고 예상되는 확률을 기반으로 수행한다.

① 일반화

- 구간의 상한을 $\hat{\theta}_h$, 구간의 하한을 $\hat{\theta}_l$라고 한다면 구간 $[\hat{\theta}_l, \hat{\theta}_h]$로 나타내고 구간의 크기는 $\hat{\theta}_h - \hat{\theta}_l$이 된다.
- 구간의 크기가 작을수록 실제모수를 좀 더 정확하게 추정할 수 있으며 우리가 설정한 구간 안에 모수가 들어갈 확률을 구하여 확인하는 과정이 필요하다.

② 신뢰수준(Confidence Level), 유의수준(Level of Significance)

구간추정에 있어서 추정한 구간에 모수가 들어갈 확률 즉, 확률구간 $[\hat{\theta}_l, \hat{\theta}_h]$에 대해 $P(\hat{\theta}_l \leq \theta \leq \hat{\theta}_h) = 1-\alpha (0 < \alpha < 1)$, 여기서 $1-\alpha$ (또는 $100(1-\alpha)\%$)를 신뢰수준, α를 유의수준이라 한다.

유의수준
오차의 가능성, 오류를 범할 허용 한계

95%의 신뢰수준(신뢰도)을 기준으로 한다면 (1−0.95)인 0.05값이 유의수준이다.

2) 신뢰구간(Confidence Interval)의 의미

신뢰구간은 통계적 추정에서 사용되는 개념으로, 표본 데이터를 기반으로 모집단의 모수를 추정할 때 사용된다. 신뢰구간은 모수 추정치 주변에 구간을 형성하여 모수의 값이 해당 구간에 속할 확률을 나타낸다.

- 모집단에서 추출한 여러 표본들로부터 구한 신뢰구간 중 95%의 구간은 실제 모집단 모수를 포함한다. 이는 해당 신뢰구간이 95%의 신뢰도(Confidence Level)를 가지고 있다는 것을 의미한다.

> 특정 모집단의 평균을 추정하려고 할 때, 표본 데이터를 사용하여 평균의 신뢰구간을 구할 수 있다. 만약 95%의 신뢰도를 가진 신뢰구간을 계산한다면, 이 구간은 표본의 평균 주변에 형성되며, 이 구간에 모집단의 평균이 속할 확률이 95%이다. 이는 우리가 표본을 통해 얻은 정보를 바탕으로 모집단 평균에 대한 불확실성을 반영한 것이다.

- 신뢰구간은 모집단 모수에 대한 불확실성을 고려하고 신뢰도를 제공한다. 신뢰구간은 표본 데이터의 변동성에 기반하여 모수의 범위를 제시하므로, 추정 결과의 신뢰성을 평가하는 데 도움이 된다.

표본의 크기가 커지면 신뢰구간의 길이는 줄어든다.

3) 모평균의 구간추정

① 모집단의 분산을 알고 있는 경우

모집단의 모분산을 σ^2, 모집단에서 얻는 크기가 n인 확률표본 X의 표본평균을 $\overline{X}$라고 할 때 모평균 μ의 신뢰구간 $100(1-\alpha)\%$는

$$\overline{X} - z_{\frac{\alpha}{2}} \cdot \frac{\sigma}{\sqrt{n}} \leq \mu \leq \overline{X} + z_{\frac{\alpha}{2}} \cdot \frac{\sigma}{\sqrt{n}}$$

여기서 $Z_{(\alpha/2)}$는 오른쪽 면적이 $\alpha/2$인 표준정규분포를 따르는 z값이다.

> **기적의 TIP**
> Z값은 부록 정규분포표를 참고한다.

▶ Z-통계량에 의한 신뢰구간

신뢰수준	신뢰구간
90%	$\overline{X} - 1.645 \cdot \frac{\sigma}{\sqrt{n}} \leq \mu \leq \overline{X} + 1.645 \cdot \frac{\sigma}{\sqrt{n}}$
95%	$\overline{X} - 1.960 \cdot \frac{\sigma}{\sqrt{n}} \leq \mu \leq \overline{X} + 1.960 \cdot \frac{\sigma}{\sqrt{n}}$
99%	$\overline{X} - 2.576 \cdot \frac{\sigma}{\sqrt{n}} \leq \mu \leq \overline{X} + 2.576 \cdot \frac{\sigma}{\sqrt{n}}$

신뢰수준 95%는 같은 조사를 100번 하면 오차범위 내 동일한 결과가 나올 횟수가 95번이라는 의미이다.

> 어느 고등학교 3학년 학생들의 평균 수면시간을 조사하기 위하여 100명을 조사 결과 $\overline{X}=6$(시간), 표준편차가 1(시간)이었다. 평균 수면시간의 95% 신뢰구간을 구하여라.
> 모평균 μ의 신뢰구간을 추정하는 식은
> $$\overline{X} - z_{\frac{\alpha}{2}} \cdot \frac{\sigma}{\sqrt{n}} \leq \mu \leq \overline{X} + z_{\frac{\alpha}{2}} \cdot \frac{\sigma}{\sqrt{n}}$$
> 여기에서 $Z_{(\alpha/2)}$는 오른쪽 면적이 α/2인 표준정규분포를 따르는 Z값으로 95% 신뢰수준일 때 1.960이다. 따라서 다음과 같이 구할 수 있다.
> $$= (6 - 1.960 \times \frac{1}{\sqrt{100}} \leq \mu \leq 6 + 1.960 \times \frac{1}{\sqrt{100}})$$
> $$= (6 - 0.1960 \leq \mu \leq 6 + 0.1960) = (5.804 \leq \mu \leq 6.1960)$$

② 모집단의 분산을 모르는 경우

모집단의 평균을 추정할 때 모집단의 표준편차 σ를 알고 있는 것으로 가정했으나, 모집단의 평균을 모르면서 모집단의 표준편차를 알고 있는 경우는 매우 드물다.

- 모집단의 표준편차 σ를 모를 때는 표본에서 구한 불편추정량 S, 즉 표본의 표준편차를 σ 대신 사용한다.

$$S = \sqrt{\frac{1}{n-1}\sum(x_i - \overline{X})^2}$$

단, 표본의 크기가 작고 모집단의 σ를 모르므로 표본통계량인 $(X-\mu)/(S/\sqrt{n})$는 정규분포를 따르지 않고 자유도 (n-1)인 t-분포를 따르므로 t-분포를 이용하여 신뢰구간을 구한다.

신뢰구간 100(1-α)%는

$$\overline{X} - t_{\frac{\alpha}{2},\ n-1} \cdot \frac{S}{\sqrt{n}} \leq \mu \leq \overline{X} + t_{\frac{\alpha}{2},\ n-1} \cdot \frac{S}{\sqrt{n}}$$

▶ t-분포에 의한 신뢰구간(자유도 20)

신뢰수준	신뢰구간
90%	$\overline{X} - 1.725 \cdot \frac{S}{\sqrt{n}} \leq \mu \leq \overline{X} + 1.725 \cdot \frac{S}{\sqrt{n}}$
95%	$\overline{X} - 2.086 \cdot \frac{S}{\sqrt{n}} \leq \mu \leq \overline{X} + 2.086 \cdot \frac{S}{\sqrt{n}}$

- t-분포는 자유도가 작을 때에는 정규분포에 비해 넓게 퍼진 모양을 갖지만, 자유도가 클 때에는 정규분포에 거의 근접하게 된다.

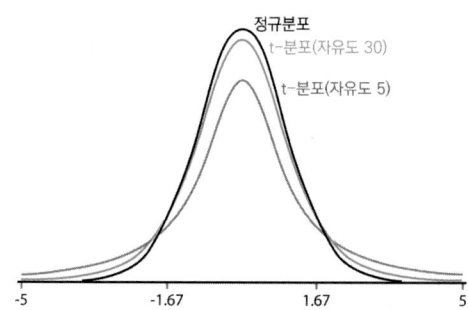

▲ 자유도가 5, 30인 경우의 t-분포와 정규분포를 비교한 그림

- 다시 말해서 모집단의 분포가 정규분포를 이루며, 표준편차 σ가 알려지지 않을 때에는 t-분포를 사용하는 것이 원칙이나 표본의 크기가 클 때에는 표본의 표준편차와 모집단의 표준편차의 차이가 작기 때문에 t-통계량 또는 z-통계량 중 어느 것을 사용해도 비슷한 결과를 얻는다.

> 어느 초등학교 1학년 여자아이들의 혈압자료에서 5명을 랜덤하게 택한 결과가 다음과 같다고 할 때
> 102 92 98 88 104
> 이를 이용하여 초등학교 여학생 혈압의 대표 값에 대한 95% 신뢰구간을 구해보자.
>
> 이 표본으로부터 계산된 표본평균과 표본표준편차 S는 각각 다음과 같다.
> 표본평균 = 96.80, S = 6.72
> 이 표본의 경우 자유도는 5-1=4이다. 표로부터 자유도가 4인 $t_{0.025}$경우는 2.78이므로 공식에 대입하면 다음이 성립한다.
> 목표값 = 96.8 ± 2.78(6.72/2.24)
> = 목표값 = 96.8 ± 8.32
> 여기서 2.24는 표본크기 5의 제곱근이다. 따라서 이 표본결과 초등학교 여자아이들의 혈압은 88에서 105 사이에 있다고 할 수 있다.

③ 모평균 신뢰구간 정리

구분	신뢰구간 100(1-α%)
모집단의 분산을 아는 경우	$\overline{X} - z_{\frac{\alpha}{2}} \cdot \frac{\sigma}{\sqrt{n}} \leq \mu \leq \overline{X} + z_{\frac{\alpha}{2}} \cdot \frac{\sigma}{\sqrt{n}}$
모집단의 분산을 모르는 경우 (표본크기가 작은 경우)	$\overline{X} - t_{\frac{\alpha}{2},\, n-1} \cdot \frac{S}{\sqrt{n}} \leq \mu \leq \overline{X} + t_{\frac{\alpha}{2},\, n-1} \cdot \frac{S}{\sqrt{n}}$
모집단의 분산을 모르는 경우 (표본크기가 큰 경우)	$\overline{X} - z_{\frac{\alpha}{2}} \cdot \frac{S}{\sqrt{n}} \leq \mu \leq \overline{X} + z_{\frac{\alpha}{2}} \cdot \frac{S}{\sqrt{n}}$

4) 모분산의 신뢰구간

모집단 X가 정규분포를 따른다고 할 때, 모집단으로부터 n개의 표본을 추출하여 표본공간의 표본분산을 S^2이라고 하면 모분산 σ^2에 대해서

$$\frac{(n-1)S^2}{\sigma^2} \sim \chi^2(n-1),\ \chi^2(n-1)\text{은 자유도가 }(n-1)\text{인 }\chi^2\text{분포}$$

그러면 $100(1-\alpha)\%$인 신뢰 구간은

$$\chi^2_{1-\frac{\alpha}{2}} < \frac{(n-1)S^2}{\sigma^2} \leq \chi^2_{\frac{\alpha}{2}}$$

이다.
상기의 관계식을 정리하면

$$\frac{(n-1)S^2}{\chi^2_{\frac{\alpha}{2}}} < \sigma^2 < \frac{(n-1)S^2}{\chi^2_{1-\frac{\alpha}{2}}}$$

이 신뢰구간이 된다.

한 제약회사에서 개발한 진통제의 지속시간에 대한 효과를 알아보기 위하여 임상실험 대상자 30명에게 투약 후 진통억제 시간을 조사하였다. 실험 대상자들은 평균 4.3시간 지속효과를 나타내었으며 분산은 2.5시간으로 나타났다.
진통제 효과의 분산을 확인하기 위하여 95% 신뢰도의 분산신뢰구간을 확인하면 아래와 같다.

모집단에서 n=30이고 표본분산 S^2=2.5이다. 그럼 모분산 σ^2에 대해서

$$\frac{(n-1)S^2}{\sigma^2} \sim \chi^2(n-1)$$

여기서 $\chi^2(n-1)$은 자유도가 $n-1$인 χ^2 분포를 따르므로 χ^2 분포표에서

$$\chi^2_{\frac{\alpha}{2}}(n-1) = \chi^2_{0.025}(29) = 16.05 \qquad \chi^2_{1-\frac{\alpha}{2}}(n-1) = \chi^2_{0.975}(29) = 45.7$$

$$\frac{(n-1)S^2}{\chi^2_{1-\frac{\alpha}{2}}} < \sigma^2 < \frac{(n-1)S^2}{\chi^2_{\frac{\alpha}{2}}}$$

$$\frac{29 \times 2.5}{45.7} < \sigma^2 < \frac{29 \times 2.5}{16.05} = 1.586 < \sigma^2 < 4.517 \text{ (소수점 4번째자리 반올림)이 된다.}$$

모비율
모집단에서 특정 사건이 발생하는 비율

5) 모비율의 신뢰구간

모집단 X가 이항분포 $B(n,p)$를 따르고 모비율 p에 대한 표본집단의 비율 $\hat{p}=x/n$이므로 n이 충분히 크다고 하면 근사적으로 $N(\mu,\sigma^2) = N(np, np(1-p))$이다. 따라서

$$Z = \frac{X-np}{\sqrt{np(1-p)}} = \frac{\hat{p}-p}{\sqrt{\frac{\hat{p}(1-\hat{p})}{n}}} \text{ 는 근사적으로 N(0, 1)을 따른다.}$$

모비율 p에 대한 $100(1-\alpha)\%$의 신뢰구간은

$$\hat{p} - z_{\frac{\alpha}{2}}\sqrt{\frac{\hat{p}(1-\hat{p})}{n}} < p < \hat{p} + z_{\frac{\alpha}{2}}\sqrt{\frac{\hat{p}(1-\hat{p})}{n}} \text{ 이 된다.}$$

시중에서 판매되는 한 제품의 불량률을 추정하려고 한다. 900대의 제품을 랜덤으로 조사하였더니 불량률이 450대였다. 판매되는 제품의 불량률에 대한 90% 신뢰구간을 구하여 보면 아래와 같다.

$$\hat{p} = \frac{X}{n} = \frac{450}{900} = \frac{1}{2} = 0.5, \sqrt{\frac{\hat{p}(1-\hat{p})}{n}} = \sqrt{\frac{0.5 \times 0.5}{900}} = 0.016667$$

따라서 불량률 p의 신뢰구간은 다음과 같다. (α=0.1, $z_{\alpha/2}$=1.64)

$$\hat{p} - z_{\frac{\alpha}{2}}\sqrt{\frac{\hat{p}(1-\hat{p})}{n}} < p < \hat{p} + z_{\frac{\alpha}{2}}\sqrt{\frac{\hat{p}(1-\hat{p})}{n}}$$
$$(0.5 - 1.64 \times 0.016667 < p < 0.5 + 1.64 \times 0.016667)$$
$$0.472667 < p < 0.52733$$

6) 신뢰구간 표본 크기의 결정

- 모평균에 의한 신뢰구간을 이용한 표본의 크기

신뢰구간 $100(1-\alpha)\%$에 대한 신뢰구간은 다음과 같다.

$$\overline{X} - z_{\frac{\alpha}{2}} \cdot \frac{\sigma}{\sqrt{n}} \leq \mu \leq \overline{X} + z_{\frac{\alpha}{2}} \cdot \frac{\sigma}{\sqrt{n}}$$

상기식을 정리해서 보면 신뢰구간상의 허용오차 범위는

$$\left(-z_{\frac{\alpha}{2}} \cdot \frac{\sigma}{\sqrt{n}},\ z_{\frac{\alpha}{2}} \cdot \frac{\sigma}{\sqrt{n}} \right)$$

```
|————————————————|————————————————|
-z_{α/2}·σ/√n           X̄    d: 허용오차    z_{α/2}·σ/√n
```

그러므로 허용오차 d에 대해서

$$d = z_{\frac{\alpha}{2}} \cdot \frac{\sigma}{\sqrt{n}}$$

n에 대해서 정리하면

$$n = \left(z_{\frac{\alpha}{2}} \cdot \frac{\sigma}{d} \right)^2 \text{이 된다.}$$

- 모비율에 의한 신뢰구간을 이용한 표본의 크기

$$n = \left(z_{\frac{\alpha}{2}} \cdot \frac{\sqrt{pq}}{d} \right)^2,\ q = 1 - p$$

※※ 모비율에 대한 정보가 주어지지 않은 경우 $p=1/2$로 놓고 표본의 크기를 결정한다. 따라서

$$n = \frac{1}{4} \left(z_{\frac{\alpha}{2}} \cdot \frac{1}{d} \right)^2 \text{가 된다.}$$

> 어느 도시에서 시민들의 여당후보지지율을 조사하고자 한다. 여당후보지지율의 95% 추정오차한계가 5% 이내가 되기 위한 표본크기를 구하여라.
>
> $\alpha=0.05$일 때, $z_{\alpha/2}=1.960$ $d=0.05$ 이고 지지율에 대한 모비율정보가 없으므로
> $$n = \frac{1}{4} \left(z_{\frac{\alpha}{2}} \cdot \frac{1}{d} \right)^2 = \frac{1}{4} \left(1.960 \cdot \frac{1}{0.05} \right)^2 = 384.16 \text{이 된다.}$$

04 가설검정

모집단에 대해 어떤 가설을 설정하고 그 모집단으로부터 추출된 표본을 분석함으로써 그 가설이 틀리는지 맞는지 타당성 여부를 결정(검정)하는 통계적 기법이다.

모집단의 특성에 대한 주장은 옳을 수도 있고 틀릴 수도 있다. 객관적이고 과학적인 판단을 위해서는 표본을 선택하여 그 표본을 이용한 결과를 이용하여 가설을 검정해야 한다.

- 검정통계량(Test Statistic)
  - 연구자에 의해 설정된 가설은 표본을 근거로 하여 채택여부를 결정짓게 되는데 이때 사용되는 표본통계량을 검정통계량이라 정의한다.

- 가설검정(Testing Hypothesis)
  - 검정통계량의 표본분포에 따라 채택여부를 결정짓는 일련의 통계적 분석과정을 가설검정이라 하며 일반적으로 몇 단계의 절차를 거쳐 검정이 수행된다.

> **검정통계량**
> 귀무가설이 참이라는 가정 아래 얻은 통계량

1) 가설검정의 절차

① 가설의 설정

집단의 특성을 파악하기 위해서 표본을 이용한 의사결정은 오류의 가능성이 상존한다. 따라서 가설검정은 오류의 가능성을 사전에 관리하는 것이 중요하다. 오류의 허용확률을 정해 놓고 그 기준에 따라 가설의 채택이나 기각을 결정한다.

- 귀무가설(Null Hypothesis, H_0) : 현재 통념적으로 믿어지고 있는 모수에 대한 주장 또는 원래의 기준이 되는 가설이다.
- 대립가설(Alternative Hypothesis, H_1) : 연구자가 모수에 대해 새로운 통계적 입증을 이루어 내고자 하는 가설이다.
- 표본을 통해 새롭게 주장하는 대립가설이 충분히 입증되지 못한다면, 연구자는 현재 믿어지고 있는 주장인 귀무가설을 그대로 받아들여야 할 것이다.

> 귀무가설=영가설

② 유의수준 α

가설검정의 결과로 가설의 채택여부를 결정하게 될 때 우리는 두 가지의 오류를 생각할 수 있다.

> **유의수준**
> 표본에서 얻은 표본통계량이 기각역(rejection region)에 들어갈 확률

검정결과 \ 실제상황	H_0	H_1
H_0 채택	success	Type 2 Error
H_0 기각	Type 1 Error	success

- 제 1종 오류(Type I Error) : 귀무가설이 참일 때 귀무가설을 기각하도록 결정하는 오류(즉, 대립가설을 채택)(무죄인데 유죄라고 할 경우 – 더 중요함)
- 제 2종 오류(Type II Error) : 귀무가설이 거짓인데 귀무가설을 채택할 오류, 또는 대립가설이 참일 때 귀무가설을 채택하도록 결정하는 오류(즉, 대립가설을 기각) (유죄인데 무죄라고 할 오류)
- 유의수준(Significance Level) : 제1종 오류를 범할 확률의 최대 허용한계를 유의수준 또는 위험률(risk ratio)이라고 하며 가설검정에서 판단의 기준으로 삼고 있다.
  - 가설검정의 유의수준 α는 귀무가설이 참인데도 이것을 기각하게 될 확률을 말한다. 일반적으로 1%, 5%, 10% 유의수준 등이 많이 이용된다.
  - 귀무가설이 맞는데 틀렸다고 결론 내렸을 확률(귀무가설을 잘못 기각할 확률), 즉 유의수준이 낮을수록 연구자는 귀무가설을 기각하고 자신의 주장에 확신을 가질 수 있다.
- p-value가 0.07인 경우 귀무가설을 기각하면 잘못 기각할 확률이 0.07이 되고 0.03인 경우 귀무가설을 기각하면 잘못 기각할 확률이 0.03이 된다. 따라서 전자의 경우보다 후자의 경우 귀무가설을 보다 자신 있게 기각하는 것이다.

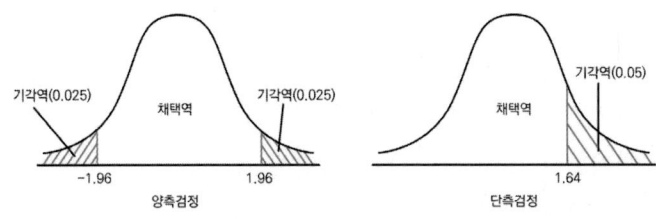

▲ 가설검정의 기각역과 채택역

- 귀무가설의 기각여부는 p-value와 α의 크기에 달려 있다. 즉 p-value가 작을수록 그리고 α의 값이 클수록 귀무가설을 기각할 수 있다.
- 유의수준은 곧 1종 오류의 확률이다. 허용 유의수준 α값은 보통 0.05로 정해지지만 경우에 따라서는 0.01 혹은 0.1이 사용되기도 한다. α값이 0.05라는 것은 95% 신뢰수준을 의미한다.

2) 검정통계량 및 표본분포의 결정

- 모수에 대한 정보는 표본에 함축되어 있다. 따라서 표본을 통하여 가설의 채택 여부를 결정짓게 되는데, 이때 사용되는 표본 통계량을 검정통계량이라 한다.
- 또한 유의수준에 따른 귀무가설의 기각역을 결정하기 위해서, 귀무가설이 참일 때 검정통계량의 확률분포를 알아야만 하며, 알려져 있지 않을 때에는 통계학의 극한이론에 근거하여 근사적인 분포가 정해져야 한다.

> **기적의 TIP**
> 1종 오류와 2종 오류를 이해해야 한다.

> 유의수준이 0.05이면 귀무가설을 기각하기 위해 5% 확률로 잘못된 결론을 내릴 수 있는 것을 고려하여 더 강한 증거가 필요하다. 의학 분야에서는 0.01로 낮게 설정되는 경우가 많다.

> **p-value(유의확률)**
> 관찰된 데이터의 검정통계량이 귀무가설을 지지하는 정도를 확률로 표현한 것

3) 기각역의 결정

표본에서 계산된 통계량이 가설로 설정한 모집단의 성격과 현저한 차이가 있을 경우에는 모집단에 대해 설정한 귀무가설을 기각하게 된다.

- 이때 귀무가설을 기각하게 되는 검정통계량의 범위를 기각역(Critical Region, Rejection Region)이라 하며, 기각역의 경계값을 임계치라 한다.
  - 임계치(Critical Value) : 주어진 유의수준 α에서 귀무가설의 채택과 기각에 관련된 의사결정을 할 때, 그 기준이 되는 점이다.
- 기각역은 검정통계량의 확률분포(귀무가설이 참일 때)와 유의수준 α와 대립가설의 형태(우측, 좌측 또는 양측)에 따라 단측 또는 양측 검정통계량이 설정된다.
- 양측 검정 : 가설검정에서 기각영역이 양쪽에 있는 것이다.
- 단측 검정 : 가설검정에서 기각영역이 어느 한쪽에만 있게 되는 경우이다.

4) 검정통계량의 계산

① 의사결정

표본의 관측치로부터 계산된 검정통계량의 값이 기각역에 속하면 귀무가설을 기각하며(즉, 대립가설을 채택) 그렇지 않으면 귀무가설을 채택(즉, 대립가설을 기각)한다.

② 통계량의 계산과 임계치의 비교

- 임계치가 결정되면 표본에서 얻은 통계량이 기각영역에 속하는지 채택 영역에 속하는지를 결정해야 한다.
- 임계치는 $\overline{X}$, z, t 값으로 나타낼 수 있다. 예를 들어 표본을 기초로 계산된 $z(t)$ 값을 계산된 $z(t)$ 값(computed $z(t)$-value)이라고 부르며, $z_c(t_c)$로 표시한다.
- 계산한 $z(t)$ 값인 $z_c(t_c)$와 임계치를 비교해서, $z_c(t_c)$가 기각영역 안에 있으면 H_0를 기각하고 채택 영역 안에 있으면 H_0를 채택한다.

③ p-value

주어진 자료로서 귀무가설을 기각하려고 할 때 필요한 최소의 유의수준을 의미하며, 다른 용어로 유의성 확률(Significant Probability) 또는 관측된 유의수준(Observed Significance Level)이라고도 한다. p-값이 계산되는 경우에는 유의수준 α와 비교하여 다음과 같은 결정을 할 수 있다.

$$p\text{-value} < \alpha : 귀무가설을 기각$$
$$p\text{-value} > \alpha : 귀무가설을 채택$$

> **기각역이 작은데도 불구하고 기각**
> 실제로 기존의 귀무가설(일반적이거나, 기존의 이론 등 보수적 견해)에 대해 통계분석 결과는 그렇지 않다는 것을 증명하게 되는 결과를 가져온다. 기존의 이론이나 가정이 잘못되었다는 것을 반증하게 되는 것이다.

5) 표본의 평균 검정

단일 표본에서 모평균에 대한 검정은 표본평균 $\overline{X}$를 이용한다.

- $\overline{X}$를 이용한 검정법을 만들려면 $\overline{X}$의 분포를 알아야 한다. 다음 아래의 절차를 따라서 검정 절차를 수행한다.

① 집단크기에 따른 검정통계량의 선택

- 대표본 또는 모집단이 정규분포 : $Z = \dfrac{\overline{X} - \mu}{\sigma/\sqrt{n}} \sim N(0,\ 1)$

- 정규분포 따르면서 소표본 : $T = \dfrac{\overline{X} - \mu}{S/\sqrt{n}} \sim t(n-1)$

② 가설의 설정 : μ에 대한 검정 절차

- 귀무가설 $H_0 : \mu = \mu_0$
- 대립가설 $H_1 : \mu > \mu_0$, $H_1 : \mu < \mu_0$ 또는 $H_1 : \mu \neq \mu_0$

③ 검정통계량 : z-검정 또는 t-검정을 시행한다(선택은 ① 내용 참고).

④ 검정 : α 오류값의 z-검정 또는 t-검정과 비교

- $H_1 : \mu > \mu_0$ 일 때, $z \geq z_\alpha$
- $H_1 : \mu < \mu_0$ 일 때, $z \leq -z_\alpha$
- $H_1 : \mu \neq \mu_0$ 일 때, $|z| \geq z_{\alpha/2}$
- t-검정의 경우는 자유도 (n-1)인 t-분포 사용

> 어느 고등학교의 학생의 용돈수준을 조사하려고 한다.
> 16명의 학생을 표본으로 조사하였더니, 한 달 용돈이 96,000원이었다. 그 학교 학생 전체 한 달 용돈의 표준편차가 6,000원이었다면, 그 학교 학생들의 한 달 용돈이 월 100,000원 이상이라고 할 수 있을까?(기존에 100,000원 이상이라는 귀무가설을 가정) α-오류를 5%로 하여 검정하라.
>
> 가설 $H_0 : \mu \geq 100,000$ 이고 $H_1 : \mu < 100,000$
> 유의수준 α=5%
> 채택영역은 $z \geq -1.64$, 기각영역은 $z < -1.64$
>
> $$z = \dfrac{\overline{X} - \mu}{\dfrac{\sigma}{\sqrt{n}}} = \dfrac{96000 - 100000}{\dfrac{6000}{\sqrt{16}}} = -\dfrac{4000}{1500} = -2.67$$
>
> 이 값은 -1.64보다 작으므로 학생의 한 달 용돈이 10만 원이 된다고 볼 수 없다.

자유도
어떤 통계값을 계산하기 위해 독립적으로 취할 수 있는 값들의 수

▶ 단일 표본 평균 검정에서 t-분포와 정규분포 비교

	t-분포	정규분포
표본의 크기	• 작은 표본 크기에 대해서도 적용 가능 • 일반적으로 표본 크기가 30 미만인 경우 사용	• 큰 표본 크기에 대해서 적용 가능 • 표본 크기가 30 이상이거나 모집단이 정규분포를 따른다고 가정할 수 잇는 경우 사용
모집단의 표준편차	• 모집단의 표준편차를 알지 못할 때 사용 • 표본 표준편차를 통해 표본 오차를 추정하여 t-통계량을 계산	• 모집단의 표준편차를 알 수 있을 때 사용 • 모집단 표준편차를 기반으로 표준오차를 계산하여 z-통계량을 계산
분포의 형태	정규분포와 유사하지만 표본 크기가 작을 때 자유도에 의해 더 두터운 꼬리를 가짐	대표적인 연속형 확률분포

t-분포는 작은 표본 크기와 모집단의 표준 편차를 알지 못하는 경우에 주로 사용되며, 정규분포는 큰 표본 크기와 모집단의 표준 편차를 알고 있는 경우에 사용된다.

6) 두 독립표본의 평균차이 검정

두 개의 독립 표본 X, Y가 각각 $N(\mu_1, \sigma_1^2)$, $N(\mu_2, \sigma_2^2)$를 따를 때, 두 모집단의 평균 차이 $\mu_1 - \mu_2$의 검정은 다음과 같은 절차를 따른다.

① 가설의 설정 : μ에 대한 검정 절차

- 귀무가설 $H_0 : \mu_1 - \mu_2 = 0$
- 대립가설 $H_1 : \mu_1 - \mu_2 > 0$, $H_1 : \mu_1 - \mu_2 < 0$ 또는 $H_1 : \mu_1 - \mu_2 \neq 0$

② 검정통계량 설정 : 위의 가설을 검정하는 데 사용되는 검정통계량은 X-표본과 Y-표본의 표본평균인 X와 Y의 차이에 근거하여 구성한다.

$$T = \frac{\overline{X} - \overline{Y}}{S_p \sqrt{\frac{1}{n} + \frac{1}{m}}}$$

여기서 $S_p^2 = \frac{(n-1)S_1^2 + (m-1)S_2^2}{n+m-2}$으로 공통분산(Common Variance) σ^2의 합동표본분산(Pooled Sample Variance)이며 S_1^2, S_2^2는 각각의 표본의 표본분산을 말한다. 검정통계량 T는 자유도 $m+n-2$인 t-분포를 따른다.

③ 기각역의 설정 : 검정통계량 T에 의한 기각역은 다음의 그림과 같이 구성할 수 있다. 이 그림에서 색칠된 부분은 귀무가설을 기각하게 되는 검정통계량의 범위를 나타내며, 임계치도 자유도 $m+n-2$인 t-분포표로부터 얻을 수 있다.

임계치
귀무가설의 기각이나 채택 여부를 결정하는 판정 기준 값

표본으로부터 계산된 검정통계량의 관측값이 색칠된 부분에 속하면 귀무가설을 기각하게 된다.

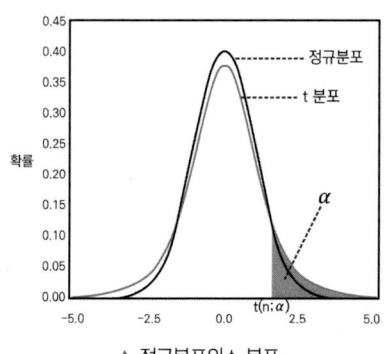

▲ 정규분포와 t-분포

두 종류의 사료가 젖소의 우유 생산량에 미치는 영향의 차이를 조사하고자 한다.
젖소들 가운데 랜덤하게 8마리씩 두 그룹을 뽑아 한 그룹에는 사료 1을, 다른 그룹에는 사료 2를 주면서 3주간 우유 생산량을 조사한 결과 다음과 같은 자료를 얻었다. 두 종류의 사료가 우유 생산량에 차이를 준다고 할 수 있는지를 유의수준 5%에서 검정해 보면 다음과 같다.

| 사료1 | 54 | 60 | 66 | 53 | 62 | 61 | 42 | 50 |
| 사료2 | 65 | 70 | 62 | 67 | 59 | 45 | 60 | 52 |

먼저 두 사료에 대한 평균과 표준편차를 구하면

	표본의 크기	평균	표준편차
사료1	8	56	7.76
사료2	8	60	8.18

귀무가설 $H_0 : \mu_1 - \mu_2 = 0$
대립가설 $H_1 : \mu_1 - \mu_2 \neq 0$이고 유의수준 α는 0.05이다.

검정통계량은 $T = \dfrac{\overline{X} - \overline{Y}}{S_p \sqrt{\dfrac{1}{n} + \dfrac{1}{m}}}$ 이고 기각역은 $|T| \geq t_{0.025}(8+8-2) = t_{0.025}(14) = 2.145$

$S_p^2 = \dfrac{(n-1)S_1^2 + (m-1)S_2^2}{n+m-2} = 63.57$, $|T| = \left| \dfrac{56 - 60}{\sqrt{63.57} \times \sqrt{\dfrac{1}{8} + \dfrac{1}{8}}} \right| = 1.0 < 2.145$

이므로 H_0를 기각할 수 없다. 즉, 두 사료에 대한 우유 생산량이 특별히 다르다고 볼 수 없다.

7) 대응표본의 평균차이 검정

실험단위를 동질적인 쌍으로 묶은 다음, 각 쌍의 실험단위에서 랜덤하게 선택하여 두 처리를 적용하고, 각 쌍에서 관측값의 차를 이용하여 두 모평균의 차에 관한 추론 문제를 다룰 수 있다. 이와 같은 방법을 대응비교(paired comparison) 또는 쌍체비교라고 한다.

① 통계량의 설정

n쌍의 독립적인 표본쌍(쌍체 표본) $(X_1, Y_1), (X_2, Y_2), \cdots, (X_n, Y_n)$이 주어지고, 각 쌍의 차이를 $D_i = X_i - Y_i$ $(i=1,2,\cdots,n)$로 정의할 때, D_i는 $N(\mu_D, \sigma_D^2)$로부터의 확률표본으로 가정한다.

② 가설의 설정

- 귀무가설 $H_0 : \mu_D = 0$
- 대립가설 $H_1 : \mu_D \neq 0$, $H_1 : \mu_D > 0$ 또는 $H_1 : \mu_D < 0$

③ 검정통계량 및 표본분포

위의 가설을 검정하는 데 사용되는 검정통계량은 차이의 평균에 근거하여 다음과 같이 구성한다.

확률표본(임의표본)
유한한 모집단에서 동등한 확률로 추출되거나 모분포로부터 독립적으로 생성된 개체들의 집합

- 검정통계량 : $T = \dfrac{\overline{D}}{S_D/\sqrt{n}}$ 여기서 $S_D^2 = \dfrac{\sum(D_i - \overline{D})^2}{(n-1)}$ 의 표본분산

T의 귀무가설이 참일 때, 자유도 $n-1$인 t-분포를 따른다.
(만일 표본의 크기가 크면 검정통계량의 값은 표준정규분포를 따름)

④ 기각역의 설정

- 대립가설에 따른 기각역이 결정된다.
- 양측으로 설정되어 있으면, 양측에 기각역이 구성되며, 계산된 검정통계량의 값이 $|T| > t_{(\alpha/2,\ n-1)}$을 만족하면 유의수준 α에서 귀무가설을 기각하게 된다.
- 여기서 임계치 $t_{(\alpha/2,\ n-1)}$는 자유도 $(n-1)$인 t-분포의 $100(1-\alpha/2)$ 백분위수를 나타낸다. 대립가설이 우측 또는 좌측으로 설정되어 있을 때도 같은 방법으로 결정된다.

> 어느 제약회사에서 비만증 환자를 위한 약을 개발하였다. 이 약이 부작용 없이 실제로 체중감소에 도움이 되는지를 알아보기 위하여 10명에게 임상실험을 하였다. 약을 투여하기 전의 체중(X_1)과 2주간 약을 투여한 후의 체중(X_2)을 측정하고 이들의 체중감소를 조사한 결과 체중의 차의 표본평균과 표본표준편차는 각각 다음과 같았다.
> $\overline{D}$=0.54(kg), S_D=2.15
> 이 약은 체중감소에 효과적이라고 할 수 있는지를 유의수준 1%에서 검정 해보면
> 귀무가설 $H_0 : \mu_D = 0$
> 대립가설 $H_1 : \mu_D > 0$ 이고 유의수준은 $\alpha=0.01$ 이므로
> 검정통계량 $T = \dfrac{\overline{D}}{S_D/\sqrt{n}} = \dfrac{0.54}{2.15/\sqrt{10}} = 0.79$
> 기각역은 T>$t_{(\alpha,n-1)}$=$t_{(0.01,\ 9)}$=2.821 (t-분포표 참조)
> 0.79<2.821이므로 H_0를 기각시키지 못한 결과를 나타내고 이로써 약이 체중감소에 효과가 있다는 근거는 없다고 결론 내릴 수 있다.

8) 단일표본 모분산에 대한 가설검정(χ^2 검정)

모집단의 평균과 분산이 각각 μ, σ^2인 정규모집단 $N(\mu, \sigma^2)$에서 μ, σ^2가 미지인 경우 모분산 σ^2에 대한 가설검정은 점추정량인 s^2을 이용하여 검정한다.

① 가설의 설정

- 귀무가설 $H_0 : \sigma^2 = \sigma_0^2$
- 대립가설 $H_1 : \sigma^2 \neq \sigma_0^2$(양측검정), 또는 $H_1 : \sigma^2 > \sigma_0^2$(단측검정:우측검정),
  $H_1 : \sigma^2 < \sigma_0^2$(단측검정:좌측검정)

② 검정통계량 $\chi^2 = \dfrac{\sum(x_i - \overline{x})^2}{\sigma_0^2} = \dfrac{\phi s^2}{\sigma_0^2}$ (여기서 $\phi = n-1$ 자유도)

③ 표본크기 n과 유의수준 α에 의해서 결정

④ 자유도 $\phi = n-1$ 검정통계량에 따른 기각역

Φ, φ 는 그리스 문자 피(phi)

귀무가설	대립가설	검정 통계량
$H_0 : \sigma^2 = \sigma_0^2$	$H_1 : \sigma^2 \neq \sigma_0^2$	$\chi^2 < \chi^2_{1-\frac{\alpha}{2}, n-1}$ 또는 $\chi^2_{\frac{\alpha}{2}, n-1} < \chi^2$
$H_0 : \sigma^2 \leq \sigma_0^2$	$H_1 : \sigma^2 > \sigma_0^2$	$\chi^2_{\alpha, n-1} < \chi^2$
$H_0 : \sigma^2 \geq \sigma_0^2$	$H_1 : \sigma^2 < \sigma_0^2$	$\chi^2 < \chi^2_{1-\alpha, n-1}$

- **통계적 결정** : 검정통계량이 기각역에 포함되면 귀무가설(영가설)을 기각한다.

예를 들어 자유도 4의 카이제곱 분포에서 χ^2 값이 9.49보다 커지는 확률은 0.05이다.
이것을 $\chi^2(4, 0.05) = 9.49$와 같이 기술한다.

카이제곱 분포표는 그래프의 총면적이 1이라는 특성을 활용한다. 그래프의 왼쪽면적을 α라고 하면, 오른쪽 면적은 $1-\alpha$가 된다.

> 어느 기계회사의 생산제품의 수명은 분산이 1200시간인 정규분포를 따른다. 새로운 공정설계에 의하여 일부를 변경하고 이 공정에서 생산된 제품 30개를 추출하여 분산을 조사하니 1050시간이었다. 공정을 변경하면 제품수명의 변동이 적어지는지 유의수준 α=0.05 수준에서 검정하라.
>
> 귀무가설은
> $$H_0 : \sigma^2 = 1200$$
> 여기에서 대립 가설은
> $$H_1 : \sigma^2 < 1200$$
> 로 세울 수 있다.
> 자유도는 Φ=n-1=30-1=29이고 이에 따른 검정 통계량은 다음 아래와 같다.
> $$\chi^2 = \frac{\sum(x_i - \bar{x})^2}{\sigma_0^2} = \frac{\phi s^2}{\sigma_0^2} = \frac{29 \times 105}{120} = 25.375$$
> 이에 따른 기각역은 유의수준에 따라서 (χ^2분포표에 의해)
> $$\chi^2 \leq \chi^2(\phi, \alpha) = \chi^2(29, 0.05) = 17.71 이 된다.$$
> 그러므로 25.375>17.71이므로 H_0를 기각할 수 없다(채택). 새로운 공정으로 변경하더라도 제품수명의 변동은 적어지지 않는다.

9) 두 모분산비에 대한 가설 검정(F 검정)

모평균과 모분산을 모르는 경우 두 정규모집단에서 각각 표본크기가 n_1, n_2이며, 표본분산이 s_1^2, s_2^2이라고 하면 두 모분산의 비 σ_1^2/σ_2^2에 대한 가설검정의 방법은 다음과 같다.

① 가설의 설정
- 귀무가설 $H_0 : \sigma_1^2 = \sigma_2^2$
- 대립가설 $H_1 : \sigma_1^2 \neq \sigma_2^2$, $H_1 : \sigma_1^2 > \sigma_2^2$ 또는 $H_1 : \sigma_1^2 < \sigma_2^2$

② 검정통계량 $F = S_1^2/S_2^2$

③ 표본의 크기 n_1, n_2와 유의수준 α를 결정

④ 자유도 $\phi_1 = n_1 - 1$, $\phi_2 = n_2 - 1$인 F 검정통계량에 따른 기각역

귀무가설	대립가설	검정 통계량
$H_0 : \sigma_1^2 = \sigma_2^2$	$H_1 : \sigma_1^2 \neq \sigma_2^2$	$F > F(\phi_1, \phi_2 ; 1-\frac{\alpha}{2})$ 또는 $F < F(\phi_1, \phi_2 ; \frac{\alpha}{2})$
$H_0 : \sigma_1^2 \leq \sigma_2^2$	$H_1 : \sigma_1^2 > \sigma_2^2$	$F > F(\phi_1, \phi_2 ; \alpha)$
$H_0 : \sigma_1^2 \geq \sigma_2^2$	$H_1 : \sigma_1^2 < \sigma_2^2$	$F < F(\phi_1, \phi_2 ; 1-\alpha)$

F 분포표 보는 방법(도서 뒤 부록)
각 유의수준별 분자의 자유도는 상단의 숫자, 분모의 자유도는 옆면의 해당 숫자를 찾아 두 숫자가 만나는 점이 해당 값이 됨

어떤 화장품 회사의 두 공장에서 최근 샴푸 1병의 내용물이 외관상 변동이 있다고 판단되어 각 공장에서 임의로 20병씩 추출하여 측정한 결과 제1공장의 평균과 분산은 각각 $\bar{x}_1=1013.5$, $s_1^2=39.0$, 제2공장의 평균과 분산은 $\bar{x}_2=1009.7$, $s_2^2=26.12$였다. 내용물의 변동에 차이가 있다고 말할 수 있는지, 유의수준 $\alpha=0.05$에서 검정한다.

귀무가설 $H_0 : \sigma_1^2=\sigma_2^2$은 대립가설 $H_1 : \sigma_1^2 \neq \sigma_2^2$로 놓고 보면
F 검정통계량에 따라서

$$F=\frac{S_1^2}{S_2^2}=\frac{39.0}{26.12}=1.4931$$

이다.
$n_1=20$, $n_2=20$, $\phi_1=n_1-1=19$, $\phi_2=n_2-1=19$이고 F 분포표에서

$$F(\phi_1, \phi_2 ; \frac{\alpha}{2})=F(19, 19 ; 0.025)=2.5265$$이므로

$$F \leq F(19, 19 ; 0.025)$$이다. …… (1)

또 다른 경우는

$$F \leq F(\phi_1, \phi_2 ; 1-\frac{\alpha}{2})$$

F 분포의 성질에 의해서(서로 역수관계)

$$F(\phi_1, \phi_2 ; 1-\frac{\alpha}{2})=\frac{1}{F(\phi_1, \phi_2 ; \frac{\alpha}{2})}=\frac{1}{2.5265}=0.3959$$

$$F(19, 19 ; 1-0.025) \leq F \ \cdots\cdots (2)$$

(1), (2)에 의해서 $F(19, 19 ; 1-0.025) \leq F \leq F(19, 19 ; 0.025)$ 사이에 존재하므로(기각역에 포함되지 않음)
H_0 즉, 등분산이 채택된다. 그러므로 두 공장의 내용물의 차이는 없다고 할 수 있다.

합격을 다지는 예상문제

01 추론통계에 대한 설명으로 맞는 것을 모두 고르시오.

> (가) 모집단에 대한 어떤 미지의 양상을 알기 위해 통계학을 이용하여 추측하는 과정을 지칭하며 통계학의 한 부분으로서 추론 통계학이라고 불린다.
> (나) 평균, 분산, 변동계수 등의 값도출을 통해 분석 대상의 구조적 특이성을 밝혀낸다.
> (다) 추정(estimation)은 표본을 통해 모집단 특성이 어떠한가에 대해 추측하는 과정이다. 표본평균 계산을 통해 모집단평균을 추측해보거나, 모집단 평균에 대한 95% 신뢰구간의 계산 과정을 나타낸다.
> (라) 데이터의 시각화를 통해서 데이터의 분포모양 구조적 특이성에 대한 가설과 실제 간의 차이를 밝혀낸다.

① 가, 나 ② 나, 다
③ 다, 라 ④ 가, 다

02 구간 추정과 점추정에 대한 설명으로 틀린 것은?

① 점추정은 모집단의 모수를 하나의 값으로 추정해 주는 것이다.
② 구간추정은 모수가 포함되는 확률변수구간을 어떤 신뢰성 아래 추정하는 것이다.
③ 우리가 아무리 좋은 추정방법을 사용한다고 하더라도 표본을 택하고 이 표본으로부터 계산된 추정값이 목표값을 정확하게 추정한다고 주장할 수는 없다.
④ 구간추정에 오차(error)의 개념을 도입하여 모수가 포함되는 확률변수 구간 내의 가장 신뢰성을 가지는 값 하나를 선택하는 것이 점추정이다.

03 모수와 모수추정 개념에 대한 설명이다. **틀린** 것은?

① 모수(parameter)는 모집단의 특성을 수치화하여 나타낸 것이다.
② 모수의 추정량의 선택기준으로 불편성, 효율성, 일치성, 충분성이 있다.
③ 충분성은 추정량이 모수에 대하여 가장 많은 정보를 제공할 때 그 추정량은 충분추정량이 된다.
④ 일치성은 표본 크기에 대한 최적치를 반영하여 추정값의 품질의 척도를 제시한다.

04 편향에 대한 설명으로 틀린 것은?

① 기대하는 추정량과 모수의 차이를 편향(bias)이라고 한다.
② 임의의 추정량의 편향을 $B(\hat{\theta})$이라고 한다면 $B(\hat{\theta}) = E(\hat{\theta}) - \theta$로 정의할 수 있다.
③ 불편추정량(Unbiased Estimator)은 $B(\hat{\theta}) = 0$, 즉 편향이 0이 되는 상황의 추정량 $\hat{\theta}$를 불편추정량이라고 한다.
④ 표본평균은 이상치의 영향으로 값의 변화가 커지므로 대표적인 불편추정량이 아니다.

05 어떤 금융사의 고객센터에서 한 고객당 전화응대 소요시간은 평균 θ인 지수분포를 따른다고 한다. 5명의 고객에 대해서 측정한 결과 각각 $x_1=3$, $x_2=5$, $x_3=2$, $x_4=4$, $x_5=1$을 측정할 수가 있었다. 고객당 평균 응대 소요시간의 최대우도추정치는 얼마인가?

① 3 ② 4.3
③ 5 ④ 2.5

06 다음의 두 추정량

$\hat{\theta}_1 = \frac{1}{4}X_1 + \frac{1}{4}X_2 + \frac{1}{4}X_3 + \frac{1}{4}X_4$

$\hat{\theta}_2 = \frac{1}{4}X_1 + \frac{1}{2}X_2 + \frac{1}{4}X_3$ (단, $E(X_i) = \mu$, $VAR(X_i) = \sigma^2$)

에 대한 설명으로 옳은 것은?

① $\hat{\theta}_1$은 불편추정량이나 $\hat{\theta}_2$는 불편추정량이 아니다.
② $\hat{\theta}_2$은 불편추정량이나 $\hat{\theta}_1$는 불편추정량이 아니다.
③ $\hat{\theta}_1$, $\hat{\theta}_2$는 불편추정량이나 효율성 측면에서 비교하여 보면 $\hat{\theta}_1$이 더 효율적이다.
④ $\hat{\theta}_1$, $\hat{\theta}_2$는 불편추정량이나 효율성 측면에서 비교하여 보면 $\hat{\theta}_2$이 더 효율적이다.

07 모집단의 분산을 알고 있는 경우의 모평균의 신뢰구간을 구하는 것에 대한 설명이다. <u>틀린</u> 것은?

① 모집단의 모분산을 σ^2, 모집단에서 얻는 크기가 n인 확률표본 X의 표본평균을 $\bar{X}$라고 할 때 모평균 μ의 신뢰구간 $100(1-\alpha)\%$는 $\bar{X} - Z_{\frac{\alpha}{2}} \cdot \frac{\sigma}{\sqrt{n}} \leq \mu \leq \bar{X} + Z_{\frac{\alpha}{2}} \cdot \frac{\sigma}{\sqrt{n}}$ 이다.
② $Z_{\frac{\alpha}{2}}$ 는 오른쪽 면적이 $\frac{\alpha}{2}$ 인 표준정규분포를 따르는 Z값이다.
③ 신뢰수준 90%인 경우의 신뢰구간은 $\bar{X} - 1.960 \cdot \frac{\sigma}{\sqrt{n}} \leq \mu \leq \bar{X} + 1.960 \cdot \frac{\sigma}{\sqrt{n}}$으로 나타낸다.
④ 신뢰수준 99%인 경우의 신뢰구간은 $\bar{X} - 2.576 \cdot \frac{\sigma}{\sqrt{n}} \leq \mu \leq \bar{X} + 2.576 \cdot \frac{\sigma}{\sqrt{n}}$으로 나타낸다.

08 어떤 포장 식품의 포장 겉면의 내용물 중량이 300g 이라고 표시되어 있다. 소비자보호원에서 실제 무게를 추정하기 위하여 시중의 매장에서 10개의 제품을 구입하여 조사한 결과 다음의 정보를 얻었다.

310, 295, 298, 302, 305, 285, 300, 311, 301, 294

통조림 무게의 표본평균과 표준오차를 구하시오.

① 표본평균 300.1, 표준오차 7.75
② 표본평균 300.1, 표준오차 2.45
③ 표본평균 333.45, 표준오차 7.75
④ 표본평균 333.45, 표준오차 2.45

09 모평균에 대한 신뢰구간에 대한 각 상황별 정리이다. 옳은 것을 모두 고르시오.

구분		신뢰구간 $100(1-\alpha)\%$
(가)	모집단의 분산을 아는 경우	$\bar{X} - Z_{\frac{\alpha}{2}} \cdot \frac{\sigma}{\sqrt{n}} \leq \mu \leq \bar{X} + Z_{\frac{\alpha}{2}} \cdot \frac{\sigma}{\sqrt{n}}$
(나)	모집단의 분산을 모르는 경우 (표본크기가 작은 경우)	$\bar{X} - t_{\frac{\alpha}{2}, n-1} \cdot \frac{S}{\sqrt{n}} \leq \mu \leq \bar{X} + t_{\frac{\alpha}{2}, n-1} \cdot \frac{S}{\sqrt{n}}$
(다)	모집단의 분산을 모르는 경우 (표본크기가 큰 경우)	$\bar{X} - Z_{\frac{\alpha}{2}} \cdot \frac{S}{\sqrt{n}} \leq \mu \leq \bar{X} + Z_{\frac{\alpha}{2}} \cdot \frac{S}{\sqrt{n}}$

① 가
② 가, 나
③ 가, 다
④ 가, 나, 다

10 우리나라 중학생들의 월평균 용돈이 얼마인지 알아보려고 한다. 100명을 임의로 선택하여 본 결과, 그들의 평균이 82,000원이라는 것을 알았다. 모집단의 표준편차가 10만 원이고, 모집단이 정규분포를 이룬다고 가정할 때 우리나라 중학생들의 평균용돈의 90% 신뢰구간으로 옳은 것은?

① $p(65,550 \leq \mu \leq 98,450)$
② $p(62,400 \leq \mu \leq 101,600)$
③ $p(56,300 \leq \mu \leq 107,700)$
④ $p(56,500 \leq \mu \leq 105,300)$

11 어느 초등학교 1학년 여자아이들의 혈압자료에서 5명을 랜덤하게 택한 결과가 다음[102, 92, 98, 88, 104]과 같다고 할 때, 이를 이용하여 초등학교 여학생 혈압의 대표 값에 대한 95% 신뢰구간을 가장 근사하게 분석한 결과를 고르시오.

① 표본결과 초등학교 여자아이들의 혈압은 88에서 105 사이에 있다고 할 수 있다.
② 표본결과 초등학교 여자아이들의 혈압은 80에서 115 사이에 있다고 할 수 있다.
③ 표본결과 초등학교 여자아이들의 혈압은 82에서 109 사이에 있다고 할 수 있다.
④ 표본결과 초등학교 여자아이들의 혈압은 80에서 120 사이에 있다고 할 수 있다.

12 한 커피공장에서 소단위 원두커피믹스를 포장하여 판매하는데 무게는 정규분포를 따른다고 한다. 원두커피 한 봉지의 평균무게 μ를 구간추정하기 위하여 다음과 같이 9개의 표본을 선택하여 실제 무게에 대한 표본을 얻었다. 평균무게 μ의 95% 신뢰구간을 구하시오(단, 과거 데이터로부터 표준편차는 알려져 있고 그 값은 0.3g이다). 정답은 소수점 이하 2째자리까지 구하시오.

7.1 7.0 7.0 7.1 6.8 7.4 6.8 6.6 7.2 (단위 g)

① $(6.8 \sim 7.2)$
② $(7.2 \sim 7.8)$
③ $(6.8 \sim 6.9)$
④ $(7.0 \sim 7.2)$

13 모비율의 신뢰구간을 구하는 식으로 올바른 것은? (단, q=1-p)

① 모비율 p에 대한 표본집단의 비율을 $\hat{p}$이라 하면
$\hat{p} - Z_{\frac{\alpha}{2}}\sqrt{\frac{p}{n}} < p < \hat{p} + Z_{\frac{\alpha}{2}}\sqrt{\frac{p}{n}}$ 이다.

② 모비율 p에 대한 표본집단의 비율을 $\hat{p}$이라 하면
$\hat{p} - Z_{\frac{\alpha}{2}}\sqrt{\frac{q}{n}} < p < \hat{p} + Z_{\frac{\alpha}{2}}\sqrt{\frac{q}{n}}$ 이다.

③ 모비율 p에 대한 표본집단의 비율을 $\hat{p}$이라 하면
$\hat{p} - Z_{\alpha}\sqrt{\frac{pq}{n}} < p < \hat{p} + Z_{\alpha}\sqrt{\frac{pq}{n}}$ 이다.

④ 모비율 p에 대한 표본집단의 비율을 $\hat{p}$이라 하면
$\hat{p} - Z_{\frac{\alpha}{2}}\sqrt{\frac{pq}{n}} < p < \hat{p} + Z_{\frac{\alpha}{2}}\sqrt{\frac{pq}{n}}$ 이다.

14 한 대학교에서 3월 한 달간 신입학생 325명을 대상으로 일주일에 1회 이하로 술을 마시는 사람을 조사해본 결과 25명이었다. 99% 신뢰수준에서 모비율을 추정하라.

① $0.048716 < p < 0.165084$
② $0.038716 < p < 0.115084$
③ $0.030716 < p < 0.127084$
④ $0.040716 < p < 0.12794$

15 어느 사료회사에서 16kg 규격의 사료를 생산하고 있다. 실제 용량의 편차를 알아보기 위해 표본을 추출하려고 한다. 생산되는 전체 사료의 평균 용량의 추정치의 오차가 0.2kg 이상 되지 않으려고 하는데 이 결과가 95% 신뢰수준을 요구한다. 과거 자료에 의하면 사료중량의 표준편차는 1.34kg로 알려져 있다. 이러한 요구를 충족시키기 위하여 표본의 크기는 얼마로 해야 하는가?

① 31
② 78
③ 155
④ 173

16 어느 지역의 시장 선거에서 후보들의 당선 가능성에 대해 알아보기 위해서 표본추출에 의한 여론 조사를 하기로 하였다. 표본추출에 의한 여론조사를 통한 추정치가 2.5% 이상 빗나가지 않을 것을 99%의 신뢰수준으로 확인하기 위한 최소 표본의 크기는 얼마인가?

① 1,537
② 2,663
③ 25,343
④ 66,564

17 어떤 대선 예비후보의 지지도를 추정하기 위하여 100명의 성인을 대상으로 지지여부를 설문조사 하였다. 그 결과 표본비율(표본지지율)은 0.6이었다. 실제 지지율이 0.5인데도 여론지지도 조사가 이와 같이 60%로 나올 확률은 얼마인가?

① 0.9772
② 0.95
③ 0.05
④ 0.0228

18 기각역에 대한 설명으로 틀린 것을 고르시오.

① 귀무가설을 기각하게 되는 검정통계량의 범위를 기각역(Critical Region, Rejection Region)이라 한다.
② 임계치(Critical Value)는 주어진 유의수준 α에서 대립가설의 채택과 기각에 관련된 의사결정을 할 때, 그 기준이 되는 점이다.
③ 양측검정은 가설검정에서 기각영역이 양쪽에 있는 것이다.
④ 단측검정은 가설검정에서 기각영역이 어느 한쪽에만 있게 되는 경우이다.

19 가설검정에 대한 설명으로 옳은 것은?

① 연구자에 의해 설정된 가설은 모집단 전체를 근거로 하여 채택여부를 결정짓게 되는데 이때 사용되는 통계량을 검정통계량이라 정의한다.
② 검정통계량의 표본분포에 따라 채택여부를 결정짓는 일련의 통계적 분석과정을 가설검정이라 하며 일반적으로 몇 단계의 절차를 거쳐 검정이 수행된다.
③ 귀무가설(Null Hypothesis, H0)은 연구자가 모수에 대해 새로운 통계적 입증을 이루어 내고자 하는 가설이다.
④ 대립가설(Alternative Hypothesis, H1)은 현재 통념적으로 믿어지고 있는 모수에 대한 주장 또는 원래의 기준이 되는 가설이다.

20 가설검정의 결과로 가설 채택여부를 결정 시 설명으로 틀린 것은?

① 제1종 오류(Type I Error)는 귀무가설이 참일 때 귀무가설을 기각하도록 결정하는 오류이다.
② 제2종 오류(Type II Error)는 귀무가설이 거짓인데 귀무가설을 채택할 오류이다.
③ 제3종 오류(Type III Error)는 귀무가설, 대립가설 전부가 거짓인 오류이다.
④ 가설검정의 유의수준 α는 귀무가설이 참인데도 이것을 기각하게 될 확률을 말한다.

21 표본의 평균 검정에 대한 절차 중 일부를 정리한 것이다. 빈칸에 알맞은 것을 순서대로 적은 것은?

집단크기에 따른 검정 통계량의 선택
– 대표본 또는 모집단이 정규분포 : (가)
– 정규분포 따르면서 소표본 : (나)

① 가) $Z = \frac{\bar{X}-\mu}{\sigma/\sqrt{n}} \sim N(0,1)$ 나) $T = \frac{\bar{X}-\mu}{\sigma} \sim t(n-1)$
② 가) $Z = \frac{\bar{X}-\mu}{\sigma/\sqrt{n}} \sim t(n-1)$ 나) $T = \frac{\bar{X}-\mu}{\sigma} \sim t(n-1)$
③ 가) $Z = \frac{\bar{X}-\mu}{\sigma/\sqrt{n}} \sim N(0,1)$ 나) $T = \frac{\bar{X}-\mu}{S/\sqrt{n}} \sim t(n-1)$
④ 가) $Z = \frac{\bar{X}-\mu}{\sigma/\sqrt{n}} \sim N(0,1)$ 나) $T = \frac{\bar{X}-\mu}{\sigma} \sim N(0,1)$

22 어느 고등학교의 학생의 용돈수준을 조사하려고 한다. 16명의 학생을 표본으로 조사하였더니, 한 달 용돈이 96,000원이었다. 그 학교 학생 전체 한 달 용돈의 표준편차가 6,000원이었다면, 그 학교 학생들의 한 달 용돈이 월 100,000원 이상이라고 할 수 있을까? (기존에 100,000원 이상이라는 귀무가설을 가정, 유의수준을 5%로 하여 검정한 결과로 타당한 것은?)

① 학생의 한 달 용돈이 10만 원이 된다고 볼 수 없다.
② 학생의 한 달 용돈이 10만 원이 된다고 볼 수 있다.
③ 학생의 한 달 용돈이 10만 원이 타당성 검정 자체가 불가능하다.
④ 학생의 한 달 용돈이 10만 원이 된다는 점은 표본에 따라 달라진다.

23 두 독립표본(각 n, m 표본 수) 사이의 평균차이의 검정을 하기 위한 검정 통계량 식으로 옳은 것은?

① 검정 통계량

$$T = \frac{\bar{X}-\bar{Y}}{S_p\sqrt{\frac{1}{n}+\frac{1}{m}}}, \quad S_p^2 = \frac{(n-1)S_1^2+(m-1)S_2^2}{n+m-2}$$

으로 공통분산 σ^2의 합동표본분산이며, S_1^2, S_2^2는 각각의 표본의 표본분산을 말한다. 검정 통계량 T는 자유도 m+n-2인 t-분포를 따른다.

② 검정 통계량

$$T = \frac{\bar{X}-\bar{Y}}{S_p\sqrt{\frac{1}{n}+\frac{1}{m}}}, \quad S_p^2 = \frac{(n-1)S_1^2+(m-1)S_2^2}{n+m+2}$$

으로 공통분산 σ^2의 합동표본분산이며, S_1^2, S_2^2는 각각의 표본의 표본분산을 말한다. 검정 통계량 T는 자유도 n+m+2인 t-분포를 따른다.

③ 검정 통계량

$$T = \frac{\bar{X}-\bar{Y}}{S_p\sqrt{\frac{n}{m}+\frac{1}{n}}}, \quad S_p^2 = \frac{(n-1)S_1^2+(n-1)S_2^2}{n+m-2}$$

으로 공통분산 σ^2의 합동표본분산이며, S_1^2, S_2^2는 각각의 표본의 표본분산을 말한다. 검정 통계량 T는 자유도 n+m-2인 t-분포를 따른다.

④ 검정 통계량

$$T = \frac{\bar{X}-\bar{Y}}{S_p\sqrt{\frac{m}{n}+\frac{1}{m}}}, \quad S_p^2 = \frac{(m-1)S_1^2+(m-1)S_2^2}{n+m-2}$$

으로 공통분산 σ^2의 합동표본분산이며, S_1^2, S_2^2는 각각의 표본의 표본분산을 말한다. 검정 통계량 T는 자유도 n+m-2인 t-분포를 따른다.

24 두 종류의 사료가 젖소의 우유 생산량에 미치는 영향의 차이를 조사하고자 한다. 젖소들 가운데 랜덤하게 8마리씩 두 그룹을 뽑아 한 그룹에는 사료1을, 다른 그룹에는 사료2를 주면서 3주간 우유 생산량을 조사한 결과 다음과 같은 자료를 얻었다. 두 종류의 사료가 우유 생산량에 변화를 주는지 올바르게 분석한 것을 고르시오. (유의수준 5%)

▶ 우유 생산량

| 사료1 | 54 | 60 | 66 | 53 | 62 | 61 | 42 | 50 |
| 사료2 | 65 | 70 | 62 | 67 | 59 | 45 | 60 | 52 |

① 사료1이 우유 생산량 향상에 더 기여한다고 판단 가능하다.
② 사료2가 우유 생산량 향상에 더 기여한다고 판단 가능하다.
③ 두 사료에 대한 우열은 못 가르나 차이가 있음을 알 수 있다.
④ 두 사료에 대한 우유 생산량이 다르다고 볼 수 없다.

25 증권사 A는 기존의 고객센터 인력을 충원하였고 증권사 B는 인공지능 챗봇을 도입하여 기존 고객센터와 같이 운영하였다. 20주간의 운영 후 두 증권사의 고객에 대한 업무처리 불만족도에 대하여 실제 차이가 있는지 조사하였다.
A 증권사는 매일 100건의 무작위 고객응대에 대해서 일일 불만 건수는 평균 2.7회 분산 1.1이었다.
B 증권사의 경우는 무작위 120건의 조사에 대해서 평균 2.4회 분산 0.9를 나타내었다.
두 증권사의 불만족 횟수 차이에 대한 90% 신뢰구간을 구하고 두 증권사의 차이가 있는지를 10% 유의수준에서 검정하였을 때 다음 중 맞는 것은?

① 신뢰구간 0.076, 0.524, 검정결과 차이가 있다 볼 수 있다.
② 신뢰구간 0.076, 0.524, 검정결과 차이가 없다 볼 수 있다.
③ 신뢰구간 0.9476, 0.924, 검정결과 차이가 있다 볼 수 있다.
④ 신뢰구간 0.9476, 0.924, 검정결과 차이가 없다 볼 수 있다.

26 한 공장에서 운영하고 있는 공작 기계에서 제품의 길이에 대한 분산이 2.25cm를 넘는 경우 기계가 이상 있다고 판단하기로 하였다. 10개의 제품을 샘플로 조사하여 분산이 5.16cm가 나왔을 때, 기계에 이상 있는지 여부를 유의수준 5%에서 검정하면 옳은 것은?

① 기계에 이상이 있다고 판단 가능하다.
② 기계에 이상이 없다고 판단 가능하다.
③ 기계에 이상이 있는지 없는지 판단이 불가능하다.
④ 현재 데이터로는 기계 이상 유무를 판단 불가능하며 샘플수를 늘리면 판단 가능하다.

합격을 다지는 예상문제 정답 & 해설

SECTION 02

01 ④	02 ④	03 ④	04 ④	05 ①
06 ③	07 ③	08 ②	09 ④	10 ①
11 ①	12 ①	13 ④	14 ②	15 ④
16 ②	17 ④	18 ②	19 ②	20 ③
21 ③	22 ①	23 ①	24 ④	25 ①
26 ①				

01 ④

통계적 추론 또는 통계적 추측은 모집단에 대한 어떤 미지의 양상을 알기 위해 통계학을 이용하여 추측하는 과정을 지칭하며 통계학의 한 부분으로서 추론 통계학이라고 불린다. 이것은 기술 통계학(Descriptive Statistics)과 구별되는 개념이다.
– 추정은 통계적추론의 하나이다.

02 ④

구간추정은 점추정에 오차(error)의 개념을 도입하여 모수가 포함되는 확률 변수구간을 어떤 신뢰성 아래 추정하는 것이다.

03 ④

일치성(consistency) : 표본 크기가 증가할수록 좋은 추정값을 제시한다.

04 ④

표본평균은 불편추정량이나 표본분산은 불편추정량이 아니다.
– 표본분산과 모분산의 계산 차이의 이유, n이 아닌 n−1로 나누는 이유

05 ①

$X_1, X_2, \cdots, X_{n-1}, X_n$는 확률밀도함수
$f(x;\theta) = \frac{1}{\theta} e^{-x/\theta}$ $(0 < x < \infty, \ \theta > 0)$
인 지수분포로부터의 임의 표본이라고 하면 모수 θ의 최대우도추정에 의한 추정량은 $\hat{\theta} = \bar{x}$이므로 $\hat{\theta} = \frac{3+5+2+4+1}{5} = 3$

06 ③

두 추정량의 평균 비교를 해보면
$E(\hat{\theta}_1) = \frac{1}{4}E(X_1) + \frac{1}{4}E(X_2) + \frac{1}{4}E(X_3) + \frac{1}{4}E(X_4) = \frac{4}{4}\mu = \mu$
$E(\hat{\theta}_2) = \frac{1}{4}E(X_1) + \frac{1}{2}E(X_2) + \frac{1}{4}E(X_3) = \frac{1}{4}\mu + \frac{1}{2}\mu + \frac{1}{4}\mu = \mu$
$VAR(\hat{\theta}_1) = \frac{1}{16}VAR(X_1) + \frac{1}{16}VAR(X_2) + \frac{1}{16}VAR(X_3) + \frac{1}{16}VAR(X_4) = \frac{4}{16}\sigma^2 = \frac{1}{4}\sigma^2$
$VAR(\hat{\theta}_2) = \frac{1}{16}VAR(X_1) + \frac{1}{4}VAR(X_2) + \frac{1}{16}VAR(X_3) = \frac{6}{16}\sigma^2 = \frac{3}{8}\sigma^2$
∴ $VAR(\hat{\theta}_1) < VAR(\hat{\theta}_2)$
이 된다. 즉, $\hat{\theta}_1$이 $\hat{\theta}_2$보다 더 효율적이라고 말할 수 있다.
추정량 중에서 작은 분산을 가진 추정량(표준편차가 작은 추정량)이 더 효율적이다.

07 ③

신뢰수준 90%인 경우의 신뢰구간은
$\bar{X} - 1.645 \cdot \frac{\sigma}{\sqrt{n}} \leq \mu \leq \bar{X} + 1.645 \cdot \frac{\sigma}{\sqrt{n}}$으로 나타낸다.

08 ②

평균을 구하면
$\bar{X} = \frac{1}{n}\sum X_i = \frac{3001}{10} = 300.1$

표본의 표준편차는
$\sqrt{S^2} = \sqrt{\frac{1}{n-1}\sum(X_i - \bar{X})^2} = \sqrt{\frac{540.9}{9}} = \sqrt{60.1} = 7.752419$ 이므로 표본오차는
$\frac{S}{\sqrt{n}} = \frac{7.752419}{\sqrt{10}} = 2.45153$

09 ④

모집단의 분산을 모르는 경우 표본표준편차를 이용해서 모집단의 분산을 추정한다. 표본크기가 작은 경우는 t분포를, 표본크기가 큰 경우는 정규분포를 이용해서 추정한다.

10 ①

n=100이고 σ=100,000이므로 σ/√n=100,000/√100=10,000이 된다.
그럼 90% 신뢰구간은
$P(\bar{X} - 1.645 \cdot \frac{\sigma}{\sqrt{n}} \leq \mu \leq \bar{X} + 1.645 \cdot \frac{\sigma}{\sqrt{n}})$
=P(82,000−1.645×10,000≤μ≤82,000+1.645×10,000)
= P(65,550≤μ≤98,450)

11 ①

이 표본으로부터 계산된 표본평균과 표본표준편차(S)는 각각 다음과 같다.
표본평균 = 96.80, S = 6.72
이 표본의 경우 자유도는 5−1=4이다. T−분포표로부터 자유도가 4인 $t_{0.025}$ 경우는 2.780이므로 공식에 대입하면 다음이 성립한다.(부록 T−분포표 참조)
목표값 = 96.8 ± 2.78(6.72/2.24) = 96.8 ± 8.32
여기서 2.24는 표본크기 5의 제곱근이다. 따라서 이 표본결과 초등학교 여자아이들의 혈압은 88에서 105 사이에 있다고 할 수 있다.

12 ①

분산과 분포를 알고 소규모 샘플을 이용하는 경우이므로
$\bar{X} - Z_{\frac{\alpha}{2}} \cdot \frac{\sigma}{\sqrt{n}} \leq \mu \leq \bar{X} + Z_{\frac{\alpha}{2}} \cdot \frac{\sigma}{\sqrt{n}}$ 여기서
$\bar{X} = \frac{7.1 + 7.0 + 7.0 + 7.1 + 6.8 + 7.4 + 6.8 + 6.6 + 7.2}{9} = \frac{63.0}{9} = 7$
이므로 양측검정으로 5% 신뢰구간을 고려하여 정리하면
$7 - Z_{\frac{\alpha}{2}} \cdot \frac{0.3}{\sqrt{9}} \leq \mu \leq 7 + Z_{\frac{\alpha}{2}} \cdot \frac{0.3}{\sqrt{9}}$
$7 - 1.96 \cdot \frac{0.3}{\sqrt{9}} \leq \mu \leq 7 + 1.96 \cdot \frac{0.3}{\sqrt{9}}$
계산하여 반영하면 신뢰구간은 (6.80, 7.20)

13 ④

$\hat{p} - Z_{\frac{\alpha}{2}}\sqrt{\frac{pq}{n}} < p < \hat{p} + Z_{\frac{\alpha}{2}}\sqrt{\frac{pq}{n}}$이 모비율의 신뢰구간이 된다.

14 ②

표본비율은 $\hat{p} = \frac{25}{325} = 0.0769$
표본비율분포의 표준오차는 $\sqrt{\frac{pq}{n}} = \sqrt{\frac{0.0769(1-0.0769)}{325}} = 0.0148$
이 된다. 그러므로 99% 신뢰구간은 $\hat{p} - Z_{\frac{\alpha}{2}}\sqrt{\frac{pq}{n}} < p < \hat{p} + Z_{\frac{\alpha}{2}}\sqrt{\frac{pq}{n}}$
0.0769−2.58×0.0148 < p < 0.0769+2.58×0.0148
0.038716 < p < 0.115084

15 ④

모평균에 의한 신뢰구간을 이용한 표본크기를 구하는 문제

모수는 모집단의 평균, 그러면 추정량은 표본평균이 된다. 신뢰수준은 95%이므로 모분산은 σ=1.34, 허용오차는 0.2가 된다. (단, $Z_{α/2}$=1.96) 그럼

$$n \geq \left[\frac{Z_{\frac{α}{2}}σ}{허용오차}\right]^2 = \left[\frac{1.96 \times 1.34}{0.2}\right]^2 = 172.45$$

표본의 개수가 173개 이상 되어야 신뢰수준 95% 경우의 허용오차 0.2 이상이 되지 않는다.

16 ②

모비율에 의한 신뢰구간을 이용한 표본크기를 구하는 문제

모수는 모비율, 표본비율이 추정량이 되는 경우 모수는 전체 모집단의 비율 과반 이상 되어야 당선이 되므로 표준편차는 $\sqrt{0.5 \times (1-0.5)} = 0.5$

99% 신뢰수준에서 허용오차를 2.5%라고 하면 (단, $Z_{α/2}$=2.58)

$$n \geq \left[\frac{Z_{\frac{α}{2}}σ}{허용오차}\right]^2 = \left[\frac{2.58 \times 0.5}{0.025}\right]^2 = 2,662.56$$ 그러므로 최소 2,663명이 되어야 한다.

17 ④

$\hat{p}$=0.6, p=0.5, n=100 이므로 표본비율의 신뢰도는

$$P\left(Z \geq \frac{\hat{p}-p}{\sqrt{\frac{p(1-p)}{n}}}\right) = P\left(Z \geq \frac{0.6-0.5}{\sqrt{\frac{0.5(1-0.5)}{100}}}\right) = P(Z \geq 2) = 0.0228$$

이 된다.

18 ②

임계치(Critical Value) : 주어진 유의수준 α에서 귀무가설의 채택과 기각에 관련된 의사결정을 할 때, 그 기준이 되는 점이다.

19 ②

연구자에 의해 설정된 가설은 표본을 근거로 하여 채택여부를 결정짓게 되는데 이때 사용되는 통계량을 검정통계량이라 정의한다.

- 귀무가설(Null Hypothesis, H_0) : 현재 통념적으로 믿어지고 있는 모수에 대한 주장 또는 원래의 기준이 되는 가설
- 대립가설(Alternative Hypothesis, H_1) : 연구자가 모수에 대해 새로운 통계적 입증을 이루어 내고자 하는 가설

20 ③

- 유의수준(Significance Level) : 제1종 오류를 범할 확률의 최대 허용한계를 유의수준 또는 위험률(risk ratio)이라고 하며 가설검정에서 판단의 기준으로 삼고 있다.

21 ③

집단크기에 따른 검정 통계량의 선택

대표본 또는 모집단이 정규분포 : $Z = \frac{\bar{X}-μ}{σ/\sqrt{n}} \sim N(0,1)$

정규분포 따르면서 소표본 : $T = \frac{\bar{X}-μ}{S/\sqrt{n}} \sim t(n-1)$

22 ①

가설 H_0 : μ≥100,0000이고 H_1 : μ<100,000
유의수준 α=5% 채택영역은 Z≥−1.64 기각영역은 Z<−1.64

$$Z = \frac{\bar{X}-μ}{σ/\sqrt{n}} = \frac{96000-100000}{6000/\sqrt{16}} = -\frac{4000}{1500} = -2.67$$

이 값은 −1.64보다 작으므로 학생의 한 달 용돈이 10만 원이 된다고 볼 수 없다.

23 ①

두 독립표본의 평균차이 검정의 검정 통계량

검정 통계량 설정 : 위의 가설을 검정하는 데 사용되는 검정통계량은 X-표본과 Y-표본의 표본평균인 $\bar{x}$와 $\bar{y}$의 차이에 근거하여 구성한다.

검정 통계량 $T = \frac{\bar{x}-\bar{y}}{S_p\sqrt{\frac{1}{n}+\frac{1}{m}}}$

여기서 $S_p^2 = \frac{(n-1)S_1^2+(m-1)S_2^2}{n+m-2}$

공통분산(Common Variance) σ2의 합동표본분산(Pooled Sample Variance)이며 S_1^2, S_2^2는 각각의 표본의 표본분산을 말한다. 검정 통계량 T는 자유도 m+n−2인 t−분포를 따른다.

24 ④

먼저 두 자료에 대한 평균과 표준편차를 구하면

	표본의 크기	평균	표준편차
사료1	8	56	7.76
사료2	8	60	8.18

귀무가설 H_0 : $μ_1-μ_2$=0
대립가설 H_1 : $μ_1-μ_2$≠0, 유의수준 α는 0.05

검정통계량 $T = \frac{\bar{x}-\bar{y}}{S_p\sqrt{\frac{1}{n}+\frac{1}{m}}}$이고 기각역은 T≥$t_{0.025}$(8+8−2)=$t_{0.025}$(14)=2.145

$S_p^2 = \frac{(n-1)S_1^2+(m-1)S_2^2}{n+m-2} = 63.57$, $|T| = \left|\frac{56-60}{\sqrt{63.57}\times\sqrt{\frac{1}{8}+\frac{1}{8}}}\right| = 1.0 < 2.145$

이므로 H_0를 기각할 수 없다.
즉, 두 사료에 대한 우유 생산량이 다르다고 볼 수 없다.

25 ①

두 독립표본은 각각 일정 숫자이상의 대표본이므로 표준정규분포(z−분포)에 의해서 모평균의 차이를 비교하면

90% 신뢰구간을 고려하면 $Z_{α/2}$=±1.645이므로 신뢰구간은

$(\bar{X}_1 - \bar{X}_1) \pm Z_{\frac{α}{2}}\sqrt{\frac{σ_1^2}{n_1}+\frac{σ_2^2}{n_2}} = (2.7-2.4) \pm 1.645\sqrt{\frac{1.1}{100}+\frac{0.9}{120}} = (0.076, 0.524)$

가 된다.

귀무가설 H_0 : $μ_1-μ_2$=0
대립가설 H_1 : $μ_1-μ_2$≠0, 유의수준 α는 0.10일 때,
귀무가설의 임계치는 $Z_{α/2}$=±1.645이고

$$Z = \frac{(\bar{X}_1-\bar{X}_1)-μ_0}{\sqrt{\frac{σ_1^2}{n_1}+\frac{σ_2^2}{n_2}}} = \frac{(2.7-2.4)-0}{\sqrt{\frac{1.1}{100}+\frac{0.9}{120}}} = 2.21$$

이 된다. 이 값은 임계치보다 크므로 귀무가설은 기각된다.
신뢰구간에서도 0을 포함하지 않으므로 두 증권사 고객에 대한 업무처리 불만족도에 대하여 실제 차이가 있는 것이 보인다.

26 ①

귀무가설과 대립 가설은 다음 아래와 같다.

H_0 : $σ^2 \leq σ_0^2 = 2.25$
H_1 : $σ^2 > σ_0^2 = 2.25$

분산에 대한 검정이므로 $χ^2$ 검정을 이용하며
자유도는 Φ=n−1=10−1=9이고 이에 따른 검정 통계량은 다음 아래와 같다.

$χ^2 = \frac{\sum(x_i-\bar{x})^2}{σ_0^2} = \frac{φs^2}{σ_0^2} = \frac{9 \times 5.16}{2.25} = 20.62$

$χ^2 \geq χ^2(φ, 1-α) = χ^2(9, 0.95) = 16.919$ 임계치

그러므로 임계치보다 크므로 귀무가설은 기각이 된다. 즉 기계가 이상이 있는 것으로 판단 가능하다.

PART 03

빅데이터 모델링

파트 소개

3과목은 분석 모형과 각종 분석기법에 대해 공부합니다. 시험에 폭넓게 출제될 것으로 예상되는 내용들을 다수 포함하고 있으며 어떻게 공부하는가에 따라 체감 난이도는 크게 달라질 수 있습니다. 정확한 개념을 이해하면서 분석기법들에 어떤 차이가 있는지 확인하는 것이 필요합니다.

CHAPTER

01

분석 모형 설계

학습 방향

분석모형의 종류와 선정 프로세스에 대해 학습합니다. 분석 목적에 적합한 모형을 선택하고, 분석 데이터를 학습 데이터, 평가 데이터, 검증용 테스트 데이터의 역할을 이해합니다. 과대적합과 과소적합의 의미를 이해하고 이를 해소할 수 있는 방안을 학습합니다

출제 빈도

| SECTION 01 | 하 | 50% |
| SECTION 02 | 하 | 50% |

SECTION 01 분석 절차 수립

빈출태그 분석 모형 • 통계적 가설 • 분석 모델링 설계 • 검정

01 분석 모형 선정

1) 분석 모형 선정 필요성

- 분석 기법 또는 분석 알고리즘을 적용하기 전에 분석 모형에 대한 선정이 필요하다.
- 분석이 필요한 데이터 속성을 세부적으로 파악, 처리한 뒤에 분석 모형을 선정, 적합한 분석 기법을 선택하게 된다.
- 데이터가 준비되어 있지 않다면 사전 분석 목적을 정확하게 파악해야 문제 인식과 필요 데이터 준비에 따른 분석 모형 선정을 수월하게 진행할 수 있다.

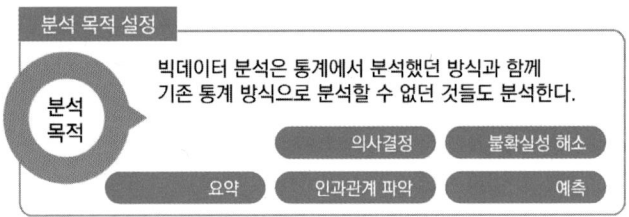

정보처리 관점에서 의사결정

1. 의사 결정
- 여러 대안 중에서 하나의 행동을 고르는 일을 해내는 정신적 지각 활동이다.
- 최종적으로 하나의 선택을 가지게 되고 이로 인한 결과가 도출된다.

2. 불확실성 해소
- 의사결정의 가장 큰 문제는 불확실성이다.
- 분석을 통해 불확실성을 제어한다면 시장 대응에 큰 도움이 될 수 있다.

3. 요약
- 데이터 요약을 통해 현 상황을 쉽고 빠르게 파악 가능하며 다음 대응할 방안 등을 생각할 수 있다.

4. 인과관계 파악
- 단순히 요약 기능만 사용하기보다 데이터 간 연관관계 분석으로 원인과 결과를 파악할 수 있다.
- 인과관계 파악으로 세부적인 판단을 내릴 수 있다.

5. 예측
- 원인과 결과로 어떤 패턴을 파악하게 된다면 다음에 생길 결과에 대한 예측 또한 가능하다.
- 반드시 같은 패턴으로 이어지는 결과가 생기지는 않지만 향후 미래에 생길 결과에 대한 대비가 가능해진다.

> **빅데이터 분석 근본 목적**
> - 과거의 데이터를 토대로 원인에 대해 분석하고 그 결과로 미래를 예측하는 것이다.
> - 데이터는 후행성 성격을 지니지만 선행성의 성격도 가지고 있다.
> - 사람들이 포털에서 검색하는 것은 무언가를 알고 싶기 때문이며 검색키워드라는 후행성 데이터로 '왜 사람들이 그것을 알고 싶어할까?'라는 분석을 통해 미래에 일어날 일을 예측할 수 있다.

2) 분석 모형 선정 프로세스

- 분석 모형 선정은 다음 순서와 같은 분석 이전의 단계들을 수행하면서 선정을 진행한다.
① 문제요건 정의 또는 비즈니스 이해에 따른 대상 데이터 선정과 분석 목표/조건 정의
② 데이터 수집, 정리 및 도식화
③ 데이터 전처리(데이터 정제, 종속/독립변수 선정, 데이터 변환, 데이터 통합, 데이터 축소 등)
④ 최적의 분석 모형 선정

The Big Data Value Model (2015), 가트너 그룹 빅데이터 분석의 목적
- 고객 인사이트(Customer Insight)
- 제품 및 절차 효율성(Product & Process Efficiency)
- 디지털 제품 및 서비스(Digital Products & Service)
- 운영의 탁월성(Operational Excellence)
- 디지털 마케팅(Digital Marketing)
- 위기 관리시스템(Risk Management and Compliance)

개념 체크

1 주요 데이터 분석 목적으로 적합하지 않은 항목을 선택한다면?
① 사업 추진에서 여러 대안들 중에 하나를 선택해야 한다.
② 논문을 쓰기 위해 실험을 했는데 정리해야 한다.
③ 미세먼지를 예측하기 위해 센서를 설치하였다.
④ 과거에 따랐던 지침이 유효하다는 판단에 따라 행동한다.

정답 ④

데이터 분석의 주요 목적은 현황을 분석하여 현재 상황을 정리 및 개선 또는 미래의 의사결정 · 예측을 하기 위함이다.

2 빅데이터 분석의 중요 활용 목적으로 잘못된 것은?
① 비즈니스 인사이트 발굴
② 제조 공정 프로세스의 효율화
③ 고대 희귀 예술품 보유가치 판정
④ 공공민원 서비스 개선

정답 ③

고대 희귀 예술품 보유가치는 정량적으로는 측정하기 어려우며 전문가 집단에 의해 평가된다.

분석 모형
- 예측 분석 모형
- 현황 진단 모형
- 최적화 분석 모형

02 분석 모형 정의

1) 분석 모형 정의와 종류

분석 모형은 분석 목표에 따라 데이터 특성을 도출하고, 가설 수립에 따라 전체적인 분석 방향을 정의하는 모형으로 예측 분석 모형, 현황 진단 모형, 최적화 분석 모형 등으로 구분한다.

① 예측 분석 모형 : "어떤 일들이 발생할 것인가?"

적조 예측, 날씨 예측, 주가 예측, 범죄/위험 예측, 쇼핑아이템 추천 등 과거, 현재까지의 데이터와 상황에 따른 가설을 기반하여 미래에 대한 현상을 사전에 분류하고 예측하는 모형이다.

② 현황 진단 모형 : "과거에 어떠한 상황이 왜 어떻게 일어났는가? 그리고 현재 어떠한 상태인가?"

과거 데이터를 통해 현재 상황을 객관적으로 진단하는 모형으로 미래 예측이 아닌 현재를 이해함에 활용한다.

③ 최적화 분석 모형 : "어떻게 하면 원하는 결과가 일어날 수 있을까?"

제한된 자원, 환경 내에서 최대의 효용성, 이익과 같은 결과를 생성하기 위해 분석 모델을 최적화하는 데에 중점을 둔다.

2) 분석 모형 정의를 위한 사전 고려사항

분석 모형을 정의하기 전에 분석이 실제 추진될 수 있을지 가능성을 타진하는 것이 중요하다.

- 분석을 진행하기 이전 상황에 맞는 평가 기준표, 테이블을 작성하여 항목별로 점수를 부여하고 총점을 매긴 후 분석 모형 정의의 가능성을 판별할 수 있다.
- 추진시급성과 구현가능성만으로 분석 모형 정의를 위한 사전 판별 기준 활용이 가능하다.

▶ 분석 모형 정의와 판별을 위한 평가기준표 예시

기준	판단 근거
필요성	개인이나 기관 관점에서 분석 과제가 필요한지 판단
파급효과	정성적, 정량적 기대효과의 정도 판단
추진 시급성	당장 해소되어야 할 사회현안 여부 판단, 장기과제 성격 분리
구현 가능성	과제를 구현함에 있어서 어려움이 없는지 현실성 판단
데이터 수집 가능성	공공기관 협조나 데이터 확보, 데이터 구매 등 제약사항 판단
모델 확장성	과제가 시범과제로 끝나지 않고 전체 데이터 모델로 확장 가능한지 판단

- 분석 모형 정의에 필요한 데이터가 충분히 확보되어 있는지를 판단하여 관련 과거 분석 사례 또는 솔루션을 최대한 활용할 수 있는지 검토한다면 보다 효율적인 분석 모형 설계를 진행할 수 있다.

① 상향식(Bottom-up) 접근 : 문제 정의가 어려울 경우 많은 양의 데이터 분석을 통해 인사이트를 도출한다.

특정 영역을 지정하여 의사결정 지점으로 진행하는 과정에서 분석 과제를 발굴하는 방식이다.

② 하향식(Top-down) 접근 : 문제 정의가 가능할 시 문제 탐색과 연관되어 비즈니스 모델, 외부 참조 모델, 분석 유스 케이스 기반 모델로 발굴하는 방식을 적용할 수 있다.

비즈니스 모델은 어떻게 수익을 창출할 것인가에 대한 검증으로 문제해결 위한 분석 과제를 발굴하며 외부 참조 모델은 벤치마킹으로 분석 테마 후보 Pool을 구축, 선택하는 것이다.

또한 분석 유스케이스는 문제에 대한 상세 설명과 해결 시 효과에 대해 명시함으로써 구체적인 분석 과제들을 도출한다.

개념 체크

1 분석 모형 종류에서 가장 적합한 결과가 예상되는 분석 모델이 무엇인지 찾는 분석 모형을 설명하는 것은?

① 현황 진단 모형
② 최적화 분석 모형
③ 예측 분석 모형
④ 유스케이스 분석 모형

정답 ②

최적화 분석 모형은 분석 모델을 실제로 수행 시에 가장 바람직한 결과가 예상되는 모델이 어떤 것인지를 알아내는 분석 모형이다.

2 현황 분석을 통해 인식된 문제를 해결하기 위해 과거 유사한 분석 테마 후보에서 분석 과제를 도출하는 접근법은?

① 상향식 접근
② 비즈니스 모델 기반 접근
③ 외부 참조 모델 기반 접근
④ 분석 유스케이스 기반 접근

정답 ③

하향식 접근은 현황 분석 또는 인식된 문제점에서 분석 과제를 도출한 후 해결 방안 탐색하는 접근법으로 이 중 외부 참조모델은 분석기회에 대한 아이디어를 참조모델들(벤치마킹)을 통해 얻어 분석 과제를 도출한다.

03 분석 모형 구축 절차

1) 분석 시나리오 작성
분석 시나리오 작성을 통해 분석 과정과 결과가 어떻게 활용되는지 명확하게 이해할 수 있다.

- 데이터 분석 대상 및 범위를 요구사항에 맞게 정의하며 분석을 통해 해결할 수 있는 문제와 목표 그리고 분석 목표별 구현 모델과 예상 결과를 작성한다.
- 분석 과정에 필요한 데이터, 절차, 분석기법 등의 세부사항들을 정의한다. 데이터의 경우 사전 확보 및 유형 분석이 필요하며 기존에 잘 구현되어 활용되고 있는 유사 분석 시나리오 및 솔루션을 고려할 수 있다.

2) 분석 모형 설계
분석 모형 설계는 분석 대상 및 범위를 정하여 분석 목적을 구현하기 위한 분석 방법론을 설계하는 단계이다.

① 분석 모형 설계 시 사전 확인 사항
- 필요한 데이터 항목이 정해졌는가?
- 데이터 단위를 고려, 항목에 따른 표준화 방법을 정하였는가?
- 데이터를 수집한 항목에 따라, 단계별로 모델이 설계되었는가?
- 분석 검증 통계 기법을 선정하였는가?

② 분석 모델링 설계와 검정
- 분석 목적에 기반한 가설검정 방법을 수립한다.
- 추정방법에 대한 기술을 검토한다.
- 분석 모델링 설계와 검정 방법을 수립한다.

③ 분석 모델링에 적합한 알고리즘 설계
- 비지도학습 : 군집분석, 연관성분석, 오토인코더 등
- 지도학습 : 의사결정트리, 랜덤 포레스트, 서포트벡터머신, 회귀분석 등
- 준지도학습 : 셀프 트레이닝, 적대적 생성 모델 등
- 강화학습 : Q-Learning, 정책경사(Policy Gradient, PG) 등

④ 분석 모형 개발 및 테스트
- 모듈 기능을 정의한다.
- 모듈을 설계한다.
- 모듈 개발 결과물과 모델 설계 일치를 확인한다.
- 모듈의 정상 동작 여부를 검증한다.

> 모든 분석 모형에서는 반드시 검증 및 테스트를 거친다.
> - 분석용 데이터를 훈련용과 테스트용으로 분리한 다음, 분석용 데이터를 이용해 자체 검증한다.
> - 실제 테스트에서는 신규 데이터에 모델을 적용하여 결과를 도출한다.
> - 테스트 데이터의 비율은 분석용 데이터셋의 30% 정도를 이용하는 것이 일반적이나, 전체 데이터가 충분할 경우 6:4 또는 5:5로 분리하여 테스트 집단을 선정할 수 있다.
> - 실제로 테스트하여 분석과 운영 간 연계를 검증할 수 있으며, 정상적으로 모델을 적용할 수 있는지에 대해 전체적인 분석 과정을 통합적으로 시험한다.

3) 분석 모델링 설계와 검정 – 분석 목적에 기반한 가설검정 방법

> 🄵 기적의 TIP
>
> 분석 모델들에 대한 자세한 설명은 PART 03 – CHAPTER 02 분석기법 적용을 참고한다.

➕ **더 알기 TIP**

통계적 가설검정

통계적 가설검정이란 통계적 추측의 하나로서, 모집단의 실제 값이 얼마가 된다는 주장에 대해 표본의 정보를 사용해서 가설의 합당성 여부를 판정하는 과정을 의미한다. 간단히 가설검정이라 부르는 경우가 많다.

통계적 가설은 통계학에서 사용하는 용어로, 하나의 특정 주장을 모수를 이용해 나타낸 형태를 지칭한다. 예를 들어 '미국 성인 여자는 키가 크다'는 통계적 가설이 될 수 없지만 '미국 성인여자의 평균 신장은 180이다'라는 것은 통계적 가설이 될 수 있다. 여기서 평균 신장은 모집단 특성을 나타내는 모수의 역할을 수행한다.

통계적 가설은 귀무가설과 이와 반대에 있는 대립가설로 나타난다.

가설검정은 다음과 같은 총 5단계의 절차를 거치게 된다.

① 유의수준 결정, 귀무가설과 대립가설 설정

- 귀무가설은 직접 검정 대상이 되는 가설이라고 할 수 있다. 다시 말해 '표본의 관찰을 통해 모집단은 **할 것이다'라고 내린 가설이다.
- 가설검정을 시행할 때는 귀무가설이 옳다는 가정하에 시작한다. 이것을 반대로 생각하면 진실일 가능성이 적어 처음부터 기각될 것이 예상되는 가설이다.
- 대립가설은 귀무가설이 기각이 될 때 받아들여지는 가설로 정의한다.

귀무가설
'영가설'이라고도 하며 대립가설에 상반되는 가설로서 기각되는 것이 예상되어 세워진 가설

② 검정통계량의 설정

- 검정통계량은 가설을 검정하기 위한 기준으로 사용하는 값을 의미한다.
- 검정통계량이 확률분포 상에 어디에 위치하는지에 따라 귀무가설을 기각하거나 기각하지 않는다.

③ 기각역의 설정

- 기각역은 확률분포에서 귀무가설을 기각하는 영역을 말한다.
- 기각역에 검정통계량이 위치하면 귀무가설을 기각한다.

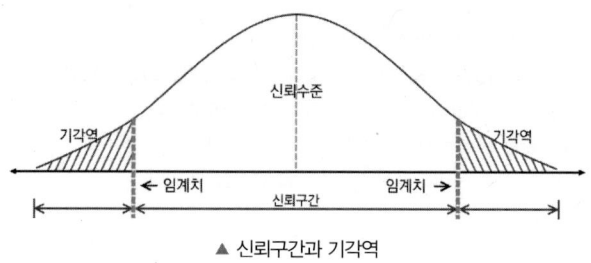

▲ 신뢰구간과 기각역

④ 검정통계량 계산

검정통계량의 계산식은 다음과 같다.

$$\frac{(표본평균 - 모평균)}{(표본\ 표준편차)}$$

- 신뢰수준 : 가설을 검정할 때 어느 정도로 검정할 것인지에 대한 수준을 말한다.
- 유의수준 : 가설을 검정할 때 일정 수준을 벗어나면 귀무가설이 오류라고 판단하는 수준을 말한다.
  - 유의수준의 수학적 의미는 기각역들의 합이며, 1에서 신뢰수준을 뺀 값이기도 하다.

유의수준
귀무가설이 참임에도 불구하고 기각할 확률로 알파(α, alpha)값이라고도 부름

⑤ 통계적인 의사결정(가설검정)

가설검정에서의 검정 방법은 양측검정과 단측검정 두 가지가 있다.

- 양측검정이란 귀무가설을 기각하는 영역이 양쪽에 있는 검정을 말한다. 만약 대립가설이 ~가 아니다(크거나 작다)라면 양측검정을 사용한다.

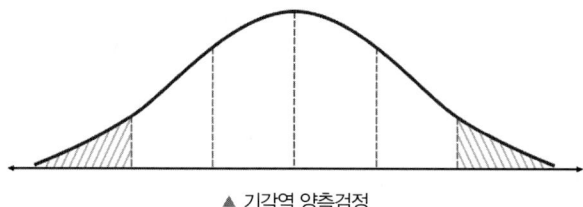

▲ 기각역 양측검정

- 단측검정이란 양측검정과는 달리 귀무가설을 기각하는 영역이 한쪽 끝에 있는 검정을 말한다. 만약 대립가설이 ~보다 작다 혹은 크다인 경우 단측검정을 사용한다.

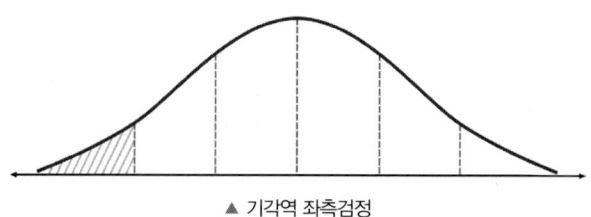

▲ 기각역 좌측검정

- 통계적인 의사결정 단계에서는 계산한 검정 통계량을 t값 분포도와 비교하여 기각역에 속하는지 아닌지를 판단한다.

기적의 TIP

추정과 검정의 더 자세한 내용은 PART 02 – CHAPTER 03 – SECTION 02 추론통계를 참고한다.

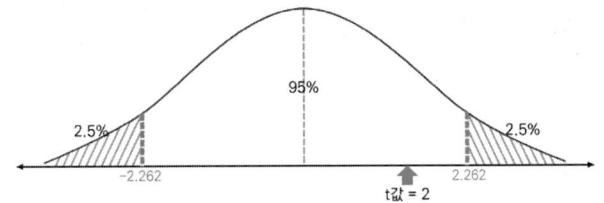

▲ 검정통계량(t값)에 따른 귀무가설 기각 결정

4) 분석 모델링 설계와 검정 – 추정 방법에 대한 기술 검토

- 전체적으로 데이터에 대한 전처리 과정을 마치게 되면 모형에 활용될 후보 변수와 후보 분석 모형에 사용할 알고리즘을 파악하게 된다.
- 기초 통계, 데이터 검증, 데이터 정제 등의 데이터 변환 과정을 거치면 후보 변수는 전처리 과정에서 선정된다.
- 분석 모형은 크게 분류예측 추천 등의 예측 분석, 과거 데이터를 기반하여 현재를 진단하는 현황 진단, 시뮬레이션과 제한된 환경 최적화를 모색하는 예측 최적화로 나누어진다.
  - 분석 모형을 선정하는 문제는 비즈니스 환경 여건이나 종속 변수의 유무에 따라 달라지기 때문에 종속 변수가 있는지 없는지를 살펴보아야 한다.
  - 종속 변수의 유무에 따라 사용할 알고리즘이 제한을 받는다.
  - 예를 들어 종속 변수가 없으면 사용할 수 있는 알고리즘이 군집과 원인 분석, 이상치, 연관 법칙 등으로 제한된다. 또한 변수의 속성에 따라 알고리즘의 선택이 달라진다.

개념 체크

1 가설 종류에 따라 기각역을 설정하는 방법이 달라지는데 귀무가설이 기각될 확률을 뜻하면서 통계적검정에서 대립가설을 기준으로 설정하는 이것은?

① 베타값　　② 람다값
③ 알파값　　④ 감마값

정답 ③

100번 실험을 했을 때 귀무가설이 기각되는 횟수를 5번으로 최대 허용한계를 정하는 것을 유의수준인 알파값이다.

2 분석 모형 선정 시 (　　)가 없는 경우 지도학습 알고리즘을 적용하기 어렵기 때문에 비지도학습으로만 분석을 수행할 수 있다. (　　) 안에 알맞은 말은?

① 연관 변수　　② 독립 변수
③ 종속 변수　　④ 군집 변수

정답 ③

종속변수는 원인들에 의해 도출된 결과를 뜻하는 변수로 종속변수가 없게 되면 비지도학습으로 국한되어 알고리즘을 선택, 활용할 수 있게 된다.

합격을 다지는 예상문제

01 분석 모형 선정 프로세스와 관련 없는 항목은?

① 데이터 도식화　② 분석 모델 개발
③ 분석목표 정의　④ 데이터 수집

02 분석 모형 종류로 틀린 것은?

① 예측분석 모형　② 현황진단 모형
③ 기계학습 모형　④ 최적화분석 모형

03 분석 모형 설계에서 특정 영역을 지정, 의사결정 지점으로 진행하는 과정에서 분석과제를 발굴하는 방식을 의미하는 용어는?

① 분석 유스케이스(Use Case) 기반 접근
② 하향식(Top-down) 접근
③ 의사결정나무(Decision Tree) 기반 접근
④ 상향식(Bottom-up) 접근

04 분석 모형 종류 중 분석 예측모형에 해당되지 않는 것은?

① 적조 발생 판단
② 지역별 범죄비율 예상
③ 쇼핑아이템 추천
④ 배합비율 최적화

05 통계검정에서 가설을 검정할 시 어느 정도로 검정할지에 대한 수준으로 표본 추출 시 모수를 포함할 구간의 비율을 일컫는 용어는?

① 기각수준　② 신뢰수준
③ 검정수준　④ 유의수준

06 분석 모형에서 종속변수가 없을 시에 사용할 수 없는 알고리즘은?

① 군집분석　② 연관분석
③ 분류분석　④ 주성분분석

07 가설검정의 절차와 관계 없는 항목은?

① 검정통계량　② 통계추정
③ 유의수준　④ 확률분포

08 분석(　　) 작성을 통해 분석 과정에 필요한 데이터, 절차, 분석기법 등의 세부사항들을 정의, 분석 과정과 결과가 어떻게 활용되는지 명확히 알 수 있다. 괄호에 들어갈 용어는?

① 유스케이스　② 프로젝트계획서
③ 시나리오　④ 모델정의서

09 분석 모형 정의를 위한 사전 판단기준에 대한 세부설명으로 틀린 것은?

① 필요성 : 추진관점에서 분석 과제가 필요한지 판단
② 추진시급성 : 당장 해소되어야 할지 여부 판단, 장기과제 성격 분리
③ 모델확장성 : 분석 모델을 추가 확장 가능한지 판단
④ 구현가능성 : 과제구현에 대해 어려움이 없는지 현실성 판단

합격을 다지는 예상문제 정답 & 해설

SECTION 01

| 01 ② | 02 ③ | 03 ④ | 04 ④ | 05 ② |
| 06 ③ | 07 ② | 08 ③ | 09 ③ | |

01 ②
분석 모형 선정 프로세스는 분석 이전의 단계들을 수행하는 과정으로 분석 모델 개발과는 관련성이 없다.

02 ③
분석 모형 종류로는 예측분석, 현황진단, 최적화분석 모형이 있다.

03 ④
분석 모형 설계에서 상향식 접근은 특정 영역을 지정, 의사결정 지점으로 진행하는 과정에서 분석과제를 발굴하는 방식이다.

04 ④
분석 예측모형은 미래에 대한 현상을 사전에 분류, 예측하는 것으로 적조 예측, 날씨 예측, 주가 예측, 범죄/위험 예측, 쇼핑아이템 추천 등에 적용할 수 있다.

05 ②
신뢰구간은 모수가 포함될 가능성이 있는 구간으로 구간의 비율은 신뢰수준이라고 한다.

06 ③
종속변수는 결과값 변수로 지도학습 기반 분석 모형에 해당되는 것으로 이와 관계있는 분석은 분류분석이다.

07 ②
가설검정의 절차는 유의 수준결정 → 검정 통계량의 설정 → 기각역의 설정 → 검정통계량 계산 → 통계적 의사결정으로 나뉜다.

08 ③
분석시나리오 작성을 통해 분석 과정에 필요한 데이터, 절차, 분석기법 등의 세부사항들을 정의, 분석 과정과 결과가 어떻게 활용되는지 명확히 알 수 있다.

09 ③
분석 모형 정의 시 사전 고려사항으로 분석 모형으로 정의, 분석이 실제 추진될 수 있을지의 가능성을 타진하는 것이 중요하다. 모델확장성은 분석 모델 자체가 아닌 과제가 시범과제로 끝나지 않고 전체 데이터 모델로 확장 가능한지 판단함을 뜻한다.

SECTION 02 분석 환경 구축

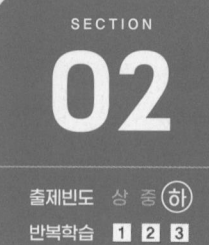

빈출 태그 R·파이썬·데이터 분할·과대적합·과소적합

> **R 언어**
> 통계 및 그래프 작업을 위한 인터프리터 프로그래밍 언어
>
> **인터프리터**
> - 프로그래밍 언어의 소스 코드를 바로 실행하는 환경
> - 원시 코드를 기계어로 번역하는 컴파일러와 대비
>
> **객체지향**
> 데이터와 절차를 하나의 덩어리로 묶어서 생각하는 프로그래밍 방법

01 분석 도구 선정

1) R

1993년 뉴질랜드 오클랜드 대학교 통계학과 교수들이 통계분석과 자료의 시각화를 위해 개발한 오픈소스 분석용 프로그래밍 언어로 다음과 같은 특징을 가지고 있다.

① 객체지향 언어 : 일반 데이터, 함수, 차트 등 모든 데이터가 객체 형태로 관리되어 효율적인 조작과 저장방법을 제공한다.

② 고속메모리 처리 : 모든 객체는 메모리로 로딩되어 고속으로 처리되고 재사용 가능하다.

③ 다양한 자료 구조 : 벡터, 배열, 행렬, 데이터프레임, 리스트 등 다양한 자료구조와 연산기능을 제공한다.

④ 최신 패키지 제공 : 오픈소스 커뮤니티(www.r-project.org) CRAN 사이트를 통해 데이터 분석에 필요한 최신의 알고리즘과 방법론을 제공한다.

⑤ 시각화 : 데이터 분석과 표현을 위한 다양한 그래픽 도구를 제공한다.

▶ R의 장·단점

장점	• 지속적으로 업데이트되는 다양한 패키지 • 그래프 및 도표, 시각화 기능에 특화
단점	• 대용량 메모리 처리가 어려우며 보안 기능이 취약 • 별도의 모듈 연동이 아니면 웹 브라우저에서 사용할 수 없음

- R Studio는 R을 위한 오픈소스 통합개발환경(IDE)으로 편리한 분석 개발 인터페이스를 제공한다.

Rstudio Desktop	프로그램이 일반 데스크톱 애플리케이션으로 실행
Rstudio Server	원격 리눅스 서버에서 실행되는 동안 웹 브라우저를 사용하여 Rstudio에 접근을 허용

2) 파이썬(Python)

1991년에 프로그래머 귀도 반 로섬(Guido van Rossum)이 발표한 오픈소스 분석용 프로그래밍 언어로, 플랫폼 독립적이며 인터프리터식, 객체지향적 대화형 언어이다.

① 배우기 쉬운 대화 기능의 인터프리터 언어 : 간결하고 쉬운 문법으로 컴파일, 실행, 테스트가 용이하다.

② 동적인 데이터타입 결정 지원 : 동적으로 데이터타입을 결정하므로 데이터타입에 무관하게 코드 작성이 가능하다.

③ 플랫폼 독립적 언어 : 운영체제에 독립적으로 컴파일 없이 동작을 실행한다.

④ 내장 객체 자료형과 자동 메모리 관리 : 리스트, 사전, 튜플 등 유연한 내장 객체 자료형을 지원하며 메모리 자동할당 뒤 종료 시 자동 해지하는 메모리 청소(Garbage Collection) 기능을 제공한다.

▶ 파이썬의 장·단점

장점	• 영어 문장 형식으로 구현된 빠른 개발 속도 • 재사용 가능한 모듈 제공 • C언어를 포함한 다른 언어 프로그램들과 연동성이 높음
단점	• 컴파일 없이 인터프리터가 한 줄씩 실행하는 방식으로 실행속도가 느림 – 바이트 코드를 일부 생산하거나 JIT(Just-In-Time) 컴파일러를 사용하여 보완

• 파이썬 아나콘다(Anaconda)는 파이썬 기반의 데이터 분석에 필요한 오픈소스들의 통합 개발 플랫폼으로 가상환경과 패키지를 관리, 개별 프로젝트 개발 환경을 효율적으로 구성할 수 있다.

02 데이터 분할

1) 데이터 분할 정의

분석용 데이터로 모형을 구축하여 평가 및 검증하기 위해서 전체 데이터를 학습 데이터, 평가 데이터, 검증용 테스트 데이터로 분할한다.

① 학습(training) 데이터 : 데이터를 학습하여 분석 모형을 만드는 데에 직접 사용되는 데이터이다.

② 평가(validation) 데이터 : 추정한 분석 모델이 과대/과소적합인지 모형의 성능을 평가하기 위한 데이터이다.

학습(훈련) 데이터는 모델 성능에 큰 영향을 미치므로 충분한 양과 다양성, 고품질 등의 특징을 반영해야 한다.

③ 검증용 테스트(test) 데이터 : 최종적으로 일반화된 분석 모형을 검증하는 테스트를 위한 데이터이다.
- 보통 학습과 검증을 위해서는 7:3 또는 8:2 비율로 진행되며 전체적인 훈련, 평가, 검증용 테스트 데이터 비율은 일반적으로 4:3:3 또는 5:3:2로 정한다.

2) 과대적합(Overfitting)과 과소적합(Underfitting)

① 과대적합(과적합)

일반적으로 학습 데이터는 실제 데이터의 부분 집합이므로 학습 데이터에 최적화된 분석 모델이 만들어지게 되면 실제 데이터에서 오차가 발생할 확률이 크다.

- 학습(훈련) 데이터에 대해서는 높은 정확도를 나타내지만 테스트 데이터나 새로운 데이터에 대해서는 예측을 잘 하지 못하는 것을 과대적합이라고 한다.
- 과대적합 방지를 위한 것으로 데이터 분할 외에 K-fold 교차검증, 정규화 등의 방법이 있다.

② 과소적합
- 모형이 단순하여 데이터 내부의 패턴 또는 규칙을 잘 학습하지 못하는 것을 과소적합이라 한다. 이것은 학습 데이터에서도 정확한 결과를 도출하지 못한다.

③ 일반화
- 학습 데이터를 통해 생성된 모델이 평가 데이터를 통한 성능 평가 외에도 검증용 테스트 데이터를 통해 정확하게 예측하는 모델을 일반화된 모형이라고 한다.

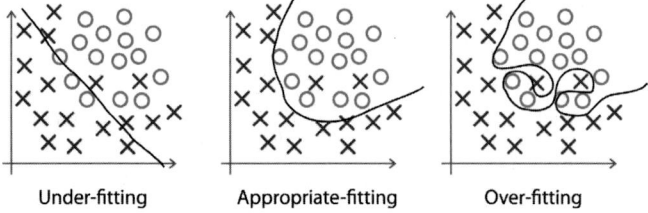

3) 학습 곡선(Learning Curves)

머신러닝에서 학습 곡선은 모델의 성능이 학습 데이터의 크기 따라 어떻게 변하는지를 보여주는 그래프이다. 일반적으로 데이터 크기는 x축에 표시되고 훈련 오차(Training Score)와 검증 오차(Validation Score)를 y축에 표시한다.

훈련 오차과 검증 오차를 비교해 과대적합·과소적합을 직관적으로 진단하고 데이터 추가나 모델 변경 등의 결정에 사용한다.

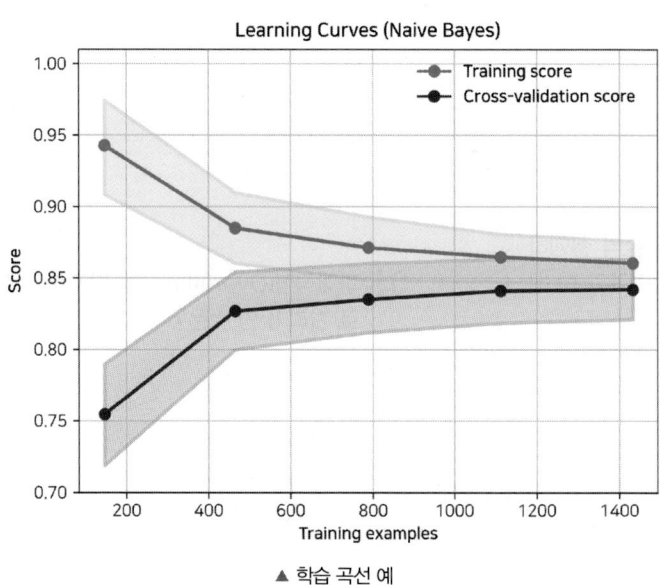

▲ 학습 곡선 예

▶ 학습 곡선 패턴

진단 유형	그래프 형태와 개선 방향
과소적합	훈련 오차와 검증 오차가 모두 높고 두 곡선이 가까운 경우로 모델 복잡도를 높이는 방향으로 성능을 개선
과대적합	훈련 오차는 매우 낮고, 검증 오차는 높은 경우로 데이터를 추가하고 모델을 단순화하는 방향으로 성능을 개선
데이터 한계 (수평 수렴)	곡선이 일정 수준에서 수평으로 수렴하는 경우 데이터를 추가해도 효과가 없기 때문에 모델 변경을 고려
적정 학습 (일반화)	두 곡선이 모두 낮은 오차로 수렴하는 경우로 좋은 일반화 상태이므로 추가 조치 불필요

합격을 다지는 예상문제

01 데이터 분석 도구 R의 주요 특징에 해당되지 않는 것은?

① 객체지향 언어
② 쉬운 대량 메모리 처리
③ 풍부한 시각화 라이브러리
④ 웹브라우저 연동 모듈 제공

02 파이썬의 단점으로 대화 기능과 한 줄씩 실행하는 방식의 실행속도가 느린 (   ) 언어라고 할 때 빈칸에 맞는 것은?

① 컴파일러
② 플랫폼 독립
③ 인터프리터
④ 객체형

03 데이터 분석의 분할 부문에서 일반화된 분석 모형을 검증하기 위해 분할되는 데이터 명칭은?

① 학습(train) 데이터
② 평가(validation) 데이터
③ 검증(verification) 데이터
④ 테스트(test) 데이터

04 훈련데이터에 대해서는 높은 정확도를 나타내나 테스트데이터나 새로운 데이터에 대해서는 예측을 잘 못할 때 이를 뜻하는 명칭은?

① 예측오류
② 과대적합
③ 과소적합
④ 최적합

05 과대적합(Overfitting)을 방지하기 위한 기법으로 거리가 먼 것은?

① 데이터 분할
② 통계검증
③ K-fold 교차검증
④ 정규화

SECTION 02

01 ②　02 ③　03 ④　04 ②　05 ②

01 ②
R의 주요 특징으로 객체지향 언어, 풍부한 시각화 라이브러리, shiny와 같은 웹브라우저 연동 모듈 등이 있으며 단점은 대용량 메모리 처리가 어려우며 보안 기능이 취약한 점이 있다.

02 ③
파이썬의 단점은 컴파일없이 인터프리터가 한 줄씩 실행하는 방식으로 실행속도가 느리므로 바이트 코드를 일부 생산하거나 JIT(Just-In-Time)컴파일러를 사용하여 보완한다.

03 ④
검증용 테스트(test) 데이터는 최종적으로 일반화된 분석 모형을 검증하는 테스트를 위해 분할, 구분된다.

04 ②
과대적합에 대한 설명이다.

05 ②
과적합 방지 기법에는 데이터 분할, K-fold 교차검증, 정규화 등의 방법이 있다.

MEMO

CHAPTER

02

분석기법 적용

학습 방향

학습유형에 따른 데이터 분석 모델을 구분할 수 있어야 합니다. 대표적인 분석 모델인 회귀분석, 의사결정나무, 인공신경망, 서포트벡터머신 및 K-평균 군집분석의 동작원리와 활용 분야는 매우 중요하니 철저하게 학습합니다. 또한, 다변량 분석, 시계열 분석 등 고급 분석기법들의 특징과 장단점을 위주로 학습합니다.

출제 빈도

| SECTION 01 | 상 | 70% |
| SECTION 02 | 중 | 30% |

SECTION 01 분석기법

출제빈도 상 중 하
반복학습 1 2 3

빈출 태그 회귀분석・로지스틱 회귀분석・의사결정나무・인공신경망・딥러닝・SVM・연관성 분석・군집분석

01 분석기법 개요

1) 학습 유형에 따른 데이터 분석 모델

데이터 분석 모델은 학습 유형에 따라 지도학습, 비지도학습, 준지도학습, 강화학습으로 구분된다.

① 지도학습(Supervised Learning)

정답(Label, 라벨 또는 레이블)이 있는 데이터를 활용해 데이터를 학습시키는 방법이다.

- 지도학습은 대표적으로 **분류(Classification)**와 **회귀(Regression)**로 구분할 수 있다. 분류는 주어진 데이터를 여러 가지 중의 하나로 분류하는 것이고, 회귀는 주어진 데이터의 특징을 기반으로 새로운 데이터 값을 예측하는 것이다.

> **지도학습**
> 입력값이 주어질 때 정답이 무엇인지 알려주면서 컴퓨터를 학습시키는 방법

▶ 분류와 회귀 비교

분류	이진분류	주어진 데이터에 대해 두 가지 중 하나로 분류
	다중분류	주어진 데이터에 대해 여러 가지 중 하나로 분류
회귀		주어진 데이터의 특징을 기반으로 새로운 데이터 값을 예측

▶ 지도학습 모델에서 활용되는 대표적인 데이터분석 기법

지도학습 - 분류	의사결정트리(분류), 랜덤 포레스트, 인공신경망(지도학습), 서포트벡터머신(SVM), 로지스틱 회귀분석
지도학습 - 회귀(예측)	의사결정트리(회귀), 선형회귀분석, 다중회귀분석

- 지도학습의 예 – 손글씨로 작성된 숫자 이미지 데이터 분류

> **MNIST 데이터베이스**
> 손으로 쓴 숫자들로 이루어진 대형 데이터베이스, 아래 레이블은 각 손글씨가 의미하는 숫자(정답)

▲ MNIST 데이터셋

지도학습은 데이터와 레이블 정답을 컴퓨터에게 제공하여 학습(지도학습-분류)을 시키며 이때 이용된 데이터셋은 학습을 위해 이용된 데이터셋으로 훈련 데이터셋(Training Dataset)이라 부른다.

지도학습을 다 마치고 난 뒤 정답 레이블이 없는 테스트 데이터셋(Test Dataset)으로 새로운 숫자 이미지를 입력하여 나오는 출력값을 통해 학습이 잘 되었는지에 대해 학습모델의 성능을 평가한다.

② 비지도학습(Unsupervised Learning)

정답(라벨)이 없는 데이터를 컴퓨터 스스로 학습하여 숨겨진 의미, 패턴을 찾아내고 구조화하는 방법이다. 예를 들어, 전기자동차를 산 구매자들의 데이터를 갖고 있을 때, 어떤 사람들이 주로 전기자동차를 샀는지를 비지도학습을 통해 알아볼 수 있다. 다만, 입력값은 있으나 정답이 없어 출력값이 존재하지 않으므로 학습모델의 성능을 평가하기 어렵다.

- 비지도학습의 예 - USArrests 미국 주별 강력 범죄율 군집분석
  - R에 내장된 USArrests 데이터셋은 1973년 미국 주(state)별 강력 범죄율 정보를 담고 있는 데이터셋으로, 비지도학습(종류: 군집)을 적용하게 되면 그림과 같이 아무런 정보가 없는 상태에서도 가까운 거리간에 있는 유사한 특징을 가진 도시들을 묶어서 보여준다.

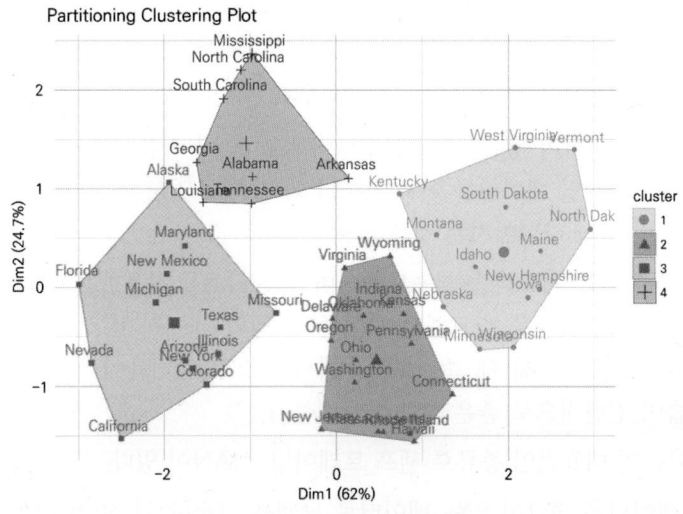

▲ USArrests 미국 주별 강력 범죄율 군집분석

- 비지도학습은 라벨이 없는 데이터에 대해서 데이터의 특성을 스스로 분석하여 데이터가 어떤 특성의 그룹으로 구성되어 있는지 확인하는데 사용되며, 빅데이터 분석 프로젝트에서 초기 데이터가 동질적인 소수 집단으로 이루어져 있는지, 이질적인 많은 집단으로 구성되어 있는지 탐색하는 데에도 활용될 수 있다.
- 비지도학습의 종류로 군집분석(Clustering), 연관성분석(Association Analysis), 인공신경망(Neural Networks), 오토인코더(Auto-encoder) 등이 있다.

> **기적의 TIP**
>
> 분류와 회귀 모델을 구분할 줄 알아야 한다.

③ 준지도학습(Semi-supervised Learning)

정답이 있는 데이터와 정답이 없는 데이터를 동시에 학습에 사용하는 기법이다. 일반적으로 데이터 라벨링(데이터에 정답을 붙이는 과정)을 하는 데에 훈련된 사람의 손을 거쳐야 하므로 데이터 규모가 클 경우 구축 비용이 기하급수적으로 증가하게 된다. 따라서 목표값이 없는 데이터에 적은 양의 목표값을 포함한 데이터를 사용할 경우 비용뿐만 아니라 학습 정확도가 상대적으로 좋아지게 되어 준지도학습을 이용하여 결과를 향상시킬 수 있다.

- 학습데이터의 일부만 정답(라벨)이 있는 경우 준지도학습을 이용한 트레이닝 방법
  - 준지도학습에서는 레이블이 된 소수의 데이터만으로 부분학습모델을 만들고, 이 모델을 사용해서 나머지 레이블이 없는 데이터에 레이블을 생성한 후 지도학습을 수행한다.

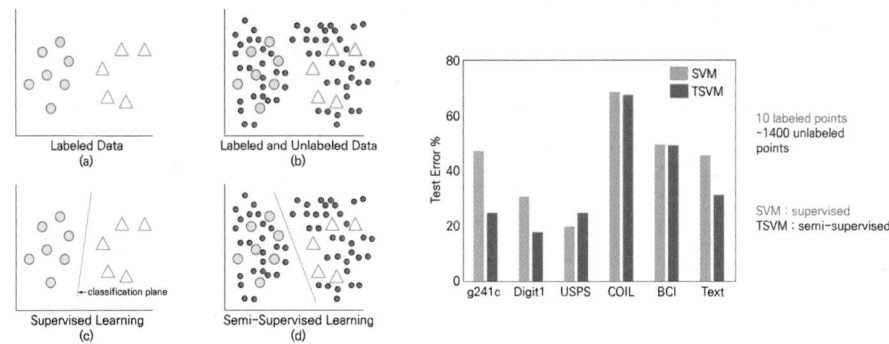

▲ 준지도학습 예

셀프 트레이닝
레이블이 달린 데이터로 모델을 학습
↓
이 모델을 가지고 레이블이 달리지 않은 데이터 예측
↓
이 중 가장 확률값이 높은 데이터들만 레이블 데이터로 다시 가져감
↓
위 과정을 반복

그림에서 (a)는 정답이 있는 데이터를 보여주고 (b)의 작은 점들은 정답이 없는 데이터이다. (a) 정답 데이터를 이용하여 (d)와 같이 준지도학습 기법을 적용했을 때 클러스터링이 잘 나뉘어지는 것을 볼 수 있다.

그림의 오른쪽 표는 지도학습(서포트벡터머신, SVM)을 사용했을 때와 준지도학습을 사용했을 때 성능을 비교해서 보여준다. 정답 데이터 10개와 정답이 없는 데이터 1400개를 이용할 때 준지도학습에서 테스트 에러율이 상대적으로 낮아 준지도학습이 전반적으로 좋은 성능을 보여준다.

- 준지도학습의 대표적인 종류로 셀프 트레이닝, GAN이 있다.
- 셀프 트레이닝은 정답이 있는 데이터로 모델을 학습한 뒤 정답이 없는 데이터를 예측하여 이 중에서 가장 확률값이 높은 데이터들만 정답 데이터로 다시 가져가는 방식을 반복하는 것으로 높은 확률값이 나오는 데에 가중치를 주는 간단한 기법이다.

+ 더 알기 TIP

2가지 정답 데이터로 준지도학습 기법을 적용한 사례

1. 2가지 정답 데이터를 가지고 나이브 베이즈 분류기로 훈련한다.

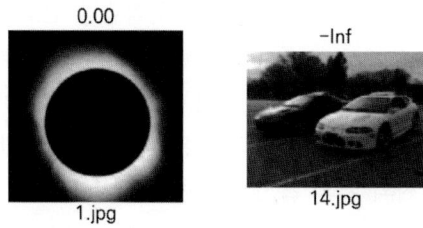

2. 훈련모델 기반 정답이 없는 데이터들을 적용하고 결과에 대해 logP(Y=astronomy|X) 신뢰도로 기본 오름차순으로 정렬한다.

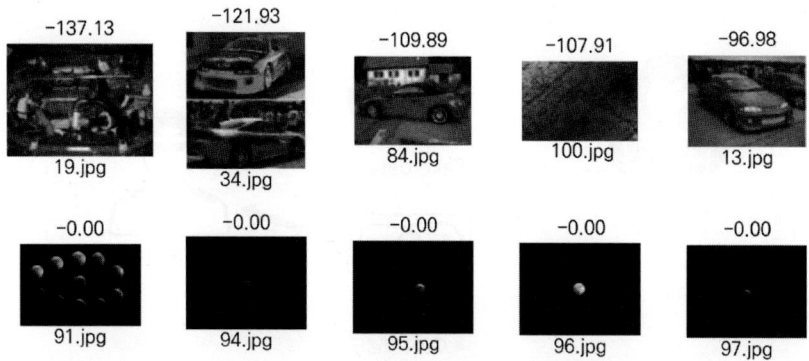

3. 가장 신뢰도(정확도)가 높은 이미지들과 정답을 기존 정답이 있는 데이터 그룹에 추가한다.

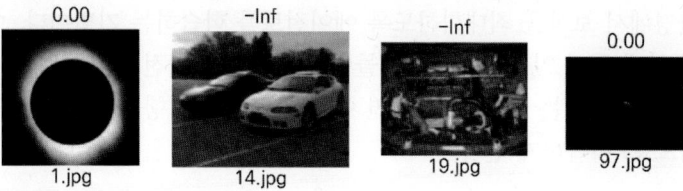

4. 분류기를 재학습, 반복 진행한다.

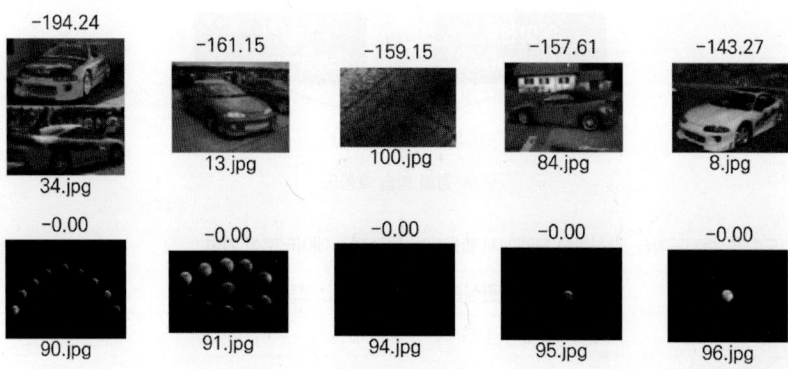

eclipse를 검색하면 나오는 두 이미지가 있다. 하나는 단어 뜻 그대로 일식 현상을 보여주는 그림이고, 하나는 자동차 모델명이다.

GAN은 원래 비지도학습을 위한 생성 모델의 형태로 제안되었지만 준지도학습에도 활용된다.

- GAN은 Generative Adversarial Networks(생성적 적대 신경망)의 줄임말로 생성모델(generative model)과 판별모델(식별모델, discriminative model)이 존재하여 생성모델에서 데이터 분포 법칙에 따라 데이터를 생성하면 판별 모델에서는 이를 판별하는 방식으로 학습을 진행한다.

이 방법은 위조지폐범과 경찰 사이의 게임에 비유할 수 있다. 위조지폐범은 진짜 같은 화폐를 만들어 경찰을 속이고자 하며 경찰은 진짜와 가짜 화폐를 판별함으로써 위조지폐범을 검거하는 것에 목표를 둔다. 이러한 경쟁적 학습이 지속되게 되면 위조지폐범은 진짜와 거의 흡사한 수준의 위조지폐를 만들게 되는 것과 유사한 원리이다.

이와 같이 진짜 같은 데이터를 생성하려는 생성모델과 진짜와 가짜 데이터를 판별하는 판별모델로 적대적으로 학습하게 된다.

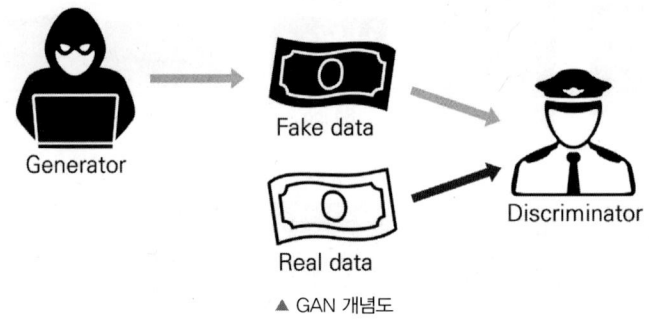

▲ GAN 개념도

④ 강화 학습(Reinforcement Learning)

주어진 환경에서 보상을 최대화하도록 에이전트를 학습하는 기법이다. 에이전트와 환경의 상태 등이 인공신경망으로 들어가게 되고 에이전트가 행동을 결정하고 환경을 통해 보상(또는 벌칙)이 있으면 이전의 입력값과 행동들을 긍정적으로(또는 부정적으로) 학습하게 된다.

▲ 강화 학습 흐름도

▶ 비지도학습, 준지도학습, 강화학습 모델에서 활용되는 대표적인 데이터분석 기법

비지도학습	군집분석, 연관성분석, 인공신경망, 오토인코더
준지도학습	셀프 트레이닝, GAN
강화학습	Q-Learning, 정책경사(PG: Policy Gradient)

2) 데이터 분석 알고리즘과 분야

▶ 데이터 분석 알고리즘들이 활용되고 있는 대표 분야

알고리즘	주 활용 분야
업리프트 모델링	단계적 추정, 예측 분석
생존분석	의료 통계, 설비 분야 사건 예측
회귀분석	예측, 추정 분석
시각화	원인과 관계 분석
기초통계	기초 통계현황 파악
부스팅, 배깅	분류 분석
시계열분석	시간상의 예측(이자율)
요인분석	차원축소
텍스트 마이닝	감성 분석
의사결정 나무, 랜덤포레스트	분류
신경 회로망	예측 분석
군집분석	독립변수들만의 분류, 그룹화
추천-협업 필터링	아이템과 이용자 간의 상호 분석 통한 추천
앙상블 기법	추정, 예측, 규범 등의 결합 분석
소셜네트워크 분석	관계망 분석
서포트벡터머신	분류 분석
주성분분석	원인분석, 차원축소

> **기적의 TIP**
>
> 알고리즘의 활용 분야를 묻는 문제가 간간이 출제되고 있다.

- 업리프트 모델링은 마케팅 캠페인에서 많이 사용하는 기법으로 실제로는 추정 모델을 단계별로 적용하는 기법이며, A/B테스트와 같이 환경이나 조건을 달리한 후에 적당한 그룹을 선택하여 마케팅이나 신용 관리, 채널, 가격 선택, 고객 이탈 관리 등 다양한 분야에 사용한다.
- 회귀분석은 예측 또는 분류에 사용하는 대중적인 알고리즘으로 특히 로지스틱 회귀분석은 이진분류에 자주 활용된다.
- 시계열 불량 감지는 이자율이나 주식 예측 등에 자주 사용되며 이상치 감지 기법은 사기 탐지 등에 사용한다.
- 분석기법을 선택하는 기준은 목적과 해석 가능 여부에 따라 달라진다.

개념 체크

1 비지도학습 종류와 거리가 먼 알고리즘은?
① 군집분석
② 연관분석
③ 오토인코더
④ SVM

정답 ④

SVM(서포트벡터머신)은 지도학습 알고리즘에 해당한다.

2 정답이 있는 데이터와 정답이 없는 데이터를 동시에 학습에 사용하는 기법으로 데이터 레이블링에 소요되는 자원과 비용 대신 소량 레이블 데이터로 딥러닝 분류모델을 훈련하기 위한 방법은?
① 강화 학습
② 준지도 학습
③ 비지도 학습
④ 지도 학습

정답 ②

준지도학습은 지도학습과 비지도학습의 중간단계로 정답이 있는 데이터와 없는 데이터를 모두 활용한다.

02 회귀분석

특정 변수가 다른 변수에 어떤 영향을 미치는지를 수학적 모형으로 설명, 예측하는 기법으로 독립변수로 종속변수를 예측하는 기법으로도 알려져 있다.

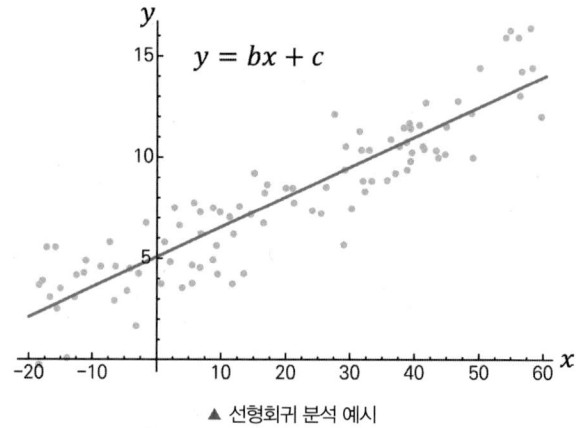

▲ 선형회귀 분석 예시

- **독립변수** : 입력값 또는 원인을 설명하는 변수이다.
- **종속변수** : 결과값 또는 효과를 설명하는 변수이다.

- 회귀선(회귀계수) : 독립변수가 주어질 때의 종속변수의 기댓값으로 일반적으로 최소제곱법을 이용한다.
- 최소제곱법(최소자승법, Method of Least Squares) : 잔차(residual, 관측값 y와 예측값 y 간 차이) 제곱의 합이 최소가 되게 하는 직선을 찾는 방법이다.

$$min\sum(Y_i-\hat{Y}_i)^2$$

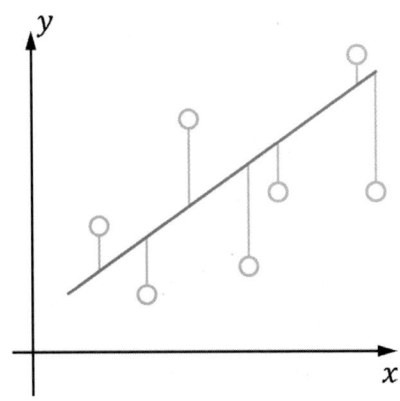

▲ 최소제곱법(OLS: Ordinary Least Squares)

➕ 더 알기 TIP

회귀 분석 모형 진단

1. 적합도 검정(Goodness-of-fit Test)
추정된 회귀식이 표본의 실제값을 얼마나 잘 설명하는지에 대해 확인하는 방법으로 R^2(결정계수, 회귀선의 설명력)가 알려져 있다. SSR(회귀제곱합)/SST(총제곱합)으로 계산되며 1에 가까울수록 높은 설명력을 가진다.

2. 변수 영향력 분석
종속변수에 독립변수들이 얼만큼 영향력을 미치는 지 회귀 변수의 통계적 유의성 검정, 회귀 계수 추정치에 대한 표준오차와 신뢰구간 검증 등으로 확인하며 p값이 0.05보다 작을 경우 통계적으로 유의미하다고 판단한다.

그 외 잔차분석 등으로 회귀분석 예측 모형 결과를 진단할 수 있다.

> **회귀제곱합**
> (SSR, Regression Sum of Squares)
> 회귀모형에 의해 설명되는 변동의 제곱합
>
> **오차제곱합**
> (SSE, Error(Residual) Sum of Squares)
> 오차에 의해 설명되는 변동의 제곱합
>
> SSR과 SSE를 합하면 SST(Total Sum of Squares)

1) 선형회귀분석

종속변수 y와 한 개 이상의 독립변수 x와의 선형 상관성을 파악하는 회귀분석 기법으로 종속변수와 독립변수 모두 연속형 변수여야 한다.

① 단순 선형회귀분석 : 가장 단순한 분석으로 한 개의 종속변수 y와 한 개의 독립변수 x로 두 개의 변수 사이의 관계를 분석한다.

$$y=ax+b$$

a는 회귀계수, b는 y절편

> **회귀계수와 결합형태 구분**
> 1. 선형
> 2. 비선형
>
> **독립변수의 개수**
> 1. Simple
> 2. Multiple
>
> **종속변수의 개수**
> 1. 단변량
> 2. 다변량

단순 선형회귀분석
한 개의 종속변수 y와 한 개의 독립변수 x를 가지고 사용한 것

다중 선형회귀분석
한 개의 독립변수가 아닌 여러 개의 독립변수를 사용한 것

② 다중 선형회귀분석 : 하나의 독립변수가 아닌 여러 개의 독립변수를 사용한 회귀분석 기법으로 단순 선형회귀분석이 독립변수를 하나 가지고 있는 선형회귀분석이라면 다중 선형회귀분석은 독립변수가 두 개 이상이고 종속변수가 y 하나인 선형회귀분석이다.

$$y = ax_1 + bx_2 + \cdots + c$$

$(a, b, \cdots)$는 회귀계수, c는 y절편

▶ 선형회귀분석의 기본적인 가정

선형성	독립변수와 종속변수가 선형적이어야 한다.
잔차 정규성	잔차의 기댓값은 0이며 정규분포를 이루어야 한다.
잔차 독립성	잔차들은 서로 독립적이어야 한다.
잔차 등분산성	잔차들의 분산이 일정해야 한다.
다중 공선성	다중 회귀분석을 수행할 경우 3개 이상의 독립변수 간에 상관관계로 인한 문제가 없어야 한다.

③ 일반화 선형모형(Generalized Linear Model, GLM)

- 선형회귀모형의 확장 형태로, 종속 변수가 정규분포를 따르지 않는 경우에도 적용 가능한 통계 모형이다.
- GLM은 선형예측변수와 링크함수를 사용하여 종속변수와의 관계를 설명한다.
- 일반화 선형모형에는 선형회귀, 로지스틱회귀, 포아송회귀 등 다양한 특수한 경우의 모델이 포함된다.
- GLM의 주요 구성 요소
  - 선형예측변수(Linear Predictor) : 독립 변수와 모수(파라미터)을 결합한 선형적인 식이다.

    $\eta = X\beta = \beta_0 + \beta_1 X_1 + \beta_2 X_2 + \ldots + \beta_n X_n$ (X는 독립 변수 행렬, β는 파라미터 벡터)

  - 연결함수(Link Function) : 선형예측변수와 종속변수 간의 관계를 나타내는 함수로, 종속변수와 선형예측변수의 연결고리 역할을 한다.
  - 확률분포 : GLM은 종속 변수가 특정 확률분포를 따른다고 가정한다. 일반적인 GLM은 이산확률분포인 이항 분포, 포아송 분포, 그리고 이항 분포와 같은 확률 분포를 가정할 수 있다.

➕ 더 알기 TIP

회귀모형의 전체 유의성 검정

회귀모형 전체가 유의미한지 F 통계량으로 검정할 수 있다.

$$F = \frac{MSR}{MSE} = \frac{SSR/k}{SSE/(n-k-1)}$$

MSR(Mean Square Regression) : 회귀에 의해 설명된 분산
MSE(Mean Square Error) : 오차(잔차)의 평균 제곱
SSR : 회귀제곱합, SSE : 오차제곱합
k : 독립변수 수(절편 제외), n : 데이터 수

F 값이 크거나 p-값이 유의수준 α보다 작으면
→ 귀무가설 기각, 회귀모형이 통계적으로 유의미하다.

2) 로지스틱 회귀분석(Logistic Regression)

데이터를 이용해 어떤 사건이 일어날 확률을 예측하는 통계 모델이다. 예/아니오, 합격/불합격처럼 결과가 두 가지(또는 여러 범주) 중 하나로 나뉘는 문제에 주로 사용된다.

선형회귀처럼 독립변수와 종속변수 사이의 관계를 분석하지만, 결과가 확률 형태로 출력되고, 그 확률을 기준으로 분류를 수행한다는 점이 다르다.

> 선형회귀분석과의 차이점은 종속변수를 범주형으로 확장하였고 정규분포 대신 이항분포를 따른다는 점이다.

① 단순 로지스틱 회귀분석 : 종속변수가 이항형 문제(범주의 개수가 두 개인 경우)인 회귀분석이다.

② 다중 로지스틱 회귀분석 : 종속변수가 이항형 문제가 아닌 두 개 이상의 범주를 가지게 될 경우의 회귀분석이다.

- 로지스틱 회귀함수식은 각 모수에 대해 비선형식이며 승산(odds)으로 로짓변환(0과 1로 조정하는 과정)을 통해 선형함수로 치환이 가능하다.

$$P(Y=1|X=x_1, \cdots, x_p) = \frac{e^{(\beta_0+x_1\beta_1+\cdots+x_p\beta_p)}}{1+e^{(\beta_0+x_1\beta_1+\cdots+x_p\beta_p)}}$$

- 승산(odds)은 임의의 사건 A가 발생하지 않을 확률 대비 일어날 확률의 비율을 뜻하는 개념으로 P(A)가 1에 가까울수록 발생확률 승산은 올라가며 반대로 P(A)가 0이라면 0이 된다.

$$odds = \frac{P(A)}{P(A^C)} = \frac{P(A)}{1-P(A)}$$

- 이외 두 개 이상의 범주를 가지는 문제가 대상인 경우에는 다항 로지스틱 회귀(Multinomial Logistic Regression) 또는 분화 로지스틱 회귀(Polytomous Logistic Regression), 복수의 범주이면서 순서가 존재하면 서수 로지스틱 회귀(Ordinal Logistic Regression)로 다양한 분야에서 분류/예측을 위한 모델들로 활용된다.

▶ 로지스틱 회귀분석 종류

단순 로지스틱 회귀분석	종속변수가 이항형 문제(범주의 개수가 두 개인 경우)의 회귀분석
다중 로지스틱 회귀분석	종속변수가 이항형 문제가 아닌 두 개 이상의 범주를 가지게 될 경우의 회귀분석

3) 회귀분석의 장단점
- 장점 : 크기와 관계없이 계수들에 대한 명료한 해석과 손쉬운 통계적 유의성 검증이 가능하다.
- 단점 : 선형적인 관계로 데이터가 구성되어 있어야 적용할 수 있다.

개념 체크

1 선형회귀분석 기반 예측모델과 관계가 없는 항목은?
① 잔차 분석
② 다중공선성 검사
③ 선형성 확인
④ 로짓 변환

정답 ④

로짓 변환은 로지스틱 회귀함수에서 승산(odds)으로 변환(0과 1로 조정)하는 과정을 말하며, 이를 통해 선형함수로 치환이 가능하다.

2 회귀분석 모형 진단에서 표본의 실제값에 대한 회귀식의 설명력에 대한 것은?
① 변수 영향력 분석
② 잔차 분석
③ 적합도 검정
④ 유의성 검정

정답 ③

적합도 검정은 추정된 회귀식이 표본의 실제값을 얼마나 잘 설명하는지에 대해 확인하는 방법이다.

3 로지스틱 회귀의 장점으로 옳지 않은 것은?
① 분류 외에 확률값을 얻을 수 있다.
② 2개 이상의 분류기에 적용가능하다.
③ 선형관계에 있지 않아도 적용가능하다.
④ 예측변수에 범주형 변수를 넣을 수 있다.

정답 ③

로지스틱 회귀는 선형회귀와 동일하게 선형관계에 있음으로 가정해야 한다.

03 의사결정나무(Decision Tree)

의사결정 규칙을 나무 모양으로 나타내어 전체 자료를 몇 개의 소집단으로 분류(classification)하거나 예측(prediction)을 수행하는 기법이다.

- 상위노드로부터 하위노드로 트리구조를 형성하는 매 단계마다 분류 변수와 분류 기준값의 선택이 중요하다.
- 상위노드에서 분류된 각각의 하위노드는 노드 내 동질성이 커지고, 노드 간에는 이질성이 커지는 방향으로 분류 변수와 기준값을 선택한다.
- 모형의 크기는 과대적합(또는 과소적합) 되지 않도록 적절히 조절되어야 한다.
- 의사결정나무 기법을 사용한 분석은 시장조사, 광고조사, 품질관리 등 다양한 분야에서 활용되고 있으며, 타겟 고객 분류, 고객 신용분류, 행동 예측 등에 사용된다.

** 타이타닉호 탑승객의 생존여부 결정에 대한 의사결정나무

아래 표는 타이타닉호 탑승객의 특성을 조사한 것이다. 왼쪽 두번째 칼럼이 생존여부(survived)를 표시한 칼럼이고 다른 칼럼은 승객의 성별, 나이, 객실등급 등 다양한 데이터를 보여준다.

> 타이타닉 데이터셋은 Kaggle에서 머신러닝 학습에 자주 사용되는 것으로 생존 예측을 목표로 탑승객의 데이터를 분석한다.

	survived	pclass	sex	age	sibsp	parch	fare	class	adult_male	deck	embark_town	alive	alone
0	0	3	male	22.0	1	0	7.2500	Third	True	NaN	Southampton	no	False
1	1	1	female	38.0	1	0	71.2833	First	False	C	Cherbourg	yes	False
2	1	3	female	26.0	0	0	7.9250	Third	False	NaN	Southampton	yes	True
3	1	1	female	35.0	1	0	53.1000	First	False	C	Southampton	yes	False
4	0	3	male	35.0	0	0	8.0500	Third	True	NaN	Southampton	no	True

이 데이터를 기반으로 그림과 같은 의사결정트리를 구성할 수 있다. 그림에서 성별(sex), 나이(age), 형제자매(sibsp)의 3개 분류변수에 따라 성별이 남자인지 여자인지, 나이는 9.5세 아래인지 아닌지, 형제자매(sibsp)는 2.5명 이상인지 아닌지 등 해당 3가지 체크리스트를 기반으로 따라가면서 생존 여부에 대한 예측을 할 수 있다.

이와 같이 예측 가능한 규칙들의 조합을 만들어가는 형태가 나무 모양과 같다고 하여 의사결정나무라고 일컫는다.

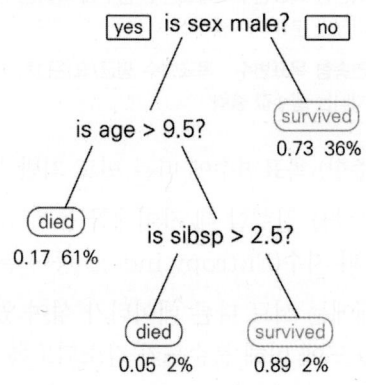

1) 의사결정나무의 구성

① 뿌리 마디(Root Node, 뿌리 노드) : 나무가 시작되는 마디, 부모가 없는 마디로 대상이 되는 모든 자료집합을 포함

② 중간 마디(Internal Node) : 뿌리 마디에서 나온 각 나무줄기 중간에 있는 마디

③ 끝 마디(Terminal Node, 잎 노드) : 각 나무줄기의 끝에 있는 마디, 자식이 없는 마디

④ 자식 마디(Child Node) : 하나의 마디로부터 분리된 2개 이상의 마디

⑤ 부모 마디(Parent Node) : 자식 마디의 상위 마디

⑥ 가지(Branch) : 하나의 마디로부터 끝 마디까지 연결된 마디들

⑦ 깊이(Depth) : 가장 긴 가지의 크기(마디의 개수)

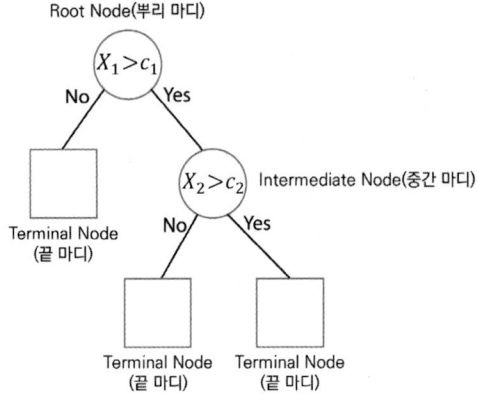

2) 의사결정나무의 종류

의사결정나무는 목표변수가 이산형인 경우의 분류나무와 목표변수가 연속형인 경우의 회귀나무로 구분된다.

▶ 의사결정나무 종류

분류나무	• 이산형 목표변수 : 목표변수 범주에 속하는 빈도(frequency) 기반 입력 데이터가 분류되는 클래스
회귀나무	• 연속형 목표변수 : 목표변수 평균/표준편차 기반 예측된 결과로 특정 의미 지니는 실수값 출력

① 분류나무 : 이산형(범주형) 목표변수에 따른 빈도 기반 분리에 사용한다.
- 상위 노드에서 가지 분할을 진행할 때 카이제곱 통계량의 p-value, 지니 지수(Gini index), 엔트로피 지수(Entropy index) 등이 분리 기준으로 활용된다.
- 분리 기준을 선택할 때에는 서로 다른 데이터가 섞여 있는 정도인 불순도를 통해 자식 노드가 현재 노드에 비해 불순도가 감소되도록 설정해야 한다. 이 때의 불순도 차이를 정보 획득(Information Gain)이라고 한다.

- 카이제곱 통계량(불순도 함수) : ((실제도수−기대도수)²/기대도수)의 합

$$\chi_C^2 = \sum \frac{(O_i - E_i)^2}{E_i}$$

- 지니 지수(Gini index, 불순도 함수) : 특정 집합에서 한 항목을 뽑아 무작위로 라벨 추정 시 틀릴 확률

$$G(S) = 1 - \sum_{i=1}^{c} p_i^2$$

- 엔트로피 지수(Entropy index, 불순도 함수) : 무질서 정도에 대한 측도

$$Entropy(A) = -\sum_{k=1}^{m} p_k \log_2(p_k)$$

(총 16개의 점, 회색 점은 6개)	지니 지수	$= 1 - \left(\frac{6}{16}\right)^2 - \left(\frac{10}{16}\right)^2 \approx 0.47$
	엔트로피 지수	$= -\frac{6}{16}\log_2\left(\frac{6}{16}\right) - \frac{10}{16}\log_2\left(\frac{10}{16}\right) \approx 0.95$

- 총 16개의 점
- 회색 점은 6개

- 카이제곱 통계량 계산

	A	B	
Left	6(4)	2(4)	
Right	0(2)	4(2)	x(y) : 실제도수 값(기대도수 값)

$$\chi^2 = \frac{(6-4)^2}{4} + \frac{(2-4)^2}{4} + \frac{(0-2)^2}{2} + \frac{(4-2)^2}{2} = 6$$

② 회귀나무 : 연속형(수치형) 목표변수에 따른 평균/표준편차 기반 분리에 사용한다.

- 상위 노드에서 가지분할을 진행할 때 F-통계량의 p-value, 분산의 감소량 등이 분리 기준으로 활용된다.
- 분산분석 F-통계량의 p-값(p-value of F-Statistic) : 등분산성을 검정하여 p-값이 커지면 등분산성이 있음을 뜻하므로 낮은 이질성, 즉 순수도가 높아진다.
- 분산의 감소량(Variance reduction) : 분산의 감소량이 최대화가 될수록 낮은 이질성, 순수도가 높아지는 방향으로 가지분할이 진행된다.

등분산성
분석하는 집단들의 분산이 같음을 의미

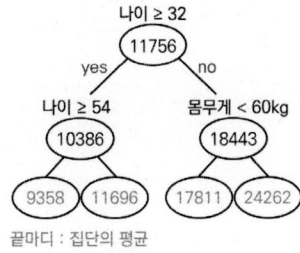

끝마디 : 집단의 평균

▲ 회귀나무 예

3) 의사결정나무의 분석 과정

① 변수 선택 : 목표변수와 관련된 설명(독립) 변수들을 선택한다.

② 의사결정나무 형성 : 분석목적에 따른 적절한 분리기준과 정지규칙, 평가기준 등으로 의사결정나무를 만든다.

▶ 정지규칙(정지조건)

최대 깊이 (Maximum Depth)	트리의 깊이가 지정된 최대값에 도달하면 분할을 정지
최소 샘플 수 (Minimum Samples per Leaf)	가지 끝 노드(잎 노드)에 속한 샘플 수가 정해진 값보다 작다면 분할을 정지
불순도 감소 (Minimum Impurity Decrease)	노드의 분할이 불순도(예: 지니 불순도, 엔트로피 등)를 감소시키는 최소량을 지정한 후 이 값보다 작은 불순도 감소가 있으면 분할을 정지

정지규칙(Stopping Rule) 더 이상 분리가 일어나지 않고 현재의 마디가 끝 마디가 되도록 하는 여러 규칙(조건)

③ 가지치기 : 부적절한 나뭇가지는 제거한다. 오버피팅을 막고 일반화 성능을 높여준다.

④ 모형 평가 및 예측 : 이익(gain), 위험(risk), 비용(cost) 등을 고려하여 모형을 평가하며 분류 및 예측을 수행한다.

➕ 더 알기 TIP

불순도 계산의 예(Gini 지수 사용)

$$\phi(g) = 1 - \sum_{i=1}^{j} \hat{p}_i(g)^2$$

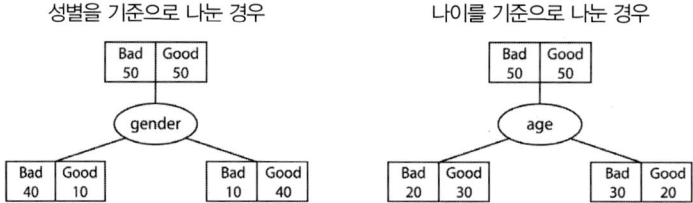

	성별을 기준으로 나눈 경우	나이를 기준으로 나눈 경우
뿌리 노드의 불순도	1−[(50/100)^2+(50/100)^2]=0.5	
	1−[(40/50)^2+(10/50)^2]=0.32 1−[(10/50)^2+(40/50)^2]=0.32	1−[(20/50)^2+(30/50)^2]=0.48 1−[(30/50)^2+(20/50)^2]=0.48
불순도의 감소 폭	0.5−[(50/100)×0.32]×2=0.18	0.5−[(50/100)×0.48]×2=0.02

즉, 성별에 의해 자료를 나누는 것이 나이를 기준으로 분할하는 것보다 종료 노드의 순수성의 증가에 도움이 된다.

- 정보 획득(Information Gain)
  - 정보이론(Information Theory)에서 순도가 증가하고 불확실성이 감소하는 것을 정보 획득이라 하며 현재 노드의 불순도와 자식노드의 불순도 차이를 의미한다.

$$I(X) = \log_2 \frac{1}{p(x)}$$

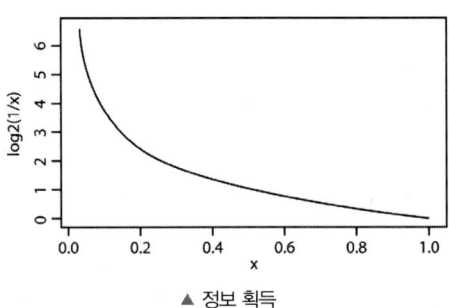
▲ 정보 획득

발생할 확률이 작은 사건일수록 정보의 가치가 크고, 반대로 발생할 확률이 클수록 정보의 가치가 작다.

- 재귀적 분기(Recursive Partitioning) 학습
  - 분기 전보다 분기 후 각 영역의 정보 획득량이 높아지도록 입력변수의 영역을 구분하여 사전에 설정한 기준을 만족할 때까지 분기를 반복하는 학습이다.
  - 모든 잎(끝마디)의 엔트로피가 0이 될 때까지 반복하는데 새로운 데이터가 제대로 분류되지 못하는 현상을 방지하기 위해 일정단계에서 중지하거나 분기를 재조정하는 가지치기 단계로 넘어가게 된다.

분기 뒤 순도의 증가, 불확실성이 최대한 감소하는 방향으로 학습을 진행한다.

⑤ 가지치기 : 평가용 데이터를 활용, 부적절한 추론규칙을 가지고 있거나 불필요한 또는 분류오류를 크게 할 위험 있는 마디들을 제거한다.

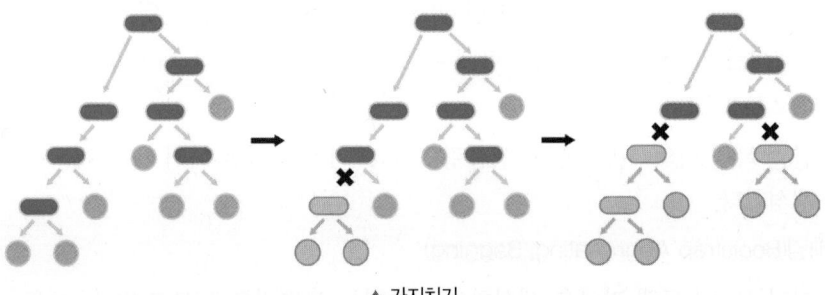
▲ 가지치기

- 에러감소 가지치기(Reduced Error Pruning) : 분할/결합 전과 후의 오류를 비교하여 오류가 더 이상 줄어들지 않을 때까지 반복하는 방법이다.
- 룰 포스트 가지치기(Rule Post Pruning) : 나무구조를 뿌리 노드부터 잎 노드까지 경로의 형태로 변환한 뒤 정확도가 낮은 순서대로 제거하는 방법이다.
  - 분기가 너무 많을 경우 학습데이터가 과적합(overfitting)되어 더 복잡한 트리가 생성될 수 있다. 이를 위해 사전 가지치기(pre-pruning)와 사후 가지치기(post-pruning)가 있다.

마디=노드(Node)

⑥ 타당성 평가 : 이익, 비용, 위험 등을 고려하여 모형을 평가하는 단계로 이익 도표, 위험 도표, 교차 타당성(교차 검증)으로 의사결정나무를 평가한다.

⑦ 해석 및 예측 : 의사결정나무 최종 모형에 대한 해석으로 분류 및 예측 모델을 결정한다.

4) 의사결정나무의 대표적 알고리즘

① CART(Classification and Regression Trees) : 일반적으로 활용되는 의사결정나무 알고리즘이다. 불순도 측도로 범주형 또는 이산형일 경우 지니 지수를, 연속형인 경우 분산의 감소량을 이용한 이진분리(binary split)를 활용한다.

② C4.5 / C5.0 : 범주형/이산형 목표변수에만 활용되며 불순도 측도로 엔트로피 지수를 활용한다. 범주의 수만큼 분리가 일어나는데 각 마디에서 다지분리(multiple split)가 가능하다.

③ CHAID(Chi-squared Automatic Interaction Detection) : 범주형/이산형 목표변수와 연속형 목표변수에 활용되며 불순도 측도로 카이제곱 통계량을 활용한다. 가지치기를 하지 않고 적당한 크기에서 성장을 중지하며 분리변수의 범주마다 마디를 형성하는 다지분리(multiple split)가 가능하다.

	범주형/이산형 목표변수	연속형 목표변수
CHAID	카이제곱 통계량	ANOVA F-통계량
CART	지니 지수	분산감소량
C4.5 / C.5.0	엔트로피지수	

④ 랜덤 포레스트(Random Forest)

부트스트래핑 기반 샘플링을 활용한 의사결정나무 생성 이후 배깅 기반 나무들을 모아 앙상블 학습하여 숲을 형성하게 되면 이를 랜덤 포레스트라고 일컫는다.

- **부트스트래핑(Bootstrapping)**
  - 단순 복원 임의추출법(랜덤 샘플링)으로 크기가 동일한 여러 개의 표본자료를 생성한다.

- **배깅(Bootstrap Aggregating, Bagging)**
  - 여러 부트스트랩 자료를 생성하여 학습하는 모델링으로 분류기(classifiers)를 생성한 후 그 결과를 앙상블 하는 방법이다.
  - 추출한 각 샘플별 모델링 학습 뒤 결과들을 집계, 최종 결과를 만들어 내는 방식으로 범주형 데이터인 경우 다수결 투표방식으로, 연속형 데이터인 경우 평균으로 결과를 집계한다.

앙상블 학습(Ensemble Learning)
여러 모델을 학습시켜 결합하는 방식의 학습방법으로 일반화 성능을 향상시켜 과적합을 해결할 수 있음

부트스트래핑
전체 관측값들 중 일부를 뽑아 통계값을 측정하는 과정을 여러 번 반복

복원 추출법
하나의 관측치를 한 번 뽑고, 다시 표본에 포함시켜 뽑히는 것을 허용하는 방식

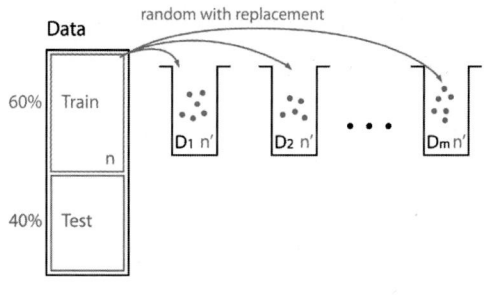

▲ 배깅 구성 흐름도

- **부스팅(Boosting)**
  - 가중치를 활용하여 약분류기(weak classifier)를 강분류기(strong classifier)로 만드는 방법으로 순차적으로 분류 모델들이 틀린 곳에 집중하여 새로운 분류 규칙을 생성하는 기법이다.
  - 이전 분류기의 학습 결과를 토대로 다음 분류기의 학습 데이터의 샘플가중치를 조정해 학습을 진행하는데, 잘 맞춘 약분류기는 가중치를 더하고 잘못 평가한 약분류기의 가중치는 제하여 누적된 약분류기 가중치를 합산하여 최종 학습 모델링한다.

부스팅 모델 종류
- AdaBoost(Adaptive Boosting)
- GBM(Gradient Boosting Machine)
- XGBoost(eXtra Gradient Boost)
- LightGBM(Light Gradient Boost)

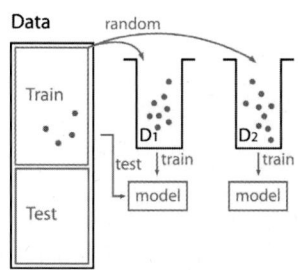

▲ 부스팅 구성 흐름도

▶ 배깅 vs 부스팅

	배깅	부스팅
학습 방식	병렬 학습	순차 학습
장점	• 병렬 학습으로 효율성 높음 • 과대적합 방지에 효과적 • 단일 모델보다 성능 우수	• 이전 모델 보완 • 과소적합 방지에 강함 • 다양한 손실함수 사용가능
단점	• 모델 해석이 어려움 • 성능 향상 한계	• 모델 해석이 어려움 • 학습 시간 증가
대표 예	랜덤 포레스트	그래디언트 부스팅, AdaBoost

5) 의사결정나무의 장단점

- **장점**
  - 연속형, 범주형 변수 모두 적용, 변수 비교가 가능하며 규칙에 대해 이해하기 쉽다.
  - 데이터로부터 규칙을 도출하는 데에 유용하므로 DB 마케팅, CRM, 시장조사, 기업 부도/환율 예측 등 다양한 분야에서 활용된다.

• 단점
- 트리구조가 복잡할 시 예측/해석력이 떨어진다.
- 데이터 변형에 민감하다.

개념 체크

1 랜덤 포레스트(Random Forest) 알고리즘의 주요 특징이 아닌 것은?
① 여러 개의 의사결정 트리를 사용한다.
② 각 트리는 데이터의 서로 다른 부분 샘플을 사용하여 학습된다.
③ 최종 예측은 각 트리의 예측 결과를 다수결 투표로 결정한다.
④ 각 트리의 깊이는 반드시 동일해야 한다.

정답 ④

랜덤 포레스트의 성능은 다양한 특징을 가진 여러 트리의 조합에 의해 결정되며, 각 트리의 깊이는 반드시 동일할 필요는 없다. 트리의 깊이는 각 트리의 학습 과정에서 데이터와 가지치기(pruning)에 따라 다를 수 있다.

2 다음의 분류 트리 설명으로 맞지 않는 것은?

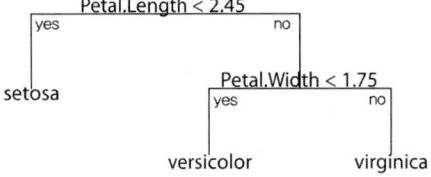

① Petal.Length가 2.45인 경우 Petal.Width를 통해 versicolor와 virginica로 분류된다.
② Petal.Length가 2인 경우 setosa로 분류된다.
③ Petal.Length가 2.45이면서 Petal.Width가 1.75이면 versicolor로 분류된다.
④ Petal.Legnth가 2.6이면서 Petal.Width가 1.5이면 versicolor로 분류된다.

정답 ③

Petal.Length가 2.45이면서 Petal.Width가 1.75이면 virginica로 분류된다.

3 다음 중 의사결정나무를 활용하기 어려운 분야는?
① 마케팅 캠페인 반응분석
② 품질 관리
③ 시장 조사
④ 적조 영향인자 분석

정답 ④

의사결정나무는 데이터에서 규칙을 도출하는 데에 유용하며 보이지 않는 영향인자를 분석하기는 어렵다.

04 인공신경망(Artificial Neural Network, ANN)

1) 인공신경망의 특징
- 인공신경망은 인간의 두뇌 신경세포인 뉴런을 기본으로 한 기계학습 기법으로 하나의 뉴런이 다른 뉴런들과 연결되어 신호를 전달, 처리하는 구조를 본떴다.
- 입력데이터가 들어가면서 신호의 강도에 따라 가중치 처리되고 활성화 함수를 통해 출력이 계산되는데 학습을 거쳐 원하는 결과가 나오게끔 가중치가 조정된다는 점이 주요 특징이다.
- 신경망 모형은 높은 복잡성으로 입력 자료의 선택에 민감하다.

> 인공신경망의 종류는 CNN, RNN 등 수십 가지에 이른다.

▶ 신경망 모형 구축 시 고려 사항

범주형 변수	일정 빈도 이상의 값으로 비슷하고 범주가 일정한 구간이어야 한다.
연속형 변수	입력변수 값들의 범위가 큰 차이가 없어 표준화가 가능한 경우에 더 적합하다.

2) 인공신경망의 발전
① 기존 신경망 다층 퍼셉트론이 가진 문제
- **사라지는 경사도**(Vanishing Gradient) : 신경망 층수를 늘릴 때 데이터가 사라져 학습이 잘 되지 않는 현상이다.
- 과대적합(Overfitting) : 데이터가 많지 않은 경우 특정 학습 데이터에만 학습이 잘되어 신규 데이터에 대한 추론처리 성능이 낮아지는 문제이다.

② 딥러닝(Deep Learning)의 등장
- 2000년 중·후반부터 사전학습(pre-training)으로 사라지는 경사도 문제를 해결하고 오버피팅을 방지하는 초기화(initialize point) 알고리즘의 발전 및 일정 뉴런들을 누락시키는 드롭아웃(dropout)을 사용하여 해결되는 것이 증명되면서 기존 인공신경망을 뛰어넘은 모델을 리브랜딩(re-branding)의 일환으로 딥러닝으로 부르게 된다.
- 딥러닝은 알고리즘 개선 외에도 풍부한 학습이 가능한 빅데이터 도래 및 신경망을 이용한 학습과 계산에 적합한 그래픽 처리장치(GPU: Graphics Processing Unit) 등 하드웨어 발전에 힘입어 21세기 이후 가장 알려진 인공신경망이 된다.
- 딥러닝의 기본구조인 DNN(Deep Neural Network)은 은닉층을 2개 이상 가진 학습 구조로 컴퓨터가 스스로 분류 답안을 만들어내며 데이터를 구분, 반복하여 최적의 답안을 결정한다.
- DNN 응용 알고리즘 모델로는 지도학습 기반인 CNN, RNN, LSTM, GRU, 그 외 학습유형별 파생모델들(Autoencoder, GAN 등)이 있다.

> 얼굴/행동 인식, 이미지 패턴인식, 음성인식, 감정분석, 시계열 데이터 예측, 이상 탐지 등 다양하게 활용된다.

3) 인공신경망의 원리

지도학습의 경우 하나의 뉴런은 입력 값(X)과 목표 출력 값(Y)이 있을 때 다음 뉴런으로 전달하는데 적절한 출력 값을 생성하기 위해 가중치 W를 곱한 값에 편향을 더하여 이를 조정하면서 학습, 최적화 과정을 거치게 되며 최종적으로 활성화 함수를 활용한다.

또한 비지도학습, 강화학습을 기반하여 다양한 인공신경망 모델들로 구현된다.

지도학습	학습 데이터로 입력벡터와 함께 기대되는 출력벡터, 즉 답을 제시한다. 신경망에서 출력된 결과가 기대되는 출력과 다르면, 그 차이를 줄이는 방향으로 연결가중치를 조절한다.
비지도학습	학습 벡터에 목표가 없을 때, 학습 데이터의 관계를 추론하여 학습을 진행하는 방식으로 입력벡터들을 집단으로 그루핑(grouping)하여 해당 집단을 대표하는 데이터를 선정한다.
강화학습	특정 환경 안에서 에이전트가 현재 상태를 인식하여 보상을 최대화하는 방향으로 동작을 선택하는 방법이다.

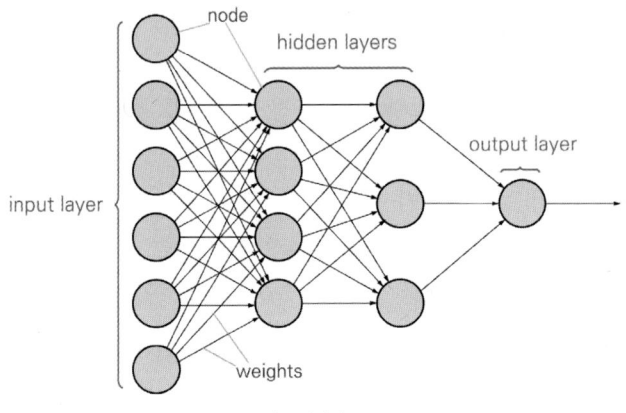

▲인공신경망 구조

- 뉴런 간의 연결 방법
  - 층간 연결 : 서로 다른 층에 존재하는 뉴런과 연결
  - 층내 연결 : 동일 층 내의 뉴런과의 연결
  - 순환 연결 : 어떠한 뉴런의 출력이 자기 자신에게 입력되는 연결

4) 학습

신경망에는 적응 가능한 가중치와 편향이 있으며 이를 훈련 데이터에 적응하도록 조정하는 과정을 학습이라고 정의한다.

① 손실 함수
- 신경망이 출력한 값과 실제 값과의 오차에 대한 함수이다.
- 일반적인 손실 함수로는 평균제곱 오차 또는 교차엔트로피 오차를 활용한다.

② 평균제곱 오차(Mean Squared Error, MSE) : 인공신경망의 출력 값과 사용자가 원하는 출력 값 사이의 거리 차이를 오차로 사용하며 각 거리 차이를 제곱하여 합산한 후에 평균을 구한다.

$$E = \frac{1}{n} \sum_k (y_k - t_k)^2$$

③ 교차엔트로피 오차(Cross Entropy Error, CEE) : 분류(Classification) 부문으로 t값이 원-핫 인코딩 벡터이며, 모델의 출력 값에 자연로그를 적용, 곱한다.

$$E = -\sum_k t_k \log y_k$$

④ 학습 알고리즘

- 1단계 : 미니배치
  - 훈련 데이터 중 일부를 무작위로 선택한 데이터를 미니배치라고 하며 이에 대한 손실함수를 줄이는 것으로 목표를 설정한다.
- 2단계 : 기울기 산출
  - 미니배치의 손실함수 값을 최소화하기 위해 경사법으로 가중치 매개변수의 기울기를 일반적으로 미분을 통해 구한다.
  - 기울기의 최소값을 찾는 경사 하강법(Gradient Descent), 경사 상승법(Gradient Ascent), 무작위 미니배치를 통한 확률적 경사 하강법(SGD: Stochastic Gradient Descent)이 있다.
- 3단계 : 매개변수 갱신
  - 가중치 매개변수를 기울기 방향으로 조금씩 업데이트 하면서 1~3단계를 반복한다.

⑤ 오차역전파(Back Propagation)

- 가중치 매개변수 기울기를 미분을 통해 진행하는 것은 시간 소모가 크므로 오차를 출력층에서 입력층으로 전달, 연쇄법칙을 활용한 역전파를 통해 가중치와 편향을 계산, 업데이트한다.

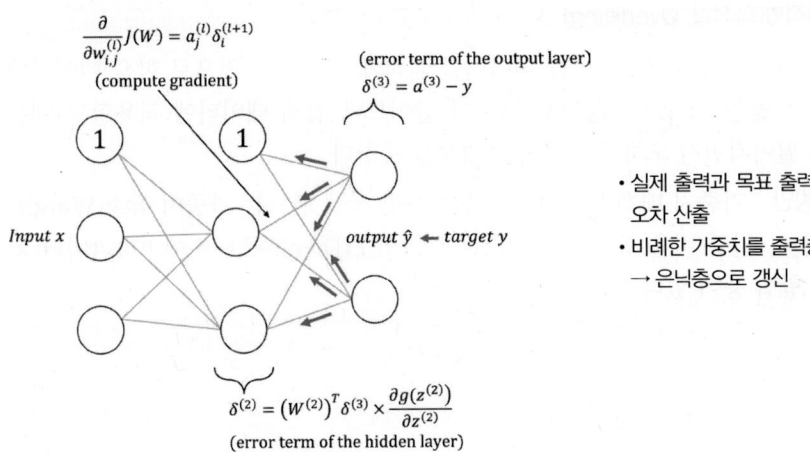

- 실제 출력과 목표 출력값과의 오차 산출
- 비례한 가중치를 출력층 → 은닉층으로 갱신

MSE는 SSE(오차제곱합)를 그에 해당하는 자유도로 나눈 값이다.

경사법
현재 위치에서 기울어진 방향으로 일정 거리만큼 이동, 이동한 자리에서 다시 기울기를 구해서 기울어진 방향으로 이동하는 과정을 반복하는 기법

연쇄법칙(Chain Rule)
합성함수의 미분은 각각의 미분의 곱으로 나타낼 수 있음

- 신경망 각 계층에서의 역전파 처리는 덧셈노드, 곱셈노드의 연산 역전파처리, 활성화 함수인 렐루(Relu) 계층, 시그모이드(Sigmoid) 계층, 아핀(Affine) 계층, Softmax-with-Loss 등이 있다.

⑥ 활성(활성화) 함수

> 대표적인 활성 함수는 시그모이드(Sigmoid)와 렐루(Relu)가 있다.

입력 신호의 총합을 그대로 사용하지 않고 출력 신호로 변환하는 함수를 뜻하며 활성화를 일으킬지를 결정하게 된다.

- 퍼셉트론은 1개 이상의 입력층과 1개 출력층 뉴런으로 구성된 활성화 함수에 따라 출력되는 신경망구조이다.
- 다층 퍼셉트론은 은닉층이 1개 이상의 퍼셉트론으로 활성화 함수인 계단 함수(Step Function)를 사용하여 0 또는 1을 반환하는 반면에 딥러닝 인공신경망은 시그모이드를 포함한 다른 활성화 함수들을 사용하며 가중치 매개변수의 적절한 값을 데이터로부터 자동으로 학습하는 특징을 가진다.

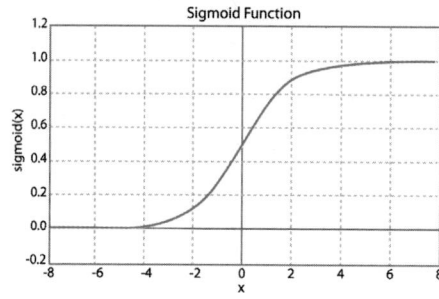

Sigmoid 활성화 함수(이진 분류)
- 참에 가까워지면 0.5~1 사이의 값을 출력
- 거짓이면 0~0.5 사이의 값으로 출력

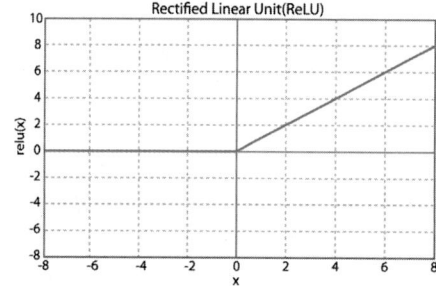

Relu 활성화 함수(이진 분류)
- Sigmoid의 Gradient Vanishing 문제 해결
- 0 보다 크면 입력값을 그대로 출력
- 0 이하의 값만 0으로 출력

⑦ 과대적합(과적합, Overfitting)

> 일반적으로 훈련데이터가 적은 경우, 매개변수가 많고 표현력이 높은 모델인 경우 등에 발생한다.

과적합이란 기계학습에서 학습 데이터를 과하게 학습하는 것으로 학습 데이터에 대해서는 높은 정확도 성능으로 오차가 줄어드나 실제 데이터에 적용할 시에는 성능이 떨어지면서 오차가 증가하는 경우를 뜻한다.

- 해결방안 : 가중치 매개변수 절대값을 가능한 작게 만드는 가중치 감소(Weight Decay), 일정 비율 뉴런만 학습하는 드롭아웃(Dropout), 하이퍼파라미터 최적화 방법 등이 있다.

➕ 더 알기 TIP

1. 가중치 감소(Weight Decay)
가중치가 클수록 일종의 패널티를 부과하여 가중치 매개변수 절대값을 감소시켜 과적합의 위험을 줄인다. 패널티 역할로 규제(Regularization, 정규화)가 이용되는데 모델을 강제로 제한한다는 의미이며 L1, L2 규제가 있다.

Lasso(라쏘) : L1 규제(정규화)
L1-norm 개념으로 Cost Function(비용함수)를 조정한다.
- $x = (x_1, x_2, \cdots, x_n)$에 대해

$$\|x\|_1 = \sum_{i=1}^{n} |x_i|$$

- L1 Regularization

$$\text{Cost} = \sum_{i=0}^{N}(y_i - \sum_{j=0}^{M} x_{ij}W_j)^2 + \lambda \sum_{j=0}^{M}|W_j|$$

비용 함수에 가중치 절대값 합에 규제강도(λ)를 곱한 값을 더해줌으로써 편미분 할 때 W(가중치)값이 상수가 되며 +, -로 결정된다.
가중치가 너무 작은 경우 상수값에 의해 W가 0이 되므로 중요한 W(가중치)들만 남게 된다.

Ridge(릿지) : L2 규제(정규화)
L2-norm 개념으로 Cost Function(비용함수)를 조정한다.
- $x = (x_1, x_2, \cdots, x_n)$에 대해

$$\|x\|_2 = \sqrt{\sum_{i=1}^{n} x_i^2}$$

- L2 Regularization

$$\text{cost} = \sum_{i=0}^{N}\left(y_i - \sum_{j=0}^{M} x_{ij}W_j\right)^2 + \lambda \sum_{j=0}^{M} W_j^2$$

Cost Function에 가중치 제곱의 합에 규제강도(λ)를 곱해 더해줌으로써 편미분 값을 이전 가중치에서 빼서 다음 가중치를 계산, 가중치를 업데이트하는데 가중치 크기가 직접 영향을 미치므로 L1 규제보다 L2 규제가 많이 활용되고 있다.

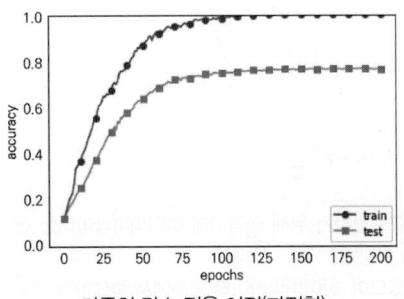
가중치 감소 적용 이전(과적합)

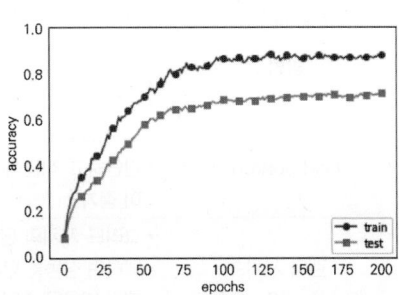
가중치 감소 적용 이후(과적합 문제가 해소됨)

2. 드롭아웃(Dropout)
신경망모델에서 은닉층의 뉴런을 임의로 삭제하면서 학습하는 방법으로 적은 뉴런만으로 훈련한 뒤 테스트 시에 전체 뉴런을 사용하면 정답을 보다 잘 찾을 수 있게 된다.
드롭아웃은 신경망의 과대적합을 줄이고 일반화 성능을 향상시킬 수 있는 효과가 있다

L1-norm
- 벡터 요소의 모든 절대값을 합한 값
- 맨해튼(Manhattan) 또는 택시(Taxi) norm으로 불리는데 뉴욕 맨해튼의 택시가 출발지에서 목적지로 이동할 시 대각선이 아닌 건물들 블록(block)을 따라 이동하는 모습과 유사하다고 붙여진 명칭

L2-norm
벡터의 유클리드 거리값으로 한 지점에서 다른 지점으로 이동하는 최단거리로 n차원 좌표평면(유클리드 공간)에서의 벡터의 크기를 계산

드롭아웃은 신경망을 훈련할 때마다 서로 다른 뉴런을 드롭아웃하기 때문에 앙상블 학습과 유사한 효과를 얻을 수도 있다.

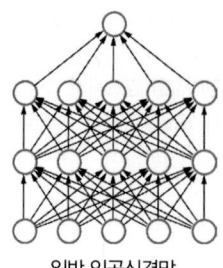
일반 인공신경망

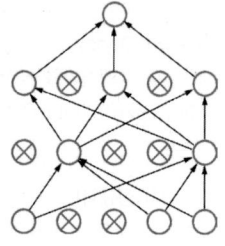
드롭아웃 적용 인공신경망

신경망은 학습 과정에서 가중치를 조정하여 입력과 출력 사이의 관계를 학습하는데, 가중치가 큰 특정 뉴런에 너무 의존하게 되면, 해당 뉴런의 독립성이 감소하고 전체 신경망의 성능이 저하될 수 있다. 드롭아웃은 학습 과정에서 뉴런의 일부를 임의로 선택하여 출력을 0으로 만들어 해당 뉴런을 비활성화 시킨다. 이는 학습 과정에서 신경망의 일부를 사용하지 않도록 함으로써, 다른 뉴런들이 더 강제적으로 학습되도록 유도한다.

> 일반적으로 드롭아웃은 훈련 시에만 적용되며, 테스트나 추론 단계에서는 사용되지 않는다.

3. 초매개변수(Hyperparameter, 하이퍼파라미터) 최적화 방법
적절한 튜닝으로 최적화된 하이퍼파라미터를 도출하여 과적합을 방지할 수 있다.
하이퍼파라미터는 모델의 구조와 학습 알고리즘에 영향을 주는 변수로 사용자가 직접 설정해야 하며, 최적의 값은 데이터셋과 모델에 따라 다를 수 있다.

> **초매개변수**
> 최적의 딥러닝 모델 구현을 위해 학습률이나 배치크기, 훈련 반복 횟수, 가중치 초기화 방법 등 수동으로 설정하는 변수

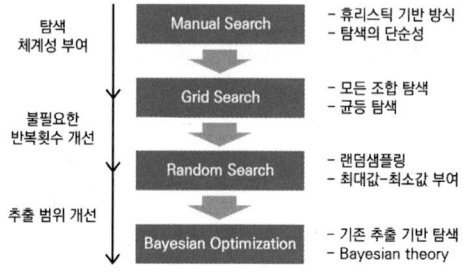
▲ 하이퍼파라미터 튜닝 기법

▶ 하이퍼파라미터 최적화 수행 방법

방법	설명
그리드 서치 (Grid Search)	• 주어진 하이퍼파라미터 공간에서 가능한 모든 조합을 시도하여 최적의 조합을 찾는 방법 • 간단하고 직관적이지만, 하이퍼파라미터 공간이 커질수록 계산 비용이 증가
랜덤 서치 (Random Search)	• 그리드 서치의 단점을 보완하기 위해 랜덤하게 하이퍼파라미터를 선택하여 성능을 평가하는 방법 • 계산 비용을 줄일 수 있으며, 하이퍼파라미터 공간에서 중요한 부분을 더 자주 탐색할 수 있음
베이지안 최적화 (Bayesian Optimization)	• 기존의 평가 결과를 토대로 다음에 시도할 하이퍼파라미터를 추정하는 방법 • 좋은 성능을 보인 하이퍼파라미터 주변을 더 자주 탐색할 수 있으며, 계산 비용을 효과적으로 관리 가능
자동화된 방법	• 최근에는 AutoML과 같은 자동화된 하이퍼파라미터 최적화 방법이 개발 • AutoML은 하이퍼파라미터 공간을 자동으로 탐색하고, 최적의 하이퍼파라미터 조합을 찾음

> 하이퍼파라미터 최적화는 일반적으로 교차 검증과 함께 사용되며, 각 조합의 성능을 평가하여 가장 우수한 성능을 내는 조합을 선택한다.

⑧ 기울기 소실(Vanishing Gradient)

기울기 소실은 신경망에서 가중치 업데이트 시, 역전파 알고리즘이 오차를 뒤로 전파시키는 도중에 기울기 값이 점차 사라지는 현상을 말한다.

기울기 소실 문제는 입력과 출력 사이 거리가 커질수록 자주 발생한다. 거리가 커질수록 기울기 값이 연쇄적으로 곱해지게 되며, 여기에 작은 값이 들어있으면 기울기는 시작층에 도달하기 전에 거의 0에 가까운 값을 가지게 된다.

- 기울기 소실 해결방안
  - ReLU(Rectified Linear Unit) 함수 사용 : 시그모이드 함수와 달리, ReLU 함수는 양수 값에서 기울기가 일정한 1 값을 가지기 때문에 vanishing gradient 문제를 줄일 수 있다.
  - LSTM(Long Short-Term Memory) : RNN 구조의 변형으로 주로 시퀀스 길이가 길거나 장기의존성이 있는 데이터에 사용. 기억 셀과 게이트라는 요소를 추가해서 복잡한 시퀀스를 학습하고 과거의 데이터 패턴을 잡아내는데 매우 효과적이다.
  - GRU(Gated Recurrent Unit) : 여러 게이트와 기억 매커니즘을 활용하여, LSTM과 비슷한 성능을 보이며 더 단순한 구조로 연산비용을 절감할 수 있다.
  - 배치 정규화(Batch Normalization) : 각 층에서 데이터의 분포를 정규화하여 vanishing gradient 및 발산 문제를 완화하는 기법이다.
  - 또한, 다양한 최적화기법(Adam, AdaGrad, RMSprop 등)을 활용해 이 문제를 완화할 수 있다.

5) 딥러닝 모델 종류

① CNN(Convolutional Neural Network, 합성곱 신경망 모델)

신경네트워크(Neural Network)의 한 종류인 CNN은 사람의 시신경 구조를 모방한 구조로 인접하는 계층의 모든 뉴런과 결합된 완전 연결(전결합, fully connected)을 구현한 아핀(Affine) 계층을 사용하여 모든 입력 데이터들을 동등한 뉴런으로 처리한다.

- 형상정보를 처리할 수 없었던 과거 모델들과 달리 이미지 형상을 유지할 수 있는 모델로 데이터의 특징, 차원(feature)을 추출하여 패턴을 이해하는 방식으로 이미지(벡터)의 특징을 추출하는 과정과 클래스를 분류하는 과정을 통해 진행된다.
  - CNN에서 특징을 추출하는 과정은 합성곱 계층(Convolution Layer)과 풀링 계층(Pooling Layer)으로 나뉘어지는데 입력된 데이터를 필터가 순회하며 합성곱을 계산한 뒤 특징지도(피처맵, Feature Map)를 생성한다.

> 완전연결 신경망은 Affine 계층 뒤에 활성화 함수를 갖는 ReLU 또는 Sigmoid 계층이 이어지는데 CNN은 합성곱 계층과 풀링 계층이 추가된 구조이다.

C는 Convolution
S는 Subsampling

32x32 크기의 이미지 입력
↓
5x5 filter로 convolution
↓
28x28 feature map 4개 생성
↓
2x2 subsampling
(average pooling 사용)
↓
14x14 feature map 4개 생성
⋮

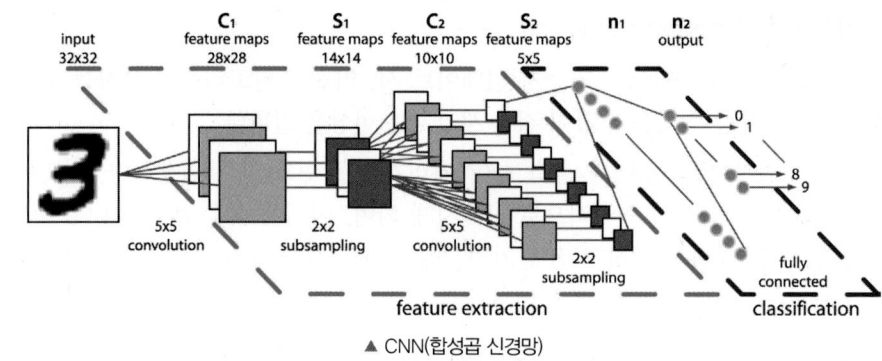

▲ CNN(합성곱 신경망)

1. 필터(Filter) : 이미지 특징을 찾기 위한 정사각형 행렬로 정의된 파라미터로 커널(kernel)로도 불린다.
2. 스트라이드(Stride) : 필터는 입력 데이터를 일정한 간격인 스트라이드로 순회하면서 특징을 추출하는데, 결과로 특징지도가 만들어진다.
3. 패딩(Padding) : 합성곱 계층에서 필터와 스트라이드 적용으로 생성된 특징지도는 입력데이터 크기보다 작은데 해당 출력데이터 크기가 줄어드는 것을 사전 방지하고자 입력데이터 주변을 특정값(예시로 0)으로 채우는 것을 의미한다.

> **기적의 TIP**
>
> OH와 OW 계산 방법을 알아야 한다.

입력 데이터에 대한 필터의 크기와 스트라이드 크기에 따라서 특징지도 크기가 결정된다.

OH
Output Height

OW
Output Width

$$OH = \frac{H + 2P - FH}{S} + 1$$

$$OW = \frac{W + 2P - FW}{S} + 1$$

입력 크기 : (H, W)
필터 크기 : (FH, FW)
출력 크기 : (OH, OW)
패딩 : P
스트라이드 : S

- 특징 지도는 서브샘플링(sub-sampling)을 통해 차원을 줄여주는 효과를 지니며 필터 크기, 스트라이드(stride), 패딩(padding) 적용여부, 최대 풀링(max pooling) 크기에 따라 출력 데이터의 구조(shape)가 결정된다.

• 합성곱 계층

- 2차원의 입력 데이터가 들어오면 필터의 윈도우를 일정 간격으로 이동하면서 입력 데이터에 적용, 입력과 필터에서 대응하는 원소끼리 곱한 뒤 총합을 구하면 결과가 출력되고 이를 모든 영역에서 수행하면 합성곱의 연산 출력이 완성된다.

- 필터의 매개변수가 완전연결 신경망의 가중치에 해당한다. 합성곱 신경망을 통해 학습이 반복되면서 필터의 원소값이 매번 갱신되며 편향은 항상 하나만 존재한다.

- 3차원의 합성곱 연산에서 입력 데이터 채널 수와 필터의 채널 수가 같아야 한다. 필터크기는 임의로 설정가능하나 모든 채널의 필터 크기가 동일해야 하는 조건을 가진다.

▲ 입력데이터에 필터를 적용, 합성곱을 수행하는 과정

▶ 합성곱 연산의 필요 요소

패딩(padding)	• 합성곱 연산을 반복수행 시 출력크기가 1이 되어 더 이상 연산을 진행하기 어려운 상태를 사전 예방하기 위한 조치로 출력크기를 조절하는 기법 • 연산 전에 입력데이터의 주위를 0 또는 1로 채워 출력 데이터의 크기를 입력 데이터의 크기와 동일하게 설정
스트라이드(stride)	• 필터를 적용하는 위치간격을 의미 • 스트라이드가 커지면 필터의 윈도우가 적용되는 간격이 넓어져 출력 데이터 크기가 줄어듦

필터의 크기, 패딩, 스트라이드 값은 이미지 복잡도나 크기 등에 따라 초기에 별도 설정하면서 학습을 진행하게 된다.

• 풀링 계층
  - 선택적인 요소이며 독립적인 채널별 연산이다. 입력데이터의 채널수가 변화되지 않도록 2차원 데이터의 세로 및 가로 방향의 공간을 줄이는 연산으로 최대 풀링(Max Pooling), 평균 풀링(Average Pooling) 등이 있다.
  - 최대 풀링은 대상영역에서 최댓값을 취하는 연산이며 평균 풀링은 대상 영역의 평균을 계산한다.
  - 풀링 계층을 이용하는 경우 이미지를 구성하는 요소 변경 시 출력값이 영향을 받는 문제를 최소화하며 이미지 크기 축소를 통해 인공신경망의 매개변수 또한 크게 줄어들어 과적합 및 학습시간 소요를 해결할 수 있다.

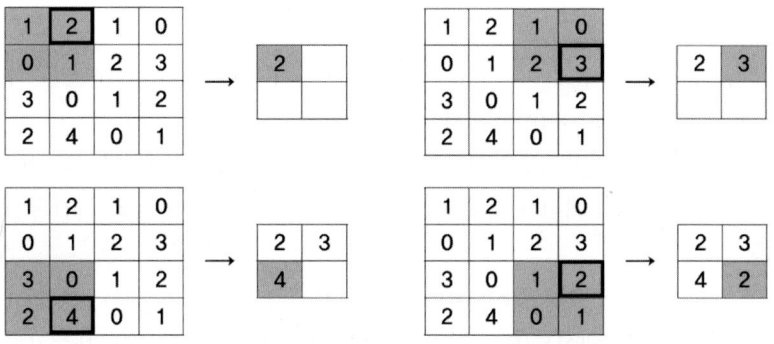

▲ 2×2 최대풀링을 스트라이드 2로 처리하는 과정

• 평탄화 계층(Flatten Layer)을 통해 이미지 형태의 데이터를 배열 형태로 처리한 뒤 완전연결계층(Fully Connected Layer)을 통해 최종 클래스가 분류된다. CNN 계층은 합성곱 계층-Affine ReLU-풀링(생략가능) 흐름으로 연결되며, 출력에 가까운 층에서는 Affine-ReLU 구성을 사용할 수 있고 마지막 출력 계층에서는 Affine-Softmax 조합을 이용한다.

• CNN은 보편적으로는 이미지 프로세싱에서 활용되는데 수치, 텍스트, 음성, 이미지들의 여러 유형의 데이터 들에서 많은 특징들을 자동으로 학습하여 추출, 분류, 인식 처리하는데 사용되고 있다.

• 대표적인 CNN 모델로 LeNet(1998)과 Alexnet(2012)이 있으며, VGG, GoogleLeNet, ResNet은 더 깊은 층을 쌓은 합성곱 신경망 기반 심층 신경망 모델(DNN)이다.

② RNN(Recurrent Neural Network)

순서를 가진 데이터를 입력하여 단위 간 연결이 시퀀스를 따라 방향성 그래프를 형성하는 신경네트워크 모델로 내부 상태(메모리)를 이용하여 입력 시퀀스를 처리한다.

- CNN과는 달리 중간층(은닉층)이 순환구조로 동일한 가중치를 공유한다. 가중치(weights)와 편향(bias)에 대한 오차함수의 미분을 계산하기 위해 확률적 경사하강법(Stochastic Gradient Descent, SGD)을 이용한다.
- RNN은 가중치 업데이트를 위해 과거시점까지 역전파하는 BPTT(Back Propagation Through Time)를 활용한다. 입력 데이터의 순서(sequence)로 모두 동일 연산을 수행하며, 입력 시점마다 가중치가 공유된다. 계산 기울기(gradient)는 현재 상태와 이전 상태에 대해 의존적이므로, 순차적 데이터 처리에 유용하다.

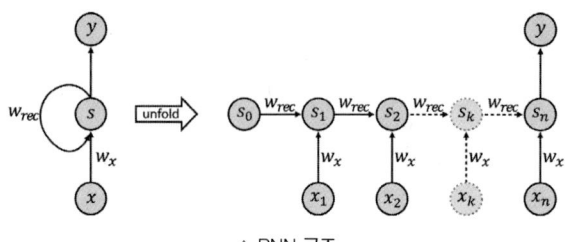

▲ RNN 구조

③ LSTM(Long Short-Term Memory Network)

- LSTM은 RNN의 단점을 보완하기 위해 변형된 알고리즘으로 보통 신경망 대비 4배 이상 파라미터를 보유하여 많은 단계를 거치더라도 오랜 시간동안 데이터를 잘 기억한다.
- LSTM은 다음의 3가지 게이트(입력 게이트(Input Gate), 출력 게이트(Output Gate), 망각 게이트(Forget Gate))로 보완된 구조를 통해 가중치를 곱한 후 활성화 함수를 거치지 않고 컨트롤 게이트를 통해 상황에 맞게 값을 조절함으로써 문제를 해결한다.

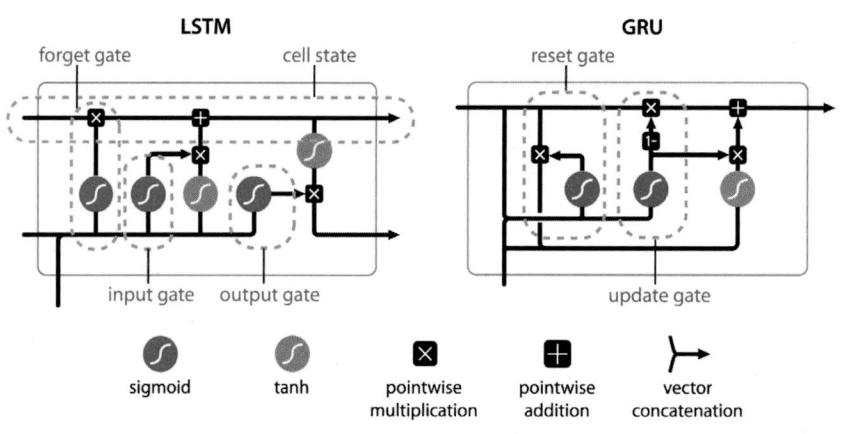

▲ LSTM과 GRU 구조

- LSTM은 은닉층 이외 셀(C, Cell)이라는 층을 구성하는데 셀은 장기(long-term) 메모리를 기억하는 셀로 망각 게이트와 입력 게이트를 과거와 현재 상태의 셀로 조합, 과거정보를 얼마나 망각할 지 현재 정보를 얼마나 반영할지를 결정한다. 해당 메모리값이 활성화 함수를 거치고 출력 게이트를 통해 얼마나 밖으로 표현될지가 결정되면 현재의 은닉층 값이 정해지게 된다.

> **은닉층**
> 신경망 모델에서 입력층과 출력층 사이에 위치하여 특징이나 패턴을 추출하는 역할을 하는 층

④ 오토인코더(Auto-encoder)

대표적 비지도학습 모델로 다차원 데이터를 저차원으로 바꾸고 바꾼 저차원 데이터를 다시 고차원 데이터로 바꾸면서 특징점을 찾아낸다.

- 입력으로 들어온 다차원 데이터를 인코더(encoder)를 통해 차원을 줄이는 은닉층으로 보내고, 은닉층의 데이터를 디코더(decoder)를 통해 차원을 늘리는 출력층으로 내보낸 뒤, 출력값을 입력값과 비슷해지도록 만드는 가중치를 찾아낸다. 하나의 신경망을 두 개 붙여놓은 형태이며 출력 계층과 입력 계층의 차원은 같다.

▶ 오토인코더 세부 종류

디노이징 오토인코더 (Denoising Auto-encoder)	손상이 있는 입력값을 받아도 손상을 제거하고 원본의 데이터를 출력값으로 만듦
희소 오토인코더 (Sparse Auto-encoder)	은닉층 중 매번 일부 노드만 학습하여 과적합 문제를 해결
VAE (Variational Auto-encoder)	확률분포를 학습함으로써 데이터를 생성

- 주로 활용되는 분야는 데이터 압축, 저차원화를 통한 데이터 관찰, 배경잡음 억제 등이다.

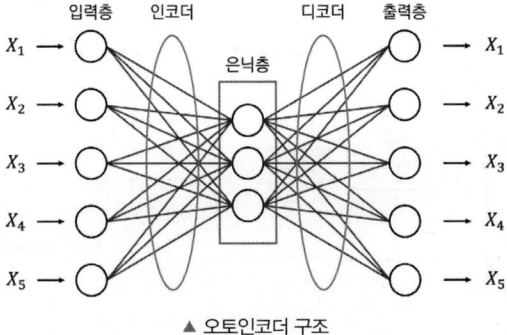

▲ 오토인코더 구조

⑤ GAN(Generative Adversarial Network)

학습 데이터 패턴과 유사하게 만드는 생성자(generator) 네트워크와 패턴의 진위 여부를 판별하는 판별자(discriminator) 네트워크로 구성되는데 두 네트워크가 서로의 목적을 달성하도록 학습을 반복한다.

> 지도학습(판별자)과 비지도학습(생성자) 딥러닝 모델의 결합으로 서로 경쟁하며 패턴을 흉내내는 MinMax Game으로 접근한다.

- 판별자 네트워크
  - 랜덤 노이즈 m개를 생성하여, 생성자 네트워크에 전달하고 변환된 데이터 m개와 진짜 데이터 m개를 획득한다. 2m개의 데이터를 이용해 판별자 네트워크의 정확도를 최대화하는 방향으로 학습한다.
- 생성자 네트워크
  - 랜덤 노이즈 m개를 재생성하여 생성자가 판별자의 정확도를 최소화하도록 학습한다.

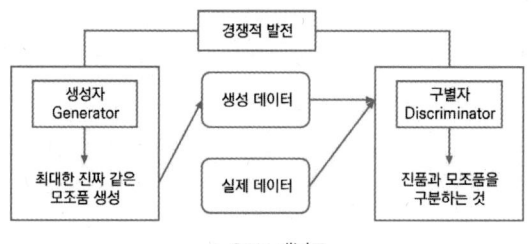

▲ GAN 개념도

- 생성자 네트워크에 랜덤 노이즈(random noise)가 주어지며 출력은 학습 데이터와 유사한 패턴으로 변환하는 함수를 학습한다. 판별자 네트워크는 생성된 데이터가 학습 데이터에 포함된 진짜인지에 대한 확률을 출력한다.
- 생성자 네트워크와 판별자 네트워크 모두 데이터 형태에 적합한 네트워크를 선택하며 MLP(Multi-Layer Perceptron), CNN, Autoencoder 등 제약없이 사용할 수 있다.

latent space
encoder로 압축한 데이터 특징들의 형태, 데이터포인트들의 hidden 표현

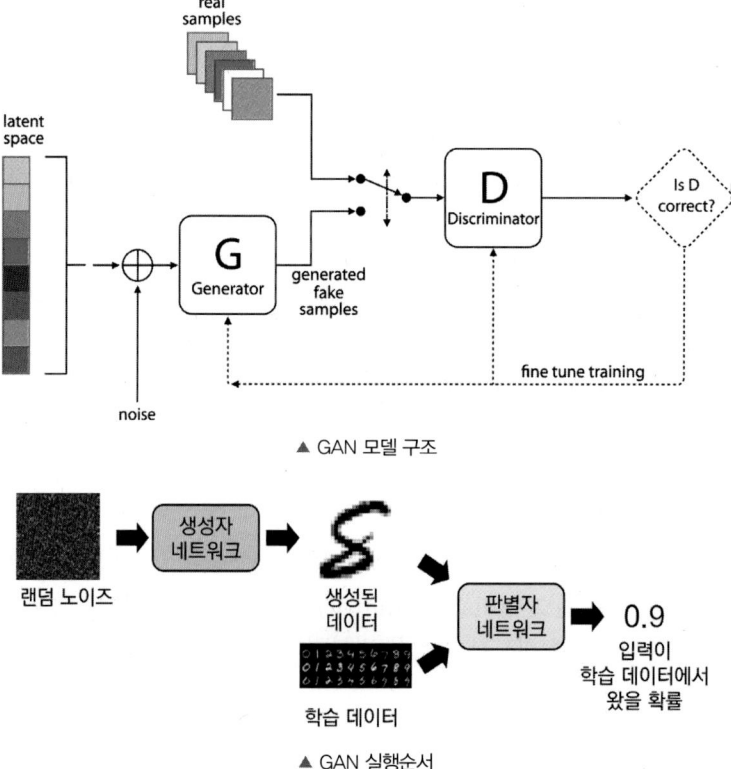

▲ GAN 모델 구조

▲ GAN 실행순서

- GAN은 기본적으로 두 모델간의 균형있는 경쟁이 필요하나 한쪽으로 역량이 치우치는 경우 성능이 제약되게 되는데 이를 개선한 모델이 DCGAN(Deep Convolutional GAN)이다.
  - 비지도학습 적용을 위해 기존의 Fully Connected DNN대신 CNN 기법으로 leaky_RELU 활성화 함수를 적용하여 신경망을 구성한다.
- GAN은 기초연구, 응용산업에 폭넓게 활용되고 있으며 DCGAN, SRGAN, 스택 GAN, Cycle GAN 등의 종류가 있다.

6) 인공신경망의 장단점

- 장점
- 비선형적 예측이 가능하다.
- 다양한 데이터 유형, 새로운 학습 환경, 불완전한 데이터 입력 등에도 적용할 수 있다.
- 단점
- 데이터가 커질수록 학습시키는 데에 시간 비용이 기하급수적으로 커질 수 있다.
- 모델에 대한 설명기능이 떨어지나 Explainable AI(설명가능한 AI) 등 대체안이 연구되고 있다.

개념 체크

1 인공신경망에서 대표적 비지도학습 모델로 다차원 데이터를 저차원으로 바꾸고 저차원 데이터를 다시 고차원 데이터로 바꾸면서 특징점을 찾아내는 인공신경망은?

① GAN
② RNN
③ 오토인코더
④ 피드포워드

정답 ③

오토인코더는 출력값을 입력값의 근사로 하는 함수를 학습하는 비지도학습 인공신경망이다.

2 한 층에서 반복을 많이 하는 RNN은 기울기 소실 문제가 발생하는데 이를 보완한 방법으로 반복되기 직전에 다음 층으로 기억된 값을 전달할지를 관리하는 단계를 추가한 모델은?

① DNN
② GAN
③ LSTM
④ GRU

정답 ③

LSTM은 기울기 소실로 학습능력이 저하되는 RNN의 단점을 보완하기 위해 변형된 알고리즘으로 보통 신경망 대비 4배 이상 파라미터를 보유하여 많은 단계를 거치더라도 오랜 시간동안 데이터를 잘 기억한다.

05 서포트벡터머신(Support Vector Machine, SVM)

서포트벡터머신은 지도학습 기법으로 고차원 또는 무한 차원의 공간에서 초평면(의 집합)을 찾아 이를 이용하여 분류와 회귀를 수행한다.

두 카테고리 중 어느 하나에 속한 데이터의 집합이 주어졌을 때, 주어진 데이터 집합을 바탕으로 하여 새로운 데이터가 어느 카테고리에 속할지 판단하는 비확률적 이진 선형 분류 모델을 만드는 기법이다. 만들어진 분류 모델은 데이터가 사상된 공간에서 경계로 표현되는데 그 중 가장 큰 폭을 가진 경계를 찾는 알고리즘이다.

1) SVM의 주요 요소

① 벡터(Vector) : 점들 간 클래스(class)

② 결정영역(Decision Boundary) : 클래스들을 잘 분류하는 선

③ 초평면(Hyperplane) : 서로 다른 분류에 속한 데이터들 간 거리를 가장 크게 하는 분류 선

④ 서포트벡터(Support Vector) : 두 클래스 사이에 위치한 데이터 포인트들

⑤ 마진(Margin) : 서포트벡터를 지나는 초평면 사이의 거리

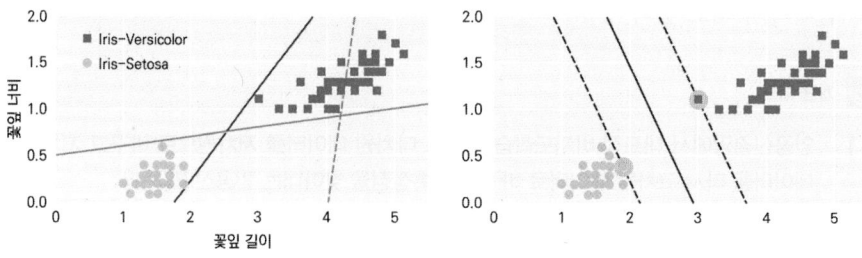

▲ 서포트벡터머신(SVM) 예

위 SVM 예시는 iris(붓꽃) 데이터셋(R, 파이썬 등 제공)으로 꽃잎 길이, 꽃잎 너비에 따른 Versicolor, Setosa, Virginica 품종을 분류한다. 클래스를 구분시키는 우측 그림과 같이 회색으로 표시된 점이 서포트벡터이며 두 클래스간의 간격, 마진이 최대화될 수 있도록 분류하는 점선들의 중간 직선이 초평면이 된다.

2) SVM의 핵심적 특징

- 기존 분류기가 '오류율 최소화'를 특징으로 한다면 SVM은 '여백(마진) 최대화'로 일반화 능력의 극대화를 추구한다.
- 아래 그림에서 가운데 직선이 초평면이며 양쪽 점선이 서포트 직선이다. 직선을 두 개 정의하는데 두 직선 다 초평면과 같은 법선 벡터를 가지고 있고 1만큼의 거리를 둔 식으로 $w \cdot x - b = 1$, $w \cdot x - b = -1$로 나타낸다.

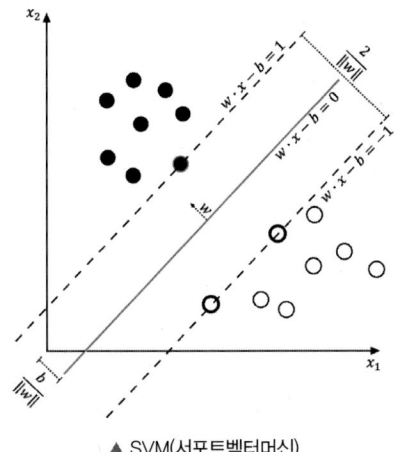

▲ SVM(서포트벡터머신)

- **초평면의 마진**은 각 서포트 벡터를 지나는 초평면 사이의 거리를 의미한다. 기하학적 의미는 두 초평면 사이의 거리, 즉 $2/\|w\|$ 라는 것을 알 수 있으며 마진을 최대화해야 하므로 w의 크기가 최소가 되어야 한다.
- 선형으로 분리가 가능한 경우에는 분리 초평면은 $h(x) < 0$인 모든 점들은 -1의 군집으로, $h(x) > 0$인 모든 점들은 +1의 군집으로 분류되도록 구해질 수 있다.
- 가중치 벡터는 초평면에 직교하며 편향은 초평면의 오프셋(offset)을 제공한다.
- SVM은 선형 분류와 더불어 비선형 분류에서도 사용될 수 있다. 비선형 분류를 하기 위해서 주어진 데이터를 고차원 특징 공간으로 사상하는 작업이 필요한데, 이를 효율적으로 하기 위해 커널 트릭을 사용하기도 한다.

3) SVM의 장단점
- 장점
  - 다양한 라이브러리로 사용하기 쉬우며 분류, 회귀 예측 문제에 동시에 활용할 수 있다.
  - 신경망 기법에 비해 적은 데이터로 학습이 가능하며 과대적합, 과소적합 정도가 덜하다.
- 단점
  - 이진분류만 가능하며 데이터가 많을 시 모델 학습 시간이 오래 소요된다.
  - 각각 분류에 대한 SVM 모델 구축이 필요하다.

> **커널 트릭**
> 선형 분류가 불가능한 데이터에 대한 처리를 위해 데이터의 차원을 증가시켜 하나의 초평면으로 분류할 수 있도록 도와주는 커널 함수를 사용

> 다중분류를 위해 n개의 SVM을 만들기도 한다.

개념 체크

1 SVM의 장점으로 맞지 않는 것은?

① 선형 또는 비선형 분류가 가능하다.
② 적은 양의 데이터로도 학습할 수 있다.
③ 예측 정확도가 높은 편이다.
④ 지도학습 다중분류 처리가 빠르다.

정답 ④

SVM은 이진 분류만 가능한 단점이 있다.

2 SVM은 고차원 혹은 무한 차원의 공간에서 마진을 최대화하는 (   )을 찾아 분류와 회귀를 수행하는 모델이다. (   )에 적합한 용어는?

① 경계면　　　　　　　　② 서포트벡터
③ 초평면　　　　　　　　④ 결정영역

정답 ③

SVM은 데이터를 분류하는 초평면을 구하는 알고리즘이다.

06 연관성분석

둘 이상의 거래, 사건에 포함된 항목들의 관련성을 파악하는 탐색적 데이터 분석 기법으로 컨텐츠 기반 추천(Contents-based Recommendation)의 기본 방법론으로도 알려져 있다. 그룹에 대한 특성 분석으로 군집분석과 병행 가능하며 장바구니 분석(Market Basket Analysis)으로도 불린다.

장바구니의 아이템들, 예를 들면 거래 정보를 담고 구매 패턴과 여러 구매들 사이에서의 상품, 구매행동, 이용자들 간의 연관성을 분석할 때 일정한 규칙을 찾아내게 된다. 고객군 파악, 특정 구매를 한 이유 이해, 상품(제품)에 대한 통찰력 확보, 프로모션/마케팅 프로그램/상점 레이아웃 정비 등 마케팅 전략계획 수립 등으로 활용된다.

> 유사한 개체들을 그룹화하여 각 집단의 특성 파악에 활용되며 사건의 연관규칙을 찾는 기법으로 목표 변수가 없는 비지도학습에 해당된다.

1) 연관규칙(Association Rule) 순서

① 데이터 간 규칙 생성 : if 조건절(Antecedent) → 결과절(Consequent)

② 어떤 규칙이 데이터 특성에 부합되는지 기준 설정

- 지지도(Support) : 데이터 전체에서 해당 물건을 고객이 구입한 확률이다.
- 신뢰도(Confidence) : 어떤 데이터를 구매했을 때 다른 제품이 구매될 조건부 확률이다.

$$Confidence(A \rightarrow B) = \frac{P(A \cap B)}{P(A)}$$

- **향상도(Lift)** : 두 물건의 구입 여부가 독립인지 판단하는 개념으로 1이면 상호 독립적인 관계, 1보다 크면 양의 상관관계, 1보다 작으면 음의 상관관계이다.

$$Lift(A \rightarrow B) = \frac{P(A \cap B)}{P(A)P(B)}$$

향상도가 1보다 큰 양의 상관관계이면 두 품목의 동시 구매가능성이 높다.

③ 규칙의 효용성 평가(실제 규칙 생성)

지지도, 신뢰도, 향상도가 높은 규칙들을 발견하기 위해 모든 경우를 탐색한다면 계산비용이 급증하기 때문에 빈발(frequent item sets)만 고려하고, 연관규칙을 생성하는 아프리오리(Apriori) 알고리즘을 활용하는 추세이다.

➕ 더 알기 TIP

연관성분석

Customer ID	ITEMS
1	빵, 밥, 김
2	계란, 김치, 밥
3	참치, 김
4	참치, 계란, 김치
5	빵, 김치
6	김, 계란
7	참치, 밥
8	계란, 빵
9	김치, 계란, 김
10	밥, 계란, 김치

고객	빵	계란	김치	참치	김	밥
1	1	0	0	0	1	1
2	0	1	1	0	0	1
3	0	0	0	1	1	0
4	0	1	1	1	0	0
5	1	0	1	0	0	0
6	0	1	0	0	1	0
7	0	0	0	1	0	1
8	1	1	0	0	0	0
9	0	1	1	0	1	0
10	0	1	1	0	0	1

1. 6개 품목(빵, 계란, 김치, 참치, 김, 밥)을 구입할 수 있다고 가정한다.
2. 각 고객마다 상품을 구입했으면 1의 값을, 아니면 0의 값을 주는 행렬을 만든다(희소행렬이라고 한다).
3. 최소 지지도(0.35)를 설정한다.
   지지도(빵) = 0.3
   지지도(계란) = 0.6
   지지도(김치) = 0.5
   지지도(참치) = 0.3
   지지도(김) = 0.4
   지지도(밥) = 0.4
   지지도가 0.35 이하인 빵과 참치가 들어가는 모든 집합은 제외한다.
   이후 아이템 2개의 집합을 계산한다.

일반적으로 최소지지도 설정은 현장 전문가의 입장에서 5%로 설정하여 규칙이 도출될 때까지 하향하면서 조정하는 것이 좋다.

구분	계란	김치	김	밥
계란		0.4	0.2	0.2
김치			0.1	0.2
김				0.1
밥				

4. 기준 지지도를 넘는 품목이 계란과 김치만 있으므로 가장 큰 연관규칙은 '계란을 산 사람은 김치를 산다'가 된다.

빈발항목집합
최소지지도 이상을 갖고 빈발하는 항목집합

2) 아프리오리(Apriori) 알고리즘

모든 항목집합에 대한 지지도를 계산하는 대신, 최소 지지도 이상의 빈발항목집합만을 찾아내서 연관규칙을 계산하는 기법이다.

- 최소지지도 이상의 한 항목집합이 빈발(frequent)하다면 이 항목집합의 모든 부분집합은 역시 빈발항목집합으로 연관규칙 계산에 포함한다.
- 최소지지도 미만의 한 항목집합이 비빈발(infrequent)하다면 이 항목집합을 포함하는 모든 집합은 비빈발항목집합으로 가지치기(pruning)를 한다.
- 이후 최소신뢰도 기준(Minimun Confidence Criteria)을 적용해서 최소 신뢰도에 미달하는 연관규칙은 다시 제거하여 반복(iteration)작업을 수행, 새로운 연관규칙이 없을 때까지 진행한다.

3) 연관성분석의 장단점

- 장점
  - 분석 결과가 이해하기 쉽고 실제 적용하기에 용이하다.
- 단점
  - 품목이 많아질수록 연관성 규칙이 더 많이 발견되나 의미성에 대해 사전 판단이 필요하다.
  - 상당 수의 계산과정이 필요하다.

🎯 개념 체크

1 지지도와 신뢰도가 높을수록 발견되는 연관규칙 개수는?

① 더 줄어든다.
② 변동이 없다.
③ 더 늘어난다.
④ 다양한 변화가 있다.

정답 ①

지지도와 신뢰도가 높을수록 발견되는 연관규칙 개수는 더 줄어든다.

2 다음과 같이 연관성분석 함수를 통해 지지도가 0.5가 넘는 항목들을 출력한 결과에서 Egg와 Onion의 상관관계는?

	antecedents	consequents	antecedent	support	...	lift	leverage	conviction
0	(Eggs)	(Onion)		0.8	...	1.25	0.12	1.6
1	(Onion)	(Eggs)		0.6	...	1.25	0.12	inf

① 양의 상관관계
② 상호 독립적인 관계
③ 음의 상관관계
④ 관계없음

정답 ①

Egg와 Onion간의 Lift(향상도) 비율이 1이 넘기 때문에 양의 상관관계라고 할 수 있다.

07 군집분석(Cluster Analysis)

비지도학습의 일종으로 주어진 각 개체들의 유사성을 분석해서 높은 대상끼리 일반화된 그룹으로 분류하는 기법이다.

군집에 속한 개체들의 유사성과 서로 다른 그룹간의 상이성을 분류하여 규칙 내지 결과 없이 주어진 데이터들을 가장 잘 설명하는 그룹 또는 클러스터를 찾을 수 있는 방법이다.

더 알기 TIP

군집분석 활용 분야
- 컴퓨터 : 인터넷 사기/스팸 패턴 발견, 보안, 클러스터 구성
- 생물학 : 생물체 분류 연구
- 천문학 : 천체 데이터 분석
- 도시계획 : 주거 그룹 판별 조사
- 환경 : 지구 환경, 기상 / 해양 변화 조사
- 금융 : 주식 군집 분석(관계 분석)
- 마케팅 : 고객분석, 시장세분화
- 기타 : 소셜 네트워크 분석, 이미지 분할 등

1) 군집분류 시 기본적인 가정

- 하나의 군집 내에 속한 개체들의 특성은 동일하다.
- 군집의 개수 또는 구조와 관계없이 개체간의 거리를 기준으로 분류한다.
- 개별 군집의 특성은 군집에 속한 개체들의 평균값으로 나타낸다.

2) 군집분석의 척도

군집분석의 유사성 계산은 방법에 따라 거리와 유사성으로 구분하는데 거리는 값이 작을수록 두 관찰치가 유사함을 의미하며 유클리드 거리, 맨해튼 거리 등이 있다. 반대로 유사성은 값이 클수록 두 관찰치가 서로 유사함을 뜻하며 코사인 값, 상관계수 등이 있다.

① 유클리드 거리(Euclidean Distance)

2차원 공간에서 두 점간의 거리로 두 점을 잇는 가장 짧은 거리 개념인 피타고라스 정리를 통해 측정하며 민코프스키 거리(m=2) 적용시 L2 거리로도 불린다.

$$\sqrt{(p_1-q_1)^2+(p_2-q_2)^2+\cdots+(p_n-q_n)^2}=\sqrt{\sum_{i=1}^{n}(p_i-q_i)^2}$$

② 맨해튼 거리(Manhattan Distance)

택시 거리, 시가지 거리, 민코프스키 거리(m=1) 적용 시 L1 거리로도 통칭되며 사각형 격자, 블록으로 이뤄진 지도에서 출발점에서 도착점까지 가로지르지 않고 도착하는 최단거리 개념이다.

> **기적의 TIP**
> 각 거리 개념에 어떤 차이가 있는지 구분하도록 한다.

- 공간벡터 사이에 차원 실수를 직교 좌표계에 일정한 좌표축의 점 위에 투영한 선분길이합으로 각 변수 값 차이의 절대값의 합이다.

$$d_M(x, y) = \sum_{j=1}^{m} |x_i - y_i|$$

다음 그림에서 (0, 0)을 출발점, (6, 6)을 도착점으로 설정한 뒤 출발점에서 도착점까지의 유클리드 거리와 맨해튼 거리 값을 구하시오.

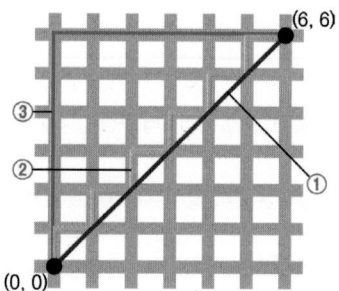

유클리드 거리 = 블록을 무시하는 출발점과 도착점을 잇는 가장 짧은 거리의 길이

① $\sqrt{(X_2-X_1)^2+(Y_2-Y_1)^2} = 6\sqrt{2}$

맨해튼 거리 = 블록별로 택시가 지나가 듯이 출발점과 도착점을 잇는 가장 짧은 거리의 길이

②=③. $|X_2-X_1|+|Y_2-Y_1| = 12$

③ 민코프스키 거리(Minkowski Distance)

m차원 민코프스키 공간에서의 거리를 뜻하며 m=1일 때 맨해튼 거리와 같고 m=2일 때 유클리드 거리와 같다.

- 민코프스키 공간은 아인슈타인의 특수 상대성 이론과 밀접한 관계가 있는 시공간으로 일반적인 3차원 유클리드 공간에 시간이 결합한 4차원적 다양체로 알려져 있다.

$$d(A, B) = \sqrt[m]{\sum_{i=1}^{p}(x_i-y_i)^m} = [\sum_{i=1}^{p}(x_i-y_i)^m]^{\frac{1}{m}}$$

④ 마할라노비스 거리(Mahalanobis Distance)

> 마할라노비스 거리는 변수의 표준화와 상관성이 함께 고려되는 특징이 있다.

일반적인 다변량 데이터에서 두 데이터 간의 거리를 파악하기 위해 서로 다른 의미를 지닌 특징 간의 상관관계를 고려해야 한다. 두 특징 간 나타나는 데이터의 방향성과 상관도를 나타낸 공분산 행렬(Covariance Matrix) 개념을 적용하여 정규 분포에서 특정 값이 얼마나 평균에서 멀리 있는지를 나타낸 거리이다.

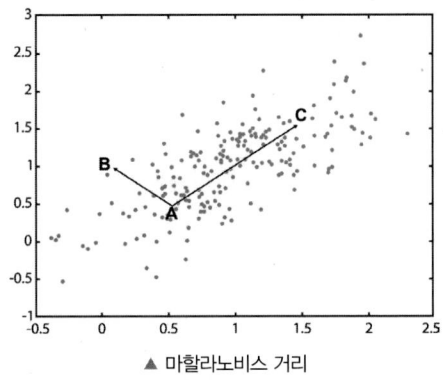

▲ 마할라노비스 거리

⑤ 자카드 거리(Jaccard Distance)

비교 대상인 두 개의 객체를 특징들의 집합(Sets of Characteristics)으로 간주하며 범주형 데이터에서 비유사성을 측정하는 지표이다.

- 자카드 인덱스(Jaccard Index)는 집합 X와 집합 Y의 교집합(InterChapter)의 원소의 개수를 집합 X와 집합 Y의 합집합(Union)의 원소의 개수로 나눈 값으로 1에서 자카드 인덱스를 뺀 값이 자카드 거리로 비유사성 측도로 계산된다.

$$Jaccard Index = \frac{|A \cap B|}{|A \cup B|} = \frac{|A \cap B|}{|A| + |B| - |A \cap B|}$$

$$Jaccard Distance = 1 - Jaccard Index$$

3) 군집분석의 종류

병합 방식	N 군집에서 시작, 하나의 군집이 남을 때까지 순차적으로 유사한 군집들을 병합
분할 방식	전체 하나의 군집에서 시작, N 군집으로 분할

① 계층적 군집분석

계층화된(상위-하위 그룹) 구조로 군집을 형성(군집 대상 중복 없이 작은 자료군 기반) 한다. 군집 수 명시가 필요하지 않고 덴드로그램을 통해 결과 표현을 시각화 한다.

- 계층적 병합 군집화
  - N개의 군집으로 시작하고, 가장 근접하고 유사한 두 개의 군집들이 1개 군집으로 병합한다.
  - 가장 거리가 짧은 두 개의 군집들이 순차적으로 병합한다.
- 최단 연결법(single-link)
  - 군집과 군집/데이터 간의 거리 중 최단거리(min) 값을 거리로 산정한다.

덴드로그램
개체들이 결합되는 순서를 나타내는 트리형태 구조

- 최장 연결법(complete-link)
  - 군집과 군집/데이터 간의 거리 중 최장거리(max) 값을 거리로 산정한다.
- 평균 연결법(average-link)
  - 군집과 군집/데이터 간의 거리의 평균거리(mean) 값을 거리로 산정한다.
- Ward 연결법
  - 군집 내 편차들의 제곱합을 고려한 군집 내 거리를 기준으로 한다.

② 비계층적 군집분석(분할적 군집)

사전 군집 수로 표본을 나누며 레코드(군집)들을 정해진 군집에 할당한다.

- K-평균(K-means) 군집 분석
  - 군집들 내부의 분산을 최소화하여 각각의 사례를 군집들 중 하나에 할당한다.
  - 개별유형의 특징 파악 및 좌표 기반 군집 분석으로 대용량 데이터 처리/분산 처리에 용이하다.

➕ 더 알기 TIP

K-평균 군집

데이터포인트	x	y
x_1	1	1
x_2	2	1
x_3	2	3
x_4	3	2
x_5	6	6
x_6	6	8
x_7	7	7

1. 위 표에 따라 k 군집의 수를 2개로 군집 중심점 c_1, c_2에 대해 (4, 3), (7, 9)로 시작한다.
2. 각 데이터 포인트와 군집 중심점 간의 유클리드 거리를 계산한다.

데이터포인트	s_1=distance(x_i, c_1)	s_2=distance(x_i, c_2)
x_1	3.6056	10
x_2	2.8284	9.4340
x_3	2	7.8102
x_4	1.4142	8.0623
x_5	3.6056	3.1623
x_6	5.3852	1.4142
x_7	5	2

3. x_1, x_2, x_3, x_4는 s_1 군집에, x_5, x_6, x_7는 s_2 군집에 속하게 된다.
4. 해당 군집마다 중심점(c_1, c_2)을 구하면 (2, 1.75)과 (6.3333, 7)이 된다.

5. 다시 각 데이터 포인트와 군집 중심점 간의 유클리드 거리를 계산한다.

데이터포인트	s_1=distance(x_i, c_1)	s_2=distance(x_i, c_2)
x_1	1.25	8.0277
x_2	0.75	7.4012
x_3	1.25	5.8972
x_4	1.0308	6.0092
x_5	5.8363	1.0541
x_6	7.4204	1.0541
x_7	7.25	0.6667

6. 해당 군집마다 중심점(c_1, c_2)을 구하면 (2, 1.75)과 (6.3333, 7)이 되며 이전과 차이가 없으므로 종료한다.

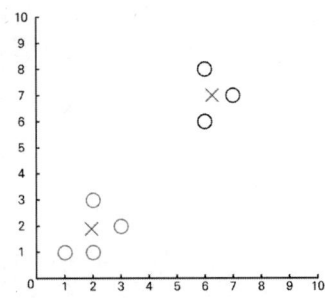

▲ K-means 군집 예시 결과(X 표시는 cluster의 중심)

- 밀도 기반 클러스터링(DBSCAN)
  - 개체들의 밀도 계산을 기반으로 밀접하게 분포된 개체들끼리 그루핑한다.
  - 파라미터로 밀도계산 범위(epsilon)와 하나의 그룹으로 묶는 최소 개체수(minPts)가 필요하다.

DBSCAN
Density-based spatial clustering of applications with noise

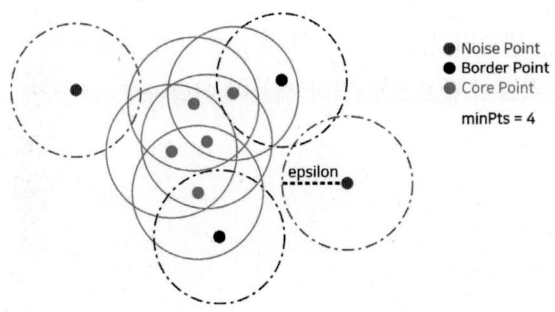

1. 임의의 점 p에서 epsilon 범위 내에 포함된 점들의 개수가 minPts 이상이면 p 중심 군집 형성
2. p와 동일한 군집에 있는 다른 q에 대해서 1번 단계 진행
3. 더 이상 그룹에 포함할 개체가 없으면 해당 군집이 아닌 다른 점 중심으로 1, 2번 단계 진행
*만약 r 중심 epsilon 범위 내에 minPts 이상 개체가 존재하지 않을 시 r은 아웃라이어로 처리

- 이상치(outlier)들은 충분한 고려없이 제외 가능하며 유형 간 밀도 차이가 뚜렷하지 않다면 밀도 기반 클러스터링을 대안으로 추천한다.
- **확률 분포 기반 클러스터링(Gaussian Mixture Model)**
  - 전체 데이터의 확률 분포가 가우시안 분포 조합으로 이뤄졌음을 가정하고, 각 분포에 속할 확률이 높은 데이터들 간 군집을 형성하는 방법이다.
  - 개별 데이터가 정규 분포 상에서 어떤 분포에 속할지 더 높은 확률로 배정된 부문으로 군집화 한다.

> 가우시안 분포 = 정규 분포

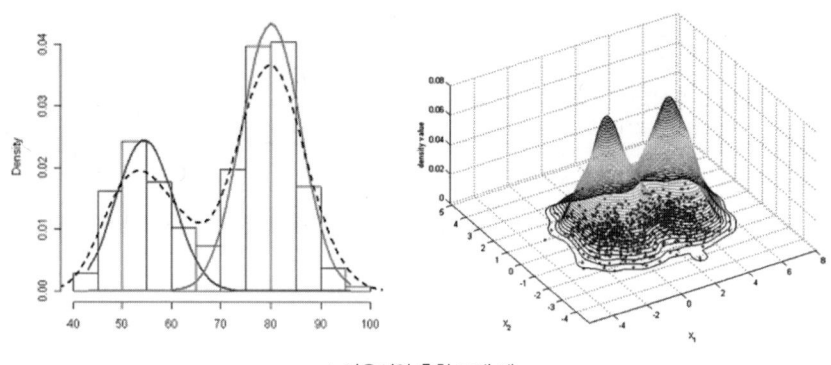

▲ 가우시안 혼합 모델 예

- 데이터가 정규 분포 조합 가설에 어긋나면 클러스터링이 부적절하게 될 수 있으며, 많은 계산량으로 인해 대용량 데이터 처리가 필요할 때는 적합하지 않다.

4) 군집분석의 장단점

- **장점**
  - 다양한 데이터 형태에 적용이 가능하다.
  - 특정 변수에 대한 정의가 필요하지 않는 적용이 용이한 탐색적 기법이다.
- **단점**
  - 초기 군집 수, 관측치간의 거리 등의 결정에 따라 결과가 바뀔 수 있다.
  - 사전 주어진 목표가 없으므로 결과 해석이 어렵다.

개념 체크

1 다음 내용에 대한 군집 분석 기준을 제시한다면?

금붕어, 상어, 명태 등	강아지, 고양이, 양, 도마뱀, 개구리 등

① 서식 환경
② 폐 유무/아가미
③ 애완 동물 선호도
④ 먹이사슬 레벨

정답 ②

해당 그룹들을 분리, 구분하기 위한 군집 분석 기준은 폐 유무/아가미이다.

2 주어진 데이터를 k개의 클러스터로 분할 군집하는 알고리즘으로, 각 클러스터와 거리 차이의 분산을 최소화하는 군집 분석 기법은?

① K-평균 군집분석
② DBSCAN
③ 계층적 군집분석
④ GMM

정답 ①

K-평균 군집분석은 군집 중심점(centroid), 즉 특정 임의 지점을 선택하여 가까운 데이터들을 찾아서 묶어주는 대표적인 알고리즘이다.

3 군집분석의 척도로 2차원 공간에서의 피타고라스 정리로 측정하며 L2 거리로도 불리는 것은?

① 유클리드 거리
② 민코프스키 거리
③ 마할라노비스 거리
④ 맨해튼 거리

정답 ①

유클리드 거리는 군집분석의 척도 중에서 두 점을 잇는 가장 짧은 직선 거리 개념이다.

합격을 다지는 예상문제

01 지도학습 모델은 분류와 예측모델로 구분된다. 분류모델에 해당되지 <u>않는</u> 것은?

① 의사결정트리
② 인공신경망
③ 서포트벡터머신(SVM)
④ 다중회귀분석

02 회귀분석의 기본적인 가정으로 설명이 <u>틀린</u> 것은?

① 선형성 : 독립변수와 종속변수가 선형적이어야 함
② 잔차 정규성 : 잔차의 기댓값은 0이며 정규분포를 이루어야 함
③ 잔차 등분산성 : 잔차들의 분산이 1로 일정해야 함
④ 다중공선성 : 3개 이상의 독립변수간의 상관관계로 인한 문제가 없어야 함

03 로지스틱 회귀분석이 선형회귀분석과 비교 시 차이점으로 맞는 설명은?

① 종속변수 : 연속형 변수, 분포 : 정규분포
② 종속변수 : 범주형 변수, 분포 : 정규분포
③ 종속변수 : 범주형 변수, 분포 : 이항분포
④ 종속변수 : 연속형 변수, 분포 : 이항분포

04 정보이론에서 순도가 증가하고 불확실성이 감소하는 것을 의미하는 용어는?

① 재귀적 분기
② 가지치기
③ 정보 획득
④ 엔트로피 지수

05 다음 다중회귀분석 결과를 활용하여 유의미한 영향인자들을 추출한 회귀모형식을 구한다면?

Dep. Variable:	방문빈도	R-squared:	0.245
Model:	OLS	Adj. R-squared:	0.225
Method:	Least Squares	F-statistic:	12.02
Date:	Mon, 25 Feb 2019	Prob (F-statistic):	7.14e-07
Time:	15:56:14	Log-Likelihood:	−549.34
No. Observations:	115	AIC:	1107.
Df Residuals:	111	BIC:	1118.
Df Model:	3		
Covariance Type:	nonrobust		

	coef	std err	t	P>|t|	[0.025	0.975]
Intercept	−55.1744	31.260	−1.765	0.008	−117.117	6.768
거래기간	0.0786	0.029	2.665	0.009	0.020	0.137
총매출액	0.000001	2.51e-07	4.834	0.000	7.17e-07	1.71e-06
쿠폰사용횟수	0.2959	0.312	0.948	0.345	−0.323	0.915

① $\hat{Y}_i = 0.0786 \times 거래기간 + 0.000001 \times 총매출액 + 0.2959 \times 쿠폰사용횟수$
② $\hat{Y}_i = -55.1744 + 0.0786 \times 거래기간 + 0.000001 \times 총매출액$
③ $\hat{Y}_i = 0.0786 \times 거래기간 + 0.000001 \times 총매출액$
④ $\hat{Y}_i = -55.1744 + 0.0786 \times 거래기간 + 0.000001 \times 총매출액 + 0.2959 \times 쿠폰사용횟수$

06 다중회귀분석 결과를 해석할 시 진행순서가 올바른 것은?

① 다중공선성 진단 → 모형의 적합도 평가 → 회귀계수 유의성 확인 → 수정된 결정계수 확인
② 수정된 결정계수 확인 → 모형의 적합도 평가 → 회귀계수 유의성 확인 → 다중공선성 진단
③ 모형의 적합도 평가 → 회귀계수 유의성 확인 → 수정된 결정계수 확인 → 다중공선성 진단
④ 다중공선성 진단 → 회귀계수 유의성 확인 → 수정된 결정계수 확인 → 모형의 적합도 평가

07 의사결정나무의 요소별 설명으로 틀린 것은?

① 자식마디(child node) : 하나의 마디로부터 분리된 2개 이상의 마디
② 가지(branch) : 하나의 마디로부터 끝 마디까지 연결된 마디
③ 부모마디(parent node) : 자식마디의 상위 마디
④ 깊이(depth) : 자식마디의 최대 개수

08 다음 구매 이력에서 오렌지를 구매하면 동시에 키위를 구매할 가능성에 대해 연관규칙을 적용, 신뢰도를 계산한다면?

A: 키위, 오렌지, 포도
B: 포도, 선글라스, 수박, 오렌지
C: 참외, 키위, 오렌지
D: 포도, 딸기, 수박, 바나나

① 0.5　　　　② 0.6
③ 0.67　　　 ④ 0.75

09 의사결정나무의 대표적 알고리즘인 CART(Classification and Regression Tree)는 불순도 측도로 범주형 또는 이산형일 경우 (가)를, 연속형인 경우 (나)의 감소량을 이용한 이진분리를 활용한다. 빈칸에 맞는 말을 고른다면?

① 가. 엔트로피 지수　나. 복잡도
② 가. 지니 지수　　　나. 복잡도
③ 가. 지니 지수　　　나. 분산
④ 가. 엔트로피 지수　나. 분산

10 여러 부트스트랩 자료를 생성하여 학습하는 모델링으로 랜덤 포레스트가 속한 알고리즘 기법은?

① 부스팅　　　② 배깅
③ 앙상블　　　④ 의사결정트리

11 한 회사의 직원 3명의 메일함에서 스팸메일들을 분류할 때 앙상블 값이 맞는 경우는?

모델명＼직원명	김철수	나윤아	이성희
나이브 베이지안	1	0	0
KNN	0	0	1
SVM	1	0	1
의사결정나무	1	1	1

① 김철수, 앙상블 값 = 3/4
② 나윤아, 앙상블 값 = 1
③ 이성희, 앙상블 값 = 1
④ 이성희, 앙상블 값 = 1/2

12 신경망학습에서 뉴런의 연결방법으로 올바른 설명이 아닌 것은?

① 층간 연결 : 서로 다른 층에 존재하는 뉴런과 연결
② 층내 연결 : 동일 층 내의 뉴런과의 연결
③ 순환 연결 : 주변 뉴런들과의 순환되는 연결
④ 정답이 없음

13 다음에 들어갈 단어로 맞는 것을 고른다면?

(가)함수는 신경망이 출력한 값과 실제 값과의 오차에 대한 함수로 (가)함수값이 최소화되도록 하기 위해 가중치와 (나)을 찾는 것이 인공신경망의 학습이라고 하며 일반적인 (가)함수로는 (다)오차 또는 교차 엔트로피 오차를 활용한다.

① 가. 손실　나. 교차점　다. 평균
② 가. 오차　나. 편향　　다. 평균제곱
③ 가. 손실　나. 편향　　다. 평균제곱
④ 가. 오차　나. 교차점　다. 평균

14 일반적인 신경망 알고리즘 학습 프로세스 순서로 적합한 것은?

① 미니배치 – 가중치 매개변수 기울기 산출 – 매개변수 갱신
② 샘플선정 – 가중치 매개변수 기울기 산출 – 매개변수 갱신
③ 미니배치 – 매개변수 갱신 – 가중치 매개변수 기울기 산출
④ 샘플선정 – 매개변수 갱신 – 가중치 매개변수 기울기 산출

15 가중치 매개변수의 기울기를 미분을 통해 진행하는 것은 시간비용이 크므로 오차를 출력층에서 입력층으로 전달, 연쇄법칙을 활용하여 가중치와 편향을 계산, 업데이트하는 기법을 칭하는 것은?

① 퍼셉트론
② 활성화함수
③ 확률적 경사하강법
④ 오차역전파

16 군집 분석의 유사성 계산은 거리와 유사성으로 구분하는데 개체들간 거리는 짧을수록 유사성은 클수록 서로 유사하다고 할 수 있다. 군집 분석에서 쓰이는 두 개체 간의 거리를 구하는 방법 중, 아래의 식과 같이 각 변수 값 차이의 절대값의 합을 지칭하는 거리 기법은?

$$d_M(x, y) = \sum_{j=1}^{m} |x_j - y_j|$$

① 유클리드 거리
② 자카드 거리
③ 맨해튼 거리
④ 코사인 거리

17 다음 〈보기〉는 SVM에 대한 설명이다. ⓐ, ⓑ에 들어갈 적절한 설명을 고르시오.

> SVM(Support Vector Machine) 분석모델은 지도학습 기법으로써 고차원 또는 무한 차원의 공간에서 초평면의 집합을 찾아 이를 이용하여 분류와 회귀를 수행한다. SVM의 핵심적 특징은 기존 분류기가 오류율 최소화에 있다면 여백(마진) 최대화로 일반화 능력의 극대화를 추구하는 점으로 마진이 가장 큰 (ⓐ)을 분류기(classifier)로 사용할 때 새로운 자료에 대한 오분류가 가장 낮아진다.
> 또한 경계면과 수직인 법선벡터를 w라고 할 때 마진은 (ⓑ)로 계산된다.

① ⓐ 초평면　　ⓑ $2/(\|W\|)$
② ⓐ 결정 함수　ⓑ $1/(\|W\|)$
③ ⓐ 최대 마진　ⓑ $1/(\|W\|)$
④ ⓐ 서포트 벡터 ⓑ $2/(\|W\|)$

18 다음 내용은 GAN(Generative Adversarial Network)에 대한 설명이다. 〈보기〉에서 ⓐ와 ⓑ에 들어갈 용어로 맞는 것은?

> 생성적 적대 신경망은 확률 분포를 학습하는 (ⓐ) 모델과 서로 다른 집합을 구분하는 (ⓑ) 모델로 구성된다.
> (ⓐ) 모델은 가짜 예제를 만들어 판별모델을 최대한 속일 수 있도록 훈련한다. (ⓑ) 모델은 가짜 예제와 실제 예제를 최대한 정확하게 구분할 수 있도록 훈련한다.

① ⓐ 인식　ⓑ 생성
② ⓐ 생성　ⓑ 판별
③ ⓐ 생성　ⓑ 분류
④ ⓐ 분류　ⓑ 생성

19 활성화 함수 중 0보다 크면 입력값을 그대로 출력하고 0 이하의 값만 0으로 출력하는 함수명은?

① Sigmoid(시그모이드)
② ReLU(렐루)
③ Softmax(소프트맥스)
④ Perceptron(퍼셉트론)

20 지도학습 기법으로써 고차원 또는 무한차원 공간에서 초평면을 찾아 분류와 회귀를 수행하며 여백(마진)최대화를 추구하는 알고리즘은?

① 랜덤포레스트
② KNN
③ SVM
④ 다중회귀분석

21 랜덤 포레스트는 여러 개의 의사결정 나무를 활용하여, 분류 예측 결과를 ( ) 방식으로 예측 결정한다. 괄호에 적합한 용어는?

① 투표   ② 평균
③ 분류   ④ 군집

22 통계학 회귀분석에서 독립변수들 간에 강한 상관관계가 나타나는 문제를 ( ) 문제라고 한다. 괄호에 들어갈 단어는?

① 연관성
② 밀접상관성
③ 다중공선성
④ 상관도

23 의사결정나무에서 더이상 분리가 일어나지 않고 현재의 마디가 끝마디가 되도록 하는 규칙을 ( ) 규칙이라고 한다. 괄호에 들어갈 단어는?

① 종단   ② 완료
③ 미분리   ④ 정지

24 다음 중 비지도학습의 일종인 오토인코더(Auto Encoder)의 특징에 맞지 않은 설명은?

① 인코더를 통해 입력 데이터에 대한 특징 추출
② 입력층의 차원수보다 은닉층 차원수가 더 큰 네트워크이다.
③ 출력값을 입력값의 근사로 하는 함수를 학습
④ 디코더를 통해 원본 데이터를 재구성하는 학습 방식

25 신경망학습 구성요소 중 입력신호의 총합을 출력 신호로 변환하는 기능이 있는 부문을 무엇이라고 하는가?

① 은닉층
② 활성화 함수
③ 출력층
④ 디코더

26 기저귀와 맥주 간 지지도(support), 신뢰도(confidence), 향상도(lift) 값은?

TID	Items
1	빵, 우유
2	빵, 기저귀, 맥주, 달걀
3	우유, 기저귀, 맥주, 콜라
4	빵, 우유, 기저귀, 맥주
5	빵, 우유, 기저귀, 콜라

① 3/5, 2/5, 3/4
② 4/5, 3/5, 2/3
③ 3/5, 3/4, 5/4
④ 2/5, 5/4, 3/5

27 비계층적 군집분석은 분석 전에 군집의 수를 정해놓고 군집의 중심으로부터 가까운 순으로 군집에 들어갈 데이터를 정하는 방법을 의미한다. 각각 중심에 모인 데이터를 같은 군집으로 할당하는 대표적인 군집 분석알고리즘은?

① 최단연결 군집
② K-평균 군집
③ 중심결합기준 군집
④ Ward연결 군집

28 라벨되지 않은 이미지들을 예측, 가장 높은 확률 값의 이미지에 신규 라벨링 이미지로 분류 뒤 반복 훈련하는 대표적인 준지도학습 방법론은?

① GAN
② 오토인코더
③ 셀프트레이닝
④ CNN

29 기존 신경망 퍼셉트론과 딥러닝 신경망과의 차이점이 있는 부문은?

① 은닉층
② 활성화 함수
③ 출력층
④ 매개변수

30 다음 보기와 같이 회귀모형 조건이 주어졌을 때 옳지 않은 해석은?

모형 : $Y = \alpha + \beta X + \varepsilon$
잔차제곱합 : SSE = 40, 자유도 = 8
F 통계량 : F = 12.5

① R^2 = 62.5/102.5이다.
② 데이터 개수 n은 10이다.
③ 주어진 조건들로 Var(Y)를 추정할 수 있다.
④ MSE는 4이다.

합격을 다지는 예상문제 정답 & 해설

SECTION 01

01 ④	02 ③	03 ③	04 ③	05 ②
06 ④	07 ④	08 ③	09 ③	10 ②
11 ③	12 ③	13 ③	14 ①	15 ④
16 ③	17 ①	18 ②	19 ③	20 ③
21 ①	22 ③	23 ④	24 ②	25 ②
26 ③	27 ②	28 ③	29 ②	30 ④

01 ④
다중회귀분석은 회귀(예측)모델로 분류된다.

02 ③
잔차들의 분산이 일정해야 하지만 1이 될 필요는 없다.

03 ③
선형회귀분석은 종속변수와 독립변수 모두 연속형 변수이다.
로지스틱 회귀분석은 독립변수는 선형회귀분석과 동일하지만 종속변수는 이항 분포를 이루는 범주형 변수이다.

04 ③
정보획득(Information Gain)에 대한 정의이다.

05 ②
다중회귀분석으로 회귀모형의 설명력은 Adj. R-squared값인 22.5%이며 Intercept(절편)값 계수(coef)는 -55.1744, 거래기간의 계수는 0.0786, 총매출액 계수는 0.0000001이다. 쿠폰사용횟수의 경우 P>|t| 유의 확률이 기준치 0.05를 초과하므로 제외한다.

06 ④
다중공선성 진단 → 회귀계수 유의성 확인 → 수정된 결정계수 확인 → 모형의 적합도 평가

07 ④
깊이(depth)는 가장 긴 가지를 이루는 마디의 개수이다.

08 ③
P(A) : 오렌지 구매 = 3/4 = 0.75
P(B) : 키위 구매 = 2/4 = 0.5
지지도(P(A,B)) : 동시거래/전체거래 = 2/4 = 0.5
신뢰도 : 지지도/P(A) = 0.5/0.75 = 0.67

09 ③
지니 지수(Gini index, 불순도 함수) : 특정 집합에서 한 항목을 뽑아 무작위로 라벨 추정 시 틀릴 확률
이진분리(Binary split) : 분산의 감소량을 이용하여 분리기준을 설정

10 ②
배깅(Bagging)에 대한 설명이다.

11 ③
분류 모델의 앙상블은 다수결로 0 또는 1로 분류한다. 김철수는 1, 나윤아는 0, 이성희는 1이다.

12 ③
순환 연결은 어떠한 뉴런의 출력이 자기 자신에게 입력되는 연결이다.

13 ③
손실함수를 최소화하기 위해 가중치와 편향을 찾는 것이 인공신경망의 학습이며 일반적인 손실함수로는 평균제곱오차가 있다.

14 ①
데이터를 미니배치로 무작위 선정 뒤 손실함수 값을 줄이기 위해 각 가중치 매개변수 기울기를 구한다. 다음 가중치 매개변수 기울기 방향으로 조금씩 갱신하여 앞에서 진행한 단계들을 반복한다.

15 ④
오차역전파는 실제 출력과 목표 출력값과의 오차 산출, 비례한 가중치를 출력층에서 은닉층으로 갱신한다.

16 ③
맨해튼 거리는 사각형 격자로 이뤄진 지도에서 출발점에서 도착점까지 가로지르지 않고 갈수 있는 최단거리를 구하는 기법이다.

17 ①
SVM에 대한 정의를 참고한다.

18 ②
GAN에 대한 정의를 참고한다.

19 ②
ReLU 활성화 함수(이진 분류)는 Sigmoid의 Gradient Vanishing 문제를 해결하며 0보다 크면 입력값을 그대로 출력하고 0 이하의 값은 0으로 출력한다.

20 ③
데이터를 2개의 클래스로 나눌 수 있는 초평면 중 Support Vector에서 가장 멀리 떨어진 초평면으로 채택, 분류하는 알고리즘이다.

21 ①
분류트리 랜덤 포레스트는 투표 또는 다수결 방식으로 예측 결정한다.

오답 피하기
• 회귀의 경우에는 평균으로 결정한다.

22 ③
회귀 분석에서 사용된 모형의 일부 예측 변수가 다른 예측 변수와 상관 정도가 높아 데이터 분석 시 부정적인 영향을 미치는 것은 다중공선성이다.

23 ④
정지규칙에 대한 설명이다.

24 ②

오토인코더의 구조는 인공신경망 두 개(인코더+디코더)가 뒤집어 붙은 형태이다. 입력으로 들어온 다차원 데이터를 인코더를 통해 차원을 줄이는 은닉층으로 보내고, 은닉층의 데이터를 디코더를 통해 차원을 늘리는 출력층으로 내보낸 뒤, 출력값을 입력값과 비슷해지도록 만드는 가중치를 찾아낸다.

25 ②

입력신호의 총합을 출력신호로 변환하는 함수를 일반적으로 활성화 함수라고 한다.

26 ③

- 지지도(support) : 데이터 전체에서 해당 물건을 고객이 구입한 확률
  support(기저귀 → 맥주) = 3/5
- 신뢰도(confidence) : 어떤 데이터를 구매했을 때 다른 제품이 구매될 조건부 확률
  confidence(기저귀 → 맥주) = 3/4
- 향상도(lift) : 두 물건의 구입 여부가 독립인지 판단하는 개념으로 1이면 상호 독립적인 관계, 1보다 크면 양의 상관관계, 1보다 작으면 음의 상관관계

$$lift(A \rightarrow B) = \frac{P(A, B)}{P(A)P(B)}$$

lift(기저귀 → 맥주) = (3/5)/((4/5)×(3/5)) = 5/4

27 ②

K-평균 군집은 기준점에 가까운 곳의 데이터들을 하나의 군집으로 묶는 방법 이다.

28 ③

준지도학습의 셀프트레이닝은 레이블이 달린 데이터로 모델을 학습한 뒤 레이블 되지 않은 데이터를 예측하여 이 중에서 가장 확률값이 높은 데이터들만 레이블 데이터로 다시 가져간다.

29 ②

기존 신경망 퍼셉트론과 딥러닝 신경망의 차이점은 활성화 함수 종류에 있다. 다층 퍼셉트론은 은닉층이 1개 이상의 퍼셉트론으로 활성화 함수인 계단 함수(Step Function)를 사용하여 0 또는 1을 반환하는 반면에 딥러닝 인공신경망은 시그모이드를 포함한 다른 활성화 함수들을 사용한다.

30 ④

주어진 조건은 단순회귀모형의 형태이다.
단순회귀이므로 회귀자유도는 설명 변수의 수 1, 잔차자유도는 주어진 조건대로 8
SSE의 자유도 8은 n − k − 1로 계산된다. 단순회귀에서 독립변수 개수 k가 1이므로 n은 10이다.
$F = \frac{SSR / 1}{SSE / 8} = 12.5$이므로 SSR은 62.5이다. 따라서 SST = SSR + SSE = 62.5 + 40 = 102.5
결정계수 R^2은 종속 변수 Y의 총 변동(SST) 중에서 회귀모형이 설명하는 비율(SSR)의 크기를 나타낸다. 즉 R^2 = SSR / SST
Var(Y)는 모집단의 분산을 의미하며, SST를 이용해 Y의 분산을 SST / (n − 1)로 추정할 수 있다.
MSE(Mean Square Error)는 SSE를 그에 해당하는 자유도로 나눈 값이므로 40 / 8 = 5이다.

SECTION 02 고급 분석기법

빈출 태그 범주형 자료분석 • 다변량 분석 • 시계열 분석 • 베이즈 기법 • 딥러닝 분석 • 비정형 데이터 분석 • 앙상블 분석

01 범주형 자료분석

1) 범주형 자료분석의 통계적 정의

범주형 자료분석은 변수들이 이산형 변수일 때 주로 사용하는 분석이다. 예를 들어, 두 제품 간의 선호도가 성별에 따라 연관이 있는지 여부를 판단하고자 하는 경우, 각 집단 간의 비율차이가 있는지 확인하기 위한 경우 등에 주로 사용한다.

> 범주형 자료 = 질적 자료

- 범주형 변수를 다룰 때에는 일반적으로 그 빈도를 세서 표를 작성하게 된다. 만약 두 변수의 범주가 교차되어 있다면 이 표를 분할표(Contingency Table)라고 부른다.
  - 분할표는 범주형 변수를 요약해서 표현하기에 가장 적당하다. 분할표를 통해서 범주별 비교를 하고 분할표를 기반으로 범주형 변수의 독립성, 동질성 검정 등의 카이제곱 검정을 수행한다.
  - 분할표는 쉽지만 중요한 개념이며 로지스틱 회귀모형 등으로 대표되는 일반화 선형모형을 해석하는 과정에서도 사용한다.

2) 자료의 분석

① 자료의 형태에 따른 범주형 자료 분석 방법

독립변수	종속변수	분석방법	예제
범주형	범주형	빈도분석, 카이제곱 검정 로그선형모형	지역별 선호정당 (지역별 정당 선호도)
연속형	범주형	로지스틱 회귀분석	소득에 따른 결혼의 선호도
범주형	연속형	t검정(2그룹) 분산분석(2그룹 이상)	지역별 가계수입의 차이
연속형	연속형	상관분석, 회귀분석	

② 분할표

범주형데이터가 각 변수에 따라서 통계표 형태로 정리되어 쓴 것을 분할표라고 한다.

- **차원(Dimensionality)** : 분할표의 구성에 관계된 변수의 수로 정의한다.
- **수준(Level)** : 범주형 변수가 가지는 범주의 수이다.

▶ 3X4 분할표 예 – 지역별 정당선호도 차이에 대한 조사(지역별 40명 표본추출)

지역	정당				행 합계
	A당	B당	C당	D당	
서울	10	14	4	12	40
대구	13	9	10	8	40
광주	12	8	10	10	40

▶ 2차원 분할표 상의 비율의 비교

		정당		
		1	2	
X	1	a_1	$1-a_1$	1
	2	a_2	$1-a_2$	1

- 비율의 차이(Difference of Proportions) : $D = a_1 - a_2$

  범위는 −1~1 사이를 취하며 동질 또는 독립인 경우 D=0이다.

- 상대적 위험도(Relative Risk) : $RR = a_1/a_2$

  범위는 0~∞ 사이를 취하며 동질 또는 독립인 경우 RR=1이다.

- **오즈비(Odds Ratio)** : $OR = \left\{ \dfrac{a_1}{1-a_1} \right\} / \left\{ \dfrac{a_2}{1-a_2} \right\}$

  범위는 0~∞ 사이를 취하며 동질 또는 독립인 경우 OR=1이다.

상대적 위험도
위험인자가 있는 경우 사건이 발생할 확률과, 위험 인자가 없는 경우 사건이 발생할 확률의 비

오즈
어떤 사건이 일어날 확률/일어나지 않을 확률
p/(1-p)

오즈비
두 오즈의 비율

③ 빈도분석

빈도분석은 질적자료를 대상으로 빈도와 비율을 계산할 때 쓰인다. 그리고 데이터에 질적자료와 양적자료가 많을 때 질적자료를 대상으로 오류가 있는지 확인할 수 있다.

④ 로지스틱 회귀분석

분석하고자 하는 대상들이 두 집단 또는 그 이상의 집단으로 나누어진 경우 개별 관측치들이 어느 집단으로 분류될 수 있는지를 분석할 때 사용한다.

⑤ 교차분석 또는 카이제곱검정(Chi-Square Test)

두 범주형 변수가 서로 상관이 있는지 독립인지를 판단하는 통계적 검정방법이다. 예를 들면 성별에 따라 종교의 차이가 유의미한가, 종교에 따라 취미의 분포 차이가 있는지 또는 야당과 여당에 따라 정치에 대한 긍정, 부정의 시각차가 있는가 등을 보는 것이다.

사용되는 통계량은 χ^2을 이용하여 카이제곱검정(Chi-Square Test)에 의한 방법으로 분석한다.

더 알기 TIP

카이제곱검정

두 범주형 변수에서 관측된 빈도가 기대빈도와 의미 있게 다른지를 검증하는 통계기법으로 변수들 간 상관 또는 독립관계인지를 분석 설명할 수 있다. 적합도 검정, 동질성 검정, 독립성 검정의 형태가 있다.

- 적합도 검정 : 범주형 변수가 1개이며 이를 기준하여 변수의 관찰빈도와 기대빈도 값을 비교, 확률분포와 적합한지를 검정한다.
  - 예) 수건의 색(흰 수건, 파란 수건, 노란 수건)으로 관찰빈도와 기대빈도로 확률 계산하기

- 독립성 검정 : 범주형 변수가 2개이며 서로 연관되어 있는지(독립 또는 독립이 아닌지) 여부를 검정한다.
  - 예) 성별과 흡연여부의 관계 구하기

- 동질성 검정 : 범주형 변수가 2개이며 각 그룹별로 동질성이 있는지(확률분포가 같은지)를 검정한다.
  - 예) 남자그룹과 여자그룹의 흡연율이 동일한지 알아보기

$$\chi_0^2 = \sum_{i=1}^{k} \frac{(O_i - E_i)^2}{E_i}$$

O_i : 측정도수 E_i : 기대도수

(관측값-기대값)의 제곱값을 기대값으로 나눈 값들의 총합이 카이제곱검정 값이다.
예시를 통한 계산방법은 다음과 같다.

과일 종류	과일 실제 개수	과일 기대 개수	관측값-기대값	차이제곱	차이제곱/기대값
블루베리	100	50	50	2500	50
수박	80	50	30	900	18
포도	50	80	-30	900	11.25
자두	60	80	-20	400	5

카이제곱검정 값 = 50 + 18 + 11.25 + 5 = 84.25

⑥ t-검정

독립변수가 범주형(두 개의 집단)이고 종속변수가 연속형인 경우 사용되는 검정 방법으로 두 집단간의 평균 비교 등에 사용된다.

t-검정으로 두 집단의 평균 차이가 통계적으로 유의미한지를 판단할 수 있다. 모집단의 분산이나 표준편차를 알 수 없는 경우, 표본으로부터 추정된 분산이나 표준편차를 이용하여 두 모집단의 평균의 차이로 통계적 차이가 있는지 여부를 검정한다.

⑦ 분산분석

독립변수가 범주형(두 개 이상 집단)이고 종속변수가 연속형인 경우 사용되는 검정 방법으로 두 집단간의 분산 비교 등에 사용된다.

02 다변량분석(Multivariate Analysis)

다변량분석은 조사 중인 각 개인 혹은 대상물에 대한 다수의 측정치를 동시에 분석하는 모든 통계적 방법이다. 따라서 많은 다변량분석 기법은 일변량(단변량)분석과 이변량분석의 확장형태라 할 수 있다.

- 통계적으로는 종속변수의 관계성을 고려해서 여러 개의 일변량분석을 동시에 수행하는 것을 의미한다.

일변량분석
t-검정, ANOVA, 회귀분석 등이 해당

1) 용어

① 종속 기법(Dependence Methods) : 변수들을 종속변수와 독립변수로 구분하여 독립변수들이 종속변수에 미치는 영향력을 분석하는 기법이다.

② 상호의존적 기법(Interdependence Methods) : 분석할 변수들을 종속변수와 독립변수로 구분하지 않고 전체를 대상으로 하는 분석이다.

③ 명목 척도(Nominal Scale) : 단지 분류만을 위해 사용된 숫자로서 숫자 그 자체는 전혀 의미가 없는 측정단위이다.

④ 순위 척도(Ordinal Scale) : 선호되는 순위를 나타낸 숫자로서 숫자 자체는 의미를 가지나 간격이나 비율이 의미를 가지지 못하는 측정단위이다.

⑤ 등간 척도(Interval Scale) : 측정된 숫자 자체와 숫자의 차이는 의미를 가지나 숫자의 비율은 의미를 가지지 못하는 측정단위이다.

⑥ 비율 척도(Ratio Scale) : 측정된 숫자와 그 간격이 의미를 가질 뿐만 아니라 숫자의 비율마저도 의미를 가지는 가장 높은 측정단위이다.

⑦ 정량적 자료(Metric Data) : 등간척도나 비율척도로 측정된 자료로서 양적자료(Quantitative Data) 또는 모수화된 자료(Parametric Data)라고도 한다.

⑧ 비정량적 자료(Nonmetric Data) : 명목척도나 순위척도로 측정된 자료로서 질적자료(Qualitative Data) 또는 비모수화된 자료(Nonparametric Data)라고도 한다.

⑨ 변량(Variate) : 변수(Variable)들이 연구자의 실험대상인 표본으로부터 수집한 자료 그대로를 나타내는 반면에 변량(Variate)은 이러한 변수들을 일종의 통계적인 방법으로 가중치를 주어 변수들의 합의 형태로 나타낸 새로운 변수를 말한다.

2) 다변량분석기법의 분류

① 다중회귀분석(Multi Regression)

다중회귀분석은 하나의 계량적 종속변수와 하나 이상의 계량적 독립변수 간에 관련성이 있다고 가정되는 연구문제에 적합한 분석기법으로, 다수의 독립변수의 변화에 따른 종속변수의 변화를 예측한다.

- 다중회귀분석을 통해 연구자는 회귀모형의 적합도를 분석할 수 있고, 독립변수들이 종속변수를 설명하는 정도, 종속변수에 대한 독립변수들의 상대적인 기여도를 파악할 수 있다.
  - 예) 월 외식경비(종속변수)는 가정의 소득, 가족 구성원의 수와 같은 독립변수들에 의해 예측가능

> 분석변수들이 종속변수와 독립변수로 구분 가능한지 파악한다.

② 다변량분산분석, 다변량공분산분석

- **다변량분산분석(Multivariate ANOVA)**
  - 두 개 이상의 범주형 독립변수와 다수의 계량적 종속변수 간 관련성을 동시에 알아볼 때 이용되는 통계적 방법으로 일변량분산분석의 확장된 형태이다.
  - 다변량분산분석은 두 개 이상의 계량적 종속변수에 대한 각 집단의 반응치의 분산에 대한 가설을 검증하는데 매우 유용하다.
    - 예) 다수의 관광행동집단과 관광만족도 차원이 있을 때 각 관광행동집단의 다수 관광만족도 차원을 비교분석 시 다변량분산분석이 사용

> 다변량분산분석은 종속변수가 2개 이상이다.

- **다변량공분산분석(Multivariate ANCOVA)**
  - 실험에서 통제되지 않은 독립변수들의 종속변수들에 대한 효과를 제거하기 위해 다변량분산분석과 함께 이용되는 방법으로 그 절차는 이변량부분상관과 비슷하다.
    - 예) 호텔종업원 교육 시 종업원의 학력을 통제한 상태에서 종업원의 이론시험 성적과 실무 성적이 두 가지의 교육방식(강의/학습참여)에 따라 차이가 있는지를 알고자 하는 경우

③ 정준상관분석(Canonical Analysis)

정준상관분석은 하나의 계량적 종속변수와 다수의 계량적 독립변수 간의 관련성을 조사하는 다중회귀분석을 논리적으로 확대시킨 것이라 볼 수 있다.

- 정준상관분석의 기본원리는 종속변수군과 독립변수군 간의 상관을 가장 크게 하는 각 변수군의 선형조합을 찾아내는 일이다.
  - 종속변수군과 독립변수군 간의 상관을 최대화하는 각 변수군의 가중치의 집합을 찾아내는 것이다.
    - 예) 다수의 외식 동기 항목과 레스토랑 선택속성 변수들 간의 관계분석을 통해 고객의 외식동기가 레스토랑 선택에 미치는 영향을 분석하는 경우

★요인분석
주로 변수 간의 상호 의존성을 파악하거나 변수의 차원을 축소하기 위해 사용

④ 요인분석*(Factor Analysis)

요인분석은 많은 수의 변수들 간 상호관련성을 분석하고, 이들 변수들을 어떤 공통 요인들로 설명하고자 할 때 이용되는 기법이다. 즉, 요인분석은 많은 수의 원래 변수들을 이보다 적은 수의 요인으로 요약하기 위한 분석기법이다.

▶ 요인분석의 주요 목표

목표	설명
변수 간 상관 관계 파악	요인분석은 변수들 간의 상관 관계를 파악하여 어떤 변수들이 함께 변하는지, 어떤 변수들이 서로 독립적인지를 알려준다. 이를 통해 데이터에서 숨겨진 패턴이나 구조를 찾을 수 있다.
변수의 차원 축소	다수의 변수를 적은 수의 요인으로 대체하여 데이터의 차원을 축소할 수 있다. 변수의 차원을 축소함으로써 데이터의 복잡성을 감소시키고, 변수들 사이의 상호 의존성을 간소화하여 해석이 용이한 결과를 얻을 수 있다.
요인 해석	요인분석은 변수들을 함께 요약하여 어떤 의미 있는 주제나 특성을 추출할 수 있다. 이를 통해 데이터의 구조를 이해하고, 변수들을 해석 가능한 형태로 변환할 수 있다.

- 요인분석은 주로 주성분 분석(PCA)이나 최대우도법(Maximum Likelihood Estimation)을 기반으로 수행된다. 분석 결과로는 고유값(Eigenvalue), 요인 구성(Loadings), 요인 변수(Factor Scores) 등이 제공된다. 이를 통해 변수들의 중요도, 변수 간의 관계, 요인의 해석 등을 평가할 수 있다.
- 요인분석은 주로 검사나 측정도구의 개발과정에서 측정도구의 타당성을 파악하기 위한 방법으로 많이 사용되고 있다.
- 요인분석의 종류로는 연구자가 가설적인 요인을 설정하지 않고 얻어진 자료에 근거하여 경험적으로 요인의 구조를 파악하는 탐색적 요인분석과 연구자가 사전에 요인의 구조를 가설적으로 설정하고 이를 검증하는 확인적 요인분석이 있다.

탐색적 요인분석은 기존에 요인모형이 존재하지 않는 상태에서 요인을 어림해 만들어보는 것으로 확인적 요인분석을 거쳐 그 모형의 적합성을 확인해야 한다.

예 관광객이 여행사를 선택하는 변수(속성)들이 많을 때, 이들 변수 모두를 개별적으로 분석하기보다는 좀 더 이해하기 쉬운 몇 개의 요인으로 축소하거나 요약할 때

⑤ 군집분석(Cluster Analysis)

군집분석은 집단에 관한 사전정보가 전혀 없는 각 표본에 대하여 그 분류체계를 찾을 때, 다시 말해 각 표본을 표본들 간의 유사성에 기초해 한 집단에 분류시키고자 할 때 사용되는 기법으로 판별분석과 달리 군집분석에서는 집단이 사전에 정의되어 있지 않다.

- 군집분석의 단계
  - 첫째로 몇 개의 집단이 존재하는가를 알아보기 위해 각 표본들 간의 유사성 혹은 연관성을 조사한다.
  - 둘째로 첫 번째 단계에서 정의된 집단에 어떤 표본을 분류해 넣거나 혹은 그 소속을 예측한다.

- 두 번째 단계에는 군집기법에 의해 나타난 그룹들에 대해 판별분석을 적용하게 된다.

  예 공원 운영자가 고객들로부터 각종 레저활동에 대한 관심도, 다양한 실내/외 시설에 대한 선호도 등을 조사하여 각종 주제시설의 세분시장을 발견하려는 경우

⑥ 다중판별분석(Multiple Discriminant Analysis, MDA)

종속변수가 두 개 이상의 범주형 변수(예 남/녀, 상/중/하)로 구성될 때 사용되는 분석 기법으로, 종속변수가 수치화되기 어려운 명목 척도일 경우에 특히 적합하다. 독립변수는 다중회귀분석과 마찬가지로 연속형(계량적) 변수로 구성된다.

> 판별분석은 표본들이 여러 개의 범주(집단)를 가진 종속변수에 따라 어떤 집단에 속하는지를 분류하고자 할 때 적합하다.

- 다중판별분석의 주요 목적은 집단 간 차이를 판별하고, 여러 개의 계량적 독립변수를 바탕으로 개별 사례가 특정 집단에 속할 가능성을 예측하는 것이다.

➕ 더 알기 TIP

다중판별분석

어떤 호텔의 책임자가 최근 새롭게 만든 패키지상품이 고객들에게 호응을 얻을 것인가를 알아보는데 관심이 있다고 가정하자.

종속변수	새 상품에 대한 고객의 구매 여부
새 상품을 평가하는 척도	• 가격 • 호텔의 명성 • 부대시설

다중판별분석은 새 패키지 상품을 구매하거나 구매하지 않을 고객을 예측하는 것과 새 상품을 평가하는 어떤 척도가 구매자와 비구매자를 가장 잘 판별해 줄 수 있는가를 보여주게 된다.
예를 들어, 새 상품을 살 것이라는 반응이 가격척도 점수가 높은 것과 항상 관련이 있고, 새 상품을 사지 않을 것이라는 반응이 가격척도 점수가 낮은 것과 관련이 있다면, 가격은 구매자와 비구매자를 판별하는 데 좋은 척도라는 결론을 내리게 된다.

⑦ 다차원척도법(Multi-Dimensional Scaling, MDS)

다차원척도법은 다차원 관측값 또는 개체들 간의 거리(distance) 또는 비유사성(dissimilarity)을 이용하여 개체들을 원래의 차원보다 낮은 차원(보통 2차원)의 공간상에 위치시켜(spatial configuration) 개체들 사이의 구조 또는 관계를 쉽게 파악하고자 하는데 목적이 있다.

> 다차원 공간상 척도에 위치시켜 개체들 간 숨겨진 구조적 관계를 파악해 소수의 차원으로 설명하거나 이론적 의미를 부여한다.

- 차원의 축소와 개체들의 상대적 위치 등을 통해 개체들 사이의 관계를 쉽게 파악하고자 하는데 목적이 있으며, 공간적 배열에 대한 주관적인 해석에 중점을 두고 있다.

  예 특정 관광지를 대상으로 관광객의 인지에 대한 유사성 연구

- 응답자들이 경쟁관광지와 비교하여 자기 지역 관광상품에 대한 이미지를 어떻게 지각하는지를 알 수 있으며, 이를 통해 자기 지역의 차별화 방안을 구체화할 수 있다.

03 시계열분석

시계열 자료(data)를 분석하고 여러 변수들 간의 인과관계를 분석하는 방법론이다. 경제학에서도 매우 많이 쓰이는 방법론으로 계량경제학이나 금융, 거시경제 분석에 사용한다. 시계열자료의 구분, 정상성 구분에 따른 분석모형 그리고 회귀분석에 대해서 이해할 수 있어야 한다.

1) 시계열 자료

시간의 흐름에 따라서 관측되는 데이터를 지칭한다. 시계열 자료를 이용하여 미래에 대해 예측 또는 제어하는 것이 주 이용목적이다.

① 이산 시계열 : 관측값들이 이산적인 형태로 분리되어 존재한다.
② 연속 시계열 : 관측값들이 연속적으로 연결된 형태의 자료이다.
③ 시차(Time Lag) : 한 관측시점과 다른 관측시점 사이의 간격이다.

2) 시계열자료의 성분

① 불규칙 성분(Irregular Component) : 시간에 따른 규칙적인 움직임이 없는(무관하게) 랜덤하게 변화하는 변동성분이다.

▲ 불규칙 성분의 시계열자료 예

② 체계적 성분(Systemic Component) : 시간에 다른 규칙이 존재하는 변동성분이다.

• 추세성분(Trend Component) : 관측 값이 지속적 증가 또는 감소하는 추세(Trend)를 포함한다.

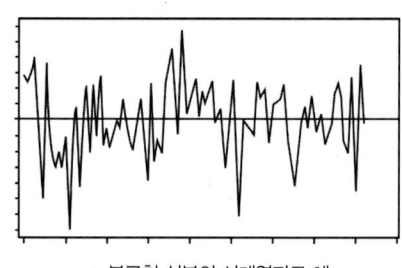

▲ 추세성분을 가지는 시계열자료 예

> **기적의 TIP**
> 추세, 계절, 순환을 명확히 비교하여 이해하도록 한다.

- 계절성분(Seasonal Component) : 주기적 성분에 의한 변동을 가지는 형태(계절, 주, 월, 년 등)이다.

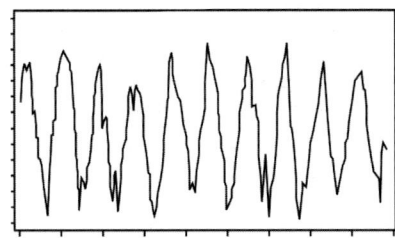

▲ 계절성분을 가지는 시계열자료 예

- 순환성분(Cyclical Component) : 주기적 변화를 가지나 계절적인 것이 아닌 주기가 긴 변동을 가지는 형태(경기 대순환, Business Cycle)이다.
- 복합성분 : 추세성분과 계절성분을 동시에 가지는 경우를 지칭한다.

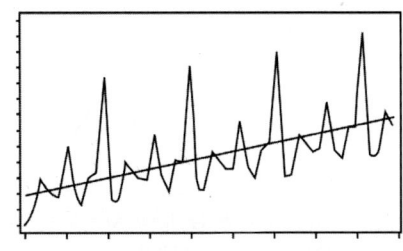

▲ 추세성분과 계절성분을 동시에 가지는 시계열 자료 예

- 자기상관성(Autocorrelation) : 시계열 데이터에서 시차값들 사이에 선형관계를 보이는 것을 자기상관이라 한다.
- 백색잡음(White Noise) : 자기 상관성이 없는 시계열 데이터를 지칭하며 아무런 패턴이 남아있지 않은 무작위한 움직임(진동)을 보이는 데이터를 말한다.

3) 정상성(Stationarity)

시계열 데이터가 평균과 분산이 일정한 경우를 지칭한다. 일반적으로 시계열 데이터가 정상성을 가지면 분석이 용이한 형태로 볼 수 있다.

① 평균이 일정

- 모든 시점에 대해 평균이 일정하다.
- 시계열 데이터가 평균이 일정하지 않으면 차분(difference)을 통해 정상성을 가지도록 한다.

② 분산이 일정

- 모든 시점에서 분산이 일정하다.
- 시계열 데이터가 분산이 일정하지 않으면 변환(transformation)을 통해 정상성을 가지도록 한다.

> 시계열 데이터가 정상성을 가지지 못한 경우 다루기가 힘드므로 전처리를 통해 정상성을 가지는 데이터로 만드는 과정이 필요하다.

③ 공분산이 시간 간격(Lag)에만 의존
- 공분산의 경우도 단지 시차에만 의존하며 특정시점에는 의존하지 않는다.

4) 정상성을 가지는 시계열 자료의 특징
- 정상시계열은 어떤 시점에서 평균분산 그리고 특정시차가 일정한 경우의 공분산이 동일하다.
- 정상시계열은 항상 평균회귀 경향이 있으며 평균 주변의 변동은 대체로 일정한 폭을 가진다.
- 정상성을 가지는 시계열의 경우는 특정기간에서 얻은 정보를 다른 시기에서도 사용이 가능한 정보로 일반화가 가능하지만 아닌 경우는 일반화가 힘들다.

5) 시계열자료의 분석 방법

▶ 분석 방법 개요

본 도서에서는 데이터분석 중 예측 목적 중심으로 다룬다.

예측(Forecast) 목적	단순 방법	• 추세분석(Trend Analysis) 이동평균 • 평활법(Smoothing Method) • 분해법(Decomposition Method)
	모형 기반	• 자기회귀모형(AR: AutoRegressive Model) • 자기회귀이동평균모형(ARMA: AutoRegressive Moving Average Model) • 자기회귀누적이동평균모형(ARIMA: AutoRegressive Integrated Moving Average Model)
이해와 제어의 목적		• 스펙트럼분석(Spectral Analysis) • 개입분석(Intervention Analysis)

① 단순방법

- 이동평균법(Moving Average Method)
  - 과거로부터 현재까지 시계열 자료를 대상으로 일정기간(관측기간)을 시계열을 이동하면서 평균을 계산하는 방법이다. 이를 통해 추세를 파악하여 시계열의 다음기간을 예측하는데 사용된다.

$$MA(x,\ n) = (x_k + x_{k-1} + \cdots + x_{k-n+1}) = \frac{1}{n}\sum_{i=k-n+1}^{n} x_i$$

여기서 n은 관찰기간(윈도우) x_k는 가장 최근 시점의 관찰값을 의미한다.

  - 간단한 방법으로 추세의 판단이 가능하다. 특히 데이터가 많고 안정된 패턴을 보이는 경우 추세의 판단의 효용성이 높다.
  - 데이터가 뚜렷한 추세가 있거나 불규칙 움직임이 적은 경우는 n을 작게(짧은 관찰기간) 사용하고 반대의 경우는 n을 늘려서 사용한다.

- **지수평활법(Exponential Smoothing Method)**
  - 이동평균법과 달리 관찰기간의 제한이 없이 모든 시계열 데이터를 사용하며 최근 시계열에 더 많은 가중치를 주며 추세를 찾는 방법을 말한다.

  $$Z_{n+1} = \lambda x_n + (1-\lambda)Z_n$$
  $$= \lambda x_n + (1-\lambda)[\lambda x_{n-1} + (1-\lambda)Z_{n-1}]$$
  $$= \lambda x_n + \lambda(1-\lambda)x_{n-1} + (1-\lambda)^2 Z_{n-1}$$
  $$= \lambda x_n + \lambda(1-\lambda)x_{n-1} + (1-\lambda)^2[\lambda x_{n-2} + (1-\lambda)Z_{n-2}]$$
  $$\vdots$$
  $$= \lambda x_n + \lambda(1-\lambda)x_{n-1} + \lambda(1-\lambda)^2 x_{n-2} + \lambda(1-\lambda)^3 x_{n-3} + \cdots$$

  여기서 $Z_{(n+1)}$은 n시점 다음의 예측값, λ는 지수평활계수($0 < \lambda < 1$), X_n은 n시점의 관측값이다.

  > 시간의 지수배로 가중치가 높아진다.

  - 지수평활법은 단기간에 발생하는 불규칙 변동을 평활하는데 주로 사용하며 지수평활계수의 효과로 과거 데이터일수록 가중치를 적게(지수적 감소로) 배당하며 구한다.
  - 지수평활법은 중기 이상의 예측에 주로 사용한다. 단, 단순지수평활법의 경우 장기 추세나 계절성이 포함된 시계열 데이터에는 부적합하다.
  - 지수평활계수 λ가 작으면 지엽적 변화에 민감하고, 반대로 크면 지엽적 변화에 둔감해지는 효과가 있다.

- **분해법(Decomposition Method)**
  - 분해법은 시계열자료의 성분 분류대로 시계열 데이터를 분해하는 방법이다.
  - 시계열이 체계적 성분과 불규칙적 성분으로 이루어져 있다는 가정하에 체계적 성분을 시계열로부터 분리하여 분석/예측을 목적으로 하는 기법이다.
  - 분해법사용의 목적은 시계열 자료를 분해된 성분별로 해석하는 데 있다. 즉 시계열자료로부터 계절적 특성, 추세/순환 성분을 분리하여 시계열의 장기적 추이를 분석하며, 불규칙성분으로부터 불규칙성이 발생한 시점을 찾는 것이다.
  - 계절조정(Seasonal Adjustment) 자료를 제공한다. 체계적 성분 중 계절 성분은 종종 시계열의 장기적 변화를 살피는데 방해가 된다. 그래서 많은 공공기관에서 시계열 자료는 원자료에서 계절성분을 뺀 자료를 제공한다. 이러한 자료를 계절조정된 시계열 자료라 한다. 계절조정된 시계열 자료를 만들기 위해서는 우선 원자료로부터 계절 성분을 분리해야 한다.

  > 체계적 성분이란 추세성분, 계절성분 및 순환성분을 말한다.

② 모형에 의한 방법

- **자기회귀모형(AutoRegressive Model, AR)**
  - 자기회귀모형은 현재 값이 이전의 값들에 의존하는 선형회귀 모형이며, 시계열 데이터의 패턴과 추세를 파악하는 데 사용된다. 예를 들어, 과거 주가 데이터를 AR 모형으로 모델링하면, 과거 주가 값들이 현재 주가에 어떤 영향을 미치는지, 어떤 패턴을 따르는 지를 알 수 있다.
  - AR 모형은 시계열 데이터 예측, 변동성 모델링, 이상 탐지 등 다양한 분야에서 활용된다.

> **자기회귀모형**
> P시점 전의 자료가 현재자료에 영향을 준다는 가정하에 만들어진 시계열예측 모형

▶ AR 모형의 주요 특징

종류	설명
차수(p)	AR 모형에서는 현재 값이 p개의 이전 값에 의존하며, 이전 값들은 현재 값의 회귀계수와 함께 선형 조합을 이루어 현재 값을 예측하는데 사용된다.
회귀 계수 (AR 계수)	AR 모형에서는 이전 값들의 회귀계수가 중요한 역할을 한다. 이 회귀계수는 시계열 데이터의 자기상관 구조를 나타내며, 이전 값들의 영향력을 결정한다. 일반적으로 이전 값들과 현재 값 사이의 자기상관 관계를 나타내는 파라미터로 추정된다.
백색 잡음 (White Noise)	AR 모형에서는 예측 오차를 백색 잡음으로 가정한다. 이는 예측 오차들이 상관 관계 없이 독립적으로 발생한다는 가정을 의미한다.

  - AR 모형은 AR(p)로 표현되며, AR(1)은 이전 1개 값에만 의존하는 모형을 의미한다. AR(2)는 이전 2개 값에 의존하는 모형을 의미하며, 이와 같은 식으로 차수 p를 지정하여 모델을 구성할 수 있다.

> 과거의 패턴이 지속된다면 시계열 데이터 관측치 Xt는 과거 관측치 X(t−1), X(t−2),⋯, X(t−p)에 의해 예측할 수 있을 것이다. 어느 정도의 멀리 있는 과거 관측치까지 이용할 것인지에 대한 판단이 중요하다.
>
> $AR(1)\ :\ X_t = a_1 X_{t-1} + \varepsilon_t$ $:\ \varepsilon_t \sim iid\ N(0,\ \sigma^2)\ \ white\ noise$
> $AR(2)\ :\ X_t = a_1 X_{t-1} + a_2 X_{t-2} + \varepsilon_t$ $:\ \varepsilon_t \sim iid\ N(0,\ \sigma^2)\ \ white\ noise$
> $AR(p)\ :\ X_t = a_1 X_{t-1} + a_2 X_{t-2} + \cdots + a_p X_{t-p} + \varepsilon_t$ $:\ \varepsilon_t \sim iid\ N(0,\ \sigma^2)\ \ white\ noise$
>
> 여기서 백색잡음(White Noise)은 오차항을 의미한다.

> **iid(independently and identically distributed)**
> 독립적이면서 동일한 분포

- **자기회귀이동평균모형(AutoRegressive Moving Average Model, ARMA)**
  - ARMA 모형은 자기회귀모형(AR)과 이동평균모형(MA)을 결합한 형태로, 시계열 데이터의 자기 상관과 이동평균 구조를 설명하는데 사용된다.
  - ARMA 모형은 시계열 데이터의 자기상관 구조와 이동평균 구조를 동시에 고려하여 데이터를 모델링한다. 이 모형을 사용하면 과거 값들과 이전 예측 오차들이 현재 값을 예측하는데 어떤 영향을 미치는지 알 수 있다.

> **이동평균모형(MA)**
> 오차항에 의해서만 시계열이 결정

▶ ARMA 모형의 주요 특징

종류	설명
AR(p) 구성요소	ARMA 모형에서는 자기회귀모형(AR)의 구성요소를 포함한다. AR 구성요소는 현재 값이 p개의 이전 값에 의존하는 선형회귀 모형이다.
MA(q) 구성요소	ARMA 모형에서는 이동평균모형(MA)의 구성요소를 포함한다. MA 구성요소는 현재 값이 q개의 이전 예측 오차에 의존하는 선형회귀 모형이다.
백색 잡음 (White Noise)	ARMA 모형에서는 예측 오차를 백색 잡음으로 가정한다. 이는 예측 오차들이 상관관계 없이 독립적으로 발생한다는 가정을 의미한다.

시계열 데이터 관측치 X_t가 과거 관측치 $X_{(t-1)}$, $X_{(t-2)}$,···, $X_{(t-p)}$들과 과거오차 $\varepsilon_{(t-1)}$, $\varepsilon_{(t-2)}$, ···, $\varepsilon_{(t-q)}$들에 의해서 설명되어질 때, ARMA(p,q)의 정의는 아래와 같다.

$$AR(p): X_t = a_1 X_{t-1} + a_2 X_{t-2} + \cdots + a_p X_{t-p} + \varepsilon_t \quad \text{(AR모형)}$$

$$MA(q): X_t = \varepsilon_t - \beta_1 \varepsilon_{t-1} - \beta_2 \varepsilon_{t-2} - \cdots - \beta_p \varepsilon_{t-q} \quad \text{(MA모형)}$$

MA모형을 앞에서의 정의와 다르게 유한개의 백색잡음의 집합으로 결합된 형태로 데이터를 설명할 수 있다.

$$ARMA(p, q): X_t = a_1 X_{t-1} + a_2 X_{t-2} + \cdots + a_p X_{t-p}$$
$$- \beta_1 \varepsilon_{t-1} - \beta_2 \varepsilon_{t-2} - \cdots - \beta_p \varepsilon_{t-q} + \varepsilon_t$$

즉, AR(p) 모형과 MA(q) 모형의 결합형태가 자기회귀이동평균모형(ARMA)이다.

- ARMA 모형은 ARMA(p, q)로 표현되며, p는 AR 구성요소의 차수를, q는 MA 구성요소의 차수를 나타낸다. 예를 들어, ARMA(1, 1) 모형은 자기회귀 모형에서 이전 1개 값에 의존하고, 이동평균 모형에서 이전 1개 예측 오차에 의존하는 모형을 의미한다.

• 자기회귀누적이동평균모형(AutoRegressive Integrated Moving Average Model, ARIMA)

- ARIMA 모형은 비정상적인 시계열 데이터를 정상성을 가진 시계열 데이터로 변환한 후, 자기회귀모형(AR)과 이동평균모형(MA)을 결합하여 모델을 구축한다. 시계열 데이터의 경향성, 계절성, 잔차 구조 등을 설명하는데 사용된다.
- ARIMA 모형은 자기회귀모형(AR), 이동평균모형(MA), 그리고 데이터의 차분(Differencing)을 결합한 형태로 정의한다.

> ARMA 모형은 시계열 데이터 분석에서 주로 사용되며, 예측, 변동성 모델링, 잔차 분석 등 다양한 분야에서 활용된다.

▶ ARIMA 모형의 주요 특징

종류	설명
AR(p) 구성요소	ARIMA 모형에서는 자기회귀모형(AR)의 구성요소를 포함한다. AR 구성요소는 현재 값이 p개의 이전 값에 의존하는 선형회귀 모형이다.
MA(q) 구성요소	ARIMA 모형에서는 이동평균모형(MA)의 구성요소를 포함한다. MA 구성요소는 현재 값이 q개의 이전 예측 오차에 의존하는 선형회귀 모형이다.
차분 (Differencing)	ARIMA 모형에서는 원래 시계열 데이터의 차분을 포함한다. 차분은 현재 값과 이전 값의 차이를 계산하여 시계열 데이터의 경향성을 제거하는 과정이다. 이를 통해 데이터를 정상성을 가진 시계열로 변환하여 모델링할 수 있다.

- ARIMA 모형은 ARIMA(p, d, q)로 표현되며, p는 AR 구성요소의 차수를, q는 MA 구성요소의 차수를, d는 차분(Differencing)의 차수를 나타낸다. 예를 들어, ARIMA(1, 1, 1) 모형은 자기회귀 모형에서 이전 1개 값에 의존하고, 이동평균 모형에서 이전 1개 예측 오차에 의존하며, 1차 차분을 통해 정상성을 가진 모형을 의미한다.

> 자기회귀누적이동평균모형은 ARIMA(p,d,q) 형태로 정의하며 비정상성을 가지는 시계열 데이터 분석에 많이 사용된다.
> 시계열 데이터 X_t를 차분에 의해 분해해서 만들어진 시계열 데이터 Y_t가 ARMA(p,q) 모형이면 X_t는 차수가 p, d, q인 ARIMA 모형이라 한다.
>   d=0 : ARMA(p,q)이므로 정상성을 가지는 데이터가 된다.
>   p=0 : IMA(d, q)이므로 d번 차분하면 MA(q) 모형을 따른다.
>   q=0 : ARI(p,d)이므로 d번 차분하면 AR(p) 모형을 따른다.

**시계열에서 차분의 정의

미분의 이산적 형태로 정의하며

1차 차분 : $\Delta X_t = X_t - X_{t-1}$

2차 차분 : $\Delta^2 X_t = \Delta(\Delta(X_t)) = \Delta(X_t - X_{t-1}) = \Delta X_t - \Delta X_{t-1}$
$= (X_t - X_{t-1}) - (X_{t-1} - X_{t-2}) = X_t - 2X_{t-1} + X_{t-2}$

와 같이 정의할 수 있다.

04 베이즈 기법

1) 베이즈 추론(베이지안 추론, Bayesian Inference)

베이즈 추론은 통계적 추론의 한 방법으로, 추론 대상의 사전 확률과 추가적인 정보를 통해 해당 대상의 사후 확률을 추론하는 방법이다.

베이즈 추론은 베이즈 확률론을 기반으로 하며, 이는 추론하는 대상을 확률변수로 보아 그 변수의 확률분포를 추정하는 것을 의미한다.

① 확률론적 의미해석(조건부 확률)

추론의 대상인 사건을 "A"라고 할 때 사전 확률(Prior Probability) $P(A)$가 주어지고 "A"와 관계된 B가 있을 때 조건부 확률 $P(B|A)$가 주어진다면 조건부 확률식에 의해

$$P(B|A) = \frac{P(A \cap B)}{P(A)}, \text{ 단 } P(A) > 0$$

이고 여기서 $P(B|A)P(A) = P(A \cap B)$이므로 사후 확률(Posterior Probability)

$$P(A|B) = \frac{P(A \cap B)}{P(B)} = \frac{P(B|A)P(A)}{P(B)}$$

로 구할 수 있다. 이를 베이즈 정리(Bayes' Theorem)라고 한다.

베이즈 정리
사전 확률과 우도(가능도)를 데이터에 적용하여 사후 확률을 확인

- 사전 확률 $P(A)$는 결과가 나타나기 전에 결정되어 있는 원인 "A"의 확률
- $P(B|A)$는 우도 확률(Likelihood Probability)로 원인 "A"가 발생하였다고 했을 때 관계된 B가 발생할 조건부 확률
- 사후 확률 $P(A|B)$는 B가 발생 시 조건하에서 "A"가 발생하는 확률

② 베이즈 기법의 개념
- 베이즈 확률에는 두 가지 관점이 있는데 그 하나는 객관적 관점으로 베이즈 통계의 법칙은 이성적, 보편적으로 증명될 수 있으며 논리의 확장으로 설명될 수 있다는 것이다. 한편 주관주의 확률 이론의 관점으로 보면 지식의 상태는 개인적인 믿음의 정도(Degree of Belief)로 측정할 수 있다.
- 많은 현대적 기계 학습 방법은 객관적 베이즈 원리에 따라 만들어졌다. 베이즈 확률론은 심리학, 사회학, 경제학 이론에 많이 응용된다. 어떤 가설의 확률을 평가하기 위해서 사전 확률을 먼저 밝히고 새로운 관련 데이터에 의한 새로운 확률값을 변경한다.
- 머신러닝에서의 베이즈 확률모델을 적용하는 원리는 크게 회귀분석모델(Regression Model)과 분류(Classification)에 적용을 나누어서 정리한다.

> **우도(가능도)**
> 데이터가 관측된 상태에서 특정 확률분포에 대한 어떤 강도를 나타내는 값

2) 회귀분석모델에서 베이즈 기법의 적용

① 선형회귀분석모델(Linear Regression)

$$y = \theta_0 + \theta_1 x$$

- 머신러닝에서 목표로 하는 것은 독립변수와 종속변수의 관계에 대해 추론하는 것이라고 할 수 있다. 즉 추정치와 실제의 차이(loss)를 최소화하는 것이 회귀분석모델의 목표이다.
- 기존 머신러닝에서 회귀분석은 경사하강법(Gradient Descent)과 같은 알고리즘을 통해 점진적으로 학습하여 매개변수(parameter)를 추정한다.

② 베이지안 확률론의 적용개념
- 추정하고자 하는 θ_0과 θ_1이 하나의 특정한 값을 갖는 것이 아니라 분포를 갖는다고 생각하면, 머신러닝이 매개변수를 찾는 과정을 베이즈 정리를 이용해서 다음과 같이 표현할 수 있다.

$$P(model|Data) = \frac{P(Data|model)P(model)}{P(Data)}$$

- 우리는 $P(model)$라는 사전확률(prior)을 알고 있는데 새로운 데이터가 관측이 되면 posterior($P(model | Data)$)를 얻고 이를 다음 번 학습의 사전확률로 사용하면서 점진적으로 $P(model)$, 즉 매개변수들의 분포를 찾아가는 과정이 머신러닝 과정으로 만들어지는 것이다.

> **경사하강법**
> 함수의 기울기(경사)를 구하고 경사의 반대 방향으로 계속 이동시켜 극값에 이를 때까지 반복

나이브 베이즈
베이즈 이론을 바탕으로 나이브한 (순진한) 전제를 함

3) 분류에서 베이즈 기법의 적용

① 나이브 베이즈 분류(Naïve Bayes Classification)

- 특성들 사이의 독립을 가정하는 베이즈 정리를 적용한 확률 분류기를 지칭한다.
- 분류기를 만들 수 있는 간단한 기술로서 단일 알고리즘을 통한 훈련이 아닌 일반적인 원칙에 근거한 여러 알고리즘들을 이용하여 훈련된다.
- 모든 나이브 베이즈 분류기는 공통적으로 모든 특성 값이 서로 독립임을 가정한다.
  - 예 특정과일을 귤로 인식(분류)하게 하는 특성을 생각해보면 노란색, 둥글다, 표면이 울퉁불퉁, 지름이 5cm인 특성들은 나이브 베이즈 분류기에서는 아무런 연관성이 없다 (즉, 독립사건).

② 나이브 베이즈의 장점

- 일부 확률모델에서 나이브 베이즈 분류는 지도 학습(Supervised Learning) 환경에서 매우 효율적으로 훈련될 수 있다.
- 분류에 필요한 파라미터를 추정하기 위한 트레이닝 데이터의 양이 매우 적다.
- 간단한 디자인과 단순한 가정에도 불구하고, 나이브 베이즈 분류는 많은 복잡한 실제 상황에서 잘 작동한다.

③ 나이브 베이즈 분류기의 생성(확률모델)

나이브 베이즈는 조건부 확률 모델이다. 분류될 인스턴스들은 N개의 특성(독립변수)을 나타내는 벡터 $X=x_1, x_2, \cdots, x_n$로 표현되며, 나이브 베이즈 분류기는 이 벡터를 이용하여 k개의 가능한 확률적 결과들(클래스)을 다음과 같이 할당한다.

$$P(C_k|X) = P(C_k|x_1, x_2, \cdots, x_n)$$

위의 공식은 특성 N의 수가 많은 경우나 하나의 특성이 많은 수의 값을 가질 수 있는 경우, 확률 테이블에 베이즈 모델을 바로 적용하기 어려움이 있다. 그러므로 위의 식은 베이즈 정리와 조건부 확률을 이용하여 다음과 같이 정리 가능하다.

분류기의 목표는 C_k에 대해서 식이 최대값을 가지는 클래스 k를 찾는 것이다.

$$P(C_k|x_1, x_2, \cdots, x_n) = \underset{k \in \{1, 2, \cdots, K\}}{\mathrm{argmax}} P(C_k) \prod_{i=1}^{n} P(x_i|C_k)$$

문서 이진분류 문제

문서 doc가 주어졌을 때 범주 C_1와 C_2로 분류 시

$$P(C_1|Doc) = \frac{P(Doc|C_1)P(C_1)}{P(Doc)}, \quad P(C_2|Doc) = \frac{P(Doc|C_2)P(C_2)}{P(Doc)}$$

나이브 베이즈 모델은 P(C_1Doc)/P(Doc)와 P(C_2Doc)/P(Doc)를 비교해서 그 값이 큰 쪽으로 범주를 할당한다는 개념이다.

④ 이벤트 모델
- 클래스의 사전확률은 각 클래스 간 동일하다고 가정할 수 있다(사전확률 = 1/클래스의 수).
- 트레이닝 셋(training set)으로부터 각 클래스의 샘플 수를 기반으로 사전확률을 추정할 수 있다(해당 클래스의 사전확률 = 해당 클래스의 샘플 수/샘플의 총 수).
- 특성의 분포에 대한 모수들을 추정하기 위해서는 트레이닝셋의 특성들을 위한 비모수 모델이나 분포를 가정 또는 생성해야 한다.
- 이벤트 모델은 사전확률과 특성의 분포에 대한 가정들을 기반으로 데이터를 설명하고 예측하는 것이 목표이다.
  - 문서 분류나 스팸 필터링처럼 이산적 특성을 가진 경우, 다항 분포나 베르누이 분포를 사용한다.
    예) 다항 분포는 단어의 등장 횟수, 베르누이 분포는 특정 단어의 존재 여부와 같은 데이터를 모델링할 때 사용한다.

> 만약 클래스가 3개라면 각 클래스의 사전확률은 1/3이다.
>
> 만약 클래스 A의 샘플이 20개, 전체 샘플이 100개라면 클래스 A의 사전확률은 0.20이다.
>
> 비모수 모델은 트레이닝 셋을 통해 분포를 추정한다.

▶ 이벤트 모델의 종류

이벤트 모델	적용사항
가우시안 나이브 베이즈	연속적인 값을 지닌 데이터를 처리할 때, 각 클래스의 연속적인 값 벡터 $X=(x_1, x_2, \cdots, x_n)$들이 가우시안 분포를 따른다고 가정한다.
다항분포 나이브 베이즈	특성 벡터 $X=(x_1, x_2, \cdots, x_n)$들이 다항분포에 의해 생성된 이벤트의 경우 사용한다.
베르누이 나이브 베이즈	특성 벡터 $X=(x_1, x_2, \cdots, x_n)$들이 독립적인 이진 변수로 표현될 경우 사용한다. 예) 성공/실패

05 딥러닝 분석

1) 딥러닝 분석의 개념

① 인공신경망(Artificial Neural Network, ANN)

인공신경망은 기계학습과 인지과학에서 생물학의 신경망(동물의 중추신경계 중 특히 뇌)을 통해 영감을 얻은 통계학적 학습 알고리즘이다.

- 시냅스의 결합으로 네트워크를 형성한 인공 뉴런(노드)이 학습을 통해 시냅스의 결합 세기를 변화시켜, 문제 해결 능력을 가지는 모델 전반을 가리킨다.
- 인공신경망의 문제점
  - 계산속도의 저하 : 1980년대 컴퓨터의 연산수준이 해당알고리즘 수행의 최적 수준까지 발달하지 못하였다.
  - 초기치의 의존성 : 최초 시작점의 선택에 따라 수렴, 발산, 진동 등 다양한 형태로 결과가 바뀌는 문제가 발생했다.

- 과적합 문제 : 트레이닝 셋에만 최적화되어 실제 테스트와 예상 결과의 괴리가 발생하였다.

② 딥러닝(Deep Learning)

여러 비선형 변환기법의 조합을 통해 높은 수준의 추상화를 시도하는 기계 학습 알고리즘의 집합으로 정의된다.

- 큰 틀에서 사람의 사고방식을 컴퓨터에게 가르치는 기계학습의 한 분야이다.
- 인공신경망의 단점(계산속도의 저하, 과적합문제) 등이 극복되면서 재조명되고 부각된 기계학습이다.

추상화(abstractions)
다량의 데이터나 복잡한 자료들 속에서 핵심적인 내용 또는 기능을 요약하는 작업

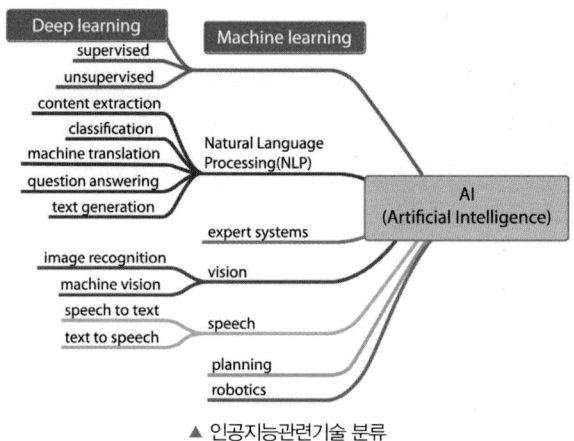

▲ 인공지능관련기술 분류

③ 딥러닝의 원리

기존에는 신경망의 학습수준을 높이기 위해 하나의 은닉층에 은닉노드를 3개가 아니라 10개, 100개 이런 식으로 동일 레이어 내 수직으로 쭉 늘려놓기만 했었는데, 은닉층 자체를 여러 개로 만들어 여러 단계를 거치도록 신경망을 구성하였더니 정확도가 훨씬 향상되었다.

입력층
학습 위한 입력

은닉층
다층 네트워크에서 입력층과 출력층 사이, 데이터를 전파

출력층
결과값 출력

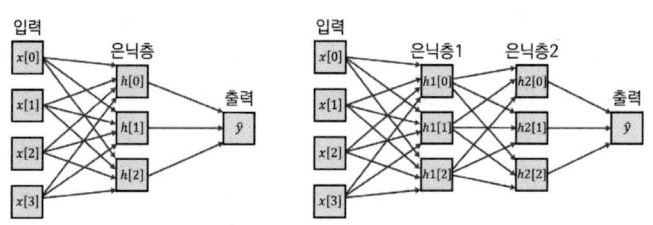

▲ 일반신경망(왼쪽)과 딥러닝(오른쪽)의 차이

- 노드 : 입력값을 받아 가공한 후 출력값을 다음 층으로 전달한다.
- 가중치 : 각 입력값에 부여되는 중요도의 비율 또는 영향력을 나타낸다.
- 활성함수 : 입력값이 일정한 임계값을 넘을 경우에만 노드를 활성화하도록 설계된 함수로, 생물학적 뉴런이 일정 수준 이상의 자극을 받았을 때만 신호를 전달하는 원리를 모방한 것이다.

활성함수로 시그모이드(sigmoid), 탄젠트 쌍곡선함수(tanh), 정류선형유닛함수(ReLU: Rectified Linear Unit, 렐루) 등이 사용된다.

2) 딥러닝 분석 알고리즘

① 심층 신경망(Deep Neural Network, DNN)

심층 신경망은 입력층(input layer)과 출력층(output layer) 사이에 여러 개의 은닉층(hidden layer)들로 이뤄진 인공 신경망이다.

- 심층 신경망은 일반적인 인공신경망과 마찬가지로 복잡한 비선형 관계(non-linear relationship)들을 모델링할 수 있다.
  - 예 물체 식별 모델을 위한 심층 신경망 구조에서는 각 물체가 영상의 기본적 요소들의 계층적 구성으로 표현될 수 있다.

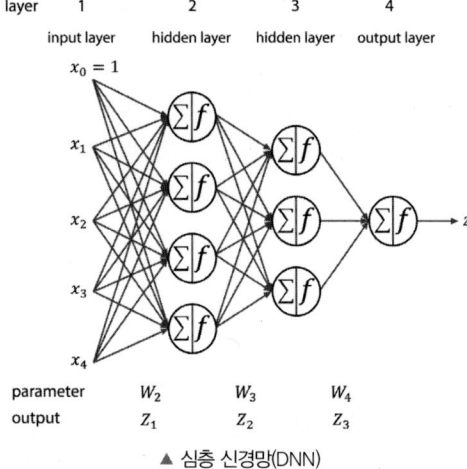

▲ 심층 신경망(DNN)

DNN은 모든 입력과 출력 간 완전히 연결된 구조를 가진다.

② 합성곱 신경망(Convolutional Neural Network, CNN)

합성곱 신경망은 최소한의 전처리(preprocess)를 사용하도록 설계된 다계층 퍼셉트론(multilayer perceptrons)의 한 종류이다.

- 합성곱 신경망(CNN)은 하나 또는 여러 개의 합성곱 계층과 그 위에 올려진 일반적인 인공 신경망 계층들로 이루어져 있으며, 가중치와 통합 계층(pooling layer)들을 추가로 활용한다. 이러한 구조 덕분에 CNN은 2차원 구조의 입력 데이터를 충분히 활용할 수 있다.

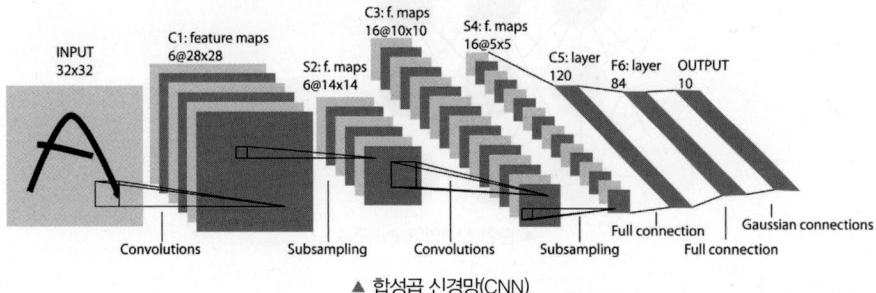

▲ 합성곱 신경망(CNN)

- CNN은 2차원 구조의 입력 데이터를 충분히 활용할 수 있다. 다른 딥러닝 구조들과 비교해서, CNN은 영상, 음성 분야 모두에서 좋은 성능을 보여준다.

Back Propagation
계산 방향이 출력층에서 시작해 역으로 진행

- CNN은 오차 역전파(Back Propagation)를 통해 훈련될 수 있다. CNN은 다른 순방향(feed forward) 인공신경망 기법들보다 쉽게 훈련되는 편이고 적은 수의 매개변수를 사용한다는 이점이 있다.
- 파생 알고리즘
  - CNN과 심층 신뢰 신경망(Deep Belief Network, DBN)의 결합으로 만들어진 합성곱 심층 신뢰 신경망(Convolutional Deep Belief Network, CDBN) 알고리즘이 있다. 영상과 신호처리분야에서 많이 사용한다.

③ 순환 신경망(Recurrent Neural Network, RNN)

순환 신경망은 인공신경망을 구성하는 유닛 사이의 연결이 순환적 구조를 갖는 신경망을 말한다.

- 순환 신경망은 순방향 신경망(Feed forward Neural Network)과 달리, 임의의 입력을 처리하기 위해 신경망 내부의 메모리를 활용할 수 있다.
  - 이러한 특성에 의해 순환 신경망은 필기체 인식(Handwriting Recognition)과 같은 분야에 활용되고 있고, 높은 인식률을 나타낸다.
- 순환 신경망은 시퀀스 데이터를 모델링하기 위해 등장했다. 순환 신경망이 기존의 뉴럴 네트워크와 다른 점은 '기억'을 갖고 있다는 점인데, 네트워크의 기억은 지금까지의 입력 데이터를 요약한 정보라고 볼 수 있다.
  - 새로운 입력이 들어올 때마다 네트워크는 자신의 기억을 조금씩 수정한다. 결국 입력을 모두 처리하고 난 후 네트워크에 남겨진 기억은 시퀀스 전체를 요약하는 정보가 된다.
  - 이는 사람이 시퀀스를 처리하는 방식과 비슷하다. 이 글을 읽을 때도 우리는 이전까지의 단어에 대한 기억을 바탕으로 새로운 단어를 이해한다.
  - 이 과정은 새로운 단어마다 계속해서 반복되기 때문에 순환 신경망에는 Recurrent, 즉 순환적이라는 이름이 붙는다. 순환 신경망은 이런 반복을 통해 아무리 긴 시퀀스라도 처리할 수 있는 것이다.

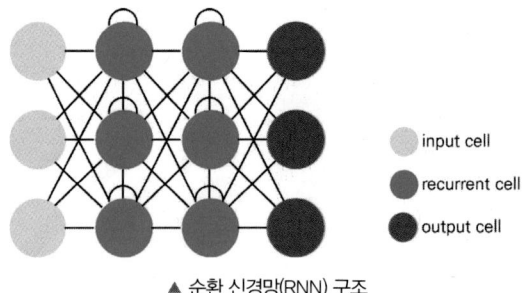

▲ 순환 신경망(RNN) 구조

- 파생 알고리즘
  - 완전 순환망(Fully Recurrent Network), Hopfield network, Elman network, ESN(Echo State Network), LSTM(Long Short Term Memory network), Bi-directional RNN, CTRNN(Continuous Time RNN), Hierarchical RNN, Second order RNN 등이 대표적인 예이다.

④ 심층 신뢰 신경망(Deep Belief Network, DBN)

심층 신뢰 신경망은 기계학습에서 사용되는 그래프 생성 모형(generative graphical model)이다.

딥러닝에서는 잠재변수(latent variable)의 다중계층으로 이루어진 심층 신경망을 의미한다. 계층 간에 연결이 있지만 계층 내의 유닛 간에는 연결이 없다는 특징이 있다.

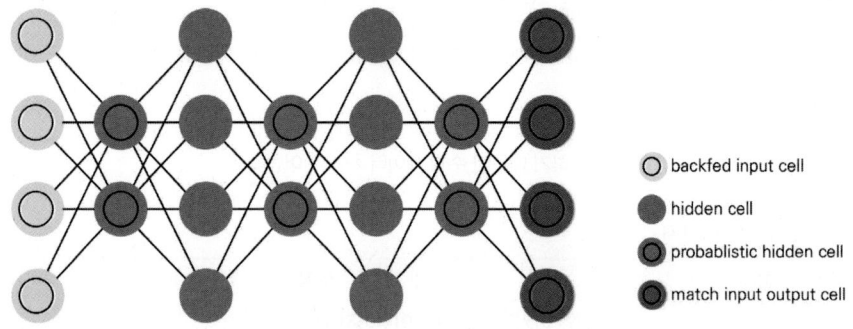

▲ 심층 신뢰 신경망(DBN) 구조

- 선행학습을 통해 초기 가중치를 학습한 후 역전파 혹은 다른 판별 알고리즘을 통해 가중치의 미조정을 할 수 있다.
  - 이러한 특성은 훈련용 데이터가 적을 때 굉장히 유용한데, 이는 훈련용 데이터가 적을수록 가중치의 초기값이 결과적인 모델에 끼치는 영향이 세지기 때문이다.
- 선행학습된 가중치 초기값은 임의로 설정된 가중치 초기값에 비해 최적의 가중치에 가깝게 되고 이는 미조정 단계의 성능과 속도향상을 가능케 한다.

실제로 딥러닝은 각각의 특성에 따라서 선택적으로 사용되며 음성인식, 화면인식 자연어처리 등의 분야에서 활용되고 있다.

06 비정형 데이터 분석

> 비정형 데이터는 숫자 데이터와 달리 그림이나 영상, 문서처럼 형태와 구조가 복잡해 정형화 되지 않은 데이터이다.

비정형 데이터(Unstructured-Data)는 데이터 세트가 아닌 하나의 데이터가 수집 데이터로 객체화 되어 있다. 언어 분석이 가능한 텍스트 데이터나 이미지, 동영상 같은 멀티미디어 데이터가 대표적인 비정형 데이터이다.

- 웹에 존재하는 데이터의 경우 html 형태로 존재하여 반정형 데이터로 구분할 수도 있지만, 특정한 경우 텍스트 마이닝을 통해 데이터를 수집하는 경우도 존재하므로 명확한 구분은 어렵다.

▶ 데이터 수집의 난이도

형태	특징	수집 난이도
정형 데이터	내부 시스템인 경우가 대부분이라 수집이 쉽다. 파일 형태의 스프레드시트라도 내부에 형식을 가지고 있어 처리가 쉬운 편이다.	하
반정형 데이터	보통 API 형태로 제공되기 때문에 데이터 처리 기술이 요구된다.	중
비정형 데이터	텍스트 마이닝 혹은 파일일 경우 파일을 데이터 형태로 파싱해야 하기 때문에 수집 데이터 처리가 어렵다.	상

▶ 데이터 처리의 아키텍처

형태	특징
정형 데이터	일반적인 아키텍처 구조로 이루어져 있다.
반정형 데이터	데이터의 메타구조를 해석해 정형 데이터 형태로 바꿀 수 있는 아키텍처 구조를 수정해야 한다.
비정형 데이터	텍스트나 파일을 파싱해 메타구조를 갖는 데이터셋 형태로 바꾸고 정형 데이터 형태의 구조로 만들 수 있도록 아키텍처 구조를 수정해야 한다.

▶ 데이터의 잠재적 가치

형태	특징	잠재적 가치
정형 데이터	내부 데이터의 특성과 현실적 가치의 한계상 활용측면에서 잠재적 가치는 상대적으로 낮다.	하
반정형 데이터	데이터의 제공자가 선별해 제공하는 데이터로 잠재적 가치는 정형 데이터 보다 높다.	중
비정형 데이터	수집주체에 의해 데이터에 대한 분석이 선행되었기 때문에 목적론적 데이터 특징이 가장 잘 나타나는 데이터이다. 그렇기 때문에 일단 수집이 가능하면 수집주체에게는 가장 높은 잠재적 가치를 제공한다.	상

> 현재는 컴퓨터기술의 발달로 비정형 데이터를 제한 없이 분석하여 결과를 도출하는 수준까지 이르렀다.

빅데이터 환경에서 80% 이상의 데이터가 비정형 데이터이므로 이를 분석하는 것의 중요도는 높다고 할 수 있다. 다만, 분석하는 기법들은 상당히 제한적이며 대부분의 경우가 상식적인 수준의 연관관계 추출에 그칠 가능성이 높다.

1) 비정형 데이터 분석의 기본 원리

- 비정형 데이터의 내용 파악과 비정형 데이터 속 패턴(pattern) 발견을 위해 데이터 마이닝, 텍스트 분석, 비표준 텍스트 분석 등과 같은 다양한 기법을 사용한다.
- 비정형 데이터를 정련 과정을 통해 정형데이터로 만든 후, 분류, 군집화, 회귀분석, 요약, 이상감지 분석 등의 데이터 마이닝을 통해 의미있는 정보를 발굴한다.

2) 데이터 마이닝(Data Mining)

데이터 마이닝은 대규모로 저장된 데이터 안에서 체계적이고 자동적으로 통계적 규칙이나 패턴을 분석하여 가치 있는 정보를 추출하는 과정이다. 다른 말로는 KDD(Knowledge Discovery in Databases, 데이터베이스 속의 지식 발견)라고도 한다.

> 데이터 마이닝은 통계학에서 패턴 인식에 이르는 다양한 계량 기법을 사용한다.

① 데이터 마이닝 기법

데이터 마이닝 기법에는 다양한 분야에서 발전된 방법론들이 통합되어 사용된다.

- 통계학 기반 기법 : 탐색적 자료분석, 가설 검정, 다변량 분석, 시계열 분석, 일반선형모형 등
- 데이터베이스 기반 기법 : OLAP(온라인 분석 처리, On-Line Analytic Processing) 등
- 인공지능 기반 기법 : SOM(자기조직화 지도, Self-Organizing Map), 신경망(Neural Network), 전문가 시스템 등

② 데이터 마이닝의 주요 적용 분야

- 분류(Classification) : 일정한 집단에 대한 특정 정의를 통해 데이터를 구분·분류한다.
- 군집화(Clustering) : 유사한 특성을 공유하는 데이터 집합(군집)을 찾는다. 분류와 달리, 사전에 정의된 기준이나 레이블 없이 군집을 나눈다.
- 연관성(Association) 분석 : 동시에 발생하는 항목들 간의 관계를 규명한다.
- 연속성(Sequencing) 분석 : 시간의 흐름에 따른 항목 간의 순차 관계를 분석한다. 시간 특성을 제외하면 연관성 분석과 유사하다.
- 예측(Forecasting) : 대용량 데이터에서 규칙이나 패턴을 찾아 미래 값을 예측한다.

> 기본적으로 전통적인 데이터 마이닝 기법은 비정형데이터를 정형화하는 기반하에서 상식적 범위에서 부분적인 데이터를 다룬다는 한계가 존재한다.

3) 텍스트 마이닝(Text Mining)

전통적인 데이터 마이닝의 한계를 벗어난 방법으로 인간의 언어로 이루어진 비정형 텍스트 데이터들을 자연어 처리방식을 이용하여 대규모 문서에서 정보 추출, 연계성 파악, 분류 및 군집화, 요약 등을 통해 데이터의 숨겨진 의미를 발견하는 기법이다.

준비
→ 입력되는 여러 가지 텍스트 문서의 데이터들을 문제 범위에 적절한 것으로 확립

전처리
→ 조직화된 텍스트들을 정형화된 표현 양식으로 만듦

지식추출
→ 정형 데이터에서 의미 있는 패턴이나 관계와 같은 지식 발견
→ 분류, 클러스터링, 개념 및 개체 추출, 세분화된 분류 체계의 생산, 심리 분석, 문서 요약, 개체 관계 모델링

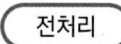 텍스트 마이닝의 개념

> 자연어 처리는 연구대상이 언어이기 때문에 언어 자체를 연구하는 언어학, 언어현상의 내적 기재를 탐구하는 언어인지 과학과 연관이 깊다.

① 자연어 처리(Natural Language Processing)
- 자연어 처리는 인간의 언어 현상을 컴퓨터와 같은 기계를 이용해서 모사할 수 있도록 연구하고 이를 구현하는 인공지능의 주요 분야 중 하나이다.
- 구현을 위해 수학·통계적 도구를 많이 활용하며 특히 기계학습 도구를 많이 사용하는 대표적인 분야이다. 정보검색, QA 시스템, 문서 자동분류, 신문기사 클러스터링, 대화형 Agent 등 다양한 응용이 이루어지고 있다.

② Text to Vector 변환 기법
- 텍스트를 벡터로 변환하는 기법은 단어나 문장을 수치적인 형태로 표현하여 기계학습 알고리즘에 적용하기 쉽도록 한다.
- Bag-of-Words(BoW) : BoW는 텍스트를 단어들의 집합으로 간주하고, 각 단어의 등장 빈도를 계산하여 벡터로 표현하는 기법으로 문서 내에 각 단어의 등장 횟수나 이진 플래그 등을 벡터의 원소로 사용한다. 단어의 순서나 문맥 정보는 고려하지 않고, 단어들의 출현 빈도에만 집중한다.
- TF-IDF(Term Frequency-Inverse Document Frequency) : TF-IDF는 단어의 빈도와 문서의 역문서 빈도를 고려하여 단어를 벡터로 표현하는 기법으로 각 문서에서의 단어의 빈도를 TF로 표현하고, 전체 문서 집합에서의 단어의 등장 빈도를 IDF로 표현한다. 특정 문서에 자주 등장하는 단어는 해당 문서에서 중요한 단어로 간주되며, 전체 문서에서 널리 등장하는 단어는 중요성이 감소한다.

- 워드 임베딩(Word Embedding, 단어 임베딩) : 단어를 컴퓨터가 이해하고, 효율적으로 처리할 수 있도록 고정 크기의 실수 벡터로 표현하는 방법이다. 이 방법은 단어 간의 의미적 유사성을 보존하려는 목적으로 개발되었다. 단어 간 관계를 벡터 공간에서 표현함으로써 계산이 가능하고 모델의 학습 데이터로 사용이 가능하다. 대표적인 기법으로 Word2Vec, GloVe, FastText 등이 있다.

> 워드 임베딩을 통해 단어는 밀집 벡터(dense vector)의 형태로 표현되며, 이를 임베딩 벡터(embedding vector)라고 한다.

▶ 대표 워드 임베딩 기법

기법	개념 및 특징
Word2Vec (2013, 구글)	• 단어 간 의미적 유사성을 벡터 간 코사인 유사도로 측정하며, CBOW과 Skip-gram의 두 가지 방식으로 동작 • CBOW (Continuous Bag of Words) : 주변 단어들을 보고 중심 단어를 예측 • Skip-gram : 중심 단어를 보고 주변 단어를 예측
GloVe (2014, 스탠퍼드)	• 단어쌍 간 공통으로 등장할 확률(co-occurrence)을 기반으로 임베딩 벡터를 생성 • Word2Vec보다 글로벌한 통계 정보를 더 많이 반영
FastText (2016, 페이스북)	• 단어를 하위 단위(서브 워드)로 분해해서 의미를 벡터화 • 철자 기반 의미 유추에 강하며, 형태소가 중요한 한국어 표현에 유리함

- Sentence Embeddings(문장 임베딩) : 문장 임베딩은 텍스트의 문장을 고정 크기의 벡터로 표현하는 기법으로 워드 임베딩을 사용하여 문장의 의미를 벡터로 변환하거나, 사전 훈련된 모델을 사용하여 문장을 벡터로 변환한다. 대표적인 기법으로 Universal Sentence Encoder, BERT, GPT 등이 있다.

4) 웹 마이닝(Web Mining)

데이터 마이닝 기술의 응용분야로 인터넷을 통해 웹자원으로부터 의미있는 패턴, 프로파일, 추세 등을 발견하는 것이다.

- 데이터의 속성이 반정형이거나 비정형이고, 링크(Link) 구조를 가지고 있기 때문에 전통적인 데이터 마이닝 기술에 추가적인 분석기법이 필요하다.
- 활용분야에는 정보필터링, 경쟁자와 특허, 그리고 기술개발 등의 감시, 이용도 분석을 위한 웹 액세스 로그의 마이닝, 브라우징(고객의 웹에서의 이동경로 탐색) 지원 등이 있다.

> **데이터 마이닝 기술**
> 많은 데이터 가운데 숨겨져 있는 유용한 상관관계를 발견하여 미래에 실행 가능한 정보를 추출해 내고 의사결정에 이용하는 과정

5) 오피니언 마이닝(Opinion Mining)

어떤 사안이나 인물, 이슈, 이벤트 등과 관련된 원천 데이터에서 의견이나 평가, 태도, 감정 등과 같은 주관적인 정보를 식별하고 추출하는 것을 말한다.

- 사람들의 주관적인 의견을 통계·수치화하여 객관적인 정보로 바꾸는 기술이다. 어떤 사안이나 인물에 대한 사람들의 의견뿐만 아니라 감정과 태도도 분석하기 때문에 감정 분석이라고도 불린다.
- 오피니언 마이닝도 분석 대상이 텍스트이므로 텍스트 마이닝에서 활용하는 자연어 처리 방법을 사용하며, 주된 분석 대상은 포털 게시판, 블로그, 쇼핑몰과 같은 대규모의 웹 문서이다.

6) 리얼리티 마이닝(Reality Mining)

사람들이 매일 사용하는 스마트폰 등의 기계나 모션센서 등의 행동에서 비정형 데이터를 추출하는 방법을 말한다.

- 리얼리티 마이닝에서 수집하고자 하는 데이터는 통화/메시징 등의 커뮤니케이션 데이터, GPS/WiFi 등의 위치 데이터이다. 이를 통해 사회적 행위를 마이닝하고 사용자 행동 모델링이나 라이프 로그도 얻어내는 것을 목표로 한다.
- 사회과학, 도시 계획, 건강 및 복지, 광고 및 마케팅 등의 다양한 분야에서 활용된다.

07 앙상블 분석

1) 앙상블 분석의 정의

앙상블(Ensemble) 기법은 주어진 자료로부터 여러 개의 학습 모형을 만든 후 학습 모형들을 조합하여 하나의 최종 모형을 만드는 개념이다.

> 앙상블 학습은 모델의 분산을 줄여주는 효과를 가지므로 입력값의 작은 차이에도 민감하게 반응하는 문제에서 유용하다.

① 약학습기(약분류기, Weak Learner) : 무작위 선정이 아닌 성공확률이 높은, 즉 오차율이 일정 이하(50% 이하)인 학습 규칙을 말한다. 가능성 있는 다양한 복수의 학습 규칙이다.

제목에 광고가 붙은 경우	스팸(Yes)
본문에 보험/대출이 들어간 경우	스팸(Yes)
보낸이가 내 주소록에 있는 경우	스팸아님(No)
…	…

스팸 메일 처리 방법을 개발한다고 가정 시 스팸을 판정하는 여러 가지 기준이 존재할 것이다. 스팸 여부를 Yes/No로만 판정한다고 가정하면

상기의 경우처럼 스팸 여부를 판단하는 여러 기준들은 모든 메일에 적용할 만큼 강력한·확실한 기준도 있지만 그러지 못한 기준도 있다. 이와 같이 결과 도출에 실패 가능성을 어느 정도 내포한 여러 학습 기준을 약학습기라고 한다.

② 강학습기(강분류기, Strong Learner) : 약학습기(Weak Learner)로부터 만들어 내는 강력한 학습 규칙을 의미한다.

2) 앙상블 분석의 이해

동일한 학습 알고리즘을 이용할 때, 앙상블 분석이 한 개의 단일학습기(Single Learner)에 의한 분석보다는 더 나은 분석성능을 이끌어낼 수 있다.

- 앙상블 기법은 다양한 약학습기를 통해 강학습기를 만들어가는 과정이다.

① 장점
- 정확성 향상 : 앙상블 모델은 여러 개의 기본 모델의 예측 결과를 종합하여 더 정확한 예측을 제공한다.
- 과적합 방지 : 단일 모델에서 발생한 과적합 문제를 회피할 수 있다. 앙상블의 각 모델은 서로 다른 부분에 초점을 맞추기 때문에, 과적합을 낮추고 일반화 성능을 높인다.
- 분산 감소 : 여러 모델의 예측 값을 평균하거나 다수의 결과를 취하는 등의 방법을 사용하여 전체적인 예측 오차를 줄일 수 있다.
- 다양한 모델 적용 가능 : 서로 다른 알고리즘으로 구성된 기본 모델을 결합하여 다양한 정보를 활용할 수 있다.

② 단점
- 계산 복잡성 증가 : 앙상블 모형은 여러 개의 기본 모델을 트레이닝 해야하므로, 단일 모델에 비해 계산 시간과 자원이 더 많이 필요하다.
- 해석 어려움 : 단일 모델에 비해 설명력이 낮아질 수 있다. 여러 모델의 결정 과정이 복잡해지기 때문에 모델의 해석이 어려워질 수 있다.
- 구현 복잡성 : 앙상블 모델의 구현과 튜닝이 상대적으로 복잡하다. 기본 모델 각각의 속성과 앙상블 구조를 이해하고 조합해야 하므로, 높은 전문 지식이 필요하다.

3) 앙상블 분석의 종류

① 보팅(Voting)

보팅은 뜻 그대로 투표를 통해 결정하는 방식이다. 보팅은 배깅(Bagging)과 투표방식이라는 점에서 유사하지만 사용법에서 차이점이 있다.

- 보팅은 서로 다른 여러 학습 모델을 조합해서 사용한다. 이에 반해 배깅은 같은 알고리즘 내에서 다른 표본(sample) 데이터 조합을 사용한다. 즉, 보팅은 서로 다른 알고리즘이 도출해 낸 결과물에 대하여 최종 투표하는 방식을 통해 최종 결과를 선택한다.
- 하드 보팅(Hard Voting)은 결과물에 대한 최종 값을 투표해서 결정하는 방식이다.
- 소프트 보팅(Soft Voting)은 최종 결과물이 나올 확률 값을 다 더해서 최종 결과물에 대한 각각의 확률을 구한 뒤 최종 값을 도출해내는 방법이다.

> **기적의 TIP**
>
> voting과 bagging의 차이를 확인하도록 한다.

② 부스팅(Boosting)

가중치를 활용하여 연속적인(sequential) 약학습기를 생성하고 이를 통해 강학습기를 만드는 방법이다.

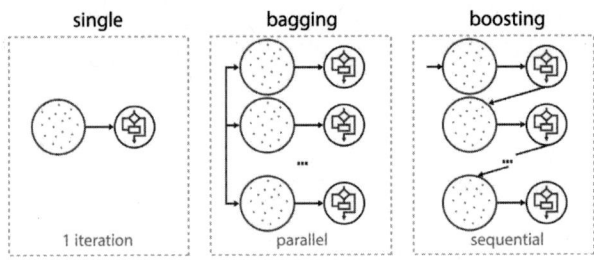

▲ Boosting 개념도

- 다른 앙상블 기법과 가장 다른 점 중 하나는 바로 순차적인 학습을 하며 가중치(weight)를 부여해서 오차를 보완해 나간다는 점이다.
- 순차적이기 때문에 병렬 처리에 어려움이 있고, 그렇기 때문에 다른 앙상블 대비 학습 시간이 오래 걸린다는 단점이 있다.

Bootstrap
주어진 데이터에서 복원 추출로 여러 개의 새로운 학습용 표본을 생성하는 과정

③ 배깅(Bootstrap Aggregating, Bagging)

샘플을 여러 번 뽑아(bootstrap) 각 모델을 학습시켜 결과물을 집계(aggregation)하는 방법이다.

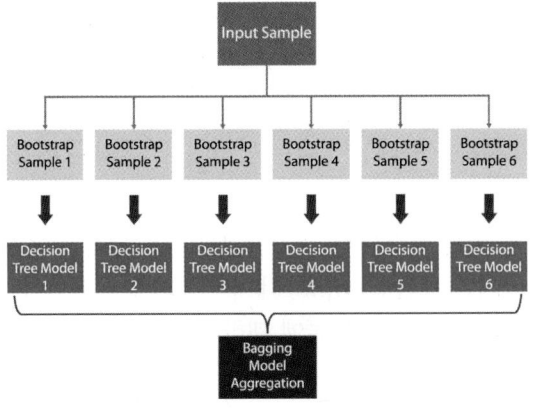

▲ 배깅(Bagging) 설명도

- 우선, 데이터로부터 부트스트랩을 한다(복원 랜덤 샘플링). 부트스트랩한 데이터로 모델의 학습을 거친다. 그리고 학습된 모델의 결과를 집계하여 최종 결과값을 구한다.
  - 범주형 자료(Categorical Data)는 투표 방식(Voting)으로 결과를 집계하며, 연속형 자료(Continuous Data)는 평균으로 집계한다.
  - 범주형 자료일 때, 투표 방식으로 한다는 것은 전체 모델에서 예측한 값 중 가장 많은 값을 최종 예측값으로 선정하는 것이다.

- 예를 들어 6개의 결정 트리 모델이 있다. 4개는 A로 예측했고, 2개는 B로 예측했다면 투표에 의해 4개의 모델이 선택한 A를 최종 결과로 예측한다.
- 평균으로 집계한다는 것은 말 그대로 각각의 결정 트리 모델이 예측한 값에 평균을 취해 최종 배깅 모델의 예측값을 결정한다는 것이다.
• 배깅은 간단하면서도 강력한 방법이며 배깅을 활용한 모델이 바로 랜덤 포레스트(Random Forest)이다.

④ 스태킹(Stacking)

스태킹은 앙상블 학습의 한 종류로, 여러 개의 다른 모델을 조합하여 예측 성능을 향상시키는 방법이다.

• 스태킹은 개별 모델들의 예측 결과를 취합하여 메타 모델(Meta Model)을 학습하는 과정을 포함한다.
• 스태킹은 다양한 모델들의 예측 결과를 결합하기 때문에 개별 모델들 간의 다양성이 중요하다. 서로 다른 알고리즘, 다른 특성, 다른 하이퍼파라미터를 가진 모델들을 조합함으로써 다양성을 확보할 수 있다. 또한, 과대적합을 방지하기 위해 교차 검증을 사용하여 개별 모델을 학습하고 예측 성능을 평가하는 것이 일반적이다.

메타 모델
앙상블 학습에서 사용되는 개별 모델들의 예측 결과를 입력으로 받아 최종 예측을 수행하는 모델

스태킹의 주요 단계

1. 데이터 분할 : 원본 데이터를 훈련 데이터와 테스트 데이터로 분할한다.
2. 개별 모델 학습 : 분할된 훈련 데이터를 사용하여 다양한 개별 모델들을 학습시킨다. 이때, 각 모델은 서로 다른 알고리즘 또는 하이퍼파라미터 조합으로 구성될 수 있다.
3. 개별 모델 예측 : 학습된 개별 모델들을 사용하여 분할된 테스트 데이터에 대한 예측을 수행한다.
4. 메타데이터 준비 : 개별 모델들이 만든 예측 결과를 취합하여 메타데이터를 준비한다. 이 메타데이터는 새로운 특성(feature)으로 사용되며, 훈련 데이터의 예측 결과를 모아놓은 것이다.
5. 메타모델 학습 : 메타데이터와 실제 타깃(label) 값을 사용하여 메타모델(또는 블렌더)을 학습시킨다. 메타모델은 개별 모델의 예측 결과를 입력으로 받아 최종 예측을 수행한다.
6. 최종 예측 : 테스트 데이터에 대한 개별 모델의 예측 결과를 메타모델에 입력으로 사용하여 최종 예측을 수행한다.

---

⑤ 앙상블 모형의 최적화

앙상블 모형의 최적화는 다양한 측면에서 수행될 수 있다.

• 다양한 알고리즘과 모델 사용 : 앙상블을 구성하는 개별 모델들은 다양한 알고리즘과 모델로 구성될 수 있다. 다양한 알고리즘과 모델을 사용하여 다양성을 증가시키고 앙상블의 예측 성능을 향상시킬 수 있다.
• 개별 모델의 다양성 확보 : 앙상블의 성능을 향상시키기 위해 개별 모델들은 서로 다른 특징, 하이퍼파라미터 조합, 데이터 샘플링 등으로 구성되어야 하며, 이를 통해 다양성을 확보하고 예측 성능을 개선할 수 있다.

- **하이퍼파라미터 최적화** : 개별 모델과 앙상블 모델의 하이퍼파라미터를 조정하여 최적의 조합을 찾는다. 그리드 탐색, 랜덤 서치, 베이지안 최적화 등과 같은 방법을 사용하여 하이퍼파라미터 공간을 탐색하고 성능을 개선한다.
- **교차 검증을 통한 성능 평가** : 교차 검증을 통해 각 개별 모델의 예측 성능을 평가하고, 최적의 모델을 선택할 수 있다.
- **앙상블 크기 결정** : 앙상블 모델의 크기는 개별 모델의 수로 결정되며, 일반적으로 앙상블의 크기가 증가할수록 예측 성능이 향상될 수 있지만, 일정 크기 이상으로 증가하면 추가적인 성능 향상이 제한될 수 있다. 적절한 앙상블 크기를 선택하여 최적의 모델을 찾아야 한다.
- **앙상블 멤버 간의 상관 관계 관리** : 앙상블 모델을 구성할 때는 개별 모델들 간의 상관 관계를 관리해야 한다. 너무 유사한 모델들을 결합하면 성능 개선을 기대하기 어렵다.

08 비모수 통계

1) 모수(매개변수, 파라미터, Parameter)의 정의

모수는 수학과 통계학에서 어떠한 시스템이나 함수의 특정한 성질을 나타내는 변수를 말한다. 일반적으로는 θ라고 표현되며, 다른 표시는 각각 독특한 뜻을 지닌다.

- 함수의 수치를 정해진 변역에서 구하거나 시스템의 반응을 결정할 때, 독립변수는 변하지만 매개변수는 일정하다.
- 다른 매개변수를 이용해 함수의 다른 수치를 다시 구하거나 시스템의 다른 반응을 볼 수도 있다.

$f(x)=ax+b$에서 a, b가 매개변수가 된다. 변수 a, b에 수를 대입함에 따라 특정한 함수가 만들어진다.

2) 비모수 통계의 개념

비모수 통계(Non-Parametric Statistics)는 통계학에서 모수에 대한 가정을 전제로 하지 않고 모집단의 형태에 관계없이 주어진 데이터에서 직접 확률을 계산하여 통계학적 검정을 하는 분석이다.

- 상대적으로 모수 통계(Parametric Statistics)는 데이터의 분포를 알거나 모수(평균 이나 분산) 등을 안다고 가정하고 통계적 검정 및 추론을 하는 것이다.

3) 비모수 통계법의 사용조건

① 자료가 나타내는 모집단의 형상이 정규분포가 아닐 때
② 자료가 나타내는 현상이 정규분포로 적절히 변환되지 못할 때
③ 자료의 표본(Sample)이 적을 때
④ 자료들이 서로 독립적일 때
⑤ 변인의 척도가 명명척도나 서열척도일 때

명명척도(범주형척도)
분류를 위한 척도를 의미

서열척도
명명척도에서 서열(우열)적 정보를 가지는 숫자 포함 척도

4) 비모수 통계의 특징

- 가정을 만족시키지 못한 상태에서 그대로 모수 통계분석을 함으로써 발생할 수 있는 오류를 줄일 수 있다.
- 질적척도로 측정된 자료도 분석이 가능하다.
- 비교적 신속하고 쉽게 통계량을 구할 수 있으며 결과에 대한 해석 및 이해 또한 쉽다.
- 많은 표본을 추출하기 어려운 경우에 사용하기 적합하다.

5) 비모수적 통계 검정법

비모수검정(Non-parametric Test)은 데이터가 특정 분포를 따른다는 가정 없이 수행되는 통계적 검정 방법이다. 데이터의 분포가 알려져 있지 않거나, 데이터가 정규분포를 따르지 않는 경우에 유용하다.

> 🔑 **기적의 TIP**
>
> 비모수 통계 및 모수 통계에 대한 개념을 이해하면서 비모수 통계적 방법론에는 어떤 것들이 있는지 학습한다.
>
> 비모수검정은 순위(rank)를 사용하거나 데이터를 재배열하는 등의 방법으로 수행한다.

▶ 비모수검정의 장단점

장점	• 유연성 : 데이터가 특정 분포를 따르지 않아도 사용할 수 있음 • 적용 범위 넓음 : 다양한 데이터 유형에 적용 • 순위 사용 : 데이터의 순위를 사용하여 극단값(outlier)의 영향을 줄일 수 있음
단점	• 효율성 저하 : 동일한 조건에서 모수적 검정보다 검정력이 낮음 • 큰 표본 필요 : 매우 작은 표본에서는 검정력이 충분하지 않음

① 부호검정(Sign Test)

- 관측치들 간에 같다 혹은 크거나 작다라는 주장이 사실인지 아닌지를 검정한다.
- 부호 검정은 데이터의 순서나 크기에 대한 가정을 하지 않으며, 관측값들의 부호만을 활용하여 검정을 수행한다.
- 부호 검정은 데이터의 순위나 크기 정보를 활용하지 않기 때문에, 보다 정확한 분석을 위해서는 다른 비모수적 검정 방법을 고려해야 할 수도 있다.

② 윌콕슨 부호순위(Wilcoxon Signed-Rank) 검정

- 크거나 작음을 나타내는 부호뿐만 아니라 관측치 간 차이의 크기 순위까지를 고려하여 검정한다.
- 대응 표본 또는 순위 데이터에 사용된다.
- 동일한 개체 또는 짝이 맺어진 개체에 대해 두 관측값을 측정한 경우에 사용된다.
- 대응 표본의 차이에 대한 가설을 검정한다.
- 예 전후 실험 결과, 약 투여 전후의 체온 변화 등을 비교할 때 사용할 수 있다.

③ 만-위트니 U(Mann-Whitney U) 검정
- 두 집단 간의 중심위치를 비교하기 위하여 사용하는 검정 방법이다.
- 독립 표본 데이터에 사용되며, 두 개의 독립된 그룹의 관측값을 비교하는 경우에 사용된다.
- 두 그룹 간의 위치적인 차이에 대한 가설을 검정한다.

예 두 집단의 성적 비교, 약의 효과 비교 등에서 사용할 수 있다.

④ 크루스칼-왈리스(Kruskal-Wallis) 검정
- 3개 이상 집단의 중앙값 차이를 검정한다.
- 독립 표본 데이터에 사용되며, 세 개 이상의 독립된 그룹의 관측값을 비교하는 경우에 사용된다.
- 그룹 간의 순위 차이에 대한 가설을 검정한다.

예 세 개 이상의 약의 효과를 비교하거나, 다수의 집단의 성적을 비교할 때 사용할 수 있다.

▶ 비모수 검정법 비교

비모수 검정 종류	주요 특징
윌콕슨 부호순위 검정 (Wilcoxon Signed-Rank Test)	• 두 관련 샘플 또는 짝지어진 샘플 간의 차이를 비교 • 주로 동일한 대상에 대해 두 번 측정한 데이터를 비교할 때 사용
만-위트니 U 검정 (Mann-Whitney U Test)	• 두 독립 샘플의 중앙값을 비교 • 주로 두 그룹 간의 차이를 비교할 때 사용
크루스칼-왈리스 검정 (Kruskal-Wallis Test)	• 세 개 이상의 독립 샘플 간의 차이를 비교 • 일원배치법의 비모수 대안으로 사용
프리드만 검정 (Friedman Test)	• 세 개 이상의 관련 샘플 간의 차이를 비교 • 반복측정 분산분석의 비모수 대안으로 사용
카이제곱 검정 (Chi-Square Test)	명목 데이터의 기대빈도와 관찰빈도 간의 차이를 비교

🎯 개념 체크

다음 중 윌콕슨 부호순위 검정(Wilcoxon Signed-Rank Test)을 사용할 수 있는 상황으로 가장 적절한 것은?

① 두 독립된 집단의 중앙값을 비교하려 할 때
② 세 개 이상의 관련된 표본 간의 차이를 평가할 때
③ 동일한 집단의 사전-사후 테스트 결과를 비교하려 할 때
④ 범주형 데이터에서 두 변수 간의 연관성을 검정할 때

정답 ③

- 두 독립된 집단의 중앙값을 비교할 때는 만-위트니 검정이 적합하다.
- 세 개 이상의 관련된 표본 간 차이는 프리드만 검정 같은 방법이 적합하다.
- 범주형 데이터에서 두 변수 간의 연관성을 검정하는 것은 카이제곱 검정이 적합하다.

합격을 다지는 예상문제

01 자료의 형태에 따른 분석방법으로 올바르게 짝지어진 것을 고르시오.

① 독립변수가 범주형, 종속변수가 범주형인 경우: 회귀분석
② 독립변수가 연속형, 종속변수가 범주형인 경우: 로지스틱 회귀분석
③ 독립변수가 범주형, 종속변수가 연속형인 경우: 로그선형분석
④ 독립변수가 연속형, 종속변수가 연속형인 경우: 빈도분석

02 다음은 범주형 분석방법에 대한 설명이다. 옳지 않은 것은?

① 빈도분석은 질적 자료를 대상으로 빈도와 비율을 계산할 때 쓰인다.
② 로지스틱분석은 두 범주형 변수가 서로 상관이 있는지 독립인지를 판단하는 통계적 검정방법이다.
③ t-검정은 독립변수가 범주형(두개의 집단)이고 종속변수가 연속형인 경우 사용되는 검정 방법으로 두 집단간의 평균 비교 등에 사용된다.
④ 독립변수가 범주형(두개이상 집단)이고 종속변수가 연속형인 경우 사용되는 검정 방법으로 분산분석이 사용된다.

03 다음 상황에서 어떤 통계량을 사용하면 좋을지 고르시오.

> 어느 도시의 시장선거의 두 후보자의 지지도가 성별에 따라 차이가 있는지를 알아보기 위해서 1000명의 표본을 이용하여 결과를 분석하고자 한다.

① t 검정
② F 검정
③ Z 검정
④ χ^2 검정

04 다음은 다변량 분산분석에 대한 설명이다. 틀린 것은?

① 두 개 이상의 범주형 독립변수와 다수의 계량적 종속변수 간의 관련성을 동시에 알아볼 때 이용되는 통계적 방법이다.
② 두 개 이상의 계량적 종속변수에 대한 각 집단의 반응치의 분산에 대한 가설을 검증하는데 매우 유용하다.
③ 분석하고자 하는 대상들이 두 집단으로 나누어진 경우 개별관측치들이 어느 집단으로 분류될 수 있는지를 분석할 때 사용한다.
④ 일변량 분산분석의 확장된 형태로 분산을 기준으로 집단간의 통계적 연관성의 가설을 검증하는데 사용된다.

05 다음은 어떤 성질에 대한 설명인가?

> 시계열이 시차값 사이에 선형관계를 보이는 성질이며 이런 성질이 없는 시계열은 백색 잡음이라고 한다.

① 순환성분
② 계절성분
③ 자기상관성
④ 규칙 성분

06 군집분석에 대한 설명으로 틀린 것을 찾으시오.

① 군집분석은 집단에 관한 사전정보가 전혀 없는 각 표본에 대하여 그 분류체계를 찾을 때 사용되는 기법이다.
② 각 표본을 표본들 간의 유사성에 기초해 한 집단에 분류시키고자 할 때 사용되는 기법이다.
③ 판별분석과 비슷하게 군집분석에서는 집단이 사전에 정의되어 있다.
④ 군집분석을 수행하기 위한 첫 번째 단계는 몇 개의 집단이 존재하는가를 알아보기 위해 각 표본들 간의 유사성 혹은 연관성을 조사하는 것이다.

07 다음은 시계열 자료에 대한 정상성(Stationarity)에 대한 설명이다. 틀린 것을 고르시오.

① 정상성을 가진다는 의미는 시계열 데이터가 평균과 분산이 일정한 경우를 지칭한다.
② 시계열 데이터가 정상성을 가지면 분석이 용이한 형태로 볼 수 있다.
③ 시계열 데이터가 평균이 일정하지 않으면 차분(difference)을 통해 정상성을 가지도록 할 수 있다.
④ 시계열 데이터가 분산이 일정하지 않으면 평행이동을 통해 정상성을 가지도록 할 수 있다.

08 나이브 베이즈 분류의 특성에 대한 설명으로 옳지 않은 것을 고르시오.

① 분류기를 만들 수 있는 간단한 기술로 단일 알고리즘을 통한 훈련이 아닌 일반적인 원칙에 근거한 여러 알고리즘들을 이용하여 훈련된다.
② 모든 나이브 베이즈 분류기는 공통적으로 모든 특성 값은 서로 배반사건임을 가정한다.
③ 나이브 베이즈 분류의 장점으로 분류에 필요한 파라미터를 추정하기 위한 트레이닝 데이터의 양이 매우 적다.
④ 나이브 베이즈 분류는 베이즈 정리를 적용한 확률 분류기를 지칭한다.

09 다음 중 자기회귀모형(AR: Autoregressive Model)에 대한 설명으로 옳은 것은?

① 일정 시점전의 자료가 현재자료에 영향을 준다는 가정하에 만들어진 시계열 예측 모형이다.
② 비정상성을 가지는 시계열 데이터 분석에 많이 사용된다.
③ 이동평균모형과 결합된 형태로 나타내어진다.
④ 시계열이 체계적 성분과 불규칙적 성분으로 이루어져 있다는 가정 하에 체계적 성분을 시계열로부터 분리하여 분석/예측을 목적으로 하는 기법이다.

10 다음은 나이브 베이즈 이벤트 모델에 대한 설명이다. 해당 설명에 맞는 이벤트 모델명은?

> 특성 벡터 $X=(x_1, x_2, \cdots, x_n)$들이 독립적인 이진 변수로 표현될 경우 사용된다.

① 가우시안 나이브 베이즈
② 다항분포 나이브 베이즈
③ 베르누이 나이브 베이즈
④ 비모수 나이브 베이즈

11 인공신경망에 대한 설명으로 맞는 것을 모두 고르시오.

> (가) 기계학습과 인지과학에서 생물학의 신경망(동물의 중추신경계중 특히 뇌)에서 영감을 얻은 통계학적 학습 알고리즘이다.
> (나) 시냅스의 결합으로 네트워크를 형성한 인공 뉴런(노드)이 학습을 통해 시냅스의 결합 세기를 변화시켜, 문제 해결 능력을 가지는 모델 전반을 가리킨다.
> (다) 트레이닝 셋에만 최적화되어 실제 테스트와 예상결과의 괴리가 발생하는 단점이 있다.
> (라) 최초 시작점에 상관없이 항상 일정한 형태의 결과를 보여준다.

① 가
② 가, 나
③ 가, 나, 다
④ 가, 나, 다, 라

12 다음은 인공신경망과 딥러닝에 대한 설명이다. 틀린 것은?

① 딥러닝은 인공신경망의 단점(계산속도의 저하, 과적합문제 등)이 극복되면서 부각된 기계학습이라고 할 수 있다.
② 딥러닝은 여러 비선형 변환기법의 조합을 통해 높은 수준의 추상화를 시도하는 기계학습 알고리즘의 집합으로 정의된다.
③ 소수의 동일레이어 내 노드의 수직체계 개수를 다수로 늘려서 정확도를 높이는 것이 기존 인공신경망과 딥러닝의 차이이다.
④ 인공신경망과 딥러닝은 사람의 사고방식을 컴퓨터에게 가르치는 기계학습의 한 분야라고 이야기할 수 있다.

13 다음은 딥러닝에 대한 설명이다. 아래 설명에 해당되는 딥러닝 알고리즘은 무엇인가?

> • 인공신경망을 구성하는 유닛 사이의 연결이 순환적 구조를 갖는 신경망을 말한다.
> • 순방향 신경망(Feed forward Neural Network)과 달리, 임의의 입력을 처리하기 위해 신경망 내부의 메모리를 활용할 수 있다.
> • 필기체 인식과 같은 분야에 활용되고 있고, 높은 인식률을 나타낸다.
> • 기존의 뉴럴 네트워크와 다른 점은 '기억'을 갖고 있다는 점인데, 네트워크의 기억은 지금까지의 입력 데이터를 요약한 정보라고 볼 수 있다.

① 합성곱신경망(Convolutional Neural Network)
② 순환신경망(Recurrent Neural Network)
③ 심층신뢰신경망(Deep Belief Network)
④ 심층신경망(Deep Neural Network)

14 다음은 어떤 기법에 대한 설명인가?

> • 대규모로 저장된 데이터 안에서 체계적이고 자동적으로 통계적 규칙이나 패턴을 분석하여 가치 있는 정보를 추출하는 과정이다.
> • 통계학쪽에서 발전한 탐색적 자료분석, 가설 검정, 다변량 분석, 시계열 분석, 일반선형모형 등의 방법론이 사용될 수 있다.
> • 데이터베이스 쪽에서 발전한 OLAP(온라인 분석 처리), 인공지능 진영에서 발전한 SOM(자기조직화 지도), 신경망, 전문가시스템 등의 기술적인 방법론이 쓰인다.

① 데이터 마이닝
② 마인드 매핑
③ 범주형 데이터분석
④ 패턴인식

15 다음 각각의 항목별 설명 중 **틀린** 것을 고르시오.

① 텍스트 마이닝은 대규모 문서에서 정보 추출, 연계성 파악, 분류 및 군집화, 요약 등을 통해 데이터에 숨겨진 의미를 발견하는 기법이다.
② 텍스트 마이닝은 인간의 언어로 이루어진 비정형 텍스트 데이터들을 자연어 처리방식을 이용하여 데이터를 처리하는 전처리가 필요하다.
③ 오피니언 마이닝은 사람들의 주관적인 의견을 통계/수치화하여 객관적인 정보로 바꾸는 기술이다. 어떤 사안이나 인물에 대한 사람들의 의견 뿐만 아니라 감정과 태도도 분석하기 때문에 감정 분석이라고도 불린다.
④ 버츄얼 마이닝은 통화/메시징 등의 커뮤니케이션 데이터, gps/wifi 등의 위치 데이터 등을 통해 사회적 행위를 마이닝하고 사용자 행동 모델링이나 라이프 로그를 얻어내는 것을 목표로 한다.

16 앙상블 분석의 종류들에 대한 설명으로 옳은 것은?

① 하드 보팅(Hard voting)은 최종 결과물이 나올 확률 값을 다 더해서 최종 결과물에 대한 각각의 확률을 구한 뒤 최종 값을 도출해내는 방법이다.
② 부스팅(Boosting)은 가중치를 활용하여 연속적인(Sequential) 약학습기를 생성하고 이를 통해 강분류기를 만드는 방법이다.
③ 배깅은 샘플을 여러 번 뽑아(bootstrap) 각 모델을 학습시켜 결과물을 경쟁시키는 방법이다.
④ 다중회귀분석은 배깅 기법을 활용한 모델이다.

17 앙상블 기법에 대한 설명으로 **틀린** 것은?

① 약학습기는 무작위 선정이 아닌 성공확률이 높은 즉 오차율이 일정 이하(50% 이하)인 학습 규칙을 말한다.
② 강학습기(강분류기)는 약학습기로부터 만들어내는 강력한 학습 규칙을 의미한다.
③ 앙상블 기법은 서로 다른 학습 알고리즘을 경쟁시켜 각 알고리즘 간의 장점을 결합하여 학습하는 개념이다.
④ 한 개의 단일학습기에 의한 분석보다는 더 나은 분석성능을 이끌어 낼 수 있다.

18 다음은 어떤 앙상블 기법을 개념적으로 나타낸 그림이다. (a), (b)가 옳게 짝지어진 것은?

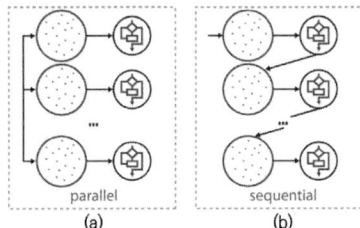

① (a) 하드 보팅   (b) 소프트 보팅
② (a) 소프트 보팅   (b) 하드 보팅
③ (a) 배깅   (b) 부스팅
④ (a) 부스팅   (b) 배깅

19 비모수 통계의 특징을 설명한 것 중 **틀린** 것은?

① 가정을 만족시키지 못한 상태에서 그대로 모수 통계분석을 함으로써 발생할 수 있는 오류를 줄일 수 있다.
② 질적척도로 측정된 자료도 분석이 가능하다.
③ 비교적 신속하고 쉽게 통계량을 구할 수 있으며 결과에 대한 해석 및 이해 또한 용이하다.
④ 많은 표본을 추출하여야만 정규화 근사를 통해 사용하기 적합하다.

합격을 다지는 예상문제 정답 & 해설

SECTION 02

01 ②	02 ②	03 ④	04 ③	05 ③
06 ③	07 ④	08 ②	09 ①	10 ③
11 ③	12 ③	13 ②	14 ①	15 ④
16 ②	17 ③	18 ③	19 ④	

01 ②

독립변수	종속변수	분석방법
범주형	범주형	빈도분석, 카이제곱검정, 로그선형모형
연속형	범주형	로지스틱 회귀분석
범주형	연속형	T검정(2그룹), 분산분석(2그룹 이상)
연속형	연속형	상관분석, 회귀분석

02 ②

②번은 카이제곱검정에 대한 설명이다.

오답 피하기

- 로지스틱 회귀분석 : 분석하고자 하는 대상들이 두 집단 또는 그 이상의 집단으로 나누어진 경우 개별관측치들이 어느 집단으로 분류될 수 있는지를 분석할 때 사용한다.

03 ④

범주형 변수(성별, 지지도 차이 유무)에서 두 변수 간의 상관성(연관성) 검정을 위해서 사용되는 것은 교차분석으로 사용되는 통계량은 x^2을 이용하여 카이제곱검정(Chi-Square Test)에 의한 방법으로 분석한다.

04 ③

③번은 로지스틱 회귀분석에 대한 설명이다.

05 ③

자기상관성은 시계열이 시차값 사이에 선형관계를 보이는 성질이며 이런 성질이 없는 시계열은 백색 잡음이라고 한다.

06 ③

군집분석에서는 판별분석과 달리 집단이 사전에 정의되어 있지 않다.

07 ④

시계열 데이터가 분산이 일정하지 않으면 변환(Transfomation)을 통해 정상성을 가지도록 할 수 있다.

08 ②

나이브 베이즈 분류기는 공통적으로 모든 특성 값은 서로 독립임을 가정한다.

09 ①

오답 피하기

- ②번은 자기회귀누적이동평균모형(ARIMA)
- ③번의 AR(p) 모형과 MA(q) 모형의 결합형태는 자기회귀이동평균모형(ARMA)
- ④번은 분해법에 대한 설명

10 ③

이벤트 모델의 종류

이벤트 모델	적용사항
가우시안 나이브 베이즈	연속적인 값을 지닌 데이터를 처리할 때, 각 클래스의 연속적인 값 벡터 $X=(x_1, x_2, \cdots, x_n)$들이 가우시안 분포를 따른다고 가정
다항분포 나이브 베이즈	특성 벡터 $X=(x_1, x_2, \cdots, x_n)$들이 다항분포에 의해 생성된 이벤트의 경우 사용
베르누이 나이브 베이즈	특성 벡터 $X=(x_1, x_2, \cdots, x_n)$들이 독립적인 이진 변수로 표현될 경우 사용

11 ③

상기 내용은 초기 인공신경망의 문제점과 정의를 나타낸 것이다. 최초 시작점의 선택에 따라 수렴, 발산, 진동 등 다양한 형태로 결과가 바뀌는 단점이 있다.

12 ③

인공신경망의 학습수준을 높이기 위해 하나의 은닉층에 은닉노드를 3개가 아니라 10개, 100개 이런 식으로 동일레이어 내 수직으로 쭉 늘려놓기만 했었는데, 딥러닝에서는 은닉층 자체를 여러 개로 만들어서 여러 단계를 거치도록 인공신경망을 구성하였더니 정확도가 훨씬 향상되었다.

13 ②

순환신경망(RNN)의 정의와 특징에 대한 설명이다.

14 ①

데이터 마이닝(data mining)은 대규모로 저장된 데이터 안에서 체계적이고 자동적으로 통계적 규칙이나 패턴을 분석하여 가치있는 정보를 추출하는 과정이다. 다른 말로는 KDD(데이터베이스 속의 지식 발견, knowledge-discovery in databases)라고도 일컫는다.

15 ④

④번은 리얼리티 마이닝에 대한 설명이다.

16 ②

부스팅(Boosting)은 가중치를 활용하여 연속적인(sequential) 약학습기를 생성하고 이를 통해 강학습기를 만드는 방법이다. 반면 배깅은 샘플을 여러 번 뽑아(bootstrap) 각 모델을 학습시켜 결과물을 집계(aggregation)하는 방법이다.

오답 피하기

- ①번은 소프트 보팅에 대한 설명이다.
- ③번 배깅은 샘플을 여러 번 뽑아 각 모델을 학습시켜 결과물을 집계(aggregation)하는 방법이다.
- ④번 배깅 기법을 활용한 모델로는 랜덤 포레스트(Random Forest)가 있다.

17 ③

앙상블(Ensemble) 기법은 서로 다른 알고리즘을 경쟁시키는 것이 아닌 여러 약한 모델을 결합하여 최적화된 모델을 만드는 방식이다.

18 ③

(a)는 배깅, (b)는 부스팅이다.

19 ④

많은 표본을 추출하기 어려운 경우에 사용하기 적합하다.

PART 04

빅데이터 결과 해석

파트 소개

4과목은 분석모형을 어떻게 평가하고 개선하는지, 분석결과를 어떻게 해석하고 활용하는지에 대한 내용입니다. 개념적인 내용들이 많이 등장하므로 앞의 과목들을 충실히 공부하였다면 암기를 통해서 충분히 높은 점수를 받을 수 있습니다.

CHAPTER

01

분석모형 평가 및 개선

학습 방향

분석모형을 평가, 진단하고 개선하는 방법을 학습합니다. 지도학습과 비지도학습을 평가하는 기법을 비교해서 설명할 수 있어야 합니다. 특히, 오차행렬을 이용하여 분석 모형의 정확도, 정밀도, 재현도를 계산하는 과정은 시험에서 중요한 비중을 차지하니 고득점을 목표로 대비해야 합니다.

출제 빈도

SECTION 01	상	75%
SECTION 02	하	25%

SECTION 01 분석모형 평가

출제빈도 상 중 하
반복학습 1 2 3

빈출 태그 오차행렬 • 평가 지표 • 검증과 검정 • 정확도 • 정밀도 • 재현율 • F1-score • ROC • K-fold

01 평가 지표

1) 지도학습-분류모델 평가 지표

분석모형의 답과 실제 답과의 관계 오차행렬을 통해 모델을 평가한다.

▶ 오차행렬(혼동행렬, Confusion Matrix)

		실제 답	
		Positive	Negative
예측 결과	Positive	True Positive	False Positive
	Negative	False Negative	True Negative

- True Positive(TP) : 실제 True인 답을 True라고 예측 (정답)
- False Positive(FP) : 실제 False인 답을 True라고 예측 (오답)
- False Negative(FN) : 실제 True인 답을 False라고 예측 (오답)
- True Negative(TN) : 실제 False인 답을 False라고 예측 (정답)

① 오차행렬(Confusion Matrix) : 훈련을 통한 예측 성능을 측정하기 위해 예측 값과 실제 값을 비교하기 위한 표이다.

② 정확도(Accuracy) : 실제 데이터와 예측 데이터를 비교하여 같은 지 판단한다. 정확도는 모델의 전체적인 분류 성능을 나타낸다. 높은 정확도는 모델이 입력 데이터를 정확하게 분류하는 능력을 의미하지만 클래스 불균형이 있는 데이터셋에서 잘못된 평가 결과를 줄 수 있다. 이 경우에는 정밀도(Precision), 재현율(Recall), F1 점수(F1 score) 등 다른 지표를 함께 고려해야 한다.

$$Accuracy = \frac{TP+TN}{TP+FP+TN+FN}$$

③ 정밀도(Precision) : Positive로 예측한 대상 중에 실제로 Positive인 값의 비율이다. 정밀도는 클래스 간의 불균형이 있는 데이터셋에서 유용하게 사용될 수 있다. 예를 들어, 암 진단 시나리오에서는 암 환자를 정확하게 판단하는 것이 중요하며, 정밀도가 높은 모델이 선호된다.

$$Precision = \frac{TP}{TP+FP}$$

> **기적의 TIP**
> 개념에 대해 출제되고 있으므로 확실히 이해하자.

> 양성 클래스와 음성 클래스가 90%와 10%의 비율로 구성된 데이터셋에서 모든 샘플을 양성으로 분류하는 모델이 있는 경우 이 모델의 정확도는 90%로 높게 나올 수 있다.

> 정밀도는 재현율(Recall)과 트레이드오프 관계에 있다. 정밀도를 높이기 위해서는 양성으로 예측하는 기준을 더 엄격하게 설정하게 되어, 실제 양성인 샘플 중 일부를 놓치게 될 수 있다. 따라서 모델의 목표와 상황에 따라 정밀도와 재현율 사이의 균형을 선택해야 한다.

④ 재현율(Recall, 민감도) : 실제 Positive인 대상 중에 Positive로 정확하게 예측한 값의 비율이다. 높은 재현율은 모델이 실제 양성인 데이터를 놓치지 않고 잘 찾아냈다는 것을 의미한다. 재현율은 클래스 간의 불균형이 있는 데이터셋에서 유용하게 사용될 수 있다.

$$Recall = \frac{TP}{TP+FN}$$

재현율을 높이기 위해서 양성으로 예측하는 기준을 더 관대하게 설정하게 되면, 실제 양성인 샘플 중에 잘못된 양성 예측이 늘어날 수 있다.

⑤ F1-score : 정밀도와 재현율을 결합한 조화평균 지표로 값이 클수록 모형이 정확하다고 판단할 수 있다.

$$F1 = \frac{2}{\frac{1}{recall}+\frac{1}{precision}} = 2 \times \frac{precision \cdot recall}{precision+recall}$$

⑥ ROC(Receiver Operating Characteristic) 곡선 : FPR(False Positive Rate, 1-특이도)이 변할 때 TPR(True Positive Rate, 민감도)이 어떻게 변화하는지를 나타내는 곡선이다.

- X축에 FPR, y축에 TPR을 나타내며, 임계값을 1~0 범주 이내 값으로 조정하면서 FPR에 따른 TPR을 계산하면서 곡선을 그린다.
- ROC 곡선의 모양은 분류 모델의 성능을 나타낸다. ROC 곡선은 왼쪽 상단 모서리에 가까울수록 좋은 성능을 가지는 모델임을 나타낸다(높은 재현율과 높은 특이도를 동시에 갖는 모델을 의미).
- ROC 곡선이 45도 직선에 가까울수록 성능이 낮은 모델을 나타낸다(재현율과 특이도가 비슷한 수준으로 유지되는 모델을 의미).

특이도=TN/(TN+FP)
실제로 음성인 것 중에서 음성으로 정확하게 예측한 비율, False Positive를 피하는 데 초점

FPR = 1 - 특이도
TPR = 민감도

$$FPR = \frac{FP}{FP+TN} \qquad TPR = \frac{TP}{TP+FN}$$

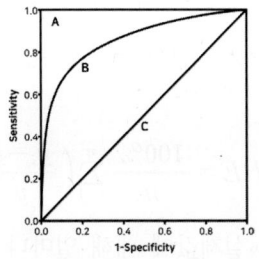

A는 AUC의 값이 1, B는 0.85, C는 0.5인 곡선이며, 모델의 성능이 좋을수록 A에 가까운 곡선이 그려진다.

⑦ AUC(Area Under Curve) : 평가모델의 ROC 곡선의 하단 면적이다.
- AUC 값은 0에서 1 사이의 값을 가지며, 분류 모델의 성능을 종합적으로 평가하는 지표이다.
- AUC가 1에 가까울수록 분류 모델의 성능이 우수하다고 할 수 있다.

ROC 곡선과 AUC는 클래스 불균형이 있는 데이터셋에서 유용하게 사용될 수 있으며, 모델의 성능을 다양한 임계값에 따라 시각화하고 비교하는 데 도움을 준다.

> 이진분류 모델의 성능이 다음과 같을 때, 정밀도, 재현율, F1 Score를 계산해보면
> TP = 50, FP = 10, FN = 25, TN = 90
>
> 정밀도(Precision) = TP / (TP + FP) = 50 / (50 + 10) = 50 / 60 ≈ 0.8333
> 재현율(Recall) = TP / (TP + FN) = 50 / (50 + 25) = 50 / 75 ≈ 0.6667
> F1 Score = 2 * (Precision * Recall) / (Precision + Recall)
>   = 2 * (0.8333 * 0.6667) / (0.8333 + 0.6667) ≈ 0.7407

2) 지도학습-회귀모델 평가 지표

회귀의 평가를 위한 지표는 실제값과 회귀 예측값의 차이를 기반으로 성능지표들을 수립, 활용한다.

① SSE(Sum Squared Error) : 실제값과 예측값의 차이를 제곱하여 더한 값이다.

$$SSE = \sum_{i=1}^{n}(y_i - \hat{y}_i)^2$$

② MSE(Mean Squared Error) : 실제값과 예측값의 차이의 제곱에 대한 평균을 취한 값으로 평균제곱 오차라고도 한다.

$$MSE = \frac{1}{n}\sum_{i=1}^{n}(y_i - \hat{y}_i)^2$$

③ RMSE(Root Mean Squared Error) : MSE에 루트를 취한 값으로 평균제곱근 오차라고도 한다.

$$RMSE = \sqrt{\frac{1}{n}\sum_{i=1}^{n}(y_i - \hat{y}_i)^2}$$

④ MAE(Mean Absolute Error) : 실제값과 예측값의 절대 오차의 평균값이다.

$$MAE = \frac{1}{n}\sum_{i=1}^{n}|y_i - \hat{y}_i|$$

⑤ MPE(Mean Percentage Error) : 실제값과 예측값의 상대적 오차를 백분율로 표현한다.

$$MPE = \frac{100\%}{n}\sum_{i=1}^{n}\left(\frac{y_i - \hat{y}_i}{y_i}\right)$$

⑥ 결정계수 R^2 : 회귀모형이 실제값에 대해 얼마나 잘 적합하는지에 대한 비율이다.

$$R^2 = 1 - \frac{\sum_{i=1}^{n}(y_i - \hat{y}_i)^2}{\sum_{i=1}^{n}(y_i - \overline{y})^2}$$

SSE : 오차제곱합
MSE : 평균제곱오차
RMSE : 평균제곱근오차
MAE : 평균절대오차
MPE : 평균백분율오차

⑦ Adjusted R^2(수정된 결정계수) : 다변량 회귀분석에서 독립변수가 많아질수록 결정계수가 높아지는데 이를 보완한 결정계수로 표본크기(n)와 독립변수의 개수(p)를 추가적으로 고려하여 분모에 위치시킴으로써 결정계수 값의 증가도를 보정한다.

$$R_a^2 = 1 - \frac{(n-1)(1-R^2)}{n-p-1} = 1 - \frac{(n-1)(\frac{SSE}{SST})}{n-p-1} = 1 - (n-1)\frac{MSE}{SST}$$

⑧ MSPE(Mean Square Percentage Error) : MSE를 퍼센트로 변환한 값이다.

$$MSPE = \frac{100\%}{n} \sum_{i=1}^{n} \left(\frac{y_i - \hat{y}_i}{y_i}\right)^2$$

⑨ MAPE(Mean Absolute Percentage Error) : MAE를 퍼센트로 변환한 값이다.

$$MAPE = \frac{100\%}{n} \sum_{i=1}^{n} \left|\frac{y_i - \hat{y}_i}{y_i}\right|$$

> MPE는 오차의 방향을 고려하나 MAPE는 절대값으로 오차의 크기에만 집중한다.

⑩ RMSLE(Root Mean Squared Logarithmic Error) : RMSE에 로그를 취한 값으로 이상치에 덜 민감하다.

$$RMSLE = \sqrt{\frac{1}{n} \sum_{i=1}^{n} (\log(y_i + 1) - \log(\hat{y}_i + 1))^2}$$

⑪ AIC(Akaike Information Criterion)

최대 우도에 독립변수의 개수에 대한 손실(penalty)분을 반영하는 목적으로 모형과 데이터의 확률 분포 차이를 측정하는 것으로 AIC값이 낮을수록 모형의 적합도가 높아진다.

$$AIC = -2 \log L + 2K$$

⑫ BIC(Bayes Information Criteria)

AIC와 동일한 목적을 지니나 주어진 데이터에서 모형의 우도(likelihood)를 측정하기 위한 값에서 유도된 지표로 변수 개수가 많을수록 AIC보다 더 페널티를 가하는 성격을 가진다.

$$BIC = -2 \log L + K \log n$$

> 모형 비교 기준인 AIC, BIC는 모형이 복잡하게 되면 둘 다 페널티를 부여한다(좋지 않다고 처벌하는 것으로 이를 손실로 표현하기도 한다).
>
> K
> 모형 파라미터의 개수(모형에서 상수항을 포함한 설명변수의 개수)
>
> L
> log-Likelihood, 모형 적합도를 나타내는 척도

3) 비지도학습–군집분석 평가 지표

- 비지도학습은 지도학습과 달리 실측자료에 라벨링이 없으므로 모델에 대한 성능평가가 어렵다.
- 군집분석에 한해 다음과 같은 성능 평가 지표를 참고한다.

① 실루엣 계수(Silhouette Coefficient) : $a(i)$는 i번째 개체와 같은 군집에 속한 요소들 간 거리들의 평균이며 $b(i)$는 i번째 개체가 속한 군집과 가장 가까운 이웃군집을 선택 계산한 값으로 $a(i)$가 0이면 하나의 군집에서 모든 개체들이 붙어있는 경우로 실루엣 지표가 0.5보다 클 시 적절한 군집 모델로 볼 수 있다.

$$s(i) = \frac{b(i) - a(i)}{max\{a(i),\ b(i)\}}$$

> 실루엣 계수가 1로 가까우면 근처의 군집과 더 멀리 떨어진(효율적으로 분리된) 것이고, 0에 가까울수록 근처의 군집과 가까워 진다는 것이다. −값은 아예 다른 군집에 데이터 포인트가 할당된 것이다.

② Dunn Index : 군집 간 거리의 최소값을 분자, 군집 내 요소 간 거리의 최대값을 분모로 하는 지표이다. 군집 간 거리는 멀수록 군집 내 분산은 작을 수록 좋은 군집화로 Dunn Index 값은 클수록 좋다.

$$I(C) = \frac{min_{i \neq j}\{d_c(C_i,\ C_j)\}}{max_{1 \leq l \leq k}\{\varDelta(C_l)\}}$$

🎯 개념 체크

1 회귀모델 평가지표에 해당되지 않는 지표를 고르시오.

① RMSE
② AUC
③ Adjusted R^2
④ MAPE

정답 ②

AUC는 분류모델 평가지표에 해당된다.

2 다음의 분석모형 진단평가에 대한 설명 중 옳지 않은 것은?

> 참긍정(TP, True Positive)
> 참부정(TN, True Negative)
> 거짓긍정(FP, False Positive)
> 거짓부정(FN, False Negative)

① 실제 Positive인 대상 중에 실제와 예측 값이 일치하는 비율은 재현율(Recall)을 사용한다.
② 정확도(Accuracy) 식은 (TP+TN)/(TP+FP+TN+FN)식으로 표현한다.
③ F1 Score는 정밀도와 재현율을 결합한 산술평균 지표값을 뜻한다.
④ AUC는 ROC 곡선의 하단 면적을 뜻하며 ROC 곡선이 직선에서 멀어질수록 성능이 더 뛰어나다.

정답 ③

F1 Score는 정밀도와 재현율을 결합한 조화평균 지표값을 뜻한다.

3 회귀모델 평가지표에 대한 설명으로 잘못된 것은?

① 회귀모델 평가지표는 실제 값과 회귀 예측값과의 차이를 기반으로 한다.
② MSE와 R^2 값이 작을수록 회귀모델 성능이 좋다고 할 수 있다.
③ RMSLE는 RMSE보다 이상치에 덜 민감하다.
④ MAE는 실제 값에서 예측 값을 뺀 값의 절대값에 대한 평균값이다.

정답 ②

MAE, MSE, RMSE, MSLE, RMSLE 값이 작을수록 회귀모델 성능이 좋다고 볼 수 있으나 R2 값은 클수록 성능이 좋다고 할 수 있다.

02 분석모형 진단

1) 정규성 가정

정규성 가정은 통계적 검정, 회귀분석 등 분석을 진행하기 전에 데이터가 정규분포를 따르는지를 검정하는 것으로 데이터 자체의 정규성을 확인하는 과정이다.

① 중심극한정리(Central Limit Theorem)

- 동일한 확률분포를 가진 독립 확률 변수 n개의 평균의 분포는 n이 적당히 크다면 정규분포에 가까워진다는 이론으로 이때 표본분포의 평균은 모집단의 모평균과 동일하며 표준편차는 모집단의 모표준편차를 표본 크기의 제곱근으로 나눈 것과 같다.

② 정규성 검정 종류

- 샤피로-윌크 검정(Shapiro-Wilk Test) : 표본수(n)가 2000개 미만인 데이터 셋에 적합하다.
- 콜모고로프 스미르노프 검정(Kolmogorove-Smirnov Test) : 표본수(n)가 2000개 초과인 데이터 셋에 적합하다.
- Q-Q 플롯(Quantile-Quantile Plot) : 데이터 셋이 정규분포를 따르는지 판단하는 시각적 분석 방법으로 표본수(n)가 소규모일 경우 적합하다.

데이터 셋이 정규분포를 따른다는 귀무가설(H_0)을 기각하고 대립가설이 채택된다면($p<0.01$ 또는 $p=0.05$) 해당 데이터 셋은 정규분포를 따르지 않음으로 증명된다.

2) 잔차 진단

회귀분석에서 독립변수와 종속변수의 관계를 결정하는 최적의 회귀선은 실측치와 예측치의 차이인 잔차를 가장 작게 해주는 선으로 잔차의 합은 0이며 잔차는 추세, 특정 패턴을 가지고 있지 않다.

① 잔차의 정규성 진단

- 신뢰구간 추정과 가설검증을 정확하게 하기 위해 Q-Q Plot과 같은 시각화 도표를 통해 정규분포와 잔차의 분포를 비교한다.

② 잔차의 등분산성 진단
- 잔차의 분산이 특정 패턴이 없이 순서와 무관하게 일정한지 등분산성을 진단한다.

③ 잔차의 독립성 진단
- 잔차의 독립성이란 자기상관(auto correlation)의 여부를 판단하는 것이며 시점 순서대로 그래프를 그리거나 더빈-왓슨 검정(Durbin-Watson Test)으로 패턴이 없다면 독립성을 충족한다고 할 수 있다. 만일 독립성이 위배가 된다면 시계열 분석(Time Series)을 통해 회귀분석을 진행해야 한다.

03 교차검증(Cross Validation)

모델을 평가할 때 고정된 훈련 데이터셋과 테스트 데이터셋을 반복적으로 사용하면, 모델이 테스트 데이터에 과적합되는 문제가 발생할 수 있다. 이를 방지하고 모델의 일반화 성능을 높이기 위해 교차검증 기법이 사용된다.

교차검증은 모든 데이터 셋을 평가에 활용하여 과적합을 줄이는데 효과적이지만 반복횟수 증가에 따른 모델 훈련과 평가/검증 시간이 오래 걸릴 수 있다.

1) 홀드아웃 기법(Holdout Method)

데이터를 훈련용과 테스트용으로 한 번 분할한 뒤, 훈련 데이터로 모델을 학습하고 테스트 데이터로 성능을 평가하는 방식이다.

하지만 동일한 테스트 데이터를 반복 사용하면 평가의 객관성이 떨어지고, 테스트 데이터에 성능이 과도하게 맞춰질 수 있다. 이를 보완하기 위해 훈련 데이터, 검증 데이터, 테스트 데이터를 일정 비율로 지정한 뒤 먼저 훈련 데이터로 학습하되 훈련 데이터 내에서 일정 부문 검증 데이터를 두어 학습 중 모델 성능을 조정하며 최종적으로 테스트 데이터로 성능을 평가하는 방식도 사용된다.

다만 데이터셋의 크기가 작을수록 데이터를 나누는 방식에 따라 모델 성능 추정에 민감한 영향을 미칠 수 있는 단점이 있다.

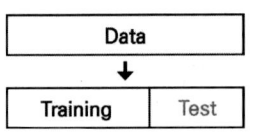

▲ 홀드아웃 교차검증 기본

▲ 과적합 방지를 위한 홀드아웃 교차검증

교차검증 기법 종류
홀드아웃(Holdout)
k-fold
리브-원-아웃(LOOCV)
리브-p-아웃(LpOCV)
계층별 k-fold

2) k-폴드 교차검증(k-fold Cross Validation)

k-폴드 교차검증 기법은 전체 데이터셋을 k개의 서브셋(폴드)으로 분리하여 그 중에 k-1개를 훈련 데이터로 사용하고 1개의 서브셋은 검증 데이터로 사용한다. 테스트를 중복 없이 병행 진행한 후 각 반복의 평가 결과를 평균하여 모델의 최종 성능을 평가한다.

> k-폴드 교차검증은 홀드아웃 기법보다 많은 계산 비용을 필요로 하나, 더 안정적이다.

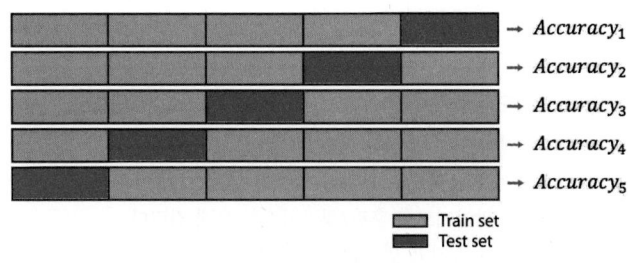

▲ k-폴드 교차검증 예시

3) 리브-원-아웃 교차검증(Leave-One-Out Cross Validation, LOOCV)

리브-원-아웃 교차검증은 n개의 데이터에서 1개를 검증 데이터로 정하고 나머지 n-1개를 모두 학습에 사용하는 방법이다.

① 장점
- 매번 n-1개의 최대한 많은 데이터를 학습에 사용하므로 성능 편향이 적다.
- 적은 데이터에 대해서도 신뢰도 있는 성능을 보인다.

② 단점
- 데이터의 수만큼 반복해서 학습하므로 계산량이 매우 많다.
- 1개의 데이터만으로 검증하기 때문에 검증 결과가 샘플에 따라 크게 달라진다.

4) 리브-p-아웃 교차검증(Leave-p-Out Cross Validation)

리브-p-아웃은 리브-원-아웃 교차검증(LOOCV)을 일반화한 방식으로, n개의 데이터에서 p개를 검증 데이터로 정하고 나머지 n-p개를 모두 학습에 사용하는 방법이다.

> p가 커질수록 연산량이 급격히 증가할 수 있다.

5) 계층별 k-폴드(Stratified k-fold) 교차검증

계층별 k-폴드는 불균형한 분포를 가진 데이터 집합을 위한 k-폴드 교차검증 방식이다. 데이터 셋에서 특정 종류의 데이터의 비율이 많을 경우 각 폴드의 데이터를 추출할 때 이 비율을 유지하면서 추출한다.

- 예를 들어 데이터셋에서 남자와 여자의 비율이 8:2인 경우 임의로 폴드의 데이터를 추출하면, 특정 폴드에는 남자 데이터만 과도하게 편중될 위험이 높아진다. 이런 경우 각 폴드의 데이터가 남녀 비율을 8:2로 유지하도록 추출함으로써 전체 데이터와 유사한 분포를 갖도록 한다.

▶ k-폴드 교차검증 비교

	k-폴드 교차검증	계층별 k-폴드 교차검증
폴드 데이터 구성	무작위 구성	분포 비율을 유지하며 구성
클래스 불균형	폴드에 따라 클래스 불균형 가능	모든 폴드가 클래스 균형 유지
적용 가능성	회귀 문제, 분류 문제 모두 적용	분류 문제에 적용

개념 체크

k-fold 교차검증의 단점으로 맞는 설명은?

① 정확도가 상대적으로 떨어진다.
② 모든 데이터 셋을 평가에 활용하므로 과적합이 발생한다.
③ 반복(Iteration) 횟수가 많아지므로 훈련/평가시간이 오래 걸린다.
④ 평가 결과에 따라 일반화된 모델을 만들기는 어렵다.

정답 ③

k-fold 교차검증은 모든 데이터 셋을 평가에 활용하여 과적합을 방지할 수 있으나 반복횟수 증가에 따른 모델 훈련과 평가/검증 시간이 오래 걸릴 수 있다.

04 적합도 검정(Goodness of fit Test)

데이터가 가정된 확률에 적합하게 따르는지, 즉 데이터 분포가 특정 분포함수와 얼마나 맞는지를 검정하는 방법이다.

> 실제 수집한 자료가 기대되는 분포에 적합한지 여부를 판단하는 데 사용한다.

일반적인 적합도 검정 방법으로 정규성 검정이 있으며 모집단의 분포를 정규분포로 가정하는 분석기법(t-Test, ANOVA, 회귀분석)이 적용될 시 데이터가 정규분포를 따르는가를 확인할 때 사용된다. 그 외에 카이제곱 검정, 콜모고로프 스미르노프 검정이 있다.

1) 카이제곱 검정

카이제곱 검정은 기대값과 관측값을 이용한 방법으로 k개의 범주별로 나뉘어진 관측치들과 이와 동일한 범주의 가정된 분포 사이의 적합도를 검정하며 범주형 값 k가 나와야 할 횟수의 기댓값 E_k와 실제 나온 횟수 O_k의 차이를 이용하여 검정통계량을 구한다.

$$\sum_{k=1}^{K} \frac{(O_k - E_k)^2}{E_k}$$

계산된 검정통계량과 자유도를 사용하여 p-값을 계산한다. p-값이 유의수준보다 작으면 귀무가설을 기각한다.

> 귀무가설은 데이터는 주어진 이론 분포를 따른다이므로 p값이 유의수준보다 작을 경우, 데이터가 주어진 분포에 적합하지 않다고 판단한다.

글씨를 왼손과 오른손으로 쓰는 사람의 개별 비율이 전체의 30%와 70%가 맞는지를 확인해보자. 귀무가설은 관측 데이터가 30:70의 분포를 따르는 것이며 카이제곱 검정에 의해 나온 R 분석의 결과에서 p-value가 0.05 이하이므로 해당 가설을 기각하게 된다.

```
> table(survey$W.Hnd)

Left Right
  18   218
> chisq.test(table(survey$W.Hnd), p=c(.3,.7))

    Chi-squared test for given probabilities

data:  table(survey$W.Hnd)
X-squared = 56.252, df = 1, p-value = 6.376e-14
```

> p-value는 귀무가설 대신 대립가설을 선택할 시 오류를 범할 최대 확률값으로 0.05 이하이면 대립가설을 선택하게 된다.

2) 콜모고로프 스미르노프 검정(Kolmogorov-Smirnov Test, K-S Test)

관측된 표본분포와 가정된 분포사이의 적합도를 검사하는 누적분포함수의 차이를 이용한 검정법으로 연속형 데이터에도 적용할 수 있다.

- 관측된 자료의 크기를 나열하고, 관측치들의 누적확률을 구하여 가정된 분포의 누적확률과 비교하는 순서로 진행한다.

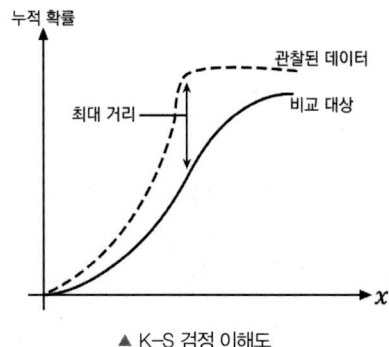

▲ K-S 검정 이해도

R에서 정규분포를 따르는 두 난수 데이터를 생성하여 서로 간에 분포가 동일한지 살펴보자면 p-value가 0.05보다 크므로 두 난수가 같은 분포라는 귀무가설을 기각할 수 없다.

```
>ks.test(rnorm(100), rnorm(100))

    Two-sample Kolmogorov-Smirnov test

data:  rnorm(100) and rnorm(100)
D = 0.1, p-value = 0.6994
alternative hypothesis: two-sided
```

다음은 데이터가 평균 0, 분산 1인 정규분포로부터 추출한 표본인지 검증하는 R 분석 내용이다. p-value가 0.05보다 크므로 주어진 rnorm(1000)은 평균 0, 분산 1인 정규분포로부터의 표본으로 확인한다.

```
>ks.test(rnorm(1000), "pnorm", 0, 1)

    One-sample Kolmogorov-Smirnov test

data:  rnorm(1000)
D = 0.0399, p-value = 0.08342
alternative hypothesis: two-sided
```

> rnorm(n, mean, sd)
> rnorm(100)은 평균이 0이면서 표준편차(sd)가 1인 정규분포를 가지는 100개의 난수를 생성

합격을 다지는 예상문제

01 암에 대해 양성과 음성 데이터를 분류할 시 예측한 경우로 적합한 설명을 고른다면?

① 양성인데 음성으로 검출되면 False Negative 이다.
② 음성인데 양성으로 검출되면 True Negative 이다.
③ 음성인데 음성으로 검출되면 False Negative 이다.
④ 양성인데 양성으로 검출되면 False Positive 이다.

02 훈련을 통한 예측 성능을 측정하기 위해 예측값과 실제값을 비교하기 위한 표의 명칭은?

① 평가지표
② 오차행렬
③ 다중분류결과표
④ ROC

03 분석모형 진단 예시로 회사에서 판매하는 시계의 평균수명 시간이 500시간, 표준편차가 35시간인 확률분포에서, 표본이 100개인 경우 평균수명이 488시간에서 505시간에 있을 확률로 중심극한정리를 적용, 계산식의 괄호에 적합한 것은?

$$P(\frac{488-(A)}{\frac{(B)}{(C)}} \leq Z \leq \frac{505-(A)}{\frac{(B)}{(C)}})$$

① 500, 100, 10
② 35, 10, 100
③ 100, 35, 100
④ 500, 35, 10

04 지도학습의 회귀모델 평가지표에서 실제값과 예측값의 차이의 제곱에 대한 평균을 취한 값은?

① SSE
② RMSE
③ MAE
④ MSE

05 회귀분석에서 잔차진단의 유형에서 관계<u>없는</u> 진단유형은?

① 정규성 진단
② 이상치 진단
③ 독립성 진단
④ 등분산성 진단

06 교차검증에 대한 설명으로 맞지 <u>않는</u> 것은?

① 테스트 및 검증 데이터가 하나로 고정되지 않게 하며 데이터 모든 부분을 사용하여 모델을 검증한다.
② 전체 데이터 셋을 k개의 서브셋으로 나누어 k번의 평가를 실행하는데 테스트 셋을 중복으로 병행 진행하여 평균을 낸다.
③ 훈련데이터 셋의 일부를 훈련으로 이용하며 나머지를 검증(validation)으로 활용한다.
④ 반복 횟수 증가에 따른 모델 훈련과 평가/검증 시간이 오래 걸릴 수 있다.

07 관측값들이 어떤 이론적 분포를 따르고 있는지를 검정하는 방법으로 한 개의 요인을 대상으로 하는 것은?

① 독립성 검정
② 적합도 검정
③ 동질성 검정
④ 분포도 검정

08 적합도 검정 기법 종류와 맞지 않는 기법은?

① 정규성 검정
② 카이제곱 검정
③ T 검정
④ 콜모고로프 스미르노프 검정

09 지도학습 회귀모델의 평가지표가 아닌 것을 고른다면?

① RMSE
② 결정치 R^2
③ Dunn Index
④ AIC

10 평가모델의 ROC곡선의 하단 면적을 뜻하며 ROC곡선이 직선에서 멀어질수록 성능이 더 뛰어남을 뜻하는 용어는?

① TPR
② AUC
③ FPR
④ BIC

11 다음 분류 모델 해석에서 맞는 설명은?

구분		예측값	
		암환자	일반인
실제값	암환자	10	10
	일반인	40	40

① 정확도(Accuracy)는 0.4이다.
② 정밀도(Precision)는 0.3이다.
③ 재현율(Recall)은 0.5이다.
④ 정확도(Accuracy)가 높을수록 좋은 모델이라고 할 수 있다.

합격을 다지는 예상문제 정답 & 해설

SECTION 01

01 ①	02 ②	03 ④	04 ④	05 ②
06 ②	07 ②	08 ③	09 ③	10 ②
11 ③				

01 ①
False Negative는 실제 True인 정답을 False라고 예측하는 의미이다.

02 ②
오차행렬(Confusion Matrix)은 훈련을 통한 예측 성능을 측정하기 위해 예측값과 실제값을 비교하기 위한 표이다.

03 ④
시계의 수명을 확률 변수 X라고 하면, 중심극한정리에 의해 적정한 표본 크기인 100으로 시계 수명의 확률분포, 표본평균 X는 근사적으로 정규분포 $N(500, \frac{35^2}{100})$를 따른다.

04 ④
MSE(Mean Squared Error) : 실제값과 예측값의 차이의 제곱에 대한 평균을 취한 값으로 평균제곱 오차라고도 한다.

05 ②
회귀분석에서의 잔차진단 유형으로 잔차의 정규성, 등분산성, 독립성 진단이 있다.

06 ②
k-fold 교차검증 기법의 경우 전체 데이터 셋을 k개의 서브셋으로 나누어 k번의 평가를 실행하는데 테스트 셋을 중복없이 병행 진행하여 평균을 내어 최종적 모델의 성능을 평가한다.

07 ②
적합도 검정이란 데이터가 가정된 확률에 적합하게 따르는지를 검정하는 즉, 데이터 분포가 특정 분포함수와 얼마나 맞는지를 검정하는 방법이다.

08 ③
적합도 검정이란 범주형 변수에 관한 분석 방법으로 연속형 변수에 활용되는 검정기법인 T검정은 해당되지 않는다.

09 ③
Dunn Index는 비지도학습 군집분석 모델 평가지표로 군집 간 거리의 최소값을 분자, 군집 내 요소 간 거리의 최대값을 분모로 하는 지표이다.

10 ②
AUC(Area Under the Curve)는 ROC 곡선 하단영역의 넓이를 구한 값으로 0~1 사이의 범위를 가지며 더 높을수록 더 좋은 분류성능을 의미한다.

11 ③

구분		예측값	
		암환자	일반인
실제값	암환자	10 = TP	10 = FN
	일반인	40 = FP	40 = TN

정확도(Accuracy) = (TP+TN)/(TP+FP+TN+FN) = (10+40)/(10+40+40+10) = 0.5
정밀도(Precision) = TP/(TP+FP) = 10/(10+40) = 0.2
재현율(Recall) = TP/(TP+FN) = 10/(10+10) = 0.5
정확도(Accuracy)가 높다고 해서 좋은 모델이라고 볼 수 없다. 데이터 셋의 label값이 불균형(unbalanced)적으로 적은 경우 365일 중 3일만 비가 내리는데 비가 오는 예측 결과를 0일로 잘못 예측할지라도 정확도 성능지표는 (365-3)/365, 약 99.18% 가 되므로 정확도 만으로 예측 모델 성능을 평가하는 데에 한계점이 존재한다.

SECTION 02 분석모형 개선

빈출 태그 과적합 방지 • 매개변수 최적화 • 초매개변수 • 성능평가지표

01 과대적합 방지

훈련 시 높은 성능을 보이지만, 테스트 데이터에서 낮은 성능을 보이는 과대적합을 방지하고, 일반화된 모델을 생성하기 위해 다음과 같은 방향 설정이 필요하다.

1) 모델 복잡도 조절

훈련 데이터를 더 많이 확보할 수 없다면, 정규화(L1/L2), 드롭아웃 등의 기법을 활용해 모델이 훈련 데이터에 과도하게 적합되지 않도록 한다.

① 하이퍼파라미터 설정

- 학습 중 지속적으로 바뀌는 가중치와 달리, 학습률이나 각 층의 뉴런 수 같은 하이퍼파라미터는 모델 구조와 학습 전략을 결정하며, 그 값이 클수록 복잡도나 과대적합 위험이 높아질 수 있으므로 신중하게 설정해야 한다.

② 드롭아웃(Dropout)

- 신경망 모델을 학습할 때, 은닉층(중간층)의 일부 뉴런을 임의로 꺼서 사용하지 않고 학습하는 방법이다. 이렇게 하면 모델이 특정 뉴런에 의존하지 않고, 여러 뉴런을 골고루 사용하도록 유도된다.
- 훈련할 때는 일부 뉴런을 꺼서 학습하지만, 테스트할 때는 모든 뉴런을 사용하되 훈련 중 껐던 비율만큼 출력을 줄여서(곱해줘서) 일관성을 유지한다.
- 드롭아웃은 과대적합 방지에 효과적이지만, 뉴런 수가 적을 경우 학습 속도가 느려질 수 있다.

2) 가중치 규제

학습 과정에서 큰 가중치에 패널티를 부과해 모델이 과도한 복잡도를 갖지 않도록 제한한다. 이와 같은 규제 방식에는 L1 규제(가중치 절댓값의 합)와 L2 규제(가중치 제곱합)가 있으며, 이를 통해 모델의 일반화 성능을 높일 수 있다.

① L2 규제

$$L2 : \|w\|_2^2 = \sum_{j=1}^{m} w_j^2$$

> **기적의 TIP**
>
> **편향-분산 트레이드 오프**
> 과소적합을 피하려면 모델이 충분히 복잡해야 하고, 과대적합을 피하려면 너무 복잡하지 않아야 한다.
> 따라서 훈련 데이터에 잘 맞추면서도 새로운 데이터에도 잘 일반화할 수 있도록, 모델의 복잡도를 조절하여 편향과 분산 사이의 균형을 맞추는 것이 중요하다.

과소적합 시 편향이 큼
과대적합 시 분산이 큼

과적합을 방지하기 위해 회귀계수 w가 커지지 않도록 하는 방법이다.

- 손실함수에 가중치에 대한 L2 노름(norm)의 제곱을 더한 페널티를 부여하여 가중치 값을 비용함수 모델에 비해 작게 만들어 낸다.
- 손실함수가 최소가 되는 가중치 값인 중심 점을 찾아 큰 가중치를 제한하는데 람다로 규제의 강도를 크게 하면 가중치는 0에 가까워진다.
- 회귀 모델에서 L2 규제를 적용한 것이 릿지(Ridge) 모델이다.

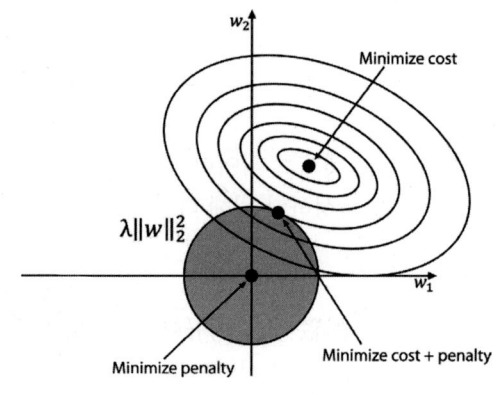

▲ L2 규제와 손실함수

② L1 규제

$$L1 : \|w\|_1 = \sum_{j=1}^{m} |w_j|$$

- L1 규제는 L2 규제의 가중치 제곱을 절대값으로 바꾸는 개념으로 손실 함수에 가중치의 절대값인 L1 노름(norm)을 추가 적용하여, 희소한 특성 벡터가 되어 대부분의 특성 가중치를 0으로 만든다.
- 회귀 모델에서 L1 규제를 적용한 것이 라쏘(Lasso) 모델이다.

▶ 과대적합 방지를 위한 하이퍼파라미터

항목	설명	영향
모델 구조 (층 수, 뉴런 수 등)	모델의 기본 설계 요소로, 신경망의 깊이(층 수)와 폭(각 층의 뉴런 수)을 결정	모델 복잡도가 높아지면 표현력 증가와 함께 과대적합 위험도 증가(적절한 구조 선택이 중요)
정규화 기법 및 강도 (L1, L2 계수 등)	가중치의 크기를 제한하거나 일부 특성을 선택하는 정규화 기법 • 정규화 계수(λ)는 그 강도를 조절	큰 가중치를 제한해 모델이 특정 데이터에 과도하게 적합하는 것을 방지
드롭아웃 비율	학습 중 임의로 일부 뉴런을 비활성화하여 학습하는 확률을 결정	네트워크가 특정 뉴런에 지나치게 의존하지 않도록 하여 모델의 일반화 성능 향상
배치 사이즈	한 번의 업데이트 시 사용되는 데이터 샘플 수 결정	작은 배치 사이즈는 노이즈를 통한 일반화 효과를 기대할 수 있으나, 너무 작은 경우 학습 불안정
조기 종료 (Early Stopping) 조건	학습 진행 중 검증 성능을 모니터링하여 개선이 없을 때 학습을 중단하는 기준 설정	과도한 학습(over-training)을 예방하여 과대적합을 방지

02 매개변수 최적화

신경망 학습의 목표는 손실 함수의 값을 최대한 낮추는 매개변수를 찾는 것으로 이러한 매개변수의 최적값을 찾는 과정을 매개변수 최적화라고 한다.

1) 확률적 경사 하강법(Stochastic Gradient Descent, SGD)

확률적 경사 하강법은 최적의 매개변수 값을 찾기 위해 매개변수에 대한 손실함수의 기울기를 이용한다. 손실함수의 기울기를 따라 조금씩 아래로 내려가다 최종적으로 손실함수가 가장 작은 지점에 도달하도록 하는 알고리즘이다.

- 데이터 전체를 선택하는 배치 경사 하강법과 비교하면, 랜덤으로 선택한 하나의 데이터로만 계산하는 단순하고 명확한 구조가 장점이다.
  - 다만 최소값인 (0,0)까지 지그재그로 이동, 매개변수가 방향에 따라 다른 기울기를 갖는 비등방성 함수인 경우 비효율적인 움직임을 보인다.
- 해당 알고리즘 수식은 갱신할 가중치 매개변수인 W, dL/dw, 매개변수에 대한 손실함수의 기울기와 학습률(η)로 설명한다.

$$W \leftarrow W - \eta \frac{\delta L}{\delta W}$$

경사 하강법
모델의 손실 함수를 최소화하기 위해 함수의 기울기를 따라 매개변수를 반복적으로 업데이트하는 최적화 알고리즘

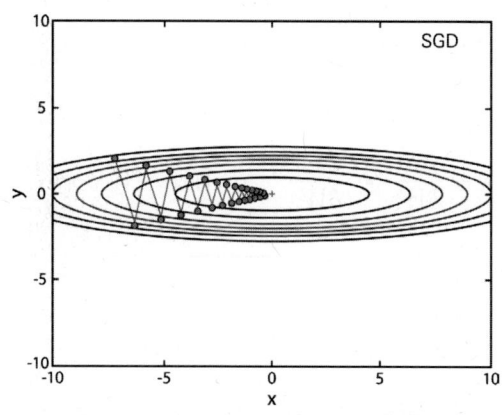

확률적 경사 하강법
훈련데이터 셋에서 샘플 일부를 무작위로 뽑아서 경사 하강법을 진행

▲ 확률적 경사 하강법 수식과 최적점 탐색 경로

2) 모멘텀(Momentum)

모멘텀은 운동량을 뜻한다. 미분계수가 0인 지점에서 더 이상 이동하지 않는 한계점을 가진 확률적 경사 하강법에 속도 개념인 기울기 방향으로 힘을 받으면 물체가 가속되는 관성 물리법칙을 적용한다.

- v(속도)항에 기울기 값이 누적되고, 누적된 값이 가중치 갱신에 영향을 주면서 이 기울기 값으로 인해 빠른 최적점 수렴이 가능하다.

$$V \leftarrow \alpha V - \eta \frac{\delta L}{\delta W} \qquad W \leftarrow W + v$$

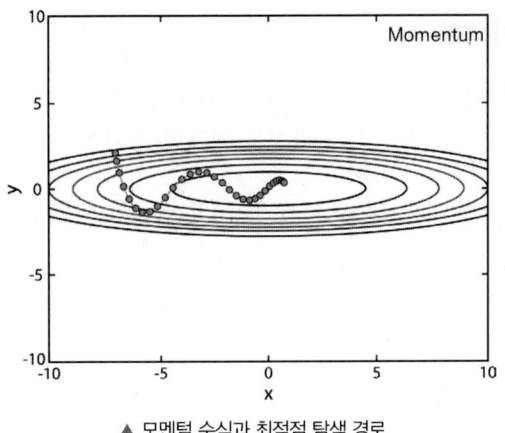

▲ 모멘텀 수식과 최적점 탐색 경로

3) AdaGrad(Adaptive Gradient)

신경망학습에서 학습률이 작으면 학습 시간이 길어지고 학습률이 커지면 발산하여 학습이 제대로 이루어지지 않을 수 있다. AdaGrad는 개별 매개변수에 적응적으로 학습률을 조정하면서 학습을 진행하는 알고리즘으로 첫 부분에서는 크게 학습하다가 최적점에 가까울수록 학습률을 점차 줄여가며 조금씩 작게 학습시킨다.

- 새로 나온 변수 h는 기존 기울기 값을 제곱하여 계속 더해준다. 매개변수를 갱신할 때 h의 제곱근을 나눠주어 모든 가중치가 이전에 갱신되었던 크기에 맞게 학습률이 조정된다.

$$h \leftarrow h + \frac{\delta L}{\delta W} \odot \frac{\delta L}{\delta W} \qquad W \leftarrow W - \eta \frac{1}{\sqrt{h}} \frac{\delta L}{\delta W}$$

> SGD는 전체 파라미터에 하나의 고정된 학습률을 사용하지만, AdaGrad는 각 파라미터마다 학습률을 다르게 적용한다.

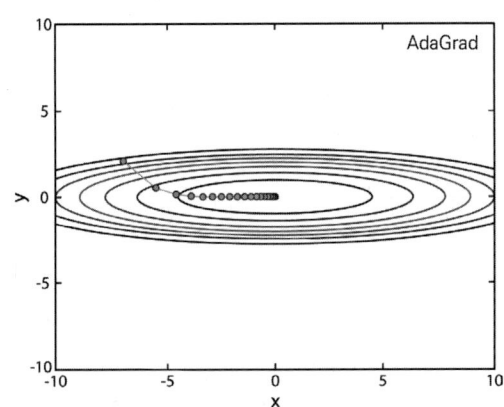

▲ AdaGrad 수식과 최적점 탐색 경로

4) Adam(Adaptive Moment Estimation)

모멘텀과 AdaGrad를 결합한 방법론으로 학습률, 일차 모멘텀 계수, 이차 모멘텀 계수의 3가지 초매개변수들을 설정한다.

- 최적점 탐색 경로의 전체적인 경향은 모멘텀과 같이 공이 굴러가는 듯하다 AdaGrad로 인해 갱신 강도가 조정되어 좌우 흔들림이 덜함을 볼 수 있다.

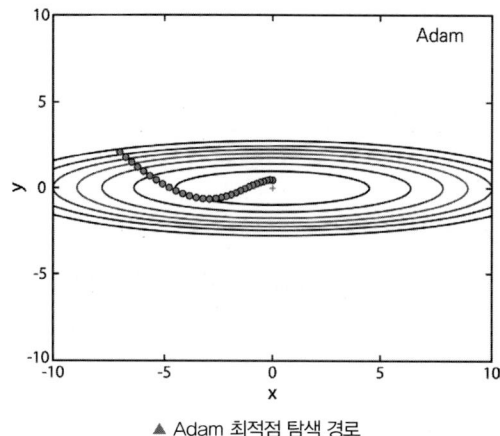

▲ Adam 최적점 탐색 경로

5) 초매개변수(하이퍼파라미터, HyperParameter) 최적화

초매개변수란 사람이 직접 설정해주어야 하는 매개변수로 뉴런의 수, 학습률(learning rate), 배치(batch) 크기, 은닉층 개수 등이 있다.

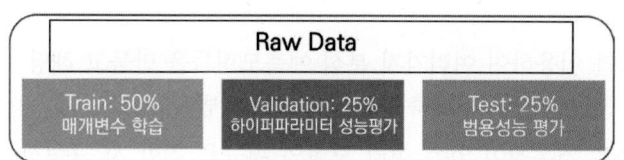

① 학습률(Learning Rate) : 기울기(gradient) 방향으로 얼마나 빠르게 이동할지를 결정한다. 학습률이 작으면 학습 시간이 길어지고 학습률이 커지면 발산하여 학습이 제대로 이루어지지 않을 수 있다.

② 미니배치(Mini-Batch) 크기 : 전체 훈련데이터 셋을 신경망에 넣게 되면 리소스가 비효율적으로 사용되고 시간이 오래 걸리므로 배치 개념을 사용하게 된다. 미니배치는 전체 학습 데이터를 주어진 배치 크기로 나눈 것으로 미니배치 크기가 큰 경우 병렬연산 구조를 사용할 때 효과적일 수 있으며, 크기가 작으면 더 많은 가중치 업데이트를 할 수가 있다.

③ 훈련 반복(Epoch) 횟수 : 전체 훈련데이터 셋이 신경망을 통과한 횟수로 1 Epoch는 1회 학습으로 통과했다는 뜻이며 학습의 조기 종료를 결정하는 변수가 된다.

배치
경사 하강법 1회에 사용되는 데이터 묶음

> 훈련데이터 셋 1000개를 100개 묶음(배치크기)으로 나누면 10개의 미니배치가 되고 이터레이션도 10회가 되며 매회 가중치 갱신이 되면서 10회에 도달할 때 1 Epoch가 된다.

④ 이터레이션(Iteration) : 하나의 미니배치를 학습할 때 1 iteration으로 1회 매개변수(파라미터) 업데이트가 진행된다. 미니배치 개수와 이터레이션 개수는 동일하다.

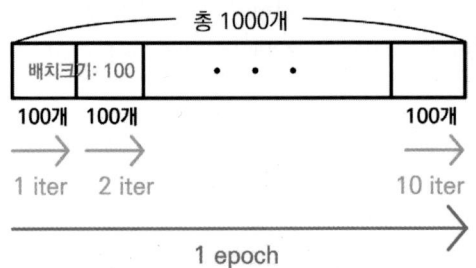

⑤ 은닉층(Hidden Layer) 개수
- 은닉층 수가 많아질수록 특정 훈련데이터에 더 최적화시킬 수 있다.
- 모든 은닉층들의 뉴런의 개수를 동일하게 유지하는 것이 같은 은닉층 개수에 뉴런의 개수를 가변적으로 하는 것보다 효과적이다.
- 첫 번째 은닉층에 있는 뉴런의 개수가 입력층에 있는 뉴런의 개수보다 큰 것이 효과적인 경우가 많다.

> 분석 성능을 향상하기 위해 구축된 여러 모형을 결합, 융합한다.

03 분석모형 융합

1) 앙상블 학습

주어진 자료를 이용하여 여러가지 분석 예측모형들을 만들고 해당 예측모형들을 결합하여 최종적인 하나의 예측모형을 만드는 방법이다.

앙상블 학습은 치우침이 있는 여러 모형의 평균을 취할 시 균형적인 결과(평균)를 얻을 수 있는 장점이 있으며, 또한 여러 모형의 분석 결과를 결합하면 변동성 및 과적합의 여지가 줄어든다.

① 배깅
- 복원 추출 방법으로 데이터를 샘플링, 모델링한 후 전체 결합하여 결과를 평균하는 기법이다.

② 부스팅
- 순서대로 모델들을 진행하는 방법으로 이전 분류기의 학습 결과에 따라 다음 분류기의 학습 데이터의 샘플 가중치(잘못 분류한 데이터와 이용하지 않은 데이터에 대한 가중치)를 조정해 학습을 진행한다.

③ 랜덤포레스트
- 배깅을 적용한 의사결정나무로 다수의 의사결정나무를 만들고 각 나무들은 학습 데이터셋의 일부분을 추출해서 학습한다. 나무를 구성하는 변수 역시 전체 변수들의 부분집합으로 선택된다.

2) 결합분석 모형

결합분석 모형은 두 종류 이상의 결과변수를 동시에 분석할 수 있는 방법으로 결과 변수 간의 유의성, 관련성을 설명할 수 있다.

04 최종모형 선정

최종모형을 선정하기 위해 분석모형 평가지표들을 활용, 구축된 부문별 여러 모형을 비교하여 선택한다.

1) 회귀모형에 대한 주요 성능평가지표

① SSE(Sum Squared Error) : 실제값과 예측값의 차이를 제곱하여 더한 값

$$SSE = \sum_{i=1}^{n}(y_i - \hat{y}_i)^2$$

② 결정계수 R^2 : 회귀모형이 실제값에 얼마나 잘 적합하는지에 대한 비율

$$R^2 = 1 - \frac{\sum_{i=1}^{n}(y_i - \hat{y}_i)^2}{\sum_{i=1}^{n}(y_i - \bar{y})^2}$$

③ MAE(Mean Absolute Error) : 실제값과 예측값의 차이의 절대값을 합한 평균 값

$$MAE = \frac{1}{n}\sum_{i=1}^{n}|y_i - \hat{y}_i|$$

④ MAPE(Mean Absolute Percentage Error) : MAE 계산 시 실제값에 대한 상대적인 비율 고려

$$MAPE = \frac{100}{n}\sum_{i=1}^{n}\left|\frac{y_i - \hat{y}_i}{y_i}\right|$$

2) 분류모형에 대한 주요 성능평가지표

특이도(Specificity) • 음성 중 맞춘 음성의 수	TN / (TN + FP)
정밀도(Precision) • 양성 판정 수 중 실제 양성 수 • 해당 클래스 예측 샘플 중 실제 속한 샘플 수의 비율	TP / (TP + FP)
재현율(Recall) • 통계용어로 민감도(Sensitivity) • 전체 양성 수에서 검출 양성 수(양성 중 맞춘 양성의 수) • 실제 속한 샘플 중 특정 클래스에 속한다고 예측한 표본 수 비율	TP / (TP + FN)
정확도(Accuracy) • 전체 수 중에서 양성과 음성을 맞춘 수 • 전체 샘플 중 맞게 예측한 샘플 수 비율	(TP + TN) / (TP + TN + FP + FN)

3) 비지도학습 모형에 대한 주요 성능평가지표

① 군집분석 : 군집타당성지표(Clustering Validity Index)로 군집 간 분산과 군집 내 분산으로 (1) 군집 간 거리 (2) 군집의 지름 (3) 군집의 분산 등을 고려한다.

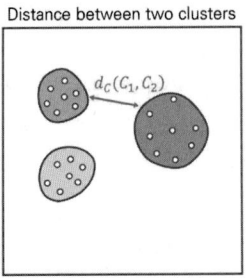 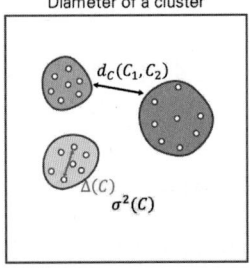 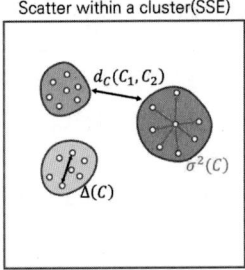

▲ 군집타당성지표

② 연관분석 : 연관분석은 연관규칙에서 지지도와 신뢰도가 모두 최소한도보다 높은 것으로 평가하며 일반적으로 최소 지지도를 정한 뒤에 이에 대한 이하를 버리고 그 중에 신뢰도가 어느정도 높은 결과들을 가져온다.

개념 체크

1,000명을 대상으로 암 진단기기를 테스트하는데 다음과 같은 결과가 나왔다. 실제 암인 경우 진단기기가 얼마나 잘 맞추는지 보기 위해 재현율(Recall)을 측정하시오.

	양성 예측	음성 예측
실제 양성	(TP) 50	(FN) 150
실제 음성	(FP) 200	(TN) 600

① 10%
② 65%
③ 20%
④ 25%

정답 ④

TP/(TP+FN) = 50/(50+150) = 25% 로 낮은 재현율로 진단기기에 대한 신뢰성이 높다고 볼 수 없다.

합격을 다지는 예상문제

01 과대적합 방지를 위한 기법에 해당되지 않는 것은?

① 드롭아웃
② L2 규제
③ L1 규제
④ 매개변수 최적화

02 손실함수의 기울기를 따라 조금씩 아래로 내려가다 최종적으로 손실함수가 가장 작은 지점에 도달하도록 하는 알고리즘으로 매개변수 값을 조정 시 전체 데이터가 아니라 랜덤으로 선택한 하나의 데이터에 대해서만 계산하는 방법은?

① 모멘텀
② SGD
③ AdaGrad
④ Adam

03 모델이 아닌 학습 알고리즘 자체를 조정하는 의미로 사람이 직접 설정하여 최적화하는 것은?

① 초매개변수
② 매개변수
③ 미니배치
④ 학습률

04 주어진 자료를 이용하여 여러 가지 분석 예측모형들을 만들고 해당 예측모형들을 결합하여 최종적인 하나의 예측모형을 만드는 기법은?

① 결합분석
② 융합모델학습
③ 앙상블학습
④ 지도학습예측

05 비지도학습 모형인 군집분석에 대한 주요 성능평가지표와 거리가 먼 것은?

① 군집 간 거리
② 군집의 분산
③ 군집의 지름
④ 군집의 평균

06 매개변수의 최적화는 학습(예측)모델과 실제값의 차이가 손실함수로 표현될 시 손실함수의 값을 최소화시키는 매개변수, 즉 가중치와 ( )을 찾는 최적값을 탐색하는 과정이라고 할 때 괄호에 들어가는 항목으로 맞는 것은?

① 영향도
② 매개변수값
③ 편향
④ 인자값

07 초매개변수 최적화 기법과 관련성이 먼 항목은?

① 미니배치 크기
② 은닉층 개수
③ 훈련반복 횟수
④ 가중치 값

08 확률적 경사 하강법에 속도 개념으로 기울기 방향으로 힘을 받으면 물체가 가속되는 물리법칙을 알고리즘에 적용한 매개변수 최적화 기법을 가리키는 것은?

① SGD
② Adam
③ AdaGrad
④ Momentum

09 손실함수가 최소가 되는 가중치 값인 중심 점을 찾아 큰 가중치를 제한하는데 람다로 규제의 강도를 크게 하면 가중치 값이 가장 근접해지는 값은?

① 1
② 무한대
③ 0
④ -1

10 신경망 모델에서 은닉층의 뉴런을 임의로 삭제하면서 학습하는 방법으로 적은 수의 뉴런들로 학습을 진행할 때 시간이 오래 걸리는 것이 단점인 기법은?

① L1 규제
② 드롭아웃
③ L2 규제
④ 초매개변수 조정

합격을 다지는 예상문제 정답 & 해설

SECTION 02

| 01 ④ | 02 ② | 03 ① | 04 ③ | 05 ④ |
| 06 ③ | 07 ④ | 08 ④ | 09 ③ | 10 ② |

01 ④
모델과 실제 값의 차이가 손실함수로 표현될 때 손실함수의 값을 최소화하도록 하는 매개변수를 탐색하는 과정이다.

02 ②
확률적 경사 하강법(SGD: Stochastic Gradient Descent) : 손실함수의 기울기를 따라 조금씩 아래로 내려가다 최종적으로 손실함수가 가장 작은 지점에 도달하도록 하는 알고리즘이다.

03 ①
초매개변수(하이퍼파라미터)란 사람이 직접 설정해주어야 하는 매개변수로 뉴런의 수, 배치(batch) 크기, 학습률(learning rate), 가중치 감소시의 규제 강도(regularization strength) 등이 있다.

04 ③
앙상블학습에 대한 설명이다.

오답 피하기
- 결합분석모형은 두 종류 이상의 결과변수를 동시에 분석할 수 있는 방법으로 결과 변수 간의 유의성, 관련성을 설명할 수 있다.

05 ④
군집타당성지표(Clustering Validity Index)는 군집 간 분산과 군집 내 분산으로 군집 간 거리, 군집의 지름, 군집의 분산 등을 고려한다.

06 ③
매개변수의 최적화는 손실함수의 값을 최소화시키는 가중치와 편향을 찾는 최적값을 탐색하는 과정이다.

07 ④
초매개변수 최적화 기법으로 미니배치 크기, 훈련반복 횟수, 은닉층 개수조정 등이 있다.

08 ④
모멘텀(Momentum)은 운동량을 뜻하며 확률적 경사 하강법에 속도 개념으로 기울기 방향으로 힘을 받으면 물체가 가속되는 물리법칙을 알고리즘에 적용, 누적된 값이 가중치 갱신에 영향을 주면서 빠른 최적점 수렴이 가능하다.

09 ③
손실함수가 최소가 되는 가중치 값인 중심 점을 찾아 큰 가중치를 제한하는데 람다로 규제의 강도를 크게 하면 가중치 값이 0에 가까워진다.

10 ②
드롭아웃은 인공 신경망의 뉴런을 일정 확률로 사용하지 않음으로써 과적합을 방지하는 기법이다.

MEMO

CHAPTER

02

분석결과 해석 및 활용

학습 방향

분석결과 표현 및 해석에 중요하게 사용되는 데이터 시각화에 대해서 학습합니다. 시각화 유형(시간, 공간, 관계, 분포, 비교 시각화)에 적합한 시각화 도구들의 특징과 장단점을 비교해서 이해하는 것이 중요합니다. 분석모형전개 단계의 역할과 필요 작업들도 정확하게 알아야 합니다.

출제 빈도

SECTION	빈도	%
SECTION 01	하	15%
SECTION 02	중	60%
SECTION 03	하	25%

SECTION 01 분석결과 해석

빈출 태그 모델별 해석 · 기여도 평가 · 모델별 시각화

> **기적의 TIP**
> 모델마다 다른 해석 지표를 짚고 넘어가자.

01 분석 모델별 결과 해석

1) 분석모형 해석

분석 후 적합한 모형을 도출하는데 지표가 사용되며 각 모델마다 평가되는 해석 지표들이 다르다.

① 회귀 모델

- 회귀 모델의 평가를 위한 지표는 일반적으로 잔차, 결정계수 등이 있다.
- 잔차는 회귀모형으로 실제 값과 예측 값의 차이를 의미하는 것이며, 잔차에는 패턴이나 추세가 있어서는 안 된다.
- 결정계수는 추정된 회귀식이 변동을 얼마나 잘 설명했는가에 대한 지표로, 값이 1에 가까울수록 실제 관측값이 회귀선상에 정확히 일치함을 의미한다.

> **기적의 TIP**
> 모델의 평가지표에 관한 문제가 자주 출제되므로 각 평가지표의 의미와 수식을 정확하게 이해하자.

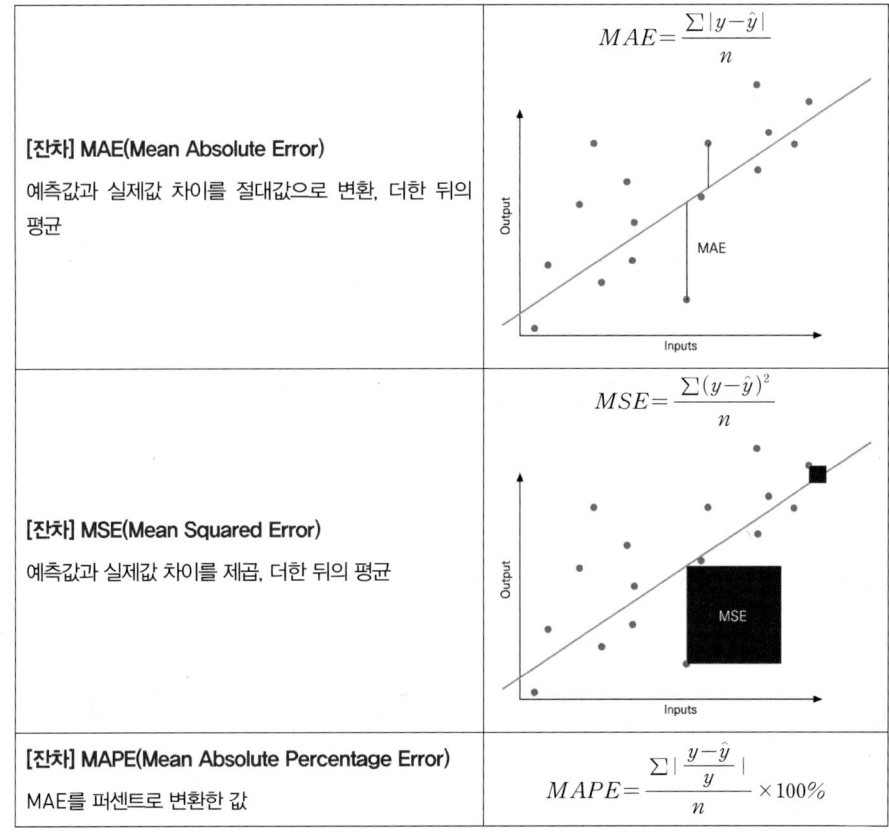

[잔차] MAE(Mean Absolute Error) 예측값과 실제값 차이를 절대값으로 변환, 더한 뒤의 평균	$MAE = \dfrac{\sum |y - \hat{y}|}{n}$
[잔차] MSE(Mean Squared Error) 예측값과 실제값 차이를 제곱, 더한 뒤의 평균	$MSE = \dfrac{\sum (y - \hat{y})^2}{n}$
[잔차] MAPE(Mean Absolute Percentage Error) MAE를 퍼센트로 변환한 값	$MAPE = \dfrac{\sum \left|\dfrac{y - \hat{y}}{y}\right|}{n} \times 100\%$

[잔차] RMSE(Root Mean Squared Error) MSE에 루트를 씌운 값	$RMSE = \sqrt{\dfrac{\sum(y-\hat{y})^2}{n}}$
[잔차] RMSLE(Root Mean Square Logarithmic Error) RMSE에 로그를 적용한 값	$RMSLE = \sqrt{\dfrac{\sum(\log(y+1) - \log(\hat{y}+1))^2}{n}}$
[결정계수] R^2(R squared, Coefficient of Determination) 총제곱합(SST)에 대한 회귀제곱합(SSR)	$R^2 = \dfrac{SSR(예측모형\ 편차)}{SST(전체\ 편차)} = 1 - \dfrac{SSE}{SST}$ $= 1 - \dfrac{\sum(y-\hat{y})^2}{\sum(y-\bar{y})^2}$
[결정계수] 수정된 R^2(adjusted R squared) 표본크기(n)와 독립변수 개수(p) 추가 고려(학습 데이터 또는 독립변수가 많아질수록 모형 예측능력과 상관없이 결정계수가 커지는 경향 방지)	$R^2_{adj} = 1 - \dfrac{(n-1)}{(n-p)}(1-R^2)$

② 분류 모델

- 모델이 클래스 별로 속할 확률을 얼마나 정확하게 예측하는지 평가한다.

		실제 답	
		Positive	Negative
예측 결과	Positive	True Positive	False Positive
	Negative	False Negative	True Negative

> **기적의 TIP**
>
> 각 지표는 특정한 관점에서 모델의 성능을 평가하므로, 다양한 지표를 함께 고려하여 종합적인 판단을 내리는 것이 필요하다.

정확도(Accuracy) 예측 값이 실제 값과 동일, 정답인 비율	$Accuracy = \dfrac{TP+TN}{TP+FP+TN+FN}$
정밀도(Precision) 예측 값이 Positive(True)로 분류한 것 중 실제 값이 Positive(True)인 비율	$Precision = \dfrac{TP}{TP+FP}$
재현율(Recall) 실제 값이 Positive(True)인 것 중에 Positive(True)로 예측 분류한 비율, TPR	$Recall = \dfrac{TP}{TP+FN}$
F1-score 정밀도와 재현도의 조화평균	$F1\ score = 2 \times \dfrac{precision \cdot recall}{precision + recall}$
ROC(Receiver Operating Characteristics) & AUC(Area Under Curve) ROC는 FPR(False Positive Rate)이 변할 때 TPR(True Positive Rate, Sensitivity)이 어떻게 변하는지 보여주는 곡선으로 AUC는 ROC 곡선 밑의 면적	(ROC 곡선 그래프: True Positive Rate vs False Positive Rate, equal error rate, random chance)

$FPR = \dfrac{FP}{FP+TN}$

실제값 Negative(음성)을 Positive(양성)으로 잘못 예측하는 수준

$TPR = \dfrac{TP}{FN+TP}$

실제값 Positive(양성)이 정확하게 예측되어야 하는 수준

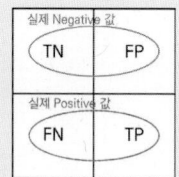

③ 군집분석 모델

- 군집그룹의 통계량을 요약하고 관측치의 공통점과 변동성을 확인한다.
- 연속형 변수의 경우 평균 또는 중앙값을 계산하고 범주형 변수가 있는 경우 범주별로 각 군집의 분포를 사용한다.

외부평가(External Evaluation) 얼마나 유사하게 군집화가 되었는지 확인 자카드지수(집합 간의 유사도 측정)	$J(A, B) = \dfrac{\|A \cap B\|}{\|A \cup B\|} = \dfrac{TP}{TP+FP+FN}$
내부평가(Internal Evaluation) 적절한 군집(클러스터링) 개수 결정 Dunn Index(군집 간 거리가 멀수록 군집 내부 분산값이 작을수록 좋은 군집화 결과 반영)	일반 계산 $= \sqrt{\dfrac{n}{2}}$ ($n=$총 데이터 개수) $Dunn\ Index = \dfrac{min_{1 \leq i \leq j \leq n} d(i,j)}{max_{1 \leq k \leq n} d'(k)}$ $= \dfrac{\text{군집간 거리 최소값}}{\text{군집내 요소간 거리 최대값}}$
팔꿈치 기법(Elbow Method) 팔꿈치(elbow) 모습을 나타내는 곳 값을 적절한 군집(클러스터링 개수) K값으로 지정	$SSE = \sum_{i=1}^{n}(y_i - \hat{y}_i)^2$ The Elbow Method using Inertia
실루엣 기법(Silhouette Method) 다른 군집과의 거리는 떨어져 있고 동일 군집끼리의 데이터는 서로 가깝게 잘 뭉쳐 있다는 의미로 −1~1의 값을 가지며 1에 가까울수록 최적화가 잘 되어 있음으로 해석	$s(i) = \dfrac{b(i) - a(i)}{\max(a(i),\ b(i))}$ a(i)=데이터 응집도를 나타낸 값 b(i)=클러스터 간의 분리도

④ 연관분석 모델

- 두 개 또는 그 이상의 품목들 사이의 상호 관련성으로 해석한다.
- 지지도, 신뢰도 및 향상도가 높은 규칙들을 찾되 최소 기준점을 적용하며 빈발집합을 고려하여 연관규칙을 생성하는 Apriori 알고리즘을 사용한다.

지지도(Support) 전체 거래에서 품목 A와 B가 동시에 포함된 거래의 수 (N = 전체 거래수)	$Support = \dfrac{A \cap B}{N}$
신뢰도(Confidence) 품목 A가 구매되었을 때 품목 B가 추가로 구매될 확률 (조건부 확률)	$Confidence = \dfrac{A \cap B}{A}$
향상도(Lift) 품목 A를 구매할 때 B도 추가로 구매하는 지의 연관성을 파악하는 비율	$Lift = \dfrac{A \cap B \times N}{A \times B}$ >1 : 양의 상관관계 $=1$: 독립적인 관계 <1 : 음의 상관관계

2) 비즈니스 기여도 평가

데이터 분석은 비즈니스에 도입 활용함으로써 의사결정, 운영 프로세스의 효율화, 개선을 도출하게 되며 이에 대한 기여도 평가가 필요하다.

① 빅데이터 분석 목적 : 빅데이터 분석의 근본적인 목적은 과거의 데이터를 토대로 미래를 분석하는 것이다.

> **빅데이터 분석의 목적**
> - 고객 인사이트(Customer Insight)
> - 제품 및 절차 효율성(Product & Process Efficiency)
> - 디지털 제품 및 서비스(Digital Products & Service)
> - 운영의 탁월성(Operational Excellence)
> - 디지털 마케팅(Digital Marketing)
> - 위기 관리시스템(Risk Management and Compliance)

일반적으로 데이터분석이 성과로 연계되기 위해서는 다음과 같은 분석기획 접근 방법이 사용된다.

- 의사결정을 위한 분석기획 발굴
  - "질문 먼저(question first)" 방식으로 질문의 구체화, 과제의 추진 시급성, 분석모델의 구현 가능성으로 과제를 선정 또는 정립한다.
  - 분석기획의 목적은 필요데이터 정의, 데이터 확보 역량, 분석 프로세스 등 전반에 걸친 구체화된 방안의 수립에 있다.
  - 분석 활용시나리오와 분석체계를 분석정의서를 통해 상세하게 정의하며 전략적 중요도와 실행 용이성 또는 투자가치(재무, 비재무)로 우선순위를 평가, 마스터플랜을 수립한다.

② 분석 결과의 기여도 평가 : 일반적으로 분석 결과의 기여도 평가는 ROI(Return Of Investment, 투자수익률) 또는 업무 효율성 향상에 대한 비율로 측정한다.

- ROI(투자수익률) : 투자한 자본에 대한 수익/손실 비율이다.

$$ROI = \frac{총체적인\ 금전적\ 이익 - 소요된\ 비용}{소요된\ 비용} \times 100$$

- 업무 효율성 향상에 대한 비율 : 분석 과제와 연관된 업무효율성 향상 항목의 측정지표 기준 수립을 통해 산정한다.
- 그 외 투자 이후 회수기간과 전략적 기여도 기준 IT ROI 평가로 비용-효과 분석(Cost-benefit analysis), 정보경제학(Information economics) 기반 방법론 등으로 기여도를 평가할 수 있다.

개념 체크

1 다음 분석 결과를 해석하는 설명으로 올바르지 않은 것은?

```
>>> print metrics.classification_report(y_test, y_pred, target_names=iris.target_names)
             precision    recall    f1-score    support
    setosa       1.00      1.00       1.00          8
versicolor       0.38      0.27       0.32         11
 virginica       0.64      0.74       0.68         19

 avg/total       0.64      0.66       0.64         38
```

① setosa의 경우 분류기는 1.0인 정밀도와 재현율을 보인다.
② versicolor의 경우 versicolor로 분류한 인스턴스의 38%가 실제 versicolor임을 보여준다.
③ virginica의 경우 virginica로 분류한 인스턴스의 74%가 실제 virginica임을 보여준다.
④ versicolor의 경우 versicolor 인스턴스의 27%가 versicolor로 분류됨을 나타낸다.

정답 ③

virginica의 경우 virginica로 분류한 인스턴스의 64%가 실제 virginica임을 보여주며 이는 정밀도를 의미한다. 재현율은 74%이며 virginica 인스턴스의 74%가 virginica로 분류됨을 나타낸다.

2 다음 중 분석 결과의 기여도 평가와 관련된 것은?
① ROI
② Support
③ Confidence
④ Lift

정답 ①

ROI(Return of Investment)는 투자 대비 수익으로 기여도 평가에 사용된다. 지지도(Support), 신뢰도(Confidence), 향상도(Lift)는 연관분석 모델을 평가하는 지표이다.

02 분석 모델별 시각화

1) 회귀 모델

- 변수들 간의 관계 분석을 위해 히트맵(Heat Map)과 산점도(Scatter Plot)를 활용한다.
- 회귀 모델은 여러가지 변수들을 동시에 비교, 전체에서 식별이 되는 부분에 대한 수치, 정도를 표현하는 비교 시각화 기법으로 표현한다. 또한 각기 다른 변수들과의 관계를 표현하는 관계 시각화 기법으로도 시각화를 표현할 수 있다.

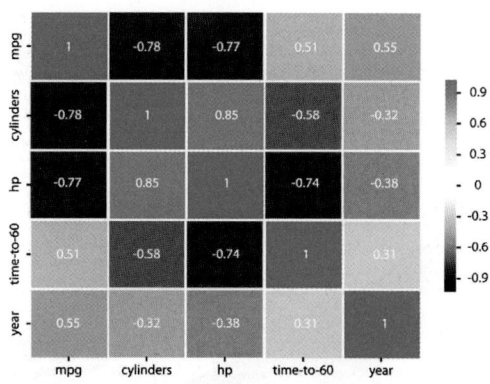

▲ 단순선형회귀분석의 히트맵 시각화 예시

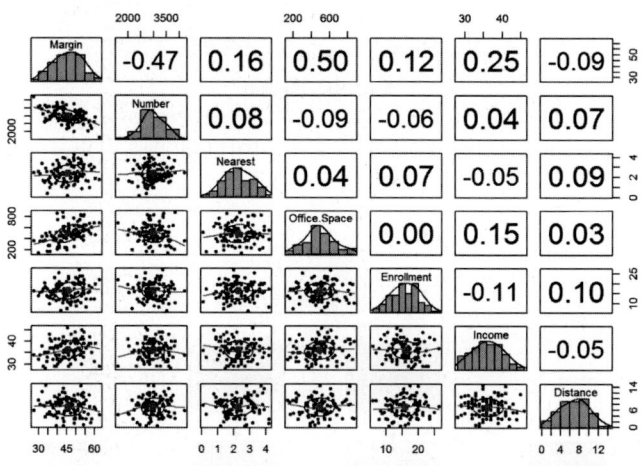

▲ 다중회귀분석의 산점도 시각화 예시

2) 분류 모델

① SVM : 산점도와 구분선을 통한 비교시각화 기법으로 활용 범위와 영역을 구분한다.

SVM
서포트벡터머신

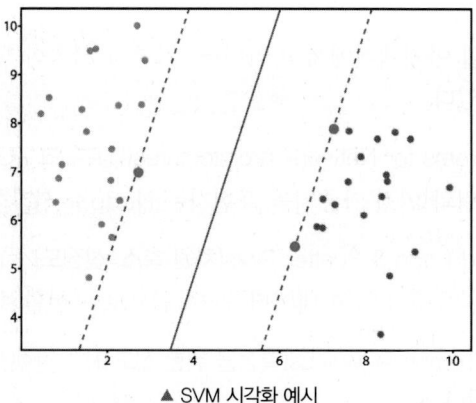

▲ SVM 시각화 예시

KNN
K-Nearest Neighbor

② KNN : 비교시각화의 평행좌표계로써 변수들과의 연관성 및 그룹데이터의 경향성을 파악한다.

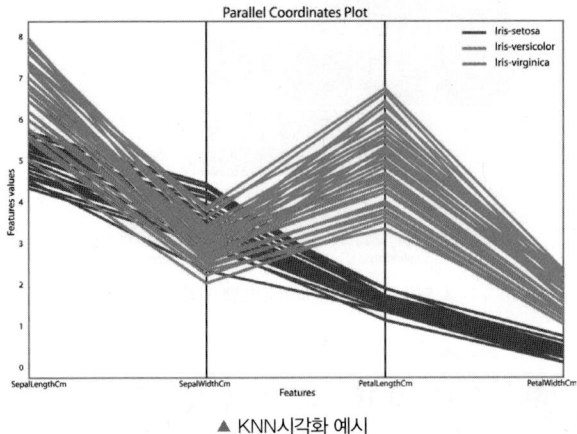

▲ KNN시각화 예시

③ 의사결정나무 : 관계시각화 기법의 트리 다이어그램(Tree Diagram)으로 시각화한다.

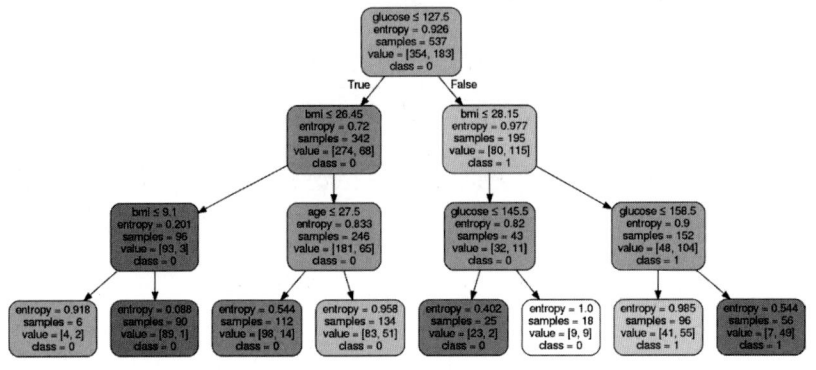

▲ 의사결정나무의 시각화 예시

3) 딥러닝 모델

딥러닝 모델은 모델 아키텍처에서 파라미터, 가중치 시각화 및 특징 차원감소를 통해 시각화할 수 있다.

① Node-link Diagrams for Network Architectures(네트워크 구조를 위한 노드-링크 다이어그램) : 뉴런과 연결 가중치를 표현하는 Node로 시각화한다.

② Dimensional Reduction & Scatter Plots(차원 축소, 산점도) : t-SNE 또는 PCA를 이용하여 차원을 축소하여 데이터를 2차원으로 표현할 수 있다.

③ Line Charts for Temporal Metrics(측정을 위한 선도표) : 진행상황에 따른 결과를 선도표로 나타낸다.

④ Instance-based Analysis & Exploration(객체 기반 분석 및 탐색) : 객체 그룹을 분석하고 분류 정확도를 확인한다.

t-SNE(t분포 확률적 이웃 임베딩)
• 비선형 차원 축소 기법
• 고차원 데이터의 구조와 패턴을 유지하면서 차원 축소 가능
• PCA(주성분 분석)와 목적과 방식이 달라 보완해서 사용

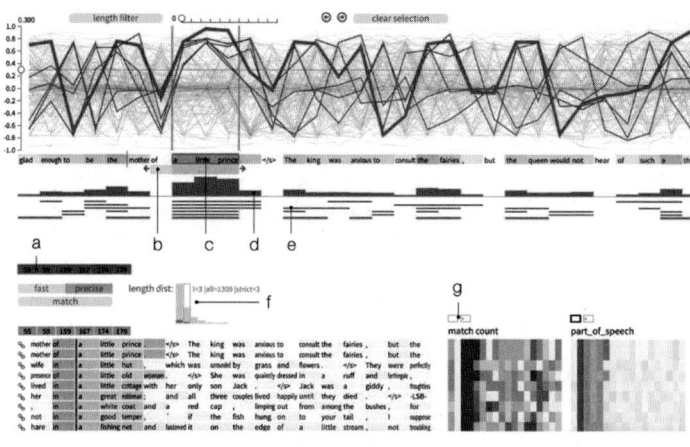

▲ 딥러닝의 시각화 예시

4) 군집분석 모델

다수의 객체를 군집으로 나누는 군집분석은 그룹 클러스터별 단위로 산점도로 시각화한다.

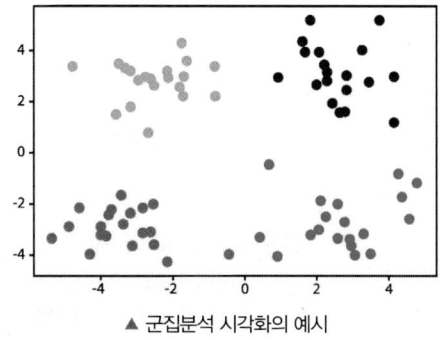

▲ 군집분석 시각화의 예시

5) 연관분석 모델

각 연관규칙 별로 연관성 있는 항목(item)끼리 묶여서 관계시각화 기법인 네트워크 그래프를 활용하여 시각화한다.

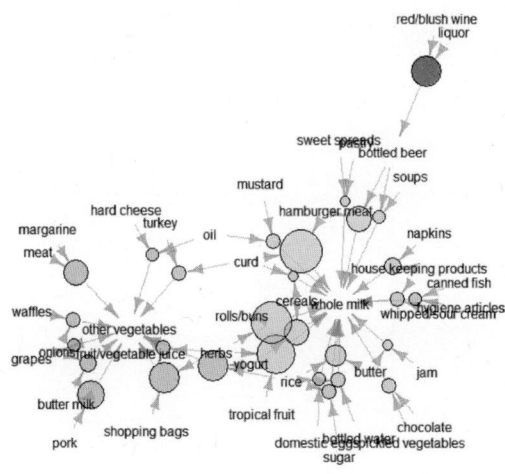

▲ 연관분석 시각화의 예시

합격을 다지는 예상문제

01 분석모델별 결과해석 설명 중 틀린 것은?

① 딥러닝 모델 해석에 사용하는 오차율은 절대오차가 활용된다.
② 회귀분석모델의 잔차에는 패턴이나 추세가 있어서는 안된다.
③ 군집분석모델은 연속형 변수의 경우 평균 또는 중앙값을 계산한다.
④ 연관분석모델은 지지도, 신뢰도 및 향상도가 높은 규칙들을 찾되 최소 기준점을 적용한다.

02 빅데이터 분석의 주요 목적과 거리가 먼 항목은?

① 제품 및 절차 효율성
② 고객 인사이트
③ 위기 관리시스템
④ 서비스 가이드라인 제정

03 일반적으로 분석 결과의 기여도 평가는 ( ) 또는 업무 효율성 향상에 대한 비율로 측정한다. 괄호에 적합한 것은?

① 정확도
② 매출증대
③ ROI
④ 비용관리

04 분석모델별 시각화에서 회귀분석모델에서 활용하지 않는 시각화 기법은?

① 비교시각화
② 시간시각화
③ 관계시각화
④ 공간시각화

05 다수의 객체를 군집으로 나누어 그룹 클러스터별 단위로 분석하는 군집분석에서 적용되는 시각화 기법은?

① 히트맵
② 막대그래프
③ 다이어그램
④ 산점도

06 분석모델마다 평가되는 해석지표들이 다양한데 회귀모델에서의 해석지표로 추정된 회귀식이 변동을 얼마나 잘 설명했는가에 대한 지표는?

① 상대오차
② 평균 제곱근 편차
③ 향상도
④ 결정계수

07 분석과제 선정을 위해 고려하는 항목과 거리가 먼 것은?

① 과제의 추진 시급성
② 분석모델의 구현 가능성
③ 분석결과의 기여도 평가
④ 분석기회 발굴 위한 질문 구체화

08 분석모델별 활용되는 시각화 기법 설명에서 틀린 것은?

① SVM : 비교시각화 기법의 산점도
② KNN : 관계시각화 기법의 평행좌표계
③ 의사결정나무 : 관계시각화 기법의 트리 다이어그램
④ 회귀모델 : 관계시각화 기법의 히트맵

09 딥러닝모델에 대한 시각화 방법과 거리가 먼 것은?

① 산포도
② 차원축소
③ 노드-링크 다이어그램
④ 산점도

10 연관분석 모델의 경우 두 개 또는 그 이상의 품목들 사이의 특정 요소로 해석하는데 이에 맞는 요소는?

① 동질성
② 공통성
③ 관련성
④ 이질성

합격을 다지는 예상문제 정답 & 해설

SECTION 01

| 01 ① | 02 ④ | 03 ③ | 04 ④ | 05 ④ |
| 06 ④ | 07 ③ | 08 ② | 09 ① | 10 ③ |

01 ①
딥러닝 모델 해석에 사용하는 오차율은 상대오차나 평균 제곱근 편차를 사용한다.

02 ④
빅데이터 분석의 근원적인 목적은 과거의 데이터를 토대로 미래를 분석하는 성격으로 서비스 가이드라인 제정과는 거리가 멀다.

03 ③
일반적으로 분석 결과의 기여도 평가는 ROI(Return Of Investment, 투자수익률) 또는 업무 효율성 향상에 대한 비율로 측정한다.

04 ④
회귀모델은 여러 변수들을 비교, 관계를 표현하는 시각화 및 시계열모형의 시간시각화를 활용한다.

05 ④
다수의 객체를 군집으로 나누는 군집분석은 그룹 클러스터별 단위로 산점도로 시각화한다.

06 ④
회귀모델의 해석지표인 결정계수는 추정된 회귀식이 변동을 얼마나 잘 설명했는가에 대한 지표로 값이 1에 가까울수록 실제 관측값이 회귀선상에 정확히 일치함을 의미한다.

07 ③
빅데이터 분석목적에 따른 분석과제 선정과 별개로 분석 결과의 기여도 평가 정의가 필요하다.

08 ②
KNN은 비교시각화 기법의 평행좌표계로써 변수들과의 연관성 및 그룹데이터의 경향성을 파악한다.

09 ①
딥러닝 모델은 파라미터, 가중치 시각화 및 특징 차원감소를 통해 노드-링크 다이어그램, 산점도, 차원축소 등으로 시각화할 수 있다.

10 ③
연관분석 모델은 연관규칙을 생성하는 Apriori 알고리즘을 주로 사용하며 두 개 또는 그 이상의 품목들 사이의 상호 관련성으로 해석한다.

SECTION 02 분석결과 시각화

빈출 태그 데이터 시각화 • 시간 시각화 • 그래프 • 분포 시각화 • 관계 시각화

01 데이터 시각화 개요

분석된 결과를 해석하는 대표적인 방법인 데이터 시각화는 데이터 값을 시각적 속성으로 변환하고, 이를 그래프로 표현하는 과정이다. 시각화를 통해서 데이터의 의미를 명확하게 표현하고 효율적으로 전달할 수 있다.

> 데이터 시각화는 분석 결과를 쉽게 이해하는 것이 목적이다.

1) 데이터 시각화 정의

- 데이터 시각화는 데이터의 분석 결과를 쉽게 이해할 수 있도록 시각적으로 표현하고 전달하는 과정과 기법을 말한다.
- 데이터 사이의 관계를 대표할 수 있는 특징을 도표나 차트 등으로 표현하여 정보를 명확하고 효과적으로 전달하는 것을 목적으로 한다.
- 시각화를 위해서는 데이터의 의미를 정확하게 표현하는 기능적인 측면과 사람이 쉽게 인지하고 직관적으로 이해할 수 있는 심미적인 측면을 모두 고려해야 한다.

▶ 데이터 시각화 학문적 정의

학자	정의
스터드(Stuart K. Card, 1999)	추상적인 데이터를 컴퓨터의 쌍방향적 시각 표현을 통해서 이해와 인식의 정도를 증폭하는 것이다.
앤디(Andy Kirk, 2002)	대규모의 데이터를 탐색하고 이해하려 할 때 동일한 범주안에서 많은 양의 데이터에 의미를 부여함으로써 공간에 배치된 숫자의 패턴을 인지하게 하는 방법이다.

2) 데이터 시각화 특성

- 자료로부터 정보를 습득하는 시간을 절감하고 데이터에 대한 즉각적인 판단이 가능하다.
- 데이터 시각화는 데이터의 특징과 패턴, 추세를 직관적으로 제공하여 데이터의 의미에 대한 이해를 효과적으로 돕는다.
- 하나의 시각화 자료를 통해 시간, 공간, 분포 등 다양한 측면에서의 표현이 가능하다.
- 그래픽 도구를 이용함으로써 데이터의 의미, 관계, 차이, 분포 등을 선명하게 표현한다.

▶ 데이터 시각화 접근방법

접근방법	정의
통계적 그래픽 (Statistical Graphics)	데이터의 분포와 통계적 정보를 2차원, 또는 3차원 공간에 시각적으로 표현하는 방법이다.
주제 지도학 (Thematic Cartography)	특정 주제의 지리적 분포와 패턴을 나타내는 지도 형태의 표현하는 방법이다.

더 알기 TIP

Ben Fry의 시각화 절차와 기법
1. 획득(Acquire) : 다양한 소스로부터 데이터 얻기
2. 분석(Parse) : 데이터의 의미에 대한 구조를 제공하고 카테고리별로 정렬
3. 필터(Filter) : 관심 있는 데이터를 제외한 모든 데이터 제거
4. 마이닝(Mine) : 패턴을 식별하거나 수학적 문맥에 데이터를 배치하는 방법으로 통계 또는 데이터 마이닝 방법 적용
5. 표현(Represent) : 막대 그래프, 목록 또는 트리 같은 기본 시각적 모델 선택
6. 정제(Refine) : 기본 표현을 개선하여 보다 선명하고 시각적으로 매력적이게 보이도록 함
7. 소통(Interact) : 데이터를 조작하거나 볼 수 있는 기능을 제어하는 방법을 추가

3) 데이터의 유형

- 데이터는 그 특성에 따라 크게 범주형과 수치형으로 나눌 수 있고, 범주형은 명목형과 순서형, 수치형은 이산형과 연속형으로 구별한다.
- 범주형 데이터는 몇 개의 범주로 나누어진 자료를 의미하며, 숫자, 문자, 기호 등 데이터를 표현한다.
- 수치형 데이터는 정수, 실수 등의 숫자 값으로 데이터를 표현하며, 일정 범위 안에서 어떤 값이든 취할 수 있는 연속형 데이터와 횟수와 같이 명확하게 구분되는 값을 취할 수 있는 이산형 데이터로 구별한다.

▶ 데이터의 유형

유형		특징
범주형	명목형 데이터 (Nominal Data)	• 특정 카테고리가 가질 수 있는 값의 집합을 의미한다. • 순서를 매길 수 없지만 셀 수 있다. ⑩ 성별, 색깔, 취미, 혈액형 등
	순서형 데이터 (Ordinal Data)	• 특정 카테고리가 가질 수 있는 값이 순서로 구분할 수 있는 데이터를 의미한다. • 순서를 매길 수 있고 셀 수 있다. ⑩ 5점 척도, 학점 등
수치형	이산형 데이터 (Discrete Data)	• 셀 수 있는 형태의 값을 표현하는 자료로 주로 정수값으로 표현된다. ⑩ 반별 학생수, 불량품수, 나이 등
	연속형 데이터 (Continuous Data)	• 연속인 어떤 구간에서 값을 취하는 자료로 주로 측정되는 양을 표현하는데 사용된다. ⑩ 시간, 온도, 무게, 길이 등

계수형 데이터(Count Data)
명목형 데이터를 계수형 데이터라고도 한다. 자료들이 어떤 범주에 속하는지 나타내는 자료이다.

> **더 알기** TIP

척도

척도는 측정하고자 하는 대상을 수치화하는 것에 사용되는 일종의 측정도구이다. 질적 척도와 양적 척도로 구분되며, 질적 척도에는 명목 척도와 서열 척도, 양적 척도에는 등간 척도와 비율 척도가 있다.

1. 명목 척도(Nominal Scale) : 단지 분류만을 위해 사용된 척도로 숫자로 변환된다고 해도 그 자체는 전혀 의미가 없는 측정단위이다. (예 남자는 1, 여자는 2로 구분, 혈액형 등)
2. 순위(서열) 척도(Ordinal Scale) : 선호되는 순위를 나타낸 숫자로서 숫자 자체는 의미를 가지나 간격이나 비율이 의미를 가지지 못하는 측정단위이다. (예 시험 성적순으로 1등, 2등, 3등으로 구분하는 경우)
3. 등간 척도(Interval Scale) : 측정된 숫자 자체와 숫자의 차이는 의미를 가지나 숫자의 비율은 의미를 가지지 못하는 측정단위이다. (예 특정 상품의 선호도를 1점~5점으로 주는 경우, 온도의 비교 등에 사용)
4. 비율 척도(Ratio Scale) : 측정된 숫자와 그 간격이 의미를 가질 뿐만 아니라 숫자의 비율마저도 의미를 가지는 가장 높은 측정단위이다. (예 자녀의 수, 거리, 무게, 시간, 나이 등)

4) 주요 용어

① 탐색적 자료분석(Exploratory Data Analysis) : 주어진 자료에 대해서 다양한 탐색 기법을 이용해 자료에 대한 충분한 이해를 하는 방법으로 데이터셋에 대한 주요 특징을 주로 시각적 방법을 이용해 분석한다.

② 차트(Chart) : 개별적인 데이터를 표현하는 방식으로 원그래프, 막대그래프, 선그래프, 면적그래프 등 데이터의 특성에 따라 다른 종류의 차트를 선택할 수 있다.

③ 데이터셋(Data Set) : 데이터 시각화의 기초가 되는 데이터의 집합이다.

④ 축(Axis) : 데이터가 표시될 위치에 대한 기준선으로 2차원그래프는 2개, 3차원그래프는 3개의 축으로 구성된다.

⑤ 스케일(Scale) : 그래프에 표현되는 데이터 값의 범위를 말하며, 각각의 축에 일정한 간격을 가지고 표시된다.

⑥ 범례(Legend) : 차트에 표현되고 있는 기호나 선 등이 어떤 의미인지 설명하는 역할을 한다.

⑦ 이상치(Outliers) : 데이터의 정상분포를 벗어나는 데이터로 데이터 시각화를 통해 이상치를 효율적으로 발견할 수 있다.

5) 데이터의 시각적 속성

- 데이터 시각화는 체계적이고 논리적인 방식을 통해 데이터 값을 시각적 속성으로 변환한 다음, 그 속성들을 이용해서 최종 그래프를 만든다.
- 데이터 값을 정량화 가능한 시각적 속성으로 나타내 그래픽으로 표현한다.
- 자주 사용되는 시각적 속성은 위치, 형태, 크기, 색, 굵기, 선 유형 등이 있다.

- 위치, 크기, 선 굵기, 색 속성은 연속형 데이터와 이산형 데이터에 모두 적용할 수 있지만, 형태, 선 유형 속성은 이산형 데이터에만 적용할 수 있다.

▲ 데이터의 시각적 속성

6) 데이터 시각화 방법

- 데이터 시각화는 목적에 따라 다양한 방법이 존재할 수 있으며, 시간, 분포, 관계, 비교 및 공간을 중심으로 시각화 하는 방법이 주로 사용된다.

▶ 데이터 시각화 방법

시각화 방법	주요 도구
시간 시각화	막대그래프, 누적막대그래프, 점/선그래프
분포 시각화	히스토그램, 파이차트, 도넛차트, 트리맵, 누적연속그래프
관계 시각화	산점도, 버블차트, 히트맵
비교 시각화	히트맵, 체르노프페이스, 스타차트, 평행좌표계, 다차원척도법
공간 시각화	지도 매핑

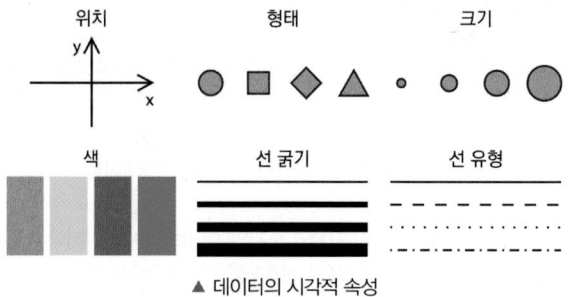

▲ 2000년 1월부터 2014년 8월까지 인플레이션에 따른 실업률 변화(음의 상관관계)를 보여주는 산점도

개념 체크

1 시간에 따른 실내온도 변화를 그래프로 시각화 할 때 필요한 시각화 속성으로 적당하지 않은 것은?

① 위치 속성 ② 크기 속성
③ 색 속성 ④ 선유형 속성

정답 ④

- 온도변화를 크기나 색의 변화로 표현할 수 있으며, 위치 속성을 이용하여 x축상에서 시간의 변화를 표현한다.
- 선유형 속성은 연속형 데이터를 표현하기 어렵다.

2 서비스 만족도 조사를 할 때 만족 정도에 따른 5개의 보기를 사용한다면, 해당 보기가 속하는 데이터의 유형은 어느 것인가?

| 당신은 현재의 서비스에 만족하십니까? |
| 1) 매우불만 2) 불만 3) 보통 4) 만족 5) 매우만족 |

① 명목형 데이터 ② 순서형 데이터
③ 이산형 데이터 ④ 연속형 데이터

정답 ②

숫자형태가 아니기 때문에 범주형 데이터이며, 순서를 매길 수 있으므로 순서형 데이터이다.

02 데이터 시각화 영역

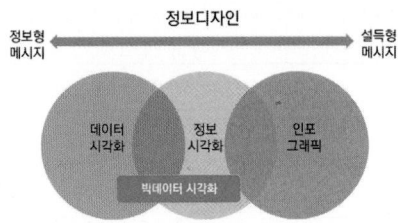

1) 정보 시각화(Information Visualization)

- 정보시각화는 방대한 양의 정보를 한 번에 사용자가 보고 이해할 수 있도록 직관적으로 표현하는 방법에 중심을 두고 있다.
- 데이터 시각화는 그래픽을 이용해 정보를 명확하게 표현하는 것을 강조하며, 정보시각화는 큰 범위의 집합에 대한 시각적 표현방법을 강조한다.
- 수치정보 뿐만 아니라 텍스트나 지형정보 같은 비수치 정보까지 포함한다.
- 데이터 시각화에서 한단계 더 정보 형태의 가공 과정을 거친다.
- 카토그램(Cartogram, 지도도표), 분기도(Cladogram), 개념도(Concept Map), 계통도(Dendrogram, 덴드로그램), 네트워크 다이어그램(Network diagram), 트리맵(Tree map), 하이퍼볼릭 트리(Hyperbolic tree) 등 다양한 도구를 사용한다.

> **기적의 TIP**
> 데이터 시각화와 유사개념인 정보시각화, 인포그래픽, 정보디자인의 특징을 구별할 수 있어야 한다.

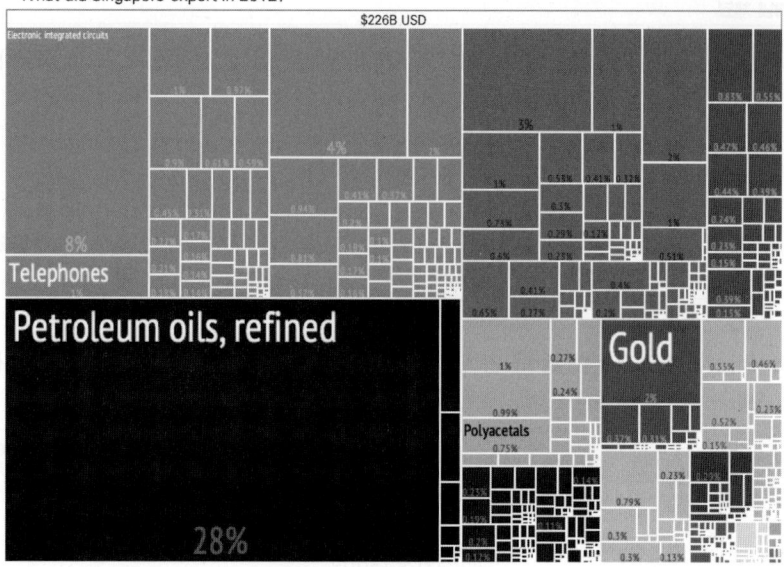

▲ 2012년 싱가포르 수출 품목을 비중으로 보여주는 트리맵

2) 정보 디자인(Information Design)

- 시각 디자인의 하위 영역으로 정보를 구성하여 효율적으로 사용할 수 있게 하는 디자인 기술 및 업무를 말한다.
- 정보를 효과적으로 전달하기 위한 수단으로서 그래픽 디자인을 강조하는 용어로 사용된다.
- 데이터시각화, 정보시각화, 인포그래픽을 모두 포괄하는 개념이다.

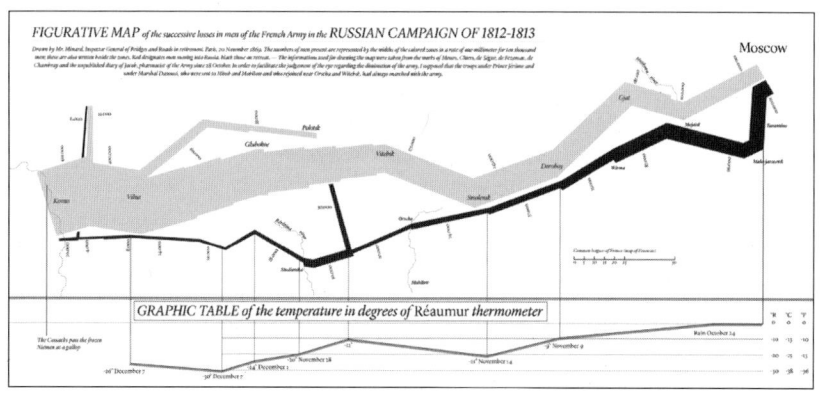

▲ 샤를 미나르(Charles Minard)의 나폴레옹 행군 – 이동 경로별 위치, 추위, 병사 감소수를 한눈에 확인가능

3) 인포그래픽(Infographic)

- 복잡한 수치나 글로 표현되어 있는 정보와 지식을 차트, 지도, 픽토그램, 다이어그램, 일러스트레이션 등을 활용하여 한눈에 파악할 수 있도록 시각적으로 표현하는 것이다.

- 설득형 메시지를 전달하기 위해서 주로 사용되며, 정보를 빠르고 분명하게 표현하는 것에 중심을 둔다.
- 인포그래픽은 스토리를 통해 정보를 전달하려는 경향이 강하다.
- 데이터 시각화가 전문 영역에서 활용되는 반면 인포그래픽은 일반인을 대상으로 특정 정보와 메시지를 전달하기에 적합하다.
- 인포그래픽은 다양한 유형이 있으며, 특정 목적이나 정보를 전달하는데 적합한 인포그래픽 유형을 사용한다. 주요 인포그래픽 유형은 다음의 6가지가 있다.

① 통계(정보) 인포그래픽 : 데이터와 통계 시각화에 사용된다. 차트, 그래프, 표 등을 활용하여 숫자 데이터를 쉽게 이해할 수 있도록 한다.

② 과정(프로세스) 인포그래픽 : 복잡한 과정이나 단계를 표현하는데 유용하다. 제조과정, 요리순서, 제품사용방법 등을 설명할 때 사용한다.

③ 비교 인포그래픽 : 두 개 이상의 항목을 비교하기 위해 사용된다.

④ 지도(지리) 인포그래픽 : 지리 정보와 관련된 데이터를 시각화 한다. 지도 위에 데이터 나 통계정보를 표현한다.

⑤ 목록 인포그래픽 : 여러 항목을 리스트로 보여줄 때 사용하며, 각 항목에 관련된 이미지나 짧은 설명이 포함되는 경우가 많다.

⑥ 타임라인 인포그래픽 : 시간의 흐름에 따른 사건이나 정보를 보여주는데 사용된다.

더 알기 TIP

픽토그램(Pictogram)
픽토그램은 그림을 뜻하는 picto와 전보를 뜻하는 텔레그램(telegram)의 합성어로 사물, 시설, 행위 등을 누가 보더라도 그 의미를 쉽게 알 수 있도록 만들어진 그림문자를 말한다.
예 화장실, 비상구, 승차장, 주차장, 올림픽 경기 종목 등

▶ 인포그래픽(Infographic)

기본 요소	비주얼(Visual), 내용(Content), 지식(Knowledge)
유형	통계 기반, 타임라인 기반, 프로세스 기반, 위치 및 지리기반 등
장점	• 시각적인 즐거움 • 이해 쉬운 전달 • 오랜 기억 유지 • 자발적 확산

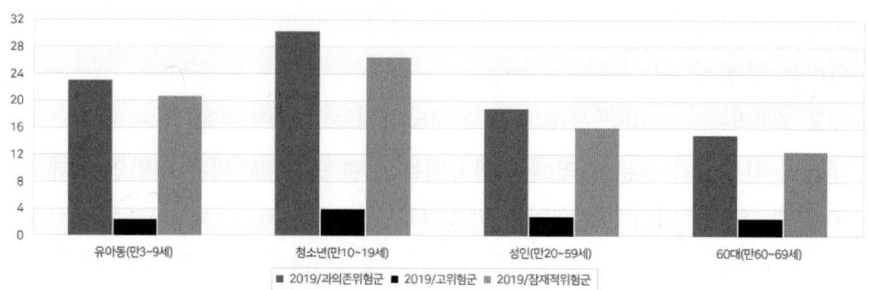

▲ 뉴스 기사의 그래픽(과기정통부 스마트폰 과의존 실태조사)

🎯 개념 체크

1 데이터 자체 보다는 데이터를 기초로 해석된 설득형 메시지를 전달하기 위한 도구로 가장 적합한 것은?

① 인포그래픽 ② 데이터시각화
③ 정보시각화 ④ 카토그램

<small>정답 ①</small>

인포그래픽은 정보, 데이터, 지식을 시각적으로 표현한 것으로, 정보를 빠르고 쉽게 표현하기 위해 사용된다. 주로 설득형 메시지를 표현하는 표지판, 지도, 기술 문서 등에 사용되며 컴퓨터 과학, 통계학 등의 개념적 과학적 정보를 알기 쉽게 시각화하는 도구로도 사용된다.

2 언어를 초월해서 직감으로 이해할 수 있도록 표현된 그래픽으로 그림 문자를 통해서 긴급, 안전, 주의 등의 안내를 표시하는데 사용되는 시각화 도구는 무엇인가?

① 산점도(Scatter chart)
② 카토그램(Cartogram)
③ 픽토그램(Pictogram)
④ 하이퍼볼릭 트리(Hyperbolic tree)

<small>정답 ③</small>

- **산점도(Scatter chart)** : 2개의 연속형 변수 간의 관계를 보기 위하여 직교좌표의 평면에 관측점을 찍어 만든 통계 그래프
- **카토그램(Cartogram)** : 일반 지도를 특정 통계치를 바탕으로 재구성한 지도로, 인구나 GNP, 의석 수 등 특정한 데이터 값의 변수가 지도의 면적이나 거리를 대체하여 실제 지도와 달리 왜곡되어 있는 것이 특징
- **픽토그램(Pictogram)** : 그림을 뜻하는 picto와 정보를 뜻하는 텔레그램(telegram)의 합성어로 사물, 시설, 행위 등을 누가 보더라도 그 의미를 쉽게 알 수 있도록 만들어진 그림문자
- **하이퍼볼릭 트리(Hyperbolic tree)** : 하이퍼트리(Hypertree)라고도 하며, 트리를 원의 형태로 표현함으로써 트리의 아래 노드로 갈수록 복잡해지는 문제를 해결 또한, 중심이 되는 노드를 가운데 배치하고, 중요하지 않은 노드를 원의 경계쪽으로 위치하게 함으로써 노드의 비중도 표현할 수 있음

하이퍼볼릭 트리

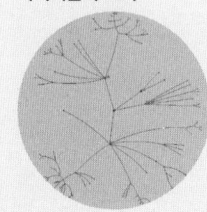

03 시간 시각화

1) 시간 시각화 정의

시간에 따른 데이터의 변화를 표현하는 것으로 일정기간에 걸쳐 진행되는 변화와 트랜드를 추적하는데 주로 사용된다.

- 데이터의 경향성(트렌드, trend)을 파악하는데 주로 사용된다.
- 시간 데이터는 특정 시점의 값을 표현하는 이산형과 변화하는 값을 표현하는 연속형으로 구분할 수 있으며, 시간데이터의 전후 관계를 분석하는 것이 핵심이다.

▶ 시간 시각화의 데이터 특징과 도구

유형	주요 특징 및 도구
이산형(분절형)	특정 시점 또는 특정 시간의 구간 값을 표현한다. • 도구 : 막대그래프, 누적막대그래프, 묶은막대그래프, 점그래프
연속형	어떤 구간에서 지속적으로 변화하는 값을 표현한다. • 도구 : 꺾은선그래프, 계단그래프, 추세선

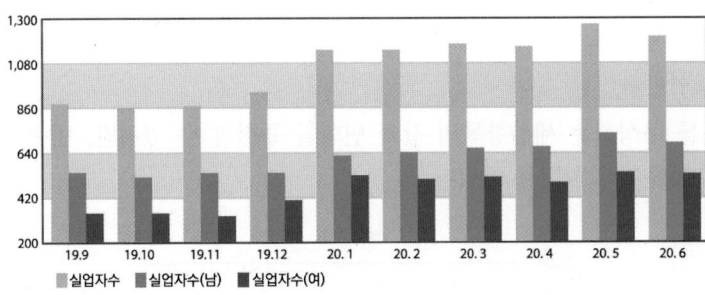

▲ 월별 실업자수 변화(통계청-경제인구활동조사)

2) 막대그래프

- 데이터 값을 길이로 표현한 막대를 배치함으로써 상대적인 차이를 한눈에 알아보도록 표현하는 방법이다.
- 시간축(가로축, x축)은 주로 시간 순서대로 정렬된 특정 시점을 나타내며, 값축(세로축, y축)은 그래프의 크기(범위)를 나타낸다.
- 막대에 색상을 표시함으로써 데이터의 상태나 특징을 다르게 표현할 수 있다.
- 데이터 값은 막대의 길이에만 영향을 미치며, 막대의 폭이나 간격과는 무관하다.

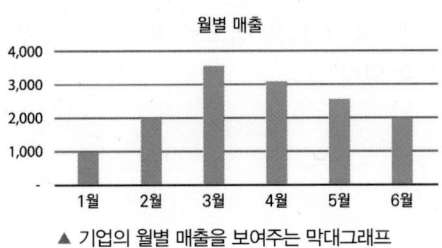

▲ 기업의 월별 매출을 보여주는 막대그래프

> 0 이상의 값을 표현하는 경우 값축은 항상 0부터 시작해야 정확한 길이를 비교할 수 있다.

3) 누적막대그래프

- 막대그래프가 하나의 변수에 따라 달라지는 형태를 보이는 반면에 누적막대그래프는 두 개 이상의 변수를 동시에 다루는 경우에 막대의 영역을 구분하여 나머지 변수의 값을 표현한다.
- 하나의 막대를 구성하는 세부항목 각각의 값과 전체의 합을 함께 표현할 때 유용하다.

> 막대의 세부 항목은 질감이나 색상으로 구별한다.

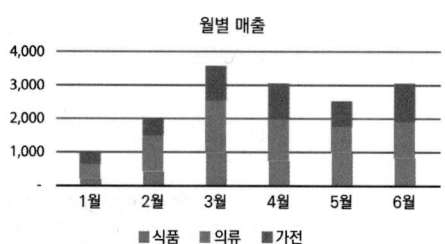

▲ 기업의 월별 매출을 보여주는 누적막대그래프

4) 묶은막대그래프

- 묶은막대그래프는 누적막대그래프와 같이 두 개 이상의 변수를 동시에 다루는 경우에 사용하며 첫번째 변수(x축)의 각 위치에 나머지 변수의 값을 각각의 막대로 표현한다.
- 그래프를 구성하는 세부항목의 값의 변화를 표현할 수 있지만, 변수의 누적합계나 추이를 파악하기는 어렵다.

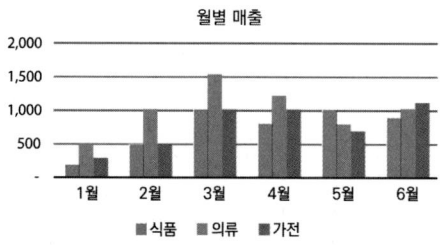

▲ 기업의 월별 매출을 보여주는 묶음막대그래프

5) 점그래프

- 가로축에 대응하는 세로축의 값을 점으로 표시한 그래프로 면적을 표시할 필요가 없기 때문에 적은 공간에 표현할 수 있으며, 점의 집중 정도와 배치에 따라 흐름을 파악하기가 용이하다.
- 가로축을 시간으로 세로축의 값을 점으로 표시하는 경우 시간의 흐름에 따른 값의 변화를 표현할 수 있다.

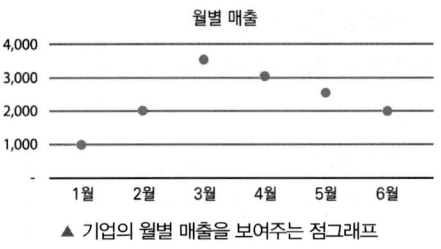

▲ 기업의 월별 매출을 보여주는 점그래프

> 점들을 선으로 연결하면 연속성(추세)을 표현할 수 있다(꺾은선그래프).

6) 꺾은선그래프(연속 시계열그래프)

- 점그래프에서 점과 점 사이를 선으로 연결한 그래프로 데이터의 연속된 특성을 표현한다.
- 경향성을 뚜렷하게 보여주기 위해서 주로 사용한다.
- 세로축의 길이를 늘리거나 가로축의 길이를 짧게 줄이면 변화가 급격하게 보여지며, 가로축의 길이를 너무 길게하면 변화의 패턴이 잘 나타나지 않는다.
- 경우에 따라 그래프에서 점을 표시하지 않을 수도 있다.

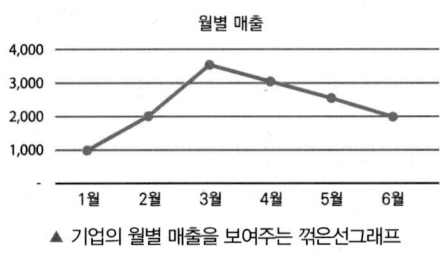

▲ 기업의 월별 매출을 보여주는 꺾은선그래프

> 세로축이 0부터 시작하지 않는 경우 데이터 값들의 차이를 더 잘 나타낼 수 있지만, 값의 절대적인 크기를 표현하지 않기 때문에 해석의 부작용을 일으킬 수 있다.

7) 계단그래프

- 계단그래프는 점과 점사이를 직접 연결하는 것이 아니라, 변화가 생길 때까지 일정한 선을 유지하다가 다음 값으로 바뀌는 지점에서 급격하게 변화하는 것을 표현한다.
- 꺾은선그래프는 데이터의 연속된 변화를 표현하기에 적합하고, 특정 시점에서의 변화를 표현하는 데에는 계단그래프가 유리하다.
- 연도별 법인세율 변화, 연도별 최저임금 변화 등에 이용한다.

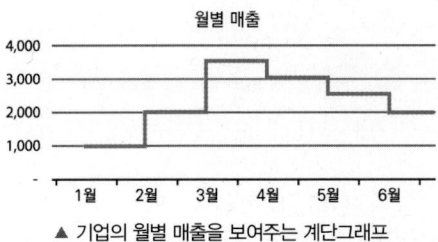

▲ 기업의 월별 매출을 보여주는 계단그래프

8) 추세선

- 추세선은 데이터 값의 즉각적인 변화보다는 변화하는 경향성을 보여주는 직선 또는 곡선을 말한다.
- 추세선의 데이터에 대해 다양한 함수를 적용해서 구할 수 있으며, 지수형, 로그형, 선형, 이동평균형 등이 있다.

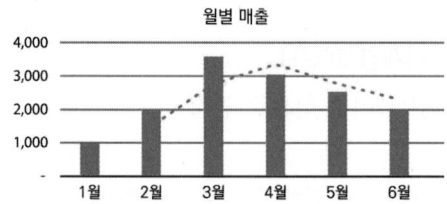

▲ 현재월과 전월의 이동평균값을 보여주는 추세선이 포함된 막대그래프

개념 체크

1 다음 중 그래프에 대해 올바르게 설명하는 것은?

① 두 변수 값의 비교를 위해서는 막대그래프를 사용하는 것이 좋다.
② 세로막대그래프의 x축은 값축이다.
③ 막대그래프의 면적은 그래프의 값과 연관이 없다.
④ 꺾은선그래프에서 세로축의 길이를 늘리면 데이터 값의 변화가 완만하게 보여진다.

정답 ③

막대그래프는 그래프의 높이(데이터를 환산)로 판단하며, 막대의 면적과는 연관이 없다.

2 다음 그래프에 대한 설명 중 맞지 않는 것은?

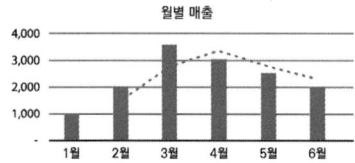

① 1월의 매출보다 2월의 매출이 2배 증가했다.
② 4월과 6월의 매출 평균은 2,500이다.
③ 3월 이후 월별 매출이 감소한다.
④ 추세선을 이용하여 분기별 매출액 합계를 구할 수 있다.

정답 ④

그래프에서 추세선은 이동평균 값을 보여주며, 분기별 매출액 합계 등은 별도로 구한다.

04 분포 시각화

1) 분포 시각화 정의
데이터의 분포를 시각적으로 표현하는 기법을 말하며, 특정 변수의 값들이 어떻게 분포되어 있는지를 파악하기 위해 사용한다.

- 원그래프와 같이 비율로 영역을 표현하는 경우 각 영역을 모두 합치면 1 또는 100%가 되는 특징을 가진다.
- 분포 데이터의 시각화는 최대, 최소, 전체분포를 나타내는 그래프로 표현하며, 전체의 관점에서 각 부분이 차지하는 정보를 히스토그램, 파이차트, 도넛차트, 누적연속그래프, 트리맵 등으로 시각화한다.

2) 히스토그램(Histogram)
막대그래프의 일종으로 세로축은 데이터의 분포 정도를 표현하고, 가로축은 특정 변수의 구간 폭을 의미한다.

> **기적의 TIP**
> 시각화 방법들의 장단점을 구분하자.

- 데이터셋 안에서 특정 변수의 값이 어떻게 분포되어 있는지를 파악해야 하는 경우(도수분포) 주로 사용한다.
- 도수분포표 : 데이터 값의 다양한 산출 분포를 보여주는 목록이나 표이다. 일정한 범위를 기준(계급이라고 함)으로 데이터 값의 발생 건수를 요약해서 보여준다.

▶ 도수분포표와 히스토그램

연령	인원(명)
11~20	35
21~30	54
31~40	98
41~50	129
51~60	77
61~70	43

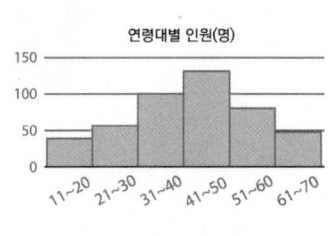

- 구간을 설정해서 데이터를 표현하기 때문에, 적절한 구간 폭을 선택하고 각각의 막대가 동일한 폭을 갖도록 설정해야 시각적으로 정확하게 표현된다.
  - 구간폭을 좁게 하는 경우 데이터 분포 차이를 잘 표현할 수 있지만 전체적인 흐름을 파악하기 어려울 수 있고, 구간폭을 넓게 하는 경우는 데이터 분포의 급격한 변화를 표현하기가 어렵다.
- 히스토그램이 왼쪽으로 치우쳐 있다면 데이터의 값이 낮은 구간에 몰려 있으며, 반대로 오른쪽에 치우쳐 있다면 데이터의 값이 높은 구간에 몰려 있음을 의미한다.
- 누적히스토그램(Cumulative Histogram)은 히스토그램의 각 구간의 값을 누적하여 표현한다. 따라서, 데이터의 출현 빈도를 오른쪽으로 누적하면서 표시하며 마지막 막대는 전체 데이터의 총 수를 나타낸다.

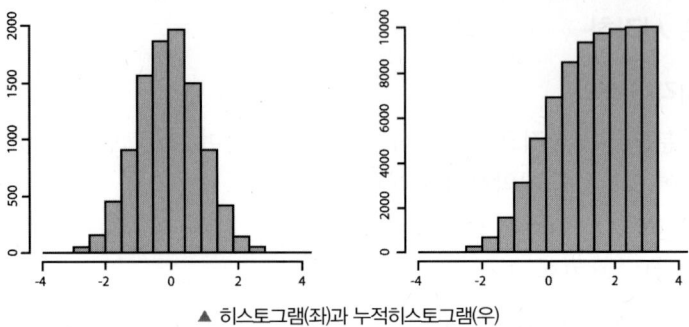

▲ 히스토그램(좌)과 누적히스토그램(우)

2) 원그래프(파이차트, Pie Chart)

하나의 원을 구성하는 데이터의 비율에 따라 조각으로 나누어서 데이터의 분포를 표현한다.

- 데이터의 값을 비율(%)로 환산하여 표현하며, 각 비율을 합하면 100%가 된다.
- 원을 구성하는 각각의 요소의 비율을 한눈에 보여주지만, 막대그래프와 같이 데이터의 값을 정확하게 표현하기 어렵다는 단점이 있다.
- 하나의 분류에 대한 값의 분포를 표현하기 때문에, 여러 분류에 대한 값을 표현하기 위해서는 각각의 차트가 필요하다.

> 그래프의 조각만으로는 서로 간의 크기를 비교하기 어렵기 때문에, 실제 데이터 값이나 점유율 등 추가정보를 그래프에 포함시켜서 표현하는 것이 좋다.

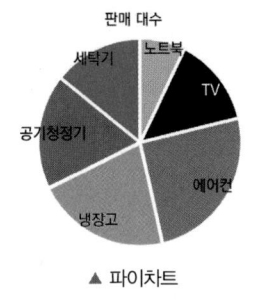

▲ 파이차트

3) 도넛차트

막대그래프를 누적하고 도넛 모양으로 만든 형태이며, 원그래프가 면적으로 분포비율을 표현하는데 반해 도넛차트는 면적이 아닌 길이로 데이터 값의 정도를 표현한다.

- 같은 성격의 데이터인 경우 여러 개의 차트를 겹쳐서 보여줄 수 있다.
- **중첩도넛차트** : 도넛차트 여러 개를 겹쳐서 표현하는 것으로, 여러 분류에 대한 값을 하나의 차트로 표현할 수 있다.

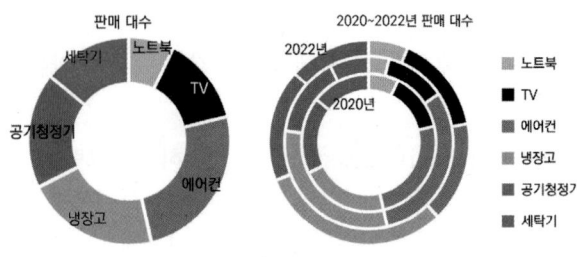

▲ 도넛차트와 중첩도넛차트

4) 트리맵(Tree Map)

트리맵은 전체 데이터를 표현하는 하나의 사각형 영역에 세부 사각형들의 크기로 데이터의 분포를 시각화하여 표현한다.

- 하나의 대분류에 속한 세부 분류 데이터들의 분포를 영역의 크기를 이용하여 효과적으로 보여준다.
- 내부의 사각형도 하위 분류를 적용해서 다시 맵을 구성할 수 있기 때문에, 계층형/트리 구조를 가진 데이터를 표현하는데 유용하다.

> 각각의 사각형은 하위 분류도 세분화할 수 있다. 예를 들어, 서울은 구별 인구 분포를 나타내는 사각형으로 세분화할 수 있다.

▲ 시도별 인구 분포 트리맵

5) 누적연속그래프(누적영역차트)

시간 변화에 따른 값의 변화를 선그래프의 영역으로 표현한다. 가로축은 시간을 나타내며 세로축은 데이터 값을 표시한다.

- 누적막대그래프와 유사하지만, 시간에 따라 변화하는 값의 흐름을 더 잘 보여준다. 또한, 세로 영역의 한 단면만 보여주면 그 시점의 분포를 볼 수 있다.
- 누적연속그래프는 아래 부분의 데이터 값이 윗부분의 위치에 영향을 주기 때문에(값이 누적됨), 값의 분포를 표현하는 데 적합하며 한 집단의 경향성을 알아보기는 어렵다.

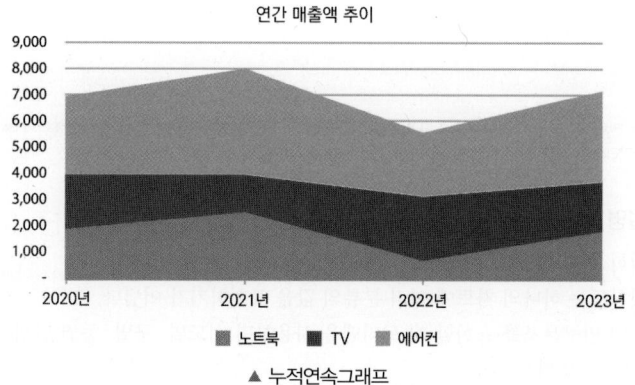

▲ 누적연속그래프

> 각 연도별 어떤 제품이 얼마나 팔렸는지 알 수 있다.

6) 파레토차트(Pareto Chart)

파레토차트는 막대그래프와 선그래프를 결합한 형태이다. 개별 항목의 데이터 값은 막대의 내림차순으로 표현되고, 오름차순 누적 총계는 선그래프(누적선그래프)의 형태로 표현된다.

- 결과의 80%가 20%의 원인으로부터 나온다는 파레토 법칙에 근거하여, 결과에 영향을 미치는 중요한 요인들을 찾는데 사용된다.
- 명목형 변수 값들의 개수를 사용하는 데이터에 적합하며 연속형 변수에 대한 값을 갖는 데이터에는 적합하지 않다.
- 범주형 데이터 중에서 순서형 데이터에는 적합하지 않은데, 파레토차트에서는 변수에 정의된 순서가 아닌 빈도 수로 데이터가 정렬되기 때문이다.

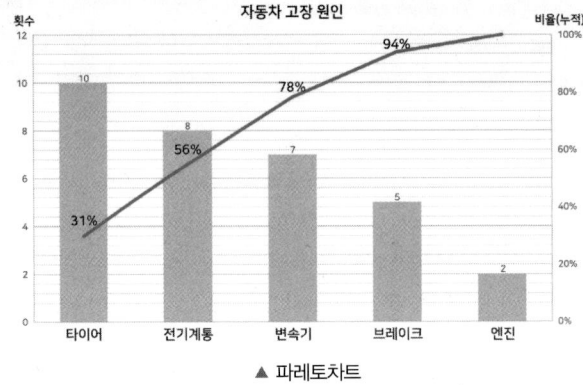

▲ 파레토차트

개념 체크

1 원그래프에서 조각을 이루는 데이터 값의 크기와 비례하는 것은?

① 그래프 조각의 각도
② 그래프 조각의 수
③ 그래프 조각의 반지름
④ 그래프 조각의 색상

정답 ①

원그래프는 전체 데이터 값에 대한 부분 값의 비율을 원을 구성하는 부채꼴 조각으로 표현하는 것으로, 조각의 데이터 값이 커지면 부채꼴의 각도와 면적이 따라서 커진다.

2 다음 설명 중 맞는 것은?

① 누적히스토그램은 오른쪽으로 갈수록 막대의 크기가 작아진다.
② 도넛차트는 하나의 차트에 여러 분류의 값을 표현하기가 어렵다.
③ 전국의 인구분포를 표현할 때 트리맵을 사용하면 시도별, 구별, 동별 단위까지 한 번에 표현할 수 있다.
④ 데이터세트의 크기가 2배가 되면 원그래프의 전체 면적도 2배가 된다.

정답 ③

트리맵은 계층구조를 갖는 데이터의 분포를 표현하는데 적합하다.

05 관계 시각화

1) 관계 시각화 정의
데이터 사이의 관계를 시각적으로 표현하는 것을 말한다. 데이터셋에 변수가 2개 이상이 있을 때, 이 변수들의 상관관계를 표현한다.

예 편의점에서 우유와 빵의 판매량 사이의 관계를 표현, 키와 몸무게 사이의 관계를 표현

- 관계시각화를 위한 대표적인 도구로는 산점도, 버블차트, 히트맵 등이 있다.

> **상관관계(correlation)**
> - 두 가지 가운데 한쪽이 변화하면 다른 한쪽도 따라서 변화하는 관계
> - 한쪽이 증가하면 다른 한쪽도 증가하거나(양의 상관관계), 반대로 감소하는(음의 상관관계) 경향을 보이는 관계

2) 산점도(스캐터플롯, Scatter Plot)
두 변수의 값을 2차원(또는 3차원) 좌표계를 활용하여 점으로 표시한 것으로 점들의 집합이 모여서 두 변수 사이의 관계를 표현한다.

- 두 변수 사이의 다양한 관계를 표현할 수 있다.

① 양의 상관관계(비례) : 점이 오른쪽 위로 올라가는 추세

② 음의 상관관계(반비례) : 점이 오른쪽 아래로 떨어지는 추세

③ 직선관계, 지수관계, 로그관계 등 다양한 상관관계 함수로 유추될 수 있는 관계

- 점들의 분포에 따라 집중도(강도, 영향력)를 확인할 수 있으며, 관계 추정을 위해 추세선을 추가할 수 있다.
- 점의 크기, 형태, 색상 등을 다르게 하여 하나의 산점도에 다양한 데이터의 특징을 표현할 수 있다.

> **산점도 행렬**
> 다변량 데이터에서 변수 쌍 간의 산점도를 그린 그래프

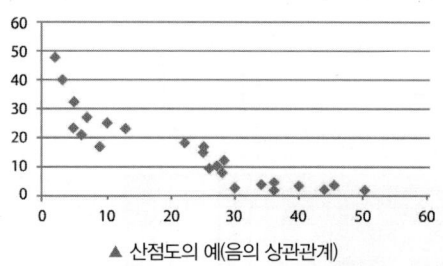

▲ 산점도의 예(음의 상관관계)

▲ 관계의 집중도를 보여주는 산점도(추세선 포함)

3) 버블차트(Bubble Chart)

x, y값의 위치를 표시하는 산점도에 점의 위치에 해당하는 제3의 변수값을 원의 크기로 표현한 그래프로 한 번에 3개의 변수를 비교해볼 수 있다.

- 제3의 값을 표시하는 원(버블)은 면적으로 표현되어야 하며, 반지름이나 지름으로 표현되면 실제 값보다 너무 크게 원이 그려질 수 있어서 주의해야 한다.
- 도시별 인구밀집도, 도시별 우유 판매량 등 국가나 지역에 따른 값의 분포를 표현하는데 매우 유리하다.

> x축과 y축은 각 요소의 위치, 원의 넓이는 각 요소의 크기를 표현한다.

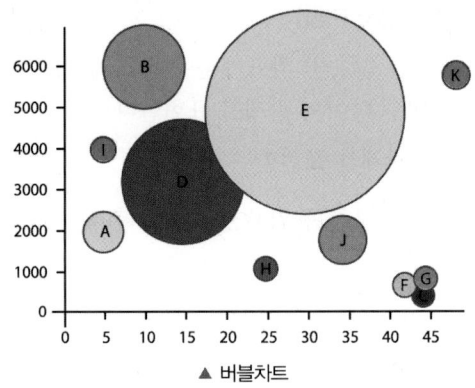

▲ 버블차트

4) 히트맵(Heat Map)

데이터 분포와 관계에 대한 정보를 색(Heat)으로 표현한 그래프이다. 데이터를 식별하기 위해 각각의 칸마다 색으로 수치의 정도를 표현한다.

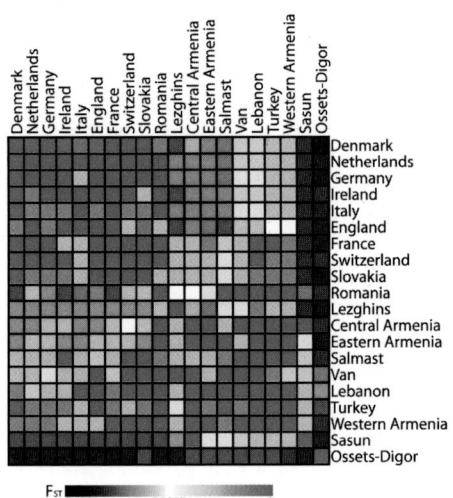

▲ 국가간 유전정보의 유사도를 표현한 히트맵

5) 모자이크플롯(Mosaic Plot)

모자이크플롯은 두 개 이상의 범주형 데이터의 상관관계를 보여주고자 할 때 사용된다. 모자이크플롯을 구성하는 각 타일의 가로, 세로 길이가 각 변수의 값을 표현한다.

• 모자이크플롯에서 사각형 평면의 너비는 가로축에 표시된 관측치의 수에 비례하며, 높이는 세로 축에 표시된 관측치의 수에 비례한다.

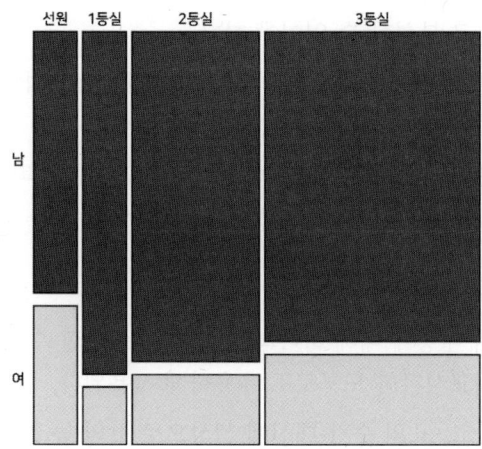

▲ 타이타닉 호의 탑승객 구성을 보여주는 모자이크플롯

개념 체크

1 두 변수 사이의 상관관계를 알아보기 위한 시각화 도구로 적합하지 않은 것은?
① 산점도
② 히트맵
③ 트리맵
④ 버블차트

정답 ③

트리맵은 변수 값의 분포를 표현하는데 적합하며, 두 변수 사이의 상관관계를 표현하기는 어렵다.

2 변수 x와 변수 y 값의 관계와 함께 해당 위치의 크기까지 표현할 수 있는 시각화 도구는?
① 스캐터 플롯
② 히스토그램
③ 파이차트
④ 버블차트

정답 ④

버블차트는 한 번에 3개의 값을 비교할 수 있다.

> **기적의 TIP**
> 시각화의 종류들과 방법을 알아두자.

06 비교 시각화

1) 비교 시각화 정의

비교 시각화는 하나 이상의 변수에 대해서 변수 사이의 차이와 유사성 등을 표현하는 방법이다.

- 하나의 변수가 아닌 둘 이상의 변수를 비교하는 경우 대상의 수와 비교하려는 변수의 수만큼 다양한 경우가 존재하기 때문에, 하나 또는 그 이상의 그래프를 통하여 전체를 비교 분석할 수 있어야 한다.
    - 예) 자동차를 구매할 때 제조사나 모델에 따라 크기, 엔진출력, 색상, 가격, 편의성 등 여러가지 변수를 비교하는 경우
    - 예) 컴퓨터를 구매할 때, 노트북, 데스크탑, 태블릿 등의 유형에 따라 CPU성능, 메모리 용량, 화면 크기 등 여러 변수를 비교하는 경우

2) 히트맵(Heat Map)

여러 변수와 다수의 대상에 대해 하나의 표 형태로 표현할 수 있는 도구로 관계시각화뿐만 아니라 비교시각화 도구로도 유용하게 사용된다.

- 먼저 표를 작성하고, 표의 숫자 대신에 색상으로 값의 높고 낮은 관계를 표현하면 한눈에 파악할 수 있다.
- 하나의 행은 하나의 대상 또는 관측 단위를 표현하며, 하나의 열은 비교를 위한 변수를 표현한다.
- 데이터 값의 크기를 색상을 달리하거나 명도, 채도를 달리하는 방법으로 표현한다.
- 지역의 온도 변화나 주파수 수신 범위와 같이 연속된 데이터 값의 변화를 표현하기에 적합하다.

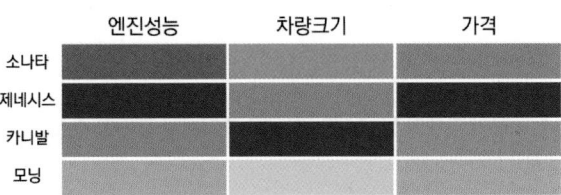

▲ 비교시각화를 위한 히트맵의 예

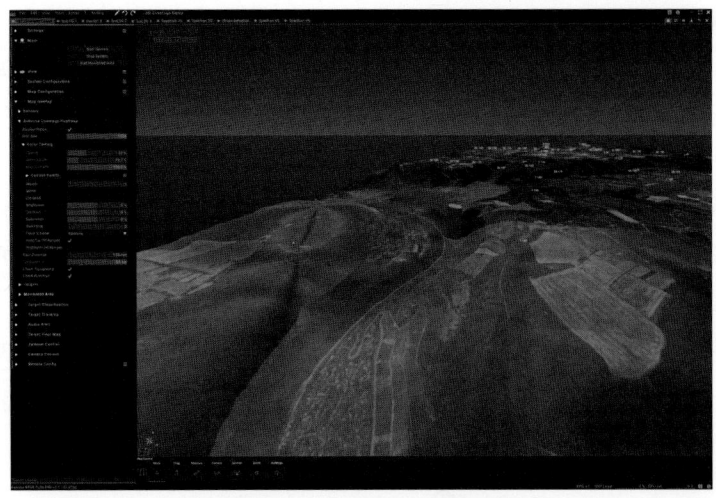

▲ 드론의 주파수 수신 범위을 표시한 히트맵

3) 체르노프 페이스(Chernoff Faces)

실생활에서 사람의 얼굴을 쉽게 구분한다는 점에 착안하여, 데이터 표현에 따라 달라지는 차이를 얼굴의 모양으로 나타내는 방법으로 사람의 얼굴 모양에서 귀, 머리카락, 눈, 코 등을 각각의 변수에 대응하여 달리해서 표현하는 방법이다.

체르노프 페이스에서 얼굴을 표현할 때 사용되는 요소는 다음과 같다.

① 얼굴형 : 얼굴길이, 얼굴너비, 얼굴윤곽

② 입 : 입의 높이, 입의 너비, 입모양

③ 눈 : 눈의 높이, 눈의 너비

④ 머리카락 : 머리카락 높이, 머리카락 너비, 머리카락 모양

⑤ 코 : 코의 높이, 코의 너비

⑥ 귀 : 귀의 높이

> 미국의 통계학자 Herman Chernoff가 제안하였다.

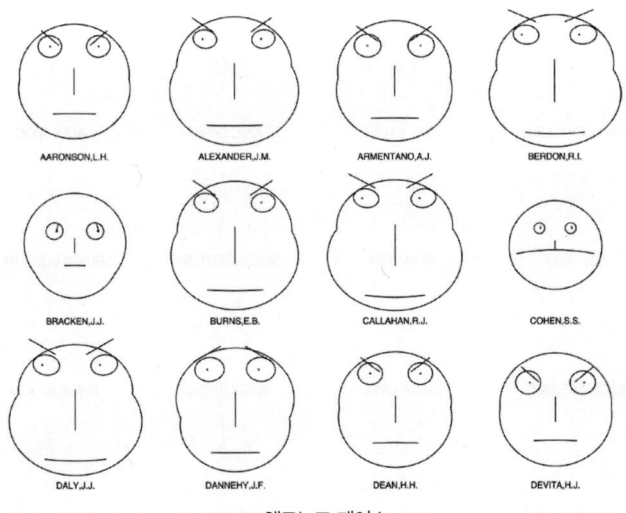

▲ 체르노프 페이스

> **기적의 TIP**
>
> 스타차트는 레이더차트라고도 한다.

4) 스타차트(Star Chart)

하나의 공간에 각각의 변수를 표현하는 몇 개의 축을 그리고, 축에 표시된 해당 변수의 값들을 연결하여 별 모양(또는 거미줄 모양)으로 표현하는 그래프이다.

- 하나의 변수마다 축이 시작되는 시작점(중점)은 최소값을, 가장 먼 끝점은 최대값을 나타낸다.
- 값이 적은 축에 해당하는 부분이 다른 부분에 비해 들어가 보이기 때문에, 여러 변수 값들을 비교하여 부족하거나 넘치는 변수를 표현하는데 적합하다.
- 연결된 선의 모양이나 색을 다르게 하는 경우 여러 속성을 한 번에 표현할 수 있다.

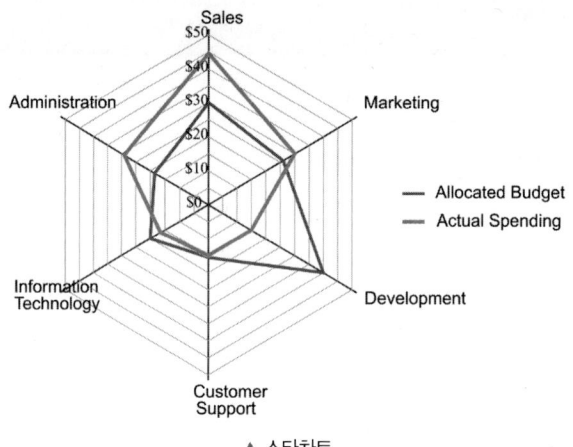

▲ 스타차트

- 아래 그림은 1979년 미국에서 판매되고 있는 자동차의 장단점을 스타차트로 표현한 것이다. 9개의 축은 각각 1.가격, 2.연비, 3.수리이력(1978년), 4.수리이력(1979년), 5.앞좌석공간, 6.뒷자석공간, 7.트렁크 크기, 8.중량, 9.길이를 표현한다.

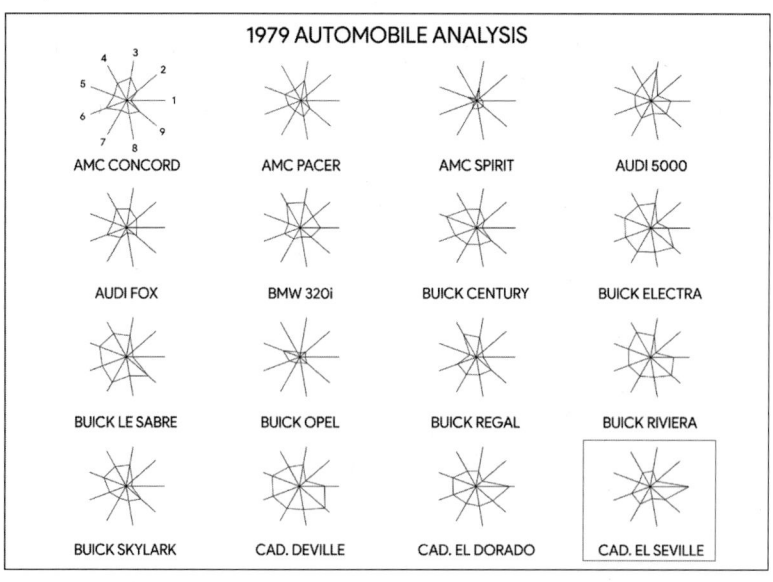

▲ 차종별 특징을 보여주는 스타 차트

5) 평행좌표계(Parallel Coordinates)

체르노프페이스는 한 대상의 특징을 명확하게 보여주지만, 여러 대상을 한 번에 보여주기는 힘들다. 평행좌표계는 스타차트의 여러 축을 평행으로 배치하고, 축의 윗부분을 최대값, 아래부분을 최소값으로 하여 값들을 선으로 연결해서 표현한다.

- 하나의 대상이 변수 값에 따라 위아래로 이어지는 연결선으로 그려지는 특징이 있다.

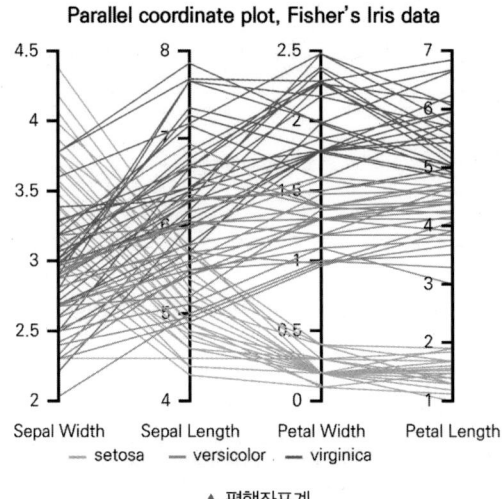

▲ 평행좌표계

6) 다차원척도법(Multi-Dimensional Scaling, MDS)

다차원 척도법은 객체 간 근접성을 시각화하는 통계기법으로 모든 변수를 비교해서 비슷한 대상을 그래프 상에 가깝게 배치하는 방법이다.

- 대상들 간 거리 또는 유사성을 이용하여 원래의 차원(변수의 수)보다 낮은 차원(2차원 또는 3차원)의 공간상에 위치시킴으로써 대상들 사이의 상대적 위치를 통해 유사성을 쉽게 파악할 수 있다.
- 유사성이 높은 데이터들은 서로 가까운 곳에 위치시키고, 유사성은 낮은 데이터들은 서로 먼 곳에 위치시킨다.

다차원척도법은 대상 간 유사성 측정척도에 따라 다음의 두 종류로 나눌 수 있다.

① 계량형 다차원척도법(metric MDS) : 대상 간 실제 측정거리 값이나 유클리드 거리로 나타낸다.

② 비계량형 다차원척도법(non-metric MDS) : 대상 간 실제 측정거리 값이나 유클리드 거리의 절대적인 크기는 무시하고, 크기 순서 등의 순위에 관한 정보만을 이용하여 나타낸다.

데이터 사이의 거리를 2차원 (C1,C2) 공간에 표시하였다. 동일 국가의 데이터들이 가깝게 분포된 것을 볼 수 있으며, 국가별 유사성도 파악할 수 있다.

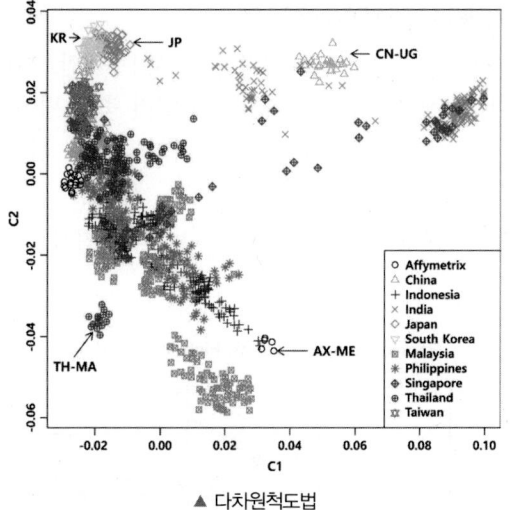

▲ 다차원척도법

➕ 더 알기 TIP

유클리드 거리
두 점 사이의 최단거리를 구하는 식으로 대상 간의 유사도 측정에 주로 사용된다.

두 점 P, Q가 $P(p_1, p_2, \cdots, p_n)$, $Q(q_1, q_2, \cdots, q_n)$으로 정의된다면,
P와 Q사이의 유클리드 거리(d)는 다음과 같이 구할 수 있다.

$$d(P,\ Q) = d(Q,\ P) = \sqrt{(q_1-p_1)^2 + (q_2-p_2)^2 + \cdots + (q_n-p_n)^2}$$
$$= \sqrt{\sum_{i=1}^{n}(q_i-p_i)^2}$$

🎯 개념 체크

1 두 변수 사이의 상관관계를 알아보기 위한 시각화 도구로 적합하지 않은 것은?

① 산점도 ② 히트맵
③ 트리맵 ④ 버블차트

정답 ③

트리맵은 변수 값의 분포를 표현하는데 적합하며, 두 변수 사이의 상관관계를 표현하기는 어렵다.

2 모든 변수의 유사성을 비교해서 유사성이 높은 데이터들은 서로 가까운 곳에 위치시키고, 유사성은 낮은 데이터들은 서로 먼 곳에 위치시키는 시각화 도구는?

① 스캐터 플롯 ② 히스토그램
③ 트리맵 ④ 다차원척도법

정답 ④

다차원척도법은 대상들 간 거리 또는 유사성을 이용하여 원래의 차원(변수의 수)보다 낮은 차원(2차원 또는 3차원)의 공간상에 위치시킴으로써 대상들 사이의 상대적 위치를 통해 유사성을 쉽게 파악할 수 있다.

3 대상 P, Q가 다음과 같이 정의될 때 두 대상 사이의 유클리드 거리를 구하면 얼마인가?

> P = (3, 5, 9, 10), Q = (4, 7, 5, 8)

① 3 ② 4
③ 5 ④ 6

정답 ③

유클리드 거리 $d(Q, P) = \sqrt{(q_1-p_1)^2 + (q_2-p_2)^2 + \cdots + (q_n-p_n)^2}$
$\sqrt{(3-4)^2 + (5-7)^2 + (9-5)^2 + (10-8)^2} = \sqrt{(-1)^2 + (-2)^2 + (4)^2 + (2)^2} = 5$ 이다.

07 공간 시각화

1) 공간 시각화 정의

장소나 지역에 따른 데이터의 분포를 표현하는 것을 공간 시각화라고 하며, 실제 지도나 지도모양의 다이어그램을 배경으로 데이터의 위치를 시각화한다.

예 생태조사 데이터는 특정 식물이나 동물이 서식하는 장소가 나열되어 있다.

예 인구분포 데이터는 시/군/구에 따른 인구 집중도를 시각적으로 보여줄 수 있다.

- 위치와 거리 또는 색상을 이용하여 정보를 표현할 수 있으며, 정확한 투영(projection)이 필요하다.
- 공간시각화는 지형코드화 과정과 매핑과정을 거친다.

① **지형코드화(Geocoding)** : 래스터 이미지를 고쳐 실세계 지도 투영이나 좌표계에 일치시키는 처리과정으로 위도와 경도를 활용하여 지도상의 위치를 표현한다.

② **매핑(Mapping)** : 좌표값을 가진 데이터를 다양한 방법으로 지도에 표시한다.

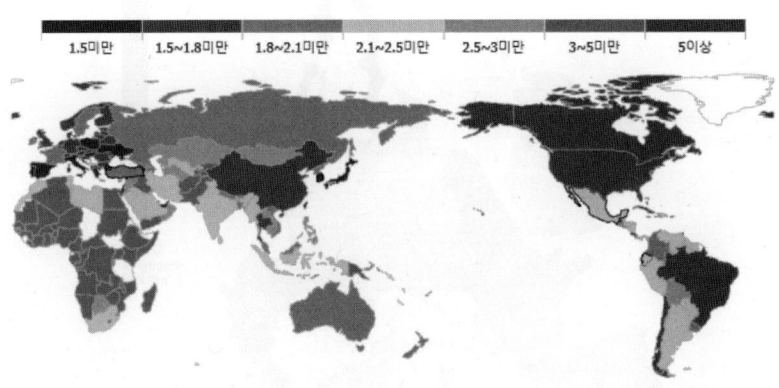

▲ 2020년 국가별 출산율(국가통계포털)

> 래스터 이미지는 작은 점을 무수히 여러 번 찍어 만들어낸 이미지를 말한다. 비트맵 이미지와 같은 의미이며, 디지털카메라로 촬영된 사진, 위성 사진 등이 해당한다.

2) 단계구분도(Choropleth Map)

여러 지역에 걸친 정량 정보를 나타낼 때, 데이터가 분포된 지역별로 색을 다르게 칠한 지도를 단계구분도라고 한다.

- 색으로 밀도를 표현할 때 가장 효과적이며, 보통 밀도가 높은 영역을 진하게 표현하고 밀도가 낮은 영역을 연하게 표현한다.

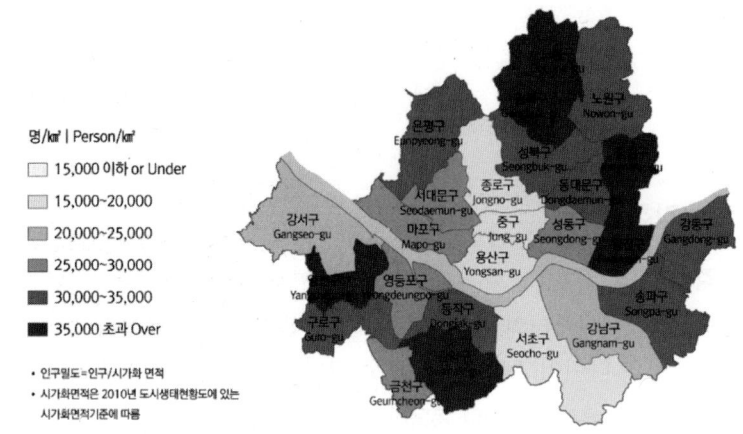

▲ 서울특별시 구별 인구밀도를 표현한 단계구분도

3) 카토그램(Cartogram)

데이터 값의 변화에 따라 지도의 면적을 인위적으로 왜곡(확대 또는 축소)하여 데이터 값에 대한 직관적인 이해가 가능하도록 한 다이어그램이다.

- 단계구분도가 지도상의 데이터 값을 정확하게 표현하는데 반해, 면적이 넓은 지역의 값이 전체를 지배하는 것처럼 보이는 시각적 왜곡이 발생할 수 있다.

비슷한 시각적 왜곡이 단계구분도에서도 발생할 수 있다. 예를 들어, 강릉시가 1단계, 강원도가 2단계라고 색이 칠해져 있을 때, 강원도의 지역이 넓기 때문에 전체가 2단계로 왜곡되어 보일 수 있다.

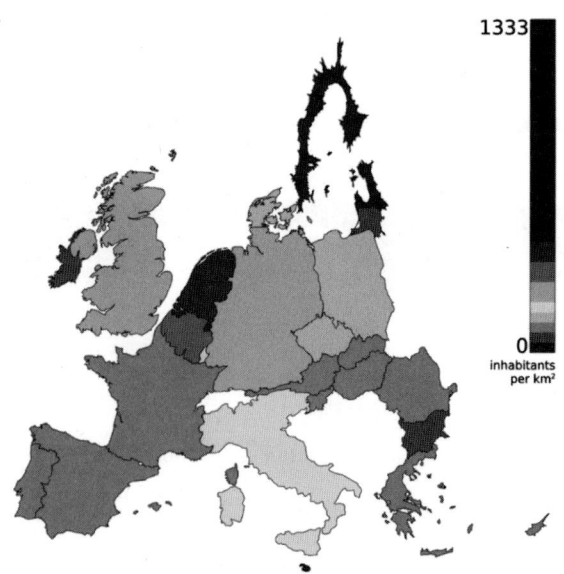

인구밀도가 높은 국가는 더 크게 표현하고, 밀도가 작은 국가는 상대적으로 작게 표현했다.

▲ 유럽국가의 인구밀도를 표현한 카토그램

개념 체크

1 단계구분도에서 면적이 넓은 지역의 값이 전체를 지배하는 현상을 막기 위해 지도의 면적을 인위적으로 확대 또는 축소한 도표는?

① 카토그램
② 히스토그램
③ 버블차트
④ 산점도

정답 ①

카토그램은 단계구분도에서 발생할 수 있는 시각적 왜곡 현상을 줄여준다.

2 A국가의 2020년도 범죄율을 지역별로 비교해서 보여주고자 할 때 적합한 시각화 도구는?

① 다차원척도법
② 단계구분도
③ 평행좌표계
④ 스타차트

정답 ②

단계구분도를 통해서 국가지도위에서 지역별 범죄율을 표시할 수 있다.
다차원척도법은 두 대상 간의 거리를 표현한 것이고, 평행좌표계나 스타차트는 대상의 여러 속성을 한눈에 보일 수 있도록 표현하는 시각화 도구이다.

3 다음 중 카토그램(Cartogram)에 대한 설명으로 가장 옳은 것은?

① 각 지역의 면적을 실제 지리적 면적에 따라 표현하는 지도이다.
② 각 지역의 면적을 특정 데이터 값에 비례하여 변형한 지도이다.
③ 데이터의 변화를 시간에 따라 시각적으로 표현한 그래프이다.
④ 지리적 경계를 사용하지 않고 데이터 포인트 간의 관계를 시각적으로 표현한 그래프이다.

정답 ②

카토그램은 데이터 값을 시각적으로 강조하기 위해 각 지역의 면적을 그 값에 비례하여 변형한 지도이다.

합격을 다지는 예상문제

01 데이터 시각화에 대한 설명 중 가장 거리가 먼 것은?

① 데이터 시각화는 데이터의 특징을 직관적으로 제공한다.
② 탐색적 데이터 분석에서 주로 사용된다.
③ 데이터 사이의 연관관계는 표현하기 어렵다.
④ 수치정보뿐만 아니라 텍스트나 지형정보의 표현도 모두 포함하는 개념이다.

02 데이터 시각화 접근 방법 중 특정 주제의 지리적 분포와 패턴을 나타내는 방법은?

① 주제 지도학
② 통계적 그래픽
③ 인포그래픽
④ 스캐터플롯

03 다음의 개념이 설명하는 것은?

- 복잡한 수치나 글로 표현되어 있는 정보와 지식을 차트, 지도, 다이어그램 등을 활용하여 한눈에 파악할 수 있도록 표현
- 스토리를 통해 정보를 전달하려는 경향이 강함

① 인포그래픽
② 탐색적 데이터 분석
③ 시각적 속성
④ 데이터 추상화

04 다양한 통계적 방법이나 시각화 기법을 통해 자료에 대한 주요 특징을 이해를 하는 방법은?

① 의사결정트리
② 탐색적 데이터 분석(EDA)
③ 연관분석
④ 랜덤 포레스트

05 다음 산점도의 세로축은 인플레이션, 가로축은 실업률 %이다. 이 그림을 통해서 알 수 없는 것은?

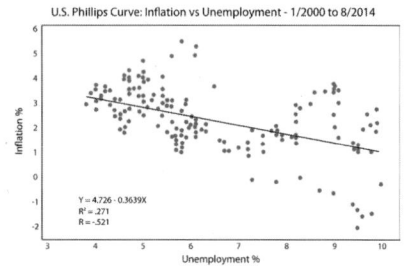

① 인플레이션과 실업률은 음의 상관관계가 있다.
② 대상 기간은 2000년 1월부터 2014년 8월까지다.
③ 시간에 따른 실업률 변화를 알 수 있다.
④ 대상 기간동안 발생한 실업률의 대략적인 범위를 알 수 있다.

06 다음과 같이 사물이나 시설에 대한 안내를 목적으로 단순한 그림을 사용하여 제작한 시각화 도구를 무엇이라고 하는가?

① 인포그래픽
② 픽토그램
③ 하이퍼볼릭 트리
④ 카토그램

07 다음 데이터 유형에 대한 설명 중 맞지 <u>않는</u> 것은?

① 범주형 데이터는 값의 범위가 있는 데이터 유형을 말하며, 값의 집합 형태로 표현된다.
② 숫자를 표현하는 수치형 데이터는 이산형과 연속형으로 구별할 수 있다.
③ 빅데이터 분석은 이산형 데이터를 대상으로 하기 때문에 연속형 데이터는 이산형 데이터로 변환해 주어야 한다.
④ 명목형 데이터에 순서를 매길 수 있을 때 순서형 데이터가 된다.

08 다음 중 그래프에서 표현되는 데이터 값의 범위는 무엇인가?

① 축
② 범례
③ 스케일
④ 스코프

09 차트에 표현되는 기호나 선 등이 어떤 의미인지 설명하기 위해 사용하는 것은 무엇인가?

① 제목
② 범례
③ 스케일
④ 축

10 다음 중 연속형 데이터와 이산형 데이터에 모두 적용할 수 <u>없는</u> 데이터의 시각적 속성은 어느 것인가?

① 위치 속성
② 색 속성
③ 크기 속성
④ 형태 속성

11 다음의 특징을 갖는 시각화 방법은 무엇인가?

- 일정 기간에 걸쳐 진행되는 변화를 표현하기에 적합
- 특정 기업의 매출을 월별로 구분해서 표현

① 막대그래프
② 색누적막대그래프
③ 히스토그램
④ 파이차트

12 다음 누적 막대그래프에 대한 설명으로 가장 거리가 <u>먼</u> 것은?

① 값을 표현하는 하나의 막대에 2개 이상의 변수 값으로 구성된다.
② 시간의 변화에 따른 각각의 변수의 값의 변화를 파악할 수 있다.
③ 막대의 면적이 값을 표현하기 때문에, 굵은 막대를 사용하면 높이를 낮출 수 있다.
④ 막대를 구성하는 각각의 변수는 색이나 패턴 등으로 구별해서 표현한다.

13 다음 시각화 도구 중 지속적으로 변화하는 값을 표현하기 가장 적합한 것은?

① 산점도
② 파이차트
③ 히스토그램
④ 꺾은선 그래프

14 기업의 월별 매출을 보여주는 꺾은선 그래프이다. 다음 중 그래프를 통해서 알 수 <u>없는</u> 것은 무엇인가?

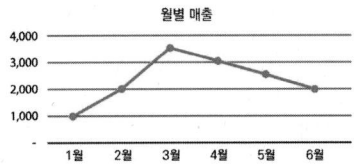

① 1월 매출보다 2월 매출이 증가하였다.
② 3월 매출은 3,000 이상이다.
③ 1월부터 6월까지 매출의 평균은 1,000 이상이다.
④ 3월 이후에는 매출이 일정 비율로 줄어들고 있다.

15 현재월과 전월의 이동평균값을 보여주는 추세선이 포함된 막대그래프에서 설명이 <u>틀린</u> 것은?

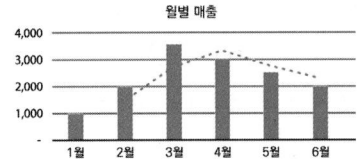

① 3월 매출보다 4월 매출이 감소하였다.
② 4월과 5월 매출액이 같을 경우 4월과 5월 사이의 추세선은 평행선이 된다.
③ 3월-4월 이동평균값보다 4월-5월 이동평균값이 더 낮다.
④ 막대보다 추세선이 위에 있는 경우 전월보다 매출이 감소되었음을 알 수 있다.

16 다음은 무엇을 설명하는 개념인가?

• 막대그래프에서 데이터 값의 변화하는 경향성을 보여주는 직선 또는 곡선
• 다양한 함수를 적용해서 구할 수 있다.

① 추세선   ② 이동선
③ 꺾은선   ④ 경향선

17 다음 데이터 시각화 도구 중 데이터 값의 분포를 표현하는 데 적합하지 <u>않은</u> 것은?

① 히스토그램
② 파이차트
③ 트리맵
④ 평행좌표계

18 다음 (   )안에 들어갈 말로 맞게 짝지어진 것은?

(   )는 데이터 값의 다양한 산출 분포를 보여주는 목록이나 표이다. 주어진 자료를 몇 개의 (   )으로 나누고 데이터 값의 발생 건수를 요약해서 보여준다.

① 히스토그램 – 축
② 도수분포표 – 계급
③ 히스토그램 – 계급
④ 도수분포표 – 축

19 다음은 어떤 데이터 시각화 도구에 대한 설명인가?

• 데이터의 출현 빈도를 오른쪽으로 누적하면서 표시
• 마지막 막대는 전체 데이터의 총 수를 나타냄

① 누적막대그래프
② 누적히스토그램
③ 도수분포표
④ 계단그래프

20 다음 히스토그램에 대한 설명으로 맞지 <u>않는</u> 것은?

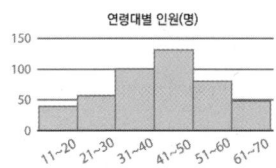

① x축은 기준이 되는 데이터 값의 범위를 표시한다.
② 각각의 막대가 동일한 색을 갖도록 설정해야 한다.
③ 41~50 사이에는 데이터가 100개 이상 존재한다.
④ 10 이하의 값을 갖는 데이터는 무시된다.

21 다음 원그래프에 대한 설명 중 맞는 것은?

① 시간에 따른 추세의 변화를 표현하는데 적합하다.
② 하나의 원을 구성하는 데이터들 사이의 크기를 직관적으로 비교할 수 있다.
③ 전체 원의 크기가 커지면 표현하는 데이터의 값도 커진다.
④ 막대그래프를 누적하여 도넛 모양으로 만든 형태이다.

22 다음 시각화도구에 대한 설명으로 틀린 것은?

① 원그래프는 데이터의 값을 비율로 환산하여 표현한다.
② 누적히스토그램이 오른쪽으로 치우쳐져 있는 경우 데이터는 값이 큰 구간에 몰려 있다.
③ 도넛차트는 조각의 길이로 데이터 값의 크기를 표현한다.
④ 중첩도넛차트는 스타차트로 변환이 가능하다.

23 다음 트리맵에 대한 설명으로 가장 거리가 <u>먼</u> 것은?

① 하나의 사각형 영역에 세부 사각형들의 크기로 데이터 분포를 시각화하여 표현한다.
② 계층형 구조를 가진 데이터를 표현하는 데 유용하다.
③ 사각형을 채우는 색의 밝기를 이용하여 데이터 값을 표현한다.
④ 시도별 인구 분포, 취업자 분포 등 분포 데이터를 표현하는데 유용하다.

24 다음 트리맵에 대한 설명으로 <u>잘못된</u> 것은?

▲ 시도별 인구 분포 트리맵

① 각 시도별 인구의 크기와 박스의 크기는 비례한다.
② 가장 크기가 큰 값을 가로 직사각형으로 우선 배치한다.
③ 전체 데이터에서 특정 영역의 값이 차지하는 비중을 직관적으로 보여준다.
④ 트리맵은 계층형 구조를 표현할 수 있다.

25 2개 이상의 변수사이의 관계를 표현하는데 적합하지 <u>않은</u> 시각화도구는?

① 산점도
② 버블차트
③ 히트맵
④ 히스토그램

26 다음 데이터 시각화 도구에 대한 설명으로 맞지 않는 것은?

① 누적영역차트는 값의 분포를 표현하는데 적합하지만 한 집단의 경향성을 알아보기는 어렵다.
② 막대그래프는 시간에 흐름에 따른 데이터의 변화를 보여주는데 적합하다.
③ 히스토그램은 일정한 간격으로 구분된 구간에 대해 데이터의 분포를 표현하는데 적합하다.
④ 산점도는 시간축(x)과 값축(y)으로 구성되며 연속형 데이터를 표현하는데 적합한다.

27 다음 중 산점도(스캐터플롯)에 대한 설명으로 거리가 먼 것은?

① 점들의 분포에 따라 집중도를 확인할 수 있다.
② 점의 크기, 형태, 색상 등을 다르게 할 수 있다.
③ 2차원으로 표현되기 때문에 2개 이상의 변수에 대한 비교는 어렵다.
④ 관계 추정을 위해 추세선을 추가할 수 있다.

28 다음 산점도(스캐터플롯)에 대한 설명으로 거리가 먼 것은? (가로 축은 기온, 세로 축은 습도를 나타냄)

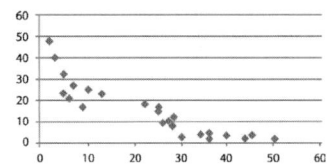

① 기온과 습도를 여러 번 측정한 결과를 표현한다.
② 여러 장소에서 동시에 측정한 결과를 표현한다.
③ 기온이 높을수록 습도가 낮아짐을 알 수 있다.
④ 시간의 변화에 따른 습도의 변화를 표현하지는 못한다.

29 다음 산점도(스캐터플롯)에 대한 설명으로 거리가 먼 것은?

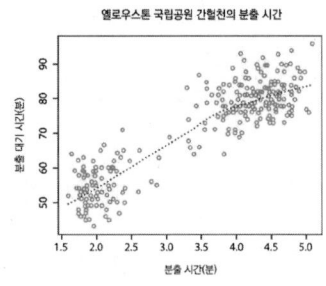

① 분출 대기시간이 클수록 분출 시간이 길어진다.
② 추세선은 분출시간과 분출대기시간 간에 양의 상관관계가 있음을 보여준다.
③ x축과 y축을 바꾸면 그래프가 음의 상관관계로 변경된다.
④ 분출시간과 분출대기시간 간에 특정 구간에서 집중도가 있음을 보여준다.

30 버블차트에 대한 설명으로 거리가 먼 것은?

① 가로축, 세로축, 버블의 크기 등 3개 변수 값을 하나의 그래프로 표현한다.
② 버블의 면적은 값의 크기에 비례한다.
③ 국가나 지역에 따른 값의 분포를 표현하는데 매우 유리한다.
④ 버블이 서로 겹치지 않도록 표현해야 한다.

31 히트맵에 대한 설명으로 거리가 먼 것은?

① 2차원 평면에서 2개 변수 사이의 관계를 온도(색)으로 표현한 그래프이다.
② 관계시각화나 비교시각화를 위한 도구로 사용된다.
③ 데이터 값의 크기를 색, 명도, 채도를 달리하는 방법으로 표현한다.
④ 주로 이산형 데이터의 관계 표현에 적합하며, 연속형 데이터 값의 변화를 표현하기는 어렵다.

32 체르노프 페이스에서 데이터 표현을 위해 사용되는 요소로 거리가 먼 것은 무엇인가?

① 얼굴형
② 눈동자 색
③ 코의 크기
④ 귀의 높이

33 다음 보기에서 설명하는 데이터 시각화 도구는 무엇인가?

> • 모든 변수를 비교해서 비슷한 대상을 그래프 상에서 가깝게 배치
> • 대상들 사이의 상대적 위치를 통해 유사성을 쉽게 파악할 수 있음

① 다차원척도법
② 산점도
③ 평행좌표계
④ 스타차트

34 다음 스타차트에 대한 설명으로 틀린 것은?

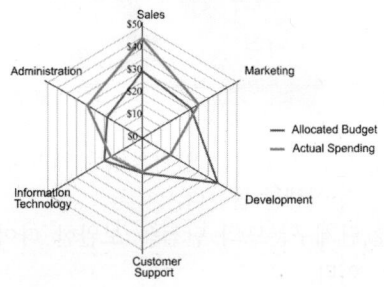

① 배정된 예산(Budget)과 실제 지출(Spending)을 항목별로 비교해서 보여준다.
② 예산과 지출의 차이가 없는 항목은 고객지원(Customer Support)이다.
③ 예산 표현하는 육각형의 내부 면적을 구하면 예산 총액을 알 수 있다.
④ Sales 부서의 예산 대비 지출은 증가하였다.

35 데이터 시각화 도구 중 공간시각화와 가장 거리가 먼 것은?

① 단계구분도
② 카토그램
③ 버블차트
④ 히스토그램

36 100명의 고객의 특성을 분석하여 서로 유사한 고객을 2차원 평면에 가까이 배치하여 보여주고자 한다. 이때 고객사이의 유사도를 가장 잘 보여줄 수 있는 것은?

① 다차원척도법
② 산점도
③ 버블차트
④ 평행좌표계

37 다차원척도법에 대한 설명으로 틀린 것은?

① 대상이 10개인 경우 50개의 거리 값이 존재한다.
② 대상들을 2차원 또는 3차원 평면상에 위치시킨다.
③ 대상들 사이의 집단화 경향을 파악할 수 있다.
④ 실제 측정거리 값이 없어도 대상들 간의 순서를 이용해서 위치를 표시할 수 있다.

38 시각화 도구와 방법이 잘못 연결된 것은?

① 비교시각화 – 히트맵
② 공간시각화 – 카토그램
③ 관계시각화 – 산점도
④ 시간시각화 – 파이차트

39 여러 지역에 걸친 정량정보를 표현할 때, 데이터가 분포된 지역별로 색을 다르게 칠한 지도를 무엇이라고 하는가?

① 단계구분도
② 카토그램
③ 히트맵
④ 파이차트

40 다음 데이터 시각화 방법에 대한 설명 중 맞지 않는 것은?

① 단계구분도는 면적이 넓은 지역의 값이 전체를 지배하는 것처럼 보이는 시각적 왜곡이 발생할 수 있다.
② 공간시각화는 실제 지도나 지도모양의 다이어그램을 배경으로 데이터의 위치를 시각화한다.
③ 스타차트가 하나의 대상에 대해 표현하는 반면에 평행좌표계는 여러 개의 대상을 한 번에 표현할 수 있다.
④ 히트맵은 여러 변수와 다수의 대상에 대해 하나의 표 형태로 표현할 수 있다.

41 다음 데이터 시각화 방법과 대표적 도구의 연결 중에서 가장 거리가 먼 것은 어느 것인가?

① 시간시각화 – 파이차트
② 분포시각화 – 누적연속그래프
③ 비교시각화 – 히트맵
④ 공간시각화 – 카토그램

42 데이터 시각화에 대한 다음 설명 중 가장 거리가 먼 것은 어느 것인가?

① 데이터 시각화는 분석된 결과를 해석하는 대표적인 방법이다.
② 데이터 값을 시각적 속성으로 변환하고 그래프로 표현한다.
③ 누적막대그래프는 연속형 데이터를 표현하는데 적합하다.
④ 데이터 시각화를 통해서 데이터의 이상치를 효율적으로 발견할 수 있다.

43 다음 그림은 제21대 총선에서 지역구별 선출된 정당 분포를 보여주는 카토그램이다. 해당 설명으로 옳지 않은 것은?

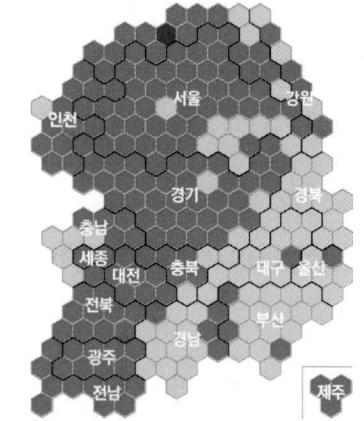

① 지도의 면적을 인위적으로 왜곡하여 직관적 이해를 돕는다.
② 단계구분도의 단점을 보완한 다이어그램이다.
③ 값이 없는 지역은 지도에서 표시되지 않을 수도 있다.
④ 득표율이 높은 지역의 크기가 더 크게 표현된다.

합격을 다지는 예상문제 정답 & 해설

SECTION 02

01 ③	02 ①	03 ①	04 ②	05 ③
06 ②	07 ③	08 ③	09 ②	10 ④
11 ①	12 ③	13 ④	14 ④	15 ②
16 ①	17 ④	18 ②	19 ②	20 ②
21 ②	22 ②	23 ③	24 ②	25 ④
26 ④	27 ③	28 ②	29 ③	30 ④
31 ④	32 ②	33 ①	34 ③	35 ④
36 ①	37 ①	38 ④	39 ①	40 ②
41 ①	42 ③	43 ④		

01 ③
데이터 시각화는 그래픽적인 도구를 이용하여 데이터의 의미, 관계, 차이, 분포 등을 선명하게 표현한다.

02 ①
주제 지도학은 특정 주제의 지리적 분포와 패턴을 지도 형태로 표현하는 방법이다.

03 ①
인포그래픽은 복잡한 수치나 글로 표현되어 있는 정보와 지식을 차트, 지도, 픽토그램, 다이어그램, 일러스트레이션 등을 활용하여 한눈에 파악할 수 있도록 시각적으로 표현하는 것으로, 설득형 메시지를 전달하기 위해서 주로 사용되며, 정보를 빠르고 분명하게 표현하는 것에 중심을 둔다.
데이터 시각화가 전문 영역에서 활용되는 반면 인포그래픽은 일반인을 대상으로 특정 정보와 메시지를 전달하기에 적합하다.

04 ②
탐색적 데이터 분석은 주어진 자료에 대해서 통계나 시각화 도구 등 다양한 탐색기법을 이용해 자료에 대한 충분한 이해를 하는 방법이다.

05 ③
산점도는 두 변수 간의 관련성을 보여주는 것으로 시간에 따른 각 변수 값의 변화를 보여주지 못한다. 시간에 따른 실업률 변화를 보여주기 위해서는 가로축을 시간, 세로축을 실업률로 하는 막대그래프, 선그래프, 산점도 등을 사용해야 한다. x축의 가장 왼쪽 점이 실업률의 최소값, 가장 오른쪽 점이 실업률 최고값을 보여주고 이를 바탕으로 실업률의 대략적인 범위를 알 수 있다.

06 ②
픽토그램(Pictogram) : 그림을 뜻하는 picto와 전보를 뜻하는 텔레그램(telegram)의 합성어로 사물, 시설, 행위 등을 누가 보더라도 그 의미를 쉽게 알 수 있도록 만들어진 그림문자이다.

07 ③
이산형과 연속형은 수치형 데이터의 유형을 구분하는 것이며, 빅데이터 분석은 모든 데이터를 분석 대상으로 한다.

08 ③
스케일은 그래프에 표현되는 데이터 값의 범위를 말하며, 각각의 축에 일정한 간격을 가지고 표시된다.

09 ②
범례는 차트에 표현되고 있는 기호나 선 등이 어떤 의미인지 설명하는 역할을 한다.

10 ④
형태 속성은 삼각형, 원, 사각형 등 각각의 독립된 모양으로 데이터를 표현하는 것으로 연속형 데이터를 표현하기에 적합하지 않다.

11 ①
막대그래프는 시간축과 값축으로 구성되며, 일정 기간에 걸쳐 진행되는 값의 변화를 표현하기에 적합하다.

12 ③
막대그래프에서 굵기는 데이터 값과 상관이 없다.

13 ④
꺾은선 그래프는 시간에 따라 변화하는 데이터를 비교해서 표현하는데 적합한 시각화도구이다. 산점도는 두 변수간의 관계를 표현하기에 적합하고, 파이차트는 데이터의 각 값들이 차지하는 비율, 히스토그램은 구간별 데이터 분포를 표현하는데 적합하다.

14 ④
3월 이후부터 매출이 일정한 값만큼 줄어들고 있다.

15 ②
4월의 이동평균값은 3월과 4월 매출의 평균이고, 5월의 이동평균값은 4월과 5월 매출의 평균이기 때문에, 추세선이 평행선으로 나타나기 위해서는 3월, 4월, 5월의 매출이 동일해야 한다.

16 ①
추세선은 데이터 값의 즉각적인 변화보다는 변화하는 경향성을 보여주는 직선 또는 곡선을 말한다.

17 ④
평행좌표계는 스타차트처럼 하나 이상의 대상에 대한 특징을 보여주는 것으로 데이터 값을 분포를 표현하기에는 적합하지 않다.

18 ②
도수분포표는 주어진 자료의 범위를 몇 개의 구간(계급)으로 나누고 해당 구간의 데이터 값의 빈도를 표시하는 표이다.

19 ②
누적히스토그램은 히스토그램의 각 구간의 값을 누적시켜서 표현한다. 따라서, 데이터의 출현 빈도를 오른쪽으로 누적하면서 표시하며 마지막 막대는 전체 데이터의 총 수를 나타낸다.

20 ②
히스토그램은 동일한 폭을 갖도록 하는 것이 중요하며, 색을 통일할 필요는 없다.

21 ②
원그래프(파이차트)는 구성하는 데이터들 사이의 비율로 원을 조각내어 표현하기 때문에 구성요소 사이의 직관적인 비교가 가능하다. 원의 크기와 데이터의 값은 무관하며, 막대그래프를 누적하여 도넛 모양으로 만든 형태는 도넛 차트이다.

22 ②
누적히스토그램은 데이터 값의 분포에 상관없이 항상 오른쪽으로 치우쳐 있다. 중첩도넛차트는 2개 이상의 변수에 대해서 구성하는 값의 비율을 여러 개의 도넛을 겹친 형태로 표현한 것으로, 변수를 구성하는 값의 분류를 축으로 하는 스타차트로 변환할 수 있다.

23 ③
사각형의 크기를 이용해서 데이터 값을 표현한다.

> **오답 피하기**
> • 색의 밝기를 이용하는 것은 히트맵이다.

24 ②
트리맵은 사각형의 크기를 이용해서 데이터 값을 표현하며, 사각형의 모양과 색상은 값과 관련이 없다. 또한, 하나의 박스 내에 하위 분류를 적용해서 맵을 구성할 수 있기 때문에, 계층형/트리 구조를 표현하는 데 유용하다.

25 ④
관계 시각화는 데이터 사이의 관계를 시각적으로 표현한다. 데이터 집합에 존재하는 2개 이상의 변수 사이의 관계를 산점도, 버블차트, 히트맵 등의 그래프를 사용해서 표현한다. 히스토그램은 분포 시각화 도구이다.

26 ④
산점도는 두 변수의 값을 2차원 좌표계를 활용하여 점으로 표시한 것으로 이산적 분포를 보이는 점들의 집합이 모여서 두 변수 사이의 관계를 표현한다.

27 ③
산점도는 3차원으로 표현할 수도 있다.

28 ②
보기의 그래프는 장소에 대한 구별이 어려우며, 장소에 따라 점의 색이나 모양을 다르게 하면 여러 장소에서 측정한 결과값을 구별하여 표현할 수 있다.

29 ③
x축과 y축을 바꾸더라도 오른쪽 및 위쪽에 큰 값이 위치하기 때문에, 그래프가 보여주는 상관관계를 변하지 않는다.

30 ④
x, y 값이 유사하여 서로 근접하게 위치하는 경우 버블이 겹칠 수도 있다.

31 ④
히트맵은 관계시각화 및 비교시각화를 위한 도구이며, 이산형 데이터나 연속형 데이터 모두 표현이 가능하다.

32 ②
체르노프 페이스에서 눈은 높이와 너비를 사용한다.

33 ①
다차원 척도법은 모든 변수를 비교해서 비슷한 대상을 그래프 상에 가깝게 배치하는 방법으로 대상들 간의 거리 또는 유사성을 이용하여 원래의 차원(변수의 수)보다 낮은 차원의 공간상에 위치시킴으로써 대상 간의 유사성을 쉽게 파악할 수 있다.

34 ③
예산 총액은 6개 항목에 대응하는 예산 값을 모두 더한 것이다.

35 ④
버블차트는 관계시각화의 대표적인 도구이지만, 지도와 함께 사용될 때 공간시각화 도구로 사용될 수 있다. 히스토그램은 변수의 구간 폭에 대해서 데이터의 분포정도를 표현하는 도구로 분포시각화에 주로 사용된다.

36 ①
다차원 척도법은 객체간 근접성을 시각화하는 통계기법으로 모든 변수를 비교해서 비슷한 대상을 그래프 상에 가깝게 배치하는 방법이다.

37 ①
다차원척도법에서 대상이 n개인 경우 거리 값은 n(n-1)/2 개가 존재한다. 대상이 10개인 경우
10*9/2 = 45 즉, 45개가 존재한다.

38 ④
파이차트는 분포시각화를 위한 도구로 시간에 따른 데이터의 변화를 보여주지는 못한다.

39 ①
여러 지역에 걸친 정량 정보를 나타낼 때, 데이터가 분포된 지역별로 색을 다르게 칠한 지도를 단계구분도라고 한다.

40 ③
스타차트도 여러 개의 대상을 하나의 차트에 동시에 표현할 수 있다.

41 ①
시간시각화의 대표적인 도구는 막대그래프, 점/선그래프이며, 파이차트는 분포시각화의 대표적인 도구이다.

42 ③
누적막대그래프는 이산형(분절형) 데이터를 표현하는데 적합하다.

43 ④
지역의 크기는 투표권이 많은 지역을 크게 표현하고 있으며, 영역의 크기는 득표율과 상관이 없다.

SECTION 03 분석결과 활용

빈출태그 분석 방법론・계획수립・적용・보고서 작성・모니터링・리모델링

01 분석모형 전개

1) 빅데이터 분석 방법론

빅데이터 분석을 위한 방법론은 데이터마이닝을 위한 방법론을 프로젝트 특성에 맞추어 적용한다. 대표적인 데이터마이닝 방법론으로는 CRISP-DM, SEMMA, KDD 등이 있으며, 한국데이터산업진흥원에서는 빅데이터 분석 프로젝트를 위한 참조모델을 제시하고 있어, 이 모델을 각 프로젝트의 상황에 맞추어 적용할 수 있다.

- 빅데이터 분석 방법론 참조모델(데이터산업진흥원)은 데이터 분석 프로젝트를 위해 표준적으로 적용할 수 있는 프로세스를 5단계로 정리해서 보여준다.

① **분석기획(Planning)** : 분석하려는 비즈니스를 이해하고 분석 목표와 범위를 설정하는 단계이다. 비즈니스 이해 및 범위 설정, 프로젝트 정의 및 계획 수립, 프로젝트 위험계획 수립 등의 작업을 수행한다.

② **데이터 준비(Preparing)** : 프로젝트에 필요한 데이터의 범위와 요건을 정의하고 기준에 맞도록 데이터를 수집, 가공, 준비한다. 필요데이터 정의, 데이터 스토어 설계, 데이터 수집 및 정합성 점검 등의 작업을 수행한다.

③ **데이터 분석(Analyzing)** : 준비단계에서 확보된 데이터를 이용하여 다양한 분석 작업을 수행한다. 분석용 데이터 준비, 텍스트 분석, 탐색적 분석, 모델링, 모델 평가 및 검증, 모델적용 및 운영방안 수립 등의 작업을 수행한다.

④ **시스템 구현(Developing)** : 개발된 분석 모델을 운영중인 시스템에 적용하거나 프로토타입을 구현할 필요성이 있는 경우 이 단계를 진행한다. 단순한 분석과제에서는 생략할 수 있다. 설계 및 구현, 시스템 테스트 및 운영 등의 작업을 수행한다.

⑤ **평가 및 전개(Deploying)** : 모델의 성능을 유지하고 주기적으로 개선하는 노력을 하기 위해 모델발전계획을 수립하고 프로젝트의 성과를 정량적, 정성적으로 평가하고 최종 보고서를 작성한 후 프로젝트를 종료한다.

> **기적의 TIP**
> 앞서 나왔던 내용들을 바탕으로 쉽게 이해하자.

> **기적의 TIP**
> 빅데이터 분석 방법론 참조모델과 CRISP-DM, KDD, SEMMA 분석방법론에 대한 자세한 내용은 PART 01 - CHAPTER 02 데이터 분석 계획 부분을 참고한다.

2) CRISP-DM

CRISP-DM(Cross Industry Standard Process for Data Mining) 방법론은 1996년 유럽연합의 ESPRIT 프로젝트에서 시작한 방법론으로 총 6단계로 구성되며, 빅데이터 프로젝트에서 보편적으로 쓰인다.

① 비즈니스 이해(Business Understanding) : 비즈니스 관점에서 프로젝트의 목적과 요구사항을 이해하기 위한 단계이다.

② 데이터 이해(Data Understanding) : 분석을 위한 데이터를 수집하고 분석 대상이 되는 데이터의 속성을 이해하고 인사이트를 발견하는 단계이다.

③ 데이터 준비(Data Preparation) : 수집된 데이터에서 분석기법에 적합한 데이터 셋을 편성하는 단계이다.

④ 모델링(Modeling) : 분석을 위한 다양한 모델링 기법과 알고리즘을 선택하고 테스트를 통해 최적화해 나가는 단계이다.

⑤ 평가(Evaluation) : 모델링 단계에서 만들어진 분석모델이 프로젝트의 목적에 부합하는지를 평가하는 단계이다.

⑥ 전개(Deployment) : 완성된 모델을 실제 업무 현장에 적용하는 단계로 전개 계획 수립, 모니터링과 유지보수 계획 수립, 프로젝트 종료 관련 프로세스로 구성된다.

- SEMMA(Sampling Exploration Modification Modeling Assessment) 방법론은 SAS사의 주도로 통계적 분석에 중심을 두고 있는 방법론으로 샘플링(Sample), 탐색(Explore), 전처리(Modify), 모델링(Model), 평가(Assess)의 총 5단계로 구성된다.
- KDD(Knowledge Discovery in Database) 방법론은 1996년 Fayyard가 정리한 데이터마이닝 프로세스로, 주로 데이터베이스 중심 시스템을 대상으로 적용된다. 데이터 추출(Select), 전처리(Preprocessing), 변환(Transformation), 데이터마이닝(Data Mining), 해석/평가(Interpretation/Evaluation)의 5단계로 구성된다.

3) 전개(Deployment) 단계의 역할

모델의 전개는 개발된 모델을 적용하여 결과를 확인하고 계속적인 관리를 위한 방법을 제시하는 단계로 방법론에 따라 명확하게 포함되지 않는 경우도 있지만 빅데이터 분석 프로젝트가 성공적으로 완료되기 위해 꼭 필요한 프로세스이다.

- 개발된 모델의 성능은 실제 동작하는 운영 데이터의 특성과 품질에 따라 많은 영향을 받기 때문에 이를 주기적으로 모니터링하고 성능 개선을 위한 노력을 기울여야 한다.

모델의 전개 단계에서 주로 이루어지는 작업은 다음과 같다.

① **분석결과 활용 계획 수립** : 빅데이터 분석 결과를 어떻게 업무에 반영할 것인지에 대한 액션 플랜을 만들고 업무 성과를 지속적으로 모니터링 할 수 있는 방안을 수립한다.

② **분석결과 적용과 보고서 작성** : 분석 모델과 결과를 업무 현장에 적용하고 업무 데이터베이스 시스템 일부로 포함한다. 성과 측정 지표에 따라 분석 성과를 측정하고 개선 계획을 수립한다.

③ **분석모형 모니터링** : 빅데이터 분석이 끝나면 각 현업부서에서 분석 결과를 활용하게 되는데, 이때 이전에 수립한 활용방안이 계획대로 잘 수행되고 있는지 모니터링 한다.

④ **분석모형 리모델링** : 분석 모형이 변화된 업무와 데이터를 지속적으로 수용할 수 있도록 데이터 품질 검토, 알고리즘 개선, 매개변수 최적화 등 리모델링 과정을 진행한다.

개념 체크

1 빅데이터 분석 참조모델의 전개 단계에서 수행하는 활동으로 맞는 것은?

① 분석데이터 수집
② 분석모형 구축
③ 분석모형 리모델링
④ 분석데이터 탐색

정답 ③

잘 구축된 분석 모형이라도 시간이 지남에 따라 데이터가 변함으로써 성능이 떨어질 수 있으며, 분석 모형의 성능을 유지하기 위해서 데이터 품질 관리, 알고리즘 개선, 매개변수 최적화 등 주기적인 모니터링과 리모델링을 과정을 진행한다.

2 빅데이터 분석 방법론에서 완성된 분석 모델을 현장에 적용하는 단계로 분석 모형의 모니터링과 리모델링 과정이 수행되는 단계는?

① 데이터 분석기획 단계
② 데이터 준비 단계
③ 시스템 구현 단계
④ 평가 및 전개 단계

정답 ④

평가 및 전개 단계에서는 분석 모형의 생명주기를 설정하고 주기적인 평가를 실시하여 모형을 유지보수하거나 재구축을 위한 방안을 마련한다.

02 분석결과 활용 계획 수립

1) 분석결과 활용 계획 수립 개요

빅데이터 분석 결과를 어떻게 업무에 반영할 것인지에 대한 액션 플랜을 만들고 업무 성과를 지속적으로 모니터링 할 수 있는 방안을 수립한다.

- 활용 계획의 경우 분석 목표를 설정할 때 함께 고려되지만, 분석 모델과 결과가 어느정도 완성되면 구체화된 활용계획을 수립하고 적용한다.
- 빅데이터 분석 모델을 성공적으로 도입하더라도 지속적으로 모니터링하고 분석결과를 현업에서 적극적으로 활용해야 하며 계획대로 잘 수행되고 있는지 모니터링해야 한다.
- 빅데이터 관련 정보화 부서와 현업 부서 구성원의 빅데이터 분석 및 활용에 대한 이해를 제고하기 위해 내·외부 교육 훈련 방안을 수립한다.
- 분석모델을 기관 내외부에서 지속적으로 활용하고 발전시킬 수 있도록 기관간 데이터 연계, 데이터 통합, 분석 결과 활용 내용을 포함한 확산 계획도 고려하여 방안을 수립한다.

2) 분석결과 활용 시나리오 개발

빅데이터 분석 과제를 계획하는 단계에서 활용 방안을 미리 수립하게 되며, 전개 단계에서는 계획단계에서 수립된 활용 방안을 시나리오 수준까지 구체화한다.

- 과제 수행 후 분석 결과를 즉시 적용할 수 있는 단계 활용계획을 제시할 수 있어야 하며, 중장기 활용계획도 수립하고 상세화 해야한다.

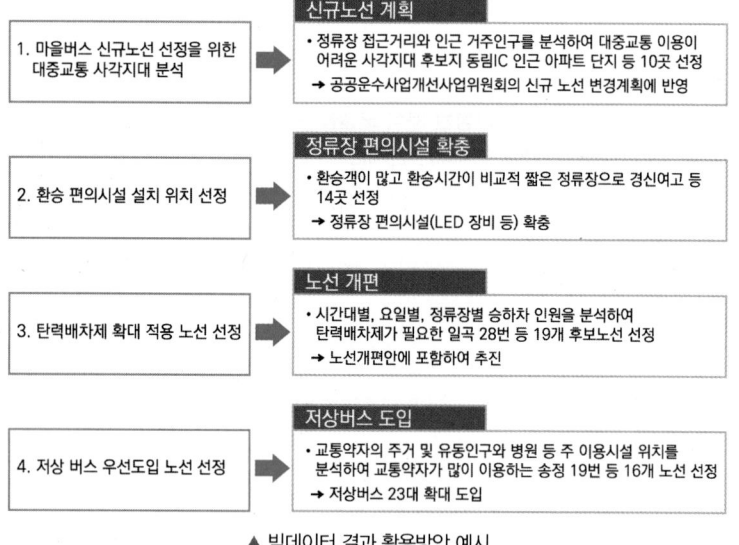

▲ 빅데이터 결과 활용방안 예시

3) 업무 적용 및 효과 검증

빅데이터 분석 결과 활용 시 기대되는 성과를 조직 내에서 충분히 공유하여 빅데이터 활용에 대한 분위기를 조성한다.

- 실무자들에게 분석 결과에 대한 전반적인 내용을 이해시키고, 빅데이터 분석을 통해 도출된 결과물을 제시한다.
- 실무자는 실제 업무를 수행하는 과정에서 분석 결과를 업무에 활용한다.
- 조직의 빅데이터 활용 효과를 지속적으로 검증하기 위해 빅데이터 장·단기 활용 계획이 우선적으로 수립되어 있어야 하며, 활용효과 측정을 위한 성과지표도 마련되어 있어야 한다.
- 분석 결과가 조직의 성과 향상을 위해 활용되는지, 분석 결과 활용 전후로 업무가 개선되었는지 등 빅데이터 분석 효과성을 점검한다.

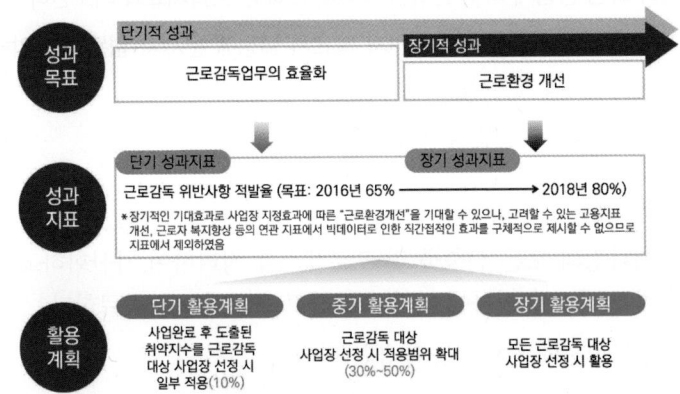

▲ 분석모델 장단기 활용계획의 예(출처: 공공 빅데이터 업무적용 가이드, 한국정보화진흥원)

> 데이터 기반 의사결정 문화를 바탕으로 명확한 목표와 전략, 지속적인 검증 및 개선 노력이 필요하다.

🎯 개념 체크

1 분석결과 활용 계획 수립 시 고려하지 않아도 되는 것은?

① 분석결과 활용 시 기대되는 성과를 조직 내에서 공유한다.
② 기관간 데이터 연계, 데이터 통합, 분석 결과 활용 내용을 포함한 확산 계획도 고려한다.
③ 현업 부서를 포함한 내외·부 교육방안을 수립한다.
④ 차기 분석 프로젝트 주제를 도출한다.

정답 ④

분석결과 활용계획은 해당 프로젝트의 성과를 극대화하는 방안에 집중한다.

2 빅데이터 분석 방법론의 전개 단계에서 분석결과 활용 시나리오를 구체화하는 과정은?

① 분석결과 활용 계획 수립
② 분석결과 적용과 보고서 작성
③ 분석모형 모니터링
④ 분석모형 리모델링

정답 ①

분석결과 활용 계획 수립 과정에서는 빅데이터 분석 결과를 어떻게 업무에 반영할 것인지에 대한 액션 플랜을 만들고 업무 성과를 지속적으로 모니터링 할 수 있는 방안을 수립한다. 또한, 빅데이터 분석 과제를 계획하는 단계에서 수립된 활용 방안을 시나리오 수준까지 구체화한다.

03 분석결과 적용과 보고서 작성

1) 분석결과 적용과 성과평가

- 빅데이터 분석 결과 활용 시 기대되는 성과를 조직 내에서 충분히 공유하고 실무자들에게 분석 결과에 대한 전반적인 내용을 이해시키고 실제 업무에 적용하는 방법 및 활용 방안을 모색한다.
- 실무자가 분석 결과를 업무에 어떻게 적용하였는지 확인하고 개선해야할 사항이 있으면 분석모델 리모델링에 반영할 수 있도록 한다.
- 분석기획단계에서 설정된 기준에 따라 프로젝트의 성과를 정량적, 정성적으로 평가하고 프로젝트 성과 평가서를 작성한다.

① 성과를 측정할 항목을 정하고, 항목에 따라 측정식, 측정주체, 기간, 주기를 결정한다.
② 계획된 성과 측정 방법에 따라 성과를 측정하고 예상 성과지표와 비교한다.
③ 실제 성과가 목표치보다 부족하면 먼저 목표치 설정에 문제가 없는지 파악하고, 문제가 없다면 분석과제의 개선사항을 검토한다.
④ 성과 평가를 문서화하고 관련 부서 및 조직과 공유한다.

2) 최종보고서 작성

프로젝트 진행과정의 모든 산출물 및 프로세스를 정리하여 자산화하고 최종보고서를 작성하여 의사소통 절차에 따라 보고하고 프로젝트를 종료한다.

프로젝트 최종보고서에 포함되는 내용은 다음과 같다.

① 프로젝트 개요 : 목표, 범위, 일정, 비용
② 프로젝트 수행 조직
③ 프로젝트 단계별 산출물 요약
④ 성과평가 결과
⑤ 모니터링 및 개선 계획

개념 체크

1 분석 프로젝트 최종보고서에 포함되는 내용으로 적절하지 않은 것은?
① 프로젝트 단계별 산출물 요약
② 분석 모델 성능평가 결과
③ 모니터링 및 개선 계획
④ 프로젝트 참여인원의 인사평가 결과

정답 ④

최종보고서에는 프로젝트와 직접 관련된 사항만 포함하도록 한다.

2 프로젝트 성과 평가를 위해 고려해야 하는 사항과 거리가 먼 것은?

① 성과 홍보 방안
② 성과 측정 주체
③ 성과 측정 기간
④ 성과 측정 항목

정답 ①

성과를 측정할 항목을 정하고, 항목에 따라 측정식, 측정주체, 기간, 주기를 결정한다.

04 분석모형 모니터링

1) 분석 모니터링 필요성

주변 환경과 데이터의 변화를 빅데이터 분석 모델에 지속적으로 반영하기 위해 분석 모형을 지속적으로 모니터링하고 리모델링 해야 한다.

- 빅데이터 분석이 끝나면 각 현업부서에서 분석 결과를 활용하게 되는데, 이때 이전에 수립한 활용방안이 계획대로 잘 수행되고 있는지 모니터링 한다.
- 분석 서비스의 안정적인 운영과 현행화된 데이터의 수집, 저장, 관리, 분석 결과의 활용 및 성과 공유 등을 위해 유지관리가 필요하다.
- 조직의 담당자는 과제 종료 이후 제공되는 서비스 내용을 기반으로 유지관리 체크리스트를 활용하여 세부 유지관리 사항을 구체화하여 점검한다.

2) 분석 모니터링 대상

- 빅데이터 분석은 한 번에 끝나는 프로젝트가 아니라 지속적인 모니터링과 유지관리가 매우 중요하다.
- 조직은 모니터링 및 유지관리를 위한 목표를 수립하고 필요한 활동을 도출한 후 각 활동별 투입공수를 산정하여 유지관리 예산을 수립/집행한다.

① 분석 모니터링의 주요 대상

- 서비스 : 분석과제 발굴, 활용방안 마련, 성과관리 등
- 분석모델 : 분석 알고리즘 주기, 변수, 소스(데이터 원천) 등
- 데이터 : 현 시점의 현행화 데이터 확인

② 분석 서비스 유지관리의 주요 대상

- 정책/제도 : 조직의 정책/제도 개발 및 적용
- 업무 : 신규 업무 반영, 기존 업무 업그레이드
- 관련 시스템 : 관련 시스템 변경 사항 반영
- 인력 : 업무역량, 책임과 역할, 교육훈련 등

> **개념 체크**
>
> **1** 분석 서비스의 안정적인 운영과 현행화된 데이터의 수집, 저장, 관리, 분석 결과의 활용 및 성과 공유 등을 위해 유지관리 하는 활동은?
> ① 데이터 분석기획　　　　　② 빅데이터 모델링
> ③ 모니터링 및 개선 계획 수립　④ 분석 결과 해석
>
> 정답 ③
>
> 주변 환경과 데이터의 변화를 빅데이터 분석 모델에 지속적으로 반영하기 위해 분석 모형을 지속적으로 모니터링하고 리모델링 해야 한다.
>
> **2** 분석 모니터링의 주요 대상으로 적절하지 않은 것은?
> ① 분석 과제 발굴　　　　　② 분석알고리즘 성능
> ③ 현 시점의 현행화 데이터　④ 분석 참여 인력
>
> 정답 ④
>
> 분석 모니터링은 분석 목표, 과제, 성능, 데이터 등을 집중해서 관찰하며, 정책 및 제도, 인력의 변화 등은 서비스 유지보수 활동 포함된다.

05 분석모형 리모델링

1) 분석모형 리모델링 과정

- 분석 서비스 운영과정에서 지속적으로 새로운 데이터가 들어오고 정책이나 환경이 변화함으로써 분석 모델의 성능이 떨어질 수 있으며, 최악의 경우 전혀 다른 결과를 생성하기도 한다.
- 분석 모형 리모델링을 위해서 데이터의 수집, 전처리, 분석 방법론, 분석 결과까지 과제 전반에 대하여 보완하거나 새롭게 추가할 사항을 정리하여 개선방안을 도출한다.
- 도출된 개선 방안을 기반으로 리모델링을 위한 계획을 수립하고 수립된 계획에 따라 분석모델 리모델링을 수행한다.

2) 분석모형 리모델링 방법

- 분석 모형이 변화된 업무와 데이터를 지속적으로 수용할 수 있도록 다음과 같은 리모델링 과정을 진행한다.

① 분석 목적에 기반한 가설 및 추정방법에 대한 재검토
② 분석용 데이터의 범위 및 품질 검토
③ 과대적합과 과소적합 방지를 위한 알고리즘 개선
④ 분석알고리즘과 매개 변수 최적화
⑤ 분석 모형 융합과 재결합

개념 체크

1 분석 서비스 운영과정에서 지속적으로 새로운 데이터가 들어오고 정책이나 환경이 변화함으로써 분석 모델의 성능이 떨어지는 경우 수행하는 작업은?

① 신규분석과제 발굴
② 분석모형 리모델링
③ 분석 프로젝트 폐기
④ 분석 인력의 교체

정답 ②

주변 환경과 데이터의 변화를 빅데이터 분석 모델에 지속적으로 반영하기 위해 분석 모형을 지속적으로 모니터링하고 리모델링 해야 한다. 분석 모형 리모델링을 위해서 데이터의 수집, 전처리, 분석 방법론, 분석 결과까지 과제 전반에 대하여 보완하거나 새롭게 추가할 사항을 정리하여 개선방안을 도출한다.

2 분석 리모델링 과정에 해당하지 않는 것은?

① 분석 데이터 품질 검토
② 분석알고리즘 매개변수 최적화
③ 분석 모형 융합과 재결합
④ 분석 데이터 교체

정답 ④

분석 데이터의 교체는 분석 프로젝트 전반에 영향을 주기 때문에, 분석 대상 데이터의 교체가 이루어지는 경우 분석 프로젝트의 기획부터 다시 시작해야 한다.

합격을 다지는 예상문제

01 다음 중 분석모형 전개 단계에서 이루어지는 활동으로 거리가 먼 것은?

① 완성된 모델을 실제 업무 현장에 적용한다.
② 개발된 분석 모델을 실제 운영데이터에서 동작시키고 성능을 평가한다.
③ 업무 적용 결과에 따라 분석 모델을 수정한다.
④ 분석 모델 개발을 위한 데이터를 준비한다.

02 다음 중 분석모형 리모델링에서 수행하는 활동으로 적합하지 않은 것은?

① 데이터 품질 검토
② 분석 알고리즘 개선
③ 매개변수 최적화
④ 분석 알고리즘 적합도 검정

03 분석결과 활용 계획 수립 시 고려할 사항으로 가장 거리가 먼 것은?

① 분석업무의 성과목표를 수립하고 측정할 수 있는 성과지표를 설정한다.
② 분석결과 활용을 위한 내·외부 교육 훈련 방안을 수립한다.
③ 분석결과 활용을 위한 임시조직(TFT)을 신설한다.
④ 결과활용을 위한 시나리오를 개발한다.

04 대중교통 사각지대를 분석하는 과제에서 분석결과 활용 방안으로 적절하지 않은 것은?

① 신규노선 계획을 수립한다.
② 기존 노선의 정류장을 확충한다.
③ 버스 배차 간격을 조정한다.
④ 버스 요금을 인상한다.

05 다음 중 분석 프로젝트 최종보고서에 포함될 내용으로 가장 거리가 먼 것은?

① 프로젝트 개요
② 프로젝트 수행 조직
③ 프로젝트 단계별 산출물 요약
④ 분석 모니터링 보고서

06 분석 서비스의 안정적인 운영과 현행화된 데이터의 수집, 저장, 관리, 분석 결과 활용 등을 위한 지속적인 활동을 무엇이라고 하는가?

① 분석 모니터링
② 분석 데이터 처리
③ 분석 모형 리모델링
④ 분석 프로젝트 관리

07 데이터 분석 서비스의 유지관리에 대한 다음 설명 중 가장 거리가 먼 것은?

① 데이터 분석의 결과를 조직의 정책과 제도 개발에 활용한다.
② 데이터 분석 관련 인력의 업무역량을 교육 훈련 등을 통해 키운다.
③ 데이터 분석 서비스의 요구사항을 파악한다.
④ 분석 서비스 관련 시스템의 변경 사항을 반영한다.

08 분석 모니터링의 대상으로 가장 거리가 먼 것은?

① 분석 서비스
② 분석 알고리즘 실행 주기
③ 분석 데이터
④ 분석 방법론

09 다음 중 분석모형 리모델링 과정에 해당하지 않는 것은?

① 가설 및 추정방법에 대한 재검토
② 분석 데이터의 범위 및 품질 검토
③ 과대적합 방지를 위한 알고리즘 개선
④ 분석 목적의 재검토

10 CRISP-DM 방법론의 전개단계를 구성하는 프로세스가 아닌 것은?

① 전개계획 수립
② 모니터링계획 수립
③ 프로젝트 종료보고서 작성
④ 분석 모델 평가

11 CRISP-DM 방법론의 6단계가 맞게 나열된 것은?

① Business Understanding – Planning – Preparation – Analyzing – Development – Deployment
② Data Understanding – Data Preparation – Modeling – Evaluation – Developing – Deployment
③ Business Understanding – Data Understanding – Data Preparation – Modeling – Evaluation – Deployment
④ Data Understanding – Data Preparation – Modeling – Evaluation – Deployment – Monitoring

12 빅데이터 분석 방법론의 전개단계 활동 중 분석모형이 변화된 업무와 데이터를 지속적으로 수용할 수 있도록 알고리즘을 개선하는 과정은?

① 분석결과 활용 계획 수립
② 분석결과 적용과 보고서 작성
③ 분석모형 리모델링
④ 분석모형 모니터링

13 분석결과 활용 계획 수립 시 고려해야 할 사항과 거리가 먼 것은?

① 성과목표   ② 성과지표
③ 활용대상   ④ 데이터품질

14 빅데이터 분석 참조모델의 전개 단계에서 수행하는 활동으로 틀린 것은?

① 분석모형 구축
② 분석모형 리모델링
③ 분석결과 적용
④ 분석모형 모니터링

15 분석 모니터링의 주요 대상이 아닌 것은?

① 분석 서비스   ② 분석 모델
③ 분석 데이터   ④ 분석 예산

합격을 다지는 예상문제 정답 & 해설

SECTION 03

01 ④ 02 ④ 03 ③ 04 ④ 05 ④
06 ① 07 ③ 08 ④ 09 ④ 10 ④
11 ③ 12 ③ 13 ④ 14 ① 15 ④

01 ④
데이터의 준비는 분석 모델을 개발하기 전에 이루어지며, 필요한 데이터의 범위를 설정하고 가공한다.

02 ④
분석 알고리즘 적합도 검정은 분석 모형 평가 과정에서 이루어지며, 검정 결과에 따라 리모델링 단계에서는 데이터 품질 검토, 분석 알고리즘 개선, 매개변수 최적화 등의 작업이 이루어진다.

03 ③
분석결과 활용은 장기적 관점에서 진행해야 하며, 임시조직에서 담당하는 것보다는 업무부서를 확대하거나 장기적으로 전담하는 조직을 갖추는 것이 효율적이다.

04 ④
버스 요금 인상은 분석범위에 해당하지 않는다.

05 ④
분석 모니터링은 분석 프로젝트가 종료된 후 운영단계의 활동이다.

06 ①
주변 환경과 데이터의 변화를 빅데이터 분석 모델에 지속적으로 반영하기 위해 분석 모형을 지속적으로 모니터링하고 리모델링 해야한다.

07 ③
서비스 요구사항은 신규 프로젝트 계획에서 검토하는 것이 적합하다.

08 ④
분석 모니터링은 분석 방법론의 일부 과정이다.

09 ④
분석 목적은 변하지 않으며, 목적을 달성하기 위한 분석 모델과 데이터, 알고리즘을 검토하고 개선한다.

10 ④
CRISP-DM 방법론에서 분석 모델 평가는 평가단계의 프로세스이다.

11 ③
CRISP-DM 방법론은 Business Understanding – Data Understanding– Data Preparation – Modeling – Evaluation – Deployment의 6단계로 구성된다.

12 ③
분석모형 리모델링 과정은 분석 모형이 변화된 업무와 데이터를 지속적으로 수용할 수 있도록 데이터 품질 검토, 알고리즘 개선, 매개변수 최적화 등 리모델링 과정을 진행한다.

13 ④
조직의 빅데이터 활용 효과를 지속적으로 검증하기 위해 빅데이터 분석 결과의 장·단기 활용 계획이 우선적으로 수립되어 있어야 하며, 활용효과 측정을 위한 성과목표와 성과지표도 마련되어 있어야 한다. 데이터 품질 검토는 분석 모형 리모델링 과정에서 주로 이루어진다.

14 ①
빅데이터 분석 참조모델의 전개단계에서는 분석결과 활용 계획 수립, 분석 결과 적용과 보고서 작성, 분석모형 모니터링, 분석모형 리모델링 작업이 진행된다.

15 ④
분석 모니터링의 주요 대상은 분석 서비스, 분석 모델, 분석 데이터, 분석 조직, 정책, 인력, 관련시스템 등이 있으며, 모니터링을 위한 예산은 사전에 수립되어 있어야 한다.

〈부표 1〉 정규분포표 (1)

표준화 정규분포표의 확률변수 U가 $u_{1-\alpha}$값 이상이 될 상측 한쪽확률 α를 구하는 표

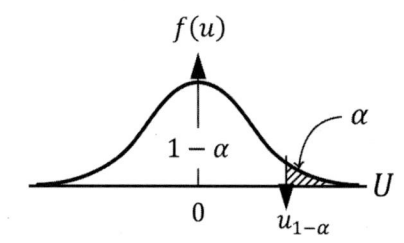

u	*=0	*=1	*=2	*=3	*=4	*=5	*=6	*=7	*=8	*=9
0.0*	0.5000	0.4960	0.4920	0.4880	0.4840	0.4801	0.4761	0.4721	0.4681	0.4641
0.1*	0.4602	0.4562	0.4522	0.4483	0.4443	0.4404	0.4364	0.4325	0.4286	0.4247
0.2*	0.4207	0.4168	0.4129	0.4090	0.4052	0.4013	0.3974	0.3936	0.3897	0.3859
0.3*	0.3821	0.3783	0.3745	0.3707	0.3669	0.3632	0.3594	0.3557	0.3520	0.3483
0.4*	0.3446	0.3409	0.3372	0.3336	0.3300	0.3264	0.3228	0.3192	0.3156	0.3121
0.5*	0.3085	0.3050	0.3015	0.2981	0.2946	0.2912	0.2877	0.2843	0.2810	0.2776
0.6*	0.2743	0.2709	0.2676	0.2643	0.2611	0.2578	0.2546	0.2514	0.2483	0.2451
0.7*	0.2420	0.2389	0.2358	0.2327	0.2296	0.2266	0.2236	0.2206	0.2177	0.2148
0.8*	0.2119	0.2090	0.2061	0.2033	0.2005	0.1977	0.1949	0.1922	0.1894	0.1867
0.9*	0.1841	0.1814	0.1788	0.1762	0.1736	0.1711	0.1685	0.1660	0.1635	0.1611
1.0*	0.1587	0.1562	0.1539	0.1515	0.1492	0.1469	0.1446	0.1423	0.1401	0.1379
1.1*	0.1357	0.1335	0.1314	0.1292	0.1271	0.1251	0.1230	0.1210	0.1190	0.1170
1.2*	0.1151	0.1131	0.1112	0.1093	0.1075	0.1056	0.1038	0.1020	0.1003	0.0985
1.3*	0.0968	0.0951	0.0934	0.0918	0.0901	0.0885	0.0869	0.0853	0.0838	0.0823
1.4*	0.0808	0.0793	0.0778	0.0764	0.0749	0.0735	0.0721	0.0708	0.0694	0.0681
1.5*	0.0668	0.0655	0.0643	0.0630	0.0618	0.0606	0.0594	0.0582	0.0571	0.0559
1.6*	0.0548	0.0537	0.0526	0.0516	**0.0505**	**0.0495**	0.0485	0.0475	0.0465	0.0455
1.7*	0.0446	0.0436	0.0427	0.0418	0.0409	0.0401	0.0392	0.0384	0.0375	0.0367
1.8*	0.0359	0.0351	0.0344	0.0336	0.0329	0.0322	0.0314	0.0307	0.0301	0.0294
1.9*	0.0287	0.0281	0.0274	0.0268	0.0262	0.0256	**0.0250**	0.0244	0.0239	0.0233
2.0*	0.0228	0.0222	0.0217	0.0212	0.0207	0.0202	0.0197	0.0192	0.0188	0.0183
2.1*	0.0179	0.0174	0.0170	0.0166	0.0162	0.0158	0.0154	0.0150	0.0146	0.0143
2.2*	0.0139	0.0136	0.0132	0.0129	0.0125	0.0122	0.0119	0.0116	0.0113	0.0110
2.3*	0.0107	0.0104	0.0102	0.0099	0.0096	0.0094	0.0091	0.0089	0.0087	0.0084
2.4*	0.0082	0.0080	0.0078	0.0075	0.0073	0.0071	0.0069	0.0068	0.0066	0.0064
2.5*	0.0062	0.0060	0.0059	0.0057	0.0055	0.0054	0.0052	**0.0051**	**0.0049**	0.0048
2.6*	0.0047	0.0045	0.0044	0.0043	0.0041	0.0040	0.0039	0.0038	0.0037	0.0036
2.7*	0.0035	0.0034	0.0033	0.0032	0.0031	0.0030	0.0029	0.0028	0.0027	0.0026
2.8*	0.0026	0.0025	0.0024	0.0023	0.0023	0.0022	0.0021	0.0021	0.0020	0.0019
2.9*	0.0019	0.0018	0.0018	0.0017	0.0016	0.0016	0.0015	0.0015	0.0014	0.0014
3.0*	0.0013	0.0013	0.0013	0.0012	0.0012	0.0011	0.0011	0.0011	0.0010	0.0010

예: u = 1.96에 대한 α는 좌측의 수 1.9에서 우측으로 가서 위의 숫자 6에서 밑으로 내려온 곳에 있는 수를 읽어 α = 0.0250을 얻을 수 있다.

〈부표 2〉 정규분포표 (2)

표준화 정규분포표의 확률변수 U가 u_α값 이하가 될 확률 α를 구하는 표

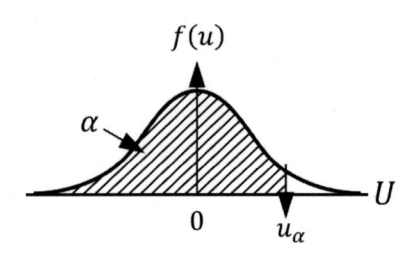

u	*=0	*=1	*=2	*=3	*=4	*=5	*=6	*=7	*=8	*=9
0.0*	0.5000	0.5040	0.5080	0.5120	0.5160	0.5199	0.5239	0.5279	0.5319	0.5359
0.1*	0.5398	0.5438	0.5478	0.5517	0.5557	0.5596	0.5636	0.5675	0.5714	0.5753
0.2*	0.5793	0.5832	0.5871	0.5910	0.5948	0.5987	0.6026	0.6064	0.6103	0.6141
0.3*	0.6179	0.6217	0.6255	0.6293	0.6331	0.6368	0.6406	0.6443	0.6480	0.6517
0.4*	0.6554	0.6591	0.6628	0.6664	0.6700	0.6736	0.6772	0.6808	0.6844	0.6879
0.5*	0.6915	0.6950	0.6985	0.7019	0.7054	0.7088	0.7123	0.7157	0.7190	0.7224
0.6*	0.7257	0.7291	0.7324	0.7357	0.7389	0.7422	0.7454	0.7486	0.7517	0.7549
0.7*	0.7580	0.7611	0.7642	0.7673	0.7704	0.7734	0.7764	0.7794	0.7823	0.7852
0.8*	0.7881	0.7910	0.7939	0.7967	0.7995	0.8023	0.8051	0.8078	0.8106	0.8133
0.9*	0.8159	0.8186	0.8212	0.8238	0.8264	0.8289	0.8315	0.8340	0.8365	0.8389
1.0*	0.8413	0.8438	0.8461	0.8485	0.8508	0.8531	0.8554	0.8577	0.8599	0.8621
1.1*	0.8643	0.8665	0.8686	0.8708	0.8729	0.8749	0.8770	0.8790	0.8810	0.8830
1.2*	0.8849	0.8869	0.8888	0.8907	0.8925	0.8944	0.8962	0.8980	0.8997	0.9015
1.3*	0.9032	0.9049	0.9066	0.9082	0.9099	0.9115	0.9131	0.9147	0.9162	0.9177
1.4*	0.9192	0.9207	0.9222	0.9236	0.9251	0.9265	0.9279	0.9292	0.9306	0.9319
1.5*	0.9332	0.9345	0.9357	0.9370	0.9382	0.9394	0.9406	0.9418	0.9429	0.9441
1.6*	0.9452	0.9463	0.9474	0.9484	**0.9495**	**0.9505**	0.9515	0.9525	0.9535	0.9545
1.7*	0.9554	0.9564	0.9573	0.9582	0.9591	0.9599	0.9608	0.9616	0.9625	0.9633
1.8*	0.9641	0.9649	0.9656	0.9664	0.9671	0.9678	0.9686	0.9693	0.9699	0.9706
1.9*	0.9713	0.9719	0.9726	0.9732	0.9738	0.9744	**0.9750**	0.9756	0.9761	0.9767
2.0*	0.9772	0.9778	0.9783	0.9788	0.9793	0.9798	0.9803	0.9808	0.9812	0.9817
2.1*	0.9821	0.9826	0.9830	0.9834	0.9838	0.9842	0.9846	0.9850	0.9854	0.9857
2.2*	0.9861	0.9864	0.9868	0.9871	0.9875	0.9878	0.9881	0.9884	0.9887	0.9890
2.3*	0.9893	0.9896	0.9898	0.9901	0.9904	0.9906	0.9909	0.9911	0.9913	0.9916
2.4*	0.9918	0.9920	0.9922	0.9925	0.9927	0.9929	0.9931	0.9932	0.9934	0.9936
2.5*	0.9938	0.9940	0.9941	0.9943	0.9945	0.9946	0.9948	**0.9949**	**0.9951**	0.9952
2.6*	0.9953	0.9955	0.9956	0.9957	0.9959	0.9960	0.9961	0.9962	0.9963	0.9964
2.7*	0.9965	0.9966	0.9967	0.9968	0.9969	0.9970	0.9971	0.9972	0.9973	0.9974
2.8*	0.9974	0.9975	0.9976	0.9977	0.9977	0.9978	0.9979	0.9979	0.9980	0.9981
2.9*	0.9981	0.9982	0.9982	0.9983	0.9984	0.9984	0.9985	0.9985	0.9986	0.9986
3.0*	0.9987	0.9987	0.9987	0.9988	0.9988	0.9989	0.9989	0.9989	0.9990	0.9990
3.1*	0.9990	0.9991	0.9991	0.9991	0.9992	0.9992	0.9992	0.9992	0.9993	0.9993
3.2*	0.9993	0.9993	0.9994	0.9994	0.9994	0.9994	0.9994	0.9995	0.9995	0.9995
3.3*	0.9995	0.9995	0.9995	0.9996	0.9996	0.9996	0.9996	0.9996	0.9996	0.9997
3.4*	0.9997	0.9997	0.9997	0.9997	0.9997	0.9997	0.9997	0.9997	0.9997	0.9998

예: u = 1.96에 대한 α는 좌측의 수 1.9에서 우측으로 가서 위의 숫자 6에서 밑으로 내려온 곳에 있는 수를 읽어 빗금면적의 확률 α = 0.9750을 얻을 수 있다.

〈부표 3〉 정규분포표 (3)

α에서 상측 분위점 $u_{1-\alpha}$를 구하는 표

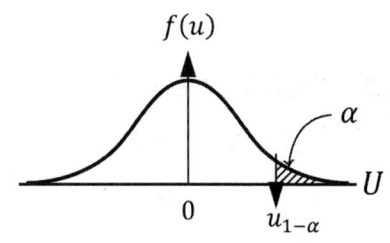

α	*=0	*=1	*=2	*=3	*=4	*=5	*=6	*=7	*=8	*=9
0.000*	∞	3.090	2.878	2.748	2.652	**2.576**	2.512	2.457	2.409	2.366
0.0*	∞	2.326	**2.054**	**1.881**	1.751	**1.645**	1.555	1.476	1.405	1.341
0.1*	1.282	1.227	1.175	1.126	1.080	1.036	0.994	0.954	0.915	0.878
0.2*	0.842	0.806	0.772	0.739	0.706	0.674	0.643	0.613	0.583	0.553
0.3*	0.524	0.496	0.468	0.440	0.412	0.385	0.358	0.332	0.305	0.279
0.4*	0.253	0.228	0.202	0.176	0.151	0.126	0.100	0.075	0.050	0.025

비고: z를 K_ε으로, $P(Z \geq z)$를 ε으로 나타내기도 한다.

〈부표 4〉 정규분포표 (4)

한쪽·양쪽 확률 겸용표

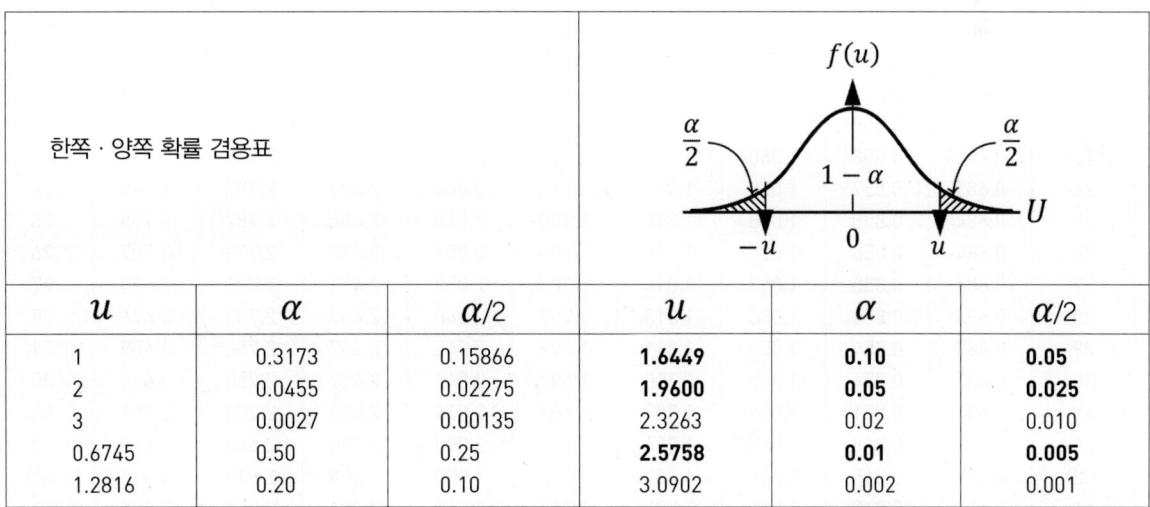

u	α	$\alpha/2$	u	α	$\alpha/2$
1	0.3173	0.15866	**1.6449**	**0.10**	**0.05**
2	0.0455	0.02275	**1.9600**	**0.05**	**0.025**
3	0.0027	0.00135	2.3263	0.02	0.010
0.6745	0.50	0.25	**2.5758**	**0.01**	**0.005**
1.2816	0.20	0.10	3.0902	0.002	0.001

〈부표 5〉 t-분포표 (1)

자유도 v와 양쪽확률 α에서 $t_{\frac{\alpha}{2}}(v)$와 $t_{1-\frac{\alpha}{2}}(v)$를 구하는 표

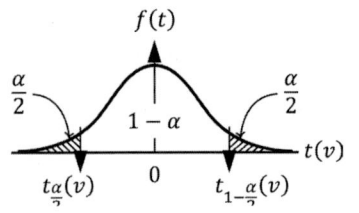

α \ v	0.50	0.40	0.30	0.20	0.10	0.05	0.02	0.01	0.001	α \ v
1	1.000	1.376	1.963	3.078	6.314	12.706	31.821	63.657	636.619	1
2	0.816	1.061	1.386	1.886	2.920	4.303	6.965	9.925	31.599	2
3	0.765	0.978	1.250	1.638	2.353	3.182	4.541	5.841	12.924	3
4	0.741	0.941	1.190	1.533	2.132	2.776	3.747	4.604	8.610	4
5	0.727	0.920	1.156	1.476	2.015	2.571	3.365	4.032	6.869	5
6	0.718	0.906	1.134	1.440	1.943	2.447	3.143	3.707	5.959	6
7	0.711	0.896	1.119	1.415	1.895	2.365	2.998	3.499	5.408	7
8	0.706	0.889	1.108	1.397	1.860	2.306	2.896	3.355	5.041	8
9	0.703	0.883	1.100	1.383	1.833	2.262	2.821	3.250	4.781	9
10	0.700	0.879	1.093	1.372	1.812	**2.228**	2.764	3.169	4.587	10
11	0.697	0.876	1.088	1.363	1.796	2.201	2.718	3.106	4.437	11
12	0.695	0.873	1.083	1.356	1.782	2.179	2.681	3.055	4.318	12
13	0.694	0.870	1.079	1.350	1.771	2.160	2.650	3.012	4.221	13
14	0.692	0.868	1.076	1.345	1.761	2.145	2.624	2.977	4.140	14
15	0.691	0.866	1.074	1.341	1.753	2.131	2.602	2.947	4.073	15
16	0.690	0.865	1.071	1.337	1.746	2.120	2.583	2.921	4.015	16
17	0.689	0.863	1.069	1.333	1.740	2.110	2.567	2.898	3.965	17
18	0.688	0.862	1.067	1.330	1.734	2.101	2.552	2.878	3.922	18
19	0.688	0.861	1.066	1.328	1.729	2.093	2.539	2.861	3.883	19
20	0.687	0.860	1.064	1.325	1.725	2.086	2.528	2.845	3.850	20
21	0.686	0.859	1.063	1.323	1.721	2.080	2.518	2.831	3.819	21
22	0.686	0.858	1.061	1.321	1.717	2.074	2.508	2.819	3.792	22
23	0.685	0.858	1.060	1.319	1.714	2.069	2.500	2.807	3.768	23
24	0.685	0.857	1.059	1.318	1.711	2.064	2.492	2.797	3.745	24
25	0.684	0.856	1.058	1.316	1.708	2.060	2.485	2.787	3.725	25
26	0.684	0.856	1.058	1.315	1.706	2.056	2.479	2.779	3.707	26
27	0.684	0.855	1.057	1.314	1.703	2.052	2.473	2.771	3.690	27
28	0.683	0.855	1.056	1.313	1.701	2.048	2.467	2.763	3.674	28
29	0.683	0.854	1.055	1.311	1.699	2.045	2.462	2.756	3.659	29
30	0.683	0.854	1.055	1.310	1.697	2.042	2.457	2.750	3.646	30
40	0.681	0.851	1.050	1.303	1.684	2.021	2.423	2.704	3.551	40
60	0.679	0.848	1.045	1.296	1.671	2.000	2.390	2.660	3.460	60
120	0.677	0.845	1.041	1.289	1.658	1.980	2.358	2.617	3.373	120
∞	0.674	0.842	1.036	1.282	1.645	1.960	2.326	2.576	3.291	∞

예: $v = 10$, 양쪽확률 $\alpha = 0.05$에 대한 t의 값은 $+t_{0.025}(10) = +2.228$, $-t_{0.025}(10) = -2.228$ 이다. 이는 자유도 10의 t-분포에 따르는 확률변수가 2.228 이상의 절대치를 가지고 출현하는 확률이 5%라는 것을 가리킨다.

<부표 6> t-분포표 (2)

자유도 v와 상측 한쪽확률 α에서 $t_{1-\alpha}(v)$를 구하는 표

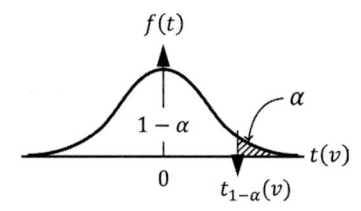

v \ $1-\alpha$	0.75	0.80	0.85	0.90	0.95	0.975	0.99	0.995	0.9995	$1-\alpha$ \ v
1	1.000	1.376	1.963	3.078	6.314	12.706	31.821	63.657	636.619	1
2	0.816	1.061	1.386	1.886	2.920	4.303	6.965	9.925	31.599	2
3	0.765	0.978	1.250	1.638	2.353	3.182	4.541	5.841	12.924	3
4	0.741	0.941	1.190	1.533	2.132	2.776	3.747	4.604	8.610	4
5	0.727	0.920	1.156	1.476	2.015	2.571	3.365	4.032	6.869	5
6	0.718	0.906	1.134	1.440	1.943	2.447	3.143	3.707	5.959	6
7	0.711	0.896	1.119	1.415	1.895	2.365	2.998	3.499	5.408	7
8	0.706	0.889	1.108	1.397	1.860	2.306	2.896	3.355	5.041	8
9	0.703	0.883	1.100	1.383	1.833	2.262	2.821	3.250	4.781	9
10	0.700	0.879	1.093	1.372	**1.812**	**2.228**	2.764	3.169	4.587	10
11	0.697	0.876	1.088	1.363	1.796	2.201	2.718	3.106	4.437	11
12	0.695	0.873	1.083	1.356	1.782	2.179	2.681	3.055	4.318	12
13	0.694	0.870	1.079	1.350	1.771	2.160	2.650	3.012	4.221	13
14	0.692	0.868	1.076	1.345	1.761	2.145	2.624	2.977	4.140	14
15	0.691	0.866	1.074	1.341	1.753	2.131	2.602	2.947	4.073	15
16	0.690	0.865	1.071	1.337	1.746	2.120	2.583	2.921	4.015	16
17	0.689	0.863	1.069	1.333	1.740	2.110	2.567	2.898	3.965	17
18	0.688	0.862	1.067	1.330	1.734	2.101	2.552	2.878	3.922	18
19	0.688	0.861	1.066	1.328	1.729	2.093	2.539	2.861	3.883	19
20	0.687	0.860	1.064	1.325	1.725	2.086	2.528	2.845	3.850	20
21	0.686	0.859	1.063	1.323	1.721	2.080	2.518	2.831	3.819	21
22	0.686	0.858	1.061	1.321	1.717	2.074	2.508	2.819	3.792	22
23	0.685	0.858	1.060	1.319	1.714	2.069	2.500	2.807	3.768	23
24	0.685	0.857	1.059	1.318	1.711	2.064	2.492	2.797	3.745	24
25	0.684	0.856	1.058	1.316	1.708	2.060	2.485	2.787	3.725	25
26	0.684	0.856	1.058	1.315	1.706	2.056	2.479	2.779	3.707	26
27	0.684	0.855	1.057	1.314	1.703	2.052	2.473	2.771	3.690	27
28	0.683	0.855	1.056	1.313	1.701	2.048	2.467	2.763	3.674	28
29	0.683	0.854	1.055	1.311	1.699	2.045	2.462	2.756	3.659	29
30	0.683	0.854	1.055	1.310	1.697	2.042	2.457	2.750	3.646	30
40	0.681	0.851	1.050	1.303	1.684	2.021	2.423	2.704	3.551	40
60	0.679	0.848	1.045	1.296	1.671	2.000	2.390	2.660	3.460	60
120	0.677	0.845	1.041	1.289	1.658	1.980	2.358	2.617	3.373	120
∞	0.674	0.842	1.036	1.282	1.645	1.960	2.326	2.576	3.291	∞

예: $v = 10$, 상측 한쪽확률 $\alpha = 0.05$에 대한 t의 값은 $t_{1-\alpha}(v) = t_{1-0.05}(10) = t_{0.95}(10) = 1.812$ 이다.
이는 자유도 10의 t-분포에 따르는 확률변수가 1.812 이하를 가지고 출현하는 확률이 97.5%라는 것을 가리킨다.

<부표 7> χ^2 분포표

자유도 v와 하측확률 α에서 $\chi^2_\alpha(v)$를 구하는 표

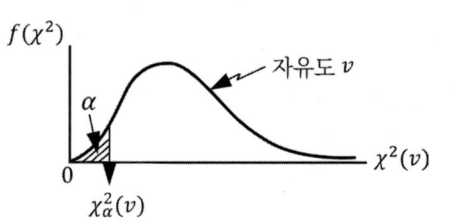

α \ v	0.005	0.010	0.025	0.050	0.100	0.250	0.500	0.750	0.900	0.950	0.975	0.990	0.995
1	0.0^44	0.0^32	0.0^21	0.0^23	0.02	0.10	0.46	1.32	2.71	3.84	5.02	6.63	7.88
2	0.01	0.02	0.05	0.10	0.21	0.58	1.39	2.77	4.61	5.99	7.38	9.21	10.60
3	0.07	0.12	0.22	0.35	0.58	1.21	2.37	4.11	6.25	7.81	9.35	11.34	12.84
4	0.21	0.30	0.48	0.71	1.06	1.92	3.36	5.39	7.78	9.49	11.14	13.28	14.86
5	0.41	0.55	0.83	1.15	1.61	2.67	4.35	6.63	9.24	11.07	12.83	15.09	16.75
6	0.68	0.87	1.24	1.64	2.20	3.45	5.35	7.84	10.64	12.59	14.45	16.81	18.55
7	0.99	1.24	1.69	2.17	2.83	4.25	6.35	9.04	12.02	14.07	16.01	18.48	20.3
8	1.34	1.65	2.18	2.73	3.49	5.07	7.34	10.22	13.36	15.51	17.53	20.1	22.0
9	1.73	2.09	2.70	3.33	4.17	5.90	8.34	11.39	14.68	16.92	19.02	21.7	23.6
10	2.16	2.56	3.25	3.94	4.87	6.74	9.34	12.55	15.99	18.31	20.5	23.2	25.2
11	2.60	3.05	3.82	4.57	5.58	7.58	10.34	13.70	17.28	19.68	21.9	24.7	26.8
12	3.07	3.57	4.40	5.23	6.30	8.44	11.34	14.85	18.55	21.0	23.3	26.2	28.3
13	3.57	4.11	5.01	5.89	7.04	9.30	12.34	15.98	19.81	22.4	24.7	27.7	29.8
14	4.07	4.66	5.63	6.57	7.79	10.17	13.34	17.12	21.1	23.7	26.1	29.1	31.3
15	4.60	5.23	6.26	7.26	8.55	11.04	14.34	18.25	22.3	25.0	27.5	30.6	32.8
16	5.14	5.81	6.91	7.96	9.31	11.91	15.34	19.37	23.5	26.3	28.8	32.0	34.3
17	5.70	6.41	7.56	8.67	10.09	12.79	16.34	20.5	24.8	27.6	30.2	33.4	35.7
18	6.26	7.01	8.23	9.39	10.86	13.68	17.34	21.6	26.0	28.9	31.5	34.8	37.2
19	6.84	7.63	8.91	10.12	11.65	14.56	18.34	22.7	27.2	30.1	32.9	36.2	38.6
20	7.43	8.26	9.59	10.85	12.44	15.45	19.34	23.8	28.4	31.4	34.2	37.6	40.0
21	8.03	8.90	10.28	11.59	13.24	16.34	20.3	24.9	29.6	32.7	35.5	38.9	41.4
22	8.64	9.54	10.98	12.34	14.04	17.24	21.3	26.0	30.8	33.9	36.8	40.3	42.8
23	9.26	10.20	11.69	13.09	14.85	18.14	22.3	27.1	32.0	35.2	38.1	41.6	44.2
24	9.89	10.86	12.40	13.85	15.66	19.04	23.3	28.2	33.2	36.4	39.4	43.0	45.6
25	10.52	11.52	13.12	14.61	16.47	19.94	24.3	29.3	34.4	37.7	40.6	44.3	46.9
26	11.16	12.20	13.84	15.38	17.29	20.8	25.3	30.4	35.6	38.9	41.9	45.6	48.3
27	11.81	12.88	14.57	16.15	18.11	21.7	26.3	31.5	36.7	40.1	43.2	47.0	49.6
28	12.46	13.56	15.31	16.93	18.94	22.7	27.3	32.6	37.9	41.3	44.5	48.3	51.0
29	13.12	14.26	16.05	17.71	19.77	23.6	28.3	33.7	39.1	42.6	45.7	49.6	52.3
30	13.79	14.95	16.79	18.49	20.6	24.5	29.3	34.8	40.3	43.8	47.0	50.9	53.7
40	20.7	22.2	24.4	26.5	29.1	33.7	39.3	45.6	51.8	55.8	59.3	63.7	66.8
50	28.0	29.7	32.4	34.8	37.7	42.9	49.3	56.3	63.2	67.5	71.4	76.2	79.5
60	35.5	37.5	40.5	43.2	46.5	52.3	59.3	67.0	74.4	79.1	83.3	88.4	92.0
70	43.3	45.4	48.8	51.7	55.3	61.7	69.3	77.6	85.5	90.5	95.0	100.4	104.2
80	51.2	53.5	57.2	60.4	64.3	71.1	79.3	88.1	96.6	101.9	106.6	112.3	116.3
90	59.2	61.8	65.6	69.1	73.3	80.6	89.3	98.6	107.6	113.1	118.1	124.1	128.3
100	67.3	70.1	74.2	77.9	82.4	90.1	99.3	109.1	118.5	124.3	129.6	135.8	140.2

예: χ^2 분포의 전체 면적은 1이므로, 하측확률 α이면 상측확률 $1-\alpha$이다.

〈부표 8〉 F 분포표 (상측확률 10%)

자유도 v_1, v_2에서 상측확률 $\alpha = 0.10(10\%)$에 대한 $F_{0.90}(v_1, v_2)$ 값을 구하는 표

v_1 \ v_2	1	2	3	4	5	6	7	8	9	10	12	15	20	30	40	60	120	∞
1	39.9	49.5	53.6	55.8	57.2	58.2	58.9	59.4	59.9	60.2	60.7	61.2	61.7	62.3	62.5	62.8	63.1	63.3
2	8.53	9.00	9.16	9.24	9.29	9.33	9.35	9.37	9.38	9.39	9.41	9.42	9.44	9.46	9.47	9.47	9.48	9.49
3	5.54	5.46	5.39	5.34	5.31	5.28	5.27	5.25	5.24	5.23	5.22	5.20	5.18	5.17	5.16	5.15	5.14	5.13
4	4.54	4.32	4.19	4.11	4.05	4.01	3.98	3.95	3.94	3.92	3.90	3.87	3.84	3.82	3.80	3.79	3.78	3.76
5	4.06	3.78	3.62	3.52	3.45	3.40	3.37	3.34	3.32	3.30	3.27	3.24	3.21	3.17	3.16	3.14	3.12	3.10
6	3.78	3.46	3.29	3.18	3.11	3.05	3.01	2.98	2.96	2.94	2.90	2.87	2.84	2.80	2.78	2.76	2.74	2.72
7	3.59	3.26	3.07	2.96	2.88	2.83	2.78	2.75	2.72	2.70	2.67	2.63	2.59	2.56	2.54	2.51	2.49	2.47
8	3.46	3.11	2.92	2.81	2.73	2.67	2.62	2.59	2.56	2.54	2.50	2.46	2.42	2.38	2.36	2.34	2.32	2.29
9	3.36	3.01	2.81	2.69	2.61	2.55	2.51	2.47	2.44	2.42	2.38	2.34	2.30	2.25	2.23	2.21	2.18	2.16
10	3.29	2.92	2.73	2.61	2.52	2.46	2.41	2.38	2.35	2.32	2.28	2.24	2.20	2.16	2.13	2.11	2.08	2.06
11	3.23	2.86	2.66	2.54	2.45	2.39	2.34	2.30	2.27	2.25	2.21	2.17	2.12	2.08	2.05	2.03	2.00	1.97
12	3.18	2.81	2.61	2.48	2.39	2.33	2.28	2.24	2.21	2.19	2.15	2.10	2.06	2.01	1.99	1.96	1.93	1.90
13	3.14	2.76	2.56	2.43	2.35	2.28	2.23	2.20	2.16	2.14	2.10	2.05	2.01	1.96	1.93	1.90	1.88	1.85
14	3.10	2.73	2.52	2.39	2.31	2.24	2.19	2.15	2.12	2.10	2.05	2.01	1.96	1.91	1.89	1.86	1.83	1.80
15	3.07	2.70	2.49	2.36	2.27	2.21	2.16	2.12	2.09	2.06	2.02	1.97	1.92	1.87	1.85	1.82	1.79	1.76
16	3.05	2.67	2.46	2.33	2.24	2.18	2.13	2.09	2.06	2.03	1.99	1.94	1.89	1.84	1.81	1.78	1.75	1.72
17	3.03	2.64	2.44	2.31	2.22	2.15	2.10	2.06	2.03	2.00	1.96	1.91	1.86	1.81	1.78	1.75	1.72	1.69
18	3.01	2.62	2.42	2.29	2.20	2.13	2.08	2.04	2.00	1.98	1.93	1.89	1.84	1.78	1.75	1.72	1.69	1.66
19	2.99	2.61	2.40	2.27	2.18	2.11	2.06	2.02	1.98	1.96	1.91	1.86	1.81	1.76	1.73	1.70	1.67	1.63
20	2.97	2.59	2.38	2.25	2.16	2.09	2.04	2.00	1.96	1.94	1.89	1.84	1.79	1.74	1.71	1.68	1.64	1.61
21	2.96	2.57	2.36	2.23	2.14	2.08	2.02	1.98	1.95	1.92	1.87	1.83	1.78	1.72	1.69	1.66	1.62	1.59
22	2.95	2.56	2.35	2.22	2.13	2.06	2.01	1.97	1.93	1.90	1.86	1.81	1.76	1.70	1.67	1.64	1.60	1.57
23	2.94	2.55	2.34	2.21	2.11	2.05	1.99	1.95	1.92	1.89	1.84	1.80	1.74	1.69	1.66	1.62	1.59	1.55
24	2.93	2.54	2.33	2.19	2.10	2.04	1.98	1.94	1.91	1.88	1.83	1.78	1.73	1.67	1.64	1.61	1.57	1.53
25	2.92	2.53	2.32	2.18	2.09	2.02	1.97	1.93	1.89	1.87	1.82	1.77	1.72	1.66	1.63	1.59	1.56	1.52
26	2.91	2.52	2.31	2.17	2.08	2.01	1.96	1.92	1.88	1.86	1.81	1.76	1.71	1.65	1.61	1.58	1.54	1.50
27	2.90	2.51	2.30	2.17	2.07	2.00	1.95	1.91	1.87	1.85	1.80	1.75	1.70	1.64	1.60	1.57	1.53	1.49
28	2.89	2.50	2.29	2.16	2.06	2.00	1.94	1.90	1.87	1.84	1.79	1.74	1.69	1.63	1.59	1.56	1.52	1.48
29	2.89	2.50	2.28	2.15	2.06	1.99	1.93	1.89	1.86	1.83	1.78	1.73	1.68	1.62	1.58	1.55	1.51	1.47
30	2.88	2.49	2.28	2.14	2.05	1.98	1.93	1.88	1.85	1.82	1.77	1.72	1.67	1.61	1.57	1.54	1.50	1.46
40	2.84	2.44	2.23	2.09	2.00	1.93	1.87	1.83	1.79	1.76	1.71	1.66	1.61	1.54	1.51	1.47	1.42	1.38
60	2.79	2.39	2.18	2.04	1.95	1.87	1.82	1.77	1.74	1.71	1.66	1.60	1.54	1.48	1.44	1.40	1.35	1.29
120	2.75	2.35	2.13	1.99	1.90	1.82	1.77	1.72	1.68	1.65	1.60	1.55	1.48	1.41	1.37	1.32	1.26	1.19
∞	2.71	2.30	2.08	1.94	1.85	1.77	1.72	1.67	1.63	1.60	1.55	1.49	1.42	1.34	1.30	1.24	1.17	1.00

예: 자유도 $v_1 = 5$, $v_2 = 10$ 인 F 분포의 상측확률 10%의 점은 $F_{0.90}(5, 10) = 2.52$, 하측확률 10%의 점은 $F_{0.10}(5, 10) = 1/F_{0.90}(10, 5) = 1/3.30 = 0.30$

〈부표 9〉 F 분포표 (상측확률 5%)

자유도 v_1, v_2에서 상측확률 $\alpha = 0.05(5\%)$에 대한 $F_{0.95}(v_1, v_2)$ 값을 구하는 표

v_2 \ v_1	1	2	3	4	5	6	7	8	9	10	12	15	20	30	40	60	120	∞
1	161	200	216	225	230	234	237	239	241	242	244	246	248	250	251	252	253	254
2	18.5	19.0	19.2	19.2	19.3	19.3	19.4	19.4	19.4	19.4	19.4	19.4	19.4	19.5	19.5	19.5	19.5	19.5
3	10.1	9.55	9.28	9.12	9.01	8.94	8.89	8.85	8.81	8.79	8.74	8.70	8.66	8.62	8.59	8.57	8.55	8.53
4	7.71	6.94	6.59	6.39	6.26	6.16	6.09	6.04	6.00	5.96	5.91	5.86	5.80	5.75	5.72	5.69	5.66	5.63
5	6.61	5.79	5.41	5.19	5.05	4.95	4.88	4.82	4.77	**4.74**	4.68	4.62	4.56	4.50	4.46	4.43	4.40	4.36
6	5.99	5.14	4.76	4.53	4.39	4.28	4.21	4.15	4.10	4.06	4.00	3.94	3.87	3.81	3.77	3.74	3.70	3.67
7	5.59	4.74	4.35	4.12	3.97	3.87	3.79	3.73	3.68	3.64	3.57	3.51	3.44	3.38	3.34	3.30	3.27	3.23
8	5.32	4.46	4.07	3.84	3.69	3.58	3.50	3.44	3.39	3.35	3.28	3.22	3.15	3.08	3.04	3.01	2.97	2.93
9	5.12	4.26	3.86	3.63	3.48	3.37	3.29	3.23	3.18	3.14	3.07	3.01	2.94	2.86	2.83	2.79	2.75	2.71
10	4.96	4.10	3.71	3.48	**3.33**	3.22	3.14	3.07	3.02	2.98	2.91	2.85	2.77	2.70	2.66	2.62	2.58	2.54
11	4.84	3.98	3.59	3.36	3.20	3.09	3.01	2.95	2.90	2.85	2.79	2.72	2.65	2.57	2.53	2.49	2.45	2.40
12	4.75	3.89	3.49	3.26	3.11	3.00	2.91	2.85	2.80	2.75	2.69	2.62	2.54	2.47	2.43	2.38	2.34	2.30
13	4.67	3.81	3.41	3.18	3.03	2.92	2.83	2.77	2.71	2.67	2.60	2.53	2.46	2.38	2.34	2.30	2.25	2.21
14	4.60	3.74	3.34	3.11	2.96	2.85	2.76	2.70	2.65	2.60	2.53	2.46	2.39	2.31	2.27	2.22	2.18	2.13
15	4.54	3.68	3.29	3.06	2.90	2.79	2.71	2.64	2.59	2.54	2.48	2.40	2.33	2.25	2.20	2.16	2.11	2.07
16	4.49	3.63	3.24	3.01	2.85	2.74	2.66	2.59	2.54	2.49	2.42	2.35	2.28	2.19	2.15	2.11	2.06	2.01
17	4.45	3.59	3.20	2.96	2.81	2.70	2.61	2.55	2.49	2.45	2.38	2.31	2.23	2.15	2.10	2.06	2.01	1.96
18	4.41	3.55	3.16	2.93	2.77	2.66	2.58	2.51	2.46	2.41	2.34	2.27	2.19	2.11	2.06	2.02	1.97	1.92
19	4.38	3.52	3.13	2.90	2.74	2.63	2.54	2.48	2.42	2.38	2.31	2.23	2.16	2.07	2.03	1.98	1.93	1.88
20	4.35	3.49	3.10	2.87	2.71	2.60	2.51	2.45	2.39	2.35	2.28	2.20	2.12	2.04	1.99	1.95	1.90	1.84
21	4.32	3.47	3.07	2.84	2.68	2.57	2.49	2.42	2.37	2.32	2.25	2.18	2.10	2.01	1.96	1.92	1.87	1.81
22	4.30	3.44	3.05	2.82	2.66	2.55	2.46	2.40	2.34	2.30	2.23	2.15	2.07	1.98	1.94	1.89	1.84	1.78
23	4.28	3.42	3.03	2.80	2.64	2.53	2.44	2.37	2.32	2.27	2.20	2.13	2.05	1.96	1.91	1.86	1.81	1.76
24	4.26	3.40	3.01	2.78	2.62	2.51	2.42	2.36	2.30	2.25	2.18	2.11	2.03	1.94	1.89	1.84	1.79	1.73
25	4.24	3.39	2.99	2.76	2.60	2.49	2.40	2.34	2.28	2.24	2.16	2.09	2.01	1.92	1.87	1.82	1.77	1.71
26	4.23	3.37	2.98	2.74	2.59	2.47	2.39	2.32	2.27	2.22	2.15	2.07	1.99	1.90	1.85	1.80	1.75	1.69
27	4.21	3.35	2.96	2.73	2.57	2.46	2.37	2.31	2.25	2.20	2.13	2.06	1.97	1.88	1.84	1.79	1.73	1.67
28	4.20	3.34	2.95	2.71	2.56	2.45	2.36	2.29	2.24	2.19	2.12	2.04	1.96	1.87	1.82	1.77	1.71	1.65
29	4.18	3.33	2.93	2.70	2.55	2.43	2.35	2.28	2.22	2.18	2.10	2.03	1.94	1.85	1.81	1.75	1.70	1.64
30	4.17	3.32	2.92	2.69	2.53	2.42	2.33	2.27	2.21	2.16	2.09	2.01	1.93	1.84	1.79	1.74	1.68	1.62
40	4.08	3.23	2.84	2.61	2.45	2.34	2.25	2.18	2.12	2.08	2.00	1.92	1.84	1.74	1.69	1.64	1.58	1.51
60	4.00	3.15	2.76	2.53	2.37	2.25	2.17	2.10	2.04	1.99	1.92	1.84	1.75	1.65	1.59	1.53	1.47	1.39
120	3.92	3.07	2.68	2.45	2.29	2.18	2.09	2.02	1.96	1.91	1.83	1.75	1.66	1.55	1.50	1.43	1.35	1.25
∞	3.84	3.00	2.60	2.37	2.21	2.10	2.01	1.94	1.88	1.83	1.75	1.67	1.57	1.46	1.39	1.32	1.22	1.00

예: 자유도 $v_1 = 5$, $v_2 = 10$ 인 F 분포의 상측확률 5%의 점은 $F_{0.95}(5, 10) = 3.33$, 하측확률 5%의 점은 $F_{0.05}(5, 10) = 1/F_{0.95}(10, 5) = 1/4.74 = 0.21$

〈부표 10〉 F 분포표 (상측확률 2.5%)

자유도 v_1, v_2에서 상측확률 $\alpha = 0.025$(2.5%)에 대한 $F_{0.975}(v_1, v_2)$ 값을 구하는 표

v_2 \ v_1	1	2	3	4	5	6	7	8	9	10	12	15	20	30	40	60	120	∞
1	648	800	864	900	922	937	948	957	963	969	977	985	993	1001	1006	1010	1014	1018
2	38.5	39.0	39.2	39.2	39.3	39.3	39.4	39.4	39.4	39.4	39.4	39.4	39.4	39.5	39.5	39.5	39.5	39.5
3	17.4	16.0	15.4	15.1	14.9	14.7	14.6	14.5	14.5	14.4	14.3	14.3	14.2	14.1	14.0	14.0	13.9	13.9
4	12.2	10.6	9.98	9.60	9.36	9.20	9.07	8.98	8.90	8.84	8.75	8.66	8.56	8.46	8.41	8.36	8.31	8.26
5	10.0	8.43	7.76	7.39	7.15	6.98	6.85	6.76	6.68	6.62	6.52	6.43	6.33	6.23	6.18	6.12	6.07	6.02
6	8.81	7.26	6.60	6.23	5.99	5.82	5.70	5.60	5.52	5.46	5.37	5.27	5.17	5.07	5.01	4.96	4.90	4.85
7	8.07	6.54	5.89	5.52	5.29	5.12	4.99	4.90	4.82	4.76	4.67	4.57	4.47	4.36	4.31	4.25	4.20	4.14
8	7.57	6.06	5.42	5.05	4.82	4.65	4.53	4.43	4.36	4.30	4.20	4.10	4.00	3.89	3.84	3.78	3.73	3.67
9	7.21	5.71	5.08	4.72	4.48	4.32	4.20	4.10	4.03	3.96	3.87	3.77	3.67	3.56	3.51	3.45	3.39	3.33
10	6.94	5.46	4.83	4.47	4.24	4.07	3.95	3.85	3.78	3.72	3.62	3.52	3.42	3.31	3.26	3.20	3.14	3.08
11	6.72	5.26	4.63	4.28	4.04	3.88	3.76	3.66	3.59	3.53	3.43	3.33	3.23	3.12	3.06	3.00	2.94	2.88
12	6.55	5.10	4.47	4.12	3.89	3.73	3.61	3.51	3.44	3.37	3.28	3.18	3.07	2.96	2.91	2.85	2.79	2.72
13	6.41	4.97	4.35	4.00	3.77	3.60	3.48	3.39	3.31	3.25	3.15	3.05	2.95	2.84	2.78	2.72	2.66	2.60
14	6.30	4.86	4.24	3.89	3.66	3.50	3.38	3.29	3.21	3.15	3.05	2.95	2.84	2.73	2.67	2.61	2.55	2.49
15	6.20	4.77	4.15	3.80	3.58	3.41	3.29	3.20	3.12	3.06	2.96	2.86	2.76	2.64	2.59	2.52	2.46	2.40
16	6.12	4.69	4.08	3.73	3.50	3.34	3.22	3.12	3.05	2.99	2.89	2.79	2.68	2.57	2.51	2.45	2.38	2.32
17	6.04	4.62	4.01	3.66	3.44	3.28	3.16	3.06	2.98	2.92	2.82	2.72	2.62	2.50	2.44	2.38	2.32	2.25
18	5.98	4.56	3.95	3.61	3.38	3.22	3.10	3.01	2.93	2.87	2.77	2.67	2.56	2.44	2.38	2.32	2.26	2.19
19	5.92	4.51	3.90	3.56	3.33	3.17	3.05	2.96	2.88	2.82	2.72	2.62	2.51	2.39	2.33	2.27	2.20	2.13
20	5.87	4.46	3.86	3.51	3.29	3.13	3.01	2.91	2.84	2.77	2.68	2.57	2.46	2.35	2.29	2.22	2.16	2.09
21	5.83	4.42	3.82	3.48	3.25	3.09	2.97	2.87	2.80	2.73	2.64	2.53	2.42	2.31	2.25	2.18	2.11	2.04
22	5.79	4.38	3.78	3.44	3.22	3.05	2.93	2.84	2.76	2.70	2.60	2.50	2.39	2.27	2.21	2.14	2.08	2.00
23	5.75	4.35	3.75	3.41	3.18	3.02	2.90	2.81	2.73	2.67	2.57	2.47	2.36	2.24	2.18	2.11	2.04	1.97
24	5.72	4.32	3.72	3.38	3.15	2.99	2.87	2.78	2.70	2.64	2.54	2.44	2.33	2.21	2.15	2.08	2.01	1.94
25	5.69	4.29	3.69	3.35	3.13	2.97	2.85	2.75	2.68	2.61	2.51	2.41	2.30	2.18	2.12	2.05	1.98	1.91
26	5.66	4.27	3.67	3.33	3.10	2.94	2.82	2.73	2.65	2.59	2.49	2.39	2.28	2.16	2.09	2.03	1.95	1.88
27	5.63	4.24	3.65	3.31	3.08	2.92	2.80	2.71	2.63	2.57	2.47	2.36	2.25	2.13	2.07	2.00	1.93	1.85
28	5.61	4.22	3.63	3.29	3.06	2.90	2.78	2.69	2.61	2.55	2.45	2.34	2.23	2.11	2.05	1.98	1.91	1.83
29	5.59	4.20	3.61	3.27	3.04	2.88	2.76	2.67	2.59	2.53	2.43	2.32	2.21	2.09	2.03	1.96	1.89	1.81
30	5.57	4.18	3.59	3.25	3.03	2.87	2.75	2.65	2.57	2.51	2.41	2.31	2.20	2.07	2.01	1.94	1.87	1.79
40	5.42	4.05	3.46	3.13	2.90	2.74	2.62	2.53	2.45	2.39	2.29	2.18	2.07	1.94	1.88	1.80	1.72	1.64
60	5.29	3.93	3.34	3.01	2.79	2.63	2.51	2.41	2.33	2.27	2.17	2.06	1.94	1.82	1.74	1.67	1.58	1.48
120	5.15	3.80	3.23	2.89	2.67	2.52	2.39	2.30	2.22	2.16	2.05	1.94	1.82	1.69	1.61	1.53	1.43	1.31
∞	5.02	3.69	3.12	2.79	2.57	2.41	2.29	2.19	2.11	2.05	1.94	1.83	1.71	1.57	1.48	1.39	1.27	1.00

예: 자유도 $v_1 = 5$, $v_2 = 10$ 인 F 분포의 상측확률 2.5%의 점은 $F_{0.975}(5, 10) = 4.24$, 하측확률 2.5%의 점은 $F_{0.025}(5, 10) = 1/F_{0.975}(10, 5) = 1/6.62 = 0.15$

〈부표 11〉 F 분포표 (상측확률 1%)

자유도 ν_1, ν_2에서 상측확률 $\alpha = 0.01(1\%)$에 대한 $F_{0.99}(\nu_1, \nu_2)$ 값을 구하는 표

ν_2 \ ν_1	1	2	3	4	5	6	7	8	9	10	12	15	20	30	40	60	120	∞
1	4052	5000	5403	5625	5764	5859	5928	5981	6022	6056	6106	6157	6209	6261	6287	6313	6339	6366
2	98.5	99.0	99.2	99.2	99.3	99.3	99.4	99.4	99.4	99.4	99.4	99.4	99.4	99.5	99.5	99.5	99.5	99.5
3	34.1	30.8	29.5	28.7	28.2	27.9	27.7	27.5	27.3	27.2	27.1	26.9	26.7	26.5	26.4	26.3	26.2	26.1
4	21.2	18.0	16.7	16.0	15.5	15.2	15.0	14.8	14.7	14.5	14.4	14.2	14.0	13.8	13.7	13.7	13.6	13.5
5	16.3	13.3	12.1	11.4	11.0	10.7	10.5	10.3	10.2	10.1	9.89	9.72	9.55	9.38	9.29	9.20	9.11	9.02
6	13.7	10.9	9.78	9.15	8.75	8.47	8.26	8.10	7.98	7.87	7.72	7.56	7.40	7.23	7.14	7.06	6.97	6.88
7	12.2	9.55	8.45	7.85	7.46	7.19	6.99	6.84	6.72	6.62	6.47	6.31	6.16	5.99	5.91	5.82	5.74	5.65
8	11.3	8.65	7.59	7.01	6.63	6.37	6.18	6.03	5.91	5.81	5.67	5.52	5.36	5.20	5.12	5.03	4.95	4.86
9	10.6	8.02	6.99	6.42	6.06	5.80	5.61	5.47	5.35	5.26	5.11	4.96	4.81	4.65	4.57	4.48	4.40	4.31
10	10.0	7.56	6.55	5.99	5.64	5.39	5.20	5.06	4.94	4.85	4.71	4.56	4.41	4.25	4.17	4.08	4.00	3.91
11	9.65	7.21	6.22	5.67	5.32	5.07	4.89	4.74	4.63	4.54	4.40	4.25	4.10	3.94	3.86	3.78	3.69	3.60
12	9.33	6.93	5.95	5.41	5.06	4.82	4.64	4.50	4.39	4.30	4.16	4.01	3.86	3.70	3.62	3.54	3.45	3.36
13	9.07	6.70	5.74	5.21	4.86	4.62	4.44	4.30	4.19	4.10	3.96	3.82	3.66	3.51	3.43	3.34	3.25	3.17
14	8.86	6.51	5.56	5.04	4.69	4.46	4.28	4.14	4.03	3.94	3.80	3.66	3.51	3.35	3.27	3.18	3.09	3.00
15	8.68	6.36	5.42	4.89	4.56	4.32	4.14	4.00	3.89	3.80	3.67	3.52	3.37	3.21	3.13	3.05	2.96	2.87
16	8.53	6.23	5.29	4.77	4.44	4.20	4.03	3.89	3.78	3.69	3.55	3.41	3.26	3.10	3.02	2.93	2.84	2.75
17	8.40	6.11	5.18	4.67	4.34	4.10	3.93	3.79	3.68	3.59	3.46	3.31	3.16	3.00	2.92	2.83	2.75	2.65
18	8.29	6.01	5.09	4.58	4.25	4.01	3.84	3.71	3.60	3.51	3.37	3.23	3.08	2.92	2.84	2.75	2.66	2.57
19	8.18	5.93	5.01	4.50	4.17	3.94	3.77	3.63	3.52	3.43	3.30	3.15	3.00	2.84	2.76	2.67	2.58	2.49
20	8.10	5.85	4.94	4.43	4.10	3.87	3.70	3.56	3.46	3.37	3.23	3.09	2.94	2.78	2.69	2.61	2.52	2.42
21	8.02	5.78	4.87	4.37	4.04	3.81	3.64	3.51	3.40	3.31	3.17	3.03	2.88	2.72	2.64	2.55	2.46	2.36
22	7.95	5.72	4.82	4.31	3.99	3.76	3.59	3.45	3.35	3.26	3.12	2.98	2.83	2.67	2.58	2.50	2.40	2.31
23	7.88	5.66	4.76	4.26	3.94	3.71	3.54	3.41	3.30	3.21	3.07	2.93	2.78	2.62	2.54	2.45	2.35	2.26
24	7.82	5.61	4.72	4.22	3.90	3.67	3.50	3.36	3.26	3.17	3.03	2.89	2.74	2.58	2.49	2.40	2.31	2.21
25	7.77	5.57	4.68	4.18	3.85	3.63	3.46	3.32	3.22	3.13	2.99	2.85	2.70	2.54	2.45	2.36	2.27	2.17
26	7.72	5.53	4.64	4.14	3.82	3.59	3.42	3.29	3.18	3.09	2.96	2.81	2.66	2.50	2.42	2.33	2.23	2.13
27	7.68	5.49	4.60	4.11	3.78	3.56	3.39	3.26	3.15	3.06	2.93	2.78	2.63	2.47	2.38	2.29	2.20	2.10
28	7.64	5.45	4.57	4.07	3.75	3.53	3.36	3.23	3.12	3.03	2.90	2.75	2.60	2.44	2.35	2.26	2.17	2.06
29	7.60	5.42	4.54	4.04	3.73	3.50	3.33	3.20	3.09	3.00	2.87	2.73	2.57	2.41	2.33	2.23	2.14	2.03
30	7.56	5.39	4.51	4.02	3.70	3.47	3.30	3.17	3.07	2.98	2.84	2.70	2.55	2.39	2.30	2.21	2.11	2.01
40	7.31	5.18	4.31	3.83	3.51	3.29	3.12	2.99	2.89	2.80	2.66	2.52	2.37	2.20	2.11	2.02	1.92	1.80
60	7.08	4.98	4.13	3.65	3.34	3.12	2.95	2.82	2.72	2.63	2.50	2.35	2.20	2.03	1.94	1.84	1.73	1.60
120	6.85	4.79	3.95	3.48	3.17	2.96	2.79	2.66	2.56	2.47	2.34	2.19	2.03	1.86	1.76	1.66	1.53	1.38
∞	6.63	4.61	3.78	3.32	3.02	2.80	2.64	2.51	2.41	2.32	2.18	2.04	1.88	1.70	1.59	1.47	1.32	1.00

예: 자유도 $\nu_1 = 5$, $\nu_2 = 10$ 인 F 분포의 상측확률 1%의 점은 $F_{0.99}(5, 10) = 5.64$, 하측확률 1%의 점은 $F_{0.01}(5, 10) = 1/F_{0.99}(10, 5) = 1/10.1 = 0.01$

INDEX

※ 찾고 싶은 내용을 빠르게 확인하세요.

ㄱ

항목	페이지
가명처리	1-73, 1-75, 1-168
가명정보	1-74
가설검정	1-309, 1-322, 1-348
가격 데이터	1-23
가중치 감소	1-383
가중치 균형방법	1-232
가지	1-372
가지치기	1-375
가트너 3V	1-31
간편추출법	1-275
감마분포	1-293
감성 분석	1-56
감추기	1-171
강학습기	1-436
강화학습	1-58, 1-364
개인식별정보	1-68
개인신용정보	1-67
개인정보	1-63
개인정보 비식별화	1-70, 1-165
개인정보 자기결정권	1-64
개인정보보호 가이드라인	1-64
개인정보보호법	1-65
개인정보의 범위	1-65
개인정보의 보호	1-63
거대 언어 모델	1-62
거버넌스	1-117
검정통계량	1-322
검정통계량 계산	1-348
검증 데이터셋	1-133
결정계수	1-452
결측값(결측치)	1-211
결합 확률	1-280
경우의 수	1-277
계단 그래프	1-497
계절성분	1-419
계층별 k-폴드 교차검증	1-457
계층적 병합 군집화	1-399
계통추출	1-274
고립 의사나무	1-216
공간 데이터	1-258
공간 시각화	1-511
공분산	1-262
공유 데이터 시스템	1-53
공통화	1-24
과대적합 방지	1-463
과대적합(과적합)	1-354, 1-382
과소적합	1-354
관계 시각화	1-503
관계형 데이터베이스	1-161
교차검증	1-456
교차엔트로피 오차	1-381
교호작용	1-227
구간자료	1-209
구간추정	1-316
구글 파일 시스템	1-192
군집분석	1-264, 1-397, 1-416
군집분석 모델 시각화	1-483
군집분석 모델 평가지표	1-478
군집분석의 종류	1-399
군집추출	1-275
궁극적 일관성	1-197

ㄴ

항목	페이지
귀무가설	1-322
기각역의 결정	1-324
기계학습	1-57
기계학습 프레임워크	1-61
기댓값의 성질	1-284
기술통계	1-272
기울기 소실	1-385
기하분포	1-287
기하평균	1-245
꺾은선그래프	1-497

항목	페이지
나선형 모형	1-104
나이브 베이즈	1-426
내면화	1-24
내부 데이터	1-153, 1-159
내재화	1-101
노드	1-47, 1-372
누적막대그래프	1-496
누적연속그래프	1-501
눈덩이추출법	1-276

ㄷ

항목	페이지
다변량 데이터 탐색	1-260
다변량분산분석	1-261, 1-415
다변량공분산분석	1-415
다변량분석	1-414
다변량자료	1-208
다중 대치법	1-213
다중판별분석	1-417
다중회귀	1-260
다중회귀분석	1-415
다차원 척도법	1-264, 1-417, 1-509
다항분포	1-286
단계구분도	1-512
단계적 선택법	1-222
단변량자료	1-208
단순 대치법	1-212
단순무작위 추출	1-273
단순확률 대치법	1-212
단일표본 모분산 검정	1-328
단측검정	1-348
대각행렬	1-225
대립가설	1-322
대응비교	1-327
데이터	1-22
데이터 거버넌스	1-119
데이터 검증	1-138
데이터 리터러시	1-36
데이터 마스킹	1-74, 1-172
데이터 마이닝	1-265, 1-433
데이터 마트	1-23
데이터 모델링	1-35
데이터 범주화	1-74, 1-171
데이터 변환	1-162
데이터 분석	1-84, 1-114
데이터 분석 거버넌스	1-117
데이터 분석 기획	1-86
데이터 분석 수준진단	1-123
데이터 분석 영역	1-131
데이터 분석 유형	1-87
데이터 분석 플랫폼	1-118

항목	페이지
데이터 분할	1-353
데이터 사이언스	1-39
데이터 사이언티스트	1-40
데이터 사전	1-119
데이터 삭제	1-74, 1-170
데이터 산업의 진화	1-35
데이터 수집	1-152
데이터 수집 기술	1-154
데이터 수집 기획	1-134
데이터 수집 도구	1-188
데이터 시각적 속성	1-489
데이터 시각화	1-487
데이터 시각화 방법	1-490
데이터 웨어하우스	1-28
데이터 저장 방식	1-161
데이터 적재	1-188
데이터 적절성 검증	1-161
데이터 전처리	1-137
데이터 정제	1-138, 1-209
데이터 준비	1-113
데이터 처리 영역	1-131
데이터 테스트 케이스	1-189
데이터 품질	1-178
데이터 품질 검증	1-182
데이터 품질 관리	1-177
데이터 품질 진단 절차	1-181
데이터 3법	1-69
데이터베이스	1-25
데이터의 유형	1-488
도넛차트	1-500
도수분포표	1-250, 1-499
동변량성	1-242
동질성 공격	1-174
동질집합	1-174
두 모분산비 검정	1-329
드롭아웃	1-383, 1-463
디자인 사고 접근법	1-98
딥러닝	1-57, 1-379
딥러닝 모델 시각화	1-482
딥러닝 분석	1-427

ㄹ

항목	페이지
라쏘	1-383
라운딩	1-169
랜덤 라운딩	1-171
랜덤 포레스트	1-376
레거시 데이터	1-210
레이더차트	1-508
레이블 인코딩	1-233
레코드 삭제	1-170
렐루	1-382
로그	1-46
로그변환	1-229
로지스틱 회귀	1-261
로지스틱 회귀분석	1-369
룰 포스트 가지치기	1-375
리브-p-아웃 교차검증	1-457
리브-원-아웃 교차검증	1-457
리얼리티 마이닝	1-56, 1-436
릿지	1-383

ㅁ

마스터 데이터 ········· 1-119
마이그레이션 ········· 1-155
마이데이터 ········· 1-37
마진 ········· 1-392
마할라노비스 거리 ········· 1-398
막대그래프 ········· 1-251, 1-495
만 위트니 검정 ········· 1-442
매시업 ········· 1-122
맨하탄 거리 ········· 1-397
맵리듀스 ········· 1-54, 1-192
메타 데이터 ········· 1-119
메타 모델 ········· 1-439
명목자료 ········· 1-208
모델링 ········· 1-114
모멘텀 ········· 1-465
모분산의 신뢰구간 ········· 1-319
모비율의 신뢰구간 ········· 1-320
모수 ········· 1-297, 1-440
모자이크플롯 ········· 1-505
모평균 ········· 1-244
모평균의 구간추정 ········· 1-317
무작위 결측 ········· 1-211
묶은막대그래프 ········· 1-496
문서기반 데이터베이스 ········· 1-195
문장 임베딩 ········· 1-435
문제 정의 ········· 1-95
문제 탐색 ········· 1-94
미니배치 ········· 1-467
미들웨어 ········· 1-53
민감도 ········· 1-451
민코프스키 거리 ········· 1-398
밀도기반 클러스터링 ········· 1-216, 1-401

ㅂ

바이트 ········· 1-31
반복적 모형 ········· 1-104
반정형 데이터 ········· 1-23
배깅 ········· 1-376, 1-438
백색잡음 ········· 1-419
버블차트 ········· 1-504
범위 방법 ········· 1-171
범주형 변환 ········· 1-228
범주형 자료분석 ········· 1-411
베르누이 분포 ········· 1-286
베이즈 정리 ········· 1-281, 1-424
변동계수 ········· 1-248
변량 ········· 1-414
변수 변환 ········· 1-228
변수 선택 ········· 1-221
변수축약 ········· 1-262
병렬 데이터베이스 ········· 1-53
보팅 ········· 1-437
부분총계 ········· 1-169
부스팅 ········· 1-377, 1-438
부트스트래핑 ········· 1-376
부호검정 ········· 1-441
분류나무 ········· 1-372
분류모델 시각화 ········· 1-481
분류모델 평가지표 ········· 1-469, 1-477
분산 ········· 1-246
분산 병렬 컴퓨팅 ········· 1-53
분산 파일 시스템 ········· 1-53
분산분석 ········· 1-261
분산의 성질 ········· 1-285
분산처리 데이터베이스 ········· 1-161
분석 과제 도출 ········· 1-93

분석 과제 우선순위 ········· 1-90
분석 과제 정의 ········· 1-93
분석 기획 ········· 1-112
분석 데이터 유형 ········· 1-133
분석 로드맵 ········· 1-91
분석 마스터 플랜 ········· 1-88
분석 모니터링 ········· 1-529
분석 모형 구축 절차 ········· 1-346
분석 모형 선정 ········· 1-342
분석 모형 설계 ········· 1-346
분석 모형 정의 ········· 1-344
분석 방법론 ········· 1-101
분석 변수 생성 프로세스 ········· 1-135
분석 변수 정의 ········· 1-135
분석 성숙도 ········· 1-125
분석 시나리오 작성 ········· 1-346
분석 유스케이스 ········· 1-95
분석 작업 계획 ········· 1-141
분석 절차 ········· 1-140
분석 준비도 ········· 1-124
분석 프로젝트 관리 ········· 1-143
분석 프로젝트 최종보고서 ········· 1-528
분석가의 역할 ········· 1-144
분석결과 적용 ········· 1-528
분석결과 활용 계획 ········· 1-526
분석모형 리모델링 ········· 1-530
분석목표정의서 ········· 1-142
분위수 ········· 1-246
분포 시각화 ········· 1-499
분포형태별 변환 ········· 1-230
분할표 ········· 1-411
분해법 ········· 1-421
불가역 데이터 ········· 1-23
불균형 데이터 ········· 1-231
불순도 계산 ········· 1-374
비 무작위 결측 ········· 1-211
비교 시각화 ········· 1-506
비모수 통계 ········· 1-440
비모수 통계 검정법 ········· 1-441
비식별 조치 방법 ········· 1-167
비율자료 ········· 1-209
비자연적 이상치 ········· 1-213
비정형 데이터 ········· 1-23, 1-210, 1-265
비정형 데이터 분석 ········· 1-432
비정형 데이터 품질 기준 ········· 1-179
비정형 데이터 품질 진단 ········· 1-180
비즈니스 기여도 평가 ········· 1-479
비즈니스 도메인 ········· 1-152
비즈니스 모델 캔버스 ········· 1-96
비지도학습 ········· 1-58, 1-361
비지도학습 성능평가지표 ········· 1-470
비확률 표본추출 ········· 1-275
빅데이터 ········· 1-29
빅데이터 5V ········· 1-31
빅데이터 거버넌스 ········· 1-120
빅데이터 분석 방법론 ········· 1-111, 1-523
빅데이터 저장시스템 ········· 1-190
빅데이터 조직 ········· 1-38
빅데이터 처리과정 ········· 1-51
빅데이터 플랫폼 ········· 1-46
빅데이터 활용 3요소 ········· 1-33
빅데이터의 가치 ········· 1-33
빅데이터의 특징 ········· 1-31

ㅅ

사라지는 경사도 ········· 1-379
사분면 분석 ········· 1-126
사분위범위 ········· 1-248

사분위수 ········· 1-246
산술평균 ········· 1-244
산점도 ········· 1-215, 1-252, 1-503
산포도 ········· 1-246
상관분석 ········· 1-242
상대적 위험도 ········· 1-412
상자 그림 ········· 1-214, 1-253
상향식 접근 방식 ········· 1-97, 1-345
샤피로-윌크 검정 ········· 1-455
서열자료 ········· 1-208
서포트벡터머신 ········· 1-392
선형 회귀분석 ········· 1-367
설문조사 ········· 1-134
셔플 ········· 1-55
소셜 네트워크 분석 ········· 1-56
소프트웨어 계층 ········· 1-48
소프트웨어개발생명주기 ········· 1-102
속성자 ········· 1-165
손실함수 ········· 1-380
수정된 결정계수 ········· 1-453
수치자료 ········· 1-209
순열 ········· 1-277
순환 신경망 ········· 1-430
순환성분 ········· 1-419
스크래퍼 ········· 1-134
스키마 ········· 1-23
스타차트 ········· 1-508
스태킹 ········· 1-439
스텝 ········· 1-102
스튜던트 t분포 ········· 1-296
스트라이드 ········· 1-387
스트리밍 데이터 ········· 1-198
스피어만 상관계수 ········· 1-243
시간 데이터 ········· 1-258
시간 시각화 ········· 1-495
시계열분석 ········· 1-418
시계열에서 차분 ········· 1-424
시계열자료 ········· 1-209, 1-418
시계열자료의 분석 방법 ········· 1-420
시공간 데이터 ········· 1-259
시그모이드 ········· 1-382
시스템 구현 ········· 1-115
식별자 ········· 1-165
식별자 삭제 ········· 1-170
신뢰구간 ········· 1-316
신뢰도 ········· 1-394
신뢰수준 ········· 1-316
신용정보보호법 ········· 1-67
실루엣 계수 ········· 1-454
심층 신경망 ········· 1-429
심층 신뢰 신경망 ········· 1-431
쌍체비교 ········· 1-327
쏠림 공격 ········· 1-175

ㅇ

아파치 스파크 ········· 1-54
아프리오리 ········· 1-396
알고리즈미스트 ········· 1-78
암묵지 ········· 1-23
암호화 ········· 1-168
앙상블 기법 ········· 1-436
앙상블 모형의 최적화 ········· 1-439
애노테이션 ········· 1-60
약학습기 ········· 1-436
양측검정 ········· 1-348
언더샘플링 ········· 1-232
업리프트 모델링 ········· 1-365
에러감소 가지치기 ········· 1-375

엔트로피 지수	1-373	
역수변환	1-229	
연결 공격	1-174	
연결화	1-24	
연관분석 모델 시각화	1-483	
연관분석 모델 평가지표	1-478	
연관성 분석	1-394	
연속균등분포	1-289	
연속확률변수	1-282	
연속확률분포	1-283, 1-289	
열기반 데이터베이스	1-195	
오버샘플링	1-232	
오즈비	1-412	
오차역전파	1-381	
오차행렬	1-450	
오토인코더	1-61, 1-389	
오피니언 마이닝	1-56, 1-267, 1-435	
완전 무작위 결측	1-211	
완전 분석	1-212	
왜도	1-249	
외부 데이터	1-153, 1-159	
요약변수	1-227	
요인분석	1-223, 1-263, 1-416	
우도함수	1-314	
워드 임베딩	1-435	
원그래프	1-500	
원천 데이터	1-153	
원-핫 인코딩	1-234	
웹 마이닝	1-56, 1-267, 1-435	
웹 크롤링	1-134	
월콕슨 부호순위 검정	1-441	
유사성 공격	1-175	
유의수준	1-316, 1-323	
유클리드 거리	1-397	
은닉층 개수	1-468	
음수 미포함 행렬분해	1-225	
음이항분포	1-288	
의도적 이상치	1-214	
의사결정나무	1-371	
이동평균법	1-420	
이벤트 모델	1-427	
이산확률변수	1-282	
이산확률분포	1-283	
이상치	1-213	
이상치의 탐지	1-214	
이원분산분석	1-261	
이항분포	1-286	
익명화	1-77	
인공신경망	1-379	
인공신경망 구조	1-380	
인공지능	1-57	
인메모리	1-51	
인포그래픽	1-492	
인프라스트럭처 계층	1-50	
일반화	1-210	
일반화 선형모형	1-368	
일원분산분석	1-261	
임계치	1-324	
임베딩	1-60	
임의 잡음 추가	1-172

ㅈ

자기회귀누적이동평균모형	1-423
자기회귀모형	1-422
자기회귀이동평균모형	1-422
자연어 처리	1-266, 1-434
자연적 이상치	1-214
자율학습	1-58

자카드거리	1-399
작업분할구조	1-141
잔차 진단	1-455
재귀적 분기	1-375
재배열	1-170
재현율	1-451
적률	1-311
적률생성함수	1-312
적정성 평가	1-172
적합도 검정	1-365, 1-458
전수조사	1-272
전이학습	1-59
전진 선택법	1-367
점그래프	1-496
점추정	1-309
점추정량	1-310
정규분포	1-291
정규성 가정	1-455
정규화	1-210, 1-228
정량적 데이터	1-22
정밀도	1-450
정보	1-24
정보 디자인	1-492
정보 시각화	1-491
정보 획득	1-375
정보통신망법	1-66
정상성	1-419
정성적 데이터	1-22
정준상관분석	1-263, 1-415
정지규칙	1-374
정형 데이터	1-23
정형 데이터 품질 기준	1-178
정형 데이터 품질 진단	1-180
정확도	1-450
정확도와 정밀도	1-144
제1종 오류	1-323
제2종 오류	1-323
제곱근변환	1-230
제어 라운딩	1-172
조건부 확률	1-279
조합	1-277
조화평균	1-245
종적자료	1-209
주성분 분석	1-223
준지도학습	1-58, 1-362
줄기 잎 그림	1-215, 1-252
중심극한정리	1-299, 1-455
중앙값	1-245
증분형 모형	1-104
지니 지수	1-373
지도학습	1-58, 1-360
지수변환	1-230
지수분포	1-290
지수평활법	1-421
지식	1-24
지식창조 매커니즘	1-24
지지도	1-394
지혜	1-24
직교행렬	1-225
진화형 모형	1-105
질적자료	1-208

ㅊ

차원 축소	1-222
차원의 저주	1-222
책임원칙 훼손	1-77
척도	1-489
첨도	1-250

체계화	1-101
체르노프 페이스	1-507
초기하분포	1-288
초매개변수 최적화	1-384, 1-467
총계 처리	1-73, 1-169
총확률정리	1-280
최근접 대치법	1-212
최단 연결법	1-399
최대우도추정	1-314
최빈값	1-245
최소제곱법	1-367
최소-최대 정규화	1-228
최장 연결법	1-400
추세선	1-498
추세성분	1-418
추정	1-309
층화변수	1-274
층화추출	1-274

ㅋ

카이제곱 검정	1-412, 1-458
카이제곱 통계량	1-373
카이제곱분포	1-295
카토그램	1-512
콜드덱 대치법	1-213
콜모고로프 스미르노프 검정	1-459
크롤러	1-52
크롤링	1-52
크루스칼-왈리스 검정	1-442
클러스터	1-47
키-값 데이터베이스	1-195

ㅌ

타깃 인코딩	1-234
타당성 평가	1-95
탐구 요인 분석	1-55
탐색적 데이터 분석	1-240
태스크	1-102
테스트 데이터셋	1-133, 1-354
텍스트 마이닝	1-56, 1-266, 1-434
통계적 가설검정	1-347
통계적 추론	1-309
트리맵	1-501
특별법	1-68
특이값 분해	1-224

ㅍ

파레토차트	1-502
파생변수	1-226
파이썬	1-353
파이차트	1-251, 1-500
판단추출법	1-276
판별 분석	1-264
패딩	1-386
편향	1-313
평가 데이터	1-353
평가 및 전개	1-116
평균 대치법	1-212
평균 연결법	1-400
평균 절대 편차	1-247
평균제곱오차	1-313, 1-381
평균차이 검정	1-326
평행좌표계	1-509
평활화	1-210
포아송분포	1-287
포트폴리오 사분면	1-90
폭포수 모형	1-103
표본공간	1-278

표본분포	1-297
표본분포 통계량	1-298
표본비율	1-301
표본비율의 표본분포	1-301
표본의 평균 검정	1-325
표본조사	1-273
표본추출	1-272
표본추출 오차	1-273
표본평균	1-244
표본평균의 구간확률	1-300
표본평균의 표본분포	1-298
표본평균의 표준화	1-300
표준오차	1-299, 1-301
표준정규분포	1-292
표준편차	1-246
표출화	1-24
풀링	1-387
프로토타이핑 접근법	1-99
프로토타입 모형	1-103
프로파일링	1-49
플랫폼 계층	1-49
피어슨 비대칭 계수	1-250
피어슨 상관계수	1-243
픽토그램	1-493

ㅎ

하둡	1-54
하이퍼파라미터 최적화	1-384, 1-467
하향식 접근	1-94, 1-345
학습 곡선	1-355
학습 데이터	1-353
학습률	1-467
할당추출법	1-276
합성곱 신경망	1-429
향상도	1-394
형식지	1-23
형식화	1-101
혼동행렬	1-450
홀드아웃 기법	1-456
확률	1-277
확률 분포 기반 클러스터링	1-402
확률 표본추출	1-273
확률변수	1-281
확률변수의 기댓값	1-283
확률변수의 분산	1-284
확률분포	1-282
확률분포함수	1-283
확률적 경사 하강법	1-465
확인 요인 분석	1-55
활성 함수	1-382, 1-428
회귀 대치법	1-212
회귀나무	1-373
회귀모델 시각화	1-480
회귀모델 평가지표	1-469, 1-476
회귀모형 유의성 검정	1-369
회귀분석	1-366
회귀선(회귀계수)	1-367
횡적자료	1-209
후진 소거법	1-221
훈련 데이터셋	1-133
훈련 반복 횟수	1-467
휴리스틱 가명화	1-168
히스토그램	1-251, 1-499
히트맵	1-504, 1-506

A

Accuracy	1-450
ACID	1-194
AdaGrad	1-466
Adam	1-467
AIC	1-453
ANN	1-379
ANOVA	1-261
Apriori	1-396
AR	1-422
ARIMA	1-423
ARMA	1-422
AUC	1-451
Auto-encoder	1-389
AutoML	1-61

B

Bag of Words	1-434
Bagging	1-438
Ben Fry 시각화 절차	1-488
BERT	1-60
BI	1-28
BIC	1-453
Bigtable	1-197
Boosting	1-438
Box plot	1-214, 1-253
Box-Cox	1-231
Bubble Chart	1-504
Byte	1-31

C

C4.5/C5.0	1-376
CAP 이론	1-194
CART	1-376
Cartogram	1-512
Cassandra	1-196
CCPA	1-70
CEE	1-381
CHAID	1-376
Chernoff Faces	1-507
CNN	1-385, 1-429
Column-oriented DB	1-195
Confidence	1-394
Confusion Matrix	1-450
CouchDB	1-196
CRISP-DM	1-108, 1-524

D

Data Mining	1-433
Data Warehouse	1-28
DBMS	1-26
DBN	1-431
DBSCAN	1-216, 1-401
DNN	1-379, 1-429
Document-oriented DB	1-195
Dropout	1-383, 1-463
DSCoE	1-39
DSS	1-28
Dunn Index	1-454
Dynamo	1-196

E

EAI	1-124
EDA	1-240
Ensemble	1-436
ER 다이어그램	1-164
ETL	1-28, 1-52, 1-155
Euclidean Distance	1-397

F

F1 Score	1-451
FGI	1-134
Fluedntd	1-188
Flume	1-157
FPR	1-451
FTP	1-156
F 분포	1-297

G

GDPR	1-70
GFS	1-192
GLM	1-368

H

Hbase	1-197
HDFS	1-54, 1-191
Heat Map	1-504, 1-506
Holdout	1-456
HTML	1-160
Hyperparameter 최적화	1-384, 1-467
Hypertable	1-197

I

IQR	1-241
ISP	1-88
Iteration	1-468

J

| Jaccard Distance | 1-399 |
| JSON | 1-23, 1-160 |

K

KDD 분석 방법론	1-106
Key-Value DB	1-195
KMS	1-28
Kolmogorove-Smirnov Test	1-459
KPI	1-89
Kruskal-Wallis	1-442
k-익명성	1-71, 1-173
K-평균(means) 군집 분석	1-400
k-폴드 교차검증	1-457

L

L1 규제	1-383, 1-464
L2 규제	1-383, 1-463
Lasso	1-383
Lift	1-395
LLM	1-62
LOD	1-153
Logstash	1-189
LOOCV	1-457
LSTM	1-388
l-다양성	1-71, 1-174

M

MAD	1-247
MAE	1-452
Mahalanobis Distance	1-398
Manhattan Distance	1-397
Mann-Whitney U	1-442
MAPE	1-453
MAR	1-211
Margin	1-392
MCAR	1-211
MDS	1-264, 1-509

Minkowski Distance	1-398	SSR	1-367
Momentum	1-465	Stacking	1-439
MongoDB	1-196	Star Chart	1-508
MPE	1-452	Stride	1-387
MSE	1-313, 1-381, 1-452	Support	1-394
MSPE	1-453	SVD	1-224
		SVM	1-392
		Swapping	1-169

N

NAS	1-53
NMAR	1-211
NMF	1-225
NoSQL	1-52, 1-193
NoSQL 분류	1-196

T

TCP/IP	1-156
Text Mining	1-434
Text to Vector	1-434
TF-IDF	1-434
TPR	1-451
t-검정	1-413
t-근접성	1-71, 1-176
t 분포	1-296

O

Odds	1-369
ODS	1-28
OH, OW	1-386
OLAP	1-27
OLTP	1-27
Open API	1-36
OR, Odds Ratio	1-412

V

Variate	1-414
Voting	1-437

W

Ward 연결법	1-400
WBS	1-141
Web Mining	1-435
Wilcoxon signed-rank	1-441

P

Padding	1-386
Parameter	1-440
PCA	1-223
PoC	1-89, 1-145
Pooling	1-387
Precision	1-450
p-value	1-324
Python	1-353

X

XAI	1-61
XML	1-23, 1-160

Q

Q-Q 플롯	1-455

Z

z-score	1-215
z-score 정규화	1-229

R

R 언어	1-352
R²	1-452
Recall	1-451
Redis	1-196
Relu	1-382
Ridge	1-383
RMSE	1-452
RMSLE	1-453
RNN	1-388, 1-430
ROC	1-451
ROI	1-89, 1-479
RR, Relative Risk	1-412

S

Scatter Plot	1-503
Scrapy	1-157
Scribe	1-189
SDLC	1-102
SEMMA 분석 방법론	1-109
SGD	1-465
Shapiro-Wilk Test	1-455
Sharding	1-196
Sigmoid	1-382
Silhouette Coefficient	1-454
SimpleDB	1-196
Six-Sigma	1-242
SLA	1-49
SQL	1-26
Sqoop	1-156
SSE	1-367, 1-452

MEMO

MEMO

MEMO

이렇게 기막힌 적중률

빅데이터분석기사
필기 기본서

"이" 한 권으로 합격의 "기적"을 경험하세요!

차례

합격생의 정리노트

1과목	빅데이터 분석 기획	2-4
2과목	빅데이터 탐색	2-14
3과목	빅데이터 모델링	2-23
4과목	빅데이터 결과 해석	2-23

최신 기출문제

기출문제 10회 (2025년 04.05 시행) — 2-28
기출문제 09회 (2024년 09.07 시행) — 2-46
기출문제 08회 (2024년 04.06 시행) — 2-66
기출문제 07회 (2023년 09.23 시행) — 2-86
기출문제 06회 (2023년 04.08 시행) — 2-104
기출문제 05회 (2022년 10.01 시행) — 2-121
기출문제 04회 (2022년 04.09 시행) — 2-140
기출문제 03회 (2021년 10.02 시행) — 2-157
기출문제 정답 & 해설 — 2-175

실전 모의고사

실전 모의고사 01회 — 2-232
실전 모의고사 02회 — 2-243
실전 모의고사 03회 — 2-256
실전 모의고사 정답 & 해설 — 2-271

BONUS 또기적 합격자료집 PDF

핵심 포인트 정리
스터디 플래너

※ 참여 방법 : '이기적 스터디 카페' 검색 → 이기적 스터디 카페(cafe.naver.com/yjbooks) 접속 → '구매 인증 PDF 증정' 게시판 → 구매 인증 → 메일로 자료 받기

합격생의 정리노트

CONTENTS

실제 합격생의 공부 노하우가 담긴 요약 자료집입니다. 정리된 노트로 필기 시험에서 다루는 중요한 개념과 핵심 포인트를 한번 더 확인하세요.

I 빅데이터 분석 기획

1. 빅데이터의 이해

- **데이터의 구분**
  정량적 데이터 : 주로 숫자로 이루어진 데이터
  정성적 데이터 : 문자와 같은 텍스트로 구성되며 함축적 의미

- **데이터 유형(구조적 관점)**
  정형 : RDB, CSV, 스프레드시트
  반정형 : 웹로그, 알람, XML, HTML, JSON, RSS
  비정형 : 이미지, 오디오, 문자, NoSQL

- **데이터 기반 지식 구분**
  내면화 → 공통화 → 표출화 → 연결화
        암묵지   형식지

- **DIKW 피라미드**
  Data - Information - Knowledge - Wisdom
   객관적 사실   창의적 아이디어

- **바이트 크기**
  K M G T P E Z Y 킬 메 기 테 페 엑 제 요

- **빅데이터 특징**
  3V : Volume, Variety, Velocity
  5V : + Veracity, Value

- **빅데이터의 가치**
  경제적 자산 / 불확실성 제거 / 리스크 감소 /
  타분야 융합 / 스마트 경쟁력

- **빅데이터 가치 산정이 어려운 이유**
  데이터 활용방식 / 새로운 가치창출 / 분석기술 발전

- **빅데이터 영향**
  기업 : 혁신수단 제공, 경쟁력 강화, 생산성 향상
  정부 : 환경탐색, 상황분석, 미래대응 가능
  개인 : 목적에 따른 활용

- **빅데이터의 본질적인 변화**
  사후처리 / 전수조사 / 양 / 상관관계

- **빅데이터 활용을 위한 3요소**
  자원 : 빅데이터
  기술 : 빅데이터플랫폼, AI
  인력 : 데이터사이언티스트

- **빅데이터 위기요인 및 통제방안**
  ─사생활 침해 : 개인정보 데이터를 목적외 사용
          → 제공자의 '동의'에서 사용자의 '책임'으로
  ─책임원칙훼손 : 예측 알고리즘의 희생양이 됨
          → 결과 기반 책임원칙 고수
  ─데이터 오용 : 잘못된 지표 사용
          → 알고리즘 접근허용(알고리즈미스트)

- **데이터사이언티스트 요구역량**
  ─Hard Skill : 이론적지식, 분석기술 숙련
  ─Soft Skill : 통찰력, 설득력 있는 전달, 협업능력

- **분석조직의 구조**

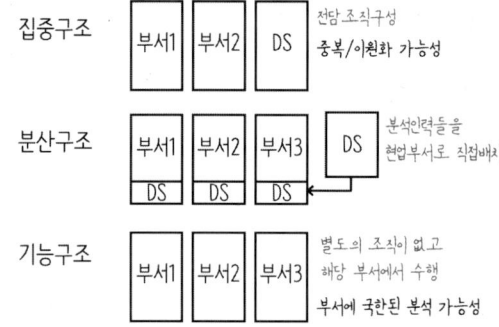

- **데이터베이스 특징**
  ─일반 : 통합된데이터 / 저장된데이터 / 공용 데이터 / 변화되는 데이터
  ─다양한 측면 : 정보축적 및 전달 / 정보이용 / 정보관리 / 정보기술 발전 / 경제·산업

- 데이터베이스 관리 시스템(DBMS)의 종류
  관계형 DBMS : 데이터를 테이블로 표현
  객체지향 DBMS : 데이터를 객체형태로 표현
  네트워크 DBMS : 데이터를 그래프 구조로 표현
  계층형 DBMS : 데이터를 트리 구조로 표현

- SQL
  데이터베이스에 접근할 때 사용하는 언어
  데이터 정의, 조작, 제어 기능

- 기업내부 데이터베이스
  1980년대
  OLTP : 데이터 처리(트랜잭션) 중심. 현재 데이터. 데이터 구조 복잡
  OLAP : 데이터 분석이 중심. 다차원적인 데이터. 오랜 기간 저장. 데이터 구조 단순.

  2000년대
  CRM : 기업의 고객관계 관리체계
  SCM : 기업에서 생산·유통 등 모든 공급망을 관리

  경영부문→제조부문
  ERP : 각종 관리시스템을 하나의 통합시스템으로 구축
  BI : 데이터를 정리해 기업의 의사결정에 활용
  RTE: 주요 경영정보를 통합관리하는 실시간경영시스템

  금융부문
  EAI : 기업내 연관된 어플리케이션을 유기적 연동
  EDW : 기존 DW를 전사적으로 확장

  유통부문
  KMS : 지식관리시스템
  RFID : 주파수를 이용해 ID를 식별

  사회기반구조
  EDI : 서류를 전자신호를 통해 거래처에 전송
  VAN : 통신회선을 차용하여 독자적인 네트워크 형성
  CALS : 전자상거래 구축을 위한 경영통합정보시스템

- 데이터웨어하우스(DW) 특징
  주제지향성/통합성/시계열성/비휘발성

- 데이터웨어하우스 구성요소
  데이터모델/ETL/ODS/DW메타데이터/OLAP/데이터마이닝/분석도구/경영기반솔루션

- ETL
  기업의 내부 또는 외부로부터 데이터를 추출. 정제 및 가공하여 데이터웨어하우스에 적재

- ODS
  DBMS 시스템에서 추출한 데이터를 통합적으로 관리

- 데이터 마이닝
  대용량 데이터로부터 인사이트를 도출

- 데이터 산업의 진화순서
  처리 - 통합 - 분석 - 연결 - 권리

- 데이터 산업의 구조
  인프라 영역 : 데이터의 수집, 저장, 분석, 관리 기능
  서비스 영역 : 데이터 활용 교육 및 컨설팅

- BSC 관점
  재무 - 고객 - 내부프로세스 - 학습·성장

- 인공지능 경쟁력 3요소
  알고리즘 / GPU / 풍부한 데이터

ⓒ 2. 데이터 분석 계획

- 분석의 기획

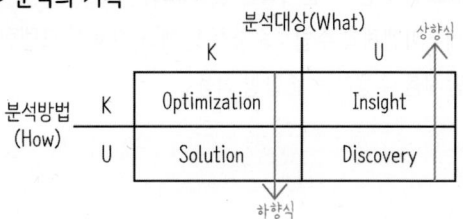

- 목표시점별 분석기획

과제단위		마스터플랜단위
Speed/Test Quick/Win Problem Solving	- 1차목표 - - 과제유형 - - 접근방식 -	Accuracy/Deploy Long Term View Problem Definition

- 분석기획시 고려사항

  가용데이터 확보→적절한 유스케이스 탐색→낮은 실행장벽

- 분석마스터플랜 수립

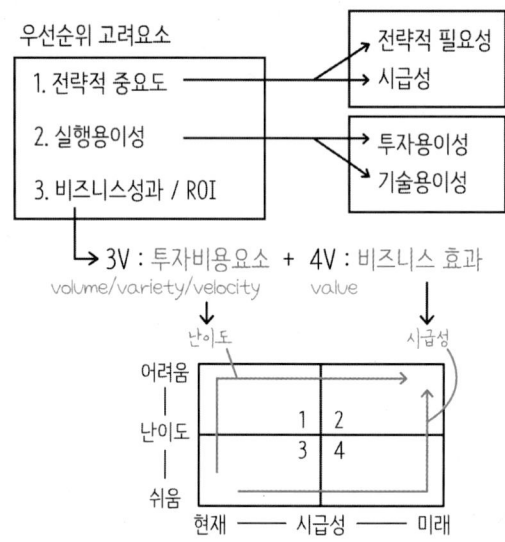

- 적용 범위/방식 고려요소
  1. 업무내재화 적용수준
  2. 분석데이터 적용수준
  3. 기술 적용수준

- 분석(이행)로드맵 수립 : 데이터분석체계 도입 → 유효성 검증 → 분석확산 및 고도화
- 세부이행계획 수립 : 순차적 단계와 반복적 모델링 단계를 수행하는 혼합형 적용

- 하향식 접근법(Top Down)
  1) 문제탐색: 비즈니스모델+외부사례 기반(벤치마킹)
     업무/제품/고객/규제,감사/지원인프라
  2) 문제정의: 비즈니스 문제를 데이터의 문제로 변환
  3) 해결방안 탐색

		분석역량(Who)	
		확보	미확보
분석기법/ 시스템 (How)	기존시스템	기존시스템 개선 활용	교육/채용 역량 확보
	신규 도입	시스템 고도화	전문업체 sourcing

  4) 타당성 검토: 경제적+데이터 및 기술적 타당성

- 상향식 접근법(Bottom Up)

- 디자인 사고 · 프로토타이핑의 필요성

- 데이터 분석방법론

  방법론: 상세한 절차 / 방법 / 도구와 기법 / 템플릿과 산출물
  장애요소: 고정관념 / 편향된 생각 / 프레이밍 효과
  모델: 폭포수 모델 / 프로토타입 모델 / 나선형 모델
  계층적 프로세스: 단계 / 태스크 / 스텝
  일반적 분석 방법론 절차

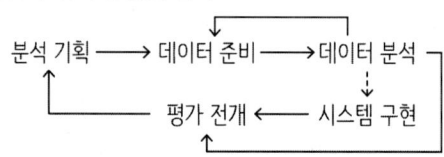

- 데이터 분석 거버넌스 구성요소

  조직/운영 프로세스/분석 인프라/데이터 거버넌스/분석교육

- 데이터 분석 과제 관리 프로세스

  과제발굴 : 분석아이디어발굴/분석과제후보제안/분석과제확정
  과제수행 : 팀구성/분석과제실행/분석과제진행관리/결과공유

- **KDD 분석방법론**
  통계적 패턴이나 지식을 찾기 위해 정리한 데이터

- **CRISP-DM 분석방법론**
  유럽연합의 ESPRIT에서 시작, 주요5개 업체들이 주도

- **SEMMA 분석방법론**
  SAS사의 주도로 만들어진 기술중심, 통계중심의 방법론
  샘플링→탐색→수정→모델링→검증

KDD	CRISP-DM
비즈니스 도메인 이해	업무 이해
데이터셋 선택	데이터 이해
데이터 전처리	
데이터 변환	데이터 준비
데이터 마이닝	모델링
결과 해석	평가
발견 지식 활용	전개

- **데이터 거버넌스**
  전사 차원의 모든 데이터에 대해 정책 및 지침, 표준화, 운영조직과 책임 등 표준화된 관리 체계 수립

- **데이터 거버넌스 주요 관리 대상**
  - 마스터 데이터 : 마스터 파일을 형성하는 데이터
  - 메타 데이터 : 다른 데이터를 설명하기 위해 사용되는 데이터
  - 데이터 사전 : 자료의 이름/표현방식/의미/사용방식 등을 저장

- **데이터 거버넌스 특징**
  데이터의 가용성/유용성/통합성/보안성을 확보

- **빅데이터 거버넌스 구성요소**
  원칙/조직/프로세스

- **데이터 거버넌스 체계**
  데이터 표준화/표준화 활동/데이터 관리 체계/데이터 저장소 관리

- **데이터 분석 수준진단 목표**
  현재 수행하고 있는 데이터 분석 수준을 명확히 이해 수준진단 결과를 바탕으로 미래 목표수준을 정의

- **분석 준비도 – 6개 영역**
  분석 업무 파악/인력 및 조직/ 분석 기법/분석 데이터/분석 문화/IT 인프라

- **분석 성숙도 – 3개 영역**
  비즈니스/조직 및 역량/IT

- **분석 성숙도 – 진단 결과**
  도입/활용/확산/최적화

- **사분면 분석**

성숙도	준비도	
낮음	낮음	=> 준비형
낮음	높음	=> 도입형
높음	낮음	=> 정착형
높음	높음	=> 확산형

- **데이터 처리 프로세스**
  - 데이터 소스 : 내부 데이터/외부 데이터/미디어 정보
  - 데이터 수집 : 입력/로그수집기/크롤링/센싱
  - 데이터 저장 : 정형 데이터/비정형 데이터/저장 장치
  - 데이터 처리 : 배치 처리/실시간 처리/분산 처리
  - 데이터 분석 : 전처리/분석 방법/머신러닝/딥러닝
  - 데이터 표현 : 시간시각화/관계시각화/공간시각화/분포시각화

- **정확도와 정밀도의 관점**
  정확도 : 모형과 실제값 사이의 차이
  정밀도 : 모형을 계속 반복했을 때 결과의 일관성

정확도	정밀도	
낮음	낮음	=> 편향도 높고 분산도 높다.
낮음	높음	=> 편향은 높고 분산은 낮다.
높음	낮음	=> 편향은 낮고 분산은 높다.
높음	높음	=> 편향과 분산 모두 낮다.

- 분석 프로젝트 주요 관리 항목
  범위/일정/원가/품질/통합/조달/인적자원/위험/
  의사소통/이해관계자 관리

3. 데이터 수집 및 저장 계획

- 내부데이터와 외부데이터
  내부데이터 : 서비스 시스템, 네트워크 및 서버 장비,
  마케팅 데이터
  외부데이터 : 소셜 데이터, 특정 기관 데이터, M2M
  데이터, 공공데이터

- 로그 데이터 수집도구
  플루언티드 : 로그데이터/JSON 포맷
  플럼 : 로그데이터/트래픽데이터/소셜데이터
  스크라이브 : 스트리밍 로그데이터
  로그스태시 : 다양한 소스로부터 수집

- 정형데이터 수집기법
  ETL : 추출, 변환, 적재 프로세스 및 기술
  FTP : TCP/IP 프로토콜 → 클라이언트 ⇌ 서버 (Passive FTP / Active FTP)
  API : OS나 프로그래밍 언어의 기능을 제어하는 인터
  페이스, 실시간 데이터 수신가능
  Sqoop : RDB나 Hadoop 간 대용량 데이터를 변환하
  는 어플리케이션

- 반정형데이터 수집기법
  Scribe : 실시간 스트리밍 로그데이터 수집 어플리케
  이션 분산서버→중앙집중서버, 확장성/신뢰
  성/설치용이성
  Flume : 대량의 로그데이터를 효율적으로 전송하는
  서비스 신뢰성/확장성/운영가능성/가용성
  Chukwa : 다양한 로그데이터를 HDFS에 저장 및 분
  석 수집로그 : 모니터링 / 하둡 / 응용프로
  그램 → 실시간모니터링

- 비정형데이터 수집기법
  Scrapy : 파이썬으로 작성된 오픈소스 웹 크롤링 프
  레임워크
  Apach Kafka : 실시간데이터 피드를 관리하기 위해
  높은 처리량, 낮은 지연시간의 플랫
  폼 제공 (발행/구독)
  Crawling : 웹로봇/웹크롤러

- 빅데이터 수집 시스템의 요건
  확장성 / 안정성 / 유연성 / 실시간성

- 데이터 변환 기술
  ─ 평활화 : 잡음제거를 위해 추세에 벗어나는 값을 변환
  ─ 집계 : 데이터 요약 및 축소
  ─ 일반화 : 특정구간에 분포하는 값으로 스케일 변환
  ─ 정규화 : 정해진 구간내에 포함되도록 변환(minmax, z-score)
  ─ 속성생성 : 데이터통합을 위해 새로운 속성 및 특징 생성

- 데이터 보안 적용 기술
  사용자 인증 / 접근제어 / 암호화 / 개인정보 비식별
  화 / 개인정보 암호화

- 비식별화 기술
  가명처리 : 다른값 대체(휴리스틱익명화/암호화/교환방법)
  총계처리 : 통계값적용(총계처리/부분총계/라운딩/재배열)
  데이터삭제 : 특정값삭제(식별자(부분)삭제/레코드삭제/전부삭제)
  범주화 : 대표값 및 구간값 변환(감추기/랜덤라운딩/범위방법/제어라운딩)
  마스킹 : 공백 및 노이즈 등 대체(임의잡음추가/공백과 대체)

● 프라이버시모델 추론방지기술
  k-익명성 : 일정확률 수준 이상 비식별 조치
    - 취약점 : 동질성 공격/배경지식에 의한 공격
  l-다양성 : 민감한 정보의 다양성을 높임
    - 취약점 : 쏠림 공격/유사성 공격
  t-근접성 : 민감한 정보의 분포를 낮춤
    - 취약점 : 근사적인 값을 추론

● 데이터 품질 관리의 중요성
  데이터 분석결과의 신뢰성 확보 / 일원화된 프로세스 / 데이터활용도 향상 / 양질의 데이터확보

● 데이터 품질기준
  정형 : 완전성 / 유일성 / 유효성 / 일관성 / 정확성
  비정형 : 신뢰성 / 기능성 / 효율성 / 사용성 / 이식성

● 빅데이터 저장기술
  ┌ 분산파일시스템 ┬ 하둡 : 자바오픈소스프레임워크
  │   │   분산컴퓨팅 환경 지원
  │   ├ HDFS : 클라우드컴퓨팅 환경 구축
  │   │   리눅스 서버에서 이용
  │   │   뛰어난 확장성
  │   │   (네임노드+데이터노드)
  │   └ GFS : 구글의 대규모 클러스터 서
  │   비스 플랫폼
  ├ NoSQL ┬ Cassandra : 대용량처리시스템
  │   └ HBase : 자바기반 비관계형 DB
  │   HDFS, MapReduce 함께사용
  ├ 병렬 DBMS - VoltDB / SQP HANA / Vertica / Greenplum
  ├ 클라우드 파일저장시스템 - Amazon S3 / OpenStack Swift
  └ 네트워크구성저장시스템 - SAN / NAS

● 하둡
  대용량 비정형 데이터 저장 및 분석
  장비를 증가시킬수록 성능 향상
  네임노드/데이터노드

● 맵리듀스
  Input->Splitting->Mapping->Shuffling->Ruducing->Final result

● 구글 파일 시스템
  마스터/청크서버/클라이언트

● CAP 이론
  분산 컴퓨팅 환경 : 일관성/가용성/지속성

● NoSQL 데이터 모델
  키-값(Key-Value) : 간단한 모델/확장성/범위질의
                    어려움/응용프로그램모델링이
                    복잡
  열기반 : 컬럼기반으로 데이터를 저장/연관된 데이터
          위주/압축 효율이 좋음/범위질의 유리
  문서기반 : 문서 형식의 정보를 저장/레코드 간의 관
            계 설명/문서마다 다른 스키마

II 빅데이터 탐색

1. 데이터 전처리

데이터 정제 : 불완전 데이터에 대한 검출/이동/정정

- **결측치**
  - 결측치유형
    - 완전무작위 : 아무 연관 X
    - 무작위 : 영향은 받지만 연관 X
    - 비무작위 : 연관 O
  - 결측치처리
    - 단순대치법
      - 단순삭제
      - 평균대치법
        - 비조건부
        - 조건부
      - 단순확률 핫덱
    - 다중대치법 : 단순대치를 n번 수행
      - 대치 → 분석 → 결합
    - 그 외 : 수작업 / 전역상수 / 무시

- **이상치**
  - 이상치판별
    - 사분위범위 : Q1-1.5×IQR ~ Q3+1.5×IQR
    - 정규분포 : $\mu-3\sigma$ ~ $\mu+3\sigma$
    - 군집화
    - 기하평균 : 2.5×표준편차
  - 이상치처리
    - 결측처리 : 존재할 수 없는 값 제거
    - 극단치 기준 이용 : 사분위수 적용 제거
    - 극단값 절단 : 상하위 5% 제거
    - 극단값 조정

- **이상치 발생 원인**
  - 입력실수/측정오류/실험오류/자료처리오류/표본오류
  - 의도적 이상치 : 의도가 포함된 이상치

- **이상치의 탐지**
  - 시각화 : 상자수염그림, 줄기-잎 그림, 산점도
  - Z-Score : 정규화를 통해 특정 thr를 벗어난 경우
  - 밀도기반클러스터링 : 군집에서 먼거리에 있는 데이터
  - 고립 의사나무 방법 : 이상치의 노드에 이르는 길이가 짧음

- **데이터 통합**
  - 스키마 통합과 개체의 매칭
  - 데이터 중복
  - 하나의 속성에 대해 여러 상충되는 값

- **데이터 축소**
  - 데이터 집합의 크기는 더 작지만 분석 결과는 같은 데이터 집합으로 만드는 작업

- **데이터 변환**
  1) 데이터 형식 및 구조 변환
  2) 데이터 스케일링
  3) 평활화 : 데이터를 매끄럽게 처리(구간화/군집화)
  4) 비정형데이터 변환

*변수선택
  - 필터방법 : 데이터의 통계적 특성을 활용해 변수 선택
    - 0에 가까운 분산 / 큰 상관계수의 변수 제거
  - 래퍼방법 : 변수의 일부를 사용해 모델링 수행
    - 전진선택 / 후진제거 / 단계별 선택 등
  - 임베디드방법 : 모델링 기법 자체에 변수 선택이 포함 라쏘 / 릿지 / 엘라스틱 넷

*차원축소
  다차원척도법(MDS) / 주성분분석(PCA) / 요인분석 / 선형판별분석(LDA) / 특이값분해(SVD) / t-SNE / 서포트벡터머신(SVM)

*파생변수

*변수변환

- **변수구간화방법**
  - Binning : 연속형 → 범주형 변환
  - Decision Tree : 분리기준 사용

- **더미변수**

- **정규분포화** 로그변환 / 제곱근변환

*불균형데이터 처리
- **오버샘플링** Resampling / SMOTE / ADASYN
- **언더샘플링** Random / Tomek Links / CNN / OSS

2. 데이터 탐색

- **탐색적 데이터 분석(EDA)**
  저항성 : 데이터가 일부 파손되어도 영향을 적게 받는 성질
  잔차의 해석 : 주경향에서 벗어난 것이 존재하는지 탐색
  데이터재표현 : 데이터를 단순화해 해석이 쉽도록 함
  현시성 : 데이터시각화

- **기초통계량의 이해**
  1) 중심경향도 : 평균 / 중앙값 / 최빈값

  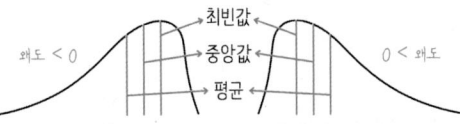

  2) 산포도 : 분산 / 표준편차 / 범위 / 사분위범위 / 변동계수
  $$s^2 = \frac{1}{(n-1)}\sum_{i=1}^{n}(x_i-\bar{x})^2 \sqrt{s^2}=\sigma$$

  3) 자료분포의 비대칭도
  왜도 : 어느 한쪽으로 치우친 정도 $= \frac{\mu^3}{a^3}$
  첨도 : 뾰족한 정도 $= \frac{\mu^4}{a^4} - 3$

- **데이터 시각화**
  막대그래프 / 원그래프 / 도수분포표 / 히스토그램 / 줄기잎그림 / 상자수염그림 / 산점도

- **상관관계분석**
  상관분석 : 산점도/공분산/상관계수로 선형관계 파악
  공분산 : 두 변수의 공통분포를 나타내는 분산
  $$Cov(X,Y) = E[(X-\mu_X)(Y-\mu_Y)]$$

	피어슨 상관계수	스피어만 상관계수
변수	등간/비율	서열

- **상관관계 유의성 검정**
  1) 가설설정 : 두 변수간 선형관계
     H0 없음 ↔ 있음 H1
  2) 검정통계량(t-통계량)
  3) 유의성 검정

- **시공간 데이터 탐색**
  시간데이터 : 유효시간, 거래시간, 사용자정의시간, 스냅샷 데이터
  공간데이터 : 비공간타입, 래스터 공간 타입, 벡터 공간 타입, 기하학적 타입, 위상적 타임
  적용 및 응용 : 지리정보시스템, 위치기반서비스, 차량 위치 추적 서비스

- **종속변수-독립변수 인과관계**
  다중회귀 : 독립변수가 2개 이상
  - 회귀모형은 모수에 대해 선형
  - 오차항 평균은 0, 분산은 σ^2
  - 오차항은 서로 독립, 공분산은 0
  로지스틱 회귀 : 종속변수가 이항형 문제
  분산분석 : 3개 이상의 표본들의 차이를 검정
  - 일원분산분석, 이원분산분석

- **변수축약(축소)**
  주성분분석/요인분석/정준상관분석

- **개체유도**
  유사한 개체를 분류하는 방법
  군집분석/다차원척도법/판별분석

- **비정형 데이터 분석**
  데이터 마이닝
  텍스트 마이닝
  오피니언 마이닝
  웹 마이닝

3. 통계기법의 이해

- **표본집단 용어**
  - 원소 : 모집단을 구성하는 개체
  - 모수 : 표본 관측에 의해 구하고자 하는 정보
  - 통계량 : 표본으로부터 얻은 자료의 대표값
  - 추정량 : 통계량에서 모수를 추정하는 값
  - 표본오차 : 표본의 자료가 모집단을 추론함으로써 생긴 오차
  - 비표본오차 : 표본오차를 제외한 오차
  - 표준오차 : 통계량의 분포인 표본분포의 표준편차

- **표본추출방법**
  - 확률표본추출법
    - 단순랜덤추출법
    - 계통추출법 : 구간화
    - 집락추출법 : 일부집락랜덤선택
    - 층화추출법 : 각 계층에서 고루 추출
  - 비확률표본추출법
    - 편의표본추출
    - 유의표본추출
    - 지원자표본추출
    - 할당표본추출
    - 눈덩이표본추출

- **조건부 확률**
  사건 B가 일어났다는 조건하에서 다른 사건 A가 일어날 확률
  $$P(A|B) = \frac{P(A \cap B)}{P(B)}, \ P(B) > 0$$

- **총확률정리**
  사건 B의 확률을 k개의 조건부 확률을 이용해서 구함
  $$P(B) = \sum_{i=1}^{k} P(B|A_i)P(A_i)$$

- **베이지안 정리**
  k개의 상호 배타적인 사건에 대한 사후 확률을 구함
  $$P(A_2|B) = \frac{P(B|A_2)P(A_2)}{P(B)} = \frac{P(B|A_2)P(A_2)}{P(B|A_1)P(A_1) + P(B|A_2)P(A_2)}$$

- **이산형확률분포**
  베르누이확률분포 / 이항분포 / 기하분포 / 다항분포 / 포아송분포

- **연속형확률분포**
  균일분포 / 정규분포 / 지수분포 / t-분포 / 카이제곱분포 / F-분포

- **확률변수의 기댓값**
  이산확률변수의 기댓값
  $E(X) = \sum x f(x)$ 단, $f(x)$는 확률질량함수 연속확률변수의 기대값

  연속확률변수의 기댓값
  $E(X) = \int_{-\infty}^{\infty} x f(x) dx$ 단, $f(x)$는 확률밀도함수

- **기댓값의 성질**
  선형성 / 덧셈법칙 / 곱셈법칙

- **확률변수의 분산**
  확률분포의 퍼짐정도를 나타내는 척도
  이산확률변수의 분산
  $Var(X) = \sum (x-\mu)^2 f(x) = \sum x^2 f(x) - \mu^2 = E(X^2) - \{E(X)\}^2$
  연속확률변수의 분산
  $Var(X) = \int_{-\infty}^{\infty} (x-\mu)^2 f(x) dx = \int_{-\infty}^{\infty} x^2 f(x) dx - u^2$
  $= E(X^2) - \{E(X)\}^2$

- **중심극한정리**
  표본이 크면 분포와 상관없이 정규분포를 따름

- **점추정량의 조건**
  불편성 / 효율성 / 일치성 / 충족성 / 표본평균 / 표본분산

- **구간추정**
  점추정에 오차 개념을 도입
  일반화 / 신뢰수준 / 유의수준

Ⅲ 빅데이터 모델링

1. 분석 모형 설계

● 데이터 분석 모델 유형
- 통계분석
  - 회귀분석
  - 분산분석
  - 판별분석
  - 주성분분석
  - 상관분석
- 데이터마이닝
  - 분류: 로지스틱회귀, 의사결정나무, SVM, 나이브베이즈, KNN, ANN
  - 예측: 회귀분석, 시계열분석, KNN, ANN, 의사결정나무, 장바구니분석
  - 연관: 연관성분석, 순차패턴분석
  - 군집화: 군집분석, K-means, EM알고리즘
- 머신러닝
  - 지도학습 : 분류 / 회귀
  - 비지도학습 : 군집화 / 차원축소 / 연관규칙
  - 강화학습 : 보상
- 비정형데이터분석
  - 텍스트마이닝
  - 오피니언마이닝
  - 소셜네트워크분석

● 분석도구 종류   R / Python
　　　　　　　　 SAS / SPSS
　　　　　　　　 Hive / Pig

● 분석모형 구축절차
1) 분석데이터 수집/처리
① 분석데이터마트 구성
   분석목적 이해 → 필요데이터 사전조사 → 분석데이터 선정
② 분석데이터현황 분석
   데이터항목별 분석 → 항목간 연계분석 → 분석데이터리스트 작성 ↓

데이터충실도/데이터이상값/데이터분포도/데이터오류율

2) 분석알고리즘 수행
① 분석알고리즘 선정
- 분석목적 : 지도 / 비지도
- 데이터유형 : 정형 / 텍스트 / 링크드 / 이미지 등
- 데이터볼륨 : 소 / 중 / 대
- 분석인프라 : 하둡 / 패키지 등
② 분석알고리즘 수행
   데이터셋 준비 → 파라미터 설정 → 분석모델 수행 → 분석결과 기록

3) 분석결과 평가 및 모델산정
① 평가기준 선정 ② 분석결과 검토 ③ 알고리즘 결과 비교

● 데이터 분류 방법
1) 홀드아웃(hold-out)
   랜덤하게 train/test set을 분리
2) 교차검증(cross-validation)
   k개로 분리한 데이터를 순차적으로 학습 검증하여 얻어낸 k개의 MSE값들을 평균내어 최종적으로 사용

2. 분석기법 적용

회귀분석

● 회귀분석의 변수
　X : 설명변수, 독립변수, 예측변수
　Y : 반응변수, 종속변수, 결과변수

● 선형회귀분석의 가정
　선형성 / 독립성 / 등분산성 / 비상관성 / 정상성

- 단순 선형회귀

  $Y_i = \beta_0 + \beta_1 x_1 + \varepsilon_i$: 독립변수가 1개

  회귀계수가 통계적으로 유의미한지 판단

  회귀계수 추정방법 : 최소제곱법(최소자승법)
  잔차의 제곱합을 최소로 만드는 직선을 찾는 것

  $$RSS = \sum_{i=1}^{n}(y_i - \hat{y}_i)^2$$

  ⇒ RSS를 최소로 갖는 회귀계수를 구하는 공식

  β_1 (기울기) : $\dfrac{\sum_{i=1}^{n}(x_i - \bar{x})(y_i - \bar{y})}{\sum_{i=1}^{n}(x_i - \bar{x})^2}$

  β_0^* (y절편) : $y - \beta_1 \bar{x}$

- 단순 선형회귀분석 결과해석

  1) 회귀모형은 통계적으로 유의한가? (F-검정)

     F 통계량의 p-value가 유의수준 0.05보다
     작다면 귀무가설($\beta_1=0$) 기각,
     대립가설($\beta_1 \neq 0$) 채택

     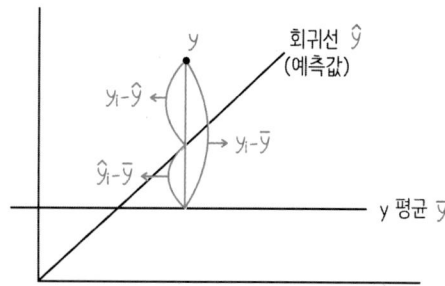

     $SSR = \sum_{i=1}^{n}(\hat{y}_i - \bar{y})^2 \rightarrow MSR = SSR/k$
     $SSE = \sum_{i=1}^{n}(y_i - \hat{y}_i)^2 \rightarrow MSE = SSE/n-k-1$
     $SST = \sum_{i=1}^{n}(y_i - \bar{y})^2 \rightarrow MST = SST/n-1$
     ⇒ F 통계량 = MSR/MSE

  2) 회귀계수는 통계적으로 유의한가? (t-검정)

     p-value가 0.05보다 작거나 t-통계량의 절댓값
     이 2보다 크면 귀무가설($\beta_1=0$)을 기각하고 통계
     적으로 유의하다고 판단가능

  3) 모형은 데이터를 얼마나 설명할 수 있는가? (결정계수)

     $R^2 = SSR/SST$ (R^2 range : 0~1)
     결정계수가 1에 가까울수록 설명력이 높다고 판단

  4) 모형이 데이터를 잘 적합하고 있는가?

     잔차를 그래프로 그리고 회귀진단을 수행하여 판단
     Residuals vs Fitted / Normal Q-Q plot /
     Scale-location / Residuals vs Leverage /
     Cook's distance / Cook's dist vs Leverage

- 다중 선형회귀

  $Y = \beta_0 + \beta_1 x_1 + \beta_2 x_2 + \cdots + \beta_k + x_k + \varepsilon$
  : 두개 이상의 독립변수

  → 다중공선성 문제발생 : 독립변수들 간의 강한 상
  관관계가 정확한 회귀계수 추정을 방해

  ① 독립변수들 간의 상관계수를 구함

  ② 허용오차를 구함 (0.1이하면 문제 심각)
     $(1-R_i^2)$ → R_i^2 : xi의 독립변수와 다른 독립변수의 설명력

  ③ 분산팽창요인(VIF) 구함 (10이상이면 문제 심각)
     허용오차의 역수

  → 결과해석은 단순 선형회귀와 동일하지만 결정
  계수는 독립변수의 수가 많아짐에 따라 커지기
  때문에 수정된 결정계수를 활용

- 최적 회귀방정식 선택

  1) 단계적 변수선택 → 래퍼방법

     - 전진선택법 : 변수의 수가 많은 경우 사용가능
                    안정성 부족 및 선택된 변수 제거 불가
     - 후진제거법 : 전체 변수의 정보 이용
                    변수 수가 많은 경우 사용이 어렵고 변
                    수 제거 불가
     - 단계적방법 : 전진+후진 → 모든 변수조합 고려가능
                    계산량이 많아짐

  2) 벌점화된 선택기준

     $AIC = -2\log L + 2K$
     $BIC = -2\log L + K\log n$

     값이 최소가 되는 모형을 선택

3) 수정된 결정계수
MSE값이 최소인 시점의 모형을 선택

4) Mallow's Cp
변수가 많이 추가될수록 RSS는 작아지며 RSS가 최소인 모형을 선택한다는 것은 모든 변수를 갖는 모델을 선택한 것
따라서 Mallow's Cp는 모든 변수를 선택한 모델과 p개의 변수를 선택한 모델의 차이를 비교하는 통계량이며 그 값이 비슷하다면 더 적은 변수의 수를 갖는 모델을 택함

$$C_p = P + \frac{(MSE_p - MSE_{all})(n-p)}{MSE_{all}} = \frac{MSE_p}{MSE_{all}} - (n-2p)$$

$C_p = p$: 우수한 모델
$C_p > p$: 추가적인 변수 필요
$C_p < p$: 변수 제거 필요
→ 예측식이 가진 수행능력을 예측값의 변이를 기준으로 평가하기 위해 MSE를 고려

● 정규화 선형회귀 → 임베디드 방법
선형회귀계수에 제약조건을 추가해 모델의 과적합을 방지 (계수의 크기를 제한하는 방법)

1) 릿지회귀(Ridge) : L2 penalty
모든 가중치들의 제곱합을 최소화

2) 라쏘회귀(Lasso) : L1 penalty
모든 가중치 절대값들의 합을 최소화
가중치가 0이 되기도 함. 따라서 자동적 변수선택 효과가 있음

3) 엘라스틱 넷(Elastic Net) : 릿지+라쏘
· 일반화 선형회귀(GLM) → 종속변수가 정규성을 만족하지 못하는 경우
-랜덤성분 : 종속 변수의 분포에서 나타나는 잔차
-체계적성분: 종속 변수의 변동을 설명. 선형 예측자
-연결함수: 선형 예측자와 예측값 사이의 관계를 정의

● 회귀분석의 영향력 진단
영향점 : 회귀직선의 기울기에 영향을 크게 주는 점, 회귀식에 나쁜 영향
영향력 진단 방법 : 기준값 보다 클 경우 영향점으로 간주
-Cook's Distance -DFBETAS
-DFFITS -Leverage H

범주형자료분석
*분할표분석

	success	fail
exposed	a	b
unexposed	c	d

● 상대적위험도(Relative Risk)
RR=(percent when exposed)/(percent when not exposed)=(a/(a+b))/(c/(c+d))
노출되었을 때 발생할 확률이 그렇지 않을 때보다 RR배 높다.

● 오즈비(Odds Ratio) → 모집단을 알 수 없을 때 사용

$$Odds: \frac{주어진\ 환경에서\ 발생할\ 확률(p)}{주어진\ 환경에서\ 발생하지\ 않을\ 확률(1-p)}$$

ex) exposed 환경일 때 = a/b

$$Odds\ ratio: \frac{Odds(exposed)}{Odds(unexposed)} = \frac{a/b}{c/d}$$

노출되었을 때 발생할 확률이 그렇지 않을 때보다 Odds ratio배 높은 경향이 있다.

*교차분석
● 카이제곱(χ^2) 검정
두 변수간의 관계를 알아보기 위함
적합성 검정 / 독립성 검정 / 동질성 검정에 사용됨

1) 적합성 검정
관측값들이 예상과 일치하는지 검정 H0=두 분포는 일치
H1=두 분포 불일치

$$\chi^2 = \sum_{i=1}^{k}(O_i - E_i)^2 / E_i$$

큰 경우 : 두 분포 불일치
작은 경우 : 두 분포는 일치

자유도(df) = k-1

2) 독립성 검정

변수들 사이의 관계가 독립인지 검정   H0=독립이다
H1=종속이다

$$E_{ij} = \frac{O_i \times O_j}{n} \quad \chi^2 = \sum_{i=1}^{r} \sum_{j=1}^{c} \frac{(O_{ij} - E_{ij})^2}{E_{ij}}$$

E_{ij}는 i행 j열의 기대도수

자유도(df) = (r-1)(c-1)

3) 동질성 검정

범주화된 집단의 분포가 동일한지 검정
계산은 독립성 검정과 동일

다차원척도법

개체들 사이의 유사성/비유사성을 측정하여 개체를 2,3차원 공간에 점으로 표현해 개체간 근접성과 집단화를 시각화

● 다차원척도법의 목적

- 데이터 속 잠재된 패턴을 발견하고 공간에 기하학적으로 표현
- 데이터축소의 목적, 데이터정보발견을 위한 탐색수단
- 데이터가 만들어진 현상이나 과정에 고유의 구조로 의미부여

● 다차원척도법 분석방법

유클리드 거리 행렬 $d_{ij} = \sqrt{(x_{i1}-x_{j1})^2 + \cdots + (x_{iR}-x_{jR})^2}$

→ 개체간 거리계산 후 적합/부적합 정도를 스트레스값으로 표현

$$S = \sqrt{\frac{\sum_{i=1, j=1}^{n} (d_{ij} - \hat{d}_{ij})^2}{\sum_{i=1, j=1}^{n} (d_{ij})^2}}$$

→ 스트레스값이 최고가 되는 모형을 찾으며 0.15가 넘으면 적합도수준이 나쁘다고 판단할 수 있다.

· 다차원척도법 종류

계량적 MDS : 데이터가 구간척도나 비율척도인 경우 사용

비계량적 MDS : 데이터가 순서척도인 경우 사용

다변량분석

- 한번에 분석하는 통계적 기법
- 3차원 공간상의 입체적 표현이 필요
- 여러 변인들간의 선형조합으로 해석

*주성분분석(PCA)

여러 변수들이 있을 때 서로상관성이 높은 변수들의 선형결합으로 이루어진 '주성분'이라는 새로운 변수에 변수들을 요약 및 축소하는 기법

● 주성분분석의 목적

- 차원을 축소함으로써 데이터의 이해와 관리가 쉬워짐
- 다중공산성문제 해결
- 군집분석수행해 연산속도 개선

● 주성분선택

주성분기억율 : 주성분변수의 분산으로 총변동에 대한 설명력

→ 누적 기여율이 85%이상이 되는 지점까지 주성분선택

Scree plot : 주성분을 x축, 주성분의 고유값을 y축에 둔 그래프

→ 고유값이 급격히 완만해지는 지점의 전단계까지 주성분선택

전체변이공헌도
평균고유값

● 특이값 분해

주어진 행렬 M을 동일한 크기를 갖는 행렬로 분해 큰 몇 개의 특이값으로 충분히 유용한 정보를 유지할 수 있는 차원을 생성 : 차원축소

*요인분석(Factor Analysis)

변수들의 상관관계를 고려해 유사한 변수들을 묶어 새로운 잠재요인들을 추출. 즉 변수를 축소하고 데이터를 요약

→ 변수가 간격/비율척도여야 하며 표본은 100개 이상이 바람직(최소 50개 이상)

- **요인분석 용어**

  변수와 요인간 상관계수
  요인 / 요인 적재값 / 요인행렬 / 고유값 / 공통성
  │
  새롭게 생성한 변수집단

- **요인추출방법**

  주성분분석/공통요인분석 → 고유값 1이상에 해당하는 요인들 추출

- **요인분석절차**

  데이터입력→상관계수산출→요인추출→요인적재량 산출→요인회전→생성된요인해석→요인점수산출

  요인해석과 요인패턴을 찾기위해 분산 재분배
  종류: 직각 회전(쿼티, 베리, 이퀴맥스)
  　　　비직각 회전(오블라민)

- **판별분석(Discriminant Analysis)**

  집단을 구별할 수 있는 판별함수 및 판별규칙을 만들어 개체가 어느 집단에 속하는지 분류하는 다변량기법
  →독립변수: 간격/비율척도, 종속변수: 명목/순서척도

- **판별식**

  $Z = W_1 X_1 + W_2 X_2 + \cdots + W_n X_n$ ⇒ 독립변수들의 선형결합
  │
  판별점수

  판별식 수 : min('집단의 수-1', '독립변수의 수')

시계열분석

- **정상성**

  시계열의 확률적인 성질들이 시간의 흐름에 변하지 않음을 의미

  1) **평균이 일정** : 모든 시점에 대해 일정, 차분을 통해 정상화

     $E(y_t) = \mu$

  2) **분산이 일정** : 시점에 의존X, 변환을 통해 정상화

     $\text{var}(y_t) = \sigma^2$

  3) **공분산은 시차에만 의존, 특정시점에 의존X**

     $\text{Cov}(y_t, y_{t+s}) = \text{Cov}(y_t, y_{t-s}) = \gamma_s$

- **이동평균법(Moving Average Method)**

  과거부터 현재까지의 자료를 대상으로 일정기간별 이동평균을 계산하고 이들의 추세를 파악해 다음기간을 예측

  $$F_{n+1} = \frac{1}{m}(Z_n + Z_{n+1} + \cdots + Z_{n-m+1}) = \frac{1}{m}\sum_{t}^{n} Z_t$$

  $t = n - m + 1$

  - 쉽게 미래예측가능, 안정된 패턴일 경우 예측품질높음
  - 특정기간안에 속한 시계열에 동일한 가중치 부여
  - 짧은 기간(불규칙변동↓)/긴기간(불규칙변동↑) 사용
  - 적절한 기간 사용, 즉 n개수 설정의 중요

- **지수평활법(Exponential Smoothing Method)**

  모든 시계열자료를 사용해 평균을 구하고 최근 시계열에 더 많은 가중치 부여. 중기예측 이상에 주로 사용

  $F_{n+1} = \alpha Z_n + (1+\alpha) F_n$
  $= \alpha Z_n + (1+\alpha)(\alpha Z_{n-1} + (1+\alpha) F_{n-1})$
  $= \alpha Z_n + \alpha(1+\alpha) Z_{n-1} + (1+\alpha)^2 (\alpha Z_{n-2} + (1+\alpha) F_{n-2})$

  - 단기간 발생하는 불규칙변동을 평활, 불규칙변동 영향제거
  - 작은 α(불규칙변동↑) / 큰 α(불규칙변동↓) 사용
  - 지수평활계수는 예측오차가 가장 작은 값을 선택하는게 바람직하며, 과거로 갈수록 감소함

- **자기회귀모형(AR)**

  자기상관성을 시계열 모형으로 구성한 것

  p 시점전의 자료가 현재 자료에 영향을 주는 특성

  자기상관함수(ACF) : 시계열 데이터의 자기상관성 파악

  $Z_t = \Phi_1 Z_{t-1} + \Phi_2 Z_{t-2} + \cdots + \Phi_p Z_{t-p} + \alpha_t$
  현재시점의 시계열자료　　　　　　　　　　　백색잡음(오차항)

- **이동평균모형(MA)**

  시간이 지날수록 관측치의 평균값이 지속적으로 증가하거나 감소하는 경향을 표현, 언제나 정상성 만족

  $Z_t = \alpha_t - \theta_1 Z_{t-1} - \theta_2 Z_{t-2} - \cdots - \theta_p Z_{t-p}$

- 자기회귀누적이동평균모형(ARIMA)

  p=AR / d=I / q=MA

- 분해시계열

  $Z_t = f(T_t, S_t, C_t, I_t)$ (추세, 계절, 순환, 불규칙)

  - 추세변동 : 장기적으로 나타나는 추세경향
  - 계절변동 : 일정한 주기로 반복적인 패턴을 보임(주기짧음)
  - 순환변동 : 알려지지 않은 주기를 가지고 변함
  - 불규칙변동 : 불규칙하게 우연적으로 발생

- 시계열데이터 분석절차

  시간그래프작성 → 추세, 계절성제거 → 잔차예측 → 잔차에 대한 모델적합 → 예측된 잔차에 추세, 계절성 더해 미래예측

비모수통계

	모수	비모수
가설설정	모집단에 대한 분포를 가정 모수에 대한 가설 설정	모집단분포에 아무런 제약 가하지 않음 가정된 분포가 없고 분포의 형태 설정
검정방법	표본평균, 표본분산 이용해 검정실시	절대적 크기가 없는 관측값 순위나 값차이의 부호를 이용해 검정

- Kolmogorov-Smirnov test (단일표본)

  관측치들이 특정한 분포를 따르는지에 대한 검정

  H0 : 주어진 분포는 α분포를 따른다

  ↔ 따르지 않는다 : H1

- Mann-Whitney U test (독립 두 표본)

  ≒ Wilcoxon rank-sum test

  두 집단의 분포가 동일한지를 조사

  H0 : 두 집단의 순위합은 동일하다

  ↔ 동일하지 않다 : H1

- Wilcoxon signed-rank test (대응 두 표본)

  대응되는 두 데이터의 중위수 차이가 있는지를 검정

  H0 : 두 집단의 중앙값은 동일하다

  ↔ 동일하지 않다 : H1

- Run test

  일련의 관측값들이 임의적으로 나타난 것인지를 검정 (우연성 검정)

  (AAA / BB / A / BBB / A) → 런의 수 5개

  H0 : 일련의 관측치는 랜덤이다

  ↔ 랜덤이 아니다 : H1

정형데이터 분석기법

*분류분석

- Logistic Regression Analysis

  Y 범위 : $-\infty \sim \infty$

  $$\log \frac{P(Y_i=1)}{1-P(Y_i=1)}$$

  $$P(y) = \frac{\exp(\alpha + \beta_1 x_1 + \cdots + \beta_k x_k)}{1 + \exp[-\exp(\alpha + \beta_1 x_1 + \cdots + \beta_k x_k)]}$$

  → 0 or 1

- Decision Tree

  1) 성장단계

     - 이산형
       - 카이제곱 통계량
       - 지니지수
       - 엔트로피지수
     - 연속형
       - F 통계량
       - 분산의 감소량

  2) 가지치기 단계

  3) 타당성 평가 : 이익도표/위험도표/시험용데이터

  4) 해석 및 예측

- 의사결정나무 알고리즘

CART	C4.5와 C5.0	CHAID
범주/연속	범주	범주/연속
지니지수 분산감소량	엔트로피	카이제곱 F검정
이진분리	다지분리	다지분리

- **SVM(Support Vector Machine)**
  패턴인식, 자료분석을 위한 지도학습 머신러닝 모델
  (회귀/분류)

- **kNN**
  새로운 데이터를 어떤 범주로 분류할지 결정하는 지도학습
  - k개수 선택 : 훈련데이터 개수의 제곱근
  - 거리계산법 : 유클리디안 / 맨하탄 / 민코우스키 등

- **Naïve Bayes Classification**
  데이터에서 변수들에 대한 조건부 독립을 가정하는 알고리즘
  - 베이즈 정리 : 두 확률변수의 사전확률과 사후확률 사이의 관계
  $$P(A|B)=P(B|A)*P(A)/P(B)$$
  - 클래스 조건 독립성

*Ensemble
여러 개의 예측모형을 만들어 조합해 하나의 최종모형을 만드는 법

- **배깅(Bagging)** → 일반적인 모델 생성

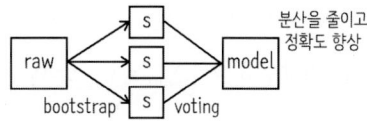

- **부스팅(Boosting)** → 잘 틀리는 문제를 맞추는 모델 생성

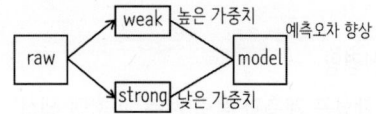

- **랜덤포레스트(Random Forest)**
  배깅을 적용한 의사결정 나무
  장점
  - 높은 예측성능   - 과적합 방지
  - 변수 중요도 평가 => 해석력 상승
  - 대규모 데이터 처리
  - 이상치와 노이즈에 덜 민감

연관분석
- **연관성규칙**
  장바구니분석/서열분석이라고 불리며 일련의 사건들 간에 규칙을 발견하기 위해 적용.
  조건-반응(IF-THEN)형태

- **연관규칙의 측도**
  - 지지도(Support) = $P(A \cap B)$
  - 신뢰도(Confidence)
    = $P(A \cap B)/P(A)$ = Support/$P(A)$
  - 향상도(Lift)
    = $(P(B|A))/P(B)$ = Confidence/$P(B)$

- **Apriori**
  반발항목집합 : 최소지지도보다 큰 지지도값을 가지는 품목의 집합
  → 이것들에 대해서만 연관규칙을 계산

군집분석
각 객체의 유사성을 측정하여 유사성이 높은 대상 집단을 분류

- **거리측정 방법**
  연속형변수
  - 유클리디안 : $d(x,y)=\sqrt{(x_1-y_1)^2+\cdots+(x_p-y_p)^2}$
  - 표준화 : 해당변수의 표준편차로 척도변환 후 유클리디안 계산
  - 마할라노비스 : 변수들의 산포(표본공분산)를 고려해 표준화
  - 체비셰프 : $d(x,y)=\max_i |x_i-y_i|$
  - 맨해튼 : $d(x,y)=\sum_{i=1}^{p}|x_i-y_i|$
  - 캔버라 : $d(x,y)=\sum_{i=1}^{p}[|x_i-y_i|/(x_i+y_i)]$
  - 민코프스키 : L1(맨해튼)+L2(유클리디안) 거리
    $d(x,y)=[\sum_{i=1}^{p}|x_i-y_i|^m]^{1/m}$ m=1, m=2

범주형변수
- 자카드계수 : J(A,B)=|A∩B|/|A∪B|
- 자카드유사도 : 1−J(A,B)=(|A∪B|−|A∩B|)/|A∪B|
- 코사인유사도 : A·B / ∥A∥∥B∥
- 코사인거리 : 1−(A·B/∥A∥∥B∥)

● **계층적 군집분석**
n개의 군집으로 시작해 군집개수를 줄여나감
(합병형/분리형)
최단연결법 / 최장연결법 / 평균연결법 / 중심연결법 / 와드연결법 / 군집화 → ① 덴드로그램
② 군집개수 선택
(max=5)
③ 군집수 선정

● **비계층적군집분석(분할적)**
- k-평균군집분석 : 군집개수 및 초기값 설정 → 군집분류
- 혼합분포군집 : 모형기반으로 가중치를 자료로부터 추정
  EM 알고리즘 사용
- SOM : 고차원→저차원, 하나의 전방패스, 실시간 처리
  - 입력층 : 경쟁층 각각의 뉴런들과 완전 연결되어 있음
  - 경쟁층 : 가까운 거리 계산의 경쟁학습으로 입력패턴과 가장 유사한 뉴런이 승자가 됨
- 밀도기반군집분석

● **비지도학습 모형 평가지표**
군집분석 : 군집타당성지표
　　　　　군집 간 거리
　　　　　군집의 지름
　　　　　군집의 분산
연관분석 : 지지도와 신뢰도의 최소 기준점 적용

딥러닝
*ANN

● **뉴런의 계산**
뉴런은 활성화함수(전이함수)를 사용해 출력을 결정

$$X=\sum_{i=1}^{n} x_i w_i \quad Y=\begin{cases}+1 & (x\geq 0)\\-1 & (x<0)\end{cases}$$

n=뉴런수 w=가중치 x=입력값

● **뉴런의 활성화함수**
계단 함수 : → y=0 or 1
부호 함수 : → y=−1 or 1
시그모이드 함수 : $y=\dfrac{1}{1+e^{-x}}$
Softmax 함수 : $y_i = \exp(z_i)/\sum_{i=1}^{K} \exp(z_j)$
RELU함수 : → y=0 or x
Leaky RELU함수 : f(x)=(0.01x, x)
Hyperbolic Tangent 함수 : =tanh(x)
　　　　　　　　　　　　=2·σ(2x)−1

● **단층 퍼셉트론**
퍼셉트론 = 선형결합기+하드리미터
초평면을 선형분리함수로 정의 $\sum_{i=1}^{n} x_i w_i - \theta = 0$

*DNN
다중의 은닉층을 포함하는 인공신경망(ANN)

*CNN
완전 연결 신경망
특징추출 : 합성곱 계층과 풀링 계층, 피처맵 생성

*RNN
순서를 가진 데이터. 방향성 그래프.
중간층(은닉층) 순환구조

*LSTM
RNN의 데이터 소멸 문제를 해결
입력게이트, 출력게이트, 망각 게이트, 컨트롤 게이트

＊오토인코더
　인코더 : 차원축소
　디코더 : 차원확대
＊GAN
　생성자 네트워크
　판별자 네트워크

비정형 데이터 마이닝

＊텍스트 마이닝
　문서분류 / 문서군집 / 정보추출

● **텍스트 마이닝 과정**
　1) **텍스트 수집** 정제·통합·선택·변환 코퍼스
　2) **텍스트 전처리** ⇒ 토큰화: 단어/어절/형태소/품사
　　　불용어 처리: 쓸모없는 단어제거(조사 등)
　　　정제와 정규화: 단어통합/대소문자/정규표현식
　　　어간과 어근추출: 단어개수 줄이기
　　　텍스트 인코딩: 원-핫 인코딩/말뭉치/
　　　　　　　　　　TF-IDF/워드임베딩
　3) **텍스트 분석** : 토픽모델링/감성분석/텍스트분류/
　　　　　　　　　　군집화
　4) **텍스트 시각화** : 워드클라우드/의미연결망분석

＊사회연결망분석
● SNA(Social)
　┌ 집합론적 방법 : 객체들 관계를 관계쌍으로 표현
　├ 그래프이론 방법 : 객체를 점으로 표현, 두 점을 연결
　└ 행렬 방법 : 객체를 행, 열에 배치해 관계 표현(0, 1)

● **중심성**
　┌ 연결정도 중심성 : 한 점에 직접적으로 연결된 점들의 합
　├ 근접 중심성 : 한 노드에 연결되는 최소단계의 합
　├ 매개 중심성 : 최다 연결 경로에 위치하는 노드
　└ 위세 중심성 : 자신과 연결된 타인의 영향력의 합

● **SNA 적용**
　그래프 생성→목적에 따라 가공분석→각 객체정의→
　다른 데이터 마이닝 기법과 연계

Ⅳ 빅데이터 결과 해석

1. 분석모형 평가 및 개선

성능평가지표

* 범주형 변수 모델

● 혼동행렬

		실제	
		Positive	Negative
예측	Positive	TP	FP
	Negative	FN	TN

정확도 = (TP+TN) / (TP+FP+FN+TN)

재현율= 민감도 = TP / (TP+FN)

특이도 = TN / (FP+TN)

정밀도 = TP / (TP+FP)

F1 score = $2 \times \frac{정밀도 \times 재현율}{정밀도 + 재현율}$

● 향상도 곡선

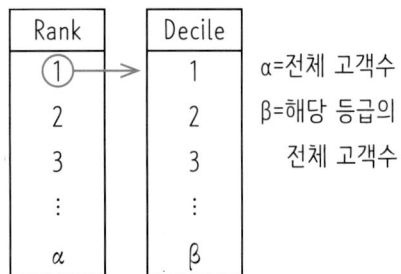

α=전체 고객수
β=해당 등급의 전체 고객수

기본향상도 : 실제구매자 / 전체고객수

반응검출률 : 해당등급 실제구매자 / 해당등급 전체 고객수

반응률 : 해당등급 실제구매자 / 각 등급 고객수

향상도 : 반응률 / 기본향상도

⇒ 상위등급에서 높은 향상도를 가지고 향상도가 빠른 속도로 감소하는 것이 좋은 모델이라고 봄

● ROC 곡선

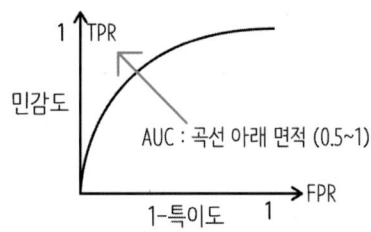

● 카파상관계수

모델예측값과 실제값의 일치여부를 판정하는 통계량

$$k = \frac{P_r(a) - P_r(e)}{1 - P_r(e)} \quad range : 0 \sim 1$$

* 연속형 변수 모델

SSE : 오차제곱합 = $\sum_{i=1}^{n} (y_i - \hat{y}_i)^2$

AE : 평균오차 = $\frac{1}{n} \sum_{i=1}^{n} (y_i - \hat{y}_i)$

MSE : 평균제곱오차 = $\frac{1}{n} \sum_{i=1}^{n} (y_i - \hat{y}_i)^2$

MAE : 평균절대오차 = $\frac{1}{n} \sum_{i=1}^{n} |y_i - \hat{y}_i|$

RMSE : 평균제곱근오차 = $\sqrt{\frac{1}{n} \sum_{i=1}^{n} (y_i - \hat{y}_i)^2}$

MAPE : 평균절대백분율오차 = $\frac{100}{n} \sum_{i=1}^{n} \left| \frac{y_i - \hat{y}_i}{y_i} \right|$

* 지도학습 모델

일반화가능성(안정성) / 효율성 / 정확성 / 해석력

* 군집모델

● 일치행렬

$T_{ij} \begin{cases} 1 \text{ i와 j가 같은 군집} \\ 0 \text{ i와 j가 다른 군집} \end{cases}$ C_{ij}=군집화결과행렬

일치행렬=$R_{ij} \begin{cases} 1 \\ 0 \end{cases}$

● 목표값이 있는 모델

RI : 랜드지수 $a+b / {}_nC_2$ range $0 \sim 1$

ARI : 조정랜드지수 $RI - E[RI] / \max(RI) - E[RI]$

AMI : 상호정보량 $P(T \cap C) / P(T) \times P(C)$

- 목푯값이 없는 모델
  DI : 던지수 $_{min}(i,j)/_{max}d(k)$
  S(i) : 실루엣계수 $(b_i-a_i)/_{max}(a_i,b_i)$

분석모형진단
- 모형진단
  1) 정규성 가정
  ─샤피로-윌크 검정 : 데이터의 정규성을 검정
  　　　　　　　　H0=데이터는 정규분포를 따름
  ─K-S 검정 : 데이터가 어떤 특정한 분포를 따르는가
  　　　　　　H0=두 표본이 같은 분포를 따름
  ─Q-Q plot : 회귀모형의 가정진단 (잔차확인)

  2) 잔차 진단
  잔차의 합이 0 => 최적의 회귀선
  - 잔차의 정규성, 등분산성, 독립성 진단

- 자료진단
  ─Cook's Distance: Full model에서 관측값 하나를
  　　　　　　　　제외 후 비교
  ─DFBETAS: 관측치가 각각의 회귀계수에 끼치는 영향
  　　　　　력 측정
  ─DFFITS : 관측치 제외시 종속변수 변화정도를 측정
  ─Leverage H : 관측치가 다른 집단으로부터 떨어진
  　　　　　　　정도

교차검증
- k-fold 교차검증

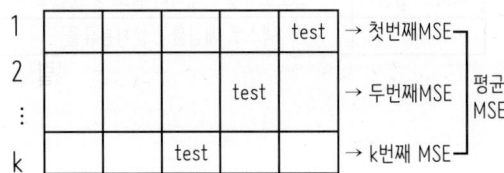

- 홀드아웃 교차검증
  랜덤분할 : train / validation / test

- 리브-p-아웃 교차검증
  전체데이터에서 p개의 샘플을 선택
  경우의 수 nCp=n!/(n-p)!p!

- 리브-원-아웃 교차검증
  리브-p-아웃의 p=1일 경우 → k-fold 검증과 동일

- 부트스트랩
  동일한 크기의 표본을 단순랜덤복원추출법으로 추출
  하여 사용

모수 유의성 검정
- 모균에 대한 유의성 검정 (t-검정)
  t검정 : 표본이 정규분포를 따른다는 가정 필요
  　→정규성 검정 실시 (샤피로윌크, K-S 등)

  ─단일표본 t-검정 : 연속형변수평균값 ↔ 특정기준값
  　　　　　　　　　H0 = 데이터의 평균은 x
  ─대응표본 t-검정 : 두 번의 처리에 따른 평균이
  　　　　　　　　　통계적 동일한지 판단
  ─독립표본 t-검정 : 독립적 정규분포인 n1,n2 데이터
  　　　　　　　　　평균이 동일한지 판단
  　　　　　　　　　H0=두 데이터의 평균이 같다.

- 모분산에 대한 유의성 검정
  ─카이제곱 검정
  ─관찰된 빈도와 기대되는 빈도 사이의 차이를 측정
  　　　　─독립성 검정
  　　　　─적합도 검정
  ─F 검정
  ─분산의 비율을 비교
  　　　　─분산분석(ANOVA)
  　　　　─회귀 분석

분석모형개선

● 과대적합방지
  1) 훈련데이터 증가시키기
  2) 가중치 감소 L1 : $\lambda|w|$ → 중요한 가중치만 취함
     L2 : λw^2 → 이상치 데이터에 적합
  3) 모델 복잡도 감소 : 은닉층 수 조정 / 모델수용력 낮춤
  4) 드롭아웃 : 은닉층의 뉴런 무작위 삭제
     초기(DNN) / 공간적(CNN) / 시간적(RNN)

● 매개변수 최적화(optimizer)

  ┌ 경사하강법 : $W \leftarrow W - \eta \frac{\partial L}{\partial W}$
  │
  │ ┌ 배치(BGD) : 전체의 미분값을 평균해 1epoch동안 한번만 갱신수행 → 느리지만 연산횟수 적음
  │ └ 확률적(SGD) : 손실함수 기울기를 구해 가장 작은 지점을 찾음 → 이상치 발생, 비효율적
  │
  ├ 모멘텀 : 기울기방향으로 힘을 받아 최적화에 가속
  │ $W \leftarrow W + (\mu V - \eta \frac{\partial L}{\partial W})$
  │
  └ per-매개변수 조정학습률 : 조정된 학습속도 적용

  ┌ AdaGrad : 갱신이 많이 된 파라미터에 대해 학습량 줄임
  │ $W \leftarrow W - \eta \frac{1}{\sqrt{h}} \frac{\partial L}{\partial W}$
  └ Adam : 모멘텀+AdaGrad

● 초매개변수(하이퍼파라미터) 최적화
  사람이 직접 설정해주어야 하는 매개변수
  뉴런의 수/학습률/배치크기/반복횟수/은닉층개수 등

● 분석모형융합
  ┌ 배깅 : 복원 추출 방법으로 데이터를 샘플링
  │   ┌ Hard Voting : 다수의 분류기가 예측한 결과 사용
  │   └ Soft Voting : 가중치 투표방식
  ├ 부스팅 : 약한학습기의 연속적 학습 => 강한 학습기
  └ 랜덤포레스트 : 배깅을 적용한 의사결정나무
    분류→voting / 예측→평균화 방법

● 분류 모형에 대한 주요성능 지표
  ┌ 특이도(Specificity)
  │ - 음성 중 맞춘 음성의 수, TN / (TN + FP)
  ├ 정밀도(Precision)
  │ - 양성 판정 수 중 실제 양성 수
  │ - 해당 클래스 예측 샘플 중 실제 속한 샘플 수의 비율, TP / (TP + FP)
  ├ 재현율(Recall), 민감도(Sensitivity)
  │ - 전체 양성 수에서 검출 양성 수(양성 중 맞춘 양성의 수), TP / (TP + FN)
  └ 정확도(Accuracy)
     - 전체 샘플 중 맞게 예측한 샘플 수 비율
       (TP + TN) / (TP + TN + FP + FN)

● 군집타당성지표
  군집 간 거리/군집의 지름/군집의 분산

● 최종모형선정

	평가기준
지도(분류)	분류정확도 / 평균오차율 / 오류재현율
비지도(설명)	집도소속률 / 데이터 밀도 및 군집도
기타	텍스트 매칭률 / 문서분류율

2. 분석결과 해석 및 활용

데이터시각화

- **시각화 개요**
  - 정보전달 : 객관적 표현 및 데이터 저널리즘 역할
  - 설득 : 추상적, 예술적 측면

- **시각화 기능**
  - 분석결과 해석 : 설명/탐색/표현
  - 규칙과 패턴검증
    - 범주,비율: 범위/분포/순위/측정
    - 추세,패턴: 방향/패턴/속도/교차/중요도
    - 관계,연결: 예외/상관성/연관성/계층
  - 시각적 표현 : 크기/색상/위치/네트워크/시간/다중표현

- **시각화 요건**
  - 기능적 측면 : 즉각적인 상황판단이 가능한 핵심 메시지 필요
  - 심미적 측면 : 사람들의 집중, 참여를 유도

- **시각화 절차**
  구조화 → 시각화 → 시각표현

- **시각화 도구**
  시각화 플랫폼 / 시각화 라이브러리 / 인포그래픽스
  - 차트와 통계 : 엑셀/구글차트/매니아이즈/인포그램
  - 프로그래밍 : D3.js / Python / R / Processing
  - 지도 : ESRI ArcGIS
  - 기타 : Adobe illustrator / YDF

- **시각화 유형**
  - 시간시각화 : 시계열데이터변화에 대한패턴을 표현
    - 이산형 ⇒ 누적막대/막대/점그래프
    - 연속형 ⇒ 히스토그램/선/계단식/영역형차트
  - 공간시각화 : 지도상에 해당하는 위치정보를 표현
    - 등차역지도 : 색상으로 구분
    - 도트플롯맵 : 지리적 산점도
    - 버블플롯맵 : 지리적 버블차트
    - 등치선도 : 색상의 농도 활용
    - 카토그램 : 지리적 형상크기를 조절해 재구성(직관적)
  - 관계시각화 : 데이터간 연관성 및 분포와 패턴을 찾음
    산점도행렬 / 버블차트 / 히트맵
  - 비교시각화 : 다변량 변수를 제한된 2차원에 표현
    플로팅바(간트) / 히트맵 / 평행좌표 /
    체르노프페이스 / 스타차트 / 다차원척도법
  - 분포시각화 : 파이차트 / 도넛차트 / 트리맵

- **인포그래픽**
  Information+Graphic → 정보형 / 설득형
  메시지 전달형태 : 지도형 / 도표형 / 스토리텔링형 /
  타임라인 / 프로세스형 / 만화형 /
  비교분석형

분석 모델별 시각화

- **회귀 모델**
  히트맵, 산점도

- **분류 모델**
  SVM : 산점도
  KNN : 평행좌표계
  의사결정나무 : 트리 다이어그램

- **딥러닝 모델**
  노드-링크 다이어그램, 산포도, 선도표

- **군집분석 모델**
  산점도

- **연관분석 모델**
  네트워크 그래프

비즈니스기여도

- **기업의 데이터분석**

  분석목적 : ①운영효율 향상 ②매출증대

  근본적 질문 : 관찰보고 / 진단분석 / 이상탐지 / 실시간대응 / 예측분석 / 최적화

- **기여도 평가**

  정량화기법
  - 총소유비용(TCO) : 모든 연관 비용
  - 투자대비효과(ROI) : 투자에 따른 순효과
  - 순현재가치(NPV) : 미래시점의 순이익
  - 내부수익률(IRR) : 연단위 기대수익
  - 투자회수기간(pp) : 흑자전환시점

  성과측정
  - 모델링기법 : 데이터마이닝/시뮬레이션/최적화
  - 비용요소고려

분석결과활용

- **모델 배포 과정 이슈**

  서로 다른 환경 : 다른 언어 사용 등 변환 작업이 필요한 환경

  모델저장소 부재

  성능 모니터링 부재 : 변화하는 데이터 주기적 확인

  규제 요구사항 준수 : 모델의 통제를 투명하게 문서 작성

- **분석결과 활용 시나리오 개발**

  분석결과 활용가능분야 파악 → 활용가능분야 분류 → 활용가능서비스 영역도출 → 서비스모델 개발

- **분석모형 모니터링**

  환경과 데이터 변화를 분석 모델에 지속적으로 반영

  모니터링 대상

  서비스 : 분석과제 발굴, 활용방안 마련, 성과관리 등

  분석모델 : 분석 알고리즘 주기, 변수, 소스(데이터 원천) 등

  데이터 : 현 시점의 현행화 데이터 확인

- **분석모형 리모델링 방법**
  - 분석 목적에 기반한 가설 및 추정방법에 대한 재검토
  - 분석용 데이터의 범위 및 품질 검토
  - 과대적합과 과소적합 방지를 위한 알고리즘 개선
  - 분석알고리즘과 매개 변수 최적화
  - 분석 모형 융합과 재결합

최신 기출문제

기출문제 10회 (2025년 04.05 시행)	2-28
기출문제 09회 (2024년 09.07 시행)	2-46
기출문제 08회 (2024년 04.06 시행)	2-66
기출문제 07회 (2023년 09.23 시행)	2-86
기출문제 06회 (2023년 04.08 시행)	2-104
기출문제 05회 (2022년 10.01 시행)	2-121
기출문제 04회 (2022년 04.09 시행)	2-140
기출문제 03회 (2021년 10.02 시행)	2-157
기출문제 정답 & 해설	2-175

기출문제 10회 (2025.04.05 시행)

시험 시간	풀이 시간	합격 점수	내 점수	문항수
120분	분	60점	점	총 80개

1과목 빅데이터 분석 기획

객관식 : 20문항

01 빅데이터 분석과 관련된 설명으로 옳지 않은 것은?

① 정형, 반정형, 비정형 데이터로 이루어져 있다.
② 데이터 처리 시점이 사전 처리에서 사후 처리로 이동하였다.
③ 데이터 분석 시 주로 JDBC, OLTP 기술을 사용하여 분석한다.
④ 데이터로부터 학습한 알려진 특성을 활용하여 예측할 수 있다.

02 집중형 조직구조에 대한 설명으로 옳지 않은 것은?

① 분석 결과를 현업에 빠르게 적용할 수 있다.
② 내부에서 전사 분석과제의 우선순위를 정한다.
③ 현업 부서와 분석 업무가 중복되거나 이원화될 수 있다.
④ 전사 분석 업무를 별도의 전담조직에서 수행한다.

03 개인정보보호에 대한 설명으로 옳지 않은 것은?

① 개인정보는 비식별화 조치를 하여야 한다.
② 개인정보는 반드시 익명정보로 변환하여야 한다.
③ 비식별 정보는 개인정보가 아닌 것으로 추정되므로 제3자 제공 등 불특정 다수에게 공개할 수 있다.
④ 개인정보는 살아 있는 개인에 대한 정보로서 그 개인을 알아볼 수 있는 정보로 이 외의 정보는 개인정보가 아니다.

04 데이터 수집의 위기 요인 중 책임원칙의 훼손에 대한 사례로 볼 수 있는 것은?

① 분석결과 조작과 조작된 정보의 공개
② 잘못된 데이터를 이용한 분석결과 신뢰
③ 자신의 신용도와 무관하게 대출거부 발생
④ SNS에 노출된 개인정보를 범죄 목적으로 활용

05 다음 중 빅데이터 분석 방법론의 분석 기획 단계 내 태스크들을 순서대로 나열한 것은?

① 비즈니스 이해 및 범위 설정 → 프로젝트 정의 → 수행계획 수립 → 프로젝트 위험계획 수립
② 비즈니스 이해 및 범위 설정 → 프로젝트 위험계획 수립 → 프로젝트 정의 → 수행계획 수립
③ 프로젝트 정의 → 수행계획 수립 → 프로젝트 위험계획 수립 → 비즈니스 이해 및 범위 설정
④ 프로젝트 정의 → 수행계획 수립 → 비즈니스 이해 및 범위 설정 → 프로젝트 위험계획 수립

06 개인정보 비식별화 조치 중 총계처리에 대한 설명으로 옳지 않은 것은?

① 통계분석용 데이터셋 작성에 유리하다.
② 민감한 수치 정보에 대하여 비식별 조치가 어렵다.
③ 데이터가 적을수록 특정 개인에 대한 추정이 가능하다.
④ 통계 값을 이용하여 특정 개인을 식별할 수 없도록 한다.

07 다음 중 데이터 유형에 대한 설명으로 옳지 않은 것은?

① 정형 데이터는 연산이 가능하다.
② 비정형 데이터는 연산이 불가능하다.
③ 반정형 데이터는 연산이 불가능하다.
④ 반정형 데이터는 구조나 형태 변경이 불가능하다.

08 다음 보기에서 설명하는 빅데이터 플랫폼 구조의 계층은?

- 빅데이터 처리와 분석에 필요한 자원 제공
- 자원 배치와 스토리지 관리, 노드 및 네트워크 관리

① 플랫폼 계층
② 하드웨어 계층
③ 소프트웨어 계층
④ 인프라스트럭처 계층

09 다음 중 웹 데이터를 수집하는 방법과 그 대상에 대한 연결이 옳지 않은 것은?

① 크롤링 - 웹 문서
② FTP - 웹 서버 로그
③ 스크래핑 - 웹 페이지
④ Open API - 실시간 데이터

10 데이터 품질 기준에 대한 설명으로 옳지 않은 것은?

① 완전성 : 데이터는 정해진 데이터 유효범위 및 도메인을 충족해야 한다.
② 적시성 : 데이터는 사용자가 필요로 하는 시점에 적절하게 제공되어야 한다.
③ 정확성 : 데이터는 현실 세계를 정확히 반영하고, 오류나 왜곡 없이 입력되어야 한다.
④ 일관성 : 동일한 데이터가 시스템 전반에서 내용과 형식이 일치되게 표현되어야 한다.

11 다음 중 정보를 추가하거나 결합하여야 개인을 식별할 수 있는 정보는?

① 익명정보
② 개인정보
③ 속성정보
④ 가명정보

12 다음 중 데이터 산업의 구조에서 서비스 영역에 해당하는 것은?

① 배치 시스템 제공
② 데이터 수집 도구 제공
③ 데이터 정보 제공
④ 네트워크 장비 제공

13 다음 중 분석 대상과 분석 방식을 고려한 과제 도출 방식에 대한 설명으로 옳은 것은?

① 통찰 : 분석 대상은 모르지만 분석 방법은 알고 있을 때
② 발견 : 분석 대상은 알지만 분석 방법은 모르고 있을 때
③ 솔루션 : 분석 대상과 분석 방법을 모두 모르고 있을 때
④ 최적화 : 분석 대상은 모르지만 분석 방법은 알고 있을 때

14 다음 중 데이터 웨어하우스의 특징과 거리가 먼 것은?

① 통합성
② 확장성
③ 시계열성
④ 주제지향성

15 전이학습(Transfer Learning)에 대해 올바르게 설명하고 있는 것은?

① 비슷한 분야에서 학습된 딥러닝 모형을 이용하더라도 적은 양의 데이터로는 좋은 결과를 얻기 어렵다.
② 비슷한 분야에서 학습된 딥러닝 모형을 다른 문제를 해결하기 위해 사용할 수 있으나 효과가 크진 않다.
③ 기존의 모델이 학습한 특성, 가중치, 표현 등을 새로운 모델에 전달하나 새 작업에 적용하기는 어렵다.
④ 기존의 학습된 모델의 지식을 새로운 문제에 적용하여 학습을 빠르고 효율적으로 수행할 수 있다.

16 개인정보의 보호방법으로 옳지 않은 것은?

① 백신의 설치 및 최신버전으로 유지한다.
② 개인정보 비식별화 조치 중 가명처리를 수행한다.
③ 유용한 결과를 얻기 위해 개인정보를 최대한 많이 수집한다.
④ 데이터를 외부에 공개하는 경우 가이드라인에서 정한 규칙을 준수하는지 확인한다.

17 다음 중 데이터 사이언티스트의 역할로 가장 거리가 먼 것은?

① 데이터 분석
② 데이터 분석 모델링
③ 데이터 분석 인력관리
④ 데이터 관리 계획수립

18 다음 중 WBS를 작성하기에 적합한 시기로 옳은 것은?

① 시스템 테스트 및 운영
② 프로젝트 평가 및 보고
③ 비즈니스 이해 및 범위 설정
④ 프로젝트 정의 및 계획 수립

19 데이터를 수집하는 방법에 대한 설명으로 옳은 것은?

① 관찰은 특정 가설을 검증하기 위해 조작된 조건에서 데이터를 수집한다.
② FGI는 작은 그룹의 참가자들을 모아 집단적인 토론을 통해 의견과 경험을 수집하는 방법이다.
③ 실험은 실시간 또는 사전에 녹화된 비디오 또는 사진, 음악, 인터뷰 등을 통해 이루어질 수 있다.
④ 설문조사는 사람들의 의견이나 행동에 대한 데이터를 수집하는 일반적인 방법으로 깊은 인사이트를 얻을 수 있다.

20 인공지능에 대한 설명으로 옳지 않은 것은?

① 인공지능은 지속적이거나 추가적인 학습이 필요하지 않다.
② 인공지능은 설정한 목표를 최대한 달성할 수 있도록 최적의 행동을 제시하는 의사결정 로직이다.
③ 인공지능 구현방법이 발전할수록 인간의 사고 모방보다는 합리성을 더 강조하고 있다.
④ 인공지능은 인간의 사고방식과 판단 구조를 모방하여 구축하려는 전반적인 노력이다.

2과목 빅데이터 탐색

객관식 : 20문항

21 다음 중 변수 선택(Feature Selection) 알고리즘 기법에 해당하지 않는 것은?

① 전진 선택법(Forward Selection)
② 후진 제거법(Backward Elimination)
③ 단계별 선택법(Stepwise Selection)
④ 상호 정보량 확인(Mutual Information Check)

22 이항분포에 대한 설명으로 옳은 것은?

① 이항분포의 평균은 np^2이다.
② 이항분포의 분산은 $np(-p)$이다.
③ 이항분포의 평균은 $n(1-p)$이다.
④ 이항분포의 분산은 $np^2(1-p)$이다.

23 다음 중 표본과 모집단의 관계에 대한 설명으로 옳지 않은 것은?

① 표본평균은 모집단 평균의 불편추정량이다.
② 표본분산은 모집단 분산의 불편추정량이며, 분모에 (n-1)이 온다.
③ 모집단 평균은 표본평균과 항상 동일하다.
④ 표본이 충분히 크면 표본평균은 중심극한정리에 따라 모집단 평균에 수렴한다.

24 100, 200, 300의 값을 z-score로 변환할 때, 표준편차 σ = 100으로 가정하고 변환 함수 f(x) = ax + b를 사용하였다. 이때 a + b의 값은 얼마인가?

① -2.45
② -2.20
③ -1.99
④ -1.50

25 파생변수에 대해 올바르게 설명하고 있는 것은?

① 파생변수는 원본 데이터의 잡음을 제거하기 위해 사용되며, 원본 변수와 무관해야 한다.
② 파생변수는 원본 변수에서 계산되거나 조합되어 만들어지는 새로운 변수이다.
③ 파생변수를 만들면 항상 모델의 복잡도를 낮출 수 있다.
④ 파생변수는 정형 데이터에서만 사용 가능하며, 비정형 데이터에는 적용되지 않는다.

26 다음 중 파생변수를 만드는 예시로 올바른 것은?

① 고객의 1년간 구입금액으로부터 월평균 구입금액 변수를 생성한다.
② 고객의 성별(gender) 변수를 그대로 사용한다.
③ 고객의 누적 방문 횟수 변수에서 결측값을 제거하고 원본 값을 사용한다.
④ 고객의 생년월일 변수(birthdate)를 데이터셋에서 삭제한다.

27 표본 x_1, x_2가 각각 독립적으로 P(x=1)=p, P(x=-1)=1-p를 따르고, 표본평균 y=$(x_1 + x_2)/2$일때, y가 가질 수 있는 값과 그 확률로 옳은 것은?

① y=0일 확률 : $p^2 + (1-p)^2$
　y=0.5일 확률 : $p(1-p)$
　y=1일 확률 : p^2
② y=-1일 확률 : $(1-p)^2$
　y=0일 확률 : $2p(1-p)$
　y=1일 확률 : p^2
③ y=0일 확률 : $p(1-p)$
　y=0.5일 확률 : p^2
　y=-0.5일 확률 : $(1-p)^2$
④ y=-1일 확률 : $(1-p)×2$
　y=0일 확률 : $2p(1-p)$
　y=1일 확률 : $p×2$

28 다음 중 특이값 분해(SVD)를 활용하여 문서-단어 행렬을 차원 축소하고 잠재 의미(의미적 유사성)를 추출하는 기법은 무엇인가?

① LDA(Latent Dirichlet Allocation)
② LSA(Latent Semantic Analysis)
③ 주성분분석(PCA)
④ 요인분석(Factor Analysis)

29 상자그림(Boxplot)에서 IQR(Interquartile Range, 사분위 범위)에 대한 설명으로 잘못된 것은?

① IQR은 데이터의 중앙 50% 범위를 나타낸다.
② IQR은 Q1 - Q3로 계산된다.
③ 이상치 판별에 활용된다.
④ Q1은 하위 25% 지점의 값이다.

30 다음 중 집단 내 이질적이고, 집단 간 동질적인 특성을 가진 모집단을 대상으로 표본을 추출할 때 적합한 방법은 무엇인가?

① 군집 추출(Cluster Sampling)
② 층화 추출(Stratified Sampling)
③ 단순무작위 추출(Simple Random Sampling)
④ 체계적 추출(Systematic Sampling)

31 언더샘플링(undersampling)과 오버샘플링(oversampling)에 대해 잘못 설명하는 것은?

① 오버샘플링은 소수클래스 데이터를 증가시켜 클래스 불균형 문제를 완화한다.
② 언더샘플링은 다수클래스 데이터를 줄여 데이터 균형을 맞춘다.
③ 오버샘플링은 과적합(overfitting)의 위험이 있을 수 있다.
④ 언더샘플링은 항상 오버샘플링보다 더 좋은 성능을 제공한다.

32 추정에 대해 잘못 설명하고 있는 것은?

① 점추정은 모집단의 모수를 하나의 값으로 추정하는 방법이다.
② 점추정은 신뢰구간으로 추정하는 방법이다.
③ 구간추정은 신뢰도가 높을수록 추정 구간이 넓어진다.
④ 구간추정에서는 점추정이 선행된다.

33 초기하분포(Hypergeometric Distribution)에 대한 설명으로 잘못된 것은?

① 모집단은 유한하며 두 가지 범주로 구분된다.
② 성공 확률은 동일하다.
③ 시행은 서로 독립적으로 이루어진다.
④ 표본은 모집단에서 비복원추출로 선택된다.

34 상관계수의 특징에 대한 다음 설명 중 옳지 않은 것은?

① 피어슨 상관계수는 이상치에 강하다.
② 스피어만 상관계수는 순위(rank)를 기준으로 계산된다.
③ 피어슨 상관계수는 선형 관계의 강도와 방향을 측정한다.
④ 상관계수의 값은 −1에서 1 사이의 값을 가진다.

35 로지스틱 회귀(Logistic Regression)에 대한 다음 설명 중 옳지 않은 것은?

① 독립변수는 정규성을 가져야 한다.
② 종속변수는 이진(binary) 또는 범주형 변수이다.
③ 출력값은 0과 1 사이의 확률로 해석된다.
④ 선형 결합을 확률로 변환할 때 로짓 함수(logit function)가 기반이 된다.

36 요약 변수(Summary Variable)에 대해 옳게 설명하고 있는 것은?

① 일시적으로 생성된 요약 변수 또는 파생 변수는 분석 중에 사용할 수 있고, 필요시 재생성도 가능하다.
② 요약 변수는 원시(raw) 데이터로만 생성되어야 하며, 파생 변수로는 만들 수 없다.
③ 요약 변수는 항상 전체 데이터셋을 대상으로 평균을 계산해 만든다.
④ 요약 변수는 모델 훈련 시 반드시 제거해야 한다.

37 변수 선택 방법 중 통계적 방법(statistical method)에서 사용되는 절차로 옳은 것은?

① 변수 선택은 항상 도메인 전문가의 판단에만 의존해야 한다.
② 변수 선택은 상관계수가 높은 변수를 선택하는 과정이다.
③ 모든 변수를 포함하는 것이 예측 정확도를 가장 높인다.
④ 교차 검증(cross-validation)을 사용하여 모델 성능을 비교하며 변수 선택을 수행한다.

38 다음 중 데이터 정제(Data Cleaning)의 의미로 가장 올바른 것은?

① 이상치와 결측치를 식별하고 처리하여 데이터 품질을 향상시키는 과정이다.
② 데이터를 무작위로 섞는 과정이다.
③ 분석 결과를 왜곡하기 위해 일부 데이터를 제거하는 과정이다.
④ 모든 변수의 값을 0으로 초기화하는 과정이다.

39 3개 이상 집단(변량)의 평균 차이를 통계적으로 검정하려고 한다. 다음 중 가장 적절한 분석 방법은?

① 상관 분석(Correlation Analysis)
② 회귀 분석(Regression Analysis)
③ 카이제곱 검정(Chi-square Test)
④ 분산 분석(ANOVA)

40 공분산(Covariance)에 대한 설명으로 옳지 않은 것은?

① 공분산은 두 변수의 선형적 관계 방향을 나타낸다.
② $Cov(X, Y) = 0$이면 두 변수는 독립이다.
③ 두 변수가 독립이면 $Cov(X, Y) = 0$이다.
④ 공분산이 양수이면 두 변수는 함께 증가하는 경향이 있다.

3과목 빅데이터 모델링

객관식 : 20문항

41 다음의 덴드로그램은 6개의 관측값(A~F)에 대해 계층적 군집 분석을 수행한 결과를 표현한 것이다. y=26을 기준으로 수평선을 그어 군집을 구분할 경우 몇 개의 군집으로 나눌 수 있는가?

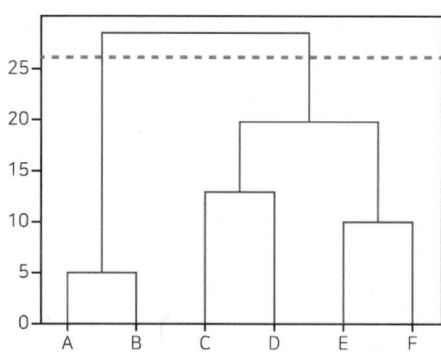

① 1개
② 2개
③ 3개
④ 4개

42 다음 중 시계열 분석을 수행하기에 가장 적절하지 않은 상태는?

① 정상성
② 비정상성
③ 계절성
④ 추세성

43 다음 중 과적합 문제를 해결하는 방법으로 적절하지 않은 것은?

① 정규화 사용
② 조기 종료
③ 드롭아웃 적용
④ ReLU 함수 사용

44 배깅(Bagging)과 부스팅(Boosting)에 대한 설명으로 옳은 것은?

① 배깅은 약한 학습기들을 순차적으로 연결하여 점진적 성능을 향상시킨다.
② 부스팅은 병렬 학습이다.
③ 배깅은 분산 감소, 부스팅은 편향 감소에 중점을 둔다.
④ 부스팅은 모든 모델에 동일한 가중치를 부여한다.

45 주성분 분석(PCA)에 대해 잘못 설명하고 있는 것은?

① 분산이 낮은 축부터 선택한다.
② PCA는 고차원 데이터를 저차원으로 변환한다.
③ 주성분은 서로 직교한다.
④ 첫 번째 주성분은 가장 큰 분산을 가진 방향이다.

46 빅데이터 분석 모델에 대한 설명으로 잘못된 것은?

① 간단한 문제부터 해결한다.
② 목적에 맞게 분석 방법을 고른다.
③ 문제를 더 복잡하게 해서 모델링한다.
④ 데이터를 기반으로 모델을 설계한다.

47 다음 중 초매개변수(hyperparameter)에 해당하지 않는 것은?

① KNN의 K값
② 인공신경망의 은닉층 수
③ 결정 트리의 깊이
④ 인공신경망의 가중치 값

48 의사결정나무에 관한 설명으로 옳지 않은 것은?

① 전처리가 필요 없다.
② 데이터 양이 많아도 적합하다.
③ 데이터가 많아지면 적합하지 않다.
④ 분류와 회귀문제 모두에 사용된다.

49 다음 중 다중공선성 문제를 해결하는 방법과 거리가 먼 것은?

① 상관성 높은 변수를 제거한다.
② 변수 선택(Lasso 등) 기법을 적용한다.
③ 주성분 분석으로 변수를 변환한다.
④ 독립 변수 간 상관계수를 높인다.

50 다음 중 정규성 검정 방법이 아닌 것은?

① Q-Q plot
② Kolmogorov-Smirnov test
③ Shapiro-Wilk test
④ t-test

51 다음 보기의 설명에 해당하는 앙상블 기법은?

> 오분류된 샘플에 가중치를 두고 약한 분류기를 순차적으로 결합하여 성능을 향상시킨다.

① 배깅
② 랜덤 포레스트
③ 부스팅
④ 스태킹

52 ReLU에 대한 설명으로 옳지 않은 것은?

① 활성화 함수로서 주로 은닉층에 적용된다.
② 음수 입력에서는 0을 출력한다.
③ 출력이 무한대까지 증가할 수 있다.
④ 기울기 소실 문제가 발생할 수 있다.

53 다음 중 의사결정나무에서 가지치기를 하는 이유로 적절한 것은?

① 모델 정확도 향상
② 계산 시간 단축
③ 데이터 전처리 생략
④ 과적합 해소

54 상관계수 그래프(산점도)에 대한 설명으로 옳은 내용은?

① x와 y는 독립이다.
② 두 변수 간 음의 상관관계가 있다.
③ 산점도는 데이터의 정규성을 보장한다.
④ 표본 상관계수로 상관관계를 추정할 수 있다.

55 서포트 벡터 머신(SVM)의 성능에 대한 설명으로 옳은 것은?

① 커널 없이도 항상 비선형 분류가 가능하다.
② 서포트 벡터는 모든 데이터에 해당된다.
③ 비선형 커널을 사용해 분류 성능을 높일 수 있다.
④ 소프트 마진은 모델을 더 단단하게 만든다.

56 딥러닝에서 Attention 메커니즘에 대해 잘못 설명하고 있는 것은?

① 정보 손실 문제를 해결하며, 긴 시퀀스에서도 중요한 정보를 효과적으로 전달한다.
② RNN의 기울기 소실 문제를 보완하기 위해 등장하였다.
③ 먼 과거의 정보까지 효율적으로 접근하여 장거리 의존성 문제를 개선한다.
④ 디코더에서 모든 정보에 동일한 가중치를 반영한다.

57 다음 중 MANOVA(다변량분산분석)을 수행하는 적절한 예시는?

① 1학년과 2학년의 수학 점수 평균 차이 분석
② 세 개 학교의 영어 점수 평균 차이 분석
③ 두 지역의 국어 점수 평균 차이 분석
④ 지역별, 학년별, 성별에 따른 수학, 국어, 영어 점수 평균 차이 분석

58 다음 중 성공 확률 p를 오즈의 로그값으로 변환하는 함수는?

① 시그모이드 함수
② 오즈비
③ 로그우도
④ 로짓 함수

59 다음 중 연속형 변수를 예측하는 회귀 분석 기법에 해당하지 않는 것은?

① 선형 회귀
② 다항 회귀
③ 로지스틱 회귀
④ 릿지 회귀

60 ARIMA(Autoregressive Integrated Moving Average) 모델에 대한 설명으로 잘못된 것은?

① 자기회귀, 차분, 이동평균으로 구성된다.
② ARIMA에서는 차분이 필요 없다.
③ 비정상성 데이터를 분석할 수 있다.
④ 계절성을 반영하면 SARIMA가 된다.

4과목 빅데이터 결과 해석

객관식 : 20문항

61 다음 중 질병이 있는 환자를 정확하게 판별하는 능력을 평가하기 위한 지표로 가장 적합한 것은?

① 정밀도(Precision)
② 정확도(Accurary)
③ 특이도(Specificity)
④ 민감도(Recall)

62 F1-score는 분류 모델의 성능을 평가하기 위해 두 가지 지표의 조화평균으로 계산된다. 다음 중 F1-score를 구성하는 두 지표를 올바르게 짝지은 것은?

① 정확도(Accuracy), 특이도(Specificity)
② 정확도(Accuracy), 재현율(Recall)
③ 정밀도(Precision), 특이도(Specificity)
④ 정밀도(Precision), 재현율(Recall)

63 회귀 모델의 평가지표 중 MSE(Mean Square Error)를 구하는 식으로 옳은 것은?

① $\frac{1}{n}\sum_{i=1}^{n}|y_i - \hat{y}_i|$

② $\frac{1}{n}\sum_{i=1}^{n}(y_i - \hat{y}_i)^2$

③ $\frac{1}{n}\sum_{i=1}^{n}\left|\frac{y_i-\hat{y}_i}{y_i}\right| \times 100\%$

④ $\sqrt{\frac{\sum_{i=1}^{n}(y_i-\hat{y}_i)^2}{n}}$

64 데이터 품질 검증을 위한 기준 요소와 설명으로 잘못 연결된 것은?

① 정확성(Accuracy) : 데이터가 현실 세계의 값을 오류 없이 올바르게 반영해야 한다.
② 완전성(Completeness) : 데이터가 시스템 전반에서 필수항목에 누락이 없어야 한다.
③ 일관성(Consistency) : 데이터가 지켜야할 구조, 값, 표현되는 형태가 일관되어야 한다.
④ 유효성(Timeliness) : 업무 조건에 따라 컬럼 값이 항상 존재해야 한다.

65 데이터 품질과 분석모형 성능 사이의 관계로 적절하지 않은 것은?

① 이상값(outlier)은 분석 결과에 영향을 미치기 때문에 반드시 제거해야 한다.
② 무작위 결측(MAR)은 다중 대치법 등으로 값을 대치하는 것이 효과적이다.
③ 시간이 흐름에 따라 데이터도 변화하기 때문에 분석 모형의 성능은 점진적으로 떨어진다.
④ 데이터의 오류나 편향이 많을 경우, 분석모형의 성능은 떨어진다.

66 홀드아웃(Hold-Out)에 대한 설명으로 가장 거리가 먼 것은?

① 분할을 한 번 수행하는 기법이다.
② 전체 데이터를 학습 데이터, 검증 데이터, 테스트 데이터로 분리한다.
③ 데이터가 적을 때 효과적으로 작동한다.
④ 최종적인 모델의 성능은 테스트 데이터로 평가한다.

67 LOOCV(Leave-one-out Cross Validation)에 대한 설명으로 맞는 것은?

① 학습 데이터 중 1개만을 테스트용으로 사용하고, 나머지는 학습용으로 사용한다.
② 데이터를 k개의 폴드로 나누고 하나의 폴드를 테스트데이터로, 나머지 폴드를 학습데이터로 사용한다.
③ 전체 데이터에서 학습데이터로 80%, 테스트데이터로 20%를 나누어서 학습 결과를 검증한다.
④ 데이터의 수가 많을수록 계산량이 적어진다.

68 학습곡선(Learning Curve)에 대한 설명으로 가장 적절한 것은?

① 모델의 성능이 학습 시간에 따라 어떻게 변화하는지를 보여준다.
② 과대적합의 경우 훈련오차와 검증오차가 모두 높다.
③ 곡선이 수평으로 수렴하는 경우 데이터를 추가해도 성능이 높아지지 않는다.
④ 과소적합의 경우 성능이 높아질 때까지 데이터를 추가한다.

69 k-폴드 교차검증에서 k=10인 경우의 설명으로 옳지 않은 것은?

① 로지스틱 회귀 모델을 사용할 때 학습과 검증을 총 10회 반복한다.
② 라쏘(Lasso) 회귀의 경우 교차검증을 100회 반복한다.
③ 전체 데이터셋을 10개의 폴드로 분할한다.
④ 매 반복마다 1개의 폴드를 검증용 데이터로 사용한다.

70 과대적합 해소 방안으로 적합하지 않은 것은?

① 규제를 약하게 한다.
② 데이터의 양을 증가시킨다.
③ 복잡한 모델을 단순화한다.
④ 드롭아웃을 적용한다.

71 과대적합에 대한 설명으로 옳은 것은?

① 신경망에서의 과대적합은 은닉층의 수를 증가시킴으로써 해소할 수 있다.
② 과대적합에서는 훈련 데이터에서 성능이 낮고, 검증 데이터에서 성능이 높다.
③ 과대적합은 모델이 너무 단순하여 충분한 학습이 이루어지지 않은 상태이다.
④ 데이터의 수가 적으면 과대적합이 된다.

72 머신러닝의 규제(Regularization)에 대한 설명으로 가장 거리가 먼 것은?

① 규제는 과대적합을 방지하기 위해서 모델을 복잡도를 낮추는 역할을 한다.
② 릿지(Ridge)는 계수를 0에 가깝게 만든다.
③ 라쏘(Lasso)는 일부 회귀 계수를 0으로 만들어서 희소한(Sparse) 모델로 만들어진다.
④ 라쏘(Lasso)는 손실 함수에 제곱합 패널티를 포함한다.

73 학습 횟수(Epoch)와 분석 모형의 성능 간의 관계에 대한 설명으로 잘못된 것은?

① 학습 횟수가 너무 적으면 과소적합이 발생할 수 있다.
② 학습 횟수가 늘어날수록 검증 오차는 감소한다.
③ 학습 횟수가 늘어나면 모델의 일반화 능력이 감소될 수 있다.
④ 조기 종료(Early Stopping)는 과적합을 방지하기 위한 대표적인 전략 중 하나이다.

74 확률적 경사 하강법(SGD)에 대한 설명으로 옳은 것은?

① 전체 데이터의 평균을 기반으로 가중치를 업데이트 한다.
② 최적화 시간은 느리지만 안정적인 성능을 보인다.
③ 데이터의 양이 많은 경우에는 적합하지 않다.
④ 지역 최소에 빠지는 경우 탈출이 비교적 용이하다.

75 하이퍼파라미터에 대한 설명으로 옳지 않은 것은?

① 활성화 함수는 딥러닝 학습 중에 최적화되는 하이퍼파라미터이다.
② 하이퍼파라미터는 사용자가 직접 정할 수 있다.
③ 하이퍼파라미터의 값에 따라 모델의 성능이 달라질 수 있다.
④ 학습률은 모델의 수렴 속도에 영향을 준다.

76 그리드 탐색으로 하이퍼파라미터를 최적화할 때 가장 옳은 설명은?

① 임의로 설정된 값 중 무작위로 선택하여 최적의 조합을 찾는다.
② 모든 가능한 하이퍼파라미터 조합을 탐색하여 최적값을 찾는다.
③ 한 번의 모델 학습으로 최적의 하이퍼파라미터를 자동으로 결정한다.
④ 하이퍼파라미터의 영향을 제거하고 데이터 분할 방식만으로 모델을 개선한다.

77 다음 중 공간 시각화를 위한 도구로 가장 적절하지 않은 것은?

① 등치선도(Isoline Map)
② 산점도(Scatter Plot)
③ 버블 차트(Bubble Chart)
④ 단계 구분도(Choropleth Map)

78 다음 중 관계 시각화를 위한 도구로 가장 적절하지 않은 것은?

① 히스토그램(Histogram)
② 산점도(Scatter Plot)
③ 버블 차트(Bubble Chart)
④ 히트맵(Heatmap)

79 다음 중 데이터 왜곡이 발생할 수 있는 시각화 기법은?

① 히트맵(Heatmap)
② 도수분포도(Histogram)
③ 카토그램(Cartogram)
④ 등치선도(Isoline Map)

80 인포그래픽에 대한 설명으로 옳지 않은 것은?

① 복잡한 정보를 시각적으로 쉽게 이해하도록 한다.
② 재해복구 상황 등 현황 자료를 요약해서 보여줄 때 유용하다.
③ 데이터 시각화와 유사하나 정보 전달보다 미적 표현을 우선한다.
④ 도표, 아이콘, 텍스트 등 다양한 요소를 사용해서 표현한다.

기출문제 09회(2024.09.07 시행)

시험 시간	풀이 시간	합격 점수	내 점수	문항수
120분	분	60점	점	총 80개

1과목 빅데이터 분석 기획

객관식 : 20문항

01 다음 중 빅데이터의 특징 3V에 해당하지 않는 것은?

① 가치(Value)
② 규모(Volume)
③ 속도(Velocity)
④ 다양성(Variety)

02 다음 중 데이터 사이언티스트가 갖추어야 할 스킬에 대해 옳게 연결된 것은?

① 소프트 스킬 - 이론적 지식
② 하드 스킬 - 통찰력 있는 분석
③ 소프트 스킬 - 다분야 간 협력
④ 하드 스킬 - 설득력 있는 전달

03 다음 보기에서 설명하고 있는 조직의 분석 성숙도의 단계로 옳은 것은?

- 데이터 분석을 위한 도구와 시스템을 구축 중
- 일부 숙련된 직원에게 데이터 분석을 의존

① 도입
② 활용
③ 확산
④ 최적화

04 다음 중 분석 대상과 분석 방식을 모두 알고 있는 경우에 적합한 과제 도출 방식은?

① Insight
② Solution
③ Discovery
④ Optimization

05 다음 중 수집된 데이터의 일부에만 라벨(Label)이 있는 경우 적용 가능한 데이터 학습 방법은?

① 강화학습
② 지도학습
③ 준지도학습
④ 비지도학습

06 개인정보에 대한 설명으로 옳지 않은 것은?

① 개인정보를 수집·이용하거나 제3자에게 제공할 때에는 정보주체의 동의를 받아야 한다.
② 유전적인 특성 및 인종에 대한 정보는 개인정보에 해당하지 않는다.
③ 개인정보란 이름, 주소 등 개인을 특정 지을 수 있는 정보를 의미한다.
④ 개인정보 처리에 관해서는 개인정보 처리방침을 통해 공개되어야 한다.

07 다음 중 데이터 분석 마스터 플랜 수립 시 분석 과제 우선순위 평가기준으로 옳지 않은 것은?

① 실행 용이성
② 전략적 중요도
③ 비즈니스 성과 및 ROI
④ 업무 내재화 적용 수준

08 다음 중 빅데이터 분석 방법론의 개발절차로 옳은 것은?

① 분석 기획 → 데이터 준비 → 데이터 분석 → 평가 및 전개 → 시스템 구현
② 분석 기획 → 데이터 준비 → 데이터 분석 → 시스템 구현 → 평가 및 전개
③ 데이터 준비 → 분석 기획 → 데이터 분석 → 시스템 구현 → 평가 미 전개
④ 데이터 준비 → 분석 기획 → 데이터 분석 → 평가 및 전개 → 시스템 구현

09 다음 중 분석 데이터 수집 시 고려사항으로 거리가 먼 것은?

① 수집 비용
② 데이터의 보안
③ 분석 기법의 난이도
④ 데이터의 수집 가능성

10 다음 중 비정형 데이터의 유형으로 적절하지 않은 것은?

① 사진
② 음악
③ 동영상
④ 판매량

11 데이터 유형에 대해 옳게 설명하고 있는 것은?

① 비정형 데이터나 반정형 데이터는 전처리가 불가능하다.
② 자연어 처리를 위해 사용되는 텍스트는 비정형 데이터이다.
③ 비정형 데이터는 관계형 데이터베이스의 테이블에 저장되는 데이터이다.
④ 정형 데이터는 데이터의 형식과 구조가 유연하며, JSON, XML, RDF, HTML 등이 대표적이다.

12 다음 중 개인정보 비식별화 조치에 해당하지 않는 것은?

① 특이화
② 가명 처리
③ 데이터 마스킹
④ 데이터 범주화

13 다음 중 수집된 데이터를 전처리하는 과정에서 사용하는 방법과 거리가 먼 것은?

① 구간화
② 군집화
③ 표준화
④ 회귀값 대치

14 다음 중 기존 데이터에 노이즈를 추가하여 데이터 비식별화 후 데이터 분석을 수행하는 방법은?

① ℓ-다양성
② k-익명성
③ 차등 보호
④ 가명 처리

15 다음 중 고품질 데이터의 특성으로 보기 어려운 것은?

① 정확성(Accuracy)
② 적시성(Timeliness)
③ 완전성(Completeness)
④ 비편의성(Unbiasedness)

16 다음 중 데이터 웨어하우스에서 데이터를 저장하기 위해 추출하고 정제 및 변환하는 곳은?

① ODS
② OLAP
③ Meta-data
④ Data Mart

17 다음 중 분산파일시스템에 대한 설명으로 옳은 것은?

① 여러 개의 마이크로프로세서를 사용한다.
② 여러 저장장치가 하나의 서버에 연결되어 있다.
③ 관계형 데이터베이스와 SQL을 사용하지 않는다.
④ 네트워크를 통해 여러 호스트 컴퓨터에 접근 가능하다.

18 다음 중 데이터 품질 진단 및 개선 절차로 옳은 것은?

① 진단대상정의 → 품질진단실시 → 진단결과분석 → 개선계획수립 → 개선수행 → 품질통제
② 진단대상정의 → 품질진단실시 → 진단결과분석 → 품질통제 → 개선계획수립 → 개선수행
③ 품질진단실시 → 진단대상정의 → 진단결과분석 → 개선계획수립 → 개선수행 → 품질통제
④ 품질통제 → 진단대상정의 → 품질진단실시 → 진단결과분석 → 개선계획수립 → 개선수행

19 다음 중 거대 언어 모델(Large Language Model)에 대한 설명으로 옳은 것은?

① 입력 데이터의 차원을 줄여 모형을 단순화시키기 위해 활용할 수 있다.
② 수십억 개 이상의 파라미터로 구성된 신경망을 기반으로 학습된 언어 모델이다.
③ 결론 도출 과정에 대한 근거를 차트나 수치 또는 자연어 형태의 설명으로 제공한다.
④ 세부적으로는 데이터 전처리, 변수 생성, 변수 선택, 알고리즘 선택, 하이퍼파라미터 최적화 등을 수행한다.

20 다음 중 학습 종류와 응용 영역간 연결로 옳지 않은 것은?

① 비지도학습 - 누락 데이터 생성
② 지도학습 - 신용평가 및 사기검출
③ 강화학습 - 시뮬레이션 데이터 생성
④ 지도학습 - 시세/가격/주가/강우량 예측

2과목 빅데이터 탐색   객관식 : 20문항

21 A와 B의 독립성과 상관계수에 대한 설명으로 옳은 것은?

① A와 B가 독립이면 모집단 상관계수는 0이다.
② A와 B가 독립이면 표본집단 상관계수는 0이다.
③ 모집단 상관계수가 0이면 A와 B는 독립이다.
④ 표본집단 상관계수가 0이면 A와 B는 독립이다.

22 다음과 같은 형태의 그래프에서 통계량에 대해 올바르게 작성된 것은?

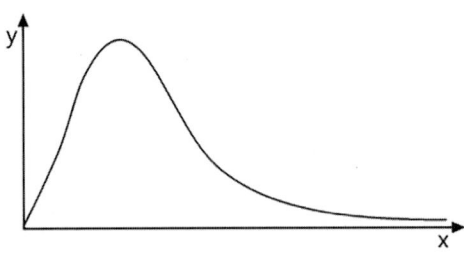

① 왜도 > 0, 최빈값 < 중위수 < 평균값
② 왜도 > 0, 최빈값 > 중위수 > 평균값
③ 왜도 < 0, 최빈값 < 중위수 < 평균값
④ 왜도 < 0, 최빈값 > 중위수 > 평균값

23 다음의 거래 데이터에서 {오렌지, 자몽} → {사과} 연관규칙의 지지도(Support)와 신뢰도(Confidence)를 구하시오. (소수점 첫째자리에서 반올림)

> 전체 거래 수: 6개
> {오렌지, 자몽, 사과} 거래 수: 2개
> {오렌지, 자몽} 거래 수: 3개

① 지지도: 50, 신뢰도: 67
② 지지도: 33, 신뢰도: 67
③ 지지도: 50, 신뢰도: 60
④ 지지도: 33, 신뢰도: 60

24 다음 중 동질성 검정을 위한 표본을 추출하는 방법으로 적합한 것은?

① 단순추출
② 계통추출
③ 층화추출
④ 군집추출

25 다음 분포의 성질에 대한 설명 중 옳은 것을 고르시오.

① 포아송 분포는 평균제곱 = 분산이다.
② 표준정규분포를 만족하는 확률변수의 제곱은 자유도 n인 카이제곱 분포를 따른다.
③ 정규분포의 모수는 세 개이다.
④ 초기하분포는 연관성 없이 추출한다.

26 다음 중 이산확률분포에 해당하지 않는 것은?

① 이항 분포
② 포아송 분포
③ 초기하 분포
④ F 분포

27. 다음 보기는 2-2-1 구조의 인공신경망이다. 이 신경망의 출력값은 얼마인가?
각 노드는 항등함수(activation: f(x) = x)를 사용한다.

입력값 $x_1 = 1$, $x_2 = 2$
가중치 $w_1 = 1$, $w_2 = 2$, $w_3 = 3$, $w_4 = 4$ h_1, h_2의 가중치 $w = 1$

① 17
② 18
③ 19
④ 16

28. 다음은 확률변수 X의 확률분포이다. $(X-1)^2$의 기댓값을 구하시오.

X	0	1	2
P(X)	1/4	1/2	1/4

① 1/2
② 1
③ 3/4
④ 5/4

29. 다음 중 평균절대백분율오차(MAPE)에 대한 정의로 옳은 것은?

① $\Sigma |$ 실측값 - 예측값 $|$을 전체 개수로 나눈 값

② $\sum_{i=1}^{n} \left(\left| 실측값_i - 예측값_i \right|^2 \right) \times 100\%$

③ $\frac{1}{n}\sum_{i=1}^{n} \left| \frac{실측값_i - 예측값_i}{실측값_i} \right| \times 100\%$

④ 전체 제곱 오차의 평균에 루트를 씌운 식

30 표본분산은 다음과 같이 정의된다.

$$S^2 = \frac{1}{n-1}\sum_{i=1}^{n}(X_i - \bar{X})^2$$

이때, 표본분산 S^2의 평균제곱오차(Mean Squared Error, MSE)는 얼마인가?

① $\dfrac{\sigma^4}{n-1}$

② $\dfrac{2\sigma^4}{n-1}$

③ $\dfrac{\sigma^4}{n}$

④ $\dfrac{2\sigma^4}{n}$

31 다음 중 데이터의 노이즈를 처리하는 방법으로 옳지 않은 것은?

① 구간화(Binning)
② 군집화(Clustering)
③ 회귀값 대치(Regression Imputation)
④ 표준화(Standardization)

32 다음 박스플롯에 대한 설명으로 옳지 않은 것은 무엇인가?

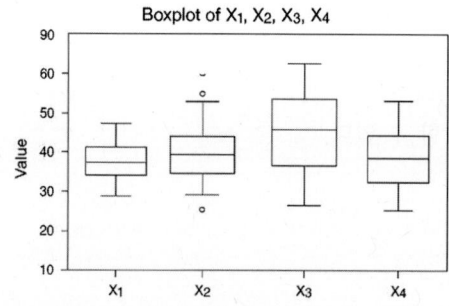

① X_2의 분산은 X_3보다 작다.
② X_1의 중앙값은 X_2의 중앙값보다 작다.
③ X_3의 평균은 X_4의 평균과 가장 가깝다.
④ X_2에 이상값이 있을 수 있다.

33 도시 A의 주민 1,000명 중 100명이 실업자인 경우, 실업률의 95% 신뢰구간에 대해 다음 중 옳지 않은 설명은 무엇인가?

① 95% 신뢰구간보다 90% 신뢰구간이 더 좁다.
② 95% 신뢰구간보다 99% 신뢰구간이 더 넓다.
③ 실업자 수가 100명일 때보다 200명일 때 95% 신뢰구간이 더 좁다.
④ 전체 주민 수가 1,000명일 때보다 2,000명일 때 95% 신뢰구간이 더 좁다.

34 다음 보기에서 주성분 분석(PCA)에 대한 설명으로 옳은 것을 모두 고르시오.

> 가. 주성분은 선형변환을 통해 새로운 변수를 생성한다.
> 나. 생성된 주성분 변수는 서로 독립적이다.
> 다. PCA는 정규성과 등분산성을 사전에 가정한다.
> 라. PCA는 차원 축소 및 차원의 저주 문제에 활용된다.

① 가, 다
② 가, 라
③ 나, 다, 라
④ 가, 나, 라

35 다음 표는 두 집단의 표본분산 비교 결과이다. 이에 대한 설명으로 옳지 않은 것은?

집단	자유도(df)	표본분산(S^2)
A	8	12.5
B	9	10

① 집단 A의 자유도가 8이므로 표본의 수는 9이다.
② 두 집단의 분산 비교를 위해 F-검정을 사용할 수 있다.
③ 결정계수를 이용하면 두 변수 간 설명력을 알 수 있다.
④ p-value가 유의수준보다 작으면 귀무가설을 기각할 수 있다.

36 다음 중 순위는 있으나, 항목 간 간격이 일정하지 않아 평균 계산이 부적절한 척도는?

① 간격 척도
② 비율 척도
③ 서열 척도
④ 명목 척도

37 다음은 단순 지수 평활법(Simple Exponential Smoothing)의 수식이다. 옳은 설명은?

$$\hat{y}_{t+1} = \alpha y_t + (1-\alpha)\hat{y}_t$$

$\hat{y}_{(t+1)}$: t+1 시점의 예측값, y_t : t 시점의 실제 관측값, $\hat{y}_t$: t 시점의 예측값, α : 평활계수($0 < \alpha < 1$)

① 이 방법은 뚜렷한 계절성이 있는 시계열에 주로 사용한다.
② α는 예측값에 적용되는 가중치가 아니라 실제값에 적용되는 상수이다.
③ 이 기법은 최근 시점의 예측값만을 사용하고 이전 정보는 완전히 무시한다.
④ 단순 지수 평활법은 추세가 없는 시계열에 적합한 방법이다.

38 다음 중 첨도(Kurtosis)에 대한 잘못된 설명은?

① 첨도 통계량은 항상 양수이다.
② 첨도의 단위는 평균의 단위와 동일하다.
③ 초과 첨도는 0이 될 수 있다.
④ 첨도는 자료의 중심 모양이 얼마나 뾰족한지 알아보는 통계량이다.

39 다음 중 데이터가 모두 음수인 경우 결과값을 해석하기에 가장 어려운 기술 통계량은 무엇인가?

① 범위(Range)
② 분산(Variance)
③ 변동계수(Coefficient of Variation)
④ 사분위수 범위(IQR)

40 다음 자료(P회사 월별 매출액)의 유형으로 가장 옳은 것은?

월	1월	2월	3월	4월	5월	6월
매출	180	200	250	240	260	280
월	7월	8월	9월	10월	11월	12월
매출	300	290	310	330	340	390

① 시계열 자료
② 준척형 자료
③ 패널 자료
④ 횡단면 자료

3과목 빅데이터 모델링   객관식 : 20문항

41 다음 보기의 예시 상황에 가장 적절하게 대응하는 학습법으로 연결된 것은?

> 가. 영화 리뷰의 긍정/부정 분류
> 나. 안면 인식 프로그램
> 다. 로봇 팔의 동작 제어

① 가. RNN, 나. CNN, 다. 강화학습
② 가. CNN, 나. RNN, 다. 강화학습
③ 가. 강화학습, 나. CNN, 다. RNN
④ 가. CNN, 나. 강화학습, 다. RNN

42 다음 중 다중회귀모형의 다중공선성 검사 방법으로 적절한 것은?

① AIC
② 수정된 결정계수 R^2
③ 쿡의 거리
④ VIF(분산팽창계수)

43 A, B, C 세 공정의 비중과 각 공정에서 오류가 발생할 확률은 다음 보기와 같다고 한다. 오류가 발생하였을 때, 그 오류가 A 공정에서 발생했을 확률은?

- 공정 A : 비중 50%, 오류 확률 1%
- 공정 B : 비중 30%, 오류 확률 2%
- 공정 C : 비중 20%, 오류 확률 3%

① 5/17
② 5/12
③ 6/17
④ 7/12

44 다음 보기와 같은 데이터가 있을 때, 서포트 벡터 머신(SVM)이 찾는 초평면으로 가장 적절한 것은 무엇인가?

- a = (-2, 0), b = (-3, 0), c = (-4, 0)는 레이블 1로 분류
- d = (2, 0), e = (3, 0)는 레이블 -1로 분류

① x = -0.5
② x = 2
③ x = 0
④ y = √x

45 다음 지도학습의 예시 중에서, 입력에 대해 연속적인 출력값을 예측하는 문제에 해당하는 것은?

① 회귀분석
② 랜덤 포레스트
③ KNN 군집분석
④ 주성분분석(PCA)

46 다음 중 데이터의 일부에는 레이블이 있고, 일부에는 레이블이 없는 경우 적용하는 학습 방법은?

① 지도학습
② 비지도학습
③ 준지도학습
④ 강화학습

47 다음 보기에서 시퀀스 투 시퀀스(Seq2Seq) 모델에 관한 설명으로 옳은 것을 고르시오.

> 가. 입력 시퀀스의 길이가 길어져도 자유롭게 처리할 수 있다(길이에 제약이 없다).
> 나. 시퀀스 길이와 상관없이 모델 예측 품질은 항상 동일하다.
> 다. 인코더의 마지막에서 컨텍스트 벡터가 만들어진다.

① 가
② 다
③ 나, 다
④ 가, 나, 다

48 다음 중 의사결정나무(Decision Tree)의 분리 기준이 아닌 것은?

① 지니(Gini) 지수
② 엔트로피(Entropy)
③ 카이제곱(χ^2) 통계량
④ F-통계량

49 서포트 벡터 머신(SVM)에서 (가)는 초평면에 직교하고 (나)는 초평면의 이동(offset)을 결정한다. (가)와 (나)에 들어갈 알맞은 용어는?

① 가. 마진, 나. 편향
② 가. 가중치 벡터, 나. 편향
③ 가. 마진, 나. 커널
④ 가. 가중치 벡터, 나. 커널

50 다음 중 연결법에 대한 설명이 잘못된 것은?

① 단일 연결법 : 두 군집 사이의 거리 중 최소값을 기준으로 계산(Minimum linkage)
② 중심 연결법 : 두 군집의 중심 간 거리로 계산(Centroid linkage)
③ 완전 연결법 : 두 군집 사이의 거리 중 최대값을 기준으로 계산(Complete linkage)
④ 와드 연결법 : 두 군집 사이의 거리를 평균으로 계산(Average linkage)

51 다음 중 네트워크 그래프에서 노드들이 전반적으로 연결된 정도를 나타내는 지표는 무엇인가?

① 포괄성(Inclusiveness)
② 밀도(Density)
③ 전이성(Transitivity)
④ 정도(Degree)

52 다음 중 회귀분석 유의성 검정 방법으로 옳은 설명은?

① 카이제곱 검정 사용, p-값이 α보다 낮으면 귀무가설 채택
② 카이제곱 검정 사용, p-값이 α보다 높으면 귀무가설 채택
③ F-검정 사용, p-값이 α보다 낮으면 귀무가설 기각
④ F-검정 사용, p-값이 α보다 높으면 귀무가설 기각

53 다음 중 경사하강법(Gradient Descent) 기반 최적화 알고리즘으로 보기 어려운 기법은?

① AdaBoost (Adaptive Boosting)
② RMSProp
③ Adagrad
④ Nesterov Momentum

54 다음 보기와 같이 회귀모형 조건이 주어졌을 때 옳지 않은 해석은?

> 모형 : $Y = \alpha + \beta X + \varepsilon$
> SST(총제곱합) = SSR(회귀제곱합) + SSE(오차제곱합)
> SSE 자유도 = 8
> F 통계량 = $\frac{MSR(회귀제곱평균)}{MSE(평균제곱오차)} = \frac{SSR/1}{SSE/(n-2)}$

① 결정계수 R^2은 SSR/SST로 계산할 수 있다.
② 데이터 개수 n은 10이다.
③ 위 조건들로 Y의 분산을 알 수 있다.
④ F 값의 p-값으로 잔차의 등분산성을 확인할 수 있다.

55 군집분석에 대한 설명으로 옳지 않은 것은?

① 레이블이 없는 데이터를 유사한 속성끼리 그룹화하는 비지도 학습 기법이다.
② 계층적 군집분석에서는 한 번 군집이 형성되면 절대로 군집을 이동하지 않는다.
③ k-평균 군집은 k값이 클수록 노이즈에 영향이 적고 경계가 뚜렷해진다.
④ k-평균 군집은 비계층적 군집분석 방법으로, 계층적 군집분석보다 빠르고 k값(군집 수)을 미리 정해야 한다.

56 다음 보기에 해당하는 기계학습 방법은 무엇인가?

> 이것은 이미 학습된 모델의 지식을 새로운 모델 학습에 활용하여 학습 시간을 단축하고 성능을 향상시키는 기법이다.

① 강화학습
② 지도학습
③ 비지도학습
④ 전이학습

57 다음 중 쇼핑몰에서 상품 A를 구매한 고객이 상품 B도 구매할 가능성을 분석하기에 알맞은 기법은?

① 분류 분석
② 회귀 분석
③ 연관 분석
④ 군집 분석

58 데이터를 수집한 결과, 관심있는 예측변수에 클래스 불균형(이분산성) 문제가 발생하였다. 이를 해소하는 방법으로 가장 적절하지 않은 것은?

① 데이터 생성
② 언더샘플링
③ 오버샘플링
④ 군집

59 다음 보기에서 주성분분석(PCA)에 대한 설명으로 알맞은 것을 고르시오.

> 가. 변수들의 공분산 행렬이나 상관행렬을 이용한다.
> 나. 음수를 포함하지 않은 두 행렬의 곱으로 분해하는 알고리즘을 적용한다.
> 다. 행의 수가 열의 수가 같은 정방행렬에서만 사용할 수 있다.

① 가
② 나, 다
③ 가, 다
④ 가, 나, 다

60 다음 중 생성자와 판별자가 경쟁하는 방식으로 데이터를 생성하는 모델은?

① VAE(Variational Autoencoder)
② GAN(Generative Adversarial Network)
③ 오토인코더(Autoencoder)
④ 트랜스포머(Transformer)

4과목 빅데이터 결과 해석

객관식 : 20문항

61 다음 중 데이터 수가 적을 때 유용한 교차검증 방법은 무엇인가?

① 홀드아웃(Hold Out)
② Stratified k-폴드 교차검증
③ k-폴드 교차검증
④ Leave-One-Out 교차검증(LOOCV)

62 ROC 커브에서 x축은 음성오분류율(False Positive Rate)이다. ROC 커브의 y축은 무엇인가?

① 정확도
② 민감도
③ 특이도
④ 정밀도

63 다음 중 신경망에서 과적합을 방지하기 위한 방법으로 가장 적합한 것은?

① 교차검증을 통해 데이터 분포를 확인한다.
② 데이터를 더 추가한다.
③ 피쳐(Feature)의 개수를 추가해서 학습시킨다.
④ 드롭아웃 기법을 적용한다.

64 다음 중 데이터 왜곡이 없는 시각화 방법을 고르시오.

① 파이차트를 3차원으로 회전한 그래프
② 차이가 작은 집단을 비교하기 위해 y축의 시작점을 조정한 막대그래프
③ 남극과 북극 지역의 계절별 온도 변화를 나타낸 극좌표
④ 가을철 과일 수확량을 나타내기 위해 감과 배만 표현하고 다른 과일 수확량은 제외한 그래프

65 시공간 시각화에 대한 설명으로 가장 거리가 먼 것은?

① 등고선 지도(Contour Map)는 대표적인 시공간 시각화 방법이다.
② 시간과 공간 차원을 동시에 표현한다.
③ 개체의 위치가 시간에 따라 어떻게 변화하는지를 표현할 수 있다.
④ 교통 흐름, 기후 변화 등 다양한 분야에서 활용할 수 있다.

66 교차분석에 대한 설명으로 가장 거리가 먼 것은?

① 범주형 변수와 연속형 변수 간의 관계를 분석할 때 사용된다.
② 기대빈도와 관찰빈도를 비교하여 통계적 유의성을 판단할 수 있다.
③ 데이터를 교차표(분할표) 형태로 정리해서 분석한다.
④ 카이제곱 검정이 대표적이다.

67 워드 임베딩(Word Embedding) 기법에 대한 설명으로 옳지 않은 것은?

① 단어를 밀집 벡터로 표현하는 방법이다.
② 두 벡터 사이의 코사인 유사도는 0부터 1사이의 값을 갖는다.
③ Word2Vec, FastText, Glove 등이 대표적인 기법이다.
④ 임베딩 벡터는 실수값을 갖는다.

68 행렬을 이용한 성능 평가 방법으로 옳지 않은 것은?

① 민감도는 실제 양성인 대상 중에서 양성으로 예측한 값의 비율이다.
② 정확도는 전체 예측값 중에서 양성으로 예측한 것의 비율이다.
③ 특이도는 실제 음성인 대상 중에서 음성으로 예측한 값의 비율이다.
④ 정밀도는 양성으로 예측한 대상 중에서 실제 양성인 값의 비율이다.

69 다음 중 데이터가 모두 양수인 경우에만 의미가 있는 통계지표는 무엇인가?

① 변동계수
② 분산
③ IQR
④ 범위

70 앙상블 기법에 대한 설명으로 옳은 것은?

① 랜덤 포레스트는 약한 모형 여러 개를 순차적으로 결합하여 최종모형을 만든다.
② 배깅은 데이터셋에서 중복을 허용하여 여러 개의 샘플을 추출하여 모형을 만든다.
③ 부스팅의 대표적인 알고리즘으로 의사결정나무가 있다.
④ 랜덤 포레스트는 분류 모델에서만 동작한다.

71 자연어 처리에서 텍스트 마이닝 기법에 대한 설명으로 가장 거리가 먼 것은?

① pos tagging : 문장 내 단어들의 품사를 식별하여 태그를 붙여준다.
② stop words removal : 접두사, 조사 등 불용어를 제거한다.
③ tokenization : 문장을 모델이 처리할 수 있는 작은 단위(토큰)으로 분할하는 과정이다.
④ stemming : 문장을 분리하여 나무 모형으로 표현한다.

72 인공신경망에 대한 설명으로 옳은 것은?

① 신경망에서 은닉층이 없고 출력층만 있을 때, 시그모이드 활성화 함수를 이용하는 경우 수학적으로 로지스틱 회귀분석 모형과 동일하다.
② 오차 역전파는 입력층→은닉층→출력층으로 진행하면서 가중치를 수정한다.
③ 오차는 예측값과 실제값의 차이를 계산하는 것으로 가중치 함수를 사용한다.
④ 인공신경망은 선형적 관계 학습에 주로 이용된다.

73 다음 중 두 변수 간의 상관관계를 시각적으로 표현하는데 가장 적절한 도구는 무엇인가?

① 히스토그램
② 산점도
③ 파레토 차트
④ 파이 차트

74 다음 중 실제값(y)과 예측값($\hat{y}$)사이의 MAPE(평균절대백분율오차)를 구하는 식으로 옳은 것은?

① $\frac{1}{n}\sum_{i=1}^{n}|y_i - \hat{y}_i|$

② $\frac{1}{n}\sum_{i=1}^{n}(y_i - \hat{y}_i)^2$

③ $\frac{1}{n}\sum_{i=1}^{n}\left|\frac{y_i-\hat{y}_i}{y_i}\right| \times 100\%$

④ $\sqrt{\frac{\sum_{i=1}^{n}(y_i-\hat{y}_i)^2}{n}}$

75 딥러닝 알고리즘 중 생성자와 판별자가 경쟁하며 학습하는 것으로 이미지 생성, 딥페이크, 데이터 증강 등에 활용되는 기법은?

① 합성곱 신경망
② 순환 신경망
③ 생성적 적대 신경망
④ 오토인코더

76 MDS와 t-SNE에 대한 설명으로 옳지 않은 것은?

① MDS는 최적화 과정에서 글로벌 최적화를 보장하지 않는다.
② t-SNE는 실행할 때마다 결과가 다르게 보일 수 있다.
③ MDS는 2차원 공간에서 데이터 사이의 상대적 거리를 표현한다.
④ t-SNE는 지도학습 방법을 사용하여 각 데이터 사이의 거리를 구한다.

77 활성화 함수에 대한 설명으로 가장 거리가 먼 것은?

① 시그모이드 함수를 미분했을 때 최소가 되는 x값은 0이다.
② 머신러닝에서 사용하는 활성화 함수는 일반적으로 비선형 함수이다.
③ ReLu 함수를 사용하면 기울기 소멸을 예방할 수 있다.
④ 하이퍼볼릭 탄젠트(Tanh) 함수는 -1에서 1 사이의 값을 출력한다.

78 다음 중 다차원 데이터를 시각화하기 위한 기법으로 가장 적당한 것은?

① 주성분 분석 기반 시각화 기법(PCA)
② 산점도(Scatter Plot)
③ 히스토그램(Histogram)
④ 박스플롯(Box Plot)

79 다음 혼동행렬을 보고 잘못된 설명을 고르시오.

		예측값	
		Positive	Negative
실제 값	Positive	True Positive(TP)	False Negative(FN)
	Negative	True Positive(TP)	False Negative(FN)

① 정확도는 (TP+TN)/(TP+TN+FP+FN)이다.
② 정밀도는 TP/(TP+FP)이다.
③ F1-스코어는 정밀도과 재현율의 조화평균이다.
④ 재현율은 TN/(TN+FP)이다.

80 워드 임베딩에 대한 설명으로 옳은 것은?

① TF-IDF는 단어 간 의미 유사도를 측정하기 위해 거리 기반 기법을 사용한다.
② 코사인 유사도는 0이 가장 높은 유사도를 나타내며, 값이 작을수록 유사하다.
③ 워드 임베딩은 단어가 등장하는 주변 문맥 정보를 기반으로 의미를 반영한 벡터를 학습한다.
④ 워드 임베딩은 단어의 의미를 고려하지 않고 단순히 출현 빈도에 따라 벡터를 구성한다.

기출문제 08회 (2024.04.06 시행)

1과목 빅데이터 분석 기획

01 다음 중 빅데이터의 특징 5V에 대한 설명으로 옳은 것은?

① Variety : 데이터의 양이 많다.
② Volume : 데이터가 다양하다.
③ Velocity : 데이터가 실시간으로 변한다.
④ Veracity : 데이터의 가치가 무궁무진하다.

02 다음 중 빅데이터 분석 방법론의 데이터 분석 단계에서 수행하는 작업으로 옳지 않은 것은?

① 평가용 데이터 준비
② 데이터 모델링
③ 데이터 확인 및 추출
④ 모델링 적용 및 운영방안

03 다음 보기에서 설명하고 있는 내용으로 가장 적절한 것은?

> 수집한 데이터를 저장, 처리하고 분석할 수 있도록 포괄적으로 지원한다.

① 빅데이터 마이닝
② 빅데이터 플랫폼
③ 빅데이터 처리기술
④ 빅데이터 탐색기술

04 다음 중 가역 데이터와 불가역 데이터에 대한 설명으로 옳지 않은 것은?

① 가역 데이터는 원본 데이터가 변경되는 경우 변경사항을 반영할 수 있다.
② 불가역 데이터는 생산된 데이터의 원본으로 환원이 불가능한 데이터이다.
③ 가역 데이터는 생산된 데이터의 원본으로 일정 수준 환원이 가능한 데이터이다.
④ 불가역 데이터는 원본 데이터의 내용이 변경되는 경우 변경사항을 반영할 수 있다.

05 다음 중 정량적 데이터와 정성적 데이터에 대한 설명으로 옳지 않은 것은?

① 정량적 데이터는 양적 데이터이다.
② 정성적 데이터는 질적 데이터이다.
③ 정량적 데이터 중 계수 데이터는 범주형 데이터로 변환 가능하다.
④ 정성적 데이터 중 변수 데이터는 연속형 데이터로 변환 가능하다.

06 다음 중 데이터 변환에 대한 예시로 옳지 않은 것은?

① YYYY년 MM월 DD일 → YYYY/MM/DD
② 10~30세는 청년, 40~60세는 중년 등으로 범주화
③ 1, 2, 3학년 값을 batch로 변환하여 데이터 분할
④ 키 수치를 평균 0, 표준편차 1로 표준화

07 다음 중 개인정보보호 관련 법률에 대한 설명으로 옳지 않은 것은?

① 개인정보 파기 시에 사유는 고지할 의무가 없다.
② 익명정보를 생성할 때 당사자의 동의를 구해야 한다.
③ 개인정보보호위원회는 개인정보보호 업무를 독립적으로 처리하기 위한 기관이다.
④ 데이터3법으로 개인정보보호법, 정보통신망 이용촉진 및 정보보호 등에 관한 법률, 신용정보의 이용 및 보호에 관한 법률이 있다.

08 다음 중 보기에서 설명하고 있는 비식별화 기법과 세부기술로 옳은 것은?

> 사용자에 대한 정보를 뒤섞어 정보의 손실 없이 특정 개인에 대한 추측을 할 수 없도록 한다.

① 총계처리 – 재배열
② 데이터 마스킹 – 잡음 추가
③ 가명처리 – 휴리스틱 익명화
④ 데이터 범주화 – 랜덤 라운딩

09 다음 중 비식별화 기법에 대한 설명으로 옳지 않은 것은?

① 데이터 마스킹 수준이 높으면 데이터를 식별, 예측하기 쉬워진다.
② 비식별 조치 방법은 여러 가지 기법을 단독 또는 복합적으로 활용한다.
③ 가명처리를 할 때 값을 대체 시 규칙이 노출되어 역으로 쉽게 식별할 수 없도록 주의해야 한다.
④ 총계처리 시 특정 속성을 지닌 개인으로 구성된 단체의 속성 정보를 공개하는 것은 그 집단에 속한 개인의 정보를 공개하는 것과 같다.

10 다음 중 내부 데이터와 외부 데이터에 대한 설명으로 옳지 않은 것은?

① 외부 데이터는 수집 시 법률이나 제도상 제약이 없는지 검토한다.
② 내부 데이터는 개인정보일 경우 비식별 조치방안을 함께 고려한다.
③ 외부 데이터는 보안을 크게 신경쓰지 않고 자유롭게 사용해도 된다.
④ 내부 데이터는 필요 데이터의 관리 권한이 다른 부서에 있는 경우 협의를 통해 공유 가능 여부를 확인한다.

11 다음 중 데이터 웨어하우스의 특징으로 옳지 않은 것은?

① 통합성(Integration)
② 휘발성(Volatilization)
③ 시계열성(Time-variant)
④ 주제지향성(Subject-orientation)

12 다음 중 분산 저장 방식으로 적절하지 않은 것은?

① GFS
② Ceph
③ HDFS
④ HBase

13 다음 중 Key-Value 데이터베이스에 대한 설명으로 옳지 않은 것은?

① 단순한 데이터 모델에 기반을 두기 때문에 복잡한 쿼리의 수행이 가능하다.
② 단순한 데이터 모델에 기반을 두기 때문에 쿼리의 질의 응답시간이 빠르다.
③ 단순한 데이터 모델에 기반을 두기 때문에 관계형 데이터베이스보다 확장성이 뛰어나다.
④ 데이터를 키(key)와 그에 해당하는 값(value)의 쌍으로 저장하는 데이터 모델에 기반을 둔다.

14 다음 중 Cassandra, MongoDB를 포함하는 반정형, 비정형 데이터 저장소로 옳은 것은?

① DFS
② NoSQL
③ RDBMS
④ In-memory DB

15 다음 중 비정형 데이터(Unstructured Data)로 보기 어려운 것은?

① 음성 데이터
② 메시지 데이터
③ 이미지 데이터
④ 거래(transaction) 데이터

16 다음 중 유의미한 변수를 선정하는 작업을 수행하는 단계로 옳은 것은?

① 분석 기획
② 데이터 준비
③ 데이터 분석
④ 시스템 구현

17 다음 중 하향식 문제 탐색 과정에 대한 설명으로 옳지 않은 것은?

① 문제 탐색은 개인이 생각하는 문제를 간단하게 나열한다.
② 타당성 검토는 경제적, 기술적 타당성을 분석하는 단계이다.
③ 문제 정의는 식별된 비즈니스 문제를 데이터 문제로 변환한다.
④ 해결방안 탐색은 과제 정의 후 어떻게 해결할 것인지 방안을 탐색한다.

18 다음 중 표준화에 대한 설명으로 옳은 것은?

① 두개의 샘플을 하나로 통합하는 작업이다.
② 표준화가 진행된 값은 단위가 존재하지 않는다.
③ 노이즈를 제거하여 추세를 부드럽게 하는 작업이다.
④ 데이터의 일반적인 특성이나 패턴을 추출하는 작업이다.

19 다음 중 텍스트 마이닝에 대한 설명으로 옳지 않은 것은?

① 사용하지 않거나 분석에 필요 없는 불용어를 제거해야 한다.
② Tokening은 예측해야 할 정보를 하나의 특정 기본 단위로 자르는 작업이다.
③ Stemming은 동일한 뜻을 가진 형태가 다른 단어들을 같은 형태로 바꾸는 작업이다.
④ POS tagging은 분류나 군집화 등 빅데이터에 숨겨진 의미 있는 정보를 발견하는데 사용하기도 한다.

20 다음 중 지도학습 모델 선정 시 고려요소로 옳지 않은 것은?

① 데이터
② 분석 목적
③ 자기상관성
④ 변수의 중요도

2과목 빅데이터 탐색   객관식 : 20문항

21 다음과 같이 주성분 분석(PCA) 표가 주어졌을 때 제3주성분은 전체분산을 몇 %까지 설명하는가?

Importance of Components :

Component	PC1	PC2	PC3	PC4
Standard Deviation	1.8159	1.2207	0.67716	0.61622
Proportion of Variance	0.5496	0.2483	0.07642	0.06329

① 87.432%
② 67.716%
③ 7.642%
④ 75.353%

22 다음 중 서열척도 변수들 간의 상관관계를 측정할 때 사용하는 값은?

① 피어슨 상관계수
② 스피어만 상관계수
③ Phi 계수
④ 자기 상관계수

23 점추정에 대한 설명으로 옳은 것을 고르시오.

$$S_1 = \frac{1}{n}\sum(x-\bar{x})^2$$

$$S_2 = \frac{1}{n-1}\sum(x-\bar{x})^2$$

① S_1은 모분산의 불편추정량이다.
② S_2는 일치추정량(consistent estimator)이 아니다.
③ S_2의 bias는 0이다.
④ MSE는 추정량의 분산과 편향의 합으로 이루어져 있다.

24 다음 중 파생변수에 대한 설명으로 옳지 않은 것은?
① 시간 수집 시점에 따른 파생변수를 만들 수 있다.
② 연속형 변수는 구간을 추려서 특정 조건의 파생변수를 만들 수 있다.
③ 독립변수와 종속변수의 교호작용을 이용하여 생성할 수 있다.
④ 좋은 파생변수는 모델의 예측력을 크게 향상시킬 수 있다.

25 오른쪽으로 꼬리가 긴 분포일 경우에 평균, 중앙값, 최빈값의 크기를 바르게 나타낸 것은?

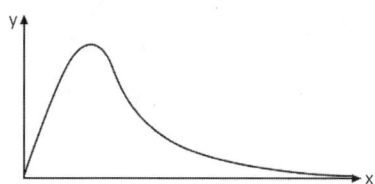

① 중앙값 = 평균값 = 최빈값
② 중앙값 < 평균값 < 최빈값
③ 최빈값 < 중앙값 < 평균값
④ 최빈값 < 평균값 < 중앙값

26 표본의 수가 많을수록 정규분포에 가까워지는 것을 무엇이라고 하는가?
① 중심극한정리
② 주성분 분석
③ 통계적 가설검정
④ 시계열 분석

27 보기에서 주성분 분석(PCA)에 대한 설명으로 옳은 것을 모두 고르시오.

> (가) 변수들은 정규분포 관계가 있다.
> (나) 차원축소는 변수들 간에 관계가 없어도 가능하다.
> (다) 분산이 큰 변수의 방향을 확인한다.

① 가
② 다
③ 가, 다
④ 가, 나, 다

28 A나라와 B나라가 투표 후 투표율에 대한 표본조사를 실시하였다. A나라에서는 100명을 조사하였는데 71명이 투표했다고 응답하였고, B나라는 200명을 조사하였는데 134명이 투표하였다고 응답하였다. A, B나라의 투표할 확률을 각각 P_1, P_2라고 할 때, P_1-P_2의 추정값은?

① 0.71
② 0.67
③ 0.04
④ 0.46

29 어느 시험에서 학생의 점수가 각각 60, 70, 80점일 때 표본분산을 구하시오.

① 66.7
② 70
③ 100
④ 200

30 다음 중 기술통계량이 아닌 것은?

① 평균
② 최빈값
③ 분산
④ 이상값

31 다음 중 데이터가 얼마나 편중되어 있는지 확인할 수 있는 척도를 고르시오.

① 분산
② 표준편차
③ 왜도
④ 첨도

32 다음 ㄱ, ㄴ, ㄷ에 들어갈 단어로 맞는 것을 고르시오.

통계적결정 \ 실제상황	H_0가 참	H_0가 거짓
H_0 채택	ㄱ	ㄴ
H_0 기각	ㄷ	옳은 결정

① ㄱ.옳은 결정, ㄴ.제1종 오류, ㄷ.제2종 오류
② ㄱ.옳은 결정, ㄴ.제2종 오류, ㄷ.제1종 오류
③ ㄱ.틀린 결정, ㄴ.제1종 오류, ㄷ.제2종 오류
④ ㄱ.틀린 결정, ㄴ.제2종 오류, ㄷ.제1종 오류

33 베르누이 시행 10번 중 7번 이상 성공할 확률에 대해 귀무가설(H_0)이 다음과 같을 때, 제2종 오류를 범할 확률을 구하시오.

$$H_0 = \frac{1}{2}, \qquad H_1 = \frac{2}{3}$$

① $\sum_{i=7}^{10} \left(\frac{2}{3}\right)^i \left(\frac{1}{3}\right)^{10-i}$

② $\sum_{i=0}^{6} \left(\frac{2}{3}\right)^i \left(\frac{1}{3}\right)^{10-i}$

③ $\sum_{i=7}^{10} \left(\frac{1}{2}\right)^i$

④ $\sum_{i=0}^{6} \left(\frac{1}{2}\right)^i$

34 모델의 편향과 분산 관계에 대한 설명으로 옳은 것은?
① 모델이 복잡하면 편향이 커지고, 분산이 작아진다.
② 모델이 단순하면 편향이 작아지고, 분산이 커진다.
③ 편향이 낮고 분산도 낮으면 좋은 모델이다.
④ 편향과 분산은 상충관계(trade-off)에 있지 않다.

35 데이터를 정규분포에 가깝게 변환하기 위한 통계적 기법으로 음수데이터에는 불가능하여 양수데이터만 가능한 방법은?
① Min-Max
② Z Score
③ Binning
④ Box-Cox

36 다음 설명 중 옳지 않은 것은?
① n의 개수(표본 크기)와 상관없이 표본의 평균은 모집단의 평균과 같다.
② 표본 통계량의 기대값이 모집단 모수와 같다면 이를 불편추정량이라고 한다.
③ 표본의 수가 커지면 표본의 오차가 줄어들고 결과의 신뢰성이 높아진다.
④ 표본의 수가 늘어나면 표본의 평균을 이용한 신뢰구간의 추정 정확도가 높아진다.

37 다음 중 차원축소를 통해 할 수 없는 것을 고르시오.
① 특징 추출
② 설명력 증가
③ 노이즈 제거
④ 데이터 정제

38 암 발생률과 소득의 상관관계를 다른 변수들을 제외하고 분석하고 싶을 때 사용하는 기법은?
① 군집분석
② 편상관계수
③ F분포
④ 카이제곱

39 다음 중 다변량분산분석(MANOVA)에 대한 설명으로 옳은 것은?

① 독립변수 1개 이상, 종속변수 1개이다.
② 독립변수 여러 개, 종속변수 1개이다.
③ 독립변수 1개 이상, 종속변수 여러 개이다.
④ 독립변수 1개, 종속변수 여러 개이다.

40 다음 중 결측값 대치에 대한 설명으로 옳지 않은 것은?

① 평균으로 대치하는 경우 통계량의 표준오차가 과소추정될 수 있다.
② 단순확률대치법은 확률추출에 의해 전체 데이터 중 무작위 대치하는 방법이다.
③ 최근접대치법은 결측치를 해당 데이터와 가장 유사한 값으로 대치하는 방법이다.
④ 자기회귀로 결측치를 대치하면 상관성이 낮아지고 분산이 커진다.

3과목 빅데이터 모델링   객관식 : 20문항

41 다음 중 다중공선성과 VIF(Variance Inflation Factor)에 대한 설명으로 옳은 것은?

① 다중공선성은 회귀계수의 분산을 감소시킨다.
② 다중회귀에서 독립변수간에 높은 선형회귀가 있으면 다중공선성이 있다고 한다.
③ VIF 분산팽창지수가 5 미만이면 독립변수 간에 상관성이 존재한다.
④ 회귀분석을 적용하기 위해서는 다중공선성을 만족해야 한다.

42 다음 중 샘플링에 사용되지 않는 기법은?

① Metropolis-Hastings Algorithm
② Perfect Sampling
③ EM Algorithm
④ Rejection Sampling

43 다음 빈칸에 공통으로 들어갈 용어로 적절한 것은?

> 시퀀스투시퀀스(seq2seq)에서 인코더를 통해 (   )가 만들어지고 디코더가 (   )를 받아 출력시퀀스가 된다.

① 고유벡터
② 컨텍스트벡터
③ 공벡터
④ 기저벡터

44 다음 중 경사하강법에 대한 설명으로 옳은 것은?

① 확률적 경사하강법은 전체 데이터 중 일부를 랜덤추출하여 사용하는 방법이다.
② 모멘텀은 관성을 이용해 지역최소를 극복하고 전역최소를 찾아가는 방법이다.
③ Adaptive Gradient(AdaGrad)는 이전 기울기에 따라 속도가 달라진다.
④ Adam은 배치 경사하강법과 모멘텀 방식의 장점을 합친 경사하강법이다.

45 매개변수와 초매개변수에 대한 설명으로 옳지 않은 것은?

① 매개변수는 학습하며 갱신된다.
② 매개변수는 경사하강법으로 추정할 수 있다.
③ 초매개변수는 학습이 진행되어도 바뀌지 않는다.
④ 은닉층의 수와 학습률은 초매개변수이다.

46 다음 중 서포트벡터머신(SVM)에 대한 설명으로 옳지 않은 것은?

① 과적합되는 경우가 적다.
② 학습속도가 느리다.
③ 초매개변수의 최적화는 필요 없다.
④ 커널 함수 여러 개가 존재할 수 있다.

47 다음은 어떤 거리에 관한 공식인지 고르시오.

$$D(X, Y) = \left(\sum_{i=1}^{n} |x_i - y_i|^p \right)^{\frac{1}{p}}$$

① 마할라노비스 거리(Mahalanobis Distance)
② 유클리드 거리(Euclidean Distance)
③ 맨해튼 거리(Manhattan Distance)
④ 민코프스키 거리(Minkowski Distance)

48 다음 보기에서 의사결정나무에 대한 설명으로 옳은 것을 모두 고르시오.

> (가) 의사결정나무는 설명력이 명확하다.
> (나) 의사결정나무는 동질성이 커지는 방향으로 분기한다.
> (다) 정규성 가정이 필요하다.
> (라) 교호작용 효과 해석이 어렵다.

① (가), (라)
② (가), (나)
③ (나), (다)
④ (나), (라)

49 부스팅(Boosting)에 대한 설명으로 옳지 않은 것은?

① 여러 개의 약한 학습기를 순차적으로 학습시키고 예측한다.
② GBM은 가중치 업데이트에 경사하강법을 이용한다.
③ XGBoost는 GBM을 개선한 방식이지만 GBM보다 속도가 늦다.
④ LightGBM은 기존 트리 방식과 다르게 leaf중심으로 분기한다.

50 인공신경망에서 마지막 은닉노드가 2개, 출력노드가 1개, 편향이 0.2일 때 출력값을 계산하시오. (은닉노드의 값은 각각 0.2, 0.1이고 가중치는 각각 0.4, 0.5이다)

① 0.33 ② 0.44
③ 0.55 ④ 0.64

51 앙상블 모델에 대한 설명으로 옳지 않은 것은?

① 앙상블 모델은 여러 개의 모델을 조합하여 하나의 최종 결과를 도출한다.
② 대표적인 앙상블 기법들로 배깅, 부스팅, 스태킹이 있다.
③ 앙상블 모델로 분석하는 것은 단일 모델로 분석하는 것보다 항상 좋다.
④ 여러 모델들을 결합하여, 과적합을 방지할 수 있다.

52 동일한 두 개의 공장 중 하나의 공장에 신기술을 적용하여, 신기술이 불량 감소에 효과가 있는지 확인하려 한다. 다음 중 신기술 적용 공정과 기존 공정간의 상대 위험도(RR)과 승산비(OR)로 가장 적절한 것은?

구분	불량 여부		합계
	불량	정상	
신기술 적용 공정	10	490	500
기존 공정	40	460	500
합계	50	950	1,000

① 상대 위험도 : 4,   승산비 : $(0.02 \times 0.98) / (0.08 \times 0.92)$
② 상대 위험도 : 4,   승산비 : $(0.02 \times 0.92) / (0.08 \times 0.98)$
③ 상대 위험도 : 0.25,   승산비 : $(0.02 \times 0.98) / (0.08 \times 0.92)$
④ 상대 위험도 : 0.25,   승산비 : $(0.02 \times 0.92) / (0.08 \times 0.98)$

53 다음 중 나이브 베이즈에 대한 설명으로 옳지 않은 것은?

① 각각이 독립인 것을 가정한다.
② 베이즈 룰을 사용해서 종속변수의 확률을 계산한다.
③ 나이브 베이즈는 사전확률과 사후확률을 토대로 우도를 계산한다.
④ 별도의 학습과정을 거치지 않는다.

54 비모수검정에 대한 설명으로 옳지 않은 것을 고르시오.

① 정규성 가정이 필요하지 않다.
② 이상치에 대한 민감도가 모수검정보다 덜하다.
③ 모수검정보다 검정력이 높다.
④ 직관적으로 이해하기 쉽다.

55 결정계수에 대한 설명으로 옳은 것은?

① 1은 종속변수의 변동이 독립변수에 의해 설명되지 않음을 의미한다.
② 0은 종속변수의 변동이 모두 독립변수에 의해 설명됨을 의미한다.
③ 결정계수 값의 범위는 0~1이다.
④ 회귀모형에 독립변수를 더 많이 추가하면 항상 결정계수 값이 높아진다.

56 다음의 앙상블 기법과 관련된 설명들 중 옳지 않은 것은?

① Voting – 투표를 통해 값을 결정한다.
② Batch – 샘플 집합으로서 주로 배깅에 활용된다.
③ Bagging – 샘플을 여러 번 뽑아 각 모델을 학습시켜 결과물을 집계한다.
④ Stacking – 동일한 샘플로 다양한 유형의 모델을 학습한다.

57 과적합 방지 규제항 적용 시 가중치 제곱합을 최소화하는 제약을 주는 기법은?

① Lasso
② Ridge
③ Elastic Net
④ Logistic Regression

58 다음 중 과적합 방지 방안으로 옳지 않은 것은?

① 가중치 규제
② 드롭아웃
③ 배치 정규화
④ 매개변수 증가

59 선형 회귀와 로지스틱 회귀에 대한 설명으로 옳지 않은 것은?

① 종속변수가 범주형인 경우 로지스틱 회귀를 사용한다.
② 선형, 로지스틱 회귀 모두 잔차 정규성을 가정한다.
③ 선형회귀 계수를 최소제곱량(LSE)으로 추정하면 불편추정량의 특성을 가진다.
④ 선형, 로지스틱 회귀 모두 MLE로 계수추정이 가능하다.

60 모델의 배치에 관한 설명으로 옳지 않은 것은?

① 배치 크기가 작으면 훈련속도가 빨라진다.
② 배치 크기는 훈련속도에 영향을 주지만 성능에 영향이 없다.
③ 배치 크기가 너무 크면 메모리 문제가 발생한다.
④ 배치 크기가 너무 작으면 노이즈가 생기며 모델의 학습에 악영향을 준다.

4과목 빅데이터 결과 해석

객관식 : 20문항

61 불균형 데이터에 대한 설명으로 옳지 않은 것은?

① 데이터 불균형이 있는 경우 최적화된 모델의 학습이 어려울 수 있다.
② 불균형 데이터 집합에서는 정확도보다는 정밀도를 평가지표로 설정해야 한다.
③ 학습 시 클래스의 개수보다는 클래스 간의 샘플 수 차이에 영향을 받는다.
④ 소수의 클래스는 언더샘플링을 적용해 해결한다.

62 결측값을 대치하는 방법 중 회귀대치법에 대한 설명으로 맞지 않는 것은?

① 대체할 결측값을 예측하기 위해 회귀분석을 사용한다.
② 데이터의 구조와 패턴을 반영하여 결측값을 대체할 수 있다.
③ 독립변수와 종속변수 간의 관계가 약할 경우에도 적용이 가능하다.
④ 결측값이 없는 다른 변수를 이용하여 결측값이 있는 변수를 예측한다.

63 시계열 자료에서 예측 정확도를 측정하는 지표에 대한 설명으로 적절하지 않은 것은?

d_t : 시간 t에서의 실제값 $\hat{d}_t$: 시간 t에서의 예측값
$e_t : d_t - \hat{d}_t$ n : 시계열 자료의 개수

① $MAE = \frac{1}{n}\sum_{t=1}^{n}|e_t|$ 로 표현되고, 실제값과 예측값 차이의 절대값을 평균한 것이다.
② $MSE = \frac{1}{n}\sum_{t=1}^{n}e_t^2$ 로 표현되고, 실제값과 예측값 차이의 제곱합을 평균한 것이다.
③ $MAPE = \frac{1}{n}\sum_{t=1}^{n}\left|\frac{d_t}{\hat{d}_t}\right|$ 로 표현되고, 실제값과 예측값 비의 절대치를 평균한 것이다.
④ $MPE = \frac{100\%}{n}\sum_{t=1}^{n}\frac{e_t}{d_t}$ 로 표현되고, 상대적 예측 오차를 계산하는데 사용된다.

64 ROC 곡선에 대한 설명으로 옳지 않은 것은?

① FPR 값에 따른 TPR 값의 그래프이다.
② FPR이 작아도 TPR이 클 수 있다.
③ 무작위의 경우 TPR과 FPR은 같은 곳으로 수렴한다.
④ AUC 값이 작을수록 좋은 모델이다.

65 척도와 예시가 맞지 않게 연결된 것은?

① 비율 척도 – 나이
② 명목 척도 – 성별
③ 서열 척도 – 매출액
④ 등간 척도 – 온도

66 실제 Positive인 대상 중에서 Positive로 정확히 예측한 확률을 뜻하는 것은?

① 재현율(Recall)
② 정확도(Accuracy)
③ 정밀도(Precision)
④ 특이도(Specificity)

67 주어진 혼동행렬을 활용하여 평가지표를 계산한 결과로 적절하지 않은 것은?

		예측 결과	
		Positive	Negative
실제 값	Positive	48	12
	Negative	2	38

① 정확도 0.86
② 민감도 0.75
③ 특이도 0.95
④ 정밀도 0.96

68 아래 빈칸에 들어갈 내용으로 잘못된 것은?

요인	제곱합	자유도	평균제곱	F 값
회귀	18.667	2	(3)	(4)
잔차	2.78	(2)	0.31	
합계	(1)	11		

① (1) - 21.447
② (2) - 9
③ (3) - 6.222
④ (4) - 30.11

69 바이너리(binary) 변수에 대한 설명으로 맞지 않는 것은?

① 두 가지 값만 가질 수 있는 변수이다.
② 성별(남,여), 출석상태(출석,미출석) 등이 바이너리 변수이다.
③ 로지스틱 회귀와 같은 분류 모델에서 사용된다.
④ 원-핫 인코딩은 연속형 데이터를 이진 형식으로 변환한다.

70 k-fold 교차검증에 대한 설명으로 옳지 않은 것은?

① k-1개 데이터셋은 학습용으로 사용하고, 1개 데이터셋은 검증용으로 사용한다.
② 폴드(fold)의 크기가 작을수록 모델의 성능이 떨어진다.
③ 학습과 검증을 k번 반복해서 수행한다.
④ k개로 나누어진 데이터셋은 각각 한 번씩만 검증용으로 사용된다.

71 (가)와 (나)를 표현하기에 적합한 인포그래픽으로 가장 잘 연결된 것은?

(가) 지역별 코로나 발생률
(나) 코로나 발병 이후부터 월별 코로나 발생률

① (가) 지도 인포그래픽, (나) 타임라인 인포그래픽
② (가) 목록 인포그래픽, (나) 타임라인 인포그래픽
③ (가) 지도 인포그래픽, (나) 프로세스 인포그래픽
④ (가) 비교 인포그래픽, (나) 통계 인포그래픽

72 다음 그래프는 1998년부터 2020년까지의 출생자수와 주택매매가의 변동률을 보여준다. 그래프에 대한 해석으로 잘못된 것은?

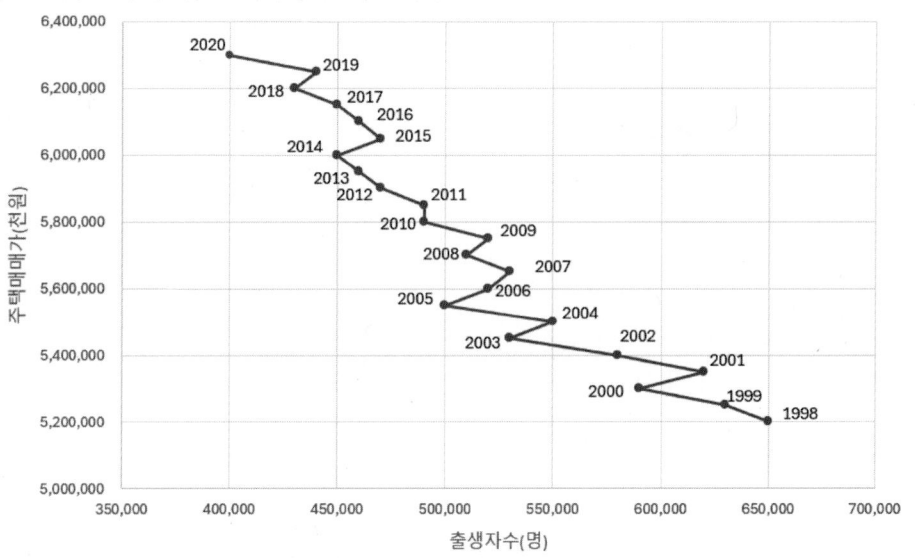

① 2000년 출생자는 600,000명을 초과했다.
② 2003년 주택매매가는 2004년보다 낮다.
③ 주택매매가는 매년 상승하고 있다.
④ 출생자수와 주택매매가는 음의 상관관계가 있다.

73 다음 중 교차검증에 대한 설명으로 옳지 않은 것은?

① 시계열 데이터에서 학습데이터와 검증데이터는 같은 시간대에 있어야 한다.
② 학습 데이터에서의 평균제곱오차 값은 대개 검증 데이터에서의 평균제곱오차 값보다 작다.
③ k-폴드 교차검증은 k번의 학습과 검증을 진행한다.
④ 교차검증은 모델의 훈련시간이 증가한다.

74 다음은 OECD 국가 중 유럽과 그 외 국가의 GDP에 대한 박스 플롯이다. 해석으로 옳지 않은 것을 고르시오.

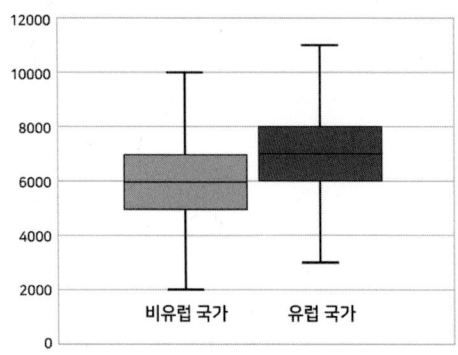

① 유럽 국가 GDP의 중앙값은 비유럽 국가 GDP의 중앙값보다 크다.
② 유럽 국가 GDP의 평균이 비유럽 국가 GDP의 평균보다 신뢰구간 95%에서 유의하게 높다.
③ 비유럽 국가 중에서 GDP가 가장 높은 국가의 GDP는 10000이다.
④ 유럽 국가의 IQR은 2000이다.

75 국회의원 선거에서 지역 면적이 아니라 지역구에 당선된 국회의원 수에 따라 시각화 할 때 적합한 시각화 도구는?

① 카토그램
② 단계구분도
③ 픽토그램
④ 하이퍼볼릭 트리

76 모자이크 플롯에 대한 설명으로 맞지 않은 것은?

① 변수에 속한 값의 분포를 시각적으로 표현한다.
② 두 개 이상의 범주형 데이터의 상관관계를 나타낸다.
③ 열의 너비는 가로 축에 표시된 관측치 수에 비례한다.
④ 히스토그램 안에 히스토그램이 있는 형식이다.

77 다음 중 기초통계량과 그래프로 확인할 수 없는 것을 고르시오.

① 결측치
② 이상치
③ 통계적 유의성
④ 데이터 분포

78 데이터 시각화의 순서로 옳은 것은?

① 데이터 획득 → 데이터 구조화 → 데이터 마이닝 → 시각화모델 선택 → 시각화 표현
② 데이터 획득 → 데이터 구조화 → 시각화모델 선택 → 시각화 표현 → 데이터 마이닝
③ 데이터 구조화 → 데이터 획득 → 시각화모델 선택 → 데이터 마이닝 → 시각화 표현
④ 데이터 구조화 → 데이터 획득 → 데이터 마이닝 → 시각화모델 선택 → 시각화 표현

79 지역별 매출과 수익을 시각화 하기에 가장 적절한 방법으로 짝지어진 것은?

① 매출: 버블차트, 수익: 코로플레스맵
② 매출: 코로플레스맵, 수익: 버블차트
③ 매출: 카토그램, 수익: 버블차트
④ 매출: 등치선도, 수익: 카토그램

80 분석 결과 활용 계획에 대한 설명으로 옳지 않은 것은?

① 내·외부 교육 훈련 방안도 포함한다.
② 분석 결과 활용 계획은 분석 모형 리모델링 후 수립한다.
③ 분석 결과 활용 효과 측정을 위한 성과지표도 마련되어야 한다.
④ 분석 결과에 대한 지속적인 모니터링이 필요하다.

기출문제 07회 (2023.09.23 시행)

1과목 빅데이터 분석 기획

01 다음 중 하둡분산파일시스템(Hadoop Distributed File System, HDFS)에 대한 설명으로 옳은 것은?

① 블록당 저장 가능한 크기는 10MB 이하이다.
② 다양한 데이터를 동일한 공간에 저장할 수 있다.
③ 네임노드가 손상되면 정상적으로 작동하지 못한다.
④ 범용 장비의 사용이 적합하지 않으며, 주로 고성능 컴퓨터를 사용한다.

02 다음 중 CRISP-DM 분석 방법론의 분석절차로 옳은 것은?

① 업무 이해 - 데이터 준비 - 데이터 이해 - 모델링 - 평가 - 전개
② 업무 이해 - 데이터 이해 - 데이터 준비 - 모델링 - 평가 - 전개
③ 데이터 이해 - 업무 이해 - 전개 - 데이터 준비 - 모델링 - 평가
④ 데이터 준비 - 데이터 이해 - 업무 이해 - 모델링 - 평가 - 전개

03 다음 중 정형 데이터의 품질검증방법으로 옳지 않은 것은?

① 업무규칙은 진단 비즈니스 특성만 알 수 있고, 데이터 오류는 검증할 수 없다.
② 진단 결과 분석을 통해 오류 원인을 분석하고, 업무 영향도를 분석하여 개선 과제를 정의할 수 있다.
③ 품질 진단 실시는 진단 대상에 대한 상세한 수준의 품질 진단 계획을 수립 후 품질 진단 영역별 진단을 실시한다.
④ 진단 대상 정의는 품질 이슈에 대한 수요와 현황을 조사하여 품질 진단 대상 데이터를 선정한 후 진단 방향성을 정의한다.

04 다음 중 비정형 데이터가 아닌 것은?

① 텍스트 데이터
② 오디오 데이터
③ 동영상 데이터
④ 판매가격 데이터

05 다음 중 빅데이터 분석기획 단계에서 수행하는 업무로 옳지 않은 것은?

① 데이터 준비
② 프로젝트 위험계획 수립
③ 프로젝트 정의 및 계획 수립
④ 비즈니스 이해 및 범위 설정

06 다음 중 빅데이터 분석 방법론의 데이터 분석 단계에서 수행하는 업무로 옳지 않은 것은?

① 모델 평가 및 검증
② 모델 발전계획 수립
③ 분석용 데이터 준비
④ 탐색적 분석과 모델링

07 다음 중 분석기획에서 우선순위 고려요소로 옳지 않은 것은?

① ROI
② 실행 용이성
③ 전략적 중요도
④ 분석 데이터 적용 수준

08 다음 중 기업 분석 수준 진단 항목으로 옳지 않은 것은?

① 분석 데이터
② 분석 인프라
③ 분석 조직의 규모
④ 분석 업무와 문화

09 다음 중 데이터 관련 3법으로 옳지 않은 것은?

① 개인정보보호법
② 신용정보의 이용 및 보호에 관한 법률
③ 공공데이터 제공 및 이용 활성화에 관한 법률
④ 정보통신망 이용촉진 및 정보보호 등에 관한 법률

10 다음 중 데이터의 누락 여부를 검증하는 데이터 품질 요소로 옳은 것은?

① 완전성
② 정확성
③ 일관성
④ 유효성

11 다음 중 데이터 사이언티스트가 갖추어야 할 소프트 스킬로 옳은 것은?

① 전문적인 지식
② 통찰력 있는 분석
③ 분석 기술에 대한 숙련
④ 빅데이터에 대한 이론적 지식

12 빅데이터의 특징 3V에 대한 설명으로 옳은 것은?

① 속도, 크기, 가치
② 크기, 다양성, 가치
③ 속도, 다양성, 가치
④ 크기, 속도, 다양성

13 다음 중 데이터 사이언티스트의 역할로 옳지 않은 것은?

① 분석 모델 선정 시 분석 모델에 대한 한계점은 배제하고 진행한다.
② 변환된 비즈니스 문제를 기술적 역량을 바탕으로 체계적으로 분석한다.
③ 비즈니스 문제를 새롭게 정의하고 이를 해결할 수 있는 문제로 변환한다.
④ 기술적 역량을 활용하여 문제 해결을 위한 데이터 수집 및 가공을 진행한다.

14 다음 중 데이터가 처리되는 과정에서 변경되거나 손상되지 않고, 유지함을 보장하는 특성으로 옳은 것은?

① 데이터 정확성
② 데이터 일관성
③ 데이터 무결성
④ 데이터 완전성

15 다음 중 데이터의 일부 또는 전부를 삭제하거나 노이즈를 추가하는 비식별화 기법으로 옳은 것은?

① 총계처리
② 가명처리
③ 데이터 범주화
④ 데이터 마스킹

16 다음과 같은 특성을 갖고 있는 반정형 데이터의 종류로 옳지 않은 것은?

> 데이터가 행과 열의 테이블 형태로 구조화되어 있지 않지만 스키마 및 메타데이터의 특성을 가고 있다.

① XML
② RDB
③ JSON
④ HTML

17 다음 중 수치적인 개인정보를 임의적으로 올림 또는 내림하는 개인정보 비식별화 기법은?

① 데이터 삭제
② 데이터 범주화
③ 데이터 암호화
④ 데이터 마스킹

18 다음 중 빅데이터 플랫폼에 대한 설명으로 옳지 않은 것은?

① 인프라스트럭처 계층은 데이터 처리, 분석, 수집 및 정제를 수행한다.
② 소프트웨어 계층, 플랫폼 계층, 인프라스트럭처 계층으로 구성되어 있다.
③ 소프트웨어 계층은 데이터 처리 및 분석과 이를 위한 데이터 수집, 정제를 한다.
④ 플랫폼 계층은 작업 스케줄링이나 데이터 및 자원 할당과 관리, 프로파일링 등을 수행한다.

19 다음 중 오토샤딩(Auto-Sharding)을 사용하며, 처리속도가 빠른 NoSQL DB의 종류로 옳은 것은?

① Redis
② CouchDB
③ MongoDB
④ DynamoDB

20 다음 중 데이터 분석가의 특징으로 옳지 않은 것은?

① 데이터를 다루는 다양한 도구와 기법을 익혀야 한다.
② 데이터 분석결과를 효과적으로 전달할 수 있어야 한다.
③ 데이터 수집 및 분석하여 통찰력을 얻을 수 있어야 한다.
④ 데이터 분석의 객관성을 위해 배경지식을 배제해야 한다.

2과목 빅데이터 탐색

객관식 : 20문항

21 중심 경향치를 나타내는 통계량으로 적합하지 않은 것은?

① 중앙값
② 최빈값
③ 기하평균
④ 표준편차

22 데이터의 분포가 오른쪽 또는 왼쪽으로 치우쳤는지 알 수 있는 것은?

① 첨도
② 왜도
③ 분산
④ 최빈값

23 다음 중 데이터 전처리에 대한 설명으로 거리가 먼 것은?

① 레거시 시스템에서만 전처리 작업을 진행해야 한다.
② 다른 측정값과 현저한 차이가 나는 값도 처리해야 한다.
③ 결측치의 대체는 임의로 하면 분석 결과의 신뢰성 저하가 발생한다.
④ 정규화를 통해서 이상치 영향 완화가 가능하다.

24 다음 중 파생변수를 생성하는 방법으로 적합하지 않은 것은?

① 칼럼명을 변경한다.
② 칼럼 데이터에 특정 값을 더한다.
③ 칼럼 데이터를 특정 값으로 나눈다.
④ 1대1 관계를 이용하여 데이터를 결합한다.

25 명목형 데이터를 시각화 할 때 사용할 수 있는 그래프가 아닌 것은?

① 히스토그램(Histogram)
② 파레토차트(Pareto Chart)
③ 트리맵(Tree Map)
④ 파이차트(Pie Chart)

26 다음 중 이산형 확률변수의 확률분포로 알맞은 것은?

① 이항분포
② 지수분포
③ F 분포
④ 정규분포

27 최빈값에 대한 설명으로 옳지 않은 것은?

① 이상치에 많은 영향을 받지 않는다.
② 연속형 자료의 대표값으로 적절하다.
③ 기초 통계량 중 하나이다.
④ 중심화 경향을 나타내는 대표적인 통계량이다.

28 다음 중 혈액형(A, B, AB, O) 데이터에서 결측치를 대체하는 가장 적합한 방법은?

① 최빈값
② 기하평균
③ 중앙값
④ 산술평균

29 다음 중 비모수 검정 방법은?

① 윌콕슨부호순위 검정
② F-검정
③ t-검정
④ Z-검정

30 다음 중 일변량 분석에서 이상치를 판단하는 방법으로 적절한 것은?

① 산포도 추세패턴에 포함된 데이터를 이상치로 판단한다.
② 상자 그림을 벗어난 영역을 이상치로 판별할 수 있다.
③ 데이터 차원이 작으므로 기술통계량을 고려하지 않아도 된다.
④ 데이터의 이해가 쉬우므로 도메인 지식이 필요없다.

31 데이터 정제 방법으로 옳은 것은?

① 구분자가 포함되어 있는 경우를 생각하여 처리한다.
② 소규모 데이터의 경우 이상치 데이터가 있으면 제거하여 처리한다.
③ 결측치가 발견되는 경우 임의제거 방식을 사용한다.
④ 일변량 데이터의 정제는 이상치와 결측치에 대한 처리만 하면 된다.

32 다음 그림에 해당하는 인코딩 방식은 무엇인가?

Id	color
1	red
2	blue
3	yellow

↓

id	color_red	color_blue	color_yellow
1	1	0	0
2	0	1	0
3	0	0	1

① count encoding
② label encoding
③ one-hot encoding
④ target encoding

33 다음 중 시공간 데이터에 대한 설명으로 옳지 않은 것은?

① 공간 데이터에 시간의 흐름을 결합한 데이터이다.
② 시간 데이터와 공간 데이터를 각각 추출할 수 있다.
③ 공간 데이터는 다차원 구조이다.
④ 공간 데이터에서 시간 데이터를 계산하여 추출할 수 있다.

34 다음 중 중심극한정리에 대한 설명으로 옳지 않은 것은?

① 중심극한정리는 이산형 변수에 적용이 안되고 연속형 변수에 적용 가능하다.
② 큰 표본을 사용할 경우 정규분포를 가정한 통계적 분석을 적용할 수 있다.
③ 독립적이고 동일하게 분포된 랜덤 변수의 합이나 평균이 충분히 큰 표본 크기 n에 대해 정규분포로 근사가 가능하다.
④ 10번 시행의 평균값 분포와 1000번 시행의 평균값 분포를 비교하면 1000번 시행의 분포가 정규분포에 가깝다.

35 다음 중 가설검정에 대한 내용으로 잘못된 것은?

① 귀무가설 한 개와 대립가설 한 개만 존재한다.
② "집단의 평균키는 175cm이다"를 귀무가설이라고 하면 단측검증 기준 대립가설은 "집단의 평균키가 175cm 보다 작다"로 설정할 수 있다.
③ 유의수준은 귀무가설을 기각할 기준을 설정하는 값이다.
④ 제1종 오류(Type I error)는 가설검정에서 실제로는 참인 귀무가설을 잘못 기각하는 오류를 말한다.

36 변수 선택에 대한 설명으로 옳지 않은 것은?

① 분산에 따른 변수 선택에서 분산이 낮은 것을 제거한다.
② 전진 선택법은 영모형에서 시작해 중요한 변수를 하나씩 추가하는 변수 선택이다.
③ 주성분 분석은 데이터의 특성을 잘 나타내는 특징성을 찾아내는 것이다.
④ 차원의 저주는 학습 데이터의 수가 차원의 수보다 커서 분석 성능이 저하되는 현상이다.

37 SVD(Singular Value Decomposition)에 대한 설명으로 옳지 않은 것은?

① 데이터 공간을 표시하는 행렬을 직교행렬 2개와 대각행렬 1개로 분해할 수 있다.
② m×m의 정방행렬에만 적용할 수 있다.
③ 몇 개의 특이값을 가지고도 충분히 유용한 정보를 유지할 수 있게 된다.
④ SVD를 통한 데이터 분석의 장점 중 하나는 차원축소에 있다.

38 표준편차가 10, 평균이 60인 정규분포를 따르는 모집단이 있다. 값 70에 대한 z-score는 얼마인가?

① −1 ② 0
③ 1   ④ 2

39 다음과 같은 X1~X3의 공분산 행렬을 보고 옳지 않은 설명을 고르시오.

	X1	X2	X3
X1	4	-0.7	1
X2	-0.7	0.3	0.02
X3	1	0.02	0.6

① X1과 X3 상관관계는 1이다.
② X1과 X2는 음의 상관관계를 가짐을 알 수 있다.
③ X2의 분산은 0.3이다.
④ X1의 표준편차는 2이다.

40 R로 데이터 분석한 결과가 아래와 같을 때 잘못된 해석은?

```
Min. : 1.00          1st Qu. : 2.00
Median : 3.00        Mean : 3.47
3rd Qu. : 4.00       Max. : 6.00
NA's : 2
```

① 위 분포는 오른쪽으로 꼬리가 긴 분포이다.
② Max 값보다 큰 이상치가 존재한다.
③ 결측치는 2개이다.
④ IQR은 2이다.

3과목 빅데이터 모델링

객관식 : 20문항

41 다음 중 언어 모델로 보기 어려운 것은?

① GPT(Generative Pre-trained Transformer)
② BERT(Bidirectional Encoder Representations from Transformer)
③ BART(Bidirectional and Auto-Regressive Transformers)
④ YOLO(You Only Look Once)

42 자연어 처리를 위한 Transformer의 요소와 거리가 먼 것은?

① forget gate
② self attention
③ multi head attention
④ positional encoding

43 분석 모형 설계 절차로 가장 적절한 것은?

① 분석 목적 정의 → 모형 개발 → 분석 알고리즘 설계 → 검증 및 테스트
② 분석 목적 정의 → 분석 알고리즘 설계 → 모형 개발 → 검증 및 테스트
③ 분석 알고리즘 설계 → 분석 목적 정의 → 모형 개발 → 검증 및 테스트
④ 모형 개발 → 분석 알고리즘 설계 → 분석 목적 정의 → 검증 및 테스트

44 다음 중 가설검정에 대한 설명으로 옳지 않은 것은?

① 유의성 검정이라고도 한다.
② 귀무가설과 대립가설을 수립한다.
③ 양측 검정은 기각역이 양측에 나뉘어져 있다.
④ 귀무가설은 증명하고 싶은 가설이다.

45 다음의 수식이 설명하는 것은?

$$J(\theta) = MSE(\theta) + \alpha \sum_{i=1}^{n} |\theta_i|$$

① 릿지(Ridge)
② 라쏘(Lasso)
③ 엘라스틱넷(Elastic Net)
④ 로지스틱 회귀(Logistic Regression)

46 병렬화에 알맞은 모델 배합으로 적절한 것은?

① 배깅(Bagging) - 아다부스트(AdaBoost)
② 배깅(Boosting) - 랜덤포레스트(Random Forest)
③ 부스팅(Boosting) - 아다부스트(AdaBoost)
④ 부스팅(Boosting) - 랜덤포레스트(Random Forest)

47 다음 중 분류 모델을 적용할 수 있는 가장 적합한 경우는?

① 고등학교 내신점수로 수능점수 예측
② 제과점에서 날씨, 요일, 공휴일, 계절별 판매 분석으로 판매량을 예측
③ 배우, 감독, 배급사, 투자비 정보로 이익 예측
④ 카드사에서 가입정보로 신용등급 예측

48 어느 도시내 인구 중 여성의 비중은 40%이다. 여성 중에서 키가 180cm 이상은 2.5%, 남성 중에 키가 180cm 이상인 사람은 15%인 경우, 도시에서 한 명을 선택했을 때 여성이며 키가 180cm 이상일 확률은?

① 0.08 ② 0.1
③ 0.15 ④ 0.24

49 다음 중 사전에 군집 개수를 설정하지 않아도 되는 것은?

① 가우시안 혼합행렬
② 스펙트럼 군집분석
③ 계층적 군집분석
④ k-평균 군집분석

50 다음 중 잘못 분류된 데이터에 가중치를 부여하는 앙상블 기법은?

① 배깅(Bagging)
② 부스팅(Boosting)
③ 보팅(Voting)
④ 가지치기(Pruning)

51 인공신경망에서 다음과 같은 조건이 주어졌을 때 출력값은?

- 마지막 은닉층의 첫번째 노드 : 0.1
- 마지막 은닉층의 두번째 노드 : -0.1
- 출력층의 bias : -0.1
- 첫번째 노드의 가중치 : 0.2
- 두번째 노드의 가중치 : 0.1
- 출력함수 $f(x) = \begin{cases} x & (x \geq 0) \\ 0 & otherwise \end{cases}$

① 1 ② -1
③ 0.09 ④ 0

52 다음 중 보기의 설명에 들어가는 단어로 적절한 것은?

> 역전파 알고리즘은 출력부터 반대방향으로 순차적으로 (ㄱ)하면서 (ㄴ)을 증가시키는 방법이다.

① ㄱ.편미분, ㄴ.학습률
② ㄱ.정적분, ㄴ.가중치
③ ㄱ.내적, ㄴ.가중치
④ ㄱ.편미분, ㄴ.내적

53 다음 빈칸에 들어갈 알맞은 단어를 고르시오.

> (ㄱ)는 입력시퀀스를 단일벡터로 바꾸고, (ㄴ)는 단일벡터를 출력시퀀스로 바꾼다.

① ㄱ.인코더, ㄴ.디코더
② ㄱ.디코더, ㄴ.인코더
③ ㄱ.제네레이터, ㄴ.디제네레이터
④ ㄱ.디제네레이터, ㄴ.제네레이터

54 다음 중 k-폴드 교차검증에 대한 설명으로 옳지 않은 것은?

① k-폴드는 k개의 폴드를 학습데이터로 이용한다.
② 2번 나눈 k-폴드보다 k를 10으로 하면 더욱 신뢰할 수 있다.
③ k-폴드는 전체 데이터셋을 k개의 폴드로 나눈다.
④ k-폴드 교차 검증은 홀드아웃보다 학습 속도가 느리다.

55 다음의 데이터로 연관분석을 할 때 (사과→우유)의 향상도를 계산하시오.

> 1: (사과, 달걀, 우유)
> 2: (사과, 달걀, 우유)
> 3: (사과, 달걀)
> 4: (우유, 음료수, 커피)
> 5: (우유, 음료수, 커피, 사과)

① 0.7542   ② 1.125
③ 0.9375   ④ 1.752

56 확률변수 X의 분포가 정규분포일 때 크기가 n인 표본분산의 분포는?

① 항상 정규분포이다.
② 표본수에 따라 정규분포 또는 t 분포를 따른다.
③ 자유도 n-1의 카이제곱분포를 따른다.
④ 표본평균의 분포와 동일하다.

57 종속변수가 없을 때 사용하는 모델 유형으로 적절한 것은?

① k-평균 군집
② 의사결정나무
③ k-최근접 이웃
④ 나이브 베이즈 분류기

58 학습 데이터와 테스트 데이터에 대한 설명으로 적절하지 않은 것은?

① 테스트 데이터를 학습에 사용해 모델의 성능을 높인다.
② 학습 데이터와 테스트 데이터는 전체 데이터의 개수에 따라 나눈다.
③ 학습이 잘되었을 때 테스트 데이터와 학습 데이터의 성능 차이가 작으면 모델이 적합하다고 할 수 있다.
④ 모델을 구축할 때 학습 데이터를 사용한다.

59 다음 중 회귀분석의 잔차에 대한 설명으로 옳지 않은 것은?

① 잔차들의 평균은 0이다.
② 잔차들의 분산은 모두 같다고 가정한다.
③ 잔차의 자유도는 항상 표본의 크기 N − 1값이다.
④ 잔차의 제곱합은 작을 수록 좋다.

60 다음 중 소셜네트워크 분석할 때 가장 적합하지 않은 것은?

① 텍스트 마이닝
② 네트워크 분석
③ 워드클라우드 분석
④ 맵리듀스

4과목 빅데이터 결과 해석

객관식 : 20문항

61 다음 중 시간시각화에 대한 설명으로 잘못된 것은?

① 점 그래프에서 점의 분포와 배치로는 데이터의 흐름을 파악하기 힘들다.
② 주로 시계열 데이터(시간에 따라 측정된 데이터)를 다루는데 사용된다.
③ 시간시각화 기법으로는 선그래프, 막대그래프 등이 있다.
④ 시간시각화의 예로는 주식 가격 차트, 기상 예보, 교통 데이터 분석 등이 있다.

62 초매개변수(hyperparameter)에 대한 설명으로 잘못된 것은?

① 초매개변수 선택은 모델 선택 전 데이터 집합 수준에서 결정 가능하다.
② 사용자가 직접 수정할 수 있다.
③ 모델의 성능은 미리 정의된 손실함수에 의해 결정된다.
④ 적절한 튜닝으로 최적화된 하이퍼파라미터를 도출할 수 있다.

63 K-평균 군집분석에서 최적의 K값을 결정하는 방법으로 가장 적합한 것은?

① 엘보우(Elbow) 기법
② ROC 곡선
③ 혼동행렬(Confusion Matrix)
④ 특이도(Specificity)

64 적합도 검정에 대한 설명으로 잘못된 것은?

① 귀무가설이 기각되더라도 기대도수 합과 전체도수의 합은 동일하다.
② t-검정, F-검정, 카이제곱 검정이 대표적이다.
③ 기대도수, 실제도수 차이가 커지면 카이제곱 통계량이 커진다.
④ 범주형 데이터의 분포가 기대되는 분포와 일치하는지 검증하는 방법이다.

65 다음 중 명목형 데이터 요약 시 사용하는 그래프로 거리가 먼 것은?

① 막대그래프
② 원그래프
③ 점그래프
④ 히스토그램

66 비교시각화에 대한 내용으로 올바른 것은?

① 다양한 변수에 대한 특징을 한 번에 체크할 수 있다.
② 시간에 따른 데이터의 변화를 시각화한다.
③ 비교시각화 기법으로는 버블차트와 산점도가 있다.
④ 상관관계 분석을 할 수 있다.

67 의사결정나무의 정지 규칙으로 옳지 않은 것은?

① 깊이(뎁스)가 최대이면 멈춘다.
② 유의성이 임계치에 미달이면 멈춘다.
③ 가지 끝 노드에 속한 샘플 개수가 일정 개수 이하이면 멈춘다.
④ 가지에 남은 노드 개수가 0이면 멈춘다.

68 다음 보기에서 앙상블 기법이 적용된 것으로 적절하지 않은 것은?

> 가. KNN 기법에서 k를 1, 5, 7 값으로 바꿔주며 반복한 결과를 결합한다.
> 나. 로지스틱 회귀분석, 의사결정나무, 나이브베이즈 모형을 결합시킨다.
> 다. 선형회귀 모형을 결합시킨다.

① 가, 나
② 나
③ 가, 나, 다
④ 가, 다

69 다음의 혼동행렬을 참고하여 계산한 값으로 옳은 것을 고르시오.

		예측값	
		Negative	Positive
실제 값	Negative	3	4
	Positive	6	7

① 정분류율 = 7/11
② 민감도 = 6/13
③ 특이도 = 3/7
④ 정밀도 = 7/13

70 다음 중 ROC 곡선에 대한 설명으로 옳지 않은 것은?

① 머신러닝 모델을 평가하는데 사용된다.
② 임계값에 따른 민감도와 특이도의 변화를 볼 수 있다.
③ X축은 특이도, Y축은 민감도이다.
④ 곡선 아래 면적이 1에 가까울수록 좋은 모델이다.

71 분석 모형 성능 평가에 대한 설명으로 잘못된 것은?

① 학습 데이터가 적고 모형이 복잡한 경우 과적합 가능성이 높아진다.
② 군집분석의 대표적인 평가 지표로 실루엣 계수가 있다.
③ 분석 모형의 일반화를 위해서는 과적합보다는 과소적합이 적절하다.
④ 불균형 데이터는 정확도가 높아지는 경향이 있다.

72 다음의 Q-Q plot과 회귀선에 대한 설명으로 옳은 것을 모두 고르시오.

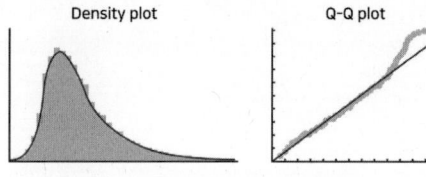

(가) 왜도는 0보다 크다.
(나) Positive Skew의 형태이다.
(다) 종속변수를 로그 변환하면 정규화된 형태가 될 것이다.

① 가, 나
② 가, 나, 다
③ 나, 다
④ 가, 다

73 다음 중 정준상관분석(Canonical Analysis)을 적용할 수 있는 가장 적합한 경우는?

① 집단 1개일 때 여러 변수간 상관관계 분석
② 집단 2개일 때 두 집단 간의 상관관계 분석
③ 다수 집단일 때 상관관계 분석
④ 암묵적인 상관을 찾고 싶을 때 탐색적 분석으로 사용

74 다음 중 과적합에 대한 설명으로 잘못된 것은?

① 학습 데이터의 수를 늘리면 과적합이 된다.
② 과적합은 학습 데이터와 검증 데이터 간 성능 차이가 크지만, 과소적합은 그 차이가 적다.
③ 학습 데이터에 대한 성능은 매우 우수하지만 검증 데이터에 대한 성능은 크게 저하되는 경우를 말한다.
④ 과적합이나 과소적합 모두 모델의 일반화 능력을 저하시키므로 균형을 찾는 것이 중요하다.

75 다음 중 회귀와 분류 모델 평가지표에 대한 설명으로 옳지 않은 것은?

① 회귀와 분류는 종속변수가 다르지만 해석을 위해 동일한 지표를 사용한다.
② 대표적인 분류모델 평가지표로는 정확도, 정밀도, F1-score가 있다.
③ 평균제곱오차는 회귀모델의 평가지표이다.
④ 데이터와 모델의 특성에 따라 적절한 평가지표를 선택해야 한다.

76 전기 사용량을 계산할 때 회귀모델 평가지표로 적합하지 않은 것은?

① MAE (Mean Absolute Error)
② MAPE (Mean Absolute Percentage Error)
③ MSE (Mean Squared Error)
④ F1-score

77 F1-score를 올바르게 표현한 것은?

① F1_score = 2 × (Precision + Recall) / (Precision + Recall)
② F1_score = 2 × (Precision + Recall) / (Precision × Recall)
③ F1_score = 2 × (Precision × Recall) / (Precision + Recall)
④ F1_score = 2 × (Precision × Recall) / (Precision × Recall)

78 다음과 같은 자동차의 종류별 데이터를 시각화해서 표현할 때 가장 적합한 방법은?

종류	배기량(cc)	연비(Km/L)	가격(원)	보증기간(년)
경차	1000	30	20,000,000	3
소형차	1500	20	28,000,000	5
중형차	2000	15	35,000,000	5
대형차	3000	10	45,000,000	10

① 레이더 차트
② 산점도 행렬
③ 버블 차트
④ 모자이크 플롯

79 다음 중 과대적합의 경우를 가장 적절하게 나타낸 것은?

① 학습 데이터로 정확도 90%, 테스트 데이터로 정확도 90%
② 학습 데이터로 정확도 90%, 테스트 데이터로 정확도 70%
③ 학습 데이터로 정확도 70%, 테스트 데이터로 정확도 90%
④ 학습 데이터로 정확도 70%, 테스트 데이터로 정확도 70%

80 다음 중 k-fold 교차검증에서 k=10일 때 옳지 않은 설명은?

① 각 폴드는 학습 데이터로 1번 사용한다.
② 각 폴드는 평가 데이터로 1번 사용한다.
③ 평가 데이터는 전체데이터의 10%를 차지한다.
④ k=2일 때보다 모델 성능이 향상된다.

기출문제 06회 (2023.04.08 시행)

시험 시간	풀이 시간	합격 점수	내 점수	문항수
120분	분	60점	점	총 80개

1과목 빅데이터 분석 기획

객관식 : 20문항

01 다음 중 다른 데이터와 연결하여 분석하는 맵리듀스 패턴으로 옳은 것은?

① 조인 패턴　　② 요약 패턴
③ 디자인 패턴　④ 필터링 패턴

02 다음 중 네트워크를 통해 공유하는 여러 호스트 컴퓨터의 데이터에 접근할 수 있는 파일 공유 방식은?

① 분산 파일시스템
② 공유 데이터베이스
③ 네트워크 데이터베이스
④ 파일 전송 프로토콜(FTP)

03 다음 중 공공데이터와 같은 외부데이터를 이용할 때의 장점으로 옳은 것은?

① 비용이 저렴한 편이다.
② 다양한 데이터를 선택할 수 있다.
③ 내부 데이터보다 보안이 우수하다.
④ 데이터에 대한 소유권을 가질 수 있다.

04 다음 중 데이터 정제에 대한 설명으로 옳지 않은 것은?

① 이상치 처리　　② 노이즈 처리
③ 데이터 변환　　④ 결측치 처리

05 다음 중 빅데이터 시대의 위기 요인으로 옳지 않은 것은?

① 사생활 침해로 인한 위기
② 데이터 오용으로 인한 위기
③ 인간과 인간의 상호작용 위기
④ 책임원칙의 훼손으로 인한 위기

06 다음 중 데이터 분석 수준진단 결과에 대한 설명으로 옳지 않은 것은?

① 정착형은 준비도는 높으나 조직, 인력, 분석업무, 분석기법 등을 기업 내부에서 제한적으로 사용하는 경우이다.
② 준비형은 기업에 필요한 데이터, 인력, 조직, 분석업무, 분서기법 등이 적용되어 있지 않아 사전 준비가 필요한 경우이다.
③ 도입형은 기업에서 활용하는 분석업무, 기법 등은 부족하지만 적용조직 등 준비도가 높아 바로 도입할 수 있는 경우이다.
④ 확산형은 기업에 필요한 6가지 분석 구성요소를 갖추고 있고, 현재 부분적으로 도입되어 지속적인 확산이 필요한 경우이다.

07 다음 중 분석 준비도(Readiness)의 진단 영역으로 옳지 않은 것은?

① 분석 문화   ② 분석 결과
③ 분석 기법   ④ 분석 데이터

08 다음 중 정형, 반정형, 비정형으로 구분하는 빅데이터 특성으로 옳은 것은?

① 가치   ② 규모
③ 속도   ④ 다양성

09 다음 중 데이터 전처리의 수행단계로 옳은 것은?

① 시스템 구현
② 데이터 준비
③ 데이터 분석
④ 평가 및 전개

10 다음 중 데이터 사이언스에 대한 설명으로 옳은 것은?

① 의학, 공학 등 다양한 연구 분야에서 적용되고 있다.
② 데이터 처리 시점이 사후 처리에서 사전 처리로 이동하였다.
③ 데이터의 가치 판단 기준이 양보다 질로 그 중요도가 달라졌다.
④ 단순한 상관관계 중심에서 이론적 인과관계로 변화되는 경향이 있다.

11 다음 중 데이터 거버넌스의 구성요소로 옳지 않은 것은?

① 원칙
② 조직
③ 프로세스
④ IT 인프라

12 다음 중 데이터 산업에 대한 설명으로 옳지 않은 것은?

① 데이터를 관리하고 분석하기 위한 소프트웨어 영역이 있다.
② 데이터 그 자체를 제공하거나 이를 가공한 정보를 제공한다.
③ 데이터 산업을 통해 Human to Human 상호작용이 높아진다.
④ 데이터 산업은 인프라 영역과 서비스 영역으로 구성되어 있다.

13 다음 중 빅데이터 플랫폼의 계층 구조에 대한 설명으로 옳지 않은 것은?

① 최상단에 소프트웨어 계층이 있으며, 아래로 플랫폼 계층, 인프라스트럭쳐 계층, 하드웨어 계층이 존재한다.
② 소프트웨어 계층에서는 빅데이터 애플리케이션을 구성하며 데이터 처리 및 분석과 이를 위한 데이터 수집, 정제를 한다.
③ 인프라스트럭쳐 계층에서는 자원 배치와 스토리지 관리, 노드 및 네트워크 관리 등을 통해 빅데이터 처리와 분석에 필요한 자원을 제공한다.
④ 플랫폼 계층에서는 빅데이터 애플리케이션을 실행하기 위한 플랫폼을 제공하며, 데이터 관리 모듈, 자원 관리 모듈, 서비스 관리 모듈, 보안 모듈 등으로 구성되어 있다.

14 다음 중 분석 마스터 플랜에 대한 설명으로 옳은 것은?

① 데이터 분석 기획의 특성을 고려하지 않는다.
② 분석 과제의 중요도나 난이도는 고려하지 않는다.
③ 중장기적 관점의 수행 계획을 수립하는 절차이다.
④ 그 과제의 목적이나 목표에 따라 부분적인 방향성을 제시한다.

15 다음 중 데이터 분석을 통한 개선사항을 도출하는 단계로 옳은 것은?

① 모델 개발
② 분석목표 수립
③ 도메인 이슈 도출
④ 프로젝트 계획 수립

16 다음 중 데이터 분석 조직에 대한 설명으로 옳지 않은 것은?

① 기능형은 특정 현업 부서에 국한된 협소한 분석을 수행할 가능성이 높다.
② 집중형은 전사 분석 업무를 별도의 전담조직에서 수행하므로 중복되지 않는다.
③ 분산형은 분석 전문 인력을 현업 부서에 배치하여 분석 업무를 신속하게 수행한다.
④ 조직구조는 집중형, 기능형, 분산형으로 구분할 수 있으며, 기능형은 DSCoE 조직이 없다.

17 다음 중 데이터를 추출하여 저장하는 기술로 옳은 것은?

① ETL
② OLAP
③ Hadoop
④ Data Mart

18 다음 중 탐색적 데이터 분석(EDA)에 대한 설명으로 옳지 않은 것은?

① 데이터 구조를 파악할 수 있다.
② 시각화 도구를 이용하여 수행할 수 있다.
③ 분석 모델을 선정하고 구성하기 위한 절차로 볼 수 있다.
④ 주성분분석(PCA)은 탐색적 데이터 분석에 포함되지 않는다.

19 다음 중 분산 파일 시스템에 대한 설명으로 옳지 않은 것은?

① 네트워크로 공유하는 여러 호스트의 파일에 접근할 수 있는 파일 시스템이다.
② 데이터를 분산하여 저장하면 데이터 추출 및 가공 시 빠르게 처리할 수 있다.
③ 대표적으로 GFS(Google File System), HDFS(Hadoop Distributed File System)가 있다.
④ 이기종 데이터 저장 장치를 하나의 데이터 서버에 연결하여 총괄적으로 데이터를 저장 및 관리하는 시스템이다.

20 다음 중 병렬 DBMS에 대한 설명으로 옳지 않은 것은?

① 분산 아키텍처를 가지고 있다.
② 데이터 중복의 최소화로 관계형 DBMS보다 성능이 우수하다.
③ 데이터 파티셔닝과 데이터 병렬 처리를 통해 고성능을 제공한다.
④ 데이터를 복제하여 분산한 관계로 데이터 변경에 따른 관리 비용이 발생한다.

2과목 빅데이터 탐색

객관식 : 20문항

21 다음 아래와 같은 분포함수를 가지는 확률분포의 정의로 옳은 것은?

$$p(x) = \frac{e^{-\lambda}\lambda^x}{x!}$$

$e = 2.718281 \cdots$

① 기하 분포 ② 포아송 분포
③ 정규 분포 ④ 이항 확률 분포

22 2, 4, 6, 8, 10의 표본평균값과 표본분산을 구하시오.

① 평균 6, 분산 8
② 평균 6, 분산 10
③ 평균 5, 분산 8
④ 평균 6, 분산 7

23 아래 세 학생의 성적을 최대-최소 정규화하여 모두 합한 값은?

| 성적 60, 70, 80 |

① 0.5 ② 1
③ 1.5 ④ 2

24 다음 중 노이즈를 제거하는 방법이 아닌 것은?

① Smoothing
② 정규화
③ 이산화
④ 이동평균(Moving Average)

25 독립변수 12개와 절편을 포함하는 회귀 모델에서, 독립변수 1개당 범주 3가지를 가지면 회귀계수는?

① 24 ② 25
③ 36 ④ 37

26 원-핫 인코딩에 대한 설명으로 틀린 것은?

① 공간효율이 좋다.
② 범주형 변수를 수치형 변수로 변환하는 방법 중 하나이다.
③ 범주 간의 거리 계산이 의미가 없을 수 있다.
④ 각 범주를 명확하게 이진 변수로 표현하기 때문에 해당 범주가 모델의 결과에 어떤 영향을 미치는지 파악할 수 있다.

27 비정형 데이터의 특성에 대한 설명 중 맞는 것은?

① NoSQL만 사용한다.
② 데이터 레이크보다 데이터 웨어하우스를 사용한다.
③ 다양한 형식과 구조를 가진다.
④ 전통적인 정형 데이터보다 아직은 그 양이 상대적으로 적다.

28 클래스 불균형에 대해 옳지 않은 것은?

① Weight Balancing으로 처리가 불가능하다.
② 언더샘플링 혹은 오버샘플링으로 해결할 수 있다.
③ 클래스의 개수와는 무관하다.
④ 언더샘플링과 오버샘플링은 조합하여 사용이 가능하다.

29 파생변수에 대한 예시와 설명으로 옳지 않은 것은?

① 매출에서 총매출액을 계산한다.
② 결측치를 주변값으로 채운다.
③ 모델의 설명력을 향상시키며, 예측 능력을 개선하는 데 도움을 줄 수 있다.
④ 키와 몸무게 변수를 조합하여 체질량 지수(BMI)를 계산한다.

30 머신러닝과 딥러닝에 대한 설명으로 옳지 않은 것은?

① 머신러닝은 주어진 데이터 패턴을 학습하고 유추하는 것이다.
② 인공지능(AI)의 하위 집합이다.
③ 머신러닝은 딥러닝의 일부이다.
④ 컴퓨터 성능에 따라 처리 성능이 달라진다.

31 주성분 분석(PCA)에 대한 설명으로 옳지 않은 것은?

① 비정방행렬인 음상관행렬의 곱으로 바꾸어 주성분 분석의 대상으로 활용한다.
② 주성분 분석에서는 데이터 행렬을 비음수 행렬로 가정하는 경우도 있다.
③ 고유값이 큰 순서대로 주성분을 선택하여 데이터의 변동성을 가장 잘 설명하는 성분을 찾는다.
④ 주성분 분석은 차원 축소, 데이터 시각화, 변수 선택, 잡음 제거 등 다양한 분야에서 활용된다.

32 다음과 같이 통계 결과를 시각화한 그림의 정의로 옳은 것은?

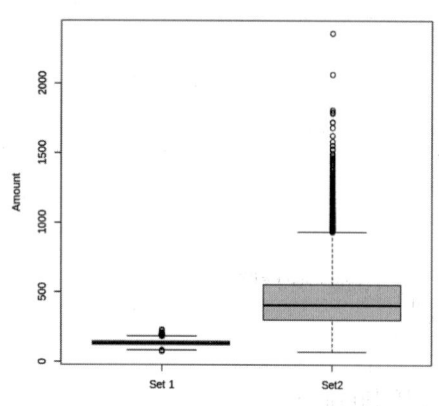

① 박스플롯 ② 히스토그램
③ 산점도   ④ 막대그래프

33 다음 중 연속형 변수가 아닌 것은?

① 키   ② 실내 온도
③ 혈액형   ④ 책 두께

34 데이터 이상값 발생 원인으로 옳지 않은 것은?

① 측정 오류(Measurement Error)
② 처리 오류(Processing Error)
③ 표본 오류(Sampling Error)
④ 보고 오류(Reporting Error)

35 기초 통계량에 대해 옳지 않은 설명은?

① 사분위수는 3분위에서 1분위수를 뺀 것이다.
② 왜도는 분포의 기울어진 정도를 설명한 통계량이다.
③ 첨도 값이 3에 가까우면 정규분포와 비슷하다.
④ 변동계수는 측정단위가 서로 다른 자료를 비교하고자 할 때 쓰인다.

36 다음 보기 중 나머지와 성질이 다른 것은?

① 다항 분포　② 포아송 분포
③ 기하 분포　④ 지수 분포

37 다음 중 결측치를 처리하는 방법으로 적절하지 않은 것은?

① 단순 대체법　② 다중 대체법
③ 완전 삭제법　④ 회귀 대체법

38 이상치 처리 및 평가에 대한 설명으로 옳지 않은 것은?

① 이상치를 평균값으로 대체해도 결측값 대체와 같이 신뢰성이 저하되지는 않는다.
② Z-스코어, 사분위수범위(IQR), 표준편차 등의 기준을 사용하여 이상치를 평가하는 방법도 있다.
③ 도메인 전문가의 지식과 경험을 활용하여 데이터의 이상치를 식별할 수 있다.
④ 상자그림(Box Plot), 히스토그램, 산점도 등과 같은 기법을 사용하여 이상치를 확인할 수 있다.

39 다음 아래와 같은 시계열 분포도에 대해서 옳은 것은?

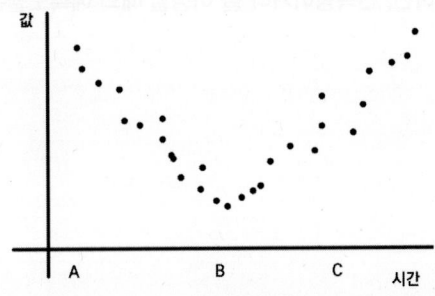

① A-B 구간을 1차식으로 근사하면 1차식 x의 부호는 플러스가 될 것이다.
② 전 구간을 2차함수로 근사하면 제곱항 x^2의 부호는 마이너스가 될 것이다.
③ A-B 구간은 상관 관계가 음이고 B-C 구간은 상관 관계가 양이다.
④ A-C 구간에서는 순환 성분을 보인다.

40 데이터 정제에 대한 설명으로 옳지 않은 것은?

① 데이터를 이해하기 쉽게 변환한다.
② 처리 데이터가 많은 경우 난수 발생 기법에 의한 임의의 데이터 축소를 실시한다.
③ 데이터가 다양한 형식으로 저장되어 있는 경우, 일관된 형식으로 표준화 과정이 필요하다.
④ 이상치를 탐지하고 적절한 처리 방법을 적용하여 제거하거나 보정한다.

3과목 빅데이터 모델링

객관식 : 20문항

41 인공 신경망 학습 모델 중 업데이트 게이트와 리셋 게이트를 사용하여 장기 의존성 문제를 보완한 모델은?

① RNN
② CNN
③ GRU
④ LSTM

42 다음 보기 중 혼동행렬에 관한 내용으로 옳지 않은 것은?

① 재현율은 TP / (TP+FN)이다.
② F1 score는 정밀도와 재현율의 기하평균이다.
③ 정확도는 (TP+TN) / (TP+TN+FP+FN)이다.
④ 정밀도는 TP / (TP+FP)이다.

43 흡연자 200명 중 폐암환자가 20명이고, 비흡연자 200명 중 폐암환자가 4명인 경우, 흡연 여부에 대한 폐암 오즈비 값은?

① 1
② 4.33
③ 5.44
④ 6.55

44 종속 변수가 범주형이고, 독립 변수가 범주형 변수 하나가 아닌, 연속형이거나 둘 이상일 때의 예측모델은?

① 다중 선형회귀
② 다중 로지스틱회귀
③ 서포트벡터머신
④ 다층 퍼셉트론

45 다음 중 시계열 데이터에서의 공분산 기법을 뜻하는 것은?

① 지니계수
② 엔트로피 계수
③ 실루엣 계수
④ 자기상관

46 다중공선성을 평가하는 지표는?

① 분산팽창지수(VIF)
② Mallow의 Cp 통계량
③ 스튜던트 잔차
④ AIC

47 다음 중 의사결정나무의 알고리즘이 아닌 것은?

① CART   ② C45
③ CHAID   ④ C5.0

48 다음 중 다중선형회귀 평가지표에 가장 적합한 것은?

① MSE   ② AIC
③ BIC   ④ AUC

49 랜덤 포레스트 기법에 대한 설명으로 옳지 않은 것은?

① 약 분류기를 결합하여 강 분류기를 만드는 기법이다.
② 트리로 만든 예측은 다른 트리들과 상관 관계가 작아야 한다.
③ 부스팅을 사용하여 부트스트랩된 훈련 표본들에 대해 다수의 의사결정 트리를 만든다.
④ 알파컷을 사용한다.

50 다음의 의사결정나무에서 x_1, x_2에 해당하는 값을 구하시오.

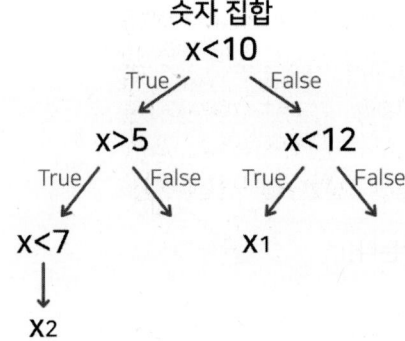

① $x_1 = 11$, $x_2 = 6$
② $x_1 = 10$, $x_2 = 5$
③ $x_1 = 9$, $x_2 = 6$
④ $x_1 = 11$, $x_2 = 5$

51 다음 보기 중 결정계수에 대한 설명으로 잘못된 것은?

① 독립변수의 수가 적어지면 수정된 결정계수 R^2는 커진다.
② 결정계수는 표본수가 증가하면 커지는 경향이 있다.
③ 결정계수는 독립변수 개수가 증가하면 커진다.
④ 모형에 적합하지 않은 독립변수가 투입되면 결정계수가 증가하는 반면 수정된 결정계수는 감소한다.

52 다음 보기 중 시계열 데이터 분석에 관한 것으로 옳지 않은 것을 모두 고른 것은?

> 가. 추세변동은 장기적인 추세경향이 나타나는 것이다.
> 나. 횡단면처럼 종단면은 관측값 간의 독립성이 중요하다.
> 다. 지수평활법은 과거값에 높은 가중치를, 최근값에 작은 가중치를 부여한다.
> 라. 이동평균법은 관측값 전부에 동일한 가중치를 부여하고 평균을 계산하여 예측한다

① 가, 나
② 나, 다
③ 다, 라
④ 가, 다

53 Causal Analysis 대한 내용으로 옳지 않은 것은?

① Causal Inference에서는 어떠한 사건의 원인을 알지만 원인이 되는지 아닌지를 의심이 되는 입력을 따로 정의할 수 있다.
② Causal Discovery는 어떤 현상 자체, 즉 Y를 스스로 정의할 수 있는 방법론이다.
③ Causal Discovery는 데이터 칼럼(column)을 독립변수 X와 종속변수 Y로 나누어 정의한다.
④ 인접 행렬(Adjacency Matrix)을 상호 연결성을 나타내는 지표로 사용된다.

54 다중선형회귀 모델에서 가정되는 내용이 아닌 것은?

① 오차항은 종속변수와 선형관계가 있다.
② 오차항은 각 독립변수와 독립적이다.
③ 각 독립변수는 종속변수와 선형관계에 있다.
④ 오차항은 평균이 0이고 분산이 일정한 정규분포를 갖는다.

55 다음 중 변동계수에 대한 설명으로 옳은 것은?

① 측정단위가 동일한 자료 간의 흩어진 정도를 상대적으로 비교한다.
② 분산을 중심으로 한 산포의 상대적인 척도를 나타내는 수치이다.
③ 변동계수가 클수록 상대적으로 분포가 넓어진다.
④ 값이 작을수록 상대적인 차이가 크다고 할 수 있다.

56 통계적 추론에 대한 설명으로 잘못된 것은?

① 모집단을 통해 표본집단을 추론한다.
② 통계적 추론의 목적은 추정과 가설검정에 있다.
③ 점추정은 모집단의 특성을 하나의 수치로 추정한다.
④ 신뢰구간을 추정할 때 모분산 σ^2을 알고 있다면 표본의 크기와 관계없이 정규분포를 사용한다.

57 회귀분석 모형의 구축 절차를 순서대로 맞게 나열한 것은?

① 독립변수와 종속변수 설정 – 회귀계수 추정 – 독립변수별 회귀계수 유의성 검정 – 모형 유의성 검정
② 회귀계수 추정 – 독립변수와 종속변수 설정 – 독립변수별 회귀계수 유의성 검정 – 모형 유의성 검정
③ 독립변수와 종속변수 설정 – 모형 유의성 검정 – 회귀계수 추정 – 독립변수별 회귀계수 유의성 검정
④ 독립변수와 종속변수 설정 – 독립변수별 회귀계수 유의성 검정 – 회귀계수 추정 – 모형 유의성 검정

58 인공신경망에서 학습 시에 과적합방지 방법으로 적절하지 않은 것은?

① 입력 노드수를 줄인다.
② 가중치 절대값을 최대로 한다.
③ epoch 수를 줄인다.
④ hidden layer 수를 줄인다.

59 부스팅에 대한 설명으로 옳지 않은 것은?

① 가중치로 약분류기를 강분류기로 만든다.
② 보팅에 비해 에러가 적다.
③ 동시 병렬적으로 학습한다.
④ 속도가 상대적으로 느리며 오버 피팅 될 가능성이 있다.

60 아래 이항로지스틱 회귀분석 모형의 회귀 계수에 대한 설명으로 옳은 것은? (단, $\beta_1 {>} 0$)

$$\log\left(\frac{P(y=1\mid x)}{1-P(y=1\mid x)}\right) = \beta_0 + \sum_{j=1}^{p}\beta_j x_j$$

$$P = \frac{1}{1+e^{-(\beta_0+\beta_1 x_1+\beta_2 x_2+\cdots+\beta_p x_p)}}$$

① x_j가 1 단위 증가하면 오즈는 e^{β_j} 배 증가한다.
② x_j가 1 단위 증가하면 오즈비는 e^{β_j} 배 증가한다.
③ x_j가 1 단위 증가하면 오즈는 e^y 배 증가한다.
④ x_j가 1 단위 증가하면 오즈비는 e^y 배 증가한다.

4과목 빅데이터 결과 해석

객관식 : 20문항

61 SVM의 하이퍼파라미터 최적화 과정에서 두 명의 분석가의 분석결과를 동일하게 하기 위한 방법으로 가장 적합한 것은?

① Leave-One-Out 교차 검증
② 5-fold 교차 검증
③ Train-Validation-Test Process
④ 부트 스트래핑

62 초매개변수 튜닝 알고리즘에 대한 설명으로 맞지 않은 것은?

① 그리드 서치(Grid Search)는 정해진 범위 내에서 가능한 모든 조합을 시도한다.
② 랜덤 서치(Random Search)는 정해진 범위 내에서 랜덤하게 초매개변수를 추출하여 시도한다.
③ 베이지안 최적화(Bayesian Optimization)는 이전에 학습한 결과를 참고하여 초매개변수를 설정한다.
④ AdaGrad는 분석가의 경험에 따라 값을 조절한다.

63 다음 혼동행렬을 보고 잘못된 것을 고르시오.

		실제 답	
		True	False
예측 결과	True	True Positive	False Positive
	False	False Negative	True Negative

① 정확도는 (TP+TN)/(TP+TN+FP+FN)이다.
② 정밀도는 TP/(TP+FP)이다.
③ F1 스코어는 정밀도과 재현율의 기하평균이다.
④ 재현율은 TP/(TP+FN)이다.

64 군집화 알고리즘 중에서 군집의 수를 지정하지 않아도 되는 것은?

① K-Means Clustering ② DBSCAN
③ Gaussian Mixture Model ④ K-Median Clustering

65 인포그래픽 유형 중 역사적 사건이나 프로젝트 진행 상황 등을 시간 순으로 나열하여 전달하는 데 적합한 것은?

① 프로세스 다이어그램
② 타임라인
③ 지도
④ 스토리텔링

66 인포그래픽 유형 중 주제, 내용의 연관성을 중요시 여기는 유형은?

① 타임라인 ② 콘셉트 맵
③ 스토리텔링 ④ 비교분석

67 비교시각화 도구에 대한 설명으로 맞지 않은 것은?

① 두 독립된 변수의 분포를 비교해서 보여줄 때 사용된다.
② 히트맵은 값의 분포를 색(온도)으로 표현하여 시각적인 효과를 준다.
③ 체르노프 페이스는 데이터 표현에 따라 달라지는 차이를 얼굴의 모양으로 나타낸다.
④ 스타차트는 하나의 공간에 각각의 변수를 표현하는 몇 개의 축을 그리고, 축에 표시된 해당 변수의 값들을 별들의 개수로 표현한다.

68 시간시각화에 대한 설명으로 맞지 않는 것은?

① 막대그래프는 가로축을 시간축으로 하여 시간시각화 도구로 사용할 수 있다.
② 점그래프는 시간시각화 도구로 사용할 수 없다.
③ 선그래프는 연속적인 데이터를 표현하는 시간시각화 도구로 사용할 수 있다.
④ 점그래프의 점과 점사이를 연결함으로써 선그래프로 변환할 수 있다.

69 다음 보기 중 ROC 곡선에 대한 설명으로 옳은 것은?

① 특이도가 증가할수록 민감도도 증가한다.
② 곡선 아래 면적이 0.5에 가까울수록 성능이 좋다.
③ 로지스틱 회귀분석 모형의 성능을 측정하는 데 사용할 수 있다.
④ 특이도는 음성인 케이스를 양성으로 잘못 예측한 비율이다.

70 Kolmogorov-Smirnov 검정에 대한 설명으로 맞지 않는 것은?

① 2개의 집단이 동일한 분포를 이루고 있는지를 검증한다.
② 비모수 검정방식이다.
③ 데이터가 정규분포를 따르는 지를 검증할 때 사용된다.
④ 확률밀도함수를 사용하여 두 분포의 차이를 측정한다.

71 변수 10,000개 중 1,000개를 선별해서 분석모형을 만드는 경우 가장 적합하지 않은 것은?

① 임의의 1,000개 변수를 선택하고 학습하는 과정을 100번 반복한다.
② 1,000개의 변수를 선택한 후 학습데이터와 검증데이터로 분할해서 평가한다.
③ 변수들 사이의 상관 관계를 분석하여 종속변수와 관련이 있는 독립변수를 선택한다.
④ 분석 대상 도메인에 대한 전문지식을 활용하여 변수를 선택한다.

72 k-fold 교차 검증 학습 과정 중 올바르지 않은 것은?

① 데이터셋을 k개의 폴드로 나누고, 이 중 하나를 학습 데이터셋으로 선택하고 나머지 k-1개의 폴드를 검증 데이터셋으로 사용한다.
② 학습과 검증을 k번 반복하여 평균 값으로 모델의 성능을 평가한다.
③ 반복으로 얻은 성능 지표들을 평균하여 최종 성능 지표를 계산한다.
④ k값이 클수록 더 정확한 성능 지표를 추정할 수 있다.

73 병원 서비스 만족도에 영향을 미치는 요인을 조사하기 위해서 평가 의견에서 키워드를 추출해서 다중회귀분석을 실시하였다. 회귀분석 결과 해석으로 맞는 것을 모두 고르시오.

〈키워드 분류〉	〈분석결과〉		
유형성 - 시설, 설비		회귀계수	오차범위
대응성 - 응대, 친절	상수	3.23	
신속성 - 시간, 예약	유형성	0.37**	0.0012
경제성 - 비용, 시간	대응성	0.39***	0.0005
효과성 - 호전, 완치	신속성	0.42**	0.0026
	경제성	0.47**	0.0021
	효과성	0.29	0.0733

*** 오차범위 <= 0.001, ** 오차범위 <= 0.01

가. 시설, 설비가 들어가는 평가 의견은 만족도 유형 중 유형성에 영향을 미친다.
나. 신속성과 경제성이 서비스 만족도에 주요 영향을 미친다.
다. 유형성, 대응성, 신속성, 경제성, 효과성 모두 서비스 만족도에 영향을 미친다.

① 가
② 가, 나
③ 가, 나, 다
④ 가, 다

74 데이터 분할 방법에 대한 설명으로 틀린 것은?

① 홀드아웃(Holdout)은 데이터를 훈련 데이터셋과 테스트 데이터셋으로 분할한다.
② 훈련 데이터셋으로 학습한다.
③ 스트라티파이드(Stratified) 방법은 데이터를 여러 개의 세트로 나누고, 각 그룹을 한 번씩 검증 세트로 사용한다.
④ 테스트 데이터셋으로 성능을 확인한다.

75 도표 위에 두 변수 X와 Y값이 만나는 지점을 표시한 그림으로 두 변수 사이의 관계를 알 수 있는 것은?

① 산점도
② 스타 차트
③ 히트맵
④ 원그래프

76 학습률에 대한 설명으로 맞지 않는 것은?

① 머신러닝 알고리즘에서 조정할 수 있는 하이퍼파라미터의 하나이다.
② 학습률은 0과 1사이의 값으로 설정된다.
③ 학습률이 작으면 학습 시간이 오래 걸린다.
④ 학습률이 크면 반복 횟수도 많아진다.

77 배깅에 관련된 내용으로 옳지 않은 것은?

① 부트스트랩(Bootstrap) 샘플링을 이용한 앙상블 기법이다.
② 불안정한 모형일수록 더 좋은 성능을 발휘한다.
③ 별도의 검증 데이터 없이 out of bag 데이터를 초매개변수를 최적화 하거나 성능 검증을 할 수 있다.
④ 모델의 편향과 분산을 줄일 수 있다.

78 데이터 시각화에 대한 설명으로 옳지 않은 것은?

① 대규모 데이터의 특징을 설명하기 위해 사용된다.
② 인포그래픽을 위해서는 시각화 소프트웨어를 설치하여야 한다.
③ 박스플롯은 데이터의 이상치를 식별할 수 있다.
④ 히스토그램은 연속적인 변수의 분포를 막대 형태로 표현한다.

79 매개변수와 초매개변수에 대한 설명으로 맞는 것은?

① 둘 다 학습을 시작하기 전에 정해야 한다.
② 매개변수는 모델에서 학습의 결과로 정해진다.
③ 선형회귀 모델에서 매개변수는 기울기이고, 초매개변수는 절편이다.
④ 초매개변수는 학습 데이터에 의해서 모델 내부에서 조정되는 값이다.

80 기계학습과 통계분석에 대한 내용 중 옳지 않은 것은?

① 기계학습은 통계분석과 다르게 결과물에 대한 공식을 도출할 수 없다.
② 기계학습은 주어진 데이터로부터 패턴을 학습하고 예측하는 모델을 개발하는 것이 주요 목적이다.
③ 통계분석은 데이터를 통해 추론과 결론을 도출하는 것을 주요 목적으로 한다.
④ 통계분석은 가설 설정, 검정 및 신뢰구간 추정을 통해 모델을 선택하고 결과를 해석한다.

기출문제 05회 (2022.10.01 시행)

1과목 빅데이터 분석 기획

객관식 : 20문항

01 다음 중 빅데이터 분석 기획 과정에서 WBS(Work Breakdown Structure)를 작성하는 단계로 옳은 것은?

① 분석 주제 정의
② 모델링 방안 수립
③ 프로젝트 계획 수립
④ 도메인 및 프로세스 이해

02 다음 중 CRISP-DM 방법론의 프로세스로 옳은 것은?

① 비즈니스 이해 → 데이터 준비 → 데이터 처리 → 모델링 → 평가 → 전개
② 비즈니스 이해 → 데이터 이해 → 데이터 준비 → 모델링 → 평가 → 전개
③ 비즈니스 이해 → 데이터 준비 → 데이터 처리 → 모델링 → 전개 → 평가
④ 비즈니스 이해 → 데이터 준비 → 데이터 이해 → 모델링 → 전개 → 평가

03 다음 중 인공지능, 머신러닝, 딥러닝의 상호관계를 설명한 것으로 옳은 것은?

① 머신러닝과 딥러닝의 교집합은 인공지능이다.
② 머신러닝은 딥러닝을 포함하고 있으며, 딥러닝은 인공지능을 포함하는 개념이다.
③ 인공지능은 머신러닝을 포함하고 있으며, 머신러닝은 딥러닝을 포함하는 개념이다.
④ 머신러닝과 딥러닝은 상호 독립적인 관계이며, 인공지능은 이 둘을 포함하는 개념이다.

04 다음 중 관계형 데이터베이스를 하둡 기반으로 전환하고자 할 때, 이를 수행하기에 가장 적절한 직무로 옳은 것은?

① Data Analyst
② Data Architect
③ Data Engineer
④ Data Modeler

05 다음 중 개인정보 비식별화 조치에 대한 설명으로 옳지 않은 것은?

① 데이터 범주화는 개인정보 중 주요한 식별정보들을 삭제하는 것이다.
② 총계 처리는 개별 데이터의 값들을 그들의 총합으로 대체하는 것이다.
③ 가명 처리는 개인정보 중 주요한 식별정보를 다른 값으로 대체하는 것이다.
④ 데이터 마스킹은 개인정보 중 주요한 식별정보의 전체를 대체값으로 변환하거나 부분적으로 대체하는 것이다.

06 다음 중 데이터 품질 진단 절차에서 데이터를 측정하고 분석하여 수치를 산출하는 단계로 옳은 것은?

① 데이터 품질 측정
② 품질 진단 계획 수립
③ 데이터 품질 측정 결과 분석
④ 품질기준 및 진단 대상 정의

07 다음 중 개인정보보호법과 관련된 데이터 3법에 대한 설명으로 옳지 않은 것은?

① 데이터 처리 사실 및 목적 등 공개를 통해 투명성을 제공해야 한다.
② 데이터 3법 개정으로 인해 가명처리 후 활용 시 정보주체의 동의가 필수적이다.
③ 개인정보가 재식별될 경우 즉시 파기하거나 비식별화 조치를 추가로 진행하여야 한다.
④ 데이터 3법은 개인정보보호법, 정보통신망이용촉진및정보보호등에관한법률, 신용정보의이용및보호에관한법률의 개정안을 말한다.

08 다음 중 테이블 형태로 구조화되어 있지 않지만 메타데이터의 특성을 갖고 있는 데이터로 옳은 것은?

① 파일 데이터
② 비정형 데이터
③ 스트림 데이터
④ 반정형 데이터

09 다음 중 총계처리 기법의 단점으로 옳지 않은 것은?

① 총계처리는 비식별화가 불가능하다.
② 집계 처리되어 정밀한 분석이 힘들다.
③ 재배열 방법의 경우 개인의 특성을 파악하기 어렵다.
④ 데이터양이 적을 경우 데이터 결합 과정에서 개인정보에 대한 예측이 가능하다.

10 다음 중 자료 수집 방법에 대한 설명으로 옳은 것은?

① 스캠퍼(Scamper)는 이해관계자와 대화하는 방식을 사용한다.
② 브레인스토밍(Brainstorming)은 두 후보간 차이점을 비교하는 방법이다.
③ 인터뷰(Interview)는 다수의 사람들에게 질문지를 배포하여 응답을 회수한다.
④ FGI(Focus Group Interview)는 전문가의 설문조사 후 온-오프라인 면담을 수행한다.

11 다음 중 데이터 수집 기술에 대한 설명으로 옳지 않은 것은?

① 크롤링(Crawling)은 웹사이트에서 뉴스 등 웹 문서나 콘텐츠를 수집할 수 있는 기술이다.
② FTP(File Transfer Protocol)는 여러 서버로부터 로그 파일 등을 실시간으로 수집할 수 있는 기술이다.
③ 스쿱(Sqoop)은 관계형 DBMS로부터 HDFS로 커넥터를 이용하여 데이터를 수집할 수 있는 기술이다.
④ API(Application Programming Interface)는 시스템 간 연동을 통해 실시간으로 데이터를 수집할 수 있는 기술이다.

12 다음 중 특정 분야에서 학습된 신경망을 다른 분야의 신경망 학습에 활용하기 위한 방법으로 옳은 것은?

① GAN(Generative Adversarial Network)
② CNN(Convolution Neural Network)
③ LSTM(Long Short-Term Memory)
④ Transfer Learning(전이학습)

13 다음 중 데이터 분석 방법론에서 데이터에 대해 이해하고 수집하기 위한 단계로 옳은 것은?

① 분석 기획
② 데이터 준비
③ 데이터 분석
④ 시스템 구현

14 다음 중 데이터 및 자원 할당 관리, 빅데이터 어플리케이션 실행을 위한 서비스 제공을 하는 빅데이터 플랫폼 계층 구조로 옳은 것은?

① Platform Layer
② Software Layer
③ Hardware Layer
④ Infrastructure Layer

15 다음 중 병렬 DBMS의 특성으로 옳지 않은 것은?

① 다수의 마이크로 프로세서를 동시에 사용한다.
② 데이터 처리가 신속하다는 장점이 있다.
③ 데이터 중복 저장의 단점이 있다.
④ 시스템 용량 확장이 용이하다.

16 다음 중 빅데이터 분석에 대한 설명으로 옳지 않은 것은?

① 정부에서 비용을 절감할 수 있다.
② 신제품의 판매량을 예측할 수 있다.
③ 개인의 프라이버시를 침해 받을 수 있다.
④ 차이는 있지만 항상 경제적 이익을 얻을 수 있다.

17 다음 중 여러 시스템으로부터 필요한 원천 데이터를 추출, 변환하여 적재하기 위한 기술로 옳은 것은?

① ETL(Extract, Transform, Load)
② SCM(Supply Chain Management)
③ ERP(Enterprise Resource Planning)
④ CRM(Customer Relationship Management)

18 다음 중 예측을 위한 분석 방법으로 가장 옳은 것은?

① 군집 분석(Clustering Analysis)
② 예측 분석(Predictive Analysis)
③ 연관 분석(Association Analysis)
④ 판별 분석(Discriminant Analysis)

19 다음 중 분석 기획 단계에서 비즈니스 계획 수립 절차 과정에 해당하지 않는 것은?

① 비즈니스 이해 및 범위 설정
② 프로젝트 정의 및 계획 수립
③ 프로젝트 위험 계획 수립
④ 모델 발전 계획 수립

20 다음 중 데이터 저장 기술로 옳지 않은 것은?

① DFS(Distributed File System)
② Relational Database
③ Text Mining
④ NoSQL

2과목 빅데이터 탐색   객관식 : 20문항

21 전체 모집단에서 100명의 표본을 추출하여 조사를 한 결과 평균이 35가 나왔다. 모표준편차가 1인 경우 해당 결과를 이용하여 모평균의 95% 신뢰구간을 구하는 식으로 맞는 것은?

① $35 - 1.645\dfrac{1}{\sqrt{10}} \leq \mu \leq 35 + 1.645\dfrac{1}{\sqrt{10}}$

② $35 - 1.645\dfrac{1}{\sqrt{100}} \leq \mu \leq 35 + 1.645\dfrac{1}{\sqrt{100}}$

③ $35 - 1.960\dfrac{1}{\sqrt{10}} \leq \mu \leq 35 + 1.960\dfrac{1}{\sqrt{10}}$

④ $35 - 1.960\dfrac{1}{\sqrt{100}} \leq \mu \leq 35 + 1.960\dfrac{1}{\sqrt{100}}$

22 단위 시간 안에 발생한 특정 사건의 수를 표현하는 이산확률 분포로 옳은 것은?

① 포아송 분포   ② 기하 분포
③ 정규 분포   ④ 이항 분포

23 다음 중 공분산에 대한 설명으로 옳지 않은 것은?

① Cov(a, b)가 0이 아니면 변수 간의 상관관계를 가진다.
② Cov(a, b)가 0이면 두 변수 a, b는 항상 상호 독립이다.
③ 변수 a, b가 독립이면 항상 Cov(a, b)=0이다.
④ Cov(a, b) < 0이면, a가 커질 때 b가 작아질 수 있다.

24 다이어트를 위한 신약이 개발되었다. 임의로 추출된 20명의 사람에게 체중감량 약을 투여한 후 약의 전후 효과를 비교하고자 한다. 약 투여 후 체중이 줄었는지 검정하기 위한 분포로 옳은 것은?

① 대응표본 단측 검정
② 대응표본 양측 검정
③ 독립표본 단측 검정
④ 독립표본 양측 검정

25 다음 중 모집단의 표준편차를 알지 못하는 경우, 평균의 차이에 대한 검정을 수행하는 분포로 옳은 것은?

① 자유도 N, Z 분포
② 자유도 N-1, Z 분포
③ 자유도 N, t 분포
④ 자유도 N-1, t 분포

26 다음 중 클래스 불균형 데이터 처리에 대한 내용으로 옳지 않은 것은?

① 다수 클래스의 샘플을 제거한다.
② 소수 클래스의 샘플을 복제하거나 새로운 샘플을 추가한다.
③ 모델 학습 시 소수 클래스에 높은 가중치를 부여한다.
④ 불균형 데이터에서 정확도가 높게 나타난다면, 좋은 성능의 모델로 평가한다.

27 아래와 같이 분포하는 산점도 자료에 대한 피어슨 상관계수로 옳은 것은?

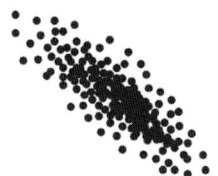

① -0.9
② -0.1
③ 0.1
④ 0.9

28 다음 아래의 분포 형태를 가지는 데이터를 정규분포에 근접한 분포 형태로 변환을 하고자 할 때 적합한 변환식은 무엇인가?

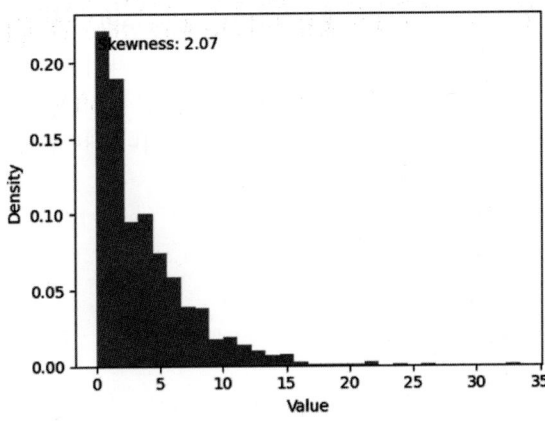

① 지수 변환
② Min-Max 변환
③ 제곱 변환
④ 로그 변환

29 데이터의 양이 아래 그래프와 같을 때 전처리 기법으로 적절한 것은?

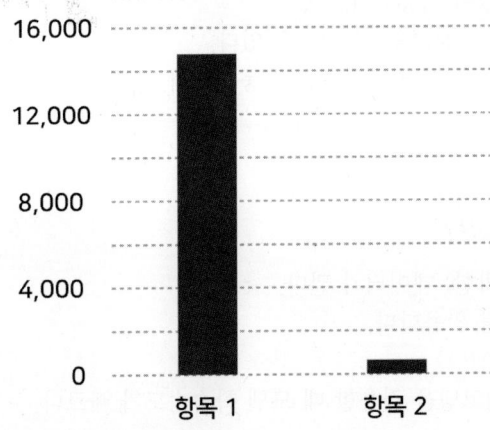

① 이상치 제거
② 클래스 불균형 처리
③ 정규화
④ 차원축소

30 다음 데이터 변환 기술에 대한 설명으로 옳지 않은 것은?

① 집계(Aggregation)는 데이터를 요약하거나 그룹화하여 통계적 정보를 얻는 과정이다.
② 평활화(Smoothing)는 분산과 표준편차 등을 이용하여 데이터의 특성을 파악한다.
③ 정규화(Normalization)는 데이터를 일정한 범위로 조정하여 상대적인 크기 차이를 제거하고 데이터를 표준화하는 작업이다.
④ 일반화(Generalization)는 데이터 변환 과정에서 데이터의 일반적인 특성이나 패턴을 추출하는 작업을 의미한다.

31 다음 중 데이터 탐색에 대한 설명으로 옳지 않은 것은?

① 박스플롯 제1사분위는 75백분율 데이터를 의미한다.
② 히스토그램은 도수분포표를 이용하여 표본의 자료분포를 시각화한 것이다.
③ 산점도를 이용 시 이상치를 확인할 수 있다.
④ 파이차트의 원의 면적표시는 상대도수를 이용한다.

32 다음 중 표본분포에 대한 설명으로 옳지 않은 것은?

① 표본의 크기가 클수록 표본평균의 분산이 0에 가까워진다.
② 중심극한의 정리는 모집단의 분포와 상관없이 적용된다.
③ 모분산의 정보를 모를 경우 정규분포 대신 t-분포를 사용할 수 있다.
④ 표본의 크기와 상관없이 표본평균의 기댓값은 항상 표본평균과 동일하다.

33 다음 중 인코딩 기법에 대한 설명으로 옳지 않은 것은?

① 원핫 인코딩을 적용하면 sparse(드문, 희박한) 데이터가 된다.
② 타깃 인코딩은 종속변수 값들의 표준편차를 활용한다.
③ 레이블 인코딩은 각 범주를 숫자에 대치시킨다.
④ 원핫 인코딩을 적용할 때 보다 바이너리 인코딩을 적용할 때 모델 학습속도가 빠르다.

34 아래 표는 4개 변수간의 피어슨 상관계수 산출결과이다. 피어슨 상관계수를 기반하여 변수를 제거하는 경우 중복되어 변수를 제거하는 경우로 옳은 것은?

	X_1	X_2	X_3	X_4
X_1	1.0	0.2	0.96	−0.15
X_2	0.2	1.0	0.47	0.19
X_3	0.96	0.47	1.0	0.3
X_4	−0.15	0.19	0.3	1.0

① X_1 또는 X_4 제거
② X_2 또는 X_3 제거
③ X_1 또는 X_3 제거
④ 제거할 변수 없음

35 특정 지역의 소득 분포를 조사하였더니 아래 그래프와 같은 분포를 가진다. 일부 응답 값이 누락되어 대치를 하는 경우 대표값으로 옳은 것은?

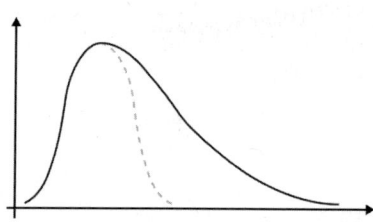

① 평균값
② 최빈값
③ 표준편차
④ 중앙값

36 정규분포를 다루는 확률분포에서, 크기가 4인 확률변수를 모집단으로부터 추출하였다. X_1, X_2, X_3, X_4에 대한 설명으로 옳지 않은 것은?

① 확률변수 X_1, X_2는 서로 종속이다.
② 추출된 표본은 정규분포를 따른다.
③ 표준오차는 모표준편차를 2로 나눈 값이다.
④ 표본의 크기를 늘리면 표본평균은 모집단의 평균에 가까워진다.

37 데이터의 변수 척도에 대한 설명으로 옳지 않은 것은?

① 회귀분석을 위해 명목형 척도를 더미 변수화 한다.
② 크기(소형, 중형, 대형) 구분은 순서형 척도이다.
③ 연속형 척도와 범주형 척도는 평균, 표준편차와 같은 기술 통계량을 구할 수 있다.
④ 데이터 값이 정수인 경우 수치형 척도에 해당한다.

38 다음 그림이 나타내는 시각화 기법은 무엇인가?

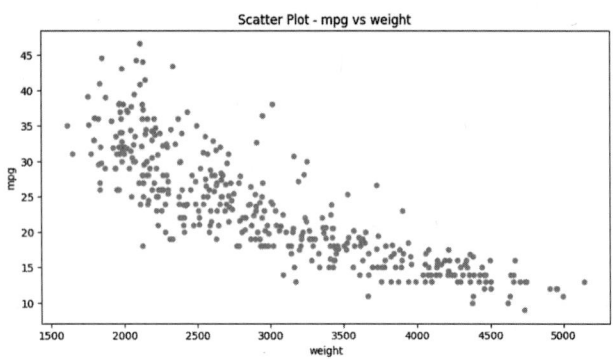

① 히스토그램(Histogram)
② 매핑(Mapping)
③ 파이차트(Pie Chart)
④ 산점도(Scatter Plot)

39 다음 중 확률분포에 대한 설명으로 옳지 않은 것은?

① 확률질량함수는 이산확률변수에서 특정값에 대한 확률을 나타내는 함수이다.
② 확률밀도함수는 면적이 그 구간에 해당하는 확률값이다.
③ 이산확률분포에는 이항분포, 포아송분포가 있다.
④ 연속확률분포에는 초기하분포, 지수분포가 있다.

40 상자그림(Box Plot)과 이상치에 대한 설명으로 옳지 않은 것은?

① IQR의 1.5배 이내의 관측치는 이상치가 아니라고 볼 수 있다.
② 수염보다 바깥쪽에 존재하는 데이터들은 모두 이상치이므로 제거해야 한다.
③ 상자그림을 통해 중앙값을 확인할 수 있다.
④ 제1사분위수에서 제3사분위수까지가 상자의 범위이다.

3과목 빅데이터 모델링

객관식 : 20문항

41 다음 보기 중 드롭아웃 효과와 동일한 효과를 가져올 수 있는 기법은?

① 학습률 조정　② 부트스트랩
③ 활성함수 변경　④ 데이터 증강

42 다음 중 텍스트 마이닝 기법으로 단어를 벡터화하는 Text To Vector 변환이 아닌 것은?

① TF-IDF
② POS-tagging
③ 원핫 인코딩
④ Bag of Words

43 다음 중 k-fold 교차 검증에 대한 설명으로 옳지 않은 것은?

① 데이터셋을 k개로 나눈다.
② k개 중 하나만 검증셋으로 활용한다.
③ 데이터 양이 충분하지 않을 때 사용되는 편이다.
④ 훈련, 검증, 테스트 데이터셋을 2:3:5 비율로 구성한다.

44 각 클래스별 데이터 양의 차이가 큰 경우 데이터 불균형이 발생하는데 이를 해소하기 위한 방법으로 옳은 설명은?

① 오버샘플링은 높은 비율을 차지하는 클래스 데이터 수를 줄인다.
② 언더샘플링은 낮은 비율을 차지하는 클래스 데이터 수를 늘린다.
③ SMOTE 오버샘플링은 분류 알고리즘을 사용한다.
④ 비용민감학습은 소수 클래스의 비용 함수에 높은 가중치를 부여한다.

45 다음 중 시간에 따른 일별 기온 변화를 표현할 수 있는 분석 기법으로 옳은 것은?

① 상관 분석　② 시계열 분석
③ 주성분 분석　④ 군집 분석

46 아래 덴드로그램 그래프에서 h4 기준으로 군집을 분리할 때 묶이는 군집의 개수는?

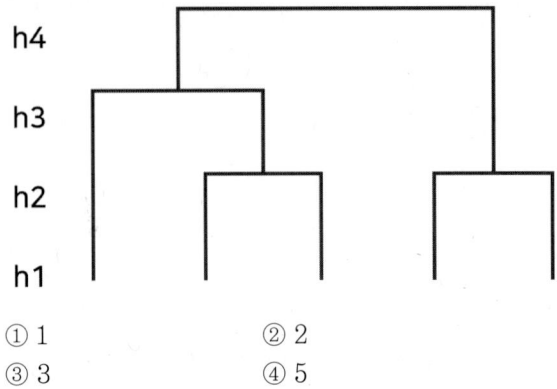

① 1 ② 2
③ 3 ④ 5

47 다음 중 인공신경망 모형에서 과적합을 방지할 수 있는 기법으로 옳지 않은 것은?

① 정규화 ② 가지치기
③ 드롭아웃 ④ 조기 종료

48 다음 중 모형 선정에 대한 설명으로 옳지 않은 것은?

① 부적절한 데이터 유형을 보유한 모형은 적합하지 않다.
② 요구성능이 높을 경우 모델이 단순할수록 적합하다.
③ 데이터 크기가 적을 경우 모델이 단순할수록 적합하다.
④ 신경망 모델은 시간 복잡도와 분류 성능이 비례관계에 있다.

49 다음 중 회귀 분석 모형에서 변수 선택 방법이 아닌 것은?

① 전진 선택법 ② 후진 제거법
③ 단계적 선택법 ④ 차수 선택법

50 연관규칙 척도 중 하나로, A항목이 포함된 거래 중 A와 B항목이 동시에 포함된 거래의 비율을 나타내는 지표는?

① 신뢰도 ② 조건부 확률
③ 지지도 ④ 향상도

51 다음 표는 암 환자에게 신약의 효과를 조사한 결과이다. 보기 중 옳은 설명은?

	초기		말기		합계	
	생존	사망	생존	사망	생존	사망
A약	16	4	4	16	20	20
B약	7	3	9	21	16	24

① 초기암 생존율은 A약보다 B약이 높다.
② A약이 B약보다 효과적이다.
③ A약 환자의 생존률은 50%, B약 환자의 생존률은 40%이다.
④ 말기암 생존율은 B약보다 A약이 높다.

52 다음 중 중위수를 통한 비모수 검정에 대한 설명으로 옳지 않은 것은?

① 윌콕슨 순위합 검정은 중위수를 검정하는 방법으로 모수적 방법에서의 t-test와 같다.
② 크루스칼-왈리스는 분산분석(ANOVA)에서 정규성 가정이 만족되지 않을 때 사용하는 비모수 검정이다.
③ 만-휘트니 검정은 양측 모수 검정이다.
④ 표본 크기가 매우 작을 경우 중위수를 통한 비모수 검정력은 더 약화된다.

53 다음 중 회귀 모형에 대한 설명으로 옳은 것은?

① 독립변수가 2개 이상이고, 회귀계수가 2차 이상이면 다항 회귀 모형이다.
② 단순 회귀는 1개의 독립변수로 1개의 종속변수를 설명하는 모형이다.
③ 곡선 회귀는 독립변수와 종속변수의 관계를 선형적으로 가정한다.
④ 다중 회귀는 연속형 자료인 2개의 독립변수가 범주형 종속변수에 미치는 영향을 검증하는 모형이다.

54 로지스틱 회귀와 관련된 설명으로 옳은 것은?

① 종속변수가 범주형 변수인 경우는 부적합하다.
② 음성과 양성을 0과 1로 분류하는 기법으로도 적용할 수 있다.
③ 회귀계수의 해석이 어렵다.
④ 이상치에 민감하지 않다.

55 요인분석과 관련된 설명으로 옳지 않은 것은?

① 요인회전으로 직각회전방식과 사각회전방식이 있다.
② Varimax는 열을 단순화하는 방식으로 직각회전방식에 속한다.
③ 요인분석의 공분산 행렬은 대칭행렬의 조건을 만족한다.
④ 요인점수는 다수 변수들에 대한 응답을 소수의 요인으로 축약시킨 것이다.

56 다음 중 시계열 모형 기법인 ARIMA 모형에 대한 설명으로 옳지 않은 것은?

① AR(Autoregressive, 자기회귀) 모형과 MA(Moving Average, 이동평균) 모형을 합친 모형이다.
② 백색잡음의 경우 관측치 간 서로 독립적이지 않다.
③ 평균, 분산이 시간에 따라 일정한 성질인 정상성을 가정한다.
④ 계절성을 매개변수로 ARIMA 모형이 확장된 것이 SARIMA(계절적 자기회귀통합이동평균) 모형이다.

57 다음 중 의사결정나무 분석 결과에서 뿌리노드에서 분할을 시작하지 못하는 가장 적절한 이유는?

① 데이터가 서로 비슷하기 때문이다.
② 데이터 유형이 잘못되어 있다.
③ 변별력 있는 변수가 없어 분리를 정지한다.
④ 데이터 수가 적다.

58 다음 중 주성분 분석에 대한 설명으로 옳지 않은 것은?

① 주성분끼리는 서로 직교한다.
② 주성분 분석을 하기 위해선 변수의 수가 표본의 수보다 항상 커야 한다.
③ 주성분 분석은 고차원 공간의 데이터를 저차원 공간의 데이터로 변환시킨다.
④ 주성분은 기존 변수들의 선형결합으로 이루어져 있다.

59 다음 중 독립 변수와 종속 변수 척도에 따른 통계분석 방법으로 옳지 않은 것은?

① t-검정은 수치형 종속변수와 2개 범주의 독립변수를 사용하여 분석하는 방법이다.
② 로짓모형은 범주형 종속변수와 범주형 및 수치형 독립변수를 사용하여 분석하는 방법이다.
③ 카이제곱 검정은 범주형 종속변수와 범주형 독립변수를 사용하여 분석하는 방법이다.
④ 공분산 분석(ANCOVA)은 종속변수가 범주형, 독립변수가 연속형인 분석 방법이다.

60 다음 중 머신러닝 기반 데이터 분석 결과를 공유 또는 유지보수를 위해 관리하는 산출물로 옳지 않은 것은?

① 분석 계획서
② 분석결과 및 예측 결과
③ 사용 및 유지보수 가이드
④ 알고리즘 보완 계획서

4과목 빅데이터 결과 해석

객관식 : 20문항

61 다음 중 모델 평가 기준으로 적합하지 않은 것은?

① 예측의 정확성
② 분류의 정확성
③ 표본의 충분성
④ 일반화 여부

62 보기 중 ROC 곡선의 축을 구성하는 지표로 맞게 구성된 것은?

① 정확도, 특이도
② 민감도, 특이도
③ 정밀도, 정확도
④ 민감도, 정확도

63 다음 중 ROC 곡선을 이용한 분류모델 평가에 대한 설명으로 옳지 않은 것은?

① AUC의 면적이 클수록 분류모델의 성능이 좋다.
② ROC 곡선으로 혼동행렬을 구할 수 있다.
③ 임계값을 변화시키면 곡선도 따라서 변화한다.
④ 세로축은 재현율을 나타낸다.

64 분석 결과 스토리텔링을 준비하는 과정에서 수행해야 하는 일로 적절하지 않은 것은?

① 스토리보드 도구 검증
② 사용자 데이터 정의
③ 사용자 시나리오 작성
④ 스토리보드 기획

65 다음 중 정규성 검정 기법 종류로 옳지 않은 것은?

① q-q플롯
② 카이제곱 검정
③ 샤피로-윌크 검정
④ 콜모고로프 스미르노프 검정

66 분석모형 평가지표에 대한 공식으로 표현한 것으로 옳지 않은 것은?

① $MAE = \dfrac{\sum |y - \hat{y}|}{n}$

② $MSE = \dfrac{\sum (y - \hat{y})}{n}$

③ $MAPE = \dfrac{\sum |\dfrac{y - \hat{y}}{y}|}{n} \times 100\%$

④ $RMSE = \sqrt{\dfrac{\sum (y - \hat{y})^2}{n}}$

67 다음 그림은 지역, 연령에 따른 월별 감염자 수를 보여준다. 그림과 같은 시각화 기법은 무엇인가?

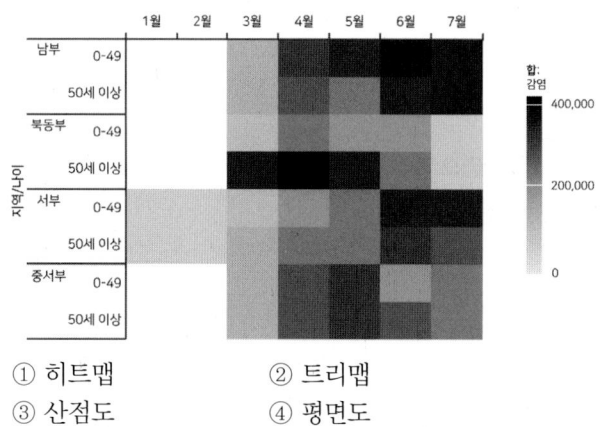

① 히트맵
② 트리맵
③ 산점도
④ 평면도

68 민감도가 0.6, 정밀도가 0.4인 경우 F1 Score를 산출하면 얼마인가?

① 0.12
② 0.24
③ 0.48
④ 1

69 다음 보기 중 일반화 선형 모형(GLM)에 대한 설명으로 옳은 것을 모두 고르시오.

> 가. 종속변수가 이항분포이면 연결함수로 로짓 함수를 사용한다.
> 나. 종속변수의 정규성이 성립하지 않아도 사용할 수 있다.
> 다. 로지스틱 회귀가 대표적인 일반화 선형 모형이다.

① 가, 나
② 가, 다
③ 나, 다
④ 가, 나, 다

70 다음 보기 중 앙상블 모형에 대한 설명으로 옳은 것을 모두 고르시오.

> 가. 랜덤포레스트가 대표적인 앙상블 모형이다.
> 나. 배깅은 훈련 데이터셋으로부터 부트스트랩을 통해 각각의 부분집합을 생성한 후 독립적인 모델을 학습시킨다.
> 다. 앙상블 모형은 직관적으로 이해하기 쉽다

① 가, 나
② 나, 다
③ 가, 다
④ 가, 나, 다

71 다음 중 비교시각화 기법으로 가장 거리가 먼 것은?

① 스타차트
② 체르노프페이스
③ 버블차트
④ 히트맵

72 다음 중 관계시각화 기법으로 가장 거리가 먼 것은?

① 산점도
② 히트맵
③ 누적막대그래프
④ 버블차트

73 신경망 모형에서 발생하는 Gradient Vanishing 문제에 대한 설명으로 옳은 것은?

① 신경망 학습 과정에서 기울기가 점차 커지다가 발산하는 경우이다.
② 오차 역전파 과정에서 기울기가 감소하여 가중치가 업데이트되지 않는 현상이다.
③ 기울기 소실을 방지하기 위해 활성화 함수로 시그모이드 함수를 사용할 수 있다.
④ 그래디언트 클리핑(Gradient Clipping)을 통해 해결할 수 있다.

74 다음 중 과적합에 대한 설명으로 옳지 않은 것은?

① 훈련 데이터에 대해서 높은 성능을 보여주지만, 실제 데이터에 대해서는 일반화 능력이 부족하다.
② 파라미터 수를 줄이거나 레이어 수를 감소시켜서 모형의 복잡도를 줄일 수 있다.
③ 규제 기법을 사용하여 모형의 가중치를 제한하는 방법으로 성능을 향상시킬 수 있다.
④ 과적합은 비선형 모형보다 선형 모형에서 더 쉽게 발생할 수 있다.

75 앙상블 모형의 베이스 모형들을 독립적으로 최적화시키는 방법으로 옳지 않은 것은?

① 평가 데이터셋을 다양화 한다.
② 학습 데이터셋을 다양화 한다.
③ 하이퍼파라미터 최적화 기법을 사용한다.
④ 각 베이스 모형에 맞는 최적화 알고리즘을 사용한다.

76 다음 중 과적합을 해결하기 위한 방지 기법으로 옳은 것은?

① 모델의 복잡성을 증가시킨다.
② 학습 시간을 늘린다.
③ 벌점화 회귀를 사용하여 모형에 제약조건을 추가한다.
④ 데이터의 양을 줄여서 학습한다.

77 다음 중 인포그래픽에 대한 설명으로 옳지 않은 것은?

① 정보를 빠르고 정확하게 전달할 수 있다.
② 데이터의 패턴을 발견할 수 있다.
③ 디자인적 요소를 고려해서 제작한다.
④ 텍스트와 그래픽을 사용하여 적절하게 구성한다.

78 다음 중 분석 모형 해석에 대한 설명으로 옳은 것은?

① 예측분석은 현재 분석결과를 통해 미래를 예측한다.
② 의사결정나무는 해석이 어렵다는 단점이 있다.
③ 연관성 분석을 통해 두 변수 간의 선형관계를 알 수 있다.
④ 분석 유형으로 설명적 분석, 진단적 분석, 예측적 분석, 현황적 분석이 있다.

79 다음 중 빅데이터 시각화 절차에 해당하는 요소로 옳지 않은 것은?

① 분석　　② 정제
③ 표현　　④ 지시

80 다음 중 재현율(Recall)에 대한 공식으로 옳은 것은?

① TN / (TN+FP)
② TP / (TP+FN)
③ TN / (TN+TP)
④ TP / (TP+TN)

기출문제 04회 (2022.04.09 시행)

1과목 빅데이터 분석 기획

01 다음 중 하둡 분산 파일 시스템(HDFS: Hadoop Distributed File System)에 대한 설명으로 옳은 것은?

① 복제 횟수는 내부에서 결정되며 사용자가 임의로 변경할 수 없다.
② EXT4, NTFS가 상위 시스템이다.
③ GFS와 동일한 소스코드를 사용한다.
④ 네임노드와 데이터노드의 개수는 항상 동일하다.

02 다음 중 인공지능 학습에 대한 설명으로 옳지 않은 것은?

① 강인공지능이란 다양한 분야의 문제를 실제 사고하고 학습하여 해결할 수 있도록 하는 컴퓨터 기반의 인공지능이다.
② 훌륭한 알고리즘을 보유하였다면 학습을 생략해도 된다.
③ 강화학습은 특정 조건에서 최적의 행동을 선택하도록 학습하는 방법이다.
④ 지도학습은 데이터에 정답지가 주어진 상태로 학습하는 방법이다.

03 다음 중 분산파일 시스템에 대한 설명으로 옳은 것은?

① 하나의 컴퓨팅 자원을 다수의 시스템이 사용하는 관계로 병목현상이 발생한다.
② 비관계형 데이터베이스와 같은 의미를 지니며 대표적으로 NoSQL이 있다.
③ 네트워크를 통해 여러 파일을 관리 및 저장한다.
④ 컴퓨터 네트워크를 통해 공유되는 여러 호스트 컴퓨터의 파일에 접근할 수 있다.

04 다음 중 분석 로드맵 설정 시 우선순위로 고려해야 할 사항이 아닌 것은?

① 비즈니스 성과 및 ROI
② 시급성
③ 전략적 중요도
④ 분석데이터 적용

05 다음 중 개인정보에 대하여 정보주체의 동의 없이 수집 및 이용 가능한 경우로 옳지 않은 것은?

① 데이터 이용 활성화를 위한 통계작성에 이용해야 할 경우 가능하다.
② 통신사에서 고객에게 요금을 부과하기 위해 조회할 수 있다.
③ 병원에서 환자의 진료기록부 작성을 위해 개인정보를 기입하는 경우 가능하다.
④ 아파트를 재건축하는 과정에서 조합원이 조합에 조합원 정보열람을 요청한 경우 가능하다.

06 다음 중 빅데이터 분석 기획 절차로 옳은 것은?

① 비즈니스 이해 및 범위 설정 → 프로젝트 정의 → 프로젝트 위험 계획 수립 → 프로젝트 수행 계획 수립
② 비즈니스 이해 및 범위 설정 → 프로젝트 정의 → 프로젝트 수행 계획 수립 → 프로젝트 위험 계획 수립
③ 프로젝트 정의 → 비즈니스 이해 및 범위 설정 → 프로젝트 수행 계획 수립 → 프로젝트 위험 계획 수립
④ 프로젝트 정의 → 비즈니스 이해 및 범위 설정 → 프로젝트 위험 계획 수립 → 프로젝트 수행 계획 수립

07 다음 중 개인정보 비식별화에 대한 설명으로 옳지 않은 것은?

① 비식별 정보는 제3자 제공이 가능하며, 원칙적으로 불특정 다수에게 공개 또한 가능하다.
② 비식별 정보는 비식별 조치를 취한 이후에도 모니터링과 기술적 보호조치를 하여야 한다.
③ 비식별화는 개인을 식별할 수 없도록 하는 조치이다.
④ 비식별 정보는 사전에 개인정보 해당 여부에 대하여 검토하고, 개인정보가 아닌 경우 활용 가능하도록 한다.

08 다음 중 개인정보 비식별화 기술에 대한 설명으로 옳지 않은 것은?

① 총계처리 : 데이터의 총합 값으로 처리하여 개별 데이터의 값을 보이지 않도록 하는 방법
② 가명처리 : 개인 식별에 중요한 데이터를 식별할 수 없는 다른 값으로 변경하는 방법
③ 범주화 : 데이터의 값을 범주의 값으로 변환하여 값을 변경하는 방법
④ 데이터 마스킹 : 개인 식별에 중요한 데이터 값을 삭제하는 방법

09 다음 중 가트너에서 정의한 빅데이터 처리 플랫폼의 특징 중 3V에 대한 것으로 옳지 않은 것은?

① 가치(value)
② 규모(volume)
③ 속도(velocity)
④ 다양성(variation)

10 다음 중 1제타바이트에 1byte의 아스키 코드를 넣을 경우 저장 가능한 용량으로 옳은 것은?

① 2의 70승
② 2의 50승
③ 2의 30승
④ 2의 10승

11 다음 중 인메모리(in-memory) 기반의 데이터 처리 오픈소스 플랫폼으로 옳은 것은?

① 맵리듀스(Map Reduce)
② 하이브(Hive)
③ 아파치 스파크(Apache Spark)
④ 피그(Pig)

12 다음 중 데이터 분석(Analyzing) 단계에서 수행하는 업무로 옳지 않은 것은?

① 데이터 분할
② 데이터 모델링
③ 모델 적용 및 운영 방안 수립
④ 프로젝트 성과 분석 및 평가 보고

13 다음 중 정형데이터와 비정형데이터에 대한 설명으로 옳은 것은?

① 동영상, 오디오 데이터는 정형데이터이다.
② JSON은 반정형데이터이다.
③ 형태소는 정형데이터를 분석하기 위한 단위이다.
④ 정형데이터와 반정형데이터의 성질을 모두 갖고 있는 것을 비정형데이터라고 한다.

14 다음 중 데이터의 품질 지표로 옳지 않은 것은?

① 정확성(Accuracy)
② 불편성(Unbiasedness)
③ 적시성(Timeliness)
④ 일관성(Consistency)

15 다음 중 시스템의 전방에 위치하여 클라이언트로부터 다양한 서비스를 처리하고, 내부 시스템으로 전달하는 미들웨어인 것은?

① PaaS
② 데이터베이스
③ API 게이트웨이
④ ESB

16 다음 중 데이터 3법에 포함되는 법으로 옳지 않은 것은?

① 정보통신산업 진흥법
② 신용정보의 이용 및 보호에 관한 법률
③ 정보통신망 이용촉진 및 정보보호 등에 관한 법률
④ 개인정보보호법

17 다음 중 공공데이터에서 제공하는 파일의 형식으로 옳지 않은 것은?

① XML   ② SQL
③ JSON   ④ CSV

18 다음 중 빅데이터 저장소를 지칭하는 표현으로 옳지 않은 것은?

① Data Lake
② Data Mining
③ Data Warehouse
④ Data Dam

19 다음 중 데이터에 노이즈를 추가함으로써 개인정보를 보호하면서 데이터분석을 진행할 수 있는 방법으로 옳은 것은?

① K-익명성
② L-다양성
③ 개인정보 차등 보호
④ 가명화

20 다음 중 빅데이터 저장 기술로 옳은 것은?

① Map Reduce
② 직렬화
③ 시각화
④ NoSQL

2과목 빅데이터 탐색

객관식 : 20문항

21 다음 중 대표값 관련 설명으로 옳지 않은 것은?

① 평균은 중앙값보다 이상값의 영향을 더 적게 받는다.
② Q3-Q1은 사분위수 값을 이용하여 산출한다.
③ 변동률 등은 기하 평균으로 구한다.
④ 변동계수는 산점도와 관련이 있다.

22 제주시의 1인당 1일 생활폐기물량은 표준편차가 0.5킬로그램인 정규분포를 이루고 있다. 제주시 주민들의 평균 생활폐기물량이 1킬로그램이라는 가설을 검정하기 위해 시민 25명을 뽑아 실제 1일 생활폐기물량을 조사하였더니 1.3킬로그램이었다. 1인당 1일 생활폐기물이 1킬로그램이라는 주장에 대해서 5% 유의수준에서 가설검정할 때, 다음 중 옳은 것은? 《부표 2》 표준화 정규분포표의 확률변수 U가 Uα값 이하가 될 확률 α를 구하는 표 참고)

- 귀무가설 : 제주시의 1인당 1일 평균 생활폐기물량은 1킬로그램이다.
- 대립가설 : 제주시의 1인당 1일 평균 생활폐기물량은 1킬로그램이 아니다.

① 검정통계량은 z=2, 귀무가설 채택
② 검정통계량은 z=2, 귀무가설 기각
③ 검정통계량은 z=3, 귀무가설 채택
④ 검정통계량은 z=3, 귀무가설 기각

23 다음 중 이상값을 찾는 방법에 대한 설명이 아닌 것은?

① 박스플롯과 스캐터플롯 등에서 멀리 떨어진 값
② 정규분포에서 표준편차가 3이상인 값
③ 도메인 지식에서 이론적이나 물리적으로 맞지 않는 값
④ 가설 검정의 노이즈 값

24 다음 중 시공간데이터가 아닌 것은?

① 지도 데이터
② 패턴 데이터
③ 패널 데이터
④ 격자 데이터

25 다음 중 주성분분석에 대한 설명으로 잘못된 것은?

① 선형 결합하여 새로운 변수를 만든다.
② 분산이 커지도록 한다.
③ 데이터가 연속형인 경우에 사용한다.
④ 직관적으로 이해할 수 있다.

26 상관관계에 대한 설명 중 틀린 것은?

① −1부터 1이다.
② 0에 가까우면 상관성이 낮다.
③ 상관계수는 결정계수의 제곱이다.
④ 관계를 산점도로 알 수 있다.

27 평균이 150, 표준편차가 4인 실험용쥐 분포 X에 대해서 다음 아래와 같이 변화하였다. Y는 어떤 분포를 따르는가?

$$Y = \frac{X - 150}{4}$$

① $N(150, 6)$
② $N(0, 1)$
③ $N(0, 1/10)$
④ $N(0, 1/100)$

28 박스플롯에서 3Q보다 작은 것은?

① 90분위수 ② 중앙값
③ 80분위수 ④ 최대값

29 a에서 다음 주어진 점들까지 맨하튼거리를 구할 때 두번째로 먼 곳까지의 거리는?

$a(1,1)$ $b(1,2)$ $c(2,2)$ $d(4,1)$

① 1 ② 2
③ 3 ④ 4

30 다음은 확률에 대한 성질들을 설명한 것이다. 잘못된 것은?

① $P(A \cup B) = P(A) + P(B)$이면, $A \cap B = \emptyset$이다.
② $P(A|B) = \dfrac{P(A \cap B)}{P(B)}$, $P(B) > 0$는 사건 B가일어났다는 조건하에서 다른 사건 A가 일어날 확률을 말한다.
③ A, B가 서로 독립이면 둘 사이의 조건부 확률은 $P(A|B) = P(B)$가 된다.
④ $P(A^c) = 1 - P(A)$이다.

31 분포 X에 대해서 표준편차를 σ라고 할 때 Y = 2X+1의 표준편차는 얼마인가?

① 2σ ② 2σ+1
③ 4σ ④ 4σ+1

32 다음 중 비정형 텍스트 데이터 전처리 기법이 아닌 것은?

① 토크나이징 ② 어간추출
③ POS tagging ④ stemming

33 자료의 분포가 오른쪽으로 긴꼬리일 경우에 대한 설명으로 맞는 것은?

① 왜도 〉 0, 최빈값 〈 중앙값 〈 평균
② 왜도 〉 0, 평균 〈 중앙값 〈 최빈값
③ 왜도 〈 0, 중앙값 〈 최빈값 〈 평균
④ 왜도 〈 0, 최빈값 〈 중앙값 〈 평균

34 다음 중 포아송분포에 대한 설명으로 틀린 것은?

① 단위시간 안에 사건이 몇 번 발생하는 것을 표현하는 이산 확률분포이다.
② 기댓값과 분산이 동일한 확률분포이다.
③ 이항분포가 n(시행횟수)이 커지고 성공확률 p가 커져 1에 가까우면 포아송분포가 된다.
④ 특정 시간대에 은행창구에 도착한 고객수, 책 한페이지당 오탈자 수 등이 포아송의 대표적 예이다.

35 A와 지지도가 있으면 B와도 지지도가 있다의 개념을 기반으로 알고리즘하는 것은?

① APRIORI
② 인공신경망
③ N-gram
④ 어간추출

36 다음 중 빅데이터 탐색 단계에 대한 설명으로 적절하지 않은 것은?

① 빅데이터의 전체 분포를 검토하는 과정이다.
② 데이터 분석 모형을 평가한다.
③ 데이터 탐색 시 잠재적 문제를 발견하는 과정이다.
④ 데이터 탐색 시 패턴을 찾는 과정이다.

37 표준화와 점수분포에 관한 설명으로 적절한 것은?

① 표준화는 각 요소에서 평균을 뺀 값에 분산을 나눈다.
② 표준화한 데이터의 최대값은 1이다.
③ 표준화한 데이터의 표준편차는 0이다.
④ 정규분포를 표준화하면 표준정규분포가 된다.

38 소수의 극단값의 영향을 받지 않아 변동성 척도로서 적절한 것은?

① 범위
② 사분위범위
③ 변동계수
④ 표준편차

39 다음 중 초기하 분포의 설명으로 적절하지 않은 것은?

① 확률변수 값으로서 일정 횟수의 베르누이 시행에서 성공횟수를 가진다.
② 성공확률은 일정하지 않다.
③ 각 시행은 독립적이다.
④ 이산형 확률분포를 따른다.

40 다음과 같은 열이 4개인 박스플롯에 대한 설명으로 적절하지 않은 것은?

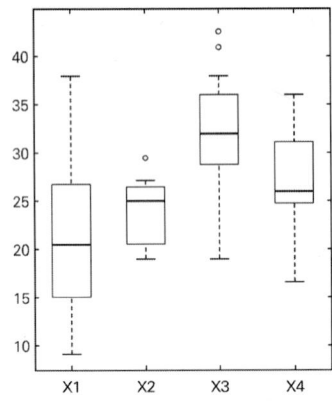

① X2의 분산은 X1보다 작다.
② X3의 평균은 10에 가깝다.
③ X1의 1사분위수는 15에 가깝다.
④ X2에 이상값이 존재한다.

3과목 빅데이터 모델링   객관식 : 20문항

41 다음 중 인공신경망의 특징으로 잘못된 것은?

① 두뇌 신경세포인 뉴런을 기본으로 한 학습 기법이다.
② 낮은 복잡성으로 모델 해석이 용이하다.
③ 다층 퍼셉트론의 문제점들을 해결하기 위해 등장한 딥러닝이 있다.
④ 딥러닝의 기본구조로 DNN(Deep Neural Netowrk)은 은닉층을 2개이상 가진다.

42 다음 의사결정나무에 대한 설명 중 틀린 것은?

① 나무 모양으로 조합하여 분류를 수행한다.
② 정지규칙은 현재 마디가 끝마디가 되게 한다.
③ 이산형 목표변수에만 적용이 가능하다.
④ 설명변수 간의 중요도를 판단하기 어렵다.

43 범주형 변수에 대한 분류기법이 아닌 것은?

① 로지스틱회귀분석
② 인공신경망
③ 선형회귀분석
④ 의사결정나무

44 다음 중 시계열 자료의 성분이 아닌 것은?

① 불규칙 성분
② 추세성분
③ 계절성분
④ 주기성분

45 앙상블 기법의 부스팅(Boosting)에 대한 설명으로 잘못된 것은?

① 가중치를 활용하여 약 분류기를 강 분류기로 만드는 방법이다.
② 가중치를 부여, 오차를 보완한다.
③ 순차적인 학습 기반으로 병렬처리가 어렵다
④ 학습 시간이 상대적으로 짧다.

46 과적합(과대적합)을 해결하기 위한 방법으로 맞지 않는 것은?

① 활성화함수 적용
② 배치 정규화
③ 드롭아웃
④ L2 규제

47 다음 중 오토인코더에 대한 설명으로 올바른 것은?

① 입력 수는 은닉층 수보다 항상 작다.
② 지도학습 기법으로 특징점을 찾는다.
③ 출력층과 입력층의 차원은 같다.
④ 하나의 신경망을 세 개 붙여놓은 형태이다.

48 군집분류 시 기본적인 가정으로 틀린 것은?

① 군집 내에 속한 개체들의 특성은 동일하다.
② 개체들의 속성을 기준으로 분류한다.
③ 군집 간 개체들의 특성은 서로 이질적이다.
④ 개별군집의 특성은 군집에 속한 개체들의 평균값으로 나타낸다.

49 비지도학습은 라벨링이 (   ) 것으로 예시로서 (   )이 있다. 괄호에 적합한 설명을 택한다면?

① 되어 있는, 분류분석
② 되어 있지 않은, 군집분석
③ 되어 있는, 연관분석
④ 되어 있지 않은, 선형회귀분석

50 군집분석의 척도로 2차원 공간에서의 피타고라스 정리로 측정하며 L2 거리로도 불리는 것은?

① 유클리드 거리
② 민코프스키 거리
③ 마할라노비스 거리
④ 맨해튼 거리

51 자료 형태에 따른 분석에서 독립변수가 범주형(세 개 이상 집단)이고 종속변수가 연속형인 경우 이들의 평균치에 대한 차이를 검정하는 통계기법은?

① 카이제곱검정
② 분산분석
③ T검정
④ 로지스틱회귀분석

52 회귀분석의 기본적인 가정으로 설명이 틀린 것은?

① 선형성 : 독립변수와 종속변수가 선형적이어야 함
② 잔차 등분산성 : 잔차들의 분산이 1로 일정해야 함
③ 잔차 정규성 : 잔차의 기댓값은 0이며 정규분포를 이루어야 함
④ 다중공선성 : 3개 이상의 독립변수간의 상관관계로 인한 문제가 없어야 함

53 텍스트 마이닝에서 문장을 2개 이상 단어로 분리, 비교하는 것은?

① TF-IDF
② 토픽모델링
③ N-gram
④ Tokenization

54 활성화함수 Relu에 대한 설명으로 틀린 것은?

① Sigmoid의 Gradient Vanishing 문제 해결한 활성화 함수이다.
② 결과로 0 또는 1을 반환한다.
③ sigmoid, tanh 함수보다 학습이 빠르고 연산비용이 적다.
④ 0 보다 크면 입력값을 그대로 출력한다.

55 단층퍼셉트론 계단함수(Step Function)에서 수행하지 못하는 것은?

① XOR
② AND
③ OR
④ NAND

56 범주 불균형 데이터에서 분류모델의 평가지표로 부적합한 것은?

① 민감도(Sensitivity)
② 특이도(Specificity)
③ 정확도(Accuracy)
④ ROC(Receiver Operating Characteristic) 곡선

57 모집단의 형태에 관계없이 주어진 연속형 데이터에서 직접 확률을 계산하여 통계학적 검정을 하는 비모수 통계 검정법에 해당되지 않는 것은?

① 윌콕슨 부호순위 검정
② 맥니마 검정
③ 부호검정
④ 크루스칼-왈리스 검정

58 혼동행렬로부터 계산 가능한 평가지표로 옳지 않은 것은?

① Precision   ② Mean Squared Error
③ Recall   ④ Accuracy

59 분석모형구축 절차에서 분석모형 설계의 세부 설명과 관계없는 것은?

① 분석 모델링 설계와 검정
② 분석 시나리오 작성
③ 모듈 개발 및 테스트
④ 분석 모델링에 적합한 알고리즘 설계

60 로지스틱 회귀분석에서 임의의 사건 A가 발생하지 않을 확률 대비 일어날 확률의 비율을 뜻하는 명칭은?

① 로짓(logit)   ② 엔트로피(entropy)
③ 유의수준(p-value) ④ 승산(odds)

4과목 빅데이터 결과 해석   객관식 : 20문항

61 시공간 시각화 기법으로 적절하지 않은 것은?

① 히스토그램   ② 막대그래프
③ 지도 맵핑   ④ 카토그램

62 초매개변수 최적화를 위한 방법으로 가장 거리가 먼 것은?

① 베이지안 최적화
② 그리드 탐색
③ 랜덤 탐색
④ 경사 하강법

63 다음 그래프는 2012년 홍콩의 수출 품목 분포를 표현한다. 이러한 유형의 그래프를 무엇이라고 하는가?

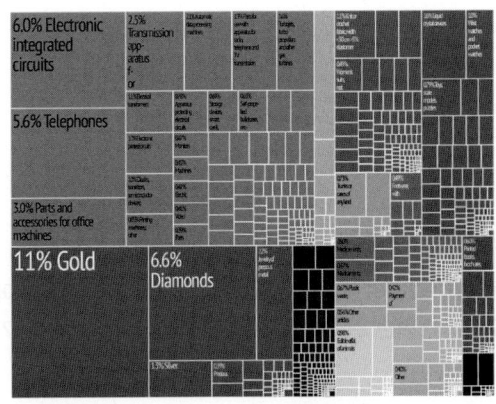

① 히트맵 ② 트리맵
③ 영역차트 ④ 박스플롯

64 민감도, 특이도, 정확도에 대한 설명으로 적절한 것은?

① 민감도와 특이도 둘 다 1일때 정확도는 1이다.
② 특이도가 1일 때 정확도는 1/2이다.
③ 민감도가 1/2일 때 정확도는 1/2이다.
④ 민감도와 특이도가 같을 때 정확도는 민감도의 1/2이다.

65 ROC 그래프의 설명으로 적절하지 않은 것은?

① 민감도가 1, 특이도가 0인 점을 지난다.
② 민감도가 0, 특이도가 1인 점을 지난다.
③ 가장 이상적인 그래프는 민감도가 1, 특이도가 1인 점을 지난다.
④ 특이도가 증가하는 그래프이다.

66 홀드아웃으로 나눌 수 있는 데이터가 아닌 것은?

① 테스트 데이터
② 검증 데이터
③ 학습 데이터
④ 오그먼트 데이터

67 다음 중 비교시각화 도구로 가장 거리가 먼 것은?

① 막대그래프
② 레이더차트
③ 히트맵
④ 산점도

68 숫자 1, 2, 2, 3, 3, 3이 하나씩 적혀 있는 6장의 카드가 들어있는 주머니에서 임의로 2장의 카드를 동시에 꺼낸다. 꺼낸 2장의 카드에 적혀 있는 두 수의 합이 짝수일 때, 꺼낸 2장의 카드 중에 3이 적혀 있는 카드가 있을 확률은?

① 4/7   ② 9/14
③ 11/14   ④ 6/7

69 어느 과목 수강생들의 점수는 평균이 100, 분산이 64인 정규분포를 보인다고 한다. 총 100명의 수강생 중에서 어떤 학생이 90점에서 100점 사이의 점수를 받았을 확률은 얼마인가? (〈부표〉 표준정규분포표 참고)

① 0.3849
② 0.1915
③ 0.3944
④ 0.4332

70 선형회귀식과 관측값이 다음과 같이 주어졌을 때, MSE와 MAE의 차이는?

선형회귀식 : Y = 10*X + 2	
X	관측값
1	16
2	20
3	28
4	44
5	52

① 2.4   ② 5.6
③ 8   ④ 10.4

71 다음 중 회귀 모형 평가 지표에 대한 설명으로 옳지 않은 것은?

① 회귀 모형의 실제 값과 예측 값의 차이를 잔차라고 한다.
② 결정계수가 1에 가까울수록 회귀식이 실제 값을 정확히 표현함을 의미한다.
③ RMSE의 값은 0에 가까울수록 좋다.
④ 설명변수의 개수가 많아질수록 결정계수는 작아진다.

72 다음의 오차행렬에서 민감도는 얼마인가?

예측 결과		실제 답	
		True	False
	True	80	30
	False	20	70

① 0.2 ② 0.3
③ 0.7 ④ 0.8

73 효과적인 인포그래픽의 조건 중 가장 적절하지 않은 것은?

① 적절한 스토리를 만든다.
② 최대한 많은 정보를 담는다.
③ 데이터를 통해 메시지를 전달한다.
④ 차트나 다이어그램을 사용한다.

74 K-fold 교차 검증에 대한 설명 중 옳지 않은 것은?

① K번 반복한 후 평균을 내어 모델의 성능을 평가한다.
② 과대적합 방지를 위해 사용된다.
③ 전체 데이터를 K개의 서브셋으로 분리한다.
④ 하나의 데이터는 훈련데이터로 K번 사용된다.

75 히스토그램의 특징으로 거리가 먼 것은?

① 히스토그램이 왼쪽으로 치우쳐 있으면 데이터 값이 낮은 구간에 몰려있는 것이다.
② 정규분포를 이루는 데이터의 누적히스토그램의 기울기는 1이다.
③ 히스토그램을 도수분포표로 변환할 수 있다.
④ 누적히스토그램의 마지막 막데이터 전체 데이터의 총 수를 나타낸다.

76 상관분석에 관한 설명으로 옳지 않은 것은?

① 두 변수 사이의 연관성을 분석하기 위해 사용된다.
② 스피어만 상관계수는 -1에서 1 사이의 값을 갖는다.
③ 상관계수가 -1인 경우가 0인 경우에 비해 상관성이 작다.
④ 두 변수 사이의 상관관계는 산점도를 통해서 확인할 수 있다.

77 불균형 클래스에 대한 분류모델 측정 지표로 적절하지 않은 것은?

① F1-score
② 정확도
③ 재현율(recall)
④ 정밀도

78 오토인코더에 대한 설명으로 맞지 않는 것은?

① 차원축소에 사용되기도 한다.
② 입력층과 출력층의 차원은 같다.
③ 디코더는 고차원데이터를 저차원데이터로 바꾸는 역할을 한다.
④ 비지도학습 모델이다.

79 군집분석 모델을 시각화하는 방법으로 가장 알맞은 것은?

① 산점도
② 히트맵
③ 히스토그램
④ 네트워크 다이어그램

80 분석모형 리모델링에 대한 설명으로 가장 거리가 먼 것은?

① 일반적으로 전개(Deployment) 단계에서 이루어진다.
② 새로운 요구사항을 수용하는 경우 리모델링이 이루어진다.
③ 분석 알고리즘 개선 작업이 이루어진다.
④ 새로운 분석 과제를 발굴한다.

기출문제 03회 (2021.10.02 시행)

시험 시간	풀이 시간	합격 점수	내 점수	문항수
120분	분	60점	점	총 80개

1과목 빅데이터 분석 기획

객관식 : 20문항

01 빅데이터 분석 방법론의 분석 절차에서 아래 설명에 해당하는 단계는 무엇인가?

- 프로젝트 진행을 위한 방향성을 설정한다.
- 비즈니스 문제에 대한 과제 현황을 파악한다.
- 실제 분석을 수행하기에 앞서 분석을 수행할 과제를 정의한다.
- 의도했던 결과를 도출할 수 있도록 이를 적절하게 관리할 수 있는 방안을 계획한다.

① 분석 문제 정의
② 분석 로드맵 설정
③ 분석 기획
④ 분석 마스터 플랜

02 다음 중 데이터 분석 시 고려사항으로 옳지 않은 것은?

① 분석 기술과 방법론을 기반으로 여러 형태의 데이터를 구축, 탐색, 분석 및 시각화까지 수행한다.
② 분석 결과를 사전에 가정하고 정의하여 목적에 맞는 탐색적 데이터 분석을 수행한다.
③ 규모가 아니라 어떠한 시각과 통찰을 얻을 수 있느냐의 문제이다.
④ 데이터 분석 방법과 성과에 대하여 충분히 이해하고 수행한다.

03 다음 중 하나 이상의 데이터 소스로부터 정형데이터를 추출 및 가공하여 데이터 웨어하우스 등 다양한 응용 시스템에 저장하는 기술은?

① FTP(File Transfer Protocol)
② RSS(Rich Site Summary)
③ ETL(Extract, Transform, Load)
④ Kafka

04 다음 중 재현자료(Synthetic Data)에 대한 설명으로 옳지 않은 것은?

① 실제로 측정된 데이터를 생성하는 모형이 존재한다고 가정하고 추정된 모형에서 새롭게 생성한 데이터이다.
② 모집단의 통계적 특성들을 유지하면서도 민감한 정보를 외부에 직접 공개하지 않는다.
③ 베이지안 방법이나 기계학습 모형을 통해 재현자료를 생성할 수 있다.
④ 개인이 제공한 데이터가 아닌 임의 생성 데이터로 개인정보보호 관련 법규의 규제 제약이 있다.

05 다음 중 분석 마스터 플랜에 대한 설명으로 옳은 것은?

① 전략적 중요도, 비즈니스 성과와 ROI, 분석 과제의 실행 용이성을 고려하여 과제의 우선 순위 기준을 설정한다.
② 단계별로 추진하고자 하는 목표를 명확하게 정의하고, 추진 과제별 선행 관계를 고려하여 단계별 추진 내용을 정의한다.
③ 분석 목표를 기반으로 분석 과제를 수행하기 위해 필요한 기준 등을 담아 만든 종합적인 계획이다.
④ 데이터 수집 및 확보와 분석 데이터 준비 단계는 순차적으로 진행하고 모델링 단계는 반복적으로 수행한다.

06 다음 중 빅데이터 분석 방법론의 데이터 분석 과정에서 수행하는 업무로 옳지 않은 것은?

① 데이터 수집, 저장 및 정합성 검증
② 텍스트 데이터 확인, 수집 및 데이터 분석
③ 모델 평가 및 모델 검증
④ 탐색적 데이터 분석 및 데이터 시각화

07 다음 중 기존 기계적 학습 알고리즘과 비교하여 빅데이터 기반 인공지능이 갖는 장점으로 옳지 않은 것은?

① 이종 문제 영역으로 확장 가능하다.
② 대규모 데이터 집합의 효율적 처리가 가능하다.
③ 인간의 통찰력을 활용하여 필요한 특징을 직접 설정할 수 있다.
④ 특정 영역에서는 인간 수준 또는 그 이상의 지식 체계 구현이 가능하다.

08 다음 중 개인정보보호법에 의한 개인정보처리 원칙으로 옳지 않은 것은?

① 개인정보처리자는 개인정보의 처리 방법 및 종류 등에 따라 정보주체의 권리가 침해 받을 가능성과 그 위험 정도를 고려하여 개인정보를 안전하게 관리하여야 한다.
② 개인정보처리자는 개인정보의 처리 목적을 명확하게 하여야 하고 그 목적에 필요한 범위에서 최소한의 개인정보만을 적법하고 정당하게 수집하여야 한다.
③ 개인정보처리자는 개인정보의 처리 목적에 필요한 범위에서 적합하게 개인정보를 처리하여야 하며, 그 목적 외의 용도로 활용해서는 아니 된다.
④ 개인정보처리자는 개인정보를 익명 또는 가명으로 처리하여도 개인정보 수집 목적을 달성할 수 있는 경우 익명에 의하여 처리하여야 한다.

09 다음 중 하둡 분산 파일 시스템(HDFS: Hadoop Distributed File System)에 저장된 빅데이터를 ETL(Extract, Transform, Load) 작업이 가능한 시스템은?

① Pig
② Tajo
③ Oozie
④ HBase

10 다음 중 데이터 분석가와 비교하여 데이터 사이언티스트가 갖추어야 할 역량으로 옳지 않은 것은?

① 데이터 가공 시 자동적으로 처리하고 필요한 데이터를 생성하기 위한 시스템을 개발하는 능력
② 변환된 비즈니스 문제를 기술적 역량을 바탕으로 체계적이고 자동적으로 분석 및 해결하는 능력
③ 비즈니스 문제를 새롭게 정의하고 이를 해결할 수 있는 문제로 변환하는 능력
④ 기술적 역량을 활용하여 문제 해결을 위한 데이터 수집 및 가공, 분석 프로세스를 설계하고 구현하는 능력

11 다음 중 2018년 5월 EU에서 시행된 법령으로, 정보주체의 권리와 기업의 책임성 강화 등을 주요 내용으로 하고 있는 개인정보보호 법령으로 옳은 것은?

① PPP
② DPA
③ PDA
④ GDPR

12 다음 중 가트너가 정의한 빅데이터 처리 플랫폼 특징 3V로 옳지 않은 것은?

① 규모(volume)
② 다양성(variety)
③ 속도(velocity)
④ 변환성(variation)

13 다음 중 민감정보로 옳지 않은 것은?

① 정치적 견해
② 사상과 신념
③ 취미생활
④ 건강정보

14 다음 중 데이터 분석 절차로 옳은 것은?

① 분석 기획 → 데이터 준비 → 데이터 분석 → 평가 및 전개 → 시스템 구현
② 분석 기획 → 데이터 준비 → 데이터 분석 → 시스템 구현 → 평가 및 전개
③ 데이터 준비 → 분석 기획 → 데이터 분석 → 시스템 구현 → 평가 및 전개
④ 데이터 준비 → 분석 기획 → 데이터 분석 → 평가 및 전개 → 시스템 구현

15 다음 중 분석 문제 정의 단계에서 고려해야 할 내용으로 옳지 않은 것은?

① 데이터의 크기나 유형을 고려한다.
② 데이터 분석을 통해 달성하고자 하는 목표를 고려한다.
③ 데이터 분석 주기는 분석 단계에서 결정될 수 있으므로 고려하지 않는다.
④ 분석 문제 정의의 주체로 개인과 조직을 나누어 고려한다.

16 다음 중 데이터웨어하우스의 특징으로 옳지 않은 것은?

① 주제정확성
② 시계열성
③ 통합성
④ 소멸성

17 다음 중 객관성, 정확성, 진정성 등 데이터 자체가 고품질임을 나타내는 데이터 품질 유형으로 옳은 것은?

① 유용성 품질
② 적시성 품질
③ 적합성 품질
④ 접근성 품질

18 다음 중 HBase, 카산드라와 같이 비정형 및 반정형 데이터 처리에 가장 유용한 시스템은?

① RDBMS
② 분산 파일 시스템
③ NoSQL
④ 인메모리(in-memory) 데이터 관리 기술

19 다음 중 개인정보 비식별화 방법으로 옳지 않은 것은?

① 데이터 마스킹
② 가명처리
③ 값 대체
④ 범주화

20 다음 중 아래에서 설명하는 내용으로 옳은 것은?

> 특정 기업이 가진 이용자 개인정보를 다른 기업에 제공하려면 이용자의 동의를 구해야 하는데, 이때 다른 기업이 이용자에게 직접 동의를 구해 특정 기업에 개인정보 제공을 요청할 수 있다.

① 개인정보 동의 간소화
② 기업간 정보 공유
③ 개인 정보 포털
④ 마이 데이터

2과목 빅데이터 탐색

객관식 : 20문항

21 데이터 정제에 관련한 설명으로 옳은 것은?

① 노이즈와 이상치는 비정형 데이터보다는 정형 데이터에서 자주 발생하므로 데이터 특성에 맞는 정제 규칙을 수립하여야 한다.
② 데이터 정제 과정은 데이터 분석 과정에서 반드시 필요하다.
③ 모든 데이터를 대상으로 정제 활동을 해야한다.
④ 데이터 정제는 결측값을 채우거나 이상치를 제거하는 과정을 통해 데이터의 신뢰도를 높이는 작업이다.

22 차원축소의 목적과 특징에 대한 설명으로 옳지 않은 것은?

① 차원축소의 목적은 데이터 분석의 효율성 측면에서 복잡도를 축소하고 과적합을 방지하며, 해석력을 확보하는 것에 있다.
② 작은 차원만으로 부스트한 결과를 도출할 수 있다면 많은 차원을 다루는 것보다 효율적이다.
③ 차원축소 기법에는 주성분 분석, 요인 분석, 특이값 분해, 다차원 척도법이 있다.
④ 알고리즘을 통한 학습에서 차원이 증가하면, 학습데이터의 수가 차원의 수보다 커지면서 차원의 저주 현상이 보인다.

23 이상치에 대한 설명으로 올바르지 않은 것은?

① 데이터 측정 중에 발생하는 오류로 인해 생성된 값은 이상치로 처리할 수 없다.
② 정규화를 통해 특정 구간을 벗어난 경우를 이상치로 판별할 수 있다.
③ 상자그림, 산점도 등과 같은 시각화를 통해 이상치의 검출이 가능하다.
④ 상한값과 하한값을 벗어나는 값들을 상한, 하한값으로 변경하여 활용하는 극단값 조정 방법이 있다.

24 차원축소 기법 중 하나인 요인분석에 대한 설명으로 틀린 것은?

① 모형을 세운 뒤 관찰 가능한 데이터를 이용하여 해당 잠재 요인을 도출하고 데이터 안의 구조를 해석하는 기법이다.
② 독립변수와 종속변수를 구분하고, 주로 기술통계에 의한 방법을 이용한다.
③ 변수를 축소하거나 변수의 특성을 파악하고 파생변수를 생성할 때도 용이하다.
④ 영향력이 큰 주요변수와 유사한 변수를 제거하면서 소수의 요인으로 축약하는 기법이다.

25 변수 변환 기법 중 Box-Cox 변환 기법에 대한 설명으로 올바르지 않은 것은?

① 데이터가 가진 스케일이 심하게 차이가 나는 경우 그 차이를 그대로 반영하기보다는 상대적 특성이 반영된 데이터로 변환하는 과정이다.
② 변수들의 분포가 오른쪽으로 꼬리가 긴 것을 감소시키기 위해 로그변환을 하기도 한다.
③ 기존 변수에 특정 조건 혹은 함수 등을 적용하여 새롭게 재정의한 통계량을 활용하여 분석을 수행한다.
④ 변수에 제곱근을 취하면 오히려 선형적인 특징을 가지게 되어 의미 해석이 쉬워진다.

26 다음 중 스케일링 방법에 해당하지 않는 것은?

① 최대-최소 정규화
② Z-score
③ Robust 스케일링
④ 변수범주화

27 상관관계에 대한 설명으로 올바른 것은?

① 한 변수의 값이 증가할 때, 다른 변수값이 감소하는 경향을 보이면 양의 상관관계가 있다.
② 한 변수의 값이 감소할 때, 다른 변수값이 감소하는 경향을 보이면 양의 상관관계가 있다.
③ 상관계수 값이 +1에 가까우면 강한 음의 상관관계가 있다.
④ 상관계수 값이 -1에 가까우면 강한 양의 상관관계가 있다.

28 주성분 분석에 대한 설명으로 옳은 것은?

① 분포된 데이터들의 특성을 설명할 수 있는 하나 또는 복수 개의 특징을 찾는 것을 의미한다.
② 변수들의 공분산 행렬 또는 상관 행렬을 이용하여 데이터의 변동성을 최소화한다.
③ 음수를 포함하지 않는 두 행렬의 곱으로 분해하는 알고리즘이다.
④ 행의 수와 열의 수가 같은 정방 행렬만 사용 가능하다.

29 다음 중 성격이 다른 기초통계량은?

① 평균
② 중앙값
③ 범위
④ 최빈값

30 평균에 대한 설명으로 올바르지 않은 것은?

① 일반적으로 모든 자료의 합을 구한 후 전체 자료수로 나눈다.
② 종류에는 산술평균, 기하평균, 조화평균이 있다.
③ 기하평균은 n개 자료의 곱의 결과를 n 제곱근으로 계산한다.
④ 평균 물가 상승률, 경제 상승률 등을 구할 때는 조화 평균을 사용한다.

31 모집단에 대하여 표본추출을 시행할 때, 전수조사를 시행해야 하는 것은?

① 바다에 사는 고래의 개체 수
② 우주선 부품 조사
③ 환자의 암 진단
④ 전구의 성능 조사

32 대푯값에 대한 설명과 특징으로 올바르지 않은 것은?

① 중앙값은 자료의 크기 순으로 나열하고 가운데 위치한 값이며 이상치에 덜 민감하다.
② 분산은 평균으로부터 얼마나 떨어져 있는지를 나타낸 값으로 표본분산은 자유도(n-1)로 나누어 계산한다.
③ IQR은 3분위수와 1분위수의 차의 값이며, 상자그림을 통해 직관적으로 파악할 수 있다.
④ 왜도는 데이터분포의 기울어진 정도를 설명하며, 왜도가 0보다 크면 최빈값〉중앙값〉평균의 특성을 가진다.

33 다음 중 점추정의 조건에 해당되지 않는 것은?

① 편이성(biasedness) ② 효율성(efficiency)
③ 일치성(consistency) ④ 불편성(unbiasedness)

34 시각적 데이터 탐색을 수행할 때, 활용하는 차트 또는 기법이 아닌 것은?

① 히스토그램
② 인코딩
③ 산점도
④ 박스플롯

35 표본분포에 대한 설명으로 올바르지 않은 것은?

① 표본분포는 모집단에서 추출한 일정한 개수의 표본에 대한 분포이다.
② 표본집단의 특성을 나타내는 특성값은 통계량이라고 하며, 이를 통해 모집단의 모수를 추론한다.
③ 표본평균의 표준편차를 평균의 표준오차라고 하며, 표본의 퍼짐 정도를 나타낸다.
④ 모집단의 크기와 상관없이 표본평균의 표준오차는 동일하다.

36 다음 중 층화추출에 대한 설명으로 올바르지 않은 것은?

① 모집단을 여러 개의 층으로 나눈 뒤, 각 층에서 무작위로 표본을 추출한다.
② 모집단의 특성을 고려하여 표본을 추출하기 때문에, 편향된 결과를 얻을 가능성을 줄일 수 있다.
③ 각 층은 모집단의 크기에 상관없이 같은 크기를 가지게 된다.
④ 모집단의 크기가 클 때도 작은 표본으로 모집단을 대표할 수 있으므로 효율적인 표본 추출 방법이다.

37 어떤 실험에서 확률변수 X의 평균은 4이고 확률변수 Y의 평균은 9이며 X, Y 모두 포아송 분포를 따른다고 가정할 때, 다음에서 제시한 기댓값과 분산은 얼마인가?

$E[(3X+2Y)/6]$, $Var[(3X+2Y)/6]$

① 기댓값 2, 분산 2
② 기댓값 2, 분산 5
③ 기댓값 5, 분산 2
④ 기댓값 5, 분산 5

38 가설검정에 대한 설명으로 옳은 것은?

① 귀무가설은 연구자가 모수에 대해 새로운 통계적 입증을 이루어 내고자 하는 가설이다.
② 유의수준이 클수록 연구자는 귀무가설을 기각하고 자신의 주장에 대한 확신을 가질 수 있다.
③ 제1종오류는 귀무가설이 참일 때, 귀무가설을 기각하고 결정하는 오류이다.
④ 제2종오류는 귀무가설이 참일 때, 대립가설을 채택하도록 결정하는 오류이다.

39 모집단과 표본의 통계량에 대한 설명 중 잘못된 것은?

① 모집단의 분포와 상관없이 표준편차가 0.1이면 표본분포는 정규분포를 따른다.
② 표본분포의 표준오차는 표본의 크기(n)와 연계되어 모분산/n을 따른다.
③ 표본평균의 평균은 모집단의 평균과 동일하다고 가정한다.
④ 동일한 모집단의 표준편차에서 표본의 크기가 커질수록 표준오차는 줄어든다.

40 불균형 데이터를 분석하는 경우, 고려해야 할 사항으로 틀린 것은?

① 데이터에서 각 클래스가 갖고 있는 데이터양의 차이가 큰 경우 언더샘플링, 오버 샘플링, 앙상블 기법을 통해 불균형 데이터를 처리한다.
② 데이터 클래스 비율의 차이가 나면 큰 클래스를 선택할 가능성이 높아지므로 정확도를 우선적으로 고려한다.
③ 가중치가 더 높은 클래스를 더 예측하려고 하기 때문에 정확도는 높아질 수는 있지만 분포가 작은 클래스의 특이도가 낮아지는 문제가 발생할 수도 있다.
④ 훈련 데이터셋에서는 높은 성능을 보이지만 테스트 데이터셋에서는 예측 성능이 낮을 가능성이 높다.

3과목 빅데이터 모델링

객관식 : 20문항

41 불균형 데이터에 대한 분석 시 관련 설명으로 잘못된 것은?

① 샘플링 기법으로 불균형 데이터 처리를 한다.
② 언더샘플링은 불균형 데이터에서 높은 비율을 차지하는 클래스 데이터 수를 줄이는 기법이다.
③ 오버샘플링은 낮은 비율을 차지하는 클래스의 데이터 수를 늘리는 기법이다.
④ 오버샘플링 시 재현율은 감소하나 정밀도가 증가한다.

42 앙상블 기법에 대한 설명 중 옳은 것은?

① 보팅(Voting)은 서로 다른 모델들을 결합할 수 없다.
② 배깅(Bagging)에서 부트스트래핑(Bootstrapping)의 조건은 기초 데이터셋이 생성된 샘플 데이터셋 하나보다 크기가 작아야 한다.
③ 부스팅(Boosting)은 잘못 분류된 훈련 샘플에 대해 가중치를 높인다.
④ 스태킹(Stacking)은 단일 모델에 대한 연속 예측 결과를 다시 훈련 데이터로 사용한다.

43 활성화 함수 소프트맥스(Softmax)에 대한 설명으로 옳지 않은 것은?

① 세 개 이상으로 분류하는 다중 클래스 분류에서 사용된다.
② 시그모이드(Sigmoid)와 비슷하게 0~1사이에 변환하여 출력한다.
③ 신경망의 출력층에서 사용된다.
④ 출력값의 총합은 항상 1 이상인 특징을 가진다.

44 활성화 함수 설명 중에서 틀린 것은?

① 딥러닝 신경망 네트워크에 입력된 값들을 비선형 함수인 활성화 함수로 통과 뒤 다음 계층으로 전달한다.
② 시그모이드(Sigmoid)의 출력 값은 확률 값이다.
③ 렐루(Relu)는 기울기 소실(Gradient Vanishing) 문제를 해결할 수 있다.
④ 하이퍼볼릭탄젠트(Tanh)는 값이 작아질수록 −1, 커질수록 0에 수렴한다.

45 종속변수가 연속형 변수일 때 의사결정나무의 분류 기준으로 적합한 것은?

① 카이제곱 통계량
② 지니 지수
③ 분산분석
④ 엔트로피 지수

46 서포트벡터머신(SVM)의 커널함수인 RBF(Radial Basis Function)함수에 대한 설명으로 옳지 않은 것은?

① cost C와 gamma 값 조정으로 성능을 향상시킬 수 있다.
② RBF 커널을 이용하면 비선형 경계를 만들 수 있다.
③ 가우시안 커널로도 불리며 gamma는 데이터 샘플의 영향력을 행하는 거리를 비례적으로 결정한다.
④ C가 낮으면 과소적합이 될 수 있다.

47 주성분 분석(PCA)의 특징을 설명한 것으로 잘못된 것은?

① 주성분은 데이터들의 분산이 가장 큰 방향벡터이다.
② 분산을 최소화하는 축을 구축하는 과정이다.
③ 저차원의 초평면에 투영을 하게 되면 차원이 줄어드는 효과를 가진다.
④ 3차원 점들에 대해 주성분 분석을 수행하면 서로 수직인 3개의 주성분 벡터들이 반환된다.

48 주성분 분석과 요인 분석과의 공통점으로 잘못된 설명은?

① 변수들 중에서 개념적으로 비슷한 변수들을 잠재적인 요인으로 통합한다.
② 상관관계가 있는 변수들을 축소된 개수의 변수로 변환한다.
③ 전체 변수가 아닌 주성분/요인 분석으로 데이터에 대한 이해도가 높아진다.
④ 차원축소를 위한 기법에 속한다.

49 상관계수에 대한 설명으로 잘못된 내용은?

① 공분산과 상관계수 모두 두 변수 간 증가하거나 감소하는 관련성을 확인할 수 있는 지표이다.
② 공분산은 상관계수를 대체할 수 있다.
③ 상관계수 값의 범위는 −1과 +1 사이이다.
④ 간격 척도가 적용된 상관분석에는 피어슨 상관계수가 사용된다.

50 데이터 스케일링(Scaling)에 대한 설명으로 옳지 않은 것은?

① 정규분포화로 특성들의 평균을 0, 분산을 1로 스케일링한다.
② 정규화로 특성들을 [0, 1]로 스케일링한다.
③ 변수의 크기, 범위나 척도가 다르지 않은 경우 스케일링이 필요하다.
④ 수치형 변수에만 적용한다.

51 다음 보기 중 집단 간 동질성, 집단 내 이질성이 되도록 하는 표본추출 기법은?

① 계통추출법
② 군집추출법
③ 층화추출법
④ 단순랜덤추출법

52 로지스틱 회귀분석에 대한 설명으로 옳지 않은 것은?

① 종속변수가 범주형 데이터인 경우에 사용된다.
② 지도학습으로 분류된다.
③ 종속변수가 정규분포를 따른다.
④ 독립변수의 선형 결합을 이용하여 결과를 예측한다.

53 각 모델에 따른 현장 활용 설명으로 틀린 것은?

① 강화학습 : 연속적인 로봇의 움직임을 결정하고, 작업을 수행하도록 학습한다.
② CNN : 의료영상 분석으로 X-ray로 폐렴 또는 정상을 구분한다.
③ RNN : 과거 데이터를 기반으로 현 시각의 기온을 예측한다.
④ GAN : 순차 데이터를 이용한 언어 번역에 활용한다.

54 딥러닝 모델에서 초매개변수(Hyperparameter)의 특징이 아닌 것은?

① 초매개변수란 자동으로 정해지는 매개변수 값을 뜻한다.
② 미니배치 크기가 작으면 더 많은 가중치 업데이트를 할 수 있다.
③ 은닉층 수가 많을수록 특정 데이터에 더 최적화할 수 있다.
④ 모델 학습과정에 반영되므로 학습 시작전에 조정이 가능하다.

55 딥러닝에서 손실함수값을 최소화하는 파라미터를 찾는 최적화 방법 중 하나인 경사하강법(Gradient Descent) 기법에 속하지 않는 것은?

① Momentum
② AdaGrad
③ RMSProp
④ AdaBoost

56 신경망 과적합을 방지하는 방법으로 맞지 않는 것은?

① 가중치 감소(Weight Decay)
② 배치 정규화(Batch Normalization)
③ 드롭아웃(Dropout)
④ 가중치 초기화(Weight Initialization)

57 ROC 곡선에 대한 설명으로 맞지 않는 것은?

① 민감도(Sensitivity)와 1-특이도(Specificity)로 그려지는 곡선이다.
② AUC(Area Under the Curve) 면적값이 1에 가까울수록 우수한 분류 모델 성능을 나타낸다.
③ 민감도는 재현율(Recall)로 실제 True인 것 중에서 모델이 True라고 예측한 것의 비율이다.
④ 특이도에서 FP 비중이 클수록 좋다.

58 이진 분류의 성능을 평가하는 지표로 부적합한 것은?

① MSE
② Accuracy
③ Recall
④ AUC Score

59 선형회귀분석의 기본 4가지 가정에 속하지 않는 것은?

① 정규성 : 잔차가 평균이 0인 정규분포를 띤다.
② 독립성 : 잔차 간 또는 변수들 간 상관관계가 없어야 한다.
③ 비선형성 : 입력과 출력변수 또는 독립변수와 종속변수 간의 관계에는 선형성이 없어야 한다.
④ 등분산성 : 잔차의 분산은 일정해야 한다.

60 다음의 혼동행렬에서 민감도(Recall)와 정밀도(Precision)를 구하시오.

		실제	
		Positive	Negative
예측	Positive	20	20
	Negative	10	50

① 민감도 = 2/3, 정밀도 = 1/2
② 민감도 = 1/2, 정밀도 = 1/3
③ 민감도 = 1/5, 정밀도 = 1/2
④ 민감도 = 1/3, 정밀도 = 1/2

4과목 빅데이터 결과 해석

객관식 : 20문항

61 성과지표에 관한 설명으로 옳지 않은 것은?

① 정밀도(Precision)는 양성으로 예측한 샘플 중에서 실제 양성인 샘플의 비율을 나타낸다.
② 재현율(Recall)은 실제 양성인 샘플 중에서 양성으로 예측한 샘플의 비율을 나타낸다.
③ 데이터 시각화를 위해 새로운 지표를 생성하지 않아도 된다.
④ R^2 지표는 회귀 모델의 성능을 측정하는 지표로 종속변수는 실제값이다.

62 다음 중 데이터 시각화 방법으로 적절하지 않은 것은?

① 히스토그램 ② 산점도
③ 박스플롯   ④ 원핫 인코딩

63 다음 보기에서 설명하는 시각화 방법으로 적절한 것은?

- 변수들 사이의 연관성이나 패턴 등을 파악한다.
- 산점도, 버블차트 등을 활용한다.

① 관계시각화 ② 비교시각화
③ 공간시각화 ④ 시간시각화

64 분류 모델의 성과평가 방법 중 음성인 샘플 중에서 얼마나 많은 음성 샘플을 정확하게 찾아냈는지 나타내는 지표는?

① 민감도 ② 특이도
③ 정확도 ④ 정밀도

65 지도의 면적을 왜곡하여 특정 변수의 상대적인 크기 또는 중요성을 강조하는 시각화 도구는?

① 버블 차트
② 지형도
③ 카토그램
④ 히트맵

66 이진분류기의 평가지표로 적절하지 않은 것은?

① 정확도
② 민감도
③ 재현율
④ MAE(Mean Absolute Error)

67 다음 중 평균 절대 백분율 오차(MAPE)의 식으로 맞는 것은?

① $\dfrac{100}{n} \times \sum\limits_{i=1}^{n} \left| \dfrac{Y_i - \hat{Y}_i}{Y_i} \right|$

② $\sqrt{\dfrac{1}{n}\sum\limits_{i=1}^{n}(Y_i - \hat{Y}_i)^2}$

③ $\dfrac{\sum_{i=1}^{n}|Y_i - \hat{Y}_i|}{n}$

④ $\dfrac{1}{n}\sum\limits_{i=1}^{n}(Y_i - \hat{Y}_i)$

68 모델의 성능을 평가하기 위해 데이터를 학습 데이터와 검증 데이터로 나누는 기법은?

① K-fold 교차검증   ② Holdout
③ Bootstrap   ④ Dropout

69 경사하강법(Gradient Descent)에 대한 설명으로 잘못된 것은?

① 비용 함수를 최소화하는 모델의 파라미터를 찾는데 사용된다.
② 기울기의 반대 방향으로 파라미터를 업데이트하여 진행한다.
③ 최적화 알고리즘으로서 모든 상황에서 수렴을 보장한다.
④ 학습률(learning rate)은 각 업데이트 단계에서 파라미터를 조정하는 비율이다.

70 관계시각화에 대한 설명으로 적절하지 않은 것은?

① 변수 간의 연관성을 분석한다.
② 산점도, 버블차트, 히스토그램 등이 대표적이다.
③ 그래프 시각화는 노드와 엣지로 데이터들 사이의 관계를 시각화한다.
④ 트리 시각화는 계층적인 관계를 가진 데이터를 표현하는데 사용한다.

71 데이터 분할 시 유의사항으로 적절하지 않은 것은?

① 검증 데이터와 테스트 데이터는 일부 겹칠 수 있다.
② 학습 데이터가 부족하면 모델의 성능이 떨어질 수 있다.
③ 학습 데이터와 테스트 데이터는 동일하게 사용할 수 있다.
④ 불균형 데이터의 경우 불균형 비율을 유지하면서 데이터를 분할하는 것이 좋다.

72 다음의 주성분 분석(PCA) 결과에서 5개의 주성분을 선택할 때 설명율은 얼마인가?

```
>summary(pca_result)
Importance of components :
                        PC1     PC2     PC3     PC4     PC5     PC6
Standard deviation      0.51681 1.6466  1.0457  0.8825  0.8489  0.65463
Proportion of Variance  0.4519  0.1822  0.1298  0.1201  0.07142 0.04451
Cumulative Proportion   0.4519  0.6342  0.7640  0.8841  0.95549 1.00000
```

① 100%
② 7.142%
③ 95.549%
④ 65.463%

73 다음과 같은 과일 판매 데이터셋이 주어졌을 때 연관규칙 '오렌지, 사과 ⇒ 키위'의 지지도와 신뢰도를 구하시오.

{오렌지, 사과, 키위},
{수박, 바나나},
{오렌지, 사과, 바나나, 키위},
{딸기, 수박, 사과, 바나나},
{딸기, 수박, 바나나, 키위},
{오렌지, 사과}

① 지지도=50%, 신뢰도=66%
② 지지도=50%, 신뢰도=33%
③ 지지도=33%, 신뢰도=66%
④ 지지도=33%, 신뢰도=50%

74 회귀분석 모형의 적합성을 평가할 때 적절하지 않은 것은?

① 잔차는 서로 상관성이 없고 동일한 분산을 가져야 한다.
② 잔차의 정규성 검정을 위해 QQ 플롯을 활용할 수 있다.
③ 회귀계수 추정값이 0이어도 y 절편 추정값이 0이 아니면 모형은 유의하다.
④ 결정계수 값이 1에 가까울수록 모형의 설명력이 높다.

75 회귀분석을 수행한 결과 도출된 분산분석표에 대한 설명으로 적절하지 않은 것은?

	Df	Sum Sq	Mean Sq	F value	Pr(>F)
Species	2	(가) 63.21	31.60	(다) 119.3	(라) <2e-16 ***
Residuals	147	(나) 38.96	0.26		

Signif.codes: 0 '***' 0.001 '**' 0.01 '*' 0.05 '.' 0.1 ' ' 1

① 결정계수(R^2)는 (가)와 (나)로 구할 수 있다.
② (다)는 F 통계량이며 주어진 표의 값들을 이용하여 직접 계산할 수 있다.
③ (라)는 (다)의 통계량보다 크거나 같은 값을 가질 확률을 의미한다.
④ 일반적으로 (라)의 값이 0.05보다 작으면 귀무가설을 기각하므로 그룹 간에 통계적으로 유의한 차이가 없다고 판단할 수 있다.

76 주로 다각형 형태로 표현하며 각 꼭지점이 특정 성과지표를 나타냄으로써, 여러 가지 요인 또는 성과지표를 한번에 시각화하여 쉽게 이해할 수 있도록 도와주는 것은?

① 히스토그램
② 스타차트
③ 파이차트
④ 스캐터플롯

77 특정한 데이터 값의 변화에 따라 지도의 면적이 달라지는 그림으로, 데이터의 크기가 왜곡되어 보이는 현상을 보완해주는 시각화 도구는 무엇인가?

① 카토그램
② 인포그래픽
③ 히트맵
④ 파이차트

78 다음 ROC 곡선에 대한 설명으로 적절하지 않은 것은?

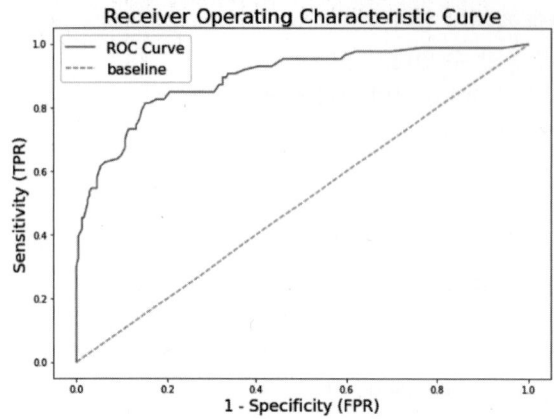

① 임계값 변화에 따른 민감도와 특이도를 기반으로 표현한 그래프이다.
② AUC는 ROC 곡선의 아래 면적으로, 면적이 작을수록 분류 성능이 높다.
③ 임계값이 1이면 확률이 1일 때 참으로 예측하므로 FPR이 0이다.
④ ROC가 베이스라인 밑으로 그려지면 성능이 떨어지는 것으로 해석한다.

79 하이퍼파라미터에 대한 설명으로 적절하지 않은 것은?

① 초기값을 사용자가 주지만, 데이터 학습을 통해 최종 결정된다.
② 그리드 서치, 랜덤 서치 등의 최적화 방법이 사용된다.
③ 서포트벡터머신의 C, kernel, gamma 등이 대표적인 하이퍼파라미터이다.
④ 하이퍼파라미터의 값에 따라 모델의 성능이 달라진다.

80 다음 중 인포그래픽에 사용되는 요소로 가장 거리가 먼 것은?

① 차트와 그래프
② 지도
③ 프로세스 플로우
④ 충실한 텍스트 설명

최신 기출문제
정답 & 해설

▶ 빠른 정답 확인표

기출문제 10회

01 ③	02 ①	03 ②	04 ③	05 ①
06 ②	07 ④	08 ④	09 ②	10 ①
11 ④	12 ③	13 ①	14 ②	15 ④
16 ③	17 ③	18 ④	19 ②	20 ①
21 ④	22 ②	23 ③	24 ③	25 ②
26 ①	27 ②	28 ②	29 ②	30 ①
31 ④	32 ②	33 ③	34 ①	35 ①
36 ①	37 ④	38 ①	39 ④	40 ④
41 ②	42 ②	43 ③	44 ③	45 ①
46 ③	47 ④	48 ③	49 ④	50 ④
51 ①	52 ④	53 ④	54 ④	55 ③
56 ④	57 ④	58 ④	59 ④	60 ④
61 ④	62 ④	63 ②	64 ④	65 ①
66 ③	67 ①	68 ④	69 ②	70 ①
71 ④	72 ④	73 ②	74 ④	75 ①
76 ②	77 ②	78 ①	79 ③	80 ③

기출문제 09회

01 ①	02 ③	03 ①	04 ④	05 ③
06 ②	07 ④	08 ②	09 ③	10 ④
11 ②	12 ①	13 ②	14 ③	15 ④
16 ①	17 ④	18 ①	19 ②	20 ④
21 ①	22 ④	23 ②	24 ③	25 ②
26 ④	27 ①	28 ①	29 ③	30 ②
31 ①	32 ②	33 ③	34 ①	35 ③
36 ①	37 ④	38 ②	39 ④	40 ①
41 ①	42 ④	43 ①	44 ③	45 ①
46 ③	47 ②	48 ④	49 ②	50 ④
51 ①	52 ③	53 ①	54 ①	55 ③
56 ④	57 ③	58 ④	59 ①	60 ④
61 ④	62 ②	63 ④	64 ③	65 ①
66 ①	67 ②	68 ②	69 ①	70 ②
71 ④	72 ①	73 ②	74 ③	75 ③
76 ④	77 ①	78 ③	79 ④	80 ③

기출문제 08회

01 ③	02 ①	03 ②	04 ④	05 ④
06 ③	07 ②	08 ①	09 ①	10 ③
11 ①	12 ④	13 ①	14 ②	15 ①
16 ③	17 ①	18 ③	19 ④	20 ④
21 ③	22 ②	23 ③	24 ③	25 ③
26 ①	27 ②	28 ③	29 ③	30 ④
31 ②	32 ②	33 ③	34 ③	35 ②
36 ①	37 ④	38 ③	39 ③	40 ④
41 ②	42 ③	43 ②	44 ②	45 ③
46 ③	47 ④	48 ②	49 ③	50 ①
51 ③	52 ④	53 ①	54 ③	55 ③
56 ②	57 ④	58 ④	59 ②	60 ③
61 ④	62 ③	63 ④	64 ③	65 ③
66 ①	67 ②	68 ③	69 ④	70 ②
71 ①	72 ①	73 ①	74 ②	75 ①
76 ④	77 ③	78 ①	79 ②	80 ②

기출문제 07회

01 ③	02 ②	03 ①	04 ④	05 ①
06 ②	07 ④	08 ③	09 ①	10 ①
11 ②	12 ④	13 ①	14 ③	15 ④
16 ②	17 ②	18 ①	19 ③	20 ④
21 ④	22 ②	23 ①	24 ①	25 ④
26 ②	27 ②	28 ①	29 ①	30 ②
31 ①	32 ②	33 ②	34 ①	35 ①
36 ④	37 ②	38 ③	39 ①	40 ②
41 ④	42 ①	43 ②	44 ④	45 ②
46 ②	47 ②	48 ③	49 ③	50 ②
51 ①	52 ①	53 ①	54 ①	55 ③
56 ③	57 ①	58 ①	59 ①	60 ④
61 ③	62 ③	63 ④	64 ③	65 ②
66 ①	67 ④	68 ④	69 ③	70 ③
71 ③	72 ②	73 ②	74 ①	75 ①
76 ④	77 ③	78 ①	79 ②	80 ①

기출문제 06회

01 ①	02 ④	03 ②	04 ③	05 ③
06 ①	07 ②	08 ④	09 ②	10 ①
11 ④	12 ②	13 ①	14 ③	15 ③
16 ②	17 ①	18 ④	19 ④	20 ②
21 ②	22 ②	23 ③	24 ②	25 ②
26 ①	27 ②	28 ②	29 ②	30 ③
31 ①	32 ③	33 ③	34 ④	35 ①
36 ②	37 ③	38 ①	39 ③	40 ②
41 ②	42 ①	43 ②	44 ②	45 ④
46 ①	47 ②	48 ②	49 ③	50 ②
51 ①	52 ②	53 ③	54 ①	55 ③
56 ①	57 ①	58 ②	59 ③	60 ②
61 ①	62 ②	63 ②	64 ②	65 ②
66 ②	67 ④	68 ④	69 ①	70 ④
71 ①	72 ①	73 ②	74 ③	75 ①
76 ④	77 ④	78 ②	79 ②	80 ①

기출문제 05회

01 ③	02 ②	03 ②	04 ③	05 ①
06 ①	07 ②	08 ④	09 ①	10 ④
11 ②	12 ④	13 ②	14 ①	15 ③
16 ②	17 ①	18 ②	19 ④	20 ③
21 ①	22 ①	23 ②	24 ①	25 ④
26 ④	27 ①	28 ④	29 ③	30 ②
31 ①	32 ②	33 ②	34 ③	35 ④
36 ①	37 ③	38 ②	39 ④	40 ②
41 ④	42 ②	43 ②	44 ③	45 ②
46 ②	47 ②	48 ②	49 ②	50 ①
51 ③	52 ②	53 ③	54 ②	55 ②
56 ③	57 ②	58 ②	59 ②	60 ④
61 ③	62 ②	63 ②	64 ③	65 ②
66 ②	67 ①	68 ③	69 ②	70 ①
71 ②	72 ②	73 ②	74 ②	75 ①
76 ③	77 ②	78 ①	79 ④	80 ②

기출문제 04회

01 ③	02 ②	03 ④	04 ④	05 ①
06 ②	07 ①	08 ④	09 ①	10 ③
11 ③	12 ②	13 ②	14 ②	15 ③
16 ①	17 ②	18 ②	19 ③	20 ④
21 ①	22 ④	23 ②	24 ③	25 ②
26 ③	27 ②	28 ②	29 ②	30 ③
31 ②	32 ②	33 ①	34 ③	35 ①
36 ①	37 ③	38 ②	39 ③	40 ②
41 ②	42 ③	43 ③	44 ③	45 ②
46 ①	47 ③	48 ②	49 ②	50 ①
51 ②	52 ②	53 ②	54 ②	55 ①
56 ③	57 ③	58 ③	59 ②	60 ④
61 ①	62 ②	63 ②	64 ①	65 ②
66 ④	67 ①	68 ④	69 ③	70 ④
71 ④	72 ③	73 ②	74 ②	75 ②
76 ③	77 ②	78 ③	79 ①	80 ④

기출문제 03회

01 ③	02 ②	03 ③	04 ④	05 ①
06 ①	07 ③	08 ④	09 ②	10 ①
11 ②	12 ②	13 ①	14 ②	15 ③
16 ④	17 ②	18 ②	19 ③	20 ④
21 ④	22 ④	23 ①	24 ②	25 ②
26 ④	27 ②	28 ①	29 ③	30 ④
31 ②	32 ④	33 ①	34 ②	35 ④
36 ③	37 ③	38 ③	39 ①	40 ②
41 ④	42 ③	43 ②	44 ③	45 ③
46 ③	47 ②	48 ①	49 ②	50 ③
51 ②	52 ③	53 ④	54 ①	55 ④
56 ④	57 ②	58 ②	59 ④	60 ①
61 ③	62 ④	63 ②	64 ②	65 ③
66 ④	67 ①	68 ②	69 ③	70 ④
71 ③	72 ③	73 ③	74 ③	75 ④
76 ②	77 ①	78 ②	79 ①	80 ④

최신 기출문제 정답 & 해설

기출문제 10회 (2025.04.05 시행)   2-28p

01 ③	02 ①	03 ②	04 ③	05 ①
06 ②	07 ④	08 ④	09 ②	10 ①
11 ④	12 ③	13 ①	14 ②	15 ④
16 ③	17 ③	18 ④	19 ②	20 ①
21 ④	22 ②	23 ③	24 ③	25 ②
26 ①	27 ②	28 ②	29 ③	30 ①
31 ④	32 ②	33 ③	34 ①	35 ①
36 ①	37 ③	38 ①	39 ④	40 ②
41 ②	42 ②	43 ④	44 ④	45 ①
46 ③	47 ④	48 ③	49 ④	50 ④
51 ①	52 ②	53 ④	54 ④	55 ④
56 ④	57 ②	58 ④	59 ③	60 ②
61 ④	62 ②	63 ②	64 ④	65 ①
66 ③	67 ①	68 ②	69 ②	70 ①
71 ④	72 ④	73 ②	74 ④	75 ①
76 ②	77 ①	78 ①	79 ③	80 ③

1과목 빅데이터 분석 기획

01 ③
JDBC(Java Database Connectivity)는 자바에서 데이터베이스에 접속할 때 사용하는 API이며, OLTP(Online Transaction Processing)는 호스트 컴퓨터와 온라인으로 접속된 여러 단말 간 처리 형태의 하나로 데이터베이스의 데이터를 수시로 갱신하는 프로세싱을 의미한다.

02 ①
집중형 조직구조는 전사 분석 업무를 별도의 전담조직에서 수행하는 것으로, 내부에서 전사 분석과제의 전략적 중요도에 따라 우선순위를 정하며, 현업 부서와 분석 업무가 중복되거나 이원화될 가능성이 있다.
분석 결과를 현업에 빠르게 적용할 수 있는 구조는 분산형 조직구조이다.

03 ②
가명처리는 추가정보 없이는 특정 개인을 알아볼 수 없도록 처리하는 것이며, 익명정보는 시간,비용,기술 등을 합리적으로 고려할 때 다른 정보를 사용하여도 더 이상 개인을 알아볼 수 없는 정보이다.
개인정보는 반드시 익명정보로 변환하여야 하는 것은 아니며, 가명정보로 변환하여 사용할 수도 있다.
③ 비식별 정보는 개인정보가 아닌 정보로 추정되므로 정보주체로부터의 별도 동의없이 해당 정보를 이용하거나 제3자에게 제공할 수 있다. 다만, 불특정 다수에게 공개되는 경우에는 다른 정보를 보유하고 있는 누군가에 의해 해당 정보주체가 식별될 가능성이 있으므로 비식별 정보의 공개는 원칙적으로 금지된다.
④ 개인정보는 살아 있는 개인에 관한 정보로서 개인을 알아볼 수 있는 정보이며, 해당 정보만으로는 특정 개인을 알아볼 수 없더라도 다른 정보와 쉽게 결합하여 알아볼 수 있는 정보를 포함한다.

04 ③
책임원칙의 훼손은, 빅데이터 분석 결과를 근거로 특정 행위를 할 가능성이 높다는 이유만으로 특정인을 처벌하거나 차별하는 경우를 말하며, 이는 민주주의 사회의 기본 원칙을 침해하는 것이다.
개인이 특정한 사회·경제적 특성을 가진 집단에 속한다는 이유만으로, 그의 신용도와 무관하게 대출이 거절되는 상황 등은 잘못된 클러스터링에 따른 피해 사례이다.

05 ①
빅데이터 분석 방법론은 응용 서비스 개발을 위해 단계, 태스크, 스텝의 3계층으로 구성되어 있으며, 각 단계별로 세부 태스크와 스텝이 정의되어 있다.
빅데이터 분석 방법론의 개발절차는 총 5단계로, 그 순서는 분석 기획, 데이터 준비, 데이터 분석, 시스템 구현, 평가 및 전개 순이다. 그 중 분석 기획(Planning) 단계는 총 3개의 태스크로, 비즈니스 이해 및 범위 설정, 프로젝트 정의 및 계획 수립, 프로젝트 위험계획 수립 순으로 되어 있다.

06 ②
총계처리(Aggregation)는 통계 값을 적용하여 특정 개인을 식별할 수 없도록 하는 방법으로, 개인과 직접 관련된 날짜 정보(생일, 자격 취득일), 기타 고유 특징(신체정보, 진료기록, 병력정보, 특정소비기록 등 민감한 정보)을 주요 대상으로 한다.
데이터 전체 또는 부분을 집계(총합, 평균 등)하며, 민감한 수치 정보에 대하여 비식별 조치가 가능하고, 통계분석용 데이터셋 작성에 유리하다. 다만 정밀 분석이 어렵고, 집계 수량이 적을 경우 추론에 의한 식별 가능성이 있다.

07 ④
정형 데이터(Structured Data)는 정해진 형식과 구조에 맞게 저장되도록 구성된 데이터이며, 연산이 가능하다.
반정형 데이터(Semi-structured Data)는 데이터의 형식과 구조가 비교적 유연하고, 스키마 정보를 데이터와 함께 제공하는 파일 형식의 데이터이며, 연산이 불가능하다.
비정형 데이터(Unstructured Data)는 구조가 정해지지 않은 대부분의 데이터이며, 연산이 불가능하다.
세 유형의 데이터 모두 구조나 형태 변경은 가능하다.

08 ④
빅데이터 플랫폼 구조는 소프트웨어 계층, 플랫폼 계층, 인프라스트럭처 계층의 3계층으로 구성되어 있다.
소프트웨어 계층은 빅데이터 애플리케이션을 구성하며 데이터 처리 및 분석과 이를 위한 데이터 수집, 정제를 한다.
플랫폼 계층은 빅데이터 애플리케이션을 실행하기 위한 플랫폼을 제공하며, 작업 스케줄링이나 데이터 및 자원 할당과 관리, 프로파일링 등을 수행한다.
인프라스트럭처 계층은 자원 배치와 스토리지 관리, 노드 및 네트워크 관리 등을 통해 빅데이터 처리와 분석에 필요한 자원을 제공한다.

09 ②

FTP(File Transfer Protocol)는 TCP/IP나 UDP 프로토콜을 통해 원격지 시스템으로부터 파일을 송수신하는 기술이다.
크롤링(Crawling)은 인터넷상에서 제공되는 다양한 웹 사이트로부터 소셜 네트워크 정보, 뉴스, 게시판 등으로부터 웹 문서 및 정보를 수집하는 기술이다.
스크래핑(Scraping)은 웹 페이지의 내용을 자동으로 추출하여 데이터를 수집하는 것을 말한다.
Open API는 응용 프로그램을 통해 실시간으로 데이터를 수신할 수 있도록 공개된 API다.

10 ①

데이터는 정확성, 완전성, 적시성, 일관성 확보를 통해 품질이 보장되어야 한다.
정확성(Accuracy)은 실제 세계에 존재하는 객체의 표현 값이 정확히 반영되어야 함을 말한다.
완전성(Completeness)은 필수항목에 누락이 없어야 함을 뜻한다.
적시성(Timeliness)은 지속적으로 생성 소멸하는 데이터에 대한 품질 기준으로 필요로 하는 시점에 맞게 적절하게 제공되어야 한다.
일관성(Consistency)은 데이터가 지켜야 할 구조, 값, 표현되는 형태가 일관되게 정의되고, 서로 일치해야 함을 의미한다.
데이터는 정해진 데이터 유효범위 및 도메인을 충족해야 한다는 설명은 유효성(Validity)에 대한 정의이다.

11 ④

가명정보
원래의 개인정보에서 일부 식별 요소를 삭제하거나 가명 처리하여, 단독으로는 개인을 식별할 수 없지만, 다른 정보와 결합하면 식별 가능한 정보이다.

12 ③

데이터 산업은 인프라 영역과 서비스 영역으로 나누어 볼 수 있다.
인프라 영역은 데이터 수집, 저장, 분석, 관리 등의 기능을 담당하며, 컴퓨터나 네트워크 장비 및 스토리지 같은 하드웨어 영역과 데이터를 관리하고 분석하기 위한 소프트웨어 영역이 있다.
서비스 영역은 데이터를 활용하기 위한 교육이나 컨설팅 또는 솔루션을 제공하며, 데이터 그 자체를 제공하거나 이를 가공한 정보를 제공하기도 하고, 데이터를 처리하는 역할을 담당하기도 한다.

13 ①

최적화(Optimization)는 분석 대상과 분석 방식을 모두 알고 있을 때, 통찰(Insight)은 분석 방식을 알고 있을 때, 솔루션(Solution)은 분석 대상을 알고 있을 때, 발견(Discovery)은 둘 다 모르는 경우 적합하다.

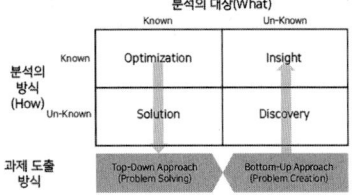

14 ②

데이터 웨어하우스(Data Warehouse, DW)는 사용자의 의사결정에 도움을 주기 위하여 기간시스템의 데이터베이스에 축적된 데이터를 공통의 형식으로 변환해서 관리하는 데이터베이스로, 주제지향성, 통합성, 시계열성, 비휘발성이라는 4가지 특징을 갖고 있다.

- 주제지향성 : 고객, 제품 등과 같은 중요한 주제를 중심으로 그 주제와 관련된 데이터들로 구성된다.
- 통합성 : 데이터가 데이터 웨어하우스에 입력될 때는 일관된 형태로 변환되며, 전사적인 관점에서 통합된다.
- 시계열성 : 데이터 웨어하우스의 데이터는 일정 기간 동안 시점별로 이어진다.
- 비휘발성 : 데이터 웨어하우스에 일단 데이터가 적재되면 일괄 처리 작업에 의한 갱신 이외에는 변경이 수행되지 않는다.

15 ④

전이학습은 기존의 학습된 모델의 지식을 새로운 문제에 적용하여 학습을 빠르고 효율적으로 수행하는 머신러닝 기법이다.
전이학습은 기존의 모델이 학습한 특성, 가중치, 표현 등을 새로운 모델에 전달하여 새로운 작업에 적용하는 방식으로 작동한다.
비슷한 분야에서 학습된 딥러닝 모형을 다른 문제를 해결하기 위해 사용하고자 할 때 적은 양의 데이터로도 좋은 결과를 얻을 수 있다.

16 ③

개인정보는 목적 달성에 필요한 최소한의 정보만을 수집해야 한다.

17 ③

데이터 사이언티스트
- 데이터에 대한 이론적 지식과 숙련된 분석 기술을 바탕으로 통찰력과 전달력 및 협업 능력이 필요하다.
- 데이터의 다각적 분석을 통해 인사이트를 도출하고 이를 조직의 전략 방향 제시에 활용할 수 있는 기획자이다.
- 문제를 집중적으로 파고들어 질문을 찾고, 검증 가능한 가설을 세울 줄 알아야 한다.

18 ④

WBS(Work Breakdown Structure, 작업 분할 구조)는 프로젝트 전체를 체계적으로 작업 단위로 분해하여 일정, 자원, 비용, 책임 등을 관리할 수 있게 하는 기본 도구이다.
WBS 작성은 분석 기획 단계의 프로젝트 정의 및 계획 수립 태스크에 해당한다.

19 ②

FGI(Focused Group Interview)
작은 그룹의 참가자들을 모아 집단적인 토론을 통해 의견과 경험을 수집하는 방법으로 일반적으로 6~12명의 참가자로 구성된 집단이 모여 진행되며, 주제와 관련된 질문들이 제시되어 참가자들은 서로의 의견을 나누고 토론한다. 이러한 토론은 구성원 간의 상호작용과 아이디어 교환을 통해 보다 깊은 인사이트를 얻을 수 있도록 도와준다.
설문조사
사람들의 의견이나 행동에 대한 데이터를 수집하는 일반적인 방법으로 온라인 설문지, 전화 인터뷰, 직접 면접 등의 형태로 진행될 수 있으며, 개별 질문이나 척도를 사용하여 응답자의 의견을 수집한다.
관찰
사람들의 행동, 사건 또는 상황을 직접 관찰하여 데이터를 수집하는 방법이다. 관찰은 실시간 또는 사전에 녹화된 비디오 또는 사진 등을 통해 이루어질 수 있으며, 이 방법은 사람들의 실제 행동을 측정하고 분석할 때 유용하다.
실험
특정 가설을 검증하기 위해 인위적으로 조작된 조건에서 데이터를 수집한다. 실험은 종종 실험 그룹과 대조 그룹으로 나뉘며, 서로 다른 처리를 받는 조건에서 차이를 비교하여 결과를 분석한다.

20 ①

인공지능은 성능 개선을 위해 지속적이고 추가적인 학습과 데이터 갱신을 요구하고 있다.

2과목 빅데이터 탐색

21 ④

변수 선택이란 전체 변수 중에서 예측에 중요한 변수만 선택하여 모델 성능을 향상시키고 과적합을 방지하는 방법이다.
- 전진 선택법 : 가장 설명력이 높은 변수부터 하나씩 추가하며 성능 향상을 확인한다.
- 후진 제거법 : 모든 변수를 포함한 상태에서 설명력이 낮은 변수부터 하나씩 제거한다.
- 단계별 선택법 : 전진 선택과 후진 제거를 결합한 방식으로 변수 추가와 제거를 반복하며 최적 조합을 찾는다.

상호 정보량을 확인하는 것은 변수 간 비선형 관계를 측정하여 유용한 변수를 식별하는 데 활용할 수 있으나 다른 보기처럼 절차적으로 수행되는 알고리즘은 아니다.

22 ②

▶ 이항분포의 기술 통계량

항목	수식	설명
평균	$\mu = np$	n번 시행 중 성공 기댓값
분산	$\sigma^2 = np(1-p)$	성공과 실패의 불확실성을 반영

23 ③

표본평균은 추정값이며, 표본이 다르면 평균도 달라질 수 있다.
① 표본평균은 모집단 평균의 불편추정량이다. 즉, 여러 표본에서 평균을 구하면 모집단 평균에 수렴한다.
② 분산 계산 시 자유도가 1개 줄어든 n-1로 나누어야 모집단 분산에 대한 불편추정량이 된다.
④ 중심극한정리에 따르면, 표본의 크기가 커지면 표본평균의 분포는 정규분포에 가까워지고, 그 평균은 모집단 평균에 수렴한다.

24 ③

평균 $\mu = \frac{100+200+300}{3} = 200$

주어진 표준편차 $\sigma = 100$

z-score $z = \frac{x-\mu}{\sigma}$

변환 함수 $f(x) = ax + b$

계수 $a = \frac{1}{\sigma} = \frac{1}{100} = 0.01$

상수 $b = -\frac{\mu}{\sigma} = -\frac{200}{100} = -2$

$a + b = 0.01 - 2 = -1.99$

25 ②

파생변수(derived feature)는 기존 데이터를 변형, 결합해서 새롭게 만든 변수이다.

오답 피하기
- ① 파생변수는 원본 변수와의 관계를 반영한 변수이며, 잡음 제거보다는 정보 확장 또는 모델 성능 개선이 주 목적이다.
- ③ 모델 복잡도를 낮춘다는 보장은 없으며, 과도한 파생변수는 모델을 더 복잡하게 만들 수 있다.
- ④ 비정형 데이터에서도 파생변수를 만들 수 있다.

26 ①

①은 기존 변수(1년 총 구매금액)을 이용하여 새로운 의미 있는 변수(월평균 구매금액)을 계산해 만든 것이므로 전형적인 파생변수 생성 사례이다.

27 ②

두 개의 독립 표본 $x_1, x_2 \in \{1, -1\}$, $P(x=1)=p$, $P(x=-1)=1-p$이므로 표본평균 $y=(x_1+x_2)/2$는 다음 세 가지 값만 가질 수 있다.

$x_1=1, x_2=1 \Rightarrow y=1$
$x_1=1, x_2=-1$ 또는 $x_1=-1, x_2=1 \Rightarrow y=0$
$x_1=-1, x_2=-1 \Rightarrow y=-1$

따라서
$P(y=1)=P(x_1=1 \cap x_2=1)=p \cdot p=p^2$
$P(y=0)=P(x_1=1 \cap x_2=-1)+P(x_1=-1 \cap x_2=1)=p(1-p)+(1-p)p=2p(1-p)$
$P(y=-1)=P(x_1=-1 \cap x_2=-1)=(1-p)^2$

28 ②

LSA(Latent Semantic Analysis)
문서–단어 행렬에 특이값 분해(SVD)를 적용하여 저차원 잠재 의미 공간으로 데이터를 축소하는 기법이다. 자연어 처리에서 문서 간 유사도 계산 등에 사용된다.

오답 피하기
- ① LDA는 확률 기반 주제 모델링 기법으로 단어들이 여러 주제에 속할 확률을 추정하는 방식이다.
- ③ PCA는 주로 수치형 데이터의 차원 축소에 사용된다.
- ④ 요인분석은 관찰된 변수들 간의 공통 요인을 찾기 위한 통계 기법이다.

29 ②

IQR(Interquartile Range, 사분위범위)는 데이터의 중간 50%가 퍼져 있는 범위를 나타내는 산포(흩어짐)의 척도이다.
$IQR = Q_3 - Q_1$
Q_1(제1사분위수) : 하위 25% 지점의 값
Q_3(제3사분위수) : 상위 75% 지점의 값

30 ①

군집 추출 : 집단 내 이질, 집단 간 동질
층화 추출 : 집단 내 동질, 집단 간 이질

31 ④

데이터 및 모델 상황에 따라 언더샘플링과 오버샘플링의 효과는 달라지므로 항상 더 좋다는 보장이 없다.

32 ②

점추정은 하나의 값으로 모수를 추정하고, 구간추정은 이를 기초로 신뢰구간을 제시하는 방법이다. 일반적으로 신뢰도가 높을수록 추정 구간은 넓어진다.

33 ③

초기하분포는 복원 없이 추출하므로 앞선 시행 결과가 다음 시행에 영향을 준다. 즉, 시행 간에 독립성이 없다.

34 ①
피어슨 상관계수는 두 변수 간의 선형 관계의 강도와 방향을 측정하는 대표적인 통계 지표이다. 원 데이터의 실제 값을 기반으로 계산되므로 이상치의 영향을 크게 받는다.
스피어만 상관계수는 자료의 순위에 따라 계산되므로 이상치 영향이 적다.

35 ①
로지스틱 회귀는 이진 분류 문제(예: 합격/불합격)에서 주로 사용하는 통계적 모델이다. 입력된 독립변수들의 선형 결합을 바탕으로, 종속변수가 특정 범주에 속할 확률을 예측한다. 독립변수들의 선형 결합을 로짓 함수(logit)의 역함수인 시그모이드 함수(sigmoid)를 통해 0~1 사이의 확률값으로 변환한다.
① 로지스틱 회귀는 확률 기반 모델로, 정규성 가정이 필요 없다.

36 ①
요약 변수는 데이터의 주요 특징을 요약하여 나타낸 변수로, 보통 통계량(평균, 합계, 비율 등)을 기반으로 생성된다.
요약 변수는 분석 과정 중 임시로 계산해 생성하는 경우가 많으며, 원본 데이터에서 파생된 것이기 때문에 언제든 다시 만들 수 있다. 모델링 전 단계에서 분석 또는 시각화용으로 활용하기도 한다.

오답 피하기
- ② 요약 변수는 원시 데이터뿐 아니라 기존의 파생 변수로부터 다시 생성할 수도 있다.
- ③ 요약 변수는 평균일 필요도 없고, 전체 데이터셋 기준일 필요도 없이 다양한 기준으로 생성 가능하다.
- ④ 요약 변수가 의미 있고 유용한 정보를 제공한다면 모델 훈련에 포함시킬 수 있다.

37 ④
통계적 변수 선택에서는 교차검증을 통해 변수 조합별 모델 성능을 비교하면서, 최적의 변수 집합을 선택한다.

오답 피하기
- ① 도메인 전문가의 판단도 중요하지만 통계적 방법도 함께 사용하여 객관성과 재현성을 확보해야 한다.
- ② 상관계수는 단변량 관계만 나타내므로 다중공선성, 비선형성, 상호작용 등도 고려해야 한다.
- ③ 모든 변수를 포함하면 과적합 위험이 있으므로 중요한 변수만 선택하는 것이 도움된다.

38 ①
데이터 정제는 부정확, 불완전, 관련이 없거나 중복 또는 잘못된 형식의 데이터를 수정·제거하는 과정을 포함한다. 데이터의 전반적인 패턴에서 벗어나는 이상치(Outliers)와 데이터가 기록되지 않은 부분인 결측치(Missing Values)를 적절히 처리함으로써 데이터의 신뢰성과 유효성을 높여 분석 결과의 정확성을 보장한다.

39 ④
분산 분석(ANOVA, Analysis of Variance)은 셋 이상 집단 간의 평균 차이가 통계적으로 유의미한지 여부를 검정하는데 사용되는 통계적 방법이다. 집단 내 분산과 집단 간 분산을 비교하여 평균 차이의 유의성을 판단한다.

오답 피하기
- ① 상관 분석은 두 연속형 변수 간 관계를 측정한다.
- ② 회귀 분석은 독립변수가 종속변수에 미치는 영향을 추정한다.
- ③ 카이제곱 검정은 범주형 변수 간의 독립성 또는 적합성을 검정한다.

40 ②
공분산은 두 확률 변수(또는 데이터셋의 두 변수)가 함께 어떻게 변하는지를 측정하는 통계량이다. 즉, 한 변수가 변할 때 다른 변수가 어떤 방향으로 변하는 경향이 있는지 나타낸다. (양수이면 같은 방향, 음수이면 반대 방향)
두 변수가 독립이면 공분산은 0이 된다. 하지만 공분산이 0이라고 해서 반드시 두 변수가 독립인 것은 아니다. 공분산은 두 변수 간의 선형적 관계만 측정한다. 만약 두 변수 사이에 비선형적 관계가 존재한다면 공분산은 0이 나올 수 있지만, 두 변수는 통계적으로 독립이 아닐 수 있다.

3과목 빅데이터 모델링

41 ②
덴드로그램에서 특정 높이에서 수평선을 그었을 때, 이 선과 교차하는 수직선의 개수가 곧 군집의 개수이다. 주어진 덴드로그램에서는 2개이다.

42 ②
비정상성은 시간에 따라 평균이나 분산이 변화하는 상태이다. 제거하지 않고 그대로 분석할 시 모델의 예측력이 떨어지고 해석이 왜곡될 수 있다.

오답 피하기
- ① 정상성(Stationary)은 시간에 따라 평균, 분산, 공분산이 일정한 상태로 예측 및 분석이 안정적이다.
- ③ 계절성은 특정 주기(period)를 두고 반복되는 패턴이나 변동이 있는 것으로 계절 ARIMA 등의 모델로 분석이 가능하다.
- ④ 추세성은 데이터가 장기적으로 증가하거나 감소하는 비주기적/점진적 특징으로 차분(differencing) 또는 회귀를 통해 분석이 가능하다.

43 ④
ReLU는 인공신경망에서 입력 신호를 출력 신호로 변환하는 역할을 하는 활성화 함수이며 과적합 해결과는 직접적 관련이 없다.

오답 피하기
- ① 정규화(Regularization) : 과도한 가중치 값을 패널티로 제한하여 모델 복잡도를 줄여 과적합을 해결한다.
- ② 조기 종료(Early Stopping) : 학습 중 검증 데이터의 성능이 더 이상 개선되지 않으면 학습을 중단함으로써 과적합을 방지한다.
- ③ 드롭아웃(Dropout) : 학습 시 무작위로 뉴런 일부를 제거(비활성화)하는 방식으로 특정 뉴런에 의존하지 않게 하여 일반화 성능을 높이는 과적합 방지 기법이다.

44 ③
배깅은 여러 약한 모델을 독립적으로 훈련해 예측을 평균화함으로써 분산을 줄이는 것이 목적이다.
부스팅은 이전 모델이 잘못 분류한 데이터를 다음 모델이 더 집중해서 학습하도록 설계, 성능을 개선하여 편향을 줄이는 것이 목적이다.

배깅(Bagging)	부스팅(Boosting)
• 병렬 학습	• 순차적 학습
• 분산 감소(과적합 완화)	• 편향 감소(예측력 향상)
• 샘플링 : 부트스트랩(중복 허용)	• 샘플링 : 오분류에 가중치 부여
• 다수결(분류) / 평균(회귀)	• 가중합으로 성능 개선

45 ①

PCA(Principal Component Analysis)는 고차원 데이터를 저차원 공간으로 축소하여, 정보 손실은 최소화하면서 중요 패턴은 남기는 차원 축소 기법이다.
데이터의 분산(variance)를 최대한 보존하는 방향, 즉 분산이 가장 큰 축부터 주성분 1, 2 등으로 선택한다.
PCA에서 계산된 주성분은 서로 독립적이고 직교(orthogonal)한다.

46 ③

빅데이터 분석은 복잡한 문제를 단순화하여 접근하며, 목적 중심으로 필요한 분석 기법을 선택함으로써 복잡한 데이터를 구조/축약화하여 모델 성능을 높이는 방향으로 진행한다.

47 ④

초매개변수(하이퍼파라미터)는 모델을 훈련하기 전에 사람이 직접 설정해 주는 값이다.
신경망 가중치는 인공신경망이 훈련 데이터로부터 학습하는 과정에서 뉴런 간의 연결 강도를 나타내는 값이다. 경사 하강법과 같은 최적화 알고리즘을 통해 모델 스스로 데이터로부터 학습하며 갱신된다.
① KNN의 K값은 주변의 몇 개 이웃을 고려할 지 결정하는 값이다. 모델 훈련 전 직접 설정한다.
② 은닉층 수는 모델을 설계할 때 사용자가 직접 지정하여 구조를 결정한다.
③ 결정 트리가 너무 깊어지면 과적합될 수 있으므로 사용자가 직접 설정하여 복잡도를 제어한다.

48 ③

의사결정나무는 데이터가 많을수록 분할 기준이 명확해져 더 좋은 성능을 낼 수 있다.

오답 피하기

- ①, ② 의사결정나무는 전처리가 필요 없으며 데이터가 많아지면 더 많은 분할 기준을 학습하여 정밀한 규칙 기반 분기를 만들어 낸다. 다만 복잡한 구조에 의한 과적합이 발생할 수 있으므로 가지치기 등의 제약을 준다.
- ④ 의사결정나무는 클래스 레이블을 예측하는 분류(Classification Tree), 수치를 예측하는 회귀(Regression Tree) 유형으로 사용된다.

49 ④

다중공선성은 회귀분석에서 독립변수들 간에 강한 상관관계가 나타나는 문제로 회귀계수 불안정, 분산 팽창, 모델 예측 성능 저하 등의 문제가 발생한다. 상관계수를 높이면 다중공선성이 더 심해진다.

오답 피하기

- ① 상관 높은 변수를 제거하고 상관이 낮은 변수만 남겨서 다중공선성을 완화시킬 수 있다.
- ② Lasso와 같은 정규화를 통해 불필요한 변수의 계수를 0으로 만들어 변수를 선택한다.
- ③ PCA는 상관관계가 있는 변수들을 서로 독립적인 주성분으로 변환해, 차원 축소와 공선성 문제 완화에 유용하다.

50 ④

정규성 검정은 데이터가 정규분포를 따르는지 확인하는 검정이다. t-test는 두 집단의 평균 비교에 사용하는 추론통계 기법으로 정규성을 검정하는 방법은 아니다.

오답 피하기

- ① Q–Q Plot(Quantile–Quantile Plot) : 데이터의 분위수와 정규분포의 분위수를 비교하여 시각적으로 정규성을 검정한다.
- ② Kolmogorov–Smirnov test(K–S test) : 표본의 분포와 기준 분포(정규분포 등) 간의 차이를 검정한다.
- ③ Shapiro–Wilk test : 소표본 데이터(보통 n < 50)에서 정규성을 검정한다.

51 ③

부스팅은 약한 분류기들을 순서대로 학습시킨다. 이전 모델에서 오분류된 샘플에 더 큰 가중치를 부여하고 오류를 보완함으로써 성능이 향상된다.

오답 피하기

- ① 배깅(Bootstrap Aggregating) : 데이터를 무작위로 샘플링(중복 허용)하여 다수의 모델을 병렬적으로 학습한다.
- ② 랜덤 포레스트(Random Forest) : 다수의 결정 트리를 배깅 방식으로 학습한다.
- ④ 스태킹(Stacking) : 여러 모델의 예측값을 입력으로 사용하여 또 다른 메타모델로 최종 예측을 수행한다.

52 ④

ReLU는 기존의 활성화 함수(sigmoid, tanh 등)에서 발생하던 기울기 소실(Vanishing Gradient) 문제를 완화하기 위해 도입된 함수이다. 입력값이 0 이하이면 출력이 0이며, 입력값이 양수이면 그대로 출력한다.

53 ④

가지치기는 복잡한 트리를 단순화하여 과적합을 줄이고 일반화 성능을 높이기 위한 기법이다. 정확도보다 일반화 성능(새로운 데이터에서의 성능) 향상이 주 목적이다.

오답 피하기

- ① 오히려 훈련 데이터에서의 정확도는 낮아질 수 있다.
- ② 단순해진 트리로 계산량이 줄어들 수 있지만 가지치기를 하는 핵심적인 이유는 아니다.
- ③ 가지치기는 모델 구조의 단순화를 위한 것이며 데이터 전처리와 무관하다.

54 ④

상관계수는 표본 데이터를 기반으로 전체 모집단에서의 상관관계를 추정하는데 사용하는 통계량으로서 피어슨 상관계수(Pearson's r)를 주로 사용하며 두 변수 간 선형관계의 강도와 방향(양/음)을 측정한다.

오답 피하기

- ① 상관계수 그래프(산점도)에서 점들이 패턴이 없이 흩어져 있어야 독립이므로 일반적인 설명이 아니다.
- ② 그래프가 주어지지 않았으므로 두 변수 간 음의 상관관계가 있음을 판단할 수 없다.
- ③ 산점도는 두 변수 간의 관계를 시각화하여 보여줄 뿐이다. 정규성은 Q–Q plot, Shapiro–Wilk test 등으로 검정해야 한다.

55 ③

서포트 벡터 머신(SVM)은 선형 분류기를 기본으로 하지만, 커널 함수(Kernel Function)를 이용하면 비선형 분류도 가능하게 만든다.
선형적으로 분리할 수 없는 데이터를 비선형 커널(예: RBF, 다항식 커널 등)을 사용하여 고차원의 특징 공간(Feature Space)으로 매핑함으로써, 고차원 공간에서 선형적으로 분리될 수 있도록 한다.

오답 피하기

- ① SVM은 기본적으로 선형 분류기이며, 커널 트릭을 사용하지 않는 한 데이터가 선형적으로 분리될 때만 분류가 가능하다.
- ② 서포트 벡터는 결정 경계(Decision Boundary)와 가장 가까운 일부 데이터 포인트들을 뜻한다.
- ④ 소프트 마진 SVM은 마진(margin) 내 오차 허용을 통해, 일부 데이터가 마진을 침범하거나 잘못 분류되는 것을 허용한다. 하드 마진 SVM은 오차를 전혀 허용하지 않아 데이터가 잘못 분류되는 것을 100% 허용하지 않으므로 유연함 없이 모델을 더 단단하게 만든다.

56 ④

Attention 메커니즘

딥러닝, 특히 자연어 처리(NLP)와 시퀀스 모델에서 입력 데이터의 중요한 부분에 가중치를 집중해서 처리하는 방법이다.
기존 RNN, LSTM 기반 시퀀스 모델은 입력 시퀀스를 고정된 길이의 하나의 벡터에 압축하여 디코더로 전달하였는데 이 방식은 특히 긴 문장에서 정보 손실(희석)이 쉽게 발생하였다.
이를 해결하기 위해 등장한 Attention은 디코더가 출력 단어를 생성할 때, 인코더의 전체 입력 시퀀스를 한 번에 보는 대신 각 시점의 입력 단어에 얼마나 집중할지 계산하여 중요한 부분은 크게 반영하는 방식이다.

오답 피하기

- ① Seq2Seq 구조에서는 입력 문장이 길어질수록 모든 정보를 하나의 컨텍스트 벡터(Context Vector)에 압축하면서 중요한 정보가 손실되는 문제가 발생한다. Attention은 인코더의 모든 hidden state를 보존하고, 디코더가 필요한 정보를 가중합 형태로 동적으로 가져올 수 있도록 하여 이 문제를 해결한다.
- ② RNN은 순차 데이터에 강하지만, 시퀀스가 길어질 경우 기울기 소실로 인해 먼 과거의 정보가 제대로 학습되지 않는 현상이 발생한다. Attention은 현재 시점에서 필요한 입력 전체 정보에 직접 접근할 수 있도록 하여 이러한 한계를 보완한다.
- ③ 기존 RNN 구조는 입력 순서를 따라가며 정보를 순차적으로 처리하기 때문에, 멀리 떨어진 정보는 잘 반영되지 않는다. 반면, Attention은 디코더가 입력 전체를 대상으로 현재 시점에 더 중요한 정보에 높은 가중치를 주어 선택적으로 활용함으로써 장거리 의존성 문제를 완화한다.

57 ④

MANOVA 다변량분산분석은 종속변수가 2개 이상인 경우 사용하며 다변량 평균 차이를 검정한다.

오답 피하기

- ① 1학년과 2학년의 수학 점수 차이 : 단일 종속변수(수학 점수)로 ANOVA 또는 t-검정을 사용한다.
- ② 세 개 학교의 영어 점수 차이 : 단일 종속변수이나 집단 수가 3개이므로 ANOVA를 사용한다.
- ③ 두 지역의 국어 점수 차이 : 단일 종속변수로 ANOVA 또는 t-검정을 사용한다.

평균 차이 검정	설명
t-검정	• 두 그룹 간 평균 차이 검정 • 종속변수 : 1개, 독립변수(범주형) : 2개 그룹 • 검정통계 : t-통계량 독립표본 t-test : 독립된 두 집단 비교 대응표본 t-test : 동일 집단의 전후 비교
ANOVA (분산분석)	• 두 그룹 이상 평균 차이 검정 • 종속변수 : 1개, 독립변수(범주형) : 2개 이상 그룹 • 검정통계 : F-통계량 일원분산분석(One-way ANOVA) : 독립변수 1개 이원분산분석(Two-way ANOVA) : 독립변수 2개 n-way ANOVA/다원산분석(multi-way ANOVA) : 독립변수 3개 이상
MANOVA (다변량분산분석)	• 여러 종속변수의 평균 차이 검정 • 종속변수 : 2개 이상, 독립변수(범주형) : 1개 이상 그룹 • 검정통계 : Wilks' Lambda, Pillai's Trace 등

58 ④

로짓(logit) 함수는 확률값(0~1)을 실수 전체구간(-∞, +∞)으로 확장하기 위한 비선형 함수로, 확률의 오즈에 자연로그를 취한 값인 로그 오즈(log-odds)에 해당한다.

$$logit(p) = \log\left(\frac{p}{1-p}\right)$$

이것의 역함수가 시그모이드 함수이다. (실수 전체를 확률값으로 변환)

$$\sigma(x) = \frac{1}{1+e^{-x}}$$

59 ③

회귀 분석(Regression Analysis)은 독립변수를 이용하여 종속변수의 연속적 수치 값을 예측하는 모델로 선형 회귀, 다항 회귀, 릿지 회귀가 이에 해당된다.
로지스틱 회귀는 연속형 변수 예측이 아닌 범주형 변수(특히 이진형)의 분류를 주 목적으로 한다. 독립변수의 선형 결합 결과를 로지스틱(시그모이드) 함수에 통과시켜 0~1 사이 확률로 변환한 뒤, 이를 임계값 기준으로 범주형 클래스로 분류한다. 즉, 입력된 데이터가 특정 범주에 속할 확률을 예측하고, 이를 바탕으로 데이터를 분류한다.

60 ②

ARIMA 모델은 시계열 분석에서 널리 사용되는 모델로, 다음 세 가지 요소로 구성된다.

ARIMA(p,d,q)

구성 요소	의미	역할
AR(p)	AutoRegressive(자기회귀)	과거 값과의 관계
I(d)	Integrated(차분)	비정상성을 제거해 정상 시계열로 변환
MA(q)	Moving Average(이동평균)	과거 오차와의 관계

ARIMA 모델의 핵심적인 기능 중 하나는 차분을 통해 비정상성 데이터를 정상성 데이터로 변환하여 분석할 수 있다는 점이다. 추세(trend)나 계절성(seasonality)을 가지는 비정상성 데이터를 차분하여 평균과 분산이 시간에 따라 일정해지는 정상 상태로 만든다.
SARIMA(Seasonal ARIMA)는 ARIMA 모델에 계절성 요소를 추가한 것이다.

> **4과목** 빅데이터 결과 해석

61 ④

민감도(Recall, 재현율)는 참양성률(True Positive Rate, TPR)로, 실제 Positive인 항목 중에서 모델이 Positive로 정확히 예측한 비율을 의미한다. 질병 진단에서는 질병이 있는 환자를 놓치지 않는 것이 매우 중요하므로 민감도가 가장 적합하다.

$$민감도 = \frac{TP}{TP+FN}$$

오답 피하기

- ① 정밀도 : 양성이라 예측한 것 중 실제 양성 비율, 질병 판별 정확도 자체보다는 예측의 신뢰도 측정
- ② 정확도 : 전체에서 맞춘 비율, 데이터 불균형 상황에서는 신뢰도 낮음
- ③ 특이도 : 실제 음성 중 음성이라 예측한 비율, 질병 없는 사람을 잘 골라내는 능력

62 ④

F1-score는 정밀도(TP/(TP+FP))와 재현율(TP/(TP+FN))의 조화평균이다.

$$F1\text{-}score = \frac{2}{\frac{1}{Precision} + \frac{1}{Recall}} = 2 \times \frac{Recall \times Precision}{Recall + Precision}$$

63 ②

MSE는 실제값과 예측값 사이의 오차를 제곱한 후 평균을 구한 값이다. 항상 0 이상의 값이며 작을수록 모델의 예측이 정확하다는 의미이다. 오차를 제곱하므로 큰 오차에 더 민감하다.

$MSE = \frac{1}{n}\sum_{i=1}^{n}(y_i - \hat{y}_i)^2$

오답 피하기

- ① MAE(평균절대오차) $= \frac{1}{n}\sum_{i=1}^{n}|y_i - \hat{y}_i|$
- ③ MAPE(평균절대백분율오차) $= \frac{1}{n}\sum_{i=1}^{n}\left|\frac{y_i - \hat{y}_i}{y_i}\right| \times 100\%$
- ④ RMSE(평균제곱근오차) $= \sqrt{\frac{\sum_{i=1}^{n}(y_i - \hat{y}_i)^2}{n}}$

64 ④

업무 조건에 따라 컬럼 값이 항상 존재해야 하는 것은 완전성에 해당한다. 유효성(Validity)은 데이터가 정해진 유효범위 및 도메인을 충족해야 하는 것이다.

65 ①

이상값을 무조건 제거하는 경우 데이터의 특징이 사라질 수 있어 분석 모형의 성능이 약화될 수 있다.

66 ③

홀드아웃(Hold-Out) 방식은 머신러닝 모델 평가를 위해 전체 데이터를 나누어 사용하는 가장 기본적인 방법이다. 주로 학습용, 검증용, 테스트용으로 데이터를 한 번 분할하여 사용한다.
데이터가 적으면 분할된 각 집합에 데이터가 충분하지 않아 모델의 성능을 제대로 평가하기 어렵게 될 수 있다.

67 ①

Leave-one-out 교차검증(LOOCV)은 전체 데이터셋에서 한 개의 샘플을 테스트에 사용하고, 나머지 데이터 모두 학습용으로 사용하여, 이 과정을 모든 샘플에 대해 반복하는 방식이다. 따라서 데이터가 많을수록 계산량이 매우 많아진다.
②는 k-fold 교차검증에 대한 설명이다.

68 ③

학습곡선은 머신러닝에서 모델의 성능이 학습 데이터의 크기에 따라 어떻게 변하는지를 보여주는 그래프이다.
- 데이터 크기는 x축에 표시되고 훈련오차(Training Score)와 검증오차(Validation Score)를 y축에 표시한다.
- 훈련오차와 검증오차를 비교해 과대적합/과소적합을 직관적으로 진단하고 데이터 추가나 모델변경 등의 결정에 사용한다.
- 학습곡선이 수평으로 수렴하는 경우 데이터를 추가해도 효과가 없기 때문에 모델 변경을 고려한다.

오답 피하기

- ① 학습곡선은 학습 데이터의 양에 따른 성능 변화를 보여준다. 시간을 기준으로 하지는 않는다.
- ② 과대적합의 경우 훈련오차는 낮고 검증오차는 높다. 둘 다 높은 경우는 과소적합이다.
- ④ 과소적합은 모델의 구조가 너무 간단한 경우로 모델의 복잡도를 높이는 방향으로 개선한다.

69 ②

k-폴드 교차검증

전체 데이터를 k개의 폴드로 분할한 뒤, k번 반복하면서 매 반복마다 k-1개의 폴드를 학습 데이터로, 나머지 1개의 폴드를 검증 데이터로 사용한다. 모든 폴드가 한 번씩 검증 데이터로 사용되므로 모델의 일반화 성능을 안정적으로 평가하게 된다.
- 학습 알고리즘에 따라 학습 횟수가 달라지지는 않는다.

70 ①

규제(Regularization)는 모델의 복잡도를 제어하여 과대적합을 완화하는 대표적 기법으로 L1, L2 패널티 등이 있다. 규제가 약하다는 것은 패널티의 영향이 작다는 의미로서 이는 곧 과대적합이 더 심해지는 결과가 될 수 있다.

71 ④

데이터의 수가 적으면 모델이 훈련 데이터의 노이즈나 특이점까지 일반적 패턴으로 학습해버리기 쉬워 과대적합될 가능성이 높아진다.

오답 피하기

- ① 신경망에서 은닉층의 수를 증가시키는 것은 모델 복잡도를 증가시키는 것으로, 과소적합을 해결하기 위한 방법이다.
- ② 과대적합에서는 훈련 데이터에서 성능이 높고, 검증 데이터에서는 성능이 낮다.
- ③ 모델이 너무 단순하여 충분한 학습이 이루어지지 않은 상태는 과소적합에 대한 설명이다.

72 ④

규제는 과대적합을 방지하기 위해서 모델을 복잡도를 억제하는 역할을 한다.
- 라쏘(Lasso)는 손실 함수에 절대값 패널티를 포함하며, 일부 회귀계수를 0으로 만들어서 희소한(Sparse) 모델로 만든다.
- 릿지(Ridge)는 손실 함수에 제곱합 패널티를 포함하며, 계수를 0에 가깝게 줄이지만, 정확히 0이 되지는 않는다.

73 ②

학습 횟수(Epoch)는 전체 훈련 데이터를 모델이 한 번 모두 학습하는 과정을 말한다.
학습이 지나치게 반복되면 모델이 훈련 데이터에 과하게 적응하여 훈련 오차는 감소하고 검증 오차가 증가하는 과대적합이 된다.

74 ④

확률적 경사 하강법(SGD)은 전체 데이터셋이 아니라 임의로 선택한 단일 데이터 샘플만을 사용해 기울기를 계산하고 파라미터를 즉시 업데이트 한다. 이로 인해 진행 방향이 불규칙하고 수렴 속도가 불안정할 수 있지만, 그 무작위성 덕분에 지역 최소에 머무르지 않고 전역 최소를 찾는데 도움이 될 수 있다.
①②③은 배치 경사 하강법(BGD)에 대한 설명이다. SGD는 불안정한 진동이 많을 수 있지만 최적화 시간이 빨라 대규모 데이터셋에서 효율적이다.

75 ①

하이퍼파라미터는 학습 전에 사용자가 직접 설정해야 하는 값이다(학습률, 배치 크기, 에폭 수, 은닉층 수 등). 학습 중 모델이 작동으로 최적화하는 값은 파라미터라고 한다.
어떤 활성화 함수를 사용할지 정하는 것도 하이퍼파라미터 설정으로 볼 수 있으며 학습 전에 결정한다.

76 ②

그리드 탐색(Grid Search)은 머신러닝에서 하이퍼파라미터 튜닝을 위한 대표적인 방법이다. 사용자가 지정한 여러 하이퍼파라미터 값들의 조합을 모두 시도해 보고, 검증 성능이 가장 우수한 조합을 선택한다. 탐색 비용이 크지만 체계적이며 완전한 탐색 방식이라는 장점이 있다

77 ②

산점도는 두 변수 사이의 관계를 시각화하는 관계 시각화 도구이다.
버블 차트는 기본적으로 관계 시각화에 속하는 개념이나 버블의 크기와 색상으로 제3,4의 변수를 시각화할 수 있어 공간 시각화에 활용될 수 있다.

공간 시각화 도구
• 카토그램 : 데이터 값에 비례하여 지도 상의 면적을 왜곡하여 표현
• 단계구분도 : 지도에 지역별 특성을 색으로 표현
• 등치선도 : 기온, 고도 등 동일한 수치를 지도상에 연결해서 표현

78 ①

관계 시각화란 두 변수 이상의 상관관계, 패턴, 영향력 등을 시각적으로 표현하는 데 사용되는 기법이다. 히스토그램은 단일 변수의 분포를 시각화하는데 사용하므로 가장 부적절하다.

79 ③

카토그램(Cartogram)은 지리적 영역의 실제 면적을 데이터 값에 따라 왜곡시켜 지도상에 표현하는 공간 시각화 기법이다. 예로 각 지역의 면적을 인구 수, GDP, 확진자 수 등 통계 수치에 비례하여 부풀리거나 줄여 시각화하는데 이 과정에서 지리적 정확성이 희생되고 왜곡이 발생할 수 있다.

80 ③

인포그래픽(Infographic)은 정보(information)와 그래픽(graphic)의 합성어로, 복잡한 정보를 시각적으로 쉽게 전달하기 위해 만든 시각 자료이다. 도표, 아이콘, 이미지, 텍스트 등을 직관적으로 조합하여 정보를 효과적으로 전달한다.

기출문제 09회 (2024.09.07 시행) 2-46p

01 ①	02 ③	03 ①	04 ④	05 ③
06 ②	07 ④	08 ②	09 ③	10 ④
11 ②	12 ①	13 ②	14 ③	15 ④
16 ①	17 ④	18 ①	19 ②	20 ③
21 ①	22 ①	23 ②	24 ③	25 ②
26 ④	27 ①	28 ①	29 ③	30 ②
31 ④	32 ③	33 ③	34 ④	35 ③
36 ③	37 ④	38 ③	39 ③	40 ①
41 ①	42 ④	43 ①	44 ③	45 ③
46 ③	47 ②	48 ④	49 ②	50 ④
51 ②	52 ③	53 ①	54 ③	55 ③
56 ④	57 ③	58 ④	59 ③	60 ②
61 ②	62 ③	63 ④	64 ③	65 ①
66 ①	67 ②	68 ②	69 ①	70 ②
71 ④	72 ④	73 ②	74 ③	75 ③
76 ④	77 ①	78 ①	79 ④	80 ③

1과목 빅데이터 분석 기획

01 ①

빅데이터의 특징은 초기에 가트너 그룹에서 정의한 3V인 규모(Volume), 유형(Variety), 속도(Velocity)에 더해 최근에는 가치(Value)와 품질(Veracity) 요소가 추가된 5V로 정의되고 있다.

02 ③

데이터 사이언티스트는 소프트 스킬과 하드 스킬을 두루 갖추어야 한다.
소프트 스킬
통찰력 있는 분석, 설득력 있는 전달, 다분야 간 협력
하드 스킬
빅데이터에 대한 이론적 지식, 분석 기술에 대한 숙련

03 ①

분석 성숙도 모델은 데이터 분석 능력 및 데이터 분석 결과 활용에 대한 조직의 성숙도 수준을 평가하여 현재 상태를 점검하는 방법으로, 성숙도 수준에 따라 도입, 활용, 확산, 최적화 단계로 구분한다.

단계	설명
도입	분석을 시작하여 환경과 시스템을 구축
활용	분석 결과를 실제 업무에 적용
확산	전사 차원에서 분석을 관리하고 공유
최적화	분석을 진화시켜 혁신 및 성과 향상에 기여

04 ④

Optimization은 분석 대상과 분석 방식을 모두 알고 있을 때, Insight는 분석 방식을 알고 있을 때, Solution은 분석 대상을 알고 있을 때, Discovery는 둘 다 모르는 경우 적합하다.

05 ③

준지도학습은 목표값이 표시된 데이터와 표시되지 않은 데이터를 모두 학습에 사용하는 것을 말한다.

> 오답 피하기
- ① 강화학습은 행동심리학에서 영감을 받았으며, 선택 가능한 행동들 중 보상을 최대화하는 행동 혹은 순서를 선택하는 방법이다.
- ② 지도학습은 학습 데이터로부터 하나의 함수를 유추해내기 위한 방법이다.
- ④ 비지도학습은 데이터가 어떻게 구성되었는지를 알아내는 문제의 범주에 속하며, 지도학습이나 강화학습과는 달리 입력값에 대한 목표치가 주어지지 않는다.

06 ②

개인을 식별할 수 있는 정보(이름, 전화번호, 주소, 생년월일, 사진, 고유식별정보(주민등록번호, 운전면허번호 등), 생체정보(지문, 홍채, DNA 정보 등), 기타(등록번호, 계좌번호, 이메일 주소 등))는 모두 개인정보이다.

07 ④

분석 마스터 플랜 수립 시 분석 과제 우선순위 평가기준으로는 전략적 중요도, 비즈니스 성과, ROI, 실행 용이성을 고려하여야 하며, 적용범위 및 방식 고려요소로는 업무 내재화 적용 수준, 분석 데이터 적용 수준, 기술 적용 수준이 있다.

08 ②

빅데이터 분석 방법론은 응용 서비스 개발을 위해 단계, 태스크, 스텝의 3계층으로 구성되어 있으며, 각 단계별로 세부 태스크와 스텝이 정의되어 있다.
빅데이터 분석 방법론의 개발절차는 총 5단계로, 분석 기획, 데이터 준비, 데이터 분석, 시스템 구현, 평가 및 전개 순으로 되어 있다.

09 ③

분석 데이터 수집 시 데이터의 수집 가능성, 데이터의 보안, 데이터 정확성, 수집 난이도, 수집 비용을 고려하여야 하며, 분석 기법의 난이도는 수집 자체에서의 고려사항이 아니다.

10 ④

비정형 데이터는 구조가 정해지지 않은 대부분의 데이터이며, 연산이 불가능한 데이터로, 동영상, 이미지, 음성, 문서, 메일 등을 예로 들 수 있다.
판매량과 같이 정해진 형식과 구조로 되어 있고 연산이 가능한 데이터는 정형 데이터이다.

11 ②

구조가 정해지지 않은 대부분의 데이터는 비정형 데이터이며, 동영상, 이미지, 음성, 문서, 메일 등이 있다.

> 오답 피하기
- ① 비정형 데이터나 반정형 데이터도 전처리가 가능하다.
- ③, ④ 관계형 데이터베이스의 테이블에 저장되는 데이터는 정형 데이터이고, 데이터의 형식과 구조가 유연한 JSON, XML, RDF, HTML 등이 반정형 데이터이다.

12 ①

개인정보 비식별화 조치로는 대표적으로 가명 처리, 총계 처리, 데이터 삭제, 데이터 범주화, 데이터 마스킹이 있으며, 각 조치 방법별 세부적인 기법들이 존재한다.

13 ②

군집화(Clustering)는 기본적으로 데이터 전처리 과정보다는 주로 데이터 분석 과정에서 사용되는 방법이다.

14 ③

차등 보호는 개인 정보가 포함된 데이터에 노이즈를 추가하여, 개인의 참여 여부가 분석 결과에 영향을 주지 않도록 보호하는 방식이다.

> 오답 피하기
- ① l-다양성은 특정인 추론이 불가능하다고 해도 민감한 정보의 다양성을 높여 추론 가능성을 낮추는 기법이다.
- ② k-익명성은 특정인임을 추론할 수 있는지 여부를 검토 및 일정 확률 수준 이상 비식별 되도록 하는 기법이다.
- ④ 가명 처리는 개인정보 중 주요 식별 요소를 다른 값으로 대체하는 방법이다.

15 ④

고품질의 데이터는 정확성, 적시성, 완전성, 일관성이 확보된 데이터를 말한다.
- 정확성(Accuracy)은 실제 세계에 존재하는 객체의 표현 값이 정확히 반영되는 것이다.
- 적시성(Timeliness)은 지속적으로 생성 소멸되는 데이터에 대한 품질 기준이다.
- 완전성(Completeness)은 필수항목에 누락이 없어야 함을 뜻한다.
- 일관성(Consistency)은 데이터가 지켜야 할 구조, 값, 표현되는 형태가 일관되게 정의되고, 서로 일치해야 함을 의미한다.

16 ①

ODS(Operational Data Store)는 다양한 DBMS 시스템에서 추출한 데이터를 통합적으로 관리하는 기능을 한다.

> 오답 피하기
- ② OLAP(Online Analytical Processing)은 사용자가 직접 다차원의 데이터를 확인할 수 있는 솔루션이다.
- ③ Meta-data는 데이터 모델에 대한 스키마 정보와 비즈니스 측면에서 활용되는 정보를 제공하는 역할을 한다.
- ④ Data Mart는 데이터 웨어하우스 환경에서 정의된 접근 계층으로 데이터 웨어하우스에서 데이터를 꺼내어 사용자에게 제공하는 역할을 한다.

17 ④

분산파일시스템은 네트워크로 공유하는 여러 호스트의 파일에 접근할 수 있는 파일 시스템으로, 데이터를 분산하여 저장하면 데이터 추출 및 가공 시 빠르게 처리할 수 있다.

> 오답 피하기
- ①, ② 분산파일시스템은 파일 저장 및 접근이 여러 네트워크 노드에 분산되어 있는 것을 말하며, CPU의 개수와 직접적인 관련이 없다.
- ③ 데이터를 파일로 저장하고 관리하는 분산 파일 시스템과 데이터를 구조화하고 질의하는 관계형 데이터베이스는 역할이 다르다. 분산 파일 시스템 위에 관계형 데이터베이스가 구축될 수도 있다. 다만 NoSQL 데이터베이스나 빅데이터 처리 프레임워크와 함께 사용되는 경우가 많다.

18 ①

품질 진단 및 개선 절차는 품질 진단을 위한 3단계, 품질 개선을 위한 3단계로 총 6단계로 구성되어 있다.
품질 진단 3단계
진단대상정의, 품질진단실시, 진단결과분석
품질 개선 3단계
개선계획수립, 개선수행, 품질통제
〈출처: 공공데이터 품질관리 매뉴얼 v2.1 p.114〉

19 ②

거대 언어 모델(LLM)은 대형 언어 모델이라고도 불리며 수십억 개 이상의 파라미터로 구성된 신경망을 기반으로 학습된 언어 모델이다.

> 오답 피하기

- ① 입력 데이터의 차원을 줄여 모형을 단순화시키기 위해 활용하는 것은 오토인코더(Auto-encoder)이다.
- ③ 결론 도출 과정에 대한 근거를 차트나 수치 또는 자연어 형태의 설명으로 제공하는 것은 설명 가능한 인공지능(XAI)이다.
- ④ 데이터 전처리, 변수 생성, 변수 선택, 알고리즘 선택, 하이퍼파라미터 최적화 등을 수행하는 것은 기계학습 자동화(AutoML)이다.

20 ③

시뮬레이션 데이터 생성은 강화학습이 아니라 비지도학습의 생성적 적대 신경망을 이용하여 수행할 수 있으며, 강화학습을 통해서는 게임 플레이어 생성, 로봇 학습 알고리즘, 공급망 최적화 등을 할 수 있다.
① 누락 데이터 생성은 비지도학습의 생성적 적대 신경망(GAN)을 이용하여 수행할 수 있다.
② 신용평가 및 사기검출은 지도학습의 분류모형을 이용하여 수행할 수 있다.
④ 시세/가격/주가/강우량 예측은 지도학습의 회귀모형을 이용하여 수행할 수 있다.

2과목 빅데이터 탐색

21 ①

A와 B가 독립이면 모집단 상관계수는 0이다.
독립이면 $E[(A - \mu_a)(B - \mu_b)] = 0$ → 공분산 = 0 → 상관계수(ρ) = 0
단, 반대는 성립하지 않는다. 즉 상관계수가 0이어도 비선형 관계는 있을 수 있다.

> 오답 피하기

- ② 표본에서는 우연한 변동(샘플링 에러)으로 인해 r ≠ 0일 수도 있다.
- ③ 상관계수 = 0이면 선형 관계 없음일 뿐, 비선형 의존성이 존재할 수도 있다.
- ④ 표본에서 r = 0이어도 비선형 관계가 존재할 수 있다.

22 ①

보기의 그래프는 Positive Skew의 형태이다. 왜도가 0보다 크면 오른쪽으로 긴 꼬리를 갖는다.
최빈값은 자료에서 가장 자주 나타나는 값이다. 그래프의 형태에 따라 평균과의 위치를 구분하는 문제가 자주 출제되는 것에 유의한다.

23 ②

지지도(Support) = (A∪B 거래 수) ÷ (전체 거래 수) × 100
신뢰도(Confidence) = (A∪B 거래 수) ÷ (A 거래 수) × 100
여기서 A = {오렌지, 자몽}, B = {사과}로 두면

$$\text{지지도} = \frac{\text{오렌지, 자몽, 사과 거래 수}}{\text{전체 거래 수}} \times 100 = \frac{2}{6} \times 100 = 33.33\%$$

$$\text{신뢰도} = \frac{\text{오렌지, 자몽, 사과 거래 수}}{\text{오렌지, 자몽 거래 수}} \times 100 = \frac{2}{3} \times 100 = 66.67\%$$

24 ③

동질성 검정(Homogeneity Test)은 두 개 이상의 집단이 특정 특성에 대해 동일한 분포를 가지는지 검정하는 방법이다. (예: 남성과 여성의 상품 선호도가 같은 지 검정)

집단별 특성(성별, 연령, 지역 등)을 고려해 층을 나눈 후 각각에서 표본을 추출하는 층화추출을 적용하면 집단 간 비교(동질성 검정)에서 편향을 최소화하고 대표성을 확보할 수 있다.

> 오답 피하기

- ① 단순추출은 모집단에서 무작위로 표본을 추출한다. 집단별 특성이 반영되기 어렵다.
- ② 계통추출은 일정 간격으로 표본을 선택한다. 집단 대표성 보장이 어렵다.
- ④ 군집추출은 모집단을 군집으로 나눈 후, 일부 군집 전체를 추출한다. 집단 내 이질성이 있을 수 있다.

25 ②

표준정규분포 $Z \sim N(0,1)$를 따르는 독립적인 확률변수 $Z_1, Z_2, \cdots, Z_n$의 제곱합 $X = Z_1^2 + Z_2^2 + \cdots + Z_n^2$은 자유도 n인 카이제곱 분포를 따른다.

> 오답 피하기

- ① 포아송 분포는 평균(μ)과 분산(σ^2)이 같다.
- ③ 정규분포의 모수는 두 개(평균, 분산)이다.
- ④ 초기하분포는 비복원 추출에서 사용되는 확률분포이며 표본 간에 연관성이 존재한다.

26 ④

F 분포는 두 독립적인 카이제곱 분포의 비율로 정의되는 연속형 확률분포이다.

이산형 확률분포	설명
이항 분포	정수 개수의 성공 횟수
포아송 분포	단위 시간/공간 내 사건 횟수
초기하 분포	복원하지 않는 표본에서 사건 횟수

27 ①

입력 $x_1 = 1$, $x_2 = 2$
은닉층 출력 계산
$h_1 = 1 \cdot x_1 + 3 \cdot x_2 = 7$
$h_2 = 2 \cdot x_1 + 4 \cdot x_2 = 10$
출력층 가중치가 모두 1이고 편향 조건은 없으므로 7+10 = 17

28 ①

기댓값의 정의는 다음과 같다.

$$E[(X - 1)^2] = \sum P(X = x_i) \cdot (x_i - 1)^2$$

주어진 조건으로 계산하면 아래 표와 같다.

X	P(X)	$(X - 1)^2$	$P(X) \times (X - 1)^2$
0	1/4	$(0 - 1)^2 = 1$	$1/4 \cdot 1 = 1/4$
1	1/2	$(1 - 1)^2 = 0$	$1/2 \cdot 0 = 0$
2	1/4	$(2 - 1)^2 = 1$	$1/4 \cdot 1 = 1/4$

$$E[(X - 1)^2] = \frac{1}{4} + 0 + \frac{1}{4} = \frac{1}{2}$$

29 ③

MAPE는 예측값이 실제값과 얼마나 차이가 나는지 백분율을 기준으로 표현한 지표이다.

> 오답 피하기

- ① MAE에 대한 설명이다.
- ② MSE에 백분율을 붙인 것이다.
- ④ RMSE에 대한 설명이다.

30 ②

어떤 추정량 T에 대해 MSE는 다음과 같이 정의한다.

$$MSE(T) = Var(T) + (Bias(T))^2$$

표본분산 S^2는 모분산 σ^2의 불편추정량이므로

$$Bias(S^2) = 0$$
$$MSE(S^2) = Var(S^2)$$

따라서 표본분산의 분산은 다음과 같이 정리된다.

$$MSE(S^2) = Var(S^2) = \frac{2\sigma^4}{n-1}$$

31 ④

노이즈는 데이터 내의 비정상적, 무작위적, 불규칙한 변동이나 오류를 말한다. 이는 모델의 정확도 저하와 예측의 불안정성을 유발한다.
표준화는 평균 0, 분산 1로 스케일을 조정하는 것이다. 데이터 분포의 정규화가 목적이며 노이즈 처리는 아니다.

보기	노이즈 처리 설명
구간화	데이터를 구간으로 나누어 각 구간의 평균이나 중앙값으로 대체하여 노이즈를 완화하는 방법
군집화	유사 데이터끼리 군집으로 묶어 이상치나 노이즈를 탐지하거나 제거하는데 사용 가능
회귀값 대치	결측값이나 노이즈를 예측모델로 추정하여 대체

32 ③

박스플롯에서 평균은 직접 확인할 수 없다. 특히 비대칭 분포에서는 평균이 중앙값과 멀어질 수 있다. 따라서 ③은 잘못된 일반화로 볼 수 있다.
① X_2의 박스 길이와 수염이 X_3보다 짧아 분산이 작아 보이므로 옳은 선지이다.
② 박스 가운데 그어진 가로 선이 중앙값이다. X_1의 중앙값은 X_2의 중앙값보다 아래 있으므로 옳은 선지이다.
④ X_2의 박스플롯에 원 모양의 이상값 표시가 있으므로 옳은 선지이다.

33 ③

이항분포 근사에 따른 비율의 신뢰구간에 대한 문제이다.
도시 A 주민 1,000명 중 실업자 100명 → 실업률 $\hat{p} = \frac{100}{1000} = 0.1$
신뢰구간은 다음과 같다.

$$\hat{p} \pm Z_{\alpha/2} \cdot \sqrt{\frac{\hat{p}(1-\hat{p})}{n}}$$

$\hat{p}$: 표본 비율. 극단에 가까울수록(0이나 1) 신뢰구간은 좁아진다. 중앙값(0.5)에 가까울수록 넓어진다.
n : 표본 크기. 클수록 오차가 줄어 신뢰구간은 좁아진다.
$Z_{\alpha/2}$ 신뢰수준에 따른 Z 값. 신뢰수준이 높을수록 신뢰구간은 넓어진다.
③ 실업자 수가 200명이면 실업률이 0.2로 바뀌면서 신뢰구간이 넓어진다.

34 ④

가. PCA는 원래의 변수들을 선형 결합하여 새로운 변수(주성분)을 생성한다.
나. 생성된 주성분 간에는 상관관계가 0이다. 즉 통계적으로 직교한다. 이는 완전한 확률적 독립은 아니고 선형 독립만 성립한다.
다. PCA는 선형성과 분산 기반이라는 점에서 입력 데이터의 정규성이나 등분산성을 엄격히 요구하지 않는다. 따라서 잘못된 보기이다. 단, 통계적 추론 목적에서는 정규성 가정이 필요할 수 있다.
라. PCA는 고차원 데이터에서 분산이 큰 축만 남기고 나머지를 제거함으로써 차원 축소하는데 널리 사용된다.
따라서 옳은 보기는 가, 나, 라이다.

35 ③

결정계수 R^2은 회귀모형에서 종속 변수의 변동을 독립 변수가 얼마나 잘 설명하는지 나타내는 지표이다. 주어진 표는 단순히 두 집단의 표본분산을 비교하는 것이므로 결정계수와 무관하다.
① 자유도는 n−1이므로 집단 A의 표본의 수는 90이다.
② F−검정은 두 모집단의 분산을 비교할 때 사용한다.
④ p-value가 유의수준보다 작으면 귀무가설을 기각하고 대립가설을 채택한다.

36 ③

서열 척도는 값들 간의 순위(크고 작음)는 있지만 간격의 의미는 없다. (예: 만족도 '매우 만족', '만족', '보통' 등)
따라서 수치적 평균은 의미가 모호하다.

오답 피하기
- ① 간격 척도는 항목 간 순위가 있고 간격이 일정하나 절대 0점이 없다. 온도, IQ 점수 등이 있으며 간격이 일정하므로 평균 계산이 가능하다.
- ② 비율 척도는 절대 0점이 있다. 키, 몸무게, 소득 등이 있으며 비율 계산, 평균 계산이 가능하다.
- ④ 명목 척도는 성별, 혈액형 등으로 순위 없이 범주 구분만 가능하다.

37 ④

단순 지수 평활법은 시간에 따라 변화하는 데이터를 예측하기 위해 사용하는 시계열 예측 기법 중 하나이다. 최근 관측값일수록 더 많은 가중치를 부여하여 수요나 값의 변화가 완만한 경우에 유용하다.

오답 피하기
- ① 추세나 계절성이 없는 안정적인 시계열 데이터에 적합하다.
- ② α는 실제값에 곱해지고, (1−α)는 이전 예측값에 곱해진다. 즉 α는 실제값에 적용되는 가중치이며, 동시에 이전 예측값에 적용되는 가중치를 결정하는 역할을 한다.
- ③ 단순 지수 평활법은 이전의 모든 관측값들을 지수적으로 감소하는 가중치로 반영하는 방식이다.

38 ②

첨도는 분포의 뾰족함(꼭대기의 날카로움)이나 꼬리의 두께를 나타내는 단위가 없는 지표이다. 꼬리와 중심 집중 정도를 설명하므로, 분포의 모양이 얼마나 뾰족하거나 평평한지 알 수 있다.
① 기본 첨도는 음수가 될 수 없다.
③ 정규분포의 초과 첨도는 0이다.

39 ③

변동계수(CV)는 CV=표준편차/평균×100%로 정의되는 상대적 산포(상대적 변동성)를 측정하는 지표이다.
데이터가 모두 음수이면 평균도 음수가 되며, CV 계산 시 분모(평균)가 음수가 되므로 해석상 어려움이 발생한다.

40 ①

주어진 예시는 시간의 흐름에 따라 값을 관측한 시계열 자료이다.

오답 피하기
- ② 준척형 자료는 척도의 일부 조건을 만족하지 않는 자료이다.
- ③ 패널 자료는 동일한 개체를 여러 시점에 걸쳐 반복 관측한 자료이다.
- ④ 횡단면 자료는 여러 개체를 동일한 시점에 관측한 자료이다.

3과목 빅데이터 모델링

41 ①
영화 리뷰의 긍정/부정 분류는 텍스트 기반 순환신경망(RNN), 얼굴 인식은 이미지 기반 합성곱신경망(CNN), 로봇 팔 제어는 행동 결과에 따른 보상을 통해 학습하는 강화학습이 적절하다.

42 ④
다중공선성(multicollinearity)이란 회귀모형의 독립변수들 간에 강한 선형 관계가 있는 경우를 말한다. 이를 진단하는 대표적 지표가 VIF(Variance Inflation Factor, 분산팽창계수)이며, 일반적으로 VIF 값이 10 이상이면 다중공선성이 있다고 판단한다.

오답 피하기
- ① AIC는 모형의 적합도와 복잡도를 동시에 고려해 모형을 비교하는 지표이다.
- ② 수정된 결정계수는 모형 전체의 설명력을 판단하는 데 사용된다.
- ③ Cook's Distance는 관측치 중 영향력이 큰 이상치를 찾아내는 데 사용된다.

43 ①
조건부확률과 베이즈 정리를 이용한 문제로써 A에서 오류가 발생할 확률은 $P(A|오류) = \frac{P(오류|A) \cdot P(A)}{P(오류)}$ 로 계산한다. 각 공정의 오류 발생 확률은 비중과 오류 확률을 곱하여 계산한다.

- A: 0.50 × 0.01 = 0.005
- B: 0.30 × 0.02 = 0.006
- C: 0.20 × 0.03 = 0.006

전체 오류 확률 P(오류) = 0.005 + 0.006 + 0.006 = 0.017로써 A 공정에서 오류가 날 확률은 다음과 같다.

$P(A|오류) = \frac{0.005}{0.017} = \frac{5}{17}$

44 ③
SVM은 두 클래스를 가장 잘 구분하는 초평면(결정경계)을 찾는 알고리즘이다.
이 문제는 모든 데이터 포인트의 y값이 0이므로, x축 위의 1차원 데이터로 볼 수 있다. 초평면은 클래스 간 가장 가까운 두 점(서포트 벡터) 사이의 중심에 위치하므로, 먼저 서포트 벡터를 파악해야 한다.
클래스 레이블 1의 가장 오른쪽 점인 (-2, 0)과 클래스 레이블 -1의 가장 왼쪽 점인 (2, 0)이 각각 서포트 벡터 역할을 할 수 있으며, 이들 사이의 중앙에 초평면을 세우면 x=0이 된다.

45 ①
지도학습(Supervised Learning)은 입력 데이터에 대한 정답 레이블이 주어진 상태에서 모델을 학습시키는 방법이다. 회귀분석은 이러한 지도학습 기법 중에서, 입력에 따라 연속적인 출력값(예: 주택 가격, 온도, 판매량 등)을 예측하는 대표적인 방법이다.

오답 피하기
- ② 결정트리 기반의 앙상블 모델인 랜덤 포레스트 역시 지도학습에 해당하나 분류인지 또는 회귀인지 명확히 기재되지 않았으므로 가장 명확한 답은 ① 회귀분석이 된다.
- ③ KNN 군집분석이란 용어 자체가 부정확하다. KNN은 지도학습이며 군집분석은 대표적인 비지도학습 기법이다.
- ④ PCA는 고차원 데이터를 저차원으로 축소하여 핵심 정보(분산)를 최대한 보존하는 차원 축소 기법으로 비지도 학습이다.

46 ③
준지도학습(Semi-Supervised Learning)은 레이블이 있는 데이터(소량)와 레이블이 없는 데이터(대량)를 함께 활용하여 모델을 학습시키는 방법이다. 지도학습은 모든 데이터에 정답 레이블이 필요하고, 비지도학습은 레이블을 사용하지 않으며, 준지도학습은 이 둘을 혼합하여 효율적으로 학습한다.

47 ②
Seq2Seq 모델은 입력 시퀀스의 길이에 따라 유연하게 처리할 수 있는 구조로써 대표적인 모델 RNN 계열(LSTM, GRU 등)은 길이가 다른 입력도 처리가 가능하다. 또한 Seq2Seq 모델의 인코더는 입력 시퀀스를 처리한 후 마지막 은닉 상태를 하나의 벡터로 요약하는데 이를 컨텍스트 벡터(Context Vector)라고 하며 디코더의 입력으로 사용된다.
Seq2Seq 모델은 실제로 입력 시퀀스가 너무 길어지면 인코더가 생성한 컨텍스트 벡터 하나에 모든 정보를 압축해야 하므로 정보 손실이 발생하고 예측 품질이 저하될 수 있다.

48 ④
의사결정나무에서 노드를 분할할 때 어떠한 기준으로 나눌지 결정하는 척도가 분리 기준(split criterion)이며, 불순도(impurity)를 가장 많이 줄이는 분할을 찾는 것이 중요하다.
F-통계량은 회귀분석에서 전체 모형 유의성 검정에 사용하는 기준이다.
① 지니 지수(Gini Index)는 CART(Classification and Regression Tree) 알고리즘에서 사용되는 대표적인 노드 분할 기준이다. 지니 지수는 데이터 집합의 불순도(impurity)를 측정하는 지표로, 분할 전과 분할 후의 불순도 차이를 비교하여 가장 순수한 분할이 이루어지는 특성을 선택한다. 즉, 지니 지수가 낮아질수록 분할 후 노드의 순도(purity)가 높아지며, CART는 이러한 불순도 감소량이 큰 특성을 기준으로 노드를 분할한다.

$$Gini(t) = 1 - \sum_{i=1}^{k} p_i^2$$

p_i = 클래스 i의 비율

지니 지수가 0이면 한 클래스만 존재, 0에 가까울수록 순수하다고 판단
② 엔트로피(Entropy)는 정보 이득(Information Gain)의 기반이 되는 개념으로, ID3, C4.5 등의 결정트리 알고리즘에서 사용된다. 전체 데이터의 엔트로피에서 분할 후의 가중 엔트로피를 뺀 값이 정보 이득이며, 이 값이 클수록 해당 특성은 분류에 따른 불확실성을 크게 줄여준다는 의미이다. 즉, 분할 후 엔트로피가 많이 줄어들수록 정보 이득이 커지며, 이는 곧 분류에 따른 정보량 증가가 크다는 것을 의미하므로, 의사결정나무는 정보 이득이 가장 큰 특성을 기준으로 노드를 분할한다.
③ 카이제곱 통계량은 CHAID(CHi-square Automatic Interaction Detection) 알고리즘에서 사용되는 노드 분할 기준이다. 이 알고리즘은 범주형 변수의 분할 시 관측빈도와 기대빈도의 차이(x^2 통계)를 계산하여 두 변수 간에 통계적으로 유의한 차이가 있는지를 검정한다. 유의한 차이가 있다고 판단되면 해당 특성으로 노드를 분기하며, 유의확률(p-value)을 기준으로 분할 여부를 결정한다.

49 ②
SVM에서 가중치 벡터는 초평면에 직교하고 편향은 초평면의 이동(offset)을 결정한다.
SVM에서 결정경계(초평면)는 다음과 같은 식으로 표현된다.
$w \cdot x + b = 0$, w = 가중치 벡터 = 초평면에 수직인 벡터이며 초평면의 방향을 결정한다.
b = 편향(bias) = 초평면의 위치를 평행 조정하는 offset으로 결정경계를 좌·우로 이동시킨다.
- 마진은 초평면과 서포트 벡터 사이의 거리를 뜻한다.
- 커널 함수는 데이터를 고차원으로 간접적 매핑하여 비선형 분류 문제를 선형적으로 해결 가능하게 한다.

50 ④

④는 와드 연결법이 아닌 평균 연결법에 대한 설명이다.
와드 연결법(Ward linkage)은 군집 병합 시 SSE(총 제곱오차)의 증가를 최소화하는 방향으로 병합한다.

51 ②

그래프 밀도(Density)는 네트워크에서 실제 존재하는 간선(edge) 수를 가능한 최대 간선 수로 나눈 값으로 그래프 전체의 연결 밀도를 나타낸다.

$$Density(밀도 값) = \frac{2 \times 실제\ 간선\ 수}{n(n-1)} (무방향\ 그래프\ 기준)$$

n=노드 수. 밀도 값은 0~1값을 가지며 1에 가까울수록 모든 노드가 서로 밀접히 연결되어 있다는 의미

오답 피하기

- ① 포괄성(Inclusiveness)은 전체 네트워크 중 연결된 노드 비율로서 네트워크 참여 수준을 보여준다.
- ③ 전이성(Transitivity)은 삼각관계 구조(친구의 친구가 친구일 확률, 클러스터링 계수)의 비율로써 특정 노드 주변의 국소 밀집도를 측정한다.
- ④ 정도(Degree)는 한 노드가 가진 간선 수로 개별 노드 수준의 연결 수를 뜻한다.

52 ③

회귀분석에서 모형의 전체 유의성(모든 회귀계수가 0인지)을 검사할 때 F-검정을 사용한다.
귀무가설은 회귀모델에 설명력이 없다는 의미이다. F-검정을 통해 계산된 p-값이 유의수준 α보다 작으면 귀무가설을 기각하여 회귀모형이 유의미하다고 판단할 수 있다.
또한 유의수준 a = 0.05일 때, 자유도에 따른 F 분포표에서 임계값을 찾아, 계산된 F 통계량이 그 임계값보다 크면 귀무가설을 기각한다.

구분	사용 목적
카이제곱 검정	범주형(명목형) 자료 간의 관계나 적합도를 검정할 때 사용 • 적합도 검정 : 한 범주형 변수가 특정 분포를 따르는지 확인 • 독립성 검정 : 두 범주형 변수 간에 연관성이 있는지 확인 • 동질성 검정 : 두 개 이상의 집단이 같은 분포를 가지는지 비교 ⑩ 성별과 구매 여부 간 관계 검정, 지역별 브랜드 선호 차이 검정 – 가정분포 : 카이제곱 분포
F-검정	수치형 데이터 간의 분산 비교, 회귀 유의성, 그룹 간 차이를 검정할 때 사용 • 정규성, 등분산성을 가정. 연속형 변수의 비교에 적합 ⑩ 회귀분석에서 전체 모형 유의성 검정, ANOVA에서 그룹 간 차이 검정 – 가정분포 : F-분포(두 카이제곱 분포의 비율)

53 ①

②③④는 모두 신경망 학습 시 경사하강법 기반 최적화 알고리즘에 해당되나 AdaBoost(Adaptive Boosting)는 약한 분류기를 순차적으로 결합하는 앙상블 학습(부스팅) 기법에 속한다.

오답 피하기

- ② RMSProp은 학습률을 이전 gradient 제곱의 이동평균으로 조정하는 경사하강법의 변형된 최적화 알고리즘이다.
- ③ Adagrad는 과거의 gradient 누적합을 반영해 학습률을 자동 조정하는 경사하강법 기반 최적화 알고리즘이다.
- ④ Nesterov Momentum(네스테로프 가속 경사)은 기존 모멘텀 방식보다 한 단계 앞서 예측해 기울기를 반영하는 경사하강법 기반 최적화 알고리즘이다.

54 ④

F값의 p-값은 회귀모형의 유의성을 검정하는 용도이며 잔차의 등분산성을 확인할 수는 없다.
잔차의 등분산성을 확인하기 위한 주요 기법으로는 Breusch–Pagan 검정, White 검정, Goldfeld–Quandt 검정, 시각적 진단(잔차 도표) 등이 있다.
① 결정계수 $R^2 = SSR(회귀\ 제곱합)/SST(총\ 제곱합)$은 총 변동 중 회귀모형이 설명하는 비율이다.
② 단순선형회귀에서 잔차 자유도는 n-2로 계산되므로 n은 10이다.
③ $SST(총제곱합) = \sum(Y_i - \bar{Y})^2 = (n-1) \cdot Var(Y)$ 공식을 통해 SST와 n이 주어지면 Y의 분산을 알 수 있다.

55 ③

k-평균 군집에서 k값이 커질수록 노이즈(이상치)를 별도의 군집으로 잘못 분리할 가능성이 커지므로 노이즈에 민감해지며 과도한 군집 분할로 해석력이 떨어지게 된다.
① 군집분석은 데이터 간 유사성을 따라 그룹을 만들되 군집 내 유사도는 높고 군집 외 유사도는 낮게 유지하는 것이 이상적이다.
② 계층적 군집분석(Agglomerative Hierarchical Clustering)에서는 한 번 합쳐진 군집을 다시 쪼개거나 이동시키지 않는다.
④ k-평균 군집화의 특징은 비계층적 군집분석 방법으로 계층적 방법에 비해 대용량 데이터에 효율적이며 미리 군집 개수를 설정해야 한다.

56 ④

전이학습(Transfer Learning)이란 한 분야(기존 데이터/모델)에서 학습된 지식을 재활용하여 다른 분야의 모델 학습에 적용하는 기법이다.
예를 들어 이미지 분류 모델을 훈련시킨 후, 그 모델의 일부 가중치를 초기값으로 활용하여 다른 유사한 이미지 데이터셋에 빠르게 학습시키는 방법 등이 해당된다.

57 ③

연관 분석(Association Analysis, Association Rule Mining)은 항목 간의 동시 발생 관계를 규칙의 형태(If A then B)로 도출하는 비지도 학습 기법이다. 쇼핑몰에서 A를 구매한 사람이 B도 구매할 가능성을 파악하는 것은 상품 간의 연관성 탐색 문제로 연관 분석에 해당된다.

오답 피하기

- ① 분류 분석을 위해서는 A를 샀을 때 B도 샀는지에 대한 레이블이 필요하다.
- ② 회귀 분석은 연속값 예측이므로 동시 구매 가능성을 분석할 수 없다.
- ④ 군집 분석은 유사 고객들을 그룹화하는 방식으로서 동시 구매 가능성 분석과 거리가 멀다.

58 ④

군집(clustering)은 비지도 학습 기법으로 불균형 분류 문제 해결과는 무관하다.
① 데이터생성(Synthetic Data Generation) : GAN 등으로 소수 클래스 샘플을 생성하여 균형을 맞춘다.
② 언더샘플링(Undersampling) : 다수 클래스의 데이터를 줄여서 균형을 맞추는 기법이다.
③ 오버샘플링(Oversampling) : 소수 클래스 데이터를 복제하거나 합성하여 균형을 맞추는 기법이다.

59 ①

PCA는 공분산 행렬 또는 상관행렬을 바탕으로 고유값 분해 또는 특이값 분해(SVD)를 통해 주성분을 찾으며, 음수도 허용된다. 일반적으로 m × n 행렬(m: 샘플 수, n: 변수 수)에 대해 적용 가능하다.

60 ②

생성적 적대 신경망(Generative Adversarial Network, GAN)은 생성자(Generator) 네트워크와 판별자(Discriminator) 네트워크가 서로 경쟁(adversarial)하면서 데이터를 생성하는 모델이다.

오답 피하기
- ① VAE는 확률분포 기반으로 잠재 벡터에서 데이터를 생성하는 모델이다.
- ③ 오토인코더는 입력 데이터를 잠재 공간(latent space)에 압축하고, 잠재 벡터를 원래 입력 형태로 복원하는 인코더-디코더 구조이다.
- ④ 트랜스포머는 자연어 처리 등에서 입력 시퀀스를 처리하고 출력 시퀀스를 생성하는 Attention 기반 구조이다.

4과목 빅데이터 결과 해석

61 ④

Leave-One-Out 교차검증(LOOCV)은 전체 데이터셋에서 한 개의 데이터만 테스트에 사용하고, 나머지 n-1개 데이터를 모두 학습에 사용하는 방식이다.
- 데이터셋이 작거나 정밀한 성능평가가 필요할 때 유용하다.
- 데이터의 수만큼 반복해서 학습하므로 계산량이 매우 많다(데이터가 100개일 경우 100번의 반복학습).
- 데이터의 대부분을 사용해서 학습하므로 편향이 적다.

62 ②

ROC 곡선은 FPR(False Positive Rate)에 따른 TPR(True Positive Rate, 민감도) 변화를 표현하는 곡선이다.
- FPR : 실제 음성인 값을 양성으로 예측한 값의 비율 = 1-특이도(실제 음성인 대상 중에서 음성으로 예측한 값의 비율)
- 민감도(Sensitivity, TPR) : 실제 양성인 대상 중에서 양성으로 예측한 값의 비율

63 ④

드롭아웃(Dropout)은 신경망 학습 과정에서 일부 뉴런을 무작위로 제거하여 과적합을 방지하고 일반화 성능을 향상시키는 기법이다.

오답 피하기
- ① 교차검증은 모델 성능을 평가하는 방법이다.
- ② 데이터를 더 추가하는 것이 과적합 방지에 도움이 될 수 있으나 항상 가능한 현실적 대안은 아니다.
- ③ 피쳐(특성)를 추가하면 오히려 모델의 복잡도를 증가시켜 과적합 위험이 높아질 수 있다.

64 ③

필요한 데이터만을 표현한 것으로 데이터 왜곡이 없는 것은 ③이다.
극좌표(Polar Plot)는 평면 위의 위치를 각도와 거리를 써서 나타내는 2차원 좌표로, 계절성을 표현할 때 유용하며, 데이터의 왜곡 없이 데이터의 주기성을 표현한다.

오답 피하기
- ① 파이차트를 3차원으로 회전하면 원형구의 형태가 되며, 이를 2차원 평면에 표현하게 되면 면적의 왜곡이 발생할 수 있다.
- ② y축의 시작점을 조정하면 막대의 원래 길이보다 커지는 왜곡이 발생한다.
- ④ 전체 중 일부 데이터만 표시하면 전체 맥락이 누락되므로 왜곡이 발생할 수 있다.

65 ①

등고선 지도는 지형의 높낮이를 같은 높이의 선으로 연결하여 2차원 평면에 시각화한 지도로 대표적인 공간시각화 도구이며, 시간을 표현하지는 않는다.

66 ①

교차분석은 범주형 변수들 간의 관계를 분석할 때 사용된다. 그 결과를 교차표(분할표)로 나타내며, 카이제곱 검정을 통해 변수 간의 독립성 또는 연관성을 평가할 수 있다.

67 ②

코사인 유사도는 두 벡터의 방향(유사성)을 측정하는 지표이며 일반적으로 -1부터 1사이의 값을 갖는다.

워드 임베딩
- 워드 임베딩은 단어를 밀집 벡터로 표현하는 방법이다.
- 밀집 벡터(임베팅 벡터)는 실수값을 갖는다.
- Word2Vec, FastText, Glove 등이 대표적 기법이다.
- 벡터 사이의 유사성은 코사인 유사도로 측정한다.

코사인 유사도(Cosine Similarity)
- 두 벡터 사이의 각도를 기반으로 유사성을 측정하는 방식이다.
- 두 벡터가 같은 방향을 가리킬수록 유사도는 1에 가까워지고, 반대 방향이면 -1에 가까워진다.
- 두 벡터가 서로 수직이면 0이다.

68 ②

정확도는 실제값과 예측값이 일치하는 정도를 측정하는 지표로 전체 대상 중에서 올바르게 예측한 값의 비율이다.

		예측값	
		Positive	Negative
실제값	Positive	True Positive(TP)	False Negative(FN)
	Negative	False Negative(FN)	True Positive(TP)

정확도 = (Positive를 Positive로 분류한 수 + Negative를 Negative로 분류한 수) / (전체 수)
= (TP+TN) / (TP+FP+TN+FN)

69 ①

변동계수(Coefficient of Variation, CV)는 CV=표준편차(σ)/평균(μ) 으로 정의되며, 평균이 0에 가까워지면 CV값이 무한대로 커지기 때문에 데이터가 모두 양수일 때 의미를 갖는다.

오답 피하기
- ② 분산 → 데이터가 양수든 음수든 상관없이 계산 가능
- ③ IQR(Interquartile Range, 사분위 범위) → Q3 - Q1로, 값의 부호와 무관하게 사용 가능
- ④ 범위(Range) → 최대값-최소값으로, 음수 포함해도 의미 있음

70 ②

배깅(Bagging)은 Bootstrap Aggregating의 약자로 여러 모델로 나누어 병렬로 학습시키고, 그 결과를 결합하여 예측값을 결정하는 방법이다. 랜덤포레스트가 대표적이다.
- 분류 모델은 각 모델의 예측 결과를 투표를 통해서 결정
- 회귀 모델은 각 모델의 예측값의 평균으로 결정

오답 피하기
- ① 약한 모형 여러 개를 순차적으로 결합하여 최종모형을 만드는 방법은 부스팅(Boosting)이다.
- ③ 부스팅의 대표적인 알고리즘으로 Gradient Boosting, AdaBoost 등이 있다.
- ④ 랜덤 포레스트는 분류 모델, 회귀 모델 모두 적용할 수 있다.

71 ④
어간 추출(stemming)은 단어의 원형 또는 어간(stem)을 추출하는 기법으로, 형태는 다르지만 의미적으로 유사한 단어들을 동일한 형태로 통합하여 분석하는 방법이다.

72 ①
신경망에서 은닉층이 생략되면 입력층과 출력층이 바로 연결되며, 이는 단일 계층(Perception) 구조와 동일한 형태가 된다. 이때 활성화 함수로 시그모이드(sigmoid)를 사용하게 되면, 로지스틱 회귀분석과 동일한 모형이 된다.
- 로지스틱 회귀는 이진 분류 문제에 사용되며, 다음과 같은 수식을 가진다.

$$\hat{y} = \sigma(z) = \frac{1}{1+e^{-z}} \text{ where } z = w^T x + b$$

여기서, $\hat{y}$는 예측 확률(0~1사이)이고, $\sigma(z)$는 시그모이드 함수이다. x는 입력 벡터이며, w는 가중치 벡터, b는 편향이다.
- 은닉층이 없는 신경망도 시그모이드 함수를 사용하면 동일한 계산을 수행한다.

$$\hat{y} = \sigma(w^T x + b)$$

오답 피하기
- ② 오차 역전파는 출력층→은닉층→입력층으로 진행하면서 가중치를 수정한다.
- ③ 오차는 예측값과 실제값의 차이를 계산하는 것으로 손실 함수(Loss Function)를 사용한다.
- ④ 인공신경망은 복잡한 비선형관계 학습에 적합하다.

73 ②
산점도는 두 변수를 x축과 y축에 각각 배치하고 해당하는 값을 점으로 표시한 그래프로, 두 변수 간의 상관관계를 시각적으로 표현할 수 있는 대표적인 관계 시각화 도구이다.

오답 피하기
- ①④ 히스토그램과 파이 차트는 하나의 변수에 분포하는 값을 시각화한다.
- ③ 파레토 차트는 막대 그래프와 꺾은선 그래프를 결합한 형태이다. 원인이 되는 요인들을 중요도 순으로 나열하고 그 비율을 표시함으로써 중요한 원인을 파악하고 분석하는 데 사용된다.

74 ③
MAPE는 예측 모델의 정확도를 평가할 때 자주 사용되는 지표로 실제값과 예측값의 오차를 백분율로 나타내어 평균한 값이다. 오차의 절댓값을 사용하므로 방향은 무시되고 크기만 반영된다.

$$MAPE = \frac{1}{n} \sum_{i=1}^{n} \left| \frac{y_i - \hat{y}_i}{y_i} \right| \times 100\%$$

오답 피하기
- ① $MAE = \frac{1}{n}\sum_{i=1}^{n}|y_i - \hat{y}_i|$
- ② $MSE = \frac{1}{n}\sum_{i=1}^{n}(y_i - \hat{y}_i)^2$
- ④ $RMSE = \sqrt{\frac{\sum_{i=1}^{n}(y_i - \hat{y}_i)^2}{n}}$

75 ③
생성적 적대 신경망(Generative Adversarial Network, GAN)은 두 개의 신경망을 경쟁적으로 훈련시켜서 데이터를 생성하는 방법으로, 생성자는 실제와 유사한 가짜 데이터를 생성하고 판별자는 진짜 데이터와 가짜 데이터를 정확히 구분할 수 있도록 학습한다.

76 ④
MDS와 t-SNE는 고차원 데이터를 사람이 이해할 수 있는 2차원이나 3차원 공간으로 변환하여 시각화하거나 패턴을 파악하는데 쓰이는 차원 축소 기법이다.
- MDS(Multidimensional Scaling, 다차원 척도법) : 데이터 간 거리(distance) 또는 유사도(similarity) 정보만으로도, 데이터의 구조를 시각적으로 표현할 수 있다. 글로벌 구조 표현에 적합하다.
- t-SNE(t-Distributed Stochastic Neighbor Embedding) : 고차원 데이터를 저차원(2D나 3D)으로 시각화하는 데에 자주 쓰이는 비지도 학습 차원축소 기법이다. 확률 기반으로 동작하여 실행할 때마다 결과가 달라질 수 있다. 주로 워드 임베딩, 이미지 특성 벡터, 문서 벡터 등의 복잡한 데이터 구조를 시각적으로 탐색할 때 사용된다.

77 ①
시그모이드 함수 $\sigma(x) = \frac{1}{1+e^{-x}}$ 를 미분하면 $\sigma'(x) = \sigma(x)(1 - \sigma(x))$ 이다. 이 함수는 x=0에서 최대값을 갖고, 그 외의 값에서 점점 작아진다.
② 머신러닝에서 사용하는 활성화 함수는 비선형성이 있어야 복잡한 패턴을 학습할 수 있다.
③ ReLU 함수는 양수 구간에서 미분값이 1, 즉 기울기가 1로 유지되기 때문에 시그모이드보다 기울기 소멸 문제(gradient vanishing)를 줄여준다.

78 ①
다차원 데이터를 시각화하기 위해서는 고차원의 정보를 저차원(주로 2차원 또는 3차원)으로 축소하는 것이 필요하다.
PCA(Principal Component Analysis)는 고차원 데이터를 저차원으로 투영하여, 주요 정보(분산)를 최대한 보존하면서 시각화 할 수 있게 해주는 차원 축소 기법이다.

오답 피하기
- ② 산점도(Scatter Plot) : 보통 2차원 또는 3차원 데이터에 적합하며, 고차원 데이터를 직접 시각화하기에는 한계가 있다.
- ③ 히스토그램(Histogram) : 단변량 데이터의 분포를 나타내는데 적합하며, 다차원 데이터 시각화와는 거리가 있다.
- ④ 박스플롯(Box Plot) : 변수별 분포와 이상치를 시각화하는데 유용하지만, 다차원 데이터 시각화 도구로 사용하기에는 한계가 있다.

79 ④
재현율은 TP/(TP+FN)이다. TN/(TN+FP)은 특이도(specificity)를 구하는 식이다.

80 ③
워드 임베딩은 단어가 주변 단어들과 함께 나타나는 패턴을 학습하여 의미 기반의 벡터 표현을 생성한다. Distributional Hypothesis("You shall know a word by the company it keeps", 단어의 의미는 주변 단어들 문맥에 의해 결정된다) 원리를 반영한다.

오답 피하기
- ① TF-IDF는 각 단어의 중요도를 문서 내 출현 빈도와 전체 문서에서의 희귀도를 조합하여 계산하는 통계 기반 기법이며, 거리 기반 기법은 아니다.
- ② 코사인 유사도는 -1에서 1 사이의 값을 가지며, 1에 가까울수록 두 벡터는 방향이 유사하여 의미적으로 유사한 것으로 판단된다.
- ④ 단순한 빈도 기반 기법(TF, TF-IDF, BOW)과 달리, 워드 임베딩은 단어 간의 의미적 관계와 문맥 정보를 함께 고려하여 벡터를 생성한다.

기출문제 08회 (2024.04.06 시행) 2-66p

01 ③	02 ①	03 ②	04 ④	05 ④
06 ③	07 ②	08 ①	09 ①	10 ③
11 ②	12 ④	13 ①	14 ②	15 ④
16 ③	17 ①	18 ②	19 ④	20 ③
21 ③	22 ④	23 ③	24 ③	25 ③
26 ①	27 ②	28 ③	29 ③	30 ④
31 ③	32 ②	33 ②	34 ③	35 ④
36 ①	37 ④	38 ②	39 ③	40 ④
41 ②	42 ③	43 ②	44 ②	45 ③
46 ③	47 ④	48 ②	49 ③	50 ①
51 ③	52 ②	53 ②	54 ③	55 ③
56 ②	57 ②	58 ④	59 ②	60 ②
61 ④	62 ③	63 ③	64 ②	65 ③
66 ①	67 ②	68 ③	69 ④	70 ②
71 ①	72 ②	73 ①	74 ②	75 ①
76 ④	77 ③	78 ①	79 ②	80 ②

1과목 빅데이터 분석 기획

01 ③

빅데이터의 특징은 초기에 가트너 그룹에서 정의한 3V(규모, 유형, 속도)에 더해 최근에는 가치(Value)와 품질(Veracity) 요소가 추가된 5V로 정의되고 있다.

광의	협의	특징	내용
5V	3V	규모(Volume)	데이터 양이 급격하게 증가
		유형(Variety)	데이터의 종류와 근원 확대
		속도(Velocity)	데이터 수집과 처리속도의 고속화
	+2V	품질(Veracity)	데이터의 신뢰성, 정확성, 타당성 보장이 필수
		가치(Value)	대용량 데이터 안에 숨겨진 가치 발굴이 중요

02 ①

빅데이터 분석 방법론은 분석 기획, 데이터 준비, 데이터 분석, 시스템 구현, 평가 및 전개 5단계로 구성되어 있으며, 데이터 분석 단계에서는 분석용 데이터 준비, 텍스트 분석, 탐색적 분석, 모델링, 모델 평가 및 검증을 수행한다. 각 수행 작업별 상세한 내용은 다음과 같다.

데이터 분석	분석용 데이터 준비	• 비즈니스 룰 확인 • 데이터셋 준비
	텍스트 분석	• 텍스트 데이터 확인 및 추출 • 텍스트 데이터 분석
	탐색적 분석	• 탐색적 데이터 분석 • 데이터 시각화 스텝
	모델링	• 데이터 분할 • 데이터 모델링 • 모델 적용 및 운영 방안
	모델 평가 및 검증	• 모델 평가 • 모델 검증

03 ②

빅데이터 플랫폼은 빅데이터 수집부터 저장, 처리, 분석 등 전 과정을 통합적으로 제공하여 그 기술들을 잘 사용할 수 있도록 준비된 환경을 말한다.

04 ④

가역 데이터는 생산된 데이터의 원본으로 일정 수준 환원이 가능한 데이터로 원본과 1:1 관계를 갖는다. 이력 추적이 가능하여, 원본 데이터가 변경되는 경우 변경사항을 반영할 수 있다.
이에 반해 불가역 데이터는 생산된 데이터의 원본으로 환원이 불가능한 데이터이다. 원본 데이터와는 전혀 다른 형태로 재생산되기 때문에, 원본 데이터의 내용이 변경되었더라도 변경사항을 반영할 수 없다.

05 ④

정량적 데이터는 정형, 반정형 데이터이며 정성적 데이터는 비정형 데이터이다.
정형 또는 반정형 유형의 정량적 데이터를 비정형 유형의 정성적 데이터로의 변환은 가능할 수 있지만, 그 반대로의 변환은 어렵다.

06 ③

③은 데이터 변환이 아닌 데이터 추출 또는 데이터 분할이라 볼 수 있다.

07 ②

익명정보를 생성하고자 할 때는 그 당사자를 한정하기 어렵다.

08 ①

총계처리 기법 중 재배열(Rearrangement)은 기존 정보값은 유지하면서 개인이 식별되지 않도록 데이터를 재배열하는 방법이다. 개인의 정보를 타인의 정보와 뒤섞어서 전체 정보에 대한 손상 없이 특정 정보가 해당 개인과 연결되지 않도록 한다.

> **오답 피하기**
> - ② 데이터 마스킹 기법 중 임의 잡음 추가(Adding Random Noise)는 개인 식별이 가능한 정보에 임의의 숫자 등 잡음을 추가(더하기 또는 곱하기)하는 방법이다.
> - ③ 가명처리 기법 중 휴리스틱 가명화(Heuristic Pseudonymization)는 식별자에 해당하는 값들을 몇 가지 정해진 규칙으로 대체하거나 사람의 판단에 따라 가공하여 자세한 개인정보를 숨기는 방법이다.
> - ④ 데이터 범주화 기법 중 랜덤 라운딩(Random Rounding)은 수치 데이터를 임의의 수 기준으로 올림(round up) 또는 내림(round down)하는 기법으로 수치 데이터 이외의 경우에도 확장 적용 가능하다.

09 ①

데이터 마스킹 수준이 높으면 데이터를 식별, 예측하기 어려워져 특정 개인을 식별할 수 없게 되므로 비식별화 목적에 적합하게 이루어졌다 볼 수 있다.

10 ③

내부 데이터의 사용 시 필요 데이터에 대한 데이터 목록(변수 명칭, 설명, 형태, 기간, 용량, 권한 등)을 작성한다. 또한 필요 데이터에 대한 관련 법률이나 보안적인 요소들을 확인하고, 개인정보일 경우 비식별 조치방안을 함께 고려한다. 그리고 필요 데이터의 관리 권한이 다른 부서에 있는 경우 협의를 통해 데이터 공유 가능 여부를 확인한다. 다음으로 외부 데이터의 수집 시 필요 데이터에 대한 데이터 목록을 데이터를 보유한 기업의 이름과 데이터 제공 방법(Open API, 복제 등)까지 고려하여 작성한다. 또한 필요 데이터의 수집이 관련 법률이나 제도상 제약이 없는지 검토한다. 그리고 필요 데이터에 대하여 보유 기업으로부터 데이터 제공 가능여부와 구매 비용 등을 협의한다.

11 ②

데이터 웨어하우스(Data Warehouse)는 사용자의 의사결정에 도움을 주기 위하여 기간시스템의 데이터베이스에 축적된 데이터를 공통의 형식으로 변환해서 관리하는 데이터베이스로, 주제지향성, 통합성, 시계열성, 비휘발성이라는 4가지 특징을 갖고 있다.
주제지향성은 고객, 제품 등과 같은 중요한 주제를 중심으로 그 주제와 관련된 데이터들로 구성된다.
통합성은 데이터가 데이터 웨어하우스에 입력될 때는 일관된 형태로 변환되며, 전사적인 관점에서 통합된다.
시계열성은 데이터 웨어하우스의 데이터는 일정 기간 동안 시점별로 이어진다.
비휘발성은 데이터 웨어하우스에 일단 데이터가 적재되면 일괄 처리 작업에 의한 갱신 이외에는 변경이 수행되지 않는다.

12 ④

분산 파일 시스템은 네트워크로 공유하는 여러 호스트의 파일에 접근할 수 있는 파일 시스템으로 데이터를 분산하여 저장하면 데이터 추출 및 가공 시 빠르게 처리할 수 있다. GFS(Google File System), HDFS(Hadoop Distributed File System), 아마존 S3 파일 시스템이 대표적이다.
또한 Ceph는 단일 분산 컴퓨터 클러스터에 오브젝트 스토리지를 구현하는 오픈 소스 소프트웨어 정의 스토리지 플랫폼으로, 누구나 사용할 수 있으며, 완전히 분산된 작업을 목적으로 한다.
반면, HBase는 하둡 파일 시스템 위에 설치되며, 데이터 모델은 열 집합 기반의 저장소로 구성되는 하둡 데이터베이스이다.

13 ①

키-값(Key-Value) 데이터베이스는 데이터를 키와 그에 해당하는 값의 쌍으로 저장하는 데이터 모델에 기반을 둔다. 단순한 데이터 모델에 기반을 두기 때문에 관계형 데이터베이스보다 확장성이 뛰어나고 질의 응답시간이 빠르다. 아마존의 Dynamo 데이터베이스가 효시이며, Redis와 같은 In-memory 방식의 오픈소스 데이터베이스가 대표적이다.

14 ②

NoSQL(Not-only SQL)은 전통적인 관계형 데이터베이스와는 다르게 데이터 모델을 단순화하여 설계된 비관계형 데이터베이스로 SQL을 사용하지 않는 DBMS와 데이터 저장장치이다. 기존의 RDBMS 트랜잭션 속성인 원자성(Atomicity), 일관성(Consistency), 독립성(Isolation), 지속성(Durability)을 유연하게 적용한다. Cloudata, Hbase, Cassandra, MongoDB 등이 대표적이다.

15 ④

비정형 데이터(Unstructured Data)는 구조가 정해지지 않은 대부분의 데이터이며, 연산이 불가능하다. 대표적으로 동영상, 이미지, 음성, 문서, 메일 등이 있다.
참고로 트랜잭션 데이터(Transaction Data)는 상점에서 고객의 주문이나 판매, 은행에서 고객의 입금이나 출금 등과 같은 거래를 기록하기 위해 단말기 등에서 생성하여 컴퓨터 시스템으로 전송하는 데이터를 의미하는데, 마트에서 여러 물품들을 구입하고서 받은 영수증이 그 예라 볼 수 있다.

16 ③

유의미한 변수를 선정하는 작업은 데이터 분석 단계에서 텍스트 분석이나 탐색적 분석, 모델링을 수행하는 과정에서 주로 이루어진다.

17 ①

하향식 접근 방식(Top Down Approach)은 문제가 주어지고 이에 대한 해법을 찾기 위하여 각 과정이 체계적으로 단계화되어 수행되는 방식이다. 문제 탐색, 문제 정의, 해결방안 탐색, 타당성 평가 총 4단계로 구성되어 있다.
문제 탐색 단계에서는 현황 분석, 인식된 문제점, 전략에서 기회나 문제를 탐색한다.
문제 정의 단계에서는 해당 현실 문제를 데이터 관점의 문제로 정의한다.
해결방안 탐색 단계에서는 데이터 관점의 문제를 해결하기 위한 방안을 탐색한다.
마지막으로 타당성 평가 단계에서는 데이터 분석의 타당성을 평가한다.

18 ②

데이터 정규화(Normalization)라고도 불리는 표준화는 데이터를 일정한 범위로 조정하여 상대적인 크기 차이를 제거하는 작업이다. 따라서 원래의 단위를 잃게 된다.

오답 피하기
- ① 두 개의 샘플을 하나로 통합하는 작업은 데이터 통합이다.
- ③ 노이즈를 제거하여 추세를 부드럽게 하는 작업은 평활화(Smoothing)이다.
- ④ 데이터의 일반적인 특성이나 패턴을 추출하는 작업은 일반화(Generalization)이다.

19 ④

POS(Part Of Speech) tagging은 문장 내 단어들의 품사를 식별하여 태그를 붙여주는 것을 말한다. 튜플(tuple)의 형태로 출력되며 (단어, 태그) 형태로 출력된다. 여기서 태그는 품사(POS) 태그이다.

20 ③

자기상관성(Autocorrelation)은 시계열 데이터에서 시차값들 사이에 선형 관계를 보이는 것을 뜻하며, 지도학습 모델 선정 시 고려요소가 아니다.

2과목 빅데이터 탐색

21 ③

표에서 Standard Deviation은 각 주성분의 표준편차이며, Proportion of Variance는 각 주성분이 데이터의 전체 분산을 얼마나 설명하는지 비율로 나타낸다.
제3주성분이 전체분산을 몇%까지 설명하는지 확인하려면 PC3의 Proportion of Variance를 보면 되고 이 값은 0.076420이다. %로 환산하면 약 7.64%가 된다.

22 ②

스피어만 상관계수(Spearman's Rank Correlation Coefficient)는 변수들이 서열척도로 측정될 때 그들 간의 순위 상관관계를 측정하는 비모수적 방법이다. 이는 순위 변수를 다루기 때문에 서열척도에 적합하다.

오답 피하기

① 피어슨 상관계수는 두 변수 간의 선형 관계를 측정하는 통계량이다. -1과 1 사이의 값을 가지며, 그 값은 두 변수 간의 관계 강도와 방향을 나타낸다.
③ Phi 계수(Φ 계수, Phi Coefficient)는 두 이진 변수 간의 상관 관계를 측정하는 통계량이다. 이는 2x2 교차표(또는 혼동 행렬)로 표현된 데이터에 대한 상관계수의 특별한 경우이다.

척도	척도설명	상관계수
명목척도	데이터가 이름이나 범주로 구분되는 척도	Phi 계수, 크래머의 V
서열척도	데이터에 순서가 있지만, 순서 간의 간격이 일정하지 않은 척도	스피어만 상관계수, 켄달의 타우
등간척도	데이터 간의 순서와 간격이 일정하고, 절대적인 영점이 없는 척도	피어슨 상관계수
비율척도	데이터 간의 순서와 간격이 일정하고 절대적인 영점이 있는 척도	피어슨 상관계수

23 ③

점추정은 모집단의 모수를 추정하는 과정이며, 불편추정량은 추정량의 기댓값이 실제 모수와 같을 때를 의미한다.
일치추정량은 표본의 크기가 무한히 커질 때 추정량이 참값에 수렴하는 특성을 가진 추정량으로 표본평균, 표본분산 등이 그 예이다.
S1은 표본분산의 편향된 추정량이다. S1은 표본분산의 기대값이 모분산보다 작다.
S2는 모분산의 불편추정량이며, 일치추정량이다. 따라서 bias는 0이다.
MSE(Mean Squared Error, 평균제곱오차)는 추정량의 분산과 편향의 제곱의 합으로 이루어져 있다.

$$MSE = VaR(\hat{\theta}) + [Bias(\hat{\theta})]^2$$

24 ③

파생변수(Derived Variable)는 기존 데이터에서 새로운 의미 있는 변수를 생성하는 것으로 데이터 분석과 모델링의 성능을 향상시키기 위해 자주 사용된다. 파생변수로 데이터의 특성을 더 잘 표현하거나, 숨겨진 패턴을 발견할 수 있다.
파생변수를 만들 때 종속변수를 사용하면 모델이 예측해야 할 정보를 미리 사용하는 것이 되어 데이터 누설(data leakage)이 발생할 수 있다. 따라서 독립변수와 종속변수의 교호작용(interaction, 데이터 분석에서 변수 간 상호작용)을 이용해 파생변수를 만드는 것은 일반적으로 피해야 한다.
종속변수와 독립변수의 교호작용을 사용하는 것은 옳지 않지만, 독립변수 간의 교호작용을 파생변수로 만드는 것은 일반적인 기법이며, 이 교호작용을 포함한 파생변수는 독립변수 간의 상호작용 효과를 모델에 반영하는 중요한 방법 중 하나이다.

25 ③

오른쪽 꼬리가 긴 분포(Positive Skew)에서는 데이터의 높은 값들이 평균에 더 큰 영향을 미치기 때문에, 평균이 중앙값보다 크고, 최빈값(가장 빈도가 높은 값)은 가장 작게 위치하는 경향이 있다.
따라서, 최빈값 < 중앙값 < 평균값의 형태이다.

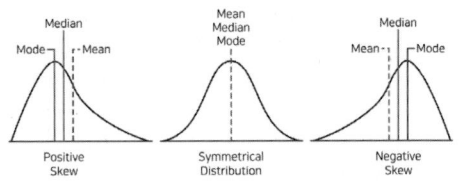

26 ①

중심극한정리(Central Limit Theorem)는 충분히 큰 표본 크기를 가지는 경우, 표본의 합이나 평균이 정규분포에 가까워진다는 통계 이론이다. 즉, 동일한 확률분포를 가진 독립확률변수 n개의 평균의 분포는 n이 적당히 크다면 정규분포에 가까워진다는 정리이다.
가장 많이 쓰이는 중심극한정리로 린데베르그-레비(Lindeberg-Lévy) 중심극한정리가 있다. 이는 같은 분포를 가지는 독립 확률변수에 대해 다룬다.
만약 확률변수 $X_1, X_2, \cdots, X_n$들이 서로 독립적이고, 같은 확률분포를 가지고, 그 확률분포의 기댓값 μ와 표준편차 σ가 유한하다면,
평균 $S_n=(X_1+X_2+\cdots+X_n)/n$의 분포는 기댓값 μ, 표준편차 $\sigma/\sqrt{n}$인 정규분포로 분포수렴한다.

$$\sqrt{n}\left(\left(\frac{1}{n}\sum_{i=1}^{n} X_i\right) - \mu\right) \xrightarrow{d} N(0, \sigma^2)$$

27 ②

가. PCA는 정규분포를 가정하지 않으며 정규분포가 아니어도 PCA를 수행할 수 있다.
나. PCA는 변수들 간의 상관관계를 기반으로 작동한다. 변수들 간 관계가 없으면 PCA를 통한 유의미한 차원 축소가 어려워질 수 있다.
다. PCA는 데이터를 설명하는데 중요한 방향을 찾기 위해 분산이 큰 방향을 확인한다. 분산이 크다는 것은 그 방향으로 데이터의 변동이 많다는 것이며, 중요한 패턴이나 구조를 잘 나타낼 가능성이 크다. 즉 주성분은 데이터의 분산이 최대가 되는 방향을 나타낸다.

28 ③

A나라 투표율 추정값 :
$$\hat{p}_1 = \frac{71}{100} = 0.71$$

B나라 투표율 추정값 :
$$\hat{p}_2 = \frac{134}{200} = 0.67$$

따라서 $\hat{p}_1 - \hat{p}_2 = 0.04$

29 ③

표본분산은 모분산과 달리 전체 표본수 n이 아닌 n−1로 나누는 것에 유의한다.

평균 $\bar{x} = \dfrac{60 + 70 + 80}{3} = 70$

표본분산
$= \dfrac{1}{n-1}\sum_{k=1}^{n}(x_k - \bar{x})^2$
$= \dfrac{1}{3-1}((60-70)^2 + (70-70)^2 + (80-70)^2) = \dfrac{1}{2}(100 + 0 + 100) = 100$

30 ④

이상값은 다른 값들과 현저하게 다른 값이며, 기술통계량에 해당하지는 않는다.

대분류	기술통계량	설명
중심 경향성 측도	평균	데이터의 산술적 평균으로, 모든 관측값의 합을 관측값의 개수로 나눈 값
	중앙값	데이터의 중간값으로, 데이터를 크기순으로 정렬했을 때 가운데 위치하는 값
	최빈값	가장 자주 발생하는 값
변동성 측도	범위	데이터의 최댓값과 최솟값의 차이
	분산	데이터 값에서 평균을 뺀 값을 제곱한 후 평균을 구한 값
	표준편차	분산의 제곱근으로, 데이터 값들이 평균으로부터 얼마나 떨어져 있는지를 나타냄
비대칭성 및 첨도	왜도	데이터의 비대칭성을 나타내는 지표
	첨도	데이터의 뾰족한 정도를 나타내는 지표
분위수	백분위수	데이터 집합을 100개로 나눈 지점으로, 예를 들어 90백분위수는 데이터의 90%가 이 값보다 작음을 의미
	사분위수	데이터 집합을 4개로 나눈 지점으로, 1사분위수(Q1), 2사분위수(Q2, 중앙값), 3사분위수(Q3)로 구분
	사분위수범위	Q1과 Q3의 차이로, 데이터의 중간 50%의 범위를 나타냄

31 ③

왜도(skewness)는 데이터의 비대칭성을 나타내는 척도이며, 분포의 꼬리가 어느 방향으로 더 긴지, 즉 데이터가 얼마나 편중되어 있는지를 측정한다.

오답 피하기

- ① 분산(Variance)은 데이터의 흩어짐 정도를 나타내는 통계량이며, 데이터 값들이 평균으로부터 얼마나 떨어져 있는지를 측정한다.
- ② 표준편차(Standard Deviation)는 데이터의 흩어짐 정도를 나타내는 통계량으로, 분산의 제곱근이다.
- ④ 첨도(Kurtosis)는 데이터 분포의 꼬리의 두께와 중심 피크의 높이를 측정하는 통계량이며, 데이터가 평균 주위에 얼마나 몰려 있는 지와 극단적인 값이 얼마나 자주 발생하는지를 나타낸다.

32 ②

통계적결정 \ 실제상황	H₀가 참	H₀가 거짓
H₀ 채택	옳은 결정	제2종 오류
H₀ 기각	제1종 오류	옳은 결정

제1종 오류(Type I Error)는 귀무가설(H0, null hypothesis)이 참일 때, 이를 기각하는 오류로서 실제로 효과나 차이가 없는데, 데이터 분석 결과 효과나 차이가 있다고 잘못 결론짓는 오류이다.
제2종 오류(Type II Error)는 대립가설(H1, alternative hypothesis)이 참일 때, 귀무가설을 기각하지 못하는 오류 즉, 귀무가설이 거짓인데 이를 채택하는 오류로서, 실제로 효과나 차이가 있는데, 데이터 분석 결과에서 효과나 차이가 없다고 잘못 결론짓는 오류이다.

33 ②

제2종 오류의 확률은 대립가설이 참일 때 귀무가설을 기각하지 못하는 확률이다. 주어진 조건으로 귀무가설(H0)이 참인 상황에서 대립가설 H1을 채택할 확률을 계산해야 한다.
10번의 시행 중 7번 이상 성공할 확률을 기준으로 제2종 오류를 범할 확률 계산은 다음과 같다.

- 대립가설 H1이 참일 때 확률 계산
  성공확률 : p=2/3
  실패확률 : q=1−p=1/3
- 성공 횟수 i가 0부터 6까지인 경우의 확률 계산

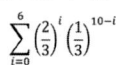

34 ③

편향은 모델의 예측이 얼마나 실제 값과 다른지를 나타낸다. 편향이 높은 모델은 데이터의 패턴을 충분히 학습하지 못해, 과소적합 되는 경향이 있다.
분산은 모델이 학습 데이터의 변동에 얼마나 민감한지를 나타낸다. 분산이 높은 모델은 데이터의 노이즈까지 학습해버려 과대적합 되는 경향이 있다. 편향과 분산이 모두 낮으면 모델은 데이터를 잘 일반화할 수 있으며, 이는 좋은 모델의 특성이다.

오답 피하기

- ① 모델이 복잡하면 분산이 커지고 편향이 작아지는 경향이 있다.
- ② 모델이 단순하면 편향이 커지고 분산이 작아지는 경향이 있다.
- ④ 편향과 분산은 일반적으로 trade-off 관계이므로 적절한 균형이 중요하다.

35 ④

양수 데이터에만 적용되며, 정규분포에 근사하게 변환하는 방법은 Box-Cox 변환이다.

오답 피하기

- ① Min-Max 스케일링은 데이터의 최소값과 최대값을 사용하여 데이터를 특정 범위(예: 0과 1)로 변환하는 방법으로 음수 데이터에도 적용 가능하며, 정규분포로의 변환은 아니다.
- ② Z-Score 스케일링은 데이터의 평균을 0으로, 표준편차를 1로 변환하는 표준화 방법으로 음수 데이터에도 적용 가능하며, 정규분포로의 변환은 아니다.
- ③ Binning은 데이터를 여러 개의 구간(bin)으로 나누어 각 구간에 속하는 값을 하나의 대표값으로 변환하는 방법으로 음수 데이터에도 적용 가능하며, 정규분포로의 변환은 아니다.

36 ①

표본의 평균은 모집단 평균의 추정치일 뿐이며, 표본의 크기가 커질수록 표본의 평균은 모집단 평균에 가까워지지만, 항상 같지는 않다.

37 ④

데이터 정제는 데이터의 오류 수정, 누락된 값 처리, 부정확한 데이터 제거 등을 포함하는 과정이다.
차원 축소는 주로 데이터의 구조를 단순화하고 패턴을 추출하는 데 사용된다. 따라서 데이터 정제는 차원 축소를 통해 할 수 없다.

> 오답 피하기

차원 축소(Dimensionality Reduction)의 주요 목적으로 특징 추출, 설명력 증가, 노이즈 제거가 있다.
- ① 특징 추출(Feature Extraction) : 차원 축소 기법은 데이터의 중요한 특성을 추출하여 새로운 저차원 공간에 투영한다. 주성분 분석(PCA) 같은 기법은 데이터의 주요 성분(특징)을 추출하는 데 사용된다.
- ② 설명력 증가(Increased Interpretability) : 차원 축소를 통해 데이터의 설명력을 증가시킬 수 있다. 고차원 데이터에서 주요 구성 요소만을 남겨 더 쉽게 해석할 수 있도록 한다.
- ③ 노이즈 제거(Noise Reduction) : 차원 축소는 데이터의 주요 패턴을 유지하면서 노이즈(불필요한 변동)를 줄이는 효과가 있다. 예를 들어, PCA는 데이터의 주성분을 사용하여 노이즈를 제거한다.

38 ②

편상관계수는 두 변수 간의 순수한 상관관계를 구하는 기법으로, 다른 변수들의 영향을 통제한다. 즉, 암 발생률과 소득의 상관관계를 구할 때, 다른 변수(예: 나이, 성별, 생활습관 등)의 영향을 제거하고 분석하고자 할 때 사용한다.

> 오답 피하기

- ① 군집분석(Cluster Analysis)은 데이터의 군집(클러스터)을 찾기 위해 사용되는 기법이며, 주로 유사한 특성을 가진 데이터 포인트를 그룹화하는데 사용한다.
- ③ F분포(F-distribution)는 주로 분산분석(ANOVA)에서 사용되는 통계 분포로, 두 개 이상의 그룹 간의 분산의 차이를 분석할 때 사용한다.
- ④ 카이제곱(Chi-square)은 주로 범주형 데이터의 독립성이나 적합성을 검정하는 데 사용되는 통계 방법이다.

39 ③

1개의 독립변수를 측정하여 집단 간 평균 비교를 하는 경우 일변량 분산분석(ANOVA)을 수행하며, 1개 이상의 독립변수를 측정하여 집단 간 평균벡터에 대한 비교를 하는 경우 다변량 분산분석(Multivariate ANOVA)을 수행한다. 즉, 하나 이상의 독립변수와, 여러 개의 종속변수이다.

40 ④

자기회귀(AR) 모델로 결측치를 대치한다는 것은 과거의 관측값을 기반으로 대치하는 것이다. 이는 데이터의 시간적 상관성을 유지하거나 강화하는 경향이 있으며, 분산은 줄어들 수 있다.

3과목 빅데이터 모델링

41 ②

다중공선성은 독립변수들 간에 높은 상관성이 존재하는 문제이며, 클수록 회귀계수 추정에 부정적인 영향을 미친다.
다중공선성은 회귀계수의 신뢰성이 낮아지고 표준오차가 증가하여 회귀계수의 분산이 커진다. VIF 분산팽창지수가 10 이상이면 독립변수 간에 상관성이 존재한다.
회귀분석을 적용하기 위해서는 선형성, 잔차의 등분산성, 잔차의 정규성을 만족해야 하며, 다중공선성을 만족하지 않아야 한다.

42 ③

EM(Expectation-Maximization) 기법은 Latent 변수를 활용하여 최대우도 추정량(표본 기반 확률밀도함수에서의 모수적인 데이터 밀도 추정)을 구하는 방법이다.

> 오답 피하기

샘플링 기법에는 다음과 같은 방법들이 있다.
- 마르코프 체인(Markov Chain) : 상태 전이 확률에 따라 다음 상태를 결정하는 방법이다.
- Metropolis-Hastings Algorithm : 마르코프 체인과 몬테 카를로(Monte Carlo) 특징을 기반한 기법으로 특정 분포에서 샘플을 생성한다.
- Perfect 샘플링 : 마르코프 체인의 정상 분포에서 과거로부터의 결합하여 정확한 샘플을 생성한다.
- Rejection 샘플링 : 특정 확률 분포에서 샘플링이 어려울 때, 제안 분포에서 후보 샘플링 뒤 무작위로 Reject하거나 수락하여 원하는 분포에서 샘플링한다.

43 ②

시퀀스투시퀀스(seq2seq) 모델은 인코더와 디코더로 구성되며 입력 문장의 모든 단어들이 인코더로 들어가면 압축되어 하나의 컨텍스트벡터(context vector)로 출력된다. 이를 디코더에서 받아 번역된 단어를 한 개씩 순차적으로 출력한다.
벡터공간의 주요 요소로는 선형변환 후 방향이 유지되는 고유벡터, 모든 성분이 0인 공벡터, 선형 독립이고 벡터 공간에 걸쳐 있는 벡터 집합인 기저벡터 등이 있다.

44 ②

모멘텀은 관성을 적용해 진행하던 속도로 진행하고자 하므로 지역최소에 빠지더라도 가속도를 더해 해당 지점을 벗어나 속도를 유지하며 이동할 수 있다.

> 오답 피하기

- ① 확률적 경사하강법은 학습 데이터 중 일부를 랜덤 선택 손실 함수의 경사를 따라 최적의 모델을 찾는 방법이다.
- ③ AdaGrad는 가중치의 업데이트 횟수에 따라 학습율을 조절하여 속도가 달라진다.
- ④ Adam은 RMSProp과 모멘텀 방식의 장점을 합친 경사하강법이다.

45 ③

초매개변수는 사용자 경험에 의해 설정되는 데이터와 모델을 위한 입력값으로 학습을 진행하면서 조정하고 변경할 수 있다.

46 ③

서포트벡터머신은 선형과 비선형 분류에 이용되며 일반화 성능이 높아 신규 데이터에도 잘 동작한다. 또한 선형 커널, 다항식 커널, 시그모이드 커널, 가우시안 커널, 쌍곡탄젠트 커널 등 여러 커널 함수가 존재한다.
SVM의 단점으로는 계산량이 많아 학습속도가 느려 모델에 대한 초매개변수 튜닝 등 최적화가 중요하다.

47 ④

민코프스키 거리는 p-norm으로 유클리드 거리와 맨해튼 거리를 하나의 거리로 표현하고, p를 통해 거리척도로 활용한다.
유클리드 거리는 유클리드 공간에서의 최단거리이다.
$D(x,y) = \sqrt{\sum_{i=1}^{n}(y_i - x_i)^2} = \sqrt{(x-y)(x-y)^T}$
맨해튼 거리는 실수 값 벡터 간의 절대값 거리이다.
$D(x,y) = \sum_{i=1}^{n}|x_i - y_i|$
마할라노비스 거리는 정규분포에서 관측치 X가 얼마나 평균에서 떨어져 있는지에 대한 표준편차와의 비교 거리척도이다.
$D(x,y) = \sqrt{(x-y)\sum^{-1}(x-y)^T}$ ($\sum^{-1}$: 공분산 행렬의 역행렬로 맥락 정규화)

48 ②

의사결정나무는 독립변수의 조건에 따라 종속변수의 값을 예측하는 수학적 가정이 불필요한 비모수적 모형이며 분류나무와 회귀나무가 있다. 노드 내에서는 동질성이 커지는 방향으로 분기하며 교호작용 효과 해석이 용이하다.

49 ③

부스팅은 약한 학습기(weak learner)들을 여러 개 결합하며 순차적으로 학습, 예측하는 기법이다.
이 중 GBM(Gradient Boosting Machine)은 가중치 업데이트를 경사하강법(Gradient Descent)을 이용하며, XGBoost는 이에 정규화를 추가한 개선된 모델로서 병렬 수행, 메모리 최적화 등으로 상대적으로 속도가 빠르다.
LightGBM은 일반적인 레벨 중심의 트리 분할과 달리 리프 중심(leaf-wise)의 트리 분할로서 최대 손실값을 가진 리프 노드를 분할한다. 트리의 특정 부분이 더 깊어지고 비대칭적 트리가 생성될 수 있게 되며, 효율적으로 복잡한 데이터 패턴을 학습하고 오류 손실을 줄일 수 있다.

50 ①

은닉 노드의 값과 가중치를 곱하여 합산한 다음 편향을 더한다.
0.2×0.4 + 0.1×0.5 + 0.2 = 0.33

51 ③

앙상블 모델은 모델 예측의 분산과 편향을 줄이려는 목표를 가지며, 단일 모델보다는 대체적으로 높은 성능을 나타낸다. 다만 이미 높은 성능을 내고 있는 단일 모델에 앙상블 기법을 적용하면, 추가적인 모델의 복잡성이 오히려 성능 저하를 가져올 수도 있다.

52 ④

상대 위험도(Relative Risk)는 일정 시점에서 발생하는 사건의 비율로서 신기술 적용 공정 시 불량이 발생할 확률에서 기존 공정 시 불량이 발생할 확률을 나눈 값이다. (10/500) / (40/500) = 0.25
승산비(Odds Ratio)는 두 사건 A, B 사이의 연관 강도를 정량화하는 통계식으로서 A가 있을 때 B의 승산과 A가 없을 때 B의 승산의 비율로 정의된다. (10/490) / (40/460) = (0.02×0.92) / (0.08×0.98)

53 ③

베이즈 정리는 특정 사건이 주어졌을 때 다른 사건이 발생할 조건부확률을 구하는 수학적 공식이다. 이를 기반으로 한 분류 알고리즘이 나이브 베이즈이며 데이터 속성/특징들이 각각 독립적인 것을 가정한다.
나이브 베이즈는 사전확률과 우도를 이용하여 사후확률을 계산한다. 데이터에 대한 학습과정 대신 확률모형의 모수를 정확하게 추정하는 과정을 가진다.

54 ③

통계적 해석을 모수를 통해 검정하는 모수검정과 비교했을 때 비모수검정은 정규성을 가정하기 어렵거나 표본 집단의 크기가 작은 경우 활용되어 비교적 검정력이 낮은 편이다.
비모수검정은 데이터의 순위나 비율에 기반하여 수행되기 때문에 이상치에 대한 민감도가 덜하다. 또한 많은 경우에서 통계량 계산이 단순하며 직관적으로 이해하기 쉽다.

55 ③

결정계수의 값은 0과 1사이에 있다.

오답 피하기

- ① 1은 종속변수의 변동이 모두 독립변수에 의해 설명된다는 것을 의미한다.
- ② 0은 종속변수의 변동이 독립변수에 의해 설명되지 않음을 뜻한다.
- ④ 회귀모형에 독립변수를 더 많이 추가하면 항상 결정계수를 향상시킬 수 있으나 관련 없는, 영향력이 적은 변수를 추가하면 결정계수 값이 낮아질 수 있다.

56 ②

배치는 샘플의 집합이며 미니배치, Stochastic 배치 등으로 나뉜다. 배깅에는 활용하지 않는다.
앙상블 학습의 한 유형인 확률적(Stochastic) Gradient Boosting에서는 각 단계에서 미니배치나 확률적으로 선택된 샘플을 사용하여 모델을 학습시킨다.

57 ②

보기들은 머신러닝 모델에서 과적합을 방지하기 위한 규제 기법들이다.
선형회귀에서 L1 규제를 주는 것은 Lasso, L2 규제를 주는 것은 Ridge이다.
L1 규제는 가중치의 절대값을 규제 항으로 추가한다. 가중치가 0에 수렴하도록 유도하여 특성 선택을 수행하는 효과를 가진다. 이는 모델의 복잡성을 줄이고 불필요한 특성을 제거하는 역할을 한다.
L2 규제는 가중치의 제곱합에 비례하는 패널티를 부여한다. 가중치가 커지지 않도록 유도하여 모든 특성을 고려한 상태에서 모델을 단순화하는 효과가 있다.
엘라스틱넷(Elastic Net)은 L2 규제와 L1 규제를 결합한 형태이다.

58 ④

매개변수를 늘릴수록 훈련데이터에 쉽게 과적합 되는 경향이 나타날 수 있다.
과적합 방지를 위해 정규화로써 비용함수에 매개변수 가중치에 대한 패널티를 추가하는 L1, L2 규제와 은닉층의 입력 노드에 적용하는 배치 정규화 기법, 각 층마다 일정 비율의 뉴런을 0으로 만들어(drop) 나머지 뉴런들만 학습하는 드롭아웃 기법 등을 활용할 수 있다.

59 ②

로지스틱 회귀모형은 독립 변수들로부터 두 범주만을 가지는 종속변수를 예측하는데 사용한다.
선형 회귀와 로지스틱 회귀 모두 MLE(Maximum Likelihood Estimation, 최대우도추정)로 계수추정이 가능하며 선형 회귀에서 최소제곱추정량(LSE)의 통계적 특성으로 불편추정량, 선형성, 일관성 및 효율성을 지닌다.
선형 회귀만 선형성(독립변수와 종속변수 간에 선형적인 관계가 있음), 독립성(관측치들 간에 상관관계가 없음), 등분산성(잔차의 분산이 독립변수의 값에 상관없이 일정), 정규성(잔차가 정규분포를 따름) 조건을 가진다.

60 ②

배치의 크기는 각 배치의 샘플 수로서 훈련속도와 모델성능, 메모리 문제에 영향을 주는 하이퍼파라미터이다.
배치 크기가 커지면 학습 시간이 빨라지나 높은 메모리를 요구하며 모델의 정확도가 상대적으로 낮아질 수 있다.
반대로 배치 크기가 작아지면 더 정확한 모델로 훈련되나 모델 매개변수에 대한 반복적인 업데이트로 메모리 성능이 저하되며 또한 학습 데이터의 분포와 차이가 크므로 노이즈가 커지면서 모델의 학습에 악영향을 줄 수 있다(경우에 따라 적당한 노이즈는 규제효과로서 과적합을 방지할 수 있다).

4과목 빅데이터 결과 해석

61 ④

클래스 간 데이터 양의 차이가 있는 경우, 소수의 클래스에는 데이터를 복제하거나 합성하여 데이터셋을 확장하는 오버샘플링을 적용할 수 있다.
클래스 불균형이 있는 데이터는 정확도가 높게 나오는 경향이 있기 때문에, 정밀도(참으로 예측한 대상 중에서 실제 참인 값의 비율), 재현율(실제 참인 값들 중에서 참으로 예측한 값의 비율), F1-score 등의 지표를 고려해서 평가해야 한다.

62 ③

회귀대치법(Regression Imputation)은 결측값을 예측하여 대치하기 위해 회귀분석을 사용하는 방법이다. 결측값이 없는 다른 변수(독립변수)를 이용하여 결측값이 있는 변수(종속변수)를 예측하는 회귀모델을 구축한다.

장점	• 데이터의 구조와 패턴을 반영하여 결측값을 대체한다. • 통계적 분석에서 예측된 값을 사용하므로, 데이터의 변동성을 반영한다.
단점	• 회귀모델의 정확도에 따라 대체된 값의 정확도의 변화가 발생할 수 있다. • 독립변수와 종속변수 간의 관계가 약할 경우, 예측값의 신뢰성이 저하된다. • 결측값이 많을 경우, 회귀모델의 구축이 어렵다.

63 ③

MAE(Mean Absolute Error)는 평균절대오차, MSE(Mean Squared Error)는 평균제곱오차, MPE(Mean Percentage Error)는 평균백분율오차이다. MAPE(Mean Absolute Percentage Error)는 MAE를 퍼센트로 변환한 값으로, $MAPE = \frac{100\%}{n} \sum_{t=1}^{n} \left| \frac{e_t}{d_t} \right|$로 표현되고, 실제값과 예측값의 차이를 실제값으로 나누어 도출한 확률값이다.

64 ④

ROC 곡선은 FPR(False Positive Rate, 1-특이도)이 변할 때 TPR(True Positive Rate, 민감도)이 어떻게 변화하는지를 나타내는 곡선으로서 분류모델의 성능을 나타낸다. FPR이 커지면 TPR도 증가한다.
AUC는 ROC 곡선의 아래 면적이며, 1에 가까울수록 즉, ROC 곡선은 왼쪽 상단 모서리에 가까울수록(값이 클수록) 좋은 성능을 가지는 모델이다(높은 재현율과 높은 특이도를 동시에 갖는 모델을 의미).
ROC 곡선이 45도 직선에 가까울수록 성능이 낮은 모델을 나타낸다(재현율과 특이도가 비슷한 수준으로 유지되는 모델을 의미).

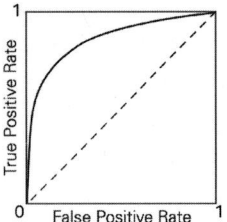

65 ③

질적 척도	명목 척도 (Nominal Scale)	단지 분류만을 위해 사용된 척도로 숫자로 변환되어도 그 자체는 전혀 의미가 없는 측정단위이다. (예: 남자는 1, 여자는 2로 구분, 혈액형 등)
	순위(서열) 척도 (Ordinal Scale)	선호되는 순위를 나타낸 숫자로서 숫자 자체는 의미를 가지나 간격이나 비율이 의미를 가지지 못한다. (예: 시험 성적순으로 1등, 2등, 3등으로 구분하는 경우)
양적 척도	등간 척도 (Interval Scale)	측정된 숫자 자체와 숫자의 차이는 의미를 가지나 숫자의 비율은 의미를 가지지 못한다. (예: 특정 상품의 선호도를 1점~5점으로 주는 경우, 온도의 비교 등에 사용)
	비율 척도 (Ratio Scale)	측정된 숫자와 그 간격이 의미를 가질 뿐만 아니라 숫자의 비율도 의미를 가지는 가장 높은 측정단위이다. (예: 자녀의 수, 거리, 무게, 시간, 나이 등)

66 ①

재현율(Recall, 민감도)은 실제값이 참인 것 중에서 예측값이 참인 것의 비율이다.

오답 피하기

- ② 정확도(Accuracy)는 전체 샘플 중 맞게 예측한 샘플의 수의 비율이다.
- ③ 정밀도(Precision)는 참으로 예측한 것 중에서 실제 참인 것의 비율이다.
- ④ 특이도(Specificity)는 실제값이 거짓인 것 중에서 예측값이 거짓인 것의 비율이다.

67 ②

TP=48, TN=38, FP=2, FN=12
정확도 = (TP+TN) / (TP+TN+FP+FN) = (48+38) / (48+38+2+12) = 86/100 = 0.86
민감도 = TP / (TP+FN) = 48 / (48+12) = 48/60 = 0.8
특이도 = TN / (TN+FP) = 38 / (38+2) = 38/40 = 0.95
정밀도 = TP / (TP+FP) = 48 / (48+2) = 48/50 = 0.96

68 ③

회귀평균제곱(MSR)은 회귀제곱합(SSR)을 자유도로 나눈 값이다. 18.667/2 = 9.334
F 값은 회귀평균제곱(MSR)을 잔차평균제곱(MSE)으로 나눈 값이다. 9.334/0.31 = 30.11

69 ④

바이너리 변수는 두 가지 값만 가지는 변수이며, 분류모델에서 주로 사용된다.
원-핫 인코딩은 범주형 데이터를 이진 형식으로 변환하는 방법이다.

70 ②

k-fold는 전체 데이터를 k개로 나누고, k번을 반복해서 학습하고 검증한다. 이때, k-1개의 폴드는 학습데이터로 나머지 하나의 폴드는 검증데이터로 사용한다.
따라서, 각 폴드는 학습데이터로 k-1번, 검증데이터로 한번 사용된다.
K가 클수록 폴드의 크기는 작아지며, 여러 번 학습과 검증을 수행하기 때문에 더욱 일반화된 모델의 생성이 가능하다(성능이 좋아진다).

71 ①

주요 인포그래픽	설명
통계(정보) 인포그래픽	차트, 그래프, 표 등을 활용하여 통계, 숫자 데이터를 쉽게 이해할 수 있도록 한다.
과정(프로세스) 인포그래픽	복잡한 과정이나 단계를 표현하는데 유용하다. 제조 과정, 요리순서, 제품사용방법 등을 설명할 때 사용한다.
비교 인포그래픽	두 개 이상의 항목을 비교하기 위해 사용된다.
지도(지리) 인포그래픽	지리 정보와 관련된 데이터를 시각화 한다. 지도 위에 데이터 나 통계정보를 표현한다.
목록 인포그래픽	여러 항목을 리스트로 보여줄 때 사용하며, 각 항목에 관련된 이미지나 짧은 설명이 포함되는 경우가 많다.
타임라인 인포그래픽	시간의 흐름에 따른 사건이나 정보를 보여주는데 사용된다.

(가)의 지역별 코로나 발생률을 표현하기 위해서는 지도(지리) 인포그래픽이 유용하다.
(나)의 코로나 발병 이후부터 월별 코로나 발생률을 표현하기 위해서는 타임라인 인포그래픽이 적합하다. 프로세스 인포그래픽도 순서를 표현하기는 하지만 시간에 따른 사건이나 정보의 표현은 타임라인 인포그래픽을 사용한다.

72 ①

그래프 상에서 2000년 출생자는 600,000명 미만이다.
주택매매가는 지속적으로 상승하고 있으며, 2003년보다 2004년이 높다.
출생자수가 높을수록 주택매매가는 낮기 때문에 음의 상관관계가 있다.

73 ①

시계열 데이터는 시간적인 순서를 고려해야 하기 때문에, 시간 순으로 데이터를 나누어야 하며, 학습 데이터는 항상 검증 데이터보다 시간상 앞에 있어야 한다.

> 오답 피하기

- ② 모델의 학습과정에서 학습 데이터에 맞추어 학습이 이루어지기 때문에, 일반적으로 학습 데이터에서의 평균제곱오차 값이 검증 데이터에서의 오차값보다 작다.
- ③ k-폴드 교차검증은 데이터를 k개로 나누고, k-1개의 데이터는 학습용으로, 나머지 1개는 검증용으로 사용해서 학습하는 과정을 k번 진행한다.
- ④ 교차검증은 데이터를 여러 번 학습시켜야 하기 때문에, 모델의 훈련 시간이 증가한다.

74 ②

그래프상 유럽 GDP의 평균이 비유럽 국가의 평균보다 높아 보이기는 하지만 박스 플롯에서 신뢰구간을 알 수는 없다.
박스 플롯에서 중앙값은 박스의 중앙에 가로선으로 표시되며, 유럽 국가가 비유럽 국가보다 높다.
박스 플롯 맨 위의 가로선은 최대값, 맨 아래 가로선은 최소값을 표현하며, 비유럽 국가의 최대값은 10000, 최소값은 20000이다.
IQR은 3사분위수 - 1사분위수로 구하며, 유럽 국가의 3사분위수는 8000, 1사분위수 6000으로 IQR은 20000이다.

75 ①

카토그램은 지도 면적을 실제 데이터에 크기에 비례하여 표현함으로써, 지도 면적에 따라 왜곡해서 보이는 현상을 방지한다.

> 오답 피하기

- ② 단계구분도는 여러 지역에 걸친 정량 정보를 나타낼 때, 데이터가 분포된 지역별로 색을 다르게 칠한 지도이다.
- ③ 픽토그램은 그림을 뜻하는 picto와 전보를 뜻하는 텔레그램(telegram)의 합성어로 사물, 시설, 행위 등을 누가 보더라도 그 의미를 쉽게 알 수 있도록 만들어진 그림문자를 말한다.
- ④ 하이퍼볼릭 트리(Hyperbolic tree)는 하이퍼트리라고도 하며, 트리를 원의 형태로 표현한 것이다.

76 ④

모자이크 플롯은 두 개 이상의 범주형 데이터의 상관관계를 보여주고자 할 때 사용하는 것으로, 변수에 속한 값의 분포(빈도)를 시각적으로 표현한다.
모자이크 플롯에서 사각형 평면의 너비는 가로 축에 표시된 관측치의 수에 비례하며, 높이는 세로 축에 표시된 관측치의 수에 비례한다.

77 ③

기초통계량은 데이터의 특성을 요약하고 설명하기 위해 통계적인 지표를 의미하며, 기초통계량만으로도 데이터를 이해하고 데이터 간의 패턴을 파악하거나 비교를 할 수 있다.
평균, 중앙값, 최빈값, 분산, 표준편차, 범위, 사분위수 등이 숫자형 변수의 기초통계량이며, 범주형 변수의 기초통계량의 경우에는 빈도수, 백분율, 상대 빈도 등이 있다.
통계적 유의성은 모집단을 추정하기 위한 가설이 가지는 통계적 의미를 말한다. 통계적 유의성을 판단하기 위해서는 그래프를 눈으로 보는 것보다 p값과 같이 유의성을 정확하게 측정하기 위한 지표가 필요하다.

78 ①

정형화된 데이터 시각화 절차와 기법이 존재하지는 않지만, Ben Fry의 시각화 절차와 기법을 참고해서 순서를 정리한다.
1. 획득(Acquire) : 다양한 소스로부터 데이터 얻기
2. 분석(Parse) : 데이터의 의미에 대한 구조를 제공하고 카테고리별로 정렬
3. 필터(Filter) : 관심 있는 데이터를 제외한 모든 데이터 제거
4. 마이닝(Mine) : 패턴을 식별하거나 수학적 문맥에 데이터를 배치하는 방법으로 통계 또는 데이터 마이닝 방법 적용
5. 표현(Represent) : 막대 그래프, 목록 또는 트리 같은 기본 시각적 모델 선택
6. 정제(Refine) : 기본 표현을 개선하여 보다 선명하고 시각적으로 매력적이게 보이도록 함
7. 소통(Interact) : 데이터를 조작하거나 볼 수 있는 기능을 제어하는 방법을 추가

보기에서 데이터 구조화는 분석 단계에 해당하며, 시각화모델 선택과 시각화 표현은 표현 단계에 해당한다.

79 ②

코로플레스맵(choropleth map, 단계구분도)은 지역별 수치를 표현하는데 적합하며, 매출액 중 일부인 수익은 버블차트로 표현하는 것이 적절하다. 만약 지역의 넓이 차이가 큰 경우는 매출액이 왜곡되어 보일 수 있는데, 이 경우에는 카토그램을 사용해서 표현하는 것이 적절하다. (특별한 언급이 없어서 2번을 정답으로 함)
등치선도는 같은 수치가 나타나는 지점을 선으로 연결한 지도로 등고선, 등온선 등이 있다.

80 ②

빅데이터 분석 과제를 계획하는 단계에서 활용 방안을 미리 수립하게 되며, 전개 단계에서는 계획단계에서 수립된 활용 방안을 시나리오 수준까지 구체화한다.
분석 결과를 현업에서 적극적으로 활용해야 하며 계획대로 잘 수행되고 있는지 모니터링해야 한다. 빅데이터 분석 및 활용에 대한 이해를 제고하기 위해 내·외부 교육 훈련 방안을 수립한다.

기출문제 07회 (2023.09.23 시행)   2-86p

01 ③	02 ②	03 ①	04 ④	05 ①
06 ②	07 ④	08 ③	09 ③	10 ①
11 ②	12 ④	13 ①	14 ③	15 ④
16 ②	17 ②	18 ①	19 ③	20 ④
21 ④	22 ②	23 ①	24 ①	25 ①
26 ①	27 ②	28 ①	29 ①	30 ②
31 ①	32 ③	33 ④	34 ①	35 ①
36 ④	37 ②	38 ③	39 ①	40 ②
41 ④	42 ①	43 ②	44 ④	45 ②
46 ②	47 ④	48 ②	49 ③	50 ②
51 ④	52 ①	53 ①	54 ①	55 ①
56 ③	57 ①	58 ①	59 ①	60 ④
61 ①	62 ①	63 ①	64 ②	65 ④
66 ①	67 ④	68 ④	69 ③	70 ③
71 ③	72 ②	73 ②	74 ①	75 ①
76 ④	77 ③	78 ①	79 ②	80 ①

1과목 빅데이터 분석 기획

01 ③

네임노드에 오류가 발생하면 전체 시스템에 오류가 발생하여 정상적으로 작동되지 않는다. 따라서 네임노드의 장애복구 기능을 제공하기 위해 파일 시스템의 메타데이터를 파일로 백업하거나 네임스페이스 이미지를 복제하여 보조 네임노드를 운영하는 두 가지 메커니즘을 제시하고 있다.

오답 피하기
- ① HDFS 1.0에서 한 블록의 크기는 64MB이다.
- ② HDFS는 데이터를 동일한 공간이 아닌 여러 공간에 분산하여 저장하고 있다.
- ④ 고성능 컴퓨터가 아닌 범용 장비를 사용할 수 있도록 구성되었다.

02 ②

CRISP-DM 분석 방법론의 분석절차는 업무 이해(Business Understanding), 데이터 이해(Data Understanding), 데이터 준비(Data Preparation), 모델링(Modeling), 평가(Evaluation), 전개(Deployment) 순으로 수행된다.

03 ①

정형 데이터의 품질 진단은 진단 대상 정의, 품질 진단 실시, 진단 결과 분석으로 진행되며, 업무규칙은 비즈니스 관점의 업무규칙과 정보시스템 관점의 업무규칙으로 구분된다.

04 ④

텍스트 데이터, 오디오 데이터, 동영상 데이터는 비정형 데이터라 할 수 있으나, 판매가격 데이터의 경우 데이터 포맷에 따라 달라질 수는 있겠지만 통상적으로 보았을 때 정형 데이터에 더 가깝다고 볼 수 있다.

05 ①

빅데이터 분석기획은 분석하려는 비즈니스를 이해하고 분석 목표와 범위를 설정하는 단계이다. 비즈니스 이해 및 범위 설정, 프로젝트 정의 및 계획 수립, 프로젝트 위험계획 수립 등의 작업을 수행한다.

06 ②

데이터 분석 단계에서는 분석용 데이터 준비, 텍스트 분석, 탐색적 분석, 모델링, 모델 평가 및 검증을 수행하며, 모델 발전계획 수립이나 프로젝트 평가 및 보고는 평가 및 전개 단계에서 수행한다.

07 ④

분석기획에서 우선순위 고려요소로는 크게 3가지 관점에서 접근해볼 수 있다.
먼저 IT 프로젝트의 과제 우선순위 평가기준으로는 전략적 중요도와 실행 용이성 관점으로 살펴볼 수 있으며, 데이터 분석 프로젝트의 우선순위 평가기준으로는 투자비용 요소, 비즈니스 효과 요소로 살펴볼 수 있고, 분석 ROI 요소를 고려한 과제 우선순위 평가기준으로는 시급성과 난이도를 관점으로 살펴볼 수 있다.
그리고 이와 별개로 적용 범위 및 방식 고려 요소로는 업무 내재화 수준, 분석 데이터 적용 수준, 기술 적용 수준으로 구분하여 살펴볼 수 있다.

08 ③

기업 분석 수준 진단은 분석 준비도(Readiness)를 이용하여 진단할 수 있다.
분석 준비도는 조직 내 데이터 분석 업무 도입을 목적으로 현재 수준을 파악하기 위한 진단방법으로, 분석 업무, 분석 인력 및 조직, 분석 기법, 분석 데이터, 분석 문화, 분석 인프라 총 6가지 영역을 대상으로 현재 수준을 파악한다. 이때 조직의 규모는 파악하지 않는다.

09 ③

데이터 관련 3법은 개인정보보호법, 정보통신망 이용촉진 및 정보보호 등에 관한 법률, 신용정보의 이용 및 보호에 관한 법률이다.

10 ①

- 완전성 : 필수항목에 누락이 없어야 한다.
- 정확성 : 실세계에 존재하는 객체의 표현 값이 정확히 반영되어야 한다.
- 일관성 : 데이터가 지켜야 할 구조, 값, 표현되는 형태가 일관되게 정의되고, 서로 일치해야 한다.
- 유효성 : 데이터 항목은 정해진 데이터 유효범위 및 도메인을 충족해야 한다.

11 ②

데이터 사이언티스트는 소프트 스킬과 하드 스킬을 두루 갖추어야 한다. 소프트 스킬은 통찰력 있는 분석, 설득력 있는 전달, 다분야 간 협력을 말하며, 하드 스킬은 빅데이터에 대한 이론적 지식과 분석 기술에 대한 숙련을 말한다.

12 ④

빅데이터의 일반적인 특징은 3V로 정의할 수 있으며, 3V는 크기(Volume), 속도(Velocity), 다양성(Variety)으로 정의된다.

13 ①

데이터 사이언티스트는 분석 능력(Analytics), 기술 능력(IT), 비즈니스 능력(Business)을 요구하며, 분석 모델을 선정할 때에는 분석 모델의 한계점을 배제하는 것이 아닌 고려하여 수행하여야 한다.

14 ③

데이터 무결성은 데이터가 처리되는 과정에서 변경되거나 손상되지 않고, 유지함을 보장하는 특성이다.
데이터 정확성(Accuracy)은 실세계에 존재하는 객체의 표현 값이 정확하게 반영되어야 한다는 특성이다.
데이터 일관성(Consistency)은 데이터가 지켜야 할 구조, 값, 표현되는 형태가 일관되게 정의되고, 서로 일치해야 한다는 특성이다.
데이터 완전성(Completeness)은 필수항목에 누락이 없어야 한다는 특성이다.

15 ④

데이터 일부 또는 전부를 삭제하거나 노이즈를 추가하는 방법으로 데이터를 식별할 수 없도록 처리하는 데이터 비식별화 기법은 데이터 마스킹이다.

오답 피하기

- ① 총계처리는 개인정보에 통계치를 적용하여 특정 개인을 식별할 수 없게 하는 개인정보 비식별화 기법이다.
- ② 가명처리는 개인정보 중 주요 식별요소를 다른 값으로 대체하는 기법이다.
- ③ 데이터 범주화는 데이터의 값을 범주의 값으로 변환하여 값을 숨기는 기법이다

16 ②

반정형 데이터(Semi-structured Data)는 데이터의 형식과 구조가 비교적 유연하고, 스키마 정보를 데이터와 함께 제공하는 파일 형식의 데이터이며, 연산이 불가능하다.
반정형 데이터의 종류로는 JSON, XML, RDF, HTML 등이 있다. 참고로 RDB(Relational Database)는 일반적으로 정형 데이터를 저장하는데 사용하는 데이터베이스이다.

17 ②

개인정보 비식별화 기법 중 수치적인 개인정보를 임의적인 기준으로 올리거나 내림하는 기법은 랜덤 라운딩이라 하며, 이는 데이터 범주화 기법의 세부기술 중 하나이다.

오답 피하기

- ① 데이터 삭제는 데이터 공유나 개방 목적에 따라 데이터 셋에 구성된 값 중 필요 없는 값 또는 개인식별에 중요한 값을 삭제하는 기법이다.
- ③ 데이터 암호화는 가명처리 기법의 세부기술 중 하나이며, 가명처리는 개인정보 중 주요 식별요소를 다른 값으로 대체하는 기법이다.
- ④ 데이터 마스킹은 개인을 식별하는데 기여할 확률이 높은 주요 식별자를 보이지 않도록 처리하는 기법이다.

18 ①

인프라스트럭처 계층은 자원 배치와 스토리지 관리, 노드 및 네트워크 관리 등을 통해 빅데이터 처리와 분석에 필요한 자원을 제공한다.

19 ③

MongoDB는 문서를 최소 단위로 저장하며, 각 문서들은 RDBMS의 테이블과 비슷한 컬렉션이라는 곳에 수집하고, 오토샤딩(Auto-Sharding)을 이용한 분산 확장이 가능하다.

> 오답 피하기

- ① Redis는 메모리 기반의 〈키, 값〉 저장 공간을 사용하며, 메모리에 저장된 내용을 지속시키기 위해 파일로 싱크하는 기능을 제공한다.
- ② CouchDB는 문서단위의 ACID 속성을 지원하며, 데이터가 여러 시점에서 접근할 때 발생할 수 있는 문제점을 다중 버전 동시 동작 제어 기능으로 해결하였다.
- ④ DynamoDB는 하드웨어 프로비저닝, 복제, 설정 패치, 사용하는 응용 프로그램에 따른 DB 자동 분할 기능 등을 지원한다.

20 ④

데이터 분석가는 데이터 영역과 비즈니스 영역의 중간에서 현황을 이해하고 분석 모형을 통한 조율을 수행하는 조정자의 역할과 분석 프로젝트 관리 역할을 수행한다. 이때 무엇보다 중요한 것이 도메인 지식이며, 깊은 배경지식을 갖고 활용할 수 있어야 한다.

2과목 빅데이터 탐색

21 ④

중심 경향치는 데이터를 요약하고 그 중심을 대표하는 값들을 나타내는 통계 개념이다. 일반적으로 데이터의 중심을 대표하는 대표적인 통계량에는 평균(mean), 중앙(median), 최빈값(mode)이 있다.

대분류	기술통계량	설명
중심 경향성 측도	평균	데이터의 산술적 평균으로, 모든 관측값의 합을 관측값의 개수로 나눈 값
	중앙값	데이터의 중간값으로, 데이터를 크기순으로 정렬했을 때 가운데 위치하는 값
	최빈값	가장 자주 발생하는 값
변동성 측도	범위	데이터의 최댓값과 최솟값의 차이
	분산	데이터 값에서 평균을 뺀 값을 제곱한 후 평균을 구한 값
	표준편차	분산의 제곱근으로, 데이터 값들이 평균으로부터 얼마나 떨어져 있는지를 나타냄
비대칭성 및 첨도	왜도	데이터의 비대칭성을 나타내는 지표
	첨도	데이터의 뾰족한 정도를 나타내는 지표
분위수	백분위수	데이터 집합을 100개로 나눈 지점으로, 예를 들어 90백분위수는 데이터의 90%가 이 값보다 작음을 의미
	사분위수	데이터 집합을 4개로 나눈 지점으로, 1사분위수(Q1), 2사분위수(Q2, 중앙값), 3사분위수(Q3)로 구분
	사분위수범위	Q1과 Q3의 차이로, 데이터의 중간 50%의 범위를 나타냄

22 ②

왜도(Skewness)는 데이터 분포의 비대칭성을 측정하는 통계량이다. 분포가 평균을 기준으로 좌우 대칭인지, 또는 한쪽으로 치우쳐 있는지를 나타낸다.

23 ①

레거시 시스템은 조직에서 오랫동안 사용된 기존 시스템을 의미한다. 데이터 전처리는 레거시 시스템에서만 한정되지 않으며, 다양한 유형의 데이터 소스, 새로운 시스템, 데이터 웨어하우스 등에서 전처리 작업을 진행 할 수 있다.

> 오답 피하기

- ② 다른 측정값과 현저한 차이가 나는 이상치는 데이터 분석 및 모델링 과정에서 중요한 영향을 미칠 수 있으며, 적절히 처리하지 않으면 모델의 성능을 저하시킬 수 있다.
- ③ 결측치를 적절히 처리하는 것은 데이터 분석에서 매우 중요한 부분이며, 잘못된 방법으로 처리하면 모델의 성능과 분석 결과의 신뢰성에 부정적인 영향을 미칠 수 있다.
- ④ 정규화는 데이터의 스케일을 조정하여 분석 과정에서 특정 변수의 영향을 줄일 수 있다.

24 ①

파생변수(derivative variables)는 기존 데이터를 바탕으로 생성된 새로운 변수이다. 이 과정은 데이터를 더 잘 이해하고, 분석 및 모델링 성능을 향상시키는 데 중요한 역할을 한다.
컬럼명의 변경은 데이터의 가독성 개선을 기대할 수 있지만 파생변수 생성과는 관련이 없다.

25 ①

명목형 데이터는 혈액형, 학력, 성별과 같은 카테고리나 라벨을 나타내는 데이터로, 순서나 크기를 비교할 수 없다. 히스토그램은 연속형 데이터의 분포를 시각화 하는 경우에 적합하다.

- 파레토그램 : 자료들이 어떤 범주에 속하는가를 나타내는 계수형 자료일 때, 각 범주에 대한 빈도를 내림차순 나열하여 막대의 높이로 나타낸 그림이다. 즉 계수형 자료에 대한 히스토그램이라고 볼 수 있다. 명목형 데이터의 경우, 각 범주의 상대적 중요도를 시각화할 수 있다.
- 트리맵 : 데이터의 계층 구조를 보여주는 사각형 배열형태의 시각화도구이다. 작은 공간에 많은 양의 데이터를 표시할 수 있는 것이 장점이다.
- 파이차트 : 데이터의 각 부분이 전체에 대해 차지하는 비율을 시각적으로 나타내는 데 사용되는 차트 유형이다. 각 데이터 항목은 원형 차트의 조각으로 표현되며, 조각의 크기는 해당 항목이 전체에서 차지하는 비율을 나타내는 방식으로 표현한다.

26 ①

이항분포는 베르누이 시행을 n번 독립적으로 시행할 때 성공횟수를 X로 정의한 이산확률분포이다.
다른 보기는 연속 확률분포이다.

분포명	설명
지수분포	사건이 발생하는 시간 간격을 모델링하며, 주로 포아송 과정과 관련
F 분포	두 정규 분포를 따르는 독립표본의 분산 비율을 나타내는 데 사용
정규분포	많은 자연 현상에서 나타나는 확률분포

27 ②

연속형 데이터에서 대부분의 자료는 한번만 나타나기 때문에 최빈값은 구하기 어렵고 대표값으로 적절하지 않으므로 평균이나 중앙값을 대표값으로 사용한다.
최빈값은 이산형 자료에서 데이터의 분포를 요약하거나 중심 경향을 파악하는 데 주로 사용된다.

28 ①

혈액형(A, B, AB, O) 데이터는 명목형 데이터이다. 명목형 데이터의 결측치를 대체할 때는 해당 데이터의 특성을 고려해야 하는데, 주어진 선택지 중 최빈값, 즉 가장 자주 등장하는 혈액형으로 대체하는 것이 적절하다. 나머지 보기는 수치형 데이터의 경우 고려되는 방법이다.

기하평균(Geometric Mean)은 데이터의 곱셈적 성질을 반영한 평균으로, 주로 데이터가 기하급수적으로 증가하거나 감소하는 경우에 사용한다. 기하평균은 특히 비율이나 지수 성장을 다룰 때 유용하다.

29 ①

윌콕슨부호순위 검정은 두 그룹 간의 중앙값이 같은 지 여부를 검정하는 데 사용되는 비모수 검정 방법이다. 다른 보기는 모수 검정 방법이다.

모수 검정은 특정한 확률분포의 모수에 대한 가설을 검정하는 방법이다. 이러한 검정은 데이터가 특정한 확률분포를 따른다는 가정 하에 사용된다. 비모수 검정은 데이터의 분포에 대한 가정 없이, 데이터의 순위나 순서에 따라 가설을 검정하는 방법이다. 특정한 확률분포를 가정하지 않기 때문에 데이터가 정규분포를 따르지 않거나 데이터의 분포에 대한 사전 정보가 부족한 경우에 유용하다.

- F-검정 : 두 개 이상의 집단 간의 분산을 비교하여 그들이 동일한 분산을 가지고 있는지를 평가하는 통계적 검정이다. 주로 분산 분석(ANOVA)에서 사용되며, 두 집단 간의 분산을 비교하거나 다중 회귀 모델의 설명력을 평가하는 데 사용된다.
- t-검정 : 두 그룹 간의 평균을 비교하여 두 그룹 간의 차이가 통계적으로 유의미한 지를 판단하는 데 사용되는 방법이다. 주로 소규모 표본에서 두 평균을 비교할 때 사용된다.
- Z-검정 : 모집단의 평균에 대한 가설 검정을 수행하는 통계적 방법으로, 주로 표본 크기가 클 때 사용한다. 주로 표본의 평균이 모집단의 평균과 유의미하게 다른 지를 판단하는 데 사용한다. 정규 분포를 가정하며, 표본 크기가 충분히 큰 경우 중심 극한 정리에 의해 표본 평균이 정규 분포를 따른다.

30 ②

상자 그림(Box Plot)은 일변량 데이터에서 이상치를 시각적으로 식별하는 데 매우 유용하다. 상자 그림은 데이터의 사분위수를 표시하고, 1.5 * IQR(Interquartile Range)을 초과하는 값들을 이상치로 간주한다.

오답 피하기
- ① 산포도는 주로 이변량 데이터(두 변수 간의 관계)를 시각화하는 데 사용되며, 추세 패턴에 포함된 데이터를 이상치로 판단하는 것은 적절하지 않다.
- ③ 데이터 차원이 작더라도 기술통계량(평균, 중앙값, 표준편차 등)은 데이터의 기본적인 특성을 이해하는 데 매우 중요하다.
- ④ 도메인 지식은 데이터를 이해하고 해석하는 데 매우 중요하며, 이상치를 판단할 때도 중요한 역할을 한다.

31 ①

구분자가 포함된 데이터의 경우 데이터의 구분자에 의한 분리 이후 저장하는 과정이 필요하다.

오답 피하기
- ② 이상치 식별 후 제거만 하는 경우는 데이터가 충분히 크고 이상치가 몇 개 되지 않을 때 해야 한다.
- ③ 결측치의 임의 제거보다는 데이터의 분포와 패턴을 고려하여 결측치 대체(Imputation) 등의 방법을 사용해야 한다.
- ④ 일변량 데이터 정제는 이상치 처리, 결측치 대체, 데이터 변환 등 다양한 정제 과정을 거쳐야 한다.

32 ③

그림은 각 범주를 개별 열로 나누고 이진 벡터로 표현하는 one-hot encoding이다. 이 기법은 범주형 데이터를 분석모델이 이해할 수 있는 형태로 변환하는 기법 중 하나이다.

오답 피하기
- ① 카운트 인코딩은 각 범주형 값을 해당 범주가 나타나는 빈도로 변환한다.
- ② 라벨 인코딩은 각 범주에 고유한 정수를 할당한다.
- ④ 타깃 인코딩은 각 범주에 대해 해당 범주가 가지는 타깃 변수의 평균값을 사용한다.

33 ④

시공간 데이터는 시간과 공간의 두 가지 차원을 포함한 데이터를 의미하며, 공간 데이터에는 시간 정보가 포함되어 있지 않으므로 공간 데이터만으로는 시간 정보를 도출할 수 없다.

공간 데이터는 보통 X, Y, Z의 3가지 축(위도, 경도, 고도 정보 등)을 포함하는 다차원 구조이다.

34 ①

중심극한정리는 이산형 변수와 연속형 변수 모두에 적용될 수 있다. 중요한 것은 표본의 크기가 충분히 크고, 변수들이 독립적이고 동일한 분포를 따라야 한다. 이산형 변수의 경우에도 표본의 합이나 평균이 정규분포에 근사할 수 있다.

모집단이 정규분포를 따르지 않는다고 가정하더라도, 표본 크기가 충분히 크면(일반적으로 30 이상) 표본 평균의 분포는 거의 정규분포를 따르기 때문에 t-검정이나 Z-검정과 같은 정규분포를 가정한 통계적 분석을 적용할 수 있다.

35 ①

일반적으로 가설검정에서는 각각 하나씩의 귀무가설(H0)과 대립가설(H1)이 존재한다. 하지만 특정 상황에서는 다중 가설검정을 할 수 있으며, 이 경우 여러 대립가설이 존재할 수 있다.

제1종 오류는 실제로 참인 귀무가설을 기각하는 오류로, 이 오류를 범할 확률이 유의수준(α)이다.

36 ④

차원의 저주는 차원의 수가 너무 많을 때, 즉 특징 공간(feature space)이 너무 커지면서 발생하는 문제로, 학습 데이터의 밀도가 낮아져 모델의 성능이 저하되는 현상을 말한다.

오답 피하기
- ① 분산이 낮은 변수는 데이터 변동에 대한 설명력이 낮으므로 분석에서 제거하는 것이 일반적이다.
- ② 전진 선택법은 영모형에서 시작하여, 중요한 변수를 하나씩 추가하여 모델을 구축하는 방법이다.
- ③ 주성분 분석(PCA)은 데이터의 변동성을 가장 잘 설명하는 주성분을 찾아내어 차원을 축소하는 기법이다.

37 ②

SVD는 정방행렬이 아닌 m×n의 임의의 크기의 행렬에도 적용할 수 있다. SVD는 직교행렬 두 개(U와 V)와 대각행렬 하나(Σ)로 분해된다. SVD의 특이값 중 가장 큰 몇 개만으로도 원래 데이터의 대부분의 정보를 유지할 수 있다. 이를 통해 데이터의 차원을 축소할 수 있다. 결과적으로 SVD는 데이터의 차원을 축소하여 계산 효율성을 높이고 노이즈를 줄이는 데 유용하다.

38 ③

z-score는 특정 값이 평균으로부터 얼마나 떨어져 있는지 나타내는 표준화된 점수이다.

$$Z = \frac{x - \mu}{\sqrt{\sigma^2}} = \frac{70 - 60}{10} = \frac{10}{10} = 1$$

39 ①

표에서 자기자신과의 공분산, 즉 대각 성분은 해당 변수의 분산을 지칭하며 다른 변수 간의 공분산은 서로가 흩어진 정도가 얼마나 되는 지를 나타낸다.
표에서 X1과 X3의 공분산은 1이며 상관계수 값은 다음과 같은 수식으로 구할 수 있다.

$$\frac{Cov(X_1, X_2)}{\sqrt{Var(X_1)VaR(X_2)}} = \frac{1}{\sqrt{4 \times 0.6}} = \frac{1}{\sqrt{2.4}} \approx 0.64$$

X1의 분산은 4이므로, 표준편차는 √4 = 2이다. X2의 분산은 0.3이다.

40 ②

IQR은 Q3 − Q1로 계산되며, 주어진 Q1이 2.00, Q3가 4.00이므로 IQR은 2.00이다.
요약 통계에서 Max 값이 6.00으로 주어졌고, IQR 기반 이상치 판별 기준 상한선(Upper bound)은 3rd Quartile + 1.5 * IQR = 4.00 + 1.5 * 2.00 = 7.00이 되므로, Max 값보다 큰 값은 존재하지 않는다.
평균(3.47)이 중앙값(3.00)보다 크므로, 이는 오른쪽으로 꼬리가 긴 positive skewness 분포를 나타낸다.

3과목 빅데이터 모델링

41 ④

GPT, BERT, BART는 모두 언어모델에 속하며 YOLO는 이미지 객체 인식 모델이다. GPT는 Attention만 이용하는 Transformer로부터 Transformer의 decoder 블록만, BERT는 Transformer의 encoder 블록만 취해 이용한다. BART는 BERT encoder와 GTP decoder 사전훈련 과정을 결합한 모델이다.
YOLO 모델은 이미지 객체 감지(Object Detection) 모델로 이미지 정보를 컴퓨터로 연산하고 유의미한 정보를 얻는 컴퓨터 비전(Computer Vision) 영역에 속한다.

42 ①

① forget gate는 LSTM의 구성요소 중 하나이며, ②③④는 Transformer의 구성요소들이다.
② self attention은 기존 attention(Query로 모든 Key와의 유사도를 구하여 이를 가중치로 Value에 반영) 대비 유사도 측정을 자기자신에게 수행한다.
③ multi head attention은 self attention을 병렬로 처리하는 방법으로 입력값을 head 수만큼 나눈 뒤 각 head별로 self attention을 적용하고 출력값에 concat 연결방식으로 출력값을 내보낸다.
④ positional encoding은 각 원소의 위치와 원소 간 위치에 대한 정보를 알려주는 함수로 입력값에 더해주어 입력값의 순서를 고려할 수 있게 한다.

43 ②

분석 모형 설계 절차는 일반적으로 분석 목적 및 요건 정의 → 분석 모델링에 적합한 알고리즘 설계 → 분석 모형 개발 → 검증 및 테스트 단계로 이루어진다.

44 ④

증명하고 싶은 가설은 대립가설을 의미한다.
가설검정은 귀무가설과 대립가설을 수립하고 주어진 유의수준 미만(또는 이상)으로 대립가설(또는 귀무가설)이 일정 신뢰구간에 포함될 지의 여부를 판단하는 것이며 유의성 검정이라고도 한다.
양측검정은 두 가지 가설 모두를 증명하고자 할 때 기각역이 양측에 나누어져 사용하며 단측검정은 한 가설만 증명할 때 활용된다.

45 ②

정규화 기법은 학습 모델이 과적합되지 않도록 손실함수에 규제함수를 더하여 가중치에 패널티를 부여해 가중치가 과도하게 커지는 것을 방지한다.
손실함수는 모델의 예측값과 실제값 사이의 차이를 측정하는 함수로 회귀 분석에서 MSE가 널리 사용된다.
주어진 식은 라쏘 회귀의 비용 함수(목적 함수)를 설명한다.
① 릿지(Ridge)는 손실함수에 가중치 제곱의 합을 더하는 유형으로 가중치 크기에 따라 가중치 값이 큰 값을 우선적으로 줄인다.
② 라쏘(Lasso)는 손실함수에 가중치의 절대값의 합을 더하는 유형으로 특정 가중치를 0으로 처리할 수 있다.
③ 엘라스틱넷(Elastic Net)은 라쏘와 릿지 두 방법론을 혼합한 유형이다.

46 ②

병렬화는 여러 작업을 동시에 수행하여 작업을 더 빠르게 처리하는 것이다.
배깅과 부스팅은 여러 개의 개별 모델을 조합하여 최적의 모델로 일반화시키는 앙상블 학습이며, 전체 데이터에서 부트스트랩 복원 랜덤 추출 샘플링으로 모델을 학습시키는 공통점이 있다.
배깅은 각 샘플 데이터를 기반으로 동일한 알고리즘으로 병렬적으로 학습을 수행한다.
부스팅은 순차적으로 여러 개의 약한 학습기를 학습하면서 오분류된 데이터에 대해 더 많은 가중치를 부여하고 강한 학습기로 만드는 기법이다.
랜덤 포레스트는 배깅과 동일하되 트리들의 상관성을 제거하여 보다 안정적인(변동성이 적어진) 성능을 제공한다.
따라서 병렬화에 알맞은 모델은 배깅과 랜덤 포레스트이다.

47 ④

①②③은 수치형 데이터를 종속변수로 예측하는 경우는 회귀 모델을 적용하는 유형에 해당된다.
④는 여러 등급 중 하나 즉, 범주형 데이터에 대해 예측하는 경우로 분류 모델을 적용하는 것이 적절하다.

48 ②

조건부 확률을 구하는 문제이다.

$$P(여성 \mid 180cm\ 이상) = \frac{P(여성 \cap 180\ cm\ 이상)}{P(180\ cm\ 이상)} = \frac{0.4 \times 0.25}{(0.6 \times 0.15)+(0.4 \times 0.25)} = 0.1$$

49 ③

군집분석은 계층적 군집분석과 비계층적 군집분석으로 나누는데 ③계층적 군집분석은 군집의 개수를 마지막에 선정한다.

> **오답 피하기**
> - ① 가우시안 혼합행렬은 전체 데이터를 가우시안 분포로 표현할 수 있다고 가정하고, 각 분포에 속할 확률이 높은 데이터로 군집화하는 기법으로 군집의 개수를 미리 지정한다.
> - ② 스펙트럼 군집분석은 그래프 기반(graph-based) 군집화 기법으로 데이터간 상대적 관계/유사성을 고려하여 군집 개수를 설정한다.
> - ④ k-평균 군집분석은 군집 수를 지정하고 각 개체를 가까운 초기값에 할당하여 군집을 형성한 뒤 각 군집의 평균을 재계산, 초기값을 갱신, 할당과정을 반복하여 최종군집을 형성한다.

50 ②

부스팅은 이전 모델이 잘못 분류한 샘플에 가중치를 부여하여 다음 모델이 더 잘 분류할 수 있도록 하는 앙상블 학습 방법이다.

51 ④

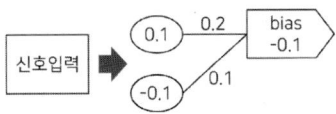

(0.1×0.2) + (−0.1×0.1) − 0.1 = 0.01 − 0.1 = −0.09
단, 출력함수 조건에서 음수값이면 최종 출력값은 0이 된다.

52 ①

신경망은 경사하강법(Gradient Descent)으로 손실함수의 최소값을 갖는 기울기를 구한다. 이때 역전파(Back-propagation) 알고리즘은 신경망의 역방향으로 연쇄법칙(Chain Rule)으로 손실함수의 기울기를 계산하여 가중치를 업데이트하며, 순차적으로 편미분을 통해 구하면서 학습률을 조정하여 손실함수의 극소값을 향해간다.

53 ①

주어진 보기는 seq2seq에 대한 설명으로 Encoder-Decoder 모델이라고도 한다. 인코더는 입력 문장의 단어를 압축해서 하나의 단일 벡터로 만들어 디코더로 전송한다. 디코더는 단일 벡터를 받아서 원래의 형태로 되돌려준다.

54 ①

k-폴드 교차검증은 학습데이터 수가 아닌 분할된 폴드의 수만큼 학습과 검증을 반복 수행하는 방법이다. 매번 학습마다 k−1개를 학습데이터로, 나머지 1개를 검증데이터로 사용하며 k가 클수록 학습 효과가 높다.
홀드아웃은 전체 훈련데이터에서 훈련과 검증데이터로 한 번 나누는 방법으로 속도가 빠른 편이다. 즉, k-폴드 교차 검증은 홀드아웃보다 일반적으로 학습 속도가 느리다.

55 ③

향상도(lift)는 두 상품의 동시 구매 확률이 독립적으로 구매할 확률보다 얼마나 높은지 나타낸다. 즉 상품 A를 구매했을 때 상품 B를 함께 구매할 가능성이 얼마나 높은지 보여주는 지표이다.
향상도 = (A와 B를 동시 구매하는 확률) / (A 구매 확률 * B 구매 확률)
전체 5개 경우에서 사과(A)=4, 우유(B)=4 경우를 확률로 계산하고 향상도를 구한다.

$$\frac{P(A \cap B)}{P(A) \cdot P(B)} = \frac{\frac{3}{5}}{\frac{4}{5} \times \frac{4}{5}} = 0.9375$$

56 ③

정규분포를 따르는 확률변수 X에서 표본분산은 자유도 n−1을 가지는 카이제곱분포를 따른다.
표본평균은 모집단의 분포와 무관하게 근사적으로 정규분포를 따른다.

57 ①

종속변수가 없을 때 사용하는 모델 유형은 비지도학습 유형으로 ①의 군집분석이 해당된다.
②③④의 모델 유형은 지도학습 유형으로서 학습 과정에서 정답이 되는 종속변수가 제공된다.

58 ①

테스트 데이터를 학습에 사용하면 과적합 위험이 높아지고 올바른 평가를 방해한다.
데이터셋을 학습, 모델을 구축할 때 쓰는 데이터와 테스트를 통한 성능을 평가하는 테스트 데이터로 분리하고, 각 데이터별 모델 성능 차이가 작으면 학습 모델이 적합하다고 할 수 있다.

59 ③

회귀분석에서의 잔차의 자유도는 잔차에 포함되는 서로 독립인 표본수이며 일반적으로 표본의 크기에서 추정되니 모수의 수를 뺀 값이다. 단순회귀분석은 보통 절편과 기울기를 추정하므로 잔차의 자유도는 N−2이다.
회귀분석의 가정으로 선형성, 독립성, 등분산성, 정규성이 있는데 이 중 ①은 정규성, ②는 등분산성으로 잔차항의 평균이 0으로 정규분포를 띠며 잔차들의 분산은 모두 같아 고르게 분포한다는 가정이다.
④ 잔차의 제곱합인 관측값과 회귀모델에 의한 예측값 간의 차이 제곱의 합은 작을수록 좋다.

60 ④

맵리듀스는 대용량 데이터 처리를 분산 병렬로 처리하기 위한 프레임워크로 소셜네트워크 분석에 필요한 전문적 기능을 직접적으로 제공하지는 않는다.
소셜네트워크에서 수집된 비정형 텍스트 데이터에서 텍스트 마이닝으로 유의미한 정보를 추출하고 분석, 처리할 수 있다. 또 텍스트 마이닝과 네트워크 분석을 결합하여 텍스트 간의 관계/맥락을 분석하는 텍스트 네트워크 분석이 가능하며, 워드클라우드 분석으로 단어 출현빈도를 파악하고 사용자들의 관심사나 주제를 이해할 수 있다.

4과목 빅데이터 결과 해석

61 ①

시간시각화는 시간에 흐름에 따른 데이터의 분포를 표현하는데 사용되며, 점그래프, 선그래프, 막대그래프 모두 시간시각화 도구로 사용이 가능하다.
점 그래프의 경우 x축의 값을 시간의 흐름에 따라 배치하고 해당 시간에 관찰된 값을 y축에 점으로 표현한다.

62 ③

초매개변수는 최적의 학습 모델 구현을 위해 학습률이나 배치 크기, 훈련 반복 횟수, 가중치 초기화 방법 등 사용자가 수동으로 설정하는 변수이다. 모델 선택 전에 데이터 집합 수준에서 결정이 가능하며, 그리드서치, 랜덤서치, 베이지안 최적화 등의 기법을 통해 튜닝과 최적화할 수 있다.
손실함수는 학습 모델이 예측한 결과와 실제 정답 사이의 차이를 측정하는 함수로, 학습을 통해 이 값을 최소화 하는 모델 파라미터를 도출한다. 손실함수는 초매개변수와는 관련이 없다.

63 ①

엘보우(Elbow) 기법은 군집간 분산과 전체 분산 간의 비율을 K값에 따라 구하며, 이 값이 완곡하게 줄어드는 부분에서 K값을 선택한다.
ROC 곡선은 Y축 민감도(Sensitivity)와 X축 1−특이도(Specificity)로 그려지는 곡선이며 이진 분류기의 성능을 평가하는 주요 지표로 사용된다.

64 ②

적합도 검정은 관측된 데이터가 특정 분포를 따르는지 확인하며, 대표적인 방법으로는 카이제곱 검정이 있다.
t-검정은 평균 차이 검정, F-검정은 분산 또는 회귀모형 유의성 검정이다.

오답 피하기
- ① 적합도 검정에서 기대도수는 이론적인 분포를 따르는 경우 예상되는 도수를 의미하며, 전체도수는 실제 관측된 데이터의 총 개수를 의미한다. 적합도 검정은 관측된 데이터가 기대되는 분포와 얼마나 일치하는지 평가하는 것이므로, 검정 과정에서 전체 데이터의 수는 변하지 않는다.
따라서 귀무가설이 기각되더라도 기대도수의 합과 전체도수의 합은 항상 동일하다.
- ③ 카이제곱 통계량 공식에서 분자는 기대도수와 실제 도수의 차이의 제곱이므로 커지면 카이제곱 통계량도 커진다.

65 ④

범주형 데이터는 특정 범주로 구분되는 데이터를 의미한다. 성별명(남자, 여자), 색상(검정, 빨강, 파랑) 등이 이에 해당한다. 이때, 특정한 순서가 없는 데이터를 명목형 데이터, 순서가 있는 데이터를 순서형 데이터라고 한다.
범주형 데이터는 해당 범주에 나타나는 데이터의 빈도수를 그래프로 표시한다. 막대그래프, 점그래프, 원그래프 모두 명목형 변수의 빈도수를 표시할 수 있다.
히스토그램은 연속형 변수의 구간에 따른 빈도수를 표현하는데 사용된다.

66 ①

비교시각화는 하나 이상의 변수에 대해서 변수 사이의 차이와 유사성 등을 표현하는 방법으로 히트맵, 체르노프 페이스, 스타차트, 평행좌표계 등이 대표적인 도구이다.

오답 피하기
- ② 시간에 따른 데이터 변화는 시간시각화이다.
- ③ 버블차트와 산점도는 변수와 변수 사이의 관계를 보여주는 관계시각화 도구에 가깝다.
- ④ 상관관계 분석을 할 수 있는 것은 산점도(관계시각화 도구)가 대표적이다.

67 ④

의사결정나무의 정지 조건
- 최대 깊이(Maximum Depth) : 트리의 깊이가 지정된 최대값에 도달하면 분할을 정지한다.
- 최소 샘플 수(Minimum Samples per Leaf) : 가지 끝 노드(잎 노드)에 속한 샘플 수가 정해진 값보다 작다면 분할을 정지한다.
- 불순도 감소(Minimum Impurity Decrease) : 노드의 분할이 불순도(예: 지니 불순도, 엔트로피 등)를 감소시키는 최소량을 지정한 후 이 값보다 작은 불순도 감소가 있으면 분할을 정지한다. ②가 불순도 감소 규칙에 해당한다.

68 ④

앙상블 기법은 서로 다른 학습 알고리즘을 결합하여 더 성능이 우수한 결과를 얻고자 하는 기법이다.
KNN에서 k값을 바꾸는 것은 가장 잘 분류하는 k값을 찾기 위함으로 k값이 다르다고 해서 서로 다른 모델로 볼 수 없다. 선형회귀에서 하나의 모형을 다양한 변수로 결합하는 것 역시 앙상블이라 하기 어렵다.

69 ③

TP=7, TN=3, FP=4, FN=6
① 정분류율
= (Positive를 Positive로 분류+Negative를 Negative로 분류) / (전체 수)
= (TP+TN) / (TP+TN+FP+FN) = (7+3) / (7+3+4+6) = 1/2
② 재현율(민감도)
= 실제 Positive인 대상 중에서 Positive로 예측한 값의 비율
= TP / (TP+FN) = 7/13
③ 특이도
= 실제 Negative인 대상 중에서 Negative로 예측한 값의 비율
= TN / (TN+FP) = 3/7
④ 정밀도
= Positive로 예측한 대상 중에서 실제 Positive인 값의 비율
= TP / (TP+FP) = 7/11

70 ③

ROC 곡선은 FPR(False Positive Rate, 1−특이도)이 변할 때 TPR(True Positive Rate, 민감도)이 어떻게 변화하는지를 나타내는 곡선으로 분류 모델의 성능을 나타낸다. X축이 1−특이도인 것에 유의한다.
곡선이 왼쪽 상단 모서리에 가까울수록 좋은 성능을 가지는 모델임을 나타낸다(높은 재현율과 높은 특이도를 동시에 갖는 모델을 의미).
곡선이 45도 직선에 가까울수록 성능이 낮은 모델을 나타낸다(재현율과 특이도가 비슷한 수준으로 유지되는 모델을 의미).

71 ③

과적합 및 과소적합 모두 분석 모형의 일반화로 적절하지 않다.

오답 피하기
- ① 학습 데이터가 적고 모형이 복잡한 경우 학습 데이터의 특성을 그대로 반영할 수 있어 과적합 가능성이 높아진다.
- ② 실루엣 계수는 군집내의 개체들 사이의 거리와 군집간 거리를 함께 고려하는 평가지표로, 실루엣 계수가 1로 가까우면 근처의 군집과 더 멀리 떨어진(효율 적으로 분리된) 것이고, 0에 가까울수록 근처의 군집과 가까워진 다는 것을 의미한다.
- ④ 불균형 데이터는 다수 클래스의 영향으로 정확도가 높게 나타나지만 소수 클래스의 재현율은 급격히 작아지는 문제가 있다.

72 ②

Q-Q 플롯은 정규성 검증에 사용된다.
오른쪽으로 꼬리가 긴 Positive Skew는 평균값이 중앙값보다 큰 형태로 왜도는 양수이다.
종속변수에 로그를 취하면 큰 값과 작은 값 사이의 차이를 줄여 정규화된 모양이 만들어진다.

73 ②

정준상관분석(Canonical Analysis)은 두 변수 집단 간의 연관성을 분석하기 위해, 각 집단에 속한 변수들의 선형결합(Linear Combination)의 상관계수를 이용하여 분석하는 방법이다. 이때, 각 변수집단에 속하는 변수들의 선형결합은 선형결합들 사이의 상관관계가 최대가 되도록 가중값(weight)을 결정하여 구성한다.

74 ①

과적합은 학습 데이터에 과하게 학습이 되어 오히려 검증 데이터에서는 성능이 떨어지는 경우를 말한다. 즉 학습 데이터의 수를 늘리는 것은 과적합을 줄이는 데 도움이 된다.
과소적합은 학습이 잘 되지 않은 상태로, 학습 데이터 및 검증 데이터 모두 성능이 좋지 않다.

75 ①

회귀와 분류모델은 다른 평가지표를 사용한다.
회귀모델의 평가지표로는 평균제곱오차(Sum Squared Error), 평균절대오차(Mean Absolute Error), 결정계수 R2 등이 있으며, 분류모델 평가지표로는 정확도, 정밀도, 특이도, F1-score 등이 있다.

76 ④

F1-score는 분류 모델에서 사용되는 평가지표이다.
①②③은 회귀모델(수치형 데이터)의 평가지표로 사용된다.

77 ③

F1 score = 2 × (정밀도 × 재현율) / (정밀도 + 재현율)
        = 2 × (Precision × recall) / (Precision + recall)

78 ①

레이더차트(스타차트)는 하나의 공간에 각각의 변수를 표현하는 몇 개의 축을 그리고, 축에 표시된 해당 변의 값들을 연결하여 별 모양(또는 거미줄 모양)으로 표현하는 그래프이다. 배기량, 연비, 가격, 보증기간을 축으로 차 종류별로 값을 표시한 후 이들을 선으로 연결하는 레이더차트(스타차트)를 그리면, 차 종류별 특징을 한눈에 파악할 수 있다.

오답 피하기

- ② 산점도 행렬은 다변량 데이터에서 변수쌍 간의 산점도를 그린 그래프를 말한다.
- ③ 버블차트는 x, y값의 위치를 표시하는 산점도에 점의 위치에 해당하는 제3의 변수 값을 원의 크기로 표현한 그래프이다.
- ④ 모자이크 플롯은 두 개 이상의 범주형 데이터의 상관관계를 보여주고자 할 때 사용된다. 모자이크 플롯을 구성하는 각 타일의 가로, 세로 길이가 각 변수의 값을 표현한다.

79 ②

과대적합은 모델이 학습 데이터에 너무 잘 맞춰져 테스트 데이터에 대한 성능이 떨어지는 경우이다.

80 ①

k-fold에서 k=10일 때 전체 데이터를 10개로 나누고, 10번을 반복해서 학습하고 평가한다. 이때, 9개의 폴드는 학습 데이터로 나머지 하나의 폴드는 평가 데이터로 사용한다. 따라서, 각 폴드는 학습 데이터로 9번, 평가 데이터로 1번 사용되므로 평가 데이터는 전체 데이터의 10%이다.
폴드가 2인 경우는 학습 데이터로 50%, 평가 데이터로 50%를 나누고 단 2회만 학습을 반복하므로 10회 반복하는 것보다 성능이 떨어진다.

기출문제 06회 (2023.04.08 시행) 2-104p

01 ①	02 ④	03 ②	04 ③	05 ③
06 ①	07 ②	08 ④	09 ②	10 ①
11 ④	12 ①	13 ①	14 ③	15 ③
16 ②	17 ①	18 ④	19 ④	20 ②
21 ②	22 ②	23 ③	24 ③	25 ②
26 ①	27 ③	28 ①	29 ②	30 ③
31 ①	32 ①	33 ③	34 ④	35 ①
36 ①	37 ③	38 ①	39 ③	40 ②
41 ③	42 ②	43 ③	44 ③	45 ④
46 ①	47 ②	48 ①	49 ③	50 ①
51 ①	52 ②	53 ②	54 ①	55 ③
56 ①	57 ③	58 ②	59 ③	60 ①
61 ①	62 ④	63 ③	64 ③	65 ②
66 ②	67 ②	68 ②	69 ③	70 ④
71 ①	72 ①	73 ②	74 ③	75 ①
76 ④	77 ④	78 ②	79 ②	80 ①

1과목 빅데이터 분석 기획

01 ①

맵리듀스(MapReduce) 패턴에는 단어 세기(Word Count) 패턴, 그룹화(Grouping) 패턴, 조인(Join) 패턴, 필터링(Filtering) 패턴, 인버트 인덱스(Inverted Index) 패턴, 최대/최소값(Maximum/Minimum) 패턴, 통계(Statistics) 패턴 등이 있다.
조인(Join) 패턴은 두 개 이상의 데이터 세트를 조인하여 처리하는데 사용된다.

02 ④

FTP(File Transfer Protocol)는 대량의 파일(데이터)을 네트워크를 통해 주고받을 때 사용되는 파일 전송 프로토콜로, 동작 방식이 단순하고 직관적이며, 파일을 빠른 속도로 한꺼번에 주고받을 수 있다.

03 ②

데이터 획득을 위한 비용 절감, 보안성, 그리고 데이터에 대한 소유권의 확보 가능성은 내부데이터의 장점이며, 다양한 데이터에 대한 수집 가능성은 외부데이터의 장점이라 볼 수 있다.

04 ③

데이터 정제는 결측치 처리, 이상치(Outlier) 처리, 노이즈 처리를 말하며, 데이터 변환은 데이터 유형의 변화 및 분석 가능한 형태로 가공하는 것을 말한다.

05 ③

빅데이터 시대의 위기 요인으로는 사생활 침해, 책임원칙의 훼손, 데이터 오용으로 인한 위기가 발생할 수 있으며, 이는 동의에서 책임으로 강화, 결과 기반 책임 원칙을 고수, 알고리즘 접근을 허용하여 통제할 수 있다.

06 ①
정착형은 준비도는 낮으나 조직, 인력, 분석업무, 분석기법 등을 기업 내부에서 제한적으로 사용하고 있어 1차적으로 정착이 필요한 경우이다.

07 ②
분석 준비도는 조직 내 데이터 분석 업무 도입을 목적으로 현재 수준을 파악하기 위한 진단방법을 말하며, 분석 업무, 분석 인력 및 조직, 분석 기법, 분석 데이터, 분석 문화, 분석 인프라 총 6가지 영역으로 구성되어 있다.

08 ④
정형, 반정형, 비정형은 규모(Volume), 유형(Variety), 속도(Velocity), 품질(Veracity), 가치(Value) 총 5가지로 구성된 빅데이터의 특징 5V 중 유형의 특성을 말하며, 유형은 다양성이라고도 한다.

09 ②
빅데이터 분석 방법론은 분석 기획, 데이터 준비, 데이터 분석, 시스템 구현, 평가 및 전개 단계로 구성되어 있다.
데이터 전처리는 빅데이터 분석 방법론 5단계 중 데이터 준비 단계에서 수행한다.

10 ①
데이터 사이언스는 정형, 비정형 형태를 포함한 다양한 데이터로부터 지식과 인사이트를 추출하는데 과학적 방법론, 프로세스, 알고리즘, 시스템을 동원하는 융합분야로 의학이나 공학뿐만 아니라 다양한 분야에서 활용되고 있다.

11 ④
데이터 거버넌스는 전사 차원의 모든 데이터에 대하여 정책 및 지침, 표준화, 운영조직과 책임 등의 표준화된 관리 체계를 수립하고 운영하기 위한 프레임워크와 저장소를 구축하는 것으로, 원칙(Principle), 조직(Organization), 프로세스(Process)로 구성되어 있다.

12 ③
데이터 산업의 구조는 인프라 영역과 서비스 영역으로 나누어지며, 인프라 영역에서는 데이터 수집, 저장, 분석, 관리 등의 기능을 담당하고, 컴퓨터나 네트워크 장비 및 스토리지 같은 하드웨어 영역과 데이터를 관리하고 분석하기 위한 소프트웨어 영역으로 세분화되어 있다.
서비스 영역에서는 데이터를 활용하기 위한 교육이나 컨설팅 또는 솔루션을 제공하거나 데이터 그 자체를 제공 또는 이를 가공한 정보를 제공, 데이터를 처리하는 역할을 담당하기도 한다.
데이터 산업 자체가 Human to Human 상호작용을 강조하는 목적을 가지고 있는 것은 아니다.

13 ①
빅데이터 플랫폼은 위에서부터 소프트웨어 계층, 플랫폼 계층, 인프라스트럭쳐 계층 총 3개의 계층으로 구성되어 있다.

14 ③
분석 마스터 플랜이란 분석 과제를 수행함에 있어 그 과제의 목적이나 목표에 따라 전체적인 방향성을 제시하는 기본계획을 말하며, 분석 마스터 플랜 시 일반적인 정보전략계획 방법론을 활용할 수 있으나, 다만 데이터 분석 기획의 특성을 고려하여 수행하여야 한다.

또한 과제 도출 방법을 활용하여 데이터 분석 과제들을 빠짐없이 정의하여야 하며, 분석 과제의 중요도와 난이도 등을 고려하여 우선순위를 결정하여야 하고, 단기와 중장기로 나누어 분석 로드맵을 수립하여야 한다.
정보기술 및 시스템을 전략적으로 활용하기 위한 중장기 마스터 플랜을 수립하는 절차는 정보전략계획(ISP: Information Strategy Planning)이다.

15 ③

구분	내용
도메인 이슈 도출	• 분석 대상 과제 현황을 파악하고 개선과제를 정의 • 문제의 주요 이슈별로 개선방향을 도출하고, 개선방안을 수립하며, 빅데이터 요건 정의서를 작성
분석목표 수립	• 빅데이터 요건 정의서를 토대로 개선방향에 맞는 현실적인 분석목표를 수립 • 데이터 관련 정보, 분석 타당성 검토, 성과측정 방법 등을 포함한 분석목표 정의서를 작성
프로젝트 계획 수립	• 사전에 책정된 자원과 예산, 기간 등을 고려하여 분석 프로젝트 계획을 수립 • 분석목표정의서, 프로젝트 소요비용 배분계획을 바탕으로 작업분할구조도(WBS) 작성
보유 데이터 자산 확인	분석목표와 프로젝트 계획을 기반으로 현재 보유 중인 데이터의 품질이나 규모, 유형 등을 확인하고 법률적 이슈나 제약사항 등을 검토

16 ②
조직구조는 집중형, 기능형, 분산형으로 구분할 수 있다. 기능형은 별도의 분석전담조직이 없고 분산형은 DSCoE(분석전담조직)가 있다.

17 ①
ETL은 데이터의 추출(Extract), 변환(Transform), 적재(Load)의 약어로, 다양한 원천 데이터를 취합해 추출하고 공통된 형식으로 변환하여 적재하는 과정이다.

18 ④
탐색적 데이터 분석(EDA: Exploratory Data Analysis)이란 수집한 데이터가 들어왔을 때, 다양한 방법을 통해서 자료를 관찰하고 이해하는 과정을 의미하는 것으로 본격적인 데이터 분석 전에 자료를 직관적인 방법으로 통찰하는 과정을 말한다.
주성분분석(PCA: Principal Component Analysis)은 탐색적 데이터 분석 방법 중 하나로 다변량 자료에서 존재하는 비정규성이나 이상치를 발견하기 위하여 변수들의 상관관계가 존재하지 않는 새로운 변수를 구하는 것을 지칭한다.

19 ④
이기종 데이터 저장 장치를 하나의 데이터 서버에 연결하여 총괄적으로 데이터를 저장 및 관리하는 시스템은 네트워크 저장 시스템이다.

20 ②
병렬 DBMS는 분산 아키텍처를 가지고 있으며, 데이터 파티셔닝 및 병렬 처리를 통해 고성능을 제공한다. 또한 데이터 복제와 분산이라는 특성이 있으며, 이로 인해 데이터 변경에 따른 관리 비용이 발생한다.

오답 피하기
• 데이터 중복의 최소화는 관계형 DBMS의 특징이다.

2과목 빅데이터 탐색

21 ②

포아송 분포(Poisson Distribution)는 특정 시간 또는 공간 단위에서 발생하는 사건의 수를 모델링하는데 사용되는 확률 분포이다. 이 분포는 독립적인 사건이 일정한 비율로 발생하며, 연속적인 사건이 없는 경우에 적합하다. 포아송 분포는 사건의 수가 정수로 표현되는 이산 분포이며, 포아송 분포의 확률질량함수(Probability Mass Function)는 다음과 같이 정의된다.

$$p(x) = \frac{e^{-\lambda}\lambda^x}{x!} \quad e = 2.718281\cdots$$

여기서, X는 사건의 수, k는 사건의 수, λ는 사건의 평균 발생 비율이다.

22 ②

먼저, 표본평균은 주어진 데이터의 총합을 데이터의 개수로 나눈 값이다.
표본평균 = (2+4+6+8+10) / 5 = 6
표본분산은 각 데이터와 표본평균 간의 차이를 제곱하여 모두 더한 후, 데이터의 개수 -1로 나눈 값이다.
표본분산 = ((2-6)^2 + (4-6)^2 + (6-6)^2 + (8-6)^2 + (10-6)^2) / 4 = (16+4+0+4+16) / 4 = 10

23 ③

최소값은 60, 최대값은 80이다.
최대-최소 정규화를 적용하기 위해 다음과 같은 공식을 사용한다.

$$\text{Min} - \text{Max 정규화} = \frac{(\text{데이터} - \text{최소값})}{(\text{최대값} - \text{최소값})}$$

각 데이터에 대해 위의 공식을 적용하여 정규화된 값을 계산하면 아래와 같다.

정규화된 값1 = $\frac{(60-60)}{(80-60)} = \frac{0}{20} = 0$

정규화된 값2 = $\frac{(70-60)}{(80-60)} = \frac{10}{20} = 0.5$

정규화된 값2 = $\frac{(80-60)}{(80-60)} = \frac{20}{20} = 1$

정규화된 값들을 모두 합산하면 0+0.5+1=1.5

24 ③

- Smoothing(평활화) : 데이터의 변동을 줄이기 위해 주변 데이터를 평균화하거나 필터링하여 부드럽게 만드는 기법으로, 이동평균이나 가우시안 필터를 사용하여 노이즈를 완화시키는 방법 등이 있다.
- 정규화 : 데이터를 특정 범위로 변환하여 스케일링하는 방법이다. 주로 데이터의 값을 0과 1 사이로 조정하거나 평균이 0이고 표준편차가 1이 되도록 변환하는 방법을 사용한다. 이는 데이터의 분포를 재조정하여 노이즈를 제거하거나 감소시키는 데 도움을 줄 수 있다.
- 이동평균(Moving Average) : 이동평균은 인접한 데이터들의 평균을 계산하여 데이터의 부드러움을 증가시키는 방법이다. 주변 데이터를 평균화하여 노이즈를 완화할 수 있다.

오답 피하기

- 이산화 : 연속적인 데이터를 구간 또는 범주로 나누는 방법이다. 이산화를 통해 데이터를 구간별로 묶어서 분석할 수 있다. 이산화 자체는 노이즈를 제거하기 위한 목적으로 사용되지 않지만, 이산화 후에 다른 방법들을 적용하여 노이즈를 제거할 수 있다.

25 ②

회귀 모델에서 독립변수의 수에는 절편(intercept)도 포함된다. 독립변수 12개에 대해 각각 3개의 범주를 가진다고 가정하면, 하나의 독립변수당 범주별 회귀계수는 범주 수-1개가 필요하다. 따라서, 하나의 독립변수당 회귀계수의 수는 3-1=2가 된다. 절편은 회귀 모델에서 모든 독립변수가 0일 때의 예측값을 나타내는 상수항이다. 따라서 절편에 해당하는 회귀계수는 1개이다. 따라서, 독립변수 12개와 절편을 포함하는 모형에서의 회귀계수의 수는 12 * 2 + 1 = 24 + 1 = 25

26 ①

범주형 변수가 많은 경우 원-핫 인코딩을 적용하면 변수의 개수가 기하급수적으로 증가할 수 있다. 이는 차원의 저주(curse of dimensionality) 문제를 야기할 수 있다. 차원의 저주는 변수 개수가 증가함에 따라 데이터 희소성이 증가하고 모델의 학습이 어려워지는 현상이다.
따라서 원-핫 인코딩은 범주형 변수를 수치형 변수로 변환하는 유용한 방법이지만, 공간효율적인 방법은 아니며 변수의 차원 증가에 따른 공간 사용량 증가에 유의해야 한다. 필요한 경우 변수의 차원을 줄이기 위해 차원 축소 기법 등을 고려할 수 있다.

27 ③

비정형 데이터는 다양한 형식과 구조를 가진다. 텍스트, 이미지, 오디오, 비디오 등 다양한 형식의 데이터가 포함될 수 있으며, 데이터의 구조가 일정하지 않을 수 있다. 비정형 데이터는 정형 데이터와는 달리 유연하게 변할 수 있는 특성을 가지고 있다.

오답 피하기

- ① NoSQL은 비정형 데이터를 효율적으로 저장하고 처리할 수 있는 유연한 데이터 모델을 제공한다. 하지만, 반드시 NoSQL을 사용해야 하는 것은 아니다. 비정형 데이터를 다루는 데에는 다양한 도구와 기술이 존재한다.
- ② 데이터 레이크(Data Lake)와 데이터 웨어하우스(Data Warehouse)는 비정형 데이터를 다루는 데 사용되는 개념으로 각각 다른 목적과 특성을 가지고 있다. 데이터 레이크는 다양한 형식의 비정형 데이터를 저장하고 분석하기 위한 유연한 저장소로 사용되며, 데이터 웨어하우스는 구조화된 데이터를 저장하고 분석하는데 주로 사용된다. 데이터 레이크와 데이터 웨어하우스는 비정형 데이터를 다루는데 함께 사용될 수 있고, 필요에 따라 데이터를 추출하여 데이터 웨어하우스에서 정제하거나 분석할 수도 있다.
- ④ 비정형 데이터는 일반적으로 정형 데이터보다 큰 양으로 존재하는 경우가 많다. 예를 들어, 소셜 미디어 게시물, 로그 파일, 센서 데이터 등은 초당 수천 개에서 수백만 개까지 발생할 수 있다.

28 ①

실제로 클래스 불균형 문제를 다룰 때, Weight Balancing 기법을 사용하는 것이 일반적이다. Weight Balancing은 모델 학습 시 손실 함수에 클래스 불균형을 고려한 가중치를 부여하여 학습 과정에서 손실을 보상하는 방식이다. 이를 통해 소수 클래스의 중요도를 높이고, 모델이 불균형한 데이터에 민감하게 반응하는 것을 보정할 수 있다.

오답 피하기

- ③ 클래스 불균형은 클래스의 개수에 의해 결정되지 않는다. 클래스의 분포가 불균형하게 분포되어 있을 때 클래스 불균형 문제가 발생한다.
- ④ 복합샘플링은 클래스 불균형 문제에 대한 효과적인 해결책 중 하나로 알려져 있으며, 언더샘플링과 오버샘플링을 조합함으로써 데이터의 균형을 맞출 수 있다.

29 ②

파생변수 생성은 기존 변수들을 기반으로 새로운 변수를 만드는 것이지만, 결측치를 처리하는 방법은 파생변수 생성과는 다른 개념이다.
결측치를 주변값으로 채우는 것은 결측치 대체(Missing Data Imputation)라는 개념으로, 결측치를 다른 값으로 대체하여 데이터를 완전하게 만드는 과정이다. 이는 데이터의 왜곡을 줄이고 분석의 정확성을 유지하기 위해 수행된다.

30 ③

딥러닝은 머신러닝의 한 종류로 볼 수 있다. 즉, 딥러닝은 머신러닝에 속하는 하위 분야이다.
딥러닝은 인공신경망을 기반으로 한 깊은 구조의 학습 방법을 의미하며, 많은 양의 데이터와 복잡한 모델을 사용하여 다양한 특징을 학습하는 것을 특징으로 한다.
머신러닝은 다양한 알고리즘과 방법론을 사용하여 데이터의 패턴을 학습하고 유추하는 것을 목표로 한다.

31 ①

PCA에서는 정방행렬을 사용하며, 주로 공분산행렬이나 상관행렬이 활용된다. 음상관행렬과의 곱으로 바꾸는 것은 PCA의 과정과는 관련이 없다.

오답 피하기
- ② PCA는 데이터 행렬을 비음수 행렬로 가정하는 경우도 있다. 이를 Non-negative Matrix Factorization (NMF)이라고 하며, 데이터를 비음수 행렬의 곱으로 분해하여 주성분을 추출하는 방법이다.
- ③ PCA에서는 고유값이 큰 순서대로 주성분을 선택하여 데이터의 변동성을 설명하는 성분을 찾는다. 고유값은 주성분의 중요도를 나타내며, 주성분은 데이터의 분산을 가장 잘 설명하는 축으로 해석된다.
- ④ PCA는 다양한 분야에서 활용된다. 차원 축소를 할 수 있으며, 데이터의 시각화, 변수 선택, 잡음 제거 등에 활용될 수 있다.

32 ①

박스 플롯(Box Plot)은 데이터의 분포와 이상치(Outlier)를 시각화하는 통계 그래프이다. 박스 플롯은 데이터의 중앙값, 사분위수(Quartiles), 최소값, 최대값 등을 표현하여 데이터의 대략적인 분포와 이상치를 쉽게 파악할 수 있게 한다.

33 ③

혈액형은 일반적으로 A형, B형, AB형, O형과 같이 몇 가지 고유한 범주 값으로 구성된다. 따라서 연속적인 값을 가지는 변수가 아닌 범주형 변수이다.
연속형 변수는 무한히 많은 값을 가질 수 있는 변수를 말한다. 키, 실내 온도, 책 두께는 연속형 변수에 해당된다. 키는 연속적인 값을 가질 수 있는 변수이며, 실내 온도와 책 두께도 연속적인 값을 가질 수 있는 변수이다.

34 ④

오답 피하기
- ① 측정 오류 : 데이터 수집 또는 측정 과정에서 발생한 오류로 인해 이상값이 발생할 수 있다. 예를 들어, 계측기의 오작동, 사람의 실수, 측정 기기의 정확성 등이 이에 해당한다.
- ② 처리 오류 : 데이터 처리 단계에서 발생하는 오류로 인해 이상값이 발생할 수 있다. 예를 들어, 데이터 입력 오류, 데이터 변환 오류, 분석 과정에서의 실수 등이 이에 해당한다.
- ③ 표본 오류 : 표본 오류는 통계적인 추정이나 표본 추출 과정에서 발생하는 오차를 의미한다. 이는 표본의 크기가 작거나 추출 방법이 편향되었을 때 발생할 수 있다.

35 ①

사분위수는 데이터를 크기별로 정렬했을 때 25%, 50%, 75% 위치에 해당하는 값이다. 이때 3분위에서 1분위를 뺀 것은 IQR(Interquartile Range)로, 데이터의 중간 50% 범위를 나타낸다.

36 ④

다항 분포, 포아송 분포, 기하 분포는 이산 확률분포이고 지수분포는 연속 확률분포이다.

37 ③

결측치가 있는 데이터를 분석에서 완전히 제거한다면 데이터의 손실이 발생할 수 있다. 따라서, 완전 삭제법은 결측치 처리 방법으로 옳지 않다.

오답 피하기
- ① 단순 대체법 : 결측치를 다른 값으로 대체하는 방법이다. 대체될 값은 평균, 중앙값, 최빈값 등으로 선택될 수 있다.
- ② 다중 대체법 : 결측치를 예측 모델을 사용하여 다른 값으로 대체하는 방법이다. 다른 변수들을 이용하여 결측치를 예측하고 대체한다.
- ④ 회귀 대체법 : 회귀 모델을 사용하여 결측치를 예측하는 방법이다. 다른 변수들을 이용하여 회귀 모델을 구축하고, 결측치를 예측한 값을 대체한다.

38 ①

평균값으로 이상치를 대체하는 것은 데이터의 신뢰성을 저하시킬 수 있다. 이상치는 일반적인 데이터 패턴과 동떨어진 값으로, 평균값에 큰 영향을 미칠 수 있다. 이상치를 평균값으로 대체하면 데이터의 분포와 특성이 왜곡될 수 있으며, 이로 인해 분석 결과에 왜곡이 생길 수 있다.

39 ③

V자 모양의 그래프에서 A-B 구간 상관 관계는 음이고 B-C구간 상관 관계는 양이다.

오답 피하기
- ① A-B 구간을 1차식으로 근사하면 1차식 x의 부호는 마이너스이다.
- ② 전체적으로 아래로 볼록인 형태이므로 제곱항 x^2의 부호는 양수가 됨을 예상할 수 있다.
- ④ A-C 구간에 대한 설명이 없기 때문에 순환 성분을 보인다는 설명은 이 그래프에서는 판단이 어려운 부분이다.

40 ②

데이터 정제 단계에서 일반적으로 처리 데이터의 축소는 이루어지지 않는다. 데이터 축소는 데이터 전처리의 다른 단계에서 필요한 경우에 사용될 수 있지만, 데이터 정제의 목적은 데이터의 품질 향상이므로 데이터의 축소는 해당하지 않는다. 데이터 정제 단계에서는 결측치 처리, 이상치 처리, 중복 데이터 처리 등의 작업이 주로 이루어진다.

3과목 빅데이터 모델링

41 ③

GRU(Gated Recurrent Unit)는 LSTM(Long Short-Term Memory)과 비교하여, 출력, 입력, 삭제 게이트의 3개 게이트 대신에 업데이트 게이트와 리셋 게이트를 사용하여 은닉 상태를 업데이트 하는 계산의 효율성을 향상시킨다. GRU는 LSTM과 비슷한 장기 의존성 문제를 다루면서도 더 간결한 구조를 가지고 있다.

42 ②

F1 score는 정밀도와 재현율의 조화평균이다.
- 조화평균 : 데이터 값들의 역수의 산술평균의 역수
- 기하평균 : 데이터 값들의 곱을 데이터 값의 개수로 제곱근을 취한 값

43 ③

오즈비(Odds Ratio)는 범주별 오즈에 대한 비를 계산한다 실험군에서의 사건발생/비발생에 대한 비와 대조군에서의 사건발생/비발생에 대한 비로 나눈다.
흡연자 폐암 발병률 = 20/200 = 0.1
비흡연자 폐암 발병률 = 4/200 = 0.02
오즈비 = (0.1/(1−0.1)) / (0.02/(1−0.02)) = 0.1111/0.0204 ≒ 5.44

44 ②

범주형 변수를 예측하는 모델인 로지스틱 회귀(Logistic Regression)에서 예측변수로부터 세 개 이상의 사건(즉, 범주)을 갖는 종속변수의 사건발생 확률을 예측하는 모델이 수립된다.

45 ④

공분산은 동일 시간대에서 두 개 변수 간 상관관계를 분석하는 통계적 지표이다. 서로 다른 두 개의 시간대에서 변수값 간의 상관관계는 자기상관관계로 시계열 데이터 변화 추이를 볼 수 있다.

46 ①

다중공선성은 독립변수 간 상관관계를 뜻하며 VIF는 이러한 상관관계가 있는지 측정하는 척도이다.

$VIF_i = \dfrac{1}{1-R_i^2}$ = 10이 넘을 경우 다중공선성이 있다고 판단

오답 피하기
- ② Mallow의 Cp 통계량은 모델의 예측력과 모델 복잡도를 고려하여 변수 선택을 평가하는 지표이다.
- ③ 스튜던트 잔차는 회귀분석에서 각 관측값의 잔차를 표준화한 값으로, 이상치나 모형 가정 위반을 탐지하는 데 사용될 수 있다.
- ④ AIC(Akaike Information Criterion)는 모델의 적합도와 모델의 복잡도를 통합적으로 고려하여 변수 선택을 평가하는 지표이다.

47 ②

C4.5가 아닌 C4.5이다. C5.0과 함께 정보 이득(information gain) 개념을 사용하여 분리 기준을 결정하는 알고리즘이다. 인공지능, 기계학습 분야에서 개발, 발전되어 왔다.

48 ①

MSE(Mean Squared Error)는 예측값과 실제값의 차이를 제곱하여 평균한 평균제곱오차로 다중선형회귀 평가지표에 활용된다.

오답 피하기
- ② AIC는 모델의 적합도와 복잡도를 고려하여 모델을 평가하는 지표이다.
- ③ BIC는 AIC와 유사하게 모델의 적합도와 복잡도를 고려하여 모델을 평가하며 페널티 항을 더 강조한다.
- ④ AUC는 분류 모델의 성능을 측정하는 평가지표로 ROC 곡선 아래의 면적이다.

49 ③

랜덤 포레스트 알고리즘은 배깅을 사용한다. 부스팅은 이전 약학습기의 오류를 보완하면서 순차적으로 학습하는 방식이며, 랜덤 포레스트는 독립적인 의사결정 트리를 생성하여 다수결 투표로 결과를 결합하는 방식이다. 랜덤 포레스트는 부트스트랩된 훈련 표본들에 대해 다수의 의사결정 트리를 만들며 이는 배깅의 특징이다.

50 ①

노드 조건에 부합하면 좌측 노드로, 부합하지 않으면 우측 노드로 이동하여 [X_1 | 10<X<12], [X_2 | 5<X<7] 조건에 최종 부합하는 값을 찾는다.

51 ①

수정된 결정계수는 회귀 분석에서 독립변수가 종속변수의 변동을 얼마나 잘 설명하는지 나타내는 지표로, 독립변수 개수가 적어진다고 해서 수정된 결정계수 R^2가 항상 커지는 것은 아니며 감소할 수도 있다.

52 ②

종단면은 하나의 변수를 여러 시점에서 관측한 자료로 특정 독립변수가 존재한다. 시계열 데이터에서는 시간에 따른 관측값의 연관성을 분석하므로, 동일한 시간에 대한 여러 관측값은 서로 상관 관계를 가질 수 있다.
지수평활법은 최근의 자료에 더 높은 가중치를 부여하여 최신 정보에 더 민감하게 반응한다.

53 ③

Causal Discovery는 데이터 칼럼을 모두 독립변수 X로 정의하고 시작한다.

54 ①

오차항은 종속변수와 선형관계가 아니다. 오차항은 종속변수의 실제 값과 모델이 예측한 값 사이의 차이를 나타낸다.

55 ③

변동계수는 측정단위가 다른 자료 간의 흩어진 정도를 비교할 때 활용된다. 표준편차를 평균으로 나눔으로써 상대적인 산포의 척도를 비교할 때 사용되며, 값이 클수록 상대적인 크기가 크다고 할 수 있다.

56 ①

통계적 추론은 표본집단을 추출하여 모집단의 특성을 추론한다.

57 ①

독립/종속변수 설정 뒤 관련성 정도와 영향도에 대해 회귀계수를 추정하고, 이에 대한 유의성 검정 뒤 전체 모형에 대한 유의성을 검정한다.

58 ②

과적합은 인공신경망이 학습 데이터에 지나치게 적합되어 일반화 능력이 저하되는 현상이다.
가중치의 크기는 L1 정규화 또는 가중치 감쇠와 같은 기술을 사용하여 조절한다.

59 ③

부스팅은 순차적으로 학습하는 앙상블 방법이다. 초기에는 약한 분류기를 사용하여 학습을 시작하고, 이후에는 이전 분류기가 잘못 분류한 샘플에 가중치를 부여하여 학습시킨다. 이런 식으로 여러 개의 약분류기를 결합하여 강분류기를 만들어나간다.
배깅은 동시 병렬적으로 학습한다.

60 ②

오즈(Odds)는 성공과 실패의 비율, 즉 어떤 사건이 일어날 확률(P)을 일어나지 않을 확률(1-P)로 나눈 값이다. 오즈비(Odds Ratio)는 이러한 오즈들 간의 비율이다.
오즈는 0에서 무한대 범위에 속하는데 -∞에서 +∞의 범위를 갖기 위해 로그함수를 취하게 되고 -∞ < log(odds) < ∞가 되어 성공확률 0.5를 기준으로 양수와 음수를 가지게 된다(=시그모이드 함수).
로그오즈를 이용한 회귀분석식은 다음과 같다.

$$log(Odds) = log\left(\frac{p}{1-p}\right) = \hat{\beta}_0 + \hat{\beta}_1 x_1 + \hat{\beta}_2 x_2 \cdots + \hat{\beta}_d x_d$$

$$\frac{p}{1-p} = e^{\hat{\beta}_0 + \hat{\beta}_1 x_1 + \hat{\beta}_2 x_2 \cdots + \hat{\beta}_d x_d}$$

$$p = \frac{1}{1 + e^{-(\hat{\beta}_0 + \hat{\beta}_1 x_1 + \hat{\beta}_2 x_2 \cdots + \hat{\beta}_d x_d)}}$$

로지스틱 회귀분석에서 보면 좌변은 0 또는 1인데 우변은 +-∞ 범주로 맞지 않으니 logit 변환을 해주게 되고(오즈에 log를 적용) y값을 오즈비로 변환하여 예측하게 된다.
로지스틱 회귀분석에서 오즈비는 다른 변수들은 모두 고정시킨 채 하나의 변수를 1만큼 증가시켰을 때의 오즈비가 되는데 식은 다음과 같게 된다. x1이 1만큼 증가한다면 1(성공)에 대한 오즈비가 e^β1만큼 변화한다.

$$\frac{odds(x_1+1,\cdots,x_d)}{odds(x_1,\cdots,x_d)} = \frac{e^{\hat{\beta}_0 + \hat{\beta}_1(x_1+1) + \hat{\beta}_2 x_2 \cdots + \hat{\beta}_d x_d}}{e^{\hat{\beta}_0 + \hat{\beta}_1 x_1 + \hat{\beta}_2 x_2 \cdots + \hat{\beta}_d x_d}} = e^{\hat{\beta}_1}$$

4과목 빅데이터 결과 해석

61 ①

Leave-One-Out 교차 검증(LOOCV)은 각 데이터 포인트를 테스트셋으로 사용하고 나머지 데이터를 훈련셋으로 사용하여 모델을 평가하는 방법이다. 데이터셋이 작을 때 유용하며, k-폴드 교차 검증보다 더 많은 모델 훈련을 필요로 하지만 편향되지 않은 모델 성능을 제공하는 장점이 있다.

62 ④

AdaGrad는 기울기의 크기에 따라 학습률(Learning Rate)을 조절하여 효과적인 학습을 도와주는 매개변수 최적화 방법이다.

63 ③

F1 스코어는 정밀도(Precision)와 재현율(Recall)을 결합한 조화평균 지표로 값이 클수록 모형이 정확하다고 판단할 수 있다.

$$F1\ score = \frac{2}{\frac{1}{recall} + \frac{1}{precision}} = 2 \times \frac{precision \cdot recall}{precision + recall}$$

64 ②

DBSCAN은 데이터의 밀도를 기반으로 클러스터를 형성하는 밀도기반 군집화 알고리즘이다. 밀도가 높은 지역을 클러스터로 인식하고, 데이터 포인트들이 서로 밀접하게 연결되어 있는 밀집 지역을 찾는 방식으로 작동한다.
DBSCAN은 클러스터의 개수를 미리 지정할 필요가 없으며, 이상치를 탐지하는 데에도 유용하다.

65 ②

타임라인은 시간에 따른 데이터나 이벤트를 나타내는 인포그래픽 유형으로 시간적인 흐름을 시각화하여 연속적인 사건이나 변화를 이해하기 쉽게 한다.

66 ②

콘셉트 맵 인포그래픽은 복잡한 주제나 개념을 시각적으로 구조화하여 그들 사이의 관계와 연결성을 나타내는 데 초점을 둔 유형이다. 이 유형의 인포그래픽은 주제에 대한 개념을 중심으로 그 주제와 관련된 하위 개념, 세부 내용, 핵심 아이디어 등을 네트워크 형태로 표현한다.

67 ④

스타차트는 하나의 공간에 각각의 변수를 표현하는 몇 개의 축을 그리고, 축에 표시된 해당 변수의 값들을 표시한 후 이들을 연결하여 차트를 완성한다.

68 ②

점그래프는 가로축을 시간축으로 하여 시간시각화 도구로 사용할 수 있다.

69 ③

ROC 곡선은 가로축을 1-특이도, 세로축을 민감도로 하여 그리는 곡선으로 분류 모형의 정확도를 평가하는데 주로 사용된다. 특이도는 음성으로 예측한 것이 실제 음성인 것의 비율이며, 음성인 것을 양성으로 잘못 예측한 비율은 1-특이도이다.

70 ④

Kolmogorov-Smirnov 검정은 두 분포 간의 차이를 비교하는 비모수적 통계 검정 방법으로 누적분포함수(CDF: Cumulative Distribution Function)를 사용하여 두 분포의 차이를 측정한다. 또한, 주어진 표본 데이터가 이론적으로 기대되는 분포(이항분포, 정규분포, 포아송분포 등)와 일치하는 지의 여부를 검정할 때 이용된다.

71 ①

반복 횟수는 정해져 있지 않다.

72 ①

k-폴드 교차검증은 데이터셋을 k개의 폴드로 나누고, k-1개의 폴드를 학습 데이터셋으로, 나머지 하나를 검증 데이터셋으로 사용한다. 데이터셋을 바꿔가면서 k번을 반복하고, 이들의 평균으로 최종 검증 결과를 판단한다.

73 ②

오차범위가 0.01 이내인 독립변수의 회귀계수 값이 클수록 영향을 많이 미치는 것으로 해석할 수 있다. 효과성의 오차범위는 0.0733으로 오차범위 0.01보다 크므로 서비스 만족도에 영향을 미친다고 해석할 수 없다.

74 ③

교차검증에 대한 설명이다. 스트라티파이드(Stratified) 분할 방법은 클래스 불균형이 있는 경우, 각 클래스의 비율을 유지하면서 데이터를 분할하는 방법으로, 분류 문제에서 클래스별로 균형있는 훈련, 검증 및 테스트셋을 생성하는 데 사용된다.

75 ①

산점도(Scatter Plot)는 두 변수 간의 관계를 시각화하기 위해 사용되는 그래프로, x축과 y축에 해당하는 변수의 값들을 좌표 평면 상에 점으로 나타내어 표현한다.

76 ④

반복 횟수는 모델과 데이터의 특성에 따라 달라지며, 학습률에 따라 반복 횟수를 설정하는 것은 아니다.

77 ④
배깅은 개별 모델의 분산을 감소시키고 예측의 안정성을 향상시킨다. 하지만 개별 모델의 편향을 감소시키거나 개선하지는 않는다.

78 ②
인포그래픽을 위해서 시각화 소프트웨어를 설치할 필요는 없다.

79 ②
매개변수는 모델의 학습과정에서 조정되는 값으로, 선형회귀 모델의 기울기와 절편이 대표적인 매개변수이다.
초매개변수는 모델을 정의하거나 조정하기 위해 사람이 직접 설정하는 값으로, 학습률, 배치 크기, 반복횟수 등이 대표적인 초매개변수이다.

80 ①
기계학습 중에서 회귀분석이나 의사결정트리 등은 결과물에 대한 설명이 가능하다.

기출문제 05회 (2022.10.01 시행) 2-121p

01 ③	02 ②	03 ③	04 ③	05 ①
06 ①	07 ②	08 ④	09 ①	10 ④
11 ②	12 ④	13 ①	14 ①	15 ③
16 ④	17 ①	18 ②	19 ④	20 ③
21 ④	22 ②	23 ②	24 ①	25 ④
26 ④	27 ①	28 ④	29 ②	30 ②
31 ①	32 ④	33 ②	34 ③	35 ④
36 ①	37 ③	38 ④	39 ④	40 ②
41 ④	42 ②	43 ④	44 ④	45 ②
46 ②	47 ②	48 ②	49 ④	50 ①
51 ③	52 ③	53 ②	54 ②	55 ②
56 ②	57 ③	58 ②	59 ②	60 ④
61 ③	62 ②	63 ②	64 ①	65 ②
66 ②	67 ①	68 ③	69 ④	70 ①
71 ③	72 ③	73 ②	74 ④	75 ①
76 ③	77 ②	78 ①	79 ④	80 ②

1과목 빅데이터 분석 기획

01 ③
WBS는 프로젝트 계획 수립 단계에서 작성하며, 분석 과정에서 실제 수행되어야 하는 작업을 세분화하여 일정 및 산출물 등을 정리한다.

02 ②
CRISP-DM 방법론은 비즈니스 이해 → 데이터 이해 → 데이터 준비 → 모델링 → 평가 → 전개 단계로 진행된다.

03 ③
머신러닝은 인공지능의 한 분야에 속하며, 딥러닝은 머신러닝의 한 분야인 인공신경망 기법을 발전시킨 기술이다.

04 ③
Data Engineer : 데이터 플랫폼에 대한 설계 및 데이터 흐름 관리와 모델 배포 등 데이터 분석 환경을 설계하고 구축한다.

오답 피하기
- ② Data Architect : 비즈니스 요건을 구현하기 위한 데이터의 흐름, 표준, 원칙 등을 규정한다.
- ④ Data Modeler : 데이터 처리를 위한 논리 모델과 물리 모델의 설계 및 개발을 수행한다.

05 ①
데이터 범주화는 데이터를 해당 그룹의 대표 값이나 구간 값으로 변환하여 원래의 값을 숨기는 기법이다.

06 ①

데이터 품질 진단 절차는 품질 진단 계획 수립 → 품질기준 및 진단 대상 정의 → 데이터 품질 측정 → 데이터 품질 측정 결과 분석 → 데이터 품질 개선 단계로 이루어진다.
이 중 데이터를 측정하고 분석하여 수치를 산출하는 단계는 데이터 품질 측정 단계이다.

07 ②

데이터 3법 개정으로 가명처리 방법이 도입되었으며, 이 때 가명처리 된 가명정보의 경우 정보주체의 동의 없이 활용 가능하다.

08 ④

반정형 데이터는 값과 형식이 일정하지 않지만 스키마나 메타데이터를 가지고 있어 데이터의 구조를 이해하기에 용이한 데이터이며, XML, HTML, 웹 로그, JSON 파일, RSS, 센서 데이터 등이 이에 해당한다.

09 ①

총계처리는 개인정보에 통계치를 적용하여 특정 개인을 식별할 수 없게 하는 개인정보 비식별화 기법이다.

10 ④

FGI(Focus Group Interview)는 관찰자 역할의 연구자가 6~12명 정도의 동일한 소수 집단을 대상으로 특정 주제에 대하여 자유로운 토론을 이끌어내 자료를 수집한다.

오답 피하기
- ① 스캠퍼(SCAMPER) : 창의적 문제 해결 기법으로, 기존 아이디어를 변형, 조정, 조합 등의 다양한 방법으로 발전시키는 것을 목적으로 한다.
- ② 브레인스토밍(Brainstorming) : 참여자들이 자유롭게 생각을 나열하고 아이디어를 제시하는 방식이다.

11 ②

FTP는 TCP/IP 기반의 파일 송수신을 위한 응용계층 통신 프로토콜로, 시스템 간에 파일을 공유하기 위한 기술이다.

12 ④

전이학습(Transfer Learning)은 특정 분야에서 학습된 신경망을 다른 분야의 신경망 학습에 활용하기 위한 방법이다.

13 ②

데이터 분석 방법론은 분석 기획 → 데이터 준비 → 데이터 분석 → 시스템 구현 → 평가 및 전개 단계로 이루어져 있다.
이 중 데이터 준비 단계에서 분석하고자 하는 데이터의 정의, 데이터 저장을 위한 설계, 데이터 수집 및 품질 검증 등을 수행한다.

14 ①

빅데이터 플랫폼 구조는 소프트웨어 계층, 플랫폼 계층, 인프라 스트럭처 계층으로 나누어진다.
소프트웨어 계층은 데이터 수집과 처리 및 분석을 하는 응용소프트웨어가 처리되는 영역이고, 플랫폼 계층은 작업 관리나 데이터 및 자원 할당과 관리 등이 이루어지는 영역이며, 인프라 스트럭처 계층은 네트워크나 스토리지 등 자원 제공 및 관리를 수행하는 영역이다.

15 ③

병렬 DBMS는 대규모 데이터 처리를 위해 데이터를 일정 단위로 나누어 병렬로 트랜잭션 처리를 하는 시스템으로, 데이터를 중복하여 저장하는 것이 아니다.

16 ④

빅데이터 분석 시 수익 증대를 기대할 수 있으나, 항상 경제적 이익을 얻을 수 있는 것은 아니다.

17 ①

ETL은 원천 데이터를 DW(Data Warehouse)나 DM(Data Mart)으로 이동하기 위해 여러 시스템으로부터 필요한 데이터를 추출(Extract)하고, 변환(Transform)하여, 적재(Load)하는 기술이다.

18 ②

예측 분석은 과거나 현재 데이터를 분석하여 미래에 발생 가능한 일을 예측할 수 있는 방법이다.

오답 피하기
- ① 군집 분석은 비슷한 특성을 가진 개체들을 그룹화하는 분석 방법이다. 예측보다는 데이터의 유사성이나 군집 간의 차이를 파악하는 데 사용한다.
- ③ 연관 분석은 발생 빈도나 연관성을 분석하여 규칙을 도출하는 분석 방법이다.
- ④ 판별 분석은 주어진 데이터를 이용하여 목표 변수를 가장 잘 구별하는 분류 모델을 구축하는 분석 방법이다.

19 ④

모델 발전 계획 수립은 평가 및 전개 단계에서 진행된다.

20 ③

텍스트 마이닝(Text Mining)은 텍스트 데이터에서 특정 패턴이나 관계를 발견하여 유의미한 정보를 찾아내는 데이터 분석 방법이다.

2과목 빅데이터 탐색

21 ④

모평균 μ의 신뢰구간을 추정하는 식은

$$\bar{X} - Z_{\frac{\alpha}{2}} \cdot \frac{\sigma}{\sqrt{n}} \leq \mu \leq \bar{X} + Z_{\frac{\alpha}{2}} \cdot \frac{\sigma}{\sqrt{n}}$$

이며, 여기에서 $Z(\alpha/2)$는 오른쪽 면적이 $\alpha/2$인 표준정규분포를 따르는 Z값으로 95% 신뢰수준일 때 1.960이다.

22 ①

단위 시간 안에서 어떤 사건이 몇 번 발생했는지를 나타내주는 이산확률분포는 포아송 분포이다.

오답 피하기
- ② 기하 분포는 첫 번째 성공까지의 시행 횟수를 모델링한다.
- ③ 정규 분포는 연속 확률 변수의 분포를 모델링한다.
- ④ 이항 분포는 동일한 확률로 이진 결과를 갖는 여러 독립적인 시행을 모델링한다.

23 ②

공분산이 0이라는 것은 두 변수 간의 선형적인 관계가 없음을 의미한다. 그러나 두 변수가 완전히 독립적이라는 것은 아니며 다른 종류의 상관성은 존재할 수 있다.
- 서로 독립적인 변수는 통계적으로 독립적인 사건으로 볼 수 있으며, 한 변수의 변화가 다른 변수에 영향을 미치지 않는 관계를 가지고 있다. 이러한 경우 공분산은 0이 되며, 공분산 행렬의 비대각 성분은 모두 0이 된다.
- 그러나 공분산이 0이라고 해서 항상 독립적인 관계인 것은 아니다. 예를 들어, 두 변수가 비선형적인 관계를 가지고 있을 수 있으며, 이러한 경우에도 공분산은 0이 될 수 있다. 또한, 다른 종류의 관계(이차항 관계, 상호작용 효과 등)가 존재할 수도 있다. 이 경우에는 공분산이 0이 되지 않을 수 있다.

따라서, 변수 간의 독립성 여부를 판단하기 위해서는 공분산 이외의 다른 통계적 검정이나 분석을 사용해야 한다.

24 ①

대응표본은 동일한 개체 또는 그룹에 대해 두 가지 조건을 비교하는 경우에 사용된다. 이 경우에는 같은 사람에게 약을 투여하기 전과 후의 체중을 비교하고자 하므로 대응표본 분석이 적절하다.
또한, 문제에서는 "약 투여 후 체중이 줄었는지 검정하기"를 요구하고 있으므로 단측 검정을 사용해야 한다. 단측 검정은 가설을 설정할 때, 대립가설(약 투여 후 체중이 감소했다)의 한 방향성을 고려하여 검정한다.

25 ④

t-분포는 (1)작은 표본 크기와 (2)모집단의 표준 편차를 알지 못하는 경우에 주로 사용되며, 정규분포는 (1)큰 표본 크기와 (2)모집단의 표준 편차를 알고 있는 경우에 사용된다.

26 ④

불균형 데이터는 다수 클래스의 영향으로 정확도가 높게 나타나지만 소수 클래스의 재현율은 급격히 작아지는 문제가 있다. 모델의 성능 평가는 다른 지표들을 함께 고려해야 한다.
①은 언더샘플링, ②는 오버샘플링, ③은 가중치 균형방법이다.

27 ①

피어슨 상관계수(Pearson Correlation Coefficient)는 두 변수 간의 선형적인 관계의 강도와 방향을 측정하는 통계적 지표로 -1과 1 사이의 값을 가진다.
1에 가까울수록 강한 양의 선형 관계. 즉, 한 변수가 증가하면 다른 변수도 증가
-1에 가까울수록 강한 음의 선형 관계. 즉, 한 변수가 증가하면 다른 변수는 감소
0에 가까울수록 두 변수 간에는 선형적인 관계가 거의 없음
피어슨 상관계수는 변수 간의 선형적인 상관관계만을 측정하며, 인과관계를 나타내지는 않는다.

28 ④

양의 왜도 값을 가지는 경우이므로 로그변환, 제곱근변환, 역수변환과 같은 경우가 해당된다.
이러한 변환 방법은 왜도를 줄이거나 비대칭성을 보정하여 데이터를 정규분포에 가깝게 만들 수 있다.

왜도값	변환방법
양수	로그변환, 제곱근변환, 역수변환
음수	지수변환, 제곱변환

29 ②

클래스 불균형(Class Imbalance)은 분류 문제에서 하나의 클래스가 다른 클래스보다 훨씬 많은 데이터를 가지는 상황을 의미한다. 클래스 불균형이 발생하면 모델이 일반적으로 빈도가 높은 클래스에 편향되어 학습하게 되어 정확도가 낮아질 수 있다. 이러한 문제를 해결하기 위해 다음과 같은 접근 방법을 사용할 수 있다.
- 언더샘플링(Undersampling) : 다수 클래스의 데이터를 일부만 사용하여 클래스 간의 균형을 맞춘다. 랜덤 언더샘플링은 다수 클래스에서 무작위로 일부 데이터를 선택하는 것이며, 클러스터링 및 군집화와 같은 방법을 사용하여 언더샘플링을 수행할 수도 있다.
- 오버샘플링(Oversampling) : 소수 클래스의 데이터를 복제하거나 합성하여 데이터의 양을 늘린다. 랜덤 오버샘플링은 소수 클래스의 데이터를 복제하는 것이며, SMOTE(Synthetic Minority Over-sampling Technique)와 같은 알고리즘은 소수 클래스 데이터를 합성하여 새로운 샘플을 생성한다.
- 가중치 부여(Weighting) : 모델 학습 시 소수 클래스의 오분류 비용을 높이는 방식으로 가중치를 부여한다. 일부 알고리즘은 클래스 불균형을 다루기 위한 가중치 매개변수를 제공한다. 이 가중치를 조정하여 소수 클래스에 더 큰 중요도를 부여할 수 있다.

30 ②

평활화(Smoothing)는 데이터의 변동을 줄이고 노이즈를 제거하여 데이터의 추세나 패턴을 부드럽게 만드는 기술로 데이터 시계열 분석, 데이터 시각화, 데이터 예측 등 다양한 분야에서 사용된다. 주요 평활화 기법으로 이동평균법, 지수평활법, Savitzky-Golay 필터법 등이 있다.

31 ①

박스플롯은 자료로부터 얻은 통계량인 5가지 요약 수치(최솟값, 제1사분위(Q1), 제2사분위(Q2), 제3사분위(Q3), 최댓값)를 가지고 그린다.
제1사분위 수(Q1)는 중앙값 기준으로 하위 50% 중의 중앙값 즉, 전체 데이터 중 하위 25%에 해당하는 값으로 25백분율 데이터이다.

32 ④

표본의 크기와 상관없이 표본평균의 기댓값은 항상 모평균과 동일하다.
④는 기댓값이라는 이론적 평균과 실제 계산한 평균을 동일하게 취급하므로 오류이다.

오답 피하기
- ① 표본의 크기가 클수록 표본 평균의 분산이 작아진다. 이는 중심극한의 정리에 의해 표본평균의 분산이 모평균에 수렴하기 때문이다. 따라서 표본의 크기가 클수록 표본평균의 분산은 0에 가까워진다.
- ② 중심극한의 정리는 모집단의 분포와 상관없이 적용될 수 있다. 중심극한의 정리는 모집단이 어떤 분포를 따르더라도, 충분한 크기의 표본평균은 정규분포에 근사하는 것을 의미한다.
- ③ 모분산의 정보를 모를 경우, 표본평균의 분포에 대해 추론하기 위해 t-분포를 사용할 수 있다. t-분포는 표본 크기가 작거나 모분산을 알지 못할 때 사용되며, 표본의 크기에 따라 형태가 변화한다.

33 ②

타깃 인코딩(Target Encoding)은 종속 변수를 활용하여 범주형 특성을 인코딩하는 기법이다. 주로 분류 문제에서 사용되며, 각 범주에 대한 종속 변수의 평균 값을 인코딩으로 사용한다. 표준편차는 종속변수와는 관련이 없는 데이터 분포의 특성을 나타내는 지표이므로, 타깃 인코딩에는 사용되지 않는다.

> **오답 피하기**
> - ① 원핫 인코딩(One-hot Encoding)을 적용하면 sparse한 데이터가 된다. 원핫 인코딩으로 범주형 변수를 변환하면 대부분의 원소가 0이고, 단 하나의 원소만 1인 희소한 벡터로 변환된다.
> - ③ 레이블 인코딩(Label Encoding)은 각 범주를 숫자에 대치시킨다. 각 범주에 고유한 정수 값을 할당하여 인코딩한다.
> - ④ 원핫 인코딩을 적용할 때 보다 정수를 이진 형태로 인코딩하는 바이너리 인코딩(Binary Encoding)을 적용할 때 모델 학습 속도가 빠를 수 있다.

34 ③

X1과 X3이 상관관계가 높으므로(0.96) 제거 후보가 될 수 있다.
피어슨 상관계수는 -1부터 1까지의 범위를 가지며, 0에 가까울수록 두 변수는 상관관계가 없고, -1 또는 1에 가까울수록 두 변수는 강한 선형 관계를 가지는 것을 나타낸다.
일반적으로 상관계수의 절대값이 0.7 이상이면 두 변수 간의 강한 선형 관계가 있음을 의미한다.
- 피어슨 상관계수를 이용한 변수 제거 : 변수 간의 선형 관계를 파악하여 상관관계가 높은 변수를 제거하는 방법이다. 이 방법은 다중공선성 문제를 해결하고, 변수 간의 종속성을 줄여 모델의 예측 성능을 향상시킬 수 있다.

35 ④

일반적으로 positive skew를 가지는 데이터에서 일부 데이터가 누락된 경우에는 중앙값(Median)을 사용하는 것이 더 적절하다. 이는 중앙값이 이상치에 영향을 덜 받고, 데이터의 분포를 잘 대표해주는 경향이 있기 때문이다.

> **오답 피하기**
> - ① 평균(Mean)은 이상치의 영향을 크게 받을 수 있으므로, 데이터가 positive skew를 가지고 있는 경우에는 평균 보다 중앙값이 신뢰할 수 있는 대체값이다.
> - ② 최빈값(Mode)은 가장 빈번하게 나타나는 값이다. positive skew 데이터에서는 분포가 한쪽으로 치우쳐져 있어서 최빈값이 적절한 대체값으로 사용하기 어렵다.
> - ③ 표준편차는 데이터의 분포를 설명하는 데 사용되지만, 누락된 값에 대해서는 정보를 제공하지 않는다.

36 ①

X1과 X2가 독립인지 종속인지는 제시된 정보만으로는 결정할 수 없다. 표본에서 독립성 또는 종속성을 판단하려면 데이터 간의 관계나 변수 간의 의존성을 분석해야 한다.

> **오답 피하기**
> - ② 정규분포에서 추출된 표본은 정규분포를 따른다.
> - ③ 표준오차는 모집단의 표준편차를 표본의 크기의 제곱근으로 나눈 값이다. 표본의 크기가 커질수록 표준오차는 작아지는 경향이 있다.
> - ④ 표본의 크기가 커질수록 표본 평균은 모집단의 평균에 더 가까워지는 경향이 있다. 이는 중심극한정리에 기반한 결과이다. 중심극한정리는 독립적인 확률 변수들의 합이 정규분포에 근사화 되는 현상을 설명한다.

37 ③

연속형 척도
숫자로 표현되며 간격과 비율 척도를 가지는 변수로, 평균과 표준편차와 같은 기술 통계량을 구할 수 있다. 예를 들어, 연속형 변수인 키나 몸무게를 대상으로 평균과 표준편차를 계산하여 변수의 대표적인 특성을 파악할 수 있다.

범주형 척도
변수의 값들을 범주로 나누고, 각 범주에 속하는 개체의 수를 세는 것이 주요 특징이다. 명칭형 척도와 순서형 척도로 구분된다.
- 명칭형 척도는 명칭이나 카테고리로 구분되는 변수이며, 각 카테고리 간에는 순서나 계량적인 의미가 없다.
- 순서형 척도는 범주 간 간격이 동일하지 않다.

따라서 범주형 척도에서는 수치적 통계량을 구하는 것은 적절하지 않으며, 상대 빈도, 분포표, 비율 등을 사용하여 설명하는 것이 일반적이다.

> **오답 피하기**
> - ① 더미 변수는 명목형 변수를 0과 1로 이진화하여 회귀모델에 포함시키는 방식을 취한다.
> - ② 크기 구분인 소형, 중형, 대형은 명목적인 분류를 넘어서서 상대적인 순서 또는 크기를 나타내므로 순서형 척도로 분류된다. 이러한 변수는 일반적으로 순위 비교, 상대적 크기 비교, 순서 분석 등에 사용된다.
> - ④ 수치형 척도는 숫자로 표현되는 변수이며, 연속형 척도와 이산형 척도로 구분될 수 있다. 이산형 척도는 정수로 표현되는 변수이며, 연속형 척도는 소수점까지 구별된다.

38 ④

산점도(Scatter Plot)는 두 개의 변수 간의 상관 관계를 시각화하기 위해 사용되는 그래프다. X축과 Y축에 각각의 변수 값을 놓고, 데이터 포인트를 점으로 표현하여 변수들 간의 분포와 패턴을 확인할 수 있다.

39 ④

- 이항분포는 이진 결과를 가지는 시행의 횟수나 성공 횟수에 대한 이산확률분포이다.
- 포아송분포는 일정한 시간 또는 공간 단위에서 발생하는 사건의 횟수에 대한 이산확률분포이다.
- 초기하분포는 성공 확률이 p인 베르누이 시행에서 처음으로 성공할 때까지의 시행 횟수에 대한 이산확률분포이다.
- 지수분포는 사건이 연속적으로 발생하는 시간 간격에 대한 연속확률분포이다.

40 ②

상자그림에서 이상치는 일반적으로 상자 수염 바깥에 위치한 값들이다. 그러나 모든 바깥쪽 데이터가 이상치는 아니며, 통계적 분석이나 도메인 지식에 따라 다른 기준을 사용할 수도 있다.

3과목 빅데이터 모델링

41 ④

드롭아웃은 신경망에서 과적합을 방지하기 위해 사용되는 정규화 기법으로, 학습 중 일부 뉴런을 무작위 제거하여 일반화 능력을 향상시킨다.
데이터 증강은 기존 데이터에 노이즈를 추가하는 등 다양한 변형을 가함으로써 신경모델의 과적합을 방지할 수 있다.

42 ②

POS-tagging은 텍스트에서 단어의 품사를 식별하고 태깅, 붙이는 절차이다. 자연어 처리의 전처리 단계에서 사용된다.

> 오답 피하기

Text To Vector 변환 기법은 단어를 벡터화하는 기법으로 Bag of Words, TF-IDF, 원핫 인코딩 등이 있다.
- ① TF-IDF(Term Frequency-Inverse Document Frequency)는 단어 빈도에 역 문서 빈도(IDF)를 곱하여 각 단어들 마다 가중치를 부여하여 중요도를 나타낸다.
- ② 원핫 인코딩(One-Hot Encoding)은 단어를 벡터로 인코딩하는 기본적 기법으로 단어 집합의 크기를 벡터 차원으로 하고 표현하고자 하는 단어의 인덱스에 1을, 다른 인덱스에는 0을 부여하는 방식이다.
- ③ Bag of Words는 단어를 key, 문서 내에 단어가 등장한 횟수를 value로 Term Frequency(단어 빈도)만 계산하여 변환한다.

43 ④

k-fold는 데이터셋을 k개로 나누어 이 중 하나만 검증셋으로 활용하며 나머지를 훈련시킨다.

> 오답 피하기

- ① 데이터셋을 k개의 부분집합으로 나눈다. 일반적으로 랜덤하게 분할되며, 각 부분집합은 서로 겹치지 않는다.
- ② k개의 부분집합 중 하나를 검증셋으로 사용하고 나머지 k-1개의 부분집합을 훈련셋으로 사용한다. 이후 k개의 모델을 각각 훈련하고 검증셋에서 평가하여 평균 성능을 산출한다.
- ③ 데이터 양이 적을 때, k-fold 교차 검증은 가용한 데이터를 최대한 활용하여 모델의 성능을 평가하는 데 유용하다.

44 ④

비용민감학습(Cost-sensitive Learning)은 소수 클래스에 더 많은 가중치를 줌으로써 예측 정확도가 향상된다.

> 오답 피하기

- ① 오버샘플링은 소수 클래스의 복사본을 만들어, 대표 클래스의 수만큼 데이터를 만들어 준다.
- ② 언더샘플링은 대표 클래스의 일부만을 선택하고, 소수 클래스는 최대한 많은 데이터를 사용한다.
- ③ SMOTE(Synthetic Minority Over-sampling Technique)는 소수 클래스 데이터를 합성하는 오버샘플링 기법이다. SMOTE는 소수 클래스 데이터 포인트의 인접한 이웃을 참고하여 새로운 합성 데이터를 생성한다. SMOTE는 오버샘플링 방법 중 하나이나, 분류 알고리즘과 직접적인 관련은 없다.

45 ②

시계열 분석은 시간 흐름에 따라 기록된 데이터를 분석하는 방법론이다.

46 ②

h4 기준으로 군집을 분리하면 두 개이다.

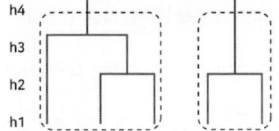

47 ②

가지치기는 인공신경망 모형이 아닌 의사결정나무 모형에서 노드에 대한 분할 과정에 대한 반복으로 인한 과적합을 방지하기 위해 가지들을 잘라 느슨하게 만드는 기법이다.

48 ②

요구 성능이 높을 경우 모델이 복잡할수록 더 다양한 패턴을 학습할 수 있어 단순한 모형보다 성능이 좋다.

49 ④

변수 선택법은 모든 가능한 독립변수들의 조합에 대한 모형 중 가장 적합한 모형을 선택하는 기법으로 전진 선택법, 후진 제거법, 단계적 선택법이 있다.

50 ①

신뢰도는 항목 A를 포함한 거래 중 항목 A와 B를 같이 포함할 확률이다. 신뢰도가 높을 시 A를 구매했을 때 B도 구매할 것이라는 규칙의 신뢰도가 높다고 할 수 있다.

51 ③

A약 환자의 생존률은 20/(20+20)=50%, B약 환자의 생존률은 16/(16+24)=40%이다.

> 오답 피하기

- ① 초기암 생존율 A약 16/(16+4)=80%, B약 7/(7+3)=70%
- ④ 말기암 생존율 A약 4/(4+16)=20%, B약 9/(9+21)=30%

주어진 자료로는 ②와 같은 일관된 결론을 내리기 어렵다.

52 ③

만-휘트니는 두 개의 독립 표본과 이들 모집단의 중앙값이 동일한지 평가하는 비모수 검정이다.

53 ②

단순회귀는 단일 독립변수와 종속변수 간의 선형 관계를 모델링하는 회귀 모형이다. 예를 들어, 주택 가격을 예측하기 위해 주택의 크기라는 단일 독립변수를 사용하는 경우 단순회귀 모델을 적용할 수 있다.

> 오답 피하기

- ① 다항 회귀가 아닌 다중 회귀에 대한 내용이다. 다항 회귀는 한 개의 독립변수로 n차항의 새로운 독립변수를 만들어 여러 개의 변수를 회귀 모델에 투여하는 방식이다. 다중 회귀는 둘 이상의 독립변수로 1개의 종속변수에 미치는 영향을 알아보는 것이다.
- ③ 곡선회귀는 독립변수와 종속변수 간의 관계를 선형적으로 가정하지 않는다. 곡선회귀는 비선형 관계를 모델링하기 위해 곡선 형태의 함수를 사용한다.
- ④ 다중 회귀는 하나의 연속형 종속변수를 여러 개의 독립변수로 설명하는 모델이다. 범주형 종속변수에 대한 영향을 검증하는 모델은 로지스틱 회귀 등의 분류 모델이 더 적합하다.

54 ②

로지스틱 회귀는 음성과 양성을 0과 1로 분류하는 기법으로도 적용할 수 있다.

> 오답 피하기

- ① 로지스틱 회귀는 종속변수가 범주형 변수인 경우에 주로 사용된다.
- ③ 로지스틱 회귀의 회귀계수는 로그 오즈 비율을 나타내며, 이는 확률의 로그 변환으로 해석된다.
- ④ 결정경계를 왜곡, 오분류로 이어지는 이상치에 민감하다.

55 ②

Varimax는 요인회전 방법 중 하나로, 요인들 간의 상관계수 행렬을 최대한 독립적으로 만드는 것을 목표로 한다. 이는 요인들을 더욱 명확하고 해석 가능한 형태로 변환한다.
요인회전 방법 중에는 직각회전방식(Orthogonal Rotation)과 사각회전방식(Oblique Rotation)이 있다. 직각회전방식은 요인들 사이의 상관관계를 0으로 만들어 요인들을 서로 독립적인 것으로 가정한다. 대표적인 직각회전방식에는 Varimax, Quartimax 등이 있다.
반면에 사각회전방식은 요인들 사이의 상관관계를 0이 아닌 값으로 유지한다. 대표적인 사각회전방식에는 Promax, Oblimin 등이 있다.

오답 피하기
- ① 요인회전은 요인분석 결과를 더 명확하게 해석하기 위해 요인들을 회전하는 과정이다.
- ③ 요인분석의 공분산 행렬은 대칭행렬의 조건을 만족하여 행과 열이 동일하다.
- ④ 요인점수는 요인분석을 통해 얻은 요인들을 사용하여 개별 관찰치에 대한 점수를 계산한다.

56 ②

정상성을 띠는 백색 잡음은 평균과 분산이 일정하면서 관측치간 독립성을 띤다.

57 ③

의사결정나무 분석 시 분석 목적과 자료 구조에 따른 적절한 분리기준과 정지규칙이 없을 경우 뿌리노드에서 시작하지 못하게 된다.

58 ②

주성분의 차원 수는 표본의 차원 수보다 작거나 같다. 주성분 분석은 고차원의 데이터를 저차원으로 변환하여 데이터의 정보를 요약하고, 주요한 패턴과 구조를 추출한다.

59 ④

공분산 분석(ANCOVA)은 종속변수가 연속형, 독립변수가 범주형인 분석 방법으로 공변수를 통제할 때 집단 간 조정평균 차이를 분석하는 기법이다.

60 ④

결과 산출물에는 분석 계획서, 데이터 확보 방안, 분석결과 및 예측 결과, 비즈니스 성과, 사용 및 유지보수 가이드 등이 있다.

4과목 빅데이터 결과 해석

61 ③

표본은 모델을 생성할 때 사용되며, 생성된 모델에 대한 평가에서는 표본을 고려하지는 않는다.

62 ②

ROC 곡선은 FPR(False Positive Rate)을 가로축으로 TPR(True Positive Rate)을 세로축으로 하는 곡선이다.
FPR = FP / (FP+TN) TPR = TP / (TP+FN)
이때, TPR은 민감도(Sensitivity) 또는 재현율(Recall)이라고 하며, 실제 참인 값이 정확히 예측되어야 하는 수준을 표현한다. FPR은 1-특이도(Specificity, True Negative Rate(TNR))로 구할 수 있다.
TNR = TN / (FP+TN)

63 ②

혼동행렬은 분류 모델의 예측과 실제를 기반으로 결과를 표현하는 행렬이다.
ROC 곡선은 모델의 민감도와 1에서 특이도 사이의 트레이드오프 관계를 시각화하므로 혼동행렬을 표현하면서 ROC 곡선을 구할 수 있다.

64 ①

분석 결과의 스토리텔링 절차는 (1)스토리텔링을 위해 어떤 사용자 데이터가 필요한지 정의, (2)사용자 관점에서 분석 결과를 이해할 수 있도록 시나리오 작성, (3)스토리텔링의 흐름과 내용을 구성하기 위한 스토리보드 기획 순이다.

65 ②

정규성 검정은 데이터가 정규 분포를 따르는지 여부를 평가하는데 사용되는 통계적 기법이다.
카이제곱 검정은 범주형 변수들 간의 상관 관계를 검정하는 통계적 방법으로, 주어진 데이터가 특정 가설에 따라 기대되는 분포와 일치하는 지를 확인하는 데 사용된다.

오답 피하기
- ① q-q 플롯은 주어진 데이터와 정규 분포의 분위수를 비교하여 정규성을 평가하는 그래픽 기법이다. 데이터의 분포가 직선에 가까울수록 정규성을 나타낸다.
- ③ 샤피로-윌크 검정은 표본 크기가 작을 때 사용되며, 데이터의 표본 통계량과 정규 분포의 기댓값 및 분산 사이의 차이를 평가한다.
- ④ 콜모고로프-스미르노프 검정은 데이터의 누적분포함수와 정규분포의 누적분포함수 사이의 차이를 평가한다.

66 ②

MSE(Mean Squared Error, 잔차)는 예측값과 실제값의 차이를 제곱한 값의 평균을 말한다.

$$MSE = \frac{\Sigma (y-\hat{y})^2}{n}$$

67 ①

히트맵(Heatmap)은 데이터의 상대적인 크기 또는 값을 색상으로 시각화하는 방법으로, 주로 행렬 형태의 데이터를 나타내며, 각 셀의 색상은 해당 데이터 값의 크기를 나타낸다.

68 ③

$$F1\ score = 2 \times \frac{민감도 \times 정밀도}{민감도 + 정밀도} = 2 \times \frac{0.6 \times 0.4}{0.6 + 0.4} = 0.48$$

69 ④

일반화 선형 모형(GLM: Generalized Linear Model)은 선형 회귀 모델을 확장하여 다양한 종속 변수에 대한 예측 모델링을 수행하는 통계적 모델이다. 선형 회귀 모델은 종속 변수와 독립 변수 간의 선형 관계를 가정하지만, 일반화 선형 모형은 비선형이거나 이산형 종속 변수를 다룰 수 있다.

일반화 선형 모형의 주요 구성 요소
- 확률요소(Random Component) : 종속 변수가 가지고 있는 확률분포이다.
- 선형 예측자(Linear Predictor) : 독립 변수들의 선형 조합으로 구성되는 예측 변수로 종속 변수의 변환에 사용된다.
- 연결 함수(Link Function) : 선형 예측자와 종속 변수 간의 관계를 정의하는 함수이다. 종속 변수의 분포 특성에 따라 적절한 연결 함수를 선택한다. 예를 들어, 이항 분포의 경우 로지스틱 회귀에서 로짓(Logit) 함수를 연결 함수로 사용할 수 있다.

70 ①
앙상블 모형은 여러 개의 기본 모형을 결합하여 예측을 수행하므로 일반적으로 직관적 이해가 어렵다.

71 ③
버블차트는 3개의 변수를 동시에 시각화하는 방법으로, 데이터 간의 관계를 시각적으로 표현하는 관계시각화 기법이다.

72 ③
누적막대그래프는 여러 항목의 값들이 서로 누적된 형태로 시각화되는 그래프로, 각 항목 값들의 상대적인 크기를 보여주며, 전체 값의 변화 및 구성 비율을 파악할 수 있다. 주로 범주형 데이터의 분포, 변화, 비율 등을 시각화하는 데 사용한다.

73 ②
Gradient Vanishing은 심층 신경망에서 발생하는 문제로, 오차역전파 알고리즘을 통해 업데이트되는 가중치의 기울기가 사라지거나 소실되어 가중치가 업데이트 되지 않는 현상을 말한다.

오답 피하기
- ③ 활성화 함수(Activation Function)와 가중치 초기화(Weight Initialization) 방법에 의해 영향을 받는다. 일부 활성화 함수(시그모이드 함수 등)는 입력이 크거나 작을 때 기울기가 매우 작아져 기울기 소실을 유발할 수 있다.
- ④ 그래디언트 클리핑은 기울기 값의 크기를 제한하여 그래디언트 폭주(Gradient Explosion) 문제를 해결하는 방법이다.

74 ④
과적합은 선형과 비선형 모형 모두에서 발생할 수 있는 문제이며, 모델의 복잡도와 데이터의 양, 다양성 등 다양한 요인에 의해 영향을 받는다.

75 ①
평가 데이터셋은 모형의 성능을 측정하는데 사용되며, 모형의 최적화를 위한 학습과는 관련이 없다. 최적화 과정에서는 학습 데이터셋과 검증 데이터셋을 사용하여 모델을 평가하고 개선한다.

76 ③
과적합을 해결하기 위해서는 다음과 같은 방법들을 고려할 수 있다.
- 데이터 양을 늘려 더 많은 다양한 데이터를 사용하여 학습
- 데이터를 표준화 또는 정규화 하거나 이상치를 제거하는 전처리
- 유용하지 않거나 중복되는 피처들을 제거하거나 선택
- 모델의 파라미터 수를 감소시키거나, L1 또는 L2 규제를 사용해 가중치를 제한하여 모델 복잡성 줄이기
- 학습 과정에서 신경망의 일부 뉴런을 선택하여 제외하는 드롭 아웃 방법

77 ②
인포그래픽은 데이터를 요약해서 전달하는 데 효과적이며, 데이터의 패턴을 알아내기는 어렵다.

78 ①
오답 피하기
- ② 의사결정나무는 트리 형태의 그래픽으로 표현되어 직관적 해석이 가능하다.
- ③ 연관성 분석은 데이터 항목 간의 상호관계 또는 종속관계를 찾아내는 분석이다.
- ④ 분석 유형으로 설명적 분석, 진단적 분석, 예측적 분석, 처방적 분석이 있다.
- 설명적 분석 : 데이터의 특성과 구조를 파악하고 요약하는 분석
- 진단적 분석 : 데이터에서 발생한 문제의 원인을 파악하고 해결책을 도출하는 분석
- 예측적 분석 : 과거 데이터와 통계적 기법을 활용하여 미래의 사건이나 결과를 예측하는 분석
- 처방적 분석 : 주어진 문제에 대해 최적의 해결책을 도출하는 분석

79 ④
시각화 절차와 기법(Ben Fry)
(1) 획득(Acquire) : 다양한 소스로부터 데이터 얻기
(2) 분석(Parse) : 데이터의 의미에 대한 구조를 제공하고 카테고리별로 정렬
(3) 필터(Filter) : 관심 있는 데이터를 제외한 모든 데이터 제거
(4) 마이닝(Mine) : 패턴을 식별하거나 수학적 문맥에 데이터를 배치하는 방법으로 통계 또는 데이터 마이닝 방법 적용
(5) 표현(Represent) : 막대그래프, 목록 또는 트리 같은 기본 시각적 모델 선택
(6) 정제(Refine) : 기본 표현을 개선하여 보다 선명하고 시각적으로 매력적이게 보이도록 함
(7) 소통(Interact) : 데이터를 조작하거나 볼 수 있는 기능을 제어하는 방법을 추가

80 ②
재현율(민감도)은 실제 참인 것들 중에서 예측도 참인 경우의 비율로 TP / (TP+FN)으로 구할 수 있다.

기출문제 04회 (2022.04.09 시행) 2-140p

01 ③	02 ②	03 ④	04 ④	05 ①
06 ②	07 ①	08 ④	09 ①	10 ①
11 ③	12 ④	13 ②	14 ②	15 ③
16 ①	17 ②	18 ②	19 ③	20 ④
21 ①	22 ④	23 ④	24 ③	25 ②
26 ③	27 ②	28 ②	29 ②	30 ③
31 ①	32 ②	33 ①	34 ③	35 ①
36 ②	37 ④	38 ②	39 ③	40 ②
41 ②	42 ④	43 ③	44 ④	45 ④
46 ①	47 ③	48 ②	49 ②	50 ①
51 ②	52 ②	53 ③	54 ②	55 ①
56 ③	57 ②	58 ②	59 ②	60 ④
61 ①	62 ④	63 ②	64 ①	65 ②
66 ④	67 ②	68 ④	69 ③	70 ②
71 ④	72 ②	73 ②	74 ②	75 ②
76 ③	77 ②	78 ③	79 ①	80 ④

1과목 빅데이터 분석 기획

01 ③

HDFS는 구글 파일 시스템(GFS: Google File System)을 기반으로 구현된 오픈소스이므로 동일한 특성을 갖고 있다.

오답 피하기
- ① 환경설정 파일에서 개수를 조절할 수 있다.
- ② hadoop의 각 서버 내에서는 그 서버의 OS에서 사용하는 NTFS나 EXT4같은 물리적 파일 시스템을 활용한다.

02 ②

아무리 훌륭한 알고리즘을 보유하였더라도 학습을 생략할 수는 없다.

03 ④

분산 파일 시스템(DFS)은 네트워크를 통해 물리적으로 다른 위치에 있는 여러 컴퓨터에 자료를 분산 저장하여 마치 로컬 시스템에서 사용하는 것처럼 동작하게 하는 시스템이다.

04 ④

분석 로드맵 설정 시 비즈니스 성과 및 ROI, 시급성, 전략적 중요도, 실행 용이성 등을 우선하여 고려하여야 한다.

05 ①

원칙적으로 개인정보는 정보주체의 동의 없이 편의를 위해 제공할 수 없다.

06 ②

빅데이터 분석 기획은 비즈니스 이해 및 범위 설정 → 프로젝트 정의 및 수행 계획 수립 → 프로젝트 위험 계획 수립 순으로 이루어진다.

07 ①

개인정보를 비식별화 하였다 하더라도 원칙적으로 불특정 다수에게 공개하여서는 아니 된다.

08 ④

데이터 마스킹 기법은 개인을 식별하는데 기여할 확률이 높은 주요 식별자를 보이지 않도록 처리하는 방법이다. 세부기술로는 임의 잡음 추가, 공백과 대체 방법이 있다.

09 ①

가트너에서 정의한 3V는 규모(volume), 유형(variety), 속도(velocity)이며, 가치(value)와 정확성(Veracity)은 5V에 포함된다.

10 ①

표기	크기	표기	크기
킬로바이트(KB)	2^10	페타바이트(PB)	2^50
메가바이트(MB)	2^20	엑사바이트(EB)	2^60
기가바이트(GB)	2^30	제타바이트(ZB)	2^70
테라바이트(TB)	2^40	요타바이트(YB)	2^80

11 ③

아파치 스파크(Apache Spark)는 실시간 분산형 컴퓨팅 플랫폼으로 in-memory 기반의 데이터 처리를 수행하며, 하둡보다 처리속도가 빠르다.

오답 피하기
- 맵리듀스(Map Reduce) : 분할정복 방식으로 대용량 데이터를 병렬로 처리할 수 있는 프로그래밍 모델
- 하이브(Hive) : 하둡 기반의 데이터 웨어하우징용 솔루션
- 피그(Pig) : 대용량 데이터 집합을 분석하기 위한 플랫폼

12 ④

프로젝트 성과 분석 및 평가 보고는 평가 및 전개(Deploying) 단계에서 이루어진다.

13 ②

JSON, XML 등은 반정형데이터이다.

오답 피하기
- ① 동영상, 오디오 데이터는 비정형데이터이다.
- ③ 형태소는 비정형데이터를 분석하기 위한 단위이다.
- ④ 정형데이터와 비정형데이터의 성질을 모두 갖고 있는 것을 반정형데이터라고 한다.

14 ②

데이터의 품질 지표로는 정확성(Accuracy), 완전성(Completeness), 적시성(Timeliness), 일관성(Consistency)이 있다.

15 ③

API(Application Programming Interface)는 시스템 간 연동을 통해 실시간으로 데이터를 수신할 수 있도록 기능을 제공하는 인터페이스이다.

오답 피하기
- PaaS : 하드웨어 및 애플리케이션 소프트웨어 플랫폼이 제3사를 통해 제공되는 클라우드 컴퓨팅의 한 형식
- ESB : 서비스들을 컴포넌트화된 논리적 집합으로 묶는 핵심 미들웨어

16 ①

대표적인 데이터 3법으로는 개인정보보호법, 정보통신망 이용촉진 및 정보보호 등에 관한 법률, 신용정보의 이용 및 보호에 관한 법률이 있다.

17 ②

구조화된 질의 언어(SQL: Structured Query Language)는 데이터 파일의 형식이 아니다.

18 ②

데이터마이닝은 대규모로 저장된 데이터 안에서 체계적이고 자동적으로 통계적 규칙이나 패턴을 분석하여 가치 있는 정보를 추출하는 과정이다.

오답 피하기
- Data Lake : 조직에서 수집한 정형·반정형·비정형 데이터를 원시 형태(raw data)로 저장하는 단일한 데이터 저장소
- Data Warehouse : 사용자의 의사 결정에 도움을 주기 위하여 기간시스템의 데이터베이스에 축적된 데이터를 공통의 형식으로 변환해서 관리하는 데이터베이스
- Data Dam : 어떤 값을 포함하고 있는 가공되지 않은 1차 자료를 모아 놓은 것

19 ③

차등정보보호는 통계나 수리적 방법으로 데이터를 변형하여 위험을 낮추거나, 데이터의 수집 단계에서 직접 정보보호처리를 하는 등의 방법을 사용한다.

오답 피하기
- K-익명성 : 주어진 데이터 집합에서 같은 값이 적어도 K개 이상 존재하도록 하여 쉽게 다른 정보로 결합할 수 없도록 한다.
- L-다양성 : 주어진 데이터 집합에서 함께 비식별되는 레코드들은 동질 집합에서 적어도 L개의 서로 다른 정보를 가지도록 한다.
- 가명화 : 개인정보 중 주요 식별요소를 다른 값으로 대체한다.

20 ④

맵리듀스는 데이터 처리기술이며, 데이터 저장기술로는 NoSQL 등이 있다.

오답 피하기
- 직렬화 : 과학의 데이터 스토리지 문맥에서 데이터 구조나 오브젝트 상태를 동일하거나 다른 컴퓨터 환경에 저장하고 나중에 재구성할 수 있는 포맷으로 변환하는 과정을 말한다.

2과목 빅데이터 탐색

21 ①

중심 경향을 나타내는 기초통계량인 평균은 이상치 영향을 많이 받는다.

22 ④

평균이 1킬로그램이고 유의수준 5%에서 상한값과 하한값을 각각 = 1+1.96 * (0.5 / 25^(1/2)), = 1−1.96 * (0.5 / 25^(1/2))으로 계산하면 1.196과 0.8040이다.

임계치를 표준화한 값은 1.96이다.
(양측이므로 0.025=1−0.975에 해당되는 값은 분포표에 의해 1.96)

검정통계량 : 표본평균은 1.3킬로그램이다. 이것을 표준화시키면

$$Z = \frac{x - \mu}{\left(\frac{\sigma}{\sqrt{n}}\right)} = \frac{1.3 - 1.0}{\left(\frac{0.5}{\sqrt{25}}\right)}$$

= (1.3−1) / (0.5 / 25^(1/2)) = 3.0이며, 이것을 p값으로 표에서 확인하면 p=1−0.9987=0.0013

판단 : 검정통계량이 기각역 안에 있어 귀무가설을 기각한다.
P=0.05 (양측이므로 0.025) 값으로 보면 유의수준보다 적어 역시 귀무가설을 기각한다. 따라서 제주시의 1일 1인당 평균 생활폐기물량은 1킬로그램이라고 할 수 없다.

23 ④

①부터 ③은 보편적인 이상치 판단에 주로 사용하는 내용이다.
④의 경우는 통계적 가설 검정을 활용해서 이상치를 탐지하는 것이지 노이즈가 이상치가 되는 것이 아니다.
- 딕슨의 Q 검정(Dixon Q test), 그럽스 검정(Grubbs' test), 카이제곱검정 등이 대표적이 사례이다.

24 ③

패널데이터(panel data)는 종단자료(longitudinal data)라고도 하며, 여러 개체들을 복수의 시간에 걸쳐서 추적하여 얻는 데이터를 말한다. 즉 패널데이터는 시계열 데이터와 횡단 자료가 합쳐진 데이터로 동일한 응답집단에서 여러 시점에 거쳐 추적해서 조사한 데이터이다.
- 1970년대, 1980년대, 1990년대 10대 청소년의 미래희망 직업 조사 등 각 시대별 조사 등에서 얻어진 데이터가 대표적인 예이다.

25 ④

주성분 분석(PCA)은 고차원의 데이터를 저차원의 데이터로 환원시키는 기법을 말한다. 실제 저차원으로 표현된 대상 데이터 결과를 만들어내기 위해서 여러 수학적인 개념(직교변환)을 포함함으로 직관적으로 이해가 쉬운 것은 아니며 또한 그 결과가 대상 전체의 대표성을 나타내는 것이 아니다.

26 ③

단순회귀에서 결정계수는 상관계수의 제곱이다.
결정계수(Coefficient of Determination, R^2)란 회귀분석에서 나오는 개념으로 모형(독립변수들)이 종속변수를 얼마나 설명하는가를 보여주는 계수이며, 회귀직선의 적합도(goodness-of-fit)를 평가하거나 종속변수에 대한 설명변수들의 설명력을 알고자 할 때 결정계수를 이용한다.
회귀분석 중 독립변수 하나로 분석을 시행하는 경우, y = a + b*x에서 나오는 결정계수는 x, y의 상관계수의 제곱이다. 즉, 단순회귀의 경우 "상관계수의 제곱 = 결정계수"가 된다.

27 ②

$Y = \frac{X - 150}{4}$ 는 Z-score로 평균이 150, 표준편차가 4인 정규분포를 평균이 0, 표준편차가 1인 표준정규분포로 바꾸는 변환식이다.

28 ②

중앙값은 3분위수보다 항상 작다. 박스 플롯은 3분위수와 1분위수를 경계로 만들어진다.

29 ②

$$Manhattan\ distance: d_1(\boldsymbol{p},\boldsymbol{q}) = \|\boldsymbol{p}-\boldsymbol{q}\|_1 = \sum_{i=1}^{n}|p_i-q_i|$$

만일 $\boldsymbol{p}=(p_1,p_2)$, $\boldsymbol{q}=(q_1,q_2)$이면

$$d_1(\boldsymbol{p},\boldsymbol{q}) = \sum_{i=1}^{2}|p_i-q_i| = |p_1-q_1|+|p_2-q_2|$$

이 된다.
d₁(a,b) = | 1−1 | + | 1−2 | = 1
d₁(a,c) = | 1−2 | + | 1−2 | = 2
d₁(a,d) = | 1−4 | + | 1−1 | = 3
그러므로 두번째 위치거리는 2이다.

30 ③

사건 A와 B가 동시에 발생하는 확률로 이를 확률의 곱셈 법칙이라고 한다.

$$P(A|B) = \frac{P(A \cap B)}{P(B)}$$

에서 A, B가 서로 독립이면 둘 사이의 조건부 확률은 $P(A|B) = P(A)$가 되므로 $P(A) \times P(B) = P(A \cap B)$의 결과 도출이 가능하다.

31 ①

$Var(aX+b) = a^2Var(X)$
$\sqrt{Var(X)} = \sigma$이므로,
$\sqrt{Var(2X+1)} = \sqrt{4Var(X)} = 2\sqrt{Var(X)} = 2\sigma$

32 ②

어간추출은 자연어처리 기법 중 하나이다.

오답 피하기
- 토크나이징 : 자연어 처리를 위해서는 우선 텍스트에 대한 정보를 단위별로 나누는 것이 일반적이다. 예측해야 할 정보(문장 혹은 발화)를 하나의 특정 기본 단위로 자르는 것을 토크나이징이라고 한다.
- Part-Of-Speech(POS) tagging : 문장 내 단어들의 품사를 식별하여 태그를 붙여주는 것을 말한다. 튜플(tuple)의 형태로 출력되며 (단어, 태그)로 출력된다. 여기서 태그는 품사(POS) 태그이다.
- Stemming(어근화) : 동일한 뜻을 가진 형태가 다른 단어들을 같은 형태로 바꾸어 주는 작업이다.

33 ①

 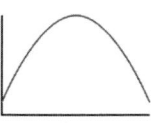 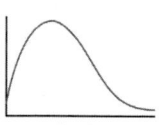

왜도(Skewness) 구분	모양	성질
음수(Negative)	왼쪽으로 긴꼬리	평균<중앙값<최빈값
0	좌우 대칭	평균=중앙값=최빈값
양수(Positive)	오른쪽으로 긴꼬리	평균>중앙값>최빈값

34 ③

이항분포의 포아송근사
이항분포가 n(시행횟수 n≥30)이 커지고 성공확률 p(p≤0.05)가 0에 가까우면 평균 사건 발생수 λ=np가 될 수 있고 포아송분포를 따른다.

35 ①

연관도 분석에 사용하는 알고리즘은 APRIORI이다.

오답 피하기
- 인공신경망 : 기계학습과 인지과학에서 생물학적인 신경망(동물의 중추신경계 중 특히 뇌)에서 영감을 얻은 통계학적 학습 알고리즘이다.
- 어간 추출 : 자연 언어 처리의 일종으로 어형이 변형된 단어로부터 접사 등을 제거하고 그 단어의 어간을 분리해 내는 것을 의미한다.
- N-gram : 문장을 2개 이상의 단어로 분리하는 방법이다.

36 ②

탐색적 데이터분석
수집한 데이터가 들어왔을 때, 다양한 방법을 통해서 자료를 관찰하고 이해하는 과정을 의미하는 것으로 본격적인 데이터 분석 전에 자료를 직관적인 방법으로 통찰하는 과정이다.

탐색적 데이터 분석의 필요성
- 데이터의 분포 및 값을 검토함으로써 데이터가 표현하는 현상을 이해하며 내재된 잠재적 문제에 대해 인식하고 해결안을 도출할 수 있다.
 – 문제점 발견 시, 본 분석 전 데이터의 수집 의사를 결정할 수 있다.
- 다양한 각도에서 데이터를 살펴보는 과정을 통해 문제정의 단계에서 인지 못한 새로운 양상·패턴을 발견할 수 있다.
 – 새로운 양상을 발견 시 초기설정 문제의 가설을 수정하거나 또는 새로운 가설을 설립할 수 있다.

37 ④

z-score 표준화에 대한 설명으로

$$Z = \frac{X-\mu}{\sigma}$$

를 통해서 정규분포는 $N(0,1)$ 표준정규분포로 변환되며 평균은 0, 표준편차는 1이 된다.

38 ②

사분위범위
자료를 크기 순으로 배열 후 자료의 1/4에 해당하는 1사분위수(Q1)를 구하고 3/4에 해당하는 3사분위수(Q3)를 구한다. 사분위범위는 Q3−Q1으로 정의되며 자료의 50% 범위 내에 위치하게 됨을 의미한다. 사분위범위를 이용하여 극단치(이상치)를 판별하므로 사분위 자체는 극단치 영향이 적다.

오답 피하기
- 범위 : 데이터 간의 최댓값과 최솟값의 차이를 나타내는 것으로 극단값이 최대 최소의 영향을 받는다.
- 변동계수(CV: Coefficient of Variance) : 평균을 중심으로 한 상대적인 산포의 척도를 나타내는 수치이다. 이상치에 평균이 영향을 많이 받으므로 극단치에 민감하다.

39 ③

초기하분포
비복원 추출에서 N개 중에 n개를 추출했을 때, 원하는 것 k개가 뽑힐 확률을 나타내는 이산확률분포이다.
기본적으로 복원 추출에 의한 시행은 독립 사건이지만 비복원의 경우 앞의 시행에 대해서 뒤의 시행이 영향을 받으므로 독립이 아니다.

40 ②

자료의 산포(분산)를 알기 위해서는 (이상치를 포함)가장 큰 값과 작은 값의 차이, 즉 범위를 구해보면 된다. X1의 범위와 X2의 범위를 보면 X2의 범위가 작음을 알 수 있다.
X1의 1사분위수는 Box plot의 하단으로 15 근처에 위치한다.
X2와 X3에 이상치가 존재함을 확인할 수 있다.
현재 X3의 평균은 해당 박스 플롯으로 정확히 알 수가 없다. 다만 현재 수치의 범위에서 가늠해보면 10에 가까울 수는 없다.

3과목 빅데이터 모델링

41 ②
인공신경망은 높은 복잡성으로 입력자료 선택에 민감하다.

42 ③
의사결정나무는 이산형, 연속형 목표변수 모두 적용이 가능하다.

43 ③
선형회귀분석은 범주형 변수를 수량화함으로써 적용이 가능하나 분류가 아닌 회귀기법이다.

44 ④
시계열 자료의 성분들로 불규칙/추세/계절/순환 및 복합성분이 있다.

45 ④
부스팅은 순차적인 학습 기반으로 병렬처리에 어려움이 있어서 학습시간이 상대적으로 길다.

46 ①
활성화함수는 입력신호의 총합을 출력신호로 변환하는 함수로 활성화를 일으킬지를 결정한다.

오답 피하기
- 배치 정규화 : 학습 과정에서 각 배치 단위 별로 데이터가 다양한 분포를 가지더라도 각 배치별로 평균과 분산을 이용해 정규화하는 것
- 드롭아웃 : 신경망 모델에서 은닉층의 뉴런을 임의로 삭제하면서 학습하는 방법
- L2 규제 : 손실 함수에 가중치에 대한 L2 노름의 제곱을 더한 페널티를 부여하여 가중치 값을 비용 함수 모델에 비해 작게 만들어 냄

47 ③
오토인코더는 비지도학습 모델로 인코더로 입력데이터 차원을 줄여 은닉층으로 보내고 디코더를 통해 차원을 늘리는 출력층으로 내보내 바꾸면서 특징점을 찾아낸다.

오답 피하기
③ 출력 계층과 입력 계층의 차원은 같다.
④ 하나의 신경망을 두 개 붙여놓은 형태이다.

48 ②
군집의 개수 또는 구조와 관계없이 개체간의 거리를 기준으로 분류한다.

49 ②
비지도학습은 라벨링이 되어 있지 않은 것이다. 예시로서 연관분석, 군집분석 등이 있다.

50 ①
군집분석의 척도 중에서 두 점을 잇는 가장 짧은 직선 거리인 유클리드 거리가 있다. 두 점의 좌표 성분의 차의 제곱을 하여 더한 후 제곱근을 구한 값이다.

오답 피하기
- 민코프스키 거리 : p-norm을 활용한 일반화된 거리 공식
- 마할라노비스 거리 : 정규분포에서 특정 값 X가 얼마나 평균에서 멀리있는지를 나타내는 거리
- 맨해튼 거리 : 격자 형태의 지도에서 한 점에 도달하기 위한 거리

51 ②
분산분석은 비교집단이 3개 이상이 되었을 때 T검정을 사용할 수 없을 경우에 이용한다.

52 ②
잔차 등분산성은 잔차들의 분산이 일정해야 하는 것이며, 1이 될 필요는 없다.

53 ③
N-gram은 n개의 연속적인 요소로 추출하는 방법이다. 즉 연속된 n개의 단어를 하나의 토큰화 단위로 분리한다.

오답 피하기
- TF-IDF : (특정단어 t가 특정문서에서 등장한 횟수) / (특정단어 t가 등장한 문서의 수)
- 토픽 모델링 : 기계 학습 및 자연어 처리 분야에서 토픽이라는 문서 집합의 추상적인 주제를 발견하기 위한 통계적 모델 중 하나
- Tokenization : 주어진 코퍼스(corpus)에서 토큰(token)이라 불리는 단위로 나누는 작업

54 ②
퍼셉트론에서 활성화함수로 계단함수(Step Function)를 사용하여 0 또는 1을 반환한다. Relu 함수는 양의 값은 그대로 출력하고 음의 값은 0으로 출력한다.

55 ①
단층퍼셉트론은 AND, NAND, OR 게이트를 구현할 수 있으나, XOR은 단층퍼셉트론이 아닌 AND, NAND, OR 게이트 조합으로 구현할 수 있다.

56 ③
정확도는 예측이 전체 데이터셋에 대해 얼마나 정확한지 나타낸 비율로 불균형 데이터와 관련성이 적다.

오답 피하기
- 민감도(Sensitivity) : 실제 Positive 중에서 Positive로 잘 예측한 비율 = TP / (TP+FN)
- 특이도(Specificity) : 실제 Negative 중에서 Negative로 잘 예측한 비율 = TN / (TN+FP)
- ROC곡선 : 민감도(Sensitivity)와 1-특이도(Specificity)로 그려지는 곡선

57 ②
맥니마 검정은 2개의 대응된(paired) 명목형 데이터의 행과 열의 주변 확률(marginal probability)이 같은지를 검정하는 방법이다.

58 ②
혼동행렬로부터 계산 가능한 평가지표로 정확도, 재현율, 정밀도, F1 점수 등이 있다.

59 ②
분석모형구축 절차에서 분석 시나리오 작성은 분석모형 설계 이전 단계이다.

60 ④
로지스틱 회귀 함수식은 각 모수에 대해 비선형식이며 승산(odds)으로 로짓변환(0과 1로 조정하는 과정)을 통해 선형함수로 치환이 가능하다.

4과목 빅데이터 결과 해석

61 ①
히스토그램은 데이터의 구간별 분포를 표현하는데 사용된다.

오답 피하기
- 막대그래프는 시간시각화, 지도매핑과 카토그램은 공간시각화 기법이다.

62 ④
초매개변수 최적화의 목적은 주어진 머신러닝 알고리즘이 최고의 성능을 반환하도록 하는 초매개변수를 찾는 것이다. (예: 랜덤포레스트의 트리 수) 경사하강법은 가장 성능이 좋은 모델을 구축하기 위해 머신러닝 알고리즘이 내부적인 파라미터(매개변수)를 조정하는 과정에서 사용되는 방법이다.

오답 피하기
- 그리드 탐색 및 랜덤 탐색은 초매개변수의 그리드를 설정하고 이를 반복적, 또는 무작위적으로 탐색하는 방법이며, 베이지안 최적화는 과거의 평가 결과를 기반으로 목적함수를 최대로 만드는 값을 찾는 것을 목적으로 최적화를 수행한다.

63 ②
트리맵은 전체 데이터를 표현하는 하나의 사각형 영역에 세부 사각형들의 크기로 데이터의 분포를 시각화하여 표현한다.

오답 피하기
- 히트맵 : 열을 뜻하는 히트와 지도를 뜻하는 맵을 결합시킨 단어로, 색상으로 표현할 수 있는 다양한 정보를 일정한 이미지 위에 열분포 형태의 비주얼한 그래픽으로 출력하는 것이 특징이다.
- 영역 차트 : 라인과 축 사이의 공간이 색상으로 채워진 라인 차트를 말한다.
- 박스플롯 : 네모 상자 모양에 최댓값과 최솟값을 나타내는 선이 결합된 모양의 데이터 시각화 방법이다.

64 ①
다음 오차행렬에서 정확도, 민감도, 특이도는 아래 식으로 구할 수 있다.

		실제 답	
		True	False
예측 결과	True	True Positive	False Positive
	False	False Negative	True Negative

- 정확도(실제 데이터와 예측 데이터가 같은 비율)
  = (TP+TN) / (TP+TN+FP+FN)
- 민감도(재현율, 실제로 True인 데이터를 True 분류한 비율)
  = TP / (TP+FN)
- 특이도(실제로 False인 데이터를 False 분류한 비율)
  = TN / (TN+FP)

① 민감도가 1이라는 것은 FN이 0이라는 뜻이며, 특이도가 1이면 FP가 0임을 알 수 있다.
FN, FP가 0이면, 정확도는 1이 된다.

오답 피하기
- ②, ③ 민감도나 특이도 하나만으로는 정확도를 알 수 없다.
- ④ 민감도와 특이도가 같다는 것은 TP:FN = TN:FP의 비율이 같다는 것을 의미한다.

예를 들어, 다음과 같은 표를 가정해보면,

		실제 답	
		True	False
예측 결과	True	2	1
	False	1	2

표에서 민감도와 특이도는 2/3이며, 정확도 역시 2/3로 같음을 알 수 있다.

65 ④
ROC곡선은 FPR이 변할 때, TPR이 어떻게 변하는지 보여주는 곡선이다.
- FPR(실제 False 값을 True로 잘못 예측하는 비율)
  = FP/(FP+TN) = 1−특이도
- TPR(재현율, 민감도, 실제 True 값을 True로 예측하는 비율)
  = TP/(TP+FN)

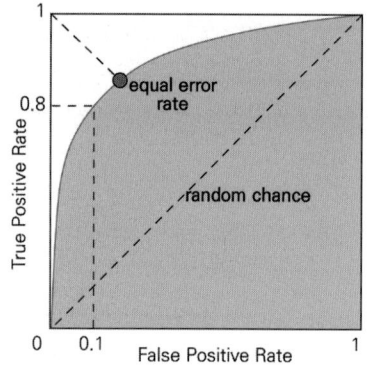

① 민감도가 1일 때, FPR도 1이며, FPR은 1−특이도이므로, 특이도는 0이다.
② 민감도가 0일 때, FPR도 0이며, FPR은 1−특이도이므로, 특이도는 1이다.
③ 가장 이상적인 그래프는 민감도가 1, FPR이 0인 점(특이도가 1인 점)을 지닌다.
④ FPR이 0부터 1로 증가한다. 따라서 특이도는 1부터 0으로 감소한다.

66 ④
홀드아웃은 데이터셋을 학습(훈련) 데이터, 검증 데이터, 평가(테스트) 데이터로 분할하는 기법을 말한다.

오답 피하기
- Data augmentation : 기존 데이터로부터 새로운 데이터를 생성함으로써 인위적으로 데이터 양을 늘리는 기법이다.

67 ④
비교시각화 도구는 히트맵, 체르노프페이스, 스타차트, 평행좌표계, 다차원척도법 등이 있으며, 막대그래프도 비교시각화 도구로 사용할 수 있다. 산점도는 관계시각화 도구로 주로 사용된다.

68 ④
사건 A가 일어났을 때 사건 B의 조건부 확률은 $P(B|A) = P(A \cap B)/P(A)$를 이용한다.
- $P(A)$: 두 수의 합이 짝수인 확률 = $(_4C_1 *_3C_1 +_2C_2 +_3C_2) /_6C_2$ = 7/15
- $P(A \cap B) = (_1C_1 *_3C_1 +_3C_2) /_6C_2$ = 2/5
- $P(B|A) = P(A \cap B)/P(A)$ = (2/5) / (7/15) = 6/7

69 ③

한 학생이 90점에서 100점 사이의 점수를 받을 확률은 다음과 같이 계산한다.

$z = \frac{X-\mu}{\sigma} = (90-100)/8 = -1.25$

$z = \frac{X-\mu}{\sigma} = (100-100)/8 = 0$

$P(90 \leq X \leq 100) = P(-1.25 \leq Z \leq 0) = P(0 \leq Z \leq 1.25) = 0.8944 - 0.5 = 0.3944$

70 ②

선형회귀식에 의한 예측값과 관측값을 정리하면 다음 표와 같다.

X	예측값	관측값	절대오차	제곱오차
1	12	16	4	16
2	22	20	2	4
3	32	28	4	16
4	42	44	2	4
5	52	52	0	0
평균			2.4	8

평균절대오차(MAE) = 2.4
평균제곱오차(MSE) = 8
MSE − MAE = 5.6

71 ④

설명변수의 개수가 많아질수록 결정계수는 커진다.

72 ④

민감도(재현율)는 실제값이 True인 것 중에서 True로 예측한 비율이다.
= TP / (TP+FN) = 80/100 = 0.8

73 ②

많은 정보는 메시지 전달에 방해가 될 수 있으므로, 중요한 정보만을 선택적으로 사용한다.

74 ④

하나의 데이터는 훈련데이터로 K−1번, 테스트 데이터로 1번 사용된다.

75 ②

누적히스토그램의 기울기가 1이 되기 위해서는 히스토그램의 모든 구간의 값이 동일해야 한다.

76 ③

상관계수가 0이면 상관관계가 없고, −1에 가까울수록 강한 음의 상관관계, 1에 가까울수록 강한 양의 상관관계를 가지고 있다.

77 ②

불균형 클래스의 경우 모델의 완성도가 높지 않아도 정확도는 높아질 수 있기 때문에, 정확도만으로는 모델의 성능을 평가하기 어렵다.

78 ③

고차원데이터를 저차원데이터로 바꾸는 역할을 하는 것은 인코더이다.

79 ①

군집분석 모델은 산점도를 통해 군집 간의 밀집도나 거리를 잘 표현할 수 있다.

80 ④

분석과제 발굴은 분석기획 단계에서 이루어진다.

기출문제 03회 (2021.10.02 시행) 2-157p

01 ③	02 ②	03 ③	04 ④	05 ①
06 ①	07 ③	08 ④	09 ②	10 ①
11 ④	12 ④	13 ③	14 ②	15 ③
16 ④	17 ①	18 ③	19 ③	20 ④
21 ④	22 ④	23 ①	24 ④	25 ④
26 ④	27 ②	28 ①	29 ③	30 ④
31 ②	32 ④	33 ①	34 ②	35 ④
36 ③	37 ③	38 ③	39 ①	40 ②
41 ④	42 ④	43 ④	44 ④	45 ③
46 ③	47 ②	48 ①	49 ②	50 ③
51 ②	52 ③	53 ④	54 ①	55 ④
56 ④	57 ④	58 ①	59 ③	60 ①
61 ③	62 ②	63 ①	64 ②	65 ③
66 ④	67 ①	68 ②	69 ④	70 ②
71 ③	72 ④	73 ③	74 ②	75 ④
76 ②	77 ①	78 ②	79 ①	80 ④

1과목 빅데이터 분석 기획

01 ③
빅데이터 분석 방법론의 분석 기획 단계에서는 비즈니스 이해 및 범위 설정, 프로젝트 정의 및 계획 수립, 프로젝트 위험계획 수립을 수행한다.

02 ②
분석 결과를 사전에 가정하고 정의하여 분석하는 방법은 지양하여야 하며, 탐색적 데이터 분석 또한 열린 시각으로 전략적 통찰을 갖고서 진행하여야 한다.

03 ③
ETL(Extract, Transform, Load)은 수집 대상 데이터를 추출 및 가공하여 데이터 웨어하우스에 저장하는 기술이다.

04 ④
재현자료는 개인정보보호 관련 법규의 규제 제약이 없다.

05 ①
②, ③, ④ 지문은 분석 로드맵 설정에 대한 설명이다.

06 ①
데이터 분석 단계에서는 분석용 데이터 준비, 텍스트 분석, 탐색적 분석, 모델링, 모델 평가 및 검증을 수행하며, 데이터 수집 및 정합성 검증은 데이터 준비 단계에서 수행된다.

07 ③
인공지능은 일정 문제 영역에서 인간의 통찰력에 대한 개입 없이 필요한 특징을 자동으로 설정할 수 있다.

08 ④
익명 처리가 가능한 경우에는 익명에 의하여, 익명 처리로 목적을 달성할 수 없는 경우에는 가명에 의하여 처리될 수 있도록 하여야 한다.

09 ②
아파치 타조(Apache Tajo)는 분산 컴퓨팅 플랫폼인 아파치 하둡 기반의 분산 데이터 웨어하우스 프로젝트로 한국에서 주도하여 개발하였으며, 하둡의 빅데이터를 분석할 때 맵리듀스를 사용하지 않고 SQL을 사용하여 하둡 분산 파일 시스템(HDFS) 파일을 바로 읽어 내는 기술이다. ETL 등 대규모 데이터 처리와 실시간 상호 분석 시 사용할 수 있다.

10 ①
시스템을 개발하는 능력은 데이터 사이언티스트에게도 요구되기는 하지만 그보다 데이터 엔지니어의 필수 역량이라 할 수 있다.

11 ④
개인정보보호규정(General Data Protection Regulation)은 2018년 5월 25일부터 시행된 EU의 개인정보보호 법령으로 위반 시 과징금 등 행정처분이 부과되며, EU 국가 내에서 사업장을 운영하는 기업과 전자상거래 등을 통해 해외에서 EU 국가 주민의 개인정보를 처리하는 기업 모두에 적용된다.

12 ④
가트너에서 정의한 3V는 규모(volume), 유형(variety), 속도(velocity)이다.

13 ③
민감정보는 특정 개인의 사항이나 신념, 정치적 견해, 노동조합 가입 여부, 건강과 관련된 정보 등을 말하며, 취미생활은 민감정보에 해당하지 않는다.

14 ②
빅데이터 분석 방법론에서 데이터 분석 절차는 분석 기획, 데이터 준비, 데이터 분석, 시스템 구현, 평가 및 전개 순으로 이루어져 있다.

15 ③
분석 문제 정의 단계에서는 필요한 데이터, 데이터 수집과 분석 난이도, 분석 방법과 수행 주기, 상세 분석 과정, 분석 결과에 대한 검증 책임자 등을 고려하여야 하며, 분석 데이터는 조직 내부뿐만 아니라 외부 데이터도 포함하고, 데이터 유형이나 종류를 가리지 않고 범위를 확장하여 고려해야 한다.

16 ④
데이터 웨어하우스는 주제지향성(주제정확성), 통합성, 시계열성, 비휘발성의 특징을 갖고 있다.

17 ①
유용성 품질은 객관성, 정확성, 진정성 등 데이터 자체의 품질을 나타내며 내재적 품질이라 한다.

18 ③
NoSQL 데이터베이스는 전통적인 관계형 데이터베이스와는 다르게 데이터 모델을 단순화하여 설계된 비관계형 데이터베이스로 SQL을 사용하지 않는 DBMS와 데이터 저장장치이다.

19 ③

개인정보 비식별화 방법으로는 가명처리, 총계처리, 데이터 삭제, 데이터 범주화, 데이터 마스킹 기법이 있다.

20 ④

마이 데이터(My Data)는 데이터의 원래 소유자인 개인이 자신의 데이터에 대한 권리를 보유하고 있으며 스스로 행사할 수 있다.

2과목 빅데이터 탐색

21 ④

결측치나 이상치가 포함된 데이터를 그대로 사용하면 잘못된 분석 결과가 나올 수 있으므로, 이를 처리하여 데이터의 신뢰도를 높이는 것이 중요하다.

오답 피하기

- ① 정형 데이터나 비정형 데이터에 관계없이 데이터 특성에 맞는 정제 규칙을 수립해야 한다.
- ② 데이터 정제 과정이 항상 필요한 것은 아닐 수 있다. 데이터가 이미 충분히 깔끔하고 신뢰성이 높다면 추가적인 정제 작업이 필요 없을 수도 있다.
- ③ 모든 데이터를 대상으로 정제 활동을 하는 것은 비효율적일 수 있다. 데이터 정제 작업은 분석에 필요한 변수에 대해서만 진행하는 것이 일반적이다.

22 ④

차원의 저주(Curse of Dimensionality)는 데이터 공간의 차원이 증가하고 학습 데이터의 수가 그보다 훨씬 작을 때 발생한다. 이러한 상황에서는 각 데이터 포인트 간의 거리가 기하급수적으로 멀어지기 때문에 모델이 데이터의 패턴을 파악하기 어려워지고, 과적합의 가능성이 높아진다.

23 ①

측정 오류로 인해 발생한 값이 데이터 분포에서 크게 벗어난 경우 이상치로 간주될 수 있다. 이상치는 데이터 분석에서 중요한 역할을 할 수 있으므로, 정확한 데이터 측정 및 이상치 처리가 필요하다.

24 ②

요인분석은 다양한 변수들 간의 상호 의존성을 파악하고 잠재적인 구조를 추출하는 비지도학습 기법이다. 주로 변수들 간의 공분산 또는 상관관계를 활용하여 요인을 도출한다.

25 ④

Box-Cox 변환은 데이터의 스케일이 심하게 차이나는 경우에 그 차이를 보다 상대적으로 반영되도록 데이터를 변환하는 기법이다. Box-Cox 변환은 지수 함수와 로그 함수의 일반화된 형태로서, 데이터가 양수이고 0에 가까운 값이 없는 경우에 적용될 수 있다.

제곱근을 취하는 것은 데이터의 비대칭성을 줄이는 데 도움이 될 수 있지만, negative skew 데이터에서는 선형성을 악화시킬 수도 있으므로 다른 변환 방법도 고려해야 한다.

26 ④

변수범주화는 연속형 변수를 구간(범주)으로 나누는 즉, 연속형 변수를 이산적인 값으로 변환하는 기법이다. 이는 스케일을 조정하는 것이 아니라 데이터를 다른 형태로 변환하는 과정이며, 변수의 구간별로 데이터를 그룹화하여 범주형 변수로 만들어 준다.

오답 피하기

- ① 최대-최소 정규화(Min-Max Normalization)는 최소값을 0으로, 최대값을 1로 변환하여 데이터의 분포를 0과 1 사이로 조정한다.
  Scaled_Value = (Value − Min) / (Max − Min)
- ② Z-Score 활용은 평균과 표준편차를 이용하여 데이터를 표준정규분포로 변환하는 방법으로, 데이터를 평균이 0이고 표준편차가 1인 분포로 조정한다.
  Scaled_Value = (Value − Mean) / Standard_Deviation
- ③ 로버스트 스케일링(Robust Scaling)은 데이터의 중앙값과 IQR을 이용하여 스케일링하는 방법으로, 이상치의 영향을 줄이는 데 유용하다.
  Scaled_Value = (Value − Median) / IQR

27 ②

양의 상관관계는 두 변수가 함께 증가하거나 함께 감소하는 관계이다.

28 ①

주성분 분석(PCA)은 다변량 데이터에서 주요한 정보를 가장 잘 나타내는 주성분을 추출하는 기법이다. 데이터의 차원을 축소하면서 기존 변수들의 선형 조합으로 새로운 변수들을 생성하며, 이 새로운 변수들은 기존 변수들의 변동성을 최대한 보존하는 방향으로 구성된다.

주성분 분석은 공분산 행렬 또는 상관 행렬을 이용하여 데이터의 고유벡터와 고유값을 계산하고, 이를 기반으로 새로운 주성분을 생성한다.

29 ③

범위는 데이터의 분포측면(퍼짐 정도)의 기초통계량이고 나머지는 중심성 경향 통계량이다.

퍼짐정도를 나타내는 통계량은 일반적으로 "산포도" 또는 "분산"을 의미한다.

30 ④

평균 물가 상승률, 경제 상승률 등을 구할 때는 기하 평균을 사용한다.

조화 평균(Harmonic Mean)은 주어진 값들의 역수들의 산술평균의 역수로 정의된다. 주로 속도, 시간, 빈도 등과 관련된 값들의 평균을 구할 때 사용된다.

조화 평균 = n / (1/a_1 + 1/a_2 + … + 1/a_n) n은 값들의 개수

31 ②

전수조사는 조사 대상 전체 집단을 모두 포함하여 진행되는 조사 방법이다. 우주선의 부품들은 신뢰성과 안전성이 매우 중요하기 때문에, 모든 부품을 조사하여 불량품이나 결함이 있는지 확인해야 한다.

32 ④

왜도가 0보다 크면 자료가 왼쪽에 더 많이 분포된 것으로 최빈값<중앙값<평균의 특성을 가진다.

오답 피하기

- ① 중앙값은 데이터를 크기 순으로 나열했을 때 가운데 위치한 값으로, 데이터가 이상치를 가지더라도 영향을 크게 받지 않는 장점이 있다.
- ② 분산은 데이터들이 평균으로부터 얼마나 떨어져 있는지를 나타내는 값으로, 표본분산은 자유도(n−1)로 나누어서 계산한다. 자유도가 n−1인 이유는 표본에서 하나의 값이 이미 평균값으로 사용되어 추정이 불가능하기 때문이다.
- ③ IQR은 Q3와 Q1의 차이로, 데이터의 중간 50% 범위를 나타내는 값이다.

33 ①

점추정(Point Estimation)은 통계적 추론에서 모수(parameter)를 하나의 수치로 추정하는 방법을 말한다.

모수를 정확하게 추정하는 것이 목표인데 편이성 즉, 편향된 추정량은 기대값이 모수와 다른 것이므로 해당보기는 옳지 않다.

34 ②

인코딩(Encoding)은 텍스트, 이미지, 오디오 등의 데이터를 컴퓨터가 이해하고 처리할 수 있는 숫자 형태로 변환하는 과정을 말한다.

35 ④

표본평균의 표준오차는 표본의 크기가 변하면서 변동한다.
표준오차는 표본의 크기(n)에 반비례하며, 표준오차 = (표준편차) / √n으로 계산된다. 따라서 표본의 크기가 커질수록 표준오차는 작아지고, 작은 표본에서는 표준오차가 크게 나타난다.

36 ③

층화추출에서 각 층의 크기는 모집단의 특성에 따라 다르게 설정되며, 모집단의 특성을 잘 대표할 수 있도록 하려는 노력을 기울인다.

37 ③

포아송 분포의 평균과 분산은 λ로 같다. 따라서 확률변수 X와 Y의 평균과 분산은 다음과 같이 계산된다.

- 확률변수 X
  평균(기댓값) $E(X) = \lambda = 4$
  분산 $Var(X) = \lambda = 4$
- 확률변수 Y
  평균(기댓값) $E(Y) = \lambda = 9$
  분산 $Var(Y) = \lambda = 9$

그러므로

$$E\left[\frac{3X + 2Y}{6}\right] = \frac{1}{6}[3 * E(X) + 2 * E(Y)]$$
$$= \frac{1}{6}(3*4 + 2*9) = \frac{1}{6} * 30 = 5$$

$$Var\left[\frac{(3X + 2Y)}{6}\right] = \frac{1}{36}[3^2 * Var(X) + 2^2 * Var(Y)]$$
$$= \frac{1}{36}(9*4 + 4*9) = \frac{72}{36} = 2$$

38 ③

제1종오류는 실제로는 차이가 없는데도 불구하고 차이가 있다고 잘못 결론을 내리는 오류이다. 제1종오류의 확률은 유의수준과 일치한다.

오답 피하기
- ① 귀무가설(H0)은 연구자가 모수에 대해 아무런 효과가 없다고 가정하는 가설이다. 대립가설(H1)은 연구자가 관심 있는 효과나 차이가 있다고 주장하는 가설이다.
- ② 유의수준은 가설검정 시 기각역을 정하는데 사용되는 임계값을 지칭한다. 유의수준을 작게 설정하면 귀무가설을 기각하는 기준이 더 엄격해지므로, 통계적으로 유의미한 결과를 얻을 때 연구자는 자신의 주장에 대한 확신을 더 크게 갖게 된다.
- ④ 제2종오류는 귀무가설이 거짓일 때, 대립가설을 채택하지 못하는 오류를 말한다. 즉, 실제로는 차이가 있는데도 불구하고 차이가 없다고 잘못 결론을 내리는 오류이다.

39 ①

표준편차가 0.1인 경우 표본분포는 정규분포에 근사할 수 있으나, 표본의 크기가 작거나 모집단의 분포가 극단적인 경우에는 정확한 근사성을 보장할 수 없다.

40 ②

클래스 A의 비율이 90%, 클래스 B의 비율이 10%인 불균형 데이터가 있다면, 모형이 항상 클래스 A로 예측하는 경우에 정확도는 90%가 되며, 실제로는 클래스 B를 제대로 예측하지 못하는 문제가 발생한다.

따라서 불균형 데이터를 다룰 때는 정확도 외에 다른 성능 지표들을 고려하여 모형의 성능을 평가하는 것이 중요하다. 예를 들어, 정밀도(Precision), 재현율(Recall), F1 스코어(F1 Score) 등의 지표를 사용하여 불균형 데이터에서 모형의 성능을 정확히 평가할 수 있다.

3과목 빅데이터 모델링

41 ④

재현율은 실제 양성인 샘플 중 모델이 양성으로 예측한 비율로, 오버샘플링으로 소수 클래스의 데이터가 늘어나면 모델이 실제 양성을 더 잘 감지하게 되어 재현율이 증가한다.
정밀도는 모델이 양성으로 예측한 샘플 중에서 실제로 양성인 샘플의 비율로, 오버샘플링으로 인해 모델이 양성을 더 많이 예측하면 실제로는 음성인 샘플을 양성으로 잘못 분류할 가능성이 높아져 정밀도가 감소할 수 있다.

42 ③

부스팅(Boosting)은 여러 약한 학습기(weak learner)를 순차적으로 학습, 예측하면서 잘못 예측 분류된 훈련 샘플에 대해 가중치를 부여하고 업데이트된 가중치로 훈련 데이터를 다시 학습하여 강한 학습기를 만든다.

오답 피하기
- ① 보팅은 서로 다른 모델들을 결합하여 다수결 투표를 통해 최종 예측을 한다.
- ② 배깅에서 부트스트래핑의 조건은 기초 데이터셋과 생성된 샘플 데이터셋의 크기가 동일해야 한다.
- ④ 스태킹은 여러 개의 기본 모델들이 예측한 결과를 새로운 훈련 데이터로 사용하여 최종 모델(메타 모델)을 학습시킨다.

43 ④

활성화 함수인 소프트맥스는 입력값을 0~1사이에 출력이 되도록 정규화하고, 출력값들의 총합이 항상 1이 되는 특징을 나타낸다.

44 ④

하이퍼볼릭탄젠트(Tanh)는 값이 작아질수록 -1, 커질수록 1에 수렴한다. 시그모이드와 비슷한 S자 모양을 가지지만 출력 범위가 -1과 1로 확장된 형태이다.

45 ③

종속변수가 연속형 변수일 때 분산분석, F통계량 등이 분류기준으로 사용된다. 분산분석(ANOVA)은 그룹 간 평균 차이를 검정하는 통계적 방법 중 하나로, 의사결정나무에서는 이러한 평균 차이를 기준으로 데이터를 분할한다.

오답 피하기
- ① 카이제곱 통계량은 범주형 변수들 간 관계를 검정할 때 사용한다.
- ② 지니 지수는 의사결정나무의 분기점을 선택하는 데 사용되는 기준 중 하나로, 주로 범주형 변수에 사용된다.
- ④ 엔트로피 지수는 주로 범주형 변수에 사용되며 불순도를 나타내는 지표이다.

46 ③

gamma는 데이터 샘플의 영향력을 행하는 거리를 결정하며, 클수록 거리는 짧아진다.
C는 오류를 허용하는 전략으로 작을수록 관련 데이터 샘플이 다른 클래스에 속하는 것을 많이 허용함으로써 과소적합이 될 수 있다.

47 ②

주성분분석은 분산을 최대화하는 축을 찾는 과정이며, 이를 통해 데이터의 주요 특성을 보존하면서 저차원의 초평면에 투영하여 차원을 줄이는 효과를 가진다.

48 ①

주성분 분석은 데이터들 간의 상관성을 토대로 새로운 변수인 주성분들을 만든다. 요인분석은 데이터들간의 상관성을 토대로 비슷한 변수들을 묶어 잠재변수를 만든다.

49 ②

공분산은 변수 값의 범위가 정해져 있지 않아 이를 정규화하여 −1부터 +1 범위로 수치화한 것이 상관계수이다.
공분산은 값 자체만으로 두 변수의 관련성을 정확히 판단하기 어렵고 변수들의 척도에 따라 값의 크기가 달라져 비교가 어렵다.

50 ③

스케일링은 주로 변수들 간 범위나 척도가 다를 때 사용되는 전처리 기법이다.

51 ②

군집추출은 모집단을 군집으로 나눈 후 군집별로 단순랜덤추출법을 수행하며 집단 간 동질성, 집단 내 이질성이 된다.

> 오답 피하기

- ① 계통추출법은 표본에서 일정한 규칙에 따라 일정 간격으로 표본을 추출한다.
- ③ 층화추출법은 비슷한 특성을 가진 여러 개의 층으로 나누어 각 층에서 랜덤하게 표본을 추출한다. 집단 간 이질성, 집단 내 동질성을 가진다.
- ④ 단순랜덤추출법은 모집단에서 무작위로 표본을 추출하는 간단한 방식이다.

52 ③

로지스틱 회귀분석에서 종속변수는 이항분포를 따른다.

53 ④

GAN은 생성 모델의 한 유형으로, 생성자는 실제와 비슷한 가짜 데이터를 생성하고, 판별자는 이 데이터와 실제 데이터를 구별하여 진짜와 가짜를 판별한다. 이러한 경쟁을 통해 생성자는 점차 진짜 데이터와 비슷한 가짜 데이터를 만든다. GAN은 이미지 생성, 영상, 음성 합성 등에 널리 활용된다.

54 ①

초매개변수란 모델 내부가 아닌 학습 이전에 사용자가 수동적으로 설정하는 값이다. 딥러닝 모델에서 초매개변수는 학습률, 미니배치 크기, 은닉층의 수, 뉴런의 수, 드롭아웃 비율 등을 포함한다.

55 ④

AdaBoost는 분류 문제에서 사용되는 부스팅(Boosting) 알고리즘에 속한다. AdaBoost는 이전에 잘못 분류된 샘플들에 가중치를 높여 다음 분류기가 더 잘 학습하도록 반복한다.

> 오답 피하기

- ① Momentum은 업데이트 시 이전 단계에서 움직인 방향과 크기를 기억하여 현재 단계에서 그 방향으로 더 크게 이동하도록 한다. 기울기만 이용하여 업데이트를 수행하는 경사하강법을 보완한다.
- ② AdaGrad는 학습률을 각 파라미터마다 조절하여 자주 등장하는 특성에 대해서는 학습률을 감소시켜 발산을 줄이고 드물게 등장하는 특성은 학습률을 증가시켜 최적값을 찾을 가능성을 높인다.
- ③ RMSProp는 경사의 제곱값에 대한 이동 평균을 사용하여 학습률을 조절한다.

56 ④

가중치 초기화는 모델의 가중치를 어떻게 초기화할지 결정하는 방법으로, 신경망이 학습을 시작하는 초기 상태를 결정한다. 기울기 소실(Gradient Vanishing) 효과를 예방할 수 있다.

> 오답 피하기

- ① 가중치 감소는 L2 정규화라고 불리며, 큰 가중치에 대해 패널티를 부여한다.
- ② 배치 정규화는 각 미니배치 데이터의 평균과 분산을 이용하여 입력을 정규화한다.
- ③ 드롭아웃은 학습 중 일부 뉴런을 무작위 제거하여 모델이 특정 뉴런에 고정되는 것을 방지한다.

57 ④

특이도는 TN / (TN+FP)로 실제 False인 것 중에서 모델이 False라고 예측한 것의 비율로써 FP(False Positive) 비중이 낮을수록 좋다.

58 ①

MSE(Mean Squared Error)는 회귀 모델의 성능평가 지표로, 실제값과 예측값 간의 평균제곱오차를 계산한다.

59 ③

입력과 출력변수 또는 독립변수와 종속변수 간의 관계에는 선형성이 있어야 한다.

60 ①

민감도는 실제 양성인 샘플 중에서 모델이 양성으로 정확히 예측한 비율이다.
정밀도는 모델이 양성으로 예측한 샘플 중에서 실제로 양성인 샘플의 비율이다.
민감도 = TP / (TP+FN) = 20/(20+10) = 2/3
정밀도 = TP / (TP+FP) = 20/(20+20) = 1/2

4과목 빅데이터 결과 해석

61 ③

데이터 시각화를 위해 정확도, 정밀도, 민감도, F1 score 등의 성과지표를 포함하거나 새로운 지표를 만들어 사용해야 한다.

62 ④

원핫 인코딩(One-Hot Encoding)은 범주형 데이터를 숫자로 표현하기 위한 전처리 방법 중 하나로 각 범주를 고유한 이진 벡터로 표현한다. 해당하는 범주의 인덱스 위치에 1을 표시하고, 나머지 인덱스 위치에는 0을 표시한다.

63 ①

관계시각화는 데이터에서 다양한 개체 또는 변수 간의 관계를 시각적으로 표현하는 기법으로, 산점도, 히트맵, 트리맵, 네트워크 그래프, 버블차트 등이 대표적인 도구이다.

64 ②

특이도 = TN / (TN+FP)

오답 피하기
- ① 민감도(Recall, Sensitivity)는 실제 양성인 샘플 중에서 모델이 양성으로 정확히 예측한 비율이다.
- ③ 정확도(Accuracy)는 전체 샘플 중에서 모델이 정확히 예측한 샘플의 비율이다.
- ④ 정밀도(Precision)는 모델이 양성으로 예측한 샘플 중에서 실제 양성인 샘플의 비율이다.

65 ③

카토그램(Cartogram)은 지리적 공간을 변형하여 다른 변수의 값을 시각적으로 나타내는 방법이다. 일반적인 지도는 지리적 공간을 정확히 나타내지만, 카토그램은 특정 변수의 상대적인 크기 또는 중요성을 강조하기 위해 지리적 공간을 조정한다.

66 ④

MAE는 실제값과 예측값의 차이로 성능을 평가하는 것으로 예측(회귀) 모델의 평가지표이다.
이진분류기에서는 정확도, 민감도 등과 같은 분류 성능 평가지표를 사용한다.

67 ①

MAPE는 실제값과 예측값 사이의 차이를 실제값으로 나눠줌으로써 오차가 실제값에서 차지하는 상대적인 비율을 산출한다.
② 평균제곱근오차(RMSE), ③ 평균절대오차(MAE), ④ 평균오차(ME)를 산출하는 식이다.

68 ②

홀드아웃(Holdout)은 데이터 분석에서 모델의 성능을 평가하기 위해 데이터를 훈련셋(Training Set), 테스트셋(Test Set)으로 나누는 기법이다. 일반적으로 7:3 또는 8:2의 비율로 분할한다.

오답 피하기
- ① K-fold 교차검증은 데이터를 K개의 부분집합으로 나누고, K번의 모델 학습과 평가를 반복한다.
- ③ 부트스트랩은 원래 데이터 집합으로부터 복원 추출을 통해 샘플을 반복적으로 뽑아내어 새로운 데이터 집합을 만들어 모델을 평가한다.

69 ③

경사하강법은 학습률이 너무 작으면 수렴에 많은 시간이 소요되며, 학습률이 너무 크면 최적점을 지나쳐 수렴하지 못할 수 있다.

70 ②

히스토그램은 변수 값의 분포를 시각적으로 표현하나 변수간 관계를 시각화 하지는 않는다.

71 ③

학습 데이터와 테스트 데이터가 동일할 경우 과적합 문제가 발생한다.

72 ③

Cumulative Proportion(누적 비율)이 주성분의 설명력을 표현한다.

73 ③

지지도(Support)는 전체 거래 중 해당 항목 집합이 등장하는 비율이다.
{오렌지, 사과, 키위}는 1, 3번째 거래에서 등장한다.
지지도 = 2 / 6 ≈ 0.33
신뢰도(Confidence)는 어떤 항목 집합이 발생했을 때, 그 항목 집합과 함께 다른 항목 집합이 발생할 확률이다.
{오렌지, 사과} 항목 집합은 1, 3, 6번째 거래에서 등장한다.
{오렌지, 사과}와 {키위}가 함께 등장하는 집합은 1, 3번째 거래이다.
신뢰도 = 2 / 3 ≈ 0.66

74 ③

회귀분석에서 회귀계수 추정값이 0인 경우는 해당 독립변수가 종속변수에 대해 유의미한 영향을 주지 않는다는 것을 의미한다.

75 ④

귀무가설은 보통 그룹 간 차이가 없다는 가설이다. 즉 p-값이 유의수준보다 작은 경우 귀무가설을 기각하며, 이것은 그룹 간에 통계적으로 유의한 차이가 있다고 판단하는 것이다.

오답 피하기
- ① (가)는 SSE, (가)+(나)는 SST이므로 결정계수 R^2는 (가)/((가)+(나))로 구할 수 있다.
- ② F 통계량은 주로 분산분석(ANOVA)에서 두 집단 간 분산 비율을 비교할 때 사용된다. F 값은 주어진 분석표에서 제곱합과 자유도를 이용한 평균제곱합의 비를 이용해서도 구할 수 있다.
  F = (집단 간 평균제곱합 / 자유도) / (오차 평균제곱합 / 자유도)
   = (63.21/2) / (38.96/147) ≒ 119.3
- ③ Pr(>F)는 F 값에 대한 p-값으로 종(species) 요인이 영가설(차이가 없음)에 대해 관측된 F 값(또는 더 극단적인 값)을 얻을 확률을 나타낸다. 매우 작은 p-값은 영가설 기각에 대한 강력한 근거가 있음을 보여준다.

76 ②

스타 차트는 주로 다각형 형태로 표현되며, 각 꼭지점은 특정 요인 또는 성과 지표를 나타낸다. 각 꼭지점을 연결하는 선은 해당 지표의 상대적인 중요성을 나타내며, 각 꼭지점에서의 거리는 해당 지표의 수치를 표현한다. 스타 차트를 사용하면 여러 지표를 동시에 비교하고, 어떤 요인이 중요하거나 개선이 필요한지를 한눈에 파악할 수 있다.

77 ①

카토그램은 인구, 국내 총생산, 투표수 등 특정한 통계 수치에 따라 면적을 표현하는 것으로, 어떤 지역의 통계 수치가 크면 실제 면적이 작더라도 지도상에는 크게 표현되고, 반대로 통계 수치가 작으면 실제 면적이 크더라도 지도상에는 작게 표현된다.

78 ②

AUC는 ROC 곡선의 아래 면적으로, 면적이 작을수록 분류 성능이 낮다.

79 ①

하이퍼파라미터는 모델의 학습 전에 사용자가 직접 설정하며, 학습을 통해 결정되는 것은 모델 내부의 파라미터이다.

80 ④

인포그래픽은 시각적인 요소와 텍스트의 조합으로 정보를 전달하지만 지나치게 많은 텍스트를 사용하면 정보의 파악이 어려워질 수 있다. 핵심적인 정보를 간결하고 명확하게 표현하는 것이 중요하다.

실전 모의고사

기출문제를 분석하여 반영한 모의고사입니다. 실전에 임하는 자세로 풀어보고 해설을 통해 부족한 부분을 확인할 수 있도록 합니다.

- 실전 모의고사 01회   2-232
- 실전 모의고사 02회   2-243
- 실전 모의고사 03회   2-256

- 실전 모의고사 정답 & 해설   2-271

실전 모의고사 01회

시험 시간	풀이 시간	합격 점수	내 점수	문항수
120분	분	60점	점	총 80개

1과목 빅데이터 분석 기획

01 데이터 수집과 관련된 표준 용어로 추출, 변환, 적재의 과정으로 구성된 기술로 올바른 것은?

① ETL
② Sensor Network
③ Crawling
④ Open API

02 딥러닝에 대한 설명으로 적절하지 않은 것은?

① Dropout은 과적합을 방지하기 위한 방법으로 데이터 학습 과정에서 유닛의 일부를 랜덤하게 누락시킨다.
② 딥러닝은 인공신경망을 사용하므로 각 hidden layer의 가중치를 통해 모형의 결과를 해석하기 쉽다.
③ 딥러닝 분석 수행 시 주로 sigmoid function을 Activation으로 사용한다.
④ 최적의 학습 결과를 찾기 위해 역방향으로 오차를 전파하면서 각 layer의 가중치를 갱신하는 오류역전파 알고리즘을 사용한다.

03 다음 중 빅데이터 분석 방법론의 개발 절차로 올바른 것은?

① 데이터 준비 – 분석 기획 – 데이터 분석 – 평가 및 전개 – 시스템 구현
② 분석 기획 – 데이터 준비 – 데이터 분석 – 평가 및 전개 – 시스템 구현
③ 분석 기획 – 데이터 준비 – 데이터 분석 – 시스템 구현 – 평가 및 전개
④ 데이터 준비 – 분석 기획 – 데이터 분석 – 시스템 구현 – 평가 및 전개

04 기존의 데이터를 학습시켜 새로운 데이터 입력 시 이를 예측하는 방법으로 분류나 회귀 문제에 적합한 것은?

① 강화학습
② 지도학습
③ 준지도학습
④ 비지도학습

05 개인정보 비식별 조치에 대한 익명성 검증 방법으로 적절하지 않은 것은?

① l-다양성은 민감한 정보의 분포를 낮추어 추론 가능성을 더욱 낮추는 기법이다.
② k-익명성은 특정인임을 추론할 수 있는지 여부를 검토, 일정 확률수준 이상 비식별되도록 하는 기법이다.
③ m-유일성은 원본 데이터와 동일한 속성 값의 조합이 비식별 결과 데이터에 최소 m개 존재해야 재식별 위험성이 낮다는 것이다.
④ t-근접성은 전체 데이터 집합의 정보 분포와 특정 정보의 분포 차이를 t 이하로 하여 추론을 방지한다.

06 개인정보 비식별화 방법으로 적절하지 않은 것은?

① 가명 처리
② 총계 처리
③ 데이터 범주화
④ 데이터 암호화

07 데이터의 기초 통계량과 분포를 확인하여 데이터를 이해하고 의미 있는 관계를 찾아내는 방법으로 올바른 것은?

① 기술통계
② 가설검정
③ 탐색적 데이터 분석
④ 데이터 시각화

08 분석 대상이 명확하지 않으나 분석 방법은 알고 있을 때 적용할 수 있는 문제 해결 방법으로 올바른 것은?

① 발견(Discovery)
② 솔루션(Solution)
③ 최적화(Optimization)
④ 통찰(Insight)

09 개인정보에 대하여 정보주체의 동의 없이 수집 및 이용이 가능한 경우로 적절하지 않은 것은?

① 학교에서 신임 교원 임용 시 후보자에 대한 범죄 이력 등을 조회할 수 있다.
② 병원에서 진료기록부 작성을 위해 개인정보를 기입하는 경우 가능하다.
③ 정보주체의 생명이나 신체 또는 재산상의 이익을 위하여 필요하다고 인정되는 상황으로 사전 동의를 구할 수 없을 만큼 급박한 경우 가능하다.
④ 통신사에서 고객에게 요금을 부과하기 위하여 조회하는 경우 가능하다.

10 정형 데이터의 품질 진단 방법으로 적절하지 않은 것은?

① 부가요소 정확성 분석
② 메타데이터 수집 및 분석
③ 칼럼 속성 분석
④ 값의 허용 범위 분석

11 탐색적 데이터 분석(EDA)에 대한 설명으로 적절하지 않은 것은?

① 데이터에 대한 이해 및 의미 있는 관계를 찾아낸다.
② 시각화 도구를 이용하여 데이터를 직관적으로 파악할 수 있다.
③ 분석을 위한 후보 모형들을 선정하는 과정이다.
④ 데이터를 다양한 관점으로 파악하는 과정이다.

12 데이터 분석 절차에서 복잡한 문제의 단순화를 통해 문제를 변수들 간의 관계로 정의하는 것으로 올바른 것은?

① EDA
② 문제 인식
③ 연구조사
④ 모형화

13 진단 분석에 대한 설명으로 올바른 것은?

① 원인은 무엇인지 파악하는 것이다.
② 앞으로 어떻게 될 것인지 파악하는 것이다.
③ 어떻게 대처해야 하는지 파악하는 것이다.
④ 무엇이 발생했는지 파악하는 것이다.

14 통계적 데이터 분석 시 추정치가 편파성을 일으키는 문제나 추정치의 타당도 문제가 발생할 수 있는 값으로 올바른 것은?

① 편차(deviation)
② 분산(variance)
③ 이상치(outlier)
④ 편향(bias)

15 데이터 유형별 데이터 수집 방법으로 적절하지 않은 것은?

① 센서데이터 : 센싱(sencing)
② 동영상 : 스트리밍(streaming)
③ DBMS : FTP
④ 웹 : 크롤링(crawling)

16 데이터 분석 성숙도 모델의 성숙도 수준으로 적절하지 않은 것은?

① 도입단계
② 최적화단계
③ 확산단계
④ 파악단계

17 개인정보의 수집 시 정보주체에게 사전 고지하지 않아도 되는 항목으로 올바른 것은?

① 파기하는 내용
② 보유 및 이용 기간
③ 동의를 거부할 권리가 있다는 사실
④ 수집 및 이용 목적

18 상향식 접근 방식에 대한 설명으로 올바른 것은?

① 데이터를 활용하여 생각지도 못했던 인사이트 도출 및 시행착오를 통한 개선이 가능하다.
② 전통적 분석 과제 발굴 방식으로 근래의 문제들은 변화가 심하여 문제를 사전에 정확하게 정의하기 어렵다.
③ 비즈니스 모델 기반 문제 탐색, 외부 참조 모델 기반 문제 탐색, 분석 유즈케이스 정의를 통한 문제 탐색이 가능하다.
④ 동적인 환경에서 발산과 수렴 단계를 반복적으로 수행하며 상호 보완을 통해 분석의 가치를 극대화할 수 있다.

19 실세계에 존재하는 객체의 표현 값이 정확히 반영되어야 한다는 것을 뜻하는 품질 기준으로 올바른 것은?

① 유효성
② 일관성
③ 정확성
④ 무결성

20 전사 차원의 모든 데이터에 대하여 표준화된 관리 체계를 수립하는 것을 나타내는 용어로 올바른 것은?

① 데이터 아키텍처
② 데이터 컴플라이언스
③ 데이터 표준화
④ 데이터 거버넌스

2과목 빅데이터 탐색

21 박스 플롯을 통해서 알 수 없는 것은?

① 1사분위수
② 분산
③ 이상값
④ 최댓값

22 다음은 변수선택의 방법 중 단계적 선택법에 대한 설명이다. 잘못된 것은?

① 전진 선택법과 후진 선택법의 보완방법이다.
② 전진 선택법을 통해 가장 유의한 변수를 모형에 포함한다.
③ 나머지 변수들에 대해 후진 선택법을 적용하나 새롭게 유의하지 않은 변수들을 제거하지는 않는다.
④ 제거된 변수는 다시 모형에 포함하지 않으며 유의한 설명변수가 존재하지 않을 때까지 과정을 반복한다.

23 파생변수에 대한 설명으로 틀린 것은?

① 기존의 변수를 조합하여 새로운 변수를 만들어내는 것을 의미한다.
② 사용자가 특정 조건을 만족하거나 특정 함수에 의해 값을 만들어 의미를 부여하는 변수로 매우 주관적일 수 있으므로 논리적 타당성을 갖출 필요가 있다.
③ 데이터의 특성을 파악하는 데 중점을 두어 특정상황에 유의미하도록 변수를 생성해야 한다.
④ 세분화, 고객행동 예측 등에 유용하게 사용된다.

24 다음은 어떤 학습 데이터 불균형에 대한 처리 방법이다. 옳은 것을 고르시오.

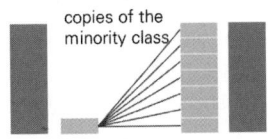

소수클래스의 복사본을 만들어, 대표클래스의 수만큼 데이터를 만들어 주는 것이다. 똑같은 데이터를 그대로 복사하는 것이기 때문에 새로운 데이터는 기존 데이터와 같은 성질을 갖게 된다.

① 언더샘플링(Undersampling)
② 오버샘플링(Oversampling)
③ 음수 미포함 행렬분해(NMF: Non-negative Matrix Factorization)
④ 특이값분해 (Singular Value Decomposition)

25 하나의 제품을 A, B, C 공장에서 각각 50%, 30%, 20%씩 물량을 나누어 생산하며 불량률은 1%, 2%, 3% 이라고 한다. 생산된 제품 중 하나를 선택했을 때 불량품이면 그 제품이 A 공장에서 나왔을 확률은?

① $\frac{6}{17}$ ② $\frac{5}{17}$
③ $\frac{12}{17}$ ④ $\frac{11}{17}$

26 통계학과 학생들 100명을 대상으로 기말고사 시험의 결과가 평균이 80, 분산이 100인 정규분포를 보인다고 한다. 수강생중에서 어떤 학생이 80점에서 85점 사이 점수를 받을 확률은 얼마인가? (단, P(Z≤0.5)=0.6915, P(Z≤0.0)=0.5000)

① 0.3457 ② 0.6915
③ 0.1915 ④ 0.7230

27 다음 확률함수에 대해서 최대가 되는 모수 θ 값은 얼마인가?

주어진 데이터 3,1,2,3,3에 대해서
$$f(t;\theta) = \theta e^{-\theta t}$$
여기서 $t \geq 0$이다.

① $\frac{5}{12}$ ② $\frac{1}{12}$
③ 1 ④ $\frac{1}{13}$

28 다음 아래의 산점도 그래프의 개형과 맞는 피어슨 상관계수 유형은 어느 것인가?

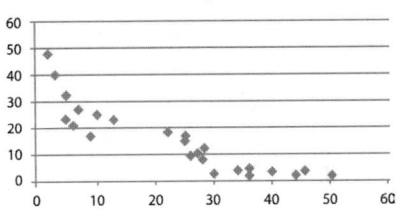

① ρ = 0
② ρ = 1
③ -1 < ρ < 0
④ 0 < ρ < 1

29 다음 아래 설명은 어떤 분석에 대한 것인가?

• 자료의 값 대신 순위를 이용하는 경우의 상관계수로서, 데이터를 작은 것부터 차례로 순위를 매겨 서열 순서로 바꾼 뒤 순위를 이용해 상관계수를 구한다.
• 두 변수 간의 연관 관계가 있는지 없는지를 밝혀 주며 자료에 이상점이 있거나 표본크기가 작을 때 유용하다.

① 피어슨 상관계수
② 스피어만 상관계수
③ 크론바흐 알파 계수 신뢰도
④ 단조상관계수

30 다음은 데이터의 시각화에 대한 설명이다. 아래 설명에 해당되는 차트는 무엇인가?

> - 하나의 공간에 각각의 변수를 표현하는 몇 개의 축을 그려서 축에 해당되는 변수값을 연결하는 그래프이다.
> - 각 변수마다 축시작점은 최소, 가장 먼 점은 최대값을 나타낸다.
> - 연결되는 선의 모양이나 색을 다르게 하는 경우 여러 속성을 한번에 표현이 가능하다.

① 버블차트
② 스타차트
③ 히트맵
④ 산점도

31 한 지역의 고등학교 1학년 학생의 평균신장에 대해서 조사하고자 25명의 학생을 샘플링하여 조사한 결과 평균이 170cm 분산이 25cm으로 결과가 나왔다 이에 대한 전체 모집단의 평균에 대한 95% 신뢰구간을 구하여라.

① $169 \leq \mu \leq 171$
② $166.818 \leq \mu \leq 173.182$
③ $167.936 \leq \mu \leq 172.064$
④ $164.959 \leq \mu \leq 175.041$

32 기댓값을 나타내는 다음의 두 추정량이 있다.

$\hat{\theta}_1 = \frac{1}{4}X_1 + \frac{1}{4}X_2 + \frac{1}{4}X_3 + \frac{1}{4}X_4$, $\hat{\theta}_2 = \frac{1}{4}X_1 + \frac{1}{2}X_2 + \frac{1}{4}X_3$
(단, $E(X_i) = \mu$, $Var(X_i) = \sigma^2$)

다음 중 옳은 것은?

① 둘 다 불편추정량으로 $E(\hat{\theta}_1) = \mu$, $E(\hat{\theta}_2) = \mu/4$, $Var(\hat{\theta}_1)=\sigma^2$, $Var(\hat{\theta}_2)=\sigma^2/16$이고 분산의 효율성도 동일하다.
② 둘 다 불편추정량으로 $E(\hat{\theta}_1) = \mu$, $E(\hat{\theta}_2) = \mu$, $Var(\hat{\theta}_1)=\sigma^2$, $Var(\hat{\theta}_2)=\sigma^2/16$이고 $\hat{\theta}_1$이 $\hat{\theta}_2$보다 더 효율적이라고 말할 수 있다.
③ 둘 다 불편추정량으로 $E(\hat{\theta}_1) = \mu$, $E(\hat{\theta}_2) = \mu$, $Var(\hat{\theta}_1)=\sigma^2/4$, $Var(\hat{\theta}_2)=3\sigma^2/8$이고 $\hat{\theta}_1$이 $\hat{\theta}_2$보다 더 효율적이라고 말할 수 있다.
④ 둘 다 불편추정량으로 $E(\hat{\theta}_1) = \mu$, $E(\hat{\theta}_2) = \mu/4$, $Var(\hat{\theta}_1)=\sigma^2/4$, $Var(\hat{\theta}_2)=3\sigma^2/8$이고 $\hat{\theta}_1$이 $\hat{\theta}_2$보다 더 효율적이라고 말할 수 있다.

33 다음은 가설 검정의 결과로 채택 여부를 결정시에 관한 표이다 빈칸에 들어갈 내용으로 옳은 것은?

검정결과 \ 실제상황	H_0 귀무가설	H_1 대립가설
H_0 귀무가설 채택	success	(a)
H_0 귀무가설 기각	(b)	success

① (a) 제1종 오류, (b) 제2종 오류
② (a) 제2종 오류, (b) 제1종 오류
③ (a) 제1종 오류, (b) 제1종 오류
④ (a) 제2종 오류, (b) 제2종 오류

34 다음은 차원축소에 관한 설명이다. 틀린 것은?

① 복잡도의 축소(Reduce Complexity)에서 동일한 품질을 나타낼 수 있다면 효율성 측면에서 데이터 종류의 수를 줄여야 한다.
② 차원의 증가는 분석모델 파라미터의 증가 및 파라미터 간의 복잡한 관계의 증가로 분석결과의 과적합 발생의 가능성이 커진다.
③ 해석력(Interpretability)의 확보 측면에서 차원이 작은 간단한 분석모델일수록 내부구조 이해가 용이하고 해석이 쉬워진다.
④ 차원의 저주란 데이터분석 및 알고리즘을 통한 학습을 위해 차원이 증가하면서 학습데이터의 증가를 수반하여 계산성능이 저하되는 현상을 말한다.

35 프로스포츠의 선수들의 연봉에 대한 분석 시 팀 전체의 연봉의 50% 이상을 소수의 선수들이 차지하는 경우가 많다. 이 경우 중심성 경향의 분석 시 용이한 통계량은 무엇인가?

① 평균
② 최빈값
③ 중앙값
④ 분산

36 다음은 층화 추출에서 각 층별로 표본을 배정하는데 있어서 한가지 방법을 설명한 것이다. 해당하는 표본 배정법은?

> 추정량의 분산을 최소화 시키거나 주어진 분산의 범위 하에서 비용을 최소화 시키는 표본 배정 방법

① 비례 배분법 ② 고정 배분법
③ 네이만 배분법 ④ 최적 배분법

37 군집 불균형을 해결하는 방법에 대한 설명으로 틀린 것은?

① 가중치균형법을 이용하여 데이터 클래스의 균형이 필요한 경우로 각 클래스별 특정 비율로 가중치(Weight)를 주어서 불균형을 해결한다.
② 대표클래스(Majority Class)의 일부만을 선택하고, 소수클래스(Minority Class)는 최대한 많은 데이터를 사용하는 방법인 언더샘플링(Under Sampling)으로 해결한다.
③ 소수클래스의 복사본을 만들어, 대표클래스의 수만큼 데이터를 만들어 데이터를 추가하여 불균형을 해결하는 오버샘플링(Over Sampling)이 있다.
④ 데이터에 대한 임계값을 설정하여 임계값을 조절하면서 데이터를 선택하여 불균형을 해소한다.

38 모집단과 표본의 통계량에 대한 설명 중 틀린 것은?

① 표본분포의 평균은 모집단의 평균 μ와 동일하다.
② 모집단의 표준편차가 σ이면 표본분포의 표준편차는 $\sigma/\sqrt{n}$이라고 정의한다. 특히 표본평균의 표본분포는 $N(\mu, \sigma^2/n)$인 정규분포를 따른다.
③ 모집단의 크기가 무한대에 한해서 표본평균의 표준오차는 $\sigma/\sqrt{n}$로 정의한다.
④ 동일한 모집단의 표준편차에서 표본의 크기가 커지면 커질수록 표준오차는 늘어나는 경향이 있다.

39 다음 중 성격이 다른 분포는?

① 지수분포
② 정규분포
③ 이항분포
④ F-분포

40 모집단이 정규분포를 따를 때 표본크기에 따른 표본분포에 관한 내용으로 틀린 것은?

① 표본의 크기가 30이상이면 표본은 정규분포를 따른다.
② 표본의 크기와 상관없이 정규분포를 따른다.
③ 표본의 크기가 30미만이면 표본은 T 분포를 따른다.
④ 표본의 크기가 커질수록 표준오차는 줄어든다.

3과목 빅데이터 모델링

41 전체 독립변수 중에서 종속변수와의 상관관계가 적은 변수를 점진적으로 분석모형에서 제외하는 방법은?

① 후진소거
② 전진선택
③ 차원축소
④ 주성분 분석

42 딥러닝과 관련된 설명으로 틀린 것은?

① 드롭아웃 : 신경망에서 은닉층의 뉴런을 임의로 삭제하면서 학습한다.
② 오차역전파 : 오차를 입력층에서 출력층으로 전달 연쇄법칙을 통해 가중치와 편향을 업데이트한다.
③ 활성화 함수 : 입력신호의 총합을 출력신호로 변환한다.
④ 손실 함수 : 신경망이 출력한 값과 실제 값과의 오차에 대한 함수이다.

43 입력층이 (5,5), 필터가 (3,3)이며 스트라이드(stride)는 1, 패딩(padding)이 0인 값의 특징맵(Feature Map)의 크기는?

① (3, 3)　　② (4, 4)
③ (5, 5)　　④ (6, 6)

44 회귀분석의 진단과 관련하여 틀린 설명은?

① 선형성 : 독립변수와 종속변수가 선형적이어야 한다.
② 잔차 정규성 : 잔차의 기댓값은 0이며 정규분포를 이루어야 한다.
③ 잔차 독립성 : 잔차들은 서로 독립적이어야 한다.
④ 다중 공선성 : 다중 회귀 분석을 수행할 경우 2개 이상의 독립변수 간에 상관관계로 인한 문제가 없어야 한다.

45 SVM의 특징으로 잘못된 설명은?

① 분류, 회귀, 특이점 판별에 활용되는 지도학습 기법이다.
② 데이터가 많은 경우에도 학습 처리속도가 빠르다.
③ 선형 또는 비선형 분류가 가능하다.
④ 예측 정확도가 높은 편이다.

46 다차원 척도법과 거리가 먼 키워드는?

① 근접성　　② 유사성
③ 시각화　　④ 연속성

47 비용함수(손실함수)에 L1-norm(규제항)을 더한 규제 이름은?

① Lasso
② Ridge
③ ShrinkageNet
④ ElasticNet

48 SVM의 주요 요소로 맞지 않는 것은?

① 초평면
② 특징맵
③ 마진
④ 서포트벡터

49 독립변수가 연속형이면서 종속변수가 범주형인 조건을 가진 분석기법은?

① 로지스틱 회귀
② 선형 회귀
③ 시계열 분석
④ 나이브 베이지안

50 다음 분류 모델 해석에서 맞는 설명은?

		실제값	
		일반인	암환자
예측값	일반인	60	0
	암환자	10	30

① 재현율(Recall)은 0.75이다.
② 정확도(Accuracy)는 0.9이다.
③ 정확도(Accuracy)가 높을수록 좋은 모델이라고 할 수 있다.
④ 정밀도(Precision)는 0.5이다.

51 앙상블 분석에서 기법과 알고리즘이 잘못 기술된 것은?

① 배깅: 부트스트랩
② 배깅: 랜덤포레스트
③ 부스팅: GBM
④ 배깅: Adaboost

52 $P(A)$, $P(B)$, $P(C)$, $P(X|A)$, $P(X|B)$, $P(X|C)$를 이용해서 $P(B|x)$를 나타낸 것은?

① $P(B|x) = \frac{P(x|B)}{P(B)}$

② $P(B|x) = \frac{P(x|B)P(B)}{P(x|A)P(A)+P(x|B)P(B)+P(x|C)P(C)}$

③ $P(B|x) = \frac{P(x|B)P(B)}{P(x|A)P(X)+P(x|B)P(X)+P(x|C)P(X)}$

④ $P(B|x) = \frac{P(x|B)P(B)}{P(x|A)+P(x|B)+P(x|C)}$

53 교차검증에서 전체 데이터를 학습 데이터와 테스트 데이터, 검증 데이터로 나누는 기법은?

① k-폴드 교차검증
② Holdout 교차검증
③ 계층별 k-폴드 교차검증
④ 셔플링 교차검증

54 다음 중 비지도학습 적용에 적합한 경우는?

① 상품 구매 패턴분석
② SNS 기반 선호 브랜드 그룹 분석
③ 실시간 스팸 메일 분류
④ CCTV 통한 얼굴 자동 인식

55 다음 중 지도학습 분류 분석 예시에 해당되는 것은?

① 유동인구에 따른 절도 범죄율 관계 분석
② 마케팅 캠페인 집행 후 매출액 추이 변화 분석
③ 전염병 확진자 수에 따른 마스크 판매량 추이 분석
④ 색상비율에 따라 사람들이 느끼는 감정변화 분석

56 한 놀이공원에서 고객들로부터 다양한 놀이기구에 대한 선호도를 조사하여 놀이기구별로 주제 테마파크를 재구성하려고 한다. 이럴 때 사용되는 분석기법으로 타당한 것은?

① 군집분석
② 다층판별분석
③ 요인분석
④ 분산분석

57 시계열 모형에 대해서 설명한 것 중 옳은 것은?

① 백색잡음은 아무런 패턴이 남아있지 않은 무작위한 움직임(진동)을 보이는 데이터를 말한다.
② 자기회귀모형은 관찰기간의 제한이 없이 모든 시계열 데이터를 사용하며 최근 시계열에 더 많은 가중치를 주며 추세를 찾는 방법을 말한다.
③ 정상성은 시계열 데이터가 평균과 분산이 일정하지 않은 경우를 지칭한다.
④ 이동평균은 과거로부터 현재까지 시계열 자료를 대상으로 일정기간(관측기간)을 시계열을 이동하면서 분산을 계산하는 방법이다.

58 정의된 구조가 없으며 고정된 필드에 저장되지 않는 데이터를 뜻하는 것은?

① 반정형 데이터
② 비정형 데이터
③ 분산형 데이터
④ 질적 데이터

59 랜덤 포레스트의 장점과 거리가 먼 것은?

① 분류와 회귀 모두 이용할 수 있다.
② 의사결정나무의 쉽고 직관적인 특징을 가진다.
③ 데이터 수가 많아져도 빠른 수행속도를 나타낸다.
④ 예측의 변동성이 적으며 과적합을 방지한다.

60 k-폴드 교차검증의 장점으로 틀린 설명은?

① 모든 데이터셋을 훈련으로 사용할 수 있다.
② 모든 데이터셋을 평가로 사용할 수 있다.
③ 모델 훈련/평가 소요시간이 상대적으로 짧다.
④ 테스트 데이터에 과적합되는 현상을 방지할 수 있다.

4과목 | 빅데이터 결과 해석

61 다음 중 표본추출 방법에 대한 설명으로 맞지 않는 것은?

① 단순무작위 추출은 표본을 난수를 사용하여 무작위로 추출하는 것으로 편향성을 제거한다.
② 계통추출은 모집단에서 추출간격을 설정하고 설정 간격에서 무작위로 추출한다.
③ 모집단의 다양한 특성을 표현하기 위해서 각 집단내에 특징 집단을 나누고, 해당 집단에서 표본을 추출하는 방법을 층화추출이라고 한다.
④ 군집추출을 시행하는 경우 단순무작위 추출보다 편향성이 감소한다.

62 매개변수가 하이퍼파라미터와의 다른 차이점은?

① 모델 내부에서 결정되는 변수이다.
② 모델 최적화를 위해 사용자가 직접 세팅하는 변수이다.
③ 은닉층의 뉴런 개수도 포함된다.
④ 절대적인 최적값이 존재하지 않는다.

63 다음 시각화 도구 중 2개 이상의 변수 사이의 관계를 표현하기 적합한 것은?

① 막대그래프
② 도넛차트
③ 파이차트
④ 스캐터 플롯

64 시간에 따른 값의 변화를 표현하기에 적합하지 않은 도구는?

① 막대그래프
② 스타차트
③ 플로팅 차트
④ 꺾은선 그래프

65 불균형 데이터 처리기법 중 맞지 않는 것은?

① 언더샘플링
② 오버샘플링
③ 데이터 증강
④ 임계값 조정

66 ROC 곡선에 관한 설명으로 틀린 것은?

① X, Y가 모두 [0, 1] 범위이다.
② 군집분석 모델의 성능을 평가하는 지표로 사용된다.
③ Y축은 민감도이다.
④ ROC 곡선의 하단 면적을 AUC라고 한다.

67 다음 중 분석모델별 평가지표로 적절하지 않은 것은?

① 군집분석 모델 - 실루엣 기법
② 회귀분석 모델 - MAPE
③ 분류분석 모델 - F1 스코어
④ 연관분석 모델 - ROC 곡선

68 다음 중 딥러닝의 하이퍼파라미터 종류와 관계 없는 것은?

① 학습률
② 배치크기
③ 은닉층의 뉴런개수
④ 가중치

69 주어진 데이터를 k개의 클러스터로 분할 군집하는 알고리즘으로, 각 클러스터와 거리 차이의 분산을 최소화하는 군집분석 기법은?

① 계층적 군집분석
② DBSCAN
③ K-평균 군집분석
④ GMM

70 Precision(정밀도)가 95%이고 재현율(Recall)이 90%일 때의 F1 점수를 구하시오.

① 91.2%   ② 92.4%
③ 93.5%   ④ 95.5%

71 다층 퍼셉트론에 대한 설명 중 틀린 것은?

① 다층 퍼셉트론을 통해 비선형 영역 표현도 가능하다.
② 활성화 함수인 계단 함수를 이용한다.
③ 가중치와 편향을 매개변수로 설정한다.
④ 입력층과 출력층 사이에 은닉층은 별도로 존재하지 않는다.

72 관측값들이 어떤 이론적 분포를 따르고 있는지를 검정하는 방법으로 한 개의 요인을 대상으로 하는 것은?

① 적합도 검정
② 분포도 검정
③ 독립성 검정
④ 동질성 검정

73 인포그래픽의 특징 중 잘못된 것은?

① 전달하려는 메시지를 통계나 그래픽을 사용하여 간결하게 구성한다.
② 시각적으로 이해하기 쉽게 구성한다.
③ 복잡한 데이터는 시각화가 복잡하다.
④ 보는 사람에게 흥미와 관심을 유발한다.

74 다음 오차행렬에서 F1-score는 얼마인가?

		실제 답	
		True	False
예측 결과	True	80	20
	False	20	80

① 0.2   ② 0.3
③ 0.7   ④ 0.8

75 다음 중 분석 모형 진단 평가에 대한 설명으로 옳지 않은 것은?

- 참긍정(TP, True Positive)
- 참부정(TN, True Negative)
- 거짓긍정(FP, False Positive)
- 거짓부정(FN, False Negative)

① 실제 Positive인 대상 중에 실제와 예측 값이 일치하는 비율은 재현율(Recall)을 사용한다.
② 특이도(Specificity)는 전체 실제거짓 중 거짓예측한 비율이며 TN / (TN + FP)식으로 나타낸다.
③ 전체 예측된 긍정 중 거짓긍정한 비율을 정밀도(Precision)라고 하며 TP / (TP + FP)이다.
④ 정확도(Accuracy)는 (TP + TN) / (TP + FP + TN + FN)이다.

76 신경망모델에서 은닉층의 뉴런을 임의로 삭제하면서 학습하는 방법으로 적은 뉴런만으로 훈련한 뒤 테스트 시에 전체 뉴런을 사용하면 정답을 보다 잘 찾을 수 있어 과적합을 방지할 수 있는 기법명은?

① 가중치 규제
② 가중치 초기화
③ 드롭아웃
④ 하이퍼파라미터 튜닝

77 다음 분석결과 활용 방법에 대한 설명으로 맞지 않는 것은?

① 분석모형은 시간이 지나면서 성능이 떨어질 수 있다.
② 분석 데이터의 크기가 커지면 검증과정을 생략해도 신뢰성 높은 결과를 얻을 수 있다.
③ 분석 모형의 성능을 높이기 위해 리모델링을 수행한다.
④ 데이터셋의 특성이 달라지는 경우 새롭게 분석 모형을 구축해야 한다.

78 k-평균 군집분석에서 최적의 k값을 선택하기 위해 군집 간 분산과 전체 분산 간의 비율이 완곡하게 줄어드는 기법은?

① 엘보우(Elbow)
② 실루엣(Silhouette)
③ 분산 최적화
④ 오차율 최소화

79 K-fold 교차 검증에 대한 설명 중 옳지 않은 것은?

① K값을 크게 할수록 과적합을 줄일 수 있다.
② 홀드아웃은 데이터의 크기가 클 때 유용하다.
③ 반복 횟수가 많아지므로 훈련 시간이 오래 걸린다.
④ 홀드아웃에 비해 학습 데이터 분할에 더 유의해야 한다.

80 회귀분석 모형 진단에서 표본의 실제값에 대한 회귀식의 설명력에 대한 것은?

① 적합도 검정
② 유의성 검정
③ 회귀 테스트
④ 잔차분석

실전 모의고사 02회

시험 시간	풀이 시간	합격 점수	내 점수	문항수
120분	분	60점	점	총 80개

1과목 빅데이터 분석 기획

01 정성적 데이터에 대한 설명으로 적절하지 않은 것은?

① 객체 하나가 함축된 의미를 내포하고 있다.
② 반정형 데이터와 비정형 데이터로 구성되어 있다.
③ 주로 주관적 내용을 담고 있다.
④ 문자나 언어로 표현되어 통계 분석 시 어려움이 있다.

02 암묵지와 형식지에 대한 설명으로 적절하지 않은 것은?

① 암묵지는 어떠한 시행착오나 다양하고 오랜 경험을 통해 개인에게 체계화되어 있다.
② 형식지는 공통화 및 연결화 과정을 통해 암묵지가 구체화되어 외부로 표현된 것이다.
③ 암묵지는 외부에 표출되지 않은 무형의 지식으로 그 전달과 공유가 어렵다.
④ 형식지는 형상화된 유형의 지식으로 그 전달과 공유가 쉽다.

03 데이터 활용 기술에 대한 설명으로 적절하지 않은 것은?

① OLTP는 호스트 컴퓨터와 온라인으로 접속된 여러 단말 간 처리 형태의 하나로 데이터베이스의 데이터를 수시로 갱신하는 프로세싱을 의미한다.
② OLAP는 정보 위주의 분석 처리를 하는 것으로 트랜잭션 데이터를 분석해 제품의 판매 추이, 구매 성향 파악, 재무 회계 분석 등을 프로세싱하는 것을 의미한다.
③ 데이터베이스는 다양한 비즈니스 관점에서 쉽고 빠르게 다차원적인 데이터에 접근하여 의사결정에 활용할 수 있는 정보를 얻을 수 있게 하는 기술이다.
④ 데이터 마이닝은 대용량의 데이터로부터 인사이트를 도출할 수 있는 방법론이다.

04 빅데이터의 특징에 대한 설명으로 적절하지 않은 것은?

① 단일 데이터만으로는 가치가 크지 않지만 다른 데이터들과 연계할 때 크게 증가한다.
② 최근에는 3Vs(규모, 유형, 속도) 외에 빅데이터 분석을 통해 얻을 수 있는 가치와 데이터에 대한 품질의 중요성이 강조되고 있다.
③ 품질은 데이터의 신뢰성, 정확성, 타당성 보장이 필수적이며, 고품질의 데이터에서 고수준 인사이트 도출이 가능하다.
④ 빅데이터 용어가 사용된 초기에 가트너 그룹은 3Vs로 빅데이터의 특징을 설명하였다.

05 빅데이터 활용을 위한 테크닉에 대한 설명으로 적절하지 않은 것은?

① 연관규칙분석은 독립변수가 종속변수에 미치는 영향을 분석할 때 사용한다.
② 유형분석은 문서를 분류하거나 조직을 그룹화할 때 사용한다.
③ 유전 알고리즘은 최적화가 필요한 문제를 생물 진화의 과정을 모방하여 점진적으로 해결책을 찾는 방법이다.
④ 소셜네트워크분석은 특정인과 다른 사람의 관계를 파악하고 영향력 있는 사람을 분석할 때 사용한다.

06 데이터 권리 시대에 대한 설명으로 적절하지 않은 것은?

① 데이터의 원래 소유자인 개인이 자신의 데이터에 대한 권리를 보유하고 있으며 스스로 행사할 수 있어야 한다는 마이데이터(My Data)가 등장하였다.
② 데이터 소비자의 역할과 활용 역량을 높이기 위한 데이터 리터러시 프로그램의 중요성이 커지고 있다.
③ 데이터 연결과 데이터 권리는 개인 데이터가 완전하게 보호되며, 개인은 자신의 데이터를 완전하게 통제할 수 있다는 믿음이 보편화되어야 한다.
④ 개인은 데이터를 만들고 자신이 만든 데이터를 기반으로 비즈니스 모델을 구상할 수 있으며, 기업들은 개인 데이터 사용에 제약을 받게 됨으로써 고객 접점을 상실하게 될 수 있다.

07 빅데이터 수집 기술에 대한 설명으로 적절하지 않은 것은?

① 크롤링은 무수히 많은 컴퓨터에 분산 저장되어 있는 문서를 수집하여 검색 대상의 색인으로 포함시키는 기술이다.
② ETL은 다양한 원천 데이터를 취합해 추출하고 공통된 형식으로 변환하여 데이터 웨어하우스에 적재하는 과정이다.
③ 센서 네트워크는 조직 내부에 있는 웹 서버나 시스템의 로그를 수집하는 기술이다.
④ ODS는 다양한 DBMS 시스템에서 추출한 데이터를 통합적으로 관리한다.

08 빅데이터 플랫폼에 대한 설명으로 적절하지 않은 것은?

① 분산시스템은 네트워크상에 분산 되어 있는 컴퓨터를 단일 시스템인 것처럼 구동하는 기술이다.
② 하둡은 분산 처리 환경에서 대용량 데이터 처리 및 분석을 지원하는 오픈 소스 소프트웨어 프레임워크이다.
③ 맵리듀스는 구글에서 개발한 방대한 양의 데이터를 신속하게 처리하는 프로그래밍 모델로 효과적인 병렬 및 분산 처리를 지원한다.
④ NoSQL은 기존의 RDBMS 트랜잭션 속성인 원자성, 일관성, 독립성, 지속성을 보장하는 비관계형 데이터베이스이다.

09 NoSQL의 데이터 모델에 대한 설명으로 적절하지 않은 것은?

① 관계형데이터베이스의 ACID 특성을 모두 지원하며, 성능과 확장성을 높이는 데이터 모델을 지원한다.
② 키-값(key-value) 데이터베이스는 단순한 데이터 모델에 기반을 두고 있어 관계형 데이터베이스보다 확장성이 뛰어나고 질의 응답시간이 빠르다.
③ 열 기반(column-oriented) 데이터베이스는 칼럼과 로우는 확장성을 보장하기 위하여 여러 개의 노드로 분할되어 저장 및 관리된다.
④ 문서 기반(document-oriented) 데이터베이스는 문서의 내부 구조에 기반을 둔 복잡한 형태의 데이터 저장을 지원하고 이에 따른 최적화가 가능하다.

10 빅데이터 분석절차에 대한 설명으로 적절하지 않은 것은?

① 일반적인 분석 절차는 문제 인식, 연구조사, 모형화, 데이터 수집, 데이터 분석, 분석 결과 제시 단계로 구성되어 있다.
② 분석 방법론을 구성하는 최소 요건이다.
③ 상황에 따라 단계를 추가할 수도 있으며 생략 가능 하다.
④ 문제에 대한 구체적 정의가 없다면 통계 기반의 전통적 데이터 분석을 수행할 수 없으므로 문제에 대한 구체적 정의가 필요하다.

11 데이터 분석 방법에 대한 설명으로 적절하지 않은 것은?

① 회귀는 독립변수가 종속변수에 미치는 영향을 분석할 때 사용하는 방법이다.
② 분류는 학습 데이터 셋을 학습시켜 새로 추가되는 데이터가 속할 만한 데이터 셋을 찾는 지도학습 방법이다.
③ 군집화는 특성이 비슷한 데이터를 하나의 그룹으로 분류하는 방법으로 지도학습의 한 방법이다.
④ 텍스트 마이닝은 분류나 군집화 등 빅데이터에 숨겨진 의미 있는 정보를 발견하는데 사용하기도 한다.

12 인공지능 기술에 대한 설명으로 적절하지 않은 것은?

① 인공지능은 사람이 생각하고 판단하는 사고 구조를 구축하려는 전반적인 노력이다.
② 기계학습은 인공지능의 연구 분야 중 하나로 인간의 학습 능력과 같은 기능을 축적된 데이터를 활용하여 실현하고자 하는 기술 및 방법이다.
③ 딥러닝은 기계학습 방법 중 하나로 컴퓨터가 많은 데이터를 이용해 사람처럼 스스로 학습할 수 있도록 인공신경망 등의 기술을 이용한 기법이다.
④ 강화학습의 초점은 학습 과정에서의 성능이며 이는 탐색과 이용의 균형을 맞춤으로써 제고되며, 시뮬레이션 데이터 생성, 누락 데이터 생성, 패션 데이터 생성 등에 응용할 수 있다.

13 개인정보와 관련된 설명으로 적절하지 않은 것은?

① 개인정보보호법은 당사자의 동의 없는 개인정보 수집 및 활용하거나 제 3자에게 제공하는 것을 금지하는 등 개인정보보호를 강화한 내용을 담아 제정한 법률이다.
② 개인정보의 처리 위탁은 개인정보처리자의 업무를 처리할 목적으로 제 3자에게 이전되는 것이다.
③ 개인정보의 제3자 제공은 개인정보가 제 3자에게 이전되거나 공동으로 처리하게 하는 것이다.
④ 상대방의 동의 없이 개인정보를 제 3자에게 제공하면 5년 이하의 징역이나 5,000만원 이하의 벌금에 처할 수 있다.

14 개인정보비식별화 방법에 대한 설명으로 적절하지 않은 것은?

① 가명처리는 값을 대체 시 규칙이 노출되어 역으로 쉽게 식별할 수 없도록 주의해야 한다.
② 범주화 과정에서 특정 속성을 지닌 개인으로 구성된 단체의 속성 정보를 공개하는 것은 그 집단에 속한 개인의 정보를 공개하는 것과 마찬가지이므로 주의해야 한다.
③ 삭제는 데이터 공유나 개방 목적에 따라 데이터 셋에 구성된 값 중 필요 없는 값 또는 개인식별에 중요한 값을 삭제하는 방법이다.
④ 마스킹은 개인을 식별하는데 기여할 확률이 높은 주요 식별자를 보이지 않도록 처리하는 방법이다.

15 탐색적 데이터 분석에 대한 설명으로 적절하지 않은 것은?

① 분석용 데이터셋에 대한 정합성 검토, 데이터 요약, 데이터 특성을 파악하고 모델링에 필요한 데이터를 편성한다.
② 다양한 관점으로 평균, 분산 등 기초 통계량을 산출하여 데이터의 분포와 변수간의 관계 등 데이터 자체의 특성과 통계적 특성을 파악한다.
③ 정형, 비정형, 반정형 등 모든 내외부 데이터를 대상으로 데이터의 속성, 오너, 관련 시스템 담당자 등을 포함한 데이터 정의서를 작성한다.
④ 시각화를 탐색적 데이터 분석을 위한 도구로 활용하여 데이터의 가독성을 명확히 하고 데이터의 형상 및 분포 등 데이터 특성을 파악한다.

16 데이터 거버넌스 체계에 대한 설명으로 적절하지 않은 것은?

① 데이터 표준 용어 설정은 표준 단어 사전, 표준 도메인 사전, 표준 코드 등으로 구성되며, 각 사전 간 상호 검증이 가능한 점검 프로세스를 포함한다.
② 데이터 관리 체계는 표준 데이터를 포함한 메타 데이터와 데이터 사전의 관리 원칙 수립 및 이에 근거한 항목별 상세 프로세스를 수립한다.
③ 저장소는 데이터 관리 체계 지원을 위한 Workflow 및 관리용 Application을 지원하여야 한다.
④ 메타 데이터 및 데이터 사전 구축과 같은 표준화 활동을 주기적으로 진행한다.

17 분석 성숙도 모델에 대한 설명으로 적절하지 않은 것은?

① 데이터 분석 능력 및 데이터 분석 결과 활용에 대한 조직의 성숙도 수준을 평가하여 현재 상태를 점검하는 방법이다.
② 총 6가지 영역을 대상으로 현재 수준을 파악한다.
③ 비즈니스 부문, 조직 및 역량 부문, IT 부문 총 3개 부문을 대상으로 실시한다.
④ 성숙도 수준에 따라 도입단계, 활용단계, 확산단계, 최적화단계로 구분한다.

18 분석 문제 정의 방법에 대한 설명으로 적절하지 않은 것은?

① 하향식 접근 방식은 문제가 주어지고 이에 대한 해법을 찾기 위하여 각 과정이 체계적으로 단계화되어 수행하는 방식이다.
② 프로토타이핑 접근법의 경우 진화적 프로토타입보다 실험적 프로토타입에 가깝다고 볼 수 있다.
③ 상향식 접근 방식은 문제의 정의 자체가 어려운 경우 데이터를 기반으로 문제의 재정의 및 해결방안을 탐색하고 이를 지속적으로 개선하는 방식이다.
④ 동적인 환경에서 발산과 수렴 단계를 반복적으로 수행하며 상호 보완을 통해 분석의 가치를 극대화하는 혼합방식을 통해 최적의 의사결정을 할 수 있다.

19 빅데이터 분석 방법론에 대한 설명으로 적절하지 않은 것은?

① 응용 서비스 개발을 위한 단계, 태스크, 스텝 3계층으로 구성되었다.
② 분석 기획, 데이터 준비, 데이터 분석, 시스템 구현, 평가 및 전개 5단계로 구성되었다.
③ 비즈니스 이해 및 범위 설정은 데이터 준비 단계의 한 태스크로 프로젝트의 범위를 명확하게 파악하기 위해 구조화된 명세서를 작성한다.
④ 모델링은 데이터 분석 단계의 한 태스크로 개발된 모형을 활용하기 위해 상세한 알고리즘 설명서 작성과 모니터링 방안이 필요하다.

20 분석 프로젝트 속성에 대한 설명으로 적절하지 않은 것은?

① 분석 프로젝트는 도출된 결과의 재해석을 통한 지속적인 반복과 정교화가 수행되는 경우가 대부분이다.
② 분석 프로젝트는 데이터 크기, 데이터 복잡도, 속도, 분석 모형의 복잡도, 정확도와 정밀도를 추가적으로 고려하여야 한다.
③ 분석 결과를 활용하는 측면에서는 정확도가 중요하며, 분석 모형의 안정성 측면에서는 정밀도가 중요하다.
④ 정확도와 정밀도는 항시 Trade off 관계에 있다.

2과목 빅데이터 탐색

21 다음은 결측값에 대한 처리방법을 설명한 것이다. 어떠한 방법에 대한 설명인지 바르게 짝지어진 것을 고르시오.

> ㄱ. 관측 또는 실험으로 얻어진 데이터의 평균으로 결측치를 대치해서 사용한다. 이러한 대치법은 효율성의 향상 측면에는 장점이 있으나 통계량의 표준오차가 과소 추정되는 단점이 있다.
> ㄴ. 전체표본을 몇 개의 대체군으로 분류하여 각 층에서의 응답자료를 순서대로 정리한 후 결측값 바로 이전의 응답을 결측치로 대치한다. 응답값이 여러 번 사용될 가능성이 단점이다.

① ㄱ. 평균 대치법   ㄴ. 회귀 대치법
② ㄱ. 단순확률 대치법   ㄴ. 최근방 대치법
③ ㄱ. 평균 대치법   ㄴ. 최근방 대치법
④ ㄱ. 단순확률 대치법   ㄴ. 평균 대치법

22 다음은 어떤 변수 선택법에 대한 설명인가?

> • 영 모형에서 시작, 모든 독립변수 중 종속변수와 단순상관계수의 절댓값이 가장 큰 변수를 분석모형에 포함시키는 것을 말한다.
> • 부분 F 검정(F test)을 통해 유의성 검증을 시행. 유의한 경우는 가장 큰 F 통계량을 가지는 모형을 선택하고 유의하지 않은 경우는 변수선택 없이 과정을 중단한다.
> • 한번 추가된 변수는 제거하지 않는 것이 원칙이다.

① 전진 선택법   ② 후진 선택법
③ 단계적 선택법   ④ 통계적 선택법

23 요인분석(PCA)의 특징에 대한 설명으로 틀린 것은?

① 가장 작은 분산의 방향들이 주요 중심 관심으로 가정한다.
② 본래의 변수들의 선형결합으로만 고려한다.
③ 차원의 축소는 본래의 변수들이 서로 상관이 있을 때만 가능하다.
④ 스케일에 대한 영향이 크다. 즉 PCA 수행을 위해선 변수들 간의 스케일링이 필수이다.

24 어떤 주어진 데이터의 기술적 통계량에 대한 분석결과 Mean > Median > Mode의 위치를 가지는 형태의 분포를 정규분포형태로 변환하는 방법으로 옳은 것은?

① 순위를 데이터로 범주를 나누어 상대비교로 나누어 정렬한다.
② 모든 데이터를 최소값 0 최대값 1로 그리고 다른 값은 0과 1 사이 값으로 변환한다.
③ Positive Skew 경우로 $\ln(X)$를 통한 변환을 이용한다.
④ Negative Skew 경우로 X^n을 통한 변환을 이용한다.

25 다음 중 오버샘플링에 대한 설명으로 옳은 것은?

> (가) 다수 클래스 데이터에서 일부만 사용하는 방법이다.
> (나) 소수 클래스 데이터를 증가시키는 방법이다.
> (다) 소수클래스(Minority Class)의 복사본을 만들어, 대표클래스(Majority Class)의 수만큼 데이터를 만들어 주는 것이다.
> (라) 데이터에서 loss를 계산할 때 특정 클래스의 데이터에 더 큰 loss 값을 갖도록 하는 방법이다.

① 가, 나   ② 나, 다
③ 다, 라   ④ 나, 라

26 다음 데이터 12, 20, 23, 25, 30에 대해서

$$A = \frac{1}{n}\sum_{i=1}^{n}|x_i - B|$$

최소화 값 A와 최소값을 만들어주는 데이터 또는 통계량 B는 얼마인가?

① A = 4.3   B = 12 (최소값)
② A = 4.4   B = 30 (최대값)
③ A = 4.8   B = 22 (산술평균)
④ A = 4.6   B = 23 (중앙값)

27 다음은 비확률표본 추출법 중 하나를 설명한 내용이다. 어떠한 방법에 대한 설명인가?

- 조사자가 나름의 지식과 경험에 의해 모집단을 가장 잘 대표한다고 여겨지는 표본을 주관적으로 선정하는 방법이다.
- 추출된 표본은 조사자의 주관적 판단에 의해서 표본이 추출되기 때문에 그 표본을 통해 얻은 추정치의 정확성에 대해 객관적으로 평가할 수 없다.
- 표본의 크기가 작은 경우에 조사의 오차를 좌우하는 요인은 추정량의 분산이 될 수 있다.

① 판단추출법(Judgement Sampling)
② 할당추출법(Quota Sampling)
③ 편의추출법(Convenience Sampling)
④ 눈덩이추출법(Snowball Sampling)

28 대한민국 직장인들의 30%는 음주 및 스트레스로 인해 간에 이상이 있는 것으로 알려져 있다. 간기능 검사 시 10% 비율로 잘못 진단할 수 있다고 할 때, 임의의 직장인이 간기능 검사 시 실제 간기능에 문제가 없음에도 불구하고 이상이 있음을 나타낼 확률은 얼마인가?

① 10.0%   ② 20.6%
③ 34.0%   ④ 53.1%

29 다음 아래와 같은 함수가 정의되어 있다고 할 때, 아래 함수가 연속확률밀도함수가 되기 위한 상수 A(단 A>0)의 값을 정하고 P(x<1/2)인 값을 각각 순서대로 구하시오.

$$f(x) = \begin{cases} Ax^2, & 0 < x < 1 \\ 0, & otherwise \end{cases}$$

① 1, $\frac{1}{3}$
② 2, $\frac{2}{3}$
③ 3, $\frac{1}{8}$
④ 4, $\frac{1}{16}$

30 어떤 부품의 수명은 평균 300시간을 가지고(β=300)인 지수분포를 따른다.

$$f(x) = \frac{1}{300}e^{-x/300}, \quad x > 0$$

이 부품이 100시간동안 고장나지 않았을 때, 앞으로 400시간동안 고장나지 않고 작동할 확률은?

① $e^{-\frac{5}{3}}$ ② $e^{-\frac{4}{3}}$
③ e^{-1} ④ $e^{-\frac{1}{3}}$

31 스튜던트 t 분포에서 자유도에 대한 설명으로 틀린 것은?

① 자유도는 자료집단의 변수 중에서 자유롭게 선택될 수 있는 변수의 수를 말한다.
② 스튜던트 t 분포는 분포의 모양은 Z-분포와 유사하다. 종 모양으로서 t=0에 대하여 대칭을 이루는데 t-곡선의 모양을 결정하는 것은 자유도이다.
③ 자유도가 클수록 정규분포의 종 모양을 가지게 된다.
④ 자유도가 1보다 클 때 스튜던트 t 분포에서 기대값은 1이다.

32 다음 설명 중 틀린 것은?

① 표본의 크기가 클수록(표본 수 30 이상) 정규분포를 따른다.
② 표본의 크기가 작고 모 표준편차를 모르는 경우는 t 분포를 따른다.
③ 표본의 크기가 큰 경우 근사적으로 정규분포를 따르게 된다는 것이 대수의 법칙(law of Large Number)이다.
④ 표본의 크기가 작고 모 표준편차를 아는 경우는 정규분포를 따른다.

33 편향에 대한 설명으로 옳은 것은?

① 기대하는 추정량과 모수의 비율을 편향(bias)이라고 한다.
② 분산은 평균에 대한 편차로 이상값에 대한 영향이 적은 대표적 편의추정량이다.
③ 불편추정량(Unbiased Estimator)은 Bθ=0, 즉 편향이 0이 되는 상황의 추정량 θ를 불편추정량이라고 한다.
④ 표본평균은 이상치의 영향으로 값의 변화가 커지므로 대표적인 불편추정량이 아니다.

34 다음 각 분포에 대한 설명으로 틀린 것은?

① 카이제곱분포의 확률밀도함수는
$f(x;k) = \frac{1}{2^{\frac{k}{2}} \Gamma(\frac{k}{2})} x^{\frac{k}{2}-1} e^{-x/2}$ {x ≥ 0}이고 기댓값은 k, 분산 2k이다.
② t 분포에서 자유도가 커지면 커질수록 분포의 형태는 정규분포를 따르게 되므로 평균〈중앙값〈최빈값의 순으로 나타나는 분포의 모습을 따르게 된다.
③ 포아송 분포의 기댓값과 분산은 동일하다.
④ 정규분포는 평균을 중심으로 좌우로 표준편차의 3배 이상 떨어진 값은 거의 취하지 않는다.

35 어떤 기업이 신입사원선발 대한 직무능력시험을 본 결과에 대해서 전체 응시자 중 100명을 뽑아 조사한 결과 평균이 90, 분산이 16이었다고 한다면 이 시험에 대한 전체 모평균의 신뢰구간을 95% 수준에서 구하시오. (소수점 둘째자리에서 반올림)

① 89.41 ≤ μ ≤ 90.59
② 86.41 ≤ μ ≤ 95.59
③ 89.22 ≤ μ ≤ 90.78
④ 89.34 ≤ μ ≤ 90.66

36 두 대선 후보의 지지율을 조사하기 위하여 층화표본추출에 의해 각 나이대별로 지지율 조사를 하고자 한다. 유권자기준 20, 30, 40, 50, 60, 70대 이상으로 나누어 조사를 실시하고자 하는데 95% 신뢰수준으로 추정오차가 1% 이내가 되기 위한 각 나이대별 필요 표본크기는 얼마인가?

① 9604명 이상 되어야 한다.
② 6724명 이상 되어야 한다.
③ 2704명 이상 되어야 한다.
④ 1807명 이상 되어야 한다.

37 다음 아래와 같은 차트의 특징으로 볼 수 없는 것은?

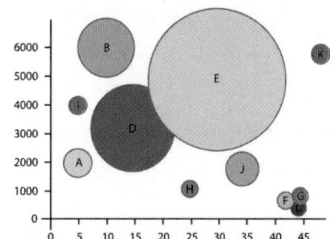

① x, y값의 위치를 표시하는 산점도에 점의 위치에 해당하는 제3의 변수값을 원의 크기로 표현한 그래프로 한 번에 3개의 변수를 비교해볼 수 있다.
② 원(버블)은 면적으로 표현되어야 하며, 반지름이나 지름으로 표현되면 실제 값보다 너무 크게 원이 그려질 수 있어서 주의해야 한다.
③ 국가나 지역에 따른 값의 분포를 표현하는 데 매우 유리하다.
④ 데이터 분포와 관계에 대한 정보를 색으로 표현한 그래프이다. 데이터를 식별하기 위해 각각의 칸마다 색으로 수치의 정도를 표현한다.

38 다음 중 상관계수에 대한 설명으로 부적절한 것을 고르시오.

① 피어슨 상관계수는 서열자료인 두 변수들의 상관관계를 측정하는데 사용한다.
② 상관계수 0은 두 변수 간 상관관계가 없음을 의미한다.
③ 스피어만 상관계수는 두 변수 간 상관관계가 선형관계가 아닌 경우도 고려할 수 있다.
④ 상관계수가 1에 가까울수록 두 변수 간 상관관계가 높음을 의미한다.

39 어느 기계회사의 생산제품 수명은 분산이 1200시간인 정규분포를 따른다. 새로운 공정설계에 의하여 일부를 변경하고 이 공정에서 생산된 제품 30개를 추출하여 분산을 조사하니 1050시간이었다. 공정을 변경하므로 제품수명의 변동이 적어지는지 유의수준 α=0.05 수준에서 검정할 때, 검정 통계량과 검정의 결과가 올바르게 짝지어진 것은?

① 사용검정 통계량 χ^2, 새로운 공정으로 변경하더라도 제품수명의 변동은 적어지지 않는다.
② 사용검정 통계량 χ^2, 새로운 공정으로 변경하면 제품수명의 변동에 차이가 있다.
③ 사용검정 통계량 t, 새로운 공정으로 변경하더라도 제품수명의 변동은 적어지지 않는다.
④ 사용검정 통계량 t, 새로운 공정으로 변경하면 제품수명의 변동에 차이가 있다.

40 다음 중 잘못된 설명은?

① 가설검정은 모집단에 대해 어떤 가설을 설정하고 그 모집단으로부터 추출된 표본을 분석함으로써 그 가설이 틀리는지 맞는지 타당성 여부를 결정(검정)하는 통계적 기법이다.
② 제1종 오류(Type I Error)는 귀무가설이 참일 때 귀무가설을 기각하도록 결정하는 오류이며 우리가 말하는 유의 수준이 곧 1종 오류의 확률이다.
③ 임계치(Critical Value)는 주어진 p-value에서 귀무가설의 채택과 기각에 관련된 의사결정을 할 때, 그 기준이 되는 점이다.
④ 귀무가설의 기각여부는 p-value와 유의수준 α의 크기에 달려 있다. 즉 p-value가 작을수록 그리고 유의수준 α의 값이 클수록 귀무가설을 기각할 수 있다.

3과목 빅데이터 모델링

41 지도학습의 종류 기법으로 세부설명과 맞지 않는 것은?

① 분류 : 랜덤 포레스트
② 회귀 : 다중 회귀분석
③ 분류 : SVM
④ 회귀 : 로지스틱 회귀분석

42 준지도학습의 종류인 GAN은 적대적 생성모델로 2가지 모델이 존재한다. 맞게 나열한 것은?

① 생성모델, 학습모델
② 생성모델, 환경모델
③ 생성모델, 판별모델
④ 생성모델, 특징모델

43 강화학습이란 주어진 환경에서 (   )를/을 최대화하도록 에이전트를 학습하는 기법이다. 괄호에 알맞은 것은?

① 자극   ② 보상
③ 목표치   ④ 예측률

44 다음은 의사결정나무의 구성요소를 설명한 것이다. 틀린 것은?

> a. 가지 : 하나의 마디로부터 끝마디까지 연결된 마디들
> b. 깊이 : 가지를 이루는 마디의 개수
> c. 뿌리마디 : 나무줄기 끝에 있는 마디
> d. 자식마디 : 하나의 마디로부터 분리된 2개 이상의 마디

① a ② b
③ c ④ d

45 카이제곱 검정은 관찰된 빈도가 기대되는 빈도와 비교하여 유의미하게 다른지를 검증하는 기법으로 의사결정나무에 적용될 때 관측도수와 기대도수와의 차이가 커질수록 높아지는 값은?

① 불순도 ② 순수도
③ 지니점수 ④ 엔트로피

46 정보이론에서 순도가 증가하고 불확실성이 감소하는 것으로 발생 사건의 확률이 높아질수록 가치는 줄어드는 이것을 통칭하면?

① 정보손실 ② 정보공유
③ 정보획득 ④ 정보전파

47 임의로 크기가 동일한 여러 개의 표본자료들을 생성하는 것으로 랜덤 포레스트가 앙상블 학습하는데 기반이 되는 이것은?

① 복원추출 ② 배깅생성
③ 부트스트래핑 ④ 부스팅분류

48 의사결정나무의 장점으로 부적합한 설명은?

① 연속형, 범주형 변수 모두 적용이 가능하다.
② 데이터 변형에 민감하다.
③ DB마케팅, 시장조사, 기업 부도/예측 등에 활용한다.
④ 구조 복잡성에 관계없이 손쉽게 해석할 수 있다.

49 인공신경망의 주요 요소 설명으로 부적합한 것은?

① 노드는 신경계 시냅스에 비유된다.
② 은닉층은 입력층과 출력층 사이에서 데이터를 전파 학습한다.
③ 활성화함수는 임계값을 이용, 활성화 여부를 결정한다.
④ 가중치와 입력값이 활성화함수를 통해 전달된다.

50 신경망 학습에서 실제 출력과 목표 출력값과의 오차를 출력층에서 입력층으로 전달, 가중치와 편향을 계산, 업데이트하는 것은?

① 손실함수
② 오차역전파
③ 연쇄법칙
④ 매개변수 갱신

51 최적의 딥러닝 모델 구현을 위해 수동으로 딥러닝 모델에 설정하는 변수인 초매개변수(하이퍼파라미터) 종류와 거리가 먼 것은?

① 배치크기
② 훈련 반복 횟수
③ 가중치 초기화 방법
④ 편향 조정

52 RNN의 단점을 보완하기 위한 변형된 알고리즘인 LSTM은 오랫동안 데이터를 잘 기억하기 위하여 3가지 게이트를 가지고 있는데 이에 해당되지 않는 것은?

① 입력 게이트 ② 망각 게이트
③ 복원 게이트 ④ 출력 게이트

53 다차원 데이터를 저차원으로 바꾸고 바꾼 저차원 데이터를 다시 고차원 데이터로 바꾸면서 특징점을 찾아내는 대표적인 비지도학습 알고리즘은?

① GAN ② 오토인코더
③ RNN ④ CNN

54 SVM에서 초평면의 마진은 각 ( )을/를 지나는 초평면 사이의 거리를 의미할 때 괄호에 알맞은 것은?

① 오프셋 ② 결정영역
③ 서포트 벡터 ④ 커널

55 군집분석의 척도로 L1 거리로도 통칭되며 사각형 격자, 블록으로 이뤄진 지도에서 출발점에서 도착점까지 가로지르지 않고 도착하는 최단거리 개념은?

① 유클리드 거리
② 민코프스키 거리
③ 마할라노비스 거리
④ 맨해튼 거리

56 다음 아래와 같은 분석에 대해 사용 가능한 가장 적합한 통계량과 분석기법은 무엇인가?

> 방송사에서 방송중인 두 개의 프로그램에 대한 시청률에 대해 성별에 따른 차이 유무를 검증하기 위하여 100명의 표본을 선출하여 조사하였다.

① t, 단일평균분석
② χ^2, 교차분석
③ Z, 회귀분석
④ F, 이원분산분석

57 시계열자료에 대한 설명으로 잘못된 것은?

① 추세성분(Trend Component)은 관측 값이 지속적 증가 또는 감소하는 추세(Trend)를 포함한다.
② 계절성분(Seasonal Component)은 주기적 성분에 의한 변동을 가지는 형태(계절, 주, 월, 년 등)이다.
③ 자기상관성(Autocorrelation)은 시차값 사이 이동평균에 대한 값으로 분석하는 것을 말한다.
④ 백색잡음(White Noise)은 자기상관성이 없는 시계열 데이터를 지칭한다.

58 다음은 어떤 모델에서 문서분류에 대한 원리를 나열한 것이다. 빈칸에 들어갈 알맞은 말을 고르시오.

> 문서 doc가 주어졌을 때 범주 C_1과 C_2로 분류 시
> $P(C_1|Doc) = \frac{P(Doc|C_1)P(C_1)}{P(Doc)}$, $P(C_2|Doc) = \frac{P(Doc|C_2)P(C_2)}{P(Doc)}$
> (가) 모델은 $P(C_1|Doc)/P(Doc)$와 $P(C_2|Doc)/P(Doc)$를 비교해서 그 값이 (나) 쪽으로 범주를 할당한다는 개념이다.

① (가) 합성곱신경망(CNN) (나) 작은
② (가) K-means (나) 동일한
③ (가) 나이브 베이즈 모델 (나) 큰
④ (가) 딥러닝 (나) 큰

59 다음의 설명 중 옳은 것은?

> 가. Voting은 서로 다른 알고리즘이 도출해 낸 결과물에 대하여 최종 투표하는 방식을 통해 최종 결과를 선택한다.
> 나. 부스팅(Boosting)은 가중치를 활용하여 연속적인 (sequential) 약학습기를 생성하고 이를 통해 강학습기를 만드는 방법이다.
> 다. 부스팅(Boosting)은 순차적이기 때문에 병렬 처리에 어려움이 있고, 그렇기 때문에 다른 앙상블 대비 학습 시간이 오래 걸린다는 단점이 있다.
> 라. Bagging은 같은 알고리즘 내에서 다른 sample 조합을 사용한다.

① 가, 다, 라
② 가, 나, 라
③ 가, 나, 다, 라
④ 나, 다, 라

60 다음은 어떤 신경망 모델에 대한 다이어그램인지 고르시오.

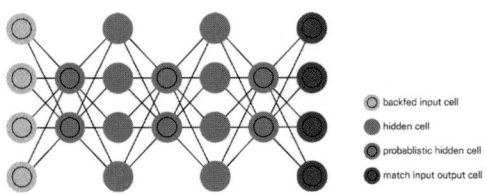

① 심층 신뢰 신경망(DBN: Deep Belief Network)
② 순환 신경망(RNN: Recurrent Neural Network)
③ 합성곱 신경망(CNN: Convolutional Neural Network)
④ 심층 신경망(DNN: Deep Neural Network)

4과목 빅데이터 결과 해석

61 분류 모델 평가지표로 맞지 않는 것은?

① 재현율　　② 정확도
③ 정상도　　④ 정밀도

62 A마트의 영수증을 분석한 결과 다음 표와 같이 정리되었다. 임의의 한 고객이 맥주를 구매했을 경우, 기저귀도 함께 구매했을 확률은 얼마인가?

	맥주를 구매한 고객	맥주를 구매하지 않은 고객
기저귀를 구매한 고객	40	20
기저귀를 구매하지 않은 고객	10	30

① 0.33　　② 0.5
③ 0.67　　④ 0.8

63 회귀에서 자주 사용되는 회귀지표로 예측한 값을 실제 값과 빼고 제곱한 값을 평균한 것은?

① MASE　　② MSE
③ MAE　　④ RMSE

64 다음 중 k-평균군집 분석의 분석절차 순서로 맞는 것은?

> a. 군집중심으로 원하는 수(k)만큼 선택
> b. 반복 과정으로 최종 군집 형성
> c. 군집내 자료들의 평균 계산 뒤 중심점 갱신
> d. 각 개체를 가장 가까운 중심에 할당

① d → a → c → b
② d → c → a → b
③ a → d → c → b
④ a → c → d → b

65 교차검증 K-Fold 검증에 대한 다음 예시로 부적합한 설명은?

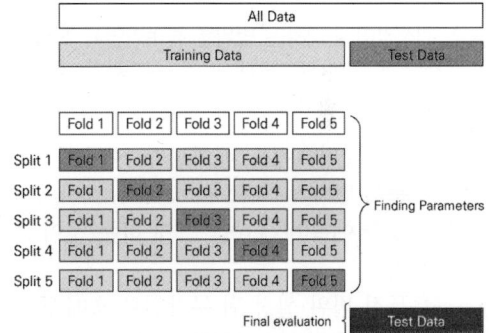

① 훈련 데이터셋을 5개 Fold로 나눈다.
② 각 Fold마다 한 번씩 평가 데이터셋으로 사용, 나머지 Fold들을 훈련한다.
③ 테스트 횟수는 총 5회이다.
④ 5개 성능 결과가 나오면 이를 평균한 것이 해당 모델의 성능이라고 할 수 있다.

66 딥러닝 학습에서의 과적합을 예방하기 위한 방법으로 훈련할 때 은닉층의 뉴런 일부 연결을 삭제하여 신호를 전달하지 않게 하며 테스트 시에 모든 뉴런을 사용하는 기법은?

① 드롭아웃
② 가중치 초기화
③ 언더피팅
④ 앙상블

67 딥러닝 학습 동안 가중치 갱신 시에 가중치 값이 커지지 않도록 규제를 하는 기법으로 손실함수에 가중치의 절대값을 추가하는 규제기법명은?

① 정규화
② L1
③ L2
④ L3

68 손실함수를 최소화하는 매개변수를 찾는 방법 중 확률적 경사 하강법(SGD)와 관련이 없는 항목은?

① 손실함수의 기울기
② 학습률
③ 가중치
④ 편향

69 최적값이 존재하는 범위를 줄여가면서 최종적인 최적값을 찾아내는 초매개변수 최적화와 일치하는 설명은?

① 초매개변수에는 배치크기, 학습률, 가중치 등이 있다.
② 학습 에폭(epoch)을 크게 하는 것이 효과적이다.
③ 특정 범위 설정 뒤 무작위로 초매개변수 값을 샘플링하여 범위를 좁혀간다.
④ 최적화 이후 딥러닝 학습시간이 짧아진다.

70 부트스트랩 기반 샘플링을 활용해서 의사결정나무 분류 모델을 생성한 후 이 결과를 종합하여 최종 분석 모형을 만드는 방법은?

① 배깅
② 부스팅
③ 과대적합
④ 교차검증

71 두 변수 x와 변수 y값의 관계를 표현하기에 적합하지 않은 도구는?

① 스캐터 플롯
② 히트맵
③ 버블차트
④ 파이차트

72 A반은 30명 학생이 있으며, 지난 주에 국어, 영어, 수학, 사회, 과학 5과목에 대해서 중간고사를 실시하였다. 각 학생별, 과목별 점수 분포를 하나의 그래프로 보여주려고 한다. 가장 적당한 그래프는?

① 산점도
② 평행좌표계
③ 버블차트
④ 도넛차트

73 데이터시각화 응용분야로 보기 어려운 것은?

① 인포그래픽
② 탐색적 데이터 분석(EDA)
③ 히트맵
④ 연관분석

74 다음 산점도는 인플레이션에 따른 실업률 변화를 보여준다. 맞게 설명한 것은?

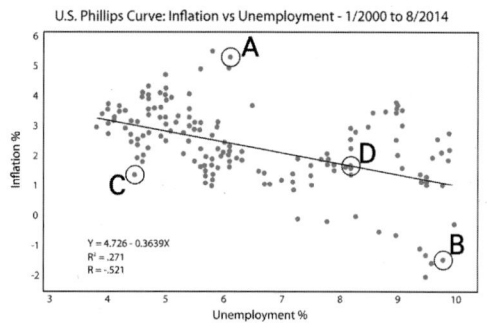

① 인플레이션과 실업률은 양의 상관관계가 있다.
② A는 실업률이 높아서 이상값으로 분류될 수 있다.
③ D는 추세선 위에 존재하므로, 삭제를 해도 추세선의 모양이 변하지 않는다.
④ B와 C는 인플레이션이 비교적 낮은 도시로 분류할 수 있다.

75 다음 중 연속형 데이터와 이산형 데이터에 모두 적용할 수 없는 데이터의 시각적 속성은 어느 것인가?

① 위치 속성
② 색 속성
③ 크기 속성
④ 선유형 속성

76 다음 기업 월별 매출 그래프를 파이차트로 변환하려고 한다. 변환된 파이차트에서 3월이 차지하는 영역(조각)의 각도는 얼마인가?

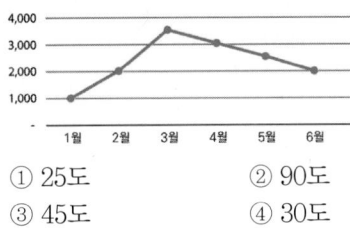

① 25도
② 90도
③ 45도
④ 30도

77 다차원척도법에 대한 설명으로 맞지 않는 것은?

① 모든 변수를 비교하여 비슷한 대상을 그래프 상에서 가깝게 배치한다.
② 2차원 평면에 나타나는 경우 각 관측값이 (x, y) 좌표로 표시된다.
③ 원래의 차원보다 낮은 차원으로 위치시킬 수 있다.
④ 유사한 특징을 갖는 데이터들이 서로 뭉쳐져서 나타난다.

78 단계구분도는 구분되는 지역의 넓이가 각각 다르기 때문에, 넓은 지역의 값이 전체를 지배하는 것과 같이 보일 수 있다. 이러한 단점을 극복할 수 있는 방법으로 제시된 그래프는 다음 중 어느 것인가?

① 스타차트
② 카토그램
③ 히트맵
④ 인포그래픽

79 K-fold 교차 검증에 대한 설명 중 옳지 않은 것은?

① 홀드아웃에 비해 과적합을 줄일 수 있다.
② 학습 데이터셋의 크기가 크지 않을 때 적합하다.
③ 반복 횟수가 많아지므로 훈련 시간이 오래 걸린다.
④ K-1번 검증을 수행한다.

80 분석모형 리모델링에서 수행하는 활동으로 적합하지 않은 것은?

① 성능 모니터링
② 분석 알고리즘 개선
③ 매개변수 최적화
④ 신규분석과제 발굴

실전 모의고사 03회

시험 시간	풀이 시간	합격 점수	내 점수	문항수
120분	분	60점	점	총 80개

1과목 빅데이터 분석 기획

01 다음 중 정량적 데이터와 정성적 데이터에 대한 설명으로 적절하지 않은 것은?

① 정량적 데이터의 유형은 비정형 데이터, 정성적 데이터는 정형, 반정형 데이터이다.
② 정량적 데이터는 수치나 기호 등으로, 정성적 데이터는 문자나 언어 등으로 구성되어 있다.
③ 정량적 데이터는 통계 분석에 용이한 반면 정성적 데이터의 경우 통계 분석 시 어려움이 있다.
④ 정량적 데이터는 주로 객관적 내용을 다루지만, 정성적 데이터는 주관적 내용을 다룬다.

02 다음 중 지식의 피라미드에 대한 예시로 적합하지 않은 것은?

① 데이터 : 텀블러의 온라인 가격은 1만원, 오프라인 가격은 1만5천원이다.
② 지식 : 텀블러를 저렴한 온라인 상점에서 구매하고, 커피도 온라인 상점에서 구매할 것이다.
③ 정보 : 텀블러를 온라인 상점에서 구매하는 것이 오프라인보다 더 저렴하다.
④ 지혜 : 텀블러가 온라인 상점에서 더 저렴하니 머그잔도 온라인 상점이 더 저렴할 것이다.

03 다음 중 OLTP와 OLAP에 대한 설명으로 적절하지 않은 것은?

① OLTP는 데이터 구조가 복잡하지만, OLAP는 단순하다.
② OLTP는 응답 시간이 수초 이내로 빠르지만, OLAP는 수 초에서 몇 분 사이로 느린 편이다.
③ OLTP는 데이터 액세스 빈도가 보통이지만, OLAP는 데이터 액세스 빈도가 높은 편이다.
④ OLTP는 현재 데이터를 담고 있지만, OLAP는 요약된 데이터를 다루고 있다.

04 다음 중 빅데이터의 특징에 대한 설명으로 적절하지 않은 것은?

① 정형 데이터 외 반정형 및 비정형 데이터로 유형이 확대되었다.
② 대용량 데이터의 신속하고 즉각적인 분석이 요구되고 있다.
③ 다른 데이터들과 연계 시 가치가 배로 증대된다.
④ 저품질의 다양한 데이터를 통해서 고수준 인사이트 도출이 가능하다.

05 다음 중 빅데이터의 기능과 효과에 대한 설명으로 적절하지 않은 것은?

① 빅데이터는 시장에 새롭게 진입하려는 잠재적 경쟁자에게 사업의 발판을 마련해준다.
② 빅데이터는 이를 활용하는 기존 사업자에게 경쟁 우위를 제공한다.
③ 빅데이터는 알고리즘 기반으로 의사결정을 지원하거나 이를 대신한다.
④ 빅데이터는 투명성을 높여 연구개발 및 관리 효율성을 제고한다.

06 다음 중 데이터 산업의 진화과정을 순서대로 알맞게 나열한 것은?

① 데이터 통합 → 데이터 분석 → 데이터 연결 → 데이터 권리 → 데이터 처리
② 데이터 처리 → 데이터 통합 → 데이터 분석 → 데이터 연결 → 데이터 권리
③ 데이터 권리 → 데이터 처리 → 데이터 통합 → 데이터 분석 → 데이터 연결
④ 데이터 연결 → 데이터 권리 → 데이터 처리 → 데이터 통합 → 데이터 분석

07 다음 중 분산형 조직구조에 대한 설명으로 적절하지 않은 것은?

① 분석 전문 인력을 현업 부서에 배치하여 분석 업무를 수행한다.
② 전사 차원에서 분석과제의 우선순위를 선정하고 수행한다.
③ 분석 수행의 일반적 구조이다.
④ 분석 결과를 현업에 빠르게 적용 가능하다.

08 다음 중 빅데이터 처리과정에서 요구되는 요소기술이 아닌 것은?

① 수집 기술　② 저장 기술
③ 처리 기술　④ 설계 기술

09 다음 중 기계학습의 종류에 대한 설명으로 적절하지 않은 것은?

① 강화학습은 선택 가능한 행동들 중 보상을 극대화하는 행동을 역순서로 선택하는 방법이다.
② 지도학습은 학습 데이터로부터 하나의 함수를 유추 해내기 위한 방법이다.
③ 비지도학습은 데이터가 어떻게 구성되었는지 알아내는 문제의 범주에 속한다.
④ 준지도학습은 목표 값이 표시된 데이터와 표시되지 않은 데이터 모두 학습에 사용한다.

10 다음 중 개인정보의 판단기준으로 적합하지 않은 것은?

① 생존하는 개인에 관한 정보여야 한다.
② 다른 정보와 결합하여 개인을 알아볼 수 있는 정보는 배제한다.
③ 정보의 내용 및 형태 등은 제한이 없다.
④ 개인을 알아볼 수 있는 정보여야 한다.

11 다음 중 2020년 데이터 3법의 주요 개정 내용에 대한 설명으로 적절하지 않은 것은?

① 데이터 이용 활성화를 위한 가명정보 개념 도입 및 데이터간 결합 근거를 마련하였다.
② 개인정보보호 관련 법률의 유사·중복 규정을 정비 및 거버넌스 체계를 효율화 하였다.
③ 데이터 활용 따른 개인정보처리자의 책임을 조직 대표자가 연대하여 책임지도록 강화하였다.
④ 다소 모호했던 개인정보의 판단기준을 명확하게 하였다.

12 다음 중 데이터 분석 기획의 특징에 대한 설명으로 적절한 것은?

① 분석 주제를 정의한 상태에서 분석 방법을 알고 있을 때 인사이트 발굴이 가능하다.
② 분석 주제를 정의하지 못하였지만 분석 방법을 알고 있다면 솔루션을 찾아낼 수 있다.
③ 분석 주제를 정의한 상태에서 분석 방법을 알고 있을 때 솔루션을 찾아낼 수 있다.
④ 분석 주제를 정의하지 못하였지만 분석 방법을 알고 있다면 인사이트를 발굴 할 수 있다.

13 다음 중 IT 프로젝트에서 과제 우선순위 평가기준으로 적합하지 않은 것은?

① 기술 완전성
② 전략적 필요성
③ 시급성
④ 투자 용이성

14 다음 중 분석 과제 우선순위 조정 시 고려사항에 대한 설명으로 적절하지 않은 것은?

① 분석 과제의 전체 범위를 한 번에 일괄적으로 적용하여 추진할 수 있다.
② 기존 시스템에 미치는 영향을 최소화하여 적용하는 방안이 가장 적절하다.
③ 분석 과제 중 일부만 PoC로 진행하고 평가 후 범위를 확대할 수 있다.
④ 기존 시스템과 별도로 시행하여 난이도 조율을 통한 우선순위를 조정할 수 있다.

15 다음 중 하향식 접근 방식의 해결방안 탐색 단계에 대한 설명으로 적절한 것은?

① 분석 역량을 확보하고 있고 분석 기법이나 시스템을 보유하고 있다면 고도화를 진행한다.
② 분석 역량을 확보하고 있고 분석 기법이나 시스템을 확보하지 못하였다면 아웃소싱한다.
③ 분석 역량을 확보하고 있고 분석 기법이나 시스템을 보유하고 있다면 개선하여 활용한다.
④ 분석 역량을 확보하지 못하였으나 분석 기법이나 시스템을 보유하고 있다면 아웃소싱한다.

16 다음 중 분석 방법론으로 활용 가능한 소프트웨어개발생명주기에 대한 설명으로 옳은 것은?

① 폭포수 모형은 이해하기 쉽고 관리가 용이하며, 요구사항 도출이 쉽다.
② 원형 모형은 의사소통을 향상시키며, 폐기되는 프로토타입도 재활용 가능하다.
③ 나선형 모형은 계획수립, 개발, 위험분석, 고객평가 순으로 진행된다.
④ 반복적 모형은 시스템을 여러 번 나누어 릴리즈하는 방법이다.

17 다음 중 CRISP-DM 분석 방법론의 분석절차로 올바른 것은?

① 업무 이해 → 데이터 이해 → 데이터 준비 → 모델링 → 평가 → 전개
② 데이터셋 선택 → 데이터 전처리 → 데이터 변환 → 데이터마이닝 → 데이터마이닝 결과 평가
③ 추출 → 탐색 → 수정 → 모델링 → 평가
④ 분석 기획 → 데이터 준비 → 데이터 분석 → 시스템 구현 → 평가 및 전개

18 다음 중 분석 프로젝트 관리 시 중요한 속성들에 대한 설명으로 적절하지 않은 것은?

① Accuracy는 모형과 실제 값 사이의 차이를 측정하는 지표이다.
② 데이터의 크기는 현 시점을 기준으로 하며, 지속적 증가 여부는 고려하지 않는다.
③ Precision은 모형을 계속하여 반복했을 때 결과의 일관성을 측정하는 지표이다.
④ 분석 모형의 정확도와 복잡도는 Trade off 관계에 있다.

19 다음 중 데이터 수집을 위한 비용 요소에 대한 설명으로 적절하지 않은 것은?

① 데이터의 수집 주기는 실시간, 매시, 매일, 매주, 매달 단위로 할 수 있다.
② 데이터의 수집 방식은 자동 수집과 수동 수집으로 나뉜다.
③ 데이터의 종류는 관계형 데이터베이스나 파일에 있는 정형 데이터로 한정한다.
④ 데이터를 수집하기 위한 기술로는 ETL이나 크롤러 등이 있다.

20 다음 중 개인정보 비식별화를 위한 데이터 범주화 방법에 대한 설명으로 적절하지 않은 것은?

① 감추기는 명확한 값을 숨기기 위하여 데이터의 평균 또는 범주 값으로 변환하는 방식이다.
② 범위 방법은 수치 데이터를 임의의 수 기준 범위로 설정하는 기법이다.
③ 랜덤 라운딩은 수치 데이터를 임의의 수 기준으로 올림 또는 내림하는 기법이다.
④ 임의 잡음 추가는 개인 식별이 가능한 정보에 임의의 숫자 등 잡음을 추가하는 기법이다.

2과목 빅데이터 탐색

21 데이터의 정제과정에 관련한 설명으로 올바른 것은?

① 수집된 데이터를 대상으로 초기 분석하여 원하는 결과를 얻어내는 과정이다.
② 정제과정을 거치지 않으면 데이터 구성의 일관성이 없어지므로 분석처리의 어려움이 발생한다.
③ 데이터로부터 원하는 결과나 분석을 얻기 위해서 분석도구나 기법에 상관없이 데이터의 객관성을 확보하는 처리가 필요하다.
④ 후처리 과정이란 도출된 결과를 보정하는 과정으로 정제된 데이터의 신뢰성확보에 필요하다.

22 질적 자료의 설명으로 옳은 것을 고르시오.

① 정량적 자료라고 하며 수치의 크기 자체의 의미를 부여하는 자료를 말한다.
② 서열 자료는 수치나 기호가 서열을 나타내는 자료이다.
③ 명목 자료는 측정대상이 범주나 종류에 대해 구분 되어지는 것을 수치 또는 기호로 분류 될 수 없는 자료이다.
④ 정성적 자료라고 하며 분류가 불가능한 비정형 자료이다.

23 다음은 결측값의 종류에 대한 설명이다. 틀린 설명을 고르시오.

① 완전 무작위 결측은 어떤 변수상에서 결측 데이터가 관측된 혹은 관측되지 않는 다른 변수와 아무런 연관이 없는 경우로 정의한다.
② 결측 데이터를 가진 모든 변수가 완전 무작위 결측(MCAR)이라면 소규모 데이터에서 단순 무작위 표본추출을 통해 처리 가능하다.
③ 무작위결측(MAR)은 변수상의 결측데이터가 관측된 다른 변수와 연관되어 있지만 그 자체가 비관측값들과는 연관되지 않은 경우이다.
④ 비 무작위 결측(NMAR)은 어떤 변수의 결측 데이터가 완전 무작위 결측(MCAR) 또는 무작위 결측(MAR)이 아닌 결측데이터로 정의하는 것이다.

24 다음 보기는 어떠한 대치법(Imputation)에 대한 설명인지 고르시오.

> 평균 대치법에서 추정량 표준오차의 과소 추정을 보완하는 대치법으로 Hot-deck 방법이라고도 한다. 확률추출에 의해서 전체 데이터 중 무작위로 대치하는 방법이다.

① 평균 대치법(Mean Imputation)
② 회귀 대치법(Regression Imputation)
③ 최근방 대치법(Nearest-Neighbor Imputation)
④ 단순확률 대치법(Single stochastic Imputation)

25 다음은 어떠한 변수선택의 설명인가?

> - 영 모형에서 시작. 모든 독립변수 중 종속변수와 단순 상관계수의 절댓값이 가장 큰 변수를 분석모형에 포함시키는 것을 말한다.
> - 부분 F 검정(F test)을 통해 유의성 검증을 시행, 유의한 경우는 가장 큰 F 통계량을 가지는 모형을 선택하고 유의하지 않은 경우는 변수선택 없이 과정을 중단한다.
> - 한번 추가된 변수는 제거하지 않는 것이 원칙이다.

① 후진 선택법(Backward Selection)
② 단계적 선택법(Stepwise Selection)
③ 전진 선택법(Forward Selection)
④ 부분 선택법(Piecewise Selection)

26 차원축소 필요성에 대한 설명으로 틀린 것은?

① 데이터를 분석하는데 있어서 분석시간의 증가(시간복잡도: Time Complexity)와 저장변수 양의 증가(공간복잡도: Space Complexity)를 고려 시 동일한 품질을 나타낼 수 있다면 효율성 측면에서 데이터 종류의 수를 줄여야 한다.
② 차원이 작은 간단한 분석모델일수록 내부구조 이해가 용이하고 해석이 쉬워진다.
③ 차원의 증가는 분석모델 파라미터의 증가 및 파라미터 간의 복잡한 관계의 증가로 분석결과의 오적합 발생의 가능성이 커진다. 이는 분석모형의 정확도(신뢰도) 저하를 발생시킬 수 있다.
④ 작은 차원만으로 안정적인(robust) 결과를 도출해낼 수 있다면 많은 차원을 다루는 것보다 효율적이다.

27 주성분 분석(PCA: Principal Component Analysis)에 대한 설명으로 틀린 것을 모두 고르시오.

> 가) 분포된 데이터들의 특성을 설명할 수 있는 하나 또는 복수개의 특징(주성분: Principal Component)을 찾는 것을 의미한다.
> 나) 서로 연관성이 있는 고차원공간의 데이터를 선형연관성이 없는 저차원(주성분)으로 변환하는 과정을 거친다(직교변환을 사용).
> 다) 기존의 기본변수들을 새로운 변수의 세트로 변환하여 차원을 줄이되 기존 변수들의 분포특성을 최대한 보존하여 이를 통한 분석결과의 신뢰성을 확보한다.
> 라) 차원 축소에 폭넓게 사용된다. 각 차원 간 사전 분포는 독립적인 정규분포를 따른다.
> 마) 차원의 축소는 본래의 변수들이 서로 독립일 때만 가능하다.

① 가, 마　　② 가, 나
③ 라, 마　　④ 다, 라

28 불균형 데이터에 대한 설명 중 옳은 것은?

① 데이터에서 각 클래스가 갖고 있는 데이터의 질에 차이가 큰 경우, 클래스 불균형이 있다고 말한다.
② 데이터 클래스 비율이 너무 차이가 나면 재현율(recall-rate)이 높아도 데이터 개수가 적은 클래스의 정확도(accuracy)가 급격히 작아지는 현상이 발생할 수 있다.
③ 클래스 균형은 다수의 클래스에 특별히 더 큰 관심이 있는 경우에 필요하다.
④ 클래스에 속한 데이터의 개수의 차이에 의해 발생하는 문제들을 불균형 데이터 문제 또는 비대칭 데이터 문제(Imbalanced Data Problem)이라고 한다.

29 이상치 발견의 통계적 기법 활용에 대한 방법으로 옳은 것은?

① 중앙값은 전체변수의 범위중에서 가운데값을 사용하므로 이상값이 존재하면 영향을 받는다.
② 데이터의 중심을 알기 위해서는 평균(mean), 중앙값(median), 최빈값(mode), 첨도(kurtosis)를 사용할 수 있다.
③ 데이터의 분산도를 알기 위해서는 범위(range), 분산(variance), 왜도(skewness)를 사용할 수 있다.
④ 평균에는 집합 내 모든 데이터 값이 반영되기 때문에, 이상값이 있으면 값이 영향을 받는다.

30 피어슨 상관계수(Pearson Correlation Coefficient)에 대한 설명으로 옳은 것은?

① 두 변수 X 와 Y 간의 비선형 상관관계를 계량화한 수치이다.
② 두 변수 간의 연관 관계가 있는지 없는지를 밝혀주며 자료에 이상점이 있거나 표본크기가 작을 때 유용하다.
③ 피어슨 상관계수는 +1과 -1 사이의 값을 가지며, +1은 완벽한 양의 선형 상관관계, 0은 선형 상관관계 없음, -1은 완벽한 음의 선형 상관관계를 의미한다.
④ 데이터가 서열자료인 경우 즉 자료의 값 대신 순위를 이용하는 경우의 상관계수로서, 데이터를 작은 것부터 차례로 순위를 매겨 서열 순서로 바꾼 뒤 순위를 이용해 상관계수를 구한다.

31 100명의 여자에 대한 신장과 체중을 비교한 자료이다. 체중의 개인차가 신장의 개인차보다 크다고 할 수 있는가?

	평균	표준편차
체중	52.3kg	2.54kg
신장	152.7 Cm	2.28cm

① 체중에 대한 개인차가 크다.
② 신장에 대한 개인차가 크다.
③ 체중에 대한 개인차와 신장에 대한 개인차는 동일하다.
④ 체중과 신장의 개인차는 알 수 없다.

32 다음 보기는 공간데이터 용어의 어떤 정의의 설명인가?

> 공간 객체간의 관계를 표현하며, 방위, 공간 객체간의 중첩, 포함, 교차, 분리 등과 같은 위치적 관계

① 비 공간 타입
② 래스터 공간 타입
③ 벡터 공간 타입
④ 위상적 공간 타입

33 정준분석의 설명 중 틀린 것은?

① 두 변수집단 간의 연관성(Association)을 각 변수집단에 속한 변수들의 선형결합(Linear Combination)의 상관계수를 이용하여 분석하는 방법이다.
② 정준상관계수(Canonical Correlation Coefficient)는 정준변수들 사이의 상관계수이다.
③ 두 집단에 속하는 변수들의 개수 중에서 변수의 개수가 적은 집단에 속하는 변수의 개수만큼의 정준변수 상이 만들어질 수 있다.
④ 정준분석의 경우 하나의 반응변수를 여러 개의 설명변수로 설명하고자 할 때, 가장 설명력이 높은 변수들의 선형결합을 찾아 이들 사이의 인과관계를 생각하는 방법이다.

34 다음은 표본추출오차에 관한 설명이다. 틀린 것은?

① 최대 대표는 모집단에서 추출된 표본이 너무 많이 추출되어 전수조사에 가까운 조사가 되는 현상이다.
② 표본추출 시 표본의 크기(Sample Size)보다는 대표성을 가지는 표본을 추출하는 것이 중요하다.
③ 과잉 대표는 중복선택 등의 원인으로 모집단이 반복·중복된 데이터만으로 규정되는 현상을 지칭한다.
④ 최소 대표는 실제모집단의 대표성을 나타낼 표본이 아닌 다른 데이터가 표본이 되는 현상이다.

35 다음 중 포아송분포를 적용할 수 있는 예가 아닌 것을 고르시오.

① 10시부터 11시 사이에 은행지점창구에 도착한 고객의 수
② 하루 동안 걸려오는 전화수
③ 원고집필 시 원고지 한 장당 오타의 수
④ 금융상품 가입 상담 건수 10회중 실제 가입이 이루어진 수

36 스튜던트 t 분포에서 자유도에 대한 설명으로 맞는 것은?

① 자유도는 자료집단의 변수 중에서 자유롭게 선택될 수 있는 변수의 수를 말한다.
② 스튜던트 t 분포는 정규분포의 평균 측정 시 주로 사용하는 분포이다. 분포의 모양은 Z-분포와 유사하며 t-곡선의 대칭/비대칭 여부를 결정하는 것은 자유도이다.
③ 자유도가 클수록 정규분포보다 더욱 높은 종모양을 가지게 된다.
④ 자유도가 1보다 클 때만 스튜던트 t 분포에서 기대값은 1이다.

37 편향에 대한 설명으로 틀린 것은?

① 기대하는 추정량과 모수의 차이를 편향(bias)이라고 한다.
② 임의의 추정량의 편향을 $B(\hat{\theta})$이라고 하면 $B(\hat{\theta}) = E(\hat{\theta}) - \theta$로 정의할 수 있다.
③ 불편추정량(Unbiased Estimator)은 $B(\hat{\theta})=0$ 즉, 편향이 0이 되는 상황의 추정량 $\hat{\theta}$을 불편추정량이라고 한다.
④ 표본 평균은 이상치의 영향으로 값의 변화가 커지므로 대표적인 불편추정량이 아니다.

38 모평균에 대한 신뢰구간에 대한 각 상황 별 정리이다. 옳은 것을 모두 고르시오.

구분		신뢰구간 100(1 − α)%
(가)	모집단의 분산을 아는 경우	$\bar{X} - Z_{\frac{\alpha}{2}} \cdot \frac{\sigma}{\sqrt{n}} \leq \mu \leq \bar{X} + Z_{\frac{\alpha}{2}} \cdot \frac{\sigma}{\sqrt{n}}$
(나)	모집단의 분산을 모르는 경우 (표본 크기가 작은 경우)	$\bar{X} - t_{\frac{\alpha}{2}, n-1} \cdot \frac{S}{\sqrt{n}} \leq \mu \leq \bar{X} + t_{\frac{\alpha}{2}, n-1} \cdot \frac{S}{\sqrt{n}}$
(다)	모집단의 분산을 모르는 경우 (표본 크기가 큰 경우)	$\bar{X} - Z_{\frac{\alpha}{2}} \cdot \frac{S}{\sqrt{n}} \leq \mu \leq \bar{X} + Z_{\frac{\alpha}{2}} \cdot \frac{S}{\sqrt{n}}$

① 가
② 가, 나
③ 가, 다
④ 가, 나, 다

39 가설검정에 대한 설명으로 옳은 것은?

① 연구자에 의해 설정된 가설은 모집단 전체를 근거로 하여 채택여부를 결정짓게 되는데 이때 사용되는 통계량을 검정통계량이라 정의한다.
② 귀무가설(Null Hypothesis, H_0)은 연구자가 모수에 대해 새로운 통계적 입증을 이루어 내고자 하는 가설이다.
③ 검정통계량의 표본분포에 따라 채택여부를 결정짓는 일련의 통계적 분석과정을 가설검정이라 하며 일반적으로 몇 단계의 절차를 거쳐 검정이 수행된다.
④ 대립가설(Alternative Hypothesis, H_1) 현재 통념적으로 믿어지고 있는 모수에 대한 주장 또는 원래의 기준이 되는 가설이다.

40 두 독립표본(각 n, m 표본수) 사이의 평균차이의 검정을 하기 위한 검정 통계량 식으로 옳은 것은?

① 검정 통계량 $T = \dfrac{\bar{X} - \bar{Y}}{S_p \sqrt{\dfrac{1}{n} + \dfrac{1}{m}}}$ 여기서

$S_p^2 = \dfrac{(n-1)S_1^2 + (m-1)S_2^2}{n+m-2}$ 으로 공통분산 σ^2의 합동표본분산이며 S_1^2, S_2^2 는 각각의 표본의 표본분산을 말한다. 검정 통계량 T는 자유도 m+n−2인 t 분포를 따른다.

② 검정 통계량 $T = \dfrac{\bar{X} - \bar{Y}}{S_p \sqrt{\dfrac{1}{n} + \dfrac{1}{m}}}$ 여기서

$S_p^2 = \dfrac{(n-1)S_1^2 + (m-1)S_2^2}{n+m+2}$ 으로 공통분산 σ^2의 합동표본분산이며 S_1^2, S_2^2 는 각각의 표본의 표본분산을 말한다. 검정 통계량 T는 자유도 n+m+2인 t 분포를 따른다.

③ 검정 통계량 $T = \dfrac{\bar{X} - \bar{Y}}{S_p \sqrt{\dfrac{n}{m} + \dfrac{1}{n}}}$ 여기서

$S_p^2 = \dfrac{(n-1)S_1^2 + (n-1)S_2^2}{n+m-2}$ 으로 공통분산 σ^2의 합동표본분산이며 S_1^2, S_2^2 는 각각의 표본의 표본분산을 말한다. 검정 통계량 T는 자유도 n+m−2인 t 분포를 따른다.

④ 검정 통계량 $T = \dfrac{\bar{X} - \bar{Y}}{S_p \sqrt{\dfrac{m}{n} + \dfrac{1}{m}}}$ 여기서

$S_p^2 = \dfrac{(m-1)S_1^2 + (m-1)S_2^2}{n+m-2}$ 으로 공통분산 σ^2의 합동표본분산이며 S_1^2, S_2^2 는 각각의 표본의 표본분산을 말한다. 검정 통계량 T는 자유도 n+m−2인 t 분포를 따른다.

3과목 빅데이터 모델링

41 지도학습 모델은 분류와 예측모델로 구분되는데 분류모델에 해당되지 않는 것은?

① 의사결정트리
② 인공신경망
③ 서포트 벡터 머신(SVM)
④ 다중회귀분석

42 로지스틱 회귀분석이 갖는 선형 회귀분석과 비교 시 차이점으로 맞는 설명은?

① 종속변수: 연속형 변수, 분포: 정규분포
② 종속변수: 범주형 변수, 분포: 정규분포
③ 종속변수: 범주형 변수, 분포: 이항분포
④ 종속변수: 연속형 변수, 분포: 이항분포

43 다중회귀분석 결과를 해석할 시 진행순서가 올바른 것은?

① 다중공선성 진단 → 모형의 적합도 평가 → 회귀계수 유의성 확인 → 수정된 결정계수 확인
② 수정된 결정계수 확인 → 모형의 적합도 평가 → 회귀계수 유의성 확인 → 다중공선성 진단
③ 모형의 적합도 평가 → 회귀계수 유의성 확인 → 수정된 결정계수 확인 → 다중공선성 진단
④ 다중공선성 진단 → 회귀계수 유의성 확인 → 수정된 결정계수 확인 → 모형의 적합도 평가

44 정보이론에서 순도가 증가하고 불확실성이 감소하는 것을 의미하는 용어는?

① 재귀적 분기
② 가지치기
③ 정보 획득
④ 엔트로피 지수

45 의사결정나무의 대표적 알고리즘인 CART (Classification and Regression Tree)는 불순도 측도로 범주형 또는 이산형일 경우 (ㄱ)를, 연속형인 경우 분산의 감소량을 이용한 (ㄴ)를 활용한다. 빈칸에 맞는 말을 고른다면?

① ㄱ. 엔트로피 지수 ㄴ. 다지분리
② ㄱ. 지니 지수 ㄴ. 다지분리
③ ㄱ. 지니 지수 ㄴ. 이진분리
④ ㄱ. 엔트로피 지수 ㄴ. 이진분리

46 여러 부트스트랩 자료를 생성하여 학습하는 모델링으로 랜덤포레스트가 속한 알고리즘 기법은?

① 부스팅
② 배깅
③ 앙상블
④ 의사결정트리

47 한 회사의 직원 3명의 메일함에서 스팸 메일들을 분류할 때 앙상블 값이 맞는 경우는?

	김철수	나윤아	이성희
나이브 베이지안	1	0	0
KNN	0	0	1
SVM	1	0	1
의사결정나무	1	1	1

① 김철수, 앙상블 값 = 3/4
② 나윤아, 앙상블 값 = 1/4
③ 이성희, 앙상블 값 = 1
④ 정답이 없음

48 다음 빈칸에 들어갈 단어로 맞는 것을 고른다면?

(ㄱ)함수는 신경망이 출력한 값과 실제 값과의 오차에 대한 함수로 손실 함수값이 최소화되도록 하기 위해 가중치와 (ㄴ)을 찾는 것이 인공신경망의 학습이라고 하며 일반적인 손실 함수로는 (ㄷ)오차 또는 교차 엔트로피 오차를 활용한다.

① ㄱ. 손실 ㄴ. 교차점 ㄷ. 평균
② ㄱ. 오차 ㄴ. 편향 ㄷ. 평균제곱
③ ㄱ. 손실 ㄴ. 편향 ㄷ. 평균제곱
④ ㄱ. 오차 ㄴ. 교차점 ㄷ. 평균

49 일반적인 신경망 알고리즘 학습 프로세스 순서로 적합한 것은?

① 미니배치 – 가중치 매개변수 기울기 산출 – 매개변수 갱신
② 샘플선정 – 가중치 매개변수 기울기 산출 – 매개변수 갱신
③ 미니배치 – 매개변수 갱신 – 가중치 매개변수 기울기 산출
④ 샘플선정 – 매개변수 갱신 – 가중치 매개변수 기울기 산출

50 가중치 매개변수의 기울기를 미분을 통해 진행하는 것은 시간비용이 크므로 오차를 출력층에서 입력층으로 전달, 연쇄법칙을 활용하여 가중치와 편향을 계산, 업데이트하는 기법을 칭하는 것은?

① 퍼셉트론
② 활성화함수
③ 확률적 경사하강법
④ 오차역전파

51 다음 (1, 3), (4, 4) 간의 유클리디안 거리 값을 계산, 선택한다면?

① $\sqrt{5}$
② $\sqrt{10}$
③ $\sqrt{12}$
④ $\sqrt{16}$

52 분류모델이 틀린 곳에 집중하여 새로운 분류규칙을 생성, 즉 weak classifier에 중점을 두는 지도학습 알고리즘은?

① 부스팅
② 배깅
③ 랜덤포레스트
④ 회귀분석

53 활성화함수 종류 중 0보다 크면 입력값을 그대로 출력 0 이하의 값만 0으로 출력하는 함수명은?

① Sigmoid(시그모이드)
② Relu(렐루)
③ Softmax(소프트맥스)
④ Perceptron(퍼셉트론)

54 랜덤포레스트는 여러 개의 의사결정 나무를 활용, 예측 결과를 (   ) 방식으로 예측 결정한다. 빈칸에 적합한 용어는?

① 투표
② 평균
③ 분류
④ 군집

55 기저귀와 맥주 간 support, confidence, lift 값은?

TID	Items
1	빵, 우유
2	빵, 기저귀, 맥주, 달걀
3	우유, 기저귀, 맥주, 콜라
4	빵, 우유, 기저귀, 맥주
5	빵, 우유, 기저귀, 콜라

① $\frac{3}{5}, \frac{2}{5}, \frac{3}{4}$
② $\frac{4}{5}, \frac{3}{5}, \frac{2}{3}$
③ $\frac{3}{5}, \frac{3}{4}, \frac{5}{4}$
④ $\frac{2}{5}, \frac{5}{4}, \frac{3}{5}$

56 다음은 범주형 분석방법에 대한 설명이다 옳지 않은 것은?

① 빈도분석은 질적 자료를 대상으로 빈도와 비율을 계산할 때 쓰인다.
② 로지스틱분석은 두 범주형 변수가 서로 상관이 있는지 독립인지를 판단하는 통계적 검정방법이다.
③ T 검정은 독립변수가 범주형(두 개의 집단)이고 종속변수가 연속형인 경우 사용되는 검정 방법으로 두 집단간의 평균 비교 등에 사용된다.
④ 독립변수가 범주형(두 개 이상 집단)이고 종속변수가 연속형인 경우 사용되는 검정 방법으로 분산분석이 사용된다.

57 다음은 시계열 자료의 정상성(Stationarity 定常性)에 대한 설명이다. 틀린 것을 고르시오.

① 정상성을 가진다는 의미는 시계열 데이터가 평균과 분산이 일정한 경우를 지칭한다.
② 시계열 데이터가 정상성을 가지면 분석이 용이한 형태로 볼 수 있다.
③ 시계열 데이터가 평균이 일정하지 않으면 차분(difference)을 통해 정상성을 가지도록 할 수 있다.
④ 시계열 데이터가 분산이 일정하지 않으면 평행이동을 통해 정상성을 가지도록 할 수 있다.

58 다음은 인공신경망과 딥러닝에 대한 설명이다. 틀린 것은?

① 딥러닝은 인공신경망의 단점(계산속도의 저하, 과적합 문제) 등이 극복되면서 부각된 기계학습이라고 할 수 있다.
② 딥러닝은 여러 비선형 변환기법의 조합을 통해 높은 수준의 추상화를 시도하는 기계학습 알고리즘의 집합으로 정의된다.
③ 소수의 동일레이어 내의 노드의 수직체계 개수를 다수로 늘려서 정확도를 높이는 것이 기존 인공신경망과 딥러닝의 차이이다.
④ 인공신경망과 딥러닝은 사람의 사고방식을 컴퓨터에게 가르치는 기계학습의 한 분야라고 이야기할 수 있다.

59 다음은 어떤 딥러닝에 대한 설명이다. 아래 설명에 해당되는 딥러닝 알고리즘은 무엇인가?

> • 인공신경망을 구성하는 유닛 사이의 연결이 Directed cycle을 구성하는 신경망을 말한다.
> • 앞먹임 신경망(Feed forward Neural Network)과 달리, 임의의 입력을 처리하기 위해 신경망 내부의 메모리를 활용할 수 있다.
> • 필기체 인식(Handwriting recognition)과 같은 분야에 활용되고 있고, 높은 인식률을 나타낸다.
> • 기존의 뉴럴 네트워크와 다른 점은 '기억'을 갖고 있다는 점인데, 네트워크의 기억은 지금까지의 입력 데이터를 요약한 정보라고 볼 수 있다.

① 합성곱신경망(Convolutional Neural Network, CNN)
② 순환신경망(Recurrent Neural Network, RNN)
③ 심층신뢰신경망(Deep Belief Network, DBN)
④ 심층신경망(Deep Neural Network, DNN)

60 앙상블 기법에 대한 설명으로 틀린 것은 무엇인가?

① 약학습기(Weak Learner)는 무작위 선정이 아닌 성공확률이 높은 즉 오차율이 일정 이하(50% 이하)인 학습 규칙을 말한다.
② 강학습기(Strong Learner)는 약학습기로부터 만들어내는 강력한 학습 규칙을 의미한다.
③ 앙상블 기법은 서로 다른 학습 알고리즘을 경쟁시켜 각 알고리즘 간의 장점을 결합하여 학습하는 개념이다.
④ 한 개의 Single Leaner에 의한 분석보다는 더 나은 분석성능을 이끌어 낼 수 있으며 다양한 Weak Learner를 통해 Strong Learner를 만들어가는 과정이다.

4과목 빅데이터 결과 해석

61 분류모델을 평가하는 지표에 대한 설명으로 거리가 먼 것은?

① 정확도는 True인 데이터를 모델에서 True로 분류하는 정도를 말한다.
② 정밀도는 True로 분류한 대상 중에 실제로 True인 비율을 말한다.
③ 예측 성능을 측정하기 위해 예측값과 실제값을 비교한 표를 오차행렬이라고 한다.
④ AUC는 ROC 곡선 하단영역의 넓이를 구한 값으로 0~1 사이의 값을 갖는다.

62 다음 보기와 같이 실제값과 예측값이 존재할 때 평균제곱오차는 얼마인가?

실제값	예측값
10	11
13	12
17	19
21	23

① 10 ② 2.5
③ -4 ④ 6

63 군집분석 모델을 평가하기 위한 고려사항으로 거리가 먼 것은?

① 같은 군집내에 속한 요소가 군집의 중심으로부터 가깝게 분포할 때 좋은 모델이다.
② 군집과 이웃군집 사이의 거리가 멀수록 좋은 모델로 평가할 수 있다.
③ 같은 군집에 속한 요소들의 평균 거리를 실루엣 계수라 한다.
④ 군집의 수가 많아질수록 군집내 속한 요소들 간의 거리는 줄어든다.

64 '동일한 확률분포를 가진 독립 확률 변수 n개의 평균의 분포는 n이 적당히 크다면 정규분포에 가까워진다'는 이론은 다음 중 무엇인가?

① 중심극한정리
② 평균과 표준편차
③ 베이즈 정리
④ 교차 검증

65 다음 오차행렬에서 재현율은 얼마인가?

		실제 답	
		True	False
예측 결과	True	50	150
	False	50	250

① 0.33 ② 0.5
③ 0.25 ④ 0.75

66 모델의 과대적합 방지를 위한 기법에 해당되지 않는 것은?

① 드롭아웃
② L2 규제
③ 편향-분산 트레이드오프
④ 경사하강법

67 다음 중 군집분석의 타당성 지표로 적당하지 않은 것은?

① 군집간 거리
② 군집의 지름
③ 군집의 분산
④ 군집의 평균

68 두 종류 이상의 결과변수를 동시에 분석할 수 있는 방법으로 결과 변수 간의 유의성, 관련성을 설명할 수 있는 방법은 다음 중 어느 것인가?

① 앙상블 학습
② 결합분석 모형
③ 매개변수 최적화
④ 경사하강법

69 다음 중 모집단에 대한 유의성 검정에 대한 설명 중 맞지 않는 것은?

① z-검정은 추출된 표본 데이터가 정규분포를 보이는지 검증한다.
② t-검정은 모집단의 분산과 표준편차를 알지 못할 때 사용된다.
③ 분산분석(ANOVA)은 두 개 이상 집단들의 평균을 비교하는 분석 기법이다.
④ 카이제곱 검정은 두 집단의 분산을 이용하여 동질성 검증한다.

70 다음 분석모형 해석에 관한 설명 중 맞지 않는 것은?

① 분석 후 적합한 모형을 도출하는데 사용되는 지표는 설명력, 오차율, 인자수, 잔차 등이 있다.
② 딥러닝에서의 적합 모형 해석은 분류문제인 경우 정확도나 오차율을 사용한다.
③ 연관분석 모델은 두 개 또는 그 이상의 품목들 사이의 상호 관련성으로 해석한다.
④ 군집분석 모델은 군집그룹에 속한 요소들 사이의 거리 평균을 사용한다.

71 분석모델별 활용되는 시각화 기법 연결로 잘못된 것은?

① SVM - 산점도
② KNN - 평행좌표계
③ 연관분석 - 파이차트
④ 군집분석 - 산점도

72 다음 중 데이터 시각화에 대한 설명으로 잘못된 것은?

① 데이터 시각화는 데이터의 특징을 직관적으로 제공한다.
② 데이터의 시각적 속성으로는 위치, 형태, 크기 등이 있다.
③ 데이터의 분포를 시각적으로 보여주는데 유용한 도구이다.
④ 비정형데이터는 구조화하기 어렵기 때문에 정형데이터로 변환하여 시각화해야 한다.

73 다음 보기의 개념을 가장 정확하게 설명하는 개념은 어느 것인가?

> 주로 뉴스 기사의 그래픽에 사용되며 복잡한 정보와 지식을 차트, 지도, 다이어그램, 일러스트레이션 등을 활용해 한눈에 파악할 수 있도록 시각적으로 표현한다.

① 인포그래픽
② 정보디자인
③ 시각적 분석
④ 데이터추상화

74 다음 보기에서 설명하는 용어는 무엇인가?

> 그래프나 차트에서 사용되는 기호나 선 등이 어떤 의미인지 설명하는 역할을 함

① 축   ② 범례
③ 스케일   ④ 스코프

75 다음 보기의 특징을 갖는 시각화 방법은 무엇인가?

> • 일정 기간에 걸쳐 진행되는 변화를 표현하기에 적합
> • 막대의 영역을 구분하여 두 개 이상의 변수를 동시에 표현

① 막대그래프
② 누적막대그래프
③ 히스토그램
④ 파이차트

76. 기업의 월별 매출을 보여주는 막대그래프이다(추세선은 현재월과 전월의 이동평균값을 보여준다). 다음 중 그래프를 통해서 이해할 수 있는 정보로 적절하지 않은 것은?

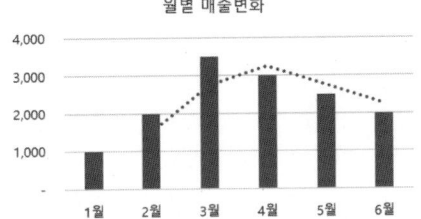

① 1월 매출보다 2월 매출이 증가하였다.
② 3월 총매출은 3,000 이상이다.
③ 1월부터 6월까지 매출의 평균은 1,000 이상이다.
④ 추세선이 막대보다 위에 있는 경우 다음달 매출이 줄어들 것을 예측할 수 있다.

77. 다음 중 데이터 시각화 도구에 대한 설명으로 맞지 않는 것은?

① 트리맵은 사각형 영역을 사용하여 데이터 분포를 시각화한다.
② 산점도는 점들의 분포에 따라 집중도를 확인할 수 있다.
③ 도수분포표는 일정한 간격으로 구분된 구간에 대해 데이터의 분포를 표현하는데 적합하다.
④ 파이차트는 시간에 따른 데이터의 변화를 표현하는데 적합하다.

78. 데이터 시각화에 대한 다음 설명 중 가장 거리가 먼 것은 어느 것인가?

① 데이터 시각화는 분석된 결과를 해석하는 대표적인 방법이다.
② 공간시각화를 위한 대표적인 도구는 카토그램이 있다.
③ 누적막대그래프는 이산형 데이터를 표현하는데 적합하다.
④ 데이터 시각화를 통해서 데이터의 결측치를 효율적으로 발견할 수 있다.

79. 다음 보기에서 설명하는 CRISP-DM 데이터 분석 프로세스는 무엇인가?

- 분석 모델을 실제 운영 데이터에서 동작시킨다.
- 분석 모델 수정이 이루어진다.

① 데이터 준비   ② 모델링
③ 평가   ④ 전개

80. 분석 프로젝트 성과 평가에서 이루어지는 활동으로 거리가 먼 것은?

① 분석 프로젝트의 성과 지표는 정량적, 정성적 지표를 동시에 고려한다.
② 목표치를 달성하기 위해서 분석 모델을 리모델링 한다.
③ 성과가 목표치보다 부족한 경우 분석과제의 개선사항을 검토한다.
④ 성과평가 결과를 관련 부서 및 조직과 공유한다.

실전 모의고사
정답 & 해설

빠른 정답 확인표

실전 모의고사 01회

01 ①	02 ②	03 ③	04 ②	05 ①
06 ④	07 ③	08 ④	09 ①	10 ①
11 ③	12 ④	13 ①	14 ②	15 ①
16 ④	17 ①	18 ①	19 ②	20 ④
21 ②	22 ①	23 ①	24 ②	25 ②
26 ③	27 ①	28 ③	29 ②	30 ②
31 ③	32 ③	33 ②	34 ④	35 ③
36 ④	37 ④	38 ④	39 ③	40 ②
41 ①	42 ②	43 ①	44 ④	45 ②
46 ④	47 ①	48 ①	49 ①	50 ②
51 ④	52 ②	53 ①	54 ②	55 ①
56 ①	57 ①	58 ②	59 ③	60 ①
61 ④	62 ②	63 ①	64 ②	65 ④
66 ②	67 ②	68 ④	69 ③	70 ②
71 ④	72 ①	73 ①	74 ④	75 ③
76 ③	77 ①	78 ①	79 ④	80 ①

실전 모의고사 03회

01 ①	02 ②	03 ③	04 ④	05 ①
06 ②	07 ③	08 ④	09 ①	10 ②
11 ③	12 ④	13 ①	14 ②	15 ③
16 ④	17 ①	18 ②	19 ③	20 ④
21 ②	22 ②	23 ②	24 ④	25 ③
26 ③	27 ③	28 ④	29 ④	30 ③
31 ①	32 ④	33 ④	34 ①	35 ①
36 ①	37 ③	38 ②	39 ③	40 ①
41 ④	42 ③	43 ④	44 ③	45 ③
46 ④	47 ③	48 ③	49 ①	50 ④
51 ④	52 ①	53 ②	54 ①	55 ③
56 ②	57 ④	58 ①	59 ②	60 ③
61 ①	62 ②	63 ③	64 ①	65 ②
66 ④	67 ④	68 ②	69 ④	70 ④
71 ③	72 ③	73 ①	74 ④	75 ②
76 ④	77 ④	78 ④	79 ④	80 ②

실전 모의고사 02회

01 ②	02 ②	03 ③	04 ①	05 ①
06 ②	07 ③	08 ④	09 ①	10 ④
11 ③	12 ④	13 ③	14 ②	15 ③
16 ④	17 ②	18 ②	19 ③	20 ④
21 ③	22 ①	23 ①	24 ③	25 ②
26 ④	27 ①	28 ②	29 ③	30 ②
31 ④	32 ①	33 ③	34 ②	35 ①
36 ①	37 ①	38 ①	39 ①	40 ①
41 ④	42 ③	43 ②	44 ③	45 ②
46 ③	47 ②	48 ④	49 ①	50 ②
51 ④	52 ③	53 ②	54 ③	55 ④
56 ②	57 ①	58 ②	59 ③	60 ①
61 ③	62 ④	63 ②	64 ③	65 ③
66 ①	67 ②	68 ④	69 ③	70 ①
71 ④	72 ②	73 ④	74 ③	75 ④
76 ②	77 ②	78 ②	79 ④	80 ④

실전 모의고사 정답 & 해설

실전 모의고사 01회

01 ①	02 ②	03 ③	04 ②	05 ①
06 ④	07 ③	08 ④	09 ①	10 ①
11 ③	12 ④	13 ①	14 ③	15 ③
16 ④	17 ①	18 ①	19 ③	20 ④
21 ②	22 ③	23 ③	24 ②	25 ②
26 ③	27 ①	28 ③	29 ③	30 ②
31 ③	32 ③	33 ②	34 ②	35 ③
36 ④	37 ④	38 ④	39 ①	40 ④
41 ①	42 ②	43 ①	44 ④	45 ②
46 ④	47 ①	48 ②	49 ①	50 ②
51 ④	52 ②	53 ②	54 ②	55 ④
56 ①	57 ③	58 ②	59 ③	60 ③
61 ④	62 ①	63 ④	64 ②	65 ④
66 ②	67 ④	68 ②	69 ③	70 ②
71 ④	72 ①	73 ③	74 ④	75 ③
76 ③	77 ②	78 ①	79 ④	80 ①

1과목 빅데이터 분석 기획

01 ①
ETL 프로세스는 데이터의 추출(Extract), 변환(Transform), 적재(Load)의 약어로, 다양한 원천 데이터를 취합해 추출하고 공통된 형식으로 변환하여 적재하는 과정이다.

02 ②
최근 해석 가능한 인공지능 기술에 대한 연구가 진행되고 있지만 딥러닝의 경우 이론적 근거가 부족하고 해석이 어렵다는 것이 다수의 견해이다.

03 ③
빅데이터 분석 방법론은 분석 기획, 데이터 준비, 데이터 분석, 시스템 구현, 평가 및 전개 5단계로 구성되어 있다.

04 ②
지도학습은 학습 데이터로부터 하나의 함수를 유추해내기 위한 방법으로 분류모형이나 회귀모형에 적합하다.

05 ①
민감한 정보의 분포를 낮추어 추론 가능성을 더욱 낮추는 기법은 t-근접성에 대한 설명이다.
m-유일성은 비식별 데이터셋의 속성을 조합했을 때 동일한 값이 m개 이상이 되도록 한다.

06 ④
개인정보 비식별화 방법으로 가명 처리, 총계 처리, 데이터 삭제, 데이터 범주화, 데이터 마스킹 기법이 있다.

07 ③
탐색적 데이터 분석
분석용 데이터셋에 대한 정합성 검토, 데이터 요약, 데이터 특성을 파악하고 모델링에 필요한 데이터를 편성한다. 다양한 관점으로 평균, 분산 등 기초 통계량을 산출하여 데이터의 분포와 변수간의 관계 등 데이터 자체의 특성과 통계적 특성을 파악한다. 또한 시각화를 탐색적 데이터 분석을 위한 도구로 활용하여 데이터의 가독성을 명확히 하고 데이터의 형상 및 분포 등 데이터 특성을 파악한다.

08 ④
Insight : 분석 대상을 모르는 경우

오답 피하기
- Discovery : 둘 다 모르는 경우
- Solution : 분석 방법을 모르는 경우
- Optimization : 분석 대상과 분석 방법을 모두 알고 있는 경우

09 ①
입사 지원자에 대하여 해당 기관에서 당사자의 범죄 이력을 조회하기 위해 정보주체의 사전 동의가 필요하다.

10 ①
정형 데이터 품질 진단 방법으로 메타데이터 수집 및 분석, 칼럼 속성 분석, 누락 값 분석, 값의 허용 범위 분석, 허용 값 목록 분석, 문자열 패턴 분석, 날짜 유형 분석, 기타 특수 도메인 분석, 유일 값 분석, 구조 분석 등이 있다.

11 ③
EDA는 모형을 선정하기 위한 과정이 아니라 모형에 적합한 데이터를 마련(가공)하는 과정 즉, 모델링에 필요한 데이터를 편성한다는 것에 주의한다.

12 ④
모형화는 복잡한 문제를 논리적이면서도 단순화하는 과정으로 많은 변수가 포함된 현실 문제를 특징적 변수로 정의한다. 문제를 변수들 간의 관계로 정의한다.

13 ①
진단(Diagnostic) 분석 : 원인은 무엇인가?

오답 피하기
- 기술(Descriptive) 분석 : 무엇이 일어났는가?
- 예측(Predictive) 분석 : 앞으로 어떻게 될 것인가?
- 처방(Prescriptive) 분석 : 어떻게 대처해야 하는가?

14 ③
이상치
변수의 분포에서 비정상적으로 분포를 벗어난 값이다. 각 변수의 분포에서 비정상적으로 극단값을 갖는 경우나 자료에 타당도가 없는 경우, 비현실적인 변수값들이 이에 해당한다. 이상치가 포함된 자료의 분석결과는 추정치가 이상점의 방향으로 편파성을 일으키는 문제, 타당도가 결여된 자료를 분석에 포함하여 발생하는 추정치의 타당도 문제가 발생한다.

15 ③
DBMS는 DBtoDB 방식으로 DBMS간 동기화나 데이터에 대한 전송을 할 수 있다.

16 ④

데이터 분석 성숙도 모델은 성숙도 수준에 따라 도입단계, 활용단계, 확산단계, 최적화단계로 구분한다.

17 ①

개인정보 수집 시 정보주체에게 수집 목적 및 출처, 이용 기간, 정보 활용 거부권 행사 방법 등을 투명하게 알려야 한다.

18 ①

상향식 접근 방식은 다량의 데이터 분석을 통해 왜(why) 그러한 일이 발생하는지 역으로 추적하면서 문제를 도출하거나 재정의할 수 있는 방식으로 데이터를 활용하여 생각지도 못했던 인사이트 도출 및 시행착오를 통한 개선이 가능하다.

19 ③

정확성은 실세계에 존재하는 객체의 표현 값이 정확히 반영되어야 한다는 것으로, 세부 품질 기준으로는 선후 관계 정확성, 계산/집계 정확성, 최신성, 업무규칙 정확성이 있다.

20 ④

데이터 거버넌스는 전사 차원의 모든 데이터에 대하여 정책 및 지침, 표준화, 운영조직과 책임 등의 표준화된 관리 체계를 수립하고 운영하기 위한 프레임워크와 저장소를 구축하는 것이다.

2과목 빅데이터 탐색

21 ②

박스플롯은 수치적 자료를 표현하는 그래프이다. 이 그래프는 가공하지 않은 자료 그대로를 이용하여 그린 것이 아니라, 자료로부터 얻어 낸 통계량인 5가지 요약 수치(다섯 숫자 요약, Five-number Summary)를 가지고 그린다.
- 5가지 요약 수치 : 최솟값, 제1사분위(Q1), 제2사분위(Q2), 제3사분위(Q3), 최댓값

최댓값과 최솟값을 통해 이상값이 존재하는지 파악할 수 있다. 분산은 데이터의 퍼짐정도를 나타내는 것으로 박스플롯을 통해 파악하기 힘들다.

22 ③

단계적 선택법(Stepwise Selection)
- 전진 선택법과 후진 선택법(래퍼기법)의 보완방법이다.
- 전진 선택법을 통해 가장 유의한 변수를 모형에 포함 후 나머지 변수들에 대해 후진 선택법을 적용하여 새롭게 유의하지 않은 변수들을 제거한다.
- 제거된 변수는 다시 모형에 포함하지 않으며 유의한 설명변수가 존재하지 않을 때까지 과정을 반복한다.

기본적으로 단계적 선택법은 전진 선택법과 후진 선택법의 결합으로 각각의 기본 룰을 지킴에 유의해야 한다.

23 ③

특정상황에만 유의미하지 않게 대표성을 나타나게 할 필요가 있다.

24 ②

오버샘플링 : 소수클래스의 복사본을 만들어, 대표클래스의 수만큼 데이터를 만들어 주는 것이다. 똑같은 데이터를 그대로 복사하는 것이기 때문에 새로운 데이터는 기존 데이터와 같은 성질을 갖게 된다.

> **오답 피하기**
> - 언더샘플링 : 대표클래스(Majority Class)의 일부만을 선택하고, 소수클래스(Minority Class)는 최대한 많은 데이터를 사용하는 방법이다. 이때 언더샘플링된 대표클래스 데이터가 원본 데이터와 비교해 대표성이 있어야 한다.
> - ③, ④의 음수 미포함 행렬분해와 특이값분해는 데이터 축소에 관련된 기법이다.

25 ②

P(A)=0.5는 A공장 생산품일 확률, P(B)=0.3은 B공장 생산품일 확률, P(C)=0.2는 C공장 생산품일 확률이고 P(F)는 불량품이 나올 확률이라고 하자.
그럼 문제의 조건에서
P(F|A) : A공장 생산품 중 불량품이 나올 확률이고 값은 0.01
P(F|B) : B공장 생산품 중 불량품이 나올 확률이고 값은 0.02
P(F|C) : C공장 생산품 중 불량품이 나올 확률이고 값은 0.03
우리가 구하고자 하는 확률은 불량품인데 A공장 제품일 확률이므로 P(A|F)로 정의 될 수 있고, 베이지안 정리에 의해

$$P(A|F) = \frac{P(A \cap F)}{P(F)} = \frac{P(F|A)P(A)}{P(F|A)P(A) + P(F|B)P(B) + P(F|C)P(C)}$$

이 된다. 정리하면,

$$\frac{0.01 \times 0.5}{0.01 \times 0.5 + 0.02 \times 0.3 + 0.03 \times 0.2} = \frac{0.005}{0.017} = \frac{5}{17}$$

26 ③

한 학생이 80점에서 85점 사이의 점수를 받을 확률은

$$Z_1 = \frac{X - \mu}{\sigma} = \frac{80 - 80}{10} = 0, \quad Z_2 = \frac{X - \mu}{\sigma} = \frac{85 - 80}{10} = 0.5$$

그러므로

$$P(80 \leq X \leq 85) = P\left(0 \leq \frac{X - \mu}{\sigma} \leq 0.5\right) = P(0 \leq Z \leq 0.5)$$
$$= P(Z \leq 0.5) - P(Z \leq 0.0) = 0.6915 - 0.5 = 0.1915$$

27 ①

최대우도에 의한 모수추정의 방법을 이용하여 (로그우도추정)

$$f(t;\theta) = \theta e^{-\theta t} \ (t \geq 0)$$

$$L(x_1, x_2, ..., x_n; \theta) = \prod_{i=1}^{n} f(x_i; \theta) = \prod_{i=1}^{n} \theta e^{-\theta x_i}$$

여기서 x_i=3, 1, 2, 3, 3이므로

$$L(x_1, x_2, ..., x_n; \theta) = \theta e^{-3\theta} \theta e^{-\theta} \theta e^{-2\theta} \theta e^{-3\theta} \theta e^{-3\theta}$$

정리하면

$$L(x_1, x_2, ..., x_n; \theta) = \theta^5 e^{-12\theta}$$

양변에 로그를 취하면

$$ln[L(x_1, x_2, ..., x_n; \theta)] = \ln(\theta^5 e^{-12\theta}) = \ln\theta^5 - 12\theta$$

여기서 ($\ln(e^{-12\theta}) = -12\theta \ln e = -12\theta$) 식을 미분하면

$$\frac{d\ ln[L(x_1, x_2, ..., x_n; \theta)]}{d\theta} = \frac{5\theta^4}{\theta^5} - 12$$

상기식을 0 되게 하는 값, 즉 미분값이 0이 되는 값은

$$\frac{5\theta^4}{\theta^5} - 12 = 0 \quad \rightarrow \quad \frac{5}{\theta} = 12$$

정리하면 θ=5/12

28 ③

음의 상관관계를 나타내주는 그래프 개형으로 피어슨 상관계수는 -1 < ρ < 0 사이 값으로 나타내어질 수 있다.

29 ②

스피어만 상관계수에 대한 설명이다.

오답 피하기
- 크론바흐 알파(Cronbach's alpha) 계수인 신뢰도(reliability) 계수 α는 검사의 내적 일관성 신뢰도를 나타내는 값으로서 한 검사 내에서 변수들 간의 평균상관관계에 근거해 검사문항들이 동질적인 요소로 구성되어 있는지를 분석하는 것이다. 동일한 개념이라면 서로 다른 독립된 측정 방법으로 측정했을 때 결과가 비슷하게 나타날 것이라는 가정을 바탕으로 한다.

30 ②

스타차트(Star Chart)
하나의 공간에 각각의 변수를 표현하는 몇 개의 축을 그리고, 축에 표시된 해당 변수의 값들을 연결하여 별 모양(또는 거미줄 모양)으로 표현하는 그래프이다.
- 하나의 변수마다 축이 시작되는 시작점(중점)은 최소값, 가장 먼 끝점은 최대값을 나타낸다.
- 값이 적은 축에 해당하는 부분이 다른 부분에 비해 들어가 보이기 때문에, 여러 변수 값들을 비교하여 부족하거나 넘치는 변수를 표현하는데 적합하다.
- 연결된 선의 모양이나 색을 다르게 하는 경우 여러 속성을 한번에 표현할 수 있다.

버블차트(Bubble Chart)
x, y값의 위치를 표시하는 산점도에 점의 위치에 해당하는 제3의 변수값을 원의 크기로 표현한 그래프로 한 번에 3개의 변수를 비교해볼 수 있다.
- 제3의 값을 표시하는 원(버블)은 면적으로 표현되어야 하며, 반지름이나 지름으로 표현되면 실제 값보다 너무 크게 원이 그려질 수 있어서 주의해야 한다.
- 도시별 인구밀집도, 도시별 우유 판매량 등 국가나 지역에 따른 값의 분포를 표현하는데 매우 유리하다.

히트맵(Heat Map)
데이터 분포와 관계에 대한 정보를 색(Heat)으로 표현한 그래프이다. 데이터를 식별하기 위해 각각의 칸마다 색으로 수치의 정도를 표현한다.

산점도(스캐터플롯: Scatter Plot)
두 변수의 값을 2차원(또는 3차원) 좌표계를 활용하여 점으로 표시한 것으로 점들의 집합이 모여서 두 변수 사이의 관계를 표현한다.
- 점들의 분포에 따라 집중도(강도, 영향력)를 확인할 수 있으며, 관계 추정을 위해 추세선을 추가할 수 있다.
- 점의 크기, 형태, 색상 등을 다르게 하여 하나의 산점도에 다양한 데이터의 특징을 표현할 수 있다.

31 ③

모집단의 분산을 모르고 표본의 크기가 작은 경우이므로 t-분포에 의한 신뢰구간를 구하여 보면

$$\bar{X} - t_{\frac{\alpha}{2}, n-1} \cdot \frac{S}{\sqrt{n}} \leq \mu \leq \bar{X} + t_{\frac{\alpha}{2}, n-1} \cdot \frac{S}{\sqrt{n}}$$

표본 평균 $\bar{X}$=170, 분산이 S^2=25 이고 자유도는 25-1= 24
자유도가 24이고 $t_{0.05, 24}$=±2.064 이므로
(신뢰도 95% 이므로 1-0.95=0.05)

$$170 - 2.064 \cdot \frac{5}{\sqrt{25}} \leq \mu \leq 170 + 2.064 \cdot \frac{5}{\sqrt{25}}$$

정리하면

$$167.936 \leq \mu \leq 172.064$$

32 ③

기댓값을 나타내는 다음의 두 추정량을 추정량의 선택기준인 불편성과 효율성측면에서 비교하여 보자.

$$E(\hat{\theta}_1) = \frac{1}{4}E(X_1) + \frac{1}{4}E(X_2) + \frac{1}{4}E(X_3) + \frac{1}{4}E(X_4) = \frac{1}{4}4\mu = \mu$$

$$E(\hat{\theta}_2) = \frac{1}{4}E(X_1) + \frac{1}{2}E(X_2) + \frac{1}{4}E(X_3) = \frac{1}{4}\mu + \frac{1}{2}\mu + \frac{1}{4}\mu = \mu$$

이므로 둘다 불편 추정량이다. 그러나 분산을 비교하여 보면

$$Var(\hat{\theta}_1) = \frac{1}{16}Var(X_1) + \frac{1}{16}Var(X_2) + \frac{1}{16}Var(X_3) + \frac{1}{16}Var(X_4) = \frac{4}{16}\sigma^2 = \frac{1}{4}\sigma^2$$

$$Var(\hat{\theta}_2) = \frac{1}{16}Var(X_1) + \frac{1}{4}Var(X_2) + \frac{1}{16}Var(X_3) = \frac{6}{16}\sigma^2 = \frac{3}{8}\sigma^2$$

∴ $Var(\hat{\theta}_1) < Var(\hat{\theta}_2)$이 된다. 즉, $\hat{\theta}_1$이 $\hat{\theta}_2$보다 더 효율적이라고 말할 수 있다.

33 ②

- 제1종 오류(Type I Error) : 귀무가설이 참일 때 귀무가설을 기각하도록 결정하는 오류
- 제2종 오류(Type II Error) : 귀무가설이 거짓인데 귀무가설을 채택할 오류

34 ④

차원의 저주(Curse of Dimensionality)
- 데이터분석 및 알고리즘을 통한 학습을 위해 차원이 증가하면서 학습데이터의 수가 차원의 수보다 적어져 성능이 저하되는 현상이다.
- 해결을 위해서 차원을 줄이거나 데이터의 수를 늘리는 방법을 이용해야 한다.

35 ③

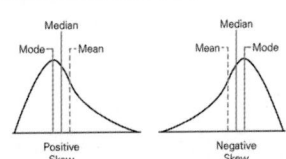

- 프로스포츠 구단의 경우는 Positive Skew의 형태로 중심성의 경향으로 봤을 때는 중앙값이 중심성 경향의 통계량으로 가장 적절하다.
- 기본적으로 Positive Skew 경우는 최빈값(mode) < 중앙값(median) < 평균(Mean) 이다.
- 분산의 중심화경향이 아닌 산포성 퍼짐정도에 대한 통계량이다.

36 ④

- 최적 배분법 : 추정량의 분산을 최소화 시키거나 주어진 분산의 범위 하에서 비용을 최소화 시키는 방법

오답 피하기
- 비례 배분법 : 각 층 내의 추출단위 수에 비례하여 표본크기를 배분하는 방법
- 네이만 배분법 : 각 층의 크기와 층별 변동의 정도를 동시에 고려한 표본 배정 방법

37 ④

어떤 데이터에서 각 클래스(주로 범주형 반응 변수)가 갖고 있는 데이터의 양에 차이가 큰 경우, 클래스 불균형이 있다고 말한다. 데이터 클래스 비율이 너무 차이가 나면(Highly-imbalanced Data) 단순히 우세한 클래스를 택하는 모형의 정확도가 높아지므로 모형의 성능판별이 어려워진다.

불균형 데이터의 처리
- 가중치 균형방법(Weighted Balancing)
- 언더샘플링(Undersampling)
- 오버샘플링(Oversampling)

38 ④
표본의 크기가 커질수록 표준오차 $\sigma_{\bar{x}} = \frac{\sigma}{\sqrt{n}}$는 점점 줄어든다.

39 ③
지수분포 정규분포 F-분포는 연속확률분포이나 이항분포는 이산확률분포이다.

40 ②
모집단이 정규분포여도 모분산 값을 아는지 여부에 따라 달라지는데 현문제는 모분산을 모르는 상태이므로 표본의 크기에 따라서 표본이 따르는 분포는 달라진다. 30을 기준으로 30 이상인 경우는 정규분포, 30 미만의 경우는 t-분포를 따르며 표준오차의 경우는 표본의 크기가 커질수록 줄어든다.

3과목 빅데이터 모델링

41 ①
- 후진소거법 : 후진 선택법이라고도 하며 전체모델에서 시작, 모든 독립변수 중 종속변수와 단순상관계수의 절댓값이 가장 작은 변수를 분석모형에서 제외시킨다.

오답 피하기
- 전진선택법 : 영 모형에서 시작, 모든 독립변수 중 종속변수와 단순상관계수의 절댓값이 가장 큰 변수를 분석모형에 포함시키는 것을 말한다.
- 차원축소 : 어떤 목적에 따라서 변수(데이터의 종류)의 양을 줄이는 것이다.
- 요인분석 : 다수의 변수들 간의 관계(상관관계)를 분석하여 공통차원을 축약하는 통계분석 과정이다.

42 ②
오차역전파는 오차를 출력층에서 입력층으로 전달하고 연쇄법칙을 통해 가중치와 편향을 업데이트한다.

43 ①
특징맵의 출력 크기는 너비와 폭이 같은 정방형으로 (입력 높이(또는 너비) + 2 × 패딩값 - 필터 높이(또는 너비))/스트라이드값 +1로 계산한다. 따라서 (5 + 2 × 0 - 3) / 1 + 1 = 3으로 (3, 3)이 된다.

44 ④
다중 공선성 진단은 3개 이상의 독립변수 간 상관관계로 인한 문제가 없어야 한다.

45 ②
SVM은 선형 또는 비선형 분류로 이진분류만 가능하며 예측 정확도가 높은 편이나 데이터가 많을 시 모델 학습 시간이 오래 소요된다.

46 ④
다차원 척도법 : 객체간 근접성을 시각화한 통계기법으로 객체들 간 유사성/비유사성을 측정하여 2차원/3차원공간상에 점으로 표현한다.

47 ①
선형 회귀모델에 L1 규제를 추가한 것을 Lasso(라쏘)라고 한다.

오답 피하기
- L2 규제를 추가한 것은 Ridge(리지)이며 elasticNet은 Ridge의 L2와 Lasso의 L1 정규화혼합 모델이다.

48 ②
SVM의 주요 요소들로 벡터, 결정영역, 초평면, 서포트 벡터, 마진 등이 있다.

49 ①
자료의 형태에 따른 범주형 자료 분석 방법

독립변수	종속변수	분석방법	예제
범주형	범주형	빈도분석, 카이제곱 검정 로그선형모형	지역별 선호정당 (지역별정당선호도)
연속형	범주형	로지스틱 회귀분석	소득에 따른 결혼의 선호도
범주형	연속형	T 검정(2그룹) 분산분석(2그룹 이상)	지역별 가계수입의 차이
연속형	연속형	상관분석, 회귀분석	

50 ②

		실제값	
		일반인	암환자
예측값	일반인	60 TN	0 FN
	암환자	10 FP	30 TP

정확도(Accuracy) = (TP+TN)/(TP+FP+TN+FN) = 0.9
정밀도(Precision) = TP/(TP+FP) = 0.75
재현율(Recall) = TP/(TP+FN) = 1
- 데이터셋의 label 값이 불균형적으로 적은 경우 정확도만으로 예측 모델 성능을 평가하는 데는 한계가 있다.

51 ④
Adaboost 알고리즘은 부스팅 기법에 해당된다.

52 ②
P(A)는 A 사건 확률, P(B)는 B 사건확률, P(C)는 C 사건 확률, P(x)는 어떤 새로운 사건에 대한 확률
문제의 조건에서
  P(x|A) = A 사건 중 x 나올 확률
  P(x|B) = B 사건 중 x 나올 확률
  P(x|C) = C 사건 중 x 나올 확률
B 사건 하에서 나올 조건부확률 P(B|x)로 정의될 수 있고, 베이지안 정리에 의해

$$P(B|x) = \frac{P(B \cap x)}{P(x)} = \frac{P(x|B)P(B)}{P(x|A)P(A) + P(x|B)P(B) + P(x|C)P(C)}$$

53 ②
Holdout(홀드아웃) 교차검증은 훈련데이터, 검증데이터, 테스트데이터를 일정 비율로 지정한 뒤 먼저 훈련데이터로 학습하되 훈련데이터 내에서 일정 부문 검증데이터를 두어 검증한다.

54 ②
SNS 기반 선호 브랜드 그룹 분석은 비지도학습 중 하나인 군집 분석에 해당된다.

55 ④

색상비율에 따라 특정 감정 그룹 레이블(이름)으로 지정할 수 있으므로 분류 분석에 해당된다.

56 ①

- 다층판별분석 : 종속변수가 남/여와 같이 두 개의 범주로 나누어져 있거나, 상/중/하와 같이 두 개 이상의 범주로 나누어져 있을 경우, 즉 종속변수가 비계량적 변수일 경우 이용된다.
- 요인분석 : 많은 수의 변수들 간 상호관련성을 분석하고, 이들 변수들을 어떤 공통 요인들로 설명하고자 할 때 이용된다.
- 분산분석 : 독립변수가 범주형(두 개 이상 집단)이고 종속변수가 연속형인 경우 이용된다.

57 ①

- 자기회귀모형 : 시계열이 시차값 사이에 선형관계를 보이는 것을 자기상관이라 하며, 이러한 자기 상관성을 기반으로 과거의 패턴이 지속된다면 시계열 데이터 관측치 Xt는 과거 관측치 X(t-1), X(t-2),…, X(t-p)에 의해 예측할 수 있다.
- 정상성 : 시계열 데이터가 평균과 분산이 일정한 경우를 지칭한다.
- 백색 잡음 : 화이트 노이즈 등으로 불리며 무작위의 패턴을 보여주기 때문에 랜덤 노이즈라고도 한다.
- 이동평균법 : 시계열 자료를 대상으로 일정기간을 이동하면서 평균을 계산하여 추세를 파악하는 방법이다.

58 ②

비정형 데이터란 고정된 필드에 저장되지 않는 데이터로 텍스트, 이미지, 동영상, 음성, GPS 데이터 등이 있다.

59 ③

데이터 수가 많아지면 일반 의사결정나무에 비해 정확도는 높아지나 수행 속도가 떨어진다.

60 ③

k-폴드 교차검증은 반복횟수 증가에 따른 모델 훈련과 평가/검증 시간이 오래 걸릴 수 있다.

4과목 빅데이터 결과 해석

61 ④

군집추출은 모집단을 여러 개의 군집으로 나누고, 특정 군집의 일부 또는 전체에 대한 분석을 시행한다. 표본크기가 같은 경우 단순 임의 추출에 비해 표본 오차가 증대할 가능성이 있다.

62 ①

매개변수는 데이터로부터 결정되는 학습의 대상으로 알고리즘을 통해 자동으로 학습하게 되며 가중치, 편향 등이 있다.

63 ④

막대그래프는 특정 변수의 시간에 따른 값의 변화를 보여주는 데 적합하며, 파이차트와 도넛차트는 특정변수값의 비율을 보여주는데 사용된다. 막대그래프와 도넛차트는 여러 변수를 표현할 수 있지만, 변수 사이의 관계를 표현하는 데 적합하지는 않다. 스캐터 플롯(산점도)은 2개 이상의 변수에 대한 상호 관계성을 표현하는데 적합하다.

64 ②

막대그래프는 특정 변수의 시간에 따른 값의 변화를 보여주는 데 적합하며, 시간에 따른 변화를 표현하는 다른 도구로 꺾은선 그래프가 있다. 플로팅차트는 X-Y축으로 값을 보여주며, 이때 x축을 시간축, y축을 값축으로 설정하는 경우 시간에 따른 값의 변화를 보여줄 수 있다.

65 ④

불균형 데이터 처리기법은 대표적으로 언더샘플링, 오버샘플링, 데이터 증강기법 등이 있다.

66 ②

ROC 곡선은 Y축 민감도(Sensitivity)와 X축 1-특이도(Specificity)로 그려지는 곡선이며 [0, 1] 범위로 하단 면적을 AUC(Area Under Curve)라고 한다. 이진 분류기의 성능을 평가하는 주요 지표로 사용된다.

67 ②

연관분석 평가척도로 지지도, 신뢰도 및 향상도가 있다. ROC곡선은 분류분석 모델을 평가하는데 사용된다.

68 ④

하이퍼파라미터는 최적의 딥러닝 모델을 구현하기 위해 사용자가 직접 설정하는 변수로 학습률, 배치크기, 은닉층의 뉴런개수, 훈련 반복 횟수 등이 있다.

69 ③

K-평균 군집분석은 군집 중심점(centroid), 즉 특정 임의지점을 선택하여 가까운 데이터들을 찾아서 묶어주는 대표적인 알고리즘이다.

70 ②

F1 = 2 / (1 / recall + 1 / precision)
   = 2 × (precision × recall) / (precision + recall)
   = 2 × ((0.95) × (0.9)) / ((0.95) + (0.9)) ≒ 92.4%

71 ④

다층 퍼셉트론은 입력층과 출력층 사이에 하나 이상의 은닉층이 존재하는 신경망이다.

72 ①

적합도 검정이란 데이터가 가정된 확률에 적합하게 따르는지를 판단하는 것을 말한다. 즉, 데이터 분포가 특정 분포함수와 얼마나 맞는지를 검정하는 방법이다.

73 ③

인포그래픽은 복잡한 데이터를 시각적으로 단순화 시켜서 제작한다.

74 ④

정밀도 = 80/100 = 0.8
재현율 = 80/100 = 0.8
F1-score = 2*(정밀도*재현율)/(정밀도+재현율)
       = 2*(0.8*0.8)/(0.8+0.8) = 0.8

75 ③

전체 예측된 긍정에서 실제 긍정한 비율이 정밀도이다.

76 ③
드롭아웃은 학습시킬 때 무작위로 뉴런을 제외하여 뉴런의 특정 가중치에 덜 민감해지면서 과적합을 방지할 수 있다.

77 ②
분석결과에 대한 검증은 분석모델의 신뢰도를 높이기 위해 꼭 필요한 절차이다.

78 ①
엘보우 기법은 분산 비율의 증가분이 줄어드는 지점을 찾아 k값을 선택하며 실루엣 기법은 특정 객체와 속해 있는 군집 내 데이터들 간의 비유사성을 계산하여 k값을 증가시키면서 평균 실루엣 값이 최대가 되는 k를 선택한다.

79 ④
K-fold 교차 검증은 데이터셋의 모든 부분을 사용하므로 학습데이터셋의 분포에 덜 민감하다.

80 ①
적합도 검정은 추정된 회귀식이 표본의 실제값을 얼마나 잘 설명하는지에 대해 확인하는 방법이다.

실전 모의고사 02회 — 2-243p

01 ②	02 ②	03 ③	04 ①	05 ①
06 ②	07 ③	08 ④	09 ①	10 ④
11 ③	12 ④	13 ③	14 ②	15 ③
16 ④	17 ②	18 ④	19 ③	20 ④
21 ③	22 ①	23 ①	24 ③	25 ②
26 ④	27 ①	28 ②	29 ③	30 ②
31 ④	32 ③	33 ③	34 ②	35 ③
36 ①	37 ④	38 ①	39 ①	40 ③
41 ④	42 ③	43 ②	44 ③	45 ②
46 ④	47 ③	48 ④	49 ①	50 ④
51 ④	52 ③	53 ②	54 ③	55 ④
56 ②	57 ③	58 ③	59 ③	60 ①
61 ③	62 ④	63 ②	64 ③	65 ③
66 ①	67 ②	68 ④	69 ③	70 ①
71 ④	72 ②	73 ④	74 ③	75 ④
76 ②	77 ②	78 ②	79 ④	80 ④

1과목 빅데이터 분석 기획

01 ②
정성적 데이터는 비정형 데이터로 이루어져 있으며, 정형 데이터와 반정형 데이터는 정량적 데이터이다.

02 ②
형식지는 표출화(Externalization) 과정을 통해 암묵지가 구체화되어 외부로 표현된 것이다.

03 ③
다양한 비즈니스 관점에서 쉽고 빠르게 다차원적인 데이터에 접근하여 의사결정에 활용할 수 있는 정보를 얻을 수 있게 하는 기술은 OLAP에 대한 설명이다.

오답 피하기
• 데이터 웨어하우스는 사용자의 의사결정에 도움을 주기 위하여 기관 시스템의 데이터베이스에 축적된 데이터를 공통의 형식으로 변환해서 관리하는 데이터베이스이다.

04 ①
가치(Value)는 대용량의 데이터 안에 숨겨진 가치 발굴이 중요하며, 다른 데이터들과 연계 시 가치가 배로 증대한다. 단일 데이터라 하더라도 분석 방법론이나 분석가의 숙련도에 따라 높은 가치를 창출할 수 있다.

05 ①
연관규칙분석은 변인들 간 주목할 만한 상관관계가 있는지 찾아내는 방법이며, 독립변수가 종속변수에 미치는 영향을 분석할 때 사용하는 방법은 회귀분석이다.

06 ②

데이터 소비자(Data Consumer)의 역할과 활용 역량을 높이기 위한 데이터 리터러시(Data Literacy) 프로그램의 중요성이 커지고 있는 것은 데이터 분석 시대에 대한 설명이다.

07 ③

조직 내부에 있는 웹 서버나 시스템의 로그를 수집하는 기술은 로그 수집기이며, 센서 네트워크는(Sensor Network)는 유비쿼터스 컴퓨팅 구현을 위한 초경량 저전력의 많은 센서들로 구성된 유무선 네트워크이다.

08 ④

NoSQL(Not only SQL)은 전통적인 관계형 데이터베이스와는 다르게 데이터 모델을 단순화하여 설계된 비관계형 데이터베이스로 SQL을 사용하지 않는 DBMS와 데이터 저장장치이다. 기존의 RDBMS 트랜잭션 속성인 원자성(Atomicity), 일관성(Consistency), 독립성(Isolation), 지속성(Durability)을 포기한다.

09 ①

NoSQL은 고전적인 관계형데이터베이스의 주요 특성을 보장하는 ACID 특성 중 일부만을 지원하는 대신 성능과 확장성을 높이는 특성을 강조한다.

10 ④

문제에 대한 구체적 정의가 없다면 데이터 마이닝 기반으로 데이터를 분석하여 인사이트를 발굴하거나 일단 데이터 분석을 시도한 후 결과를 확인해 가면서 반복적으로 개선 결과를 도출해 볼 수 있다.
문제에 대한 구체적 정의가 가능하고, 필요 데이터를 보유하고 있으며, 분석역량을 갖추고 있다면 통계 기반의 전통적 데이터 분석을 수행할 수 있다.

11 ③

군집화는 특성이 비슷한 데이터를 하나의 그룹으로 분류하는 방법으로, 분류와 달리 학습 데이터 셋을 이용하지 않는 비지도학습 방법이다.

12 ④

강화학습
행동심리학에서 영감을 받았으며, 선택 가능한 행동들 중 보상을 최대화하는 행동 혹은 순서를 선택하는 방법이다. 강화학습의 초점은 학습 과정에서의 성능이며, 이는 탐색과 이용의 균형을 맞춤으로써 제고된다. 응용 영역으로는 게임 플레이어 생성, 로봇 학습 알고리즘, 공급망 최적화 등이 있다.

13 ③

개인정보의 제3자 제공은 해당 정보를 제공받는 자의 고유한 업무를 처리할 목적 및 이익을 위하여 개인정보가 이전되는 것이다. 개인정보가 제 3자에게 이전되거나 공동으로 처리하게 하는 것은 개인정보의 이전에 대한 개념이다.

14 ②

범주화는 데이터의 값을 범주의 값으로 변환하여 값을 숨기는 방법이다.

오답 피하기

• 총계처리는 데이터의 총합 값을 보여주고 개별 값을 보여주지 않는 방법으로, 특정 속성을 지닌 개인으로 구성된 단체의 속성 정보를 공개하는 것은 그 집단에 속한 개인의 정보를 공개하는 것과 마찬가지이므로 주의해야 한다.

15 ③

정형, 비정형, 반정형 등 모든 내외부 데이터를 대상으로 데이터의 속성, 오너, 관련 시스템 담당자 등을 포함한 데이터 정의서를 작성하는 것은 데이터 준비와 관련된 내용이다.

16 ④

메타 데이터 및 데이터 사전 구축은 데이터 표준화와 관련된 업무이며, 표준화 활동은 데이터 거버넌스 체계를 구축한 후 표준 준수 여부를 주기적으로 점검하는 것이다.

17 ②

총 6가지 영역을 대상으로 현재 수준을 파악하는 것은 분석 준비도이다. 분석 준비도는 조직 내 데이터 분석 업무 도입을 목적으로 현재 수준을 파악하기 위한 진단방법이다.

18 ②

프로타이핑 접근법은 상향식 접근 방식의 문제 해결 방법 중의 하나로 일단 먼저 분석을 시도해 보고 그 결과를 확인하면서 반복적으로 개선해 나가는 방식으로, 실험적 프로토타입보다는 진화적 프로토타입에 가깝다고 볼 수 있다.

19 ③

비즈니스 이해 및 범위 설정은 분석 기획 단계의 한 태스크로 향후 프로젝트 진행을 위한 방향을 설정하고, 프로젝트 목적에 부합한 범위를 설정하며, 프로젝트의 범위를 명확하게 파악하기 위해 구조화된 명세서를 작성한다.

20 ④

Trade off는 두 개의 목표 가운데 하나를 달성하려고 하면 다른 달성이 늦어지거나 희생되는 관계로, 정확도와 정밀도 또한 Trade off인 경우가 많지만 항상 그런 것은 아니다.

2과목 빅데이터 탐색

21 ③

• 평균 대치법(Mean Imputation) : 관측 또는 실험으로 얻어진 데이터의 평균으로 결측치를 대치해서 사용한다. 평균에 의한 대치는 효율성의 향상 측면에는 장점이 있으나 통계량의 표준오차가 과소 추정되는 단점이 있다. 비조건부 평균 대치법이라고도 한다.
• 최근방 대치법(Nearest-Neighbor Imputation) : 전체표본을 몇 개의 대체군으로 분류하여 각 층에서의 응답자료를 순서대로 정리한 후 결측값 바로 이전의 응답을 결측치로 대치한다. 응답값이 여러 번 사용될 가능성이 단점이다.

오답 피하기

• 회귀 대치법(Regression Imputation) : 회귀분석에 의한 결측치를 대치하는 방법으로 조건부 평균 대치법이라고도 한다.
• 단순확률 대치법(Single Stochastic Imputation) : 평균대치법에서 추정량 표준오차의 과소 추정을 보완하는 대치법으로 Hot-deck 방법이라고도 한다. 확률추출에 의해서 전체 데이터 중 무작위로 대치하는 방법이다.

22 ①

전진 선택법(Forward Selection)
- 영 모형에서 시작. 모든 독립변수 중 종속변수와 단순상관계수의 절댓값이 가장 큰 변수를 분석모형에 포함시키는 것을 말한다.
- 부분 F 검정(F test)을 통해 유의성 검증을 시행. 유의한 경우는 가장 큰 F 통계량을 가지는 모형을 선택하고 유의하지 않은 경우는 변수선택 없이 과정을 중단한다.
- 한번 추가된 변수는 제거하지 않는 것이 원칙이다.

23 ①

PCA의 특징
- 차원 축소에 폭넓게 사용된다. 어떠한 사전적 분포 가정의 요구가 없다.
- 가장 큰 분산의 방향들이 주요 중심 관심으로 가정한다.
- 본래의 변수들의 선형결합으로만 고려한다.
- 차원의 축소는 본래의 변수들이 서로 상관이 있을 때만 가능하다.
- 스케일에 대한 영향이 크다. 즉 PCA 수행을 위해선 변수들 간의 스케일링이 필수이다.

24 ③

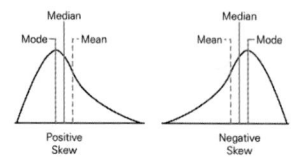

변수변환 전 분포	사용변수 변환식	변수변환 후 분포
우로 치우침	X^3	정규분포화
우로 약간 치우침	X^2	
좌로 약간 치우침	X	
좌로 치우침	$\ln(X)$	
극단적 좌로 치우침	$1/X$	

Positive Skew(좌측 치우침) 경우로 $\ln(X)$를 통한 변환을 이용한다.

오답 피하기
- ① 순위를 데이터로 범주를 나누어 상대비교로 나누어 정렬한다 : 범주형 데이터의 변환
- ② 모든 데이터를 최소값 0 최대값 1로 그리고 다른 값은 0과 1 사이 값으로 변환한다 : 데이터전체를 변환 모양과 상관없이 최대 최소 정규화 분포형태의 변화는 안한다.

25 ②

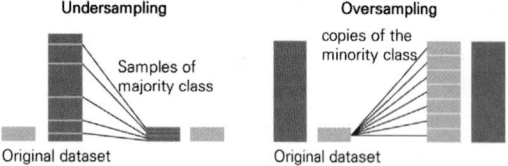

오버샘플링 : 소수클래스의 복사본을 만들어, 대표클래스의 수만큼 데이터를 만들어 주는 것이다. 똑같은 데이터를 그대로 복사하는 것이기 때문에 새로운 데이터는 기존 데이터와 같은 성질을 갖게 된다.

오답 피하기
- 언더샘플링 : 대표클래스의 일부만을 선택하고, 소수클래스는 최대한 많은 데이터를 사용하는 방법이다. 이때 언더샘플링된 대표클래스 데이터가 원본 데이터와 비교해 대표성이 있어야 한다.

26 ④

$$MAD(:\text{Mean Absolute Deviation}) = \frac{1}{n}\sum_{i=1}^{n}|x_i - \bar{x}|$$

관측값에서 평균을 빼고, 그 차이값에 절댓값을 취하고, 그 값들을 모두 더하여 전체 데이터 개수로 나눠 준 것

평균은
$$\frac{12 + 20 + 23 + 25 + 30}{5} = 22$$

평균편차는
$$\frac{|12-22|+|20-22|+|23-22|+|25-22|+|30-22|}{5} = 4.8$$

그러나 절대 편차 형식의 최소값은 평균이 아닌 중앙값
Median = 23
$$\frac{|12-23|+|20-23|+|23-23|+|25-23|+|30-23|}{5} = 4.6$$

오답 피하기
- B = 12 경우는 A = 10
- B = 30 경우는 A = 8

27 ①

판단추출법 (Judgement Sampling)
- 조사자가 나름의 지식과 경험에 의해 모집단을 가장 잘 대표한다고 여겨지는 표본을 주관적으로 선정하는 방법이다.
- 판단추출법에 의한 표본은 조사자의 주관적 판단에 의해서 표본이 추출되기 때문에 그 표본을 통해 얻은 추정치의 정확성에 대해 객관적으로 평가할 수 없다.
- 표본의 크기가 작은 경우에 조사의 오차를 좌우하는 요인은 추정량의 분산이 될 수 있다.

28 ②

A_1 : 간에 이상이 있을 사건
A_2 : 간에 이상이 없을 사건
B : 간기능 검사에서 이상이 나타날 사건

$$P(A_1)=0.3,\ P(A_2)=0.7,\ P(B|A_1)=0.9\ P(B|A_2)=0.1$$

이 된다.
여기서 총확률정리에 의해 임의의 직장인이 검사에서 이상반응을 보일 확률은

$$P(B)=P(B|A_1)P(A_1)+P(B|A_2)P(A_2)=0.9\times0.3+0.1\times0.7=0.34$$

이제 베이지안 정리에 의해

$P(A_2|B)$ = 실제 간기능에 문제가 없음에도 불구하고 이상이 있음을 나타내는 확률

$$P(A_2|B) = \frac{P(B|A_2)P(A_2)}{P(B)} = \frac{P(B|A_2)P(A_2)}{P(B|A_1)P(A_1)+P(B|A_2)P(A_2)} = \frac{0.1\times0.7}{0.34} = 0.206 = 20.6\%$$

29 ③

확률밀도함수 : 확률 변수의 분포를 나타내는 함수이다.

모든 x에 대해서 $0 \leq f(x) \leq 1$

$$\int f(x)dx = 1$$

$$P(a < X < b) = \int_a^b f(x)dx$$

여기서

$$\int f(x)dx = \int_0^1 Ax^2 dx = A \times \frac{1}{3}x^3\Big]_0^1 = \frac{A}{3} - 0 = 1$$

$$A = 3$$

P(X<1/2)일 확률은

$$P(X < 1/2) = \int_0^{1/2} 3x^2 dx = 3 \times \frac{1}{3}x^3\Big]_0^{1/2} = \left(\frac{1}{2}\right)^3 - 0 = \frac{1}{8}$$

30 ②

$$P(X > 400) = \int_{400}^{\infty} \frac{1}{300} e^{-x/300} dx = \frac{1}{300} \int_{400}^{\infty} e^{-x/300} dx$$

$$= \frac{1}{300}\left[e^{-\frac{x}{300}}(-300)\right]_{400}^{\infty} = \lim_{t \to \infty}\left(e^{-4/3} - e^{-t}\right) = e^{-4/3}$$

100시간동안 고장나지 않았을 때, 앞으로 400시간동안 고장나지 않고 작동할 확률은

P(X>100+400|X>100)=P(X>400)

과 같다는 것이 무기억성질(Memoryless Property) 인데

$$P(X > 100 + 400 | X > 100) = \frac{P(X > 500)}{P(X > 100)}$$

$$= \frac{e^{-500/300}}{e^{-100/300}} = \frac{e^{-5/3}}{e^{-1/3}} = e^{-4/3}$$

31 ④

자유도가 1보다 클 때 스튜던트 t 분포에서 기댓값은 0이다.
- 스튜던트 t 분포는 정규분포의 평균 측정 시 주로 사용하는 분포이다. 분포의 모양은 Z-분포와 유사하다. 종 모양으로서 t=0에 대하여 대칭을 이루는데 t-곡선의 모양을 결정하는 것은 자유도이다.
- 자유도가 클수록 정규분포에 모양이 수렴된다.

32 ③

- 표본의 크기가 큰 경우 근사적으로 정규분포를 따르게 된다는 것이 중심극한정리이다.
- 무작위로 뽑은 표본의 평균이 전체 모집단의 평균과 가까울 가능성이 높다는 것이 대수의 법칙이다.

33 ③

- 편향 : 기대하는 추정량과 모수의 차이
- 표본평균은 불편추정량이나 표본분산은 불편추정량이 아니다.

34 ②

t 분포에서 자유도가 커지면 커질수록 분포의 형태는 정규분포를 따르게 되므로 평균=중앙값=최빈값으로 나타나는 분포의 모습을 그대로 유지하고 따르게 된다.

35 ③

모평균에 대한 신뢰구간을 구하는 방법 중 모집단의 분산을 모르는 경우(표본크기가 큰 경우)이므로

$$\bar{X} - Z_{\frac{\alpha}{2}} \cdot \frac{S}{\sqrt{n}} \leq \mu \leq \bar{X} + Z_{\frac{\alpha}{2}} \cdot \frac{S}{\sqrt{n}}$$

95% 신뢰수준

$$90 - 1.960 \cdot \frac{4}{\sqrt{100}} \leq \mu \leq 90 + 1.960 \cdot \frac{4}{\sqrt{100}}$$

89.22≤μ≤90.78(소수점 둘째 자리 반올림)

36 ①

각 나이대별 필요한 표본숫자는
비율에 대한 정보가 주어지지 않은 경우 p=1/2로 놓고 표본의 크기를 결정한다. 그래서

$$n = \frac{1}{4}\left(Z_{\frac{\alpha}{2}} \cdot \frac{1}{d}\right)^2$$

가 된다.

$$n = \frac{1}{4}\left(1.960 \cdot \frac{1}{0.01}\right)^2 = 9604$$

37 ④

④는 히트맵의 특징이다.

버블 차트의 특징
- x, y값의 위치를 표시하는 산점도에 점의 위치에 해당하는 제3의 변수 값을 원의 크기로 표현한 그래프로 한 번에 3개의 변수를 비교해볼 수 있다.
- 제3의 값을 표시하는 원(버블)은 면적으로 표현되어야 하며, 반지름이나 지름으로 표현되면 실제 값보다 너무 크게 원이 그려질 수 있어서 주의해야 한다.
- 도시별 인구밀집도, 도시별 우유 판매량 등 국가나 지역에 따른 값의 분포를 표현하는데 매우 유리하다.

38 ①

서열자료인 두 변수들의 상관관계를 측정하는데 사용하는 것은 스피어만 상관계수에 대한 내용이다.

39 ①

모집단의 평균과 분산이 각각 μ, σ^2인 정규모집단 N(μ, σ^2)에서 μ, σ^2가 미지인 경우 모분산 σ^2에 대한 가설검정은 점추정량인 s^2을 이용하여 검정한다.

1. 가설의 설정
- 귀무가설 $H_0 : \sigma^2 = \sigma_0^2$
- 대립가설 $H_1 : \sigma^2 \neq \sigma_0^2$(양측검정), 또는 $H_1 : \sigma^2 > \sigma_0^2$(단측검정:우측검정), $H_1 : \sigma^2 < \sigma_0^2$(단측검정:좌측검정)

2. 검정통계량 $\chi^2 = \frac{\sum(x_i - \bar{x})^2}{\sigma_0^2} = \frac{\phi s^2}{\sigma_0^2}$ (여기서 Φ=n-1 자유도)

3. 표본크기 n과 유의수준 α에 의해서 결정됨

귀무가설은

$$H_0 : \sigma^2 = 1200$$

대립가설은

$$H_1 : \sigma^2 < 1200$$

자유도는 Φ=n-1=30-1=29이고 이에 따른 검정 통계량은 다음 아래와 같다.

$$\chi^2 = \frac{\sum(x_i - \bar{x})^2}{\sigma_0^2} = \frac{\phi s^2}{\sigma_0^2} = \frac{29 \times 1050}{1200} = 25.375$$

이에 따른 기각역은 유의수준에 따라서 (χ^2분포표에 의해)

$$\chi^2 \geq \chi^2(\phi, 1-\alpha) = \chi^2(29, 0.95) = 17.71$$

25.375>17.71이므로 H_0를 기각할 수 없다(채택). 그러므로 새로운 공정을 변경하더라도 제품수명의 변동은 적어지지 않는다.

40 ③

임계치는 주어진 유의수준 α에서 귀무가설의 채택과 기각에 관련된 의사결정을 할 때, 그 기준이 되는 점이다.

3과목 빅데이터 모델링

41 ④

로지스틱 회귀분석은 지도학습 분류 부문에 해당된다.

42 ③

GAN은 적대적 생성 모델로 생성모델과 판별모델이 존재한다.

43 ②

강화학습이란 주어진 환경에서 보상을 최대화하도록 에이전트를 학습하는 기법이다.

44 ③

의사결정나무에서의 뿌리마디는 나무가 시작되는 마디를 뜻한다.

45 ②

의사결정 분류나무에서 범주형 목표변수에 대해 분리를 수행할 시 카이제곱 검정을 적용하게 되면 관측도와 기대도수의 차이가 커질수록 순수도는 높아진다. 즉 카이제곱 검정 통계량이 가장 큰 예측 변수를 이용하여 자식 마디를 형성하게 된다.

46 ③

정보획득 : 순도가 증가하고 불확실성이 감소

47 ③

부트스트래핑은 랜덤 샘플링으로 크기가 동일한 여러 개의 표본자료들을 생성한다.
복원 추출법은 샘플 추출 뒤 다시 표본자료에 포함시켜 추출하는 방식이다.

48 ④

의사결정나무는 구조가 복잡하게 되면 해석력이 떨어진다.

49 ①

노드는 신경계 뉴런, 가중치는 신경계 시냅스에 비유된다.

50 ②

가중치 매개변수 기울기를 미분을 통해 전달하는 것은 시간 소모가 크므로 이를 개선하기 위한 방법인 오차역전파는 실제 출력과 목표 출력값의 오차를 출력층에서 입력층으로 전달, 연쇄법칙을 활용하여 가중치와 편향을 계산, 업데이트한다.

51 ④

딥러닝 모델 학습에서 가중치와 편향은 수동이 아닌 자동으로 설정되는 매개변수(파라미터)에 속한다.

52 ③

LSTM은 입력 게이트, 출력 게이트, 망각 게이트를 가진다.

53 ②

오토인코더는 다차원 데이터를 저차원으로 바꾸고 바꾼 저차원 데이터를 다시 고차원 데이터로 바꾸면서 특징점을 찾아내는 비지도학습 알고리즘이다.

54 ③

서포트 벡터는 두 클래스를 구분하는 경계선으로 각 서포트 벡터를 지나는 초평면의 거리가 초평면의 마진이다.

55 ④

맨하탄거리는 택시 거리, 시가지 거리로도 불리며 두 점의 좌표 값의 절대적 차이로 구한다.

56 ②

범주형 변수에 대해서 두변수간의 연관성 검증을 위해서 사용되는 분석기법은 교차분석이며
이때 통계량은 χ^2 이다.

57 ③

자기상관성(Autocorrelation)은 시차값 사이에 선형 상관관계를 보이는 것을 말한다.

58 ③

나이브 베이즈 모델은 $P(C_1|Doc)/P(Doc)$와 $P(C_2|Doc)/P(Doc)$를 비교해서 그 값이 큰 쪽으로 범주를 할당한다는 개념이다.

59 ③

60 ①

심층 신뢰 신경망
- 기계학습에서 사용되는 그래프 생성 모형이다.
- 딥러닝에서는 잠재변수의 다중계층으로 이루어진 심층신뢰 신경망을 의미한다. 계층 간에 연결이 있지만 계층 내 유닛 간에는 연결이 없다는 특징이 있다.

4과목 빅데이터 결과 해석

61 ③

분류 모델 평가지표로 정확도, 재현율, 정밀도, F1 점수 등이 있다.

62 ④

P(기저귀 | 맥주) = P(기저귀 ∩ 맥주) / P(맥주)
P(맥주) = 50 / 100 = 0.5
P(기저귀 ∩ 맥주) = 40 / 100 = 0.4
P(기저귀 ∩ 맥주) / P(맥주) = 0.4 / 0.5 = 0.8

63 ②
MSE는 잔차(오차)의 제곱에 대한 평균을 취한 값으로 주요 회귀지표 중의 하나이다.

64 ③
k-평균군집 분석은 원하는 군집 수만큼(k개) 초기값을 지정하고, 각 개체를 가장 가까운 중심에 할당하여 군집을 생성한 뒤 각 군집 내 평균을 계산하여 중심점을 갱신한다. 해당 과정을 반복 진행하며 군집 중심의 변화가 없게 되면 최종 군집이 형성된다.

65 ③
K=5로 1가지 데이터셋을 5등분으로 Fold화하며 각 Fold마다 한 번씩 평가(Validation) 데이터셋으로 사용하여 총 5회 훈련이 진행된다. 5회 평가, 최종 테스트 1회로 평가를 포함한 테스트 횟수는 총 6회이며 각 회당 학습 결과에 대한 전체 평균이 해당 모델의 성능으로 나타난다.

66 ①
드롭아웃은 훈련할 때 신경망의 뉴런을 부분적으로만 사용함으로써 학습이 덜 될 수 있으나 과적합을 예방할 수 있다.

67 ②
L1 규제기법은 규제 가중치의 절대값을 손실함수에 더해줌으로써 가중치를 작게 만들어 과적합을 방지할 수 있다.

68 ④
확률적 경사 하강법(SGD)은 손실함수를 가중치로 미분한 기울기에 학습률을 곱하여 현재의 매개변수인 가중치에서 뺀 값이 다시 손실함수가 계산되어 이를 통해 가중치를 갱신하는 과정이 반복된다.

69 ③
초매개변수는 사람이 직접 설정해주어야 하는 매개변수로 가중치는 직접 설정이 불가능하다. 또한 초매개변수 최적화는 임의로 범위 선정 후 무작위로 초매개변수 값을 샘플링하여 모델 정확도를 평가하면서 최적값의 범위를 줄여가는 과정이며 딥러닝 학습 시간이 오래 소요되므로 학습 에폭을 작게 검증/평가 시간을 단축시키는 것이 중요하다.

70 ①
배깅(Bootstrap Aggregating)은 부트스트랩(복원추출 통한 표본추출) 기반 각 샘플별로 모델 학습을 진행하고, 결과물을 집계한 것이다. 범주형 데이터의 경우 다수결 투표방식으로, 연속형 데이터의 경우 평균으로 집계한다.

71 ④
스캐터 플롯(산점도), 히트맵, 버블차트는 관계시각화를 위한 도구이며, 파이차트는 하나의 변수에 대한 값의 분포를 보여주기에 적합한 분포시각화 도구이다.

72 ②
평행좌표계는 스타차트를 넓게 펼친 모양으로 여러 변수의 각 영역에 따른 값을 비교해서 보여주기에 적합하다.

오답 피하기
- 도넛 차트는 여러 변수(학생)를 보여줄 수 있지만, 과목별 점수를 직관적으로 비교하기는 어렵다.
- 산점도는 최대 3차원(3과목)까지 표현이 가능하다.

73 ④
탐색적 데이터분석에서 시각화를 이용한 데이터 분포를 파악한다. 연관분석은 장바구니 분석이라고도 하며 소비자의 구매패턴을 분석하는 기법이다. 히트맵과 인포그래픽은 시각화 도구이다.

74 ③
추세선 위에 존재하는 데이터들은 삭제해도 추세선의 모양에 영향을 주지 않는다.

오답 피하기
- ① 인플레이션과 실업률은 음의 상관관계가 있다.
- ② A는 동일한 실업률을 보이는 집단에서 인플레이션이 매우 높은 값을 보여주기 때문에 이상값으로 분류될 수 있다.
- ④ B와 C는 어느 한 시점의 인플레이션 지수를 표현한 것으로 특정 도시의 인플레이션 지수를 대표하지는 않는다.

75 ④
선유형 속성은 점선, 이중 점선 등 각각의 독립된 모양으로 데이터를 표현하는 것으로 연속형 데이터를 표현하기에 적합하지 않다.

76 ②
1월 1000, 2월 2000, 3월 3500, 4월 3000, 5월 2500, 6월 2000으로 총 합계는 14,000이다. 3월매출 / 총매출 = 3500 / 14000 = 0.25로 1/4을 차지한다. 360도×1/4은 90도이다.

77 ②
다차원척도법은 대상의 상대적인 거리를 표현하는 방법으로 관측대상의 x, y좌표값 실제값과 다르다.

78 ②
단계구분도는 면적이 넓은 지역의 값이 전체를 지배하는 것처럼 보이는 시각적 왜곡이 발생할 수 있다. 카토그램은 실제 데이터 값에 비례하여 지역을 확대하거나 축소함으로써 단계구분도의 시각적 왜곡을 보완한다.

79 ④
K-fold 교차 검증은 각 폴드마다 한번씩 모두 K번의 검증을 수행한다.

80 ④
분석모형 리모델링은 현재 진행되고 있는 분석프로젝트의 성능을 유지, 개선하기 위한 활동을 말하며, 신규분석과제 발굴은 분석수요조사 및 기획과정에서 진행한다.

실전 모의고사 03회   2-256p

01	①	02	②	03	③	04	④	05	①
06	②	07	③	08	④	09	①	10	②
11	③	12	④	13	①	14	②	15	③
16	④	17	①	18	②	19	③	20	④
21	②	22	②	23	②	24	④	25	②
26	③	27	③	28	④	29	④	30	④
31	①	32	④	33	④	34	①	35	④
36	①	37	④	38	④	39	③	40	①
41	④	42	③	43	④	44	③	45	③
46	②	47	③	48	④	49	①	50	④
51	②	52	①	53	②	54	①	55	③
56	②	57	③	58	④	59	③	60	③
61	①	62	②	63	③	64	①	65	③
66	④	67	④	68	②	69	④	70	④
71	③	72	②	73	①	74	②	75	②
76	④	77	②	78	④	79	④	80	②

1과목 빅데이터 분석 기획

01 ①

정량적 데이터의 유형은 정형 데이터와 반정형 데이터이고, 정성적 데이터의 유형은 비정형 데이터이다.

02 ②

지식은 상호 연결된 정보를 구조화하여 유의미한 정보를 분류하고 개인적 경험을 결합시켜 내재화한 고유의 결과물이며, 이 경우 '텀블러를 저렴한 온라인 상점에서 구매할 것이다'는 표현으로 고쳐 쓰는 것이 더 적합하다.

03 ③

OLTP는 데이터 액세스 빈도가 높은 편이지만, OLAP는 데이터 액세스 빈도가 보통이다.

04 ④

아무리 데이터의 종류가 다양하다 하더라도 고품질의 데이터가 입력되어야 고수준의 인사이트 도출이 가능하다.

05 ①

빅데이터는 시장에 새롭게 진입하려는 잠재적 경쟁자에게는 진입장벽과도 같은 존재이다.

06 ②

데이터 산업은 데이터 처리 시대, 데이터 통합 시대, 데이터 분석 시대, 데이터 연결 시대, 데이터 권리 시대로 진화하고 있다.

07 ③

분석 수행의 일반적 구조는 기능형 조직구조이다.

오답 피하기
- 기능형 조직구조 : 각 현업 부서에서 분석 업무를 직접 수행한다. 전사적 관점에서 전략적 핵심 분석이 어려우며, 특정 협업 부서에 국한된 협소한 분석을 수행할 가능성이 높다.

08 ④

빅데이터를 처리하는 과정에서는 생성 기술, 수집 기술, 저장(공유) 기술, 처리 기술, 분석 기술, 시각화 기술이 필요하다.

09 ①

강화학습은 행동심리학에서 영감을 받았으며, 선택 가능한 행동들 중 보상을 최대화하는 행동 혹은 순서를 선택하는 방법이다.

10 ②

개인정보는 생존하는 개인에 관한 정보여야 하며, 정보의 내용 및 형태 등은 제한이 없고, 개인을 알아볼 수 있는 정보여야 한다. 또한 다른 정보와 쉽게 결합하여 개인을 알아볼 수 있는 정보도 포함된다.

11 ③

데이터 활용에 따른 개인정보처리자의 책임을 강화한 것이지, 조직 대표자의 연대책임 여부까지 논한 것은 아니다.

12 ④

비록 분석 주제는 정의하지 못한 상태이지만 분석 방법을 알고 있다면 인사이트 발굴이 가능하다.

13 ①

IT 프로젝트의 과제 우선순위 평가기준으로는 전략적 필요성, 시급성, 투자 용이성, 기술 용이성 항목이 있다.

14 ②

기존 시스템에 미치는 영향을 최소화하여 적용하는 방안이 이상적이기는 하지만 현실적으로 어려우므로, 기존 시스템과 별도로 시행하여 난이도 조율을 통한 우선순위를 조정할 수 있다.

15 ③

분석 역량을 확보하지 못하였고, 분석 기법이나 시스템을 보유하고 있지 않을 때 아웃소싱을 진행하며, 만일 분석 역량은 확보하고 있다면 시스템 고도화를 진행한다.

16 ④

폭포수 모형은 요구사항 도출이 어려우며, 원형 모형은 프로토타입의 폐기가 발생하고, 나선형 모형은 계획수립, 위험분석, 개발, 고객평가 순으로 진행된다.

17 ①

오답 피하기
- ② KDD 분석 방법론의 분석절차
- ③ SEMMA 분석 방법론의 분석절차
- ④ 빅데이터 분석 방법론의 개발절차

18 ②

분석 프로젝트 관리 시 데이터의 크기는 데이터 지속적으로 생성되어 증가하는 점을 고려한다.

19 ③

데이터의 종류는 정형 데이터, 반정형 데이터, 비정형 데이터 등을 한정하지 않고 모두 수용한다.

20 ④

임의 잡음 추가는 데이터 범주화 방법이 아닌 데이터 마스킹 방법이다.

2과목 빅데이터 탐색

21 ②

오답 피하기
- ① 데이터 정제는 수집된 데이터를 대상으로 분석에 필요한 데이터를 추출하고 통합하는 과정이다.
- ③ 데이터로부터 원하는 결과나 분석을 얻기 위해서 분석도구나 기법에 맞게 다듬는 과정이 필요하다.
- ④ 후처리는 데이터 저장 후의 처리를 지칭하며 저장데이터의 품질관리 등의 과정을 포함한다.

22 ②

서열자료(Ordinal Data) : 명목자료와 비슷하나 수치나 기호가 서열을 나타내는 자료이다.

오답 피하기
- 질적자료(Qualitative Data) : 정성적 자료라고도 하며 자료를 범주의 형태로 분류한다. 분류의 편리상 부여된 수치의 크기 자체에는 의미를 부여하지 않는 자료이며 명목자료, 서열자료 등 이질적자료로 분류된다.
- 명목자료(Nominal Data) : 측정대상이 범주나 종류에 대해 구분되어지는 것을 수치 또는 기호로 분류되는 자료이다.
- ④ 기본적으로 정형자료에 대한 분류 체계이다.

23 ②

완전 무작위 결측(MCAR) : 어떤 변수상에서 결측 데이터가 관측된 혹은 관측되지 않는 다른 변수와 아무런 연관이 없는 경우, 결측 데이터를 가진 모든 변수가 완전 무작위 결측이라면 대규모 데이터에서 단순 무작위 표본추출을 통해 처리 가능하다.

24 ④

단순확률 대치법(Single Stochastic Imputation) : 평균대치법에서 추정량 표준오차의 과소 추정을 보완하는 대치법으로 Hot-deck 방법이라고도 한다. 확률추출에 의해서 전체 데이터 중 무작위로 대치하는 방법이다.

25 ③

전진 선택법(Forward Selection)
- 영 모형에서 시작. 모든 독립변수 중 종속변수와 단순상관계수의 절댓값이 가장 큰 변수를 분석모형에 포함시키는 것을 말한다.
- 부분 F 검정을 통해 유의성 검증을 시행. 유의한 경우는 가장 큰 F 통계량을 가지는 모형을 선택하고 유의하지 않은 경우는 변수선택 없이 과정을 중단한다.
- 한번 추가된 변수는 제거하지 않는 것이 원칙이다.

26 ③

차원의 증가는 분석모델 파라미터의 증가 및 파라미터 간의 복잡한 관계의 증가로 분석결과의 과적합 발생의 가능성이 커진다. 이것은 분석모형의 정확도(신뢰도) 저하를 발생시킬 수 있다.

27 ③

오답 피하기
- 라) 차원 축소에 폭넓게 사용된다. 어떠한 사전적 분포 가정의 요구가 없다.
- 마) 차원의 축소는 본래의 변수들이 서로 상관이 있을 때만 가능하다.

28 ④

오답 피하기
- ① 데이터에서 각 클래스가 갖고 있는 데이터의 양에 차이가 큰 경우, 클래스 불균형이 있다고 말한다.
- ② 데이터 클래스 비율이 너무 차이가 나면(Highly-imbalanced Data) 단순히 우세한 클래스를 택하는 모형의 정확도가 높아지므로 모형의 성능판별이 어려워진다. 즉, 정확도(accuracy)가 높아도 데이터 개수가 적은 클래스의 재현율(recall-rate)이 급격히 작아지는 현상이 발생할 수 있다.
- ③ 클래스 균형은 소수의 클래스에 특별히 더 큰 관심이 있는 경우에 필요하다.

29 ④

중앙값은 전체변수의 범위에서 가운데가 아니라 관찰된 변수들 중의 가운데 값이므로 이상값의 영향을 받지 않는다.
첨도, 왜도는 데이터의 분포모양에 해당된다.

30 ③

피어슨 상관계수는 두 변수 X와 Y 간의 선형 상관관계를 계량화한 수치이다.

오답 피하기
- ②, ④ 는 스피어만 상관계수에 대한 설명이다.

31 ①

$CV = \dfrac{\sigma}{\mu} \times 100(\%)$ (모집단의 변동계수)이므로

체중에 대한 CV = 2.54/52.3×100 = 4.856%
신장에 대한 CV = 2.28/152.7×100 = 1.493%이므로
체중에 대한 CV가 더 큼 → 산포도가 넓으므로 개인차가 크다.

32 ④

위상적 타입 : 공간 객체간의 관계를 표현하며, 방위, 공간 객체간의 중첩, 포함, 교차, 분리 등과 같은 위치적 관계

33 ④

회귀분석의 경우 하나의 반응변수를 여러 개의 설명변수로 설명하고자 할 때, 가장 설명력이 높은 변수들의 선형결합을 찾아 이들 사이의 인과관계를 생각하는 반면에 정준분석에서는 이와 같은 인과성이 없다.

34 ①

최대대표라는 현상은 없다.

오답 피하기
- 표본추출오차(Sampling Bias, Sampling Error) : 표본에서 선택된 대상이 모집단의 특성을 과잉 대표하거나 최소 대표할 때 발생한다.

35 ④

금융상품 가입 상담 건수 10회 중 실제 가입이 이루어진 수는 이항분포에 적용할 수 있다.

오답 피하기
- 포아송분포 : 단위 시간 안에 어떤 사건이 몇 번 발생할 것인지를 표현하는 이산확률분포

36 ①

오답 피하기
- ② 종 모양으로서 t=0에 대하여 대칭을 이루는데 t-곡선의 모양을 결정하는 것은 자유도이다.
- ③ 자유도가 클수록 정규분포에 모양이 수렴된다.
- ④ 자유도가 1보다 클 때만 스튜던트 t 분포에서 기댓값은 0이다.

37 ④

표본평균은 불편추정량이나 표본분산은 불편추정량이 아니다.
(표본분산과 모분산의 계산 차이의 이유, n이 아닌 n−1로 나누는 이유)

38 ④

39 ③

오답 피하기
- ① 연구자에 의해 설정된 가설은 표본을 근거로 하여 채택여부를 결정짓게 되는데 이때 사용되는 통계량을 검정통계량이라 정의한다.
- ② 귀무가설(Null Hypothesis, H_0)은 현재 통념적으로 믿어지고 있는 모수에 대한 주장 또는 원래의 기준이 되는 가설이다.
- ④ 대립가설(Alternative Hypothesis, H_1)은 연구자가 모수에 대해 새로운 통계적 입증을 이루어 내고자 하는 가설이다.

40 ①

두 독립표본의 평균차이 검정의 검정 통계량
위의 가설을 검정하는데 사용되는 검정통계량은 X-표본과 Y-표본의 표본평균인 $\bar{X}$와 $\bar{Y}$의 차이에 근거하여 구성한다.

검정 통계량 $T = \dfrac{\bar{X}-\bar{Y}}{S_p\sqrt{\frac{1}{n}+\frac{1}{m}}}$

여기서 $S_p^2 = \dfrac{(n-1)S_1^2+(m-1)S_2^2}{n+m-2}$ 으로 공통분산(Common Variance) σ^2의 합동표본분산(Pooled Sample Variance)이며 S_1^2, S_2^2는 각각의 표본의 표본분산을 말한다. 검정 통계량 T는 자유도 m+n−2인 t 분포를 따른다.

3과목 빅데이터 모델링

41 ④

다중회귀분석은 회귀(예측)모델로 분류된다.

42 ③
- 종속변수 : 범주형 변수
- 분포 : 이항분포

43 ④

다중공선성 진단 → 회귀계수 유의성 확인 → 수정된 결정계수 확인 → 모형의 적합도 평가

44 ③

정보 획득(Information Gain) : 순도가 증가하고 불확실성이 감소하는 것을 뜻한다. 정보의 가치를 반환하는 데 발생하는 사건의 확률이 작을수록 정보의 가치는 높아지며, 확률이 높을수록 가치는 낮아진다.

45 ③

의사결정나무의 대표적 알고리즘인 CART는 불순도 측도로 범주형 또는 이산형일 경우 지니지수를, 연속형인 경우 분산의 감소량을 이용한 이진분리를 활용한다.

46 ②

배깅(Bagging) : 기계학습 알고리즘의 안정성과 정확도를 향상시키기 위해 고안되었다.

47 ③

분류 모델의 앙상블은 다수결로 0 또는 1로 분류한다.

48 ③

손실함수를 최소화하기 위해 가중치와 편향을 찾는 것이 인공신경망의 학습이며 일반적인 손실함수로는 평균제곱오차가 있다.

49 ①

데이터를 미니배치로 무작위 선정 뒤 손실함수 값을 줄이기 위해 각 가중치 매개변수 기울기를 구한다. 다음 가중치 매개변수 기울기 방향으로 조금씩 갱신하여 앞에서 진행한 단계들을 반복한다.

50 ④

오차역전파는 실제 출력과 목표 출력값과의 오차 산출, 비례한 가중치를 출력층에서 은닉층으로 갱신한다.

51 ②

$(4-1)^2+(4-3)^2$에 root(제곱근)을 적용, 계산한다.

52 ①

분류모델이 틀린 곳에 집중하여 새로운 분류규칙을 생성, 즉 weak classifier에 중점을 두는 지도학습 알고리즘은 부스팅이다.

53 ②

Relu 활성화 함수(이진 분류)는 Sigmoid의 Gradient Vanishing 문제를 해결하며 0보다 크면 입력값을 그대로 출력 0 이하의 값만 0으로 출력한다.

54 ①

랜덤포레스트는 여러 개의 의사결정 나무를 활용, 예측 결과를 투표 또는 다수결 방식으로 예측 결정한다.

55 ③

support(기저귀 → 맥주) = 3/5
confidence(기저귀 → 맥주) = (3/5)/(4/5) = 3/4
lift(기저귀 → 맥주) = 5/4

56 ②

오답 피하기
- 로지스틱 회귀분석 : 분석하고자 하는 대상들이 두 집단 또는 그 이상의 집단으로 나누어진 경우 개별관측치들이 어느 집단으로 분류될 수 있는지를 분석할 때 사용한다.
- ②는 카이제곱검정에 대한 내용이다.

57 ④

시계열 데이터가 분산이 일정하지 않으면 변환(transformation)을 통해 정상성을 가지도록 할 수 있다.

58 ③

딥러닝은 인공신경망의 학습수준을 높이기 위해 하나의 은닉층에 은닉노드를 3개가 아니라 10개, 100개 이런 식으로 동일레이어 내 수직으로 쭉 늘려놓기만 했었는데, 그것보다는 은닉층 자체를 여러개로 만들어서 여러 단계를 거치도록 인공신경망을 구성하였더니 정확도가 훨씬 향상되는 원리이다.

59 ②

순환신경망(RNN: Recurrent Neural Network)의 정의와 특징에 대한 설명이다.

60 ③

앙상블(Ensemble) 기법은 동일한 학습 알고리즘을 사용해서 여러 모델을 학습하는 개념이다.

4과목 빅데이터 결과 해석

61 ①

정확도는 True인 데이터를 True로 False인 데이터를 False로 분류하는 정도를 말한다.

62 ②

평균제곱오차는 실제값과 예측값의 차이의 제곱에 대한 평균을 취한 값으로 다음과 같이 구할 수 있다.

$$MSE = \frac{1}{n}\sum_{i=1}^{n}(y_i - \hat{y}_i)^2 = \frac{1}{4}((-1)^2 + (1)^2 + (-2)^2 + (-2)^2) = 2.5$$

63 ③

실루엣 계수는 같은 군집에 속한 요소들의 평균거리와 함께 가장 가까운 이웃군집까지의 거리도 함께 고려해서 계산한다.

64 ①

중심극한정리 : 동일한 확률분포를 가진 독립 확률 변수 n개의 평균의 분포는 n이 적당히 크다면 정규분포에 가까워진다는 이론으로 이때 표본분포의 평균은 모집단의 모평균과 동일하며 표준편차는 모집단의 모표준편차를 표본 크기의 제곱근으로 나눈 것과 같다.

65 ②

재현율(recall)은 실제 True인 값 중에서 실제값과 예측값이 일치하는 비율로 TP / (TP+FN)으로 구한다.
50 / (50+50) = 0.5

66 ④

경사하강법은 매개변수 최적화에 사용되는 기법으로 손실함수의 값을 최소화하도록 하는 매개변수를 찾는 방법이다.

67 ④

군집분석은 유사성이 높은 요소들을 묶어주는 것으로 군집에 속한 요소들의 평균은 모델의 타당성을 검증하는 지표로 적절하지 않다.

68 ②

결합분석 모형은 두 종류 이상의 결과변수를 동시에 분석할 수 있는 방법으로 결과 변수 간의 유의성, 관련성을 설명할 수 있다.

69 ④

카이제곱 검정은 관찰된 빈도가 기대되는 빈도와 의미 있게 다른지의 여부를 검정하기 위해 사용되는 검정방법이다. 카이제곱 값은 $x^2 = \Sigma$ (관측값 – 기댓값)^2 / 기댓값으로 계산한다.

70 ④

군집분석 모델은 군집그룹의 통계량을 요약하고 관측치의 공통점과 변동성을 확인한다. 요소 사이의 거리 평균은 모델의 성능을 평가할 때 사용하는 지표이다.

71 ③

파이차트는 데이터의 분포를 표현하는데 적합하며 연관분석 시각화 도구는 네트워크 다이어그램이 대표적이다.

72 ④

데이터 시각화는 수치정보뿐만 아니라 비정형 데이터인 텍스트나 지형정보의 표현도 모두 포함하는 개념이다.

73 ①

인포그래픽은 정보의 시각적 표현과 전달에 중심을 두며, 주로 뉴스 기사, 포스터 등에서 활용된다.

74 ④

범례는 차트에 표현되고 있는 기호나 선 등이 어떤 의미인지 설명하는 역할을 한다.

75 ②

누적막대그래프는 두 개 이상의 변수를 동시에 다루는 경우에 막대의 영역을 구분하여 나머지 변수의 값을 표현한다. 하나의 막대를 구성하는 세부항목 각각의 값과 전체의 합을 함께 표현할 때 유용하다.

76 ④

그래프의 추세선이 막대보다 위에 있는 경우는 이번달 매출보다 지난달 매출이 높다는 것을 의미한다.

77 ④

파이차트는 구성요소들이 차지하고 있는 비율을 표현하기에 적합하며, 시간에 따른 데이터의 변화를 표현하기 위해서는 적합하지 않다.

78 ④

데이터 시각화를 통해서 데이터의 이상치를 효율적으로 발견할 수 있으며, 결측치는 데이터가 비어있는 부분이라 시각화를 통해서 발견하기는 어렵다.

79 ④

CRISP-DM에서 분석모형 전개(Deploy)는 완성된 모델을 실제 업무 현장에 적용하는 단계로 전개 계획 수립, 모니터링과 유지보수 계획 수립, 프로젝트 종료 관련 프로세스로 구성된다.

80 ②

성과 평가의 결과를 바탕으로 필요한 경우 분석 모델을 리모델링한다.

먼 곳을 항해하는 배가 풍파를 만나지 않고
조용히만 갈 수는 없다. 풍파는 언제나
전진하는 자의 벗이다.

프리드리히 니체

**이기적 강의는
무조건 0원!**

이기적 영진닷컴

공부하다가
궁금한 사항은?

이기적 스터디 카페